dtv

Die Pädagogik ist seit mehr als 200 Jahren eine eigenständige Universitätsdisziplin. Ihre Entwicklung ist eng verbunden mit der wachsenden Bedeutung des Bildungswesens bei der Herausbildung von Politik, Kultur, Ökonomie und Gesellschaft der modernen Staaten. In diesem gesellschaftlichen Zusammenhang hat die Pädagogik eine eigene Fachsprache ausgebildet, deren wichtigste Begriffe erläutert werden. In rund 2000 Artikeln werden theoretische Ansätze pädagogischen Denkens, Fragen der Bildungsziele und ihre Begründung, pädagogische Arbeitsfelder, Schulkonzepte, Bildungsprogramme und Unterrichtsmethoden, Ergebnisse der Schul- und Unterrichtsforschung und Grundfragen aus Erziehungs- und Schulrecht, Bildungsverwaltung und Schulpolitik berücksichtigt. Mit Strukturskizzen veranschaulichte Länderartikel bieten konzentriert Informationen über die Bildungssysteme der deutschen Bundesländer, aller europäischen und wichtiger außereuropäischen Staaten. In kurzen biografischen Artikeln wird über Leben und Werk bereits verstorbener Frauen und Männer berichtet, die für die Entwicklung der Pädagogik in Theorie und Praxis Bedeutung gewonnen haben.

Dr. Horst Schaub, Professor für Schulpädagogik im Fachbereich Erziehungswissenschaften der Universität Göttingen (1973–1993) und seitdem im Fachbereich Erziehungs- und Sozialwissenschaften der Universität Hildesheim (bis 2002).

Dr. Karl G. Zenke, Professor für Pädagogik am Institut für Erziehungswissenschaft der Pädagogischen Hochschule Ludwigsburg (bis 2004).

Horst Schaub
Karl G. Zenke

Wörterbuch Pädagogik

Deutscher Taschenbuch Verlag

Originalausgabe
1. Auflage 1995
Grundlegend überarbeitete, aktualisierte und erweiterte Neuausgabe
Oktober 2007

www.dtv.de

Umschlagkonzept: Balk & Brumshagen
Umschlagfoto: Corbis/zefa/Darius Ramazani
Gesamtherstellung: Druckerei C. H. Beck, Nördlingen
Gedruckt auf säurefreiem, chlorfrei gebleichtem Papier
Printed in Germany · ISBN 978-3-423-34346-6

Inhalt

Vorwort

Für die vorliegende Neuausgabe, der bereits sechs Auflagen vorangegangen sind, haben wir das ›Wörterbuch Pädagogik‹ umfassend überarbeitet und erweitert. Vor allem war es uns ein Anliegen, die umfangreichen Aktivitäten der Bildungsforschung und der dadurch ausgelösten Veränderungen im Bildungswesen in der gebotenen Kürze auf den Begriff zu bringen. Dazu gehören auch die Darstellungen der Bildungssysteme in den sechzehn deutschen Bundesländern, die zurzeit zahlreichen Reformen unterzogen werden. Neu aufgenommen haben wir biografische Informationen über bereits verstorbene Frauen und Männer, deren praktische, literarische oder wissenschaftliche Beiträge in der Pädagogik besondere Beachtung gefunden haben.
Eine Liste von Internetadressen aus den Bereichen Bildungspolitik, Bildungsforschung, Bildungsverwaltung und Bildungseinrichtungen sowie zur Literatursuche eröffnet den Zugang zu weitergehenden Auskünften. Auf ein Literaturverzeichnis haben wir verzichtet, weil inzwischen die Recherche über die Datenbanken im Internet wesentlich umfangreichere und aktuellere Nachweise erbringt. Dazu verweisen wir u. a. auf das »Fachportal Pädagogik« beim Deutschen Institut für Internationale Pädagogische Forschung (DIPF).

Auch für diese Auflage hat uns Katharina Festner vom Deutschen Taschenbuch Verlag ihre umsichtige, konstruktive und geduldige Unterstützung angedeihen lassen. Dafür danken wir herzlich!

Göttingen und Reutlingen im Frühjahr 2007
Horst Schaub und Karl G. Zenke

A

ABB. *Arbeitsstelle für Betriebliche Berufsausbildung.*

Abendgymnasium. Schulform des *Zweiten Bildungsweges* für berufstätige Erwachsene, die i. d. R. in drei und höchstens vier Jahren zur *Allgemeinen Hochschulreife* (*Abitur,* Reifeprüfung) führt. Der Bildungsgang ist wie an der *gymnasialen Oberstufe* in Einführungs- und Qualifikationsphase gegliedert. Aufnahmevoraussetzung ist, dass die Teilnehmer mindestens 19 Jahre alt sind, eine Berufsausbildung abgeschlossen haben oder eine mindestens dreijährige Berufstätigkeit nachweisen können. Die Führung eines Familienhaushalts ist der Berufstätigkeit gleichgestellt. Die Schüler des A. müssen bis auf die letzten drei Halbjahre berufstätig sein. Eine durch Bescheinigung des Arbeitsamtes nachgewiesene Arbeitslosigkeit kann berücksichtigt werden. Bewerber, die weder den Mittleren Schulabschluss noch einen gleichwertigen Abschluss nachweisen können, müssen einen Vorkurs von mindestens halbjähriger Dauer besuchen. Im Vorkurs werden Deutsch, eine Fremdsprache und Mathematik unterrichtet. Die Einführungsphase dauert zwei Halbjahre. Über die Zulassung zur Qualifikationsphase entscheiden die erbrachten Leistungen am Ende der Einführungsphase. Die Vereinbarungen der Kultusministerkonferenz über die gymnasiale Oberstufe, die Abiturprüfung und über die *Einheitlichen Prüfungsanforderungen in der Abiturprüfung (EPA)* gelten am A. entsprechend. Einzelheiten sind in der ›Vereinbarung zur Gestaltung der Abendgymnasien‹ (Beschluss der KMK vom Juni 2000) zusammengefasst. Eine Förderung nach dem *Bundesausbildungsförderungsgesetz (BAföG)* ist möglich.

Abendhauptschule. Schulform des *Zweiten Bildungsweges* für berufstätige Erwachsene, die i. d. R. in einem einjährigen Bildungsgang (zwei Semester) zum Hauptschulabschluss führt. Die Teilnehmer müssen i. d. R. die Vollzeitschulpflicht erfüllt haben und dürfen in der Zeit des Besuchs der A. keine allgemein bildende oder berufsbildende Vollzeitschule besuchen. A. gibt es in einigen Ländern als öffentliche Schulen. In anderen Ländern werden die Aufgaben der A. auch von den *Volkshochschulen* und anderen Einrichtungen der *Erwachsenenbildung* wahrgenommen.

Abendrealschule. Schulform des *Zweiten Bildungsweges* für berufstätige Erwachsene, die i. d. R. in vier Semestern zum Mittleren Schulabschluss (Realschulabschluss, Fachoberschulreife) führt. In den Bildungsgang der A. wird aufgenommen, wer die Vollzeitschulpflicht erfüllt und den Mittleren Schulabschluss noch nicht erworben hat.

Abenteuerspielplatz (engl. *adventure playground*). Der A., auch **Aktiv-, Bau-** oder **Robinsonspielplatz** genannt, ist seit Ende der sechziger Jahre eine pädagogisch betreute Alternative zum herkömmlichen *Spielplatz.* Er soll Kindern und Jugendlichen vor allem im verstädterten Wohnmilieu vielfältige und anregungsreiche Spiel- und Erfahrungsmöglichkeiten im Umgang mit Holz, Sand, Wasser, Feuer, Tieren und Pflanzen verschaffen. Träger des A. sind in der Regel Kommunen, Jugendhilfeorganisationen und Elterngruppen.

Abgangszeugnis (engl. *leaving certificate*). Ein A. erhalten diejenigen Schüler, die nach Beendigung der *Schulpflicht* die Schule verlassen, aber das Bildungsziel der besuchten Schulart nicht erreicht haben. Dies trifft insbesondere auf Schüler zu, die an einer *Abschlussprüfung* nicht mit Erfolg teilgenommen haben und somit kein Abschlusszeugnis erhalten können.

abH. *Ausbildungsbegleitende Hilfen.*

Abitur (lat. *abire* fortgehen; engl. *upper secondary school-leaving examination, upper secondary school-leaving certificate*). *Abschluss* am Ende des Bildungsgangs der *gymnasialen Oberstufe,* der durch die Abiturprüfung (Reifeprüfung) erworben und das Zeugnis der *Allgemeinen Hochschulreife* beurkundet wird. Dieses Zeugnis berechtigt zum Besuch einer wissenschaftlichen Hochschule. Das A. kann an einem Gymnasium, einer Gesamtschule oder einer anderen Schulart des Sekundarbereichs II, an einem Beruflichen Gymnasium bzw. Fachgymnasium, auf dem Zweiten Bildungsweg an einem Abendgymnasium oder Kolleg sowie auf dem Weg der externen Prüfung (u. a. *Schulfremden-*, *Begabtenprüfung*) erworben werden. Um die Vergleichbarkeit des erworbenen A. zu sichern, hat die Kultusministerkonferenz (KMK) in der ›Vereinbarung über die Abiturprüfung der gymnasialen Oberstufe in der Sekundarstufe II‹ im Jahr 2000 einheitliche Bedingungen beschlossen. In einer weiteren Vereinbarung der KMK sind die ›*Einheitlichen Prüfungsanforderungen in der Abiturprüfung‹ (EPA)* in 40 Fächern festgelegt. In den einzelnen Bundesländern wird der Erwerb des A. durch das Schulgesetz und weitere Rechtsverordnungen geregelt. Dazu gehört die Festlegung, ob und in welchen Schularten des Sekundarbereichs II das A. am Ende der Jahrgangsstufe 12 oder 13 erworben werden kann. Fast alle Bundesländer führen inzwischen das *Zentralabitur* durch. Die A.note ist in Numerus-clausus-Studienfächern von großer Bedeutung.

Das A. wurde 1788 im preußischen ›Reglement über die Prüfungen an den gelehrten Schulen‹ eingeführt und ist seit 1834 Bedingung für die Immatrikulation an einer Universität oder Hochschule.

Abiturientenberatung. Einer der besonderen Dienste der *Berufsberatung* der Bundesagentur für Arbeit, in dem speziell geschultes Personal Schüler der Abschlussklassen der gymnasialen Oberstufe über die mit der Hochschulreife erreichbaren Ausbildungs- und Studienalternativen und die damit verbundenen Berufschancen informiert. Die A. kann zu Gruppenbesprechungen in die Schule eingeladen oder individuell in Anspruch genommen werden. Ihre Dienste sind kostenlos.

Abmahnung. Durch eine A. wird ein schwerwiegendes Fehlverhalten bemängelt und eine Änderung des Verhaltens im Sinne der z. B. in einem Ausbildungsvertrag oder einer Schulordnung vereinbarten Aufgaben und Pflichten eingefordert. Für den Fall der Wiederholung des beanstandeten Verhaltens werden *Sanktionen* angedroht. Im Bereich der allgemein bildenden Schulen wird zumeist von Verweis gesprochen. In besonders ernsten Fällen sollte die A. schriftlich erfolgen.

Abschlüsse (Syn. **Schulabschlüsse**; engl. *leaving certificates*). A. können am Ende erfolgreich absolvierter Bildungsgänge in den verschiedenen Schularten des Schulsystems oder durch Externenprüfungen erworben werden. Der Erwerb wird in einem Abschlusszeugnis beurkundet und ist mit bestimmten *Berechtigungen* für die weitere Bildungs- und Berufslaufbahn verbunden. In einer zunehmenden Anzahl von Bundesländern werden zentrale *Abschlussprüfungen* durchgeführt.

Die Struktur der A. und ihre Berechtigungen sind durch Beschluss der Kultusministerkonferenz (KMK) vom Juni 2006 in der ›Vereinbarung über die Schularten und Bildungsgänge im Sekundarbereich I‹ sowie in den Schulgesetzen und Verordnungen der Bundesländer geregelt. In der Tradition des gegliederten

Schulsystems gibt es den Hauptschulabschluss und den Mittleren Schulabschluss. Die KMK hat für den Hauptschulabschluss (Jahrgangsstufe 9) und für den Mittleren Schulabschluss (Jahrgangsstufe 10) in den Fächern Deutsch, Mathematik und Erste Fremdsprache (Englisch/Französisch) *Bildungsstandards* beschlossen, die die einheitliche Grundlage für die fachspezifischen Anforderungen in den Abschlussprüfungen der Bundesländer sind.
Durch neue Schularten im Sekundarbereich I, die die bisherigen Hauptschulen oder Realschulen ergänzen oder ersetzen, sind in einzelnen Bundesländern auch Veränderungen in den Schulabschlussbezeichnungen zu beachten.
1. Der erste allgemein bildende Schulabschluss nach Jahrgangsstufe 9 wird in der Mehrzahl der Länder als Hauptschulabschluss, in Brandenburg und Bremen als Berufsbildungsreife und in Mecklenburg-Vorpommern und Rheinland-Pfalz als Berufsreife bezeichnet. Er kann in der Mehrzahl der Länder bei bestimmten Leistungen auch in Schularten erworben werden, deren Bildungsgänge auf mehr als neun Jahrgangsstufen angelegt sind, z. B. beim Abgang aus dem Gymnasium oder der Realschule nach Klasse 9. Die Länder Bayern, Hessen, Mecklenburg-Vorpommern, Sachsen, Sachsen-Anhalt und Thüringen erteilen bei besonderen Leistungen oder aufgrund einer zusätzlichen Leistungsfeststellung einen Qualifizierten Hauptschulabschluss. Am Ende der Jahrgangsstufe 10 kann in den Ländern Berlin, Brandenburg, Bremen, Mecklenburg-Vorpommern, Niedersachsen, Nordrhein-Westfalen und Schleswig-Holstein der Erweiterte Hauptschulabschluss oder die Erweiterte Berufsbildungsreife erworben werden.
Ob ein »erweiterter Abschluss« mehr Berechtigungen als ein Hauptschulabschluss nach Jahrgangsstufe 9 vermittelt, ist in den jeweiligen Länderverordnungen zu überprüfen. Diese A. nach der 9. und 10. Jahrgangsstufe befähigen zur Aufnahme einer Berufsausbildung im dualen System und berechtigen zum Eintritt in das Berufsgrundbildungsjahr sowie unter bestimmten Voraussetzungen zum Besuch der Berufsfachschule. In einigen Ländern ermöglicht der Erweiterte oder Qualifizierte Hauptschulabschluss den Besuch der 10. Klasse der Realschule oder den Erwerb des Realschulabschlusses.
2. Der Mittlere Schulabschluss nach Jahrgangsstufe 10 wird in der Mehrzahl der Länder als Realschulabschluss, in Brandenburg und Nordrhein-Westfalen als Fachoberschulreife, in Mecklenburg-Vorpommern als Mittlere Reife, in Rheinland-Pfalz als Qualifizierter Sekundarabschluss I und im Saarland als Mittlerer Bildungsabschluss bezeichnet. Die Bedingungen, unter denen der Mittlere Schulabschluss erworben werden kann, hängen davon ab, ob er an der Realschule, an Schularten mit mehreren getrennten Bildungsgängen, an Schularten mit integrierten Bildungsgängen, am Ende der Jahrgangsstufe 10 an der Hauptschule, einem Gymnasium oder an einer Gesamtschule gemacht wird. Die Bedingungen beziehen sich auf die *Fachleistungsdifferenzierung* in bestimmten Fächern, auf Fächerkombinationen und die erbrachten Leistungen (Zensuren).
Der Mittlere Schulabschluss nach Jahrgangsstufe 10 ermöglicht die Aufnahme einer Berufsausbildung mit gleichzeitigem Berufsschulbesuch und berechtigt zum Eintritt in weiterführende schulische Bildungsgänge, z. B. zum Besuch der Berufsfachschule und der Fachoberschule.
Bei Erfüllung besonderer Leistungen kann mit den A. die Berechtigung zum Besuch der gymnasialen Oberstufe oder des Beruflichen Gymnasiums bzw. des Fachgymnasiums verbunden sein. Im Gymnasium wird am Ende des Sekundarbereichs I i. d. R. kein Abschlusszeugnis erstellt, sondern die Berechtigung zum Besuch der gymnasialen Oberstufe mit der Versetzung in Jahrgangsstufe 10 oder 11 erteilt.
Da die schulrechtlichen Bestimmungen

über diesen allgemeinen Rahmen hinaus in den einzelnen Bundesländern voneinander abweichen können, sind die entsprechenden Schulgesetze, Verordnungen und Erlasse zu beachten.
Schulabschlüsse des Sekundarbereichs I können auch nachträglich nach Maßgabe der jeweiligen Prüfungsordnung in Schularten des *beruflichen Schulwesens*, in Verbindung mit einer Berufsausbildung, in Abendschulen der Erwachsenenbildung oder durch Externenprüfungen (z. B. *Schulfremdenprüfungen*) erworben werden.
A. im Sekundarbereich II sind das *Abitur (Allgemeine Hochschulreife)* und im beruflichen Schulwesen die *Fachgebundene Hochschulreife*, die *Fachhochschulreife*, die *Fachschulreife* bzw. die Fachoberschulreife.

Abschlussprüfung. 1) A. an allgemein bildenden Schulen (engl. *leaving or final examination*). Durch eine A. am Ende eines Bildungsgangs soll festgestellt werden, ob und auf welchem Leistungsstand die Schüler das Ziel des Bildungsgangs erreicht haben. A. bestehen i. d. R. aus einem schriftlichen und einem mündlichen Teil, manchmal auch noch aus einer praktischen Prüfung oder nur aus einem Kolloquium. Die Abiturprüfung am Ende der gymnasialen Oberstufe des Gymnasiums oder der Gesamtschule ist in allen Bundesländern verbindlich. Die Prüfungsanforderungen in der A. werden vorwiegend in den Ausbildungs- und Prüfungsverordnungen der Länder geregelt.
2002 hat die Kultusministerkonferenz *Einheitliche Prüfungsanforderungen in der Abiturprüfung (EPA)* für 40 Fächer und 2003/04 abschlussbezogene Bildungsstandards für den Hauptschulabschluss (Jahrgangsstufe 9) und den Mittleren Schulabschluss (Jahrgangsstufe 10) in den Fächern Deutsch, Mathematik und Erste Fremdsprache beschlossen. Seitdem werden in fast allen Ländern im Rahmen der A. landesweit einheitliche schriftliche Prüfungsarbeiten geschrieben.
In den meisten Ländern wird der Hauptschulabschluss am Ende der 9. Jahrgangsstufe nach einer erfolgreichen A. erteilt, in anderen Ländern wird er ohne besonderes Abschlussverfahren mit der Versetzung in die 10. Jahrgangsstufe der Hauptschule, der Gesamtschule, der Realschule und des Gymnasiums erworben (vgl. *Nordrhein-Westfalen*). Zum Erwerb des Qualifizierenden Hauptschulabschlusses und des Mittleren Schulabschlusses am Ende von Jahrgangsstufe 10 an Hauptschulen, Realschulen, Gymnasien und Gesamtschulen sowie zum Erwerb der Berechtigung für den Besuch der gymnasialen Oberstufe sind A. mit landesweiten zentralen schriftlichen Arbeiten üblich. Durch die Standards stellen zentrale Prüfungen schulartübergreifend einheitliche Anforderungen und legen einheitliche Bewertungskriterien fest. Die Leistungsbewertung in der A. eines Schülers setzt sich i. d. R. aus den schriftlichen und mündlichen Prüfungsnoten sowie aus den Jahresnoten der einzelnen Fächer zusammen. Die Verrechnung der Prüfungs- und der Jahresleistungen führt dann zu einem Gesamtergebnis, aus dem der erreichte Schulabschluss und die damit verbundenen Berechtigungen resultieren.

2) Berufliche A. (engl. *vocational final examination*). In den anerkannten *Ausbildungsberufen* findet nach den Bestimmungen des Berufsbildungsreformgesetzes (BerBiRefG) eine A. statt, in der überprüft werden soll, ob die Kandidaten die in der staatlichen *Ausbildungsordnung* und im Lehrplan der Berufsschule für die Ausübung einer qualifizierten beruflichen Tätigkeit festgelegten Fertigkeiten, praktischen und theoretischen Kenntnisse beherrschen. Die A. wird vor einem Prüfungsausschuss der *Zuständigen Stelle* abgelegt. Im praktischen Teil sind ein Prüfungsstück und eine Arbeitsprobe zu erbringen. Darüber hinaus findet eine schriftliche Prüfung statt, die durch mündliche Prüfungen ergänzt werden kann, wenn es der Prüfungsausschuss für erforderlich hält. Sie kann zweimal wiederholt werden. Die erfolgreiche Teilnahme wird durch ein Prüfungszeugnis bescheinigt.

Abschlusszeugnis. *Zeugnisse.*

Abstract (lat. *abstrahere* wegziehen, fortreißen, trennen; engl. *abstract*). Kurze Inhaltsangabe eines Artikels oder Buches.

Abstraktion (lat. *abstrahere* abziehen; engl. *abstraction*). Ergebnis eines Denkprozesses, bei dem Teile oder Aspekte aus einem Ganzen, einem Zusammenhang oder einem komplexen Sachverhalt herausgelöst, vereinfacht oder verallgemeinert werden. Solch einen A.prozess vollzieht das Kleinkind, wenn es von seinen vorbegrifflichen ganzheitlichen Vorstellungen zu allgemeinen Begriffen gelangt. Der Vorgang der Isolierung eines einzelnen Merkmals aus dem Gesamtzusammenhang wird Abstrahieren genannt. Die Beschreibung von Charakteristika eines komplexen Vorganges oder Gegenstandes, die den Gesamtzusammenhang nicht mehr mit einbezieht oder sichtbar macht, wird als abstrakt bezeichnet.

Abteilungsunterricht. Organisationsform des Unterrichts in einklassigen oder wenig gegliederten Schulen, die es ermöglicht, dass Schüler mehrerer Altersjahrgänge in einem Klassenraum von einem Lehrer unterrichtet werden. Abteilungen sind kleine *Jahrgangsklassen,* deren Schülerzahlen so weit unter dem Klassenfrequenzrichtwert liegen, dass keine eigenständigen Klassen gebildet werden können. Charakteristisch für den A. ist der Wechsel von direktem Unterricht zwischen Lehrer und Schülern und indirektem Unterricht durch Arbeitsmittel, Lernprogramme u. a. Medien. Während der Lehrer z. B. in lehrgangsartigen Fächern wie Mathematik mit einer Abteilung direkt arbeitet, erhalten die übrigen Schüler Aufgaben zur *Stillarbeit.* In anderen Unterrichtsformen werden die Abteilungen häufig zu gemeinsamem Unterricht zusammengefasst, so z. B. im altersheterogenen und fächerübergreifenden Projektunterricht.

abweichendes Verhalten (lat. *devius* vom rechten Weg abweichen; engl. *deviant behaviour*). Weichen Verhaltensweisen, Einstellungen oder moralische Prinzipien eines Individuums in auffälliger Weise und dauerhaft von sozialen Normen ab, werden diese Verhaltensweisen und Einstellungen als a. V. bezeichnet. Ausschlaggebend für die Feststellung von a. V. sind also die in einer sozialen Gemeinschaft geltenden Erwartungen an das Verhalten des Individuums.

AdA. *Ausbildung der Ausbilder.*

Adaptation (Syn. **Adaption**; lat. *adaptare* anpassen, passend herrichten; engl. *adaptation, adaption*). Anpassung eines originalen *Curriculums* oder *Mediums* an die andersartigen Lebenssituationen einer Lerngruppe. Die verändernde Bearbeitung eines Originals kann von der bloßen Anpassung mit nur geringen Abweichungen bis zur relativ freien Gestaltung im Sinne der Vorlage gehen. Die Notwendigkeit der Veränderung des Originals kann sich aus den Unterschieden in den sozialen, kulturellen und natürlichen Lebensbedingungen zweier Länder, in den kognitiven und motivationalen Entwicklungsständen zweier Lerngruppen oder in den Schulkonzeptionen und Schulformen der Schulsysteme ergeben. In der Fachsprache wird auch vom Adaptieren eines Curriculums oder Mediums gesprochen.

adaptiver Unterricht. Eine Unterrichtskonzeption, in der sich Unterrichtsplanung und -gestaltung so an die Lernvoraussetzungen der Lernenden anpassen, dass diese positive Lernerfolge haben und optimal gefördert werden. Grundlage war das pädagogische Konzept des zielerreichenden Lernens (engl. mastery learning) von R. Glaser, J. B. Carroll und *B. S. Bloom,* die in den siebziger Jahren davon ausgingen, dass 95% der Schüler die Lerninhalte des Unterrichts dann optimal erarbeiten können, wenn ihnen genügend Zeit und angemessene Hilfen gegeben werden. Im Anschluss daran versuchten die westdeutschen Vertreter des a. U., wie R. Schwarzer, K. Steinhagen, A. Flammer, F.-D. Ingenkamp u. a., den Bedingungszusammenhang von individuellen Schülermerkmalen (z. B. Lernvoraussetzungen, Lerngeschwindigkeit, Ausdauer, Aufgabenverständnis, Leistungsmotivation u. a.) und schulischen Lernumwelten (z. B. Qualität von Unterricht, Kommunikationsformen, diagnostische Fähigkeiten des Lehrers, Differenzierungsformen, Verteilung der Lehrerzeit auf Schüler u. a.) genauer zu erfassen, um Hinweise zur Veränderung der traditionellen Unterrichtskonzeption geben zu können.

additive Gesamtschule. *Gesamtschule*.

Additum (lat. *additio* Hinzufügung). Zusätzliche Lernangebote für Schüler in Schulformen mit äußerer *Fachleistungsdifferenzierung* oder in Klassen mit *innerer Differenzierung*, die das verbindliche Grundwissen *(Fundamentum)* bereits erarbeitet haben. Für Schüler, die sich das Fundamentum schneller aneignen können, enthält das A. ergänzende Lerninhalte und Lernziele, die über die Grundanforderungen einer Unterrichtseinheit hinausgehen. Sie werden von Schülern auch kurz Zusatz genannt. Das A. soll aber keine Lernziele und Lerninhalte späterer Unterrichtseinheiten vorwegnehmen oder die *Durchlässigkeit* zwischen den Kursgruppen gefährden.

ADL. *Allgemeiner Deutscher Lehrerverein.*

Adoleszenz (lat. *adolescere* heranwachsen, auflodern; engl. *adolescence*). Biologisch betrachtet die Zeit des beschleunigten Längenwachstums, der Veränderung der körperlichen Proportionen sowie der abschließenden Reifung bzw. Ausbildung der primären und sekundären Geschlechtsmerkmale.

Als Lebensphase Zeit des Übergangs von der *Pubertät* in das junge Erwachsenenalter. Pädagogisch bedeutsam ist die zunehmende Stabilisierung von *Selbstkonzept,* sozialer Identität und gesellschaftlicher Orientierung des *Jugendlichen*.

Adolf-Grimme-Institut. 1973 vom *Deutschen Volkshochschulverband* in Marl (Nordrhein-Westfalen) eingerichtet; entwickelt und erprobt Modelle für die Zusammenarbeit von Fernsehanstalten mit den Volkshochschulen zur Verbesserung der Erwachsenenbildung.

Adolf-Hitler-Schulen (AHS). Ab 1937 wurden auf Verfügung A. Hitlers AHS eingerichtet. Die Leitung des Projekts war *B. von Schirach,* seit 1931 Reichsjugendführer der NSDAP, und R. Ley, Leiter der Deutschen Arbeitsfront und zugleich Reichsschulungsleiter, übertragen. AHS sollten der Heranbildung des Führungsnachwuchses der NSDAP dienen. Aufnahmeverfahren, Arbeitsweisen und Zielsetzungen der AHS entsprachen weitgehend denen der *Nationalpolitischen Erziehungsanstalten,* waren jedoch insgesamt noch wesentlich konsequenter an der rassistischen Ideologie und an den Erfordernissen der geplanten Eroberungskriege des NS-Regimes sowie an der vollkommenen Verpflichtung auf bedingungslosen Gehorsam bis in den Tod gegenüber A. Hitler ausgerichtet.

AHS waren Internats-Aufbauschulen mit den Klassen 7 bis 12 und schlossen mit dem Abitur ab. Zum Auswahlverfahren wurden die Kandidaten durch den zuständigen Parteifunktionär vorgeschlagen. Die Absolventen der AHS wurden zur Ausbildung und Verwendung in die SS, die Wehrmacht oder in Parteiämter übernommen. Vorgesehen war ihre weitere parteiliche Qualifizierung in den *Ordensburgen* und später dann auch an der geplanten Partei-Universität, der *Hohen Schule*. Für die Lehrer waren eine viersemestrige wehrsportliche und weltanschauliche Grundausbildung und ein gymnasiales Lehramtsstudium Einstellungsvoraussetzungen. Die Erzieher im Internat kamen aus den Reihen der *Hitler-Jugend.* Seit 1937 wurden sie auf der Ordensburg Sonthofen ausgebildet.

In jedem der 42 Gaue des »Großdeutschen Reiches« sollte eine AHS errichtet werden, insgesamt entstanden aber nur 10, in enger Verbindung mit den Ordensburgen.

Lehrpläne, fachliche Aufsicht und Finanzierung regelte das Amt für AHS der Reichsjugendführung im Hauptschulungsamt der NSDAP.

Adoption. *Annahme als Kind.*

AEVO. *Ausbildereignungsverordnung.*

Affekt (lat. *affectus* Stimmung, Leidenschaft; engl. *affect*). Heftige lustvolle oder von Unlust begleitete Empfindung, in der sich Wahrnehmungen, Gefühle, Vorstellungen und körperliche Reaktionen vermischen, die zu einer plötzlichen Veränderung des Gesamtbefindens mit deutlich erleb- und beobachtbaren inneren und äußeren Erregungen führt. Das Eigenschaftswort affektiv bezeichnet dagegen ganz allgemein den gefühlsmäßigen bzw. emotionalen Anteil im menschlichen Erleben, Urteilen und Handeln. In dieser Bedeutung findet der Begriff auch in der Bezeichnung *affektive Lernziele* Verwendung.

affektive Lernziele (lat. *afficere* hinzutun, Eindruck machen; engl. *affective objectives*). Sie beziehen sich im Unterschied zu *kognitiven* und *psychomotorischen Lernzielen* auf Einstellungen, Werthaltungen, Bereitschaften und Interessenlagen im menschlichen Verhalten. In jedem konkreten menschlichen Verhalten sind kognitive, affektive und psychomotorische Aspekte miteinander verflochten. Sie werden aber aus analytischen Zwecken unterschieden, um alle denkbaren und empirisch auffindbaren Lernziele bei der Unterrichtsplanung oder Curriculumentwicklung mit ihren Schwerpunkten den drei Dimensionen in *Lernzieltaxonomien* zuordnen zu können.

Affirmation (lat. *affirmare* bestätigen, versichern, bejahen). In der empirischen Forschung wird die Bestätigung einer Hypothese durch gesicherte Daten auch als A. bezeichnet.

AFRG. *Arbeitsförderungs-Reformgesetz.*

Aggression (lat. *aggressio* Angriff; engl. *aggression*). Angriff oder feindseliges Verhalten, das in vielen Spielarten zwischen Tötung oder körperlicher Verletzung bis hin zu sprachlichen oder mimischen A. auftreten kann. A. können sich gegen andere Individuen, gegen Sachen oder auch die eigene Person richten. Man spricht dann von Autoa. (Selbsta.). Über die Entstehung von A. liegen verschiedene Theorien vor. So geht z. B. die psychoanalytische Lehre davon aus, dass A. einen der Urinstinkte des Menschen darstellen. Nach der Frustrations-A.-Hypothese führt jede Störung einer zielgerichteten Handlung zu einer *Frustration,* die eine A. auslösen, aber auch neue Wege zum Ziel weisen kann.

AGJ. *Arbeitsgemeinschaft für Jugendhilfe.*

Aha-Erlebnis (engl. *aha experience*). Ein nach K. Bühler aus einem unbewusst ablaufenden Denkvorgang resultierender plötzlicher Einfall oder eine unmittelbar aufleuchtende Erkenntnis zu einem Problem, das man bisher nicht lösen konnte und dessen Zusammenhang nun klar vor Augen steht.

AHS. *Adolf-Hitler-Schulen.*

AkA. *Aufgabenstelle für kaufmännische Abschluss- und Zwischenprüfungen.*

Akademie (lat. *academia* Lehrstätte; engl. *academy*). Im griechischen Altertum die Gelehrten- bzw. Philosophenversammlung. In diesem Sinne heute Einrichtung zum Zwecke der Vereinigung von Wissenschaftlern, Schriftstellern oder bildenden Künstlern, die ihre Arbeiten austauschen und diskutieren, neue Aufträge entwickeln und vergeben. Seit dem 19. Jh. auch als Bezeichnung für spezialisierte Bildungsstätten (z. B. Medizinische A., Berg A., Pädagogische A.) verwendet. So neuerdings bei den *Berufsakademien.* Einrichtungen der Erwachsenenbildung und der Fortbildung tragen diesen Namen ebenfalls öfters (A. für politische Bildung, Evangelische A., Katholische A., Verwaltungsa. u. a.).

akademische Freiheit (engl. *academic freedom*). Nach Art. 5 des GG ist den Mitgliedern der *Hochschulen* bei ihrer Forschungs-, Lehr- und Studienarbeit Freiheit zugesichert, die so auch in allen *Hochschulgesetzen* der Länder ausdrücklich erwähnt wird. Freiheit der Forschung umfasst insbesondere die freie Wahl von Fragestellungen, Methoden und die freie Interpretation der Ergebnisse. Freiheit der Lehre bezieht sich auf die freie Wahl der Inhalte und Gestaltungsformen sowie die Verbreitung wissenschaftlicher Lehrmeinungen. Die Freiheit des Studiums umfasst die freie Wahl der Lehrveranstaltungen, von Schwerpunkten im Studium sowie die freie Erarbeitung und Veröffentlichung von wissenschaftlichen Meinungen. Diese Rechte entbinden nicht von der Beachtung allgemeiner Regelungen für Studium und Zusammenleben in der Hochschule (GG, Landesverfassung, Grundordnung, *Studien- und Prüfungsordnungen*).

akademische Grade (engl. *academic degrees*).

1) Auf der Grundlage von Studien- und Prüfungsordnungen verleihen Hochschulen a. G., die z. T. mit einem berufsqualifizierenden Abschluss verbunden sind. In Deutschland ist nach den neuen gesetzlichen Regelungen der erste a. G. der *Bachelor,* der Voraussetzung für den Eintritt in eine zweite Studienstufe ist, die zum *Master* führt. Diese beiden a. G. sind wie das *Diplom* zugleich berufsqualifizierende Abschlüsse. Weitere a. G. sind der *Magister Artium* (M. A.), der *Doktor*-Grad mit Angabe der promovierenden Fakultät (z. B. Dr. phil.), das *Lizentiat* und die *Habilitation* (Dr. habil). Ab 2010 soll es nur noch die Stufung Bachelor, Master und Doktor geben.

2) In Österreich werden verliehen das Bakkalaureat, der Magister, das Diplom und der Doktor, in der Schweiz Bachelor, Master, Diplom, Lizentiat und Doktorat. Abschlüsse, die von Fachhochschulen oder Berufsakademien vergeben werden, tragen in Deutschland hinter dem Grad in Klammern den Zusatz FH oder BA.

Akademischer Rat. *Wissenschaftliche Mitarbeiter.*

akademische Selbstverwaltung. Als Körperschaften des öffentlichen Rechts steht den *Hochschulen* die a. S. im Rahmen der geltenden Gesetze zu. Ihre Organe (z. B. *Senat,* Fachbereichsrat) erlassen dafür Ordnungen und Regelungen. Typische Aufgaben der a. S. sind die Planung und Organisation des Lehrangebots, der Hochschulprüfungen und die Verleihung *akademischer Grade,* die Förderung und Organisation der Forschung, *Immatrikulation* und *Exmatrikulation* der Studierenden, die Förderung des wissenschaftlichen und künstlerischen Nachwuchses sowie die Anmeldung des Haushaltsbedarfs gegenüber dem Land.

Akkommodation (lat. *accommodare* anpassen). In der Theorie der kognitiven Entwicklung des Menschen von *J. Piaget* bedeutet A. die Anpassung im Denken und Handeln an die Bedingungen der Umwelt. Die A. steht in einem Wechselwirkungsverhältnis zur Umwelt durch die kognitive Fähigkeit des Menschen zur *Assimilation* von Umweltgegebenheiten an seine vorhandenen Denk- und Handlungsstrukturen.

Akkulturation (lat. *ac, atque* und, und auch; *cultura* Bearbeitung, Veredelung; engl. *acculturation*). Prozess, in dessen Verlauf ein Individuum die für eine *Kultur* typischen *Einstellungen, Motivationen* und Handlungsmuster für die Bewältigung wesentlicher Anforderungen bzw. Aufgabenstellungen (z. B. Körperpflege, Nahrungsaufnahme, Wohnen, Sozialverhalten, Arbeit u. a.) lernt. Das kann für die Gesamtkultur einer Gesellschaft bzw. Nation ebenso gemeint sein wie für die Kultur einer Familie oder einer Gruppe. *Bezugspersonen* und *Bezugsgruppen* sind in diesem Prozess von besonderer Bedeutung.

Aktionsformen des Lehrens (Syn. **A. des Lehrers, A. des Unterrichts**). Eine auf *P. Heimann* und *W. Schulz* zurückgehende Bezeichnung zur Präzisierung älterer Begriffe der Unterrichtsmethode wie *Unterrichtsformen,* Lehrformen, Lehrbegriffe, Arbeitsformen, Grundformen des Lehrens u. a. Es werden die direkten A. des Lehrens wie Darbietung, Erzählung, Vortrag, Demonstration, Frage, Impuls, Unterrichtsgespräch u. a., durch die sich der Lehrer unmittelbar an die Schüler wendet, von den indirekten A. wie Arbeitsanweisungen, didaktisches Material, Unterrichtsprogramme für Einzel- und Gruppenarbeit unterschieden. Im unterrichtlichen Interaktionsprozess stehen bestimmten A. des Lehrers entsprechende Lernformen der Schüler gegenüber, z. B. korrespondieren Lehrervortrag und Zuhören der Schüler miteinander. Unter dem Gesichtspunkt der Sprech- und Aktivitätsanteile von Lehrern und Schülern werden auch darstellende und entdecken lassende A. des Unterrichts unterschieden. Die negativen Auswirkungen vor allem des lehrerzentrierten *Frontalunterrichts* auf das Sprach-, Interaktions- und Lernverhalten der Schüler ist durch Untersuchungen hinreichend belegt.

Aktionsforschung (Syn. **Handlungsforschung**; engl. *action research*). In Anlehnung an das angloamerikanische Forschungskonzept der vierziger und fünfziger Jahre *(K. Lewin),* das Sozialforschung als action research begreift, entwickelte sich seit Anfang der siebziger Jahre in der Bundesrepublik Deutschland eine Forschungsrichtung, deren Erkenntnisinteresse und Handlungsziel darauf gerichtet war, während des Forschungsprozesses die pädagogische Praxis produktiv zu verändern und zu verbessern. Im direkten Zusammenwirken aller am innovativen Erfahrungs-, Erkenntnis-, Kommunikations- und Handlungsprozess beteiligten Personen (z. B. Forscher, Lehrer, Schüler und Eltern) sollte der gemeinsame Versuch unternommen werden, Praxisprobleme zu analysieren, konkrete Lösungsstrategien zu entwickeln, die pädagogische Praxis nach der Erprobung zu optimieren und die Erkenntnisse dieses Verlaufs der Innovationsforschung zu beschreiben.

In der methodologischen Diskussion der A. wurden vor allem das Eingreifen der Forscher in das Praxisfeld und die daraus resultierenden Veränderungen während des Projektverlaufs kritisiert. Die Wiederholbarkeit der Versuche und die Generalisierbarkeit der Erkenntnisse, wie sie von der empirisch-analytischen Forschung angestrebt werden, sei unter den Bedingungen der A. nicht möglich.

Akzeleration (lat. *accelerare* beschleunigen; engl. *acceleration*). Die körperliche, insbesondere sexuelle Reifung junger Menschen findet im Vergleich zu älteren Generationen immer früher statt. Dabei ist die A. bei Mädchen noch deutlich schneller als bei Jungen. Auch zwischen Jugendlichen verschiedener Lebenswelten (Stadt–Land) verläuft die A. in unterschiedlichem Tempo. Die entwicklungspsychologische und medizinische Forschung nennt ein ganzes Bündel von Ursachen, wobei den Faktoren Ernährung, Hygiene und Konsum von Reizstoffen vermutlich besondere Bedeutung zukommt.

Albanien. 1) Republik, gegliedert in 28 Präfekturen. Hauptstadt: Tirana (350 000 Einw.). Auf einer Fläche von 28 748 km^2 leben etwa 3,1 Mill. Albaner, 108 Einw./km^2. Amtssprache ist Albanisch, daneben Griechisch, Mazedonisch und Sprachen anderer Minderheiten. 70% Muslime, 20% Albanisch-Orthodoxe und 10% Katholiken.

2) Die politische Wende 1990/91 brachte dem Land eine mehrjährige Phase von krisenhaften und konfliktreichen Transformationsprozessen, die auch das Bildungswesen in Mitleidenschaft gezogen haben. Im November 1998 wurde die neue demokratische Verfassung in einem Referendum angenommen. Das Land ist nach wie vor eines der ärmsten in Europa. Auch der Aufbau des neuen Bildungswesens hängt wesentlich von ausländischen Hilfen ab. Das Gefälle an Lebensqualität zwischen Städten und ländlichen Regionen ist erheblich. Das trifft auch auf die Qualität von Bildungseinrichtungen zu. Das Gesetz über das voruniversitäre Bildungswesen (1995) vom Vorschulbereich bis zu den Sekundarschulen (Mittelschulen) weist die Zuständigkeit in allen wesentlichen Fragen der Schulgestaltung (Lehrpläne, Stundentafeln, Abschlüsse, Lehrerbildung) dem Bildungs- und Wissenschaftsministerium in Tirana zu. Das Gesetz orientiert sich perspektivisch an den politischen und pädagogischen Grundsätzen der Länder der EU. Private Schulgründungen sind zugelassen und erfreuen sich steigender Beliebtheit. Die Bildungsdirektionen der 36 Kreise sind für die personelle und sächliche Versorgung der Schulen verantwortlich. Sie ernennen auch die Schuldirektoren und sind Schulaufsichtsbehörde. Die innerschulische Mitbestimmung der Kollegien, Schüler und Eltern ist kaum entwickelt.

Träger von Vorschuleinrichtungen und allgemein bildender Schulen sind die Kommunen.

Die Finanzierung des Schulwesens übernimmt weitgehend die Zentralregierung. Die Kosten für Lernmittel müssen die Eltern etwa zur Hälfte aufbringen. In der beruflichen Bildung übernehmen Betriebe einen erheblichen Teil der finanziellen Aufwendungen.

Kinder mit sonderpädagogischem Förderbedarf werden innerhalb der Pflichtschule unterrichtet. Ein System spezieller Förderklassen und -schulen ist im Aufbau. Schulpflicht besteht ab dem 6./7. Lebensjahr für acht Jahre. Eine Teilzeitschulpflicht ist noch nicht eingeführt.

3) Das Schulwesen gliedert sich in die Bereiche Vorschule, Pflichtschule (achtjährige Gesamtschule) und Mittelschulen (Gymnasium, Fachgymnasium, Berufliche Schulen).

Das Schuljahr gliedert sich in Semester, endet nach dem letzten Schuljahr an der Pflichtschule mit einer zweiwöchigen, an den Mittelschulen mit einer vierwöchigen Prüfungsphase und wird durch eine dreimonatige Sommerpause unterbrochen.

Kindergärten und Vorschulen sind mehrheitlich kommunale Einrichtungen. Gebühren werden nur für Mahlzeiten erhoben. Der Arbeit liegt ein Bildungsplan des Ministeriums zugrunde. Darin wird im letzten Jahr auf die Förderung der Schulfähigkeit besonderer Wert gelegt.

Die achtjährige Pflichtschule gliedert sich in zwei Stufen mit je vier Schuljahren. Die Unterstufe entspricht der deutschen Grundschule. Der Unterricht wird als ungefächerter Gesamtunterricht von Klassenlehrern erteilt. Grundsätzlich rücken alle Kinder ohne leistungsbezogene Prüfungen von Klasse zu Klasse vor. Das trifft auch auf den Übergang in die Oberstufe der Pflichtschule und die Versetzungen in dieser Stufe zu. Der Unterricht wird in der Oberstufe von Fachlehrern erteilt. Die Pflichtschule endet mit der schon angeführten zweiwöchigen Abschlussprüfung.

Rund 70% der Absolventen gehen in eine der Mittelschulen über, in steigendem Umfang in den allgemein bildenden Zug. Auf diesen Übergang haben alle Schüler ein gesetzlich verbrieftes Recht.

Die vierjährige allgemein bildende Mittelschule (Gymnasium) führt zur Allgemeinen oder Fachhochschulreife. Es werden auch Spezialschulen (Fachgymnasium) mit künstlerischen oder anderen Schwerpunktprofilen angeboten. Die beruflichen Mittelschulen bieten zwei- bis vierjährige Ausbildungsgänge zum Facharbeiter an. Nach einem fünften Jahr können Qualifikationen für mittlere Führungspositionen (Techniker, Betriebswirt u. a.) erworben werden. Der Zugang zu den Hochschulen setzt neben der Hochschulreife das Bestehen einer Aufnahmeprüfung voraus.

4) Formalisierte berufliche Bildungsgänge über die Angebote der Mittelschule hinaus sind noch nicht vorhanden.

5) Im Tertiärbereich arbeiten acht Universitäten, eine Akademie sowie ein Institut mit mehreren Fakultäten.

6) Die Lehrer für den Vorschulbereich und die Unterstufe der Pflichtschule werden an pädagogischen Mittelschulen ausgebildet. Für alle anderen Lehrämter sind ein achtsemestriges Fachstudium an einer Hochschule sowie der Besuch eines schulpädagogischen Einführungskurses erforderlich.

7) Einrichtungen und gesetzliche Rege-

A

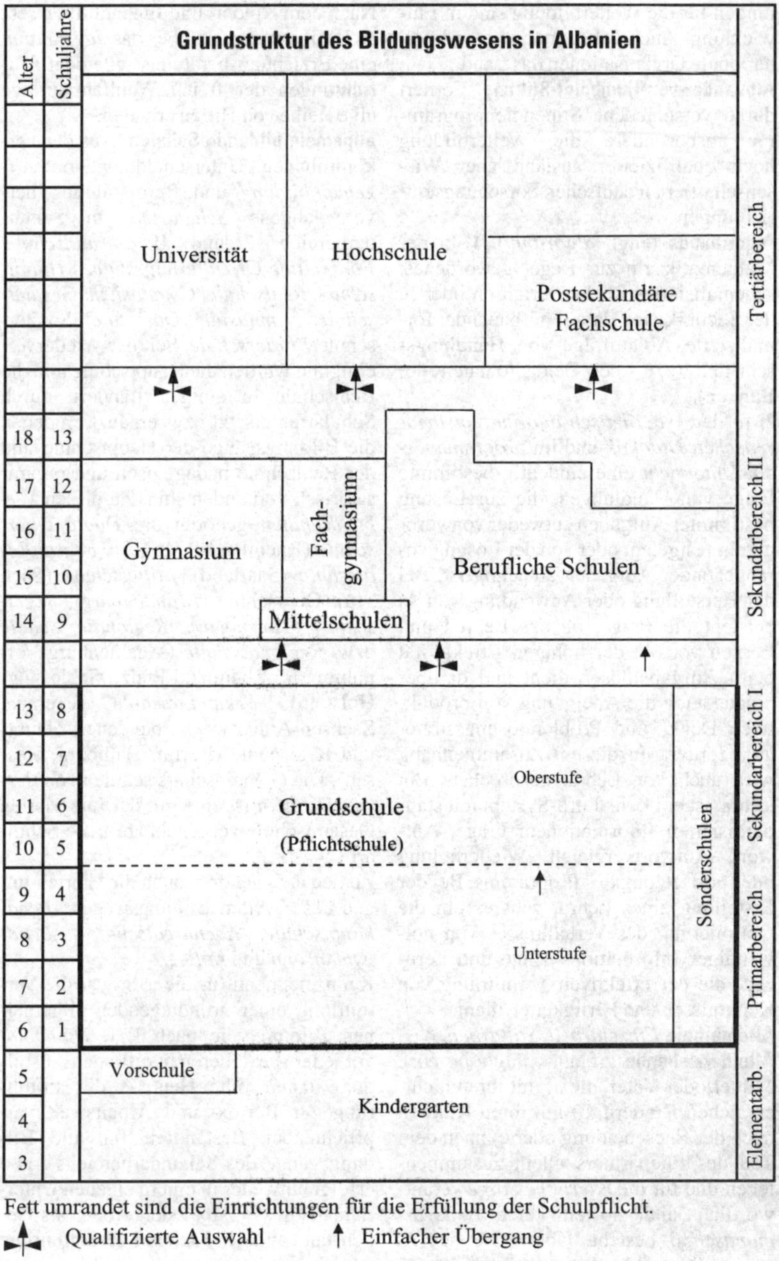

Fett umrandet sind die Einrichtungen für die Erfüllung der Schulpflicht.

Qualifizierte Auswahl   Einfacher Übergang

lungen für die Weiterbildung sind in Entwicklung. Auch dabei unterstützen internationale Organisationen das Land.

Alexander-von-Humboldt-Stiftung. Fördert durch verschiedene Stipendienprogramme insbesondere die Weiterbildung hoch qualifizierter ausländischer Wissenschaftler an deutschen Forschungseinrichtungen.

Algorithmus (engl. *algorithm*). **1)** In der Mathematik ein zur Regel gewordenes, schematisiertes Rechenverfahren oder in der Technik eine darauf aufbauende, formalisierte Ablauffolge von Handlungsschritten (z. B. bei Geldautomaten der Banken).

2) In der *kybernetisch-informationstheoretischen Didaktik* und im *programmierten Unterricht* eine eindeutig bestimmte Folge von Handlungen, die zur Lösung bestimmter Aufgaben entweder von vornherein festgelegt oder von der Lösung vorangehender Aufgaben abhängig ist. Bei der Herstellung oder Anwendung von A. entsteht die Frage, ob das Lehren und Lernen von A. der höheren Effektivität beim Aufgabenlösen dient und darüber hinaus auch die Aneignung von produktiven Denk- und Problemlösungsstrategien fördert. In diesem Zusammenhang wird auch von Lehra. gesprochen. Ein Lehra. ist ein Lehr-Lern-System mit standardisierten Informationen: Frage, Antwort, Antwortvergleich, Wiederholung oder Fortsetzung des Programms. Bei der Erstellung eines Lehra. geht es um die Optimierung des Verhältnisses von notwendiger Informationsmenge und Lernzeit, die der effektiven Vermittlung von Kenntnissen und Fertigkeiten dient.

Alleinarbeit. *Einzelarbeit. Stillarbeit.*

Alleinerziehende (engl. *single-parent*). Mütter oder Väter, die a) mit ihren nichtehelichen Kindern, b) mit ihren Kindern nach der Ehescheidung oder c) nach dem Tod des Ehepartners allein zusammenleben und für die *elterliche Sorge* verantwortlich sind, soweit keine *Amtsvormundschaft* besteht. Über 90% der A. sind in Deutschland gegenwärtig Frauen. Nach dem Kinder- und Jugendhilfegesetz (KJHG) können sie über das *Jugendamt*, eine Erziehungsberatungsstelle oder Einrichtungen der freien Wohlfahrtspflege eine Reihe von Hilfen erhalten.

allgemein bildende Schulen. Aus der herkömmlichen Unterscheidung von *Allgemeinbildung* und Berufsbildung hervorgegangene *Schularten* im Sekundarbereich I und II: *Grundschule, Förderstufe/Orientierungsstufe, Hauptschule, Realschule, Gymnasium, Gesamtschule, gymnasiale Oberstufe,* Sonderschule/*Förderschule.* Seit der Wiedervereinigung wurden die Hauptschule und die Realschule in einigen Ländern durch Schularten ersetzt bzw. ergänzt, in denen die Bildungsgänge der Hauptschule und der Realschule pädagogisch und organisatorisch verbunden sind. Zu diesen *Verbundschulen* gehören die *Duale Oberschule* (Rheinland-Pfalz), *Erweiterte Realschule* (Saarland), *Mittelschule* (Sach sen), Oberschule (*Brandenburg*), *Regelschule (Thüringen), Regionale Schule* bzw. *Regionalschule* (Mecklenburg-Vorpommern, Rheinland-Pfalz, Schleswig-Holstein), *Sekundarschule* (Bremen, Sachsen-Anhalt), Verbundene Haupt- und Realschule (Berlin, Hamburg, Hessen). Die Gemeinschaftsschule in *Schleswig-Holstein* ist eine mit der Integrierten Gesamtschule vergleichbare neue Schulart.

Zu den a. S. gehören auch die Einrichtungen des Zweiten Bildungsweges *Abendhauptschule, Abendrealschule, Abendgymnasium* und *Kolleg.*

Kennzeichnend für die a. S. war die Vermittlung einer grundlegenden allgemeinen Bildung, die nach *W. v. Humboldt* vor jeder spezielleren beruflichen Ausbildung liegen sollte. Heute ist die Hinführung zur Berufs- und Arbeitswelt verpflichtender Bestandteil für alle Bildungsgänge des Sekundarbereichs I und erfolgt entweder in einem eigenen Unterrichtsfach wie Arbeitslehre oder als Gegenstand anderer Fächer. Die Einführung der Dualen Oberschule in Rheinland-

Pfalz mit ihrer berufsfachlichen Orientierung und Zusammenarbeit mit beruflichen Schulen zeigt den Weg zu einer früheren Verknüpfung von Allgemein- und Berufsbildung als bisher. Ein weiteres Beispiel ist das Berufliche Gymnasium/*Fachgymnasium,* das in den Jahrgängen 10 bis 13 zur Allgemeinen Hochschulreife führt.

Allgemeinbildung (engl. *general education*). Der Begriff der A., wie er heute dem allgemein bildenden Schulwesen und der Diskussion um das Verhältnis von A. und Berufsbildung zugrunde liegt, hat seine Wurzel im deutschen Idealismus und Neuhumanismus, der zu Beginn des 19. Jh. das Prinzip einer allgemeinen Menschenbildung gegen ständische Bildungsbeschränkungen und berufsständisch getrennte Schularten zur Geltung brachte. Nach den Vorstellungen *W. v. Humboldts* z. B. sollte die A. jeden Menschen in die Lage versetzen, seine unverwechselbare Individualität hervorzubringen, zur Selbstbestimmung fähig zu sein, die Welt mitzugestalten und zu humanen Verhältnissen auf der Grundlage von Vernunft und Sittlichkeit beizutragen. Die scharfe Betonung des Gegensatzes von allgemeiner und beruflicher Bildung sollte die Gefahr einer zu frühen Vereinseitigung und Entfremdung des Menschen durch berufliche Spezialisierung bannen und bedeutete keine Abwertung spezialisierter beruflicher Tätigkeit. Vielmehr sah Humboldt in der A. das Fundament, das bei wechselnden Berufsstrukturen und beim Wechsel des Berufs die Identität des einzelnen Menschen trage. *J. W. Süverns* Entwurf für ein allgemeines Schulverfassungs-Gesetz in Preußen war 1819 der gescheiterte Versuch, der neuhumanistischen Bildungstheorie in einem Stufenschulsystem politische Geltung zu verschaffen.

Die parallel zur Industrialisierung verlaufende Schulgeschichte des 19. Jh. hat jedoch gezeigt, dass die Aufgabe der A. gegenüber der Volksschule und dem aufkommenden Realschulwesen vor allem vom humanistischen Gymnasium und der Universität in Anspruch genommen wurde. Damit war eine Abschottung gegenüber der Berufsvorbereitung und dem beruflichen Bildungswesen verbunden, die als Vorteil angesehen wurde. Erst zu Beginn des 20. Jh. gelang es mit dem Aufbau der Berufsschule und der Formulierung einer Theorie der Berufsausbildung z. B. durch *G. Kerschensteiner,* die sittliche und staatsbürgerliche Bedeutung der Berufsbildung »als Tor zur A.« herauszustellen.

In der gegenwärtigen Diskussion wird die strenge Unterscheidung zwischen A. und Berufsbildung in Frage gestellt. Vielmehr gehen die Überlegungen dahin, angesichts der Wissenschafts-, Umwelt-, Gesellschafts- und Politikabhängigkeit aller Lebens- und Arbeitsvollzüge auf der Basis einer vorberuflichen, kulturbezogenen und gemeinsamen Grundbildung im *Sekundarbereich I* Wege zur Integration von unmittelbar berufsvorbereitenden und studieneröffnenden Bildungsgängen im *Sekundarbereich II* zu suchen. Dabei bleibt selbst dann, wenn der historisch bedingte Gegensatz von A. und Berufsbildung aufgehoben werden kann, das Problem, was grundlegende Bildung, Grundbildung oder Bildung heute bedeuten. W. Klafki, der versucht hat, eine zeitgemäße A. als »Bildung für alle« zu formulieren und zu begründen, versteht darunter die Fähigkeiten zur Selbst- und Mitbestimmung sowie zur Solidarität. Da das zur Ausübung dieser Fähigkeiten notwendige Bildungswissen nicht mehr in einem umfassenden Inhaltskanon gefasst werden kann, schlägt W. Klafki die Orientierung an epochaltypischen Schlüsselproblemen unserer Gegenwart und der vermutlichen Zukunft vor, die von der Friedens- und Umweltfrage bis zur Ich-Du-Beziehung reichen.

Allgemeine Bestimmungen über das preußische Volksschul-, Präparanden- und Seminar-Wesen. Verfügung des preußischen Ministers der geistlichen, Unterrichts- und Medizinalangelegenheiten, A. Falk, über Einrichtung, Aufgabe und Ziel der *Volksschule* sowie der Ausbildung der Volksschullehrer vom 15. Oktober 1872. Zweck der Verfügung war es, die Volksschule und die Ausbildung ihrer Lehrer neu zu regeln. Die Ausstattung der Schulklassen, die Lehr- und Lernmittel, die Schulfächer, Stundentafeln und Lehrpläne sollten umfassend verbessert werden. Damit gaben die A. B. vielseitige Impulse für die innere und äußere Reform des niederen Schulwesens in Preußen. Die neuen Regelungen für die Lehrerbildung bezogen sich auf die Entlassungsprüfungen in den Präparandenanstalten, auf die Aufnahmeprüfung in den sich anschließenden »Königlichen Schullehrer-Seminaren« sowie deren Lehrplan und Lehrordnung (Studienordnung).

Die A. B. unterschieden erstmals die *Mittelschule* von der Volksschule und gaben damit den vielgestaltigen Schulprojekten (Bürger-, Rektorats-, höhere Knaben- oder Stadtschulen), die sich um eine mittelstandsorientierte Fortentwicklung der Volksschule bemüht hatten, einen gemeinsamen Rahmen. Nach den Bestimmungen sollten Mittelschulen mindestens fünf aufsteigende Klassen umfassen, eine Fremdsprache obligatorisch unterrichten und in einem anspruchsvolleren Lehrplan die besonderen Bedürfnisse der regionalen Wirtschaft berücksichtigen können. Dabei wurde der einzelnen Schule ein beachtlicher Gestaltungsspielraum zuerkannt. Doch blieb die Mittelschule Teil des niederen Schulwesens. Sie konnte weder Abschlussprüfungen durchführen noch Berechtigungen verleihen.

Gegenüber den bis dahin geltenden Regelungen für Volksschulen und Volksschullehrerbildung aus dem Jahre 1854 *(Stiehlsche Regulative)* stellen die Bestimmungen für die Modernisierung der niederen Volksbildung einen enormen Fortschritt dar.

Allgemeine Bestimmungen über die Neuordnung des Höheren Mädchenschulwesens und die weiterführenden Bildungsanstalten für die weibliche Jugend. Das preußische Ministerium der geistlichen, Unterrichts- und Medizinalangelegenheiten erließ diese Verfügung 1908, um die verschiedenen Projekte und Einrichtungen zur Etablierung eines höheren Mädchenschulwesens im Hinblick auf ihre äußere Organisation, ihre Bildungspläne und Abschlüsse neu zu ordnen. Zwei Bildungswege wurden unterschieden, das Lyzeum und die Studienanstalt, jeweils zehnjährige Schulen, gegliedert in eine dreijährige Unterstufe, eine dreijährige Mittelstufe und eine vierjährige Oberstufe.

Das Lyzeum sollte eine zeitgemäße Frauenbildung ermöglichen. An einzelne L. schlossen sich zwei- oder dreijährige höhere Lehrerinnenseminare an. Nach einer wissenschaftlichen und praktischen Abschlussprüfung wurde die Lehrbefähigung für mittlere und höhere Mädchenschulen erworben. Die Prüfung berechtigte auch zum Unterricht an Volksschulen.

Die Studienanstalt wurde in Entsprechung zu den Gymnasien für Jungen als Oberrealschule, Realgymnasium und Gymnasium angeboten. Alle drei Bildungsprofile schlossen mit dem Abitur ab. Damit war die volle Gleichberechtigung der höheren Mädchenschulen mit den höheren Schulen für Jungen erreicht. Die übrigen deutschen Staaten haben sich diesen Regelungen nach wenigen Monaten weitgehend angeschlossen.

allgemeine Didaktik (griech. *didaskein,* aktiv: lehren, unterrichten; passiv: lernen, belehrt werden; auch: sich aneignen; *didaxis* Lehre, Unterricht; engl. *general didactics*). Von diesem ursprünglichen Bedeutungshorizont her wird Didaktik als Wissenschaft des Lehrens und Lernens bzw. des Unterrichts verstanden. Der Begriff a. D. wird heute in Abgrenzung zu den spezielleren Didaktiken verwendet, zu denen die schulpädagogisch orientierte *Didaktik,* die *Fachdidaktik* einzelner Unterrichtsfächer, die Lernbereichsdidaktik z. B. der Naturwissenschaften oder die Stufendidaktik wie z. B. die

Grundschuldidaktik oder die *Hochschuldidaktik* zählen. Zum Gegenstand der a. D. gehören die grundsätzlichen Fragen der Theorie des Lehrens und Lernens bzw. des Unterrichts, die sich auf die Geschichte didaktischen Denkens, die systembildenden Strukturen, die gesellschaftsbezogenen Entwicklungen sowie die generellen Probleme der Auswahl, Anordnung und Interdependenz von Inhalten, Zielen, Methoden und Medien beziehen. Ihre theoriebildenden und methodologischen Prozesse sind zwar traditionell vorwiegend auf das institutionalisierte Lehren und Lernen in der Schule bezogen, jedoch hat sich ihr Fragenhorizont zunehmend auch auf Bereiche wie z. B. der Kleinkindpädagogik, Jugendbildung, Erwachsenenbildung, Weiterbildung, Freizeitpädagogik und Berufspädagogik ausgeweitet.

Allgemeine Hochschulreife (engl. *upper secondary leaving certificate*). Zugangsberechtigung für alle Hochschulen und Fachrichtungen, die i. d. R. mit dem erfolgreichen Abschluss des *Abiturs* in der gymnasialen Oberstufe an einem Gymnasium oder einer Gesamtschule, an einem beruflichen Gymnasium bzw. Fachgymnasium, einem Abendgymnasium oder Kolleg sowie über eine *Schulfremdenprüfung* (Nichtschülerprüfung) oder *Begabtenprüfung* erworben wird.

Allgemeine Lehrlingsordnung (ALO). Für die *Berufsausbildung* in Handwerksbetrieben können die Handwerkskammern eine ALO erlassen, wobei sie die einschlägigen Bestimmungen des Berufsbildungsreformgesetzes (BerBiRefG) und der Handwerksordnung (HwO) zu beachten haben.

allgemeine Pädagogik (Syn. **systematische Pädagogik**). Pflege, Erziehung, Unterricht und Ausbildung der nachwachsenden Generation, also praktische *Pädagogik* im weitesten Sinne, ist im Hinblick auf die zu berücksichtigenden Prinzipien, Ziele, Methoden, Inhalte, rechtlichen Regelungen, Organisationsformen und Einrichtungen in vielfältiger Weise in kulturelle, soziale, ökonomische und rechtliche Bedingungen eingebettet. Dieses sich bis heute ständig erweiternde Feld gesellschaftlicher Praxis ist (jeweils unter besonderen Aspekten) Gegenstandsbereich zahlreicher Wissenschaften: der Anthropologie, der vergleichenden Sozialwissenschaft, der Psychologie, der Soziologie, der Rechtswissenschaft usw.
Das besondere Interesse der Pädagogik im Kreis dieser Wissenschaften bestimmt sich von folgender These her: Aller bewussten erzieherischen Praxis und deren Reflexion liegt die Annahme zugrunde, dass *Erziehung* (neben anderen Einflüssen auf den heranwachsenden jungen Menschen) nur Sinn macht, wenn durch Erziehung der Mensch als spontanes, beseeltes, erkennendes und handlungsfähiges Subjekt Entwicklungshilfe erfährt, was immer das im Kontext einer Kultur sowie einer individuellen Lebenslage im Einzelnen beinhalten mag. Die a. P. leistet dabei im Zusammenwirken mit den genannten Wissenschaften ihren Beitrag zur Aufklärung der geistesgeschichtlichen, sozialen und politisch-ökonomischen Hintergründe der pädagogischen Praxis, zu ihrer begrifflichen Ordnung und umfassenden Darstellung ebenso wie zum Verständnis ihrer unterschiedlichen Abläufe, Entwicklungen und Probleme sowie zu ihrer Kritik und konstruktiven Weiterentwicklung. Typische Fragestellungen der a. P. sind deshalb: Auf welche Weise entfalten sich im angesprochenen gesellschaftlich-kulturellen Bedingungsfeld Konzepte von Erziehung sowohl in der Praxis wie in der gedanklichen Verarbeitung dieser Praxis? Von welchen Ideen, Werten und Prinzipien her soll einem Konzept von Erziehung jeweils Geltung verschafft werden? Auf welche Weise setzen sich Erziehungskonzepte in einer Gesellschaft durch, wie im Handeln verschiedener Erziehungsträger um, und unter welchen Bedingungen kommt es zum Wandel von Praxis und Theorie der Erziehung? Welche Wirkungen auf Einstellungen und Verhaltensweisen des ein-

zelnen jungen Menschen, der heranwachsenden jungen Generation insgesamt und auf die Gesellschaft als Ganzes lassen sich von der Erziehungspraxis her verstehen?
Im Wissen um die historische Bedingtheit der Pädagogik fragt a. P. umgekehrt immer auch nach dem spezifischen Beitrag, den pädagogische Forschung und Theoriebildung für diesen Gesamtprozess leistet bzw. möglicherweise leisten könnte. Insofern hat a. P. für alle Teildisziplinen der *Erziehungswissenschaft* grundlegende – nicht anleitende oder vorschreibende – Funktion. Mit zunehmender Differenzierung der gesellschaftlichen Erziehungspraxis und dem Entstehen immer neuer pädagogischer Spezialdisziplinen (z. B. *Berufspädagogik, Schulpädagogik, Sozialpädagogik*) wird die systematische Gesamtdarstellung der Grundstrukturen pädagogischen Denkens und Handelns sowie die Analyse der Bedeutung von Pädagogik für den Einzelnen wie die Gesamtgesellschaft immer schwieriger. Dem entspricht die methodische Vielfalt, die die a. P. bei ihrer Forschungsarbeit nutzt. Durch die Verbindung hermeneutischer und phänomenologischer Verfahren, Formen qualitativer Sozialforschung und quantifizierender *Empirie* sollen sich wechselseitig ergänzende Daten über bestimmte Sachverhalte gewonnen werden, damit die Gültigkeit der Aussagen ständig verbessert werden kann.

Allgemeiner Deutscher Lehrerverein (ADL). Zusammenschluss von Elementar- und Volksschul-, Mittelschul- und Seminarschullehrern. Auf der Gründungsversammlung im September 1848 in Eisenach wurden die Ziele vorgestellt: berufsständische Verbesserungen (Ausbildung, Besoldung, Entlassung aus kirchlicher Aufsicht) sowie grundlegende Reformen des gesamten Bildungswesens als Beitrag zum Aufbau eines demokratischen deutschen Nationalstaates.
Die Forderungen fanden im Revolutionsjahr bei Lehrern und in Teilen der bürgerlichen Öffentlichkeit Unterstützung. Mit dem Scheitern der Revolution verlor auch die politische Organisation der Lehrer an Bedeutung. Die *Stiehl'schen Regulative* (1854) schrieben die Bildungsbegrenzung für die Elementarschulen und ihre Lehrer nochmals fest. 1871 erneuerte sich der Verein durch die Gründung des Deutschen Lehrervereins (DLV). Ab 1897 gab der DLV die noch heute erscheinende wissenschaftliche Zeitschrift ›Die Deutsche Schule‹ heraus. 1933 verbanden sich die meisten Orts- und Kreisverbände des DLV mit dem Nationalsozialistischen Lehrerbund (NSLB), mehrheitlich durchaus freiwillig. 1937 wurden alle Lehrerorganisationen außerhalb des NSLB verboten. Zwei Jahre nach Kriegsende entstand die Arbeitsgemeinschaft Deutscher Lehrer und Lehrerinnen, der erste Gesamtverband für die Lehrer aller Schularten. Ein Jahr später nahm in der britischen Besatzungszone die *Gewerkschaft Erziehung und Wissenschaft* (GEW) ihre Arbeit auf. Diese Zonengewerkschaft schloss sich 1949 in der Arbeitsgemeinschaft Deutscher Lehrerverbände (AGDL) mit dem Bayerischen Lehrer- und Lehrerinnenverband und dem Berliner Verband Lehrer und Erzieher zusammen. 1970 löste sich dieser Gesamtverband auf. Die GEW führt dessen Arbeit in allen Bundesländern weiter.

Allgemeiner Studentenausschuss (AStA). Sehen die Bestimmungen des *Hochschulgesetzes* eines Bundeslandes die *verfasste Studentenschaft* vor, dann wählt die Studentenschaft einer Hochschule als kollegiales Leitungsorgan für die Erledigung der laufenden Geschäfte einen AStA. Er nimmt die fachlichen, kulturellen, hochschulpolitischen, sozialen und sportlichen Interessen der Studenten wahr und vertritt sie in den Kollegialorganen der Hochschule (Fachbereichsrat, *Senat*) und nach außen. Die Arbeit des AStA steht unter der Aufsicht des Landes, i. d. R. vertreten durch die Hochschulleitung, insbesondere im Hinblick auf die Verwendung der Gelder, die für die Arbeit des AStA aus dem Landeshaushalt oder durch Mitgliedsbeiträge aller eingeschriebenen Studenten zur Verfügung gestellt werden.

Allgemeine Schulordnung. Als Bestandteile der *Schulgesetze* der Länder oder der Rechtsverordnungen der obersten Schulverwaltungsbehörde zur Ausführung der Schulgesetze regeln A. S. Einzelheiten des *Schulverhältnisses* übergreifend für alle Schulen oder für einzelne Schularten: Aufnahme, Abschlüsse, Versetzung, Prüfungen, Übergänge, Zeugnisse, Erziehungs- und Ordnungsmaßnahmen, Schülermitverantwortung. Auch *Prüfungsordnungen* für einzelne Schularten u. ä. Einzelregelungen fallen unter den Begriff A. S.

Allgemeine Schulordnung für die deutschen Normal-, Haupt- und Trivialschulen in sämtlichen Kaiserlich-Königlichen Erbländern. 1774 wurde unter Maria Theresia die A. S. erlassen, die der Theologe und Pädagoge *Johannes I. von Felbiger* entworfen hatte. Wie andere Schulordnungen im 18. Jh. ist sie Ausdruck des politischen Willens, das städtische und ländliche Schulwesen umfassend zu entwickeln und auch die Lehrer fachlich und pädagogisch auf ihren Beruf vorzubereiten. Insgesamt geht die A. S. deutlich über die im preußischen *General-Land-Schul-Reglement* angesprochenen schulpolitischen Perspektiven hinaus. Hervorzuheben ist besonders die Konzeption der Normalschule, die als Musterschule die Schulentwicklung insgesamt anregen und zugleich die Lehrerbildung übernehmen sollte. Felbigers Konzept sah für die Normalschule einen für die Zeit höchst differenzierten Lehrplan vor: Religion, Lesen, Schreiben, Rechnen, handwerklich-praktische Inhalte, Sprachlehre, Latein, Haushaltskunst, Naturlehre, Geschichte, Geografie. In den größeren Städten sollten Haupt-, in ländlichen Regionen Trivialschulen eingerichtet werden.

Allerdings blieben die tatsächlichen Verhältnisse im Bereich des Schulwesens für die breite Masse der Bevölkerung weit hinter den Zielen der A. S. zurück.

Allgemeines Landrecht für die Preußischen Staaten. Zusammenstellung großer Teile des in Preußen im ausgehenden 18. Jh. geltenden Rechts auf allen Gebieten des öffentlichen Lebens. Es wurde 1794 unter König Friedrich Wilhelm II. erlassen. Wesentliche Vorarbeiten waren bereits unter Friedrich II. geleistet worden. Sie dienten als Grundlage für die Entwicklung eines sich aufgeklärt verstehenden absolutistischen Feudalstaates. Die Verrechtlichung der Verhältnisse zwischen dem Staat und seinen Bürgern einerseits und zwischen den Bürgern andererseits ließ die Sozialstruktur (Ständegesellschaft, Gutsuntertänigkeit der Bauern, Privilegien für den Adel u. a.) unangetastet. Doch wurden die Transparenz des Rechts sowie die Unabhängigkeit von Verwaltung und Rechtsprechung wesentlich verbessert.

Das nahezu 20 000 Paragrafen umfassende Werk enthält auch eine Reihe von Schulartikeln, die auf die Entwicklung des Bildungswesens beachtlichen Einfluss genommen haben. Allerdings war die Mehrzahl der die Schulen betreffenden Bestimmungen bereits im *General-Land-Schul-Reglement* von 1763 enthalten: Darin wurden Schulen und Universitäten als staatliche Einrichtungen definiert, Gründung und Führung waren an staatliche Genehmigung und Aufsicht gebunden. Private Bildungs- und Erziehungseinrichtungen waren zwar zugelassen, unterlagen jedoch im Hinblick auf Ausstattung, Personal und Praxis der staatlichen Kontrolle. Aus Glaubensgründen durfte keinem Kind der Zugang zu öffentlichen Schulen verwehrt werden. Elementarschulen wurden der Aufsicht der Gerichtsobrigkeit der Gemeinde sowie der Kirche unterstellt. Sie waren auch für die Einstellung von Lehrern zuständig. Zum Unterhalt von Elementarschulen waren sämtliche Haushaltungsvorstände der Gemeinde verpflichtet. Die Schulpflicht sollte nach vollendetem fünftem Lebensjahr beginnen. Insbesondere aus wirtschaftlichen Gründen konnte der Schulbesuch jedoch mehrfach ausgesetzt werden. Die Schulpflicht galt als erfüllt, wenn die Geistlichkeit einen der jeweiligen Standeszugehörigkeit des Kindes entsprechenden Kenntnisstand feststellte.

allgemeine Unterrichtslehre. *Unterrichtslehre.*

Allokation (lat. *locus* Ort, Stelle, Platz, Rang; engl. *allocation*). Im Zusammenhang der gesellschaftlichen Funktionen des Bildungswesens führt die Ausübung der Selektionsfunktion der Schule über Prüfungen, Schulabschlüsse und Berechtigungen auch zur Ausübung der A.funktion. A. bezeichnet die Funktion der Schule, die Verteilung bzw. Zuteilung von Lebenschancen durchzuführen, indem sie durch die Struktur des *Schulsystems* nach der Grundschule bereits den Zugang zu hohen oder niedrigen beruflichen Bildungsgängen reguliert, mit denen unterschiedliches Prestige und Einkommen verbunden sind.

Alltagswissen (Syn. **Alltagstheorie**; engl. *common sense knowledge*). Verinnerlichtes und routiniert eingesetztes Wissen für das individuelle und kollektive Verhalten in Öffentlichkeit, Familie, Erziehung usw., das sich für den Einzelnen aus Traditionen, Alltagsbräuchen und den als natürlich angesehenen Lebensregeln seiner Umgebung ergibt; also Ansichten, Erklärungen, Normen, Handlungsmuster, Ordnungsvorstellungen und Wertorientierungen, die kulturelles Gemeingut sind. Insoweit steht der Begriff für die in einem Lebenszusammenhang vorherrschenden Verstehensmuster von der Welt und vom angemessenen Verhalten im Alltag. Zugleich aber ist zu beachten, dass durch die Lebensgeschichte A. auch individuell ausgestaltet wird. Allgemeine Vorgaben verschmelzen mit eigenen Erfahrungen und setzen sich im persönlichen A. ab. Das gilt in besonderer Weise für A. über Erziehung und Unterricht, da jeder über eigene Erfahrungen verfügt. Für eine Verständigung über pädagogische Fragen ist diese Grundlage zwar eine hilfreiche Voraussetzung, doch wird es problematisch, wenn individuelles A. und wissenschaftliche Theorien kollidieren, da das Infragestellen von A. als Verlust an persönlicher Kompetenz empfunden werden kann.

ALO. *Allgemeine Lehrlingsordnung.*

Alphabetisierung (griech. *alpha* A, *beta* B; engl. *teaching literacy skills*). Vermittlung von Lese- und Schreibfähigkeit an Erwachsene. Die UNESCO und die Regierungen vieler Entwicklungsländer haben zur Bekämpfung des *Analphabetismus* auf der Erde Maßnahmen zur A. vor allem für die Bevölkerung eingeleitet, die bisher keinerlei Gelegenheit hatte, in Schulen Schriftsprachkompetenz zu erwerben. Im Unterschied zu diesem natürlichen Analphabetismus ist seit den 70er Jahren in den westlichen Industrieländern eine nicht geringe Zahl sog. funktionaler Analphabeten aufgefallen, die zwar in der Schule Gelegenheit zum Erwerb der Schriftsprachkompetenz gehabt haben, diese aber aufgrund einer gescheiterten Schulkarriere nicht erworben oder wieder verloren haben. Die Gründe dafür sind nicht allein in der intellektuellen Leistungsfähigkeit der betroffenen Personen, sondern in einem Bündel von Ursachen zu suchen, mit dem sich seit einigen Jahren die A.- und Spracherwerbsforschung befasst. Aufgrund mehrjähriger Erfahrungen haben die Träger der Erwachsenenbildung didaktische Konzepte entwickelt und Werbemaßnahmen ergriffen, die den betroffenen Kreis der Bevölkerung besser ansprechen sollen als bisher. Die UNESCO hat sich zum Ziel gesetzt, die Anzahl der etwa 780 Millionen Analphabeten unter den Erwachsenen in der Welt in der Dekade 2003 bis 2012 um die Hälfte zu reduzieren. Einen Überblick vermittelt der UNESCO-Weltbericht ›Bildung für alle‹ 2007. Auch in Deutschland gab es 2003 noch etwa 4 Millionen Analphabeten. Informationen geben u. a. die Deutsche UNESCO-

Kommission, das UNESCO-Institut für lebenslanges Lernen und der Bundesverband Alphabetisierung und Grundbildung e. V.

Altenberatung und Altenhilfe. Ihre Aufgaben bestehen in der Vorbeugung und Überwindung altersbedingter Schwierigkeiten bei alten Menschen und in der Förderung von deren Möglichkeiten zur aktiven Teilnahme am Leben der Gemeinschaft. Als Grundlage hierzu dienen die gesetzlichen Bestimmungen des *Bundessozialhilfegesetzes* (BSHG), die psychologischen, medizinischen, soziologischen und pädagogischen Erkenntnisse der *Alternsforschung* sowie die Anregungen der *Altenbildung.*

Altenbildung (Syn. **Seniorenbildung**). Der Prozess des Alterns vollzieht sich im biologischen, psychischen, geistigen und sozialen Bereich und kann eigentlich nicht mit einer kalendarischen Altersangabe markiert werden. Dennoch wird der Begriff des Alters bzw. des Alterns auf Personen bezogen, die aus Altersgründen aus dem Erwerbsleben ausgeschieden sind oder das 65. Lebensjahr erreicht haben.

1) A. ist im Sinne von Gerontologie bzw. Gerontagogik (Lehre der A. und *Alternsforschung*) seit etwa 1970 ein eigenständiger Lehr- und Forschungsbereich innerhalb der Pädagogik, deren Gegenstand die Weiterbildung von Erwachsenen im Alter bzw. Bildungsarbeit mit älteren Menschen und die Professionalisierung entsprechender Ausbildungsberufe ist.

2) A. hat im Sinne von Geragogik (Praxis der Altenarbeit) die Aufgabe, auf die Bewältigung von biologischen, psychischen, geistigen und sozialen Problemen des alternden Menschen vorzubereiten, Weiterbildungsangebote zu machen, Bildungsaktivitäten zu organisieren, Hilfe zur Selbsthilfe für die Teilhabe am sozialen Leben der Gemeinschaft zu geben sowie *Altenberatung und Altenhilfe* bei der Realisierung des *Bundessozialhilfegesetzes* (BSHG) zu leisten.

Alternativschulen. Schulische Einrichtungen, die nach Zielsetzung, Schul- und Unterrichtsorganisation, Lerninhalten, Lehr- und Lernformen, Medien, Schulleben und Elternarbeit ganz oder teilweise von den einheitlichen Merkmalen der staatlichen Regelschule abweichen und damit eine andere Möglichkeit des Lehrens und Lernens bieten. Sie sind aus der Kritik an der *öffentlichen Schule* hervorgegangen und verstehen sich von ihren unterschiedlichen anthropologischen, weltanschaulichen oder pädagogischen Begründungszusammenhängen her als Reformschulen, die meist als kind- und jugendorientierter, moderner, zukunftsweisender oder pädagogisch besser begründet angesehen werden. A. sind in der Regel Schulen in freier Trägerschaft (*Privatschulen, freie Schulen*).

Zu den alternativen Schulmodellen aus der Zeit der *Reformpädagogik* (1890–1933) gehören die *Landerziehungsheime* (z. B. die *Odenwaldschule*), die *Waldorfschulen*, die Montessori-Schulen und die Jena-Plan-Schulen. Aus der Bildungsreformdiskussion der siebziger Jahre sind z. B. die *Laborschule Bielefeld,* die *Glockseeschule Hannover* und die Freie Schule Frankfurt hervorgegangen. Von den ausländischen A. sind vor allem die Schule von *A. S. Neill* in Summerhill (England), die Schülerschule in Barbiana (Italien), die First-Street-School in New York (USA) und die Tvind-Schulen in Dänemark bekannt geworden.

alternierende Ausbildung. Konzeptioneller Entwurf für die Angleichung der z. T. sehr verschiedenartigen Berufsausbildungssysteme in den Ländern der Europäischen Union (EU). Phasen des *On-the-job-trainings* und des *Off-the-job-trainings* sollen sich mit Phasen produktiver Arbeit abwechseln und so die *Qualifikation* des Mitarbeiters ständig aktualisieren und seine Mobilität sichern helfen.

Alternsforschung (Syn. **Gerontologie, Gerontagogik**; engl. *gerontology*). Ein interdisziplinärer Wissenschaftsbereich, dessen Gegenstand die Persönlichkeits- und Verhaltensänderung des alternden Menschen ist. Die von der früheren A. aufgestellte Defizithypothese, dass parallel zum kalendarischen Alter die körperlichen, gefühlsmäßigen, geistigen und sozialen Fähigkeiten generell nachließen, wurde durch Langzeituntersuchungen widerlegt. Auch der Disengagementhypothese, die besagt, dass mit dem Rückzug aus dem beruflichen Leben und der damit verbundenen Aufgabe vieler sozialer Kontakte das Altern eher zufrieden verlaufe, wurde von interventionsgerontologischen Ansätzen widersprochen. Die A. geht heute zumeist davon aus, dass der Prozess des Älterwerdens nicht allein biologisch bedingt ist, sondern je nach Persönlichkeit sehr unterschiedlich verläuft und von sozialen, ökologischen, gesundheitlichen und biografischen Lebensbedingungen abhängt. Generell wird von der Möglichkeit *lebenslangen Lernens* und der Fähigkeit älterer Menschen ausgegangen, ihr Leben eigenverantwortlich zu gestalten und zu organisieren, was nicht ausschließt, dass Einzelne im Verlauf des Alterungsprozesses verschiedenartige Hilfe in Anspruch nehmen müssen. In diesem Gesamtzusammenhang kommen der *Altenbildung, Altenberatung und Altenhilfe* große Bedeutung zu.

Ambiguitätstoleranz (lat. *ambiguus* schwankend, ungewiss, zweideutig, *tolerare* ertragen, dulden; engl. *ambiguity tolerance*). Die Fähigkeit, komplexe, unterschiedlich interpretierbare und in ihrer Entwicklung offene Situationen zu ertragen. Eine hohe A. gilt im Allgemeinen als Zeichen seelischer Ausgeglichenheit und Ichstärke.

Ambivalenz (lat. *ambiguus* zweideutig, *valere* Bedeutung haben; engl. *ambivalence*). Doppelsinnigkeit einer Aussage. Nebeneinander mehrerer einander widersprechender Gefühlslagen. Hin-und-hergerissen-Sein.

Amtsblatt. Offizielles Organ einer staatlichen Verwaltung, in dem sämtliche Regelungen, die sich aus Gesetzen für die Verwaltungspraxis im jeweiligen Zuständigkeitsbereich ergeben, bekannt gemacht werden (Erlasse, Richtlinien, Verordnungen). So werden z. B. die Bildungs- oder Lehrpläne für einzelne Schularten oder die jährlichen Organisationserlasse für die Schulen im A. veröffentlicht. In einem nichtamtlichen Teil werden zumeist allgemeine Informationen für die Dienststellen beigefügt.

Amtsgeheimnis (engl. *official secrecy*). Alle dienstlichen Vorgänge einer Behörde (*Schule, Jugendamt* usw.), deren Kenntnis nur einem begrenzten Personenkreis zugänglich sein darf und deren Geheimhaltung durch Gesetze vorgeschrieben ist, unterliegen dem A. So ist es einer Schulaufsichtsbehörde z. B. untersagt, Informationen aus den Personalakten der Lehrer an Eltern oder die Presse weiterzugeben.

Amtspflegschaft (engl. *authority guardianship*). Nach den Bestimmungen des BGB kann ein *Vormundschaftsgericht* für einen Minderjährigen A. anordnen, wenn die Eltern oder der gesetzliche Vertreter an der Wahrnehmung ihrer Rechte und Pflichten gegenüber dem Minderjährigen verhindert sind. Der vom *Jugendamt* bestellte Pfleger, der i. d. R. Mitarbeiter dieser Behörde ist, hat die Interessen des Minderjährigen zu vertreten (z. B. in Vermögensangelegenheiten). Die A. ist aufzuheben, wenn der Grund für ihre Anordnung weggefallen ist.

Amtspflichten des Lehrers (engl. *official duty*). Ergeben sich aus dem besonderen Dienst- und Treueverhältnis zwischen dem *Lehrer* (Beamten) und dem Land als öffentlichem Arbeitgeber (Dienstherr). Die Grundsätze sind im Beamtenrechtsrahmengesetz geregelt. Zu den A. d. L. gehören insbesondere: Unparteilichkeit, Gerechtigkeit, Orientierung am Wohl der Gemeinschaft, aktives Eintreten für die freiheitlich-demokratische Grundordnung, insbesondere den Schutz der Menschenrechte, Zurückhaltung bei politischer Betätigung, Weisungsgebundenheit und Wahrung der Amtsverschwiegenheit.

Amtsvormundschaft (engl. *authority guardianship*). Als A. wird eine Vormundschaft bezeichnet, die ein Mitarbeiter eines *Jugendamtes* übernimmt.

Analphabetismus (griech. *alpha* A, *beta* B; engl. *illiteracy*). Ein Mensch wird als Analphabet bezeichnet, wenn er keine oder nur mangelhafte Kenntnisse und Fähigkeiten im Lesen und Schreiben besitzt und damit nach der Definition der UNESCO unfähig ist, einen einfachen Text zu lesen oder einen einfachen Brief zu schreiben. Als Halbanalphabeten werden die Personen bezeichnet, die zwar lesen, aber nicht schreiben können. Sekundäranalphabeten sind Personen, die in der Schule Lesen und Schreiben gelernt haben, diese Fähigkeit aber im Verlauf ihres Lebens wieder verloren haben. Zum Personenkreis der sog. funktionalen Analphabeten gehören die Schulentlassenen, die trotz ihres Schulbesuchs bis zum Ende der Schulzeit das Lesen und Schreiben nicht in ausreichendem Maße gelernt haben bzw. deren Lese-Rechtschreib-Schwierigkeiten während der Schulzeit nicht behoben werden konnten. Von A. wird gesprochen, wenn sich die Lese- und Schreibunfähigkeit auf eine größere Anzahl von Personen oder auf ganze Bevölkerungsgruppen bezieht. Er kommt vor allem in den Ländern vor, in denen die Bevölkerung keine oder nur eingeschränkte Möglichkeiten hat, regelmäßig eine Schule zu besuchen, um das Lesen und Schreiben zu erlernen.
Nach den Angaben des Statistischen Instituts der UNESCO vom August 2005 gab es unter der Erwachsenenbevölkerung der Erde etwa 20% Analphabeten, dabei deutlich mehr Frauen als Männer. Für die fünf Kontinente werden folgende A.raten genannt: Afrika: 40%, Amerika: 17%, Asien: 20%, Europa: 1,5%. Ozeanien: 7%. In den westlichen Industrieländern handelt es sich meist um funktionale Analphabeten, die nicht über grundlegende Fertigkeiten im Lesen, Schreiben und Rechnen verfügen und damit nicht die Kompetenz besitzen, Gefahrenhinweise, Arbeitsanweisungen, Straßenschilder usw. zu lesen und Bewerbungen, Geldüberweisungen, behördliche Anträge u. Ä. zu lesen und zu schreiben. Wegen der großen Dunkelziffer gibt es keine genauen statistischen Angaben. Für Deutschland ging der Bundesverband Alphabetisierung und Grundbildung 2006 von mindestens 4 Mill. Betroffenen aus. Als Grund für den funktionalen A. in Deutschland werden falsch gelaufene Spracherwerbsprozesse in der Grundschule und der hohe Prozentsatz von Schulabgängern ohne Abschlusszeugnis angesehen.
In den letzten Jahren sind weltweit durch die UNESCO und in Deutschland über Einrichtungen der Erwachsenenbildung Maßnahmen zur *Alphabetisierung* angelaufen.

analytische Definition. *Definition.*

Anamnese (griech. *anamnesis* Erinnerung; engl. *case history*). Rekonstruktion der Vorgeschichte einer körperlichen oder seelischen Krankheit. In der *Psychoanalyse* ist sie zugleich wesentlicher Teil des Heilungsprozesses.

Änderungskündigung. Eine ordentliche Kündigung des *Berufsausbildungsverhältnisses* nach Ablauf der Probezeit ist durch den Auszubildenden möglich, wenn er die Ausbildung aufgeben oder sich für eine andere Berufsausbildung entscheiden möchte. Dabei ist eine Frist von vier Wochen einzuhalten.

Andorra. Das kleine Fürstentum zwischen Frankreich und Spanien (468 km^2, 66 000 Einwohner), das erst 1993 in einer Volksabstimmung den Willen zur vollständigen Unabhängigkeit von den Nachbarstaaten erklärt hat, unterhält kein eigenständiges Bildungswesen. Einrichtungen orientieren sich im Hinblick auf Bildungspläne und Abschlüsse am französischen oder am spanischen System.

Andragogik (griech. *andros* Mann, *agogos* Führung; engl. *adult education*). Theorie und Praxis der *Erwachsenenbildung*.

Anfangsunterricht (Syn. **Erstunterricht, Schulanfang, Schuleingangsstufe**; engl. *elementary instruction*). Unterricht für Schulanfänger nach der *Einschulung* in die *Grundschule*, mit dem für alle Kinder eines Jahrgangs die Schullaufbahn beginnt. Zum A. bzw. Schulanfang werden i. d. R. das erste und zweite Schuljahr gezählt, allerdings werden zum Schulanfang manchmal auch nur die ersten Schulwochen gerechnet. Der A. hat die Aufgabe, den Übergang aus Familie, Kindergarten oder Vorklasse in die Grundschule pädagogisch so zu gestalten, dass die Schulanfänger positive Ersterfahrungen mit der Schule machen, Freude am schulischen Lernen haben und Interesse für vielfältiges entdeckendes und problemorientiertes Lernen entwickeln können. Von grundlegender Bedeutung ist der Erstunterricht im Lesen, Schreiben und Rechnen (Mathematik).

Die Einführung der Jahrgangsklasse ging ursprünglich von der Annahme aus, dass Kinder eines Altersjahrganges ähnliche Lernvoraussetzungen besitzen. Um diesbezüglich eine relative Einheitlichkeit zu gewährleisten, werden die Schulanfänger häufig vor oder nach der Einschulung auf ihre Schulreife (*Schulfähigkeit,* Schulbereitschaft) untersucht. In früheren Jahren waren aufgrund der heterogenen Startsituation hohe Sitzenbleiberquoten nach dem ersten Schuljahr die Folge des A. Zur Abmilderung dieses Problems wurden Vorschläge zu einer mehrfachen Einschulung im Jahr, zum gleitenden Übergang vom Kindergarten in die Schule und zur Einführung einer *Eingangsstufe* bzw. *Vorklasse* für Fünfjährige gemacht.

Da die Kinder aufgrund unterschiedlicher Sozialisationsbedingungen im Vorschulbereich mit sehr individuellen Lern- und Verhaltensweisen in die Schule kommen, kann der A. vor allem in den Lehrgängen nicht mehr in frontaler, lehrerzentrierter Weise durchgeführt werden. Vielmehr soll sich der A. durch Individualisierung und Differenzierung den unterschiedlichen Ausgangssituationen der Kinder anpassen und die Voraussetzungen schaffen, die ihre sachbezogenen und sozialen Lernprozesse fördern. Dazu gehören variabel gestaltete Klassenräume als vorbereitete Lernumgebung, vielfältige Arbeitsmaterialien für differenzierte Allein- und Gruppenarbeit, flexible Zeitstrukturen mit z. B. lehrerbezogenen Einführungsphasen, freier Arbeit, Tagesplanunterricht und gestaltetem Schulleben. Durch vielfältige Anregungen und Gelegenheiten zum eigenständigen Arbeiten wird auch die Selbständigkeit der Kinderpersönlichkeit gefördert. Eine wichtige Voraussetzung zur Öffnung des A. war die Abschaffung der Nichtversetzung und der Zensurenzeugnisse, an deren Stelle vermehrt förderdiagnostische Verfahren, *Berichtszeugnisse* (Entwicklungsberichte) und Elterngespräche treten. In den meisten Bundesländern werden die Jahrgangsstufen 1 und 2 als neue *Schuleingangsphase* geführt.

Angebotsschulen. Neben den *Regelschulen* des staatlichen Schulwesens, die im Schulgesetz der Bundesländer aufgeführt sind und vom Schulträger bei entsprechender Bedürfnislage eingerichtet werden müssen, kann es A. geben, deren Besuch freiwillig ist. So sind z. B. ab 1968 *Schulversuche* mit *Gesamtschulen* durchgeführt worden, die nach der Schulversuchsphase in einigen Bundesländern den Status gleichberechtigter Regelschulen erhalten haben, während sie in anderen Bundesländern den Status eines schulischen Angebots bekamen. A. sind darauf angewiesen, dass das Interesse von Schülern und Erziehungsberechtigten in einem bestimmten Einzugsbereich an solchen Schulen mit besonderer pädagogischer Prägung so groß ist, dass für sie eine Existenzberechtigung besteht. Die Qualität solcher A. ist aber häufig so hoch, dass die Nachfrage größer ist als die zur Verfügung stehenden Plätze. Neue A. dürfen vom Schulträger nur bei besonderem längerfristigen Bedürfnis und Interesse von Schülern und Erziehungsberechtigten, das vom Schulträger festgestellt werden muss, eingerichtet werden. I. d. R. darf dadurch die Existenz bestehender Regelschulen nicht gefährdet werden. Als A. können auch *Privatschulen* gelten, zu denen Schulen in kirchlicher Trägerschaft oder die freien *Waldorfschulen* und die *Landerziehungsheime* zählen.

Angst (engl. *anxiety*). Ein Gefühlszustand, in dem ein Mensch sich befindet, wenn er eine Situation als unangenehm, beklemmend und bedrohend empfindet. Der A.zustand kann auch durch erinnerbare A.erfahrungen ausgelöst werden, für die es in der gegenwärtigen Lebenssituation keinen objektiven Anlass gibt. Es wird zwischen Zustandsa., die im Erleben und Verhalten des Menschen als relativ kurzzeitiger emotionaler Erregungszustand auftritt, und Ängstlichkeit bzw. Eigenschaftsa. unterschieden, die im Verlauf der Sozialisation als eine relativ verfestigte Verhaltensdisposition erworben worden ist und sich zu ausgeprägten Krankheitserscheinungen entwickeln kann. Eine besondere Erscheinungsform der A. ist die *Schulangst.*

A.reaktionen kommen in physiologischen Reaktionen wie Erbleichen, Erröten, Herz- und Pulsbeschleunigung, Schweißausbruch, Schwindelgefühl, Atem- und Sprechschwierigkeiten, verstärkte Darm-, Harn- und Stuhltätigkeit u. a. zum Ausdruck. Verhaltensmäßig-motorische Merkmale der A. sind Flucht, Abwehrverhalten, Aggression, gestörte soziale Kontaktaufnahme, Vermeidungsstrategien, Zittern, absicherndes Vorbereiten auf neue Situationen u. Ä.

Der Begriff A. wird nicht einheitlich verwendet. Seine Bedeutung ist nur aus dem jeweiligen Bezugssystem heraus zu verstehen. Zur Erklärung der A.entstehung und A.wirkung gibt es in der Psychologie z. T. erheblich voneinander abweichende A.theorien.

Zur Verminderung und Überwindung der A. wurden verschiedene präventive und therapeutische Behandlungsmethoden entwickelt.

Animation (lat. *anima* Atem, Seele, Lebenskraft; engl. *animation*). Jemanden durch Motivationshilfen, Anregungen und konkrete Trainingsprogramme zur bewussten Gestaltung seiner Freizeit anregen.

Anlage (engl. *genetic heredity*). Charakteristische Merkmale in der Reifung und Entwicklung eines Individuums, die u. a. von den in den Genen der Chromosomen gespeicherten Erbinformationen beeinflusst sind und sich in auffälligen Ähnlichkeiten zwischen Eltern und Nachkommen äußern. Träger der Informationen ist die in den Chromosomen enthaltene Säure (desoxyribonucleic acid) DNA. Die in großer Zahl (100 000 und mehr) vorhandenen Gene können untereinander und in Abhängigkeit von Umweltreizen sowie von spontanen Einflüssen des Individuums zu vielfältigen Kombinationen kommen, die wiederum zu sehr unterschiedlichen Ausprägungen der Merkmale führen. Im engeren Sinne genetisch festgelegt (vererbt) sind nur sehr wenige Merkmale eines Individuums (Geschlecht, Körperformen, Hautfarbe u. Ä.). Dagegen sind Thesen, die bestimmte Verhaltensweisen oder Begabungen (z. B. für Mathematik, Kunst, Handwerk) in gleicher Weise auf Vererbung zurückführen, wissenschaftlich unhaltbar, denn sie missachten die komplexen Interaktionen zwischen dem werdenden und beständig lernenden Individuum und seinen höchst variablen genetischen Vorgaben.

Anlernberuf (engl. *semi-skilled occupation*). Bezeichnung für eine Erwerbstätigkeit, die ohne formalisierte Ausbildung durchgeführt werden kann. Die erforderlichen Kenntnisse und Fertigkeiten werden i. d. R. direkt am Arbeitsplatz vermittelt und in einer kurzen Einarbeitungszeit erworben.

Anlernverhältnis. Dabei werden in gesetzlich nicht definierter Zeit und ohne Vertragsniederschrift einem Arbeitnehmer berufliche Kenntnisse und Fertigkeiten vermittelt, die zur Übernahme vergleichsweise eng umschriebener Arbeiten befähigen, aber zu keinem anerkannten Berufsabschluss führen.

Annahme als Kind (Syn. **Adoption**; lat.

adoptio Annahme an Kindes statt; engl. *adoption*). Seit 1977 juristische Bezeichnung für die Adoption eines Kindes. Das BGB versteht darunter die künstliche, also nicht auf leiblicher Abstammung beruhende Begründung eines Eltern-Kind-Verhältnisses. Pädagogischer Sinn der A. a. K. ist es, Kindern, die von den leiblichen Eltern nicht ausreichend versorgt und erzogen werden können, ein normales Aufwachsen und Erzogenwerden in einer *Familie* zu ermöglichen. Das Verfahren ist rechtlich genau geregelt. Zuständig ist das *Vormundschaftsgericht*. Voraussetzungen für die A. a. K. sind u. a.: bei Unverheirateten ein Mindestalter von 25 Jahren. Eheleute können nur gemeinsam adoptieren, einer muss mindestens 25 Jahre, der zweite Ehepartner mindestens 21 Jahre alt sein. Das zu adoptierende Kind muss einwilligen. Ist es unter 14, hat die Einwilligung über den gesetzlichen Vertreter zu erfolgen. Ebenso müssen die leiblichen Eltern des Kindes ihre Zustimmung geben. Mit der vollzogenen A. a. K. erhält das angenommene Kind die uneingeschränkte Rechtsstellung eines ehelichen bzw. leiblichen Kindes. Auskünfte erteilen die Familien- und die Vormundschaftsgerichte, aber auch die Jugendämter.

Anpassungsfortbildung (engl. *updating courses*). Maßnahmen von Betrieben oder außerbetrieblichen Trägern beruflicher *Weiterbildung*, die der Aktualisierung der beruflichen Kompetenzen angesichts sich verändernder Produktionsmittel und -verfahren sowie neuer Organisationsformen der Arbeit dienen.

Anrechnungsverordnung. Rechtsverordnung des Bundesministers der Wirtschaft oder eines sonst zuständigen Fachministers, wonach der Besuch einer *Berufsfachschule* unter bestimmten Bedingungen ganz oder teilweise auf die Dauer einer *Berufsausbildung* nach den Bestimmungen des BerBiRefG anzurechnen ist. Wird die einjährige Berufsfachschule als *Berufsgrundbildungsjahr* besucht, ist sie bei erfolgreichem Abschluss als 1. Ausbildungsjahr anzurechnen. Die zweijährige Berufsfachschule wird in einigen Berufsfeldern als 1. Ausbildungsjahr angerechnet, wenn der Unterricht in mindestens 20 Wochenstunden berufsfachliche Inhalte vermittelt und mindestens 40 Wochen im Jahr Unterricht erteilt werden. Für die *Verkürzung der Ausbildungszeit* gelten besondere Regelungen.

Anschauungsmittel (engl. *visual aids*). Ältere Bezeichnung für *Lehr- und Lernmittel* oder *Medien*.

Anschlussfähigkeit. Voraussetzung für den erfolgversprechenden Einstieg in ein formalisiertes Bildungsangebot (Schule, Ausbildung, Lehrgang u. a.). In Zusammenhang mit der zunehmenden Differenzierung und *Modularisierung* von schulischen, berufsbildenden, hochschulischen und weiterbildenden Angeboten und der größeren Entscheidungs- und Handlungsspielräume für den Einzelnen gewinnt A. für das Selbstmanagement der Ausbildungs- und Berufskarriere ständig an Bedeutung. Der Begriff steht für ein komplexes Vermögen, das persönliche Eigenschaften, Dispositionen, Einstellungen und Verhaltensmuster, Wissen und Fähigkeiten, soziale, kognitive und methodisch-strategische Kompetenzen, instrumentelles Können, Qualitätsbewusstsein, eine stabile Lernmotivation, hohes Vertrauen in die Selbstwirksamkeit, Selbstdisziplin, Selbstbestimmung, die Fähigkeit zur attraktiven Selbstpräsentation und zum zielführenden Handeln umfasst. Während *Berechtigungen,* die mit einem Abschluss erworben werden, die formal gegebenen Anschlussmöglichkeiten bezeichnen, hebt der Begriff A. also auf die einer Person tatsächlich verfügbaren Eigenschaften, Qualifikationen und Kompetenzen für die Bewältigung von Anforderungen bei Übergang und Eintritt in einen neuen Lern- oder Arbeitsprozess ab. Deshalb berücksichtigen u. a. Ausbildungsbetriebe in Bewerbungsverfahren neben den Zeugnissen zusätzlich die Ergebnisse eines *Assessments,* in dessen Verlauf eine

Reihe von Faktoren der A. beobachtet werden können.
Auch die Verhältnisse im Bildungs- und Beschäftigungssystem spielen eine Rolle: Je größer die Anzahl von Personen, die mit formal gleichwertigen Berechtigungen auf ein knapper werdendes Angebot an Studien- und Ausbildungsplätzen treffen, desto höher die Anforderungen an die Umsetzung der persönlichen A.

Anthropologie (griech. *anthropos* der Mensch, *logos* die Lehre; engl. *anthropology*). Alle wissenschaftlichen Theorien, die sich mit der Entwicklung der Menschheit und ihrer Besonderheiten im Vergleich zu anderen Lebewesen befassen. Die naturwissenschaftliche A. untersucht den Menschen als Naturwesen im Zusammenhang mit seiner natürlichen Umwelt. Die kulturwissenschaftliche A. studiert die Sitten, Gebräuche, die moralischen Normen sowie die sozialen Strukturen menschlicher Lebensformen in Geschichte und Gegenwart. Für die philosophische A. stehen Fragen nach dem Sein und dem Wesen des Menschen im Zentrum. Die *pädagogische Anthropologie* betrachtet den Menschen als auf *Erziehung* angewiesenes und erziehbares Wesen. Folglich bilden *Kinder* und *Jugendliche* im Kontext von Erziehungsprozessen den engeren Gegenstandsbereich dieser A.

Anthroposophie (griech. *anthropos* Mensch, *sophia* Weisheit; engl. *anthroposophy*). Von *R. Steiner* begründete Erkenntnismethode zur wissenschaftlichen Erforschung der real-geistigen Welt und zur Entwicklung der dazu notwendigen Erkenntnisfähigkeit. Die A. ist die Grundlage der anthroposophischen Pädagogik, der Waldorfpädagogik und der Konzeption der *Waldorfschulen,* der Waldorf-Kindergärten und der heilpädagogischen Einrichtungen.

antiautoritäre Erziehung (griech. *anti* gegen; lat. *auctoritas* Glaubwürdigkeit, Vorbild, Ansehen; engl. *anti-authoritarian upbringing*). Pädagogisches Schlagwort für eine nicht autoritäre Auffassung von Erziehung, die sich auf dem Hintergrund fundamentaler Gesellschaftskritik und studentischer Protestbewegung in den sechziger Jahren gegen die nicht hinterfragte Herrschaft überlieferter Normen in der familiären und schulischen Erziehung wendete. Ziel der a. E. war die Bewusstmachung gesellschaftlicher und pädagogischer Machtausübung von Autoritäten und die Befreiung von ihnen durch Schaffung repressionsfreier Erziehungs- und Lebensformen. Sie orientierte sich an der gesellschaftskritischen Position der *Frankfurter Schule* (z. B. *Th. W. Adorno*, M. Horkheimer) und an tiefenpsychologisch orientierten Ansätzen z. B. von E. Fromm, *W. Reich, S. Bernfeld* und *A. S. Neill.*
Die Realisierung der a. E. führte zu einer Anzahl unterschiedlicher Konzeptionen, von denen das Modell der Reformschule in Summerhill von A. S. Neill, die Kinderladenbewegung und die alternativen Kommunen besonders hervorgetreten sind. Aber auch Eltern aus bürgerlichen Kreisen schlossen sich den Ideen der a. E. an und gründeten Elterninitiativen zur Verbesserung vor allem der frühkindlichen Erziehung.
Von naiven Laisser-faire-Ausprägungen abgesehen, folgt auch die a. E. pädagogischen Zielvorstellungen und ist auf die helfende, reflektierte Gestaltung durch Erwachsene angewiesen. In einem anregungsreichen, emotional warmen Milieu sollen sich Kinder und Jugendliche ohne repressiven Druck von Erwachsenen optimal entfalten, selbst verwirklichen und glücklich sein. Hierzu gehört die Erfüllung ihrer Bedürfnisse und die Enttabuisierung kindlicher Sexualität bei gleichzeitiger Selbstregulierung und Beachtung des Eigenrechts anderer. Die Sozialisation in der Kindergruppe soll die Entwicklung von Ich-Stärke, Kreativität, Sach- und Sozialkompetenz ermöglichen und zum autonomen und solidarischen Handeln in konkreten Lebenssituationen befähigen. Dabei sollen angstfreie Beziehungen zu Erwachsenen und anderen

Kindern aufgebaut sowie auftretende Konflikte nicht unterdrückt, sondern argumentativ im *Diskurs* bearbeitet werden. Von den Eltern wird erwartet, ihre eigene Sozialisation zusammen mit anderen Eltern aufzuarbeiten.

Die a. E. hat ihren Bewegungscharakter relativ früh verloren. Die Bewegung ist jedoch heute noch in einigen Einrichtungen von damals lebendig. Sie hat parallel zur Bildungsreformdiskussion um 1970 die Kindorientierung vieler Eltern und Pädagogen geprägt, die heute bei der inneren Grundschulreform mitwirken.

Antinomie (griech. *anti* gegen, *nomos* Gesetz, Regelhaftigkeit). Widersprüchlichkeit von Gesetzesaussagen, die jeweils für sich Anspruch auf Geltung erheben, sich aber eben deshalb wechselseitig ausschließen.

Antipädagogik (griech. *anti* gegen, anstelle von, *pais* Kind, *agein* führen). Um 1975 in die pädagogische Diskussion eingeführter Begriff, mit dem eine radikale Kritik an der Funktion und Praxis von *Pädagogik* und *Erziehung* in der Gesellschaft verbunden ist. Der A. geht es darum, die zur Selbstverständlichkeit gewordenen Mechanismen, Normen und Ziele von Erziehung und *Schule* zu entlarven. Sie begründet, warum Pädagogik eine »menschenfeindliche Wissenschaft« und Erziehung in Wahrheit »Erziehungsdiktatur« sei, die selbst dann, wenn sie sich als demokratisch und antiautoritär darstelle, allein schon durch ihre vorgegebenen Zielsetzungen und geplanten Einflussnahmen nicht zur angeblichen Selbstbestimmung und Emanzipation führe, sondern zur Fremdbestimmung, Lebensfeindlichkeit und Unterwerfung des Kindes. Stattdessen solle dem Kind die Freiheit zur Selbstregulierung unter Subjekten und die Möglichkeit zur selbstbestimmten Entfaltung seiner Lernfähigkeit gelassen werden. Nicht das Kind sei erziehungsbedürftig, sondern die heutige Generation der Erwachsenen, die ihr eigenes Erziehungsschicksal erst aufarbeiten müsste, um für die Kinder wieder beziehungsfähig zu werden. Antipädagogen wie E. v. Braunmühl, H. Kupfer und H. v. Schoenebeck haben mit ihrer Herausforderung die Kritik von A. Flitner, J. Oelkers u. a. heraufbeschworen.

Antizipation (lat. *anticipatio* angeborene Vorstellung, Idee; engl. *anticipation*). Gedankliche und vorstellungsmäßige Vorwegnahme von Zielen, Handlungen und Ereignissen. Der Lehrer antizipiert z. B. bei der Unterrichtsvorbereitung den Interaktionsverlauf des zukünftigen Unterrichts und die erwünschten Lernergebnisse der Schüler. Oder: Im Rollenspiel werden durch die Vorwegnahme von Lösungen in konflikthaltigen Situationen Qualifikationen für die Bewältigung ähnlicher realer Lebenssituationen erworben.

Arbeit (engl. *work, labour*). Begriffsgeschichtlich sind folgende Varianten von Bedeutung: Last, Bedrängnis, Not, Mühe, schwere körperliche A. Eine veränderte Sinngebung kommt im 16. Jh. durch die Verbindung mit dem Berufskonzept zustande: A. als Berufung, Dienst und Pflichterfüllung.

A. meint zielgerichtete Auseinandersetzung der Menschen mit ihrer natürlichen und dinglich-kulturellen Umgebung. Sie dient durch die Erzeugung von Produkten, die Bereitstellung von Dienstleistungen und das Erschaffen geistig-kultureller Objekte dem Lebensunterhalt und der Befriedigung körperlicher und seelischer Bedürfnisse. Als Erwerbsa. zielt sie auf Geldeinkommen (Lohn, Gehalt), das dann i. d. R. für die Sicherung der Lebensgrundlagen verwendet wird.

Je komplizierter die Aufgaben, Verfahren und Organisationsformen der gesellschaftlichen A. werden, desto mehr gewinnen organisierte *Berufsausbildung* und laufende *Weiterbildung* an Bedeutung.

In modernen Industriegesellschaften ist das soziale Ansehen einer A. für den sozialen Rang eines Menschen nach wie vor von wesentlicher Bedeutung, weil die eingenommene A.position zumeist über die Höhe der Abschlüsse im Bildungswesen, die Berufsausbildung bzw. das Studium sowie das Erwerbseinkommen und die beruflichen Kompetenzen definiert ist. Im Falle des Haupternährers einer Familie überträgt sich das soziale Ansehen auf die anderen Familienmitglieder. Auch für die Schullaufbahn der Kinder stellt die A.position des Haupternährers noch immer die herausragendste Bedingung dar.

Arbeiterbildung (engl. *worker education*). Bis zur Zerschlagung der Arbeiterbewegung durch das NS-Regime 1933 verstand sich A. einerseits als Qualifikation für die Teilnahme am gewerkschaftlich, sozialdemokratisch oder auch kommunistisch geführten Kampf um die Emanzipation der Arbeiterschaft, andererseits in einem weiteren Sinne als jegliches Bemühen um Bildung als Beitrag zur Durchsetzung sozialer Gerechtigkeit und Demokratisierung der Gesellschaft. Nach dem Zweiten Weltkrieg ist dieser noch stark am Klassenkampf orientierte Ansatz im Rahmen eines neuen sozialpartnerschaftlichen Denkens abgelöst worden von einer Vielzahl von Angeboten in Volkshochschulen, betrieblicher Bildungsarbeit, allgemeiner *Erwachsenenbildung,* gewerkschaftlichen Maßnahmen, Angeboten der Kirchen und Verbände sowie zahlreicher kommerzieller Träger. Neuere Untersuchungen zeigen, dass trotz Pluralisierung der Angebote die traditionelle Arbeiterschaft immer weniger erreicht wird. Daran haben auch die Einführung eines gesetzlichen *Bildungsurlaubs* und verschiedene Förderprogramme wenig ändern können.

Arbeitsagentur (engl. *labour office*). Regionale bzw. örtliche Dienststelle der *Bundesagentur für Arbeit,* die insbesondere für die Vermittlung von Arbeitsplätzen, die Gewährung von Arbeitslosengeld und Arbeitslosenhilfe, für die *Berufsberatung* und die Förderung der *beruflichen Fortbildung* und *Umschulung* zuständig ist. Die Dienste der A. können kostenlos in Anspruch genommen werden.

Arbeitsblatt (engl. *working paper*). Im Unterricht am häufigsten verwendetes *Arbeitsmittel*, das für die Lernprozesse der Schüler von großer Bedeutung ist, aber dann zum Problem wird, wenn es das einzige Medium ist und didaktisch-methodisch unsachgemäß und unästhetisch gestaltet wurde. Die Gestaltung des A. hängt von seiner Funktion im Unterrichtszusammenhang ab: A. werden zum Wiederholen und Üben bereits eingeführter Lerninhalte verwendet. Die Aufgabenstellungen und Methoden können auf gesonderten Blättern unterschiedliche Schwierigkeitsgrade aufweisen und der inneren Differenzierung dienen. Sie sollten in geeigneter Weise Möglichkeiten zur Selbstkontrolle enthalten. A. werden z. B. bei der *Wochenplanarbeit* zur selbständigen Erarbeitung eines Sachverhalts, Durchführung eines Experiments, zur Beobachtung von Tieren und Pflanzen oder Erkundung an außerschulischen Lernorten genutzt. Sie sind dann anders strukturiert, müssen eindeutige und altersgemäße Arbeitsanweisungen enthalten, Sachinformationen geben, auf Hilfsmittel hinweisen und motivierend gestaltet sein. Die Sammlung der A. ergibt ein Dokument des individuellen Lernprozesses einer Schülerin bzw. eines Schülers in einem Schulhalbjahr. Aus der Kritik an der Dominanz des A.-Unterrichts werden vermehrt, z. B. für die freie Arbeit und die innere Differenzierung, klasseneigene Karteien selbst hergestellt und durch käufliche ergänzt.

Arbeitsförderungs-Reformgesetz (AFRG). Das 1969 vom Bundestag verabschiedete Arbeitsförderungsgesetz regelte bis 31. 12. 1997 die Aufgaben der damaligen Bundesanstalt für Arbeit (heute: Bundesagentur): Arbeitsvermittlung, *Berufsberatung,* Beihilfen zur *beruflichen Bildung* und *Fortbildung,* berufliche Rehabilitation Behinderter, Fördermaßnahmen zur Erhaltung und Schaffung von Arbeitsplätzen und Gewährung von Arbeitslosengeld und Arbeitslosenhilfe.

Durch das A. wurde das alte Arbeitsförderungsgesetz außer Kraft gesetzt. Das neue Gesetz wurde als Drittes Buch in das Sozialgesetzbuch (SGB III) aufgenommen. Darin finden sich alle wesentlichen Regelungen des alten A. wieder.

Arbeitsgemeinschaft (engl. *working group, study group, team*). Eine kleine Gruppe von Schülern, Studierenden, Lehrenden oder anderen Personen, die über eine gewisse Zeit regelmäßig und planmäßig an einer gemeinsamen Aufgabe arbeitet. In der Schule sind A. neben dem Pflicht- und Wahlpflichtunterricht Veranstaltungen, an denen Schüler i. d. R. freiwillig teilnehmen. Die Zusammensetzung der A. wird meist von bestimmten Interessenschwerpunkten geleitet und ist deshalb auch häufig altersheterogen und jahrgangs- bzw. klassenübergreifend. Im Mittelpunkt der schülerorientierten Gestaltung stehen vorwiegend spielerische, musisch-künstlerische, sportliche und technische Aktivitäten, während leistungsbezogene Fachinhalte seltener eine Rolle spielen. Vor allem in Ganztagsschulen sind A. von konstitutiver Bedeutung. An die Stelle des Begriffs A. treten heute oft die Bezeichnungen wahlfreie *Kurse,* Arbeitsgruppen oder Arbeitskreise. Da der Kursbegriff seit den sechziger Jahren in definierter Weise im System der *Fachleistungsdifferenzierung* und in der *gymnasialen Oberstufe* verwendet wird, ist hiervon der Begriff A. deutlich zu unterscheiden.

Arbeitsgemeinschaft für Jugendhilfe (AGJ). Zusammenschluss der Bundesorganisationen von *Jugendverbänden,* der Landesjugendringe, der Zentralen der *freien Wohlfahrtspflege* sowie der obersten Jugendbehörden der Bundesländer (zumeist der Sozialministerien). Ziel der AGJ ist die politische Unterstützung und fachliche Förderung der Arbeit in *Jugendämtern* und *Jugendhilfe.*

Arbeitskreise Schule–Wirtschaft. Freiwillige Kooperation von Lehrern aus Schulen des Sekundarbereichs mit Vertretern der Betriebsleitungen von Unternehmen und Kammern, die durch Vortragsveranstaltungen, die Bereitstellung von Unterrichtsmaterialien und Betriebsbesuche die fachdidaktische Kompetenz von Lehrern für den Unterricht in *Arbeitslehre* bzw. im Lernbereich Arbeit–Wirtschaft–Technik stärken wollen und dabei in besonderer Weise die Interessen der Arbeitgeber berücksichtigen.

Arbeitslehre. 1) Etwa seit Mitte der sechziger Jahre schrittweise an Haupt-, Real- und Gesamtschulen eingeführtes Unterrichtsfach, das den Schülern durch die fachliche Verbindung politischer, wirtschaftskundlicher, sozialer, hauswirtschaftlicher und technischer Inhalte grundlegende Einsichten in Strukturen, Funktionszusammenhänge, Chancen und Gefahren moderner Industriegesellschaften vermitteln und sie auf ihre zukünftigen Rollen in Betrieb und Haushalt vorbereiten soll. Ferner sollen berufsorientierte Grundkenntnisse und -fähigkeiten aufgebaut und Hilfen für eine planmäßige und zukunftsorientierte *Berufswahl* gegeben werden. Fachtheoretischer Unterricht wird mit praktischen Kursen, *Betriebserkundungen* und *Betriebspraktika* verbunden.

2) Als *Unterrichtsprinzip* soll A. in allen Fächern des Sekundarbereichs immer dann Berücksichtigung finden, wenn bestimmte Inhalte und Unterrichtsziele das Verständnis der Schüler für all die sozialen oder individuellen Fakten, Zusammenhänge, Probleme und Konflikte vertiefen helfen, die ihre Ursachen in wesentlicher Hinsicht in der Arbeitswelt haben (z. B. Arbeitslosigkeit, ökologische Fragen, Armut, Zuwanderung ausländischer Arbeitskräfte).

3) In einigen Bundesländern werden die gleichen Inhalte und Ziele im Lehrplan dem Fächerverbund *Arbeit–Wirtschaft–Technik* zugewiesen.

Arbeitslosigkeit (engl. *unemployment*). Der länger währende und erzwungene Verlust einer geregelten Erwerbstätigkeit erweist sich in unserer durch Leistung und Konsum geprägten gesellschaftlichen Praxis als Lebenskrise, die für die unmittelbar betroffenen Frauen und Männer ebenso wie für die Sozialisation, Erziehung, Schullaufbahn und das Selbstkonzept indirekt mit betroffener Kinder von nachhaltiger Bedeutung sein kann. Ursächlich dafür ist, dass A. auf zentrale Bedingungen von Sozialisations- und Erziehungsprozessen direkten Einfluss nimmt: auf das Selbstwertgefühl und die soziale Identität der arbeitslosen Mütter und Väter, ihren körperlichen und seelischen Gesundheitszustand, auf die individuelle und familiale Lebenszeitordnung, weil Feierabend, Wochenende, Freizeit und Urlaub ohne Erwerbsarbeit ihren Sinn verlieren, auf die soziale Einbindung, das Ansehen sowie die materiellen Lebensumstände der Familie, weil das zumeist einschneidend verringerte Einkommen tiefgreifende Sparmaßnahmen erzwingt.

Arbeitsmittel (engl. *learning aids*). Im Unterschied zu *Lehr- und Lernmitteln* oder Unterrichtsmedien werden A. i. d. R. vom Lehrer in Einzelanfertigung selbst hergestellt und als Hilfsmittel bei der Individualisierung und Differenzierung des Unterrichts eingesetzt. Sie dienen vor allem den Schülern zur selbständigen und selbsttätigen Auseinandersetzung mit einem Lerngegenstand sowie der differenzierenden Übung und Wiederholung des Gelernten, z. B. in der freien Arbeit und im Wochenplanunterricht. Kleinere Verlage und Hersteller bieten heute A. für diese Zwecke an.

Arbeitspädagogik. Teildisziplin der Erziehungswissenschaft, die in enger Zusammenarbeit mit Arbeitswissenschaft und Arbeitspsychologie einerseits die Bedingungen einer möglichen Verbesserung von Lehr-Lern-Prozessen in den Bereichen von betrieblicher *Ausbildung, Arbeit* und *Weiterbildung* untersucht, andererseits aber zugleich fragt, welche Bedeutung bestimmte Inhalte und Organisationsformen von Arbeit (bis hin zum betrieblichen Management) für die *Bildung* des Einzelnen gewinnen können. Ihre Forschung erfolgt also im Spannungsfeld zwischen der Einsicht in die Notwendigkeit betriebswirtschaftlicher Effizienz und dem Interesse an der Humanisierung von Arbeitsbedingungen. Daraus erwachsen Fragen nach Lernangeboten am Arbeitsplatz bzw. innerhalb der Arbeitsgruppe, in einer Lehrwerkstatt oder einer Lerninsel z. B. ebenso wie Fragen nach der Demokratisierung der Arbeitswelt, also nach den Voraussetzungen und Hilfen für die Entwicklung von Beteiligungsbereitschaft und Beteiligungskompetenz im Hinblick auf die betriebliche und gesellschaftliche Mitbestimmung. Die jeweils optimale Korrespondenz in der Gestaltung beider Aspekte ist gleichsam zentrale Motivation der A. In dieser umfassenden Betrachtung des Zusammenhanges von gesellschaftlich organisierter Erwerbsarbeit und Bildung wird auch das Kriterium für eine Abgrenzung der A. von der *Berufspädagogik* (auch Wirtschaftspädagogik) gesehen, deren Forschung sich auf Themen der *Berufsausbildung* im engeren Sinne konzentriert.

Arbeitsprobe. Im Rahmen einer *Gesellenprüfung* sind nach den Vorschriften der bundeseinheitlichen *Ausbildungsordnungen* insgesamt drei A. durchzuführen, in denen der Auszubildende oder (im Handwerk) der Lehrling seine fachpraktischen Kenntnisse und Fähigkeiten an vorbereiteten Aufgabenstellungen (z. B. Planen und Herstellen eines Produkts, Suchen und Beheben eines Fehlers) unter Beweis stellen soll. Im Unterschied zum Prüfungsstück, bei dem am fertigen Produkt die Genauigkeit und Sauberkeit kontrolliert werden soll, soll in der A. der gesamte Arbeitsprozess eines Prüflings beobachtbar werden.

Arbeitsschulbewegung. Schulkonzeptionelle Strömung der *Reformpädagogik* zu Beginn des 19. Jh., die sich gegen die rezeptiv ausgerichtete Praxis der Buchschule damaliger Prägung wandte und die *Selbsttätigkeit* der Schüler betonte. Innerhalb der A. verstand *G. Kerschensteiner* den Begriff der Arbeit zunächst als handwerkliche Tätigkeit und leitete als Stadtschulrat von München eine umfassende Lehrplanreform ein, durch die in den Volksschulen Werkstätten- und Schulküchenunterricht eingeführt wurde. Durch Laborübungen sollte der naturwissenschaftliche Unterricht anschaulicher gemacht und die Selbsttätigkeit der Schüler gefördert werden. Sein Engagement für die Weiterentwicklung der Fortbildungsschule führte zur Etablierung der *Berufsschule*. In Verbindung mit der *beruflichen Bildung* maß er der staatsbürgerlichen Erziehung große Bedeutung bei. Die schulpraktischen Reformen versuchte er ab 1916 bildungstheoretisch zu fundieren. Eine andere von *H. Gaudig* vertretene Richtung innerhalb der A. ging von der Konzeption der »freien geistigen Schularbeit« aus, die sich gegen den vom Lehrer vorgedachten Unterricht wandte und dem Schüler Arbeits- und Lerntechniken vermitteln wollte, die ihn zur Selbsttätigkeit einer freien Persönlichkeit führen sollten. Einige konzeptionelle Forderungen der A. wurden in dem Abschnitt »Bildung und Schule« der Weimarer Verfassung (1919) und in die damaligen Lehrpläne aufgenommen. Über diese Positionen hinaus orientierte sich die sozialistische Richtung der A. am ökonomischen Wert der Arbeit und an den Produktionsprozessen im Industriezeitalter. Unter dem Einfluss von K. Marx einerseits und *J. Dewey* andererseits forderte der russische Pädagoge *P. P. Blonskij* eine Umstrukturierung der Schule in eine Produktionsschule, in der die Schüler in die industrielle Kultur eingeführt werden und eine polytechnische Erziehung erfahren. Ähnliche Konzepte wurden in Deutschland von *P. Oestreich* und dem *Bund Entschiedener Schulreformer* (1919 in Berlin gegründet) diskutiert.

Seit den achtziger Jahren werden wichtige Anregungen und Prinzipien der internationalen A. in der Konzeption des praktischen Lernens und des *handlungsorientierten Unterrichts* vermehrt wieder aufgegriffen und neu gefasst.

Arbeitsstelle für Betriebliche Berufsausbildung (ABB). Nach der Verabschiedung des Berufsbildungsgesetzes (BBiG) 1969 und der Gründung des *Bundesinstituts für Berufsbildung* (BIBB, Berlin/Bonn) übernahmen der Bund die alleinige Befugnis zum Erlass von Ausbildungsordnungen für die Betriebe und die Bundesländer von Rahmenlehrplänen für die Berufsschulen. Die Abstimmung der beiden Curricula erfolgt in einem Bund-Länder-Koordinierungsausschuss.

Arbeitstugenden (engl. *virtues*). Zugrunde liegen die Begriffe taugen und Tüchtigkeit. Unter A. versteht man in diesem Sinne alle Erwartungen an *Einstellungen* und Verhaltensweisen, die auf Dauer der möglichst wirtschaftlichen Herstellung von qualitativ hochwertigen Gütern und Dienstleistungen dienlich sind. Dazu werden grundlegende *Normen* wie Zuverlässigkeit, Pünktlichkeit, exaktes Arbeiten, Sauberkeit und Fleiß ebenso gerechnet wie anspruchsvollere Erwartungen an die kritisch-konstruktive Kompetenz der Mitarbeiter, ihre Verantwortungsbereitschaft für das Unternehmen, Solidarität mit den Kollegen und die Fähigkeit zur Konfliktlösung, die den Betroffenen eine Verbesserung ihrer Kooperationsfähigkeit ermöglicht. Die Annäherung des tatsächlichen Verhaltens an A. hängt ganz wesentlich davon ab, dass A. auf allen Ebenen einer Institution oder eines Unternehmens Beachtung finden.

Arbeits- und Lerntechniken (engl. *techniques of working and learning*). Mit der beständigen Zunahme des Stoffumfangs in den Wissenschaften erhalten neben den Inhalten des Lernens A. u. L. eine immer größer werdende Bedeutung für den selbständigen Erwerb von Kenntnissen und Fähigkeiten. Sie sind auch eine wichtige Voraussetzung für die Durchführung offenen Unterrichts und den Erwerb kommunikativer Kompetenzen. Es werden folgende A. u. L. unterschieden: a) Techniken zur Informationsbeschaffung: Arbeit mit Texten, Bild- und Filmmaterial, Rundfunk- und Fernsehsendungen, Landkarten und Atlanten, Tabellen und Diagrammen, Nachschlagewerken, *Arbeitsmitteln,* technischen Geräten und außerschulischen Informationssammlungen (z. B. Museen, Bibliotheken), Ausleihe von Videos, CDs, DVDs, Recherche im Internet u. a.

b) Techniken zur Informationsverarbeitung: Gesprächsteilnahme und Gesprächsführung üben, Probleme und Fragestellungen erkennen, Fakten und Meinungen unterscheiden, Notizen machen, Protokolle anfertigen, *Portfolios* erstellen, Berichte analysieren und schreiben, Arbeitspläne aufstellen, ökonomische Zeitstrukturierungen vornehmen, selbständiges Weiterforschen praktizieren, kommunikative Umgangsformen beherrschen, Daten auf CD-ROM und Festplatte sichern u. a.

c) Techniken zur Informationsdarstellung: Protokolle wiedergeben, Handout erstellen, Referate halten, Berichte geben, zeichnerische Darstellungen erläutern, Sachverhalte in Wandzeitungen und Ausstellungen darstellen, Anschauungsmaterial anfertigen (z. B. Tabellen, Skizzen, Zeichnungen, Karten, Modelle, Reliefs), Medien herstellen (Fotos, Dias, Tonbänder, Filme, Videos), Text-Bild-Darstellungen einer Gruppe anlegen (z. B. Arbeitsmappen, Karteien, Chroniken), Power-Point-Präsentation, Text-, Audio-, Video-Chat, elektronische Kommunikation in Chatrooms u. a.

Die systematische Vermittlung und Übung von A. u. L. erhält i. d. R. erst im Zusammenhang mit entsprechenden Lebenssituationen, Handlungsfeldern, Inhalten und fachlichen Aspekten ihre funktionale Bedeutung.

Arbeitszeit der Lehrer. Zur A. d. L. gehören die zeitlich genau zu bestimmenden Pflichtstunden von jeweils 45-minütiger Dauer (Deputat, Regelstundenmaß), die pro Schulwoche zu erteilen sind und die damit unmittelbar verbundenen beruflichen Aufgaben wie Vor- und Nachbereitungen, Korrekturen, Lernberichte, Sprechstunden, Teilnahme an Konferenzen u. a., die zeitlich weniger genau zu berechnen sind. Das Deputat ist zwischen den Schularten und Bundesländern unterschiedlich und hängt im Einzelfall auch von den Funktionen ab, die Lehrer innerhalb einer Schule übernommen haben. Generell liegt das Deputat in Deutschland zwischen 22 und 28 Pflichtstunden. Das höchste Deputat haben i. d. R. die Lehrer an Grund- und Hauptschulen, das niedrigste die Lehrer an Förderschulen und Gymnasien. Für Schwerbehinderte haben die Länder besondere Ermäßigungen festgelegt. Insgesamt liegt die A. d. L. nach Berechnungen verschiedener Lehrerverbände auch bei Berücksichtigung der Schulferien deutlich über 40 Wochenstunden.

Arbeitszeit für Kinder und Jugendliche. Nach den Bestimmungen des *Jugendarbeitsschutzgesetzes* (JArbSchG) ist die Beschäftigung von *Kindern* und *Jugendlichen* im vollzeitschulpflichtigen Alter grundsätzlich untersagt. Ausnahmen sind für schulische Praktika und ab dem 15. Lebensjahr für Ferienarbeit möglich. Die tägliche Arbeitszeit Jugendlicher darf acht Stunden nicht überschreiten, ist grundsätzlich nur zwischen 6.00 und 20.00 Uhr möglich und darf nur an fünf Wochentagen erfolgen. Die Nächte, Samstage, Sonn- und Feiertage müssen von Arbeit frei bleiben. Ausnahmen sind in einzelnen Arbeitsfeldern (Krankenpflege, Hotel- und Gaststättengewerbe, Landwirtschaft) sowie für Musikaufführungen und beim Sport möglich. Für die Kontrolle ebenso wie für Auskünfte und Sondergenehmigungen sind i. d. R. die Gewerbeaufsichtsämter zuständig.

Arbeitszeugnis. Nach § 630 BGB hat ein Arbeitgeber oder Ausbilder einem Arbeitnehmer oder Auszubildenden bei Beendigung des Arbeitsverhältnisses ein schriftliches A. auszustellen, das über Art und Dauer der Beschäftigung bzw. über Ziel, Dauer, Art und Ablauf einer Ausbildung Auskunft gibt. Auf Verlangen des Arbeitnehmers sind Angaben über die Güte der erbrachten Leistungen und besondere fachliche Fähigkeiten aufzunehmen. Das BGB sagt, das A. solle wahr, aber wohlwollend formuliert werden, dient es doch im Regelfall zur Vorlage bei einem neuen Arbeitgeber. Ist der Arbeitnehmer der Ansicht, das A. sei unrichtig, kann er auf Berichtigung klagen. Der Arbeitgeber hat dann die Gründe für seine Beurteilung zu belegen.

Arbeit–Wirtschaft–Technik (AWT). *Fächerübergreifender Unterricht* in *Sonder-, Haupt- und Realschulen* in den Klassen 7 bis 9 bzw. 10, in dem Wirtschaftslehre (als Teil der Gemeinschaftskunde), Hauswirtschaft/Textiles Werken und Technikunterricht zusammenwirken. Leitziele sind a) Vermittlung grundlegender Kenntnisse und Fähigkeiten in den Bereichen Werkstoffe, Materialgestaltung und -bearbeitung, b) Hinführung der Schüler zu einem bewussten Umgang mit den Konsumangeboten der verschiedenen Märkte, c) Einsicht in den Zusammenhang von Politik, Wissenschaft und Wirtschaft, d) Bewusstsein für die Chancen und Gefahren im Umgang mit modernen Technologien in Arbeit, Haushalt und Alltag, e) Wissen um die ökologischen Risiken der Konsumgesellschaft, f) Kompetenz für eine rationelle und gesunde Haushaltsführung, g) Einführung in die Grundlagen der elektronischen Datenverarbeitung und h) Befähigung zur bewussten Gestaltung des Berufswahl- und Berufsausbildungsprozesses. Der Kontakt zur Arbeitswelt wird neben dem schulischen Werkstattunterricht durch *Betriebserkundungen* und *Betriebspraktika* hergestellt. In einigen Bundesländern werden die gleichen Ziele und Inhalte dem Fach *Arbeitslehre* zugewiesen.

Argentinien. 1) Präsidiale föderative Republik mit 22 Provinzen. Hauptstadt: Buenos Aires (3 Mill. Einw.). Fläche: 2 780 403 km^2, 38,4 Mill. Einw., 14 Einw./km^2. Einw. überwiegend spanischer und italienischer Herkunft, Mischlinge und indianische Urbevölkerung als Minderheiten. Landessprache: Spanisch (Amtssprache), Sprachen der indian. Ureinwohner. Religion: über 90% Katholiken.

2) Das Recht auf Bildung ist in Artikel 14 der Verfassung von 1994 verankert. Durch das Bundeserziehungsgesetz Nr. 24 195 von 1993 befinden sich das Bildungssystem und seine Verwaltung in einer Phase der Demokratisierung, Modernisierung und Umstrukturierung. Mit der Dezentralisierung der Schulverwaltung wurden bestimmte Zuständigkeiten auf das Ministerium für Kultur und Bildung und auf die Provinzen sowie die Stadt Buenos Aires verteilt. Der für die Koordination im föderativen Bildungswesen zuständige Bundesrat für Kultur und Bildung entwickelt seit 1994 ein verbindliches Basis-Curriculum für alle Bildungsbereiche.

Bis 1995 gliederte sich das Schulsystem auf der Grundlage des Gesetzes von 1885 in folgende Stufen: 1. Elementarbereich (Nivel Pre-Primario): Kindergarten (Alter bis drei Jahre) und Vorschule (für Vier- und Fünfjährige). 2. Primarbereich (Nivel Primario): siebenjährige Pflichtschule für Sechs- bis Zwölfjährige. Die Anzahl der Sonderschulen/Förderschulen für behinderte Kinder war sehr gering. 3. Sekundarbereich (Nivel Secundario): allgemein bildende Schule, Handelsschule, Technische Schule u. a. berufsbildende Zweige (Dauer: fünf oder sechs Jahre). 4. Tertiärbereich (Nivel Superior): Universität und nichtuniversitäre Einrichtungen.

Fast 25% aller Schüler besuchten 1994 eine Privatschule. Vor allem in den Großstädten schicken besser gestellte Familien ihre Kinder in Privatschulen, die über günstigere Lernbedingungen als öffentliche Schulen verfügen. In Privatschulen wird Schulgeld erhoben.

Mit dem Bundeserziehungsgesetz Nr. 24 195 von 1993 versucht die Regierung Reformen einzuleiten, um die bis dahin stark vernachlässigte Infrastruktur des öffentlichen Bildungswesens zu verbessern. Die Schulpflicht gilt seitdem für 5- bis 15-Jährige und umfasst einschließlich des Vorschuljahres zehn Jahre.

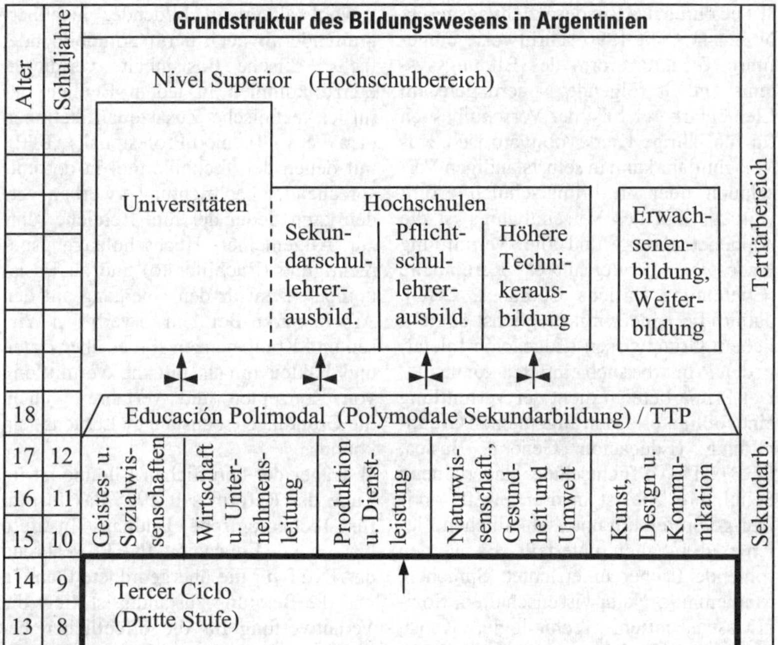

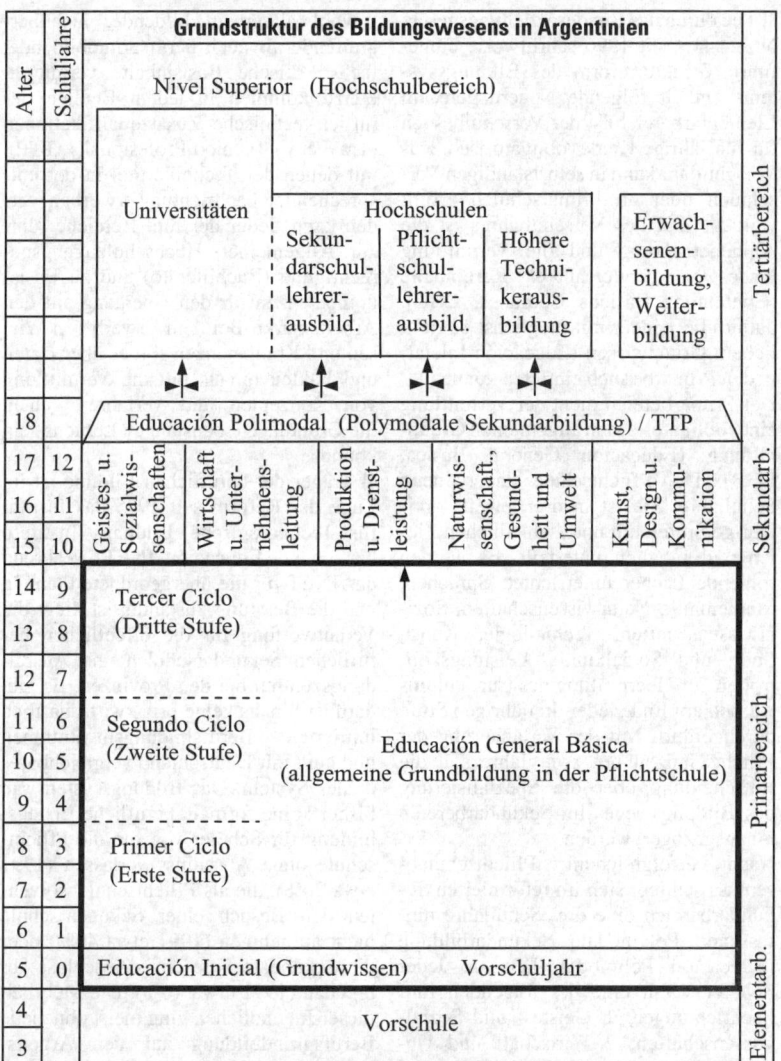

Fett umrandet sind die Einrichtungen für die Erfüllung der Schulpflicht.

Qualifizierte Auswahl   Einfacher Übergang

3) Die durch das Bundeserziehungsgesetz Nr. 24415 seit 1996 schrittweise eingeführte Strukturreform des Bildungssystems enthält folgende Neuerungen: Im Elementarbereich ist der Vorschulbesuch für fünfjährige Kinder obligatorisch. Das Vorschuljahr kann in selbstständigen Vorschulen oder an Primarschulen erfüllt werden. Ziel des Vorschuljahres ist die Alphabetisierung und die Vermittlung landesweit vergleichbarer Kerninhalte (Contenidos Básicos Comunes, CBC), damit alle Kinder mit möglichst einheitlichem Grundwissen (Educación Inicial) in den Primarbereich eintreten können.

Der Primarbereich dient der Vermittlung einer obligatorischen allgemeinen Grundbildung (Educación General Básica, EGB). Die Pflichtschule dauert neun Schuljahre. Sie ist in drei jeweils dreijährige Stufen mit unterschiedlichen Zielen und Inhalten unterteilt. Es werden folgende Fächer unterrichtet: Sprachen, Mathematik, Naturwissenschaften, Sozialwissenschaften, Technologie, Kunst, Sport und Sozialkunde. Leistungskontrollen zur Überprüfung des Curriculums werden am Ende jeder dreijährigen Stufe durchgeführt. Mit der Verlängerung der Pflichtschulzeit um zwei Jahre soll die Entscheidung über die Spezialisierung des Bildungsweges im Sekundarbereich hinausgezögert werden.

Nach erfolgreichem Pflichtschulabschluss schließt sich im reformierten Sekundarbereich eine drei Schuljahre umfassende Polymodale Sekundarbildung (Educación Polimodal, EP) an. Jeder Schüler wählt eine der folgenden fünf Fachrichtungen: 1. Geistes- und Sozialwissenschaften, 2. Wirtschaft und Unternehmensleitung, 3. Produktion und Dienstleistung, 4. Naturwissenschaften, Gesundheit und Umwelt, 5. Kunst, Design und Kommunikation. Die Einrichtung der fünf zwar unterschiedlichen, aber gleichwertigen Bereiche soll die bisherige Trennung von akademisch oder berufspraktisch orientierter Sekundarbildung aufheben. In jedem Bereich werden sowohl allgemein bildende, fachübergreifende als auch berufsgrundbildende, fachspezifische Basisinhalte vermittelt. Hinzu kommen in jedem Bereich beruflich-technische Zusatzqualifikationen (Trayecto Técnico-Profesional, TTP), mit denen der Technikertitel in der entsprechenden Fachrichtung erworben werden kann. Jeder der fünf Bereiche führt zur Allgemeinen Hochschulzugangsberechtigung (Bachillerato) und zu Basiskompetenzen für den Übergang auf den Arbeitsmarkt. Bei dem Erwerb von Wissen und Kompetenzen soll es über Daten und Fakten hinaus um die Vermittlung von Konzepten und Verfahren gehen, die Grundlage lebenslangen Lernens sein können.

4) Träger der beruflichen Bildung ist im Zuge der Reform seit 1995 das Institut für Technologische Bildung (Instituto Nacional de Educación, INET). Während das INET für die übergeordnete Planung und die Beratung zuständig ist, liegt die Verantwortung für die öffentlichen beruflichen Sekundarschulen und Ausbildungszentren bei den Provinzen. Es gibt darüber hinaus keine privatwirtschaftlich initiierten Berufsbildungsinstitutionen und kein mit Deutschland vergleichbares duales System. Das Bildungssystem sah bisher keine formale berufliche Erstausbildung für Schüler vor, die die Pflichtschule ohne Abschluss verlassen (1991 etwa 20%), die als Pflichtschulabsolventen den Besuch einer Sekundarschule nicht aufnehmen (1991 etwa 40%) oder die Sekundarschule ohne Abschluss abbrechen (1991 etwa 40%). Die Mehrheit dieser Jugendlichen ging meist ohne jede Berufsgrundbildung auf den Arbeitsmarkt über. Eine Berufstätigkeit erfolgte i. d. R. über arbeitsplatzspezifische Anlernprozesse. Die Berufsbildungsreform sieht für solche Jugendlichen berufspraktische und beschäftigungsfördernde Qualifizierungsprogramme vor. Die eigentliche Berufsgrundbildung ist jedoch in den reformierten Sekundarbereich integriert. Die seit 2003 immer größer werdende Schwierigkeit argentinischer Unternehmen, beruflich und technisch gut ausgebildetes Personal zu bekommen, führt zu drängenden Forderungen an das Ministerium für Erziehung, Wissenschaft und Technologie. Seit 2006 sollen deshalb vor allem der Ausbau technischer Schulen gefördert und der Bildungsetat erhöht werden.

5) Im Tertiärbereich (Nivel Superior) wird zwischen Universitäten und nichtuniversitären Hochschuleinrichtungen unterschieden. Das Universitätsstudium dauert mindestens fünf Jahre. Zulassungsvoraussetzung ist der erfolgreiche Abschluss der Oberschule. Das Studium kann mit den akademischen Titeln Ingeniero, Profesor oder Licenciado abgeschlossen werden. In den nichtuniversitären Hochschulen findet vorwiegend die Ausbildung von Lehrern, Journalisten, Technikern, Offizieren u. a. statt.

6) Die drei Jahre umfassende Ausbildung der Pflichtschullehrer findet an nichtuniversitären Hochschulen statt. Sekundarschullehrer werden in mindestens vier Jahren sowohl an Universitäten als auch an nichtuniversitären Hochschulen ausgebildet.

7) Eine wichtige Aufgabe der Erwachsenenbildung ist die Alphabetisierung. In öffentlichen Ausbildungszentren können Erwachsene Abschlüsse des Sekundarbereichs nachholen. Daneben gibt es Kurse zur beruflichen und privaten Weiterbildung von privaten Anbietern. Insgesamt ist festzustellen, dass Erwachsene über 30 Jahre und Personen aus unteren Bevölkerungsschichten Angebote der Erwachsenen- und Weiterbildung kaum in Anspruch nehmen.

Armenschulen. Einrichtungen für verwahrloste, oftmals auch elternlose und total verarmte Kinder, die ab dem 17. Jh. von kirchlichen Stellen oder durch privates soziales Engagement getragen wurden. Sie boten Schutz, Nahrung, Wärme, Kleidung und Unterricht, hielten die Kinder aber auch zur Mithilfe und kleineren Dienstleistungen an. Über Anzahl und Verteilung der wenigen Einrichtungen insgesamt, ihren Bestand, die Qualifikation der Lehrkräfte und die Zahl der betreuten Kinder liegen nur vereinzelte Angaben vor. *A. H. Francke*, *J. H. Pestalozzi*, P. E. von Fellenberg, J. Wehrli, *J. H. Wichern*, F. von Bodelschwingh u. a. haben im Laufe des 19. Jh. eine Reihe von A. eingerichtet. Im Zusammenhang mit der schrittweisen Durchsetzung der *Schulpflicht* im 19. Jh. ist ein Teil der A. in Volksschulen übergegangen.

Armut (engl. *poverty*). A. von Erwachsenen und Kindern lässt sich immer nur relativ bestimmen, als deutliche Benachteiligung von Einzelpersonen und Haushalten bezogen auf die Lebensbedingungen des Durchschnitts der Bevölkerung. Dabei ist die Einkommensa. das am häufigsten herangezogene Kriterium. Andere Kriterien ergeben sich, wenn eine deutlich unterdurchschnittliche Versorgung in wesentlichen Lebensbereichen (Ernährung, Kleidung, Wohnen, Bildung, Gesundheitsvorsorge u. a.) berücksichtigt wird. Wird der Bezug von Sozialhilfe als Maßstab für A. herangezogen, sind etwa 4% der Deutschen arm. Dabei ist zu berücksichtigen, dass nach Schätzungen von Experten ein Drittel der Bezugsberechtigten keine Sozialhilfe beantragen. Nach einer Definition der EU gilt als arm, wer über weniger als 60% des Durchschnittseinkommens in einem Land verfügt. Nach dieser Definition waren 2002 gut 10% der Deutschen arm. Der Zweite Armuts- und Reichtumsbericht der Bundesregierung (März 2005) bezeichnet für 2003 unter Beachtung eines differenzierten Kriterienkatalogs 13,5% der Bevölkerung als arm (1998: 12,1%). Für Kinder und Jugendliche besteht ein deutlich höheres A.risiko. 2003 waren 15% der Kinder unter 15 Jahren betroffen. Zwischen 2004 und 2006 verdoppelte sich nach Angaben des Deutschen Kinderschutzbundes die Anzahl der Kinder bis 18 Jahren, die auf Sozialhilfeniveau leben, auf 2,5 Mill. Diese Zunahme ist nach Berechnungen des UN-Kinderhilfswerkes

UNICEF höher als in den meisten vergleichbaren Industrieländern.
Für Kinder ist A. im Hinblick auf ihre besonderen Bedürfnisse, alterstypischen Lebensziele und *Entwicklungsaufgaben* ein schwerwiegendes Problem. Oft fehlen sichere soziale und materielle Lebensgrundlagen, kulturelle Anregungen und familiäre Unterstützung, emotionale Wärme und ermutigende Entwicklungshilfen, Mittel bei Für- und Vorsorge, für Zugänge zu außerfamilialen Betreuungseinrichtungen und Schulen, für die Beschaffung von Spiel- und Arbeitsmitteln sowie für Freizeitmöglichkeiten zu Hause und in der Wohnumgebung. Von diesen Erschwernissen sind Kinder alleinerziehender Mütter und ausländischer Familien besonders häufig und dauerhaft betroffen, weil hier die A. am größten ist. Als Folgen lassen sich eine Minderung des allgemeinen Wohlbefindens, ein Rückgang der Schulleistungen, gesundheitliche Belastungen, soziale Isolierung von den Gleichaltrigengruppen und eine deutliche Abnahme der Motivation für eine aktive Gestaltung der persönlichen Zukunft beobachten. Besonders eng ist der Zusammenhang zwischen A. und Bildungsa., wie neue Ergebnisse der *Bildungsforschung* belegen.

Arrest (lat. *arcere* einhegen, festhalten; engl. *arrest, detention*). Soll einem *Jugendlichen* gegenüber noch keine Jugendstrafe ausgesprochen, ihm aber dennoch spürbar deutlich gemacht werden, dass er für begangenes Unrecht einzustehen hat, so ist A. das strengste im *Jugendgerichtsgesetz* (JGG) vorgesehene Zuchtmittel. A. gilt nicht als Strafe, wird folglich auch nicht im Strafregister geführt. A. kann als Freizeita. (z. B. für eine Woche Freizeitverlust), als Kurza. bis zu vier Tagen oder als Dauera. bis zu vier Wochen ausgesprochen werden und wird in besonderen A.räumen vollzogen.

Artikulationsformen (Syn. **Unterrichtsartikulation**; lat. *articulare* gliedern; *articulus* Glied, Teil, Abschnitt). Gliederung von Lern- und Unterrichtsprozessen in Phasen, Stufen oder Schritte. In der neueren Unterrichtsmethodik wird vorwiegend der Begriff *Unterrichtsschritte* verwendet.

Askese (griech. *askesis* Übung; engl. *asceticism*). Geistige und körperliche Übungen zur Überwindung von Begierden; innere und äußere Zucht im Interesse des Gehorsams vor religiösen Geboten oder ethischen Normen.

asozial (engl. *asocial*). Auffällig von den Verhaltensstandards einer Gruppe oder Gemeinschaft abweichendes Verhalten. Die Bedeutung ist folglich relativ im Hinblick auf die Normen der Bezugsgruppe.

Aspiration (lat. *aspirare* nach etwas streben, zu etwas zu gelangen suchen; engl. *aspiration*). Schulabschluss-, Berufsausbildungs- und Berufserwartungen von Eltern, Schülern und Lehrern. Begriff aus der Schul- und Sozialisationsforschung, in der im Zusammenhang von sozialer Herkunft, Chancengleichheit und Schulerfolg auch die Faktoren der A.bildung, A.entwicklung und A.realisierung untersucht worden sind.

Assessment. Verfahren zur systematischen Datenerhebung über fachliche, soziale, methodische und personale *Kompetenzen* von Bewerbern um Ausbildungs- oder Arbeitsplätze. Dabei werden berufstypische Anforderungssituationen simuliert, so dass eine Beurteilung der praktisch erwiesenen Kompetenzen möglich wird.

Assimilation (lat. *assimulare* ähnlich machen, nachahmen; *assimulatio* Angleichung; engl. *assimilation*). **1)** In der Theorie der kognitiven Entwicklung des Menschen von *J. Piaget* bedeutet A. die Fähigkeit, die wahrgenommenen Gegenstände der Umwelt in die bereits entwickelten kognitiven Denk- und Handlungsstrukturen einzuordnen. Die A. ist wie die *Akkommodation* ein Teil des Wechselwirkungsprozesses zwischen der sich entwickelnden kognitiven Struktur und den Gegenständen und Vorgängen in der Umwelt. Bei der Akkommodation passt sich der Mensch der Umwelt an,

und bei der A. passt er sich die Umwelt an.
2) A. bezeichnet den Prozess der Angleichung einer Minderheit an die Normen und Werte der sozialen Umgebung mit anderer kultureller Tradition. Bei sich über längere Zeit hinziehenden Angleichungsprozessen besteht für die ausländische Gruppe die Gefahr, ihre kulturelle Eigenart und *Identität* zu verlieren. Andererseits ist die A. an die soziale Umgebung häufig mit der Übernahme der Normen und Werte einer Kultur verbunden, so dass von *Integration* und neuer Identitätsentwicklung gesprochen werden kann.

Assistentenberufe. In naturwissenschaftlichen, technischen und medizinischen Forschungs- und Produktionsstätten werden technischen Assistenten vorbereitende, kontrollierende, protokollierende und produzierende Aufgaben zur Unterstützung der Wissenschaftler übertragen. Die Ausbildung in einem A. setzt einen mittleren Bildungsabschluss, manchmal auch die Hochschulreife voraus. Sie dauert ein bis drei Jahre und findet an *Berufsfachschulen* oder *Berufskollegs* statt. In jedem Falle liegen der Ausbildung gesetzliche Regelungen zugrunde, die zu einem staatlich anerkannten Abschluss führen.

Assoziation (lat. *sociare* vereinigen, verbinden; engl. *association*). Eine erlernte Verknüpfung von zumindest zwei Begriffen, Symbolen oder Ereignissen, zwischen denen automatisch eine gedankliche Verbindung hergestellt wird, so dass beim Auftreten des einen Begriffes der andere sich gleichfalls einstellt. Unser Verständnis von Lernprozessen ist wesentlich von der Vorstellung zur Bildung von A. abhängig. Ähnlichkeiten oder auffällige Andersartigkeiten (Gegenteil) sind für das Entstehen von A. von besonderer Bedeutung. So verbinden sich z. B. mit der Farbe Schwarz i. d. R. die Begriffe Trauer und Nacht. Oder wir verknüpfen das Symbol rotes Kreuz mit Unfall und Hilfe. Die Fähigkeit zur Bildung von A. ist für die Entwicklung des menschlichen Gedächtnisses eine der wesentlichsten Voraussetzungen.

AStA. *Allgemeiner Studentenausschuss.*

ästhetische Erziehung (Syn. **ästhetische Bildung, ästhetisches Lernen**; engl. *aesthetic education*). Das Adjektiv ästhetisch geht auf die Theorie der Ästhetik (griech. *aisthesis* sinnliche Wahrnehmung) zurück, die sich mit den Erscheinungsformen des Schönen, den Gesetzmäßigkeiten in den Künsten und den Wirkungen ästhetischer Phänomene auf den sinnlich wahrnehmenden, einfühlend verstehenden und reflektiert urteilenden Menschen befasst. Der Begriffsinhalt von ä. E. wirkt sich in den Praxisfeldern der Pädagogik unterschiedlich aus.
Als fachdidaktische Konzeption ist ä. E. in der Institution *Schule* auf das Schulfach Kunst oder (je nach Bundesland) Kunsterziehung, Kunstunterricht, Bildende Kunst oder Visuelle Kommunikation eingegrenzt. Der Gegenstand der ä. E. reicht von der traditionellen emotionalen Kunstbetrachtung bis hin zur kritischen Analyse visueller Phänomene der Alltagswelt und der Medien. Ä. E. als fächerübergreifendes Prinzip des gesamten Schullebens scheitert meist an der traditionellen Organisationsstruktur der Schule und am fachspezialisierten Ausbildungsstand der Lehrerinnen und Lehrer.
In außerschulischen Bereichen der Kultur- und Sozialarbeit mit Kindern, Jugendlichen und Erwachsenen ist ä. E. weitgehend ein fachunabhängiges Organisationsprinzip des ästhetischen Lernens, das nicht nur die Gegenstände der schönen Künste, sondern alle wahrnehmungsbestimmten und das ästhetische Verhalten prägenden Gegenstände und Räume der Lebenswelt wie z. B. Design, Architektur, Mode, Wohnkultur, Medien u. Ä. einbezieht. Dabei sind die Ziele des ästhetischen Lernens auch auf eine ästhetische Alphabetisierung gerichtet, die sinnliche Erfahrungsdefizite aufzuarbeiten versucht.
Die inhaltliche Ausprägung und das geschmackbildende Niveau ästhetischer

Bildung vollzieht sich vorwiegend unbewusst in der Sozialisation von Geburt an durch die Wechselwirkung zwischen subjektiv bestimmter Sinnestätigkeit und ästhetisch-kulturellen Ereignissen in der Lebenswelt. Der Grad der Ausprägung ästhetisch-kultureller Ereignisse im Milieu der Lebenswelt hat deshalb große Bedeutung für den Bildungsprozess eines Menschen. Emanzipatorische ä. E. zielt auf das Bewusstmachen der eigenen ästhetischen Sinnestätigkeit und des ästhetisch-kulturellen Milieus als Voraussetzung für das private Selbsterziehungshandeln des empfindenden, verstehenden und urteilenden Jugendlichen und Erwachsenen in Gesellschaft und Natur.

Asylant (griech. *asylon* Freistatt, sicherer Ort; engl. *asylum-seeker*). Auch nach der 1992/93 erfolgten Einschränkung des Art. 16 des Grundgesetzes genießen politisch Verfolgte in Deutschland Asylrecht. Im Sinne des neuen Art. 16 a gilt derjenige als Verfolgter, der in seinem Herkunftsland aufgrund seiner Rasse, *Ethnie,* Religion, Nationalität, seiner Zugehörigkeit zu einer bestimmten sozialen Gruppe oder wegen seiner politischen Überzeugung staatlich verfolgt wird bzw. für den Fall seiner Rückkehr Verfolgung zu befürchten hat. Wer aus einem Land der Europäischen Union oder einem sogenannten verfolgungssicheren Drittstaat kommt, hat kein Asylrecht.

Anerkannte A. erhalten eine unbefristete Aufenthaltserlaubnis, genießen das Recht der Freizügigkeit, können eine Erwerbsarbeit aufnehmen. Ihre Kinder sind im Hinblick auf Schule, Ausbildung und Jugendhilfe deutschen Kindern gleichgestellt, können folglich sämtliche Maßnahmen öffentlicher Förderung und Unterstützung in Anspruch nehmen.

Kinder von A., über deren Antrag noch nicht entschieden ist, unterliegen zwar grundsätzlich der Schulpflicht. Angesichts der Ungewissheit über ihren weiteren Aufenthalt werden sie jedoch zumeist nur dann unterrichtet, wenn in nahe gelegenen Vorbereitungsklassen Plätze zur Verfügung stehen. Vereinzelt wird auch in den Asylantenheimen Unterricht angeboten. Über die Möglichkeiten vor Ort informiert das zuständige Schulamt.

Ätiologie (griech. *aitia* Ursache, *logos* Wort, Rede, Sinn, Vernunft; engl. *aetiology*). Ursachenforschung, zum Beispiel mit dem Ziel, die Hintergründe für schwere Lernbeeinträchtigungen aufzuklären.

Attribuierung (lat. *attribuere* zuteilen, zuweisen). Prozess der Zuschreibung von Ursachen für das Verhalten eines Menschen. Sie kann als Selbsta. (»Die Gründe liegen in mir!«) und als Fremda. (»Die Gründe liegen nicht in mir!«) erfolgen, positiv oder negativ gemeint sein. In jedem Falle hat sie für zukünftiges Verhalten Bedeutung, weil sie das *Selbstkonzept* eines Menschen beeinflusst. Wer sich selbst eher als Verlierertyp sieht, wird bei Problemen deutlich öfter zur negativen Selbsta. neigen oder bei Erfolgen günstige Umstände (Fremda.) verantwortlich machen, wogegen jemand, der von sich eher Erfolge erwartet, die Ursachen dafür zumeist eigenem Können und Fleiß zuschreibt (positive Selbsta.).

audiovisuelle Medien. *Medien.*

Aufbauschulen. **1)** Einrichtungen, die auf der Hauptschule oder der Realschule aufbauen und zu einem mittleren *Abschluss* bzw. zum *Abitur* führen.
2) *Berufsaufbauschulen.*

Aufbaustudium (engl. *post-graduate studies*). Nach einem ersten Hochschulabschluss kann ein A. aufgenommen werden, das der Vermittlung zusätzlicher wissenschaftlicher oder beruflicher Qualifikationen dient. Die Zulassungsvoraussetzungen regeln Satzungen oder Ordnungen der Hochschule. Ein A. soll nicht mehr als zwei Jahre dauern.

Aufgabenstelle für kaufmännische Abschluss- und Zwischenprüfungen (AkA). Entwickelt im Auftrag des Deutschen Industrie- und Handelstages (DIHT) Prüfungsaufgaben, die alle Industrie- und Handelskammern dort für die beruflichen Zwischen- und Abschlussprüfungen beziehen können.

Aufhebungsvertrag. In gegenseitigem Einvernehmen kann ein *Berufsausbildungsverhältnis* zwischen einem Ausbildenden und einem Auszubildenden bzw. dessen gesetzlichem Vertreter jederzeit durch einen A. beendet werden. Die Regelungen des *Berufsbildungsreformgesetzes* (BerBiRefG) über die Kündigung eines *Berufsausbildungsvertrages* gelten in einem solchen Fall nicht. Der A. ist bei der *Zuständigen Stelle* anzuzeigen.

Aufklärung (engl. *Age of Enlightenment*). Ende des 17. Jh. beginnende geistesgeschichtliche Epoche, die sich in Fragestellungen, Denkweisen und Zielsetzungen deutlich von der vorangehenden Zeit des *Barock* und dem nachfolgenden *Neuhumanismus* absetzte. Kritisiert wurden nebulöses und spekulatives Denken, religiöser und moralischer Gehorsam gegenüber der Kirche, Untertanengeist und politische Unmündigkeit; aus diesen Abhängigkeiten soll der Mensch sich mithilfe der Vernunft lösen. *I. Kant* schrieb 1784 in seiner Abhandlung ›Beantwortung der Frage: Was ist Aufklärung?‹: »Aufklärung ist der Ausgang des Menschen aus seiner selbstverschuldeten Unmündigkeit. Unmündigkeit ist das Unvermögen, sich seines Verstandes ohne Leitung eines anderen zu bedienen. Selbstverschuldet ist diese Unmündigkeit, wenn die Ursache derselben nicht am Mangel des Verstandes, sondern der Entschließung und des Mutes liegt, sich seiner ohne Leitung eines anderen zu bedienen. Sapere aude! Habe Mut, dich deines eigenen Verstandes zu bedienen! ist also der Wahlspruch der Aufklärung.« Reflektierte Urteilskraft, Selbständigkeit und Selbstverantwortung wurden auch für die *Pädagogik* die maßgeblichen Forderungen.

Getragen vom Glauben an die Kraft subjektiver Vernunft und Moralität als Grundlagen einer Verbesserung der öffentlichen Wohlfahrt ist die A. eine ausgesprochen pädagogische Epoche. Die *Bildsamkeit* des Menschen, sein Recht auf *Bildung* und die Einrichtung von Erziehungsinstitutionen, welche Selbstbildung, Selbstdisziplinierung und praktische Kompetenzen befördern, beschäftigten eine Vielzahl von Theologen, Philologen, Philosophen, Ärzten und Politikern. Pädagogische Ratgeber, didaktische Kinderliteratur und neue Schulkonzepte (u. a. die *Industrieschulen* und die *Philanthropine*) fanden öffentliche Aufmerksamkeit. Die *pädagogische Anthropologie* und die wissenschaftliche Pädagogik haben hier ihren Anfang. *E. Chr. Trapp* übernahm 1779 an der Universität Halle/S. die erste Professur für Pädagogik in Deutschland. Er wollte eine anwendungsbezogene Erziehungswissenschaft auf *Empirie* gründen und diese u. a. im Rahmen einer *Professionalisierung* des Lehrerstandes praktisch werden lassen. *J. H. Campe* dokumentierte die pädagogische Erneuerungsbewegung in seinem Kompendium ›Allgemeine Revision des gesamten Schul- und Erziehungswesens‹ (1785). *J. Chr. Greiling* unterschied in seinem Werk ›Über den Endzweck der Erziehung und über den ersten Grundsatz einer Wissenschaft derselben‹ (1793) praktische Erziehungslehren von einer philosophisch begründeten Erziehungswissenschaft. *A. H. Niemeyer* schrieb 1796 die wohl maßgebliche systematische Darstellung der Aufklärungspädagogik. In der Bildungstheorie des Neuhumanismus erfuhr die pädagogische Aufklärung ihre unmittelbare Fortführung.

Aufmerksamkeit (engl. *attention*). Im ununterbrochen ablaufenden Prozess der Reaktionen auf äußere und innere Reize ist A. ein Zustand der gesteigerten Wachheit und Anspannung, um das Verhalten durch intensivere Aktivitäten des Wahrnehmens, Denkens und Handelns zweckmäßig zu steuern. Von unwillkürlicher oder passiver A. wird gesprochen, wenn sie durch objektive Umweltfaktoren und/oder organismische oder geistige Bedürfnislagen geweckt wird. Ein Zustand willkürlicher A. liegt vor, wenn die A. das Handeln bewusst und zielgerichtet auf die Situationsbewältigung hin steuert. Von Konzentration wird gesprochen, wenn die A. das Wahrnehmen, Denken und Handeln auf einen eng begrenzten Bereich der Umwelt zusammenbündelnd lenkt. Die Begriffe A. und Konzentration werden häufig synonym verwendet. Eine Unterscheidung wird dann vorgenommen, wenn betont werden soll, dass die willkürliche Ausrichtung der A. durch Konzentration auf einen Gegenstand unter weitgehender Ausschaltung äußerer und innerer Störfaktoren stattfindet.

Im pädagogischen Bereich ist A. ein Schülerverhalten, das als Voraussetzung für effektives und erfolgreiches Lernen im Unterricht gilt. Zur Beschreibung des Verhaltens werden auch hierbei die Begriffe willkürliche und unwillkürliche A. verwendet. Wenn der Unterricht für den Schüler weitgehend fremdbestimmt ist und seine eigenen Bedürfnisse, Interessen und Fähigkeiten vernachlässigt werden, wird von ihm beinahe fortlaufend eine willentliche A. verlangt, was psychisch kaum zu leisten ist. A. und Konzentration sind Verhaltensweisen von Schülern, die erst in Abhängigkeit von bestimmten Unterrichtssituationen aktualisiert werden. Es ist problematisch, wenn mangelnde Zielverfolgung und unbefriedigende Schulleistungen von Schülern aufgrund von vorwissenschaftlichen Alltagstheorien der Lehrer als A.- und Konzentrationsschwierigkeiten erklärt werden. Dies hat für Lehrer wie für Schüler und Eltern oft Entlastungsfunktion, erklärt aber nicht wissenschaftlich, warum manche Kinder im Unterricht abgelenkt erscheinen, geistig abwesend sind, mit Gegenständen spielen, motorisch unruhig sind, langsam arbeiten oder mehr Fehler machen als andere.

In der *pädagogischen Diagnostik* sind zur Diagnose und Behandlung von A.- und Konzentrationsschwierigkeiten eine Anzahl von Tests entwickelt worden. Darüber hinaus wird zur differenzierten Analyse der Ursachen eine Untersuchung der konkreten A.situation im Unterricht und eine längerfristige Beobachtung des Schülers notwendig sein. Bei primären A.- und Konzentrationsstörungen hängen die pädagogisch-therapeutischen Maßnahmen davon ab, ob eine kurzzeitige Schwierigkeit, eine längerfristige Schwäche oder eine unterrichts- und lehrerbedingte Ursache vorliegt.

Aufnahmeverfahren für Sonderschulen bzw. Förderschulen. Im Interesse einer optimalen schulischen Erziehung und Bildung aller Kinder und unter Wahrung des Elternrechts auf freie Wahl der Schule im Rahmen der Organisation des Schulwesens haben die Kultusverwaltungen der Länder das A. f. S. in Vorschriften geregelt. Dadurch sollen die Beobachtungen der Lehrer, der Sachverstand von Experten (Psychologen, Mediziner) und die Erfahrungen und Wünsche der Eltern so miteinander verknüpft werden, dass eine Sonderschulempfehlung entwickelt werden kann, die beste Förderung des Kindes erwarten lässt. Die Regelungen der Länder enthalten Normen für die Art und Weise der Meldung an Eltern, Sonderschule/*Förderschule* und Schulverwaltung, über die Dokumente, die im Verlauf des Überprüfungsverfahrens zu erstellen sind, über Gutachten, die bei pädagogisch-psychologischen oder medizinischen Experten einzuholen sind und über die Beteiligung der Erziehungsberechtigten bei der Auswertung der Informationen. Die Schulverwaltung entscheidet letztlich, welche Sonderschule/Förderschule für ein Kind geeignet ist. Den Erziehungsberechtigten wird diese Entscheidung erläutert. Obschon sie nach geltendem Recht verpflichtet werden könnten, ihr Kind in die geeignete Sonderschule/Förderschule zu schicken, wird die Überweisung auf eine Sonderschule/Förderschule tatsächlich nicht mehr gegen den erklärten Willen der Eltern durchgesetzt. Da das A. f. S. sehr differenziert und in den Ländern in Einzelheiten unterschiedlich geregelt ist, sollten sich Eltern und Lehrer die jeweiligen Bestimmungen über das zuständige Schulamt beschaffen.

Aufsichtspflicht (engl. *legal responsibility to care*). Da *Kinder* und minderjährige *Jugendliche* aufgrund ihrer geistig-seelischen Entwicklung für ihre Handlungen noch nicht voll verantwortlich gemacht werden können, stehen sie unter dem besonderen Schutz der *Erziehungsberechtigten,* deren Rechte und Pflichten während des Schulbetriebes die *Schulverwaltung,* der Schulleiter und die Lehrer zu übernehmen haben. Gleiches gilt für Kindergärten, Ausbildungsbetriebe oder Jugendhäuser, weil auch hier die Erziehungsberechtigten ihrer Aufsichtspflicht nicht selbst nachkommen können.
Eine ins Einzelne gehende gesetzliche Normierung der A. besteht nicht. Ihr Sinn ist es, Gefahren und Schaden von Kindern und Jugendlichen abzuwenden. Welche Maßnahmen dafür jeweils erforderlich sind, hängt vom Entwicklungsstand der jungen Menschen und den Gegebenheiten einer Situation ab. Mit der A. ist also keineswegs notwendig die unmittelbare Beaufsichtigung der Schüler durch den Lehrer (Ausbilder, Gruppenleiter u. a.) verbunden. Wenn es von der Selbständigkeit und Verantwortlichkeit der jungen Menschen her erwartet werden darf, können auch klare Verhaltensanweisungen als Erfüllung der A. angesehen werden.

ausbilden (engl. *to instruct, to train*). Nach den Bestimmungen des Berufsbildungsgesetzes (BBiG) bedeutet a. die Vermittlung von beruflichen Fertigkeiten, Kenntnissen und berufspraktischen Erfahrungen, die erforderlich sind, um das in der staatlichen *Ausbildungsordnung* vorgeschriebene Ziel einer Ausbildung zu erreichen. Für eine gesetzlich anerkannte Ausbildung muss der *Ausbildende* oder ein von ihm beauftragter *Ausbilder* persönlich und fachlich geeignet sein.

Ausbildender (engl. *individual providing training*). Personen oder Institutionen, die jemanden zur Berufsausbildung einstellen, bezeichnet das *Berufsbildungsgesetz* (BBiG) als A. *Auszubildende* einstellen darf nur, wer persönlich geeignet ist. Der A. darf auch selbst ausbilden, wenn er neben der persönlichen auch die *fachliche Eignung* nachweisen kann. Ist er fachlich nicht geeignet, muss er einen *Ausbilder* bestellen, der sowohl die persönliche als auch die fachliche Eignung besitzt. Die Überprüfung der persönlichen und fachlichen Eignung nimmt die *Zuständige Stelle* vor.

Ausbilder (engl. *instructor*). Eine vom *Ausbildenden* mit der *Berufsausbildung* beauftragte Person, falls der Ausbildende nicht selbst ausbilden kann oder will. Die Aufgabe des A. ist die Vermittlung der im Ausbildungsrahmenplan bzw. dem danach entwickelten betrieblichen Ausbildungsplan vorgeschriebenen praktischen und theoretischen Kenntnisse und beruflichen Fertigkeiten. Für diese Aufgabe muss er nach dem Berufsbildungsgesetz persönlich und fachlich geeignet sein. In Verantwortung vor dem Ausbildenden obliegt ihm die Erfüllung der Pflichten aus dem *Berufsausbildungsvertrag.*

Ausbilder-Eignungsverordnung (AEVO). Nach den Bestimmungen des *Berufsbildungsreformgesetzes* (BerBiRefG) kann der Bundesminister für Bildung und Wissenschaft in einer Verordnung bestimmen, dass *Ausbilder* im *dualen System* über die im Gesetz geforderte persönliche und fachliche Eignung hinaus berufs- und arbeitspädagogische Kenntnisse nachzuweisen haben. Für den Bereich der gewerblichen Wirtschaft ist die entsprechende AEVO 1972 erlassen worden. Sie enthält u. a. eine Auflistung der vier Sachgebiete, in denen Kenntnisse zu erwerben sind (Grundfragen der Berufsbildung, Planung und Durchführung der Ausbildung, der Jugendliche in der Ausbildung, Rechtsgrundlagen) sowie Vorschriften für die Prüfung gemäß der AEVO. Inzwischen wurden gleiche Regelungen auch für die Landwirtschaft, für den öffentlichen Dienst, für Bundesbeamte und für die Hauswirtschaft erlassen. 2003 ist die Nachweispflicht für die Eignung für eine Probephase bis 2008 zur Erleichterung der Betriebe ausgesetzt worden. Die

Kammern überwachen jedoch weiterhin die Qualität der Ausbildung.

Ausbildung (engl. *training*, *education*). **1)** In allgemeiner Bedeutung jede Form von systematischer Vorbereitung auf die Übernahme einer bestimmten Arbeits- oder Berufsposition.

2) Nach den Bestimmungen des Berufsbildungsreformgesetzes (BerBiRefG) die Vermittlung von beruflichen Kenntnissen, Fähigkeiten, Fertigkeiten und Erfahrungen, die erforderlich sind, um die in der bundeseinheitlichen *Ausbildungsordnung* beschriebenen Anforderungen der Abschlussprüfung erfüllen zu können. Ausbilden darf nach den Bestimmungen des BBiG nur, wer persönlich und fachlich geeignet ist.

Ausbildung der Ausbilder (**AdA**; engl. *training of instructors*). Alle Maßnahmen, die im Sinne des Berufsbildungsreformgesetzes (BerBiRefG) der fachlichen Eignung betrieblicher *Ausbilder* dienen, wozu neben den berufsfachlichen Kenntnissen und Fertigkeiten auch berufs- und arbeitspädagogische Qualifikationen gehören. Im Zentrum stehen Kurse, die auf eine Prüfung gemäß der *Ausbilder-Eignungsverordnung* (AEVO) vorbereiten. Zur AdA gehören aber auch Angebote für die Weiterbildung der Ausbilder, z. B. im Zusammenhang mit der Einführung neuer Ausbildungsordnungen und entsprechender Methoden (Leittext, Gruppenarbeit, Projekt). Träger der AdA sind Kammern, Einrichtungen der Erwachsenenbildung sowie Bildungswerke der Berufsverbände und Gewerkschaften. Für eine Probephase von 2003–2008 ist der Nachweis der A. ausgesetzt worden.

Ausbildungsbeauftragter. Der *Ausbildende* kann einen fachlich geeigneten Mitarbeiter damit beauftragen, an seinem Arbeitsplatz einem Auszubildenden Kenntnisse, Fähigkeiten und Fertigkeiten zu vermitteln, die im *Ausbildungsplan* vorgesehen sind. A. werden auch als nebenberufliche Ausbilder bezeichnet. Sie müssen nicht die Kriterien der *Ausbilder-Eignungsverordnung* (AEVO) erfüllen.

ausbildungsbegleitende Hilfen (abH). Auszubildende mit Lernschwierigkeiten im Ausbildungsbetrieb oder in der Berufsschule können freiwillig an abH teilnehmen. AbH dienen der Beseitigung bestimmter Kenntnislücken, der Unterstützung laufender Lernprozesse sowie der Förderung der sozialen Kompetenzen. Die Kurse finden meist einmal wöchentlich für zwei oder drei Stunden statt. I. d. R. stellen die Betriebe die Auszubildenden bzw. Lehrlinge für die Hälfte dieser Zeit frei. Die Kurse sind kostenlos und werden von verschiedenen Trägern angeboten. Auskünfte erteilt die Arbeitsagentur.

Ausbildungsbeihilfen (engl. *training allowance*). *Ausbildungsförderung*.

Ausbildungsberater (engl. *educational counsellor*). Die nach dem Berufsbildungsreformgesetz (BerBiRefG) *Zuständige Stelle* für die Überwachung und Förderung der *Berufsausbildung* bestellt für diese Zwecke einen A., i. d. R. als hauptamtlichen Mitarbeiter. Er kann von sich aus in den Ausbildungsbetrieben tätig werden, aber auch auf Wunsch eines *Ausbildenden* oder eines *Auszubildenden* bzw. dessen gesetzlichen Vertretern, etwa dann, wenn zu befürchten ist, dass die Ausbildungsordnung nicht eingehalten wird. Der A. ist gegenüber den für die Einhaltung des *Jugendarbeitsschutzgesetzes* (JArbSchG) zuständigen Aufsichtsbehörden informationspflichtig.

Ausbildungsberuf (engl. *recognized trainee occupation*). Eine *Berufsausbildung* im Sinne des Berufsbildungsreformgesetzes (BerBiRefG) darf nur in staatlich anerkannten A. erfolgen. Grundlage dafür ist eine *Ausbildungsordnung,* die vom fachlich zuständigen Bundesministerium erlassen wird. Das Bundesministerium für Arbeit und Sozialordnung führt ein *Verzeichnis der anerkannten A.*, das jährlich vom *Bundesinstitut für Berufsbildung* (BIBB) überarbeitet und dann veröffentlicht wird. Dieses Verzeichnis kann bei der *Berufsberatung* oder einer Kammer eingesehen werden.

Ausbildungsberufsbild. Bestandteil der vom jeweils zuständigen Bundesministerium erlassenen Verordnung über die *Berufsausbildung* in einem anerkannten Ausbildungsberuf. Beschreibt in einem groben Überblick die einzelnen Fachgebiete, in denen im Verlauf der Ausbildung Kenntnisse, Fertigkeiten und berufliche Erfahrungen erworben werden sollen. Das A. ist in vollem Umfang zu erfüllen.

Ausbildungsdauer (engl. *duration of training*). Für die Ausbildung in anerkannten *Ausbildungsberufen* nach dem BerBiRefG ist die A. in den einzelnen *Ausbildungsordnungen* geregelt. Derzeit beträgt die A. zwischen zwei und dreieinhalb Jahren. Die A. wird danach festgelegt, in welchem Zeitraum ein durchschnittlich begabter Absolvent der Hauptschule in einem durchschnittlich geeigneten Ausbildungsbetrieb das Ausbildungsziel erreichen kann.

Ausbildungsfähigkeit. Unter dem Begriff werden schulische *Kenntnisse, Fähigkeiten* und *Fertigkeiten,* soziale, personale und methodische Kompetenzen zusammengefasst, die Jugendliche sowohl für eine zielstrebige Gestaltung der Übergangsprozesse zwischen allgemein bildenden Schulen und sich anschließenden berufsorientierten Bildungsphasen als auch für den erfolgversprechenden Einstieg in die betriebliche und bzw. oder schulische Berufsausbildung benötigen. Da allgemein bildende Schulen unterschiedliche Abschlussprofile anbieten, die mit jeweils speziellen Anschlussmöglichkeiten in der Berufsausbildung verbunden sind, werden erste Elemente der A. spätestens ab Klassenstufe 7 gefordert. Für alle Bildungsgänge innerhalb der Sekundarstufe ist A. ein zentrales Anliegen. Inhaltlich bestimmt wird die A. heute insbesondere durch die Anforderungen in den Ausbildungsrahmenplänen der Betriebe, den Lehrplänen der beruflichen Schulen, den sozialen und personalen Erwartungen der Ausbildungsbetriebe sowie den vielfältigen Herausforderungen, die aus der aktiven Mitwirkung im Prozess der *Berufswahl* und der selbst verantwortlichen Gestaltung des Alltags als Auszubildender und Schüler erwachsen. Das Anspruchsniveau an die A. der Jugendlichen konkretisiert sich dann in Abhängigkeit von der allgemeinen Arbeitsmarktlage und dem Verhältnis von Angebot und Nachfrage bei den Ausbildungsplätzen. Übersteigt die Nachfrage nach Ausbildungsplätzen deutlich das Angebot, steigen die Bewertungskriterien für die A. an.

Ausbildungsförderung (engl. *education grants*). Im Interesse der *Chancengleichheit* besteht bei nachgewiesenem Bedarf nach dem Bundesausbildungsförderungsgesetz (BAföG) Rechtsanspruch auf Zuschüsse bzw. zinslose Darlehen für den Besuch von Schulen und Hochschulen. Für berufsvorbereitende Maßnahmen und Hilfen während der Berufsausbildung ist nach dem *Arbeitsförderungs-Reformgesetz* (AFRG) die Berufsberatung der Arbeitsagenturen zuständig. Sie bietet an: *Grundausbildungslehrgänge, Förderlehrgänge, Vorbereitungskurse zum nachträglichen Erwerb des Hauptschulabschlusses,* Berufsvorbereitung für junge Ausländer, Lehrgänge zur Verbesserung der Eingliederungsmöglichkeiten sowie Maßnahmen zur Eingliederung von Behinderten und berufliche Umschulungsmaßnahmen. Über die Ansprüche, die Höhe der Fördermittel, die Dauer der Zahlung sowie den Modus einer eventuellen Zurückzahlung des Darlehens erteilen für Fälle nach dem BAföG die Ämter für A. bei den Kreis- und Stadtverwaltungen bzw. den Studentenwerken, für Fälle nach dem AFRG die Arbeitsagenturen genaue Auskunft.

Ausbildungsmittel. Alle Werkzeuge, Werkstoffe, Instrumente, Tabellenbücher, Zeichengeräte usw., die für die *Ausbildung* und die Ablegung der *Abschlussprüfung* erforderlich sind. Nach den Bestimmungen des Berufsbildungsreformgesetzes (BerBiRefG) muss sie der *Ausbildende* dem *Auszubildenden* kostenlos zur Verfügung stellen.

Ausbildungsnachweis. Nach den staatlichen Verordnungen über die Berufsausbildung in anerkannten Ausbildungsberufen hat jeder *Auszubildende* einen A. zu führen, in dem in zeitlicher Abfolge festgehalten wird, welche Inhalte und Ziele des *Ausbildungsplanes* und des Unterrichts in der Berufsschule erreicht worden sind. Der A. soll während der Arbeitszeit geschrieben und regelmäßig mit dem Ausbilder besprochen werden.

Ausbildungsordnung (engl. *training regulations*). Nach § 25 des *Berufsbildungsreformgesetzes* (BerBiRefG) ist die A. Grundlage für eine geordnete und in ganz Deutschland einheitliche *Berufsausbildung* in einem anerkannten *Ausbildungsberuf.* Die A. wird vom Bundesminister für Wirtschaft oder einem anderen, fachlich zuständigen Bundesministerium im Einvernehmen mit dem Bundesministerium für Bildung und Forschung erlassen. Sie enthält mindestens folgende Regelungen: Bezeichnung des Ausbildungsberufes, Ausbildungsdauer, Fertigkeiten und Kenntnisse, die Gegenstand der Berufsausbildung sein sollen, einen Plan zur zeitlichen und sachlichen Gliederung für die Vermittlung der Ausbildungsinhalte und die Prüfungsanforderungen.

Ausbildungspflicht. Wer einen Jugendlichen durch einen *Berufsausbildungsvertrag* zur Ausbildung aufnimmt, unterliegt der A. Der *Ausbildende* oder der von ihm beauftragte *Ausbilder* hat dafür Sorge zu tragen, dass die im *Ausbildungsplan* enthaltenen Kenntnisse, Fähigkeiten und Fertigkeiten vermittelt werden, damit das Ausbildungsziel in der vertraglich festgelegten Ausbildungszeit erreicht werden kann.

Ausbildungsplan (engl. *training course*). Ein *Ausbildender* oder der von ihm beauftragte *Ausbilder* hat nach den Bestimmungen des Berufsbildungsreformgesetzes (BerBiRefG) einen A. zu erstellen, der den inhaltlichen und zeitlichen Ablauf der Ausbildung unter Berücksichtigung der betrieblichen Lernorte, der mit Ausbildungsaufgaben beauftragten Mitarbeiter sowie der persönlichen Bedingungen des Auszubildenden beschreibt. Der A. entsteht auf der Grundlage des *Ausbildungsrahmenplanes,* der Bestandteil der jeweiligen Verordnung des Bundesministeriums für Bildung, Wissenschaft, Forschung und Technologie über die *Berufsausbildung* in einem anerkannten *Ausbildungsberuf* ist. Der A. ist als Anlage dem *Berufsausbildungsvertrag* beizufügen.

Ausbildungsrahmenplan. Sachliche und zeitliche Gliederung der *Berufsausbildung* in einem anerkannten *Ausbildungsberuf,* die der jeweils geltenden Rechtsverordnung des zuständigen Bundesministeriums als Anlage beigegeben ist und auf deren Grundlage der Ausbildende einen betriebsspezifischen *Ausbildungsplan* zu erstellen hat, in dem auch die besonderen Voraussetzungen des Auszubildenden berücksichtigt werden sollen. Der A. ist dem Auszubildenden zusammen mit dem Berufsausbildungsvertrag auszuhändigen.

Kann ein Betrieb die im A. vorgeschriebenen Kenntnisse und Fertigkeiten nicht vermitteln, muss er dafür andere Lernorte finden (z. B. eine überbetriebliche Ausbildungsstätte).

Ausbildungsstätten (engl. *place of training*). Sammelbezeichnung für alle Teilbereiche eines Betriebes, in denen Ausbildung stattfindet, aber auch für *überbetriebliche A.* oder Lernorte in anderen Einrichtungen. Bei der Prüfung von A. ist besonders auf die Einhaltung der Vorschriften aus dem *Jugendarbeitsschutzgesetz* (JArbSchG), der Unfallverhütungsvorschriften sowie der Eignung der A. für eine Ausbildung im Sinne der *Ausbildungsordnung* zu achten.

Ausbildungsverbund. Zusammenwirken von mehreren Ausbildungsbetrieben oder Verwaltungen und anderen Lernorten (z. B. überbetrieblichen Ausbildungsstätten) bei der *Ausbildung* in einem anerkannten *Ausbildungsberuf.* Dabei ist wichtig, dass der verantwortliche Ausbildende auf die Berufsausbildung im kooperierenden Betrieb maßgeblichen Einfluss nehmen kann. Sind dagegen Betrieb und überbetriebliche Ausbildungsstätte in einem A. zusammengeschlossen, so spricht das Berufsbildungsrecht von Ergänzung der betrieblichen Ausbildung. Dann arbeiten die ergänzenden Lernorte unabhängig von Vorgaben durch den Ausbildenden.

Ausbildungsvergütung (engl. *training allowance*). Nach den Bestimmungen des *Berufsbildungsreformgesetzes* (BerBiRefG) muss der *Ausbildende* dem *Auszubildenden* eine A. zahlen, die im *Berufsausbildungsvertrag* festzulegen ist und jährlich ansteigen muss. Ist die A. in einem Tarifvertrag geregelt, dürfen die Vergütungsbeträge nicht unter den Tarifsätzen liegen.

Ausbildungsverhältnis. *Berufsausbildungsverhältnis.*

Ausbildungswerkstatt (engl. *training workshop*). Eigens für die *Berufsausbildung* eingerichteter betrieblicher Lernort, in dem von hauptamtlichen *Ausbildern* fachpraktische Fähigkeiten, Fertigkeiten und Kenntnisse an Auszubildende vermittelt werden, mehr und mehr ergänzt durch betrieblichen Unterricht. Zumeist wird die Grundausbildung in der A. durchgeführt, weil hier ohne Konflikte mit der laufenden betrieblichen Produktion systematisch unterwiesen werden kann *(Off-the-job-training)*. Nach der Grundausbildung in der A. lernen die Auszubildenden i. d. R. an betrieblichen Arbeitsplätzen weiter *(On-the-job-training)* und besuchen die A. nur noch im Rahmen einzelner Kurse oder für die Prüfungsvorbereitung.

Ausbildungszeit. Nach den Bestimmungen des *Berufsbildungsreformgesetzes* (BerBiRefG) kann die gesetzlich vorgegebene *Ausbildungsdauer* durch Verkürzung oder Verlängerung für den einzelnen Auszubildenden in eine individuelle A. umgewandelt werden, die der Leistungsfähigkeit des Auszubildenden entspricht.

Ausgangsschriften (Syn. **Schulschriften**). In den Lehrplänen der einzelnen Bundesländer vorgeschriebene Schriften für den Lese- und Schreibunterricht im ersten und zweiten Schuljahr. Es werden unterschieden:

a) beim Leselehrgang: große und kleine Druckbuchstaben (Gemischtantiqua); Großbuchstaben (Großantiqua) am Anfang des Lehrgangs und Schreibschrift. Die Gemischtantiqua wird immer stärker bevorzugt, da Schreibschrift in Textprodukten kaum eine Rolle spielt;

b) beim Schreiblehrgang: Neben dem Druckschreiben mit Druckschrift am Anfang werden drei verbundene Schriften verwendet und ihre jeweiligen Schwierigkeiten und Vorteile diskutiert. Es sind die Lateinische Ausgangsschrift (LA) aus dem Jahre 1953, die Vereinfachte Ausgangsschrift (VA) aus dem Jahre 1973 und die Schulausgangsschrift (SAS) der ehemaligen DDR aus dem Jahre 1968. Die Einstellungen zu den verbundenen Schriften sind unterschiedlich, so dass eine Vereinheitlichung in den Ländern der Bundesrepublik Deutschland nicht vorgesehen ist. Während in Baden-Württemberg nach dem Lehrplan von 2004 die Wahl zwischen Lateinischer und Vereinfachter Ausgangsschrift besteht, ist in Bayern seit dem Schuljahr 2004/05 die Vereinfachte Ausgangsschrift verbindlich. Bei den Schul-Druckschriften wird zwischen der speziellen Bayerischen Druckschrift, der Druckschrift Süd und der Druckschrift Nord unterschieden. In der Schweiz gibt es die Schulschrift 1, 2 und 3 sowie die Druckschrift Schweiz (Steinschrift). Österreich hat als Schreibschrift die Schulschrift 1995.

Auskunftsverweigerungsrecht. *Zeugnisverweigerungsrecht.*

Ausländerpädagogik. Ehemalige Bezeichnung für ein Teilgebiet der Erziehungswissenschaft, dessen Gegenstand alle pädagogisch relevanten Fragestellungen und Probleme der Bildung und Erziehung ausländischer Kinder und Jugendlicher in Einrichtungen des deutschen Bildungswesens war. Heute heißt der Gegenstandsbereich in Lehre und Forschung interkulturelles Lernen, *interkulturelle Erziehung* oder multikulturelle Erziehung deutscher und ausländischer Kinder und Jugendlicher und gehört zum Aufgabenbereich verschiedener Teildisziplinen der Erziehungswissenschaft (z. B. der Schulpädagogik, der Grundschulpädagogik, der Sozialpädagogik).

ausländische Schulen (engl. *foreign schools*). Einrichtungen ausländischer Stationierungsstreitkräfte auf dem Territorium der Bundesrepublik Deutschland. Diese Schulen in der Trägerschaft eines ausländischen Verteidigungsministeriums stehen unter der Aufsicht des ausländischen Kultus- bzw. Erziehungsministeriums. Sie arbeiten i. d. R. nach den Lehrplänen und Schulkonzeptionen ihres Landes und sind vorwiegend für die Kinder nichtdeutscher Staatsangehörigkeit bestimmt. Sie unterliegen nicht dem deutschen Schulrecht und damit auch nicht der deutschen Schulaufsicht. Die deutschen Schulbehörden können in Ausnahmefällen deutschen Kindern den Besuch dieser Schulen gestatten.

ausländische Schüler. Rechtlich sind alle Schüler nichtdeutscher Staatsangehörigkeit a. S. Haben sie ihren gewöhnlichen Aufenthalt in einem deutschen Bundesland, sind sie nach allen *Schulgesetzen* der Länder schulpflichtig. Das gilt auch dann, wenn Kinder nach den Regelungen des Heimatlandes ihre *Schulpflicht* bereits erfüllt haben. Für a. S. gelten weitgehend die gleichen Rechte und Pflichten wie für deutsche Schülerinnen und Schüler. Kommen sie aus einem Land der EU, sind sie den Inländern rechtlich gleichgestellt. Besondere Regelungen bestehen für Kinder von Personen im diplomatischen Dienst oder ausländischer NATO-Truppen in Deutschland.

Die Gruppe der a. S. weist im Hinblick auf eine Reihe von Kriterien hohe Heterogenität auf: Rechtlicher Status (Aufenthaltserlaubnis, Aufenthaltsbewilligung, Aufenthaltsbefugnis, Niederlassungserlaubnis, Asylberechtigung, Einbürgerung), Dauer des Aufenthalts in Deutschland, Migrationsziel der Familie (Asyl, Übersiedlung, Erwerbseinkommen), Rückkehrabsichten, soziale Lage, Bildungs- und Ausbildungsabschlüsse der Eltern, familiäre Situation, Umgangssprache in der Familie, kulturelle und weltanschauliche Normen, Grad der sozialen Integration. In Forschung und pädagogischer Praxis wird deshalb anstelle des Begriffs a. S. von Schülern mit Migrationshintergrund gesprochen, weil so die Spannweite der Differenzen besser berücksichtigt wird.

Im Schuljahr 2003/04 besuchten knapp 1 Million a. S. Schulen in Deutschland, das waren knapp 10% aller Schülerinnen und Schüler. Die Verteilung auf die Schularten war sehr unterschiedlich: Grundschule 11,7%, Hauptschule 18,6%, Realschule 7,0%, Gymnasium 4,0%, integrierte Gesamtschule 12,8%, Freie Waldorfschule 2,1%, Sonderschulen 16,0% (Statistisches Bundesamt). Diese Zahlen berücksichtigen nur die Schüler nichtdeutscher Staatsangehörigkeit. Werden Kriterien wie Umgangssprache in der Familie, Dauer des Aufenthaltes in Deutschland und kulturelle Normen beachtet, erweitert sich der Anteil von Schülern mit Migrationshintergrund deutlich. *PISA* u. a. internationale Studien orientieren sich bei der Definition an der Herkunft der Schülereltern. Ist mindestens ein Elternteil im Ausland geboren, werden diese Schüler der Gruppe mit Migrationshintergrund zugerechnet. PISA schreibt dieses Merkmal knapp 22% der untersuchten deutschen Stichprobe 15-jähriger Schüler zu. Die Schulleistungen a. S. liegen deutlich unter den Leistungen deutscher Schüler, worauf ja auch ihr Anteil an den Schülerschaften verschiedener Schularten hinweist. In Förderschulen und Hauptschulen sind sie deutlich überrepräsentiert. Offensichtlich gelingt es dem deutschen Schulsystem nicht, die a. S. in allgemeine und berufliche Bildungsgänge erfolgreich zu integrieren. Die ständig zurückgehende Zahl a. S., die eine Berufsausbildung antreten, ist dafür ein Indikator.

Auslandsschulen. Bildungseinrichtungen der Bundesrepublik Deutschland auf ausländischem Territorium zur schulischen Versorgung von Kindern deutscher Staatsangehöriger im Ausland und zur Begegnung junger Menschen unterschiedlicher Nationalität, Kultur und Sprache. Es sind meist *Privatschulen* in der Trägerschaft von Schulvereinen und kirchlichen Organisationen. Sie unterliegen den gesetzlichen Bestimmungen des Gastlandes, werden aber aus Mitteln der Bundesrepublik Deutschland und durch die Entsendung deutscher Lehrer gefördert.
Im Rahmenplan ›Auswärtige Kulturpolitik im Schulwesen‹ (Auswärtiges Amt 1978) werden vier Schultypen mit unterschiedlichen Zielsetzungen unterschieden: 1. Deutschsprachliche A. mit deutschen Lehrplänen zur Sicherung der Schulbildung von Kindern deutscher Staatsangehöriger im Ausland. 2. Begegnungsschulen zur Einführung junger Menschen in Sprachen und geistige Inhalte zweier Kulturen. Zu ihnen gehören auch die Europaschulen als Stätten kultureller Begegnung und zur Förderung des europäischen Einigungsprozesses. 3. Schulen mit verstärktem Deutschunterricht (vor allem in Lateinamerika) für die fremdsprachige Schülerschaft des Gastlandes zur Verbreitung deutscher Sprache und Kultur. 4. Sprachgruppenschulen zum Erhalt der deutschen Muttersprache in deutschsprachigen Gemeinschaften im Ausland. Darüber hinaus werden Sprachkurse (sog. Sonnabendschulen) für deutschstämmige Schüler, der Aufbau eines Fernlehrwerks für deutsche Kinder und Firmenschulen im Ausland von der Bundesregierung gefördert. Seit 1980 erscheint die Zeitschrift ›Begegnung‹ für A. zum Informationsaustausch. Die Zentralstelle für das Auslandsschulwesen ist eine Abteilung des Bundesverwaltungsamtes in Köln.

Auslese (Syn. **Selektion**; engl. *selection*). Der aus der biologischen Evolutionstheorie stammende Begriff der natürlichen A. der Arten (Ch. Darwin) hatte durch die nationalsozialistische Rassentheorie für viele Menschen verheerende Folgen. Wenn im Unterschied zum biologischen A.begriff in der Pädagogik von A. oder Selektion die Rede ist, dann ist damit die A. geeigneter Personen für unterschiedliche Bildungslaufbahnen und entsprechende Positionen im Beschäftigungssystem gemeint. Die A.problematik berührt auch die Frage der *Chancengleichheit,* denn empirische Untersuchungen haben seit den sechziger Jahren mehrfach nachgewiesen, dass mit der institutionalisierten A. bei *Übergängen* im Schulsystem auch immer eine soziale A. verbunden war.
Zur Wahrung des Rechts auf Bildung ihrer Kinder haben die Eltern das Recht, den Bildungsweg ihres Kindes zu bestimmen und zu entscheiden, welche Schulart der Schüler im Anschluss an die Grundschule bzw. die Orientierungsstufe (Förderstufe) besuchen soll. Jedoch kann der Staat aufgrund gesetzlicher Regelungen den Übergang des Schülers in eine andere Schulart von seiner Eignung abhängig machen. Schulrechtlich wird zur A. argumentiert: Eine sinnvolle Auswahl erstrebe nicht nur die Zurückweisung der für eine Schulart ungeeigneten Schüler (negative A.), sondern möglichst die Zuordnung des Einzelnen zu dem ihm individuell gemäßen Bildungsweg (positive A.); dem Schüler werde damit geholfen, die seinen Anlagen und Fähigkeiten entsprechende Förderung zu erfahren (H. Heckel/H. Avenarius). Hier stellt sich die seit den sechziger Jahren im Rahmen der Differenzierungsdiskussion aufgetauchte Frage, ob eine optimale individuelle Förderung eher im überkommenen gegliederten Schulsystem oder in einem integrierten Gesamtschulsystem gewährleistet ist und was der Begriff Förderung eigentlich beinhaltet.

Ausschluss von der Schule. *Schulverweisung.*

Ausschluss vom Unterricht. Zum Schutz von Personen und Sachen und zur Sicherung des Bildungsrechts der anderen Schüler kann die Schule nach den Bestimmungen des Schulgesetzes rücksichtslose oder gewalttätige Schüler für Stunden oder auch für mehrere Tage vom Unterricht ausschließen, wenn andere *Erziehungs- und Ordnungsmaßnahmen* nicht zum Erfolg geführt haben. Als schwerwiegendste Maßnahme bleibt der Ausschluss von der Schule. Beide Formen des Schulausschlusses sollten mit einer speziellen sozialpädagogischen Betreuung des betroffenen Schülers verbunden sein und die Familie in die Therapie einbeziehen.

Außenseiter (engl. *marginal man*). **1)** In allgemeiner Bedeutung jede Person, die durch eigenen Entschluss oder durch den Druck einer Gruppe eine isolierte, randständige Position einnimmt.

2) Innerhalb von Schulklassen diejenigen Schüler, die aufgrund bestimmter negativ besetzter Merkmale (Nationalität, Hautfarbe, Religion, Leistung) von der Mehrheit der Schüler nicht als gleichberechtigte Mitglieder der Gruppe angesehen werden. Durch ein *Soziogramm* können A. erkannt werden.

außerbetriebliche Ausbildungsmaßnahmen. Kann ein Ausbildungsbetrieb die in der *Ausbildungsordnung* vorgeschriebenen Kenntnisse, Fähigkeiten und Fertigkeiten nicht eigenständig vermitteln, müssen a. A. im Berufsausbildungsvertrag und im betrieblichen *Ausbildungsplan* vorgesehen sein, die an verschiedenen Lernorten (z. B. Partnerbetriebe, überbetriebliche Ausbildungsstätten) angeboten werden können und gemeinsam mit dem Ausbildungsbetrieb die Erfüllung der Ausbildungsordnung sichern. Dadurch eventuell entstehende Kosten hat allein der Ausbildende zu tragen.

äußere Differenzierung. *Differenzierung. Fachleistungsdifferenzierung.*

äußere Schulangelegenheiten. Alle Regelungen und Maßnahmen, die nicht unmittelbar Unterricht und Erziehung in der Schule betreffen, sondern sich auf die äußeren Rahmenbedingungen dafür erstrecken. Dazu zählen i. d. R.: Bau der Schulhäuser, deren Einrichtung, Ausstattung und Unterhalt, Anstellung des Personals für Verwaltung und Hauspflege sowie Bereitstellung der Lehr- und Lernmittel. Die ä.S. fallen in die Kompetenz der *Schulträger.* Sie sind auch von diesen finanziell zu bestreiten. Allerdings erhalten die Schulträger Zuschüsse aus dem Landeshaushalt.

außerschulische Jugendbildung. Konzentriert sich nach der Definition von *Jugendarbeit* im Kinder- und Jugendhilfegesetz (KJHG) auf Bildungsangebote allgemeiner, politischer, sozialer, gesundheitlicher, naturkundlicher und technischer Art. Wie alle Jugendarbeit versteht sie sich als wahlfreie Leistung von Jugendverbänden, Gruppen und Initiativen oder anderen Trägern der öffentlichen und freien Jugendhilfe. Sie legt besonderen Wert auf die Mitbestimmung und Mitgestaltung der Ziele, Inhalte und Arbeitsweisen durch die Kinder und Jugendlichen selbst.

Aussiedlerkinder. Aufgrund der einschneidenden politischen Veränderungen in den osteuropäischen Staaten sind Anfang der 90er Jahre des vorigen Jahrhunderts mehrere hunderttausend deutschstämmige Spätaussiedler in die Bundesrepublik Deutschland gekommen, vornehmlich aus den Republiken der ehemaligen Sowjetunion. In den letzten Jahren nahm dann die Zahl der Aussiedler kontinuierlich bis auf 31 000 im Jahr 2005 ab. Im gleichen Jahr besuchten noch 4000 A. öffentliche und private allgemein bildende Schulen. Auch deren Zahl war Mitte der 90er Jahre wesentlich höher.

Die Entwicklung von A. ist durch den weitgehenden Verlust bisher gültiger Werte, Normen und Lebensziele tiefgreifend beeinflusst. Wegen fehlender Sprachkompetenz müssen A. ihren Schulweg i. d. R. auf einem deutlich niedrigeren Niveau als im Herkunftsland fortsetzen. Frühere Ausbildungsziele können nicht mehr

realisiert werden. Das kognitive Anspruchsniveau unterfordert die meisten A., Selbstbewusstsein und Erfolgszuversicht werden nachhaltig vermindert, die Anstrengungsbereitschaft lässt nach. Infolgedessen werden die A. in einer Lebensphase, die im Normalfall durch wachsende Selbständigkeit, persönliche Lebensentwürfe, Ablösung von der Familie und Orientierung an den Standards der Altersgenossen gekennzeichnet ist, in die vergleichsweise engen Bindungen an die Familie und Gruppen ihrer Herkunftskultur zurückgeworfen. Diese Entwicklungshemmung führt oft zu Leistungsbeeinträchtigungen, Motivationsverlust und Schulunlust, im schlimmsten Fall auch zu Delinquenz.
Schulische und sozialpädagogische Integrationshilfen sind dringend geboten. Sie müssen an den Stärken der A. ansetzen, ihnen entsprechende Lernangebote zugänglich machen und sprachliche Defizite gezielt kompensieren.

Australien. **1)** Parlamentarische Monarchie mit sechs Bundesstaaten und zwei Territorien innerhalb des Britischen Commonwealth. Hauptstadt: Canberra (321 300 Einw.). Fläche: 7 692 030 km², 20 Mill. Einw., 2,6 Einw./km². 92% Einw. britischer und irischer Herkunft, 1,5% Ureinwohner (Aborigines). Landessprache: Englisch (Amtssprache), Sprachen der Ureinwohner. Religion: 70% Christen (davon 27% Katholiken, 22% Anglikaner) und religiöse Minderheiten.

2) Die relativ junge Nation entwickelte sich politisch aus sechs eigenständigen Kolonien und zwei Territorien, die sich 1901 als Bundesstaaten im Australischen Bund zusammenschlossen. Seit der Verfassung von 1901 sind die autonomen Bundesstaaten und Territorien für das Bildungswesen zuständig. Für die Koordination zwischen Bund und Einzelstaaten sorgt seit 1993 der Ministerielle Rat für Beschäftigung, Bildung, Ausbildung und Jugend (MCEETYA).
Die Schulpflicht beginnt in den meisten Bundesstaaten und Territorien mit fünf Jahren, in Queensland (QLD) und in Westaustralien (WA) erst mit sechs Jahren. Sie gilt bis zum Alter von 15 Jahren (10. Schuljahr), in Tasmanien (TAS) auch für 16-Jährige (11. Schuljahr) und umfasst damit zehn, elf oder zwölf Schuljahre. Das Schuljahr beginnt Ende Januar und endet Anfang Dezember mit etwa sieben Wochen Sommerferien im Dezember und Januar. Das Schuljahr ist in vier Terms eingeteilt, eine Ausnahme bildet Tasmanien (TAS) mit drei Terms. Zwischen den Terms liegen jeweils zwei Wochen Schulferien. Die Schulzeit geht von Montag bis Freitag von etwa 9.00 Uhr bis 15.30 Uhr. Es gibt 74% öffentliche, 17,5% private katholische und 8,5% unabhängige private Schulen. Im Primarbereich besuchen etwa 25% und im Sekundarbereich etwa 30% aller Schüler eine private Einrichtung. Alle staatlichen Primar- und Sekundarschulen werden koedukativ geführt. Während für die überwiegende Zahl der privaten Primarschulen die Koedukation gilt, trifft dies für die privaten Sekundarschulen nicht zu. Etwa 70% der Privatschulen sind in der Trägerschaft der katholischen Kirche. Privatschulen erhalten staatliche Unterstützung. Auch zum Schulgeld, das an Privatschulen gezahlt werden muss, gewährt der Staat Zuschüsse.
Durch eine vermehrte Integration von Behinderten in die Regelschulen gibt es nur relativ wenige Sondereinrichtungen.
In dünn besiedelten Gebieten findet der Unterricht zu Hause über Radio und/oder Fernsehen statt (School of the air), bevor die Älteren in ein Internat überwechseln können. Die Bildungsbeteiligung der Ureinwohner (Aboriginal and Torres Strait Islander people) hat sich durch besondere Programme wesentlich verbessert.
Der zentrale MCEETYA hat für acht Fächer Basis-Curricula (Key Learning Areas) entwickelt, die die Grundlage für einheitliche Leistungstests bilden, die – je nach Staat – im 3., im 5., 6. oder 7. und im 9. oder 10. Schuljahr durchgeführt werden. Im High School System belegen

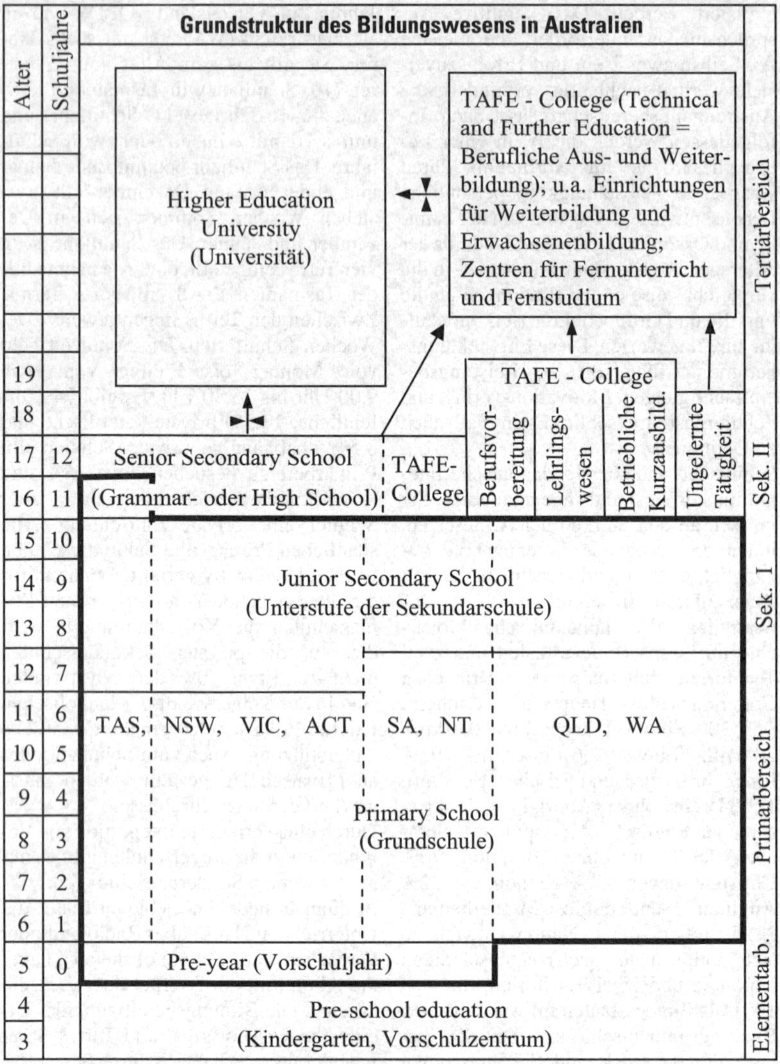

Die grafische Darstellung zeigt parallel drei Systeme der Staaten/Territorien.
Fett umrandet sind die Einrichtungen für die Erfüllung der Schulpflicht.
Qualifizierte Auswahl — Einfacher Übergang

die Schüler Pflichtfächer und Wahlpflichtfächer. Pflichtfächer sind i. d. R. Englisch, Mathematik, Geistes- und Naturwissenschaften. Zu den Wahlfächern gehören Bildende Künste, Musik, Fremdsprachen, Industrielle Technologie, Tourismus, Meereskunde u. a. Darüber hinaus werden berufsorientierte und praxisnahe Vocational Education Programs angeboten. Am Ende der Schulpflicht erhalten die Schüler i. d. R. nach einer schulübergreifenden Prüfung ein School Certificate of Education.

3) Die Vorschulerziehung (Pre-school education) findet für Drei- bis Fünf- bzw. Sechsjährige in Kindergärten und Vorschulzentren statt. Träger sind die Gemeinden oder Städte. Für Vier- und Fünfjährige bekommen die Eltern Zuschüsse. Der Schulbesuch beginnt für Fünfjährige, außer in Queensland und Westaustralien, mit einem Vorschuljahr (Pre-year), das dem Primarbereich zugeordnet ist.

In der formalen Struktur des Schulwesens sind drei Systeme zu unterscheiden: In Tasmanien (TAS), Neusüdwales (NSW), Victoria (VIC) und dem Hauptstadtterritorium (ACT) dauert die Primarschule nach einem Vorschuljahr sechs Schuljahre, an die sich die zweistufige Sekundarschule mit dem 7. bis 12. Schuljahr anschließt. Zum Primarbereich gehören in Südaustralien (SA) und dem Nordterritorium (NT) nach dem Vorschuljahr sieben Schuljahre, zu denen das 8. bis 12. Schuljahr im Sekundarbereich hinzukommen. In Queensland (QLD) und Westaustralien (WA) ist das Schulsystem wie in Südaustralien und im Nordterritorium gegliedert, es entfällt lediglich das Vorschuljahr als Bestandteil des Primarbereichs.

Im Sekundarbereich II setzt ein Teil der Schüler seinen Bildungsgang im 11. und 12. Schuljahr an einer allgemein bildenden Senior Secondary School (private Grammar School oder öffentliche High School) fort, um nach einer externen Prüfung die Hochschulreife (Higher School Certificate) zu erwerben. Eine Alternative hierzu ist der Besuch eines zweijährigen allgemein bildenden und berufsbildenden TAFE-College (Technical and Further Education College), an dem ebenfalls die Hochschulreife erworben werden kann. Dieses Bildungsangebot wurde aber 1994 nur von etwa 5% der 15- bis 19-Jährigen genutzt.

4) Neben privaten Trägern in der Berufsausbildung gehören die staatlich finanzierten öffentlichen TAFE-Colleges zu den wichtigsten Anbietern berufsvorbereitender Kurse und beruflicher Erstausbildung. Jugendlichen, die nach Abschluss der Pflichtschule in die berufliche Ausbildung eintreten wollen, stehen im Wesentlichen in Verbindung mit dem TAFE-System Vollzeitkurse zur Berufsvorbereitung (Pre-vocational course), das Lehrlingswesen (Apprenticeship) oder die betriebliche Kurzausbildung (Traineeship) offen. Als ein Problem für die Berufsbildung wird der hohe Anteil von Schulabgängern nach der Schulpflicht angesehen, der ohne berufliche Qualifikationen direkt auf den Arbeitsmarkt geht. Durch ein Reformprogramm zur Integration von Allgemeinbildung und beruflicher Grundbildung an Sekundarschulen (Australian Vocational Training System, AVTS) sollen 95% aller Jugendlichen im Alter von 19 Jahren entweder die High School oder eine berufliche Grundbildung absolvieren.

5) Im Tertiärbereich sind die öffentlichen TAFE-Colleges die am häufigsten besuchten Einrichtungen zur beruflichen Aus- und Weiterbildung. Ihre Angebote umfassen im Vergleich zu Deutschland die der beruflichen Schulen und der Volkshochschule. Darüber hinaus gibt es im TAFE-System eine Vielzahl von Technik- und Berufsfachhochschulen, die berufsbezogene Ausbildungen in Fachrichtungen wie Wirtschaft, Technik, Design, Hotelmanagement und Public Relations anbieten und zu Certificates, Diploma und Advanced Diploma führen, die bei einem Universitätsstudium angerechnet werden können. An den TAFE-Colleges kann auch das Higher School Certificate (Hochschulreife) nachgeholt werden. Nach dem Einheitlichen Nationalen System für Hochschulbildung (Unified National System for Higher Education, UNS) von 1995 gibt es 38 öffentliche und zwei private Universitäten. Von großer Bedeutung ist das von acht Zentren angebotene Fernstudium. In dem einheitlich strukturierten Studiensystem gibt es aufeinander aufbauende Qualifikationsstufen mit zwölf Abschlüssen, deren Wertigkeit und Berechtigung im Australian Qualifications Framework festgelegt ist. Die akademischen Studiengänge führen zum Graduate Diploma, Bachelor Degree, Masters Degree oder Doctoral Degree (Ph. D.). Zur Evaluation und Kontrolle der Leistungen aller Universitäten hat die Regierung 2001 die Behörde Australian Universities Quality Agency (AUQUA) gegründet, um einheitliche und transparente Standards in der Lehre zu gewährleisten.

6) Nach der Zusammenführung von Universitäten und Colleges für höhere Bildung (College of Advanced Education, CAE) findet die Lehrerbildung an Universitäten statt. Die vierjährige Ausbildung der Lehrer für den Sekundarbereich besteht z. B. aus einem dreijährigen Hauptfachstudium und einem anschließenden einjährigen Studium der Erziehungswissenschaft. Vor der Festanstellung muss eine ein- bis zweijährige berufspraktische Phase erfolgreich abgeschlossen werden.

Auswahl-Antwort-System (engl. *multiple-choice-response-system*). Beim *programmierten Lernen,* in *Schultests* und bei Lernzielkontrollen angewendetes schriftliches Verfahren, bei dem der Lernende unter mehreren vorgegebenen Antworten, von denen aber meist nur eine richtig ist, die richtige Lösung ankreuzen soll. Die Prüfungsbögen sind in der Regel durch Computer auswertbar.

auswärtige Kulturpolitik. Das Auswärtige Amt der Bundesregierung betreibt im Rahmen der Gesamtziele der deutschen Außenpolitik a. K., deren Leitziel die Darstellung Deutschlands als Kulturnation ist. Dazu gehören die Vermittlung der deutschen Sprache und Landeskunde, der wechselseitige kulturelle Austausch mit den Gastländern und die Zusammenarbeit in Wissenschaft, Ausbildung und Kunst. Wichtige Einrichtungen der a. K. sind die deutschen *Auslandsschulen*, die *Goethe-Institute,* der *Deutsche Akademische Austauschdienst* (DAAD) und die *Alexander-von-Humboldt-Stiftung.*

Auszubildender (engl. *apprentice*). Das *Berufsbildungsreformgesetz* (BerBiRefG) definiert jeden als A., der von einem *Ausbildenden* zur *Berufsausbildung* eingestellt wird, um unter Beachtung der *Ausbildungsordnung* die Fertigkeiten und Kenntnisse zu erwerben, die er zum Erreichen des Ausbildungszieles benötigt. Die *Handwerksordnung* (HwO) bezeichnet den gleichen Personenkreis als Lehrlinge.

Authentizität (griech. *authentikos* verbürgt, richtig, echt; engl. *authenticity*). Konstitutive Grundlage von Erziehungs- und Unterrichtsprozessen, die sich dem Anspruch junger Menschen auf eine eigene Identität, Selbstbestimmung, *Mündigkeit,* Mitbestimmungsfähigkeit und Solidarität verpflichtet wissen. A. verlangt Glaubwürdigkeit, Zuverlässigkeit und Transparenz des Handelns in pädagogischen Feldern und Institutionen, die insbesondere durch wachsende Beteiligungsrechte der Lehrer und Schüler bei der Konkretisierung des Lehrplanes, der Unterrichtsgestaltung, im Schulleben, bei der Verteilung der Finanzmittel usw. sowie durch den offenen Diskurs über die gemeinsamen Erfahrungen in der Schule und über deren Bewertung gewonnen werden können. So wird A. eine der wesentlichen Bedingungen für Integration und Stabilität sozialer Ordnungen im demokratischen Gemeinwesen sowie für die Identifikation mit dessen Werten und Normen.

Autismus (griech. *autos* selbst; engl. *autism*). Erscheinungsform kindlicher Schizophrenie (Persönlichkeitsspaltung), die sich zumeist in folgenden Merkmalen zeigt: übersteigerter Egoismus, Insichgekehrtsein, heftige Schwierigkeiten in den Beziehungen zur sozialen und materialen Umwelt, die sich i. d. R. in weitgehender Sprachlosigkeit, Kontaktarmut und Unfähigkeit zur angemessenen Reaktion auf Umweltreize zeigen. Diagnose und Hilfen setzen in jedem Falle Fachkenntnisse der Psychotherapie voraus.

Autodidakt (griech. *autos* selbst; lat. *dicere* lehren; engl. *self-educated person*). Jemand, der sich seine Kenntnisse, Fähigkeiten und Fertigkeiten selbst, also ohne die Hilfe eines Lehrers oder Meisters, erarbeitet hat.

autogenes Training (griech. *autos* selbst, *gennáein* hervorbringen, erzeugen; engl. *autogenic training*). Verfahren, in dem durch Übung von Konzentration und Selbsthypnose emotionale Ruhe und körperliche Entspannung erreicht werden sollen. Im Zentrum des a. T. steht dabei die schrittweise Sensibilisierung für das innere Empfinden der Funktionsweise der Glieder und Organe des Körpers, die unter fachkundiger Anleitung bis zu ihrer bewussten Kontrolle führen kann. Auf dieser Grundlage lassen sich seelische wie auch körperliche Belastungen vermindern und die Leistungsfähigkeit steigern.

Autonomie (griech. *autos* selbst, *nomos* Gesetz, *autonomia* politische Unabhängigkeit, Selbständigkeit; engl. *autonomy*). **1)** Als allgemeines Ziel oder als Leitidee von Erziehung und Unterricht wird A. häufig fast gleichbedeutend mit den Begriffen *Mündigkeit,* Selbstbestimmung und Emanzipation oder in Verbindung mit Kompetenz verwendet. Mit A. wird einem Subjekt die Möglichkeit zugestanden, unabhängig und selbstbestimmt im Rahmen von allgemeinen moralischen Grundregeln sich selbst zu verwirklichen und die Umwelt zu gestalten. Die Erziehung zur A. des Subjekts ist von der Vermittlung bestimmter Bildungsinhalte, besonders aber von der Gestaltung des pädagogischen Verhältnisses zwischen den am Erziehungsprozess beteiligten Personen abhängig.
2) Mit A. der Pädagogik ist der von der geisteswissenschaftlichen Pädagogik formulierte Anspruch verbunden, die Pädagogik als eigenständige wissenschaftliche Disziplin zu etablieren und sich aus der Inanspruchnahme durch die Theologie, Philosophie oder normative Pädagogik zu befreien. Mit dem Begriff Erziehungswissenschaft ist der Autonomieanspruch weiter untermauert worden.
3) Die A. der Hochschulen ist im GG (Art. 5 Abs. 3) verankert, das die Freiheit von Kunst, Wissenschaft, Forschung und Lehre garantiert. Sie wird im Hochschulrahmengesetz und in den Hochschulgesetzen der Bundesländer konkretisiert.

Autonomie der Schule. *Schulautonomie.*

autoritärer Erziehungsstil (lat. *auctoritas* Urheberschaft, Ansehen, Ermächtigung; engl. *authoritarian leadership*). Steuerung des Verhaltens von einzelnen Personen oder Gruppen durch Maßnahmen, die auf Entscheidungen einer Führungsperson zurückgehen und rigide durchgesetzt werden. Die Führungsperson zeichnet sich durch einen hohen Grad an Selbstgerechtigkeit, Zurückweisung jeglicher Kritik und durch die ständige Zurschaustellung ihrer Macht aus. Der Begriff ist ursprünglich als Forschungskonstrukt von *K. Lewin* für seine Arbeiten im Bereich der Psychodynamik von Gruppen entwickelt worden.

Autopoiesis (griech. *auto* selbst, *poiesis* Dichtung). Das Konstrukt der A. wurde vom Soziologen *N. Luhmann* zur Betrachtung sozialer Systeme in den 80er Jahren des 20. Jh. aus der Biologie übernommen und fand dann auch in der Pädagogik Beachtung.

A. wird als wesentliche Qualität lebendiger, sich selbst gestaltender, von einer Umgebung abgegrenzter und zugleich mit ihr kommunizierender Organismen oder Systeme verstanden. Autopoietische Systeme erschaffen sich aus sich selbst heraus. Alle neuen Elemente erwachsen gleichsam aus der Kommunikation bereits vorhandener Systembausteine. Die Wahrnehmung der Umwelt ist immer se-

lektiv, nur das, was zum internen Bauplan passt, wird beachtet. Umwelteinflüsse können operative Prozesse im System anstoßen. Die neuen Beziehungen innerhalb des Systems werden jedoch in operativer Abgeschlossenheit allein innerhalb des Systems entwickelt. Das bedeutet der Begriff Selbstreferentialität eines Systems.
Lehren und Lernen meint danach die Beziehungen zwischen der Lern-Umwelt und der Selbstkonstruktion des Schülers. Zwei abgeschlossene Subjektsysteme verkehren miteinander. Was jeweils vom anderen angenommen wird, folgt der subjektiven Selbstreferenz, ist also nicht steuerbar.

Autorität (lat. *auctoritas* Urheberschaft, Ansehen, Ermächtigung; engl. *authority*). Das Vermögen zur Anleitung, Beratung und Führung anderer Personen aufgrund von umfangreichen Erfahrungen, überlegenen Einsichten, besonderen Leistungen oder kraft Tradition und Amt. In der Erziehung gewinnt A. im Vorbild, im engagierten Lehrmeister, im kompetenten Experten, im vertrauensvollen Berater und Anwalt des Kindes Gestalt. Ziele pädagogischer A. sind der Schutz und die Stärkung der kindlichen Persönlichkeit.

AWT. *Arbeit–Wirtschaft–Technik. Arbeitslehre.*

Axiom (griech. *axioma* Forderung; engl. *axiom*). Ein Grundsatz, dessen Richtigkeit bzw. Wahrheit unmittelbar einleuchtet, der eines Beweises weder bedarf noch fähig ist. Deshalb kann er zum Ausgangspunkt für die Ableitung von besonderen Einzelaussagen gemacht werden. Alle Grundsätze der Logik sind solche A., z. B. wenn A=B dann B=A, wenn F zum Zeitpunkt t1 in Z, dann kann F nicht zum gleichen Zeitpunkt in Y sein.

B

BA. *Bundesagentur für Arbeit.*

Bachelor (**B. A.**, lat. *baccalaureus*). Erster bzw. niedrigster akademischer Abschluss, den Studierende an einer Universität oder Hochschule erlangen können. Das zum BA führende sechs- bis achtsemestrige berufsqualifizierende Studium gliedert sich in Module, in denen Schritt für Schritt die für den Abschluss erforderlichen Leistungspunkte erworben werden können. Die Einführung des B. A. an den Universitäten und Hochschulen in Europa soll nach der *Bologna Deklaration* der Vereinheitlichung, Verkürzung und wechselseitigen Anerkennung des Studiums dienen. Für Deutschland hat die KMK vier Abschlussbezeichnungen festgelegt: B. A. (B. of Arts), B.Sc. (B. of Science), B. Eng. (B. of Engineering) und LL.B (B. of Laws). Der Prozess der Modularisierung der Studiengänge ist in Deutschland weitgehend abgeschlossen. Außerhalb Europas wird der B. ebenfalls nach nationalen Richtlinien vergeben.

Baden-Württemberg. Gegründet 25. 4. 1952 durch Zusammenschluss der Länder Baden, Württemberg-Baden und Württemberg-Hohenzollern. Fläche: 35 752 km^2, 10 739 285 Einwohner (Stand 30. 11. 2005), 299 Einw./km^2, 11,9% Ausländer (D.: 8,9%). Hauptstadt: Stuttgart.

Zu Schuljahresbeginn 2004/05 besuchten 1 321 226 Schüler die allgemein bildenden Schulen des Landes, davon gingen 451 232 auf 2553 *Grundschulen,* 205 161 auf 1227 *Hauptschulen,* 247 564 auf 467 *Realschulen,* 320 846 auf 432 *Gymnasien* und 4147 auf 3 Integrierte *Gesamtschulen.* Der Anteil ausländischer Schüler betrug 12,4% (D.: 9,9%).

Auftrag, Gliederung, *Schulpflicht* und Funktionsweise des Schulwesens regelt das *Schulgesetz* für Baden-Württemberg (SchG) in der Fassung vom 1. 8. 1983, zuletzt geändert 11. 10. 2005. Die Vollzeitschulpflicht dauert neun, die Berufsschulpflicht *(Teilzeitschulpflicht)* drei Jahre.

Mit Beginn des Schuljahres sind alle Kinder, die bis zum 30. September des laufenden Kalenderjahres das 6. Lebensjahr vollendet haben, zum Besuch der Grundschule verpflichtet. Dasselbe gilt für Kinder, die bis zum 30. Juni des folgenden Jahres das 6. Lebensjahr vollenden und von den Eltern in der Grundschule angemeldet wurden. Auf Antrag der *Erziehungsberechtigten* können noch nicht schulpflichtige Kinder nach Prüfung der Voraussetzungen vorzeitig in die Grundschule aufgenommen werden. Im Jahr 2004 erfolgten 5,9% aller Einschulungen verspätet, 11,3% vorzeitig. Die ersten beiden Klassen können jahrgangsübergreifend geführt werden. Von der Klassenstufe 1 erfolgt die Versetzung in die Klassenstufe 2 automatisch, danach hängt die Versetzung von den Leistungsvorgaben der Versetzungsordnung ab. Ab dem Ende der Klasse 2 werden Notenzeugnisse erteilt. Diagnose- und Vergleichsarbeiten in Deutsch und Mathematik werden am Ende der Klasse 2 geschrieben. Für schulpflichtige, aber noch nicht schulfähige Kinder können Schulträger Grundschulförderklassen einrichten. Werden dabei die Richtlinien des Kultusministeriums beachtet, kann das Land Erziehungskräfte zuweisen.

Für den Übergang in die weiterführenden Schulen spricht die Klassenkonferenz zum Beginn des 2. Halbjahres in Klasse 4 eine Grundschulempfehlung aus.

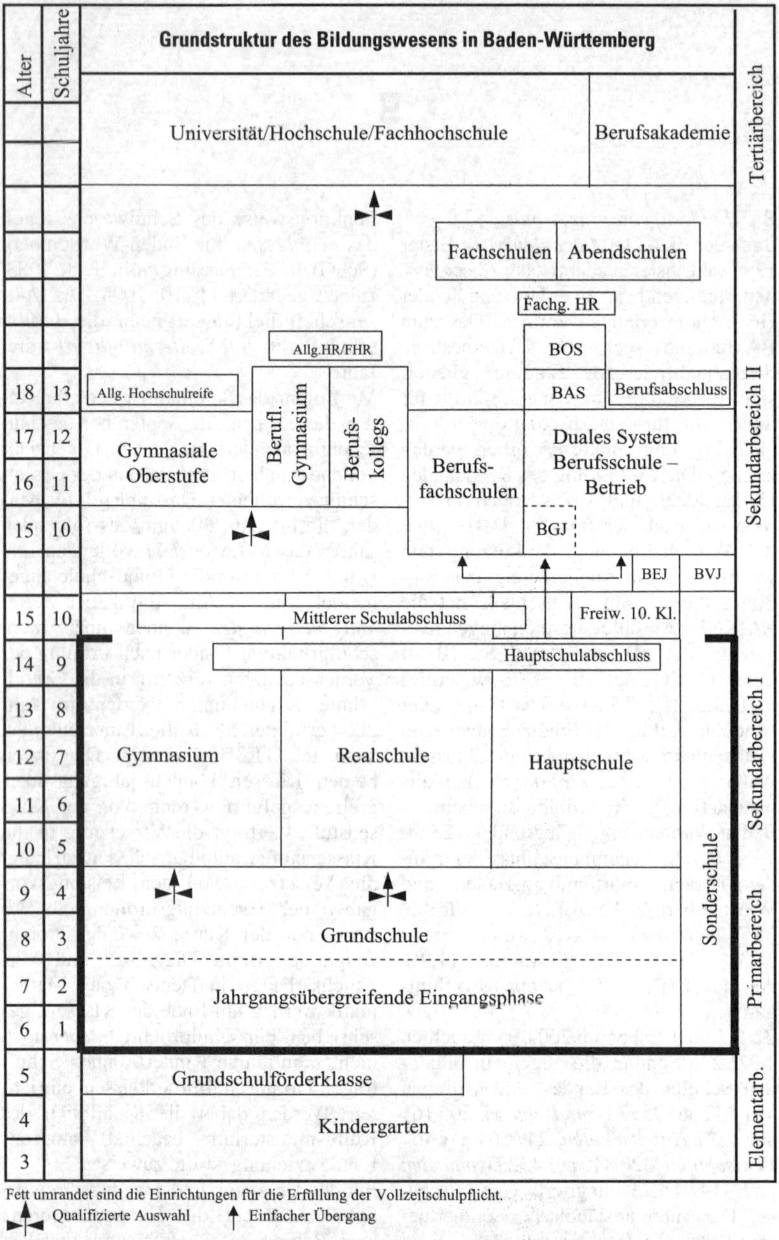

Fett umrandet sind die Einrichtungen für die Erfüllung der Vollzeitschulpflicht.

Qualifizierte Auswahl   Einfacher Übergang

BAS = Berufsaufbauschule, BEJ = Berufseinstiegsjahr, BGJ = Berufsgrundbildungsjahr, BOS = Berufsoberschule, BVJ = Berufsvorbereitungsjahr, FHR = Fachhochschulreife, HR = Hochschulreife

Neben dem Lern- und Arbeitsverhalten sind dabei die Noten in Deutsch und Mathematik zu berücksichtigen. Wird in diesen Fächern ein Durchschnitt von »gut« erreicht, ist eine Empfehlung zum Besuch des Gymnasiums, beim Durchschnitt »befriedigend« für die Realschule möglich. Stimmen Eltern mit dieser Empfehlung nicht überein, können sie ihr Kind an einem besonderen Beratungsverfahren oder an einer Aufnahmeprüfung teilnehmen lassen. Diese Prüfung führen Grundschulen durch.

Auf die Grundschule folgen die fünfjährige Hauptschule, die sechsjährige Realschule und das seit dem Schuljahr 2004/05 achtjährige Gymnasium. Die Hauptschule als *Pflichtschule* nimmt wie die Grundschule alle schulpflichtigen Kinder, die keine andere weiterführende Schule besuchen, auf. Diagnose- und Vergleichsarbeiten in Deutsch, Mathematik und Englisch werden am Ende der Klasse 6 geschrieben. Das Hauptschulabschlusszeugnis wird nach erfolgreicher mündlicher, schriftlicher und projektbezogener Prüfung erworben. Mit dem erfolgreichen Besuch des freiwilligen 10. Schuljahres an einer Hauptschule (»Werkrealschule«) wird ein dem Realschulabschluss gleichwertiger Mittlerer Abschluss *(Abschlüsse)* erworben. Ohne Hauptschulabschluss verließen 7,1% aller Abgänger die Schulen des Sekundarbereichs (D.: 8,3%).

Die Realschule vergibt die Mittlere Reife am Ende der Klasse 10 nach erfolgreich absolvierter Prüfung. Diagnose- und Vergleichsarbeiten in den Fächern Deutsch, Mathematik, im Fächerverbund Erdkunde, Wirtschaftskunde, Gemeinschaftskunde oder in Geschichte werden am Ende der Klassen 6 und 8 geschrieben. Allgemein bildende Gymnasien bieten jeweils eines der drei Profile Naturwissenschaften, Sprache/Musik, Kunst/Sport an. Diagnose- und Vergleichsarbeiten in Deutsch, Mathematik und einem dritten Fach werden am Ende der Klasse 6 geschrieben.

Die gymnasiale Oberstufe umfasst die Klassen 10 als Einführungsphase und 11 und 12 als Qualifikationsphase. Ihr Besuch dauert i. d. R. drei Jahre. In den Jahrgangsstufen wird in halbjährlichen Kursen unterrichtet. Bestimmte Kurse sind verbindlich festgelegt. Darüber hinaus können Kurse gewählt werden. Die 12. Jahrgangsstufe schließt mit dem *Abitur,* mit dessen Bestehen die *Allgemeine Hochschulreife* erworben wird. Der Anteil von Gymnasiasten an der Gesamtschülerzahl betrug 2005 24,3% (D.: 25,0%). 20,0% aller Schüler verließen die Schule mit Allgemeiner Hochschulreife (D.: 23,0%).

Sämtliche weiterführenden allgemein bildenden Schulen werden auch als Abendschulen angeboten.

Das Sonderschulwesen gliedert sich in neun verschiedene Typen: Schule für Blinde, für Hörgeschädigte, für geistig Behinderte, für Körperbehinderte, für Sehbehinderte, für Sprachbehinderte, für Kranke und die beiden großen Schularten für Erziehungshilfe sowie die Förderschule für Lernbehinderte. Sonderpädagogische Förderung wird auch in den allgemein- und in den berufsbildenden Schulen des Sekundarbereichs II angeboten. Alle Sonderschulen sind als eigenständige Einheiten voll ausgebaut. Eine wachsende Anzahl von Sonderschullehrern übernimmt an Grund- und Hauptschulen Förderunterricht.

Zum *beruflichen Schulwesen* gehören die *Berufsschule* als zweiter Lernort innerhalb des *dualen Systems,* die nach Dauer und fachlichen Schwerpunkten differenzierten *Berufsfachschulen* (BFS*),* die ein- bis dreijährigen *Berufskollegs* (BK), die *Berufsoberschule* (BOS), die auf einem Mittleren Bildungsabschluss sowie einer abgeschlossenen Berufsausbildung zur Allgemeinen oder zur Fachgebundenen Hochschulreife führt, sowie die in sechs Fachrichtungen differenzierten Beruflichen Gymnasien und die *Fachschule.* Das *Berufsvorbereitungsjahr* (BVJ) dient der Sicherung und Vertiefung schulischer

Grundkenntnisse und der Erweiterung der Ausbildungsfähigkeit. Im Rahmen der dualen Ausbildung können Innungen oder Kammern mit Schulträgern berufsbildender Schulen die Einrichtung eines *Berufsgrundbildungsjahres* (BGJ) als erstes Jahr der Ausbildung vereinbaren.
Für alle Schulen sind 2004 neue Bildungspläne erlassen worden. Sie treten seit dem Schuljahr 2004/05 sukzessive in Kraft. Die Bildungspläne gliedern sich in drei Ebenen mit unterschiedlichem Verbindlichkeitsgrad. Die erste Ebene (*Bildungsstandards* mit *Kerncurricula*) legt die staatlichen Vorgaben gemäß SchG für jede Schule fest. Diese Bildungsstandards liegen in Druckfassung vor. Die zweite Ebene (Niveaukonkretisierungen) verdeutlicht die didaktische Umsetzung der Bildungsstandards. Verbindlich ist hier das erläuterte Niveau, nicht der Inhalt. Auf der dritten Ebene werden unverbindliche Beispiele für die schulische Umsetzung zur Implementierung des Bildungsplanes 2004 vorgestellt. Im Interesse einer laufenden Aktualisierung werden die Ebenen 2 und 3 nur im Internet veröffentlicht.
Die *Lehrerbildung* an den Landesuniversitäten und *Pädagogischen Hochschulen* erfolgt schulartbezogen: Grund- und Hauptschullehrer, Realschullehrer, Gymnasiallehrer, Sonderschullehrer, Berufsschullehrer.

BAföG. *Bundesausbildungsförderungsgesetz.*

Bakkalaureus (engl. *Bachelor).* Erster bzw. unterster akademischer Grad, der von einer Universität oder Hochschule verliehen werden kann. In Großbritannien und den USA zeigen die Abkürzungen jeweils das Wissenschaftsgebiet an, in dem der B. erworben wurde: z. B. BEd = Bachelor of Education, BEng = Bachelor of Engineering.
Die 6. Novelle des *Hochschulrahmengesetzes* (2002) hat den B. *(Bachelor)* als Regelangebot an den deutschen Hochschulen eingeführt. Inzwischen werden mehr als 1000 Studiengänge mit diesem ersten akademischen Grad abgeschlossen. Die Studiengänge dauern i. d. R. sechs Semester.
In Frankreich wird der dem deutschen Abitur vergleichbare Schulabschluss nach dem Lyzeum Baccalaureat (Bac) genannt.

Barock (port. *barocco* unregelmäßige Perle). Stilbegriff, der die Zeitspanne etwa zwischen 1600 und 1750 umfasst. In Philosophie und Naturwissenschaft erfolgt eine Hinwendung zur *Empirie* und zur mathematisch-naturwissenschaftlichen Welterklärung. Nach langen und leidvollen Glaubenskriegen, wirtschaftlicher Not und fruchtlosen dogmatischen Streitereien setzten Philosophie, Wissenschaft und Politik auf neue Formen verinnerlichter Religiosität, Humanität, Frieden und Wohlstand. Aus diesem Lebensgefühl erwuchsen maßgebliche pädagogische Impulse. Für den Unterricht sollte eine allseits anwendbare vernünftige Methode gefunden werden *(W. Ratke).* Auf der Grundlage systematischer Beobachtung kindlicher Entwicklungs- und Lernvorgänge sollte diese Methode naturgemäß gestaltet sein, anschaulich, lebensnah und aktivierend vorgehen. Mädchen und Jungen aus allen Ständen sollte auf diese Weise alles gelehrt werden können *(J. A. Comenius).* Die geordnete Wirklichkeit, die Muttersprache und lebenspraktische Anforderungen sollten im Mittelpunkt des Unterrichts stehen, nicht mehr die alten Sprachen und Bücherwissen aus tradierten Lehrbüchern. Es entstanden große didaktische Entwürfe, getragen vom anthropologischen Optimismus von der *Bildsamkeit* des Menschen und der sozialreformerischen Utopie, dass jedes Individuum als Geschöpf Gottes unabhängig von allen gesellschaftlichen Verhältnissen zur Entfaltung seiner ihm von Gott verliehenen Gaben angeleitet werden müsse. Auch bei den absolutistischen Herrschern wuchs das Interesse an der systematischen Erziehung und Unterrichtung aller Untertanen zum Zwecke der Steigerung der öffentlichen Wohlfahrt und der Sicherung der etablierten Ordnung. In einigen Fürstentümern entstanden umfassende bildungspolitische Pläne, so u. a. der *Gothaer Schulmethodus,* den Herzog Ernst I. (»der Fromme«) 1641 in Auftrag gab. Die tatsächliche Einrichtung eines staatlichen Bildungswesens erfolgte freilich erst rund 150 Jahre später, doch war mit solchen Schulordnungen das Interesse des Staates an der Funktionalisierung der Schule für die Landespolitik bereits jetzt nachdrücklich artikuliert worden. Selbstverständlich wurde ein öffentliches Bildungswesen im Rahmen der ständischen Gesellschaftsordnung gedacht, die auch J. A. Comenius, W. Ratke u. a. pädagogische Reformer als gottgegeben respektierten.

Basisqualifikationen. Allgemeine und fachliche Kenntnisse, psychomotorische Fähigkeiten und Fertigkeiten, Arbeitstugenden und soziale Kompetenzen, die für die Bewältigung von Aufgaben an unterschiedlichen Arbeitsplätzen von grundlegender Bedeutung sind und zugleich die Voraussetzung für eine kritisch-konstruktive Weiterentwicklung der beruflichen Qualifikationen bilden. Wegen ihrer unspezifischen, entwicklungsorientierten sowie nicht an den Vollzug bestimmter Arbeitsfunktionen gebundenen Qualität wird auch von extrafunktionalen oder prozessunabhängigen Qualifikationen gesprochen. Der Bedeutungsgehalt des Begriffes *Schlüsselqualifikationen* überschneidet sich ebenfalls weitgehend mit dem der B.

Zu den B. gehören das Beherrschen der Grundrechenarten, geometrischer Grundkonstruktionen, einfacher mathematischer Funktionen und Gleichungen, die Fähigkeit zur Mathematisierung konkreter Sachverhalte, eine voll entwickelte Lese-, Schreib- und Verständigungsfähigkeit, Grundwissen in den Natur- und Sozialwissenschaften, die Fähigkeit zur Abstraktion und Systematisierung, zur Fehleranalyse und Problembewältigung, Sorgfalt und Genauigkeit, Kritikfähigkeit und Kreativität sowie die Fähigkeit zur Teamarbeit.

Bayern. Die erste Landtagswahl nach dem 2. Weltkrieg fand 1946 statt. Die neue Verfassung wurde am 2. Dezember des gleichen Jahres verabschiedet. Fläche: 70 549 km², 12 468 519 Einwohner (Stand 30. 11. 2005), 176 Einw./km². 9,5% Ausländer (D.: 8,9%). Hauptstadt: München.

Zu Schuljahresbeginn 2004/05 besuchten 1 474 007 Schüler die allgemein bildenden Schulen des Landes, davon gingen 510 633 auf 2428 *Grundschulen,* 294 265 auf 1533 *Hauptschulen,* 244 854 auf 413 *Realschulen,* 349 203 auf 405 *Gymnasien* und 1975 auf 2 Integrierte *Gesamtschulen*. Der Anteil ausländischer Schüler betrug 9,4% (D.: 9,9%).

Auftrag, Gliederung, *Schulpflicht* und Funktionsweise des Schulwesens regelt das Bayerische Gesetz über das Erziehungs- und Unterrichtswesen (BayEUG) vom 31. 5. 2000, zuletzt geändert am 26. 7. 2006. Vollzeitschulpflicht besteht für neun Jahre, Berufsschulpflicht *(Teilzeitschulpflicht)* für drei. Alle Kinder, die bis zum 31. Dezember das 6. Lebensjahr vollenden, werden in demselben Jahr schulpflichtig. Dieser Stichtag soll bis zum Schuljahr 2009/2010 schrittweise eingeführt werden. Im Jahr 2004 erfolgten 4,2% aller Einschulungen verspätet (D.: 5,7%), 11,1% vorzeitig (D.: 9,1%).

Grundschule und Hauptschule bilden die *Volksschule.* Ziele, Grundsätze und formale Regelungen werden deshalb im Art. 7 des BayEUG für beide Schularten gemeinsam festgelegt. Unterricht und Erziehung in der Volksschule haben sich an den Grundsätzen der christlichen Bekenntnisse zu orientieren. Die Grundschule umfasst die Jahrgangsstufen (J.) 1 bis 4. Sie vereinigt alle Schulpflichtigen dieser J. In der J. 2 werden Orientierungsarbeiten in Deutsch und Mathematik geschrieben. Der Übergang in Realschule oder Gymnasium erfolgt nach Klasse 4 der Grundschule oder Klasse 5 der Hauptschule. Voraussetzung ist ein

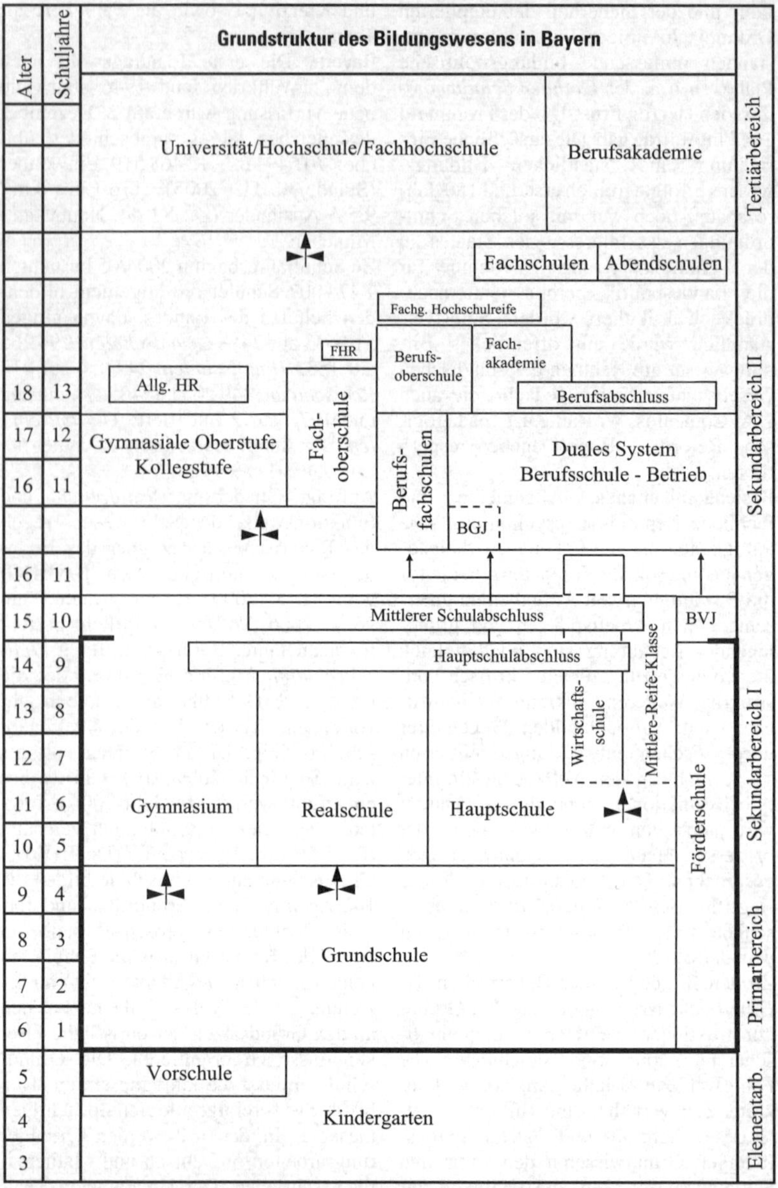

Fett umrandet sind die Einrichtungen für die Erfüllung der Vollzeitschulpflicht.

Qualifizierte Auswahl   Einfacher Übergang

BGJ = Berufsgrundbildungsjahr, BVJ = Berufsvorbereitungsjahr, FHR = Fachhochschulreife, HR = Hochschulreife

Übertrittszeugnis (Grundschulempfehlung) der Grundschule, in dem die Eignung festgestellt wird. Das Zeugnis wird auf Antrag der Erziehungsberechtigten ausgefertigt. Die Eignung für das Gymnasium setzt in den Fächern Deutsch, Mathematik und Heimat- und Sachunterricht den Durchschnitt 2,33, für die Realschule den Durchschnitt 2,66 voraus. Stimmen die *Erziehungsberechtigten* mit der Eignungsfeststellung der Grundschule nicht überein, können sie das Kind zu einem dreitägigen Probeunterricht anmelden. Die aufnehmende Schule trifft dann die Entscheidung.
Die Hauptschule baut auf der Grundschule auf und umfasst die J. 5 bis 9 und, soweit ab Klasse 7 eine Mittlere-Reife-Klasse angeboten wird, die J. 10. Zur vergleichenden Leistungsstandserhebung werden an Hauptschulen, Realschulen und Gymnasien Jahrgangsstufentests durchgeführt. Nach erfolgreichem Besuch der J. 9 wird der Hauptschulabschluss, nach erfolgreicher Teilnahme an einer besonderen Leistungsfeststellung der Qualifizierende Hauptschulabschluss erreicht. Ohne Hauptschulabschluss verließen 2004 8,5% aller Abgänger die Schulen im Sekundarbereich (D.: 8,3%). Die Mittlere-Reife-Klasse der Hauptschule führt zu einem Mittleren Bildungsabschluss.
Die Realschule umfasst die J. 5 bis 10 und führt zum Realschulabschluss. Ab J. 7 bieten die Realschulen eines der folgenden Bildungsprofile an: mathematisch-naturwissenschaftlich-technischer Bereich, wirtschaftlicher Bereich oder fremdsprachlicher Bereich. Ergänzungen um Schwerpunkte im musisch-gestaltenden, hauswirtschaftlichen und sozialen Bereich sind möglich. Nach bestandener Abschlussprüfung wird der Realschulabschluss verliehen.
Das Gymnasium umfasst die J. 5 bis 12, schließt mit der Abiturprüfung ab und verleiht die *Allgemeine Hochschulreife*. Unterschieden werden vier Profile: Sprachliches Gymnasium einschließlich Humanistisches Gymnasium, wenn Latein erste oder zweite und Griechisch dritte Fremdsprache ist, naturwissenschaftlich-technologisches Gymnasium, musisches Gymnasium, wirtschafts- und sozialwissenschaftliches Gymnasium. Die J. 11 und 12 bilden die Oberstufe (Kollegstufe) ohne Versetzung. Die Leistungsbewertung erfolgt durch Noten in Verbindung mit einem Punktesystem. Die Allgemeine Hochschulreife wird aufgrund einer Gesamtqualifikation zuerkannt, die die Abiturprüfung und die Leistungen der J. 11 und 12 berücksichtigt. Der Anteil von Gymnasiasten an der Gesamtschülerzahl betrug (2005) 23,7% (D.: 25%). 18,7% aller Schüler verließen die Schule mit Allgemeiner Hochschulreife (D.: 23%).
Sämtliche weiterführenden allgemein bildenden Schulen werden auch als Abendschulen angeboten.
Für Kinder mit *sonderpädagogischem Förderbedarf* können Volksschulen zu Förderzentren mit den Schwerpunkten Sprachförderung, Lernförderung oder Erziehungshilfe ausgebaut werden. Darüber hinaus bestehen Förderschulen für die förderpädagogischen Schwerpunkte Sehen, Hören, körperliche Entwicklung und geistige Entwicklung. Sonderpädagogische Förderung wird auch in den allgemein- und in den berufsbildenden Schulen des Sekundarbereichs II angeboten.
Zum *beruflichen Schulwesen* gehören die *Berufsschule* als zweiter Lernort neben dem Betrieb innerhalb des *dualen Systems*, die nach Dauer und Fachrichtungen differenzierten *Berufsfachschulen*, die *Wirtschaftsschule*, die *Fachoberschule*, die *Berufsoberschule*, die *Fachschule* und die Fachakademie. Die Fachoberschule setzt einen mittleren Bildungsabschluss voraus und führt nach bestandener Abschlussprüfung zur Fachhochschulreife. Die Berufsoberschule setzt einen mittleren Bildungsabschluss und eine abgeschlossene Berufsausbildung voraus. Sie führt nach bestandener Abschlussprüfung zur Fachgebundenen

Hochschulreife oder, wenn die erforderlichen Kenntnisse in einer zweiten Fremdsprache erworben worden sind, zur Allgemeinen Hochschulreife. Das *Berufsvorbereitungsjahr* (BVJ) dient der Sicherung und Vertiefung schulischer Grundkenntnisse und der Erweiterung der *Ausbildungsfähigkeit.* Im Rahmen der dualen Ausbildung können Innungen oder Kammern mit Schulträgern berufsbildender Schulen die Einrichtung eines *Berufsgrundbildungsjahres* (BGJ) als erstes Jahr der Ausbildung vereinbaren.

Eine Besonderheit stellt die zwei- bis vierstufige Wirtschaftsschule dar, die neben einer allgemeinen Bildung eine berufliche Grundbildung im Berufsfeld Wirtschaft und Verwaltung vermittelt. In vierstufiger Form baut sie auf der 6. J. der Hauptschule auf, in dreistufiger auf der 7. J. und verleiht nach bestandener Abschlussprüfung den Wirtschaftsschulabschluss. In zweistufiger Form ist die Wirtschaftsschule eine Berufsfachschule mit den J. 10 und 11.

Auf der Grundlage des Beschlusses der KMK vom 23./24. 5. 2002 *Bildungsstandards* für eine Reihe von Fächern an zentralen Schnittstellen der Bildungsgänge *(Abschlüsse und Übergänge)* zu erarbeiten, sind solche zum Schuljahr 2005/06 in Kraft gesetzt worden. Die *Evaluation* erfolgt über Orientierungsarbeiten und Jahrgangsstufentests in Deutsch, Mathematik und einer Fremdsprache.

Die *Lehrerbildung* an den Landesuniversitäten ist schulartbezogen organisiert: Grund- und Hauptschullehrer, Realschullehrer, Gymnasiallehrer, Sonderschullehrer, Berufsschullehrer.

BBE. *Lehrgang zur Verbesserung beruflicher Bildungs- und Eingliederungschancen.*

BBiG. *Berufsbildungsgesetz.*

BDM. *Bund Deutscher Mädel.*

Beamtenrecht (engl. *civil service law*). Regelt für beamtete Lehrer, Hochschullehrer u. a. Berufsgruppen alle Rechtsbeziehungen zwischen dem einzelnen Beamten und dem öffentlichen Dienstherren (Bund, Länder, Gemeinden, Gemeindeverbände). Dazu gehören insbesondere die Voraussetzungen für die Ernennung zum Beamten, die Besoldung, die Beförderung, die Versetzung, die Rechte und Pflichten des einzelnen Beamten sowie die Fürsorgepflichten der öffentlichen Arbeitgeber für die Beamten.

Bedürfnis (engl. *need*). Eine von Wünschen, Erfordernissen oder einem Verlangen gekennzeichnete psycho-physische Lage, die, wäre der Gegenstand des B. oder der erwünschte Zustand erreicht, als Erleichterung oder Abnahme eines inneren Verlangens erfahrbar würde. Im psychologischen Konstrukt (H. A. Murray) wird an eine Kraft im Gehirn gedacht, die sich darauf konzentriert, die Wahrnehmungen und Aktionen des Subjektes so zu steuern, dass sich die unbefriedigende Situation in Richtung B.befriedigung verändert.

B. können aus körperlichen, seelischen oder sozialen Bedingungen heraus entstehen. Definieren lassen sich unterschiedliche Kategorien. H. A. Murray nennt die B. nach Erfolg und Leistung, nach Selbstachtung, nach persönlicher Nähe, Integration und sozialer Einbindung, nach Abgrenzung, Widerstand und Aggression, nach Autonomie und Selbständigkeit, nach Selbstüberwindung, nach Abhängigkeit, um sich selbst von Kritik, Fehlern oder Niederlagen zu entlasten, nach Achtung und Respekt, nach Kontrolle über andere, nach Selbstdarstellung, um anderen zu imponieren, nach Schmerzvermeidung, nach Hege und Pflege für Hilfsbedürftige, nach Erholung und Spiel, nach Empfindsamkeit, nach Sexualität, nach Beistand und Solidarität durch andere sowie nach Verstehen. A. Maslow ordnet die B. nach dem Bild einer B.pyramide, an deren Spitze das B. nach Selbstverwirklichung steht, es folgen die B. nach Ansehen, Zugehörigkeit und Sicherheit sowie die Erfüllung körperlicher B. (Trinken, Essen, Schlaf, Unterkunft). Maslow geht davon aus, dass die grund-

legenden B. erst hinreichend befriedigt sein müssen, bevor der Mensch kreativ, selbständig und beharrlich am kulturellen Prozess teilnehmen kann.
Diese komplexen psychologischen Konstruktionen und Ordnungsversuche machen deutlich, dass sich die pädagogische Empfehlung, bei den B. der Kinder, Schüler, Klienten usw. anzusetzen, nur durch hohes Einfühlungsvermögen in die individuelle Lage der anderen annäherungsweise berücksichtigen lässt. Wichtig ist die Empfehlung zweifellos, weil pädagogische Bemühungen im Widerstreit mit den B. der Kinder an Produktivität verlieren. Das gilt vermutlich für die Unterrichtsgestaltung in besonderem Maße, wobei durch *Differenzierung, Individualisierung* und *handlungsorientierten Unterricht* die B. der Schüler am ehesten Beachtung finden können.

Befragung (engl. *questioning*, *examining*). Die in den Sozialwissenschaften am häufigsten eingesetzte Methode zur Beschaffung von Informationen. B. können mündlich als *Interview* und schriftlich mithilfe eines *Fragebogens* durchgeführt werden. Die Wahl des Instrumentes und seine konkrete Ausgestaltung hängen davon ab, welche und wie viel Daten für die zufriedenstellende Beantwortung einer Forschungsfrage erforderlich sind.
Zumeist sollen aus Gründen des geringeren Aufwandes über die B. von Einzelpersonen Auskünfte über größere soziale Einheiten (z. B. Wähler, Verbraucher, Schüler einer bestimmten Schulart) gewonnen werden. Das setzt voraus, dass die ausgewählten Einzelpersonen *(Stichprobe)* für die größere Einheit repräsentativ sind. Der Grad der *Repräsentativität* hängt von der Qualität der Stichprobe ab.
Inhaltlich lassen sich B. nach Tatsachenb., Meinungsb. und Einstellungsb., formal nach mehr oder weniger offener oder standardisierter B. unterscheiden.

Befreiung vom Unterricht. Die *Schulgesetze* der Länder ermöglichen in einem sehr begrenzten Rahmen die B. v. U.: aus gesundheitlichen Gründen vom Sportunterricht, wenn eine entsprechende ärztliche Verordnung vorliegt oder wenn das Tragen bestimmter Sportkleidung aus religiösen Gründen unzumutbar ist. Von der Teilnahme am Religionsunterricht können sich die Schüler mit Eintritt der Religionsmündigkeit nach Vollendung des 14. Lebensjahres selbst befreien. Sie müssen dann am Ethikunterricht teilnehmen (vgl. *Ersatzunterricht*).

Begabtenförderung (engl. *promotion measures for highly-gifted students*). Orientiert am bildungspolitischen Ziel einer möglichst allseitigen und vollen Entfaltung der Fähigkeiten junger Menschen, haben das Bundesministerium für Bildung und Forschung und die Kultusministerien der Länder Programme zur Förderung hochbegabter Schüler, Auszubildender und Studenten eingerichtet. Dazu gehören u. a. Stipendien, kostenlose Studienaufenthalte im Ausland, Leistungswettbewerbe wie Jugend forscht oder sog. Schülerakademien, die während der Sommerferien zweiwöchige Kurse in unterschiedlichen Fachgebieten anbieten. Auskünfte erteilen die zuständigen Landesministerien.

Begabtenprüfung. Die Schulgesetze der Länder geben den obersten Schulverwaltungsbehörden (Ministerien) das Recht, Regelungen für B. zu erlassen, in denen eine einem bestimmten Schulabschluss vergleichbare Vorbildung nachgewiesen werden muss und dadurch die mit diesem Schulabschluss verbundenen Berechtigungen erworben werden können. Besondere Beachtung findet die B. für Berufstätige ohne Hochschulreife als Zugangsvoraussetzung für ein Studium. Auskünfte erteilen die Schulämter oder die Hochschulen bzw. Universitäten.

Begabung (engl. *gift, talent, aptitude*). Einen wissenschaftlich allgemein anerkannten B.begriff gibt es nicht. Bis auf die Antike gehen deterministische und biologistische Vorstellungen von der Bedeutung der angeborenen *Anlage* bei der Entwicklung von B. zurück. In der Alltagssprache wird häufig zur Erklärung einer beobachtbaren überdurchschnittlichen Leistung im musikalischen, technischen oder sportlichen Bereich von natürlicher Veranlagung und angeborener B. gesprochen. Diese nicht zu begründende naive Aussage hat ihre Ursache in der lange Zeit auch von Wissenschaftlern vertretenen Auffassung, B. sei eine anlagegemäß vorgegebene Leistungsdisposition (L. Schenk-Danziner, H. Thomae), die sich entfalte, und wenn sie fehle, auch durch Lernen nicht kompensiert werden könne. Bis in die sechziger Jahre herrschte die Auffassung vor, die natürliche B. sei eine feste Größe, die über Leistungsfähigkeit, Schulerfolg und soziale Unterschiede entscheide. Dieser sog. statische B.begriff wurde häufig für die Legitimation des dreigliedrigen Schulsystems und seine soziale *Auslese* herangezogen.

Im Gegensatz dazu behaupteten behavioristisch orientierte Lerntheoretiker (z. B. J. B. Watson) in den fünfziger Jahren, dass vorwiegend durch verschiedenartige Lernvorgänge und äußere Lernbedingungen überdauernde Bereitschaften entstünden, die Unterschiede in der Leistung bei Individuen und Gruppen bewirkten. Der Ansatz ging also davon aus, dass Leistungsdispositionen erlernt und von Umweltbedingungen abhängig sind. Dieser milieutheoretisch fundierte B.begriff führte in den sechziger Jahren zur bildungspolitisch relevanten Anlage-Umwelt-Kontroverse. Die Diskussion von Extrempositionen über die Frage, welchen Anteil das genetische Potenzial einerseits und Umwelt und Erziehung andererseits an einer sich zeigenden B. haben, wird heute als unfruchtbar angesehen, weil empirisch begründete und wissenschaftlich haltbare Befunde von beiden Seiten nicht zu erbringen sind. Dennoch zeigen jüngere Veröffentlichungen (z. B. von E. O. Wilson), dass mit anlagetheoretischen Konzepten immer wieder zu rechnen sein wird.

Als Folge der Verarbeitung dieses gesamten Problemzusammenhangs in dem von *H. Roth* 1969 herausgegebenen Band ›Begabung und Lernen‹ wird heute (von Ausnahmen abgesehen) ein dynamischer B.begriff vertreten. Danach ist B. eine auf bestimmte Kulturbereiche gerichtete menschliche Lernfähigkeit, die sich in ihrer besonderen Weise durch die Begegnung mit entsprechenden Ausschnitten der Lebenswirklichkeit entfaltet. Sie ist aber nicht nur die Fähigkeit zur bloßen Anpassung an die vorgegebene kulturelle Welt, sondern darüber hinaus die (vielleicht unerschöpfliche) menschliche Fähigkeit zur aktiven Gestaltung kulturellen Lebens und der Umwelt, die aus einer produktiven Unzufriedenheit mit dem jeweils erreichten Leistungsstand resultieren mag. Neuere Darstellungen von R. C. Lewontin, S. Rose, L. J. Kamin (1988) gehen von einer dialektischen Entwicklung zwischen Organismus und Umwelt aus, einem Prozess, bei dem sich der menschliche Geist in der Auseinandersetzung mit der Umwelt die Welt als Objekt erst schafft, auf die er dann wiederum reagiert. Wissenschaftliche Untersuchungen dieser wechselseitigen reaktiven Beziehung könnten dazu führen, dass die frühere Auseinandersetzung um den B.begriff nur noch von historischem Interesse ist.

Begegnung. In Abgrenzung von der alltäglichen Bedeutung, in der das Wort B. das Zusammentreffen mit einem anderen meint, will die Verwendung des Begriffes in der Pädagogik auf ein Zusammentreffen zwischen einem Ich und einem anderen Subjekt oder Ereignis hinweisen, bei dem vom Ich Stellungnahme oder Entscheidung abverlangt werden. B. nimmt damit Einfluss auf das Werden der Persönlichkeit. Der Philosoph und Pädagoge *O. F. Bollnow* hat sich mit den bildungstheoretischen Aspekten zur B. besonders intensiv auseinandergesetzt.

Begleitforschung. Versuche mit neuen Lehr-Lern-Verfahren, Medien, Organisationsformen von Bildungsprozessen u. Ä. Unternehmungen werden oftmals durch Wissenschaftler begleitet, deren Aufgabe es ist, Vorbereitung, Durchführung und

Ergebnisse des Versuchs zu dokumentieren und zu analysieren. Dadurch können z. B. politische Entscheidungen über die Einführung bestimmter Neuerungen unterstützt oder die beabsichtigten Neuerungen selbst verbessert werden.

Begleitstudium. *Kontaktstudium.*

Begriff (engl. *term, idea*). Die gedankliche (sprachliche) Zusammenordnung von Wesensmerkmalen einer Sache. B.bildung ist folglich ein Abstraktionsprozess, in dem bewusst von den möglichen individuellen Spielarten einer Sache abgesehen wird, um das Allgemeine bzw. Gemeinsame erfassen zu können. Je genauer, also unzweideutiger ein B. gefasst ist, desto fruchtbarer ist er für die wissenschaftliche Arbeit. Dafür ist die Erfüllung von drei Kriterien Voraussetzung: 1. Es muss Übereinstimmung und Kontinuität bei der gedanklichen Ausfüllung bestimmter Wörter bestehen. 2. Die Bedeutung des B. muss möglichst genau definiert (begrenzt) sein, also bestimmte Wesensmerkmale einschließen, andere zweifelsfrei ausschließen. 3. Die im B. zusammengefügten Merkmale einer Sache sollten sich möglichst weitgehend durch Beobachtung feststellen lassen. Bei Erfüllung dieser Voraussetzungen dienen B. der Wissenschaft zur sprachlichen Ordnung eines Gegenstandsbereiches und der Verständigung über einzelne Sachverhalte und Prozesse in diesem Gegenstandsbereich. So lässt sich z. B. die Dauer des Schulbesuchs zwischen zwei Ländern kaum vergleichen, weil der Begriff nicht hinreichend exakt definiert ist. Anders verhält es sich beim Begriff gesetzliche Vollzeitschulpflicht, weil Beginn, Dauer und Ende der Vollzeitschulpflicht durch den Vergleich von Gesetzestexten überprüfbar sind.

Begründungszusammenhang (engl. *reasoning for*). Sämtliche Erörterungen in wissenschaftlichen Texten, die der Reflexion von Darstellungen oder Erklärungen eines Phänomens bzw. Problems dienen, wie sie aufgrund eines Forschungsprozesses möglich geworden sind. Dabei wird insbesondere nach der Gültigkeit der getroffenen Aussagen und ihrer Verallgemeinerbarkeit gefragt. Kritisch zu diskutieren sind die Klarheit der Forschungsfragen, die angemessene Bezugnahme auf vorliegende Theorien bei der Entwicklung des Forschungsprozesses, die Auswahl der Forschungsmethoden, die Aufbereitung und Interpretation von Ergebnissen sowie deren Betrachtung im Verhältnis zu bereits vorliegenden wissenschaftlichen Aussagen zum gleichen Sachverhalt. In der Vollständigkeit, Konsequenz und Schlüssigkeit des B. erweist sich folglich die Qualität einer Theorie.

Behaviorismus (engl. *behaviourism*). Eine zu Beginn des 20. Jh. in den USA entstandene Schule der Psychologie, die ihre Theorien allein aufgrund objektiver Verhaltensbeobachtungen und der experimentell kontrollierten Veränderung des Verhaltens absichern will.

Behindertenpädagogik (Syn. **Sonderpädagogik, Heilpädagogik**). Teildisziplin der *Pädagogik,* die sich in ihrer analytischen Arbeit um die Aufklärung behinderungsbedingter Erschwernisse, Beeinträchtigungen und Benachteiligungen für Entwicklung, Erziehung und Ausbildung bemüht. Dabei arbeitet sie eng mit Medizin, Psychologie und Soziologie zusammen, weil immer mehr deutlich wurde, dass die Ursachen für eine konkrete funktionelle Störung i. d. R. sehr vielfältig sind. Als praktische B. setzt sie diese Erkenntnisse über psycho-physische und soziale Bedingungen bestimmter *Behinderungen* und deren Bedeutung für Betroffene und die Gesellschaft in Instrumente und Maßnahmen zur Früherkennung, zur möglichst individualisierten Förderung, zur Vermeidung von sozial verursachten sekundären Behinderungen sowie zur *Rehabilitation* der Behinderten ein. Die B. gliedert sich nach den verschiedenen Behinderungsarten, für die im Bildungswesen entsprechende sonderpädagogische Einrichtungen (Sonderschulen, *Förderschulen,* Förderzentren) existieren: Pädagogik für Lernbehinderte, geistig Behinderte, Verhaltensgestörte, psychisch Behinderte, Sprachbehinderte, Körperbehinderte, Schwerhörige, Gehörlose, Sehbehinderte und Blinde. Vielfach hat sich die B. mit *Mehrfachbehinderungen* zu befassen. Ein aktuelles Thema der B. ist die Eingliederung behinderter Kinder und Jugendlicher (Integration) und das gemeinsame Leben und Lernen aller Kinder (Inklusion) in der allgemeinen Schule. Im Bereich der beruflichen Bildung widmen sich insbesondere die *Berufsbildungswerke* (BBW), *Berufsförderungswerke* (BFW) und die *beschützenden Werkstätten* der Prävention, Förderung und Rehabilitation von Behinderten. Für die Ausbildung der Sonderschullehrer und des Personals an anderen sonderpädagogischen Einrichtungen bestehen Studiengänge an Universitäten und Fachhochschulen.

Behinderung (engl. *disability, handicap*). Beeinträchtigung der körperlichen, seelischen oder geistigen Funktionen und Leistungsfähigkeit in einem so weitgehenden Maße, dass selbständige Lebensführung ebenso wie die Teilnahme am gesellschaftlichen Leben wesentlich erschwert oder ohne die Hilfe anderer gar nicht möglich sind. Die Differenzierung der B. innerhalb des Bildungswesens orientierte sich nach einem Beschluss der KMK von 1972 an den verschiedenen Schulen für Behinderte: Sonderschulen für Blinde, Sehbehinderte, Gehörlose, Schwerhörige, geistig Behinderte, Körperbehinderte, Lernbehinderte, Sprachbehinderte, chronisch Kranke und Verhaltensgestörte. Vielfach kommt es auch zu Mehrfach- oder Folgebehinderungen, z. B. wenn zu einer Lernbehinderung noch Verhaltensstörungen hinzukommen. Die KMK stellt in ihren ›Empfehlungen zur sonderpädagogischen Förderung in den Schulen der Bundesrepublik Deutschland‹ von 1994 fest, dass die Erfüllung *sonderpädagogischen Förderbedarfs* nicht an Sonderschulen bzw. *Förderschulen* gebunden ist und dem Förderbedarf auch an allgemeinen Schulen entsprochen werden kann. Auf der Grundlage dieser neuen Sichtweise spricht die KMK nicht mehr von z. B. »Sonderschule für geistig Behinderte«, sondern vom »Förderschwerpunkt geistige Entwicklung«. Zwischen 1996 und 2000 hat die KMK neun Empfehlungen zu den Förderschwerpunkten Lernen, Sehen, Hören, Sprache, körperliche und motorische Entwicklung, geistige Entwicklung, emotionale und soziale Entwicklung sowie Unterricht von Kindern und Jugendlichen mit autistischem Verhalten veröffentlicht. Nach Angaben des Statistischen Bundesamtes wurden im Schuljahr 2005/06 an Förderschulen 416 000 Kinder und Jugendliche unterrichtet. Insgesamt sollen rund acht Millionen Behinderte in Deutschland leben. Um deren Förderung und Rehabilitation bemüht sich die *Behindertenpädagogik*.

Das Bundessozialhilfegesetz (BSHG) bestimmt: Personen, die nicht nur vorübergehend körperlich, geistig oder seelisch behindert sind, ist Eingliederungshilfe zu gewähren. Dieser Rechtsanspruch ist für Unterricht, Lernförderung, Berufsausbildung und Rehabilitation von Behinderten von großer Bedeutung. Auch in den Schulgesetzen der Länder, im Berufsbildungsreformgesetz (BerBiRefG) und im Arbeitsförderungs-Reformgesetz (ARFG) sind für Behinderte Rechtsansprüche auf Förderung und Hilfen vorgesehen. Auskunft erteilen u. a. Arbeitsagentur, Gesundheits-, Schul- und Sozialamt.

BEJ. *Berufseinstiegsjahr.*

Bekenntnisschulen (Syn. **Konfessionsschulen**; engl. *denominational schools*). Schulen, in denen die Gesamterziehung durch ein bestimmtes religiöses Bekenntnis geprägt wird. Lehrer und Schüler einer solchen Schule gehören i. d. R. demselben Bekenntnis an. In Ausnahmefällen können auch Kinder anderer Glaubensrichtungen aufgenommen werden.

Noch in den sechziger Jahren waren B. neben *Gemeinschaftsschulen* staatliche Schulen. Heute sind die *öffentlichen Schulen* weitgehend Schulen für Schüler aller Bekenntnisse und Weltanschauungen. In einigen Bundesländern können auf Antrag der Erziehungsberechtigten öffentliche Grundschulen für Schüler gleichen Bekenntnisses errichtet werden. Meist sind in der Bundesrepublik Deutschland die B. heute *Privatschulen* in freier Trägerschaft, z. B. der katholischen oder evangelischen Kirche. Sie haben sich mit anderen Privatschulen zusammengeschlossen und verstehen sich als *freie Schulen.* Da das Grundgesetz für die Bundesrepublik Deutschland eine Gliederung des Schulwesens nach religiösen Bekenntnissen nicht vorsieht, sind zur B. die Landesverfassungen der Bundesländer zu beachten.

Bekräftigung. *Verstärkung.*

Belgien. **1)** Konstitutionelle Monarchie. Hauptstadt: Brüssel (1 Mill. Einw.). Föderalistischer Bundesstaat, bestehend aus drei Sprachgebieten (niederländisch, französisch und deutsch) und drei Gemeinschaften, die den Sprachgebieten entsprechen und die alle personenbezogenen Angelegenheiten (Bildung, Kultur, Gesundheit) regeln, drei Regionen (flämische, wollonische, Region Brüssel-Hauptstadt), die für Wirtschaft, Beschäftigung, Ausbildung und Raumordnung zuständig sind, sowie 10 Provinzen. Auf allen Ebenen bestehen eigene Parlamente und Regierungen.

Fläche: 32 545 km^2, 10,4 Mill. Einw., 320 Einw./km^2. Amtssprachen sind Niederländisch (59% der Bevölk.), Französisch (40%) und Deutsch (1%). 76% der Bevölkerung sind Katholiken.

2) Die neue Verfassung von 1994 definiert B. als föderale parlamentarische Monarchie. Für die Gestaltung des Bildungswesens vom Kindergarten bis zu den Universitäten und Einrichtungen der Erwachsenenbildung sind die Parlamente und Regierungen der Gemeinschaften zuständig. Daraus erwachsen innerhalb des Bildungswesens zahlreiche Differenzierungen. Wesentliche gesetzliche Regelungen und strukturelle Gegebenheiten sind jedoch landesweit gleich. Schulpflicht besteht vom 6. bis zum 18. Lebensjahr, wobei die Jugendlichen nach zehn Jahren Schulbesuch innerhalb der Sekundarschule Teilzeitunterricht mit einer berufspraktischen Ausbildung in einem Betrieb verbinden können. Für die Zeit der Schulpflicht besteht Schulgeldfreiheit. Der Unterricht ist grundsätzlich koedukativ. Im Elementar-, Primar- und Sekundarbereich lassen sich drei Schulnetzwerke unterscheiden:

1. Die Gemeinschaftsschulen, die voll aus dem Haushalt der Gemeinschaft finanziert werden und dem zuständigen Ministerium unterstehen.
2. Die freien und konfessionellen Einrichtungen, die öffentlich subventioniert werden. Zuständig ist das Generalvikariat für katholische Bildung.
3. Die kommunalen Schulen mit Subventionen durch die Gemeinschaften. Zuständig sind die Provinzen und Gemeinden.

An den meisten Schulen findet an vier Tagen zusätzlich Nachmittagsunterricht statt. Kinder mit besonderem Förderbedarf werden nach Möglichkeit in den Regelschulen unterrichtet. Daneben besteht ein differenziertes Sonderschulwesen mit acht Fachrichtungen.

3) Der Elementarbereich gehört zum Bildungswesen unter der Verantwortung der Bildungsminister der Gemeinschaften. Der Besuch vorschulischer Einrichtungen ist kostenlos und freiwillig. Fast alle Kinder gehen in den Kindergarten. Das letzte Jahr, die Vorschule, wird von 100% der Kinder besucht. Zumeist sind vorschulische Einrichtungen mit Grundschulen verbunden. Die Erziehungs- und Bildungsarbeit orientiert sich an einem staatlichen Lehrplan. In der Vorschule wird etwa die Hälfte des Tages der gezielten Förderung der Schulfähigkeit gewidmet.

Die Grundschule umfasst sechs Schuljahre, die in der franz. Gemeinschaft in drei Stufen gegliedert sind. Grundschulen sind eigenständige Einheiten oder aber mit Sekundarschulen oder einem Lehrer-

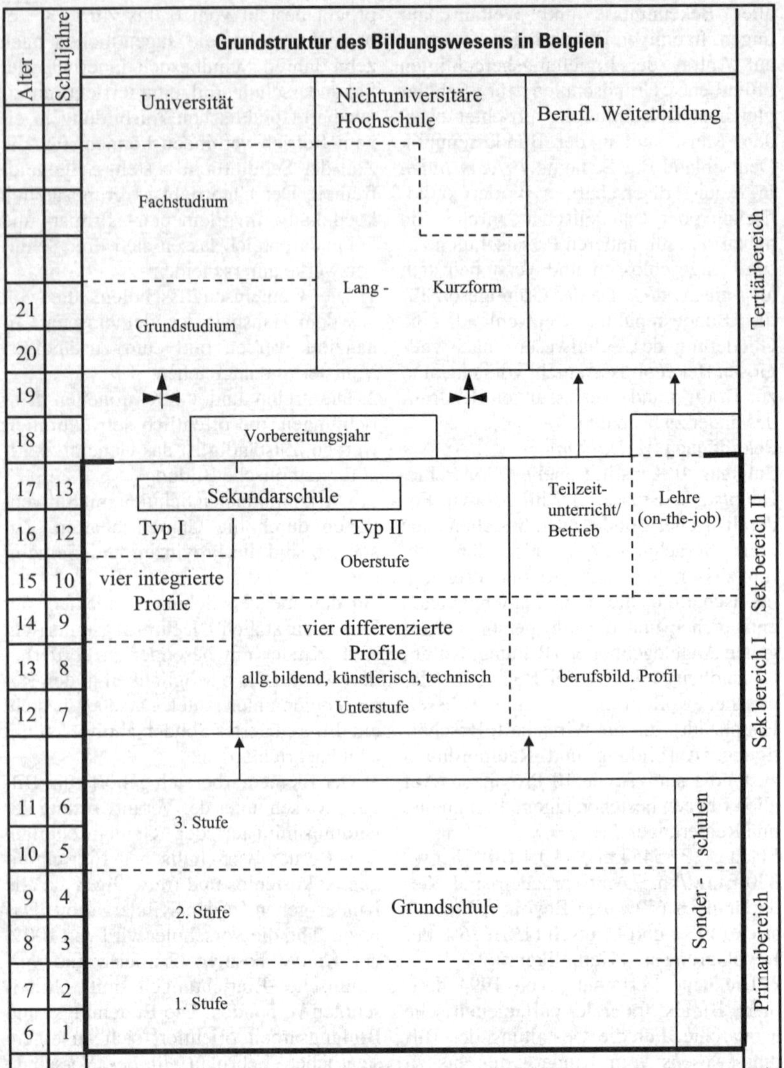

Fett umrandet sind die Einrichtungen für die Erfüllung der Schulpflicht.

Qualifizierte Auswahl   Einfacher Übergang

seminar verbunden. Fremdsprachunterricht beginnt zumeist in Klasse 3.
Die Art der Leistungsbeurteilung regelt der Schulträger. Allgemein gilt, dass Widerholungen nur in Klasse 2 und 6 möglich sind. Das erste Zeugnis wird frühestens nach Klasse 2 ausgestellt. Nach erfolgreichem Besuch der 6. Klasse wird ein Abschlusszeugnis ausgestellt. Der Übergang in die Sekundarschule erfolgt ohne Selektion. Grundschule und Beobachtungsstufe der Sekundarschule sollen als gesamtschulartige pädagogische Einheit verstanden werden.
Die sechsjährige Sekundarschule zeichnet sich durch eine zunehmende Differenzierung nach Inhalten und weiterführenden Abschlüssen aus. Zwei Typen werden unterschieden: Im Typ I sind die im Typ II nebeneinander geführten Unterrichtszweige integriert. Die sechs Schuljahre sind in drei zweijährige Stufen gegliedert. Die Schüler können sich aus einem differenzierten Bildungsangebot (allgemein bildend, technisch, künstlerisch, berufsvorbereitend) einen individuellen Ausbildungsweg zusammenstellen. Alle Ausbildungswege führen zu einem einheitlichen Abschluss. Die Sekundarschulen vom Typ II gliedern sich in zwei dreijährige Stufen und differenzieren sich in die oben genannten Unterrichtszweige, die z. T. sogar in besonderen Schulen unterrichtet werden. Im berufsvorbereitenden Profil wird nach der 1. Stufe (Unterstufe) ein Abschlusszeugnis erreicht, mit dem ein Übergang in eine Berufsausbildung, dual oder rein betrieblich, angetreten werden kann. Im niederländischen Sprachgebiet sind die Sekundarschulen der Typen I und II zu einer Einheitsstruktur zusammengefasst. In der Gemeinschaftsstufe (Flämisch) bzw. der Beobachtungsstufe (Französisch) der Schulen von Typ I findet der gesamte Unterricht weiterhin im Klassenverband statt. Ab der zweiten Stufe kann dann aus den vier Unterrichtsprofilen gewählt werden. Der Übergang von einer Stufe zur nächsthöheren setzt bestandene Prüfungen voraus. Die bestandene Abschlussprüfung der dritten (Typ I) bzw. der zweiten Stufe (Typ II) ist der deutschen Hochschulreife vergleichbar. Nach der letzten Stufe kann ein zusätzliches Vorbereitungsjahr vor Eintritt in Universität oder Hochschule besucht werden. Leistungsbeurteilungen nimmt in der Sekundarschule der Klassenrat vor, dem die Schulleitung und alle Fachlehrer einer Klasse angehören.

4) Fast zwei Drittel aller Jugendlichen absolvieren ihre berufliche Erstausbildung in der Sekundarschule (technisches und berufsbildendes Profil). Daneben existieren verschiedene Formen beruflicher Qualifikation, u. a. die Aus- und Weiterbildung für den Mittelstand. Die Regionen erlassen dafür Regelungen, beteiligen sich durch die Einrichtung von Ausbildungszentren und vergeben nach Prüfungen die Zertifikate.

5) Im Tertiärbereich sind nichtuniversitäre Hochschulen und Universitäten eingerichtet, die jeweils eine französische und eine flämische Abteilung führen. Kurzstudiengänge von drei Jahren an den Hochschulen führen zum Abschluss (Candidature) und bereiten auf eine Berufstätigkeit vor. Langstudiengänge von vier bis fünf Jahren bieten eine vertiefte fachwissenschaftliche oder berufstheoretische Ausbildung an und führen zum Abschluss Licence.
Erst in einer folgenden dritten Studienstufe kann nach einem Forschungsstudium der Doktorgrad erreicht werden. Pro Jahr betragen die Studiengebühren zwischen 500 und 800 Euro.

6) Die Erzieher und Lehrer im Elementar- und Primarbereich absolvieren einen dreijährigen Studiengang an einem Lehrerseminar oder einer Hochschule. Lehrer an Sekundarschulen erwerben nach einem Langzeitstudiengang mit dem Abschluss Licence und einem weiteren lehrerbildenden Studienjahr die Lehrbefähigung.

7) Die berufliche Weiterbildung wird von unterschiedlichen privaten, öffentlichen

und gemeinwirtschaftlichen Trägern angeboten.
Drei Schwerpunkte finden besondere Beachtung: Unterricht zur sozialen und beruflichen Förderung von arbeitslosen Jugendlichen an Sekundarschulen, Ausbildung im gewerblichen Mittelstand an Weiterbildungszentren der Wirtschaft und der Regionen sowie arbeitsmarktorientierte Kurse der Arbeitsverwaltung der Regionen. Auch die Hochschulen und Universitäten sind wichtige Träger der beruflichen Weiterbildung.

Belohnung (engl. *reinforcement*). Im Sinne der Konditionierungstheorien ein Reiz, der einem Lebewesen nach erfolgreichem Vollzug einer Handlung zur Bedürfnisbefriedigung gegeben wird. Wenn dieser belohnende Reiz bewirkt, dass in wiederholten Fällen der gleiche Vollzug einer Handlung effektiver erfolgt, dann wird nicht mehr von B., sondern von *Verstärkung* und *Konditionierung* gesprochen.

Benachteiligtenförderung. Nach einer Empfehlung der KMK aus dem Jahre 1982 gehört es zu den Pflichten allgemein- und berufsbildender Einrichtungen, lernbeeinträchtigten und sozial benachteiligten Jugendlichen, inbesondere Schülern ohne bestandene Hauptschulabschlussprüfung und Abgängern aus Schulen für Lernbehinderte (Förderschulen) für die erfolgreiche Aufnahme einer *Berufsausbildung* und die Eingliederung in das Erwerbsleben besondere Hilfen anzubieten. Dem praxisbezogenen Unterricht des *Berufsvorbereitungsjahres* (BVJ) kommt dabei besondere Bedeutung zu. Darüber hinaus werden zusätzlich außerschulische *berufsvorbereitende Bildungsmaßnahmen* empfohlen. Für Bildungsmaßnahmen, die nach den Bestimmungen des *Arbeitsförderungs-Reformgesetzes* (AFRG) durchgeführt und finanziert werden können, hat die Bundesanstalt für Arbeit (BA) 1988 Ziele und Aufgaben der B. näher bestimmt: Hilfen zur Berufswahlentscheidung, Verbesserung der kognitiven, sozialen und motivationalen Voraussetzungen für die Aufnahme einer Berufsausbildung, Integrationshilfen nach abgebrochener Ausbildung, sozialpädagogische Begleitung der Ausbildung. Wichtigstes pädagogisches Prinzip der B. ist die möglichst weitgehende Abstimmung aller Angebote und Hilfen auf die individuellen Lernvoraussetzungen und Lebensumstände der Jugendlichen.

Benotung. *Zensurengebung.*

Beobachtung (engl. *observation*). Methode der empirischen Forschung, die auf der Fähigkeit des Menschen zur visuellen Wahrnehmung und gedanklichen Interpretation des Wahrgenommenen beruht. Die alltäglichen B. unterliegen zahlreichen individuellen und situativen Einflüssen, so dass sie i. d. R. durch Blickwinkel, Stimmung, Interesse, Fülle der Eindrücke, Auswahl der B. oder auch Schwankungen der Aufmerksamkeit stark verzerrt sind. Als Forschungsmethode will die B. solche Fehlerquellen so weit wie möglich vermeiden. Zu diesem Zwecke sind die Gegenstände der B., die Art und Weise der Dokumentation von B.daten sowie die Zeiträume der B. genau zu definieren.

Beobachtungslernen. *Imitationslernen.*

Beratung (engl. *guidance, advice*). Zunehmende Handlungs- und Entscheidungsspielräume in Erziehung, Ausbildung, Beruf und allgemeiner Lebenspraxis sowie die wachsende Komplexität fast aller gesellschaftlichen Bereiche haben den Bedarf an B. in den letzten Jahren stark anwachsen lassen. Ziel jeglicher B. ist es, durch Informationen, klärende Gespräche, Ermutigung und die gemeinsame Erarbeitung von Entscheidungshilfen den Ratsuchenden zur Selbsthilfe zu befähigen. Zu den bekanntesten B.formen gehören die *Erziehungsb.*, die *Berufsb.*, die Eheb. und auch die *Schullaufbahnb.* Der B.prozess lässt sich i. d. R. in Arbeitsschritte unterteilen: 1. Klärung des B.anliegens, 2. Entwicklung von verschiedenen Lösungsansätzen, 3. Sammlung entscheidungsrelevanter Informationen, 4. gemeinsame Auswertung der Informationen, 5. Erarbeitung von Entscheidungskriterien, 6. Hilfen beim Entscheidungsprozess und 7. Angebote an Realisierungshilfen.

Beratung in der Hochschule (engl. *study guidance*). Der Beratungsbedarf von Studierenden bezieht sich insbesondere kurz vor Beginn des Studiums und in den Anfangssemestern auf Fragen zu Studienmöglichkeiten, -anforderungen und -organisation. Zu diesem Zwecke haben die Studentenwerke, die Hochschulen selbst und i. d. R. auch der Allgemeine Studentenausschuss (AStA) Studienberatungsstellen eingerichtet. Von wachsender Bedeutung aber ist B. i. d. H. auch in Fragen der Sicherung sozialer und wirtschaftlicher Voraussetzungen des Studiums (Studienförderung, Arbeits- und Wohnungsvermittlung, Betreuung von Kindern) und bei der Bewältigung persönlicher Konfliktlagen (therapeutische Beratung). Angebote können über den AStA oder das Studentenwerk erfragt werden.

Beratungslehrer (engl. *adviser, advisory teacher*). Lehrkräfte, die durch eine berufsbegleitende Zusatzausbildung (i. d. R. zwei Jahre) für diagnostische und beratende Aufgaben qualifiziert sind. Neben seiner reduzierten Unterrichtstätigkeit hilft der B. anderen Kollegen bei der Diagnose von Lern- und Verhaltensschwierigkeiten der Schüler und berät sie bei Versetzungs- und Übergangsentscheidungen, bei Sonderschulüberweisungen und ähnlichen Fragen. Er steht auch den Eltern und Schülern bei persönlichen Schwierigkeiten und bei Schullaufbahnentscheidungen zur Verfügung. Eine Schwerpunktbildung in der zusätzlichen Ausbildung ist die Befähigung zum Drogenberater. Wichtig ist sein Kontakt zu *schulpsychologischen Diensten* bzw. Beratungsstellen und zur *Berufsberatung.*

BerBiFG. *Berufsbildungsförderungsgesetz.*

BerBiRefG. *Berufsbildungsreformgesetz.*

Berechtigungen (engl. *entitlements*). Mit dem Erwerb von *Abschlüssen* und *Zeugnissen* eröffnen sich mehr oder weniger umfangreiche Anrechte auf Zugänge zu anschließenden Ausbildungsgängen in weiterführenden Schul- und Hochschularten oder beruflichen Positionen und Laufbahnen. So stehen dem Inhaber der *Allgemeinen Hochschulreife* z. B. alle Ausbildungsgänge im Bereich der beruflichen Bildung ebenso offen wie die der Hochschulen. Ein etwa gleichaltriger Absolvent einer Berufsausbildung im dualen System erwirbt mit dem *Facharbeiterbrief* wesentlich weniger B. Er könnte eine Ausbildung im Hochschulbereich erst aufnehmen, wenn er als weitere B. eine Hochschulreife (Fachhochschulreife, Allgemeine Hochschulreife oder Fachgebundene Hochschulreife) erworben hat. B. sind insofern ein Indikator für die *Chancengleichheit* zwischen den verschiedenen Bildungsgängen. Bildungspolitisch bilden sie ein wesentliches Instrument zur Steuerung der Konkurrenz um Status und Privilegien.

Berichtsheft. Die bundeseinheitlichen Verordnungen über die Ausbildung in anerkannten Ausbildungsberufen bestimmen, dass jeder *Auszubildende* den inhaltlichen und zeitlichen Ablauf der Ausbildung im Betrieb und in der Berufsschule regelmäßig zu dokumentieren hat. Dieser Ausbildungsnachweis ist während der Arbeitszeit zu führen, vom Ausbilder durchzusehen und mit dem Auszubildenden zu besprechen. Das B. muss bei der Anmeldung zur Abschlussprüfung bei der *Zuständigen Stelle (Kammer)* vorgelegt werden.

Berichtszeugnis. Form der zensurenfreien Rückmeldung über die individuelle Lernentwicklung eines Kindes in der Grundschule am Ende eines Schulhalb- bzw. Schuljahres. Bereits 1970 beschloss die KMK einstimmig für die Zeugnisse am Ende des 1. und 2. Schuljahres eine allgemeine Beurteilung der Leistung des Kindes in freier Form. Leistung wurde dabei im Sinne des pädagogischen *Leistungsbegriffs* verstanden. Neben der Begutachtung des Sozial- und Arbeitsver-

haltens sollten Hinweise auf Interessen, besondere Fähigkeiten und Schwächen gegeben werden. Erst vom Schuljahr 1976/77 an begann mit Nordrhein-Westfalen die Zeugnisreform in der Grundschule. Die Entwicklung ist bisher sehr uneinheitlich verlaufen. Während die Kinder in einem Teil der Bundesländer bereits ab dem 2. Schuljahr nach wie vor Zensurenzeugnisse bekommen, reicht die notenfreie Zeit in anderen Bundesländern bis zum Ende des 3. bzw. 4. Schuljahres.
Die Zeugnisreform ist als Teil einer pädagogisch-diagnostischen Reform zu verstehen. Das B. setzt die Beobachtung und Dokumentation der Lernentwicklung eines Kindes im Verlauf des Schulhalbjahres voraus. Der verbale Bericht soll sich an Verhaltensweisen in konkreten Lernsituationen orientieren, auf soziale Interaktionen Bezug nehmen, die Persönlichkeitsentwicklung in der betreffenden Zeit beschreiben und Aussagen über zukünftige Förderkonsequenzen auf der Grundlage einer Diagnose enthalten. Bei der Darstellung der Lernentwicklung soll über beobachtetes Verhalten berichtet und die Festschreibung von Eigenschaften (z. B. »Anna ist schweigsam.«) vermieden werden. B. berichten über erfolgreiche und misslungene Lernprozesse. Sie sollen den Schüler immer ermutigen, aber auch Defizite mit der pädagogisch gebotenen Behutsamkeit deutlich machen. Bei Defiziten sollen helfende Hinweise gegeben werden, nicht pauschale Empfehlungen (z. B. »Mehr üben!«).
Erste Untersuchungen um 1980 zeigten, dass es vielen Lehrern schwerfiel, sich von bilanzierenden Standardbeurteilungen am Ende des Schuljahres zu trennen und individuelle *Lernentwicklungsberichte* zu schreiben. Ihre Formulierungen enthielten oft Umschreibungen der Notenstufen oder Beschönigungen der realen Leistungen. Neuere Untersuchungen belegen bei den Lehrern deutliche diagnostische Lerneffekte auf diesem Gebiet. Viele Lehrer haben sich von den vorstrukturierten Zeugnisformularen und den vorgegebenen Formulierungshilfen getrennt und bevorzugen die kommunikative Briefform und ihre eigene Ausdrucksweise.

Berlin. Seit der Wiedervereinigung am 3. 10. 1990 Bundeshauptstadt und eigenständiges Land der Bundesrepublik Deutschland. Fläche: 891 km², 3 396 990 Einwohner (Stand 30. 11. 2005), 3800 Einw./km², 13,4% Ausländer (D.: 8,9%).
Zum Schuljahresbeginn 2004/05 besuchten in Berlin 356 581 Schüler allgemein bildende Schulen, davon gingen 102 881 in die Jahrgangsstufen (J.) 1 bis 4 der 444 *Grundschulen,* 45 749 in die J. 5 und 6 von 410 Grundschulen, 16 318 in 60 *Hauptschulen,* 27 066 in 83 *Realschulen,* 85 297 in 122 *Gymnasien* und 48 037 in 63 Integrierte *Gesamtschulen.* Der Anteil ausländischer Schüler betrug 16,5% (D.: 9,9%).
Auftrag und Aufbau der Schule, *Schulpflicht,* u. a. rechtliche Grundlagen regelt das Schulgesetz für das Land Berlin vom 30. 3. 2006. Einzelheiten über Aufnahmeverfahren, Organisation des Unterrichts, Zeugnisse und Abschlüsse u. a. sind in der Verordnung über die Schularten und Bildungsgänge der Sekundarstufe I vom 19. 1. 2005 zu finden. Die Eigenverantwortung der Schulen ist in ihrer maßgeblichen Erweiterung erstmals gesetzlich festgeschrieben.
Die Vollzeitschulpflicht dauert zehn Schuljahre und wird durch den Besuch einer Grundschule und einer weiterführenden allgemein bildenden Schule erfüllt. Schüler können das 10. Schuljahr auch durch den Besuch einer beruflichen Schule absolvieren, wenn sie den Hauptschulabschluss erworben haben und ein *Berufsausbildungsverhältnis* nachweisen. Nach Erfüllung der Vollzeitschulpflicht wird die Berufsschulpflicht durch ein Berufsausbildungsverhältnis und den damit verbundenen Besuch der *Berufsschule* erfüllt.
Als ein Schritt der Reform zur früheren schulischen Förderung der Kinder wird

das um ein halbes Jahr vorgezogene Einschulungsalter angesehen. Seit dem 1. August 2005 ist der Stichtag der 31. Dezember und nicht mehr der 30. Juni. Alle Kinder, die vom 1. Januar bis zum 31. Dezember das 6. Lebensjahr vollenden, werden mit Beginn des Schuljahres am 1. August schulpflichtig. Das Gleiche gilt für Kinder, die in der Zeit vom 1. Januar bis 31. März des folgenden Kalenderjahres das 6. Lebensjahr vollenden und auf Antrag der Erziehungsberechtigten in die Schule aufgenommen werden. Im Schuljahr 2004/05 machte der Anteil vorzeitiger *Einschulungen* 13,0% (D.: 9,1%) aus. Der Anteil verspäteter Einschulungen betrug 5,6% (D.: 5,7%).

Die Grundschule umfasst die J. 1 bis 6. Sie hat als »verlässliche Grundschule« Öffnungszeiten von i. d. R. sechs Zeitstunden und kann zur Ganztagsgrundschule erweitert werden. Die Grundschule beginnt mit einer neuen jahrgangsgemischten *Schuleingangsphase,* die im Regelfall zwei Schuljahre umfasst. Ein Kind kann sie seiner individuellen Entwicklung entsprechend in einem Jahr, in zwei oder in drei Jahren durchlaufen. Bei der Einschulung soll es keine Rückstellung mehr geben. Die Aufgaben der bisherigen *Vorklasse* werden durch die Schulanfangsphase oder durch *Kindertagesstätten* wahrgenommen. Die Anmeldung zur Grundschule findet bereits im Vorjahr der Einschulung statt und ist mit einer Sprachstandsfeststellung verbunden. Kinder mit nicht ausreichenden Sprachkenntnissen in der deutschen Sprache müssen laut Schulgesetz an einem Sprachförderkurs vor dem Schuleintritt teilnehmen.

Ein Novum in der Lehrplanentwicklung ist die gemeinsame Erarbeitung und Einführung neuer Rahmenlehrpläne zusammen mit den Bundesländern *Brandenburg, Bremen* und *Mecklenburg-Vorpommern.* Ab J. 3 wird Englisch oder Französisch als erste Fremdsprache unterrichtet. Der Standardsicherung und Qualitätskontrolle dienen in den ersten sechs Wochen nach Einschulung eine Feststellung der Lernausgangslagen für alle Kinder, am Ende der J. 2 Orientierungsarbeiten mit zentralen Aufgabenstellungen und in der 3. J. Vergleichsarbeiten im Rahmen von *VERA* (zusammen mit sieben Bundesländern) in Deutsch und Mathematik. In der Schulanfangsphase erhalten die Schüler am Ende eines Schuljahres ein Zeugnis mit schriftlichen Informationen über ihre Lernentwicklung. Auf Beschluss einer Mehrheit von zwei Dritteln der Erziehungsberechtigten in der Klassenelternversammlung können auch in den J. 3 und 4 verbale Beurteilungen statt Noten gegeben und das Halbjahreszeugnis durch schriftlich dokumentierte Elterngespräche ersetzt werden. In den J. 5 und 6 werden Notenzeugnisse erteilt. Am Ende der Grundschule entscheiden die Erziehungsberechtigten, welche der fünf weiterführenden Schularten ihr Kind ab J. 7 besuchen soll. Von der Grundschule erhalten sie hierzu eine Schullaufbahnempfehlung. In der Realschule und im Gymnasium werden die Schüler zur Feststellung ihrer Eignung zunächst für die Dauer eines halben Jahres auf Probe aufgenommen.

Zur Sekundarstufe I mit den J. 7 bis 10 gehören die Schularten Gesamtschule, Hauptschule, Verbundene Haupt- und Realschule, Realschule und Gymnasium. In der Gesamtschule werden die Bildungsgänge der Hauptschule, der Realschule und des Gymnasiums integriert. In der Verbundenen Haupt- und Realschule werden sie pädagogisch und organisatorisch zusammengefasst, aber getrennt unterrichtet. Am Gymnasium und an der Gesamtschule können altsprachliche Bildungsgänge ab J. 5 eingerichtet werden.

In J. 7 wird in den ersten 4 bis 6 Wochen nach Beginn des Schuljahres bei allen Schülern eine verbindliche landesweite Feststellung der Lernausgangslage durchgeführt, die der Diagnose für Lehrkräfte und Eltern dient. Seit dem Schuljahr

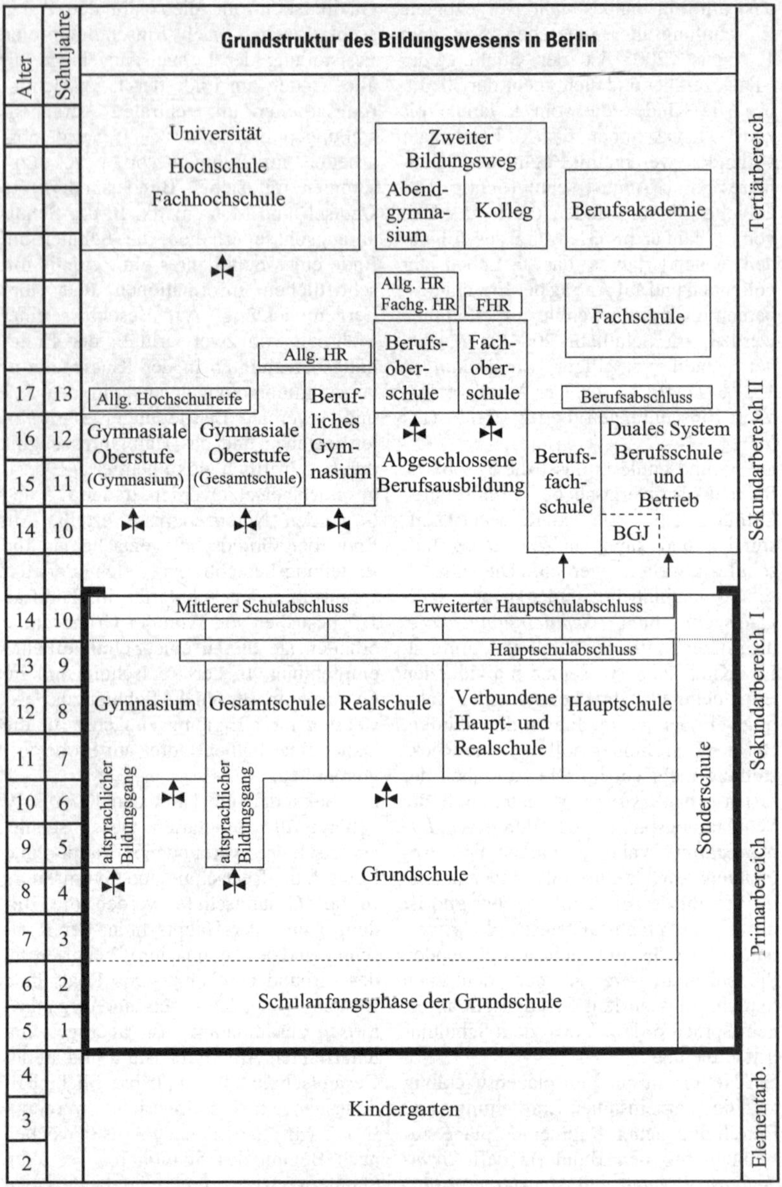

Fett umrandet sind die Einrichtungen für die Erfüllung der Vollzeitschulpflicht.

Qualifizierte Auswahl — Einfacher Übergang

Allg. HR = Allgemeine Hochschulreife, BGJ = Berufsgrundbildungsjahr,

Fachg. HR = Fachgebundene Hochschulreife, FHR = Fachhochschulreife

2006/07 sind für die Sekundarstufe I neue Rahmenlehrpläne in Kraft, die sich an den *Bildungsstandards der Kultusministerkonferenz* orientieren. Die Bildungsgänge des Sekundarbereichs I führen zum Hauptschulabschluss, zum Erweiterten Hauptschulabschluss und zum Mittleren Schulabschluss. Dieser ersetzt seit dem Schuljahr 2005/06 den bisherigen Realschulabschluss und kann in allen Bildungsgängen unabhängig von der besuchten Schulart in einem Abschlussverfahren am Ende von J. 10 erworben werden. Der erfolgreiche Besuch der 9. J. an Gesamtschulen, Hauptschulen und Verbundenen Haupt- und Realschulen führt zum Hauptschulabschluss und an Realschulen und Gymnasien zu einem Zeugnis, das dem Hauptschulabschluss gleichwertig ist. Analog wird mit dem Erwerb des Erweiterten Hauptschulabschlusses nach J. 10 verfahren. Der Mittlere Schulabschluss setzt sich aus den schulischen Bewertungen der J. 10 und den Ergebnissen der landesweit einheitlichen Prüfung in den Fächern Deutsch, Mathematik und erste Fremdsprache zusammen. Er ist bei Erfüllung des erforderlichen Leistungsniveaus für alle Schüler eine der Voraussetzungen zum Übergang in die *gymnasiale Oberstufe.* Einzelheiten zum Übergang sind im Schulgesetz und in der Verordnung über die gymnasiale Oberstufe geregelt. Der Anteil der Schulabgänger ohne Hauptschulabschluss an allen Abgängern betrug 2004 in Berlin 10,3% (D.: 8,3%).

Bis zum Schuljahr 2009/10 besteht die gymnasiale Oberstufe am Gymnasium, an der Gesamtschule und am Beruflichen Gymnasium aus der Einführungsphase (J. 11) und aus der Qualifikationsphase (J. 12 und 13). Erstmals ab Schuljahr 2010/11 kann die gymnasiale Oberstufe am Gymnasium unter Wegfall der Einführungsphase verkürzt in zwei Jahren (J. 11 und 12), an Gesamtschulen in zwei oder drei Jahren und am Beruflichen Gymnasium weiter in drei Jahren durchlaufen werden. Seit dem Schuljahr 2006/07 sind *Kerncurricula* für die Qualifikationsphase und neue Rahmenlehrpläne für die gymnasiale Oberstufe in Kraft. Seit 2007 findet ein Zentralabitur statt. Von allen Schülern an allgemein bildenden Schulen waren 2004 23,9% an Gymnasien (D.: 25%). 31,5% (D.: 23,0%) aller Abgänger erreichten in Berlin die *Allgemeine Hochschulreife.*

Nach dem neuen Schulgesetz können Erziehungsberechtigte wählen, ob ihr Kind mit *sonderpädagogischem Förderbedarf* eine allgemeine Schule oder eine Schule mit sonderpädagogischem Förderschwerpunkt (Sonderschule) besuchen soll, es sei denn, das Kind kann in einer allgemeinen Schule wegen seiner Behinderung nicht gefördert werden. Der Vorrang der Integration von Schülern mit sonderpädagogischem Förderbedarf in die allgemeine Schule ist im Schulgesetz festgeschrieben.

Neben den öffentlichen Schulen gibt es Schulen in freier Trägerschaft *(Privatschulen),* die *Ersatz-* oder *Ergänzungsschulen* sein können. Einzelheiten zu ihrer Stellung im Schulwesen, zur Trägerschaft, Schulaufsicht, staatlichen Anerkennung und zur Finanzhilfe regelt Teil VII des Schulgesetzes.

Im Bereich der *beruflichen Bildung* sollen die einzelnen Schularten zu Oberstufenzentren organisatorisch zusammengefasst werden. Für Schüler, die in einem Ausbildungsverhältnis stehen, vermittelt die Berufsschule im *dualen System* entsprechende fachtheoretische Kenntnisse und ermöglicht zusätzlich den Erwerb schulischer *Abschlüsse.* Das schulische *Berufsgrundbildungsjahr (BGJ)* führt innerhalb des dualen Systems in die Grundbildung für die Berufe eines Berufsfeldes ein. Die *Berufsfachschule* vermittelt als Vollzeitschule Schülern, die nicht in einem Ausbildungsverhältnis stehen, in einem Jahr eine berufliche Grundbildung, in zwei oder mehr Jahren einen Berufsabschluss und daneben auch weiterführende Schulabschlüsse. Die *Fachoberschule* führt Schüler mit Mittlerem Schulabschluss in zwei Jahren und solche mit einer zusätzlichen einschlägigen Berufsausbildung in einem Jahr zur *Fachhochschulreife.* Die *Berufsoberschule* ermöglicht Schülern mit Mittlerem Schulabschluss, einer mindestens zweijährigen abgeschlossenen Berufsausbildung und einer mindestens fünfjährigen Berufstätigkeit in einem zweijährigen Vollzeitbildungsgang den Erwerb der *Fachgebundenen Hochschulreife* und mit einer zweiten Fremdsprache den Erwerb der Allgemeinen Hochschulreife. Das Berufliche Gymnasium vermittelt Schülern mit der Berechtigung zum Besuch jeder Schule im Sekundarbereich II in den J. 11 bis 13 Grundlagen in berufsbezogenen Fächern und führt sie zum Erwerb der Allgemeinen Hochschulreife. Die *Fachschule* dient Schülern nach einer einschlägigen beruflichen Erstausbildung oder einer ausreichenden praktischen Berufstätigkeit zur beruflichen Aus- und Weiterbildung.

An Einrichtungen des *Zweiten Bildungsweges* können allgemein bildende und berufliche Abschlüsse nachträglich erworben werden. Die *Kollegs* (Tagesunterricht) und die *Abendgymnasien* führen zur Allgemeinen Hochschulreife.

Im Tertiärbereich gibt es eine *Berufsakademie* in der Fachhochschule für Wirtschaft. Die Berufsakademie ist keine Hochschule. Sie vermittelt in dualen Studiengängen fundierte Fachkenntnisse und berufspraktische Erfahrungen. Für das duale Studium ist eine Hochschulzugangsberechtigung und ein Ausbildungsvertrag mit einem geeigneten Unternehmen erforderlich.

Das Hochschulsystem wird durch das Berliner Hochschulgesetz in der Fassung vom 21. 4. 2005 geregelt. Zu den staatlichen Hochschulen gehören vier Universitäten, zwei künstlerische Hochschulen und Fachhochschulen. Gemäß Lehrerbildungsgesetz vom 4. 5. 2005 ist die *Lehrerbildung* Aufgabe der Berliner Universitäten. Die bisherigen Staatsexamensstudiengänge mit dem Abschluss der Ersten Staatsprüfung werden zukünftig nach der bis zum 30. 9. 2012 befristeten Erprobungsphase neuer Studiengänge auslaufen. Seit dem Wintersemester 2004/05 werden modularisierte gestufte lehramtsbezogene Studiengänge erprobt, die mit den Hochschulabschlüssen Bachelor und Master enden. Zu unterscheiden sind die fünf Lehrämter 1. des Lehrers mit einem wissenschaftlichen Fach und zwei Lernbereichen (Primarbereich), 2. des Lehrers mit zwei wissenschaftlichen Fächern (Sekundarbereich I), 3. des Lehrers an Sonderschulen, 4. des Studienrates (allgemein bildend), 5. des Studienrates mit beruflicher Fachrichtung.

Berliner Modell der Didaktik. *Lerntheoretische Didaktik.*

Beruf (engl. *occupation, profession, trade*). Die auf Dauer angelegte Erwerbstätigkeit des Einzelnen, für deren Ausführung bestimmte Kenntnisse, Fertigkeiten und B.erfahrungen erforderlich sind. Sie werden in einem *B.bild* zum Bestandteil einer Kultur. Das GG garantiert im § 12 *B.freiheit.* Mit zunehmender Differenzierung der Arbeitswelt hat sich die Anzahl der *B.bezeichnungen* stark vermehrt. Derzeit gibt es allein in Deutschland mehr als 20 000 B.bezeichnungen.

Die unterschiedlichen Eingangsvoraussetzungen für die Aufnahme einer B.tätigkeit (Schulabschluss, Ausbildung bzw. Studium), die Höhe des Einkommens aus B.arbeit und das soziale Ansehen, das ein B. in der Gesellschaft erfährt, nehmen sowohl auf das Selbstwertgefühl des Einzelnen wie auf sein Sozialprestige wesentlichen Einfluss. Die Lebensqualität des B.tätigen und seiner Angehörigen hängen davon in hohem Maße ab.

Für die Volkswirtschaft, jeden einzelnen Betrieb und die B.tätigen selber ist es wünschenswert, dass jeder Einzelne seine *Eignung* und Neigung für einen B., für dessen Ausführung er Lohn oder Gehalt empfängt, möglichst weitgehend entfalten kann, weil davon subjektive Zufriedenheit und Produktivität gleichermaßen abhängen. Deshalb kommen einer gründlichen Vorbereitung der *B.wahl,* einer zeitgemäßen *B.ausbildung* und der beruflichen Weiterbildung wachsende Bedeutung zu. Das gilt in besonderer Weise dann, wenn sich die beruflichen Anforderungen durch neue Arbeitsverfahren, Maschinen, Werkstoffe oder Organisationsformen der Arbeit wandeln.

berufliche Bildung (Syn. **Berufsbildung**; engl. *vocational education and training*). Ausbildungs- und Erziehungsprozesse, die für eine selbständige und verantwortungsvolle Berufstätigkeit qualifizieren wollen. B. B. kann in Deutschland als *Berufsausbildung* im Sinne des *Berufsbildungsreformgesetzes* (BerBiRefG) in Ausbildungsbetrieben mit begleitendem Berufsschulunterricht, als Ausbildung an beruflichen Vollzeitschulen, als Studium an einer Hochschule, als *Fortbildung* oder *Weiterbildung,* in eingeschränkter Weise auch im Rahmen eines innerbetrieblichen *Anlernverhältnisses* erfolgen. In allen formalisierten Kursen b. B. werden neben berufsfachlichen auch immer allgemeine Bildungsinhalte vermittelt. Das gilt für die Anlehre i. d. R. nicht. *Berufspädagogik* und Bildungspolitik beschreiben als wesentliche Aufgaben b. B. den Aufbau fachtheoretischer, fachpraktischer, methodischer und sozialer Kompetenzen, die Entwicklung von Arbeitstugenden und moralischen Grundsätzen, die bei der Ausübung eines Berufes zu beachten sind, sowie die Ausbildung politischer Handlungsfähigkeit für die Mitwirkung an der Gestaltung eines leistungsfähigen, zugleich humanen, umweltverträglichen und sozial gerechten Arbeitslebens. Im Zentrum der Methodik b. B. steht die fachgerechte Bearbeitung konkreter betrieblicher Aufträge unter Beachtung ökonomischer, technologischer, ökologischer und rechtlicher Voraussetzungen. Bei der mehr und mehr selbständigen Planung, Durchführung und Kontrolle von Arbeitsprozessen im Rahmen b. B. werden theoretische, praktische, organisatorische und kommunikative Kompetenzen in enger Wechselbeziehung zueinander erarbeitet. Mit dem Erwerb grundlegender betriebswirtschaftlicher Kenntnisse wächst das Verständnis für die Bedingungen kostengünstiger Auftragserledigung. Die Bedeutung von Gütekriterien in der Berufstätigkeit wird durch die Beachtung der Qualitätsansprüche der Kunden erfahrbar. Soziale, ethische und politische Dimensionen der Arbeit erschließen sich, wenn die Einflüsse der Berufstätigkeit auf Selbstbewusstsein, Sozialprestige, Lebensrhythmus, Lebensqualität und Gesundheit reflektiert werden. Projektorientierte Formen b. B. schaffen Voraussetzungen, in denen die unterschiedlichen Ansprüche an Berufsarbeit und die Anforderungen, die daraus an den Berufstätigen erwachsen, in großer Nähe zu den tatsächlichen Verhältnissen in Produktion, Markt und Gesellschaft erlebt werden können.

berufliche Fortbildung (engl. *vocational further training*). Nach den Bestimmungen des *Berufsbildungsreformgesetzes* (BerBiRefG) soll die b. F. die beruflichen Kenntnisse und Fertigkeiten erweitern und den inhaltlichen, sozialen, politischen, technischen und arbeitsorganisatorischen Veränderungen der Produktionsprozesse in den Unternehmen anpassen. Je nach dem Schwerpunkt dient die b. F. also der Stabilisierung oder der Spezialisierung, der Anpassung oder dem beruflichen Aufstieg. In jedem Falle aber soll die Entscheidungs- und Handlungsfähigkeit der Berufstätigen verbessert werden.

berufliche Mobilität (engl. *occupational mobility*). Veränderung von beruflichem Status oder beruflicher Rolle eines Menschen. Unterschieden wird zwischen 1. Versetzung auf der gleichen Hierarchieebene (horizontale M.), 2. erzwungene Abgruppierung angesichts drohender Arbeitslosigkeit (absteigende M.) sowie 3. Wechsel in eine höhere Berufsposition nach Umschulung oder Weiterbildung (aufsteigende M.).

berufliche Rehabilitation. Das Sozialgesetzbuch III (Arbeitsförderung) definiert

b. R. als Arbeits- und Berufsförderung Behinderter. Sie schließt alle Maßnahmen ein, die der Herstellung, dem Erhalt, der Wiederherstellung oder der Verbesserung der Erwerbsfähigkeit eines Behinderten dienen. Ziel aller Hilfen ist die möglichst dauerhafte Eingliederung in Arbeit, Beruf und Gesellschaft. Zur b. R. gehören demnach auch berufsvorbereitende Bildungsmaßnahmen (Fünfter Abschnitt) einschließlich der Vorbereitung auf eine berufliche Ausbildung sowie Maßnahmen zur Erstausbildung in Betrieben oder überbetrieblichen Einrichtungen nach dem *Berufsbildungsreformgesetz* bzw. der Handwerksordnung. Sämtliche Maßnahmen werden finanziell durch die *Bundesagentur für Arbeit* bzw. deren Arbeitsagenturen gefördert.

Berufliches Gymnasium. *Fachgymnasium.*

berufliches Schulwesen (engl. *vocational schooling*). Das b. S. umfasst eine Vielzahl von öffentlichen und privaten *Teilzeit-* und *Vollzeitschulen,* deren Gemeinsamkeit die Vermittlung berufsbezogener Qualifikationen in Verbindung mit allgemein bildenden Fächern ist, sei es im Rahmen der beruflichen Erstausbildung, der Fortbildung, der Umschulung oder in Ausbildungsgängen, die zu einer Doppelqualifikation (mittleren Bildungsabschluss oder Hochschulreife und Anrechnung von Schulzeit auf die Zeit für die Berufsausbildung) führen. Nach einer Vereinbarung der KMK sind folgende Schularten zu unterscheiden: *Berufsschule* als Teilzeitschule innerhalb einer Berufsausbildung im *dualen System, Berufsvorbereitungsjahr, Berufsgrundbildungsjahr, Berufsaufbauschule, Berufsfachschule, Berufsoberschule, Fachoberschule, Fachgymnasium, Berufskolleg, Kollegschule, Fachschule, Fachakademie* sowie Schulen des Gesundheitswesens. Alle Schulen des b. S. sind der Sekundarstufe II zugeordnet.

berufliche Umschulung (engl. *vocational retraining*). Maßnahmen, die den Übergang in eine andere, für den Einzelnen geeignetere und den Lebensunterhalt sichernde Berufstätigkeit zum Ziel haben. Sie kann in Lehrgängen, Seminaren oder Kursen, aber auch in Form von einzelnen Umschulungsmaßnahmen innerhalb eines Betriebes erfolgen. B. U. setzt keine *Berufsausbildung* voraus, für die Teilnahme reicht vorherige Erwerbstätigkeit. B. U. kann nach den Regelungen des *Arbeitsförderungs-Reformgesetzes* (AFRG) vom Arbeitsamt gefördert werden.

Berufsakademie. Die Allgemeine Hochschulreife ist Voraussetzung für den Besuch dieser besonderen Bildungseinrichtung im Tertiärbereich, die im Sinne des *dualen Systems* fachpraktische (betriebliche) und fachtheoretische (hochschulische) Ausbildungsblöcke verbindet. Nach einem zweijährigen Studiengang kann der Abschluss als Wirtschaftsassistent, Ingenieurassistent oder Erzieher, nach einem dreijährigen Studiengang ein *Diplom* mit der Zusatzbezeichnung (BA) erreicht werden.
Die B. fallen nicht unter die Regelungen des *Hochschulrahmengesetzes* (HRG). Derzeit gibt es in sieben Ländern B. Die Abschlüsse der B. werden nicht in allen Bundesländern anerkannt.

Berufsaufbauschule (engl. *vocational extension school*). Schulen, die neben oder nach Abschluss einer Berufsausbildung besucht werden können. Sie vermitteln allgemein bildende und fachtheoretische Inhalte und schließen mit der *Fachschulreife,* einem dem Realschulabschluss gleichwertigen mittleren Bildungsabschluss, ab. Als Vollzeitschule dauert die B. ein Jahr, in Teilzeitform entsprechend länger.

Berufsaufklärung. Als allgemeinste Form der Vorbereitung auf die *Berufswahl* bietet die *Berufsberatung* der Arbeitsagenturen Jugendlichen und deren Erziehungsberechtigten Informationen über Ausbildungs- und Beschäftigungsmöglichkeiten, über Berufe, deren Inhalte, Anforderungen und Beschäftigungsaussichten, die verschiedenen Wege der *Berufsausbildung* und die Möglichkeiten der *Ausbildungsförderung* an. Die kostenlosen Informationen über die aufgelisteten Sachverhalte sind in den *Berufsinformationszentren* (BIZ) erhältlich.

Berufsausbildung (engl. *vocational training*). Ist im Sinne des *Berufsbildungsreformgesetzes* (BerBiRefG) bzw. der *Handwerksordnung* (HwO) die berufliche *Erstausbildung*, die sich i. d. R. an die Erfüllung der *Vollzeitschulpflicht* bzw. den darüber hinausführenden Besuch einer allgemein bildenden Schule anschließt (z. B. an den Realschulabschluss). Die B. soll nach § 1 des BBiG zuerst die berufliche Grundbildung, sodann in zwei Fachstufen die für die Ausübung einer qualifizierten beruflichen Tätigkeit notwendigen fachlichen Fertigkeiten und Kenntnisse sowie erste Berufserfahrungen vermitteln. Eine erfolgreiche B. schließt mit einer Abschlussprüfung vor einer *Zuständigen Stelle* (Kammer) ab.

Berufsausbildung in einer überbetrieblichen Bildungseinrichtung (BüE). Von der Bundesagentur für Arbeit (BA) im Rahmen ihres Beitrages zur *Benachteiligtenförderung* finanziert. Das *Arbeitsförderungs-Reformgesetz* (AFRG) beschreibt als Zielgruppe dieser Maßnahme ausländische Jugendliche, lernbeeinträchtigte und sozial benachteiligte Jugendliche, insbesondere Abgänger aus Hauptschulen ohne bestandene Abschlussprüfung und Abgänger aus Schulen für Lernbehinderte (Förderschulen), die aufgrund ihrer Defizite eine Berufsausbildung im dualen System nicht oder noch nicht aufnehmen können. Vorrangiges Ziel der BüE ist die Eingliederung der Jugendlichen in eine reguläre Berufsausbildung. Gelingt dies nicht, kann die BüE bis zur Abschlussprüfung vor einer Kammer fortgeführt werden. Die Teilnehmer an einer BüE besuchen wie andere Auszubildende die Berufsschule. Für die BüE gelten die Bestimmungen des Berufsbildungsgesetzes (BBiG) über die berufliche Bildung Behinderter, d. h., dass die üblichen Ausbildungsordnungen unter Berücksichtigung der besonderen Lernvoraussetzungen der Teilnehmer reduziert und zeitlich verkürzt werden können. Träger von BüE sind Wohlfahrtsverbände, Kammern, Gemeinden u. a. Institutionen. Die Teilnahme ist kostenlos. Die Jugendlichen erhalten zusätzlich eine Vergütung. Auskunft erteilt die Berufsberatung.

B

Berufsausbildungsbeihilfe. *Ausbildungsförderung.*

Berufsausbildungsverhältnis (engl. *training relationship*). Ein B. wird durch den Abschluss eines *Berufsausbildungsvertrages* nach den Bestimmungen von § 3 des *Berufsbildungsreformgesetzes* (BerBiRefG) begründet. Pädagogisch gesehen ist das B. als Erziehungs- und Bildungsverhältnis zwischen einem fachlich und berufspädagogisch qualifizierten *Ausbilder* und einem *Auszubildenden* bzw. *Lehrling* zu betrachten, dessen Ziel die Vermittlung der in einer *Ausbildungsordnung* genannten Kenntnisse und Fertigkeiten und der für eine qualifizierte Berufstätigkeit erforderlichen Berufserfahrungen ist. Rechtlich gesehen gelten für das B. die allgemeinen Vorschriften für Arbeitsverträge, insbesondere die arbeitsschutzrechtlichen Vorschriften.

Berufsausbildungsvertrag (engl. *initial training contract*). Der Vertrag zwischen einem *Auszubildenden* bzw. dessen gesetzlichem Vertreter und einem *Ausbildenden,* in dem sich der Ausbildende zur Vermittlung beruflicher Qualifikation gemäß den gesetzlichen Vorschriften und der Auszubildende zum Lernen in einem Ausbildungsberuf verpflichten. Der B. kann mündlich oder schriftlich abgeschlossen werden, muss jedoch spätestens vor Beginn der Ausbildung in Schriftform vorliegen. Nach dem *Berufsbildungsreformgesetz* (BerBiRefG) muss die schriftliche Fassung des B. mindestens folgende Angaben enthalten: Beruf, für den ausgebildet werden soll; Beginn und Dauer der Ausbildung; Dauer der Probezeit; Dauer der regelmäßigen täglichen Arbeitszeit und des Urlaubs; Höhe der Vergütung sowie Angaben über die Voraussetzungen zur Kündigung des Vertrages. Als Anlagen sind dem B. die *Ausbildungsordnung* für den entsprechenden Beruf mit dem *Ausbildungsrahmenplan,* dem *Rahmenlehrplan* für die Teilzeitberufsschule und dem betrieblichen *Ausbildungsplan* beizufügen.

Berufsberatung (engl. *vocational guidance*). Wird nach den Bestimmungen des *Arbeitsförderungs-Reformgesetzes* (AFRG) von der *Bundesagentur für Arbeit* bzw. den ihr unterstellten Arbeitsagenturen unentgeltlich und auf freiwilliger Grundlage für Jugendliche und Erwachsene geleistet. B. erteilt Rat und Auskunft in allen Fragen der *Berufswahl* und des Berufswechsels. Dabei soll sie die körperlichen, geistigen und charakterlichen Eigenschaften, die Neigungen und die persönlichen Lebensverhältnisse der Ratsuchenden berücksichtigen. Die individuelle B. wird durch *Berufsaufklärung, Berufswahlvorbereitung* in allgemein bildenden und beruflichen Schulen, Informationen über die finanzielle Förderung der beruflichen Bildung und die Vermittlung von Ausbildungsstellen in Betrieben ergänzt. Die Zusammenarbeit der Schulen mit der B. erfolgt auf der Grundlage einer Rahmenvereinbarung zwischen der Ständigen Konferenz der Kultusminister der Länder in der Bundesrepublik Deutschland (KMK) und der Bundesanstalt für Arbeit aus dem Jahre 1971 und den daran orientierten Regelungen der einzelnen Bundesländer. Über diese Vereinbarungen erteilt die B. Auskunft. Im *Berufsinformationszentrum* (BIZ) erhalten Ratsuchende kostenlos Informationsschriften zur Berufswahl und Berufsausbildung.

Berufsbezeichnung. Sie fasst in einem Namen eine spezielle Kombination von Kenntnissen, Fähigkeiten und Fertigkeiten zusammen, die zur Erfüllung bestimmter Arbeitsaufgaben erforderlich sind. Die große Zahl der B. erwächst aus der Differenzierung der gesellschaftlichen Arbeitsprozesse, die sich unter Berücksichtigung der Kriterien Arbeitsort (z. B. Gärtner), Arbeitsmittel (z. B. Taxifahrer), Arbeitsinhalt (z. B. Modellbauer), Ausbildung (z. B. Diplomingenieur) und Anstellungsverhältnis (Arbeiter, Angestellter, Beamter, Freiberufler) zu immer neuen B. führt. Derzeit sind in Deutschland etwa 20 000 B. bekannt. Ein Verzeichnis der B. wird vom Bundesinstitut für Berufsbildung (BIBB) geführt.

Berufsbezogene Oberstufenzentren. In Berlin und Brandenburg werden Berufsschulen, Berufsfachschulen, Fachoberschulen und berufsbezogene Bildungsgänge der gymnasialen Oberstufe in B. O. organisatorisch zusammengefasst. Nicht in jedem B. O. sind sämtliche Schularten vertreten.

Berufsbild (engl. *occupational image*). Zusammenfassung der Arbeitsaufgaben, der dafür erforderlichen Kenntnisse, Fähigkeiten und Fertigkeiten sowie der sozialen Merkmale, die sich mit einem *Beruf* nach allgemeiner gesellschaftlicher Übereinkunft auf gewisse Dauer verbinden (Bildungsstand des Berufsinhabers, gesellschaftliches Ansehen, Einkommen, Lebenslage, Arbeitsfeld, Grad der Verantwortung und Mitbestimmung im Beruf). Für das Selbstwertgefühl eines Erwerbstätigen und gegebenenfalls das seiner Angehörigen sowie dessen bzw. deren Stellung und Rangplatz in der Gesellschaft ist das B., dem eine Person zugeordnet wird, von zentraler Bedeutung. Die soziale Schichtung einer Gesellschaft lässt sich deshalb auch über eine hierarchische Anordnung von B. konstruieren.

Berufsbildung. *Berufliche Bildung.*

Berufsbildungsausschüsse. Nach den Bestimmungen des *Berufsbildungsreformgesetzes* (BerBiRefG) werden bei den *Zuständigen Stellen (Kammern),* bei der Landesregierung sowie auf Bundesebene B. eingerichtet. Sie setzen sich aus Vertretern der Arbeitgeber, der Arbeitnehmer, der beruflichen Schulen und der Landes- oder Bundesbehörden zusammen. Auf Bundesebene sind die Aufgaben des Bundesausschusses für Berufsbildung 1980 an den Hauptausschuss des

Bundesinstituts für Berufsbildung (BIBB) übertragen worden.
Aufgabe der B. ist es, Bund, Länder oder Kammern in allen Fragen der Berufsbildung zu beraten, soweit sie in die Kompetenz der jeweiligen Stellen fallen. Auf der Ebene der Zuständigen Stellen haben die B. alle für die Durchführung der Berufsausbildung im Sinne des BBiG zu erlassenden Rechtsvorschriften zu beschließen.

Berufsbildungsbericht. Das *Berufsbildungsreformgesetz* (BerBiRefG) verpflichtet die Bundesregierung zur jährlichen Berichterstattung über die Entwicklung auf dem Ausbildungsstellenmarkt. Der B. wird vom *Bundesinstitut für Berufsbildung* (BIBB) inhaltlich vorbereitet und vom Bundesministerium für Bildung und Forschung (BMBF) veröffentlicht. Der B. 2007 enthält u. a. die Ausbildungsbilanz für 2006, Daten zu den Auswirkungen neuer berufspolitischer Beschlüsse und Vereinbarungen, Auskünfte über die Entwicklung der Berufsausbildung insgesamt sowie über die europäische und internationale Zusammenarbeit in der Berufsbildungspolitik. Darüber hinaus enthält der B. Stellungnahmen der Bundesregierung sowie des Hauptausschusses des BIBB aus Vertretern von Staat, Arbeitgebern und Gewerkschaften, in denen diese ihre politische Einschätzung des B. darlegen.

Berufsbildungsförderungsgesetz (**BerBiFG**; engl. *Vocational Training Promotion Act*). Das 1981 vom Bundestag verabschiedete Gesetz, zuletzt geändert am 24. 12. 2003, wurde durch das *Berufsbildungsreformgesetz* (BerBiRefG) vom 23. 3. 2005 außer Kraft gesetzt.

Berufsbildungsforschung. In Deutschland sind Träger der B. insbesondere das *Bundesinstitut für Berufsbildung* (BIBB), das *Institut für Arbeitsmarkt- und Berufsforschung* (IAB) der *Bundesagentur für Arbeit* sowie die Berufs- und Wirtschaftspädagogischen Institute an den Hochschulen. Sie haben sich 1991 zur Arbeitsgemeinschaft Berufsbildungsforschungsnetz zusammengeschlossen. Das Arbeitsfeld der B. umfasst Fragen der Abstimmung zwischen Bildungs- und Beschäftigungssystem, Probleme bei den Übergängen zwischen den einzelnen Schulen und den verschiedenen Wegen der Berufsausbildung (sog. erste Schwelle) sowie zwischen Berufsausbildung und Erwerbstätigkeit (sog. zweite Schwelle). Gegenstand sind dabei fachliche, organisatorische, soziale und didaktisch-methodische Aspekte der Berufsvorbereitung, der Berufsausbildung, der Umschulung und Weiterbildung in Betrieben, beruflichen Schulen und bei anderen Trägern entsprechender Maßnahmen. Besondere Beachtung finden Problem- und Risikogruppen (Schüler ohne Schulabschlusszeugnis, Behinderte, ausländische Mädchen u. a.) in der Berufsausbildung, um Maßnahmen für deren Integration in Ausbildung und Arbeit zu entwickeln. Aufgabe der B. ist auch die *Berufsbildungsstatistik.* Die B. bedient sich verschiedener sozial- und geisteswissenschaftlicher Forschungsmethoden, vorwiegend der Befragung, der Beobachtung, der Paneluntersuchung sowie der Inhaltsanalyse. Die zahlreichen Forschungsberichte werden in verschiedenen Schriftenreihen laufend veröffentlicht. Einen Überblick davon geben die bibliografischen Dienste des BIBB und des IAB, die kostenlos angefordert werden können. Rechtliche Grundlage ist das Berufsbildungsreformgesetz (BerBiRefG) vom März 2005.

Berufsbildungsgesetz (**BBiG**; engl. *Vocational Training Act*). Vom Deutschen Bundestag 1969 verabschiedet, bildete es bis 2005 die bundeseinheitliche Rechtsgrundlage für eine *Berufsausbildung* in staatlich anerkannten Ausbildungsberufen, soweit diese nicht an den beruflichen Schulen oder Hochschulen, für die die Gesetzgebung der Länder zuständig ist, in einem öffentlich-rechtlichen Dienstverhältnis (z. B. bei einer Gemeinde) oder in speziellen Bereichen der Schifffahrt erfolgt. Das BBiG regelt insbesondere die Ausbildung im Betrieb innerhalb des *dualen Systems* (Anerkennung von Ausbildungsberufen; Eignung des Ausbildungsbetriebes; *Ausbildungsordnung;* Ausbildungsvertrag; Ausbildungsvergütung; Beginn und Beendigung; Prüfungen u. a.). Für die Berufsausbildung im Handwerk enthält das BBiG besondere Vorschriften, die im Einzelnen regeln, inwieweit anstelle des BBiG die *Handwerksordnung* (HwO) gilt. Mit dem Inkrafttreten des novellierten BBiG unter der Bezeichnung *Berufsbildungsreformgesetz* (BerBiRefG) ist das BBiG außer Kraft gesetzt worden. Alle wesentlichen Bestimmungen gelten jedoch im neuen BerBiRefG weiter. Auch die Handwerksordnung ist entsprechend angepasst worden.

Berufsbildungsreformgesetz (BerBiRefG). Zum Zwecke der Anpassung des 1969 beschlossenen Berufsbildungsgesetzes (BBiG) an veränderte Rahmenbedingungen und Herausforderungen an die duale Ausbildung hat der Deutsche Bundestag im März 2005 das BerBiRefG beschlossen, das am 1. April 2005 in Kraft trat. Es dient der Flexibilisierung und Modernisierung der Ausbildung, erlaubt die Durchführung von Teilen der Ausbildung im Ausland, erweitert die Aufgaben des *Bundesinstituts für Berufsbildung* und der Berufsbildungsstatistik, verbessert die Zusammenarbeit mit der *Bundesagentur für Arbeit* und unterstützt die Entwicklung neuer Konzepte betrieblicher Berufsausbildung. Die *Handwerksordnung* ist entsprechend angepasst worden.

Berufsbildungsreife. *Abschlüsse.*

Berufsbildungsstatistik. Das *Berufsbildungsreformgesetz* (BerBiRefG) beauftragt das Statistische Bundesamt mit der laufenden B., das dabei laut Gesetz durch das *Bundesinstitut für Berufsbildung* (BIBB) und die *Bundesagentur für Arbeit* bei der technischen und methodischen Vorbereitung der B. unterstützt wird. Die B. erstreckt sich auf die *Berufsbildung,* soweit sie nicht in berufsbildenden Schulen durchgeführt wird. Die schulische Berufsbildung untersteht der *Kulturhoheit der Länder,* wird folglich durch die Statistischen Landesämter erfasst.

Berufsbildungswerk. Überregionale Einrichtung, die der beruflichen *Erstausbildung* von behinderten Jugendlichen und jungen Erwachsenen dient. Die Ausbildung erfolgt nach den Regelungen des Berufsbildungsreformgesetzes (BerBiRefG) und führt bei erfolgreich bestandener Abschlussprüfung zu staatlich anerkannten Abschlüssen. In den B. arbeiten Ausbilder eng mit Ärzten, Psychologen u. a. Fachkräften für *Rehabilitation* zusammen. Die Einrichtungen verbinden Ausbildungswerkstätten mit Berufsschulen und Wohnheimen. Auskunft erteilt die Berufsberatung des Arbeitsamtes.

Berufseinstiegsjahr (BEJ). Einjährige berufliche Vollzeitschule in Baden-Württemberg, die den Hauptschulabschluss voraussetzt. Das B. will Jugendlichen, die noch keinen geeigneten Ausbildungsplatz finden konnten, durch vertiefte Kenntnisse in einem Berufsfeld, Praktika und Entscheidungshilfen bei der *Berufswahl* verbesserte Integrationsmöglichkeiten eröffnen. Das B. arbeitet eng mit *Schulsozialarbeit, Berufsberatung* und Kammern zusammen. Das B. endet mit einem Abschlussverfahren.

Berufsfachschulanrechnungsverordnung. *Anrechnungsverordnung.*

Berufsfachschulen (engl. *full-time vocational schools*). Berufliche *Vollzeitschulen*, die nach Erfüllung der allgemeinen oder Vollzeitschulpflicht freiwillig besucht werden können. Die B. vermitteln allgemein bildende und berufliche Lerninhalte. B. arbeiten in drei Organisationsformen. Die einjährige B. ermöglicht die Erfüllung der Berufs- oder *Teilzeitschulpflicht.* In einigen Handwerksberufen wird das erste Jahr der *Berufsausbildung* nach dem Berufsbildungsgesetz (BBiG) in einer einjährigen B. absolviert. Darüber treffen Kammern oder Innungen mit der Schulverwaltung besondere Vereinbarungen. Die B. wird dann auch als *Berufsgrundschuljahr* bezeichnet und muss nach der *Anrechnungsverordnung* der Bundesregierung voll auf die Ausbildungsdauer angerechnet werden. Der fachliche Teil des Lehrplans der zweijährigen B. berücksichtigt ein ganzes Berufsfeld, ist also breiter angelegt. Mit dem Bestehen der Abschlussprüfung in der zweijährigen B. erwirbt der Absolvent die *Fachschulreife*. Nimmt er dann eine Ausbildung in einem Beruf des entsprechenden Berufsfeldes auf, muss wiederum ein Jahr auf die Ausbildung angerechnet werden. Drei- und dreieinhalbjährige B. führen zu einem anerkannten Berufsbildungsabschluss.

Berufsfeld (engl. *occupational area*). *Ausbildungsberufe* des *dualen Systems* werden nach Ähnlichkeiten bzw. Gemeinsamkeiten bei den Ausbildungsinhalten und -zielen in B. geordnet. Trotz einer Reihe von nicht eindeutigen Zuordnungen wird mit diesem System gearbeitet, weil sich ein besseres bisher nicht hat entwickeln lassen. Die Berufsberatung orientiert sich an 13 B.: Wirtschaft und Verwaltung; Metalltechnik; Elektrotechnik; Bautechnik; Holztechnik; Textiltechnik; Chemie, Physik, Biologie; Drucktechnik; Farbtechnik und Raumgestaltung; Gesundheit; Körperpflege; Ernährung und Hauswirtschaft; Agrarwirtschaft.

Berufsförderungswerk. Überregionale Einrichtung, die der beruflichen *Fortbildung* und *Umschulung* behinderter Erwachsener dient, die sich wieder in Erwerbsarbeit eingliedern wollen. Aufgenommen werden Klienten mit unterschiedlichen Behinderungen, deren Wiedereingliederung ohne besondere Betreuungs- und Rehabilitationsmaßnahmen nicht möglich ist. Die B. bieten Ausbildungen im Sinne des Berufsbildungsgesetzes (BBiG) sowie Fachschul- und Fachhochschulberufe an. Auskunft und Anmeldung über das *Arbeitsamt*.

Berufsfreiheit. Das GG bestimmt in Art. 12, dass alle Deutschen das Recht haben, *Beruf, Ausbildung* und Arbeitsstätte frei zu wählen. Dieses Grundrecht gilt für alle Berufe. Es gewährt allerdings keinen Anspruch, in einem gewählten Beruf auch tatsächlich einen Arbeitsplatz zu bekommen. Die Zugangsvoraussetzungen für einen Beruf sowie die Berufsausübung können unabhängig von der B. gesetzlich geregelt werden, z. B. durch das *Berufsbildungsgesetz* (BBiG), Laufbahnordnungen für Beamte oder Approbationsordnungen für Therapeuten, Psychologen, Ärzte und Apotheker.

Berufsgrundbildung (engl. *basic vocational education*). Sie soll als erste Stufe der *Berufsausbildung* eine breite Grundlage für die weiterführende Fachbildung legen und Grundkenntnisse und -fertigkeiten vermitteln, die der Bewältigung von Aufgaben in einem möglichst großen Bereich von Berufen dienen. I. d. R. wird sie in Form des *Berufsgrundbildungsjahres* (BGJ) erworben.

Berufsgrundbildungsjahr (**BGJ**; engl. *basic vocational training year*). Das BGJ vermittelt fachtheoretische und -praktische Grundkenntnisse in der Breite eines *Berufsfeldes*. Es wird als vollzeitschulisches BGJ oder in dual-kooperativer Form zwischen Berufsschule und Betrieb durchgeführt. Wenn bestimmte Voraussetzungen erfüllt sind, ist es ganz oder teilweise auf eine Berufsausbildung innerhalb des gewählten Berufsfeldes anzurechnen. Regelungen dazu finden sich in den Berufsgrundbildungsjahranrechnungsverordnungen des zuständigen Bundesministeriums.

Berufsgrundbildungsjahranrechnungsverordnung. Verordnung der Bundesregierung, nach der der erfolgreiche Besuch eines schulischen *Berufsgrundbildungsjahres* (BGJ) als erstes Jahr der Berufsausbildung in einem anerkannten Ausbildungsberuf anzurechnen ist, wenn das BGJ in einem der 13 *Berufsfelder* stattgefunden hat, für die von der KMK Rahmenlehrpläne festgelegt worden sind. Teilnehmern ohne bestandene Hauptschulabschlussprüfung kann nach bestandenem BGJ ein entsprechender Bildungsstand bestätigt werden. Derzeit sind acht B. in Kraft.

Berufsinformationszentrum (BIZ). Einrichtung der *Berufsberatung,* in der sich Jugendliche, ihre Eltern und Lehrer durch schriftliche und audiovisuelle Medien (z. B. Informationsmappen, Filme, Dias) über alle Fragen im Zusammenhang mit *Berufswahl, Berufsausbildung* und Studium kostenlos informieren können und Gelegenheit zum Gespräch mit Berufsberatern haben. Im Rahmen der schulischen Berufswahlvorbereitung können auch Klassen mit ihren Lehrern das BIZ besuchen. Wo sich das nächste BIZ befindet, lässt sich bei der Arbeitsagentur erfragen.

Berufskolleg (engl. *vocational sixth-form college*). Nach der letzten Novellierung des Schulgesetzes von Nordrhein-Westfalen in diesem Land Sammelbezeichnung für verschiedene berufliche Bildungsgänge, die bisher zumeist unter der Bezeichnung Berufliches Schulzentrum zusammengefasst worden sind: Berufsschule, Vorklassen zum Berufsgrundbildungsjahr, Berufsgrundbildungsjahr, Berufsfachschule, Berufsfachschule mit gymnasialer Oberstufe, Fachoberschule, Fachschule.

In Baden-Württemberg ein- bis dreijährige berufliche Schule, die auf einem Mittleren Bildungsabschluss aufbaut und berufliche Qualifikationen vermittelt. Bei mindestens zweijähriger Dauer kann unter bestimmten Voraussetzungen die Fachhochschulreife erworben werden. Nach abgeschlossener Berufsausbildung kann die Fachhochschulreife bereits nach einem Schuljahr erreicht werden. I. d. R. wird das B. in Baden-Württemberg in Vollzeitform angeboten, kann jedoch auch in Kooperation mit betrieblichen Ausbildungsstätten in Teilzeitform durchgeführt werden.

Berufskunde. Schwerpunkt bildet die Beschreibung und Systematik der Berufe anhand unterschiedlicher Kriterien (Aufgaben, Tätigkeiten, Arbeitsobjekte und -subjekte, Arbeitsmittel, Arbeitsorte, Ausbildung, gesetzliche Regelungen, sozialer Status). Die B. befasst sich auch mit der sozialgeschichtlichen Rekonstruktion der Entstehung von *Berufsbildern,* der Analyse ihres aktuellen Entwicklungsstandes sowie der Prognose des absehbaren Wandels.

Berufsoberschule (Syn. **Technische Oberschule**; engl. *vocational secondary school*). Sie baut auf einer abgeschlossenen Berufsausbildung im dualen System oder einer langjährigen Berufserfahrung auf und vermittelt vor allem eine weitergehende allgemeine Bildung. Die Mittelstufe der B., die auch als Berufsaufbauschule oder B. I bezeichnet wird, führt in einem Vollzeitschuljahr zur Fachschulreife. Nach zwei weiteren Schuljahren führt die Oberstufe der B., auch als B. II bezeichnet, zur Fachgebundenen Hochschulreife, nach einer Ergänzungsprüfung in einer zweiten Fremdsprache zur Allgemeinen Hochschulreife.

Berufsorientierung (engl. *group careers information*). **1)** Die B. gehört zu den gesetzlichen Aufgaben der *Berufsberatung.* Sie informiert über die verschiedenen Ausbildungswege in Betrieben und Schulen, über Berufe und ihre absehbare Entwicklung auf dem Arbeitsmarkt, über finanzielle Förderungsmöglichkeiten sowie die aktuelle Situation auf dem Ausbildungsstellen- und Arbeitsmarkt. Zu diesem Zwecke finden Informationsveranstaltungen für Schüler und Lehrer statt. Darüber hinaus beteiligt sich die Berufsberatung am schulischen *Berufswahlunterricht,* stellt kostenlos eine Reihe von Informationsschriften zur Verfügung und bietet Einzelsprechstunden an. In den *Berufsinformationszentren* (BIZ) bieten die Arbeitsämter für einzelne Besucher oder Gruppen verschiedene Medien zum Selbststudium an.

2) In allen Bundesländern ist B. Teil des Unterrichts im Fach *Arbeitslehre* bzw. *Arbeit–Wirtschaft–Technik.* Sie findet an Hauptschulen in Klasse 8, in den anderen Schularten der Sekundarstufe I in Klasse 9 statt. Ihr Ziel ist die Förderung der *Berufswahlkompetenz.*

Berufspädagogik. Teildisziplin der *Pädagogik,* deren Forschungsfeld berufsbezogene Bildungsprozesse in Betrieben, beruflichen Schulen und den vielen Trägern der beruflichen Weiterbildung und Umschulung bilden. Dabei konzentriert sich die B. auf die didaktischen und methodischen Problemstellungen, die aus den fachlichen, sozialen und ideologischen Veränderungen der Berufskonzepte resultieren. Dieser Wandel wird hervorgerufen durch sich beschleunigende Entwicklungsprozesse in Wissenschaft, Technologie, Arbeitsorganisation und betrieblichem Management, durch Bevölkerungsentwicklung, verändertes Bildungsverhalten, vorherrschende Wertorientierungen und politische Entwicklungen. Die B. arbeitet eng mit der allgemeinen Didaktik zusammen, indem sie einerseits deren Erkenntnisse für die Bereiche berufsbezogener Jugend- und Erwachsenenbildung prüft und andererseits ihre eigenen Einsichten aus berufsbezogener didaktisch-methodischer Forschung in den Theoriebildungsprozess der allgemeinen Didaktik einbringt. Ein zweiter Schwerpunkt der Arbeit ergibt sich aus der Kooperation mit der Qualifikationsforschung, weil nur so die zu erwartenden Veränderungen in den Berufskonzepten rechtzeitig im didaktisch-methodisch orientierten wissenschaftlichen Reflexionsprozess und in der Ausbildung von Berufspädagogen berücksichtigt werden können.
Vielfach wird die Bezeichnung B. bedeutungsgleich mit dem Begriff *Wirtschaftspädagogik* verstanden, oder man spricht von Berufs- und Wirtschaftspädagogik.

Berufsreife. **1)** *Abschlüsse.* **2)** In einzelnen Schulgesetzen der Länder wird die B. als Zielsetzung für die Hauptschule bzw. den Hauptschulbildungsgang in Verbundschulen besonders hervorgehoben. Verstanden wird dann darunter ein Bündel von schulischen Kenntnissen und Fähigkeiten, von personalen, sozialen und methodischen Kompetenzen, die als Voraussetzungen für eine erfolgreiche Bewältigung der anstehenden *Berufswahl* und der Anforderungen in der *Berufsausbildung* angesehen werden. Treffender sind deshalb die Bezeichnungen *Berufswahlkompetenz* und *Ausbildungsfähigkeit.*

Berufsschule (engl. *part-time vocational school*). Vermittelt die für eine Berufstätigkeit grundlegenden fachtheoretischen Kenntnisse in Verbindung mit einer Vertiefung der Allgemeinbildung. Die Stundentafel enthält i. d. R. die Fächer Religion, Deutsch, Gemeinschaftskunde, Fachtheorie (z. B. Technologie, allg. Wirtschaftslehre), Fachmathematik und praktische Fachkunde. I. d. R. ist die B. für Jugendliche nach Vollendung ihrer allgemeinen Vollzeitschulpflicht neben dem Ausbildungsbetrieb zweiter Lernort in der *Berufsausbildung* im *dualen System.* Aber auch Jugendliche in einem Arbeitsverhältnis müssen nach den Bestimmungen der *Schulgesetze* der Länder eine B. besuchen. Der Unterricht der B. findet zumeist an einem oder eineinhalb Tagen in der Woche, in manchen Berufen auch in zusammenhängenden Zeitabschnitten als *Blockunterricht* statt. Zum Zwecke einer möglichst guten Abstimmung der betrieblichen Ausbildungsinhalte mit den Zielen und Inhalten des berufsbezogenen Unterrichts der B. hat die KMK *Rahmenlehrpläne* beschlossen. Diese Rahmenlehrpläne werden zusammen mit dem jeweiligen *Ausbildungsrahmenplan* für die Betriebe im Anhang der *Ausbildungsordnung* für eine bestimmte Berufsausbildung veröffentlicht. Sie können bei den B., den Kammern oder bei der Berufsberatung eingesehen werden. Jedem Berufsausbildungsvertrag sollen diese Rahmenlehrpläne als Anlage beigegeben werden.

Berufsschulen für Behinderte. *Berufssonderschulen.*

Berufsschullehrer (engl. *vocational school teacher*). Treffender ist von der Berufsschullehrerschaft zu sprechen, weil sich dieser Berufsstand nach Vorbildung, Bezeichnung und Besoldung aus mehreren Teilgruppen zusammensetzt: 1. Technische Lehrer, die nach Meister- oder Technikerprüfung, mindestens zweijähriger Berufspraxis und einem schulpädagogischen Vorbereitungsdienst an Berufsschulen und Berufsfachschulen fachpraktischen Unterricht erteilen. 2. Lehrer im gehobenen Dienst, die nach einer der Haupt- oder Realschullehrerausbildung vergleichbaren Qualifikation allgemein bildenden oder fachtheoretischen Unterricht geben. 3. Lehrer im höheren Dienst (z. B. Diplom-Handelslehrer), die nach einer der Gymnasiallehrerausbildung vergleichbaren Qualifikation oder einem fachwissenschaftlichen Diplom (z. B. in Betriebswirtschaftslehre, Physik, Ingenieurswissenschaft) mit zusätzlichem schulpädagogischem Vorbereitungsdienst allgemein bildenden oder fachtheoretischen Unterricht erteilen. Sie arbeiten i. d. R. in *Beruflichen Gymnasien, Berufskollegs* und *Berufsoberschulen.*

Berufsschulpflicht. *Teilzeitschulpflicht.*

Berufssonderschulen. Ziel aller B. ist es, behinderten Jugendlichen ein Höchstmaß an Chancengleichheit und Selbständigkeit im Erwerbsleben zu ermöglichen. Angesichts der sehr verschiedenartigen *Behinderungen* und der unterschiedlichen Grade von Behinderung ist auch das Angebot an B. oder ähnlichen Einrichtungen sehr differenziert. Grundsätzlich sollen berufliche Schulen behinderten Jugendlichen, die einen Berufsausbildungsvertrag im Sinne des *Berufsbildungsreformgesetzes* (BerBiRefG) bzw. der Handwerksordnung (HwO) abgeschlossen haben, so viel zusätzliche Förderung und sozialpädagogische Hilfen anbieten, dass sie das Ausbildungsziel erreichen können. Lässt sich trotz dieser besonderen Hilfen das Ausbildungsziel nicht erreichen, kann die Ausbildung auch in Abweichung von den Ausbildungsordnungen und den schulischen Rahmenlehrplänen durchgeführt werden. Für besonders schwer lernbeeinträchtigte oder lernbehinderte Jugendliche sind in den letzten Jahren überbetriebliche Ausbildungseinrichtungen ausgebaut worden, in denen auch die Aufgaben der B. wahrgenommen werden. Für andere Gruppen von Behinderten (Körperbehinderte, Sinnesbehinderte) sind spezielle Berufsfachschulen eingerichtet worden, oder die Ausbildung findet in *Berufsbildungswerken* statt. Über besondere Beihilfen nach den Regelungen des *Bundessozialhilfegesetzes* (BSHG), das Angebot an B., das Aufnahmeverfahren und die jeweils möglichen Ausbildungsziele informiert die Berufsberatung des Arbeitsamtes.

Berufssystematik (engl. *occupational classification*). An unterschiedlichen Kriterien ausgerichtete Muster zur Ordnung der Vielzahl der *Berufe.* So gliedert die internationale Berufssystematik die Berufe nach dem Kriterium sozialer Rangplatz von oben nach unten: 1. Führungspositionen in Wirtschaft, Verwaltung und Politik; 2. akademische Berufe; 3. Techniker und Meister; 4. Bürofachleute; 5. Verkaufs- und Dienstleistungsberufe; 6. Facharbeiter und Handwerker; 7. angelernte Tätigkeiten; 8. einfache Hilfsarbeiten. Die deutsche Systematik orientiert sich an den vorwiegenden Arbeitsinhalten: 1. Pflanzenbauer, Tierzüchter, Fischereiberufe; 2. Bergleute und Mineraliengewinner; 3. Fertigungsberufe (in verschiedensten Branchen); 4. Technische Berufe und 5. Dienstleistungsberufe.

berufsvorbereitende Bildungsmaßnahmen (engl. *vocational preparation*). Finanziert aus Mitteln der *Bundesagentur für Arbeit* (BA), bieten verschiedene Träger (Einrichtungen der Jugendarbeit, der Wirtschaft, der Gewerkschaften, der Gemeinden u. a.) b. B. an. In ihnen sollen benachteiligte, lernbeeinträchtigte oder behinderte Jugendliche umfassend gefördert und motiviert werden, so dass sie Bereitschaft und Kompetenz zur Aufnahme einer *Berufsausbildung* oder Berufstätigkeit entwickeln. Die BA fördert folgende b. B.:

Grundausbildungslehrgänge, Förderungslehrgänge, Informations- und Motivationslehrgänge sowie Maßnahmen zur Berufsfindung und Arbeitserprobung. Eine Förderung durch die BA kann nur dann erfolgen, wenn b. B. nicht den Schulgesetzen der Länder unterliegen.

Berufsvorbereitungsjahr (BVJ; engl. *year of basic vocational training*). Das B. ist eine Sonderform der beruflichen Grundbildung für solche Jugendliche, die in ihrer *Berufswahlkompetenz* noch deutliche Mängel zeigen. Der Lehrgang dauert ein Jahr und umfasst neben allgemeinbildenden Inhalten fachpraktischen Unterricht in mehreren *Berufsfeldern.*

Berufswahl (engl. *career decision making*). Laut GG § 12 steht jedem die freie Wahl von *Beruf,* Arbeitsplatz und Ausbildungsstätte zu. Abhängig ist die B. aber tatsächlich von zahlreichen subjektiven, schulpolitischen, wirtschaftlichen und gesellschaftlichen Faktoren: von Erfahrungen im familialen und gesellschaftlichen Alltag, Erfolgen bzw. Misserfolgen während der Schulzeit, persönlichen körperlichen Voraussetzungen, Wertorientierungen, Motivationen, Eignungen und Neigungen, Schulabschlüssen, vom individuellen Selbstwertgefühl und *Selbstkonzept,* von den Erwartungen und Empfehlungen durch Verwandte und Bekannte, dem Angebot an Ausbildungs- und Arbeitsplätzen, dem gesellschaftlichen Ansehen der Berufe, den Einkommensverhältnissen und der absehbaren Sicherheit eines Arbeitsplatzes. In Auseinandersetzung mit diesen Bedingungen steht jeder Einzelne in einem B.prozess, der nach dem Abschluss einer allgemeinbildenden Schule von fast allen Jugendlichen erstmals eine B.entscheidung verlangt, aber auch im weiteren Arbeitsleben von Bedeutung sein kann. Den Schülern in Hauptschulen, Realschulen, Gymnasien, Berufsfachschulen und Gesamtschulen wird eine besondere *B.vorbereitung* angeboten, die durch die *Berufsberatung* unterstützt wird. Ziel dieser Vorbereitung ist die Stärkung der *B.kompetenz.*

Berufswahlkompetenz. Leitziel sowohl der *Berufswahlvorbereitung* in Bildungsgängen der Sekundarstufe I als auch der berufsorientierenden Maßnahmen der *Berufsberatung* bei den Arbeitsämtern. Um einen akzeptablen Ausbildungsweg auszuwählen und dann auch einen Ausbildungsplatz zu finden, benötigt man generelle Kenntnisse und prozessorientierte Fähigkeiten, ein möglichst stabiles und zukunftsorientiertes *Selbstkonzept,* ein entwickeltes *Selbstbewusstsein* und ein sozial attraktives Verhalten für die persönliche Vorstellung und den Ausscheidungswettbewerb bei Ausbildern. Faktoren der B. sind folglich a) Bereitschaft und Vermögen, persönliche Erwartungen und Kriterien im Hinblick auf die bevorstehende Berufswahl zu artikulieren, b) Engagement für das Beschaffen erforderlicher Informationen, c) die Fähigkeit zur begründeten Auswahl aus einer Anzahl möglicher Ausbildungswege unter selbstkritischer Beachtung der eigenen Chancen, d) das Vermögen, aus den in die engere Wahl gezogenen Ausbildungsalternativen eine Rangfolge zu bilden, sowie schließlich e) Fähigkeiten zur Bewältigung der Anforderungen, die mit Bewerbungen, Vorstellungen, Nachfragen, Auswahlverfahren usw. verbunden sind.

Berufswahlvorbereitung (engl. *vocational orientation*). Gehört heute zu den Aufgaben aller Schulen im Bereich der Sekundarstufe I. Sie soll die *Berufswahlkompetenz* der Schüler fördern, indem sie deren Bereitschaft und Fähigkeit zur aktiven Auseinandersetzung mit den Anforderungen bei der weiteren Planung ihres Ausbildungsweges weckt und stärkt. Die B. soll darüber hinaus zur Analyse der persönlichen Ziele und Voraussetzungen für verschiedene Ausbildungsalternativen und zu deren Betrachtung im Zusammenhang der bisherigen Lebens- und Lerngeschichte befähigen, Einsichten in die aktuellen sozialen, wirtschaftlichen und politischen Bedingungen für Ausbildung und Berufstätigkeit vermitteln und in Methoden der Informationsbeschaffung und Entscheidungsfindung einführen. B. findet zum einen als Unterrichtsprinzip aller Fächer immer dann Berücksichtigung, wenn Unterrichtsthemen eine sinnvolle Verknüpfung mit Aspekten zur Arbeits- und Berufswelt nahelegen. Zum anderen wird der B. im Rahmen der *Arbeitslehre,* des polytechnischen Unterrichts oder des Lernbereichs *Arbeit–Wirtschaft–Technik* (AWT) i. d. R. zwei Jahre vor Abschluss der Schule eine mehrwöchige Unterrichtseinheit eingeräumt, die ein *Betriebspraktikum* einschließt und in enger Zusammenarbeit mit der *Berufsberatung* durchgeführt wird. Der Besuch eines *Berufsinformationszentrums* (BIZ) im Arbeitsamt ist in den meisten Schulen fester Bestandteil der B.

Berufungsverfahren für Hochschullehrer (engl. *appointment*). Ist in den *Hochschulgesetzen* der Länder geregelt; danach muss eine zu besetzende Professorenstelle öffentlich ausgeschrieben werden. Eine vom zuständigen Hochschulgremium eingesetzte Berufungskommission, deren Zusammensetzung ebenfalls gesetzlich bestimmt ist, legt nach Prüfung der wissenschaftlichen und hochschuldidaktischen Qualifikation der Bewerber einen Berufungsvorschlag vor, in dem i. d. R. die für eine Berufung vorgeschlagenen Bewerber, nach drei Rangplätzen geordnet, genannt sind. Nach Beratung, möglicherweise auch Veränderung und Verabschiedung im zuständigen Gremium der Hochschule, gibt die Hochschulleitung den Vorschlag an das Wissenschaftsministerium weiter. Zumeist beruft das Ministerium den Erstplatzierten, kann aber von der Reihenfolge abweichen oder auch von sich aus eine Berufung vornehmen.

Beschäftigungssystem (engl. *system of employment*). Die Summe aller Ausbildungs- und Erwerbsarbeitsstellen in den Bereichen Industrie, Handel, Handwerk, öffentlicher Dienst, freie Berufe usw., denen ein Ausbildungs- oder Arbeitsvertrag zugrunde liegt. Für den Übergang junger Menschen von der Schule bzw. Ausbildung in das B. sind zwei sog. Schwellen von Bedeutung: 1. der Eintritt in eine Berufsausbildung und 2. die Übernahme in ein dauerhaftes Beschäftigungsverhältnis.

Beschäftigungsverbot. Auszubildende bzw. Arbeitnehmer dürfen bei Vorliegen bestimmter gesetzlich definierter Gegebenheiten im Betrieb nicht beschäftigt werden. Solche Gegebenheiten sind insbesondere die Pflicht zum Besuch einer Berufsschule, ärztlich angezeigte Gesundheitsgefährdungen und Mutterschutz. Kammern und Gewerbeaufsichtsämter erteilen Auskünfte für den Einzelfall.

beschützende Werkstatt (Syn. **Werkstatt für Behinderte**; engl. *sheltered workshop*). Eingerichtet für Behinderte, die i. d. R. wegen einer besonders schweren funktionellen Beeinträchtigung nicht, noch nicht oder noch nicht wieder eine Ausbildung oder Berufstätigkeit auf dem üblichen Arbeitsmarkt aufnehmen können. Rechtliche Grundlage ist das Gesetz zur Sicherung der Eingliederung Schwerbehinderter in Arbeit, Beruf und Gesellschaft. Die b. W. soll allen Behinderten offenstehen, die ein Mindestmaß an wirtschaftlich verwertbarer Arbeitsleistung erbringen können. Auskunft erteilt das Arbeitsamt.

besonderes Gewaltverhältnis (Syn. **Einordnungsverhältnis**). Jeder Bürger hat gegenüber dem Staat besondere Rechte und Pflichten. Im Rahmen dieses allgemeinen Gewaltverhältnisses besteht auch das b. G., wenn der Einzelne in besonders engen Abhängigkeiten von staatlichen Rechtsvorschriften steht. Typische Beispiele dafür sind die besonderen Pflichten der Beamten und Soldaten. Aber auch Schüler und Studenten stehen in einem b. G., im Rahmen der *Schulpflicht* zwangsweise, beim freiwilligen Besuch von Schulen und Hochschulen über die Schulpflicht hinaus auf freiwilliger Basis. Das b. G. hat zur Folge, dass bestimmte Grundrechte innerhalb der gesetzlichen Zweckbestimmung des b. G. eingeschränkt werden dürfen (z. B. Meinungsfreiheit, Versammlungsfreiheit). Alle Maßnahmen im Rahmen eines b. G. unterliegen der gerichtlichen Nachprüfbarkeit.

Bestimmungen über die Neuordnung des Mittelschulwesens in Preußen. Erlass des preußischen Ministers der geistlichen, Unterrichts- und Medizinalangelegenheiten aus dem Jahre 1910, in dem die *Mittelschule* erstmals von der niederen Volksschule abgehoben und im Aufbau des Bildungswesens zwischen dieser und den Gymnasien angesiedelt wurde. Grund für den Erlass war die Einschätzung, dass die bis dahin geltenden Regelungen für Mittelschulen in den *Allgemeinen Bestimmungen* von 1872 den gestiegenen Erfordernissen an die Vorbildung für Berufe in Handwerk, Kunstgewerbe, Handel und Verwaltung nicht mehr genügten.
Als voll ausgebaute Mittelschulen galten nach den B. grundständige Schulen mit neun aufsteigenden Klassenstufen, die von IX bis I gezählt wurden. Diese Schulen konnten die Klassenstufen 1 bis 3 mit Volksschulen gemeinsam führen. Daneben gab es auch Mittelschulen, die erst mit Klassenstufe VI, also nach dem 3. Volksschuljahr, begannen. Schwerpunktfächer waren Deutsch, Englisch, Rechnen mit Buchführung und Naturkunde. Nach Möglichkeit sollten auch praktische Kurse in Handarbeit, Werken, Gartenarbeit und Hauswirtschaft sowie fakultativ Französisch angeboten werden. Erstmals wurde von den Lehrern eine besondere Befähigung zum Unterricht an Mittelschulen gefordert.

betreute Wohnformen. Einrichtungen für Behinderte, psychisch Kranke, drogenabhängige Jugendliche oder andere Hilfsbedürftige, die den Klienten Gelegenheit zur möglichst selbstbestimmten Lebensführung geben sollen. Unter Berücksichtigung der individuellen Erfordernisse unterstützen Sozialpädagogen, Therapeuten, Psychologen u. a. Fachkräfte die Bewohner bei der Bewältigung der Anforderungen im Alltag und im Arbeitsleben. B. W. können ihre Dienste auf Dauer oder für eine befristete Zeit anbieten. Träger b. W. sind u. a. Kommunen, freie Wohlfahrtsverbände und die Kirchen.

B

betrieblicher Unterricht. Zur Ergänzung des Unterrichts in der *Berufsschule* erteilen zahlreiche Ausbildungsbetriebe ihren *Auszubildenden* freiwillig b. U., zumeist im Umfang von zwei Stunden pro Woche. Dabei werden von hauptamtlichen Ausbildern oder anderen Mitarbeitern fachtheoretische Kenntnisse vermittelt, die für eine qualifizierte Erfüllung betrieblicher Aufgaben erforderlich sind. Die Teilnahme am b. U. ist für die Auszubildenden verpflichtend, da der b. U. innerhalb der Arbeitszeit durchgeführt wird.

Betriebserkundung. Methode im Rahmen der schulischen *Berufswahlvorbereitung*. Die Schüler besuchen dabei für mehrere Stunden Arbeitsplätze, wo sie anhand von Beobachtungsbögen und durch Befragung der Beschäftigten die Arbeitsabläufe, die erforderlichen Qualifikationen, die Ausstattung der Arbeitsplätze, die besonderen Anforderungen und Belastungen sowie die Einbindung eines Arbeitsplatzes in übergeordnete Produktionsprozesse in Erfahrung bringen sollen.
Wesentliche Bedingungen für den Erfolg von B. sind die Berücksichtigung der Schülerinteressen, eine gründliche Vorbereitung, die Unterteilung der Klasse in möglichst kleine Beobachtungsgruppen sowie eine ausführliche Auswertung der Schülererfahrungen und der von den Schülern gesammelten Daten.

Betriebspädagogik. *Arbeitspädagogik*.

Betriebspraktikum (engl. *vocational practical studies*). Im Rahmen der schulischen *Berufswahlvorbereitung* können B. durchgeführt werden, bei denen die Schüler i. d. R. für zwei Wochen in Betrieben (Handwerk, Industrie, Verwaltung, Sozialeinrichtungen u. a.) tätig werden. In dieser Zeit können sie eigene

Erfahrungen mit der Bewältigung von Arbeitsanforderungen machen und so Beruf und Arbeitsplatz im Hinblick auf die eigenen Fähigkeiten, Interessen und psycho-physischen Voraussetzungen intensiver als durch das Studium von Schriften u. a. Informationsträgern (z. B. Filme) beurteilen. Bedingungen für den Erfolg von B. sind – ähnlich wie bei der *Betriebserkundung* – eine gründliche Vorbereitung (z. B. über Beruf, Betrieb und Arbeitsschutz), die Begleitung der Schüler durch regelmäßige Besuche der Lehrer in den Betrieben und die Auswertung der Schülererfahrungen. Diese Art der pädagogischen Begleitung eines B. ist nur möglich, wenn Schule und verantwortliche Lehrer mit den betrieblichen Ausbildern und, wo vorhanden, dem Betriebsrat bzw. der Personalvertretung kooperieren.

Betriebsrat (engl. *works committee*). Auf der Grundlage des *Betriebsverfassungsgesetzes* (BetrVG) wählen die Arbeitnehmer eines Betriebes (mit Ausnahme der leitenden Angestellten) alle drei Jahre einen B., der die Interessen der Gesamtbelegschaft wie auch diejenigen einzelner Mitarbeiter gegenüber der Betriebsleitung vertritt. In Fragen der Berufsausbildung steht dem B. ein Mitbestimmungsrecht zu, das in einer Betriebsvereinbarung zwischen B. und Betriebsleitung näher definiert ist.

Betriebsvereinbarung. Vertrag zwischen einem Arbeitgeber und dem *Betriebsrat* des Unternehmens, in dem Einzelfragen der Arbeitsbedingungen geregelt werden, soweit dabei nicht die Normen gültiger Tarifverträge verletzt werden. Auch Angelegenheiten aus den Bereichen betriebliche Berufsausbildung und Weiterbildung können Gegenstand von B. sein.

Betriebsverfassungsgesetz (**BetrVG**; engl. *Workplace Labour Relations Act*). Im Interesse einer demokratischen Gestaltung der Verhältnisse in den Betrieben sichert das BetrVG aus dem Jahr 1972 den Arbeitnehmervertretern *(Betriebsrat)* die Beteiligung an innerbetrieblichen Regelungen sozialer, personeller und wirtschaftlicher Art zu. Das BetrVG enthält auch für die Mitbestimmung im Bereich der *Berufsausbildung* wichtige Regelungen.

Beurlaubung vom Unterricht. Von der Pflicht zum Besuch der Schule kann nur in besonderen Ausnahmefällen und nach Genehmigung eines schriftlichen Antrages beurlaubt werden. Für Minderjährige haben die Erziehungsberechtigten, ansonsten die volljährigen Schüler selbst den Antrag zu stellen. Gründe für eine B. v. U. können u. a. sein: Kuren und ärztlich verordnete Erholungsaufenthalte, Teilnahme am internationalen Schüleraustausch, besondere kirchliche Veranstaltungen, Teilnahme an wissenschaftlichen, künstlerischen oder sportlichen Wettbewerben oder wichtige familiäre Ereignisse (Eheschließung, Tod, Wohnungswechsel, Pflegetätigkeit). Über kurze B. v. U., zumeist bis zu zwei Tagen, kann der Klassenlehrer, über längere der Schulleiter entscheiden.

Beurteilung. *Leistungsbeurteilung*.

Beurteilung von Auszubildenden (engl. *assessing*). Während der höchstens dreimonatigen *Probezeit* eines Berufsausbildungsverhältnisses und der gesamten dann folgenden Ausbildung, bei der *Zwischenprüfung* und der *Abschlussprüfung* findet eine B. v. A. statt. Grobe Maßstäbe für die B. sind die Ziele und Inhalte des *Ausbildungsrahmenplanes* und des *Rahmenlehrplanes für Berufsschulen*. Unter Beachtung dieser Vorgaben hat der Ausbilder und Prüfer die betriebsspezifischen Anforderungen in konkrete Aufgabenstellungen und Beurteilungskriterien zu übertragen. Falls ein Betriebsrat vorhanden ist, ist dafür dessen Zustimmung einzuholen. Beurteilt werden zumeist Umfang und Qualität der im Ausbildungsrahmenplan geforderten Kenntnisse, Fähigkeiten und Fertigkeiten, das Lern- und Arbeitsverhalten (Anstrengungsbereitschaft, Sorgfalt, Genauigkeit, Konzentration, Zuverlässigkeit und Arbeitstempo) und das Sozialverhal-

ten (Verantwortungsbereitschaft, Kollegialität, Teamfähigkeit).
Für die laufende B. v. A. haben viele Betriebe eigene Beurteilungsformulare entwickelt. Die Zwischen- und die Abschlussprüfungen der *Zuständigen Stellen* werden nach Form, Inhalt und Bewertungsstandards von einem Prüfungsausschuss definiert. Dieser wird nach Bestimmungen gebildet, die der *Berufsbildungsausschuss* der Zuständigen Stelle beschließt.

Bewährung (engl. *probation*). Aussetzung der Vollstreckung einer Freiheitsstrafe, wenn angenommen werden kann, dass allein schon die Verhängung einer Strafe den Verurteilten vor weiteren Straftaten bewahrt. Im Jugendstrafvollzug können Freiheitsstrafen bis zu zwei Jahren auf eine i. d. R. längere Dauer ausgesetzt werden. Für die Zeit der B. steht der Jugendliche unter Aufsicht eines *B.helfers.* Zusätzlich erteilt der Jugendrichter Auflagen (z. B. Mitarbeit in sozialen Diensten), von denen ein positiver Einfluss auf die weitere Entwicklung des Jugendlichen erwartet wird. Die B. kann bei Verstoß gegen die B.auflagen vom Jugendrichter aufgehoben werden. Nach erfolgreichem Ablauf der B. wird die Strafe erlassen.

Bewährungshelfer (engl. *probation officer*). Beaufsichtigt, unterstützt und berät Straftäter, bei denen der Vollzug der Strafe auf Bewährung ausgesetzt ist, damit sie möglichst bald wieder zu einer sozial akzeptierten und persönlich zufriedenstellenden Praxis finden können. Ein B. wird vom Richter eingesetzt und ist ihm gegenüber berichtspflichtig. Das Zusammentreffen mit dem Straftäter muss dem B. jederzeit ermöglicht werden.

Bewährungshilfe (engl. *probation service*). Ist eine Jugendstrafe auf Bewährung ausgesprochen worden, wird der Jugendliche für die Bewährungszeit unter B. gestellt, die ihn beraten, unterstützen, kontrollieren und, falls erforderlich, in seinem Verhalten auch korrigieren soll. Großen Wert legt die B. auf eine enge Zusammenarbeit mit Eltern, Ausbildern und Lehrern. B. wird von haupt- oder nebenamtlichen Kräften durchgeführt.

Bewusstsein (engl. *consciousness*).
1) Ganz allgemein die Tatsache, dass der Mensch um sich selbst weiß, sich seiner selbst gewahr ist. Jeder erlebte seelische Vorgang ist Ausdruck des B.
2) In pädagogischer Bedeutung die wache Auseinandersetzung mit Wahrnehmungen innerer oder äußerer Prozesse und die sich daraus ergebenden Einsichten (gedankliches Begreifen) oder Absichten für das Handeln.

Bezugsgruppe (engl. *reference group*). Eine soziale Gruppe, deren Werte und Normen, Einstellungen und Verhaltensweisen als Richtlinien für die Gestaltung des subjektiven Lebens angesehen werden. Dabei ist es unerheblich, ob der Einzelne dieser Gruppe angehört oder nicht. In jedem Falle geht es primär um die Identifikation mit der B.

Bezugsperson. Person (Mutter, Vater, Lehrer, Mitschüler etc.), an der sich das Denken und Verhalten einer anderen orientiert. Im Unterschied zu Personen, zu denen man ebenfalls auf der Inhaltsebene einen guten sachlichen Kontakt haben kann, hat man zur B. auf der Beziehungsebene ein emotional warmes Kommunikationsverhältnis, das offen und frei ist. Auch wenn die Neigung besteht, die Einstellungen, Verhaltensweisen und Werte der B. zum Maßstab des eigenen Handelns zu machen, sollte man sich gerade von einer B. kritisch absetzen dürfen, um zu lernen, sich selbst zu bestimmen und zu verwirklichen. Von Geburt an in den einzelnen Lebensphasen die geeignete B. zu haben bzw. sie frühzeitig zu finden, ist für die soziale und persönliche Entwicklung eines Menschen von großer Bedeutung. Dies beweisen z. B. Untersuchungen über Hospitalismus in der frühen Kindheit, Identitätsfindungsprozesse und abweichendes Verhalten bei Heimkindern, soziale Orientierungslosigkeit von Schülern großer Schulsysteme, die Bildung von *Peergroups* in der Pubertät u. Ä.

Für einen anderen Menschen die B. zu sein bedeutet, eine große Verantwortung zu haben.

BGJ. *Berufsgrundbildungsjahr.*

BIBB. *Bundesinstitut für Berufsbildung.*

Bilderbücher (engl. *picture books*). B. gehören zur Gattung der Kinder- und Jugendliteratur für etwa zwei- bis zehnjährige Kinder, in denen die Illustration gegenüber dem Text überwiegt und die handlungsbezogenen Inhalte vorwiegend visuell vermittelt werden. Bei B. ohne Text oder mit nur kurzen Textergänzungen für Kinder bis zum zweiten Schuljahr, die selbständig längere Textinhalte noch nicht erschließen können, müssen erwachsene Bezugspersonen Hilfe zum Verstehen und Verarbeiten geben. Heute gibt es vermehrt B. auch für ältere Kinder, in denen Text und Bild von gleicher Bedeutung sind. Unterschieden werden B. für die ersten Lebensjahre (z. B. Pappb., Klappb., Szenenb.), B. mit Kinderlyrik und Liedern, B. als Spielmittel, B. zu Märchen und Fabeln, wirklichkeitsnahe Bildergeschichten zu Tieren, Pflanzen und Umweltproblemen, phantastische Bildergeschichten, Sachb. zur Wissensvermittlung, religiöse B. sowie Spiel- und Bastelbücher. B. fördern die Sprach- und Denkfähigkeit der Kinder, eröffnen Zugänge zu den verschiedenen Gattungen der Kinder- und Jugendliteratur, sind eine Hilfe bei der Lebensbewältigung, dienen der ästhetischen Bildung und sind ein wichtiges Mittel der Erziehung.

Bildsamkeit. Von *J. F. Herbart* in seiner ›Allgemeinen Pädagogik‹ 1806 als Grundbegriff der *Pädagogik* eingeführt, meint B. einerseits die dem Menschen gegebene Fähigkeit zur *Bildung,* andererseits aber auch die Möglichkeit, durch pädagogisches Handeln und Umwelteinflüsse auf die Bildung heranwachsender Menschen einwirken zu können bzw. zu müssen. Bezüglich dieser doppelseitig sich erschließenden Veränderungs- und *Bildungsfähigkeit* des Menschen haben Vertreter der *geisteswissenschaftlichen Pädagogik* hervorgehoben, dass B. nicht schon an sich da ist, sondern sich erst im pädagogischen Bezug aktualisieren und entfalten kann. Dabei darf nicht davon ausgegangen werden, dass der Mensch aufgrund seiner B. jederzeit unter bestimmten pädagogischen Einflüssen absichtsvoll bildbar ist, sondern es muss beachtet werden, dass seine Bildungsfähigkeit nur auf der Basis seines individuellen Bildungswillens voll zur Geltung kommen kann. Das Phänomen der B. ist unter verschiedenen Begriffen in den Erziehungswissenschaften bis in die Gegenwart immer wieder erörtert worden.

Bildstellen (Landes-, Kreis-, Stadtbildstellen; engl. *picture and film library*). Im Jahre 1934 gegründete Zentren für audiovisuelle *Medien*, die alle Produktionen des *Instituts für Film und Bild in Wissenschaft und Unterricht* (FWU), regionale Eigenproduktionen und angekaufte Medien (z. B. Spielfilme) archivieren und zum Verleih bringen. Zur Information über das Medienangebot stehen Kataloge zur Verfügung. Neben den Verleihaufgaben haben die B. gerätetechnische Aufgaben (Wartung, Reparatur und Einführung in die Handhabung von Geräten).

Bildung. Frühe begriffsgeschichtliche Bedeutungen wie Schöpfung, Gestaltung, Verfertigung, Verfeinerung und Bildnis bleiben wesentliche Gehalte des Begriffes, seit dieser etwa ab der Mitte des 18. Jh. in der pädagogischen Fachsprache Verwendung findet (G. W. Leibniz, *I. Kant,* J. G. Herder, *W. v. Humboldt* u. a.). In den Jahrhunderten zuvor wurde der Begriff von der Theologie her als Auftrag an den Menschen, um die Entfaltung seiner Gottesebenbildlichkeit zu ringen, verstanden.

Mit den geistesgeschichtlichen Neuerungen durch die Aufklärungsphilosophie und der politischen *Emanzipation* des Bürgertums von feudaler und kirchlicher Bevormundung gewinnt der Begriff den Kern seiner noch heute bei uns vorherrschenden Bedeutung. Der Mensch als prinzipiell vernunftbegabtes Wesen ist aufgerufen zu Freiheit und *Mündigkeit*. Er hat seinen Zweck in sich selbst. B. wird zur Selbst-B. der *Individualität* in der Auseinandersetzung des Menschen mit den Erscheinungsformen seiner *Kultur.* B.arbeit als gestaltende Einflussnahme kann von daher nicht als Formung nach einem vorgegebenen Bild gedacht sein, sondern allein als Angebot von außen und Bereitschaft von innen zum Dialog über das Sein des Einzelnen wie der Menschheit in ihrer Geschichte. Je umfassender, gründlicher und lebendiger die geistigen, seelischen und körperlichen Kräfte des Einzelnen dafür entwickelt werden, desto günstiger sind die Voraussetzungen für B. Doch so wie alle staatliche Gewalt die Würde des Menschen nachdrücklich achten und schützen soll, diese Würde aber keineswegs selbst herstellt, weil sie mit jedem Menschen immer schon als Möglichkeit und Auftrag vorgegeben ist, ist auch B. von außen zwar zu befördern, aber nur vom Subjekt selbst zu verwirklichen, indem es sich zu sich selbst und zu seiner Lebenswelt unter der Maxime von *Humanität* in kritische Distanz stellt.

Jede Funktionalisierung des Menschen für äußere Zwecke (z. B. in Politik, Wirtschaft oder Gesellschaft) sollte deshalb aus Respekt vor der Würde des Menschen schon vom Begriff her ihre Absicht anzeigen. Sie ist Schulung, Training, *Konditionierung, Qualifikation* oder Drill. Solche Formen der Verhaltensbeeinflussung können auch der B. durchaus dienlich sein, weil sie das Subjekt z. B. durch die Verfügbarkeit von Fertigkeiten, den Gebrauch von Techniken, Schemata und Ordnungen für eigentliche B.prozesse entlasten. Ihrem Wesen nach sind sie jedoch keine hinreichenden Voraussetzungen für die selbständige und selbstverantwortliche Entfaltung der Humanität im einzelnen Subjekt durch das einzelne Subjekt.

Wie sich B. im Hinblick auf ihre konkreten inhaltlichen Ausgestaltungen jeweils darstellt, kann nicht abgelöst vom kulturellen und lebensgeschichtlichen Zusammenhang gedacht werden, in dem sich der Einzelne bzw. die Gemeinschaft jeweils um die Sicherung der Menschenwürde zu bemühen haben. Weltanschauung, Philosophie, Recht, Sozialordnung, Technik, Wissenschaft, Politik und Ökonomie einer Zeit geben die Inhalte bzw. Gegenstände, mit denen sich das Subjekt selbstbildend auseinanderzusetzen hat, gleichsam vor. Gegenwärtig werden die Problemhorizonte mit folgenden Themen skizziert: Menschenrechte unter dem Druck von Ausbeutung, Armut und Friedensgefährdung, Menschenwürde unter der Bedrohung von technologischer Machbarkeit, Moralität und Sozialverantwortung in Zwietracht mit Materialismus und individualistischen Maximen, Käuflichkeit und Korruption, Demokratie unter dem Druck von Massenmedien, totaler Datenerfassung und Expertokratie, das Gemeinwohl in wachsender Gefährdung durch Ellbogenmentalität und Privilegiensicherung. B.arbeit im Interesse der Entwicklung von Urteilskraft und Handlungsfähigkeit, Mut und Verantwortlichkeit wird sich in Schulen und Hochschulen, Jugend- und Erwachsenenarbeit bei der notwendigerweise zu treffenden Auswahl, Aufbereitung und Eröffnung der Bildungsinhalte immer erneut befragen lassen müssen, ob sie mit aller möglichen Radikalität Funktionalisierungen der Menschen aufdeckt sowie nach den jeweils offenkundigen und versteckten Bedrohungen für Menschenrechte, Menschenwürde, Moralität, Demokratie und Sozialität fragt.

Die neueren Arbeiten zum Konzept Bildung sind wesentlich durch Studien von *O. F. Bollnow, H.-J. Heydorn,* W. Klafki, *C. Menze* und H. v. Hentig beeinflusst worden.

Bildungsauftrag. Das Grundgesetz weist dem Staat in Artikel 7 ausdrücklich einen B. zu, es zeigt die staatlichen Zuständigkeiten und deren Grenzen auf und bestimmt, dass über die Teilnahme am Religionsunterricht die Erziehungsberechtigten entscheiden und dass für die Errichtung privater Schulen unter Beachtung der staatlichen Aufsicht Freiheit besteht. Nähere Regelungen zur Ausführung des staatlichen B. unterstehen der Landesgesetzgebung *(Schulgesetz)*.

Bildungsbarrieren (engl. *educational barriers*). Im Zusammenhang der *Bildungsreform* in den 60er und 70er Jahren des 20. Jh. wurden durch die *Bildungsforschung* eine Reihe von individuellen und sozialen Bedingungen als B. identifiziert, die den Zugang von Kindern zu höheren Bildungsgängen und Abschlüssen behinderten: weibliches Geschlecht, katholische Religionszugehörigkeit, ländliche Wohnregion, fehlende Angebote an systematischer Frühförderung, geringe Dichte an weiterführenden Bildungsgängen, niedrige schulische und berufliche Abschlüsse der Eltern, geringes verfügbares Einkommen. Religionszugehörigkeit und Geschlecht haben inzwischen als B. ihre Bedeutung verloren. Als neue B. hat sich der Migrationshintergrund von Schülern herausgestellt.

Bildungsberatung. *Schullaufbahnberatung*.

Bildungsbeteiligung (engl. *educational attainment*). B. beschreibt das Verhältnis zwischen der Zugehörigkeit von Schülerinnen und Schülern zu bestimmten sozialen Gruppen und ihrem Anteil an der Schülerschaft verschiedener Schulformen. *PISA 2003* teilt die Herkunftsfamilien der untersuchten 15-jährigen Schülerinnen und Schüler nach einem neuen Index ein, nämlich nach dem ökonomische, soziale und kulturelle Indikatoren gleichermaßen berücksichtigenden ESCS-Index: Index of Economic, Social and Cultural Status. Im unteren Leistungsquartil sind die Berufsgruppen der Facharbeiter, Maschinenbediener und Handwerker deutlich überrepräsentiert, im oberen Leistungsquartil stellen die Akademiker, Führungskräfte und Techniker den überwiegenden Anteil. Zwischen der so definierten sozialen Herkunft der Schüler, dem Besuch verschiedener Schulformen und den in PISA erreichten Kompetenzen bestehen enge Zusammenhänge, die auf eine unterschiedliche, sozial bedingte B. schließen lassen: Hauptschüler gehören etwa zur Hälfte dem unteren Quartil, aber nur zu knapp 7% dem oberen Quartil an. Gymnasiasten kommen zu knapp 6% aus dem unteren Quartil, zu gut 52% aus dem oberen Quartil. Realschulen und Integrierte Gesamtschulen weisen ähnliche Anteile von Schülern aus allen Quartilen auf. B. und Schulerfolg hängen nach diesen Daten in Deutschland weiterhin sehr eng mit der sozialen Herkunft zusammen.

Bildungschancen (engl. *educational opportunities*). B. beschreiben das Maß an Übereinstimmung zwischen der im Grundgesetz, den Landesverfassungen sowie den Schulgesetzen vorgegebenen Norm, allen Kindern ohne Rücksicht auf ihr Geschlecht, ihre Herkunft und ihre wirtschaftliche Lage schulische Erziehung und Bildung gemäß ihren Begabungen und Leistungsmöglichkeiten zu vermitteln, also Gleichheit zu sichern, und den tatsächlich in den Schulen praktizierten Erziehungs- und Bildungsprozessen und deren Wirkungen. Wenn bei gleichen Schulleistungen und allgemeinem Intelligenzniveau die soziale Herkunft eines Kindes auf Schulerfolge ausschlaggebenden Einfluss nimmt, bestehen keine gleichen B. *PISA* u. a. Studien haben für Deutschland diese Beeinträchtigung von B. erneut belegt.

Bildungsdichte. Das Verhältnis zwischen den vorhandenen Plätzen in Kindergärten, Schulen, Ausbildungsbetrieben, Hochschulen, anderen Bildungseinrichtungen und der Anzahl von Kindern, Jugendlichen u. a. potenziellen Nutzern dieser Einrichtungen (z. B. aufgrund der bestehenden Schulpflicht oder bisheriger Nachfrage) in einer bestimmten Region.

Bildungsexpansion (engl. *educational expansion*). Die Entwicklung des Bildungswesens in der (alten) Bundesrepublik und in der DDR ist zwischen den 50er und den 80er Jahren des 20. Jh. durch eine deutliche Verlängerung der Schulzeiten in den unteren Bildungsgängen und einen geradezu sprunghaften Anstieg von Übergängen in höhere Bildungsgänge und Schulabschlüssen mit Allgemeiner oder Fachgebundener Hochschulreife gekennzeichnet.

Nach der Wiedervereinigung hat sich dieser Trend in allen Bundesländern fortgesetzt, wenn auch mit geringeren Wachstumsraten.

Mitte der 60er Jahre ist in Westdeutschland die *Schulpflicht* auf neun Jahre verlängert worden, dann in mehreren Ländern in den 70er Jahren auf zehn Jahre. Zugleich wurde an den Hauptschulen der Besuch eines freiwilligen 10. Schuljahres möglich.

In diesem Zeitraum sind auch die meisten beruflichen Ausbildungsgänge im *dualen System* auf dreieinhalb Jahre verlängert worden. In der DDR ist 1959 die zehnjährige Schulpflicht eingeführt worden. Die Übergänge in die Realschule haben sich in Westdeutschland von etwa 6% im Schuljahr 1952/53 auf 25% in Deutschland im Schuljahr 2003/2004 erhöht. Ähnlich explosionsartig die Veränderungen bei Übergängen auf das Gymnasium und bei der Abiturientenquote. Besuchten 1952 rund 6% der Schüler in Klasse 7 ein Gymnasium, so waren es 2003/2004 in Deutschland 30%. Und 1960 verließen in Westdeutschland das Gymnasium mit *Allgemeiner Hochschulreife* 6% der Schülerinnen und Schüler, 2003/2004 in Deutschland 27% mit Allgemeiner Hochschulreife und weitere 12% mit der *Fachhochschulreife*.

In der DDR stagnierte dagegen der Anteil der Übergänge auf die Erweiterte Polytechnische Oberschule zwischen 12 und 14%.

Bildungsfähigkeit (engl. *receptive to teaching*). In der sonderpädagogischen Diagnostik eine Kategorie, nach der i. d. R. mithilfe des *Intelligenzquotienten* (IQ) Lernbehinderte (Sonderschulbedürftige), geistig Behinderte (praktisch Bildbare) und Schwerstbehinderte (Pflegebedürftige) unterschieden werden. Sofern die körperliche und/oder geistige Beeinträchtigung so stark ist, dass keine Sonderschule/*Förderschule* besucht werden kann, besteht für sie keine *Schulpflicht*. Diese Schulunfähigkeit wird im juristischen Sinne oft als *Bildungsunfähigkeit* ausgelegt.

Bildungsforschung (engl. *research in educational systems and processes*). Ihr zentrales Aufgabenfeld ist die Beschreibung, Analyse und nach Möglichkeit auch Prognose wichtiger Prozesse innerhalb des gesamten *Bildungswesens* in Abhängigkeit von übergreifenden politischen, demografischen, ökonomischen und ideologischen Rahmenbedingungen. B. arbeitet folglich weitgehend mit empirischen Forschungsmethoden und bedient sich allgemeiner statistischer Daten, wie sie z. B. vom Statistischen Bundesamt laufend veröffentlicht werden. Typische Untersuchungsgegenstände der B. sind Anlässe, Abläufe und Ergebnisse der stetigen Veränderungen der Lehrpläne, Fragen nach Möglichkeiten für eine effektivere Schularbeit, Studien über den Zusammenhang von Schulstruktur, Schulorganisation und Schulabschlüssen oder über die Ursachen für die Verteilung der Angehörigen eines Jahrganges auf verschiedene Bildungseinrichtungen. An diesen Beispielen wird deutlich, dass sowohl qualitative politische Interessen (mehr Chancengleichheit im Bildungswesen) als auch solche quantitativer Art (Sicherung des zukünftigen Bedarfs an Nachwuchskräften) bei der Entstehung der B. eine ausschlaggebende Rolle gespielt haben. Innerhalb der B. arbeiten in Entsprechung zur Komplexität der Aufgabenstellung Pädagogen, Soziologen, Psychologen, Wirtschaftswissenschaftler, Politologen u. a. Fachwissenschaftler eng zusammen.

Bildungsgang (engl. *educational career*). Das Schulsystem ist in Schulstufen (Schulbereiche) und Schularten (Schulformen) gegliedert. Im herkömmlichen dreigliedrigen Schulsystem waren die Schularten Hauptschule, Realschule und Gymnasium durch jeweils einen B. gekennzeichnet, der den gesamten Unterricht bestimmte und auf einen schulartspezifischen *Abschluss* bezogen war (z. B. Hauptschulabschluss, Realschulabschluss). Seit der Wiedervereinigung sind über die schon bestehenden Gesamtschulen hinaus in einer Reihe von Ländern weitere integrierte Schularten mit mehreren B. eingerichtet worden. Dies machte eine das Hamburger Abkommen (1964 bzw. 1971) ergänzende ›Vereinbarung über Schularten und B. im Sekundarbereich I‹ notwendig (vgl. Beschluss der KMK vom 3. 12. 1993). Danach ist der Begriff B. stärker als bisher auf die Abschlüsse am Ende der Sekundarstufe I bezogen, während der vorhergehende Unterricht der Abschlussprofilierung von der 7. Jahrgangsstufe an bzw. später in abschlussbezogenen Klassen oder Kursen durch verschiedene Formen der Differenzierung Rechnung trägt. Die auf abschlussbezogene Profile ausgerichteten B. in integrierten Schularten sind für die individuelle Schullaufbahn von Schülern von großer Bedeutung, weil sie die Abschlussprofilierung lange offenhalten und Durchlässigkeit im Schulwesen fördern.

Die individuelle Schwerpunktbildung ermöglicht den Schülern, auf der Grundlage aller B. des Sekundarbereichs I nach Maßgabe der erreichten Abschlüsse den Bildungsweg in berufs- und studienqualifizierenden B. des Sekundarbereichs II fortzusetzen. Schularten mit studienqualifizierenden B. sind die gymnasiale Oberstufe, das Fachgymnasium bzw. das Berufliche Gymnasium, die Fachoberschule, das Berufskolleg (Baden-Württemberg) und die Berufsoberschule. Schularten mit berufsqualifizierenden B. sind z. B. die Berufsschule, die Berufsfachschule und die Fachschule.

Bildungsgesamtplan (engl. *Comprehensive Education Plan*). Die 1970 vom Bund und den Ländern eingerichtete *Bund-Länder-Kommission für Bildungsplanung* legte 1973 mit dem B. den ersten gemeinsamen Rahmenplan der Länder und des Bundes für den Ausbau des Bildungswesens vor. Zuvor wurden zahlreiche Fachleute, Organisationen und Verbände über ihre Vorstellungen zur Weiterentwicklung des Bildungswesens und die dafür erforderliche Finanzierung befragt. Der B. beschreibt Zielsetzungen für alle Schularten, die betriebliche Berufsausbildung, die Lehrerbildung, für Studium und Forschung an den Hochschulen, für Fort- und Weiterbildung, außerschulische Jugendarbeit und weitere Teilbereiche des Bildungswesens. Ausführlich werden sodann die Kosten des Bildungswesens unter Beachtung gesamtwirtschaftlicher Rahmenbedingungen und die Möglichkeiten der Finanzierung dargestellt. Die meisten Zielvorstellungen des B. sind angesichts mangelnder Übereinstimmung in bildungspolitischen Grundpositionen zwischen CDU/CSU einerseits und SPD andererseits nicht verwirklicht worden. Einen weiteren B. hat es bis heute nicht gegeben.

Bildungsinhalt. Im Verständnis der *bildungstheoretischen Didaktik* sind alle im *Lehrplan* aufgenommenen Ziele, Themen und Inhalte durch die Vorentscheidung der Lehrplanautoren als B. legitimiert. Mithilfe der fünf Grundfragen der *didaktischen Analyse* sollen die Lehrer diese B. auf ihren konkreten Bildungsgehalt bzw. Bildungswert noch einmal überprüfen, um ungeeignete Unterrichtsinhalte auszugrenzen und geeignete als solche zu begründen. Ein besonderer B. kann nur dann legitimiert werden, wenn er z. B. stellvertretend für viele Kulturinhalte steht und bestimmte Grundprobleme, allgemeine Prinzipien, Gesetze, Werte oder Methoden sichtbar macht, also das Allgemeine exemplarisch im Besonderen erschließt. Der B. hat dann Bildungsgehalt bzw. Bildungswert, wenn die Fragen nach der Gegenwarts- und der Zukunftsbedeutung, der Sachstruktur, der exemplarischen Bedeutung und der Zugänglichkeit für die Schüler positiv geklärt worden sind.

Bildungskanon. Auswahl oder Zusammenstellung kultureller Werke aus Literatur, Religion, Wissenschaft, Technik und Kunst, von denen unter Beachtung bestimmter Werte und Normen gesagt wird, dass sie für die Vielfalt einer Kultur steht. Durch die Aneignung des B. soll dem Einzelnen die verständnis- und wirkungsvolle Teilhabe am kulturellen Prozess möglich werden und die kulturelle Gemeinschaft ihre Identität trotz aller Differenzierung und Dynamik sichern können. Im europäischen B. hatten die alten Sprachen Griechisch und Latein, die antike Philosophie, Politik und Kunst, die christliche Theologie und die Naturwissenschaften fundamentale Bedeutung. Im Mittelalter entwickelte sich der B. der *Septem artes liberales* im Zusammenhang mit der Entstehung der *Kloster-* und *Domschulen.* Kirchenlatein und theologisch-philosophische Lehren bildeten den Kern. Nach der Hinwendung des *Humanismus* zur griechisch-römischen Antike und deren Emanzipation aus der alleinigen geistigen Verfügung durch die Kirche wurde deren Stellung für den humanistischen B. grundlegend. Selbst noch der Fächerkanon des Gymnasiums, wie er sich in der zweiten Hälfte des 19. Jh. herausgebildet hat, weist auf die lange Wirksamkeit dieser Tradition hin. Die alten Sprachen, Literatur, Philosophie, Geschichte, Kunst und Mathematik stehen im Zentrum. Erst zeitlich später und in ihrer Bedeutung eher zweitrangig fanden Englisch, Französisch, Biologie, Physik und Chemie Berücksichtigung. Im Laufe der Jahrhunderte ist aufgrund politischer, wirtschaftlicher, religiöser, geistesgeschichtlicher, wissenschaftlicher und technischer Veränderungen in unterschiedlichen zeitlichen Zyklen die Neubestimmung des B. erforderlich geworden. Dieser Prozess hält an, wobei im Kontext von Pluralismus, Globalisierung, rasanter Wissensexplosion und intensiver interkultureller Austauschprozesse die Bestimmung grundlegender und verbindlicher kultureller Inhalte und moralischer Orientierungen immer häufiger als dringend notwendige, aber schwer zu leistende Herausforderung bezeichnet wird. Dabei wird auch darüber diskutiert, ob die neuen *Bildungsstandards* die grundlegende und orientierende Funktion eines B. übernehmen können.

Bildungskatastrophe. Von *G. Picht* 1964 geprägter Begriff, mit dem er auf die seiner Ansicht nach schwerwiegenden qualitativen, strukturellen und quantitativen Modernitätsrückstände des westdeutschen Bildungswesens aufmerksam machen wollte. Veraltete Lehrpläne und rückständige Lehr-Lernmethoden, fehlender Lebensweltbezug des Unterrichts, ungenügende Ausstattung der Schulen, eine zu geringe Dichte an weiterführenden Schulen, Unzulänglichkeiten in der Lehrerbildung, zu niedrige Abiturientenzahlen, zu wenig Lehrer und eine insgesamt konzeptionslose und unterfinanzierte Bildungspolitik gefährdeten, so Picht, die ökonomische und politische Wettbewerbsfähigkeit der Bundesrepublik. Picht berücksichtigte bei seiner Kritik als einer der ersten Bildungsforscher Vergleichsdaten aus benachbarten westlichen Industrienationen.

Bildungsmesse. Veranstaltung, die einen umfassenden Überblick über den Stand und die Trends auf dem Lehr-/Lernmittel-, Medien-, Multimedia- und Schulausstattungsmarkt gibt. Gleichzeitig finden Tagungen, Rahmenveranstaltungen und Sonderschauen statt.

1951 begann der Deutsche Lehrmittelverband e. V. (DLV) in Frankfurt/Main mit der Durchführung der sog. Europäischen Lehrmittelmesse in wechselnden Schulen. Ab 1963 wurde die Messe unter dem Namen didacta in Nürnberg erstmals auf einem Messegelände durchgeführt. Wegen des Bekanntheitsgrades des Namens didacta änderte der Deutsche Lehrmittelverband 1985 seinen Namen in Deutscher Didacta Verband e. V. (ddv) um. Bis 1997 führte dieser Verband im Zwei-

jahresrhythmus an wechselnden Standorten eine B. durch.
Seit 1960 veranstaltete der Verband der Schulbuchverlage e. V. zunächst im Zweijahresrhythmus in Dortmund und später bis 1998 jährlich an wechselnden Standorten eine B. mit dem Namen Interschul. 1997 unterzeichneten beide Verbände einen Kooperationsvertrag, um ab 1999 gemeinsam jährlich jedes Frühjahr an wechselnden Messeorten unter dem Namen Bildungsmesse Interschul-Didacta eine große europäische B. durchzuführen. Gegenwärtig findet sie unter dem Namen didacta – die Bildungsmesse in der Verantwortung des Didacta Verbandes e. V. an wechselnden Standorten jährlich im Frühjahr statt. Im Mittelpunkt stehen vier Bereiche: Elementarstufe und Kindergarten; Schule, Berufsschule und Hochschule; Ausbildung, Qualifizierung und Naturwissenschaft; Weiterbildung, Training und Beratung.
In der Schweiz findet die Zürcher Bildungsmesse im Frühjahr und die internationale B. WorldDidac alle zwei Jahre im Herbst in Basel statt.

Bildungsmittel. *Lehr- und Lernmittel. Medien.*

Bildungsmonitoring. Systematische und langfristig dokumentierte Beschaffung und Aufbereitung von Informationen über das Bildungssystem und dessen Umfeld. Zentraler Bestandteil der Dauerbeobachtung des Bildungssystems sind die *Bildungsstatistik, Evaluation* und *Bildungsforschung.* Große Bedeutung haben in den letzten Jahren die Ergebnisse der in bestimmten Zyklen durchgeführten *Internationalen Vergleichsstudien* wie *TIMSS, PIRLS* und *PISA* gewonnen. Zur Überprüfung und Weiterentwicklung der nationalen *Bildungsstandards* hat die Kultusministerkonferenz (KMK) das *Institut zur Qualitätsentwicklung im Bildungswesen (IQB)* an der Humboldt-Universität Berlin eingerichtet. Mit der regelmäßig durchgeführten und empirisch gestützten Berichterstattung über den jeweiligen Zustand des Bildungswesens soll der Grundstein für ein nationales B. gelegt werden. Das B. dient als Grundlage für die Bildungsplanung und für bildungspolitische Entscheidungen, für die Rechenschaftsablegung und die öffentliche Diskussion. Ein Beispiel ist der im Auftrag der Kultusministerkonferenz (KMK) vom Konsortium Bildungsberichterstattung herausgegebene Band ›Bildung in Deutschland‹ (2006).

Bildungsökonomie (engl. *economics of education*). Untersucht in arbeitswissenschaftlichen, pädagogisch-psychologischen sowie betriebs- und volkswirtschaftlichen Analysen den Beitrag von Erziehung, Bildung und Weiterbildung für qualitative und quantitative Entwicklungen innerhalb der Wirtschaft. Ausgangspunkt ist die Tatsache, dass von der Motivation, den in Produktionsprozessen erforderlichen fachlichen und überfachlichen Kompetenzen (vgl. *Schlüsselqualifikationen*) und den sozialen Einstellungen der Werte schaffenden Arbeitskräfte (sog. *Humankapital*) die Erfolge des Wirtschaftsgeschehens insgesamt wesentlich abhängen.

Bildungsplan. *Lehrplan.*

Bildungsplanung (engl. *educational planning*). Angesichts der sich immer schneller verändernden Anforderungen an das Bildungswesen sollen durch die Zusammenarbeit von Politik und Wissenschaft Ziele, Strukturen, Umfang und Qualität der weiteren Entwicklung aller Bildungseinrichtungen vom Kindergarten über die Schule, die Berufsausbildung und Hochschule bis in die Bereiche der Fort- und Weiterbildung so projektiert werden, dass den Bildungsansprüchen des Einzelnen, dem Gebot der Chancengleichheit und den Leistungsanforderungen an das Bildungswesen in zeitgemäßer Weise entsprochen werden kann. Dabei sind besonders wichtige Bezugspunkte der gesellschaftliche Bedarf an Qualifikationen, die Nachfrage nach Bildungsabschlüssen aus der Bevölkerung sowie die Kosten für die Realisierung unterschiedlicher Entwicklungskonzepte. Der Versuch von Bund und Ländern, durch die *Bund-Länder-Kommission für B. und Forschungsförderung* (BLK) eine möglichst einheitliche Weiterentwicklung des Bildungswesens in ganz Deutschland sicherzustellen, ist aufgrund fehlender Übereinstimmung in grundsätzlichen Fragen der Bildungspolitik gescheitert. Der erste und zugleich bisher letzte *Bildungsgesamtplan* ist dem Bundeskanzler und den Ministerpräsidenten der Länder 1973 vorgelegt worden.

Bildungspolitik (engl. *educational policy*). Wie Wirtschafts- oder Sozialpolitik ist B. Teil der staatlichen Gesamtpolitik. Nach den Bestimmungen des GG (Art. 70 ff.) fällt die B. nicht in die Zuständigkeit des Bundes, sondern in die Hoheit der 16 Bundesländer. Der Bund kann aber durch Rahmenvorschriften und bei der Lösung von Gemeinschaftsaufgaben in den Bereichen Hochschulen, *Bildungsplanung* und bei Vorhaben wissenschaftlicher Forschung von überregionaler Bedeutung mit den Ländern zusammenwirken (Art. 91 a u. 91 b).
Im Interesse der Wahrung der Einheitlichkeit der Lebensverhältnisse in Deutschland, die wesentlich durch das *Bildungswesen* beeinflusst werden, haben die Länder die *Ständige Konferenz der Kultusminister der Länder in der Bundesrepublik Deutschland* (KMK) eingerichtet, in der übergreifende Regelungen der B. gemeinsam getroffen werden. Ziele der B. sind Tradierung und Erneuerung des gesellschaftlich-kulturellen Gesamtsystems unter Beachtung der normativen Vorgaben aus den Verfassungstexten, der Folgen des soziokulturellen Wandels sowie der ökonomischen und ökologischen Anforderungen und Bedingungen für die weitere Entwicklung der Gesellschaft. Für die Gesetzgebung im Bereich der B. sind die Landesparlamente zuständig. Träger der auszuführenden Maßnahmen sind entsprechende Ministerien, diesen untergeordnete Verwaltungsbehörden (Schulverwaltung) sowie kommunale Gebietskörperschaften (Städte, Gemeinden, Landkreise), die für den Unterhalt des Bildungswesens einen Großteil der Mittel aufzubringen haben.
Auf die staatliche B. versuchen Wirtschaftsverbände und Gewerkschaften, Kirchen, berufsständische Organisationen, Elterninitiativen oder auch wissenschaftliche Gremien Einfluss zu nehmen. Für B. in der Demokratie sind solche Formen der öffentlichen Beteiligung am Prozess der Meinungsbildung von grundlegender Bedeutung. Wesentliche Entscheidungshilfen erhält B. auch durch *Bildungsforschung,* Bildungsplanung und *Bildungsökonomie.*

Bildungsrat. *Deutscher Bildungsrat.*

Bildungsrecht (engl. *educational law*). Sammelbezeichnung für die Gesetzgebung und Rechtsprechung, womit Rechte und Pflichten aller an Erziehungs- und Ausbildungsprozessen beteiligten Personen, Institutionen und öffentlichen Stellen festgelegt werden. Dazu gehören Bestimmungen des GG (Recht der Eltern auf Erziehung ihrer Kinder, staatliche Aufsicht über das Schulwesen) ebenso wie Teile der Landesverfassungen und eine Fülle von Spezialgesetzen zu *Schulen, Schulpflicht, Mitbestimmung* der Eltern und Schüler, *Schulverwaltung,* Schulfinanzierung, *Berufsausbildung, Hochschulen, Jugendhilfe, Ausbildungsförderung* (BAföG), *Bildungsurlaub* und *Erwachsenenbildung.*

Bildungsreform (engl. *educational reform*). Alle Pläne, Konzepte, Strategien und Maßnahmen, die im Zusammenhang mit den laufenden Veränderungen im gesamten Bildungswesen vom Elementarbereich bis zu den Hochschulen und zur Weiterbildung entwickelt und durchgeführt werden, lassen sich unter dem Begriff B. subsummieren. Anstöße kommen häufig aus differenzierten Bestandsaufnahmen zu Teilbereichen des Bildungswesens, so z. B. in jüngster Zeit aus der neuen Bildungsberichterstattung und den umfassenden nationalen und internationalen Schulleistungsuntersuchungen (*DESI, IGLU, PISA, SINUS, TIMSS* u. a.).

In den 60er Jahren setzte die B. in der alten Bundesrepublik mit den Empfehlungen und Gutachten des *Deutschen Ausschusses für das Erziehungs- und Bildungswesen* ein. Noch mehr Beachtung fanden danach die Veröffentlichungen des *Deutschen Bildungsrates.*
Nach Grundgesetz, Landesverfassungen und Gesetzgebung sind für die B. zuständig die Parlamente und Regierungen des Bundes und der Länder sowie die freien Träger von Bildungseinrichtungen. Die Regierungen haben sich mit der *Ständigen Konferenz der Kultusminister,* der *Bund-Länder-Kommission für Bildungsplanung und Forschungsförderung* u. a. Gremien zusätzliche Instrumente zur Steuerung der B. geschaffen.
Parteien, Verbände, Gewerkschaften, die Kirchen u. a. gesellschaftliche Gruppen nehmen auf die Meinungs- und Entscheidungsbildung der B. intensiv Einfluss. Politik und Öffentlichkeit setzen dabei verstärkt auf die Ergebnisse der inzwischen sehr differenzierten Bildungsforschung. Auch internationale Einrichtungen wie die *OECD* gewinnen in diesem Zusammenhang Bedeutung. Die Umsetzung politisch verabschiedeter B. hängt dann wesentlich vom Engagement und der professionellen Kompetenz der Pädagogen in der Bildungspraxis ab.
Strukturelle B. befasst sich mit der Entwicklung der institutionellen Rahmenbedingungen für Lehr- Lernprozesse, so mit dem Aufbau des gesamten Bildungswesens, seiner organisatorischen Gliederung in Stufen und Schularten, mit den curricularen Grundlagen für Bildungs- und Ausbildungsgänge, den Regelungen für Eintritte, Übertritte und Abschlüsse, mit der Bildungsverwaltung und mit den Rahmenbedingungen für Lehrämter und für die Lehrerbildung. Strukturelle B. findet ihren Niederschlag in den Gesetzen für Bildungseinrichtungen vom Elementarbereich bis hin zur Erwachsenenbildung und umfasst dabei die allgemeine Bildung ebenso wie die berufliche Bildung. Seit rund 40 Jahren steht die Frage nach Dauer und Gestaltung einer für alle Schulpflichtigen gemeinsamen Schulzeit im Mittelpunkt der strukturellen B.
Inhaltliche oder qualitative B. konzentriert sich auf Prozesse der Qualitätsentwicklung und Qualitätssicherung innerhalb der bestehenden Institutionen. Im Bereich des Schulwesens findet derzeit eine grundlegende Umorientierung von bisher stärker an administrativen Vorgaben (Input) ausgerichteten zu einer mehr an den Ergebnissen (Output) orientierten B. statt. *Bildungsstandards,* neue Curricula, Vergleichsarbeiten, interne und externe Evaluation und Einrichtungen zur Qualitätsentwicklung im Bildungswesen sollen dafür Impulse, Orientierungen und Hilfen geben.
Zu den aktuellen Herausforderungen der B. gehören in Deutschland die im internationalen Vergleich insgesamt eher schwachen Schulleistungen deutscher Sekundarschüler, die große Abhängigkeit der Bildungschancen von der sozialen Herkunft der Schüler, die Marginalisierung der Hauptschule als Restschule, die unzulängliche schulische und berufliche Integration und Förderung von Kindern und Jugendlichen mit Migrationshintergrund sowie die strukturelle und inhaltliche Ausrichtung von Ausbildungs- und Studiengängen an den Anforderungen, die für das Bildungswesen, für Wissenschaft, Forschung und Technologie und für den Arbeitsmarkt aus zunehmender Internationalisierung und Globalisierung erwachsen.

Bildungsreise (engl. *educational trip*). Seit dem 18. Jh. gehörte die B. zum Bildungskanon des aufstrebenden Bürgertums. Orientiert an den Kavalierstouren junger Adliger bereisten die Söhne begüterter Familien, meistens in Begleitung sachkundiger Hauslehrer und nach einem ausgearbeiteten Programm, fremde Länder, um dort historisch bedeutsame Bauten, große Kunstsammlungen und Konzerte zu besuchen, vor allem jedoch, um im persönlichen Gespräch die Bekanntschaft berühmter Persönlichkeiten zu machen. Gelegentlich wurden mit solchen B. auch berufliche oder geschäftliche Interessen verknüpft.

Bildungsroman (engl. *novel of education, novel of character development*). Begriff zur Kennzeichnung einer literarischen Gattung, in der die *Bildung* eines Menschen von der Kindheit bis ins Erwachsenenalter romanhaft dargestellt wird. Beispiele für B. sind J. W. v. Goethes ›Wilhelm Meister‹, G. Kellers ›Der grüne Heinrich‹, H. Hesses ›Das Glasperlenspiel‹, Th. Manns ›Bekenntnisse des Hochstaplers Felix Krull‹, R. Musils ›Der Mann ohne Eigenschaften‹ und G. Grass' ›Die Blechtrommel‹. Vom B. wird der Erziehungsroman unterschieden, der den Erziehungsprozess eines Menschen gestaltet. Beispiele hierfür sind: J. J. Rousseaus ›Emile oder über die Erziehung‹, J. H. Pestalozzis ›Lienhard und Gertrud‹ und A. S. Makarenkos ›Der Weg ins Leben‹.

Bildungsserver. *Deutscher Bildungsserver.*

Bildungssoziologie (engl. *sociology of education*). Teildisziplin der Soziologie, die die Interdependenzen zwischen den strukturellen und handlungsleitenden Faktoren der Gesamtgesellschaft und den Verhältnissen und Prozessen im *Bildungswesen* untersucht. Grundlegend waren anfangs Fragen nach dem Beitrag des Bildungswesens zur kulturellen, strukturellen und politischen Reproduktion der Gesellschaft sowie nach dem Einfluss auf individuelle Lebenschancen und soziale Mobilität. Erweitert wurde das Forschungsfeld durch Studien zum innerschulischen sozialen System, zur schulischen *Sozialisation,* zum *heimlichen Lehrplan,* zur Lehrer-Schüler-Interaktion, zur Vermittlung geschlechtsspezifischer Stereotype und zur Wirksamkeit unterschiedlicher Schulformen. Die empirische Erforschung der Zusammenhänge zwischen sozialer Herkunft und den *Bildungschancen* und Bildungskarrieren der Kinder, durch die für Deutschland große Disparitäten aufgedeckt worden sind, haben in Gesellschaft, Erziehungswissenschaft und Bildungspolitik nachhaltige Diskussionen über die Reform des deutschen Bildungswesens ausgelöst.

Bildungsstandards. Zentralbegriff einer neuen Konzeption, die seit 2003 in der Expertise ›Zur Entwicklung nationaler Bildungsstandards‹ (Klieme, E. u. a.) vorliegt und zur Qualitätsverbesserung des deutschen Bildungswesens beitragen soll. Anlass für die Expertise waren die Befunde der *internationalen Vergleichsstudien TIMSS* und *PISA.* Während in anderen Staaten der Begriff *Standards* im Bildungswesen eine gewisse Tradition hat und anstelle des deutschen Begriffs »Bildung« von *Literacy* gesprochen wird, ist die Verwendung des Begriffs B. in Deutschland neu.

Die nationalen B. beschreiben verbindliche Anforderungen an das Lehren und Lernen in der Schule. Sie haben Orientierungsfunktion, indem sie für Lehrer die Ziele ihrer pädagogischen Arbeit und für Schüler die erwünschten Lernergebnisse benennen, die bis zu einer bestimmten Jahrgangsstufe erreicht werden sollen. Boten bisher zentrale Lehrpläne und Rahmenrichtlinien Orientierungen zur Umsetzung im Unterricht, werden sie jetzt durch *Kerncurricula* bzw. Kernlehrpläne ersetzt oder ergänzt und durch schuleigene Lehrpläne konkretisiert. Die B. werden durch gesellschaftlich notwendige und pädagogisch neu definierte *Bildungsziele* begründet und durch *Kompetenzen* konkretisiert. Die pädagogisch-psychologisch fundierte neue Fassung des Begriffs Kompetenzen bildet die Grundlage für den Aufbau von Wissen und Können. *Kompetenzmodelle* konkretisieren auf der Basis fachdidaktischer Konzepte die Kompetenzbereiche und die Kompetenzstufen. Die Kompetenzen werden so konkret beschrieben, dass sie in Aufgabenstellungen umgesetzt und die Lernergebnisse mithilfe von Testverfahren erfasst werden können. Hierdurch haben die B. die wichtigen Funktionen der Bewertung, der Rückmeldung und der Qualitätssicherung. Die kontinuierliche Erhebung der angestrebten Kompetenzen erlaubt Rückschlüsse auf die Arbeit der einzelnen Schule (Schulevaluation) oder auf die Wirksamkeit des Schulsystems insgesamt *(Bildungsmonitoring).*

Bildungsstandards der Kultusministerkonferenz. Als Konsequenz aus den Befunden der *internationalen Vergleichsstudien (TIMSS, PISA, IGLU)* hat die Kultusministerkonferenz (KMK) 2003 und 2004 zur Festlegung und Überprüfung erwünschter Leistungsergebnisse von Schülern im Bildungssystem bundesweit einheitliche *Bildungsstandards* für den Mittleren Bildungsabschluss (Jahrgangsstufe 10; Fächer Deutsch, Mathematik, erste Fremdsprache, Biologie, Chemie, Physik), den Hauptschulabschluss (Jahrgangsstufe 9; Fächer Deutsch, Mathematik, erste Fremdsprache) und den Primarbereich (Jahrgangsstufe 4; Fächer Deutsch, Mathematik) beschlossen. Die B. beschreiben den Bildungsbeitrag des jeweiligen Unterrichtsfaches, benennen die wesentlichen Kompetenzbereiche des Faches und die erwarteten *Kompetenzen* als Regelstandards auf mittlerem Anforderungsniveau, gliedern diese Kompetenzen in Anforderungsbereiche und veranschaulichen die fachlichen Standards durch kommentierte Aufgabenbeispiele. Die Bundesländer haben sich zur Implementierung in Schulen verpflichtet. Diese bezieht sich auf die Entwicklung von *Kerncurricula* bzw. Kernlehrplänen, auf ihre Umsetzung in schuleigene Lehrpläne und auf die Überprüfung der Standards durch zentrale Vergleichs- und Abschlussarbeiten. Zur Überprüfung und Weiterentwicklung der nationalen B. hat die KMK an der Humboldt-Universität Berlin das *Institut zur Qualitätsentwicklung im Bildungswesen (IQB)* eingerichtet. Mit der regelmäßigen Durchführung eines nationalen *Bildungsmonitorings* soll der Grundstein für eine empirisch gestützte Berichterstattung über den jeweiligen Zustand des Bildungswesens gelegt werden.

Bildungsstatistik. Auf der Grundlage gesetzlicher Regelungen dürfen das Bundesamt sowie die Landesämter für Statistik regelmäßig Daten aus dem Bereich des Bildungswesens über die zuständigen Landesministerien erheben und in speziellen Schriftenreihen veröffentlichen. Gezählt werden u. a. die Anzahl der Schüler und Studenten nach Geschlecht, Alter, Nationalität und Bildungsbereich, Anzahl und Größe von Kindergärten, Schulen aller Art und Hochschulen, die Anzahl der Erzieher, Lehrer und Hochschullehrer, die an diesen Einrichtungen tätig sind, das Schüler-Lehrer-Verhältnis, die an Schulen und Hochschulen erworbenen Abschlüsse, die öffentlichen Aufwendungen für Schule und Unterricht, Ausbildungsförderung und Forschung. Solche Daten sind für Bildungspolitik und -forschung von grundlegender Bedeutung, denn sie informieren z. B. über die bisherige, die jeweils aktuelle sowie die zu erwartende Stärke von Altersjahrgängen bei Kindern und Jugendlichen, die pädagogische Einrichtungen vom Kindergarten bis zu den Hochschulen besuchen bzw. besuchen werden. Daraus lassen sich im Hinblick auf die Anzahl der notwendigen Bildungseinrichtungen, ihr inhaltliches Angebot, die personelle und sachliche Ausstattung usw. Orientierungsdaten gewinnen, die bei der Finanzplanung zu berücksichtigen sind. Sämtliche Ergebnisse der amtlichen B. sind allen Interessenten frei zugänglich. Die Zusammenfassung der B. wird jährlich in den ›Grund- und Strukturdaten‹ des Bundesministeriums für Bildung und Forschung veröffentlicht und kann dort bezogen werden. Über die veröffentlichten Daten hinaus sind spezielle Anfragen beim Bundesamt oder den Landesämtern für Statistik möglich.

Bildungssystem. *Bildungswesen.*

bildungstheoretische Didaktik. Eine in der Tradition der *geisteswissenschaftlichen Pädagogik* stehende Konzeption der *Didaktik,* die auf der Grundlage einer Theorie der *Bildung* bzw. *Allgemeinbildung*

Konzepte zur Erstellung von Unterrichtsvorbereitungen, Lehrplänen und Curricula entwickelt. Auf *W. Dilthey, E. Weniger* u. a. zurückgehend, wurde diese Konzeption in den letzten Jahren vor allem von W. Klafki zu einer kritisch-konstruktiven Didaktik weiterentwickelt.

Die b. D. versteht sich zunächst als Theorie der *Bildungsinhalte* (Didaktik im engeren Sinne) und verbindet damit in der Tradition der klassischen *Bildungstheorien* Aufklärung, Mündigkeit und Selbstbestimmung des Menschen als Ziel von Erziehung und Bildung. Dieser normative Anspruch findet in dem Begriff der *kategorialen Bildung* (Klafki) seinen Ausdruck, in dem der materiale (objektbezogene) und der formale (subjektbezogene) Aspekt der Bildung miteinander verknüpft sind. Wegen der Bedeutung der Ziel- und Inhaltsfragen in der b. D. wird auch vom Primat der Didaktik im Verhältnis zur *Methodik* gesprochen. Auf der Ebene der Unterrichtsplanung dient das Instrument der *didaktischen Analyse* den Praktikern, die in den Lehrplänen vorgegebenen Bildungsinhalte auf ihren Bildungsgehalt für das gegenwärtige und zukünftige Leben der Schüler zu reflektieren.

In der zur kritisch-konstruktiven Didaktik durch Klafki weiterentwickelten b. D. werden zwar wesentliche Merkmale und auch der Primat der Zielentscheidungen beibehalten, jedoch wird die Reflexion der Ziel- und Inhaltsentscheidungen integrativ mit den Methoden-, Medien- und Beurteilungsentscheidungen verknüpft. Die drei Ziele Selbstbestimmungs-, Mitbestimmungs- und Solidaritätsfähigkeit, die Neubestimmung des Allgemeinbildungsbegriffs, der darauf bezogene Katalog von Schlüsselproblemen der Gegenwart und die neuen Überlegungen zur *Methode* sind die Grundlage dieses *didaktischen Modells.*

Bildungstheorie. In Gesellschaft und Politik erfährt die Hinführung der jungen Generation zu einer selbständigen Lebensführung und ihre Befähigung zur Übernahme öffentlicher, sozialer und wirtschaftlicher Mitverantwortung große Beachtung. Darauf weist besonders nachdrücklich das differenzierte Bildungssystem hin. Von der frühen Kindheit an, über die Zeit der Jugend bis ins Erwachsenenalter hinein wird der Mensch mehr oder weniger umfassend auf die Bewältigung allgemeiner oder spezieller Lebensanforderungen vorbereitet. Leitideen für die Bildungsprogramme der zahlreichen Einrichtungen (vorschulische Institutionen, Schulen, Hochschulen, Betriebe, Fortbildungsseminare, Kurse, Museen, Theater usw.) sind dabei in der ethischen Tradition demokratischer Systeme die Individualität des Einzelnen, seine Fähigkeit zur Selbstreflexion und zur kritischen Beurteilung seiner Lebenswelt sowie die Entwicklung kultureller, politischer und beruflicher Kompetenzen. Auf diese Weise will sich das Gemeinwesen in seinem kulturellen Entwicklungsprozess Zukunft sichern und der Einzelne ist aufgefordert, Interessen zu entfalten, Verständnis zu vertiefen, Urteilskraft zu schärfen, Verantwortung zu erkennen und Handlungsfähigkeit zu üben. Denn die kenntnisreiche, kritische und kreative Übernahme und Fortführung des gesamtkulturellen Erbes setzen mündige, lernfähige und wertorientierte Individuen voraus.

In Abhängigkeit von den weltanschaulichen, politischen und religiösen Grundlagen einer Gesellschaft entstehen Bildungsprogramme als Konzepte für individuelle und kollektive Anstrengungen, in deren Verlauf Bildung gelingen soll. Aussagen über Bildungsziele, -inhalte, -wege und -formen sind dementsprechend wesentliche Inhalte dieser Konzepte.

Ihr Kriterium sind Leitbilder vom erwünschten, als richtig und wertvoll beurteilten Verhalten des Einzelnen in der Auseinandersetzung mit den fundamentalen Problemstellungen der Lebensgestaltung in der individuellen Existenz, in Familie, sozialen Gruppen, politischen

Verbänden und Prozessen, in Arbeit und Beruf, Kunst, Wissenschaft und Religion. B. untersucht die Entstehungs- und Begründungszusammenhänge solcher Bildungskonzeptionen. Sie rekonstruiert die inhaltliche, methodische und organisatorische Gestaltung sozialer Prozesse, die individuelle Lernfähigkeit, gesellschaftliche Tüchtigkeit und reflektierte Wertorientierung ermöglichen sollen. Sie fragt nach den jeweils in den Bildungskonzeptionen und ihrer Praxis enthaltenen anthropologischen Vorstellungen, nach den Normen und Prinzipien, die in Bildungsprozessen zu beachten sind, nach den Aufgaben, die aus den spezifischen Bildungskonzeptionen erwachsen, sowie nach ihrem Verhältnis zueinander.

Grundlage der B. im kulturellen Kontext von *Aufklärung,* Menschenrechten und Demokratie ist die These, dass der Mensch zwar durchweg von biologischen, ökologischen und sozialen Bedingungen abhängt, sich aber über diese Abhängigkeiten Einsichten verschaffen kann, ihre Bedeutung für sich und das Gemeinwesen zu reflektieren vermag und an ihrer Gestaltung mitzuwirken in der Lage ist. Bildungstheoretische Analysen zeigen, dass in zentralen Begriffen der Geistes- und Sozialwissenschaften dieses anthropologische Axiom vom selbstreflexiven, urteils- und handlungsfähigen Subjekt enthalten ist. Sozialisation wird als interaktives Geschehen zwischen gesellschaftlichen Instanzen und einem Subjekt verstanden. Dabei ist die Vergesellschaftung des Einzelnen, seine emotionale, soziale und materiale Einbindung in bestehende, seiner Existenz vorausgehende soziokulturelle Strukturen einerseits die unabdingbare Voraussetzung dafür, dass sich die seelischen und geistigen Kräfte entwickeln, mit denen sich der Einzelne selbst empfinden, von den anderen unterscheiden und in den anderen erkennen kann. Nur über die anderen also kommt das Ich zu sich selbst. Andererseits hat damit der Einzelne unweigerlich eine immer auch ganz individuelle Lebensführung zu meistern. Darin liegt zugleich die Chance, dass das Ich zur sozial-kulturellen Gestaltung einer Gemeinschaft aktiv beiträgt.

In diesem Verständnis des Sozialisationsprozesses ist *Bildung* als lebenslanger Prozess also immer schon mitgedacht. Ähnliche Vorstellungen verbinden sich mit dem Begriff Rolle. Die Erwartungen, die sich an ein Subjekt in einer gesellschaftlichen Position richten, werden ja keineswegs lediglich mechanistisch ausgeführt. Vielmehr nimmt der Einzelne die Erwartungen im Horizont seiner individuellen geistigen und sinnlichen Möglichkeiten wahr, interpretiert und bewertet sie und handelt dann in bestimmter Weise, so er denn will. Nur weil dies Akte eines Subjektes sind, kann sinnvollerweise von »roletaking« als Ausgestaltung einer Rolle, von Rollendistanz und Rollenkonflikt gesprochen werden. Rollentheorie ist also offensichtlich immer auch B.

Die angezeigte Wechselwirkung zwischen Kultur und Subjekt, zwischen Vergesellschaftung und Individualität steht im Zentrum der bildungstheoretischen Forschung. Ihr spezifisches Interesse gilt dem Wandel von Bildungsprogrammen und -prozessen und den dabei zu beobachtenden Bestimmungen des Verhältnisses von Bildung für gesellschaftliche Zwecke und Bildung zur Beförderung der individuellen Fähigkeit und Bereitschaft zu kritischer Distanz, kreativer Lebensgestaltung, sozialer Verantwortung und politischer Mündigkeit. Im Kontext der Menschenrechte, der Normen freiheitlicher und sozialer Demokratie sowie in Anerkennung der letztendlichen Unverfügbarkeit des Individuums ist kritisch-konstruktiver Kern dieses Interesses die möglichst vollständige Aufklärung über die Chancen und Beschränkungen der Humanität. Dieses Interesse verfolgt B. gemeinsam mit Philosophie, Literatur, darstellender Kunst u. a. Formen der Auseinandersetzung mit den »Schlüsselproblemen« (W. Klafki) einer Zeit.

In diesem Bemühen ist B. weder tonangebend noch bloßes Vollzugsorgan z. B. politischer oder kirchlicher Dogmen. Als Teildisziplin der *Pädagogik* ist B. vielmehr darum bemüht, ihre Arbeit systematisch, selbstkritisch und für fremde Prüfung offen durchzuführen. Je strenger B. dabei die Regeln hermeneutischer, inhaltsanalytischer, ideologiekritischer, aber auch empirischer Forschung beachtet, desto gewichtiger können ihre Aussagen sein.

Wesentliche Beiträge zur gegenwärtigen bildungstheoretischen Forschung haben u. a. *H. Blankertz, H.-J. Heydorn, C. Menze,* H.-E. Tenorth, H. Heid, H. Rumpf und H. v. Hentig vorgelegt.

Bildungsunfähigkeit (Syn. **Schulunfähigkeit**). Führt zur Befreiung von der Schulpflicht. Sie kann von der *Schulverwaltung* nur dann festgestellt werden, wenn pädagogische, psychologische und ärztliche Gutachten eine derart schwerwiegende seelische oder körperliche *Behinderung* diagnostizieren, dass das Kind in keiner der vorhandenen Schularten und auch nicht durch Haus- oder Krankenhausunterricht gefördert werden kann. Da das Recht auf *Bildung* von einer festgestellten B. unberührt bleibt, muss die B. auf Antrag der Erziehungsberechtigten erneut überprüft werden.

Bildungsurlaub (engl. *educational leave*). Bezahlter B. für Berufstätige dient dem Zweck, durch den Besuch von Weiterbildungsveranstaltungen die beruflichen Qualifikationen der Berufstätigen, das Niveau ihrer *Allgemeinbildung* sowie ihre politischen Kenntnisse zu aktualisieren. Mitglieder eines Betriebsrates haben im Verlauf ihrer Amtszeit Anspruch auf etwa drei bis vier Wochen B. Für die übrigen Arbeitnehmer finden sich Regelungen zum B. in Tarifverträgen und Betriebsvereinbarungen. Einige Bundesländer haben bereits durch Gesetz den Anspruch auf B. für alle Erwerbstätigen gesichert.

Bildungsverwaltung (engl. *educational administration*). Teil der öffentlichen oder an freie Bildungsträger, Verbände und Betriebe gebundenen Verwaltung von Erziehungs- und Bildungseinrichtungen. Ihre Zuständigkeit erstreckt sich von der Vorschulpädagogik über das gesamte allgemein bildende und berufliche Schulwesen, die Berufsausbildung, die Hochschulen bis in die Bereiche Erwachsenenbildung, Weiterbildung und Umschulung. Grundlage bilden eine Vielzahl von Gesetzen (u. a. Schulgesetze, Berufsbildungsgesetz, Hochschulgesetze). Durch die Integration Deutschlands in die Europäische Union (EU) wird die B. eine Ausweitung erfahren, weil z. B. Probleme der wechselseitigen Anerkennung von Zeugnissen und akademischen Graden zu regeln sind oder mehr und mehr länderübergreifende Ausbildungs- und Studiengänge eingerichtet werden.

Bildungswerke der Wirtschaft. Einrichtungen von Wirtschaftsverbänden auf verschiedenen staatlichen Ebenen (Bund, Land) oder bezogen auf Branchen, Berufsgruppen bzw. Managementebenen, die der Forschung, dem Erfahrungsaustausch, der Koordination von Innovationsprozessen sowie der Weiterbildung dienen. Sie werden unter verschiedenen Bezeichnungen geführt: Akademien, Institute, Seminare oder Bildungszentren.

Bildungswesen (Syn. **Bildungssystem**; engl. *education, education system*). Umfassende Bezeichnung für die Gesamtheit aller Einrichtungen und Veranstaltungen, die der Bildung und Erziehung von Kindern, Jugendlichen und Erwachsenen dienen. Hierzu gehören der Elementarbereich mit den familienergänzenden Einrichtungen der Vorschulerziehung (z. B. Kindergärten), die allgemein bildenden Schulen im Primar- und Sekundarbereich I und II des *Schulsystems,* die Schulen des *beruflichen Schulwesens* und die Einrichtungen der beruflichen Ausbildung in Betrieben und Ausbildungsstätten des Sekundarbereichs II, die Hochschulen des Tertiärbereichs wie Universitäten, Fachhochschulen und Gesamthochschulen, die Einrichtungen der allgemeinen und berufsbezogenen *Weiterbildung* (sog. Quartärbereich). Im weitesten Sinne gehören auch Einrichtungen wie Bibliotheken, Theater, Museen und Medien zum B.

Die Grundstruktur des B. ist das Ergebnis eines geschichtlichen und gesellschaftlichen Entwicklungsprozesses, in dem sich bestimmte Grundvorstellungen von Bildung und Erziehung in der modernen demokratischen Industriegesellschaft herausgebildet haben. Dazu gehört, dass der Einzelne unter Berücksichtigung der gesamtgesellschaftlichen Entwicklung seinen Anspruch auf Förderung und Entfaltung seiner Begabungen und Fähigkeiten wahrnehmen kann, damit er sein persönliches, berufliches und soziales Leben als mündiger Bürger in Freiheit selbstverantwortlich gestalten kann. Auf der Basis der Grundrechte des GG ist die Normierung der allgemeinen Bildungs- und Erziehungsziele Aufgabe der Gesetzgebung des Bundes und der Länder. Aufgrund der Kulturhoheit der Länder kommt den Verfassungen, Schulgesetzen, Lehrplänen, Verordnungen und Verwaltungsvorschriften der Länder eine besondere Bedeutung zu.

Bildungsziele. **1)** Bildungs- und Erziehungsziele der Schule in rechtlicher Sicht: Grundgesetz und Landesverfassungen geben dem Staat umfassende Rechte zur Gestaltung des Erziehungs- und Bildungsauftrages in Schulen. Das GG formuliert selbst jedoch keine übergreifenden Bildungs- und Erziehungsziele. Diese finden sich für Unterricht, Erziehung und alle außerunterrichtlichen Veranstaltungen in den Landesverfassungen, *Schulgesetzen* und *Lehrplänen,* Bildungsplänen bzw. *Kerncurricula* für die einzelnen Schularten. Im Rahmen des Dienstrechts binden sie die Lehrer und schränken deren *pädagogische Freiheit* und auch ihre Meinungsfreiheit ein. Im Rahmen des *Schulverhältnisses* gelten sie auch für die Schüler und deren Erziehungsberechtigte, schränken also deren *Elternrecht* ein.

Die allgemeinen Bildungs- und Erziehungsziele nehmen ausdrücklich Bezug auf die im GG verfasste politische Ordnung, die darin enthaltenen Menschen- und Bürgerrechte und den Grundsatz, allen jungen Menschen ohne Rücksicht auf Herkunft oder wirtschaftliche Lage eine ihren Möglichkeiten entsprechende Bildung und Erziehung zukommen zu lassen. Der normative Orientierungsrahmen wird mit den Begriffen Solidarität, Nächstenliebe, Ehrfurcht vor dem Leben, Toleranz, Friedensliebe, Sozialverantwortung, Sittlichkeit, Liebe zu Volk und Heimat, vereinzelt auch mit der Formulierung Ehrfurcht vor Gott umschrieben. Obschon sich daraus kein bestimmtes pädagogisches Konzept ableiten lässt, ist die Verbindlichkeit zweifelsfrei dadurch gegeben, dass alles Handeln der Lehrer und Schüler mit diesen Zielen vereinbar sein sollte.

2) B. als Orientierungsrahmen für *Kompetenzen:* Die Diskussion über B. hat in Deutschland eine lange Tradition. Unter B. der Schule werden häufig fachliche und überfachliche Ziele verstanden, deren Grundlage der Bildungs- und Erziehungsauftrag der Schule ist. In der neuen Konzeption der nationalen *Bildungsstandards der Kultusministerkonferenz* bilden allgemeine B. den Orientierungsrahmen für Kompetenzen, welche Schüler für erfolgreiches Lernen in der Schule, in der Ausbildung und im Leben erwerben müssen. In der Diskussion über *Bildungsstandards* findet die Klassifikation von *F. E. Weinert* (In: Pädagogische Nachrichten, 2/2000) mit ihren sechs grundlegenden B. große Beachtung:

1. »Erwerb intelligenten Wissens«: Darunter wird ein vernetztes System inhaltlich-systematischen Wissens und flexibel nutzbarer Fähigkeiten, Fertigkeiten, Kenntnisse und metakognitiver Kompetenzen verstanden. Der Erwerb erfordert einen aufeinander aufbauenden vertikalen Lerntransfer, der durch einen lehrergesteuerten, aber schülerzentrierten Unterricht begünstigt wird und zu an-

schlussfähigen Kompetenzen für *lebenslanges Lernen* führt.
2. »Erwerb anwendungsfähigen Wissens«: Hierbei geht es um die Art des Wissenserwerbs, denn nur wenn sachlogisch systematisches Wissen durch die Anwendung im Kontext einer Problemlösungssituation erfahren wurde, ergibt sich der erforderliche horizontale Lerntransfer, der z. B. durch Projektunterricht erleichtert wird und den Erwerb von Kompetenzen zur Problemlösung in vielfältigen anderen Anwendungssituationen erhöht.
3. »Erwerb variabel nutzbarer Schlüsselqualifikationen«: Diese erlauben eine vielfältige und flexible Nutzung wichtiger Kompetenzen, zu denen z. B. Strategien zur Informationsbeschaffung und -verarbeitung einschließlich der Fähigkeit zum Umgang mit elektronischen Medien gehören. Der Erwerb erfordert einen vertikalen und horizontalen Lerntransfer, der durch die Kombination von lehrergesteuertem und schülergesteuertem Unterricht begünstigt wird.
4. »Erwerb des Lernen Lernens (Lernkompetenz)«: Hierbei geht es um die Bewusstmachung des eigenen Lernens, die durch lateralen Lerntransfer begünstigt und durch angeleitetes selbständiges Lernen sowie durch Reflexionen über erfolgreiche Lernstrategien gefördert wird.
5. »Erwerb sozialer Kompetenzen«: Dieser erfordert reflektierte soziale Erfahrungen und soll soziales Verstehen, soziale Verantwortungsbereitschaft und Konfliktlösungskompetenz fördern. Der Erwerb wird durch regelgeleitete Zusammenarbeit, Gruppenunterricht und Teamarbeit begünstigt.
6. »Erwerb von Wertorientierungen (soziale, demokratische und persönliche Werte)«: Dieser wird durch Erleben einer Wertegemeinschaft (Schulkultur, Klassengeist, Lehrervorbild, Gemeinschaftserfahrungen) gefördert und durch motivationalen Lerntransfer begünstigt. Diese Wertorientierungen werden nicht durch spezielle Unterrichtsmethoden, sondern durch das Mitleben in einer lebendigen Schulkultur verinnerlicht.
Diese B. gelten für alle Fächer und Lernbereiche.

Binnendifferenzierung. *Innere Differenzierung.*

biografische Methode (engl. *biographical method*). Verfahren zur Analyse einer individuellen Lebensgeschichte, die zu diesem Zwecke in Einheiten untergliedert wird. Segmente können einzelne Handlungen, Tages-, Wochen- und Monatsabläufe oder längere Lebensabschnitte sein, die durch soziale und kulturelle Faktoren eindeutig voneinander abgegrenzt sind (z. B. Vorschulzeit, Grundschulzeit, berufliche Erstausbildung). Inhaltlich untersucht die b. M. Ansichten, Einstellungen, Erwartungen und Urteile des Individuums, seine Handlungen in Familie, Schule, Freizeit und Beruf, seine Lebensentwürfe und Lebenskrisen. Als Material werden die Ergebnisse aus explorativen Gesprächen, Interviews und schriftlichen Befragungen sowie Briefe, Tagebücher, Zeugnisse u. a. Urkunden herangezogen. Neben der Rekonstruktion einer einmaligen Lebensgeschichte dient die b. M. in den Sozialwissenschaften insbesondere der Gewinnung von Hypothesen, da sich in individuellen Lebensgeschichten wesentliche Bedingungen und Zusammenhänge der allgemeinen Lebensverhältnisse spiegeln.

BIZ. *Berufsinformationszentrum.*

Blätter zur Berufskunde. Berufskundliche Schriftenreihe der *Bundesagentur für Arbeit*. Die Hefte geben jeweils über Tätigkeiten, Arbeitsfelder, Ausbildung, Fortbildung und Arbeitsmarktchancen eines Berufes Auskunft. Die Schriftenreihe ist in vier Bände untergliedert: 1. Anerkannte Ausbildungsberufe; 2. Berufe mit geregelten Ausbildungsgängen an Berufsfachschulen, Fachschulen, in Betrieben und Verwaltungen; 3. Hochschulberufe und 4. Entsprechungen der beruflichen Befähigungsnachweise innerhalb der EU. Die B. z. B. sind in einem *Berufsinformationszentrum* (BIZ) einsehbar.

BLK. *Bund-Länder-Kommission für Bildungsplanung und Forschungsförderung.*

Blockunterricht. Zusammenfassung des i. d. R. auf Schulwochen verteilten Unterrichts der Teilzeit-Berufsschule in größeren zeitlichen Einheiten. Oftmals in Form von zweimal sechs bis sieben Wochen Vollzeitunterricht im Schuljahr. Aus Gründen einer effektiven Nutzung der personellen und räumlichen Ressourcen einer Schule wird immer dann, wenn für die Einrichtung von Fachklassen nicht genügend Auszubildende bzw. Lehrlinge vorhanden sind, für die Schüler einer größeren Region B. angeboten.

BMBF. *Bundesministerium für Bildung und Forschung.*

BMFSFJ. *Bundesministerium für Familie, Senioren, Frauen und Jugend.*

Bologna-Deklaration. Im Interesse einer grundlegenden Verbesserung der europäischen Zusammenarbeit in der Hochschulentwicklung und zur Förderung der Mobilität, des Austausches, der Transparenz sowie der Effektivität in der Wissenschaftspraxis haben auf Initiative der Bildungsminister aus Frankreich, Italien, dem Vereinigten Königreich und Deutschland 1999 in Bologna 29 Staaten die B. unterzeichnet, deren Ziel es ist, bis 2010 einen einheitlichen europäischen Hochschulraum zu schaffen. Ziele sind a) die Vereinheitlichung der Abschlüsse, b) ein zweistufiges Studiensystem *(Bachelor, Master)*, c) Modularisierung und Leistungspunkte, d) Abbau von Mobilitätshemmnissen, e) europäische Standards für Qualitätssicherung sowie f) Ausbau der europäischen Dimension in den Studienplänen. Der damit eingeleitete Reformprozess ist auf Folgekonferenzen in Prag (2001), Berlin (2003) und Bergen (2005) weiterentwickelt worden. In Deutschland hat die Einführung von Bachelor- und Masterstudiengängen bereits 2002 begonnen.

BORS (Berufsorientierung an Realschulen). Derzeit auf Baden-Württemberg beschränkte Bezeichnung für den Berufswahlunterricht in Klasse 9 der *Realschulen*, der ein einwöchiges *Praktikum* einschließt.

Bosnien-Herzegowina. **1)** Föderative Republik aus den zwei mit innerer Autonomie ausgestatteten Gebietseinheiten Bosniakisch-kroatische Föderation (Hauptstadt: Sarajewo, 380 000 Einw.) und Serbische Republik (Hauptstadt: Banja Luka, 170 000 Einw.). Auf einer Fläche von 51 125 km^2 leben etwa 3,9 Mill. Menschen, 77 Einw./km^2. Davon sind 48% Bosniaken, 37% Serben und 14% Kroaten. Amtssprachen sind Bosnisch, Kroatisch und Serbisch. 40% Muslime, 31% Serbisch-Orthodoxe und 15% Katholiken. B.-H. gehört zu den ärmsten Ländern Europas. Der Dreivölkerstaat B.-H. steht bis heute unter weitgehender politischer Kontrolle durch einen Hohen Repräsentanten internationaler politischer Organisationen.

2) Die Bosniakisch-kroatische Föderation gliedert sich nach Schweizer Vorbild in 10 Kantone, denen die Verfassung weitgehende Zuständigkeiten für das Bildungswesen zuschreibt. Das Gebiet der Serbischen Republik wird auch in Bildungsfragen zentral aus deren Hauptstadt Banja Luka regiert. Der Aufbau eines neuen Bildungswesens ist seit Jahren auf internationale Hilfen angewiesen. Dennoch sind die personellen und materiellen Ressourcen für Schulen und Hochschulen zu knapp.

Das Gefälle an Lebensqualität zwischen Städten und ländlichen Regionen ist erheblich. Das trifft auch auf die Qualität von Bildungseinrichtungen zu.

Das Friedensabkommen von Dayton und die neue Verfassung weisen die Zuständigkeit für das Bildungswesen den zwei Gebietseinheiten Bosniakisch-kroatische Föderation und Serbische Republik zu. Bei struktureller Gleichheit des Schulaufbaus bestehen im Hinblick auf Curricula, Lehr-, Lernmittel und Unterrichtssprache praktisch drei Schulsysteme, ein muslimisch-bosniakisches, ein christlich-kroatisches und ein orthodox-serbisches. Das Bildungsgesetz der Ser-

B

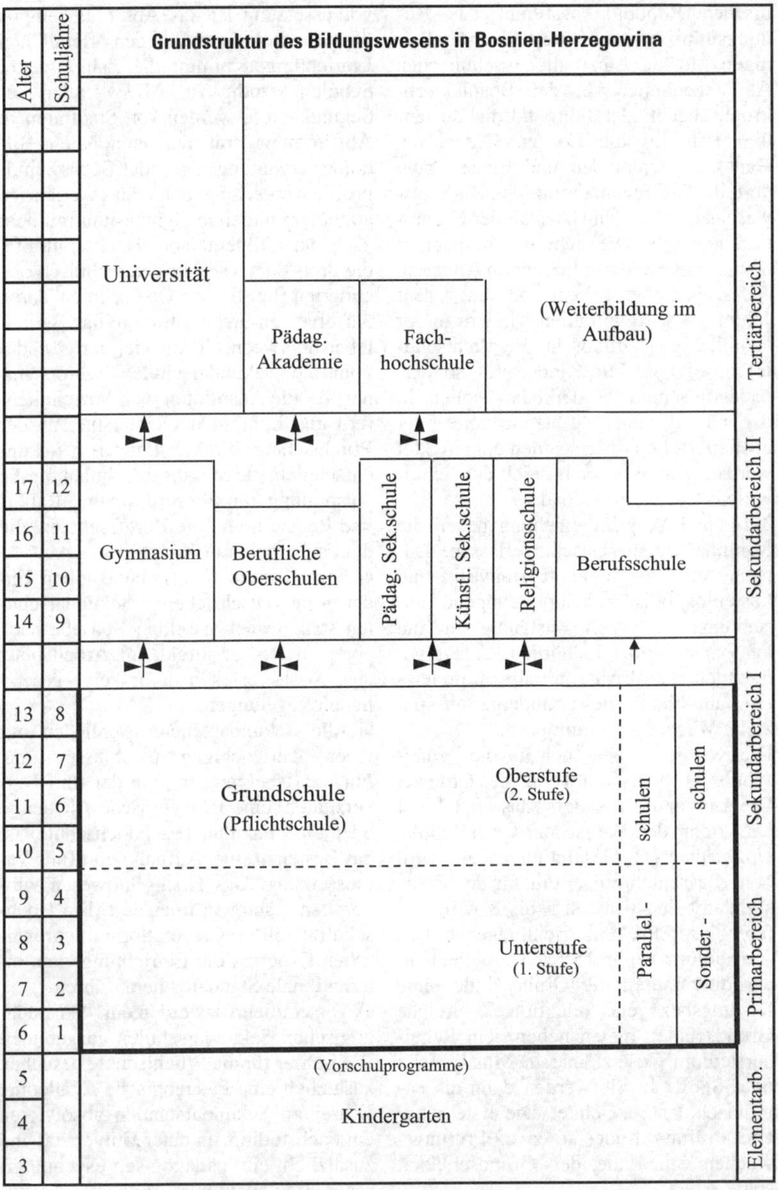

Fett umrandet sind die Einrichtungen für die Erfüllung der Schulpflicht.

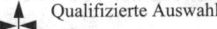

Qualifizierte Auswahl — Einfacher Übergang

bischen Republik bestimmt das Bildungsministerium der Republik zur alleinigen Instanz in allen schulischen Angelegenheiten. In der Bosniakisch-kroatischen Föderation sind die Zuständigkeiten auf die Ebenen Föderation, Kantone, Gemeinden und Einzelschule verteilt. Die Finanzierung des Bildungswesens ist über den Haushalt der Föderation geregelt. Die Schulpflicht beginnt nach dem Grundschulgesetz im Alter von sechs bis sieben Jahren und dauert acht Jahre. Sie wird von allen Kindern in der achtklassigen Grundschule (Pflichtschule) absolviert. Für Kinder mit sonderpädagogischem Förderbedarf sollen in der Grundschule Zusatzangebote oder aber spezielle Förderschulen eingerichtet werden. Auch dieser Bereich des Schulwesens ist erst im Aufbau.

3) Für die Vorschulerziehung haben die Kantone eigene Gesetze erlassen. Danach sind die Angebote freiwillig und kostenlos, falls überhaupt genügend Einrichtungen bestehen. Zuständig sind die kantonalen Sozialbehörden, Trägergemeinden oder private Initiativen. Im letzten Jahr bieten viele Kindergärten spezielle Vorschulprogramme an.

Die Kantone haben auch für die Grundschule (Pflichtschule) eigene Gesetze. Die Unterstufe mit den Klassen 1 bis 4 entspricht der deutschen Grundschule. Ungefächerter Gesamtunterricht wird von Klassenlehrern erteilt. In der Oberstufe mit den Klassen 5 bis 8 wird differenzierter Fachunterricht gegeben. Das Curriculum kennt 15 Fächer. Alle Kinder durchlaufen die Grundschule ohne leistungsbezogene Selektion. Zahlreiche Grundschulen bieten neben dem Regelcurriculum Zusatzkurse in Musik, Tanz oder Sport an. Sie werden dann als Parallelschulen bezeichnet. Die erste benotete Prüfung findet in zwei Prüfungswochen am Ende der Grundschulzeit statt.

Die Sekundarschulen im Anschluss an die achtjährige Grundschule werden von rund 90% der Schüler besucht. Eintrittsvoraussetzung ist das Abschlusszeugnis der Grundschule. Neben den öffentlichen Einrichtungen nimmt die Zahl privater Schulen ständig zu. Alle Schulen der Sekundarstufe werden von Stadträten in Abstimmung mit der kantonalen Bildungsverwaltung gegründet. Sechs Schulprofile werden angeboten: das vierjährige allgemein bildende Gymnasium mit dem Ziel der Allgemeinen Hochschulreife, die drei- oder vierjährigen technisch orientierten Beruflichen Oberschulen, deren Absolventen mehrheitlich in das Berufsleben überwechseln, die vierjährige pädagogische Sekundarschule (Lehrerseminar) für die Ausbildung von Vorschullehrern und Lehrern der Unterstufe an der Pflichtschule, die künstlerischen Sekundarschulen, die religiösen Schulen für die Ausbildung von Pfarrern, Imams, Rabbis und Priestern und die Berufsschulen, die der Facharbeiterausbildung dienen.

4) Formalisierte berufliche Bildung findet in den beschriebenen Sekundarschulen statt. Daneben bilden Betriebe nach eigenem Bedarf direkt am Arbeitsplatz aus. Noch bestehen dafür keine gesetzlichen Regelungen.

5) Alle Sekundarschulen schließen mit einer mehrwöchigen Abschlussprüfung. Für den Übergang in eine der fünf Universitäten, eine Pädagogische Akademie oder eine Fakultät (Fachhochschule) ist das Bestehen einer Aufnahmeprüfung Voraussetzung. Das Hochschulwesen wird von den Kantonen finanziert. Ein Hochschulrat soll in Kooperation mit europäischen Experten die Einrichtungen an internationale Standards heranführen.

6) Vorschullehrer werden an den pädagogischen Sekundarschulen ausgebildet. Die Lehrer für die Pflichtschule besuchen zusätzlich eine Pädagogische Akademie. Lehrer an Sekundarschulen absolvieren ein Fachstudium an einer Universität und zusätzlich ein pädagogisch-psychologisches Begleitstudium. Für die Ausbildung der Sonderschullehrer besteht eine eigene Fakultät.

7) Formalisierte Weiterbildung besteht

derzeit insbesondere für die Nachschulung von Erwachsenen in der Grundbildung. Dafür sind an der Pflichtschule besondere Kurse eingerichtet. Weitere Angebote sind in Planung und Entwicklung.

Brainstorming. Aus dem Englischen übernommene Bezeichnung für das Verfahren der spontanen und freien Ideensammlung in einer Gruppe zur Lösung eines bestimmten Problems. Die besondere Wirksamkeit erwächst aus dem wechselseitigen Zuspielen, Ergänzen, Korrigieren und Konkretisieren von Ideen.

Brandenburg. Nach der Wiedervereinigung am 14. 10. 1990 neu gegründetes Land der Bundesrepublik Deutschland. Fläche: 29 478 km^2, 2 558 622 Einwohner (Stand 30. 11. 2005), davon etwa 20 000 Sorben in der Niederlausitz, 87 Einw./km^2, 2,6% Ausländer (D.: 8,9%). Hauptstadt: Potsdam.

Zum Schuljahresbeginn 2004/05 besuchten 256 710 Schüler allgemein bildende Schulen, davon gingen 60 975 in die Jahrgangsstufen (J.) 1 bis 4 der 462 *Grundschulen,* 24 881 in die J. 5 und 6 der 450 Grundschulen, 20 243 in 80 *Realschulen,* 66 139 in 109 *Gymnasien* und 68 316 in 193 Integrierte *Gesamtschulen.* Der Anteil ausländischer Schüler betrug nur 1,6% (D.: 9,9%).

Die demografische Entwicklung führt in dem dünn besiedelten Land zu einem erheblichen Rückgang der Schülerzahl im Sekundarbereich I von ca. 140 000 im Schuljahr 2002/03 bis auf ca. 62 000 im Schuljahr 2008/09, so dass dann von den ehemals 435 Schulen voraussichtlich 207 aufgelöst sein werden. Aus den demografischen Erfordernissen folgte mit dem Schulstrukturgesetz vom 16. 12. 2004 eine Veränderung des Schulsystems zum Schuljahr 2005/06, wobei die Gesamtschule ohne *gymnasiale Oberstufe* und die Realschule durch die neue Schulform Oberschule ersetzt wurden. Durch das Brandenburgische Schulgesetz vom 15. Dezember 2006 wurde vom Schuljahr 2007/08 an die Einrichtung von Leistungs- und Begabungsklassen in den Jahrgangsstufen 5 und 6 an Gymnasien und Gesamtschulen eingeführt.

Die Vollzeitschulpflicht dauert zehn Schuljahre und wird durch den Besuch der Grundschule und einer weiterführenden allgemein bildenden Schule oder einer *Förderschule* erfüllt. Die anschließende Berufsschulpflicht kann in einem Berufsausbildungsverhältnis erfüllt werden, das vor Vollendung des 21. Lebensjahres begonnen wurde. Für Jugendliche ohne Berufsausbildungsverhältnis dauert die Berufsschulpflicht bis zum Ablauf des Schuljahres, in dem sie das 18. Lebensjahr vollenden.

Als ein Schritt der Reform zur früheren Förderung der Kinder wird das seit dem 1. August 2005 um ein viertel Jahr vorgezogene Einschulungsalter angesehen. Alle Kinder, die bis zum 30. September das 6. Lebensjahr vollenden, werden seitdem am 1. August schulpflichtig. Das Gleiche trifft auch für Kinder zu, die in der Zeit vom 1. Oktober bis 31. Dezember sechs Jahre alt werden und auf Antrag der Erziehungsberechtigten in die Schule aufgenommen werden. In Ausnahmefällen gilt das auch für Kinder, die zwischen dem 31. Dezember und dem 31. Juli des folgenden Kalenderjahres das 6. Lebensjahr vollenden. Im Schuljahr 2004/05 machte der Anteil vorzeitiger *Einschulungen* 7,3% (D.: 9,1%) von allen Einschulungen aus. Der Anteil verspäteter Einschulungen betrug 7,7% (D.: 5,7%).

Die Grundschule umfasst die J. 1 bis 6. Die J. 1 und 2 können als flexible *Schuleingangsphase* geführt werden. Der jahrgangsstufenübergreifende Unterricht soll der frühen individuellen Förderung dienen. Die Eingangsphase kann im Regelfall in zwei Schuljahren, je nach Entwicklung des Kindes aber auch in einem Jahr oder in drei Jahren durchlaufen werden. Bis spätestens ein Jahr vor Schuleintritt soll eine Sprachstandserhebung mit anschließender Sprachförderung für die Kinder durchgeführt werden, bei denen Sprachdefizite festgestellt worden sind.

Bei der Einschulung soll es keine Zurückstellung mehr geben; die vorzeitige Schulaufnahme von Fünfjährigen soll unterstützt werden.

Ein Novum in der Lehrplanentwicklung ist die gemeinsame Erarbeitung und Einführung neuer Rahmenlehrpläne zusammen mit den Bundesländern *Berlin*, *Bremen* und *Mecklenburg-Vorpommern*. Mit J. 3 beginnt der Unterricht in einer ersten Fremdsprache. In den meisten Grundschulen wird als erste Fremdsprache Englisch angeboten, je nach Interesse der Kinder aber auch Französisch, Polnisch oder Russisch. Im Siedlungsgebiet der Sorben in der Niederlausitz wachsen viele Kinder zweisprachig mit der sorbischen (wendische) und der deutschen Sprache auf. Laut Schulgesetz haben sie in den Schulen das Recht, die sorbische Sprache zu erlernen und in festgelegten Fächern und Jahrgängen in sorbischer Sprache unterrichtet zu werden.

Am Beginn der J. 1 wird für alle Kinder eine Lernstandsanalyse durchgeführt und ein individueller Lernplan aufgestellt. Am Ende der J. 3 werden Vergleichsarbeiten im Rahmen des Projekts *VERA* geschrieben, die einen Vergleich mit sieben Bundesländern ermöglichen. In der Schulanfangsphase erhalten die Schüler am Ende der J. 1 Zeugnisse in Form schriftlicher Informationen zur Lernentwicklung. Das neue Schulgesetz sieht ab dem Schuljahr 2007/08 schon in der J. 2 Zeugnisse mit Noten und Bewertungen des Arbeits- und Sozialverhaltens vor. Auf Beschluss der Mehrheit der Mitglieder der Klassenkonferenz und der Elternversammlung können in den J. 2 bis 4 schriftliche Informationen anstelle von Noten treten. In den J. 5 und 6 werden Notenzeugnisse erteilt. Am Ende der Grundschule entscheiden die Erziehungsberechtigten, welche der weiterführenden Schularten ihr Kind ab J. 7 besuchen soll. Von der Grundschule erhalten sie hierzu ein Grundschulgutachten mit einer Schullaufbahnempfehlung.

Unter Beibehaltung der sechsjährigen Grundschule können ab dem Schuljahr 2007/08 zur Förderung besonderer Leistungen und Begabungen Schüler bereits nach vier Jahren Grundschulzeit an Gymnasien oder Gesamtschulen aufgenommen werden. Die Leistungs- und Begabungsklassen (LuBK) ab Jahrgangsstufe 5 werden mit sprachlichem, musisch-künstlerischem, gesellschaftswissenschaftlichem oder mathematisch-naturwissenschaftlich-technischem Profil eingerichtet. Kombinationen von Profilen zur Begabtenförderung sind möglich. Voraussetzung für die Aufnahme in eine Leistungsprofilklasse ist die Notensumme 5 in den Fächern Deutsch, Mathematik und Sachkunde oder Englisch. Hinzu kommen prognostische Tests.

Zur Sekundarstufe I mit den J. 7 bis 10 gehören die Oberschule, die Gesamtschule mit gymnasialer Oberstufe und das Gymnasium. Die innere Organisation dieser Schulen wird durch die jeweiligen Bildungsgänge geprägt. An der Oberschule werden der Bildungsgang zum Erwerb der Erweiterten Berufsbildungsreife (EBR) und der Bildungsgang zum Erwerb der Fachoberschulreife (FOR) geführt. Die Schulkonferenz kann sich für eines von drei Organisationsmodellen entscheiden: In der kooperativ organisierten Oberschule werden bildungsgangbezogene FOR- und EBR-Klassen bis zum Schulabschluss gebildet. In der integrativ organisierten Oberschule werden bildungsgangübergreifende Klassen eingerichtet, in denen in bestimmten Fächern nach zwei Niveaustufen differenziert wird. In dem dritten Modell werden nach einer integrativen Phase in den J. 7 und 8 ab J. 9 schulabschlussbezogene Klassen gebildet.

Die Gesamtschule (mit gymnasialer Oberstufe) umfasst die J. 7 bis 13 und integriert die drei Bildungsgänge zum Erwerb der Erweiterten Berufsbildungsreife, der Fachoberschulreife und der Allgemeinen Hochschulreife. Nach Genehmigung kann das *Abitur* auch nach zwölf Schulbesuchsjahren erworben werden.

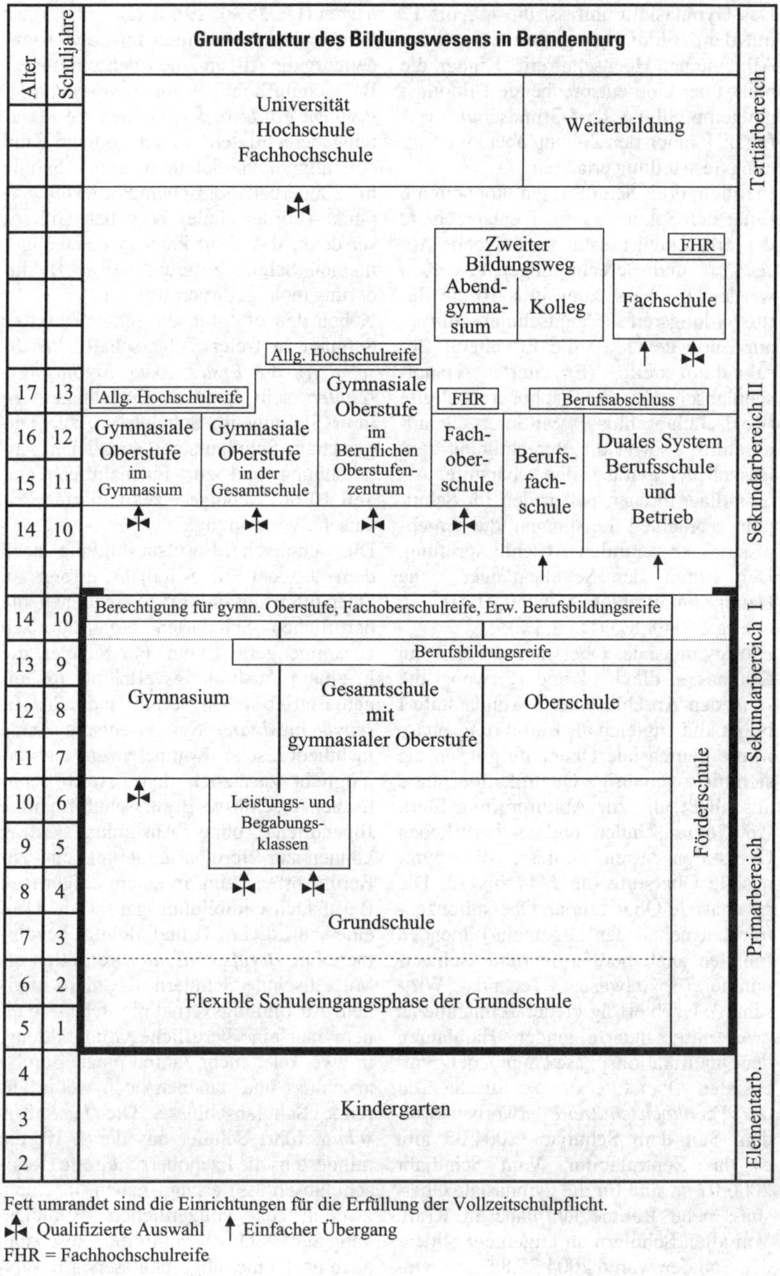

Fett umrandet sind die Einrichtungen für die Erfüllung der Vollzeitschulpflicht.

Qualifizierte Auswahl ↑ Einfacher Übergang

FHR = Fachhochschulreife

Das Gymnasium umfasst die J. 7 bis 12 mit dem Bildungsgang zum Erwerb der Allgemeinen Hochschulreife. Kinder, die nicht über eine entsprechende Bildungsgangempfehlung der Grundschule verfügen, können den Zugang über eine Eignungsfeststellung erlangen.

In allen drei Schulformen können am Ende der Sekundarstufe I entsprechend den erbrachten Leistungen folgende *Abschlüsse* und Berechtigungen erworben werden: bei Versetzung in J. 10 die Berufsbildungsreife (Hauptschulabschluss), am Ende der J. 10 die Erweiterte Berufsbildungsreife (Erweiterter Hauptschulabschluss), die Fachoberschulreife (Realschulabschluss, Mittlerer Schulabschluss) sowie die Berechtigung zum Besuch der gymnasialen Oberstufe. Als Grundlage dienen neben den im Schuljahr erbrachten Leistungen die Ergebnisse einer zentralen Abschlussprüfung. Der Anteil der Schulabgänger ohne Hauptschulabschluss an allen Abgängern betrug 2004 8,8% (D.: 8,3%).

Die gymnasiale Oberstufe umfasst an Gymnasien die J. 11 und 12, wobei die J. 10 den Abschluss der Sekundarstufe I bildet und zugleich als Einführungsphase in die gymnasiale Oberstufe gilt, an die sich die zweijährige Qualifikationsphase anschließt, die zur Abiturprüfung führt. An Gesamtschulen und an beruflichen Oberstufenzentren umfasst die gymnasiale Oberstufe die J. 11 bis 13. Die gymnasiale Oberstufe an Oberstufenzentren hat neben den allgemein bildenden Inhalten auch berufsorientierte Schwerpunkte (Sozialwesen, Technik, Wirtschaft). Nach erfolgreicher Teilnahme an zwei aufeinanderfolgenden Halbjahren der Qualifikationsphase kann in der gymnasialen Oberstufe der schulische Teil der *Fachhochschulreife* erworben werden. Seit dem Schuljahr 2004/05 gibt es das Zentralabitur. Vom Schuljahr 2006/07 an sind für die gymnasiale Oberstufe neue Rahmenlehrpläne in Kraft. Von allen Schülern an allgemein bildenden Schulen waren 2004 25,8% an Gymnasien (D.: 25%). 29,5% (D.: 23,0%) aller Abgänger erreichten im Land Brandenburg die Allgemeine Hochschulreife.

Bei Schulpflichtigen mit *sonderpädagogischem Förderbedarf* können die Erziehungsberechtigten wählen, ob ihr Kind eine allgemeine Schule oder eine Schule mit sonderpädagogischem Förderschwerpunkt (Förderschule) besuchen soll, es sei denn, das Kind kann in einer allgemeinen Schule aufgrund seiner Behinderung nicht gefördert werden.

Neben den öffentlichen Schulen gibt es Schulen in freier Trägerschaft *(Privatschulen),* die *Ersatz-* oder *Ergänzungsschulen* sein können. Einzelheiten zu ihrer Stellung im Schulwesen, zur Trägerschaft, Schulaufsicht, staatlichen Anerkennung und zur Finanzhilfe regelt Teil 10 des Schulgesetzes und eine Privatschulverordnung.

Die schulische Berufsausbildung nach dem 9. oder 10. Schuljahr erfolgt an Oberstufenzentren (OSZ), in denen die beruflichen Schularten organisatorisch zusammengefasst sind. Für Schüler, die in einem Ausbildungsverhältnis mit einem Betrieb stehen, vermittelt die *Berufsschule* im *dualen System* entsprechende fachtheoretische Kompetenzen und ermöglicht zusätzlich den Erwerb schulischer Abschlüsse. Berufsschulpflichtige Jugendliche ohne Ausbildungsvertrag können zur Berufsorientierung und zur Berufsvorbereitung in einem einjährigen Berufsfachschulbildungsgang am OSZ eine berufliche Grundbildung bekommen. Die *Berufsfachschule* vermittelt als Vollzeitschule Schülern, die nicht in einem Ausbildungsverhältnis stehen, in einem Jahr eine berufliche Grundbildung, in zwei oder mehr Jahren einen Berufsabschluss und daneben auch weiterführende Schulabschlüsse. Die *Fachoberschule* führt Schüler aus der J. 10, die mindestens die Fachoberschulreife (Realschulabschluss) erlangt haben, in einem zweijährigen vollzeitlichen Bildungsgang zur Fachhochschulreife. Diese kann auch nach einer abgeschlossenen Berufsausbildung in einem einjährigen vollzeitschulischen Bildungsgang der Fachoberschule erreicht werden. Die *Fachschule* dient Schülern nach einer abgeschlossenen Berufsausbildung und einer einschlägigen praktischen Berufstätigkeit zur beruflichen Aus- und Weiterbildung. Die Bildungsgänge dauern i. d. R. in Vollzeitform zwei Jahre und in Teilzeitform drei Jahre. Sie führen nach einer staatlichen Prüfung zu einem Berufsabschluss. Aufnahmevoraussetzungen für bestimmte Bildungsgänge der Fachschule sind die Fachoberschulreife, die Fachhochschulreife oder die Allgemeine Hochschulreife. In den Bildungsgängen der Fachschule Sozialwesen ist der Erwerb der Fachhochschulreife möglich.

Die Einrichtungen des *Zweiten Bildungsweges* bieten Erwachsenen die Möglichkeit, nachträglich allgemein bildende Abschlüsse zu erwerben. Die Allgemeine Hochschulreife kann in Abendschulen (z. B. *Abendgymnasium*) und im vollzeitlichen Tagesunterricht an *Kollegs* erworben werden.

Das Hochschulsystem wird durch das Gesetz über die Hochschulen des Landes Brandenburg vom 6. 7. 2004 geregelt. Zu den staatlichen Hochschulen gehören drei Universitäten, die Hochschule für Film und Fernsehen in Potsdam sowie sieben Fachhochschulen. An der Universität Potsdam werden die Studiengänge Lehramt an Gymnasien (LG) und Lehramt für die Bildungsgänge der Sekundarstufe I und der Primarstufe (LSIP) angeboten. Für das Lehramt an Sonderschulen und an beruflichen Schulen besteht im Land Brandenburg kein Studienangebot. Das Lehramtsstudium wird durch das Brandenburgische Lehrerbildungsgesetz vom 13. 2. 2004 geregelt. Auf der Grundlage des Lehrerbildungsgesetzes und der Bachelor-Master-Abschlussverordnung vom 21. 9. 2005 wird der lehramtsbezogene Bachelor- und Masterstudiengang seit dem Wintersemester 2004/05 an der Universität Potsdam erprobt. Studierende, die jetzt ein Lehramtsstudium aufnehmen, erwerben nach einem dreijährigen Bachelorstudium einen ersten berufsqualifizierenden Abschluss außerhalb des Lehramts, an den sich ein lehramtsbezogenes dreisemestriges (LSIO) oder viersemestriges (LG) Masterstudium anschließt. Der Masterabschluss wird als Erste Staatsprüfung anerkannt und führt zum zweijährigen Vorbereitungsdienst (Referendariat), der mit der Zweiten Staatsprüfung abschließt.

Brasilien. **1)** Präsidialdemokratische föderative Republik mit 26 Bundesstaaten. Hauptstadt: Brasília (2,3 Mill. Einw.). Fläche: 8 547 404 km², mit 4,5 Mill. km² größtes zusammenhängendes Regenwaldgebiet der Erde. 184 Mill. Einw., 22 Einw./km². 55% Weiße, 38% Mischlinge (Mulatten), 6% Schwarze, 0,8% Asiaten, 0,2% indianische Urbevölkerung. Landessprache: Portugiesisch (Amtssprache), daneben indianische Sprachen. Religion: 75% Katholiken, 10% Protestanten u. a. christliche Gemeinschaften; Minderheiten von Buddhisten, Muslimen und Juden; Naturreligion der Indianer.

2) Das Ministerium für Bildung (MEC) trägt die Gesamtverantwortung für das Erziehungs- und Bildungssystem. Die Grundstruktur des Bildungssystems ist auf nationaler Ebene durch Gesetz festgelegt. Innerhalb des Bildungsministeriums sorgt der Nationale Bildungsrat (CNE) mit seinen curricularen Vorgaben für die Einheitlichkeit der Unterrichtsinhalte und ist landesweit für die Überprüfung und Einhaltung der Lehrpläne verantwortlich. Im Bildungssystem wird eine gewisse Dezentralisierung der Verwaltung realisiert. Der Bund organisiert, verwaltet und finanziert das Berufsschul- und das Hochschulsystem, während in den Bundesstaaten die Ländersekretariate für die allgemeinen Schulen und die Kommunen für die Kindergärten und Vorschulen verantwortlich sind. Neben den kostenlosen öffentlichen Schulen gibt es auf allen Bildungsstufen schulgeldpflichtige Privatschulen, die vorwie-

gend von der katholischen Kirche unterhalten werden.
Das Gesetz über die Nationale Erziehung von 1971 schreibt die allgemeine Schulpflicht von 7 bis 14 Jahren vor. Wegen der Schwierigkeit, diese flächendeckend zu realisieren, wird auch behauptet, es bestehe in Brasilien keine allgemeine Schulpflicht. Nach der Verfassung von 1988 steht allen Kindern zwischen 7 und 14 Jahren und darüber hinaus allen Bürgern unabhängig vom Alter das Recht auf kostenlose Grundbildung zu. Wegen der Schwierigkeit, in dünn besiedelten und verkehrsmäßig kaum erschlossenen Gebieten des Landes entsprechende Schulen zu besuchen, kann die Pflichtschule im Rahmen der Erwachsenenbildung (Ensino Supletivo) in Ersatzschulen (Primarbereich ab 14 und Sekundarbereich ab 21 Jahren) absolviert werden. Nach wie vor sind jedoch die Nichterfüllung der Schulpflicht in ländlichen Gebieten und die Schulflucht in den großen Städten sehr groß. Mithilfe des Zehnjahresplans zur Bildung für alle (1993–2003), der von der UNESCO u. a. unterstützt wurde, konnte die Analphabetenquote 2002 auf 11,8% und damit auf 17,3 Mill. Analphabeten gesenkt werden.

3) Zum Elementarbereich werden die Kinderkrippe (Creche) für Kinder bis zu zwei Jahren, der Kindergarten (Escola Maternal) für Zwei- bis Dreijährige und die Vorschule (Pré-Escola) für Vier- bis Sechsjährige gezählt. Nach der Verfassung besteht zwar das Recht auf kostenlose Betreuung der Kinder bis zu sechs Jahren, jedoch ist die Versorgung mit Kindergärten und Vorschuleinrichtungen sehr gering. Zudem ist der überwiegende Anteil dieser Einrichtungen in privater Trägerschaft und damit kostenpflichtig. In den Slums (Favelas) der großen Städte sind vor allem die vielen Waisenkinder ohne Familienanbindung und organisierte öffentliche Versorgung.
In der achtjährigen kostenlosen Pflichtschule des Primar- und Sekundarbereichs I (Ensino Fundamental, 1° Grau) für Kinder zwischen sieben und 14 Jahren sind die früher getrennten Primar- (Primário) und unteren Sekundarschulen (Ginásio) von jeweils vierjähriger Dauer zusammengefasst. Die Anzahl der Wiederholer lag 1993 in den ersten fünf Schuljahren bei 20–30%. Im Jahr 2002 wiederholten 20% der Schüler der 1. bis 8. Klasse das zuvor durchlaufene Schuljahr. Das macht einen Anteil von etwa 7 Mill. Schülern aus. Laut Aussage des Bildungsministeriums können 70% der Schüler der 1. bis 8. Klasse nicht richtig lesen. Regional unterschiedlich erreichen nur etwa 20 bis 35% der eingeschulten Kinder den Pflichtschulabschluss (1° Grau). Ein Teil von ihnen verlässt die Schule schon zwischen dem 4. und 8. Schuljahr, so dass die unter 14-Jährigen bereits 18% der Erwerbstätigen stellen. Die Ersatzpflichtschulen der Erwachsenenbildung ermöglichen ihnen, ab dem Alter von 14 bzw. 21 Jahren den Pflichtschulabschluss nachzuholen. Da Kinder ab 14 Jahren bereits einer Arbeit nachgehen dürfen, beginnt im 7. und 8. Schuljahr parallel zum normalen Unterricht die Einführung in die Berufsausbildung in Kursform.
Der Zugang zu den schulgeldpflichtigen Schulen im Sekundarbereich II (Ensino Médio, 2° Grau) wird über eine Eingangsprüfung geregelt, obwohl nur etwa 15% eines Altersjahrgangs eine weiterführende Bildung aus finanziellen und sozialen Gründen in Anspruch nehmen können. Es ist beabsichtigt, die Schulgeldfreiheit auch auf den Sekundarbereich II auszudehnen. Die allgemein bildende Oberschule (Ensino Médio Geral) bereitet in drei Jahren auf das Universitätsstudium vor und führt ohne spezielle Abschlussprüfung zur Hochschulreife. Im berufsorientierten Sekundarbereich II (Ensino Médio Tecnológico) führen die berufsbildende Oberschule (staatlich oder privat) in drei Jahren und die Staatliche Technikerschule in vier Jahren zu einer Berufsqualifikation (Facharbeiter bzw. Techniker) und zur Hochschulreife.

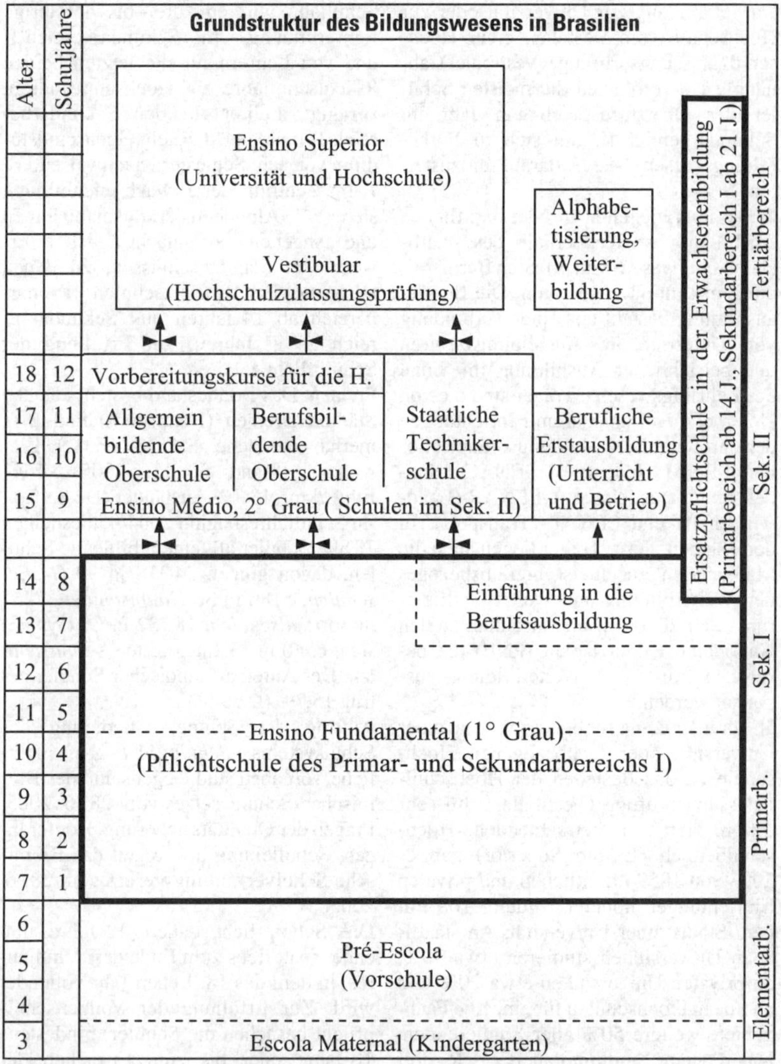

Fett umrandet sind die Einrichtungen für die Erfüllung der Schulpflicht.

Qualifizierte Auswahl | Einfacher Übergang

Da der Zugang zur Universität oder zur Hochschule vom Bestehen einer Hochschulzulassungsprüfung (Vestibular) abhängig ist, verbleiben die meisten Schüler der Oberstufe noch ein Jahr im Sekundarbereich II, um sich in Vorbereitungskursen besser darauf einzustellen.

4) Der überwiegende Teil der beruflichen Ausbildung wird außerhalb des staatlichen Schulwesens von privaten Berufsbildungsinstitutionen getragen. Die Berufsausbildung besteht aus einer Verbindung von Unterricht in Ausbildungszentren und betrieblicher Ausbildung im Sinne des Lehrlingswesens. Träger sind die von Unternehmen finanzierten Einrichtungen der großen Berufsbildungsorganisationen SENAI (Industrie), SENAC (Handel- und Dienstleistung), SENAR (Landwirtschaft) und SENAT (Transport). In den Händen dieser Träger liegen auch die Maßnahmen zur meist betriebsbezogenen Weiterbildung und Weiterqualifizierung. Seit 2000 soll im Anschluss an den Nationalen Bildungsplan (PNE) die berufliche Aus- und Weiterbildung ausgebaut werden.

5) Voraussetzung für den Zugang zu einer Universität oder fachbezogenen Hochschule ist das Bestehen der Hochschulzulassungsprüfung (Vestibular). Im sehr differenziert zu betrachtenden Hochschulbereich (Ensino Superior) gab es 2003 von 1859 öffentlichen und privaten Einrichtungen höherer Bildung 168 mit dem Status einer Universität. An staatlichen Universitäten studieren etwa 30%, an privaten Universitäten etwa 20% und an Spezialhochschulen für einzelne Fachgebiete weitere 50% aller Studierenden. Das reguläre Studium dauert i. d. R. fünf Jahre. Zu den Hochschulabschlüssen zählen Bachelor mit dem Zugang zu Berufen mit Hochschulqualifikation, Licenciado mit Berufsqualifikationen z. B. für ein Lehramt, Master/Mastrado (zwei bis drei Jahre) und Doktor/Doutorado (vier Jahre nach abgeschlossenem Master).

6) Von Lehrern für die ersten sechs Schuljahre wird eine drei- bis vierjährige Lehrerbildung im Sekundarbereich II und von Lehrern für die letzten beiden Pflichtschuljahre ein Hochschulstudium verlangt. Lehrer für den Sekundarbereich II müssen i. d. R. ein Hochschulstudium von acht Semestern nachweisen.

7) Im Zentrum der Erwachsenenbildung stehen Alphabetisierungsmaßnahmen und Angebote zum nachträglichen Erwerb von Schulabschlüssen, zu denen auch die Ersatzpflichtschulen (Primarbereich ab 14 Jahren und Sekundarbereich ab 21 Jahren) zur Erfüllung der Schulpflicht gehören.

Bremen. Das Bundesland besteht aus den Städten Bremen (Hauptstadt) und Bremerhaven. Fläche: 404 km^2, 663 909 Einwohner (Stand 30. 11. 2005), 1641 Einw./km^2, 13,1% Ausländer (D.: 8,9%). Zu Schuljahresbeginn 2004/05 besuchten 73 898 Schüler allgemein bildende Schulen, davon gingen 24 318 in 99 *Grundschulen*, 5186 in 36 *Hauptschulen,* 7257 in 36 *Realschulen,* 18 732 in 66 *Gymnasien,* 6540 in 13 Integrierte *Gesamtschulen.* Der Anteil ausländischer Schüler betrug 15,7% (D.: 9,9%).

Auftrag der Schule, Gliederung des Schulsystems, *Schulpflicht* u. a. rechtliche Vorgaben sind Gegenstand des Bremischen Schulgesetzes vom 28. 6. 2005; Fragen der Qualitätssicherung, Konferenzen, Schulleitung u. a. regelt das Bremische Schulverwaltungsgesetz vom 28. 6. 2005.

Die Schulpflicht dauert 12 Jahre und endet spätestens zum Ende des Schuljahres, in dem das 18. Lebensjahr vollendet wird. Zur Erfüllung der Vollzeitschulpflicht besuchen die Schüler mindestens 10 Jahre oder bis zum Erreichen der Erweiterten Berufsbildungsreife oder des Mittleren Schulabschlusses eine allgemein bildendende Schule. Schulpflichtige, die am Ende von neun Schulbesuchsjahren keinen Hauptschulabschluss erreicht haben, können vom 10. Schulbesuchsjahr an die Berufseingangsstufe der *Berufsfachschule* besuchen. Auszu-

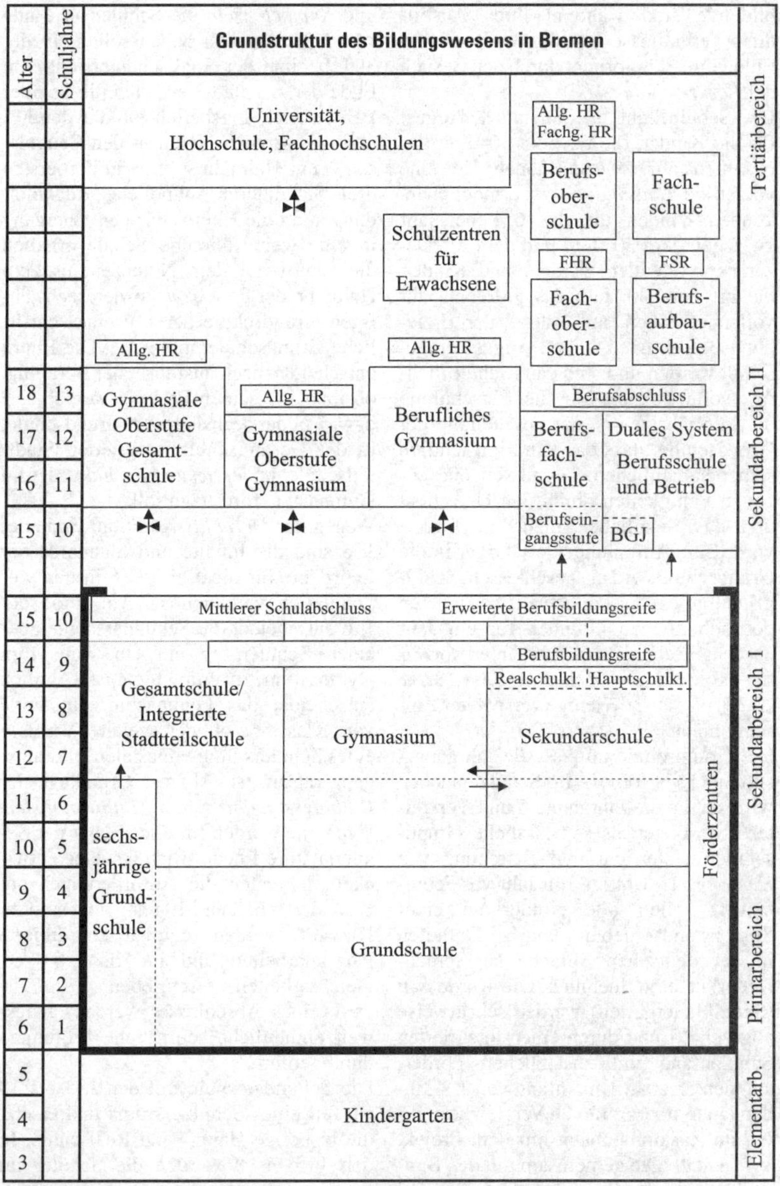

Fett umrandet sind die Einrichtungen für die Erfüllung der Vollzeitschulpflicht.

Qualifizierte Auswahl ↑ Einfacher Übergang

Allg. HR = Allgemeine Hochschulreife, BGJ = Berufsgrundbildungsjahr, Fachg. HR = Fachgebundene Hochschulreife, FHR = Fachhochschulreife, FSR = Fachschulreife

bildende sind während ihres Ausbildungsverhältnisses schulpflichtig und erfüllen ihre Schulpflicht durch den Besuch der *Berufsschule.*

Die Schulpflicht beginnt am 1. August für die Kinder, die bis zum 30. Juni das 6. Lebensjahr vollendet haben. Um eine vorzeitige *Einschulung* zu ermöglichen, können Kinder, die das 6. Lebensjahr zwischen dem 30. Juni und dem 31. Dezember vollenden werden, und Kinder, die bis zum 30. Juni das 5. Lebensjahr vollendet haben, auf Antrag der Erziehungsberechtigten am 1. August eingeschult werden und sind dann schulpflichtig. Voraussetzung für die Einschulung der Fünfjährigen ist die Feststellung der Grundschule, dass das Kind hinsichtlich seiner sprachlichen, kognitiven und sozialen Fähigkeiten durch den Unterricht und das Schulleben nicht überfordert wird. Eine Aufnahme Vierjähriger in die Grundschule wird ausgeschlossen. Schulpflichtige Kinder können aus besonderen gesundheitlichen Gründen für ein Jahr zurückgestellt werden. Der Anteil vorzeitiger Einschulungen machte 2004 18,2% (D.: 9,1%) aus, derjenige verspäteter Einschulungen 7,9% (D.: 5,7%).

Die Grundschule umfasst die Jahrgangsstufen (J.) 1 bis 4. In Schulversuchen wird sie um die Jahrgänge 5 und 6 erweitert. Sie bietet als »verlässliche Grundschule« Unterricht und Betreuung von 8 Uhr bis 13 Uhr an. Ein Jahr vor Schuleintritt sollen alle Kinder an einer Sprachstandserhebung und bei Defiziten in der deutschen Sprache an Sprachförderkursen teilnehmen. Die *Vorklassen* (Schulkindergärten) werden schrittweise abgeschafft und durch einen integrierten Schulanfang mit zusätzlichen Förderstunden ersetzt. Am Anfang von J. 4 finden länderübergreifende Vergleichsarbeiten im Zusammenhang mit dem Projekt *VERA* statt. Die gemeinsam mit den Bundesländern Berlin, Brandenburg und Mecklenburg-Vorpommern entwickelten Rahmenpläne für Deutsch und Mathematik beschreiben die *Bildungsstandards* und *Kompetenzen,* die Schüler am Ende von J. 4 erworben haben sollen. In der 3. J. beginnt der Englischunterricht. Am Ende der J. 1 und 2 erhalten die Schüler Lernentwicklungsberichte und in den J. 3 und 4 zusätzlich Noten in den Zeugnissen. Zum Halbjahr gibt es in den ersten drei Schuljahren mündliche Rückmeldungen an die Eltern. Für den Übergang in eine weiterführende Schule erhalten die Eltern mit dem Notenzeugnis zum Halbjahr der J. 4 bzw. in der sechsjährigen Grundschule der J. 6 eine schriftliche Grundschulempfehlung. Die Eltern entscheiden nach ausführlicher Beratung, ob ihr Kind seinen Bildungsweg ab J. 5 bzw. 7 in der sechsjährigen Grundschule, in der Gesamtschule/Integrierten Stadtteilschule, in der *Sekundarschule* oder im Gymnasium fortsetzen soll.

Wegen der *Durchlässigkeit* am Ende der J. 6 sind die Inhalte und Standards der Lehrpläne für die J. 5 und 6 in den vier Schularten vergleichbar. Am Ende der J. 6 entscheidet die Sekundarschule über einen Schüler, ob ein Übergang zum Gymnasium zu empfehlen ist. Ähnlich entscheidet das Gymnasium am Ende von Klasse 6, ob der weitere Verbleib eines Schülers im gymnasialen Bildungsgang ratsam ist. Auf der Grundlage der *Bildungsstandards der Kultusministerkonferenz* wurden für alle Fächer der Sekundarstufe I neue Bildungspläne entwickelt, in denen die Anforderungen am Ende der J. 6, 8 und 10 festgelegt sind. In Klasse 6 werden regional koordinierte Parallelarbeiten und in Klasse 8 Vergleichsarbeiten geschrieben. Zum Erwerb eines Abschlusses werden landesweit einheitliche schriftliche Prüfungen durchgeführt.

Die Sekundarschule mit den J. 5 bis 10 ist Teil eines Schulzentrums und ersetzt die bisherige Haupt- und Realschule. In den J. 5 bis 8 werden die Schüler im Klassenverband gemeinsam unterrichtet; in J. 7 kommen in den Kernfächern unterschiedliche Leistungskurse hinzu. Am Beginn von J. 9 steht der Übergang in die zwei Schuljahre umfassende abschlussbezogene Haupt- oder Realschulklasse. Der Unterricht ist dann auf den Erwerb der Erweiterten Berufsbildungsreife (Erweiterter Hauptschulabschluss) oder den Mittleren Schulabschluss (Realschulabschluss) am Ende von Klasse 10 gerichtet. Bei entsprechender Leistung in der Abschlussprüfung ist der Übergang in die *gymnasiale Oberstufe* oder das Berufliche Gymnasium möglich. Schulabgänger am Ende von Klasse 9 können nach bestandener Abschlussprüfung die einfache Berufsbildungsreife (Hauptschulabschluss) erhalten.

Das Gymnasium kann Teil eines Schulzentrums oder eigenständig sein. Der verkürzte Bildungsgang umfasst die J. 5 bis 12 einschließlich der gymnasialen Oberstufe. Der Übergang in die gymnasiale Oberstufe geschieht durch Versetzung von J. 9 nach J. 10. Am Ende der Sekundarstufe I erhalten die Schüler mit der Versetzung in die Qualifikationsphase (J. 11 und 12) oder beim Schulabgang aus J. 10 nach einer Abschlussprüfung den Mittleren Schulabschluss. Abgänger aus J. 11 können nach einer Abschlussprüfung den schulischen Teil der Fachhochschulreife erwerben. Die gymnasiale Oberstufe bleibt am Gymnasium ein dreijähriger Bildungsgang, der mit der Abiturprüfung abschließt.

Die Gesamtschule/Integrierte Stadtteilschule umfasst die J. 5 bis 10. Aus der sechsjährigen Grundschule gehen ganze Klassenverbände in J. 7 der Gesamtschule/Integrierte Stadtteilschule über. Die Integrierte Stadtteilschule ist eine Gesamtschule mit besonderem pädagogischem Profil. Die Schüler werden gemeinsam in Klassenverbänden und in bestimmten Fächern in Lerngruppen mit unterschiedlichen Leistungsanforderungen unterrichtet. Nach einer Abschlussprüfung wird der Gesamtschulabschluss als Erweiterte Berufsbildungsreife (Erweiterter Hauptschulabschluss) oder als Mittlerer Schulabschluss (Realschulabschluss) vergeben. Je nach Notenprofil berechtigt der Mittlere Schulabschluss (Realschulabschluss) zum Übergang in eine mit der Gesamtschule bzw. Integrierten Stadtteilschule verbundenen oder kooperierenden gymnasialen Oberstufe mit den Klassen 11 bis 13, in eine andere gymnasiale Oberstufe mit den Klassen 10 bis 12 oder in ein Berufliches Gymnasium. Abgänger aus J. 12 können nach einer Abschlussprüfung den schulischen Teil der Fachhochschulreife erwerben. Schülern der Gesamtschule kann auch ermöglicht werden, das Abitur bereits am Ende der J. 12 abzulegen.

Der Anteil der Schulabgänger ohne Hauptschulabschluss betrug in allgemein bildenden Schulen im Schuljahr 2004/05 10,0% (D.: 8,3%). Von allen Schülern an allgemein bildenden Schulen waren 25,3% an Gymnasien (D.: 25,0%). 26,5% (D.: 23,0%) aller Schulabgänger erreichten im Land Bremen die Allgemeine Hochschulreife.

Die Sonderschule hat sich im Land Bremen zu einem Förderzentrum mit jeweils einzelnen oder mehreren sonderpädagogischen Förderschwerpunkten weiterentwickelt, das auch die allgemeinen Schulen bei der dezentralen Betreuung, Erziehung und Unterrichtung von Schülern mit *sonderpädagogischem Förderbedarf* unterstützt.

Neben den öffentlichen Schulen gibt es staatlich anerkannte Schulen in freier Trägerschaft *(Privatschulen).* Für private *Ersatzschulen* gelten wie für öffentliche Schulen die §§ 2 bis 29 des BremSchulG vom 28. 6. 2005 und das Privatschulgesetz vom 1. 8. 2003.

Im Bereich der *beruflichen Bildung* erfolgt die Berufsausbildung im *dualen System* an den beiden Lernorten Berufsschule und Ausbildungsbetrieb. Das nach Berufsfeldern gegliederte und in Vollzeitform durchgeführte schulische *Berufsgrundbildungsjahr* (BGJ) bildet die Grundstufe der Berufsausbildung und kann in manchen Ausbildungsberufen für die Schüler verpflichtend sein. Die Berufsfachschule vermittelt Schülern, die nicht in einem Ausbildungsverhältnis stehen, als Vollzeitschule in einem Jahr eine berufliche Grundbildung, in zwei oder mehr Jahren einen Berufsabschluss und daneben auch weiterführende Schulabschlüsse. In Berufsfachschulen, die zu einem Berufsabschluss führen, werden vermehrt ausbildungsvorbereitende Berufseingangsstufen mit Vollzeitunterricht eingerichtet. Die *Berufsaufbauschule* bietet eine über die Berufsschule hinausgehende allgemeine und fachtheoretische Bildung und ermöglicht in Vollzeitform in einem Jahr den Erwerb der *Fachschulreife.* Die *Fachoberschule* führt Schüler mit Mittlerem Schulabschluss in zwei Jahren (J. 11 und 12) und solche mit einer zusätzlichen einschlägigen Berufsausbildung in einem Jahr (J. 12) zur *Fachhochschulreife.* Einzelheiten über die Zulassungsvoraussetzungen regelt eine Verordnung vom 5. 7. 2005. Die *Berufsoberschule* vermittelt Schülern, die über den Abschluss der Fachhochschulreife und über eine einschlägige abgeschlossene Berufsausbildung oder eine mindestens fünfjährige Berufstätigkeit verfügen, in einem einjährigen Vollzeitbildungsgang den Erwerb der *Fachgebundenen Hochschulreife* und mit einer zweiten Fremdsprache den Erwerb der *Allgemeinen Hochschulreife.* Das Berufliche Gymnasium gliedert sich wie die gymnasiale Oberstufe in eine einjährige Einführungsphase und eine zweijährige Qualifikationsphase. Es vermittelt Schülern mit der Berechtigung zum Besuch jeder Schule im Sekundarbereich II in den J. 11 bis 13 Grundlagen in berufsbezogenen Fächern und führt sie zum Erwerb der Allgemeinen Hochschulreife. Für den Besuch der *Fachschule* wird der Abschluss einer einschlägigen Berufsausbildung und eine zusätzliche Berufsausübung oder der Nachweis einer einschlägigen Berufstätigkeit von mindestens fünf Jahren vorausgesetzt. Ihre Bildungsgänge dauern in Vollzeitform mindestens ein Jahr und schließen mit einer Prüfung ab.

In den Schulzentren für Erwachsene werden die Bildungsgänge der Sekundarschule und des Gymnasiums zum nachträglichen Erwerb von Schulabschlüssen in Tages- und Abendform angeboten. Das *Abendgymnasium* und das *Kolleg* (Gymnasium in Tagesform) führen zur Allgemeinen Hochschulreife.

Das Hochschulsystem wird durch das Bremische Hochschulgesetz in der Neufassung vom 11. 7. 2003 geregelt. Zu den staatlichen Hochschulen gehören die Universität Bremen, die Hochschule für Künste und als Fachhochschulen die Hochschule Bremen und die Hochschule Bremerhaven. Auf der Grundlage des Gesetzes zur Änderung der Gesetze zur bremischen Lehrerausbildung vom 16. 5. 2006 findet die *Lehrerbildung* an der Universität Bremen 1. für das Lehramt an Grundschulen und Sekundarschulen/Gesamtschulen, 2. für das Lehramt an Gymnasien/Gesamtschulen, 3. für das Lehramt an beruflichen Schulen und 4. für das Lehramt für Sonderpädagogik statt. Das Lehramtsstudium besteht aus einem sechssemestrigen Bachelorstudium und einer darauf aufbauenden zwei- bzw. viersemestrigen Masterausbildung (Master of Education).

Bremer Plan. 1960 fand in Bremen ein sog. Kongress der Lehrer und Erzieher statt. Der Veranstalter, die Arbeitsgemeinschaft Deutscher Lehrerverbände, legte den Teilnehmern den B. P. als Diskussionsgrundlage vor. Ziel war die Erarbeitung inhaltlicher und organisatorischer Grundlagen für die Neugestaltung des gesamten westdeutschen Bildungswesens. Der Kindergarten sollte nach den Empfehlungen des B. P. in das öffentliche Schulwesen integriert werden. Auf die vierjährige Grundschule sollte eine ebenfalls für alle Kinder gemeinsame Mittelstufe (Klassen 5 und 6) folgen. Die Oberschule bis Klasse 10 wurde im B. P. in Werk-, Real- und Gymnasial-Oberschule differenziert. Die Vollzeitschulpflicht sollte 10 Jahre betragen.

Vom B. P. gingen wichtige Impulse für

die bildungspolitische Entwicklung aus. Das betrifft einmal die Einrichtung der *Orientierungsstufe* (Klassen 5 und 6) und zum anderen die Weiterentwicklung der Volksschuloberstufe zur *Hauptschule.*

BSHG. *Bundessozialhilfegesetz.*

Budgetierung. Bei der B. werden aus einem öffentlichen Haushalt (Land, Schulträger) Finanzmittel für das Globalbudget einer Schule oder Hochschule zur Verfügung gestellt, in dessen Rahmen dann die einzelne Einrichtung eine flexible und haushaltsjahrübergreifende Bewirtschaftung eigenverantwortlich vornehmen kann. Damit werden z. B. einer Schule mehr Möglichkeiten zur Finanzierung bestimmter Maßnahmen im Rahmen des *Schulprogramms* eingeräumt. So kann eine Schule z. B. auch Honorarkräfte für bestimmte Lehrveranstaltungen anstellen. Autonomie und die Eigenverantwortung der Schule werden dadurch wesentlich erweitert. Voraussetzung ist, dass die Schulleitung zur rechtsgeschäftlichen Vertretung des Landes oder des Schulträgers ermächtigt wird.
Darüber hinaus kann durch B. den Bildungseinrichtungen die Möglichkeit gegeben werden, Drittmittel zu erschließen und zu verwalten.
In den laufenden Reformprozessen zur Stärkung der Schulautonomie und Eigenverantwortung stellt die B. deshalb einen zentralen Punkt dar.

BüE. *Berufsausbildung in einer überbetrieblichen Bildungseinrichtung.*

Bulgarien. **1)** Parlamentarische Republik. Hauptstadt: Sofia (1,1 Mill. Einw.). Fläche: 110 994 km², 7,7 Mill. Einw., 70 Einw./km². 84% Bulgaren, 10% Türken, 5% Roma. Landessprache: Bulgarisch. Religion: 86% orthodoxe Christen, 13% Muslime.

2) Nach der politischen Wende 1991 wurde eine grundlegende Reform des Bildungswesens eingeleitet. Den Kernbereich des neuen Schulsystems bildet die von allen Kindern gemeinsam besuchte Grundschule mit den jeweils vierjährigen Stufen Anfangsschule und Progymnasium. Eltern entscheiden, ob ihr Kind im 6. oder 7. Lebensjahr eingeschult wird. Schulpflicht besteht vom 6. bzw. 7. Lebensjahr bis zur Vollendung des 16. Lebensjahres. Sie wird nach dem Besuch der Grundschule in den ersten beiden Klassenstufen von Sekundarschulen erfüllt. Grundschulen werden je nach regionalem Bedarf als Halb- oder Ganztageseinrichtungen geführt. Der Besuch sämtlicher öffentlicher Bildungseinrichtungen ist kostenfrei. Die nach der Demokratisierung des Landes wieder möglichen privaten Bildungseinrichtungen erheben Schulgeld. Kinder und Jugendliche mit besonderem Förderbedarf sollen nach Möglichkeit in den Regeleinrichtungen unterrichtet werden. Für sie sind jedoch vom Kindergarten bis zur Sekundarstufe II auch Sondereinrichtungen vorhanden. Auf der Grundlage der neuen Verfassung und des vom Parlament 1991 verabschiedeten Gesetzes für die Volksbildung ist für Gestaltung, Entwicklung und Funktionstüchtigkeit des gesamten Bildungswesens das Ministerium für Bildung, Wissenschaft und Technologie zuständig. Ihm sind 28 regionale Schulinspektionen sowie sämtliche Schuldirektoren direkt unterstellt. Berufliche Bildungseinrichtungen werden gemeinsam mit den zuständigen Fachministerien (Wirtschaft, Arbeit, Gesundheit und Soziales) geführt. Für die konkrete Ausgestaltung der äußeren Bedingungen der Schulpflicht sind die Gemeinden verantwortlich. Die gesamte Finanzierung des Bildungswesens erfolgt über den Haushalt des Bildungsministeriums.

3) Der Besuch von Kindergärten ist freiwillig. Es werden Beiträge erhoben, die sich an staatlichen Vorgaben orientieren. Für das letzte Jahr des Kindergartens hat das Bildungsministerium ein Curriculum erlassen, das systematisch auf das Lernen in der Anfangsschule vorbereitet. Diese Vorbereitungsgruppen sind teilweise an Grundschulen eingerichtet. Der ungefächerte Gesamtunterricht in der

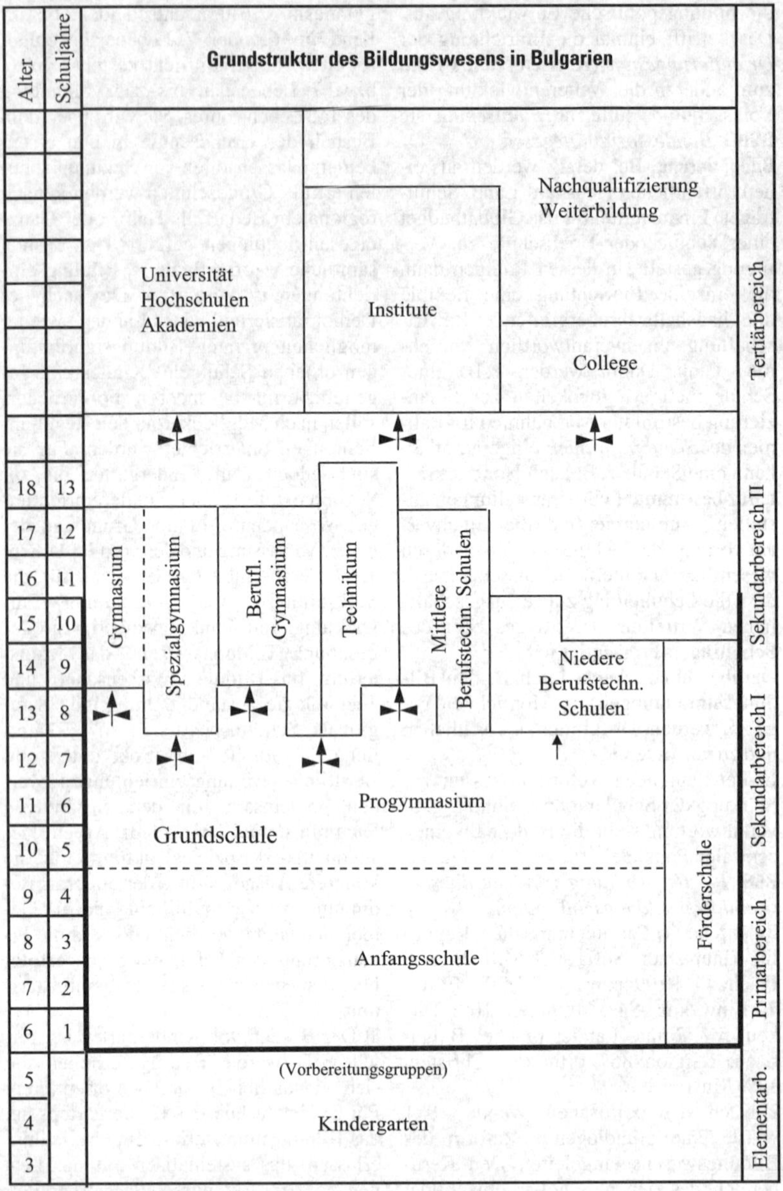

Fett umrandet sind die Einrichtungen für die Erfüllung der Schulpflicht.

Qualifizierte Auswahl ↑ Einfacher Übergang

Anfangsstufe der Grundschule wird i. d. R. von Klassenlehrern erteilt. Neben dem Pflichtunterricht enthält der Stundenplan bereits auf dieser Stufe vier Stunden Wahlpflichtunterricht. Die erste Fremdsprache wird ab Klasse 2 unterrichtet. Ab dieser Klasse erhalten die Kinder am Schuljahresende Notenzeugnisse (Skala: 6 = ausgezeichnet bis 2 = mangelhaft). Für die Versetzung muss in allen Pflichtfächern mindestens die Note 3 erreicht werden. Nach erfolgreichem Besuch der Klasse 4 erhalten die Schüler ein Abschlusszeugnis über die Erfüllung der Anfangsschule. In der 2. Stufe der Grundschule, dem Progymnasium, wird der Unterricht von Fachlehrern erteilt. In Klasse 5 setzt Unterricht in einer zweiten Fremdsprache ein. Die Versetzungsregelung entspricht der in der Anfangsstufe. Am Ende der Klasse 7 bzw. 8 wird ein Abschlusszeugnis ausgestellt. Leistungsschwächere Schüler können bereits ab Klassenstufe 7 in eine Handwerksschule (Berufstechnische Schule) übertreten, die eine grundlegende Erwerbsfähigkeit für weniger anspruchsvolle Berufe vermittelt. Mehr als 95% der Jugendlichen besuchen die allgemein oder berufsbildenden Schulen der Sekundarstufe II: Das vier- oder fünfjährige allgemein bildende Gymnasium, je nach Dauer des Grundschulbesuchs, das vier- oder fünfjährige berufliche Gymnasium, einen beruflichen Bildungsgang in einem bis zu sechsjährigen Technikum, eine Mittlere oder Niedere Berufstechnische Schule oder eines der fünfjährigen Spezialgymnasien (Profilgymnasien), die zumeist auf künstlerische Studiengänge an Universiäten und Hochschulen vorbereiten. Für alle mittleren und höheren Sekundarschulen ist das Abschlusszeugnis der Grundschule Voraussetzung. Je nach Verhältnis zwischen Angebot und Nachfrage können die Schulen Schüler leistungsorientiert auswählen. In die Niederen Berufstechnischen Schulen ist der Übergang ohne Abschlusszeugnis möglich.

4) Die Berufsausbildung findet fast ausschließlich an beruflichen Vollzeitschulen auf vier Niveaus statt: Handwerksschulen nach den Klassenstufen 7 oder 8 des Progymnasiums mit dem Abschluss der Qualifikation als Arbeiter, Mittlere Berufstechnische Schulen mit der Doppelqualifikation Facharbeiter und der Berechtigung zum Besuch der Abiturkurse am Gymnasium, schließlich Technika und die Berufsgymnasien mit der Doppelqualifikation Abitur und Techniker.

5) Im Tertiärbereich sind Universitäten, Hochschulen, Institute, Akademien und Colleges für Kurzstudiengänge eingerichtet. Voraussetzungen für die Aufnahme sind das Abschlusszeugnis eines Gymnasiums und das Bestehen einer Aufnahmeprüfung. Derzeit werden die Studiengänge auf *Bachelor-, Master-* und Postgraduiertenabschlüsse umgestellt. Die Hochschulen pflegen intensive Kontakte zu mitteleuropäischen Einrichtungen und werden durch internationale wissenschaftliche Organisationen in ihrer Entwicklung unterstützt.

6) Alle Lehrer, von der Vorschule bis zu den Schulen der Sekundarstufe II, werden in vier- oder fünfjährigen Studiengängen an Universitäten oder Kunst- und Musikakademien ausgebildet. Schulpraktische Studien und Übungen sind in die Studiengänge integriert.

7) Das bisherige System der Weiterbildung in den Staatsbetrieben ist weitgehend zusammengebrochen. Anerkannte Zertifikate verleihen derzeit allein die beruflichen Sekundarschulen, die zahlreiche Abendkurse und Fernstudien anbieten. Darüber hinaus entwickeln sich in den entstehenden privaten Betrieben Weiterbildungskonzepte.

Bund Deutscher Mädel (BDM). Unterorganisation für Mädchen innerhalb der *Hitler-Jugend,* die sich in den Jungmädelbund (für Mädchen von 10 bis 14) und den BDM (von 14 bis 21) gliederte. Der organisatorische Aufbau des BDM sowie Ziele, Inhalte und Formen des Gruppenlebens, der Heimabende und Dienste ent-

B

sprachen grundsätzlich denen der Hitler-Jugend, erfuhren aber eine deutlich geschlechtsspezifische Ausprägung, die sich am Frauenbild der Nationalsozialisten orientierte: Mutterschaft, Gehorsam gegenüber dem Mann, Verwalterin des Haushaltes, Bescheidenheit und Sittsamkeit, Opferbereitschaft und Einsatzfreude für Führer, Volk und Familie. Das BDM-Werk ›Glaube und Schönheit‹ indoktrinierte jungen Frauen im Alter von 17 bis 21 den elitären Führungsanspruch der arischen Frau gegenüber minderwertigen Völkern. Vorgesehen waren ein streng geregeltes Gemeinschaftsleben, Teilnahme an öffentlichen Massenauftritten, Brauchtumspflege u. a. Maßnahmen.

Bund Entschiedener Schulreformer. Zusammenschluss sozialdemokratisch und sozialistisch orientierter Pädagogen unter Führung von *P. Oestreich*, der 1919 von 24 Lehrern vorgenommen wurde und nach wenigen Jahren zum größten Pädagogenverband der Weimarer Republik angewachsen war. 1925 wurde er mit erweiterten Zielen in »Volksbund für neue Erziehung« umbenannt, 1933 verboten. Leitziel der Verbandsarbeit war die »entschiedene«, d. h. die innere und äußere Erneuerung des gesamten deutschen Schulwesens im Sinne einer differenzierten, schülerorientierten, lebenspraktischen und demokratisch verfassten *Einheitsschule,* die Überwindung der alten ständischen Schulhierarchie, die Verbesserung der *Bildungschancen* für die Kinder der unteren Schichten und die Schaffung eines einheitlichen Lehrerstandes. Der B. E. S. formulierte seine politischen und pädagogischen Grundsätze in Orientierung sowohl an sozialistischen Prinzipien als auch aus dem Gedankengut der *Jugendbewegung* heraus. Ihm gehörten namhafte Schulreformer an, deren pädagogische Konzeptionen z. T. weit über Deutschland hinaus Beachtung fanden, neben P. Oestreich und *F. Karsen* u. a. auch *C. Grunwald, F. Hilker, A. Siemsen, A. Grimme, S. Kawerau* und *E. Rotten.*

Bundesagentur für Arbeit (BA). Nach einer Novellierung des Sozialgesetzbuches III *(Arbeitsförderungs-Reformgesetz)* neuer Name für die Bundesanstalt für Arbeit seit 1. 1. 2004. Stand in der Bundesanstalt die Gewährung passiver Leistungen und die Verwaltung der Arbeitssuchenden im Zentrum, so sollen sich die Mitarbeiter der B. als kundenorientierte Vermittlungsagenten von Serviceleistungen (Beratung, Information, Schulung, Vermittlung u. a.) verstehen. Zu ihren zentralen Aufgaben gehören weiterhin die Vermittlung von Arbeits- und Ausbildungsstellen, Berufsorientierung und Berufsberatung sowie die Förderung der beruflichen Integration und Bildung. Die B. gliedert sich in zehn Regionaldirektionen und 180 Arbeitsagenturen. Partner der Schule ist vornehmlich die *Berufsberatung* der Arbeitsagenturen.

Bundesausbildungsförderungsgesetz (BAföG). Regelt den individuellen Anspruch auf Zuschüsse und Darlehen für den Besuch von Hochschulen, allgemein bildenden Schulen, beruflichen Schulen, Abendschulen und nach Landesrecht diesen Einrichtungen gleichgestellten Institutionen. Die Höhe der Zahlungen richtet sich nach bestimmten Bedarfssätzen. Zugleich werden eigenes Einkommen und Vermögen sowie solches von Eltern und Ehegatten in bestimmtem Umfang angerechnet. Die Förderung setzt i. d. R. erst nach Abschluss einer allgemein bildenden Schule ein. Für den Besuch dieser Schulen werden Zuschüsse nur dann gewährt, wenn aufgrund besonderer Umstände (z. B. auswärtige Unterbringung) den Eltern besonders hohe Ausbildungskosten entstehen. Die Förderung erstreckt sich auf die Dauer der Ausbildung und schließt die unterrichtsfreien Zeiten ein. Zuständig für die Bearbeitung der Anträge und die Zahlung der Zuschüsse bzw. Darlehen sind die Ämter für Ausbildungsförderung, die zumeist bei den Studentenwerken oder den Kreisverwaltungsbehörden eingerichtet sind. Die Förderleistungen werden regelmäßig aktualisiert, zuletzt im BAföG-Änderungsgesetz vom Dezember 2004.

Bundesausschuss für Berufsbildung. Nach § 92 des *Berufsbildungsreformgesetzes* (BerBiRefG) eingerichteter Hauptausschuss des *Bundesinstituts für Berufsbildung* (BIBB), der als höchstes Organ in allen Angelegenheiten des BIBB beschließt, die Bundesregierung in grundsätzlichen Fragen der Berufsbildung berät, das Forschungsprogramm des BIBB aufstellt sowie Entwürfe für betriebliche Ausbildungsordnungen und schulische Rahmenlehrpläne verabschiedet. Der B. f. B. setzt sich zu je einem Viertel aus Vertretern der Arbeitgeberorganisationen, der Gewerkschaften, der Bundesregierung und der Länderregierungen zusammen.

Bundeselternrat. Freiwilliger Zusammenschluss (e. V.) von Elternvertretern aus allen 16 Bundesländern. Im Unterschied zur Mitbestimmung der Eltern auf den verschiedenen Ebenen des Schulwesens in den Ländern, die in den Schulgesetzen gesichert ist, fehlt dem B. aufgrund der Kulturhoheit der Länder eine gesetzliche Gundlage.

Bundesinstitut für Berufsbildung (**BIBB**; engl. *Federal Institute of Vocational Training*). In Teil 5 des *Berufsbildungsreformgesetzes* (BerBiRefG) sind die Aufgaben, die Organisation, die Finanzierung und die Satzung des BIBB geregelt. Das BIBB ist eine bundesunmittelbare rechtsfähige Anstalt mit Sitz in Bonn. Es führt seine Aufgaben im Rahmen der Bildungspolitik der Bundesregierung durch. Es soll auf der Grundlage eines jährlich zu erstellenden Forschungsplanes zur Berufsbildungsforschung beitragen, ist an der Entwicklung neuer Ausbildungsordnungen beteiligt, bereitet den jährlichen *Berufsbildungsbericht* der Bundesregierung vor und fördert Modellversuche in der beruflichen Bildung. Das BIBB führt das Verzeichnis der staatlich anerkannten Ausbildungsberufe. Oberstes Organ ist der *Bundesausschuss für Berufsbildung*, in dem Bund, Länder, Arbeitgeber und Gewerkschaften zu je einem Viertel vertreten sind.

Bundesjugendkuratorium (engl. *Federal Committee on Youth Policy*). Nach den Bestimmungen des *Kinder- und Jugendhilfegesetzes* (KJHG) beruft das Bundesministerium für Familie, Senioren, Frauen und Jugend als Sachverständigengremium das B., dessen Aufgabe die Beratung der Bundesregierung in allen grundsätzlichen Fragen der *Jugendhilfe* ist. Die Geschäftsstelle ist beim Deutschen Jugendinstitut (DJI) angesiedelt.

Bundesjugendplan (engl. *Federal Youth Plan*). Seit 1950 verabschiedet der Deutsche Bundestag jährlich einen B., aus dessen Mitteln die *Jugendhilfe,* insbesondere die *Jugendarbeit* freier und öffentlicher Träger unterstützt wird, soweit Aktivitäten nicht aus den Haushalten der Länder oder Gemeinden finanziert werden können. Verwaltet wird der B. vom Bundesministerium für Familie, Senioren, Frauen und Jugend. Der B. wurde 1993 in Kinder- und Jugendplan des Bundes umbenannt.

Bundesjugendring. Freiwilliger Zusammenschluss der *Jugendverbände* auf Bundesebene zum Zwecke der Vertretung gemeinsamer Interessen gegenüber Öffentlichkeit und Politik (Bundestag, Bundesregierung, Parteien, Kirchen, Verbände, Gewerkschaften usw.). Derzeit gehören dem B. etwa 20 Jugendverbände und die *Landesjugendringe* als Mitglieder an.

Bundesjugendspiele. Zur Heranführung junger Menschen an den Sport als vielseitige Freizeitbeschäftigung, als Beitrag zur Stärkung des Selbstvertrauens und der Kooperation sowie zur Überprüfung und Verbesserung sportlicher Leistungsfähigkeit führt die KMK im Zusammenwirken mit dem Bundesministerium für Familie, Senioren, Frauen und Jugend jährlich die B. an allen deutschen Schulen und in Sportvereinen durch. Verliehen werden dabei Teilnehmer-, Sieger- und Ehrenurkunden.

Bundesministerium für Bildung und Forschung (BMBF). Nach den Bestimmungen des GG sind die Zuständigkeiten im Bereich der *Bildungspolitik* zwischen dem Bund und den Ländern aufgeteilt *(Kulturhoheit der Länder).* Im Rahmen dieser Aufteilung erfüllt das BMBF folgende Aufgaben: Zusammenarbeit mit den Bundesländern im Bereich der *Bildungsplanung* sowie der Förderung von Modellversuchen in Schulen, Berufsbildung und Hochschulen, Begabtenförderung durch die Ausrichtung von Wettbewerben, Maßnahmen im Rahmen des *Bundesausbildungsförderungsgesetzes* (BAföG), Initiativen im Bereich der Weiterbildung, Vorbereitung der Gesetzgebung im Bereich der außerschulischen Bildung, Entwicklung und Ordnung der beruflichen Aus- und Weiterbildung (*Berufsbildungsgesetz,* Erlass von *Ausbildungsordnungen*), Förderung überbetrieblicher Ausbildungseinrichtungen, Vorlage des jährlichen *Berufsbildungsberichtes*, Rahmengesetzgebung für das Hochschulwesen *(Hochschulrahmengesetz)* sowie die Förderung wissenschaftlich-technologischer Entwicklungen in Deutschland. Zielsetzung dabei ist, die wissenschaftliche Grundlagenforschung sowie die Erarbeitung neuer wissenschaftlicher Einzelerkenntnisse und ihre Umsetzung in die soziale, ökologische oder ökonomische Praxis zu unterstützen, um dadurch die allgemeinen Lebensverhältnisse zu verbessern und die internationale Konkurrenzfähigkeit der Wirtschaft zu stärken.

Bundesministerium für Familie, Senioren, Frauen und Jugend (BMFSFJ). Zu den Aufgaben des Ministeriums gehören insbesondere die Stärkung der Familie, die Verbesserung des Familienlastenausgleichs und der Familienerholung, die Altenpflege und Pflegeversicherung. Weitere zentrale Arbeitsbereiche sind die Förderung praktischer Frauenarbeit in allen wesentlichen Lebenslagen (Familie, Ausbildung, Beruf, Politik), Aktivitäten zur Durchsetzung des Gleichberechtigungs- und Mutterschutzgesetzes, zur Beratung und Unterstützung der Frauen in besonderen Konfliktsituationen, Maßnahmen im Bereich von Kinder- und Jugendhilfe, Jugendschutz und Gefahrenabwendung, Durchführung besonderer Eingliederungsprogramme für benachteiligte Jugendliche sowic alle Aufgabenstellungen im Zusammenhang mit dem Zivildienstgesetz.

Bundessozialhilfegesetz (BSHG; engl. *Federal Social Assistance Act*). Regelt in Fällen individueller Notlagen die Rechtsansprüche der Bürger auf Leistungen und Hilfen durch die öffentliche Verwaltung. Sozialhilfe kann als Geldleistung, Sachleistung oder persönliche Unterstützung gewährt werden. Sie wird unterteilt in Hilfen zum Lebensunterhalt und Hilfen in besonderen Lebenslagen. Für die Durchführung entsprechender Maßnahmen sind i. d. R. die Städte oder Landkreise zuständig. Für *Berufsausbildung, Jugendhilfe* und *Behindertenpädagogik* ist die Bestimmung wichtig, dass Hilfen in besonderen Lebenslagen auch Eingliederungshilfen für körperlich, geistig oder seelisch Behinderte umfassen.

Bundeswehrhochschulen. Verwaltungsinterne *Universitäten* und *Fachhochschulen* des Bundes, die voll aus dem Bundeshaushalt finanziert werden, zugleich jedoch dem jeweiligen Hochschulgesetz des Landes unterliegen, in dem sie angesiedelt sind. An den Universitäten der Bundeswehr in Hamburg und München können sich ausschließlich Offiziersanwärter immatrikulieren, die sich für einen mindestens zwölfjährigen Dienst in der Bundeswehr verpflichtet und das Verfahren der Offiziersprüfstelle in Köln erfolgreich durchlaufen haben. Die Fachhochschulen der Bundeswehr dienen im Wesentlichen der beruflichen Weiterbildung von Unteroffizieren, die kurz vor ihrem Ausscheiden aus den Streitkräften stehen. Sämtliche Abschlüsse der B. sind denen anderer Hochschulen gleichgestellt.

Bundeszentrale für politische Bildung. Dient der überparteilichen politischen

Bildungsarbeit von Erwachsenen, insbesondere sog. Multiplikatoren wie Lehrern, Mitarbeitern in der *Jugendarbeit* und *Erwachsenenbildung* durch a) die Herausgabe von Zeitschriften (z. B. ›Informationen zur politischen Bildung‹) und Büchern, b) durch Tagungsarbeit in Kooperation mit Tagungsstätten (z. B. der Jugendverbände, Gewerkschaften oder Kirchen sowie c) durch Förderung von politischer Bildung in den öffentlichen Medien. Bei ihrer Gründung 1952 wurden der Aufarbeitung des Faschismus sowie der Auseinandersetzung mit dem kommunistischen Totalitarismus besondere Aufmerksamkeit gewidmet. In den Bundesländern bestehen Landeszentralen für politische Bildung, die weitgehend ähnliche Aufgaben zu erfüllen haben. Die i. d. R. kostenlosen Angebote der Zentralen werden laufend aktualisiert. Anfragen sind direkt an die Dienststellen zu richten.

Bund-Länder-Kommission für Bildungsplanung und Forschungsförderung (**BLK**; engl. Bund-Laender-Commission for Educational Planning and Promotion of Research). Das GG bestimmt *Bildungsplanung* und Forschungsförderung als Gemeinschaftsaufgabe des Bundes und der Länder. Zu diesem Zwecke wurde 1970 die BLK eingerichtet, in der Bund und Länder jeweils mit 16 Stimmen vertreten sind. Beschlüsse der BLK sind für die Bundesländer nicht bindend. Die BLK sollte einen Rahmenplan für die *Bildungspolitik* in Deutschland erarbeiten. Der *Bildungsgesamtplan* wurde 1973 vorgelegt, konnte aber wegen grundsätzlicher Widersprüche in den bildungspolitischen Positionen der verschiedenen Landesregierungen wenig Bewegung in die Politik bringen. Heute arbeitet die BLK insbesondere im Bereich der Förderung von einzelnen Innovationsvorhaben *(Modellversuche)* und deren wissenschaftlicher Begleitung in den Bereichen Berufsausbildung, Behindertenpädagogik, Weiterbildung und Hochschuldidaktik.

Burschenschaft. Die B. entstand 1815 als Zusammenschluss der bis dahin landsmannschaftlich organisierten Studentenschaft. Sie war anfänglich wesentlicher Träger der deutschen Freiheitsbewegung gegen die französische Besetzung unter Napoleon I. Die schwarz-rot-goldene Fahne der B. wurde 1832 erstmals als Symbol der deutschen Einheit gezeigt. Nach der Reichsgründung 1871 entwickelte die B. ein eher nationalkonservatives Gedankengut. Heute ist eine B. eine Farben tragende studentische Korporation. Ihre Ziele sind i. d. R. die Pflege des geselligen Zusammenlebens, Studienberatung und -hilfen sowie die Unterstützung der Studierenden beim Übergang in den Beruf.

BVJ. *Berufsvorbereitungsjahr.*

C

Casework (Syn. **Einzelfallhilfe, soziale Einzelhilfe**). Auf der Grundlage einer mehrperspektivischen Analyse der Problemlagen eines Klienten (entwicklungspsychologisch, familiensoziologisch, kulturanthropologisch, medizinisch) versucht der Caseworker (i. d. R. ein Sozialarbeiter) zusammen mit dem Klienten einen Hilfs- bzw. Behandlungsplan zu erarbeiten. Gemeinsame Analyse und Entwicklung des Therapieplanes sind bereits wesentliche Teile des C. Ziel ist die schrittweise Stärkung von Identität und Handlungskompetenz des Klienten. Dabei können soziale Hilfen (z. B. Arbeitsbeschaffung, Gruppenarbeit) eine wesentliche Rolle spielen. C. verlangt folglich vom Sozialarbeiter ein breites Spektrum an Kompetenzen.

CEDEFOP (franz. *Centre Européen pour le Développement de la Formation professionelle*). Das europäische Zentrum für die Förderung der Berufsbildung mit Sitz in Thessaloniki hat die Aufgabe, durch Information, Forschung und Verbesserung der Zusammenarbeit die berufliche Aus- und Weiterbildung innerhalb der Europäischen Union zu unterstützen. Deutscher Vertragspartner ist das *Bundesinstitut für Berufsbildung* (BIBB) in Bonn.

CENYC. *Europäischer Jugendrat.*

Chancengleichheit (engl. *equal opportunities*). Seitdem die Philosophie der *Aufklärung* ihren Niederschlag in den Grundrechten der Verfassungen demokratischer Staaten gefunden hat, ist der Widerspruch zwischen dem normativen Anspruch auf Gleichheit (Art. 3 Abs. 3 GG) und der sozialen, wirtschaftlichen und kulturellen Ungleichheit klar ersichtlich. Die deutsche Schulgeschichte des dreigliedrigen Schulsystems seit 1820 belegt, dass mit der institutionalisierten *Auslese* durch das Beurteilungs- und Berechtigungswesen auch immer eine soziale verbunden war. Die Konzeption des dreigliedrigen Schulsystems und seine Auswirkungen auf die soziale Auslese wurden gegen Reformansprüche bis in die sechziger Jahre mit der natürlichen Ungleichheit der Begabungen und der Realisierung des individualistischen Leistungsprinzips legitimiert. Vor dem Hintergrund weltpolitischer Ereignisse (Start von Sputnik I 1957, Raumfahrt, Vietnamkrieg) und wirtschaftlicher Entwicklungen wurden die Forderungen nach »Aufholen des Modernitätsrückstandes«, nach »Ausschöpfen der Begabungsreserven« *(G. Picht)* und nach optimaler schulischer Förderung der heranwachsenden Generation ernst genommen. Erste empirische Großuntersuchungen zum Zusammenhang zwischen den Bildungsreserven und dem Bildungssystem in Deutschland belegten, dass das demokratische Prinzip der C. nicht verwirklicht war und vor allem Mädchen, Arbeiterkinder, Landkinder und Kinder von Katholiken zu den benachteiligten Bevölkerungsgruppen gehörten. In der Bildungsreformdiskussion der siebziger Jahre über die Gleichheit der Chancen zeigte sich jedoch, dass mit dem Begriff C. unterschiedliche Zielvorstellungen und Begriffsverständnisse verbunden waren. **1)** Konservative Sicht: Bildung, beruflicher und sozialer Status sollen aufgrund von Fähigkeiten und Begabung der Individuen zugewiesen werden. Fähigkeiten und Begabungen werden als relativ naturgegeben und unveränderlich angesehen. Der Grad individueller Bildung wird als

Ausdruck ererbter Anlagen verstanden. Da die natürlichen Begabungen in der Massengesellschaft ein kostbares Gut sind, soll das Bildungssystem hoch selektiv sein, damit die besonderen Talente in möglichst homogenen Gruppen optimal gefördert werden können. C. ist danach in einem institutionell stark gegliederten Schulsystem für Begabte und Hochbegabte eher gegeben als in einem integrierten Schulsystem, das ihre Chancen beeinträchtigen würde und eine Nivellierung zur Mittelmäßigkeit zur Folge hätte.

2) Liberale Sicht: Der Zugang zu Bildung, beruflichen und sozialen Positionen soll von erworbenen Bildungsqualifikationen abhängig gemacht werden und nicht vom sozialen Status der Herkunftsfamilie. Dabei wird auch von angeborenen Fähigkeiten, Begabungen und Leistungsmöglichkeiten ausgegangen. Formale C. kann dann erreicht werden, wenn Bildungsbarrieren auch für begabte Kinder der unteren Sozialschichten abgebaut werden, indem der Zugang zu Bildungseinrichtungen und zum Beruf eröffnet wird und die Leistungsbewertung im Konkurrenzsystem Schule nach objektiven Kriterien erfolgt. Dazu ist ein freier Zugang und eine Verbreiterung des Bildungsangebotes notwendig, die mit der Abschaffung von Schulgeld und Studiengebühren, mit Ausbildungsförderung sowie mit geografischer Streuung und gleichmäßiger Ausstattung der Bildungseinrichtungen gegeben sind. C. wird aus der liberalen Sicht im Sinne von Zugangsc. verstanden nach dem Motto: »Jeder ist dann seines Glückes Schmied.«

3) Soziale Sicht: C. wäre dann erreicht, wenn sich soziale Unterschiede statistisch nicht mehr von vornherein auf die Bildungs- und Berufschancen der Kinder auswirken würden. Das bedeutet nach Art. 3 Abs. 3 des GG: »Niemand darf wegen seines Geschlechtes, seiner Abstammung, seiner Rasse, seiner Sprache, seiner Heimat und Herkunft, seines Glaubens, seiner religiösen oder politischen Anschauungen benachteiligt oder bevorzugt werden.« Im Sinne einer repräsentativen C. bedeutet dies, dass alle Kinder unabhängig von ihrer sozialen Herkunft dasselbe Anrecht auf Bildung und beruflichen Status haben. Dabei geht die soziale Sicht des Begriffs C. davon aus, dass Fähigkeiten, Begabung und Leistungsmöglichkeiten nicht allein anlagebedingt, sondern auch von der bildungsfördernden und sozioökonomischen Lage der Herkunftsfamilie abhängig sind. Deshalb ist die Verantwortung für den Schulerfolg nicht allein vom Kind und seiner Familie zu tragen, sondern auch von den Bildungseinrichtungen. Das Ziel C. bedeutet dann Chancenausgleich durch optimale individuelle Förderung und solidarisches Miteinanderlernen, was bei realistischer Betrachtung Abbau von Chancenungleichheiten meint. Ziel ist nicht die utopische Vorstellung, alle Kinder könnten das gleiche Bildungsniveau erreichen. Vielmehr soll jeder Heranwachsende so gefördert werden, dass er die Voraussetzungen besitzt, bei seiner Lebensbewältigung die Chancen tatsächlich wahrzunehmen und sich weiterzuentwickeln. Dabei meint Weiterentwicklung nicht nur die durch Leistungsmessung feststellbaren Kenntnisse, sondern die der unverwechselbaren Persönlichkeit mit ihren Talenten, Bedürfnissen und Interessen. C. bedeutet dann nicht nur Zugangsc., sondern Längsschnittc. oder Langzeitabbau von Chancenungleichheit, die erst am Ende der Schulzeit ihre Früchte zeigen kann.

Charakter (griech. *charassein* einprägen, schärfen, ritzen; engl. *character*). **1)** Die einem Menschen eigentümliche Natur. Das individuelle Gefüge der Erlebnis-, Verarbeitungs- und Reaktionsformen.

2) In ethischer Bedeutung die sittliche Verlässlichkeit einer Person, ihre Willensstärke bei der Einhaltung des als richtig Erkannten, auch gegen widrige innere und äußere Umstände. In der Psychologie wurde der Ch.begriff weitgehend durch den Begriff Persönlichkeit ersetzt, die Lehre vom Ch. (Charakterologie) zur

Persönlichkeitspsychologie weiterentwickelt.

Charta des Kindes. Konvention über die *Rechte des Kindes.*

China. **1)** Volksrepublik. Hauptstadt: Peking (11,5 Mill. Einw.). Fläche: 9 572 419 km², 1,3 Milliarden Einw., 136 Einw./km². 92% Chinesen, 8% verschiedene Minderheiten. Landes- und Amtssprache: Hochchinesisch, daneben zahlreiche Dialekte und Regionalsprachen. Etwa 7,5% Buddhisten u. a. religiöse Minderheiten (Daoisten, Muslime, Christen u. a.).

2) Von der Gründung der Volksrepublik 1949 bis zur Gesetzgebung von 1986, die bis heute Gültigkeit hat, ist das Bildungssystem strukturell und inhaltlich in wesentlichen Hinsichten neu definiert worden. Dabei haben sich z. T. radikale Umbrüche vollzogen. Im Nachhinein erwiesen sich die Eingriffe der sogenannten Kulturrevolution Mitte der 60er Jahre als besonders schwerwiegende Belastungen. Das Bildungsniveau sank auf allen Stufen. Politische Bekenntnisse waren wichtiger als systematisches Lernen und sozial nützliche Kenntnisse und Fähigkeiten. Insbesondere Lehre und Forschung an Universitäten und Hochschulen sanken auf ein derart niedriges Niveau, dass die Weiterentwicklung des ganzen Landes davon Schaden nahm. Viele Einrichtungen wurden geschlossen. Erst Ende der 70er Jahre setzte eine konsequente Rekonstruktion des Bildungswesens ein. Ein nationales Curriculum wurde erlassen und neue Schulbücher eingeführt. In Schulen und Universitäten wurden wieder Prüfungen abgehalten und akademische Grade vergeben. Die Lehrerbildung für Sekundarschulen wurde im Sinne einer akademischen Ausbildung reformiert. Seit 1986 beträgt die Schulpflicht neun Jahre. Schulen sind koedukative Einrichtungen. Derzeit stehen für etwa 85% der Schüler entsprechende Plätze in den halbtägigen Grund- und Sekundarschulen bereit. Das ist die weitaus höchste Bildungsbeteiligung, die je in China erreicht werden konnte. Für Kinder mit besonderem Förderbedarf stehen besondere Klassen und Schulen zur Verfügung. Rund 2000 Privatschulen sind zugelassen. Sie erheben nach staatlichen Vorgaben Schulgeld. Alle Maßnahmen im Bildungswesen vom Kindergarten bis zu den Universitäten werden einheitlich für das gesamte Land im Erziehungsministerium in Peking vorbereitet, von dort implementiert, kontrolliert und finanziert. Zu diesem Zwecke ist eine streng hierarchisch und zentralistisch organisierte Schulverwaltung im Aufbau.

3) Die Vorschulerziehung wird seit rund 20 Jahren mit Nachdruck von kommunalen Behörden, Betrieben, Produktionsgenossenschaften und privaten Initiativen ausgebaut. Die Ausbildung der Erzieherinnen und die pädagogische Ausstattung der Spiel- und Lernumgebung stehen dabei im Mittelpunkt. In ländlichen Regionen werden wesentlich weniger Plätze angeboten als in den Städten. Insgesamt kann die Nachfrage bei Weitem noch nicht erfüllt werden. Kinder werden i. d. R. ab dem 3. Lebensjahr in Kindergärten aufgenommen. Der Besuch ist freiwillig und grundsätzlich kostenlos. In vielen Fällen aber investieren Eltern in die Ausstattung der Einrichtungen. Für Mahlzeiten werden Gebühren erhoben. Für die neunjährige Pflichtschulzeit haben sich bei der Verteilung der Schuljahre auf Primar- und Sekundarschule drei Systeme entwickelt: 6 + 3, 5 + 4 oder 9 Jahre in Form einer Gesamtschule. In die Primarschule werden die Kinder mit Vollendung des 7., in einigen Regionen auch schon mit Vollendung des 6. Lebensjahres aufgenommen. Der Unterricht in Chinesisch und Mathematik beansprucht etwa die Hälfte der Zeit. Jährlich finden zentrale Abschlussprüfungen statt. Nur Kinder, die von 100 möglichen Punkten 59 und weniger erreichen, wiederholen eine Klasse. Die Unterstufe der Sekundarschule gliedert sich in einen allgemein bildenden und einen berufsbildenden Zweig. Die Auswahl steht grund-

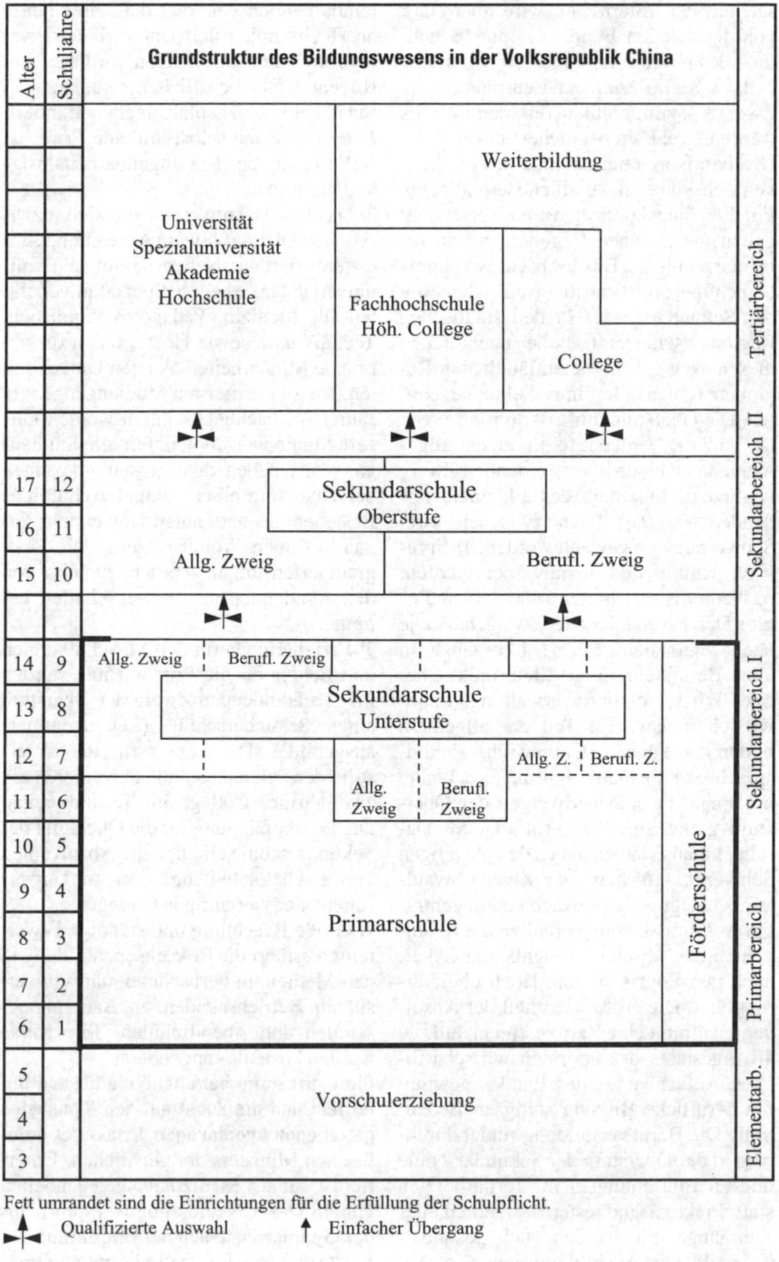

Fett umrandet sind die Einrichtungen für die Erfüllung der Schulpflicht.

Qualifizierte Auswahl — Einfacher Übergang

sätzlich den Eltern frei, wird aber stark von den lokalen Behörden unter Beachtung des gesellschaftlichen Ausbildungsbedarfs beeinflusst. Der Lehrplan beider Zweige ist zum größten Teil identisch. Es werden zwei Fremdsprachen unterrichtet. Die berufsorientierten Inhalte beschränken sich auf berufskundliche Grundlagen. Für Leistungskontrollen und Versetzung gelten die gleichen Regelungen wie für Primarschulen. Das Abschlusszeugnis berechtigt zum Eintritt in die Oberstufe der Sekundarschule. In den städtischen Regionen schlagen fast alle Jugendlichen diesen Weg ein. In vielen ländlichen Regionen fehlen allerdings Sekundarschulen. Die Oberstufe umfasst drei Jahre. Sie ist wie die Unterstufe in einen allgemeinen und einen berufsbildenden Zweig gegliedert. Innerhalb des allgemein bildenden Zweiges kann zwischen zwei Schwerpunkten gewählt werden: a) Sprachen, Kultur- und Sozialwissenschaften; b) Naturwissenschaften und Technologie. Der berufsbildende Zweig bietet je nach regionalem Bedarf Lehrgänge in allen Berufsfeldern an: Elektronik, Chemie, Wirtschaft und Verwaltung, Landwirtschaft usw. Ein Teil der allgemein bildenden Fächer (Chinesisch, Fremdsprache, Mathematik, Politik, Geschichte u. a.) sind in beiden Zweigen der Oberstufe gleichermaßen verpflichtend. Darüber hinaus können neben den jeweiligen Schwerpunktfächern der Zweige Wahlkurse belegt werden. Nach einem zentralen Abschlussexamen erhalten die Absolventen das Abschlusszeugnis, das i. d. R. auch den Eintritt in eine Hochschule ermöglicht. Die große Mehrheit der Absolventen nimmt eine Berufstätigkeit auf.

4) Angesichts des enormen wirtschaftlichen Aufschwungs des Landes gewinnt die berufliche Bildung stetig an Bedeutung. Die Berufsausbildung findet durchweg in der Oberstufe der Sekundarschule und an Einrichtungen im Tertiärbereich statt. Praktika sind fester Bestandteil aller Lehrgänge. Sie werden auch gesondert beurteilt. Die Ausbildungsgänge im Sekundarbereich dauern i. d. R. drei Jahre, an Hochschulen und Universitäten zwei bis fünf Jahre. Inzwischen wird den Absolventen der beruflichen Schulen vom Staat kein Arbeitsplatz mehr garantiert. Jeder muss sich selbst um eine Erwerbsstelle bemühen. Die Jugendarbeitslosigkeit nimmt zu.

5) Das Hochschulwesen stellt sich inzwischen wieder auf hohem Niveau und sehr differenziert dar. Neben zahlreichen Volluniversitäten arbeiten Spezialuniversitäten für Medizin, Pädagogik, Sprachen, Technik usw. sowie Hochschulen für nationale Minderheiten. An den Universitäten dauern die meisten Studiengänge vier Jahre. An Fachhochschulen werden kürzere Studien angeboten. Für alle Studiengänge ist neben dem Abschlussexamen der Oberstufe einer Sekundarschule das Bestehen des nationalen Universitätseingangsexamens Voraussetzung. Die Postgraduiertenstudien werden zumeist von den Akademien der Wissenschaften betreut.

6) Erzieherinnen für den Vorschulbereich und Lehrer für die Primarschule werden im berufsbildenden Zweig der Oberstufe einer Sekundarschule (Lehrerseminar) ausgebildet. Die Lehrer für die Unterstufe der Sekundarschule absolvieren ein zweijähriges College im Tertiärbereich. Die Lehrbefähigung für die Oberstufe der Sekundarschule erhalten die Absolventen von Bachelorstudiengängen an Universiäten oder vierjährigen Colleges.

7) Große Beachtung und ständige Erweiterung erfährt die Erwachsenenbildung in den Medien, in Fernschulen und -universitäten, Betriebsakademien, Bauernhochschulen und Abendschulen. Alle Kurse werden kostenlos angeboten.

Circularrescript betreffend die für den Unterricht und die Zucht auf den Gymnasien getroffenen Anordnungen. Erlass des preußischen Ministers der geistlichen, Unterrichts- und Medizinalangelegenheiten von 1837 zur Neufassung des Lehrplans der Gymnasien. Nach der Einführung des Staatsexamens für das Lehramt an Gymnasien 1831 sowie der Institutionalisierung des *Abiturs* als Abschlussprüfung und Eingangsvoraussetzung für das Studium an Universitäten 1834 stellt das C. das Herzstück der Gestaltung des Bildungsganges am neuhumanistischen Gymnasium dar. Zwar blieb die besondere Stellung der Sprachen (Deutsch, Latein, Griechisch) erhalten, doch wurde mit dem Sprachunterricht ein breites Spektrum an neuen geistes- und realwissenschaftlichen Fächern verbunden: Religion, philosophische Propädeutik, Mathematik, Physik, Naturbeschreibung, Geschichte, Geografie, Zeichnen und Singen. Zugleich regelte das C. die Aufnahmebedingungen für das Gymnasium neu, nachdem in der Vergangenheit die Klagen über höchst unterschiedliche Voraussetzungen immer lauter geworden waren. Die Jungen sollten das 10. Lebensjahr vollendet haben, Lesen, Schreiben, die Anfänge der Grammatik sowie die Grundrechenarten beherrschen und elementare Kenntnisse in Geografie, Religionslehre und im geometrischen Zeichnen mitbringen.

Circularverfügung: Anderweitige Organisation der Real- und höheren Bürgerschulen. Erlass des preußischen Ministers der geistlichen, Unterrichts- und Medizinalangelegenheiten von 1856, der die Besonderheiten neuer Realanstalten neben den traditionellen Gymnasien regelte. Fortschritte in Naturwissenschaft und Technik, neue Freiheiten und rechtliche Sicherheiten für die wirtschaftliche Selbständigkeit des Bürgertums und die sich ständig beschleunigende Entwicklung von Industrie, Handel und Verkehr verstärkten im ersten Drittel des 19. Jh. den Bedarf an höherer Schulbildung, in der die neuen Sprachen und die Naturwissenschaften stärker als im Gymnasium vertreten sein sollten. Zahlreiche Städte richteten an ihren öffentlichen oder privaten Gymnasien und höheren Bürgerschulen Realzüge ein, die zwar bei der staatlichen Schulverwaltung, den etablierten staatlichen Gymnasien und den Universitäten auf strikte Ablehnung stießen, schließlich aber angesichts der durchgreifenden Veränderungen in den wirtschaftlichen Verhältnissen Schritt für Schritt staatliche Anerkennung und schließlich die Gleichstellung mit den Gymnasien erreichten. Die C. stellte in diesem Emanzipationsprozess eine entscheidende Weichenstellung dar, weil sie den Weg in die Gleichstellung eröffnete. In der C. wurde eine Langform der Realanstalten bis zum 18. oder 19. Lebensjahr (Schulen erster Ordnung) von einer Kurzform bis zum 16. Lebensjahr (Schulen zweiter Ordnung) unterschieden. Die Verfügung erkannte die gesellschaftliche Bedeutung des neuen Schultyps an, hob aber auch die Unterschiede zu den Gymnasien hervor und stellte Vorüberlegungen für die Ausbildung der Lehrer an Realanstalten an. Die Berechtigung zur Abnahme der allgemeinen Abiturprüfung wurde den Realanstalten erster Ordnung auch in der 1859 erlassenen »Unterrichts- und Prüfungsordnung« noch nicht erteilt, vielmehr wurden die Schulen angehalten, ihren Lehrplan inbesondere für die Fächer Latein und Mathematik an dem der Gymnasien zu orientieren, um den Schülern den Übergang in Gymnasien und die Ablegung des Abiturs zu ermöglichen. Die Abschlussprüfung der Realanstalten erster Ordnung wurde jedoch als Eingangsvoraussetzung für naturwissenschaftlich-technische Studien an Universitäten anerkannt.

Clique. In Schule und Jugendarbeit Bezeichnung für eine Sozialform, in der junge Menschen gemeinsame Vorlieben, Interessen und Aktivitäten pflegen, dabei eine enge Zusammengehörigkeit empfinden, oft auch gleiche Normen für Verhalten und Kleidung beachten und sich dadurch deutlich gegenüber anderen Gleichaltrigen abgrenzen.

Clustering (engl. *cluster of ideas, thoughts*; von *cluster* Traube, Kranz, Haufen). In der Pädagogik bezeichnet der Begriff Cluster eine Sammlung verschiedener Gedanken zu einem bestimmten

C

Thema. Die Technik zur Visualisierung der Gedanken, die sich um den Kern des Themas gruppieren, wird als C. bezeichnet. Sie findet Anwendung z. B. bei der einführenden Erschließung eines Seminarthemas durch den Dozenten und die Lerngruppe, vor dem Schreiben eines Referats oder Aufsatzes, am Beginn der Planung einer Unterrichtseinheit oder zur Erkundung des Vorwissens bei einer Lerngruppe. In der Anwendung von C. empfiehlt sich folgender Ablauf: 1. In die Mitte eines Blattes, einer Tafel oder eines Plakates wird ein zentrales Wort oder ein Hauptbegriff des Themenbereichs geschrieben und mit einem Kreis umrandet. Das ist der Kern des Clusters. 2. Die hierzu aufkommenden Gedanken, Einfälle und Ideen werden mit einem Stichwort aufgeschrieben und um das Kernwort herum gruppiert. Jedes Stichwort wird wieder mit einem Kreis umgeben und durch eine Linie mit dem Kernwort oder dem vorhergehenden Wort verbunden, so dass Assoziationsketten entstehen. Weitere Assoziationsketten können am Kernwort beginnen oder sich mit schon aufgeschriebenen Wörtern verknüpfen. Das Assoziieren sollte nicht länger als etwa acht Minuten dauern. 3. Zu dem entstandenen Cluster kann gemeinsam eine inhaltliche Strukturierung vorgenommen und/oder individuell mit den systematisierten Wörtern (Begriffen) ein kurzer Kontext geschrieben werden. Das Cluster, seine Umstrukturierung und die Kurztexte können die Grundlage für die weitere Arbeit sein.
Ein ähnliches Verfahren ist das *Mind-Mapping.*

Comenius-EU-Programm. Im Rahmen des EU-Bildungsprogramms *Sokrates* fördert C. die transnationale Zusammenarbeit im Bereich der allgemeinen Bildung. Schüler, Lehrer, Schulleitungen, Schulverwaltung und Lehrerbildung aus den Ländern der EU, aus Island, Liechtenstein und Norwegen, aus den neuen Beitrittsländern Rumänien und Bulgarien sowie aus der Türkei können teilnehmen. C. I unterstützt Schul-, Fremdsprachen- und Schulentwicklungsprojekte. C. II fördert die gemeinsame Aus- und Fortbildung des Schulpersonals. Die Aktion Lingua innerhalb von C. hat die Förderung und Wahrung der Fremdsprachenvielfalt innerhalb der EU zum Ziel.
Auskünfte über die Förderprogramme erteilen die zuständigen Landesministerien für Kultus, Schule, Unterricht.

Comenius Institut. Evangelische Arbeitsstelle für Erziehungswissenschaft, Münster. Ausgehend von der pädagogischen Mitverantwortung der Kirche sollen theoretische Erkenntnisse für praktische Lösungen gegenwärtiger Erziehungs- und Schulprobleme fruchtbar gemacht werden. Die Arbeit wird in Form von Studien, Tagungen, Konsultationen und Publikationen geleistet. Träger des C. I. sind die Evangelische Kirche in Deutschland, die Landeskirchen und die evangelischen Lehrer- und Erzieherverbände.

computerunterstützter Unterricht (engl. *computer-assisted instruction*). Form der Einzel- bzw. Alleinarbeit, bei der die Lernprozesse vom Anwendungsprogramm des Computers gesteuert werden. C. U. ist eine Form des *programmierten Unterrichts.*

Credit System (engl. *credit* Guthaben, Schein). In den Sekundarschulen und Universitäten einiger Länder (USA, England, Japan u. a.) müssen die Schüler bzw. Studierenden für das Erreichen eines Abschlusses eine vorgeschriebene Anzahl von Guthaben-Punkten (= credits) durch den erfolgreichen Besuch verschiedener Pflicht- und Wahlpflichtkurse erarbeiten. Bei der inhaltlichen Zusammenstellung der Kurse und im Hinblick auf die Anzahl der Kurse pro Lernphase (Schuljahr, Semester usw.) sind die Schüler bzw. Studierenden weitgehend frei, so dass auch die Ausbildungsdauer in ihrer Mitverantwortung steht.
Schulen und Hochschulen schreiben die Kurse unter Angabe der erreichbaren credits aus, die nach Klausuren vergeben werden. So tragen Schüler und Studieren-

de Schritt für Schritt die für einen Abschluss erforderlichen credits zusammen, legen also keine Abschlussprüfung mehr ab.

cultural lag. Aus dem Englischen übernommene Bezeichnung für den Entwicklungsrückstand eines gesellschaftlichen Teilsystems bzw. einer Teilgruppe hinter den als normal angesehenen Standards der gesellschaftlichen Ordnung. Auffälligstes Beispiel ist bis heute die wirtschaftliche und soziale Benachteiligung der Frau, obschon die Schülerinnen innerhalb des Schulwesens durchaus ihrem Anteil am Altersjahrgang gemäß vertreten sind. Die Bedingungen von Ausbildung, Studium und Arbeitswelt entsprechen jedoch immer noch nicht der Tatsache, dass von Frauen i. d. R. ein doppelter Lebensentwurf erwartet wird, nämlich der für die Rolle als Frau und Mutter einerseits, sowie der als Berufsinhaberin andererseits.

Curriculum (lat. *curriculum* Lauf, Kreislauf; engl. *curriculum*). Der Begriff C. setzt sich nach der Auflösung des Bildungskanons der *Septem artes liberales* (sieben freien Künste) seit dem 17. Jh. für die Auswahl und Anordnung sich jährlich wiederholender Lerninhalte in den Schulen durch. Im Zuge der Einführung einer deutschen Fachsprache wird der Begriff gegen Ende des 18. Jh. durch die Bezeichnung *Lehrplan* ersetzt. Der im angloamerikanischen Sprachbereich erhalten gebliebene Begriff C. wird Mitte der sechziger Jahre des vorigen Jh. vor allem durch *S. B. Robinsohns* Buch ›Bildungsreform als Revision des C.‹ wieder eingeführt, ist jetzt aber von dem Begriff Lehrplan und von dem Begriff *Unterrichtsentwurf* zu unterscheiden. Ein C. vermittelt gewissermaßen zwischen staatlichen Richtlinien und Lehrplänen einerseits und der Unterrichtsplanung andererseits.

Das C. ist der Vorentwurf für Lehr-Lern-Prozesse, der Aussagen über die angestrebten Ziele und Inhalte sowie über die Lernbedingungen, Medien, Methoden und Evaluationsverfahren macht. Dabei werden geschlossene C., die für die Durchführung präzise und verbindliche Aussagen machen, von *offenen C.* unterschieden, die eine anregungsreiche, beispielgebende Rahmenvorgabe darstellen. Das C. kann auf die Gesamtheit oder auf Teile der angestrebten Lehr-Lern-Prozesse z. B. in bestimmten Schulformen, Schulstufen, Jahrgängen, Schulfächern oder Themenbereichen bezogen sein. Ein C. kommt i. d. R. auf der Grundlage wissenschaftlicher Verfahren zustande, enthält Text- und Medienmaterial und ist auf eine ständige Überprüfung und Revision angelegt. Bei der Konstruktion von C. wirken sich unterschiedliche Ansätze der *Didaktik* und C.entwicklung aus.

Curriculumforschung (engl. *curriculum research*). Gegenstand der C. sind die Prozesse der Auswahl, Begründung und Beschreibung von Zielen und Inhalten der Erziehung und des Unterrichts, der Entwicklung von Curriculumbausteinen, der *Dissemination, Implementation* und *Evaluation*. Untersucht wird ferner die Beteiligung von Wissenschaftlern, Lehrern, Eltern und Schülern an der Curriculumentwicklung. Dabei kann die C. heute auf vielfältige Erfahrungen mit der Rezeption angelsächsischer Curriculumtheorien und der Curriculumentwicklung in Deutschland seit etwa 1965 zurückgreifen.

Curriculum vitae (lat. Lebenslauf). Bildungsgang eines Menschen.

D

DAAD. *Deutscher Akademischer Austauschdienst.*

Dalton-Plan. Eine Schulkonzeption, die von *H. Parkhurst* unter dem Einfluss *M. Montessoris* und *J. Deweys* entwickelt und 1920 in einer High School in Dalton (Mass./USA) eingeführt wurde. Im Mittelpunkt der Arbeit nach dem D. P. steht die individualisierte Einzelarbeit im Sinne M. Montessoris und die Gemeinschaftsarbeit bei Projekten im Sinne J. Deweys. Merkmale der Konzeption sind: Auflösung der Jahrgangsklassen durch Einzel- und Gemeinschaftsarbeit, kein einheitliches Voranschreiten im Klassenunterricht, Aufteilung des Jahrespensums in Monats- und Wochenaufgaben je Fach, Aufteilung des Pensums in verbindliche Kernaufgaben und freiwillige Neigungsaufgaben, individualisierte Differenzierung der Kernaufgaben durch Einzelarbeit, Unterrichtsräume mit Arbeitsecken und einer Fülle von Arbeitsmitteln und Medien sowie Facharbeitsräume als Laboratorien, Lernkontrolle vorwiegend durch Selbstkontrolle in Schüler-Tabellen, ergänzt durch Aufzeichnungen des Lehrers und durch Testergebnisse, Lehrer als Organisator, Berater und Helfer.

Heute gibt es etwa 40 Schulen, die nach dem D. P. arbeiten. Eine Ergänzung erfuhr der D. P. durch den Winnetka-Plan von C. W. Washburne, den er als Schulrat in Winnetka (Illinois/USA) 1922 einführte. Im Winnetka-Plan tritt neben die individualisierte Einzelarbeit die tägliche Gruppenarbeit zur gegenseitigen Anregung und Hilfe sowie zur Bewältigung gemeinsamer Aufgaben.

Dänemark. **1)** Parlamentarische Monarchie. Hauptstadt: Kopenhagen (501 664 Einw.). Fläche 43 096 km^2, 5,4 Mill. Einw., 125 Einw./km^2. 95% Dänen. Landesprache: Dänisch. Religion: etwa 85% Christen (evang.-lutherisch).

2) In dem dezentralisiert aufgebauten Bildungswesen legt das Bildungsministerium (UVM) auf der Grundlage der vom Parlament verabschiedeten Gesetze die äußeren Rahmenbedingungen (Ziele, Fächer, Stundentafeln u. a.) für die Schulbildung fest. Für die Schularten gibt es eigene Schulgesetze. Nach dem Schulgesetz für die Folkeskole (kommunale Gesamtschule) von 1993 besitzen die einzelnen Schulen in der Ausgestaltung der gesetzlichen Vorschriften durch die Rolle des Schulbeirats, des Schulleiters und der Lehrerkonferenz weitgehende Autonomie. Die Gemeinderäte sind für die allgemeine Schulaufsicht und die Verwaltung der Folkeskole verantwortlich. Sie entscheiden auch über die Verteilung der Mittel, die Einstellung der Lehrer und das von der einzelnen Schule vorgelegte Curriculum. Für die Verwaltung und Finanzierung der Gymnasien sind die Kreisräte zuständig. Die Verantwortung für die Schulaufsicht, den Lehrplan und die Prüfungsinhalte an Gymnasien hat das Bildungsministerium.

Nach den Ergebnissen der PISA-Studie ist 2003 ein Gesetz zur Reform des Schulwesens in Kraft getreten, in dem erstmals landesweit einheitliche Leistungs- und Unterrichtsziele eingeführt wurden. Verschiedene Lehrpläne wurden revidiert, um die mathematisch-naturwissenschaftlichen Fähigkeiten und die Lesekompetenz der Kinder und Jugendlichen zu stärken. Ferner ist 2005 ein Gesetz zur Reform der Oberstufe in Kraft getreten, das zur besseren Vorbereitung

auf das Universitätsstudium durch Anhebung des Fächerniveaus beitragen will. Das Dänische Institut für Evaluation (EVA) führt Evaluationsmaßnahmen auf allen Ebenen des Schulsystems durch.
Es besteht keine Schulpflicht, wohl aber eine neunjährige Unterrichtspflicht für alle Kinder und Jugendlichen im Alter von 7 bis 16 Jahren. Durch die freie Schulwahl kann sie in kommunalen und privaten Schulen, aber auch im Unterricht zu Hause erfüllt werden. Das Bildungsministerium beabsichtigt, die Vorschulklassen durch Gesetz als erste Jahrgangsstufe in die Folkeskole zu integrieren und dann die Unterrichtspflicht von neun auf zehn Jahre zu erweitern.
Die staatliche Folkeskole umfasst den Primar- und den Sekundarbereich I. Sie ist eine kostenfreie, koedukative Gesamtschule in Ganztagsform für alle unterrichtspflichtigen Kinder.
Im Schuljahr 2005/06 waren von allen Schülern im Primar- und Sekundarbereich I 2,1% dieser Kinder mit sonderpädagogischem Förderbedarf in die Folkeskole integriert und 0,7% in speziellen Sonderschulklassen und Sonderschulen.
Im gleichen Schuljahr gingen 86% der Schüler in öffentliche Schulen des Primar- und Sekundarbereichs I, 13,1% in private Schulen und 0,9% lernten im Hausunterricht. Zu den privaten Schulen gehören vorwiegend die Friskoler (Freie Schulen), die Efterskoler (wörtlich Nachschulen), aber auch Folkeskoler und Gymnasien. Während die Friskoler den Bereich der Folkeskole ganz oder teilweise abdecken, sind die Efterskoler Internatsschulen mit besonderer pädagogischer Konzeption, in denen Jugendliche von 14 bis 18 Jahren das 9. und/oder 10. Schuljahr absolvieren und sich dann einer Abschlussprüfung unterziehen, die der der Folkeskole entspricht. Die staatlichen Zuschüsse decken etwa 85% des Haushalts einer Privatschule ab; die restlichen Kosten müssen durch Schulgeld der Eltern aufgebracht werden.
3) Zum Elementarbereich gehören Kinderkrippen (vuggestuer) für Kinder im Alter bis zu drei Jahren, nichtschulische Kindergärten (bornehaver) für Drei- bis Siebenjährige und einjährige Vorschulklassen (bornehaveklasser) für Sechs- bis Siebenjährige. Die meisten Fünfjährigen und 96% der Sechsjährigen gehen freiwillig in die altersheterogenen Vorschulklassen der Folkeskole, in denen sie auf die Schule vorbereitet werden.
Die Folkeskole umfasst den freiwilligen Besuch einer Vorschulklasse, die Pflichtunterrichtsjahre 1 bis 9 und das freiwillige 10. Schuljahr, das etwa 61% der Schüler wahrnehmen. Organisatorisch besteht in der Folkeskole keine Trennung zwischen Primarbereich und Sekundarbereich I. Das Gesamtschulkonzept der Gemeindeschule ermöglicht es allen Kindern, in der gleichen Schülergruppe vom 1. bis zum 10. Schuljahr zu bleiben. Es gibt keine äußere Fachleistungsdifferenzierung, jedoch werden vom 8. Schuljahr an in einigen Prüfungsfächern Vertiefungskurse angeboten. Bis zur 7. Klasse werden keine Noten erteilt. Zweimal im Jahr informieren Berichte über die Lernentwicklung der Schüler. Es gilt die Regelversetzung. In den Klassen 8 bis 10 werden Noten (0 bis 13 Punkte) in den Prüfungsfächern des Abschlusszeugnisses gegeben. Seit dem Schuljahr 2006/07 werden in der Folkeskole in den Fächern Dänisch, Englisch, Mathematik und Naturwissenschaften nach der 9. und 10. Klasse als Abschlussprüfungen zehn verbindliche nationale Tests durchgeführt. Etwa 95% eines Alterjahrgangs erwerben ein Abschlusszeugnis. Der erfolgreiche Abschluss der Folkeskole vermittelt die Zugangsberechtigung zu den Bildungsgängen im Sekundarbereich II.
Etwa 10% der Schüler eines Jahrgangs gehen nach Erfüllung der Unterrichtspflicht ohne weitere Ausbildung auf den Arbeitsmarkt.
Im Sekundarbereich II können die Absolventen der Folkeskole zwischen allgemein qualifizierenden, berufsqualifizierenden und individuellen Bildungs-

wegen wählen. In der allgemein qualifizierenden Sekundarstufe II bereiten vier Bildungsgänge auf die Zulassung zum Hochschulstudium vor. Das allgemein bildende Gymnasium – STX (vergleichbar mit der gymnasialen Oberstufe in Deutschland) führt in einem dreijährigen Bildungsgang für i. d. R. 16- bis 19-/20-jährige Schüler zum Studentereksamen (Allgemeine Hochschulreife). Zugangsvoraussetzung ist das Bestehen der Abschlussprüfung am Ende der 9. oder 10. Klasse und eine Befähigungserklärung der abgebenden Folkeskole.

Die Hochschulreife kann auch im Anschluss an die 10. Klasse der Folkeskole nach einem zweijährigen Bildungsgang (Studenterkurser) an einer Tages- oder Abendschule durch das Hojere Forberedelseseksamen – HF (die »höhere Vorbereitungsprüfung«) erworben werden.

Zwei weitere Möglichkeiten zum Erwerb der Allgemeinen Hochschulreife bieten die berufsvorbereitenden dreijährigen Bildungsgänge für 16- bis 19-/20-Jährige am Handelsgymnasium und am Technischen Gymnasium. Der kaufmännische Bildungsgang führt zum Hojere Handelseksamen – HHX (der »höheren Handelsprüfung«) und der technische Bildungsgang zum Hojere Teknisk Eksamen – HTX (der »höheren technischen Prüfung«). Die Prüfungen qualifizieren erfolgreiche Absolventen für die Zulassung zu Bildungsgängen im Tertiärbereich.

4) Das dänische Berufsbildungssystem ist zentral organisiert. In Absprache mit den Sozialpartnern werden alle Standards in Verordnungen des Bildungsministeriums festgelegt. Die berufsqualifizierenden Bildungswege auf der Ebene der Sekundarstufe II für Jugendliche im Alter von 16 bis 20 Jahren ermöglichen den Absolventen einen direkten Einstieg in den Arbeitsmarkt. Unter den einheitlichen und flächendeckend angebotenen Maßnahmen überwiegt mit 90% (1998) die alternierende berufliche Erstausbildung (EUD) an Berufsschulen und in Betrieben (duales System). Die Ausbildungsdauer beträgt in kaufmännischen Ausbildungsgängen vier und in technischen dreieinhalb Jahre. Seit der Berufsbildungsreform von 2001 setzt sich die Ausbildung aus einem vorgeschalteten Grundbildungsabschnitt an der Berufsschule und einem darauf aufbauenden dualen Hauptausbildungsabschnitt zur beruflichen Spezialisierung in Betrieb und Schule zusammen. Kernpunkt der alternierenden Erstausbildung im Grundbildungsteil ist für die Auszubildenden die Möglichkeit, verschiedene Berufe ausprobieren zu können, bevor sie sich endgültig für einen entscheiden. Die Grundausbildung schließt mit einem Abschlusszeugnis ab, das die Grundlage für die anschließende Hauptausbildung in 85 Ausbildungsgängen bildet. Die Hauptausbildung setzt einen Ausbildungsvertrag mit einem Betrieb voraus. Sie dauert maximal dreieinhalb Jahre und findet im Wechsel zwischen Betrieb und Berufsschule statt. Nach einer Abschlussprüfung (z. B. Gesellenprüfung) erhält der erfolgreiche Absolvent vom zuständigen Branchenausschuss ein entsprechendes Zeugnis (z. B. Gesellenbrief) und für den schulischen Teil der Ausbildung von der Berufsschule ein Abschlusszeugnis.

Weitere berufsqualifizierende Ausbildungsgänge bereiten auf eine Tätigkeit im Sozial- und Gesundheitswesen, in der Landwirtschaft oder im Ingenieurwesen der Marine vor. Die Ausbildung findet in eigenen Schulen statt und enthält praktische und schulische Bestandteile.

Zu einer dritten Gruppe auf der Ebene der Sekundarstufe II zählen die individuellen Ausbildungswege für Jugendliche und junge Erwachsene, die dazu motiviert werden sollen, ihre Ausbildung fortzusetzen oder einen beruflichen Bildungsweg zu finden. Hierzu gehören der zweijährige Bildungsgang der »freien Jugendbildung« (FUU) und der zweijährige berufsvorbereitende Bildungsgang zur beruflichen Grundbildung (EGU).

5) In der Zuständigkeit des Ministeriums für Wissenschaft, Technologie und Inno-

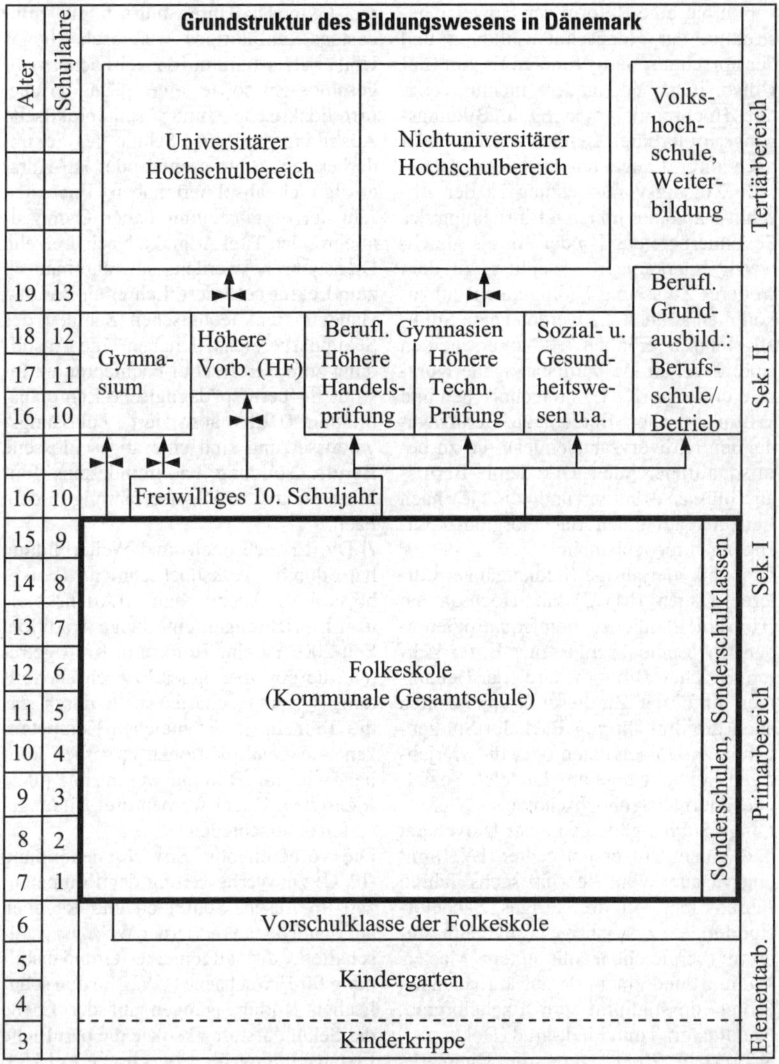

Fett umrandet sind die Einrichtungen für die Erfüllung der Unterrichtspflicht.

Qualifizierte Auswahl   Einfacher Übergang

D

vation hat eine Reform der Universitätsstruktur, der Hochschulausbildung und der Forschung stattgefunden. Es gibt fünf Universitäten und andere nichtuniversitäre Hochschuleinrichtungen. Bildungsgänge im tertiären Bereich werden meist nach ihrer Länge unterschieden. Generelle Zugangsvoraussetzung ist der Abschluss an einer höheren Einrichtung des Sekundarbereichs II oder ein als gleichwertig anerkannter Abschluss, zu dem weitere Zulassungsbedingungen hinzukommen können. Es werden keine Studiengebühren erhoben. Zu unterscheiden sind: Zweijährige berufsbezogene Kurzstudiengänge (KVU) im technischen und kaufmännischen Bereich an Berufsakademien (Erhvervsakademier), die zu berufsqualifizierenden Akademie-Berufsabschlüssen führen und die je nach Leistung auf einen Bachelorgrad-Studiengang anrechenbar sind.
Drei- bis vierjährige Studiengänge mittlerer Dauer (MVU) an Hochschulen (Hojskolen), die zu berufsqualifizierenden Hochschulabschlüssen z. B. für Lehrer, Erzieher, Bibliothekare oder Hebammen hinführen. Zu dieser Gruppe zählen auch die dreijährigen Bachelor-Studiengänge an Universitäten oder die vierjährigen Studiengänge an Handels-, Sozial- oder Journalistenhochschulen.
Lange Studiengänge an einer Universität oder einem Universitätscenter (LVU) mit einer Dauer von vier bis sechs Jahren führen über ein dreijähriges Bachelorstudium, ein zweijähriges Candidatusstudium (vergleichbar mit einem Masterstudium) und einem darauf aufbauenden Promotionsstudium zum Bachelorgrad, Kandidatgrad und Ph.d.-grad (Doktor).
6) Im Jahr 2000 wurde die Danmarks Pedagogiske Universitet (DPU) für Bildungsforschung und Lehre gegründet. Die Ausbildung der Folkeskole-Lehrer erfolgt an einer Lehrerausbildungsstätte im nichtuniversitären Hochschulbereich (Lärerseminare) und dauert vier Jahre. Nach einer achtjährigen Tätigkeit erhalten Folkeskole-Lehrer den Titel Oberlaerer. Gymnasiallehrer müssen ein mindestens fünfjähriges wissenschaftliches Universitätsstudium in zwei Fächern abgeschlossen sowie eine pädagogische, fachdidaktische und schulpraktische Ausbildung an einer Schule des Sekundarbereichs (Gymnasium oder HF-Kurs) erfolgreich absolviert haben. Im ersten Jahr der Festanstellung haben Gymnasiallehrer den Titel Adjunkt. Nach dreizehn Dienstjahren werden sie automatisch zum Lektor befördert. Lehrer an Berufs-, Handels- und technischen Schulen des Sekundarbereichs II haben eine Ausbildung zum Berufsschul-Fachlehrer am Institut für berufspädagogische Lehrerausbildung (DEL) absolviert. Zulassungsvoraussetzung sind eine abgeschlossene Berufsausbildung und mindestens fünf Jahre praktische Berufserfahrung in dem Fach.
7) Die Erwachsenen- und Weiterbildung hat durch Volkshochschulen (Folkehojskoler), Abendschulen (Aftenskoler) u. a. Einrichtungen eine lange Tradition. Seit 2001 ist eine Reform in Kraft getreten, die ein »paralleles Erwachsenenbildungssystem« schaffen will, durch das die Teilnehmer die gleichen Kompetenzen und Qualifikationen erwerben können wie im Bildungswesen für junge Menschen. Dabei werden drei Bildungsstufen unterschieden:
Die vorbereitende Erwachsenenbildung (FVU) zur Verbesserung der Kompetenzen im Lesen, Schreiben und Rechnen auf dem Niveau moderner Wissensgesellschaften, die allgemeine Grundausbildung für Erwachsene (GVU) in den schulischen Bildungsgängen auf der Ebene der Sekundarstufe II sowie die berufliche Erstausbildung für Erwachsene (VEUD) und die berufliche Weiterbildung für Erwachsene (VVU) im tertiären Bereich.

darstellendes Spiel (Syn. **szenisches Spiel**). Oberbegriff für das breite Spektrum von szenischen Spielformen mit Darstellungscharakter in Abgrenzung zu anderen Spielformen und zum professionellen Theater. Der aus der Reformpädagogik der zwanziger Jahre stammende Begriff wurde wegen seiner Einseitigkeit von der neueren Spiel- und Theaterpädagogik abgelehnt und durch neue Begriffe wie z. B. szenisches Spiel ersetzt. Inzwischen wird der Oberbegriff d. S. verstärkt wieder verwendet und inhaltlich neu gefasst.

Zu den verschiedenen Spielformen, in denen szenisch-kreatives Handeln heute im Rahmen von Fachunterricht, *Spielstunden,* Arbeitsgemeinschaften und therapeutischen Spielgruppen in der Schule von Bedeutung ist, gehören: Theaterspiele von Schülern nach vorgegebenen oder selbst geschriebenen Textbüchern, Unterrichtsspiele z. B. zur Darstellung historischer Ereignisse, Puppenspiele, Pantomime, improvisierendes Spiel, Stegreifspiele, Schattenspiele, Clownspiele, Kabarett, Musical, Hörspiele u. Ä. Ziel ist der theatralische, ästhetische und kreative Umgang mit der Sprache (z. B. eigene Textproduktion, Darstellung fremder Rollen und Texte, rhetorische Übungen), mit Geräuschen und Tönen (z. B. vom Lied zur Oper, Toncollagen), mit Material (z. B. Kostüme, Kulissen, Requisiten, Masken, Figuren) und mit dem eigenen Körper (z. B. Tanz, Pantomime, Gymnastik, Bewegungsimprovisation). Unter soziologischen und psychoanalytischen Aspekten der Darstellung von *Rollen* sind auch *Rollenspiele, Planspiele* und *Psychodrama* einzubeziehen.

Data Processing Center (DPC). *IEA Data Processing Center Hamburg (IEA DPC).*

Deduktion (lat. *deductio* Herleitung; engl. *act of deducing*). Weg des Denkens, der unter Beachtung logischer Schlussregeln vom Allgemeinen zum Besonderen führt, von einem oder mehreren allgemeinen Sätzen zu besonderen Aussagen. Deshalb wird die deduktive Denkform als Schlussfolgern bezeichnet.

Im strengen Sinne ist D. nur in den Naturwissenschaften und in der Mathematik möglich, weil nur in diesen Disziplinen die allgemeinen Sätze (Prämissen) vollständig wahrheitsfähig sind. Die Lehrsätze zur Geometrie des Dreiecks sind dafür bekannte Beispiele. In den empirischen Wissenschaften kann den Prämissen dagegen i. d. R. nur Wahrscheinlichkeitscharakter zuerkannt werden, weil die Vielzahl der Einfluss nehmenden Variablen kaum vollständig zu erfassen ist und schon gar nicht experimentell kontrolliert werden kann. Das gilt besonders für die Pädagogik, wenn sie die Subjekthaftigkeit der Handelnden respektiert. Deren Wahrnehmen, Bewerten, Entschließen und Tun bleibt immer auch ein Akt der Freiheit, lässt sich also auch nach noch so differenzierten Beobachtungen und daraus gewonnenen Einsichten nicht abschließend vorhersagen.

Definition (lat. *definire* abgrenzen, begrenzen; engl. *definition*). Prozess der inhaltlichen Klärung eines Begriffs durch Angabe seiner wesentlichen Merkmale, so dass der Sinn dieses Begriffs und seine möglichst unmissverständliche Verwendung in wissenschaftlichen Aussagen klar werden. Verschiedene Formen von D. lassen sich unterscheiden. a) In den Geisteswissenschaften soll die individuelle Bedeutung eines Begriffs in seinem geistig-kulturellen Umfeld geklärt werden. Wenn wir z. B. in die Definition des Begriffes »Lehren« die Aussage aufnehmen, dass Schüler dadurch befähigt werden sollen, sich selbsttätig Wissen und Können anzueignen, dann wird deutlich, dass sich erst im Lernen die Qualität der Lehre erweist. Mit der Bestimmung eines Begriffes in dieser Form ist folglich auch ein kulturspezifischer normativer Anspruch verbunden: Unterricht soll sich am selbsttätigen, lernfähigen und sich beim Lernen selbst steuernden Schüler orientieren. b) In den empirischen Wissenschaften müssen sich D. auf die Angabe der wesentlichsten Merkmale aus der Fülle der möglichen Varianten eines Sachverhaltes beschränken. Dieses Verfahren folgt der *Induktion.* Als Nominald. werden dabei neue Begriffe durch Rückführung auf bereits bekannte geklärt. Die Reald. weist auf geeignete Gegenstände als Beispiele hin. Und analytische D. werden erforderlich, wenn Aussagen empirisch überprüfbar werden sollen. Ob z. B. zwischen einem bestimmten Leistungsdruck der Eltern und Lernschwierigkeiten ihrer Kinder ein Zusammenhang bestehen kann, wird sich nur dann empirisch feststellen lassen, wenn zuvor möglichst exakt beobachtbare Merkmale verschiedener Abstufungen von Leistungsdruck sowie Indikatoren bzw. Maßstäbe für Lernschwierigkeiten definiert worden sind.

Dekan (lat. *decanus* Führer von zehn Mann; engl. *dean*). Leiter einer Universitätsfakultät und deren Vertreter nach außen.

Deliktsfähigkeit. Bis zur Vollendung des 7. Lebensjahrs besteht keine D., zwischen dem 7. und dem 18. Lebensjahr eine bedingte und nach Eintritt der *Volljährigkeit* die volle D. **1)** Im Zivilrecht setzt eine zum Schadensersatz verpflichtende unerlaubte Handlung i. d. R. Verschulden voraus. Schuldhaft handeln kann nur, wer deliktsfähig (zurechnungsfähig) ist.

2) Im Strafrecht ist D. gleichbedeutend mit Strafmündigkeit, die mit Vollendung des 14. Lebensjahres einsetzt. Bis zur Vollendung des 18. Lebensjahres kommt das Jugendstrafrecht zur Anwendung. Täter zwischen dem 18. und 21. Lebensjahr werden als sog. Heranwachsende unter bestimmten Voraussetzungen Jugendlichen gleichgesetzt.

Delinquenz (lat. *delinquere* sich vergehen, fehlen, etwas verschulden; engl. *delinquency*). Bezeichnet meist vergleichsweise einfache Rechtsbrüche durch Kinder und Jugendliche. Zur Erklärung werden sehr unterschiedliche Faktoren herangezogen, familiale Probleme, *Verwahrlosung,* Einflüsse durch Jugendbanden, Armut, aber auch materieller Überfluss in Verbindung mit seelischer Vereinsamung.

Demografie (griech. *demos* Volk, *graphein* schreiben). Beschreibung der zahlenmäßigen und strukturellen Bevölkerungsentwicklung. Für die Bildungspolitik ist die Verteilung der Gesamtbevölkerung nach Jahrgängen und Geschlechtern und die zu erwartende Bildungsbeteiligung in den verschiedenen Einrichtungen des allgemeinen und beruflichen Bildungswesens eine wichtige Bezugsgröße, z. B. für Lehrereinstellung, Schulbau, Klassengröße.

Denken (engl. *thinking*). Gedankliches Erfassen, Ordnen, Verstehen oder Gestalten der Wirklichkeit unter Verwendung von Begriffen, Modellvorstellungen oder idealen Bildern. D. befähigt zur Selbstreflexion ebenso wie zur geistigen Repräsentation der Wirklichkeit. Es nimmt seinen Ausgang bei Sinneseindrücken, gewinnt aber in der Begriffsbildung sein eigenes, nicht anschaubares Wesen. Eben deshalb vermag der Mensch sich etwas vorzustellen oder einen Plan aufzustellen, ohne dass ihm eine konkrete Wirklichkeit unmittelbar gegeben ist. Umgekehrt kann er gedanklich konstruierte Annahmen über Beziehungen und Verhältnisse in der Realität durch Erfahrung kontrollieren.

Deprivation (lat. *deprimere* herabdrücken, niederdrücken; engl. *deprivation*). **1)** Entzug von oder Mangel an Liebe und Zuwendung. Der Begriff wird heute meist anstelle des Begriffs *Hospitalismus* verwendet.

2) Mangel an oder Entzug von anregungs- und abwechslungsreichen Umweltreizen. In beiden Begriffsverwendungen hängen die krank machenden und entwicklungshemmenden Symptome von der Art und Dauer der D. ab.

Dequalifizierung (lat. *de* abwärts, herab, *qualitas* Beschaffenheit, Eigenschaft). Treffender wäre die Bezeichnung Entqualifizierung, weil der Begriff die Tatsache bezeichnen soll, dass durch technologische und arbeitsorganisatorische Veränderungen vorhandene berufliche Kenntnisse, Fähigkeiten und Erfahrungen für die Bewältigung von Arbeitsaufgaben ganz oder teilweise ihren Wert verlieren. Die Sicherheit der Arbeitsplätze kann dadurch wesentlich bedroht sein.

DESI. Abkürzung für: Deutsch-Englisch Schülerleistungen International. Die deutsche Ergänzungsstudie zu *PISA 2000* untersucht die sprachlichen Leistungen von Schülern der 9. Jahrgangsstufe und die Unterrichtswirklichkeit in den Fächern Deutsch und Englisch in unterschiedlichen Schulformen Deutschlands. Ziele der Studie sind die Erklärung sprachlicher Leistungen der Schüler durch individuelle, unterrichtliche, schulische und familiäre Faktoren. Sie hat einen engen Bezug zu den Lehrplänen und will Informationen über die Qualität des Lehrens und Lernens geben. Die Ergebnisse ermöglichen keinen Einzelschul- oder Bundesländervergleich. Die repräsentative Studie (Testaufgaben und Fragebögen) wurde zu Beginn und zum Ende des Schuljahres 2003/2004 mit einer Stichprobe von etwa 11 000 Schülern an 220 Schulen durchgeführt. Darunter waren 40 bilinguale Schulen. Die Videostudie zum Unterricht fand zwischen Herbst 2003 und Frühjahr 2004 statt. DESI ist die erste Schulleistungsstudie der Kultusministerkonferenz (KMK). Sie wurde von einem Konsortium unter Federführung des *Deutschen Instituts für Internationale Pädagogische Forschung* (DIPF) in Frankfurt durchgeführt. Mit der Datenerhebung war das *IEA Data Processing Center* (IEA DPC) in Hamburg beauftragt. Im März 2006 wurden die Ergebnisse veröffentlicht. Die Leistungsspitze im Englischunterricht von 10 bis 15 Prozent der Schüler erreicht schon das Leistungsniveau der gymnasialen Oberstufe. Andererseits erzielt nur ein Drittel der Schüler im Bildungsgang Hauptschule das Regelziel der Bildungsstandards. Überraschend ist das relativ gute Abschneiden in Englisch von Schülern nichtdeutscher Muttersprache. Von den Hauptschullehrern haben 30 Prozent Englisch nicht im Hauptfach studiert. Hervorzuheben ist das deutlich bessere Abschneiden in Englisch in bilingualen Klassen, in denen z. B. in Biologie auf Englisch unterrichtet wird. Englisch- und Deutschunterricht führen dann zu guten Ergebnissen, wenn von den Lehrern großer Wert auf die Sprache gelegt wird. Dies trifft auch auf den Einfluss zu, der vom Elternhaus ausgeht.

Design (lat. *designatio* Plan, Entwurf). Ursprünglich eine Versuchsanordnung in der empirischen Forschung, in der die Variablen, Stichproben und Instrumente beschrieben werden, die zur Hypothesenprüfung und Erkenntnisgewinnung beitragen sollen.

Im weitergehenden Sinne ein Forschungsplan, der über die Auswahl und den gezielten Einsatz bestimmter *Methoden* (z. B. Beobachtung, Experiment) hinaus das Gesamtgefüge und den Gesamtablauf aller Tätigkeiten beschreibt, die auf Erkenntnisgewinn über eine bestimmte pädagogische Wirklichkeit abzielen. Der Forschungsplan enthält die Beschreibung des Entstehungszusammenhangs (z. B. Findung von Thema und Ziel aus Problemen der Praxis), des Begründungszusammenhangs (z. B. Theorien über den Forschungsgegenstand, Vorstellungen über die beabsichtigten Methoden, Hypothesenbildung, Stichproben, Datengewinnungs- und Auswertungsverfahren) und des Verwendungszusammenhangs (z. B. Veröffentlichung oder Weitergabe der Ergebnisse, Umsetzung der Ergebnisse). Das D. hängt darüber hinaus vom wissenschaftlichen *Paradigma* eines Forschungsansatzes ab (z. B. Handlungsforschung/Aktionsforschung, empirisch-analytische Forschung).

deutsche Auslandsschulen. *Auslandsschulen.*

Deutsche Forschungsgemeinschaft (DFG). Selbstverwaltungsorganisation der deutschen Wissenschaft, die 1951 aus der Zusammenlegung der Notgemeinschaft der Deutschen Wissenschaft mit dem Forschungsrat entstand. Mitglieder sind die wissenschaftlichen Hochschulen in Deutschland, die Akademien der Wissenschaften, wissenschaftliche Verbände u. a. Forschungseinrichtungen. Die Aufgaben der DFG sind: Forschungsför-

D

derung durch finanzielle Unterstützung von Projekten, Förderung des wissenschaftlichen Nachwuchses, Beratung von Parlamenten und Regierungen in wissenschaftlichen Angelegenheiten, Koordination der Grundlagenforschung und Förderung der Beziehungen zu ausländischen wissenschaftlichen Einrichtungen.

Deutsche Gesellschaft für Erziehungswissenschaft e. V. (DGfE). 1964 gegründete Vereinigung der in Forschung und Lehre tätigen Erziehungswissenschaftler. Zweck ist die Förderung von Wissenschaft, Forschung, Bildung und Erziehung auf dem Gebiet der wissenschaftlichen Pädagogik. Aufgenommen werden kann, wer sich durch wissenschaftliche Arbeiten so ausgewiesen hat, dass sich die Gesellschaft von einer Mitarbeit Gewinn versprechen darf. Organe der DGfE sind neben der Mitgliederversammlung und dem Vorstand die wissenschaftlichen Sektionen, Kommissionen und Arbeitsgemeinschaften. Es gibt 13 Sektionen für Historische Bildungsforschung, Allgemeine Erziehungswissenschaft, Internationale und interkulturell-vergleichende Erziehungswissenschaft, Empirische Bildungsforschung, Schulpädagogik, Sonderpädagogik, Berufs- und Wirtschaftspädagogik, Sozialpädagogik, Erwachsenenbildung, Pädagogische Freizeitforschung und Sportpädagogik, Frauen- und Geschlechterforschung in der Erziehungswissenschaft, Medien- und Umweltpädagogik, Differenzielle Erziehungs- und Bildungsforschung. Die Sektionen sind an den deutschen Hochschulen durch entsprechende Lehrstühle vertreten.

Deutsche Oberschule. Nach der Einführung der für alle Kinder verbindlichen vierjährigen Grundschule 1920 wurde die Revision des Gymnasiums erforderlich. In Preußen entschied sich die Regierung auf der Grundlage der Denkschrift ›Die Neuordnung des preußischen höheren Schulwesens‹ von *H. Richert* zur Einführung der D. O., die gleichberechtigt neben dem altsprachlichen Gymnasium, dem Realgymnasium und der Oberrealschule zum Abitur führte. In den ›Richtlinien für die Höheren Schulen‹ von 1925 wird das Profil der neuen höheren Schule durch die besondere Berücksichtigung der deutschen Geistesgeschichte in Literatur, Geschichte und Philosophie bestimmt.

Deutscher Akademischer Austauschdienst (DAAD). Gemeinsame Einrichtung (e. V.) aller *Hochschulen* in Deutschland. Wesentlicher Zweck ist die Förderung der Beziehungen zu ausländischen Studenten und Hochschullehrern durch Organisation und Finanzierung von Austauschprogrammen. Den weitaus größten Teil der erforderlichen Mittel erhält der DAAD aus den Haushalten des Auswärtigen Amtes, des Bundesministeriums für Bildung und Forschung sowie des Bundesministeriums für wirtschaftliche Zusammenarbeit und Entwicklung. Auf Anfrage informiert der DAAD über seine Austauschprogramme.

Deutscher Ausschuss für das Erziehungs- und Bildungswesen. 1953 aufgrund einer Vereinbarung zwischen dem Bundesinnenministerium und der KMK konstituiert. Die Satzung beauftragte den D. A., die Entwicklung des deutschen Erziehungs- und Bildungswesens zu beobachten und Empfehlungen für dessen Modernisierung vorzulegen. Bis zu seiner Auflösung im Jahre 1965 gehörten dem D. A. insgesamt 35 Mitglieder aus allen gesellschaftlichen Bereichen an, denen bei der Gestaltung des Erziehungs- und Bildungswesens besondere Kompetenzen und Verantwortlichkeiten zukamen: Vertreter der Städte und Gemeinden, der Kirchen, Gewerkschaften und Arbeitgeber, der Berufsverbände und der akademischen Pädagogik. Parlamentarier und Regierungsmitglieder waren nicht vertreten. Insgesamt wurden vom D. A. 29 Empfehlungen und Gutachten vorgelegt. Sie richteten sich an die interessierte Öffentlichkeit und hatten für die Politik der Regierungen und Parlamente keinerlei bindende Wirkung. Bekannt wurden vor allem der ›Rahmenplan zur Umgestaltung und Vereinheitlichung des allgemein bildenden öffentlichen Schulwesens‹ aus dem Jahr 1959 und die ›Empfehlungen zum Aufbau der Hauptschule‹ aus dem Jahr 1964. Die darin unterbreiteten Vorschläge sind z. T. von der Bildungspolitik aufgegriffen und umgesetzt worden. 1965 wurde der D. A. aufgelöst. Seine Funktion wurde weitgehend vom *Deutschen Bildungsrat* übernommen.

Deutscher Bildungsrat. Nachdem der *Deutsche Ausschuss für das Erziehungs- und Bildungswesen* 1965 seine Arbeit eingestellt hatte, richteten die Bundesregierung und die Regierungen der (damals) elf Bundesländer den D. B. ein, der für die immer umfangreicher werdenden Aktivitäten der *Bildungspolitik* inhaltliche und prozessorientierte Empfehlungen und grundlegende Informationen erarbeiten sollte. Erwartet wurden Bedarfs- und Entwicklungspläne sowie Vorschläge für die zukünftige Struktur des Bildungswesens und Empfehlungen zur langfristigen Planung. Der D. B. arbeitete in zwei Kommissionen, der Bildungs- und der Regierungskommission. Dadurch sollte das Zusammenwirken von wissenschaftlichem Sachverstand und politischen Instanzen im Interesse einer möglichst problemorientierten und realistischen Arbeit verstärkt werden. Gutachten, Empfehlungen und Stellungnahmen des D. B. hatten jedoch lediglich beratenden Charakter. Von den Empfehlungen des D. B. hat der *Strukturplan für das Bildungswesen* (1970) von den Gutachten ›Begabung und Lernen‹ (1969) die größte Beachtung gefunden. Aus Mangel an bildungspolitischem Konsens zwischen Bildungs- und Regierungskommission, aber auch zwischen den Regierungen des Bundes und der Länder wurde nach Ablauf der Amtszeit des zweiten Bildungsrates (1975) der D. B. aufgelöst.

Deutscher Bildungsserver (DBS). Zentraler Wegweiser, der Bildungsinformationen aus dem Bereich des gesamten Bildungswesens im Internet anbietet, die von anderen Rechnern in Anspruch genommen werden können. Der DBS sammelt mit Unterstützung des *Deutschen Instituts für Internationale Pädagogische Forschung* (DIPF) und des *Instituts für Film und Bild in Wissenschaft und Unterricht* (FWU) systematisch Informationen über Institutionen, Personen, Materialien und Veranstaltungen in den verschiedenen Bereichen des Bildungswesens. Er nimmt die Informationsangebote anderer Server an Universitäten, außeruniversitären Forschungseinrichtungen, Landesinstituten, Ministerien, Schulnetzen und Verlagen auf, strukturiert sie und macht sie in einer großen Datenbank recherchierbar. Der Zugang zum DBS ist über die Internet-Adressen www.bildungsserver.de und www.dbs.schule.de möglich. Auf der Startseite ist ein Link (Verweis) vorhanden, über den mit einem Mausklick ein Verzeichnis der Bildungsserver in Deutschland und Europa aufgerufen werden kann.

Deutscher Bundesjugendring (DBJR). *Bundesjugendring.*

Deutscher Kinderschutzbund (DKSB). 1953 gegründeter Verein, der sich im Wesentlichen durch präventive Maßnahmen für die Verwirklichung der im GG auch den Kindern gewährten *Grundrechte* und eine möglichst gesunde seelische, geistige und körperliche Entwicklung der *Kinder* einsetzt. Der DKSB ist in einen Bundesverband, in Landes- und Ortsverbände gegliedert. Seine Ziele verfolgt der DKSB durch Beratungsangebote, materielle und soziale Hilfestellung und Öffentlichkeitsarbeit. 1990 wurde vom DKSB eine Stiftung mit dem Namen Deutscher Kinderschutzbund-Stiftung gegründet.

Deutscher Lehrerverband (DL). Dachverband verschiedener Lehrerorganisationen innerhalb des Deutschen Beamtenbundes: Bundesverband der Lehrer an beruflichen Schulen, Bundesverband der Lehrer an Wirtschaftsschulen, Deutscher Phi-

D

lologenverband, Verband deutscher Realschullehrer.

Deutscher Lehrerverein (DLV). *Allgemeiner Deutscher Lehrerverein.*

Deutscher Volkshochschulverband. Dachverband (e. V.) aller deutschen *Volkshochschulen* und Träger von Volksbildungswerken; 1953 gegründet. Will die bildungspolitischen Anliegen der Volkshochschulen, soweit sie von übergreifender Bedeutung sind, koordinieren und gegenüber Öffentlichkeit und Politik vertreten.

Deutsches Institut für Internationale Pädagogische Forschung (DIPF). Wissenschaftliche außeruniversitäre Serviceeinrichtung, die Forschung, Praxis, Verwaltung und Politik im Bildungswesen unterstützt und selbst Forschung betreibt. Das Informationszentrum Bildung des DIPF umfasst die koordinierende Geschäftsstelle des Deutschen Bildungsservers, das Fachportal Pädagogik mit dem Fachinformationssystem FIS Bildung und andere online recherchierbare Datenbanken. Ihm ist die Bibliothek für Bildungsgeschichtliche Forschung in Berlin angeschlossen. Im Bereich der Bildungsforschung nehmen nationale und internationale Forschungsprojekte zum Schwerpunkt Bildungsqualität und Evaluation einen großen Raum ein. Weitere Bereiche befassen sich mit Fragen zur Steuerung und Finanzierung des Bildungswesens und mit den Rahmenbedingungen von Bildung und Kultur.
Das aus der 1951 gegründeten Hochschule für Internationale Pädagogische Forschung hervorgegangene DIPF ist eine Stiftung des öffentlichen Rechts mit Sitz in Frankfurt/Main.

Deutsches Institut für wissenschaftliche Pädagogik. 1922 durch den katholischen Verein zur Pflege wissenschaftlicher Pädagogik gegründet, 1938 aufgelöst und von 1946 bis 1979 in Münster ansässig. Betrieb und unterstützte wissenschaftliche Forschung und machte Angebote zur Lehrerfortbildung.

Deutsches Jugendinstitut (DJI). Vom Bundesministerium für Familie, Senioren, Frauen und Jugend geförderte Forschungseinrichtung, die sich auf die Untersuchung verschiedenster Lebenslagen von Kindern, Jugendlichen, Frauen, Männern und Familien sowie auf die Arbeitsweisen und Probleme der Einrichtungen im Bereich der Jugendhilfe und Jugendpolitik spezialisiert hat. Öffentlichkeit, Wissenschaft und Politik werden durch laufende Berichterstattung und Einzelstudien über die Ergebnisse der Arbeit informiert. Es ist wesentlich an der Erstellung der regelmäßigen *Jugendberichte* der Bundesregierung beteiligt. Darüber hinaus berät das DJI Träger von außerschulischen Bildungsmaßnahmen in Fragen der organisatorischen und inhaltlichen Gestaltung sowie der Finanzierung.

Deutsches Studentenwerk (engl. *students' welfare service*). Dachorganisation (e. V.) der *Studentenwerke* an Hochschulstandorten in Deutschland.

Deutsch-Französisches Jugendwerk (DFJW). Entstand 1963 aufgrund eines Vertrages zwischen der französischen und der deutschen Regierung. Die selbständigen Einrichtungen fördern und unterstützen finanziell Austausch und Zusammenarbeit von Jugendlichen in Schule, Ausbildung, Hochschule und Jugendarbeit der beiden Länder. Zu diesem Zwecke bietet das DFJW jährlich verschiedenste Programme an, die beim deutschen Büro des DFJW bestellt werden können.

Deutschland. 1) Demokratisch-parlamentarische Bundesrepublik mit 16 Bundesländern (seit 1990). Hauptstadt: Berlin (3,4 Mill. Einw.). Fläche: 357 000 km^2, 82,5 Mill. Einw., 231 Einw./km^2. 91,2% Deutsche, 8,8% Ausländer, Minderheiten: Sorben (Wenden) in Brandenburg und Sachsen (60 000), Dänen in Südschleswig (50 000), Friesen in Nordfriesland (10 000) und im Saterland (2000) sowie Sinti und Roma (50 000). Landessprache: Deutsch (Amtssprache), daneben Sorbisch, Dänisch, Friesisch und Romani. Religion: überwiegend Christen (evangelisch, katholisch), Muslime, Zeugen Jehovas, Juden.

2) Die Grundstruktur des *Bildungswesens* der Bundesrepublik Deutschland ist nur aus der deutschen Schulgeschichte seit 1800 zu verstehen. Der Aufbau des gegliederten Schulwesens bis zum Ende des Kaiserreichs 1918, der Versuch einer Demokratisierung mit der Einführung der Grundschule (1919) am Beginn der Weimarer Republik (1918–1933) sowie die Ideologisierung der Lehrplaninhalte und die Gründung von *nationalsozialistischen Eliteschulen* während der Diktatur des Nationalsozialismus (1933–1945) sind Teil der Schulgeschichte dieser etwa 210 Jahre. Als politische Folge des Zweiten Weltkriegs bestanden von 1949 bis 1990 mit der Bundesrepublik Deutschland (BRD) im Westen und der Deutschen Demokratischen Republik (DDR) im Osten zwei Staaten mit unterschiedlichen Bildungssystemen. Diese werden bis zur Wiedervereinigung am 3. Oktober 1990 getrennt dargestellt. Gegenstand des dritten Teils ist das Bildungswesen der Bundesrepublik Deutschland, wie es sich nach der Wiedervereinigung in den Jahren 1990 bis 2007 entwickelt hat.

2.1) Das Bildungswesen der BRD (1945–1990): Die drei westlichen Alliierten Amerika, Frankreich und Großbritannien forderten für ihre Besatzungsbereiche 1945 zwar eine Demokratisierung des deutschen Bildungswesens nach ihren Schulsystemvorstellungen, akzeptierten aber vor dem Hintergrund der politischen Ost-West-Auseinandersetzung, dass das traditionelle und sozial selektive *dreigliedrige Schulsystem* mit *Volksschule*, *Mittelschule* und höherer Schule *(Gymnasium)* wiederhergestellt wurde. Vor dem Hintergrund der überkommenen föderalen Strukturen des Kaiserreichs und der Weimarer Republik wurde nach der Verabschiedung des *Grundgesetzes* (GG) im Mai 1949 die Bundesrepublik Deutschland als demokratischer Bundesstaat mit den späteren zehn (alten) Ländern und Westberlin gegründet. Zu den föderativen Prinzipien der rechtsstaatlichen Verfassungsordnung des Grundgesetzes gehört seitdem die *Kulturhoheit der Länder.* Diese spricht den einzelnen Ländern aufgrund ihrer Eigenstaatlichkeit einerseits die überwiegende Zuständigkeit für Bildung, Wissenschaft und Kultur zu, verbindet sie aber andererseits mit der Mitverantwortung für das Staatsganze der Bundesrepublik. Letztere kommt vor allem in den Koordinationsaufgaben der bereits 1948 gegründeten *Ständigen Konferenz der Kultusminister der Länder* (KMK) zum Ausdruck.

Der Vereinheitlichung im allgemein bildenden Schulsystem diente das *Düsseldorfer Abkommen* von 1955 und seine Neufassung im *Hamburger Abkommen* von 1964 in der Fassung von 1971 mit den vereinheitlichten Schulartbezeichnungen *Grundschule, Hauptschule, Realschule, Gymnasium* und Sonderschule. Legitimiert wurde die aus dem Kaiserreich hervorgegangene Gliederung bis in die 60er Jahre mit den sozialen Schicht- und Qualifikationsprofilen, die den drei praktischen, praktisch-theoretischen und theoretischen Typen der *Begabung* entsprächen.

Vor dem Hintergrund der weltpolitischen Lage und den Ergebnissen international vergleichender Untersuchungen zur Bildungsbeteiligung durch den Besuch einer Realschule oder eines Gymnasiums erwies sich das von sozialer Ungleichheit geprägte Bildungswesen der Bundesrepublik als reformbedürftig. Die Anteile der Schüler waren 1954 wie folgt verteilt: Volksschuloberstufe 71,5%, Mittelschule 10,9%, Gymnasium 15,4%, Sonderschule 2,2%, Privatschulen etwa 3%. Die Rede von der drohenden »Bildungskatastrophe« (*G. Picht* 1964) führte zur Forderung nach Verbesserung der *Chancengleichheit.* Die ›Bedarfsfeststellung 1961–1970‹ der Kultusministerkonferenz (KMK) bot die Grundlage für Reformen im Schul- und Hochschulwesen. Anregungen hierzu gingen vom *Bremer Plan* (1960), vom *Deutschen Ausschuss für das*

Erziehungs- und Bildungswesen (1953–1965) und vom *Deutschen Bildungsrat* (1965–1975) aus, der 1970 hierzu seinen ›*Strukturplan für das Bildungswesen*‹ vorlegte. Die im Strukturplan vorgesehene horizontale Gliederung des Bildungssystems führte zur bildungspolitisch kontrovers geführten Diskussion über die Neugestaltung der *Übergänge* zwischen Elementar- und Primarbereich (*Kindergarten/Vorklasse* bzw. *Eingangsstufe des Primarbereichs*) und Primar- und Sekundarbereich (schulformabhängige oder schulformunabhängige *Orientierungsstufe*) sowie über die Einführung von *Gesamtschulen*. Während die CDU/CSU am dreigliedrigen Schulsystem festhielt, befürwortete die SPD die Gesamtschule als gemeinsame Jugendschule der Zukunft.

Im Jahr 1970 wurde die erste staatliche von Bund und Ländern gemeinsam getragene *Bund-Länder-Kommission für Bildungsplanung* (BLK) gegründet, die 1973 ihren *Bildungsgesamtplan* für das Bildungswesen in der Bundesrepublik verabschiedete. Das Abkommen und der Name der Kommission wurden 1975 um die Forschungsförderung erweitert. Wegen nicht vorhandener bildungspolitischer Übereinstimmung der Länder (z. B. zum Sekundarbereich I und zur Lehrerbildung) und wegen fehlender Mittel der Länder wurde der Bildungsgesamtplan über 1982 hinaus nicht fortgeschrieben. Als Beratungsinstitution für den Hochschulbereich wurde 1957 durch ein Abkommen zwischen Bund und Ländern der *Wissenschaftsrat* gegründet, der Empfehlungen zur Entwicklung im Hochschulwesen herausgibt. Eine ähnliche Funktion hat die 1949 gegründete *Hochschulrektorenkonferenz* (HRK).

Zu den weitreichenden Beschlüssen der Kultusministerkonferenz gehören die ›Vereinbarung zur Vergabe von Studienplätzen‹ (1972, heute i. d. F. vom 7. 4. 2006), die ›Anerkennung von Gesamtschulabschlüssen‹ (1982), die ›Vereinbarung zur Gestaltung der gymnasialen Oberstufe‹ (vom 7. 7. 1972 i. d. F. vom 22. 10. 1999), die ›Vereinbarung über die Abiturprüfung der gymnasialen Oberstufe‹ (vom 13. 12. 1973 i. d. F. vom 28. 2. 1997) und die Ausarbeitung einheitlicher Prüfungsanforderungen für das *Abitur* (1989). Als Ergebnis der Bildungsreformdiskussion zwischen 1965 und 1975 und der nachfolgenden Entwicklung kann die Steigerung der Bildungsexpansion in der Bundesrepublik gewertet werden. Nach den ›Grund- und Strukturdaten‹ (1999/2000) des Bundesministeriums für Bildung und Forschung hat sich der Anteil der *Abschlüsse* bei den Schulabgängern in Prozent der gleichaltrigen Bevölkerung zwischen 1965 und 1990 wie folgt entwickelt:

Ohne Hauptschulabschluss	1965	16,8%
	1990	8,6%
mit Hauptschulabschluss	1965	52,9%
	1990	32,0%
Realschulabschluss	1965	11,9%
	1990	36,3%
Allgem. Hochschulreife	1965	7,5%
	1990	24,4%
Fachhochschulreife	1970	0,5%
	1990	9,1%

Diese Entwicklung war im Zusammenhang von Bildungssystem und Beschäftigungssystem von großer wirtschaftlicher Bedeutung.

Das Grundgesetz (Art. 7 Abs. 4 GG) gestattet die Einrichtung von *Privatschulen* in freier Trägerschaft. Im Jahr 1990 gingen 6,1% aller Schüler in allgemein bildende und 7,2% in berufsbildende Privatschulen.

2.2) Das Bildungswesen der DDR (1945–1990): In der sowjetischen Besatzungszone (SBZ) bestanden bis 1952 fünf Länder, deren Schulen nach dem Willen der Besatzungsmacht durch die Deutsche Zentralverwaltung für Volksbildung zentralistisch gelenkt wurden. Nach der Gründung der DDR im Jahr 1949 wurde diese Einrichtung in das zentrale Ministerium für Volksbildung übergeführt. Grundlegend und bestimmend für die Bildung, Erziehung und Wissenschaft war die Weltanschauung des Marxismus-Leninismus und die Sozialistische Einheitspartei Deutschlands (SED). Für die außerschulische Kinder- und Jugenderziehung war die seit 1952 der SED unterstellte Freie Deutsche Jugend (FDJ) richtungweisend. Ziel der Bildung und Erziehung war die »allseitig und harmonisch entwickelte sozialistische Persönlichkeit«. Diesem Ziel sollte die Gleichheit der Bildungschancen von beiden Geschlechtern und verschiedenen Sozialschichten der Bevölkerung sowie die einheitliche Grundbildung in der Pflichtschulzeit dienen. Bereits im August 1945 hatte die Besatzungsmacht alle Privatschulen aufgelöst und jede Neugründung untersagt.

Die Zeit vom Ende des Zweiten Weltkrieges bis etwa 1970 wird als Aufbauphase des einheitlichen sozialistischen Schulsystems bezeichnet, die wiederum in drei Unterphasen gegliedert wird. In der Phase der »antifaschistisch-demokratischen Schulreform« (1945–1949) wurde im Mai/Juni 1946 das Gesetz zur Demokratisierung der deutschen Schule, auch Einheitsschulgesetz genannt, erlassen, mit dem die achtjährige gemeinsame Grundschule eingeführt wurde. An sie schloss sich die zum Abitur führende vierjährige Oberschule an. Daneben gab es die zehnjährige Mittelschule. Ein alternativer Hochschulzugang ohne Abitur sollte nach der Berufsausbildung über die Vorstudienabteilungen der Hochschulen, den späteren Arbeiter- und Bauernfakultäten, möglich sein. Bis etwa 1949 führten Entnazifizierungsmaßnahmen und Entlassungen von politisch anders denkenden und kirchlich orientierten Lehrern zur Ersetzung von etwa zwei Dritteln der Lehrerschaft durch verkürzt ausgebildetes Personal. Dabei wurden die Schlüsselpositionen in der Hierarchie der Schulverwaltung mit Parteikadern besetzt.

Der Beginn der Phase des »Aufbaus der sozialistischen Schule« (1949–1961/62) fällt mit der Gründung der DDR (7. 10. 1949) zusammen. Im Jahr 1959 führte das Gesetz über die sozialistische Entwicklung des Schulwesens in der Deutschen Demokratischen Republik zur Einführung der allgemein bildenden Polytechnischen Oberschule (POS) mit zehn Pflichtschuljahren. Der polytechnische Unterricht sollte durch die Verknüpfung von Technik und Betriebserfahrung eine Verbindung von Schule und Arbeitswelt herstellen. Die hochschulvorbereitende Oberschule bekam den Namen Erweiterte Oberschule (EOS) mit den Klassenstufen 9 bis 12 (ab 1981: 11 bis 12).

In der dritten Phase (etwa ab 1961/62) wurde mit dem 1965 verabschiedeten Gesetz über das einheitliche sozialistische Bildungssystem, auch Bildungsgesetz genannt, der Aufbauprozess im Bildungswesen von der Kinderkrippe bis zur Universität und zur Weiterbildung weitgehend abgeschlossen, der bis zum Ende der DDR keine grundsätzlichen Novellierungen mehr erfuhr. In dieser langen Zeit von 1963 bis 1989 amtierte Margot Honecker als Volksbildungsministerin.

Das Bildungssystem der DDR war Ende der 80er Jahre durch folgende Grundstruktur (vgl. Grafik) gekennzeichnet:

2.2.1) Im Bereich der sozialistischen Vorschulerziehung war die Ganztagsbetreuung der Kinder im Interesse der Beschäftigungspolitik und der Berufstätigkeit beider Elternteile gut ausgebaut. Für Kleinkinder bis zum 3. Lebensjahr gab es die Kinderkrippen, die 1989 einen Versorgungsgrad von etwa 80% aufwiesen. Die Kindergärten für die Vier- bis Sechsjährigen waren dem Ministerium für Volksbildung unterstellt und wurden 1989 von etwa 95% der Altersgruppe besucht.

Die Schulpflicht begann im Alter von sechs Jahren und endete mit Vollendung des 16. Lebensjahres. Das Bildungsgesetz von 1965 unterschied verschiedene Formen des allgemein bildenden Schulwesens: Polytechnische Oberschule (POS), Sonderschule, Spezialschulen und Spezialklassen, Erweiterte Oberschule (EOS) und Abiturklassen in Einrichtungen der Berufsbildung. Nach der Statistik von 1989 für die Klassenstufen 1 bis 12 besuchten 95,1% der Schüler die Klassen 1 bis 10 der POS, 1,9% die Klassen 11 und 12 der EOS und 3% die Sonderschulen, wobei die 1% der Schüler an Spezialschulen und Spezialklassen in die Angaben zur POS und EOS eingerechnet worden sind.

Pflichtschule war die zehnklassige allgemein bildende Polytechnische Oberschule (POS), die allen Kindern eine einheitliche, wissenschaftsorientierte Grundbildung vermitteln sollte. Sie war in Unterstufe (Jahrgänge 1 bis 3), Mittelstufe (Jahrgänge 4 bis 6) und Oberstufe (Jahrgänge 7 bis 10) gegliedert. Vom 1. Schuljahr an bereitete der Werk- und Schulgartenunterricht den polytechnischen Unterricht vor, der im 7. Schuljahr einsetzte. Seit 1978/79 kam in den Klassen 9 und 10 der Wehrunterricht hinzu. Für die unteren vier Jahrgänge war der Schule i. d. R. ein Hort zur Kinderbetreuung (z. B. Hausaufgaben, Freizeitgestaltung) angeschlossen, der gegen Ende der DDR von über 80% der Kinder freiwillig besucht wurde. Die Pflichtschulzeit schloss nach der 10. Klasse mit einer zentralen Abschlussprüfung ab. Von allen Schulabgängern verließen 1989 76,8% die 10. Klasse mit dem Abschluss der POS, 0,1% die 11. Klasse und 11,2% die 12. Klasse mit Abitur. Daraus resultiert, dass 1989 etwa 12% der Schulabgänger die Oberschule ohne Abschluss der 10. Klasse verlassen haben.

Für Kinder mit intellektuellen Schädigungen (Debilität) gab es Hilfsschulen (Klasse 1 bis 8) und für solche mit physisch-psychischen Schädigungen Sonderschulen (Klasse 1 bis 10). Im Jahr 1989 gingen 3,2% aller Schüler der Klassen 1 bis 10 in allgemein bildende Sonderschulen. Die Absolventen der zum Abschluss der 10. Klasse führenden Sonderschulformen waren denen der POS gleichgestellt. Abgängern aus der 8. Klasse der Hilfsschule standen geeignete Ausbildungs- oder Arbeitsplätze zur Verfügung.

An die POS schloss sich die zur allgemeinen Hochschulreife führende Abiturstufe an, zu der die zweijährige Erweiterte Oberschule (EOS) und die dreijährige Berufsausbildung mit Abitur gehörten. Nach Abschluss der zehnjährigen Pflichtschulzeit bestand kein Anspruch auf Zulassung zur Abiturstufe. Bei einer jährlichen Aufnahmequote von etwa 10% in der EOS und etwa 5% in der Berufsausbildung mit Abitur war die 10. Jahrgangsstufe mit der strengen Übergangsauslese belastet. Zu den in Richtlinien festgelegten Auswahlkriterien gehörten: gute Leistungen im Unterricht, hohe Leistungsfähigkeit und Leistungsbereitschaft, politisch-moralische und charakterliche Reife, durch Haltung und gesellschaftliche Aktivität bewiesene Verbundenheit mit der DDR und hervorragende Leistungen der Eltern beim Aufbau des Sozialismus. Neben dem Antragsrecht der Eltern lag das Vorschlagsrecht unter Beteiligung des Klassenleiters, der Fachlehrer, des Elternbeirats und der FDJ-Leitung der Schule beim Schulleiter. Die letzte Entscheidung über die Aufnahme wurde von der Auswahlkommission der Kreisschulräte vorgenommen.

Während die EOS auf die Allgemeinheit der Studiengänge an Hochschulen vorbereitete, war die Berufsausbildung mit Abitur doppelqualifizierend auf den Facharbeiterabschluss und auf das Studium technischer Berufe gerichtet. Die Reifeprüfung fand jeweils in Form des Zentralabiturs statt. Die erworbene Hochschulreife war die Voraussetzung für die Bewerbung um einen Studienplatz, sie berechtigte jedoch nicht zur Aufnahme eines Studiums. Im Jahr 1989 erreichten 11,2% aller Schulabgänger der Klassen 10 bis 12 das Abitur. Auf der Grundlage des Statistischen Jahrbuchs der DDR (1990) und in Prozent der gleichaltrigen Bevölkerung machten die Abgänger der 12. Klasse mit Abitur insgesamt 13,3% (EOS 8,8%, Berufsausbildung mit Abitur 4,5%) aus.

In dem Einheitsschulsystem, das allen-

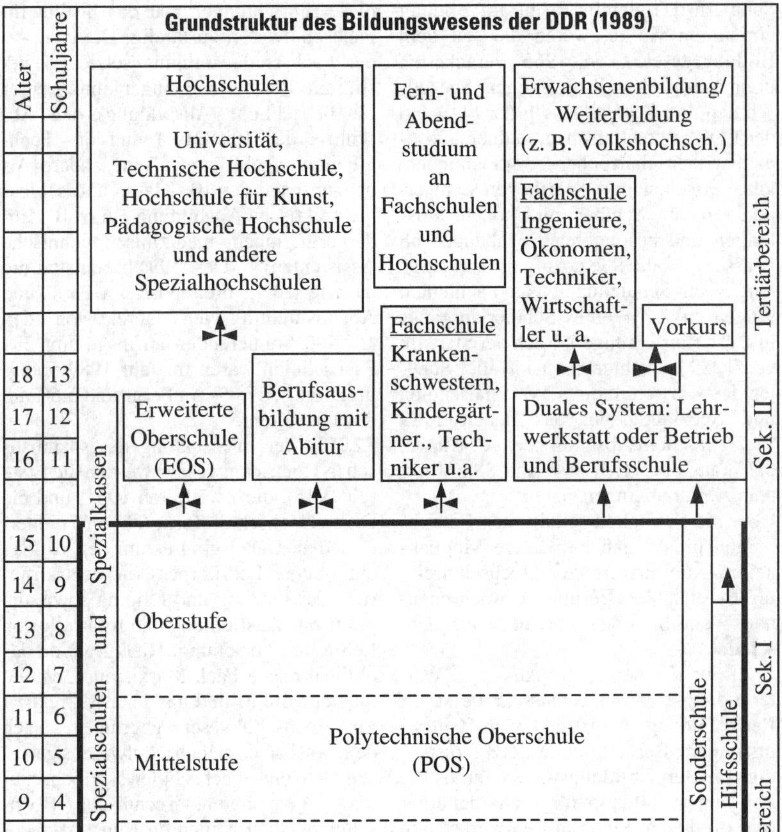

Fett umrandet sind die Einrichtungen für die Erfüllung der Schulpflicht

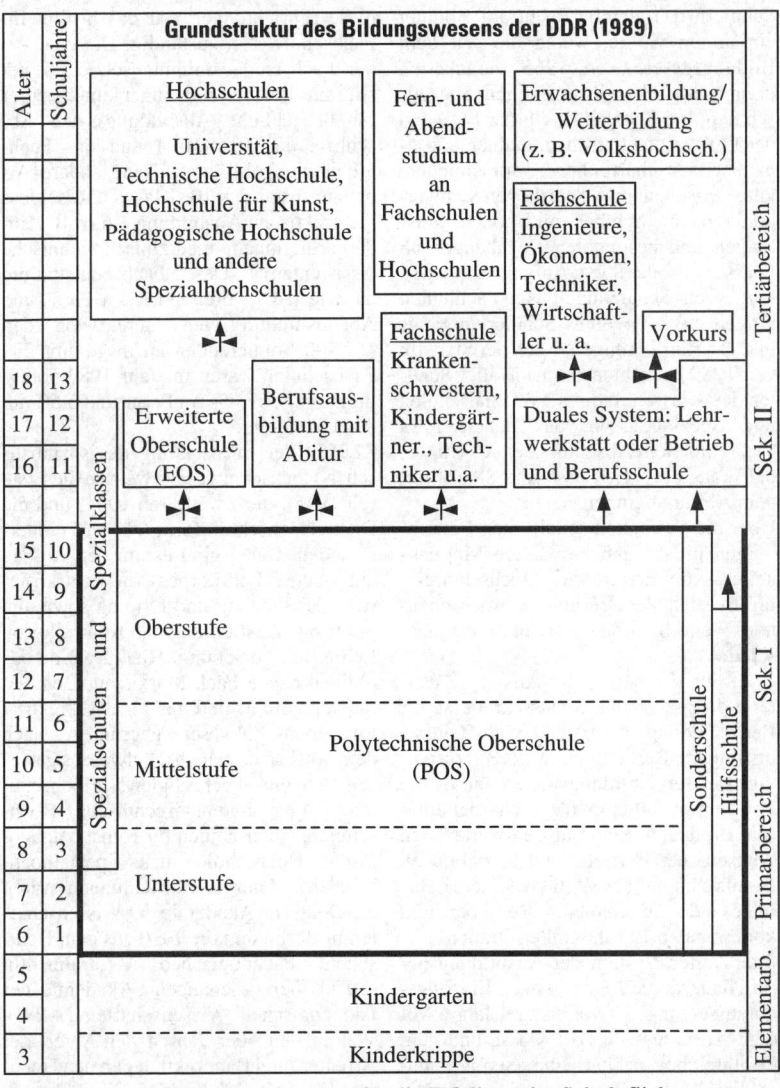

Qualifizierte Auswahl — Einfacher Übergang

Schülern das gleiche Recht auf Bildung einräumen wollte, waren die seit dem Bildungsgesetz von 1965 verankerten organisatorisch selbstständigen Spezialschulen und Spezialklassen der POS und der EOS mit technischen, mathematisch-naturwissenschaftlichen, sprachlichen, künstlerischen und sportlichen Schwerpunkten für Schüler mit hohen Leistungen und besonderen Begabungen ab Klasse 3, 5 oder 9 von Anfang an umstritten. Nach Schätzungen von Fachleuten gingen etwa 3% eines Schülerjahrgangs in diese Einrichtungen. Nach der Statistik von 1989 besuchten etwa 1% aller Schüler der Klassen 1 bis 12 Spezialschulen und Spezialklassen, aus denen 1989 11,2% mit dem Abschluss der 10. Klasse, 0,2% aus der 11. Klasse und 88,6% mit dem Abitur abgingen.

Über die genannten schulischen Einrichtungen hinaus gab es weitere Möglichkeiten zum Erwerb der Hochschulreife im Bereich der Berufs-, Erwachsenen- und Weiterbildung (z. B. in Volkshochschulen).

2.2.2) Für die berufliche Aus- und Weiterbildung war das Staatssekretariat für Berufsbildung, unterstützt vom Zentralinstitut für Berufsbildung (ZIB), zuständig. Im Berufsbildungswesen gab es die Lehrlingsausbildung für Facharbeiterberufe im dualen Sinne in Lehrwerkstätten volkseigener Betriebe und betrieblichen Berufsschulen (1989 68,6% der Lehrlinge) oder in kleineren Betrieben und kommunalen Berufsschulen. In dem differenzierten System der Ausbildungsberufe dauerte die Lehre je nach Eingangsvoraussetzungen zwei bis drei Jahre. Mit dem Abschluss der 10. Klasse und dem erfolgreichen Facharbeiterzeugnis konnte die Fachschulreife erworben werden. Über einen einjährigen Vorkurs in einer bestimmten Fachrichtung oder über Möglichkeiten der Weiterbildung und des Fernstudiums konnte der Weg zur Hochschule eröffnet werden.

Darüber hinaus gab es die vollzeitliche Berufsausbildung in Fachschulen. Für diese Einrichtungen war das Institut für Fachschulwesen zuständig. Die eine Art der Fachschulausbildung setzte für bestimmte Berufe (z. B. Ingenieure, Lehrer für betriebliche Ausbildung) den Abschluss der 10. Klasse und das Facharbeiterzeugnis voraus, eine andere Art begann nach der 10. Klasse und schloss die praktische Ausbildung ein (z. B. Kindergärtnerinnen, medizinisch-technische Assistenten). Das Fachschulstudium dauerte i. d. R. drei Jahre, im Fern- und Abendstudium vier Jahre. Von den 152 700 Studierenden an insgesamt 234 Fachschulen waren im Jahr 1989 56,8% im Direkt-, 37,6% im Fern- und 5,6% im Abendstudium.

2.2.3) In der Entwicklung des sozialistischen Hochschulwesens werden die Erste (ab 1945), die Zweite (ab 1951) und die Dritte Hochschulreform (ab 1967) unterschieden. Dabei ging es um den Aufbau eines neuen Lehrkörpers, die Zentralisierung der Planung und Leitung sowie die politische Ausrichtung und Kontrolle von Lehre und Forschung. Hierzu wurde das obligatorische Fach Marxismus-Leninismus eingeführt und das Staatssekretariat für Hochschulwesen gegründet. Nach dem Ausbau des Hochschulwesens gab es seit 1970 ohne Fachschulen 54 Hochschulen (Universitäten, Technische Hochschulen, Hochschulen für Kunst, Pädagogische Hochschulen u. a. Spezialhochschulen). Zentrale Einrichtungen waren die Deutsche Akademie der Wissenschaften in Berlin und die 1970 aus dem Deutschen Pädagogischen Zentralinstitut (DPZI) hervorgegangene Akademie der Pädagogischen Wissenschaften (APW). War in den 50er Jahren der Anteil der Arbeiter- und Bauernkinder an den Hochschulen bei gleichzeitiger Zurückdrängung bürgerlicher Kinder systematisch erhöht worden (1958 etwa 60% aller Studierenden), gelang es den entstandenen Bildungseliten in den 70er Jahren, umgekehrt ihre Kinder in höhere Bildungslaufbahnen zu bringen und Kinder bildungsferner Schichten zu verdrängen.

Die restriktive Hochschulzulassung der Abiturienten war im Rahmen der staatlichen Planung von wirtschaftlichen Bedarfsgesichtspunkten und von den Kriterien Leistung, Geschlecht, soziale Herkunft, politische Aktivität, abgeleistete Wehrpflicht u. a. abhängig. Der Frauenanteil unter den Studierenden machte 1989 etwa 50% aus. Die Anträge auf Zulassung zum Studium wurden von einer Zulassungskommission der Hochschule auf der Grundlage der Zulassungsordnung (1971) entschieden.

2.2.4) In der Lehrerbildung (Stand 1988) fand die Ausbildung der Unterstufenlehrer (Klasse 1 bis 4) an 26 Instituten für Lehrerbildung (Dauer: vier Jahre), diejenige für Fachlehrer/Diplomlehrer (Klasse 5 bis 12), Berufsschullehrer und Sonderschullehrer an neun Pädagogischen Hochschulen, sechs Universitäten, zwei Technischen Hochschulen, an der Hochschule für Körperbehinderte in Leipzig und an der Musikhochschule in Weimar (Dauer: fünf Jahre) statt.

2.3) Nach der Öffnung der Grenzübergänge in den Westen (9. 11. 1989) und den ersten freien Volkskammerwahlen in der DDR (18. 3. 1990) begannen im Mai 1990 Beratungen über die Zusammenführung der Schulsysteme beider deutscher Staaten. Mit dem Vertrag über die Wirtschafts-, Währungs- und Sozialunion vom 1. 7. 1990 übernahm die DDR das Berufsbildungsrecht der Bundesrepublik bereits zum 1. 8. 1990. Im letzten Gesetz der Volkskammer vom 22. 7. 1990 wurden die 1952 aufgelösten Länder Brandenburg, Mecklenburg-Vorpommern, Sachsen, Sachsen-Anhalt und Thüringen wieder eingeführt. Sie traten im Einigungsvertrag (31. 8. 1990) gemäß Art. 23 GG der Bundesrepublik Deutschland bei, so dass für sie vom 3. 10. 1990 an das Bundesrecht in Kraft trat.

Aus den ersten Landtagswahlen am 14. 10. 1990 ging die CDU in vier neuen Ländern als stärkste Partei hervor und sprach sich für die Einführung des gegliederten Schulsystems aus. In Brandenburg konnte sich die SPD durchsetzen, die für die Integrierte Gesamtschule mit gymnasialer Oberstufe eintrat. Nach Verabschiedung der Schulgesetze durch die Landtage wurde vom Schuljahr 1992/93 an das gegliederte Schulsystem und damit auch das Gymnasium in den fünf neuen Ländern eingeführt, wobei die Gesamtschule als Alternative hierzu in Brandenburg eine größere und in Mecklenburg-Vorpommern eine geringere quantitative Bedeutung hat.

3) Das Bildungswesen in der Bundesrepublik Deutschland 2007 (vgl. auch *Baden-Württemberg, Bayern, Berlin, Brandenburg, Bremen, Hamburg, Hessen, Mecklenburg-Vorpommern, Niedersachsen, Nordrhein-Westfalen, Rheinland-Pfalz, Saarland, Sachsen, Sachsen-Anhalt, Schleswig-Holstein und Thüringen*). Im Rahmen des Grundgesetzes und der Vereinbarungen durch die Kultusministerkonferenz haben die Länder seit 1990 ihre eigenständigen Bildungssysteme entwickelt. Im Folgenden werden die Gemeinsamkeiten dargestellt.

Das Bildungswesen ist in den *Elementarbereich*, den *Primarbereich*, den *Sekundarbereich I*, den *Sekundarbereich II*, den *Tertiärbereich* und den Bereich der Erwachsenen- und Weiterbildung (Quartärbereich) gegliedert.

3.1) Zum Elementarbereich gehören alle Einrichtungen freier und öffentlicher Träger der Kinder- und Jugendhilfe, die Kinder nach Vollendung des 3. Lebensjahres bis zum Schuleintritt aufnehmen. Tageseinrichtungen für Kinder unter drei Jahren sind *Krippen* (Kinderkrippen und Krabbelstuben). Traditionelle Einrichtungen für Kinder ab drei Jahren sind *Kindergärten* und *Kinderhäuser (Montessori-Pädagogik).* Sie werden auch unter dem Oberbegriff Kindertagesstätten zusammengefasst. Der Besuch ist freiwillig. Der frühzeitigen Förderung von Kindern mit Behinderungen dienen *Sonderkindergärten,* auch Förderkindergärten genannt, sowie integrative Kindergärten und Kinderhäuser, in denen behinderte und nichtbehinderte Kinder gemeinsam leben und lernen. Seit dem 1. 1. 1996 hat jedes Kind vom vollendeten 3. Lebensjahr an bis zum Schuleintritt einen Rechtsanspruch auf einen Platz in einer Einrichtung des Elementarbereichs (§ 24 Sozialgesetzbuch VIII, Kinder- und Jugendhilfe). Die in den letzten Jahren offenbar gewordenen Defizite im sprachlichen und intellektuellen Bereich vor allem bei bildungsbenachteiligten Kindern und bei Kindern mit Migrationshintergrund haben in den Ländern zu Schwerpunktprogrammen in der Sprachförderung und der Förderung der mathematischen und naturwissenschaftlichen Grundbildung geführt. Zur Sicherstellung der frühkindlichen Bildung haben Kultusministerkonferenz und Jugendministerkonferenz 2004 einen ›Gemeinsamen Rahmen der Länder für die frühe Bildung in Kindertageseinrichtungen‹ mit sechs Bildungsbereichen beschlossen. Einzelheiten werden in neuen Kindertagesstättengesetzen bzw. Kindergartengesetzen der Länder geregelt, zu denen auch die Zusammenarbeit mit den Grundschulen gehört. Im Jahr 2003 besuchten 58,9% der Dreijährigen, 83,8% der Vierjährigen und 89,8% der Fünfjährigen eine Vorschuleinrichtung.

3.2) Die allgemeine *Schulpflicht* (Vollzeitschulpflicht) beginnt für alle Kinder i. d. R. nach Vollendung des 6. Lebensjahres und dauert in den meisten Ländern neun, in Berlin, Brandenburg, Bremen und Nordrhein-Westfalen zehn Vollzeitschuljahre. In manchen Ländern kann die 10. Klasse der Haupt- oder der Förder-/Sonderschule freiwillig besucht werden. Jugendliche, die nach Erfüllung der Vollzeitschulpflicht im Sekundarbereich II keine allgemein bildende oder berufliche Schule in Vollzeitform besuchen, unterliegen der *Teilzeitschulpflicht* (Berufsschulpflicht). Diese beträgt i. d. R. drei Teilzeitschuljahre, wobei sich die Teilzeitschulpflicht nach der Dauer des Ausbildungsverhältnisses in einem anerkannten *Ausbildungsberuf* richtet. Für Jugendliche, die weder eine weiterführende Schule besuchen noch in ein Ausbildungsverhältnis eintreten, gibt es in den Ländern besondere Regelungen.

3.3) Die Schulart des Primarbereichs ist die für alle Kinder gemeinsame *Grundschule.* Sie umfasst die Jahrgangsstufen 1 bis 4, in Berlin, Brandenburg und teilweise auch in Bremen die Jahrgangsstufen 1 bis 6. Alle schulpflichtigen Kinder, die bis zu einem gesetzlich festgelegten Stichtag das 6. Lebensjahr vollendet haben, werden mit Beginn des Schuljahres am 1. August in die Grundschule aufgenommen. Kinder, die nach dem Stichtag sechs Jahre alt werden, können auf Antrag der Erziehungsberechtigten vorzeitig eingeschult werden. Eine Zurückstellung vom Schulbesuch ist in Ausnahmefällen möglich. 2004 betrug der Anteil vorzeitiger Einschulungen an allen Einschulungen in Deutschland 9,1%, in den westlichen Flächenländern 9,6%, in den östlichen Flächenländern 3,0% und in den Stadtstaaten 13,4%. Der Anteil verspäteter Einschulungen machte in Deutschland 5,7%, in den westlichen Flächenländern 5,4%, in den östlichen Flächenländern 7,8% und in den Stadtstaaten 5,0% aus. 1997 waren statistische Daten dieser Art Anlass für die Kultusministerkonferenz, ›Empfehlungen zum Schulanfang‹ zu beschließen, die es den Ländern ermöglichen, den Stichtag der Einschulung zwischen dem 30. Juni und dem 30. September festzulegen mit dem Ziel, eine frühzeitigere Einschulung als bisher einzuleiten. Einige Länder haben inzwischen den Stichtag darüber hinaus auf den 31. Dezember festgesetzt.

Für fünfjährige noch nicht schulpflichtige Kinder gibt es in einigen Ländern an Grundschulen zur Förderung und Vorbereitung auf die Schule freiwillige *Vorklassen.* Diese Vorklassen können auch mit der 1. Klasse zu einer *Eingangsstufe* zusammengefasst werden. Zur Förderung schulpflichtiger, aber noch nicht schulreifer Kinder gibt es *Schulkindergärten* bzw. Vorklassen, die überwiegend der Grund-

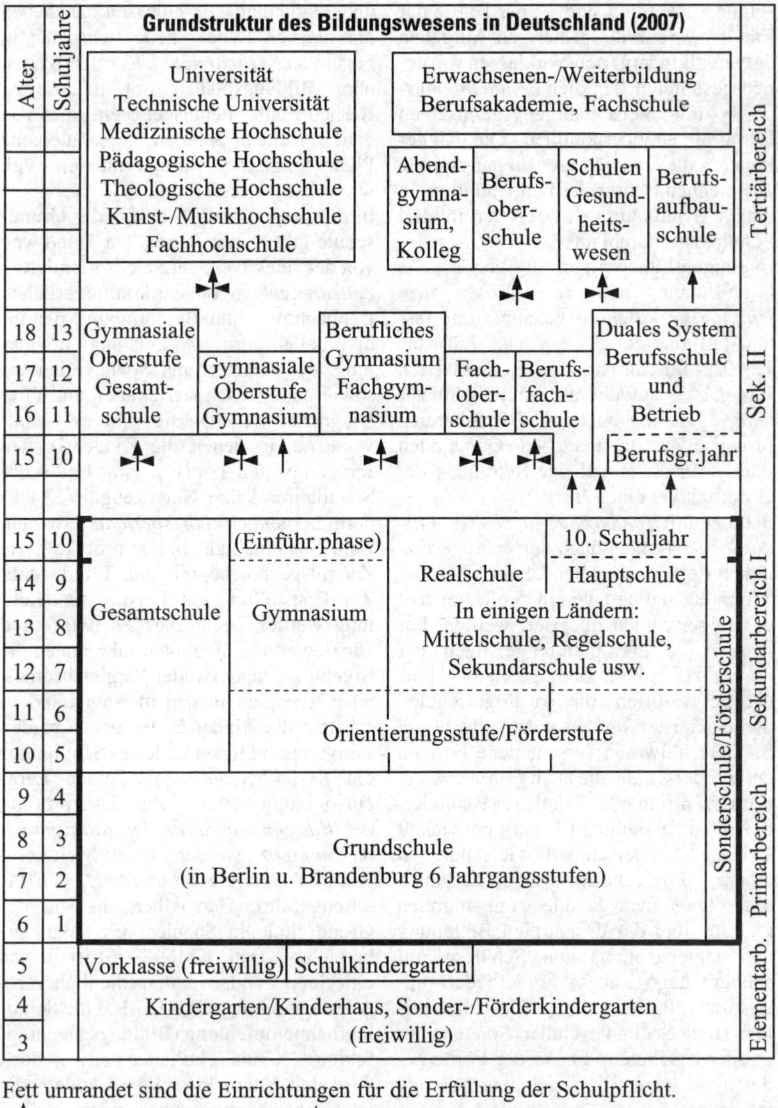
Grundstruktur des Bildungswesens in Deutschland (2007)
Alter
Schuljahre
Universität
Technische Universität
Medizinische Hochschule
Pädagogische Hochschule
Theologische Hochschule
Kunst-/Musikhochschule
Fachhochschule
Erwachsenen-/Weiterbildung
Berufsakademie, Fachschule
Abend-gymnasium, Kolleg
Berufs-oberschule
Schulen Gesund-heits-wesen
Berufs-aufbau-schule
Tertiärbereich
Gymnasiale Oberstufe Gesamtschule
Gymnasiale Oberstufe Gymnasium
Berufliches Gymnasium Fachgymnasium
Fach-oberschule
Berufs-fachschule
Duales System Berufsschule und Betrieb
Berufsgr.jahr
Sek. II
(Einführ.phase)
10. Schuljahr
Realschule
Hauptschule
Gesamtschule
Gymnasium
In einigen Ländern: Mittelschule, Regelschule, Sekundarschule usw.
Orientierungsstufe/Förderstufe
Sonderschule/Förderschule
Sekundarbereich I
Grundschule
(in Berlin u. Brandenburg 6 Jahrgangsstufen)
Primarbereich
Vorklasse (freiwillig)
Schulkindergarten
Kindergarten/Kinderhaus, Sonder-/Förderkindergarten (freiwillig)
Elementarb.
18 13
17 12
16 11
15 10
15 10
14 9
13 8
12 7
11 6
10 5
9 4
8 3
7 2
6 1
5
4
3

Fett umrandet sind die Einrichtungen für die Erfüllung der Schulpflicht.

Qualifizierte Auswahl Einfacher Übergang

schule zugeordnet sind. In der Hälfte der Länder werden die bisherigen Aufgaben der Schulkindergärten/Vorklassen von der neu gestalteten flexiblen *Schuleingangsphase* mit meist jahrgangsgemischten Lerngruppen übernommen. Die Kinder können die zweijährige Eingangsphase entsprechend ihrer Lernentwicklung in einem Schuljahr, in zwei oder in drei Schuljahren durchlaufen.

In einigen Ländern wird die Verlässliche Grundschule, auch volle bzw. ganze *Halbtagsgrundschule* genannt, mit festen Öffnungszeiten von ca. 7.30 bis 13.00/14.00 Uhr realisiert. In den letzten Jahren ist eine Weiterentwicklung hin zur *Ganztagsschule* auch im Primarbereich festzustellen. In manchen Gemeinden gibt es für die ganztägige Betreuung der Grundschüler einen *Hort.*

Schüler mit *sonderpädagogischem Förderbedarf* können nach den schulgesetzlichen Regelungen aller Länder unter bestimmten Bedingungen in den Unterricht der Regelschulen integriert werden. Für Schüler, die aufgrund ihrer geistigen oder körperlichen Behinderungen einer Förderung bedürfen, die an Regelschulen nicht geleistet werden kann, gibt es im Sonderschulwesen verschiedene Formen der Sonderschule, die auch *Förderschule/* Förderzentrum oder Schule für Behinderte heißen. In einigen Ländern entwickelt sich die Sonderschule/Förderschule zu einem Förderzentrum weiter, das auch die allgemeinen Schulen mit mobilen Diensten bei der dezentralen Betreuung und Unterrichtung von Schülern mit sonderpädagogischem Förderbedarf unterstützt. 2002 besuchten 4,8% aller Primar- und Sekundarschüler Sonderschulen/Förderschulen, 13,3% der Förderbedürftigen waren in allgemeine Schulen integriert.

Die *Internationalen Vergleichsstudien* haben die Notwendigkeit zur Verbesserung der Grundschulbildung deutlich gemacht. Nachdem die Kultusministerkonferenz 2004 *Bildungsstandards* für den Primarbereich in den Fächern Deutsch und Mathematik beschlossen hat, haben die meisten Länder neue Lehrpläne in Form von *Kerncurricula,* Kernlehrplänen oder Bildungsplänen mit integrierten Kerncurricula herausgegeben, die von den einzelnen Schulen in schuleigene Pläne umgesetzt werden müssen (vgl. www.db.kmk.org/lehrplan/).

In der diagnostischen Praxis der Grundschule gibt es seit Jahren den Trend weg von der selektiven, vergleichsorientierten *Zensurengebung* hin zur kontinuierlichen Beobachtung und Beschreibung der individuellen Lern- und Leistungsentwicklung, des Arbeits- und Sozialverhaltens sowie bei Lernschwierigkeiten und ihrer Diagnose. Gegenwärtig gibt es Schulversuche, in denen die Kinder in den Jahrgangstufen 1 bis 6 am Ende des Schuljahres keine Notenzeugnisse, sondern *Lernentwicklungsberichte* erhalten. Zum Schulhalbjahr finden protokollierte Zeugnisgespräche mit den Eltern statt. Zur Feststellung der Leistungsentwicklung werden neuerdings *Portfolios* und zur Bewertung in einigen Jahrgängen die Ergebnisse landesweiter Vergleichsarbeiten verwendet. In den meisten Ländern erhalten die Kinder in den ersten beiden Jahrgangsstufen am Ende des Schuljahres ein *Berichtszeugnis* bzw. einen Lernentwicklungsbericht. Zur Überprüfung der *Bildungsstandards der Kultusministerkonferenz* werden bundesweit einheitliche Vergleichsarbeiten (*VERA*) durchgeführt. Der ›Übergang von der Grundschule in Schulen des Sekundarbereichs I‹ (vgl. KMK 2006) ist in den einzelnen Ländern unterschiedlich geregelt. Die Lehrer geben i. d. R. eine Schullaufbahnempfehlung (Bildungsgangempfehlung, Grundschulgutachten), jedoch wird den Eltern in einigen Ländern die letzte Entscheidung zugestanden.

Der Sekundarbereich I umfasst die Jahrgangsstufen 5 bzw. 7 bis 10 mit den verschiedenartigen *allgemein bildenden Schulen* und Bildungsgängen. Die Jahrgangsstufen 5 und 6 haben die Aufgabe, die Entscheidung über die weitere Schul-

laufbahn der Schüler bis zum Ende der *Orientierungsstufe* (Förderstufe, Beobachtungsstufe, Erprobungsstufe) offenzuhalten und auf eine verlässliche Grundlage zu stellen.
Die Kultusministerkonferenz unterscheidet in ihrer ›Vereinbarung über die Schularten und Bildungsgänge im Sekundarbereich I‹ von 2006 die *Hauptschule,* die *Realschule* und das *Gymnasium* mit jeweils einem Bildungsgang und die *Gesamtschule* mit drei Bildungsgängen. Die Hauptschule umfasst in der Normalform die Jahrgangsstufen 5 bis 9 bzw. 10 und führt zum Hauptschulabschluss. Die Realschule hat in der Normalform die Jahrgangsstufen 5 bis 10 und führt zum Realschulabschluss (Mittlerer Schulabschluss). Das Gymnasium umfasst im Sekundarbereich I und II in der Normalform die Jahrgangsstufen 5 bis 12 bzw. 13 und führt zum *Abitur.* Die Gesamtschule umfasst die Jahrgangsstufen 5 bis 10 bzw. bis 12 oder 13 mit gymnasialer Oberstufe. In der Kooperativen Gesamtschule sind die drei Bildungsgänge als Schulzweige räumlich, pädagogisch und organisatorisch verbunden, in der Integrierten Gesamtschule ist die Trennung der Schüler nach Schularten oder Schulzweigen aufgehoben, und die drei Bildungsgänge bilden in integrierter Form eine pädagogische und organisatorische Einheit. In einigen Ländern werden die Hauptschule und die Realschule durch Schularten ersetzt bzw. ergänzt, in denen die Bildungsgänge der Haupt- und der Realschule pädagogisch und organisatorisch verbunden angeboten werden *(Verbundschulen).* In fast allen Bundesländern findet derzeit die Umstellung vom neunjährigen auf das achtjährige Gymnasium statt, die jeweils mit der 5. Jahrgangsstufe beginnt und zwischen 2008 und 2013 abgeschlossen sein wird.
Die Ergebnisse der internationalen Vergleichsstudien haben zur Einführung bundesweit geltender Bildungsstandards der Kultusministerkonferenz geführt. 2003 und 2004 wurden die Bildungsstandards für den Mittleren Schulabschluss und für den Hauptschulabschluss verabschiedet. Sie waren die Grundlage für die Entwicklung neuer Lehrpläne (Kerncurricula, Kernlehrpläne, Bildungspläne). Neben den traditionellen Verfahren der Leistungsbeurteilung mithilfe von Zensuren und Zeugnissen oder anderen Formen der Rückmeldung und Lernentwicklungsberichten werden zur Evaluation der Bildungsstandards Lernstandserhebungen am Ende der Klasse 8 und zentrale Prüfungen am Ende von Klasse 9 oder 10 durchgeführt. Sie bilden u. a. die Grundlage für *Abschlüsse* und *Berechtigungen.* Für die gymnasiale Oberstufe hat die Kultusministerkonferenz 2002 *Einheitliche Prüfungsanforderungen in der Abiturprüfung (EPA)* beschlossen. In den meisten Bundesländern wird die Abiturprüfung als *Zentralabitur* durchgeführt. Die Normierung, Überprüfung und Weiterentwicklung der Bildungsstandards ist die Hauptaufgabe des *Instituts zur Qualitätsentwicklung im Bildungswesen (IQB)* in Berlin.
Von den Schülern der 8. Jahrgangsstufe waren 2004 22,5% in Hauptschulen, 7,7% in Schularten mit mehreren Bildungsgängen, 25,2% in Realschulen, 30,4% in Gymnasien, 8,6% in Integrierten Gesamtschulen, 0,6% in Freien Waldorfschulen und 5,0% in Sonderschulen. Der Anteil der Schulabgänger an der gleichaltrigen Wohnbevölkerung betrug 2004 ohne Hauptschulabschluss 8,5%, mit Hauptschulabschluss 29,6%, mit Mittlerem Schulabschluss 52,2% und mit Allgemeiner Hochschulreife 28,3%.
3.4) Der Sekundarbereich II umfasst neben der allgemein bildenden gymnasialen Oberstufe die beruflichen Schulen und die Ausbildungsbetriebe des *dualen Systems.* Nach Erfüllung der Vollzeitschulpflicht absolvieren etwa zwei Drittel der Jugendlichen je nach Ausbildungsberuf eine zwei- bis dreieinhalbjährige Berufsausbildung im dualen System (Betrieb und *Berufsschule*). Das *Berufsgrundbildungsjahr* in vollzeitschulischer

Form an der Berufsschule vermittelt eine allgemeine fachtheoretische und fachpraktische Grundbildung in einem Berufsfeld. Der Vorbereitung von Jugendlichen ohne Ausbildungsvertrag auf eine Berufsentscheidung oder Berufsausbildung durch Vollzeitunterricht an der Berufsschule dient das *Berufsvorbereitungsjahr.* Zu den beruflichen Vollzeitschulen (Dauer: 1 bis 3 oder 4 Jahre) gehören in der Mehrzahl der Länder die *Berufsfachschule,* die *Fachoberschule,* die *Fachschule* und in einzelnen Ländern die *Berufsaufbauschule*, die *Berufsoberschule* und das Berufliche Gymnasium/*Fachgymnasium.*

3.5) Neben den *öffentlichen Schulen* gibt es allgemein bildende und berufsbildende *Privatschulen* in freier Trägerschaft. Das Recht zur Einrichtung von privaten Schulen ist durch Art. 7 Abs. 4 GG und zum Teil durch Landesverfassungen gewährleistet. Die wichtigsten Rechtsvorschriften zum Betrieb von Schulen in freier Trägerschaft sind die Schulgesetze, spezielle Privatschulgesetze und Finanzhilfe、regelungen der Länder. Die Kultusministerkonferenz hat im Juni 2006 eine ›Übersicht über die Finanzierung der Privatschulen in den Ländern‹ veröffentlicht. Eine der öffentlichen Schule vergleichbare Privatschule benötigt als *Ersatzschule* die staatliche Anerkennung des Landes. Die Schulaufsicht überwacht die Einhaltung der Genehmigungsvoraussetzungen. Andere Privatschulen, die nicht den Schularten des Schulwesens entsprechen, haben den Status einer *Ergänzungsschule* (z. B. Sprachschulen). 2004 machte der Schüleranteil an der Gesamtschülerzahl an Grundschulen 1,6% und an allgemein bildenden Schulen des Sekundarbereichs 7,5% aus.

3.6) Zum Tertiärbereich gehören verschiedene Hochschularten, *Berufsakademien* als Einrichtungen außerhalb des Hochschulbereichs, die *Fachschulen,* die *Fachakademien* in Bayern sowie die zwei- und dreijährigen *Schulen des Gesundheitswesens.* Zu den insgesamt 370 Hochschulen im Wintersemester 2004/05 zählen 121 Universitäten und gleichgestellte Hochschulen (*Technische Hochschulen*/Technische Universitäten, *Pädagogische Hochschulen* u. a.), 52 Kunst- und Musikhochschulen und 197 Fachhochschulen einschließlich 29 Verwaltungsfachhochschulen. Unter den 370 Hochschulen waren 2003/04 101 private Hochschulen. Die gesetzlichen Grundlagen für das Hochschulwesen sind das *Hochschulrahmengesetz* des Bundes und die *Hochschulgesetze* der Länder. Zu den gegenwärtigen Hochschulreformen gehört u. a. die Einführung von Bachelor- und Masterstudiengängen. Die bisherigen Hochschulprüfungen, die im herkömmlichen Graduierungssystem zum Diplom- und zum Magistergrad führten, sollen bis 2010 durch den *Bachelor*- und den *Master*grad ersetzt oder ergänzt werden. Berufsbezogene Studiengänge (z. B. Medizin) schließen mit einer Staatsprüfung ab. Darüber hinaus führt ein Promotionsstudium zum Doktorgrad.

3.7) Die Länder bemühen sich gegenwärtig um eine Reform der *Lehrerbildung* für alle Schularten. Zu diesem Zweck soll das Lehramtsstudium einer empirischen Evaluation und Wirkungsanalyse unterzogen werden. Grundlage sind die Empfehlungen der von der Kultusministerkonferenz eingesetzten ›Gemischten Kommission Lehrerbildung‹ (1999) und des *Wissenschaftsrates* zur zukünftigen Struktur der Lehrerbildung (2001). Bei der Neustrukturierung der Lehrerbildung sollen die im Hochschulrahmengesetz 1998 eingeführten Bachelor- und Masterstudiengänge berücksichtigt werden. Als länderübergreifende Grundlage für die Anforderungen an Lehramtsstudiengänge hat die Kultusministerkonferenz 2004 ›Standards für die Lehrerbildung: Bildungswissenschaften‹ beschlossen.

Die Lehrerbildung wird durch die Gesetze und Verordnungen der Länder sowie durch Prüfungs- und Studienordnungen geregelt (Übersicht: www.kmk.org/doku/home.htm). Sie gliedert sich in ein Hochschulstudium und in eine pädagogisch-praktische Ausbildung (Vorbereitungsdienst). Lehramtsstudiengänge werden an Universitäten, Technischen Hochschulen/Technischen Universitäten, Pädagogischen Hochschulen sowie an Kunst- und Musikhochschulen für sechs Lehramtstypen (Primarstufe, Primar- und Sekundarstufe I, Sekundarstufe I, Sekundarstufe II: Gymnasium, Sekundarstufe II: Berufliche Schulen, Sonderpädagogische Lehrämter) angeboten.

3.8) Im Bereich der *Weiterbildung/Erwachsenenbildung* wird dem *lebenslangen Lernen* in der Informations- und Wissensgesellschaft eine Schlüsselrolle zugeschrieben. Voraussetzungen für die allgemeine, politische und berufliche Weiterbildung sind in den Weiterbildungs-, Erwachsenenbildungs- und Bildungsfreistellungsgesetzen sowie ergänzend in den Schulgesetzen geregelt. Unter den Einrichtungen haben vor allem die *Volkshochschulen* für eine Grundversorgung in der allgemeinen Weiterbildung zu sorgen. Das Nachholen schulischer *Abschlüsse* ist i. d. R. an *Abendhauptschulen, Abendrealschulen, Abendgymnasien* und *Kollegs* möglich. Für die berufliche Weiterbildung bieten Fachschulen, *Berufsakademien* und der *Fernunterricht* Bildungsgänge an. Der nachträgliche Erwerb von schulischen Abschlüssen wird durch das *Bundesausbildungsförderungsgesetz (BAföG)* und die berufliche Fortbildung durch das Aufstiegsfortbildungsförderungsgesetz (AFBG) unterstützt.

Devianz (lat. *devertere* abkehren, abwenden; engl. *deviation*). Auffällige Abweichung eines Individuums von sozialen *Normen,* moralischen Standards und üblichen Verhaltensweisen. Jeder Einzelfall ist in Abhängigkeit vom jeweiligen Lebenszusammenhang zu sehen.

dezentrales Lernen. In der *beruflichen Bildung* werden beim d. L. mehrere Lernorte kombiniert, so dass unter Beachtung eines übergeordneten Zieles für die Lernenden ein vergleichsweise hohes Maß an Selbstorganisation, gegenseitiger Abstimmung in der Gruppe, Individualisierung, Handlungsorientierung und Selbstkontrolle im Lernprozess ermöglicht wird.

Oft wird der Lernort Arbeitsplatz z. B. verbunden mit der *Lernwerkstatt,* Lerninseln, *Lernen an Stationen* und Phasen in einer überbetrieblichen *Ausbildungswerkstatt.* Ähnlich kann sich das d. L. in Schulen darstellen, z. B. als Verbindung eines lehrergesteuerten Kurses mit Einzelarbeit, Erkundung, Lernen an Stationen, *freier Arbeit* und *Exkursionen.*

DFG. *Deutsche Forschungsgemeinschaft.*

DFJW. *Deutsch-Französisches Jugendwerk.*

DGfE. *Deutsche Gesellschaft für Erziehungswissenschaft.*

Diagnose (griech. *diagignoskein* unterscheiden; engl. *diagnosis*). Der aus der Medizin und Psychologie übernommene Begriff wird in der Pädagogik für analytische Aussagen über eine Person verwendet, die aus Beobachtung oder Feststellung resultieren und sich auf Ursachen für das Zustandsbild (Ätiologie) sowie auf einen zukünftig prognostizierten Zustand beziehen. Die sich daraus ergebende Bestandsaufnahme, nämlich die D., wird meist als *Anamnese* bezeichnet. In der Pädagogik ist die D. die Summe der Erkenntnisbemühungen, die im Dienste pädagogischer Entscheidungen stehen.

Die D. in pädagogischen Handlungsfeldern kann sich nicht nur auf die individuellen Personenkennzeichen beschränken, sondern muss die Umweltmerkmale und die Charakteristika der Person-Umwelt-Interaktion mit einbeziehen. Eine professionelle D. wird i. d. R. unter bestimmten pädagogischen Fragestellungen (z. B. bei *Lernschwierigkeiten*, in Spracherwerbsprozessen oder bei der *Leistungsbeurteilung*) mit Methoden der Diagnostik bzw. der *pädagogischen Diagnostik* vorgenommen. Diagnostisches Beobachten, Entscheiden und Handeln findet aber auch im alltäglichen Unterrichtsgeschehen von Lehrern statt und macht die Erhöhung der diagnostischen Kompetenz durch Professionalisierung der Lehrerschaft auf diesem Gebiet notwendig.

Diagnostik (engl. *diagnostics*). Der aus der Medizin und Psychologie übernommene Begriff bezeichnet in der Pädagogik die Entwicklung und Anwendung geeigneter Methoden zur sachgemäßen Durchführung einer *Diagnose* und Behandlung auf der Grundlage pädagogischer Fragestellungen.

Mit der Herkunft des Begriffs verbinden sich für die Entwicklung der wissenschaftlichen D. in der Pädagogik Probleme. Die Orientierung am medizinischen Modell der D. führt dazu, die Ursachen für gestörtes bzw. angemessenes Lern- und Leistungsverhalten vorwiegend im Individuum zu suchen und zwischen normalem und nichtnormalem (krankhaftem, unangepasstem, gestörtem) Verhalten zu unterscheiden. Im Gegensatz dazu werden im interaktionistischen Modell der D. abweichendes Verhalten und Leistungsminderungen als Ergebnis bestimmter Wechselwirkungen zwischen dem Individuum und seiner Umwelt verstanden. In diesem Modell bezieht sich die D. vorwiegend auf die Analyse der Bedingungen von Interaktionsproblemen, auf die Entstehung von Selbst- und Fremdbildern sowie auf Strategien zur pädagogischen Veränderung der Interaktion. Als Ergänzung hierzu versteht sich das ökologische Modell, das die individuelle Lebens- und Lernsituation zum Gegenstand der D. und der Intervention macht. Unter Berücksichtigung der in der Person und in der Umwelt liegenden Voraussetzungen ist dieses Modell auf die Verbesserung der individuellen Lern- und Interaktionssituation angelegt. Dabei setzt es in der Schule mit der Analyse der innerschulischen Bedingungen und der Wechselwirkung zwischen dem Individuum und diesen Konditionen an, die im Unterschied zu den außerschulischen Gegebenheiten durch pädagogische Maßnahmen noch am ehesten verbessert werden könnten.

In der Diskussion um die schulbezogene D. wurden vor allem Ansätze, die auf der Grundlage der klassischen Testtheorie Tests zur Schulreife-, Begabungs-, Intelligenz- und Leistungsmessung entwickelt haben, die Entscheidungen über die Aufnahme am Schulanfang, die Sonderschulüberweisung oder den Übergang in weiterführende Schulen stützen sollten, als Selektionsd. kritisiert. Als Antwort auf diese Kritik versucht die sog. Förderd., über standardisierte Tests hinaus eine Reihe neuer diagnostischer Verfahren und Erkenntnismöglichkeiten zu entwickeln, mit denen von einer anderen Sichtweise diagnostischen Handelns her Diagnose und Förderung unmittelbar miteinander verknüpft werden können. In dieser Richtung arbeitet auch die sog. Strukturd., die versucht, beim Einsatz z. B. mathematischer oder sprachlicher Unterrichtsmaterialien die inneren Denk- und Handlungspläne von Kindern zu rekonstruieren. Ziel ist das Verstehen von richtigen und falschen Lösungsstrategien bei Schülern, um im diagnostischen Kommunikationsprozess an die theoriegeleitete Diagnose die nächsten Förderschritte im Unterricht unmittelbar anschließen zu können.

In den letzten Jahren ist die Frage aufgeworfen worden, ob die D. sich als *pädagogische D.* zu einer Teildisziplin der Erziehungswissenschaft entwickeln oder ob nur von einer D. in der Pädagogik gesprochen werden soll, die mit ihren unterschiedlichen Ausprägungen und Zwecken in pädagogischen Handlungsfeldern eingesetzt werden kann. Als Teildisziplin der interdisziplinären Bildungsforschung wird seit 2006 die *Kompetenzdiagnostik* entwickelt.

Dialektik (griech. *dialektos* Unterredung; lat. *dialecticus* Kenner; engl. *dialectic*). Weg der rein gedanklichen Erkenntnisgewinnung, wobei durch Argument und Gegenargument, Rede und Gegenrede, Feststellung und Widerspruch Ansichten immer eindeutiger entfaltet, Gegenpositionen klarer ausgebildet werden. Im so entstehenden Fluss des Gedankenganges wird der These eine Antithese gegenübergestellt, die im Idealfall zu einer Synthese, einer neuen Stufe der Erkenntnis führen kann, in der sich dann sowohl die ursprüngliche These wie die Antithese aufheben. These könnte sein, dass nur die konsequente Einheitsschule einer demokratischen Gesellschaft angemessen sei, Gegenthese, dass gerade in der Demokratie Spielraum für Individualisierung und freie Gestaltung des Bildungsweges gegeben sein müsse, woraus dann im Dialog zwischen diesen Positionen als Synthese die Erkenntnis resultieren mag, dass eine hochgradig differenzierende, mit großen Freiheiten im Bereich des Lehrplans und der innerschulischen Selbstverwaltung ausgestattete Gesamtschule im Moment die beste Lösung sein könnte.

Dialog (griech. *dialogos* Zwiegespräch, Wechselrede; engl. *dialogue*). Verständigung zwischen Lehrenden und Lernenden im Gespräch.

didacta. *Bildungsmesse.*

Didaktik (griech. *didaskein*, aktiv: lehren, unterrichten; passiv: lernen, belehrt werden; auch: sich aneignen, *didaxis* Lehre, Unterricht; engl. *didactics*). **1)** D. ist im umfassenden Sinn der *allgemeinen D.* die Wissenschaft des Lehrens und Lernens in allen pädagogischen Handlungsfeldern (z. B. Schule, Volkshochschule, Jugendarbeit, Universität) und im schulpädagogischen Sinn die Theorie des Unterrichts.

2) Didaktisches Denken und Fragen hat sich zum ersten Mal im antiken Griechenland bei den Sophisten, bei Sokrates und Platon artikuliert, als tiefgreifende weltanschauliche, wirtschaftliche und soziale Veränderungsprozesse im 5. Jh. v. Chr. bewusstes und geplantes Erziehen und Unterrichten notwendig machten. Dieses Denken und Handeln hat im Lehrplan der sog. *Septem artes liberales* (sieben freien Künste) institutionalisierte Formen angenommen und den Lehrplan des Abendlandes viele Jahrhunderte bestimmt.

Als pädagogischer Begriff wird die Bezeichnung Didactica (Lehrkunst) zum ersten Mal 1613 in einem Bericht über pädagogische Reformvorschläge von *W. Ratke* gebraucht und dann 1657 in der ›Didactica magna‹ (große Lehrkunst) von *J. A. Comenius* als Titel einer Unterrichtslehre verwendet. Comenius ging es darum, »allen Menschen alles zu lehren«. Im 19. Jh. wird die D. bei *J. F. Herbart, O. Willmann* und *W. Rein* wieder stärker auf den Unterricht bezogen und ihr Zusammenhang mit Pädagogik und Erziehung diskutiert. Der Einfluss Herbarts auf die weitere Entwicklung der D. wurde aber durch die starke Formalisierung seiner Unterrichtslehre in der Formalstufentheorie seiner Schüler so gebremst, dass erst in den letzten Jahren wieder der Blick auf sein didaktisches System vom erziehenden Unterricht frei geworden ist. Mit der Aktualisierung der Lehrkunstd. hat der Marburger Pädagoge C. Berg in den neunziger Jahren den Blick über *M. Wagenschein, A. Reichwein,* O. Willmann und *F. A. W. Diesterweg* zu den Klassikern der D. zurückgeführt, um Meisterwerke der Lehrkunst wieder stärker zugänglich zu machen.

In den letzten Jahrzehnten nach dem Zweiten Weltkrieg stand die schulpädagogisch orientierte D. vor der Aufgabe, eine D. als Berufswissenschaft für Lehrerinnen und Lehrer überhaupt erst zu entwickeln. Bis Mitte der fünfziger Jahre standen der Lehrerschaft ›Allgemeine Unterrichslehren‹ mit praxisorientierten Unterrichtsgrundsätzen, Unterrichtsformen und Anregungen zur Verfügung. Sie waren nicht das Ergebnis empirischer Unterrichtsforschung, sondern resultierten weitgehend aus eigenen Erfahrungen. Parallel dazu wurde, repräsentativ für die geisteswissenschaftliche Pädagogik, *E. Wenigers* ›Theorie der Bildungsinhalte und des Lehrplans‹ veröffentlicht. Auf der Grundlage dieser D. im engeren Sinne wurde die wichtige Frage nach der Auswahl und Begründung von Bildungsinhalten diskutierbar. Aus diesem

Zusammenhang heraus entstand 1958 W. Klafkis Veröffentlichung ›Didaktische Analyse als Kern der Unterrichtvorbereitung‹, die eine Reflexionsgrundlage für viele Lehrergenerationen wurde.

Seit den sechziger Jahren sind bis heute verschiedene didaktische Theorien und Modelle enstanden, die sich zum Teil aus der gegenseitigen Kritik weiterentwickelt und angenähert haben. Zu den wichtigsten gehören: a) die *bildungstheoretische D.,* die sich als Theorie der Bildungsinhalte zu einer umfassenderen kritisch-konstruktiven D. enfaltet hat (W. Klafki); b) die *lerntheoretische* bzw. lehrtheoretische *D.* (Berliner Modell; *P. Heimann, W. Schulz, G. Otto*), die sich als Theorie des Unterrichts versteht und im Hamburger Modell wissenschaftstheoretisch und konzeptionell verändert hat (W. Schulz); c) die *kommunikative* bzw. kritisch-kommunikative *D.* (K.-H. Schäfer/K. Schaller, R. Winkel); d) die *kybernetisch-informationstheoretische D.* (H. Frank, F. v. Cube). In diesem Zusammenhang müssen auch die Theorien der Curriculumentwicklung (*S. B. Robinsohn,* J. Zimmer u. v. a.), die Konzeption der psychologisch orientierten D. von *H. Aebli* und die Modelle der D. in der ehemaligen DDR, z. B. das von *L. Klingberg*, erwähnt werden.

Vor dem Hintergrund der »klassischen« didaktischen Theorien und Modelle zurückliegender Jahrzehnte entsteht in den letzten Jahren eine vielfältige Diskussion didaktischer Fragen und Konzepte. Im Sinne einer D. als Wissenschaft des Lehrens und Lernens vermitteln die modellhaft dargestellten Unterrichtsbeispiele einer Gruppe von Didaktikern Einblicke in die »Lehrkunstwerkstatt«, die in mehreren Bänden seit 1997 von H. C. Berg und T. Schulze herausgegeben werden. Die Diskussion um den Konstruktivismus in der Erziehungswissenschaft hat seit 1994 zum Ansatz einer konstruktivistischen D. geführt, mit der sich u. a. E. Terhart (1999) kritisch auseinandersetzt. Im gleichen Jahr hat H. Siebert (1999) eine Bilanz der Konstruktivismusdiskussion für die Bildungspraxis vorgelegt. Einen Überblick zur Diskussion didaktischer Fragen geben H. G. Holtappels und M. Horstkemper (1999).

F. W. Kron hat zum ›Grundwissen Didaktik‹ (2004) etwa 30 Ansätze der D. herausgestellt, deren Anzahl durch neuere Konzepte erweitert wird und das didaktische Denken bereichert. Vor dem Hindergrund einer konstruktivistischen und systemtheoretischen Perspektive treten Positionen unter der Bezeichnung »Subjektive D.« (E. Kösel 2002) und »Subjektorientierte D.« (A. Holzbrecher) auf, die davon ausgehen, dass jeder Mensch eine eigene einmalige Struktur entwickelt, auf die sich didaktisches Handeln beziehen muss. Im Anschluss an A. K. Tremls ›Evolutionäre Pädagogik‹ (2004) hat A. Scheunpflug in ihrer ›Evolutionären Didaktik‹ (2001) Unterricht aus system- und evolutionstheoretischer sowie biowissenschaftlicher Perspektive reflektiert. U. Herrmann hat die Diskussion über die Ergebnisse der Gehirnforschung (z. B. M. Spitzer, G. Hüther) in ›Neurodidaktik‹ (2006) im Hinblick auf die Konsequenzen für »gehirngerechtes Lehren und Lernen« zusammengefasst. In theoretischer Orientierung an den Arbeiten des französischen Soziologen P. Bourdieu kommen unter dem Begriff *kultursoziologische Didaktik* Anstöße aus der angewandten Sonderpädagogik (G. G. Hiller) in die Diskussion, die das Problem der Passung zwischen Bildungsprogrammen z. B. im Bereich der Lernbeeinträchtigtenförderung und den Adressaten aus bestimmten kulturellen und ökonomischen Milieus thematisieren. Mit dem Blick auf die »sonderpädagogische« Diskussion zur ›Inklusiven Pädagogik‹ (Schnell/Sander 2004) ist die Entwicklung und Forschung zur »inklusiven D.« vor allem im Bereich der Fachd. zu beachten, wie sie 2005 von S. Seitz für den Sachunterricht vorgelegt worden ist. Von besonderer Herausforderung für die D. ist jedoch vor dem Hintergrund der *internationalen Vergleichstudien TIMSS, PISA, IGLU* und *DESI* die Weiterentwicklung des Dialogs zwischen allgemeiner D., Fachd. und empirischer Lehr-Lern-Forschung als Unterrichtsforschung, wie sie im Artikel *Unterricht* thematisiert worden ist. Eine Hilfe zur Bestandsaufnahme bietet der Sammelband ›Unterrichtsqualität und Fachdidaktik‹, hrsg. von K.-H. Arnold (2007).

didaktische Analyse. Die Konzeption der d. A. des *Bildungsinhalts* als Kern der *Unterrichtsvorbereitung* des Lehrers wurde von W. Klafki seit 1958 entwickelt. Sie ergänzt die traditionelle fachwissenschaftliche *Sachanalyse* und die methodische Vorbereitung des Unterrichtsverlaufs, indem der Lehrer die in Lehrplänen, Curricula, Schulbüchern u. a. Medien vorgegebenen Unterrichtsinhalte auf ihren Bildungsgehalt bzw. -wert für den Bildungsprozess der Schüler in seiner Lerngruppe reflektiert und legitimiert.

Als Hilfe zur Strukturierung der Reflexion hat Klafki fünf Grundfragen fomuliert. 1. Zur exemplarischen Bedeutung: Welchen allgemeinen Sinn- und Sachzusammenhang vertritt und erschließt dieser Inhalt? 2. Zur Gegenwartsbedeutung: Welche Bedeutung hat dieser Inhalt bereits im geistigen Leben der Kinder? 3. Zur Zukunftsbedeutung: Welche Bedeutung hat dieser Inhalt für die Zukunft der Kinder? 4. Zur Sachstruktur: Welches ist die Struktur des Inhalts? 5. Zur Zugänglichkeit: Wie lässt sich dieser Inhalt am besten für die Kinder veranschaulichen? Die d. A. ist im Zusammenhang mit dem Begriff der *kategorialen Bildung* und der *bildungstheoretischen Didaktik* zu sehen. Inzwischen ist die Konzeption der d. A. von Klafki in sein erweitertes Modell zur Unterrichtsplanung und Unterrichtsanalyse im Sinne kritisch-konstruktiver Didaktik eingearbeitet worden.

didaktische Reduktion. Eine Vorgehensweise im Sinne *exemplarischen Lehrens und Lernens,* durch reflexive Verfahren bei der Unterrichtsplanung, Lehrplanerstellung oder Curriculumentwicklung die Anzahl und die Komplexität der Lerninhalte einerseits zu vermindern, und andererseits die fundamentalen und elementaren Aspekte so herauszuarbeiten, dass den Schülern bei Berücksichtigung ihrer Lernvoraussetzungen entsprechende und ökonomisch optimale Lernangebote gemacht werden können.

didaktisches Dreieck. Bildhafter Versuch, die Grundstruktur des *Unterrichts* als beziehungsvollen und aufeinander angewiesenen Zusammenhang von Schüler, Lehrer und Gegenstand anschaulich darzustellen. Die Figur des gleichseitigen Dreiecks wird meist wie folgt ausgelegt: Der Schüler setzt sich mit einem Gegenstand (Inhalt, Stoff) auseinander und der Lehrer hilft ihm aufgrund seiner Sachkenntnis bei diesem Aneignungsprozess. Dabei bleiben wichtige Fragen wie die der *didaktischen Analyse,* der Lehrer-Schüler-Interaktion und der Komplexität methodischer und medialer Vermittlungsmöglichkeiten unberücksichtigt.

didaktisches Modell. Von *H. Blankertz* eingeführter Begriff zur Kennzeichnung wissenschaftstheoretisch abgrenzbarer Theoriebildungen, deren Gegenstand die Analyse und Planung didaktischen Handelns in schulischen und außerschulischen Praxisfeldern ist. Zu solchen allgemein-didaktischen M. gehören z. B. die *bildungstheoretische Didaktik,* die *lerntheoretische* bzw. lehrtheoretische *Didaktik,* die *kybernetisch-informationstheoretische Didaktik* und die *kommunikative Didaktik.*

didaktische Spiele. *Lernspiele.*

didaktische Werkstatt. *Lernwerkstatt.*

Dienstaufsicht. Im Rahmen der staatlichen *Schulaufsicht* umfasst die D. die Kontrolle der beruflichen Verpflichtungen von Schulleitern und Lehrern. Zuständig für die D. sind die Behörden der Schulaufsicht.

Dienstaufsichtsbeschwerde. Im Bereich des Bildungswesens (wie in anderen Bereichen der öffentlichen Verwaltung) kann von jedem volljährigen Schüler,

Auszubildenden oder Studierenden ebenso wie von den gesetzlichen Vertretern der noch nicht volljährigen Schüler oder von den Mitgliedern des Lehrkörpers bei einer übergeordneten Behörde D. eingereicht werden, die den Zweck hat, die Korrektheit des Verhaltens (z. B.) eines Lehrers, Vorgesetzten oder Ausbilders überprüfen zu lassen. Für den Bereich der Grund- und Hauptschulen etwa wäre eine D. beim zuständigen Schulamt, für die betriebliche Berufsausbildung im dualen System bei der Zuständigen Stelle (Kammer) einzureichen.

Dienstpflichten (engl. *official duties*). Bei beamteten Lehrern oder Mitarbeitern umfassen die D. sämtliche Pflichten, die dem Dienstherrn (öffentlicher Arbeitgeber) gegenüber zu erfüllen sind. Einzelregelungen dazu finden sich in den Beamtengesetzen oder werden in einem Arbeitsvertrag festgelegt. Zu den wichtigsten D. des Beamten gehören die unparteiische Amtsführung, die Beachtung des Gemeinwohls, das Eintreten für Demokratie und Grundrechte, die Zurückhaltung bei politischer Betätigung, die Bereitschaft zur vollen Hingabe im Amt, zur Beratung und Unterstützung der Vorgesetzten sowie zur Beachtung der Rechtmäßigkeit seines Handelns. Der letzte Punkt beinhaltet für die Lehrer, dass sie die Rechtsnormen aus GG, Landesverfassung, *Schulgesetz,* Erlassen und Verwaltungsvorschriften der Schulverwaltung in ihrer unterrichtlichen Arbeit zu beachten haben.

Dienstweg (engl. *official channels*). Will ein Beamter an eine übergeordnete Behörde oder an die Öffentlichkeit Informationen, die unmittelbar in Zusammenhang mit seinen Amtspflichten stehen, weitergeben, beispielsweise einen Verbesserungsvorschlag, so hat er sein Anliegen zuerst dem Leiter seiner Dienststelle bzw. Abteilung anzuzeigen. Im Falle einer Beschwerde gegen den unmittelbaren Vorgesetzten kann er sich direkt an die nächsthöhere Behörde wenden.

Differenzierung (lat. *differentia* Verschiedenheit, Unterschied; engl. *differentiation*). Allgemeine und umfassende Bezeichnung für alle Maßnahmen und Formen der D. von der äußeren D. des *Schulsystems* bis zur *inneren D.* und Individualisierung des Unterrichts. Sie bezieht sich auf organisatorische Maßnahmen zur Gruppierung der Schülerschaft nach bestimmten Kriterien (z. B. Alter, Leistung, Begabung, Interesse, Behinderung, Geschlecht) und/oder auf die didaktisch-methodische Gestaltung der Lehr- und Lernprozesse unter Berücksichtigung unterschiedlicher Lernvoraussetzungen.

D.maßnahmen sind häufig nicht pädagogisch und wissenschaftlich begründet, sondern durch gesellschafts- und bildungspolitische Einstellungen und vorwissenschaftliche Annahmen vom optimalen Lernen geprägt. Die Entwicklung bestimmter D.formen muss deshalb historisch betrachtet werden. Zu den traditionellen Formen gehört die seit dem 19. Jh. etablierte D. der Gesamtschülerschaft in *Jahrgangsklassen* und in die *Schularten Volksschule, Realschule (Mittelschule)* und *Gymnasium* (höhere Schule). D.formen haben wegen der mit ihnen verbundenen *Übergänge, Abschlüsse* und *Berechtigungen* große gesellschafts- und bildungspolitische Bedeutung.

Im Zuge der Bildungsreform werden seit etwa 1967 in der Fachliteratur die unterschiedlichen D.formen begrifflich nach äußerer und innerer D. systematisiert. Dieser Kategorisierung liegen meist organisatorische und räumliche Vorstellungen zur Gruppierung von Schülern zugrunde. An der dichotomen Kategorisierung innen versus außen wurde kritisiert, dass sie dem multidimensionalen Sachverhalt der D. nicht gerecht werde und einseitige bildungspolitische Schlussfolgerungen nahelege. Stattdessen wurde ein Begriffssystem vorgeschlagen, das sich an den drei institutionell unterscheidbaren D.ebenen Schulsystemd., Schuld. und Unterrichtsd. orientiert. Diese terminologische Unterscheidung konnte sich jedoch nur begrenzt durchsetzen. Von äußerer D. wird gesprochen, wenn die Gesamtheit einer Schülergroßgruppe nach bestimmten D.kriterien in relativ homogene Lerngruppen längerfristig eingeteilt und räumlich getrennt voneinander unterrichtet wird. Dieser Lerngruppenorganisation entsprechen unter didaktischen Gesichtspunkten oft unterschiedliche Bildungsziele, Inhalte, Methoden und Einstellungen der Lehrerschaft. Leistung ist im Schulsystem der Bundesrepublik Deutschland das Hauptkriterium, nach dem sich auf der Ebene der institutionellen D. bzw. Schulsystemd. die Aufteilung der Schülerschaft eines Altersjahrgangs auf Sonder-, Haupt-, Real-, Gesamtschulen und Gymnasien ergibt. Neben dem D.konzept des *Team-Kleingruppen-Modells* sind Konzepte der *Fachleistungsd.* und der *Wahl-* bzw. *Wahlpflichtd.* konstitutive Merkmale der Unterrichtsorganisation an *Gesamtschulen*, teilweise auch an *Orientierungsstufen*, Haupt- und Realschulen sowie an den neuen integrierten Schularten, die in einigen Bundesländern nach der Wiedervereinigung eingerichtet worden sind. Im Kurssystem der *gymnasialen Oberstufe* ist der Unterricht auch primär nach Leistung differenziert, jedoch ist die Wahl der Fächer und entsprechender Grund- und Leistungskurse im Rahmen bestimmter Auflagen relativ frei. Konzepten äußerer D. liegt die Annahme zugrunde, dass Lernen in relativ homogenen Leistungsgruppen effektiver sei als in heterogenen, wobei die mit den selektiven Prüfverfahren verbundenen Sozialisationsprobleme meist übergangen werden und die pädagogischen Ziele des *sozialen Lernens* unberücksichtigt bleiben. Innere D. (Binnend., Unterrichtsd.) wird dagegen als unterrichtsorganisatorische Maßnahme mit bestimmten pädagogisch-didaktischen Intentionen innerhalb einer heterogen zusammengesetzten, gemeinsam unterrichteten Lerngruppe angesehen. Wenn überhaupt, erfolgen Gruppierungen nach Leistungsstand oder Interessenschwerpunkten nur für zeitlich begrenzte Unterrichtsphasen, um die Förderung sozialen Lernens nicht zu behindern. In zunehmendem Maße überwiegen Formen der Individualisierung und der Kleingruppenarbeit in Stunden *freier Arbeit* und im *Wochenplanunterricht.* Entsprechende Konzepte der inneren D. finden vor allem in Reformschulen, in der Grundschule und in Integrationsklassen mit Behinderten Anwendung.

D

DIPF. *Deutsches Institut für Internationale Pädagogische Forschung.*

Diplom (lat. *diploma* Handschreiben, Urkunde; engl. *diploma*). Urkunde über die Verleihung des D.grades einer Hochschule bzw. dieser Grad selbst (z. B. Dipl.-Ing., Dipl.-Psych.). Hinter dem Grad ist die verleihende Hochschulgattung anzugeben: *Universität*, *Pädagogische Hochschule* = (U), *Fachhochschule* = (FH), in einigen Ländern auch *Berufsakademie* = (BA).

Diplompädagoge. *Akademischer Grad,* der nach dem erfolgreichen Abschluss eines mindestens achtsemestrigen Studienganges oder eines viersemestrigen Aufbaustudiums der Pädagogik an einer Hochschule erworben wird. Neben den für alle Diplomstudiengänge grundlegenden erziehungswissenschaftlichen Studien sind eine Reihe von Spezialisierungen möglich: *Schulpädagogik, Sozialarbeit/Sozialpädagogik, Sonderpädagogik/Behindertenpädagogik, Erwachsenenbildung, Medienpädagogik* u. a.

Diplomhandelslehrer. *Akademischer Grad,* der nach einem mindestens achtsemestrigen Studium der Wirtschaftswissenschaften von einer Universität verliehen wird. Ein D. kann nach einem *Vorbereitungsdienst* als Studienrat in den öffentlichen Dienst übernommen werden.

Direktor (lat. *director* Lenker; engl. *director*). Amtsbezeichnung für die Leiter von Gymnasien und beruflichen Schulen.

Diskriminierung (lat. *discretio* Absonderung, Trennung, Unterscheidung; engl. *discrimination*). Allgemein die Fähigkeit zur Wahrnehmung von Unterschieden. In einem bildungs- oder sozialpolitischen Zusammenhang Bezeichnung für ausgrenzende, benachteiligende oder auch stigmatisierende Prozesse. Dabei sind oftmals weltanschauliche, nationale oder rassistische Motive ausschlaggebend.

Diskurs (lat. *discursus* Hin- und Herlaufen). Austausch von Argumenten zwischen Gesprächspartnern, nach Möglichkeit bis zu einem Ergebnis, dem alle Beteiligten allein aus Einsicht, nicht etwa durch Unterwerfung unter eine Autorität, zustimmen können.

Disponibilität (lat. *disponere* an verschiedenen Orten aufstellen). Die Fähigkeit, sich schnell und erfolgreich auf neue Situationen oder Aufgaben einstellen zu können.

Disposition (lat. *dispositio* Anordnung, Gliederung, Entwurf; engl. *disposition*).
1) Angeborene Anlage im Sinne körperlicher und seelischer Bereitschaft, sich in der Umwelt zweckmäßig zu verhalten und zu entwickeln.
2) Angeborene und/oder erworbene Bereitschaft und Fähigkeit einer Person, sich in bestimmten Lebenssituationen so und nicht anders zu verhalten.

Disputation (lat. *disputatio* wissenschaftliches Streitgespräch). Anstelle des Begriffs *Rigorosum* für den mündlichen Teil der Doktorprüfung gebräuchliche Bezeichnung.

Dissemination (lat. *disseminare* verbreiten; engl. *dissemination*). Der Begriff aus der *Curriculumforschung* und -entwicklung bezeichnet bestimmte Vorgänge und Probleme bei der Verbreitung eines fertigen *Curriculums*. Curriculum-Projekte, die Schulen und Lehrer in die Entwicklungsarbeit einbeziehen, können davon ausgehen, dass die Lehrer das mitbestimmte und/oder mit erarbeitete Curriculum auch verwenden. Curriculum-Produkte, die in außerschulischen Institutionen wie z. B. Universitäten entwickelt worden sind und von Lehrern privat oder über die Schule angekauft werden müssen, haben dann nur eine geringe Verbreitung, wenn sie nicht von Kultusministerien oder anderen Behörden unterstützt werden. Eine wichtige Frage der D. ist es, inwieweit sich das neu entwickelte Curriculum in den Kontext vorhandener *Lehr- und Lernmittel* einordnen lässt. Damit sind aber meist Innovationsbarrieren in der Curriculumentwicklung verbunden.

Dissertation (lat. *dissertatio* Erörterung; engl. *doctoral thesis*). Eigenständige wissenschaftliche Untersuchung bzw. Abhandlung als schriftlicher Teil der Doktorprüfung.

Disziplin (lat. *disciplina* Unterricht, Kenntnis, Wissen, Zucht; engl. *discipline*). Als Ordnungsbegriff Bezeichnung für eine Wissenschaft, eine Lehrdisziplin oder eine ihrer Untergliederungen. Im normativen Sinne eine Erwartung, die menschliches Verhalten unter systemspezifische Zwecke stellt (Unterrichtsd., Schuld., Betriebsd.). Die Einhaltung dieser Art von D. wird i. d. R. sanktioniert, d. h. vorbildliche D. belohnt, Abweichung von der Norm bestraft. Lehrer unterliegen dem *Disziplinarrecht* des Landes, Schüler den Erziehungs- und Ordnungsmaßnahmen, die nach dem Schulgesetz eines Landes und darauf fußenden Erlassen der obersten Schulaufsichtsbehörde möglich sind. Von dieser fremdbestimmten D. wird die Selbstd. unterschieden: Der Mensch entschließt sich durch persönliches Urteil zur Einhaltung einer bestimmten Lebensordnung, zur Übernahme und Erfüllung einer Aufgabe.

Disziplinarrecht. Lehrer u. ä. Funktionsträger im öffentlichen Dienst unterliegen dem D., dessen Zweck die Androhung von Sanktionen bei Dienstvergehen ist. Das D. dient folglich der Disziplinierung der Beamten. Wird eine schuldhafte Verletzung der *Dienstpflichten* nachgewiesen, so kann der Dienstvorgesetzte bzw. die oberste Dienstbehörde (z. B. das Kultusministerium) Disziplinarmaßnahmen verhängen. Darunter fallen Verweis, Geldbuße, Gehaltskürzung, Versetzung, Entfernung aus dem Dienst, Kürzung des

Ruhegehalts und Aberkennung des Ruhegehalts. Das D. ist unter Juristen sehr umstritten, weil es zu einer Doppelbestrafung führen kann, wenn neben der Strafe, die ein Gericht ausspricht, der Dienstherr eine weitere Strafe verhängt. Doppelbestrafungen aber sind im deutschen Rechtssystem grundsätzlich nicht zulässig. Deshalb empfehlen die Experten den Betroffenen die Hinzuziehung eines fachkundigen Rechtsbeistandes.

Disziplinschwierigkeiten in der Schule. *Unterrichtsstörungen.*

DJI. *Deutsches Jugendinstitut.*

DKSB. *Deutscher Kinderschutzbund.*

DL. *Deutscher Lehrerverband.*

Doktor (lat. *docere* lehren). **1)** Allgemein als Berufsbezeichnung für Ärzte verwendet.

2) Als *akademischer Grad* (Dr. mit dem Zusatz der *Fakultät*, z. B. phil. für philosophische Fakultät) nach dem Bestehen der *Promotion* verliehen.

Doktorand. Jemand, der sich an einer *wissenschaftlichen Hochschule* auf die Doktorprüfung vorbereitet, indem er eine *Dissertation* schreibt und dabei von einem Professor, dem sog. Doktorvater, betreut wird.

Dom- und Stiftsschulen. Neben den *Klosterschulen* entstanden auf Veranlassung der Fürsten und Bischöfe seit dem frühen Mittelalter in Europa an den im Rahmen von Stiftungen errichteten bischöflichen und nichtbischöflichen Kirchen D. als Bildungsstätten für die Vermittlung weltlicher und geistlicher Gelehrsamkeit. Ein Lehrgang war zumeist in drei Stufen gegliedert: Elementarkurs, Studium der *Septem artes liberales* und sodann Studium der Theologie.

Domäne. In Studien zu Schulleistungsvergleichen im Bildungswesen und in der pädagogischen Psychologie verwendete Bezeichnung für abgegrenzte curriculare Gebiete wie Fächer oder Lernbereiche und eingegrenzte wie spezielle Wissensbereiche oder thematisch-inhaltliche Sinneinheiten. In diesem Zusammenhang wird in der Gender-Literatur in Bezug auf bestimmte Fächer auch von weiblicher oder männlicher D. gesprochen.

Doppelqualifikation. Verschiedene berufsbezogene Bildungsgänge an *Berufsfachschulen, Berufskollegs* sowie innerhalb der *gymnasialen Oberstufe* verleihen in Verbindung mit dem Erwerb eines Schulabschlusses (Fachschulreife, Fachhochschulreife, Allgemeine Hochschulreife) einen beruflichen Abschluss nach Landesrecht. Die entsprechenden Bildungsgänge innerhalb der gymnasialen Oberstufe sind in der Vereinbarung der KMK zur Gestaltung der gymnasialen Oberstufe in der Sekundarstufe II vom Juni 2006 benannt. Eine weitere Form der D. besteht in der Berechtigung zur Anrechnung eines Teils der Schulzeit zur Erlangung der Fachschulreife auf eine nachfolgende Berufsausbildung im dualen System. Die Einzelheiten dazu regelt die *Anrechnungsverordnung.*

Dozent (lat. *docere* lehren, unterweisen). **1)** Jeder, der andere unterrichtet, kann sich D. nennen. Der Begriff ist keine geschützte Berufsbezeichnung.

2) Ein Hochschuld. wird vom zuständigen Ministerium eines Landes auf beschränkte Dauer zum Beamten ernannt. Voraussetzung dafür ist i. d. R. die Erfüllung der Einstellungsvoraussetzungen für Professoren.

dreigliedriges Schulsystem (Syn. **gegliedertes Schulsystem**). Das *Schulsystem* der Bundesrepublik Deutschland ist nach der Grundschule vertikal (senkrecht, säulenartig) durch die drei Schulformen *Hauptschule, Realschule, Gymnasium* gekennzeichnet und wird deshalb als d. Sch. bezeichnet. Zählt man die Sonderschule/Förderschule hinzu, wird von einem viergliedrigen Schulsystem gesprochen. Im Gegensatz zum d. Sch. werden in der Integrierten *Gesamtschule* die Kinder gemeinsam unterrichtet und nicht nach Leistung auf die Schularten des gegliederten Schulsystems verteilt. Seit der Wiedervereinigung sind in verschiedenen Bundesländern im *Sekundarbereich I* neue integrierte Schularten eingeführt und durch eine das *Hamburger Abkommen* ergänzende Vereinbarung der KMK vom 3. 12. 1993 i. d. F. vom 27. 9. 1996 bestätigt worden.

DPC. *IEA Data Processing Center (IEA DPC).*

Drittmittelforschung. Forschungsvorhaben, die nicht aus den öffentlichen Haushaltsmitteln der Hochschule, sondern aus Mitteln Dritter finanziert werden. Das *Hochschulrahmengesetz* (HRG) gibt Hochschullehrern dazu ausdrücklich das Recht. Finanzmittel werden nach einem formalisierten Antrags- und Prüfungsverfahren durch die *Deutsche Forschungsgemeinschaft* (DFG), durch Ministerien des Bundes und der Länder, durch Stiftungen, durch die Europäische Union und durch die Wirtschaft zur Verfügung gestellt. D. ist innerhalb der Hochschule anzeigepflichtig, nicht aber genehmigungspflichtig. Die Mittel werden zumeist durch die Hochschule verwaltet. Erträge aus D. fließen der Hochschule zu. Die laufenden Novellierungen der Hochschulgesetze sehen für die Hochschulen und Universitäten die Pflicht zur Einwerbung von Drittmitteln vor. Die Höhe der öffentlichen Haushaltsmittel soll ab einem Sockelbetrag von der Höhe der Dritttmittel abhängen.

Drogen. Im engeren Sinne alle natürlichen oder pharmazeutischen, legalen oder illegalen Stoffe, die eine Sucht hervorrufen können. Die Bedrohung der seelischen und körperlichen Gesundheit von Kindern und Jugendlichen durch den Missbrauch legaler D. (Alkohol, Zigaretten, Medikamente) und den Konsum illegaler D. (Haschisch, Kokain, Heroin u. a.) ist in den letzten Jahren zu einem schwerwiegenden Problem geworden. Als Ursachen werden emotionale, soziale und pädagogische Vernachlässigung der Kinder und Jugendlichen, zunehmende Konsumorientierung in Gesellschaft, Familie und Jugendkultur, die allgemein wachsende Akzeptanz medikamentöser Krisenhelfer, die Liberalisierung der internationalen Verkehrswege und die zunehmenden Schwierigkeiten genannt, die Jugendliche beim Übergang in berufliche und gesellschaftliche Selbständigkeit zu bewältigen haben. D. können in diesem Krisenszenarium in der vergleichsweise labilen Jugendphase leicht zum Fluchtmittel in scheinbar heile und wohltuende Zustände werden, die tatsächlich jedoch zu Sucht und schwerer Krankheit führen. Familie, Schule und *Jugendhilfe* können durch kompetente Aufklärung, verbunden mit einer Pädagogik, die sich konsequent an der Stärkung von Selbständigkeit, Verantwortungsbereitschaft und der Urteilsfähigkeit junger Menschen orientiert und den Aufbau vertrauensvoller Beziehungen zwischen Schülern und Lehrern fördert, einen wesentlichen Beitrag zur Prävention leisten.

Speziell ausgebildete Drogenberatungslehrer bieten Schülern, Eltern und Kollegen Gespräche und auf Wunsch die Vermittlung von Kontakten zu therapeutischen Einrichtungen an. Träger der Jugendhilfe unterhalten besondere Drogenberatungsstellen. Eltern, Jugendliche und Lehrer erhalten bei den Gesundheitsämtern ausführliches Informationsmaterial.

Drop-out. Aus dem Englischen übernommene Bezeichnung für Personen, die eine Schullaufbahn, ein Studium, eine Fortbildungsmaßnahme, eine Lehre u. Ä. vorzeitig abbrechen, sowie für Kinder und Jugendliche, die aus dem Elternhaus oder einem Heim ausgerissen sind und sich herumtreiben.

Duale Oberschule. Neue Schulart innerhalb der Sekundarstufe I, die derzeit nur in Rheinland-Pfalz erprobt wird. Sie umfasst die Klassenstufen 5 bis 10 und bietet den Haupt- und den Realschulbildungsgang integriert an. Das didaktische Konzept der D. O. beruht auf der engen Kooperation mit benachbarten berufsbildenden Schulen, auf einer durchgängigen Bezugnahme aller Fächer zur Arbeitswelt sowie dem neuen Fach »Praxis in der Schule«, in dem Inhalte und Ziele aus Naturwissenschaft, Technik, Wirtschaft,

Verwaltung, Hauswirtschaft und Sozialwesen in anwendungsbezogenen Projekten Berücksichtigung finden. Leitziele sind die gründliche und nachhaltige Verbesserung der *Ausbildungsfähigkeit* der Schülerinnen und Schüler und deren langfristige *Berufswahlvorbereitung.*

duales System (engl. *dual system*). Vom *Deutschen Ausschuss für das Erziehungs- und Bildungswesen* in seinem Gutachten über das berufliche Ausbildungs- und Schulwesen (1964) geprägte Bezeichnung für die *Berufsausbildung* in den beiden Lernorten Ausbildungsbetrieb und *Berufsschule.* In den meisten Berufen kommt als dritter Lernort heute eine *überbetriebliche Ausbildungsstätte* hinzu. Die Ausbildung im Betrieb regelte das 1969 vom Bundestag verabschiedete *Berufsbildungsgesetz* (BBiG), das 2005 durch das Berufsbildungsreformgesetz (BerBiRefG) abgelöst wurde. Für den Unterricht in den Berufsschulen gelten die vom jeweiligen Kultusministerium eines Bundeslandes erlassenen Lehrpläne. Die Kosten der betrieblichen Ausbildung tragen die Unternehmen. Die Berufsschulen werden von den öffentlichen Schulträgern und den Ländern finanziert.

Durchlässigkeit (engl. *free interchange*). Gradmesser dafür, welche Möglichkeiten ein *Schulsystem* bietet, einmal getroffene Schullaufbahnentscheidungen nach der Grundschule aufgrund von Ergebnissen der individuellen Lernentwicklung zu korrigieren.

Maßnahmen zur Erhöhung der D. im gegliederten Schulsystem sind die Schaffung von Übergangsmöglichkeiten an weiterführende *Schularten* auch zwischen dem 5. und 10. Schuljahr sowie die Einrichtung von *Aufbauschulen* und *Aufbaugymnasien* zur Erleichterung der *Übergänge* von Haupt- und Realschulabsolventen auf die nächsthöhere Schulart.

Maßnahmen zur Gewährleistung der D. sind im integrierten Schulsystem der *Gesamtschule* durch die Einrichtung eines flexiblen Kern-Kurs-Systems und die fachspezifische *Leistungsdifferenzierung* in Fächern wie Deutsch, Englisch und Mathematik gegeben.

Systemvergleichende Untersuchungen haben gezeigt, dass im gegliederten Schulsystem die Anzahl der Aufstiege in eine höhere Schulform äußerst gering ist, während die Abstiege durch *Sitzenbleiben* und Nichterreichen der *Abschlüsse* überwiegen. Im Unterschied dazu ist in Integrierten Gesamtschulen die Aufstiegsmobilität größer als die Abstiegsmobilität, wozu die institutionalisierten Förder- und Stützmaßnahmen sowie die Flexibilität des Differenzierungssystems beitragen.

Durch den Ausbau des beruflichen Schulwesens und die Einrichtung von *Berufsaufbauschulen* gibt es vermehrt Möglichkeiten, zu qualifizierten Abschlüssen zu gelangen und die Zugangsberechtigung zur Hochschule zu erwerben.

Düsseldorfer Abkommen. Um angesichts der *Kulturhoheit der Länder* ein Mindestmaß an Einheitlichkeit im deutschen Schulwesen sicherzustellen, beschlossen die Ministerpräsidenten der Länder 1955 das D. A. Es definierte im Wesentlichen die *Schularten* und ihre Bezeichnungen im Bereich der Sekundarstufe I und II. Da durch die Schulgesetzgebung in den fünf neuen Bundesländern weitere Schularten hinzugekommen sind, ist von der KMK 1994 eine Neuregelung vorgenommen worden.

E

Educandus (lat. *educandus* der zu Erziehende). Wie der Begriff Zögling eine veraltete Bezeichnung für das zu erziehende Kind.

Ego (lat. *ego* ich). *Ich.*

Egozentrismus (lat. *ego* ich, *centrum* Mittelpunkt; engl. *egocentric attitude*).
1) Einstellungen, Denk- und Verhaltensweisen von Personen, die sich nur schwer in die Situation anderer hineinversetzen können und sich selbst zum Maß aller Beurteilungen von Verhaltensweisen und Dingen machen.
2) Alterstypische Erscheinungsform in der kognitiven und sozialen Entwicklung des kleinen Kindes, die darin zum Ausdruck kommt, dass es sich häufig als Mittelpunkt der Welt betrachtet. So hält sich z. B. ein dreijähriges Kind beim Verstecken die Augen zu in der Meinung, auch die anderen könnten es nun nicht mehr sehen. Der E. zeigt sich in der Wahrnehmung, im Denken, in der Sprache und im Handeln. Personen und Dinge werden nur in der Bedeutung für das eigene Ich gesehen. Es interessiert nur das, was es für die Befriedigung seiner unmittelbaren Bedürfnisse gebrauchen kann. In dieser Art egozentrischer Weltbewältigung versucht das kleine Kind, die große Vielfalt von Reizen und Eindrücken zu verarbeiten. Aufgrund der Widerstände, die es erfährt, prägen sich nach und nach sachlich richtige Gegenstandsvorstellungen aus, der E. wird so kontinuierlich abgebaut. Nach der kognitiven Entwicklungstheorie *J. Piagets* wird der E. in der Phase des Übergangs vom voroperativen Denken zur Stufe der konkreten Operationen allmählich überwunden.

Eidetik (griech. *eidos* das Bild). Umgangssprachlich auch als fotografisches Gedächtnis bezeichnet. Insbesondere Kinder und junge Menschen sind in der Lage, Bilder von Ereignissen oder Personen weitgehend genau so wiederzugeben, wie sie sie zuvor wahrgenommen haben. Die Bilder erscheinen dem Eidetiker so klar, als befände er sich noch unmittelbar in der Situation.

eigenverantwortliche Schule. *Schulautonomie.*

Eignung (engl. *aptitude*). Summe der körperlichen Voraussetzungen, der *Einstellungen* und Motivationen, der *Kenntnisse* und *Fähigkeiten,* der Lernbereitschaft und Lernfähigkeit einer Person, die im Hinblick auf die Bewältigung konkreter Aufgabenstellungen (z. B. in der Berufsausbildung) erforderlich sind. *E.untersuchungen* mithilfe von *E.tests* oder anderen Instrumenten wollen i. d. R. Daten für bestimmte Leistungsbereiche einer Person erheben, von denen her auf das zukünftige Verhalten geschlossen werden kann. Je nach Interessenlage des Probanden oder des Prüfenden können solche Untersuchungen sich a) auf die Erhebung allgemeiner Persönlichkeitsmerkmale, b) die Messung konstitutiver Faktoren des Konstrukts *Intelligenz* (Analogien bilden, Gesetzmäßigkeiten erkennen, Sprachkompetenz, räumliches Vorstellungsvermögen), c) auf Informationen über das sog. Allgemeinwissen sowie d) auf einzelne, für die Bewältigung von spezifischen Anforderungen besonders wichtige Fähigkeiten erstrecken (Konzentrationsfähigkeit, Merkfähigkeit, technisches Verständnis, Ausdauer). E.untersuchungen sollten nur von speziell ausgebildeten Fachleuten (Psychologen, Pädagogen) durchgeführt werden. Die durch sie gewonnenen Daten bedürfen einer vorsichtigen Interpretation, insbesondere im Hinblick auf die *Prognose*. *Schulpsychologische Dienste*, *Beratungslehrer* und die *Berufsberatung* informieren über E.untersuchungen und führen solche auf Wunsch auch selbst durch.

Eignung der Ausbildungsstätte. Nach den Bestimmungen des *Berufsbildungsreformgesetzes* (BerBiRefG) ist ein Betrieb nur dann als Ausbildungsstätte geeignet, wenn die in der *Ausbildungsordnung* vorgeschriebenen Kenntnisse, Fähigkeiten und beruflichen Erfahrungen in vollem Umfang vermittelt werden können, ein persönlich und fachlich geeigneter *Ausbilder* vorhanden ist und die Zahl der Auszubildenden in einem angemessenen Verhältnis zur Anzahl der im Betrieb beschäftigten Fachkräfte steht. Nach einer Empfehlung des Bundesausschusses für Berufsbildung sollten dabei folgende Verhältnisse beachtet werden: bei ein oder zwei Fachkräften nur ein Auszubildender, bei bis zu fünf Fachkräften zwei Auszubildende, bei bis zu acht Fachkräften drei Auszubildende, dann je weitere drei Fachkräfte ein Auszubildender. Die E. d. A. hat die *Zuständige Stelle* zu überwachen. Will ein Betrieb die Berufsausbildung erstmals durchführen, muss er sich vor Abschluss eines Berufsausbildungsvertrages die Eignung bestätigen lassen.

Eignung des Ausbildenden. In einem anerkannten *Ausbildungsberuf* darf nach den Bestimmungen des *Berufsbildungsreformgesetzes* (BerBiRefG) nur ausbilden, wer persönlich und fachlich dafür geeignet ist. Persönlich ist nicht geeignet, wer schwer gegen geltendes Recht verstoßen hat und deshalb verurteilt worden ist. Die fachliche Eignung liegt vor, wenn der *Ausbilder* mindestens 24 Jahre alt ist, eine *Abschlussprüfung* in einer dem Ausbildungsberuf entsprechenden Fachrichtung oder eine mehrjährige Fachpraxis in diesem Beruf nachweisen kann sowie die Prüfung nach der *Ausbilder-Eignungsverordnung* (AEVO) bestanden hat. 2003 ist die Nachweispflicht für die Eignung für eine Probephase bis 2008 zur Erleichterung der Betriebe ausgesetzt worden. Im Handwerk wird die Eignung mit Bestehen der *Meisterprüfung* erworben. Wer in seinem Betrieb ausbilden will, die Kriterien der Eignung aber nicht selbst erfüllt, muss einen entsprechend qualifizierten Mitarbeiter einstellen.

Eignungstest (engl. *ability test, prognostic test*). Psychologisches Messverfahren zur Erhebung zuverlässiger und gültiger diagnostischer Informationen. Aus den Ergebnissen kann unter Beachtung bestimmter Bedingungen auf Qualität und Quantität zukünftigen Leistungsverhaltens (z. B. während einer Ausbildung, an einem Arbeitsplatz) geschlossen werden.

Eignungsuntersuchung. **1)** Auf ausdrücklichen Wunsch eines Ratsuchenden führt der psychologische Dienst der *Berufsberatung* E. als Entscheidungshilfen im *Berufswahlprozess* durch. Dieser Dienst ist kostenlos.

2) Zahlreiche Ausbildungsbetriebe berücksichtigen bei der Auswahl ihrer zukünftigen Auszubildenden auch die Ergebnisse von E., die sie im Betrieb selbst durchführen. Dabei werden sehr unterschiedliche Verfahren eingesetzt, je nach Fachrichtung, in der eine Ausbildung stattfinden soll. Einfaches Abfragen von Alltagswissen kann ebenso wie eine Sammlung von Rechenaufgaben oder eine Drahtbiegeaufgabe dazugehören. Persönlichkeitstests oder das Durchleuchten des privaten Lebenshintergrundes dürfen in solchen E. nicht vorgenommen werden.

Eingangsstufe des Primarbereichs. Die E. d. P. gehört zu der Reformmaßnahme, die im *Strukturplan für das Bildungswesen* (1970) und im *Bildungsgesamtplan* (1973) vorgesehen war, um die Vorverlegung der Schulpflicht um ein Jahr mit dem Ziel der verbesserten Frühförderung aller Fünfjährigen und der Neugestaltung des Schulanfangs in Modellversuchen zu erproben. Sie war im Unterschied zur *Vorklasse* eine zweijährige pädagogische und organisatorische Ein-

heit für Fünf- und Sechsjährige. Die E. war als Teil des Primarbereichs gedacht, der die bisherige Grundschule ablösen sollte und sich in eine Eingangs-, Grund- und ggf. Orientierungsstufe gliederte.
Im Mittelpunkt der pädagogischen Arbeit stand die individuelle Förderung des einzelnen Kindes, um vorschulische Benachteiligungen durch ein vielfältiges und differenziertes Lernangebot auszugleichen. In Formen spielerischen Lernens sollten die Kinder allmählich zu stärker aufgabenbezogenem Lernen hingeführt werden und dabei ihre Ich-, Sach- und Sozialkompetenz festigen, um auf die kognitiven, sozialen, emotionalen und motorischen Anforderungen schulischen Lernens vorbereitet zu sein. Die pädagogische Arbeit wurde von Erzieherinnen und Lehrerinnen gemeinsam getragen.
Nach der Beendigung von Modellversuchen mit E. d. P. sind einige Einrichtungen als Vorklassen der Grundschule weitergeführt worden. Die Verwirklichung des Reformvorhabens ist teilweise an der Finanzierung, teilweise aber auch an den Widerständen der Träger von Kindergärten gescheitert, die auf die Fünfjährigen nicht verzichten wollten.
Nach dem Hessischen Schulgesetz vom 17. 6. 1999, zuletzt geändert am 30. 6. 1999, können *Vorklassen* für fünfjährige noch nicht schulpflichtige Kinder, deren Besuch freiwillig ist, zu einer zwei Schuljahre umfassenden Einheit zusammengefasst werden, die Bestandteil der Grundschule ist und E. heißt.

Einheitliche Prüfungsanforderungen in der Abiturprüfung (EPA). Zur Sicherung der Gleichwertigkeit des *Abiturs* hat die Kultusministerkonferenz im Mai 2002 für 40 Fächer fachbezogene Richtlinien als bundeseinheitlichen Maßstab beschlossen. Neben einer Fachpräambel enthalten EPA Aussagen zu den verbindlichen fachlichen Inhalten und Kompetenzen, zu den Anforderungsbereichen der Abiturprüfung, zu den Regelungen für die schriftliche und mündliche Prüfung sowie Aufgabenbeispiele. In den zuletzt erschienenen und überarbeiteten EPA sind die erwarteten *Kompetenzen* bereits auf *Bildungsstandards* bezogen.

Einheitsschule. Ein Schulsystem, das eine Verteilung der Kinder auf verschiedene Schulformen mit unterschiedlichen Zielen und Privilegien vermeiden will und in dem alle Kinder, unabhängig von sozialer Herkunft, Konfessionszugehörigkeit, Weltanschauung, Geschlecht und Begabung, die gleiche Schule besuchen. Organisatorisch soll die E. so gestaltet sein, dass die Bildungswege auf einer für alle Kinder gemeinsamen Grundstufe aufbauen, durchlässig bleiben und die Schulabschlussmöglichkeiten lange offenstehen. Pädagogisch gesehen sollen alle Kinder und Jugendlichen in der gemeinsamen Schule die gleiche Bildung erhalten, die zwar durch die Bildungswege nach Begabung und Interesse differenziert wird, aber prinzipiell gleichwertig ist.
Schon *J. A. Comenius* wollte im 17. Jh. mit seinem Einheitsschulplan ein vierstufiges Schulsystem nach dem Grundsatz »alle alles lehren« aufbauen. Ziel des preußischen Schulgesetzentwurfs (1819) von *J. W. Süvern* war die Einführung einer allgemeinen öffentlichen Schule, die in einem aufeinander abgestimmten Stufensystem von der Einschulung bis zur Universität die Grundlage der gesamten Nationalerziehung bilden sollte. Schließlich führte die Auseinandersetzung vor dem Ende des Kaiserreichs um die E. mit der Einführung der Grundschule in der Weimarer Verfassung (1919) zu einem bildungspolitischen Kompromiss. Während der E.gedanke nach dem Zweiten Weltkrieg in der DDR zur Errichtung der zehnklassigen allgemein bildenden polytechnischen Oberschule führte, kam er in der damaligen BRD 1970 im Stufenschulsystem des *Strukturplans für das Bildungswesen* des *Deutschen Bildungsrates* wieder zum Ausdruck. In der Diskussion um die Integrierte *Gesamtschule* wurden viele Einwände vorgebracht, die

denen gegen die Einführung der gemeinsamen Grundschule um 1919 und gegen den Süvern'schen Gesetzentwurf um 1819 gleichen. Die Umsetzung des E.gedankens ist gegenwärtig in mehreren europäischen Ländern in der Tendenz zur Vereinheitlichung des Pflichtschulbereichs bzw. Umstrukturierung der Sekundarstufe I (z. B. skandinavische Länder, Frankreich, Italien) zu beobachten.

Einordnungsverhältnis. *Besonderes Gewaltverhältnis*.

Einschulung (engl. *starting school*). Der Zeitpunkt der E. und der Beginn der *Schulpflicht* sind an ein bestimmtes, gesetzlich festgelegtes Schuleintrittsalter gebunden. Seit dem 18. 10. 1964 galt das Hamburger Abkommen. Danach begann für die Kinder, die bis zum 30. Juni eines Jahres das 6. Lebensjahr vollendeten, die Schulpflicht am 1. August des gleichen Kalenderjahres. Die E. erfolgte dann zu Beginn des Schuljahres nach den großen Ferien im August oder September. Schulpflichtige Kinder, die noch nicht über die notwendige *Schulfähigkeit* (Schulreife, Schulbereitschaft) verfügten, konnten für ein Jahr vom Schulbesuch zurückgestellt werden und einen *Schulkindergarten* bzw. eine *Vorklasse* besuchen. Kinder, die zwischen dem 1. Juli und dem 31. Dezember eines Jahres sechs Jahre alt wurden, konnten auf Antrag der Erziehungsberechtigten vorzeitig in die Schule aufgenommen werden, wenn die Schulfähigkeit vorhanden war. Diese Kinder wurden dann schulpflichtig. Über die Aufnahme entschied i. d. R. der Schulleiter in Absprache mit dem Schularzt.

Diese Regelungen führten durch die Zahl der vom Schulbesuch zurückgestellten Kinder zu einer zu hohen Anzahl verspäteter E. im Vergleich zur gleichbleibend relativ geringen Zahl vorzeitiger Schulaufnahmen (vgl. Zahlen von 2004 im Artikel Deutschland 3.3). Die Schulanfänger waren durchschnittlich sechs Jahre und neun Monate alt. Diese Entwicklung veranlasste die Kultusministerkonferenz am 24. 10. 1997, ›Empfehlungen zum Schulanfang‹ zu beschließen, um das Schuleintrittsalter der Schulanfänger deutlich zu senken. In den Empfehlungen ist im Vergleich zum Hamburger Abkommen von 1964 neu, dass der Stichtag der Vollendung des 6. Lebensjahres zwischen dem 30. Juni und dem 30. September liegen soll. Darüber hinaus können die Länder zusätzlich E.möglichkeiten während eines Schuljahrs vorsehen. Weiterhin können Kinder, die nach dem jeweils festgelegten Stichtag das 6. Lebensjahr vollenden, auf Antrag der Erziehungsberechtigten vorzeitig in die Schule aufgenommen werden. Darüber hinaus ist es in Ausnahmefällen auch möglich, dass Kinder vorzeitig eingeschult werden, die nach dem 31. Dezember das 6. Lebensjahr vollenden. Gemäß dem Verständnis der KMK von Schulfähigkeit in diesen Empfehlungen soll eine Zurückstellung vom Schulbesuch nur noch im Ausnahmefall möglich sein. Stattdessen sollen die Entwicklungsmöglichkeiten dieser Kinder schon im Vorschulbereich diagnostiziert werden, um sie nach der E. durch Lern- und Entwicklungshilfen weiter zu fördern.

Von diesen Empfehlungen haben bisher nicht alle Länder Gebrauch gemacht. Neun Länder halten derzeit noch am 30. 6. als Stichtag des Hamburger Abkommens von 1964 fest. Thüringen hat sich für den 1. 8., Rheinland-Pfalz für den 31. 8. ab 2008/09, Baden-Württemberg und Brandenburg für den 30. 9., Berlin für den 31. 12. sowie Bayern und Nordrhein-Westfalen für die Verlegung des Stichtags in jährlichen Monatsschritten bis zum 31. 12. entschieden. Die drei zuletzt genannten Länder gehen sogar über die KMK-Empfehlungen hinaus. Diese neuen E.regelungen führen zu einer Reform des *Anfangsunterrichts* und in einigen Ländern inzwischen zur schulgesetzlich verankerten neuen *Schuleingangsphase*.

Bei der E. ist zu beachten, wie die 16 Bundesländer die KMK-Empfehlungen in ihrer eigenen Zuständigkeit jeweils umsetzen. Dazu gehören die Fragen, ob eine Vorziehung des Stichtags und damit des E.alters erfolgt, ob es eine Regelung zur vorzeitigen E. und eine Altergrenze gibt, ob nur das Alter oder auch die Schulfähigkeit ein Kriterium für die E. ist, ob eine Zurückstellung vorgesehen ist, ob ausreichende Sprachkenntnisse im Deutschen eine Voraussetzung für die E. sind, ob es spezielle schulvorbereitende Einrichtungen gibt und wann ein Kind zur E. angemeldet werden muss. Über Einzelheiten geben Grundschulen, Broschüren, Schulgesetze und Verordnungen der Länder Auskunft.

Einschulungsdiagnostik (Syn. **Schuleingangsdiagnostik**). Neben den für die *Einschulung* eines Kindes festgelegten schulrechtlichen Bestimmungen gibt es in der Bundesrepublik Deutschland keine einheitliche Regelung zu der Entscheidung, ob ein Kind eingeschult wird oder zurückgestellt werden muss. Grundlegend für die Beurteilung dieser Situation ist die seit etwa 1950 geführte Diskussion über das Problem der Schulreife bzw. der *Schulfähigkeit* und Schulbereitschaft. Durch die pädagogische Arbeit der Vorschuleinrichtungen und die Bereitschaft vieler Grundschullehrer zur förderorientierten Integration aller Schulanfänger hat sich das Problem der Selektion am Schulanfang in den letzten Jahren entschärft. Dennoch wird die Entscheidung über eine Zurückstellung oder Sonderschulüberweisung für einen kleinen Teil der Schulanfänger erwogen.

Für solche Entscheidungen werden in der Regel herangezogen: a) die Aussagen des Schularztes über den körperlichen Entwicklungsstand und die aktuelle gesundheitliche Befindlichkeit; b) die Beobachtungen der Pädagogen zum kognitiven Leistungsverhalten und zum sozialen Verhalten bei der Anmeldung; c) evtl. die Beobachtungsergebnisse der Klassenlehrerin während der ersten sechs Schulwochen; d) Befunde der Gespräche mit den Erziehungsberechtigten und evtl. mit Vorschulerzieherinnen über die bisherige Lernentwicklung sowie e) evtl. Befunde von Testverfahren (sog. Schulreifetests) und/oder der schulpsychologischen Beratung.

Einschulungstests hatten in den Jahren zwischen 1955 und 1975 ihre Blütezeit. Viele Zurückstellungen wurden vorwiegend mit der Einstufung aufgrund eines Gruppentests begründet. Da diese Tests weitgehend auf Normierung und einem überholten Schulreifekonzept beruhen, werden sie heute für unbrauchbar gehalten. Aus der Kritik an den traditionellen Schulreifetests erschien 1976 das ›Mannheimer Schuleingangs-Diagnostikum, MSD‹ und ein Jahr später die ›Testbatterie für Entwicklungsrückständige Schulanfänger, TES‹. Ihr Ziel ist es, Lernvoraussetzungen differenziert zu erfassen, um daraus pädagogische Fördermaßnahmen ableiten zu können. Aber auch an diesen Tests ist die Kritik nicht vorbeigegangen. Seit etwa 1980 stellen H. Nickel u. a. ein ökopsychologisches Schulreifemodell zur Diskussion, das von der Bedeutung der Wechselbeziehungen zwischen Schulanfänger, Schule und Umwelt ausgeht, um auf Zurückstellungen verzichten zu können und in optimaler Weise kindliches Lernen im Anfangsunterricht zu ermöglichen. Den Forderungen dieses ökopsychologischen Modells von Nickel, sich in der E. nicht mehr nur auf die Diagnose des Kindes zu beziehen, entspricht das ›Kieler Einschulungsverfahren‹ von Fröse, Mölders und Wallrodt (Neuausgabe 1996). Grundlage sind die systematischen Beobachtungen in einem vorstrukturierten Unterrichtsspiel, die Informationen aus einem Elterngespräch und ggf. aus einer Einzeluntersuchung. Zur Früherkennung von Lese-/Rechtschreibschwierigkeiten bei Vorschulkindern in den Bereichen phonologisches Bewusstsein, Aufmerksamkeit und Gedächtnis ist das ›Bielefelder Screening‹ (BISC) von Jansen u. a. (2002) und zur Erfassung von mathematischen Vorläuferfähigkeiten der ›Osnabrücker Test zur Zahlbegriffsentwicklung‹ OTZ von Van Luit, Van der Rijt, K. Hasemann (2001) zu nennen. In ihren umfassenden ›Grundlagen der Schuleintrittsdiagnostik‹ geht A. Burgener-Woeffray (2002) von »Kind-Umfeld-Diagnosen« aus, an denen besonders die Eltern und die Erzieherinnen bzw. Lehrerinnen beteiligt werden sollen. Das Verfahren der Schuleintrittsdiagnostik soll in den natürlichen Situationen im Kindergarten oder in der Schule durchgeführt werden, wo das Kind als Subjekt seiner Handlungen zum Spiel mit vorstrukturiertem Material oder zur Lösung von Problemen im Umgang mit standardisiertem Material angeregt wird. Dabei sollen die Aufgabenstellungen nicht nur an Bereichen wie Sprache und Kognition ausgerichtet, sondern an den Anforderungen des Anfangsunterrichts generell orientiert sein.

Einstellung (engl. *mental set*). Einer der vielen gängigen Begriffe in Psychologie, Soziologie und Pädagogik, die je nach theoretischem Kontext, in dem sie Verwendung finden, mit sehr unterschiedlichen Inhalten versehen werden. Bedeutungen wie Haltung, grundlegendes Reaktionsmuster in bestimmten Situationen, vergleichsweise stabile Meinungen gegenüber Personen und sozialen Institutionen werden besonders häufig mit dem Begriff verknüpft.

Einstellungsverfahren. Das Anwerben, Auswählen und Einstellen von *Auszubildenden* bzw. *Lehrlingen* verläuft im Rahmen der Bedingungen, die Schule, Berufsberatung und Jugendarbeitsschutz heute setzen, i. d. R. in folgenden Schritten:

1. Ausbildungsbetriebe melden ihre freien Ausbildungsplätze dem zuständigen Arbeitsamt und zeigen die Plätze in der regionalen Presse an. Dabei teilen die Betriebe mit, welche Voraussetzungen sie von den Bewerbern erfüllt sehen wollen (Alter, Schulabschluss, körperliche Konstitution, Interessen usw.) und welche Bewerbungsunterlagen sie erwarten (Lebenslauf, Begründung der Bewerbung, letzte Zeugnisse). Bei der Meldung der Ausbildungsplätze und bei der Festlegung von Einstellungsvoraussetzungen sind die Betriebe frei.
2. Unter Berücksichtigung der Kriterien, die sich aus der *Ausbildungsordnung* und den betriebsinternen Anforderungen an die Auszubildenden ergeben, werden in einer ersten Auswahl die nach den vorliegenden Unterlagen geeignet erscheinenden Bewerber benannt. Ist die Anzahl dieser Bewerber größer als die Zahl der freien Plätze, führen Betriebe i. d. R. Auswahlverfahren durch, in denen berufsrelevante Vorkenntnisse und, falls möglich, auch die praktische Eignung festgestellt werden sollen. Eingesetzt werden dabei zumeist informelle Instrumente (Aufgabenblätter, Fragebögen u. Ä.). Als dritter Teilschritt des Auswahlprozesses schließen sich Einzel- oder Gruppengespräche mit den Bewerbern an, um die Persönlichkeit der jungen Menschen zumindest einmal im direkten Gedankenaustausch erlebt zu haben.
3. Ist über die Bewerbungen entschieden, wird der *Berufsausbildungsvertrag* mit den erforderlichen Anlagen (Ausbildungsordnung, Ausbildungsplan) vorbereitet.
4. Kommt der Vertrag durch die Unterschriften des Auszubildenden bzw. seines gesetzlichen Vertreters und des *Ausbildenden* zustande, muss sich der Ausbildende vor Beginn der Ausbildung eine Bescheinigung über die ärztliche Untersuchung gemäß § 32 des *Jugendarbeitsschutzgesetzes* (JArbSchG) vorlegen lassen und den Auszubildenden bzw. Lehrling bei der zuständigen *Berufsschule* zum Unterricht anmelden.

Einzelarbeit (Syn. **Alleinarbeit**). *Sozialform des Unterrichts,* die eine nicht direkt vom Lehrer gelenkte, selbständige oder selbsttätige Arbeit des einzelnen Schülers bezeichnet. Es wird die reproduktive E. der Wiederholung, Übung und Festigung des Gelernten von der produktiven E. unterschieden, in der neue Aufgaben von den Schülern selbständig bewältigt werden müssen. Im Rahmen der *Hausauf-*

gaben gibt es die vorbereitende E. z. B. bei Erkundungen, Sammelaufgaben oder Materialbearbeitungen, die nacharbeitende E. beim Üben und Wiederholen des im Unterricht erarbeiteten Lernstoffes oder die E. als Weiterarbeit, in der die im Unterricht begonnenen Aufgaben selbständig zu Ende geführt werden sollen. Produktive Formen der E. sind auch die *freie Arbeit* und der *Wochenplanunterricht.* Sie setzen beim Schüler Fähigkeiten zur selbständigen Planung und Zeiteinteilung, Arbeitstechniken zum selbständigen Wissens- und Kenntniserwerb und die Bereitschaft zur Erarbeitung neuer Lerninhalte voraus.
E. und *Stillarbeit* sind keine identischen Begriffe, doch gibt es semantische Überschneidungen.

Einzelfallhilfe. *Casework.*

Einzelfallstudie (engl. *single case analysis*). In einem genau definierten Zeitraum wiederholte, deshalb zumeist vergleichsweise konzentrierte und differenzierte Untersuchung einzelner Personen oder noch fassbarer sozialer Einheiten (Schule, Schulklasse, Familie). Die Überschaubarkeit des Forschungsgegenstandes erlaubt i. d. R. die Beobachtung einer Vielzahl von Faktoren bzw. Variablen, die für die Beantwortung der Fragestellungen in beschreibenden bzw. die Prüfung von Hypothesen in analytischen Untersuchungen wichtig sind. E. werden überwiegend im Interesse der Entdeckung besonders auffälliger Zusammenhänge zwischen einzelnen Faktoren des Untersuchungsgegenstandes durchgeführt. In diesem Falle sind sie besonders für die Formulierung von Hypothesen bedeutsam, die dann in Untersuchungen anhand von Stichproben überprüft werden können. E. bedienen sich (sehr oft in Kombination) verschiedenster Forschungsinstrumente: Fragebogen, teilnehmende Beobachtung mit Protokoll, Testverfahren usw.

Einzelunterricht. Der Begriff ist nicht zu verwechseln mit den Begriffen Alleinarbeit, *Einzelarbeit* oder *Stillarbeit.* **1)** Vor dem Ausbau des öffentlichen Schulwesens und der Durchsetzung der allgemeinen *Schulpflicht* war der E. in Familien des gehobenen Bürgertums und in Adelskreisen üblich und wurde von einem *Hauslehrer* oder Hofmeister erteilt. Nach der Einführung der *Grundschule* in der Weimarer Verfassung von 1919 bedurfte der E. durch einen Hauslehrer der Genehmigung durch die Schulbehörde und wurde nur in begründeten Ausnahmefällen erteilt.
2) In der Schule heute ist E. durch eine Lehrkraft im Rahmen des *Förderunterrichts* oder bei der *Integration* behinderter Kinder in Regelschulklassen von großer Bedeutung.
3) Im außerschulischen Bereich findet E. traditionell z. B. im Musikunterricht oder im Nachhilfeunterricht statt.

Einzelversetzungsplan. Für den betrieblichen Teil der *Berufsausbildung* sollte auf der Grundlage des *Ausbildungsrahmenplanes* ein E. erstellt werden, in dem festgehalten ist, in welchem Teil des Betriebes einem Auszubildenden welche Kenntnisse und Fähigkeiten vermittelt werden und durch wen diese Vermittlung an den verschiedenen Arbeitsplätzen erfolgt.

elaborierter Kode. *Kode.*

Elementarbereich (engl. *Pre-School Education*). Die Diskussion um die Bedeutung der *Vorschulerziehung* in den sechziger Jahren hat dazu geführt, dass der Aufbau des Bildungswesens in der Bundesrepublik Deutschland heute auch die Elementarerziehung einbezieht. Der Begriff E. wird seit dem *Strukturplan für das Bildungswesen* (1970) und dem *Bildungsgesamtplan* (1973) der Bund-Länder-Kommission für Bildungsplanung und Forschungsförderung verwendet und umfasst alle Einrichtungen familienergänzender Erziehung und Bildung für Kinder nach Vollendung des dritten Lebensjahres bis zur *Einschulung*. Pädagogisches Ziel des E. soll es sein, den Drei- bis Fünfjährigen ein Bildungsangebot zu machen, das ihre kognitive, affektive

und soziale Entwicklungsfähigkeit erhöht, milieubedingte Benachteiligungen auszugleichen sucht und einen gleitenden Übergang zum schulischen Lernen ermöglicht. Da aus verschiedenen Gründen nicht alle Kinder einen *Kindergarten* besuchen können, sollte das Bildungsangebot für Fünfjährige nach den damaligen Vorstellungen so ausgebaut werden, dass eine Nutzung von möglichst allen Kindern dieser Altersstufe in Frage kam. Dabei war es strittig, ob die Ziele einer modernen Elementarerziehung für Fünfjährige eher in der zweijährigen *Eingangsstufe des Primarbereichs*, in einer *Vorklasse* der Grundschule oder in einem Kindergarten zu erreichen sind. Zur Erprobung von Alternativlösungen sind in den siebziger Jahren Modellversuche durchgeführt worden.
Nach der Novellierung des Kinder- und Jugendhilfegesetzes (KJHG) von 1996 (zuletzt geändert 1998) haben seit dem 1. 1. 1996 alle Kinder im Alter von drei Jahren bis zum Schuleintritt einen Rechtsanspruch auf einen Platz im Kindergarten bzw. einer anderen Einrichtung des E. (*Deutschland,* 3.1).

Elementarisieren. Vereinfachung eines komplexen Lerninhalts, um ihn z. B. für Kinder jüngerer Altersstufen verständlich zu machen, ohne seine sachliche Richtigkeit aufzugeben.

Elementarmethode. *J. H. Pestalozzi* wollte das anspruchsvolle Bildungsziel, die allgemeine und allseitige Menschenbildung in Verbindung mit einer harmonischen Ausbildung aller geistigen, emotionalen und praktischen Kräfte mit einer adäquaten Methode auch im Unterricht verfolgen. Seine E. zur ausgewogenen Förderung von Kopf, Herz und Hand, also von Wissen, Wollen und Können, sollte dafür den Lehrern eine universell einsetzbare Handlungsanleitung sein. Die Lehre sollte von eher dunklen Ahnungen und Vorurteilen zu klaren und systematisch geordneten Begriffen, von der erfahrbaren Nähe zur gedanklichen Abstraktion, von der Anschauung zur geistigen Vorstellung voranschreiten und dabei die Prinzipien der Individualisierung und des langsamen geistigen Wachsens im Kinde beachten. Dieses idealtypische Konzept konnte Pestalozzi trotz unermüdlicher Bemühungen nicht angemessen umsetzen. Seine Sprach-, Zahlen- und Formenlehre blieb einfältig und mechanistisch und taugte für den Unterricht wenig. Jedenfalls sah sich Pestalozzi in seiner ›Rede zum Neujahrstag 1809‹ genötigt, seine Motive nochmals zu erläutern und gegen die wachsende Kritik zu verteidigen. Die Qualität der E. wurde dadurch nicht verbessert.

Elite (engl. *elite*). Dazu gehören ganz allgemein alle, die in einer Gesellschaft die höchsten Rangplätze in der Hierarchie von Ansehen und Macht einnehmen. Die Kriterien dafür können aus Bildung, Amt, Beruf, Geldvermögen, politischem Einfluss oder gesellschaftlich hoch bewerteten Leistungsnachweisen abgeleitet sein. Innerhalb von Bildungswesen, Wissenschaft und Forschung jener Teil von Schülern, Studierenden, Lehrenden und Forschern, der aufgrund besonderer Befähigungen Spitzenleistungen bzw. herausragende Neuerungen erbringt. Für die Förderung dieser E. sind eine Reihe von Maßnahmen eingerichtet worden wie Überspringen von Klassen in der Schule, Teilnahme an Wettbewerben (z. B. Jugend forscht), Begabtenförderung bei verschiedenen Stiftungen.

elterliche Sorge (Syn. **elterliche Gewalt**; engl. *parentage*). Was in früheren Fassungen des BGB unter elterliche Gewalt fiel, wird seit 1980 sehr bewusst als e. S. bezeichnet, um auf diese Weise die Pflicht der Eltern, im Interesse des Kindeswohles zu handeln, stärker zu betonen. Zugleich sind die Rechte der Kinder gegenüber ihren Eltern ausgebaut worden. Das ist u. a. für die Berufswahlentscheidung von großer Bedeutung, wo sich die Kinder nicht mehr dem elterlichen Willen unterwerfen müssen. E. S. umfasst im Wesentlichen drei Bereiche: Die Personensorge konzentriert sich auf die Pflege, Beaufsichtigung, den Schutz, die Erziehung und Ausbildung der Kinder. Die Vermögenssorge verpflichtet die Eltern zur Wahrnehmung der finanziellen Interessen ihrer Kinder. Das gesetzliche Vertretungsrecht erlaubt es den Eltern, für ihre Kinder rechtsverbindliche Erklärungen abzugeben. Kommen die Eltern ihrer e. S. nicht nach oder missbrauchen sie diese, dann kann ihnen die e. S. ganz oder teilweise durch ein *Vormundschaftsgericht* entzogen und ein *Vormund* bestellt werden. Werden dem Jugendamt oder dem Vormundschaftsgericht schwere Verstöße gegen die e. S. bekannt, müssen sie im Interesse des Kindes eingreifen.

Eltern (engl. *parents*). Die leibliche Mutter und der leibliche Vater eines Kindes haben nach den Bestimmungen des BGB das Recht und die Pflicht, für das minderjährige *Kind* zu sorgen *(elterliche Sorge).* Dabei sind sie durch das Gesetz gehalten, die wachsende Fähigkeit und das Bedürfnis des Kindes zu selbständigem Handeln zu berücksichtigen. Beide E.teile sind verpflichtet, ihre E.schaft in gegenseitigem Einvernehmen zum Wohle des Kindes auszuüben. Für die vielfältigen Rechtsverhältnisse zwischen E. und Kind finden sich im vierten Buch des BGB umfangreiche und sehr detaillierte familienrechtliche Regelungen.

Elternabend (engl. *parents' evening*). Zusammentreffen der Klassenelternversammlung als unterstem Organ der *Elternvertretung* in der Schule. Eingeladen sind neben den Eltern der Klassenlehrer, die von der Tagesordnung her erforderlichen Fachlehrer und gegebenenfalls auch die *Schülervertretung.* Ein E. wird zumindest einmal im Schulhalbjahr vom jeweils amtierenden Vorsitzenden der Klassenelternschaft in Absprache mit der Schule einberufen. Den Versammlungsort bestimmen die Eltern. Die Klassenelternversammlung hat gesetzlich festgelegte Informations- und Beratungsrechte. Wichtige Aufgaben sind die Wahl der Elternvertreter für den *Elternbeirat,* die Beratung unterrichtlicher und schulischer Vorhaben (z. B. Klassenfahrten) sowie die Erarbeitung von Vereinbarungen über die wechselseitige Unterstützung bei der Wahrnehmung des gemeinsamen Erziehungsauftrages.
Auch zentrale Fragen der Unterrichtspraxis (z. B. *Leistungsbeurteilung, Hausaufgaben*) können besprochen werden.

Elternarbeit. Einrichtungen und Maßnahmen von Lehrern, Erziehern oder Sozialpädagogen für die Eltern oder Erziehungsberechtigten gemeinsam zu betreuender Kinder oder Jugendlicher mit dem Ziel einer Abstimmung und wechselseitigen Unterstützung der Erziehungs- und Bildungsangebote. Dazu gehören im Bereich der Schule u. a. die Mitbestimmung der Eltern, Elterninformation bei besonderen schulischen Unternehmungen, Elternsprechstunden, Elternbesuche im Unterricht, Hausbesuche bei den Eltern, Zusammenarbeit mit Eltern in Schulvereinen, Beratungsangebote in Krisen und bei Konflikten, Mitwirkung der Eltern in Arbeitsgemeinschaften, bei Exkursionen, Wanderungen und Schulfesten oder bei Unternehmungen der Schulsozialarbeit.

Elternbeirat (engl. *parents' council*). Gremium für die *Mitbestimmung* der Eltern bzw. Erziehungsberechtigten in der Schule. Versammlung aller Klassenelternsprecher einer Schule. Gesetzliche Grundlage ist das jeweilige Schulgesetz des Landes.

Elterngeld. Das 2006 beschlossene Bundesgesetz zum E. ist am 1. 1. 2007 in Kraft getreten. Für alle vor diesem Termin geborenen Kinder gibt es weiterhin *Erziehungsgeld.* Anders als beim Erziehungsgeld gibt es beim E. keine Einkommensgrenze. Grundsätzlich werden monatlich 67% des Einkommens als E. gewährt. Mindestens werden 300 Euro, maximal 1800 Euro gezahlt. Beide Eltern zusammen haben Anspruch auf 12 Monatsbeträge. Sonderregelungen sind möglich. E. wird steuer- und abgabenfrei gewährt. Es ist bei der Elterngeldstelle schriftlich zu beantragen.

Elternmitwirkung. *Mitbestimmung.*

Elternrecht. Nach Artikel 6 des GG sind Pflege und Erziehung der Kinder das natürliche Recht der *Eltern* und ihre oberste Pflicht. Daraus ergibt sich für die *Schulgesetze* der Länder, dass darin den Eltern besondere Rechte zur Mitwirkung und *Mitbestimmung* bei der schulischen Erziehung ihrer Kinder eingeräumt werden. In den meisten Bundesländern sind dafür besondere Gesetze oder Rechtsverordnungen erlassen worden (Mitbestimmung; *Elternbeirat; Klassenpflegschaft; Gesamtelternbeirat; Schulkonferenz*).

Elternrecht auf Unterrichtung ihrer Kinder (engl. *home education*). In den meisten westeuropäischen Ländern räumen die Schulgesetze den Eltern das Recht ein, ihre Kinder einzeln oder in privat arrangierten Gruppen außerhalb der öffentlichen Schulen selbständig zu unterrichten. Diese Form des Hausunterrichts unterliegt ebenfalls der staatlichen Schulaufsicht. Als pädagogischer und fachlicher Orientierungsrahmen sind die gültigen Bildungspläne zu beachten. Abschlüsse können vor staatlichen Prüfungskommissionen erworben werden. In Deutschland steht den Eltern dieses Recht bisher nicht zu. Es mehren sich aber entsprechende Forderungen.

Elternvertretung (engl. *parents' representation*). Im Rahmen der gesetzlich geregelten E. üben Eltern ihr kollektives Erziehungsrecht nach Art. 6 des GG aus. Dafür nehmen sie teil an den Beratungen, Meinungsbildungs- und z. T. auch an den Entscheidungsprozessen in schulischen Gremien. Auf Landesebene sind sie im *Landesschulbeirat* des Kultusministeriums vertreten.

Unterstes Organ der E. ist die Klassenelternversammlung *(Elternabend).* Diese Versammlung wählt den Klassenelternsprecher und seinen Stellvertreter.

Die Klassenelternsprecher einer Schule bilden den *Elternbeirat,* der u. a. die Aufgabe hat, den Schulelternsprecher zu wählen.

In einigen Ländern besteht auch auf der Ebene der *Schulträger* eine E.

Elternzeit. Nach der 2001 in Kraft getretenen Novelle des Bundeserziehungsgeldgesetzes haben erwerbstätige Mütter und Väter, die ihr Kind selbst betreuen und erziehen, Anspruch auf E. Diese Förderung ersetzt den bisherigen Erziehungsurlaub. Während der E. werden die Eltern vom Arbeitgeber ohne Bezahlung freigestellt. Sie haben nach Ablauf der E. Anspruch auf eine dem Arbeitsvertrag entsprechende Erwerbsstelle. Die E. muss spätestens sechs Wochen vor Beginn schriftlich beim Arbeitgeber beantragt werden. Anspruch auf E. besteht für jeden Elternteil bis zur Vollendung des 3. Lebensjahres des Kindes. Sie kann von einem Elternteil oder aufgeteilt für beide zusammen maximal für drei Jahre beansprucht werden. Auskünfte dazu erteilen die Erziehungsgeldstellen (Elterngeldstellen, Bürgeramt o. a.) der Gemeinden.

Emanzipation (lat. *emancipatio* aus der väterlichen Vormundschaft entlassen; engl. *emancipation*). Allgemein jeder Akt der Befreiung aus dem Zustand der Abhängigkeit und Fremdbestimmung, sei es in Form der aktiven Verselbständigung, der von anderen gewährten Freiheit oder der politisch und rechtlich erkämpften Gleichberechtigung.

Insofern die Ziele von *Erziehung* und Unterricht auf die wachsende persönliche Urteilskraft, Verantwortungsbereitschaft, Handlungsfähigkeit, Selbstbestimmung und *Mündigkeit* der Kinder und Jugendlichen ausgerichtet sind, verstehen sie sich schlechthin als Beitrag zur E. der heranwachsenden Generation. Als normative Vorgabe für emanzipatorische pädagogische Arbeit finden die Menschenrechte heute weitgehende Anerkennung. In ihnen sind die Bedingungen für eine der Menschenwürde verpflichtete soziale, kulturelle, ökonomische und politische Ordnung formuliert.

Praktische *Pädagogik* und Erziehungswissenschaft stehen in einem Spannungsverhältnis zwischen diesen ethischen Ansprüchen an den Umgang mit Kindern und Jugendlichen und den tatsächlichen

Gegebenheiten, wobei damit sowohl an die persönlich zu verantwortende Einsatzbereitschaft und Kompetenz der Erzieher als auch an die gesellschaftlichen Verhältnisse zu denken ist. Pädagogische Arbeit unter dem Anspruch der E. kann dazu beitragen, die Akzeptanz der Menschenrechte zu fördern und Fähigkeiten zu entwickeln, ihre Geltung immer erneut einzufordern und, soweit möglich, durchzusetzen. Damit sind der Bildungsarbeit durchaus konkrete Orientierungen gegeben: Soziale Benachteiligungen, Menschenrechtsverletzungen, Bedrohungen der bürgerlichen Freiheiten, Diskriminierungen, ideologische Indoktrination oder mangelndes ökologisches Bewusstsein sind Problemfelder, die im Erziehungs- und Unterrichtsalltag aufzuspüren, verständlich zu machen und einer kritisch-konstruktiven Bearbeitung zu öffnen sind. Unabdingbare Voraussetzung dafür aber ist, dass die pädagogische Arbeit selbst als beständiges Bemühen um E. erlebt werden kann. Da pädagogische Handlungsfelder in die herrschenden gesellschaftlichen Verhältnisse eingebunden sind und für deren Stabilisierung in Funktion genommen werden, unterliegt die Menschenwürde auch hier prinzipiell den gleichen Bedrohungen wie in Politik, Wirtschaft, Religion, Recht und anderen gesellschaftlichen Praxisfeldern. Soll also die Berufung auf das Prinzip der E. nicht leeres Gerede bleiben, wird sich Pädagogik in Praxis und Theorie immer wieder selbst auf ihre emanzipatorischen Kompetenzen hin zu befragen haben bzw. befragen lassen müssen.

emanzipatorische Pädagogik. *Pädagogik. Geisteswissenschaftliche Pädagogik.*

Emotion (lat. *emovere* hinausschaffen, wegschaffen, entfernen; engl. *emotion*). Allseits bekannte E. oder Gefühlszustände sind Freude, Trauer, Hass, Ärger oder Mitleid. Dabei handelt es sich i. d. R. um Prozesse tief greifender körperlicher und seelischer Veränderungen in Verbindung mit starken Erregungszuständen. E. sind zumeist begleitet von der Erfahrung, dass ein bestimmtes Ziel erreicht bzw. nicht erreicht werden konnte. In Lernprozessen wird die E. durch die Identifikation mit Modellpersonen zu einem zentralen Element. So sein zu wollen wie der subjektiv als besonders wichtig empfundene andere motiviert zur Übernahme von Verhaltensweisen.

Empathie (griech. *en* in, *pathos* Leid, Leidenschaft; engl. *empathy*). Eine Grundqualifikation für soziales Handeln, nämlich die Fähigkeit eines Menschen, sich in die Erwartungen eines anderen Menschen einzufühlen, diese zu verstehen und auf sie einzugehen. In der Sprache des Interaktionismus ist »die Fähigkeit zur E. eine Antwort auf eine Rollen- und Interaktionskonstellation, in der Partner die Situation aus der Sicht ihres Gegenübers wahrnehmen müssen, um Handeln entwerfen und kontrollieren zu können« (L. Krappmann). Die Fähigkeit wird dann aktualisiert, wenn bewusst oder unbewusst etwas nicht offen ausgesprochen wird. Um sich aufeinander einstellen zu können, müssen die Kommunikationspartner die Situation jeweils aus der Sicht des anderen betrachten, um auf diese Weise die zu erwartenden Reaktionen des Gegenübers vorweg zu erkennen und im eigenen kommunikativen Handeln zu berücksichtigen.

Empirie (griech. *empairia* die Erfahrung; engl. *empiricism*). Die systematische (d. h. die zuvor festgelegte und damit auch nachvollziehbare bzw. wiederholbare) Sammlung von Erfahrung zur Absicherung der Geltung von Aussagen über die Wirklichkeit. Voraussetzungen dafür sind: 1. Angaben über die Qualität der Aussagen, die mit Faktenwissen untermauert oder überprüft werden sollen: a) etwas differenziert beschreiben und ordnen; b) durch Beobachtungsdaten auf mögliche Zusammenhänge aufmerksam werden oder c) eine Vermutung, Hypothesen, Theorien über bestimmte Zusammenhänge in der Wirklichkeit auf ihre Richtigkeit prüfen, 2. die genaue Festlegung des Forschungsgegenstandes sowie der Personen oder Fakten, die ihn repräsentieren sollen, 3. die exakte Definition der Begriffe, mit denen der Forschungsgegenstand erfasst werden soll, 4. die Angabe der Indikatoren, durch deren Beobachtung das Vorhandensein bestimmter Phänomene oder von Beziehungen zwischen ihnen festgestellt werden kann, 5. die Beschreibung der Forschungsoperationen, durch deren Vollzug bestimmte Daten gewonnen und in Beobachtungssätzen festgehalten werden sollen, 6. die Verfügbarkeit bewährter Forschungsinstrumente (Tests, Skalen, Fragebögen), die gültige Daten erwarten lassen sowie 7. die Auswahl passender *Forschungsmethoden* (*Beobachtung, Befragung, Inhaltsanalyse, Experiment* u. a.). Die Beachtung solcher Regeln macht dem Forschenden und dem Studierenden klar, dass die Genauigkeit von Aussagen über die Wirklichkeit mit dem Grad der bewussten und kontrollierten selektiven Wahrnehmung steigt. Das heißt umgekehrt: Je allgemeiner Erfahrungssätze sind, desto weniger ist ihre Geltung zu überprüfen und desto geringer ist folglich auch ihr Informationsgehalt. Empirische Wissenschaften versuchen, ihre Theorien möglichst weitgehend durch E. abzusichern. Im Idealfalle müssten dazu alle Aussagen in experimentellen Studien gewonnen werden, weil sich nur im Experiment alle Faktoren, die auf ein bestimmtes Phänomen Einfluss nehmen, kontrollieren lassen. Diese Versuchsanordnung ist für die meisten Forschungsfelder der Sozialwissenschaften aus verschiedenen Gründen (insbesondere aus moralischen Gründen) nicht möglich. In der *Pädagogik* gelingt die strenge empirische Absicherung sowohl von beschreibenden Aussagen über die Erziehungswirklichkeit als auch von Theorien zu Erziehungs- und Unterrichtsprozessen nur in engen Grenzen. Das liegt einerseits an der hohen Komplexität und geringen technischen Kontrollierbarkeit der Bedingungen, unter denen diese Prozesse ablaufen und andererseits an der substanziellen Freiheit der im Erziehungsprozess miteinander handelnden Personen, die eine inszenierte Wiederholung von Situationen zum Zwecke erneuter Datenerfassung nicht erlaubt. In diesen Einschränkungen hat die empirische Forschung in der Pädagogik im Laufe der letzten Jahre dennoch beachtliche Fortschritte erzielt, die den Informationsgehalt ihrer Aussagen sehr verbessert haben.

empirisch-analytische Erziehungswissenschaft. Sie will Erziehungs-, Unterrichts- und Ausbildungsprozesse im Hinblick auf die mittels empirischer *Forschungsmethoden* beobachtbaren Merkmale möglichst genau beschreiben und ordnen (deskriptive Forschung) sowie die psychophysischen, sozialen, ökonomischen und ökologischen Abhängigkeiten dieser Prozesse aufklären, also konkrete Erziehungswirklichkeit erklären (analytische oder hypothesenüberprüfende Forschung). Ziel ist die Entwicklung von Theorien, deren Aussagen sich in der Konfrontation mit realen Daten (sog. Beobachtungssätzen) bewähren. Soweit sich erzieherisches Handeln im Hinblick auf seine Bedingungen, prozessinternen Wechselwirkungen und Folgen für Individuum und Gesellschaft von diesem Forschungskonzept her erfassen lässt, arbeitet die *Pädagogik* als e.-a. E. heute also im Sinne anderer Sozialwissenschaften. Das gedankliche Grundmuster ihrer Arbeit sind Wenn-dann-Sätze. Sie haben vor Beginn der eigentlichen empirischen Forschungsarbeit den Charakter von Hypothesen: Das beobachtete Phänomen A hat – nach allem, was wir wissen oder vermuten dürfen – seine Ursachen in den Faktoren X, Y und Z. Findet eine solche Hypothese in Beobachtungsergebnissen ihre Bestätigung, kann sie (bis zu ihrer Korrektur oder Widerlegung) Bestandteil einer gesicherten theoretischen Aussage werden. Solche theoretischen Sätze lassen sich dann auch praktisch anwenden und ergeben technische Prognosen: Damit eine bestimmte Wirkung erzieherischen Handelns eintritt, sollten – soweit

möglich und erwünscht – nach dem Stand der Erkenntnisse folgende Voraussetzungen für Erziehung eingerichtet werden.
Die Vermittlung zwischen Theorie und Praxis kann dennoch nicht als bloßer Anwendungsfall der Theorie im Sinne einer pädagogischen Handlungsanweisung verstanden werden. Wissenschaftliche Erkenntnisse im Sinne dieser Konzeption sind keineswegs eine hinreichende Grundlage für pädagogisches Handeln. Denn weder Sinnfragen noch das Problem der Geltung pädagogischen Handelns finden innerhalb der e.-a. E. Beachtung. Sie beschränkt sich vielmehr im Kern auf die Entwicklung technischen Wissens. Wertorientierungen, politische Entscheidungen, Alltagserfahrungen oder auch persönliche Eindrücke sind als Bedingungen pädagogischer Praxis jedoch ebenso zu beachten wie die spezifischen situativen Gegebenheiten und die subjektgebundene Verarbeitung erzieherischer Maßnahmen durch deren Adressaten. Das heißt im Hinblick auf die wissenschaftliche Pädagogik: Da Erziehung grundsätzlich Sinnfragen aufwirft und einen soziopolitisch und kulturell vermittelten sowie subjektiv geprägten Prozess darstellt, der aber i. d. R. experimentell nicht einfach isoliert oder wiederholt werden kann, ist eine möglichst vollständige Theoretisierung des Erziehungsprozesses nur in Verknüpfungen zwischen der e.-a. E. und der *geisteswissenschaftlichen,* der *materialistischen,* der *normativen* und der *phänomenologischen Pädagogik* zu leisten. Die verschiedenen Konzeptionen (Richtungen, Schulen) der Pädagogik arbeiten deshalb zu Recht in vielfältiger Weise zusammen. Wichtige Beiträge für die Entwicklung der e.-a. E. haben *J. F. Herbart, F. E. Beneke, E. Meumann, A. Fischer, P. Petersen,* W. Loch, *H. Roth,* K. Ingenkamp, H. Fend und H.-G. Rolff geleistet. Die Wissenschaftslehre der e.-a. E. ist in der Gegenwart im Wesentlichen durch W. Brezinka vorangetrieben worden.

empirische Forschungsmethoden (engl. *empirical research instruments*). Im Unterschied zu den eher zufälligen und subjektiven Alltagserfahrungen sollen durch den Einsatz von e. F. Erfahrungsdaten in möglichst geordneter, nachprüfbarer und gültiger Weise gewonnen werden. In Abhängigkeit von den unterschiedlichen Zielen, denen e. F. dienen können, sind verschiedenartige Methoden entwickelt worden, die laufend überprüft und verbessert werden.
Von den Zielen empirischer Untersuchungen her lassen sich grob beschreibende Untersuchungen und prüfende Untersuchungen unterscheiden. Beschreibbar sind Entwicklungen von einzelnen Personen *(biografische Methode)* genauso wie die Verteilung zuvor definierter Merkmale (z. B. Testergebnisse, Zensuren, Krankheitstage) bei ausgewählten Personengruppen etwa durch Fragebogenerhebungen. Solche Darstellungen können für sich Ziel einer empirischen Studie sein. Neben den damit gewonnenen Daten über einen Wirklichkeitsausschnitt lassen sich auf diese Weise auch Annahmen über mögliche Zusammenhänge zwischen bestimmten Phänomenen und Prozessen gewinnen. In diesem Falle dient eine empirische Studie der Entwicklung von intersubjektiv überprüfbaren Hypothesen. Diese Prüfung der Gültigkeit von Hypothesen (Annahmen über bestimmte Ursache-Wirkungs-Zusammenhänge), die i. d. R. aus vorliegenden Theorien abgeleitet sind, erfolgt durch Konfrontation der aufgrund der Hypothese erwarteten Daten mit den konkret erhobenen Daten.
Neben den bereits genannten Verfahren wie der biografischen Methode, der *Befragung* (Interview oder schriftliche Befragung) und verschiedenen Messverfahren (Skalen, auf denen die Ausprägung bestimmter Merkmale z. B. in Testpunkten festgehalten wird) sind im Bereich der *Pädagogik* häufig eingesetzte e. F. die *Beobachtung* (teilnehmende oder nichtteilnehmende Beobachtung), das *Test*en,

das *Experiment,* die *Inhaltsanalyse* und die *Soziometrie.* Für alle diese Methodengruppen liegen zahlreiche Variationen und Instrumentierungen vor.
Welche e. F. eingesetzt wird, hängt von der Entscheidung über die Art der beabsichtigten Untersuchung ab. Sollen z. B. zuerst Ideen für eine spätere Hypothesen prüfende Untersuchung entwickelt werden, kann es sinnvoll sein, biografische Methoden oder Inhaltsanalysen einzusetzen, die möglichst vielfältige Daten über einen Gegenstandsbereich erbringen. Geht es dann um die Prüfung der Gültigkeit von Hypothesen, sind experimentelle Verfahren derzeit die exaktesten e. F. Angesichts des hohen Entwicklungsstandes der e. F. und der unterschiedlichsten Bedingungen, von denen ihr Einsatz abhängt, ist vor der Auswahl von e. F. das gründliche Studium entsprechender Fachliteratur unabdingbar.

endogen (griech. *endon* innen; lat. *genus* Herkunft, Abstammung; engl. *endogenous*). Alle Äußerungen des Menschen, die aus der inneren Einheit seiner seelisch-körperlichen Individualität resultieren, werden als e. Prozesse bezeichnet. Darunter fallen keineswegs nur die genetisch festgelegten Verhaltensweisen und Entwicklungsabläufe. Vielmehr sind e. Vorgänge als Ergebnis vielfältiger Wechselwirkungen zwischen Anlage und Umwelt bei der Genese der Ich-Identität zu verstehen.

England und Wales. 1) Landesteile von *Großbritannien.* 1. England: Fläche: 130 422 km², 49,2 Mill. Einw., Hauptstadt: London (7,2 Mill. Einw.). 2. Wales: Fläche: 20 779 km², 2,9 Mill. Einw., Sprachen: Englisch, Kymrisch (auch Walisisch oder Welsh). Hauptstadt: Cardiff (305 200 Einw.).

2) Auf zentraler Ebene sind in England das Ministerium für Bildung und Qualifikationen (Department for Education and Skills, DfES) und in Wales das Ministerium für Bildung, lebenslanges Lernen und Qualifikationen (Department for Education, Lifelong Learning and Skills, DELLS) für sämtliche Bereiche des staatlichen Bildungswesens verantwortlich. Das DfES hat bestimmte Zuständigkeiten auf außerministerielle zentrale Stellen übertragen, mit denen es eng zusammenarbeitet. So hat z. B. das Amt für Standards im Bildungswesen (Office for Standards in Education, OFSTED) als Schulaufsichtsbehörde die Aufgabe, die Qualitätsentwicklung im Schulwesen zu beobachten, zu kontrollieren und das DfES darüber zu beraten. Traditionsgemäß lag seit den Bildungsgesetzen von 1902 und 1944 die Zuständigkeit für das Bildungswesen dezentralisiert bei den lokalen Behörden (Local Education Authorities, LEAs), die den einzelnen Schulen und ihren Schulleitern ein hohes Maß an Autonomie einräumten. Seit dem Bildungsreformgesetz (Education Reform Act) von 1988 wurden wesentliche Zuständigkeiten von den LEAs auf die Bildungsministerien einerseits und die schulische Selbstverwaltung (Local Management of Schools, LMS) andererseits übertragen. Seitdem muss jede Schule einen Verwaltungsrat (Governing Body of the School) mit Vertretern der Eltern, Lehrer, örtlichen Gemeinschaft und Wirtschaft für eine Amtszeit von vier Jahren einrichten, dessen Aufgaben (z. B. die Verteilung der Finanzmittel, die Einstellung von Lehrern und des Schulleiters) durch Gesetz festgelegt sind.
Die Schulpflicht beginnt mit dem Schuljahr, das nach dem 5. Geburtstag eines Kindes anfängt, und sie endet am Ende des Schuljahres, in dem das 16. Lebensjahr vollendet wird. Alle Kinder haben elf Schuljahre Anspruch auf eine kostenlose Vollzeitschulbildung. Danach wird für Jugendliche bis zum Alter von 19 Jahren kostenloser Unterricht an Schulen in Vollzeitform oder in Einrichtungen der weiterführenden Bildung angeboten.
Das Bildungssystem hat in England und Wales folgenden Aufbau: Elementarbereich (Vorschule, unter 5 Jahre), Primarbereich (5 bis 11 Jahre), Sekundarbe-

reich I (11 bis 16 Jahre), Sekundarbereich II (16 bis 18 Jahre), Tertiärbereich (Berufs-, Hochschul-, Erwachsenen- und Weiterbildung).
Bis zum Bildungsreformgesetz von 1988 wurde der Inhalt des Schulcurriculums von der einzelnen Schule festgelegt. Seit 1989 ist jede Schule verpflichtet, den Nationalen Lehrplan (National Curriculum, NC) in einem Schulprogramm umzusetzen. Das NC enthält alle Inhalte für die gesamte Pflichtschulzeit vom 1. bis zum 11. Schuljahr. Es besteht aus zehn Unterrichtsfächern. Die Lernziele dieser Fächer werden durch Lernprogramme konkretisiert, die in acht niveaubezogene Kenntnisstufen eingeteilt sind. Im Verlauf seiner Schulzeit soll jeder Schüler die Chance haben, mindestens Niveaustufe 4 zu erreichen. Das NC ist in vier Key Stages (Schlüsselphasen, Hauptabschnitte) gegliedert, die die Schuljahre 1 und 2, 3 bis 6, 7 bis 9, 10 und 11 betreffen.
Die gesetzlich vorgeschriebene Nationale Leistungsfeststellung (National Curriculum Assessment) ist für alle Schüler am Ende der Key Stages 1, 2 und 3 im Alter von 7, 11 und 14 Jahren verbindlich. Durch standardisierte Prüfungsaufgaben (SATs) der Behörde für Bildungsnachweise und Curriculum (Qualifications and Curriculum Authority, QCA) wird festgestellt, auf welcher Kenntnisstufe des NC der jeweilige Schüler angekommen ist. Die Schulen sind verpflichtet, den Eltern einen Bericht über die Lernfortschritte ihres Kindes zu geben. Die zentrale Leistungsüberprüfung am Ende des Key Stage 4 für 16-Jährige ist die Grundlage für den Schulabschluss des Sekundarbereichs I. Die Prüfungsergebnisse aller Schulen werden in Ranglisten veröffentlicht.
Zur Verbesserung der Qualität des Unterrichts überprüft das Office for Standards in Education seit 1993 im Abstand von vier (England) bzw. fünf (Wales) Jahren jede Schule in einer ein- bis vierwöchigen Schulbegehung auf die Einhaltung der gesetzlichen Vorgaben, die Richtigkeit der Schuldaten und die effektive Verwendung der Finanzen. Der Verwaltungsrat einer Schule ist verpflichtet, den Prüfungsbericht über die Schulbegehung, die Ergebnisse der einheitlichen SATs der Schüler, die landesweiten Ranglisten der Schulen und die Konsequenzen für die weitere Schulentwicklung in einem Jahresbericht zu veröffentlichen.

3) Zur Vorschulerziehung (Pre-Primary Education) für Kinder im Alter von drei und vier Jahren gehören vorwiegend die Vorschulen (Nursery Schools) als eigenständige Einrichtungen und die Vorschulklassen (Nursery Classes) an der Primarschule. Der freiwillige Besuch der von den lokalen Bildungsbehörden (LEAs) finanzierten Vorschulen und Vorschulklassen ist kostenlos. Daneben gibt es Day Nurseries (Kindertagesstätten), Pre-School Groups (Vorschulgruppen), Playgroups (Spielgruppen) meist in privater Trägerschaft und Children's Centres in benachteiligten Gebieten. Für die Drei- bis Fünfjährigen gibt es einen Bildungsplan, der in England Foundation Stage Curriculum und in Wales Early Years Curriculum heißt. Der Anteil der Kinder, die vor dem 5. Lebensjahr eine vorschulische Einrichtung besuchen, liegt bei 90%.
Der Primarbereich für die Fünf- bis Elfjährigen umfasst sechs Schuljahre mit den Key Stages 1 und 2 des einheitlichen nationalen Kerncurriculums (Statutory Curriculum). Primarschulen können auch drei- und vierjährige Kinder in Nursery Classes aufnehmen. Viele Vierjährige besuchen schon die Reception Class in der Infant School, bevor sie in die erste Jahrgangsstufe eintreten. Primary Schools sind meist in Infant-Abteilungen für Fünf- und Sechsjährige (1. und 2. Schuljahr) und Junior-Abteilungen für Sieben- bis Elfjährige (3. bis 6. Schuljahr) gegliedert, die in manchen Gebieten als getrennte Schulen (Infant Schools und Junior Schools) geführt werden. Da es keine festgelegten Schulbezirke gibt, können die Eltern die Schule für ihre

Kinder frei wählen. Das Schuljahr ist in Trimester eingeteilt und beginnt am 1. September. Fast alle Schulen sind Ganztagsschulen. Öffentlich finanzierte Schulen sind i. d. R. koedukative Einrichtungen.

Außer den standardisierten Tests zum National Curriculum im Alter von sieben und elf Jahren gibt es zum Abschluss der Primarbildung keine Prüfungen und Abschlusszeugnisse.

Für die schulische Betreuung und Förderung von behinderten Schülern (Special Needs Education) stehen Sonderschulen (Special Schools) zur Verfügung. Es soll jedoch der Integration von Schülern mit sonderpädagogischem Förderbedarf in allgemeine Schulen der Vorzug gegeben werden.

Neben der überwiegenden Mehrheit öffentlicher Primarschulen gibt es Privatschulen, die im Allgemeinen als Pre-preparatory Schools (Fünf- bis Achtjährige) und Preparatory Schools (ab acht Jahren) bezeichnet werden. Privatschulen (Public Schools), die sich im Wesentlichen aus relativ hohen Schulgeldern und aus Spenden finanzieren, haben durch ihre Profile ein hohes Ansehen. Daneben gibt es Academies mit einem breit gefächerten Bildungsangebot in benachteiligten Gebieten, die kein Schulgeld erheben und von Sponsoren getragen und staatlich gefördert werden.

Seit 1964 besteht in England die gesetzliche Möglichkeit zur Einrichtung von Middle Schools (Mittelschulen) für 8- bis 12- bzw. 9- bis 13-jährige Kinder, die danach in eine der Secondary Schools wechseln. Ihnen gehen dann meist First Schools für 5- bis 8- bzw. 9-Jährige voraus. Die Middle Schools, deren Ziel eine bessere Förderung der 8- bis 12-/13-Jährigen war, haben sich kaum durchgesetzt.

Der Sekundarbereich umfasst die allgemeine Schulbildung für Schüler im Alter von elf bis 18 Jahren. Zum Sekundarbereich I gehört der allgemein bildende Unterricht des 7. bis 9. Schuljahres für 11- bis 14-Jährige (Key Stage 3) und des 10. und 11. Schuljahres für 14- bis 16-Jährige (Key Stage 4). Seit 2004 sind die Sekundarschulen in England gesetzlich verpflichtet, neben den Kernfächern des National Curriculums acht berufsbezogene Fächer (z. B. angewandte Naturwissenschaften, Betriebswirtschaftslehre oder Sozialarbeit) zur Vorbereitung auf ein Modern Apprenticeship (ähnlich einer Lehre) oder direkt auf das Berufsleben anzubieten. Im Sekundarbereich besuchen in England fast 90% der Schüler und in Wales alle Schüler die Comprehensive Schools (Gesamtschulen), die Schüler im Alter von 11 bis 16 bzw. 18 Jahren aufnehmen. Die Gesamtschulen bieten eine Vielzahl differenzierter Bildungsgänge an. In manchen Gebieten erfolgen bei der Aufnahme Auswahl- oder Eignungstests. Einige Schulen bilden feste Schülergruppen nach fächerübergreifendem Leistungs- oder Begabungsniveau (streaming), andere differenzieren nach Leistungsniveau in bestimmten Fächern (setting) und wieder andere verzichten gänzlich auf äußere Differenzierung und unterrichten in leistungsheterogenen Lerngruppen (innere Differenzierung). Manche Gesamtschulen (die All-through Comprehensives) schließen die Sekundarstufe II mit dem 12. und 13. Schuljahr, die Sixth-Form heißt, ein, auf anderen baut die Sekundarstufe II als selbständiges Sixth-Form College (Oberstufenzentrum) auf, das nur Schüler im Alter von 16 bis 19 Jahren aufnimmt. Diese Sixth-Form Colleges bieten oft ein breites Spektrum an allgemeinen und beruflichen Bildungsgängen an und werden dann auch als Tertiary Colleges bezeichnet.

Grammar Schools (Gymnasien) sind allgemein bildende Sekundarschulen für 11- bis 18-Jährige, die Schüler nach einer leistungsbezogenen Aufnahmeprüfung aufnehmen und auf ein Hochschulstudium vorbereiten. Daneben gibt es die allgemein bildenden Secondary Modern Schools (Hauptschulen) für 11- bis 16-Jährige, die alle Schüler unabhängig

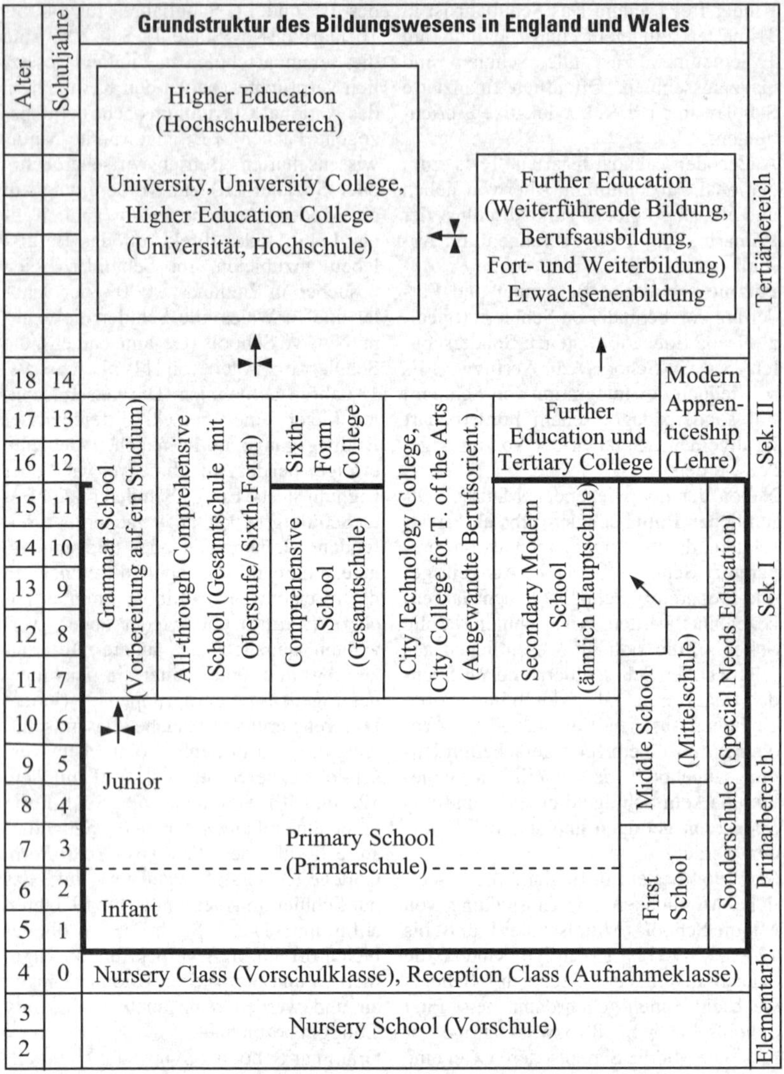

Fett umrandet sind die Einrichtungen für die Erfüllung der Schulpflicht.

Qualifizierte Auswahl   Einfacher Übergang

von ihren Leistungen aufnehmen. Als neue Schularten für 11- bis 18-Jährige wurden 1988 die naturwissenschaftlich-technischen City Technology Colleges (CTC) und das künstlerische City College for Technology of the Arts (CCTA) in der privaten Trägerschaft von Betrieben und Wirtschaftsverbänden eingeführt. Es wird kein Schulgeld erhoben.

Am Ende des Sekundarbereichs I (11. Klasse) kann durch eine Prüfung in einzelnen Fächern der Abschluss General Certificate of Secondary Education (GCSE) erworben werden. Anders als in Deutschland handelt es sich um Einzelfachprüfungen in bis zu zehn allgemein bildenden und seit 2002 auch in berufsbildenden Fächern, die je nach weiterer Schul- und Berufslaufbahn zusammengestellt werden können. Auf dem Zeugnis sind die bestandenen Fächer und die Noten auf einer Skala in absteigender Stufenfolge von A bis G aufgeführt. Der Mittleren Reife entsprechen erfolgreiche GCSE-Prüfungen in etwa fünf Fächern.

Am Ende des zwei Schuljahre umfassenden Sekundarbereichs II kann der Abschluss General Certificate of Education Advanced Level (GCE A-Level, abgekürzt A2) oder seit September 2002 auch schon am Ende des ersten Jahres der Abschluss General Certificate Advanced Subsidiary Level (GCE AS-Level, AS-Level) erworben werden. Der Abschluss GCE AS-Level deckt den weniger anspruchsvollen Lehrstoff eines A-Level-Bildungsgangs ab und stellt einen eigenständigen Abschluss dar. Der GCD A-Level- bzw. A2-Abschluss wird am Ende des zweiten Jahres erworben. Die Prüfungen werden in einzelnen gewählten Fächern abgelegt, die sich die Schüler nach ihren Interessen und Berufs- oder Studienzielen aussuchen. Die Fächer erscheinen auf dem Zeugnis mit ihren Noten auf einer Skala von A bis E, wobei A die Bestnote ist. Mit drei A-Levels wird das Bildungsniveau des Abiturs erreicht. Mit den auf Einzelfachprüfungen bezogenen Abschlüssen ist immer nur eine fachgebundene Berechtigung zum Hochschulzugang verbunden.

4) Die weiterführende Berufsbildung nach Erfüllung der Schulpflicht findet in den Further Education Institutions statt. Zu den Einrichtungen zählen in erster Linie die Further Education Colleges. Unter diesem Begriff werden verschiedene Einrichtungen zusammengefasst, die sich u. a. durch Größe, Zielsetzung und Fächerangebot unterscheiden.

Das berufliche Bildungswesen ist im Vereinigten Königreich konzeptionell anders angelegt als das in Deutschland. Der Erwerb von Qualifikationen und Abschlüssen hängt von der Anzahl erfolgreich erarbeiteter Lerneinheiten in entsprechenden Fächern und Bildungsgängen ab, die bei unterschiedlichen Ausbildungsanbietern erworben sein können und untereinander kombinierbar sind. Um diesem flexiblen System einen geordneten Rahmen zu geben, wurde 2000 ein Nationaler Qualifikationsrahmen (National Qualifications Framework, NQF) mit neun Qualitätsstufen (Eingangstufe und Stufen 1 bis 8) eingeführt, dem jeder anerkannte berufliche Bildungsgang mit seinen Abschlüssen zugeordnet werden kann. Um die Kombination anrechenbarer Lerneinheiten zu regeln, wurde 2006/07 ein Rahmen für Lernleistungen (Framework for Achievement, FfA) entwickelt und ein System zur Anrechnung von Ausbildungsleistungen (Credit Transfer Systems) neu eingeführt. Die Erfassung der Lernleistungen in einer einheitlichen und standardisierten Form ermöglicht den Absolventen, mit den Befähigungsnachweisen einzelner Lerneinheiten Punkte (Credits) zu sammeln, die durch Kombination mit anderen Credits den Erwerb anerkannter Abschlüsse ermöglichen.

Die zentrale staatliche Zulassungs- und Prüfungsbehörde für die beruflichen Lehrpläne, Qualifikationen und Abschlüsse ist die Qualifications and Curriculum Authority (QCA). Für die Planung, Finanzierung und Qualitätssteigerung der Einrichtungen zur Aus- und Weiterbildung von über 16-Jährigen (die höhere Bildung ausgenommen) ist in England der Rat für Bildung und Qualifikationen (Learning and Skills Council, LSC) und in Wales der National Council for Education and Training verantwortlich.

Für nicht mehr schulpflichtige Schüler ab 16 Jahren gibt es grundsätzlich zwei berufliche Ausbildungswege: 1. In Further Education Colleges werden berufliche Bildungsgänge in einer Vielzahl von Fachrichtungen zur Vermittlung berufsbezogener Kompetenzen i. d. R. auf bis zu fünf Stufen des National Qualifications Framework (NQF) angeboten. Diese mehrjährigen Bildungsgänge können in Vollzeit- oder Teilzeitform oder alternierend mit einer betrieblichen Ausbildung absolviert werden und führen zu beruflichen Abschlüssen, die die Aufnahme einer beruflichen Tätigkeit oder den Zugang zu weiterführenden berufsbezogenen Bildungsgängen ermöglichen.

Seit 2000 führt z. B. die vollzeitschulische Ausbildung in etwa 15 Fächern aus den Bereichen Wirtschaft, Gesundheitswesen, Sozialwesen und Informationstechnologie in ein bis zwei Jahren zum Abschluss Advanced Vocational Certificate of Education (AVCE bzw. VCE A-Level). Der Abschluss kann nach erfolgreicher Erarbeitung von drei, sechs oder zwölf Lerneinheiten erworben werden. Der Abschluss für drei Lerneinheiten in einem Fach entspricht dem Abschluss GCE AS-Level des Sekundarbereichs II, der für sechs Lerneinheiten dem vollwertigen GCE A-Level/A2 (Abitur). Der Abschluss für zwölf Lerneinheiten (Doppelabschluss) entspricht dem Abschluss A-Level in zwei Fächern. Zu beruflichen Abschlüssen, die in einer Vielzahl von Fachgebieten vergeben werden, gehören weiter die Certificates und Diplomas der City and Guilds of London oder im wirtschaftlichen Bereich die Group Certificates bzw. Group Diplomas der London Chamber of Commerce and Industry Examinations Boards.

2. Zur unmittelbar berufspraxisbezogenen Ausbildung von Jugendlichen, die nicht mehr an einem vollzeitschulischen Bildungsgang teilnehmen, gehört die Modern Apprenticeship (ähnlich der Lehre). Diese ist eine Form qualifizierter beruflicher Ausbildung in etwa 80 Berufen mit betrieblicher Ausbildung und beruflicher Bildung in Schulen der Further Education. Die Modern Apprenticeships führen in einem Zeitraum von zwei bis drei Jahren zum beruflichen Abschluss National Vocational Qualification oder auch zum Technical Certificate. Der Abschluss kann im Rahmen des National Qualifications Framework (NQF) in den fünf Stufen foundation (Stufe 1), intermediate (Stufe 2), advanced (Stufe 3) oder higher (Stufen 4 und 5) erworben werden.

5) Der Hochschulbereich (Higher Education) umfasst in England 91 Universitäten (Universities), University Colleges und Higher Education Colleges (synonym: Colleges of Higher Education). In Wales gibt es zwei Universitäten und neun Hochschulen. Alle Hochschulen sind autonome Einrichtungen. Sie erheben Studiengebühren, die jedoch unter bestimmten Bedingungen von den LEAs ganz oder teilweise übernommen werden. Die Zugangsvoraussetzungen zu einem Hochschulstudium sind gut benotete A-Level-Abschlüsse in drei Fächern. Es gibt offiziell keinen Numerus clausus, jedoch legt jede Hochschule ihre eigenen Zulassungsbedingungen fest. Die Universitäten vergaben bisher ihre eigenen Abschlüsse und bestimmten selbst deren Bezeichnungen. Seit 2003 wird ein Bezugsrahmen für die Hochschulabschlüsse (Framework for Higher Education Qualifications) angewendet, der von der Quality Assurance Agency for Higher Education (QAA) entwickelt wurde, um eine einheitliche Verwendung der Bezeichnungen zu gewährleisten. Die Abschlüsse werden fünf Qualifikationsstufen zugeordnet.

Zweijährige Vollzeitstudiengänge in berufsbezogenen Fächern führen zu den

Abschlüssen Higher National Certificat (HNC), Higher National Diploma (HND) und seit 2001 zum Foundation Degree (FD). Die grundständigen Studiengänge Bachelor of Arts (BA), Bachelor of Education (BEd) oder Bachelor of Science (BSc) dauern i. d. R. drei Jahre. Das Studium zum Master's Degree (Master of Arts, Master of Science u. a.) für Postgraduierte setzt ein einjähriges Vollzeitstudium und eine gute Bewertung des Bachelor-Abschlusses voraus. Das Studium zur Promotion (PhD) dauert mindestens drei Jahre. Die Zulassung hängt von der Beurteilung des vorausgehenden Master- oder Bachelor-Abschlusses ab.

6) Alle Lehrer an öffentlichen Schulen verfügen über eine offizielle Lehrbefähigung (Qualified Teacher Status, QTS). Das Studium der Primarstufenlehrer an einem University College dauert vier Jahre und umfasst Pädagogik, Psychologie, alle Fächer des National Curriculums und Schulpraktika. Mit dem Abschluss wird der Titel Bachelor of Education (BEd) erworben. Lehrer für den Sekundarbereich studieren zunächst ein oder zwei Fächer und schließen nach drei oder vier Jahren mit dem Titel Bachelor of Arts (BA) ab. Anschließend absolvieren sie ein einjähriges Zusatzstudium mit schulpraktischen Anteilen, das zum Postgradualen Abschluss in Erziehungswissenschaften (Post-Graduate Certificate in Education, PGCE) führt. Für Lehrer an Einrichtungen der weiterführenden Bildung gelten andere Bestimmungen. Sie müssen über einen Hochschulabschluss und eine offizielle Lehrbefähigung verfügen. Lehrer sind keine Beamten.

7) Im tertiären Bildungsbereich sind Adult Education Centres, Adult Education Institutes und Community Colleges synonyme Bezeichnungen für Einrichtungen der Erwachsenenbildung, die als Tages- und Abendschulen allgemeine und berufliche Bildungsgänge sowie Kurse im Bereich der Freizeitgestaltung anbieten. Erwachsene, die die Schule ohne Basisqualifikationen verlassen haben, können diese in Lesen, Schreiben und Rechnen erlernen und den Abschluss National Adult Literacy and Numeracy Qualifications erwerben. Einrichtungen der Further Education bieten darüber hinaus Bildungsgänge an, die nachträglich eine grundlegende Schulbildung vermitteln und auf den Erwerb von allgemein bildenden Abschlüssen vorbereiten. Eine weitere Hauptaufgabe der Further Education Institutions ist der Ausbau beruflicher Weiterbildungsmaßnahmen. Das Bildungsministerium (DfES) hat 2002 in einem Papier zur Reform des Weiterbildungssystems dazu aufgefordert, die Qualitätsstandards wesentlich zu erhöhen und durch geeignete Maßnahmen Konzepte zum lebenslangen Lernen zu vermitteln.

Enkulturation (engl. *enculturation*). Prozess, in dem ein Individuum die spezielle kulturelle Tradition einer sozialen Einheit erlernt und verinnerlicht. Von besonderer Bedeutung ist dabei das Erlernen der Sprache als Medium des Selbst- und Weltverständnisses. E. wird vereinzelt als Teilprozess der *Sozialisation* hervorgehoben.

entdeckendes Lernen (engl. *learning by discovery*). Seit der Reformpädagogik gibt es Unterrichtskonzepte, die im Sinne des e. L. aktive, intrinsisch motivierte, selbsttätige und selbst gesteuerte Prozesse des Denkens und Handelns der Schüler fördern wollen. Der Begriff selbst geht auf J. S. Bruner zurück, der sich damit in den sechziger Jahren gegen die damals in den USA dominanten behavioristischen Lerntheorien und ihre Auswirkungen in geschlossenen *Curricula* wandte. Unter e. L. versteht Bruner selbst gesteuerte Lernprozesse, bei denen der Lernende Informationen über Sachverhalte durch aktives Fragen und Beobachten sucht, dabei sein bereits erworbenes Wissen als Hilfe heranzieht und daraus im heuristischen Sinne über Hypothesenbildung und -überprüfung zu neuen Informationen kommt, unter Umständen ohne lenkende Hilfe von außen. Bruners Forderung zur

Entwicklung von wirksamen Unterrichtskonzepten für e. L. löste in den USA die Kontroverse mit J. S. Ausubel aus, der die Ansicht vertritt, dass der junge Mensch nicht alles neu entdecken muss, weil die gesammelten Entdeckungen der menschlichen Kultur jeder neuen Generation im Laufe der Kindheit und Jugend übermittelt werden können. Inzwischen haben Unterrichtsforschung und -praxis gezeigt, dass Schüler ungelenkte Entdeckungsprozesse nicht selbständig steuern können und deshalb Verfahren ungelenkten Entdeckens nicht zu optimalen Lernergebnissen führen. Hingegen haben sich Verfahren zum gelenkten Entdecken als optimale Methode zur Förderung selbständigen Lernens erwiesen. Zu den Lenkungsmaßnahmen zählen unterschiedliche Möglichkeiten der Lernhilfe und der Vermittlung von Lernstrategien: z. B. Bereitstellen einer vorbereiteten Lernumgebung mit Lernmaterialien für *freie Arbeit* (z. B. *Montessori-Pädagogik*); Steuerung der Lernprozesse mithilfe der *genetischen Methode* (z. B. *M. Wagenschein*); Methoden problemorientierten Entdeckens und forschenden Problemlösens (z. B. M. Soostmeyer).

Entfremdung (engl. *alienation*). Können die an Arbeits- und Lernprozessen Beteiligten nicht oder nur vereinzelt auf deren Zielbestimmungen, Inhalte, Methoden und die Verwendung der Produkte Einfluss nehmen, so sind diese Prozesse von E. bedroht. Das ist im Raum der Schule immer dann der Fall, wenn nicht aus Interesse an der Sache oder im Wissen um die Bedeutung bestimmter Lehr- und Lernprozesse für weiterführende Qualifikationen, sondern zuerst der Noten und Zeugnisse wegen gearbeitet wird. Die Inhalte der Lehr- und Lernprozesse werden dann ebenso wie die geistige Arbeit der Lernenden zum bloßen Mittel für die Realisierung von formalen Erfolgen entfremdet.

Entlassung. Schüler oder Studierende werden i. d. R. dann entlassen, wenn sie das Ziel eines Bildungsganges erreicht haben, was in einem Abschlusszeugnis bescheinigt wird. Die E. aus der Schule ohne Abschlusszeugnis kann auch dann erfolgen, wenn ein Schüler seine Schulpflicht erfüllt hat. In diesem Falle wird lediglich ein Abgangszeugnis erteilt. Ferner kann die E. als eine der besonders restriktiven Ordnungsmaßnahmen *(Erziehungs- und Ordnungsmaßnahmen)* gegenüber einem Schüler ausgesprochen werden.

Entschuldigung (engl. *letter of excuse*). Aufgrund der gesetzlich festgelegten *Schulpflicht* haben die *Erziehungsberechtigten* ein Schulversäumnis spätestens drei Tage nach dessen Beginn der Schule, i. d. R. dem Klassenlehrer, anzuzeigen und zu begründen. Bei Auszubildenden, auch wenn diese bereits volljährig sind, hat der Ausbildende die Pflicht, diese zum Besuch der Berufsschule anzuhalten. Ein Versäumnis muss auch in diesem Fall bis zur Vollendung des 18. Lebensjahres des Jugendlichen von den Erziehungsberechtigten innerhalb einer Woche mitgeteilt und begründet werden. Volljährige Schüler und Auszubildende haben ein Versäumnis selbst anzuzeigen und zu begründen.

Entschulung. Diese Forderung resultiert aus der Kritik an der Monopolstellung staatlicher Schulen und an Schulsystemen, die gesellschaftliche Ungleichheit reproduzieren. Bereits im 19. Jh. hatte der Ausbau des gegliederten *Schulsystems* in Verbindung mit dem selektiven Berechtigungswesen eine Überbürdungsdiskussion hervorgerufen. Vor dem Hintergrund reformpädagogischer Schulkritik erschienen um 1925 einige Veröffentlichungen mit den Titeln ›Das Ende der Schule‹ von M. Kuckei, ›Die Überwindung der Schule‹ von *W. Paulsen* und ›Entschulte Schule‹ von *G. Wyneken.* Die *Alternativschulen* der *Reformpädagogik* (z. B. *Landerziehungsheime,* freie *Waldorfschule,* Lebensgemeinschaftsschulen, Jena-Plan-Schule) sind Ausdruck der Schulkritik. Als in den sechziger Jahren einige Entwicklungsländer ihr Schulsystem verstärkt nach dem Vorbild westlicher

Industrienationen ausbauten, wurde fundamentale Kritik angemeldet. In der Bundesrepublik wurden vor allem das lebensweltorientierte Konzept von *P. Freire* zur politischen Alphabetisierung, I. Illichs Konzept zur E. der Gesellschaft in Cuernavaca (Mexiko) und E. Reimers Vorschläge zur Abschaffung der Schule bekannt. Für H. v. Hentig bedeutet E. in Deutschland nicht Abschaffung, sondern Veränderung der Schule. Seine Position, die er in der *Laborschule Bielefeld* seit 1974 praktizierte, bezeichnet er abkürzend auch mit E. der Schule. Seine Alternative ist eine Schule als Erfahrungsraum, in der die Wiederherstellung offener und realer Erfahrungen möglich ist. Sie soll In-die-Stadt-hinein-Schule sein und die Gesellschaft wieder erziehlich machen, d. h. während Erkundungen an außerschulischen Lernorten soll die Erwachsenenwelt mit den Fragestellungen der Kinder und Jugendlichen konfrontiert werden und ihre erziehungswirksamen Kompetenzen in den Bildungsprozess der heranwachsenden Generation wieder einbringen lernen. Mit der Öffnung der Schule und des Unterrichts hin zur gemeinwesenorientierten Schule werden in den neunziger Jahren viele Aspekte wieder aufgegriffen, die schon in den Reformschulen von konzeptioneller Bedeutung waren.

Entstehungszusammenhang. In wissenschaftlichen Texten die Darstellung aller gesellschaftlichen, innerwissenschaftlichen oder auch persönlichen Anstöße und Motive, die zur Entwicklung einer bestimmten Frage- oder Problemstellung geführt haben. Geklärt wird also, wie bzw. warum es zu einer vorliegenden Studie gekommen ist.

Entwicklungsalter (engl. *developmental age*). Ausprägung ausgewählter körperlicher, geistiger oder verhaltensbezogener Merkmale eines Kindes im Vergleich zu den entsprechenden Durchschnittswerten seiner Altersgenossen. Liegt z. B. das Längenwachstum eines Kindes im Alter von fünf Jahren deutlich über dem für diesen Jahrgang normalen Wert, dann spricht man von einer Beschleunigung des E. für dieses Merkmal *(Akzeleration)*. Erreicht ein Kind dagegen bei einem Schulreifetest deutlich unterdurchschnittliche Werte, dann bezeichnet man diese Ausprägung des E. als verlangsamt *(Retardierung)*.

Entwicklungsaufgaben (engl. *developmental tasks*). Sie erwachsen einem Menschen aus Erwartungen an seine Initiative, Anstrengungsbereitschaft, Leistungen, Fähigkeiten und Verhaltensweisen. Als Entstehungszusammenhang ist der kulturelle, gesellschaftliche, schulische und familiale Lebenszusammenhang anzusehen. Für eine bestimmte Lebensphase wird die Erfüllung bestimmter E. in der Gesellschaft als normal und notwendig angesehen. Mit wachsendem Selbstbewusstsein kommen die individuellen Ziele und Normen für die Gestaltung eines Lebensabschnittes bzw. des Lebens in seiner Gänze zu den vermittelten Erwartungen hinzu, so dass die tatsächliche Bewältigung der E. eine produktive Verknüpfung äußerer und innerer Anforderungen darstellt. Das Subjekt gestaltet die E. auf persönliche Weise und steht damit grundsätzlich immer auch in Mitverantwortung.

Nach zeitlichem Umfang können E. ganz unterschiedlicher Dauer sein: Die altersangemessene Vorsorge für und Erhaltung von Gesundheit wird von Kindern, Jugendlichen und Erwachsenen erwartet. Diese E. bezieht sich also auf die ganze Lebensspanne. Dagegen stellt der Übergang von der Familie in den Kindergarten eine zeitlich relativ klar eingrenzbare E. für Kinder im frühen Schulalter dar.

In der Entwicklungspsychologie sind verschiedene Ordnungsvorschläge für die Abfolge der üblichen E. in westlichen Gesellschaften gemacht worden, z. B. von dem amerikanischen Psychologen R. J. Havighurst. Er stuft die E. in: Frühe Kindheit (0–2 Jahre): Aufbau emotionaler Beziehungen. Neugier und Erkundungen. Kontrolle impulsiver Regungen.

Motorische Grundfertigkeiten. Laufen lernen. Anfänge der Sprachentwicklung.
Kindheit (2–4): Entfaltung der Sprachentwicklung. Wachsende Selbstkontrolle körperlicher und seelischer Bedürfnisse. Verfeinerung der motorischen Funktionen. Spielfähigkeit. Befristete Ablösung von den primären Bezugspersonen. Übergang zur Schule. Frühes Schulkindalter (5–7): Entwicklung der Geschlechterrolle *(Gendering)*. Gruppenfähigkeit. Erste moralische Urteilsfähigkeit. Denkvollzüge in Abhängigkeit von konkreten Operationen. Orientierung an sozialen Regeln.
Mittleres Schulalter (7–12): Aufbau eines leistungsbezogenen *Selbstkonzeptes*. Beherrschen der Kulturtechniken und Kenntnis fundamentaler Wissensbestände. Teamfähigkeit. Selbstkritik.
Adoleszenz (13–17): Grundzüge für den persönlichen Lebensentwurf. Ausbildungswahl. Körperliche Reifung. Individualisierung der Geschlechterrolle. Heterosexuelle Beziehungen. Ablösung vom Elternhaus. Denken in formalen Operationen.
Jugend (18–22): Ausbildung. Autonomie von der Herkunftsfamilie. Alltagskompetenzen. Geschlechtsidentität. Selbst- und Sozialverantwortung.
Frühes Erwachsenenalter (22–30): Heirat. Geburt, Pflege und Erziehung eigener Kinder. Erwerbsarbeit.
Mittleres Erwachsenenalter (30–50): Haushalt führen. Kinder in die Selbständigkeit begleiten. Berufskarriere. Altersvorsorge.
Späteres Erwachsenenalter (51 und älter): Abschiede bewältigen. Auf den Ruhestand vorbereiten. Einstellung zu Schwächen, Gebrechlichkeit und Tod finden.
Je nach der individuellen Leistungsfähigkeit und den verfügbaren sozialen und materiellen Ressourcen sind die Voraussetzungen für die Bewältigung der E. unterschiedlich. Die Bedeutung einer Pädagogik als Lebenshilfe (W. Brezinka, G. G. Hiller) hängt davon ab, wie sensibel und sachverständig sie diese Bedingungen erkennt und wie kompetent sie fördernd und begleitend eingreifen kann.

Entwicklungspsychologie (engl. *developmental psychology*). Teildisziplin der Psychologie, deren Ziel die Beschreibung und Erklärung der Veränderungen von Wahrnehmungs-, Kommunikations- und Erkenntnisfähigkeit, Emotionen, Motivationen, Urteilskraft und Handlungskompetenzen im menschlichen Lebensablauf ist. Sie geht von der These aus, dass der individuelle Entwicklungsverlauf von vielfältigen Wechselwirkungen zwischen körperlichen, seelischen und sozialen Faktoren abhängt, die in der Interaktion des Individuums mit seinen unterschiedlichen Umwelten Wachsen und Wandel des Ich beeinflussen.

Enzyklopädie (griech. *enkyklios* Kreis, *paideia* Bildung; engl. *encyclopaedia*).
1) Im antiken Griechenland bezeichnete das Wort E. das Universalwissen oder das propädeutische Wissen als Vorstufe zur höheren philosophischen Bildung.
2) Name für Werke, in denen der Wissensstoff aller Disziplinen oder nur eines Fachgebietes systematisch geordnet und umfassend dargestellt wird. Als historisches Dokument der französischen Aufklärung gilt die in den Jahren 1751–1772 von d'Alembert und Diderot herausgegebene ›Encyclopédie ou dictionnaire raisonné des sciences, des arts et des métiers‹. In der *Pädagogik* ist die 1983–1986 erschienene ›Enzyklopädie Erziehungswissenschaft‹ zu nennen.

Enzyklopädismus. Auf den Begriff *Enzyklopädie* zurückgehende Bezeichnung für eine Ausprägung in der Theorie der *materialen Bildung,* nach der ein Mensch dann als gebildet gilt, wenn er über angehäuftes Wissen verfügt. In der *Didaktik* kommt der E. in der Auffassung zum Ausdruck, *Allgemeinbildung* könne inhaltlich durch einen umfassenden *Bildungskanon* des Wissensstoffes im Lehrplan festgeschrieben werden.

EPA. *Einheitliche Prüfungsanforderungen in der Abiturprüfung.*

Epochenunterricht (Syn. **Epochalunterricht, Periodenunterricht**). Ein abschnittweise erteilter Fachunterricht, der es ermöglicht, die Arbeit in einem Unterrichtsfach für längere Zeit auf einen bestimmten Themen- und Gegenstandsbereich zu konzentrieren und das Lernen damit zu intensivieren. Es können sich auch mehrere Fächer zur intensiven fächerübergreifenden Bearbeitung eines Themas in einem Projekt für eine Epoche zusammenschließen. I. d. R. werden im E. täglich etwa zwei Unterrichtsstunden und für eine Epoche etwa zwei bis maximal vier Wochen angesetzt.

Der E. hebt für die beteiligten Fächer die Zersplitterung des Lernens beim Springen von Fach zu Fach im 45-Minuten-Rhythmus auf. Er ermöglicht, dass durch die tägliche Arbeit an einem Themenbereich der Sinnzusammenhang der Arbeit und der strukturelle Zusammenhang der Inhalte deutlicher hervortreten. Der E. geht auf *R. Steiner* zurück und ist ein konstitutiver Bestandteil des Unterrichts in der *Waldorfschule.* Er ist dort täglich in die ersten beiden Stunden des Hauptunterrichts integriert. Auch der handwerkliche, technische und künstlerische Unterricht, der in ganztägigen Waldorfschulen nach dem Mittagessen stattfindet, wird in Epochen durchgeführt.

Vor allem in der Grundschule bietet der Sachunterricht gute Möglichkeiten, E. in die *Wochenplanarbeit* zu integrieren.

Erasmus-EU-Programm (European Community Action Scheme for the Mobility of University Students). Teilbereich des EU-Bildungsprogramms *Sokrates.* Es fördert den Austausch von Studenten und Dozenten und unterstützt die Kooperation von Hochschuleinrichtungen innerhalb Europas. 2003 nahmen rund 125 000 Studenten und 17 000 Dozenten in 31 Ländern am Programm teil. Nähere Auskünfte erteilt der *Deutsche Akademische Austauschdienst* in Bonn.

Erasmus Mundus. Das EU-Bildungsprogramm ergänzt die Angebote von *Erasmus* über die Grenzen der EU hinaus. Sein Ziel ist die Verbesserung des interkulturellen Verständnisses in Studium, Lehre und Forschung. Nähere Auskünfte erteilt der *Deutsche Akademische Austauschdienst* in Bonn.

Erfahrung (engl. *experience, learning*). **1)** Alle Erkenntnisse, die der Mensch aus der unmittelbaren Sinneswahrnehmung von konkreten bzw. einzelnen Gegebenheiten seiner Umwelt oder aus sich selbst gewinnt. Dabeisein, Miterleben und Praxis sind typische E.situationen. Insofern ist E. Erkenntnis über den Einzelfall, das Besondere.

2) Davon zu unterscheiden ist die Erkenntnis, die wir durch rein gedankliche Arbeit, also durch die Anwendung allgemeiner Begriffe, durch Regelwissen und Schlussfolgerungen daraus erlangen. So kann unmittelbar beobachtet, also erfahren werden, dass Säuglinge immer häufiger weinen und immer weniger lächeln, wenn die Zuwendung durch eine Bezugsperson deutlich geringer wird und sich schließlich auf wenige Minuten am Tage beschränkt. Werden nun durch rein gedankliches Folgern Weinen und fehlendes Lächeln des Säuglings als Anzeichen seiner Ängstlichkeit und seines Misstrauens der Umwelt gegenüber gedeutet, so kann aus den eben skizzierten direkten E. die Annahme gebildet werden, dass zwischen der Regelmäßigkeit, Wärme und gleich bleibenden Qualität der Zuwendungen, die ein Säugling erfährt, und der Entwicklung des kindlichen Vertrauens bzw. Misstrauens gegenüber der Umwelt ein Zusammenhang besteht. Die Konstruktion derartiger Annahmen wird auch als Theoriebildung auf der Grundlage von E. bezeichnet. Hinter den beobachteten Verhaltensweisen der Bezugsperson und denen des Säuglings werden Zusammenhänge vermutet. Deshalb sagen wir, der Säugling reagiere in bestimmter Weise. Ob jedoch solche Schlüsse aus Theorien richtig sind, kann wiederum nur durch E. überprüft werden. E.wissenschaft will durch den Einsatz *empirischer*

Forschungsmethoden die mehr oder weniger zufälligen bzw. genauen Einzele. durch die systematische Erhebung von E.daten erweitern und objektivieren. Je mehr die Daten empirischer Forschung mit den aus der Theorie gefolgerten Daten übereinstimmen, desto zutreffender ist eine Hypothese. Einzele. können folglich zu mehr oder weniger richtigen Annahmen führen. Wissenschaftlich abgesicherte E. kann die Folgerungen aus Einzele. bestätigen, aber auch ganz oder teilweise korrigieren.

Erfolgskontrolle. *Klassenarbeit. Leistungsbeurteilung.*

Ergänzungsschulen. *Privatschulen,* die nicht als Ersatz für *öffentliche Schulen* gelten. Ihre *Zeugnisse* verleihen deshalb nicht die *Berechtigungen,* die mit entsprechenden Zeugnissen öffentlicher Schulen oder privater *Ersatzschulen* verbunden sind. Die Errichtung einer E. ist nicht genehmigungspflichtig; sie muss aber der Schulbehörde vor Aufnahme des Unterrichts angezeigt werden. Zu den E. gehören z.B. Musikkonservatorien, Kunstschulen, Dolmetscherschulen u.Ä. Die Schulaufsichtsbehörde kann die Errichtung oder Fortführung einer E. untersagen, wenn *Schulträger,* Leiter, Lehrer oder Einrichtungen der Schule den Anforderungen nicht entsprechen, die zum Schutz der Schüler oder der Öffentlichkeit an sie zu stellen sind.

Freie Unterrichtseinrichtungen wie Fahrschulen, Tanzschulen u.Ä. sind keine Schulen in diesem Sinne.

Ergänzungsunterricht. Kindern von Arbeitsmigranten wird muttersprachlicher, landeskundlicher und religiöser E. erteilt, um ihre Integrations- und Ausbildungschancen bei Rückkehr in ihr Heimatland zu stärken. In den einzelnen Bundesländern bestehen hinsichtlich Durchführung, Aufsicht und Bezahlung höchst unterschiedliche Regelungen. Mehrheitlich übernehmen die ausländischen Konsulate den E. und die Länder zahlen einen Zuschuss. Ziele und Inhalte des E. sind deshalb oftmals beliebig und wenig transparent, was auf schulrechtliche und schulpädagogische Kritik stößt.

Ergonomie (lat. *ergo* aufgrund von, folglich; griech. *nomos* Gesetz; engl. *ergonomics*). Wissenschaftliche Analyse der Beziehungen zwischen Mensch, Maschine und Arbeitsplatzgestaltung, die in der Absicht erfolgt, die für den Menschen unter körperlichen, seelischen und sozialen Gesichtspunkten optimalste und wirtschaftlich zugleich effektivste Gestaltung von Arbeitsbedingungen herauszufinden.

Erkenntnis (lat. *cognitio* Kennenlernen, Erkennen; engl. *knowledge, understanding*). Oberstes Ziel von *Unterricht* und wissenschaftlicher Lehre ist die Befähigung der Schüler und Studierenden zur Wahrheitsfindung sowie zur systematischen Ordnung des erworbenen Wissens. Wahrheitsfindung wird nach der klassischen Unterscheidung von *I. Kant* als E. der Sinne, des Verstandes und der Vernunft möglich. Grundlage der E. ist die unmittelbare *Erfahrung,* die in der begrifflichen Vorstellung über Erfahrungsinhalte eine höhere Qualität gewinnt und ihre höchste Stufe in der Kraft der Vernunft erreicht, Eigenschaften von E.gegenständen und Zusammenhänge zwischen ihnen zu erdenken.

Im E.prozess stehen sich das erkennende Subjekt und das zu erkennende Objekt gegenüber. Das Subjekt erarbeitet sich eine Anschauung, ein Bild oder einen Begriff vom Objekt. Objekte der E. können tatsächlich existierende Gegenstände in Natur, Kultur und Gesellschaft ebenso wie phantastische oder ideale Gegenstände (z.B. Zahlen, geometrische Gesetzmäßigkeiten, Regeln der Logik, ethische Normen usw.) sein. Unterricht und Lehre sollten schrittweise zur Einsicht in die Bedingungen der Möglichkeit von E. führen, E.instrumente vermitteln sowie den Willen und das Vermögen zur Überprüfung von Aussagen auf ihren Wahrheitsgehalt stärken. Wesentliche Voraussetzungen dafür sind die tatsächliche Beteiligung der Schüler und Studierenden an E.prozessen sowie der kritische Umgang der Lehrenden mit den Lehrstoffen.

Erklären (engl. *explanation of, reasoning*). Darstellung der Bedingungen und Ursachen, warum etwas sich so verhält, wie es sich beobachten lässt. Das geschieht i. d. R. dadurch, dass neue Phänomene als Spielarten von Bekanntem gedeutet werden, indem überprüfbare Beobachtungssätze über das zu erklärende Phänomen mit aus gesicherten Hypothesen abgeleiteten Aussagen verglichen werden. Der Grad an Übereinstimmung zwischen abgeleiteten Aussagen und Beobachtungssätzen entscheidet über die Qualität des E. Stimmen aus Hypothesen abgeleitete Aussagen und solche über Beobachtungsdaten kaum oder nicht überein, kann die Hypothese zur Erklärung nicht herangezogen werden. Dann müssen neue Hypothesen entworfen werden. Ab wann eine Erklärung als hinreichend akzeptiert wird, ist in den verschiedenen Wissenschaften von sehr unterschiedlichen Bedingungen abhängig. So können in den Naturwissenschaften vergleichsweise viel mehr Phänomene exakt erklärt werden als in den Sozialwissenschaften (einschließlich der *Pädagogik*).

Erkundung (Syn. **Erkundungsgang, Unterrichtsgang**; engl. *exploratory trip*). **1)** In der Schule ist die E. Teil des Unterrichts, der an außerschulischen Lernorten stattfindet und der sinnlich-anschaulichen, realen Begegnung z. B. mit der Tier- und Pflanzenwelt, mit geografischen Besonderheiten, mit Arbeitsabläufen und Menschen in Betrieben und Behörden, mit Verkehrs-, Versorgungs- und Entsorgungseinrichtungen, mit historischen Baudenkmälern oder Gegenständen in Museen dient. E. wollen dazu beitragen, dass die außerschulische Umwelt in Natur und Gesellschaft nicht nur über *Medien* vermittelt wird, sondern Lernerfahrungen handlungsorientiert und unmittelbar vor Ort gemacht werden können. Die konkrete Durchführung kann z. B. bei der E. des eigenen Wohnortes in Form einer Stadtrallye oder eines Stadtspiels erfolgen. E. sind funktionaler Bestandteil einer Unterrichtseinheit und können zur ersten Einführung in ein neues Unterrichtsthema, zur Erarbeitung bestimmter Themenkomplexe oder am Schluss einer Unterrichtseinheit zur Überprüfung des Erarbeiteten durchgeführt werden. Die meist langfristig geplanten E. müssen vom Lehrer, ggf. unter Einbeziehung der Schüler, entsprechend vorbereitet, durchgeführt und ausgewertet werden. In der Schule gibt es aber auch immer wieder Anlässe zu spontanen Unterrichtsgängen, z. B. wenn ein Zirkus im Ort ist. E. sind wie *Exkursionen* und *Schulfahrten* ein wichtiger Bestandteil des *sozialen Lernens* und der Selbsterfahrung in konkreten Lebenssituationen.

2) Im Hochschulbereich werden E. als eine Form praktischen und forschenden Lernens im Zuge der Hochschulreform seit etwa 1970 verstärkt durchgeführt. Sie finden vorwiegend zur Aufklärung von Praxisproblemen in Berufsfeldern verschiedener Studiengänge und zur Entwicklung von Fallstudien im Zusammenhang mit Projekten der Handlungsforschung statt. E. dienen heute z. B. dem problemorientierten Kennenlernen eines Betriebes, eines sozialen Feldes oder eines geografischen Raumes. Ausgangspunkt ist meist ein bestimmtes Erkenntnisinteresse, von dem aus Fragestellungen entwickelt werden, die während der E. zu systematischen Erhebungen führen und auch auf Veränderungsmöglichkeiten in Natur und Gesellschaft abzielen. Konstitutives Merkmal der E. ist die sorgfältige Planung, Organisation, Durchführung und Auswertung der einzelnen Schritte forschenden Lernens.

Erlass. Alle Verwaltungsvorschriften der für die Rechtsaufsicht von Schulen und Hochschulen zuständigen Behörden, welche die einheitliche Gestaltung und Durchführung gesetzlicher Bestimmungen regeln. So wird z. B. die Verwirklichung der im Schulgesetz festgelegten Bildungsziele für die einzelnen Schularten durch Bildungs- oder *Lehrpläne* näher bestimmt; die Durchführung eines Schuljahres an den öffentlichen Schulen regelt ein Organisationse. E. sind für die Lehrer bindend.

Erlass zur Weiterführung der Reform an höheren Schulen. Kaiser Wilhelm II. bestimmte in diesem Erlass vom November 1910, einer sogenannten Kabinettsordre an den Minister der geistlichen, Unterrichts- und Medizinalangelegenheiten, dafür Sorge zu tragen, dass an allen drei höheren Lehranstalten – Gymnasium, Realgymnasium und Oberrealschule – das *Abitur* erworben werden könne. Damit wurden die drei Schularten formal gleichgestellt, zugleich aber ihre Spezifika hervorgehoben: Im Gymnasium nahmen der Griechisch- und der Lateinunterricht ein Drittel der gesamten Unterrichtszeit in Anspruch. Neue Sprachen wurden nicht gelehrt. Die Stundentafel des Realgymnasiums wies vier Stunden für Französisch und drei Stunden für Englisch aus. Latein wurde weiterhin als Hauptfach unterrichtet. Der Mathematik und den Naturwissenschaften wurde etwa ein Drittel der Unterrichtszeit zugewiesen. In der Oberrealschule wurde ganz auf die alten Sprachen verzichtet und der Unterricht in Französisch, Englisch, Deutsch, Mathematik und den Naturwissenschaften gegenüber den Realgymnasien noch verstärkt.

Diese Regelungen galten zwar direkt nur für Preußen, wurden jedoch weitgehend gleichlautend auch in den anderen Ländern des Deutschen Reiches eingeführt.

Erlebnispädagogik (engl. *outdoor pursuits, adventure based education*). Erziehungskonzept, das sich als Gegengewicht zum kognitiven Lehr-Lernprozess des tradierten Schulunterrichts versteht. Seine Ausgestaltung im Rahmen der Schulpädagogik ist wesentlich durch *K. Hahn* vorangebracht worden. Hintergrund waren europäische Reformbewegungen, in denen die Bedeutung von Erlebnis, Naturerfahrung, Gemeinschaft, Produktion und Kunstschaffen für den individuellen Bildungsprozess wie für die Erneuerung der Kultur hervorgehoben worden ist.

Heute wird die E. durch folgende Schwerpunkte charakterisiert: 1. Lernen in einem konkreten Handlungsprozess, der Entwurf, Planung, Aufgabenverteilung, Arbeit, Selbst- und Teamerfahrung sowie Erfolgserleben oder Verarbeitung von Misserfolgen einschließt. Persönliches Können, Geschicklichkeit, Lernfähigkeit, Belastbarkeit, Durchsetzungsvermögen, Verlässlichkeit und Versagen sollen in realistischen Situationen oder angesichts konkreter Aufgabenstellungen erlebt werden und Anstöße zum Lernen geben. 2. Ganzheitliches Lernen, das kognitive Fähigkeiten, psycho-motorische Kräfte und Vermögen, Verstehen und Emotionalität, moralische Sensibilität und soziale Verantwortung in seinen Verbindungen und Wechselwirkungen erlebbar macht. 3. Lernen durch Erleben mit allen Sinnen in zunehmender Offenheit für unterschiedlichste Wahrnehmungsweisen von Natur, Menschen, Kultur und Alltagsleben. 4. Lernen als Einsatz für die Sicherung der natürlichen und der sozialen Lebensgrundlagen.

Häufige erlebnispädagogische Aktivitäten in Schul- und Jugendarbeit sind Bergwandern, Klettern und Abseilen, Wanderungen und Fahrradtouren, Höhlenerkundungen, Ausbau einer Berghütte oder eines Rastplatzes, aber auch Mitarbeit im Naturschutz, im Tierschutz und in Entwicklungsdiensten.

Ersatzschulen. *Privatschulen,* die nur mit vorheriger Genehmigung der Schulbehörde als Ersatz für öffentliche Schulen errichtet und betrieben werden dürfen. Lehr- und Erziehungsziele, Unterrichtsdurchführung und räumliche Gestaltung sowie die Ausbildung der Lehrer müssen den Anforderungen an öffentlichen Schulen entsprechen. Die privaten E. unterstehen der staatlichen Schulaufsicht. Sie erhalten das Recht, Abschlussprüfungen abzuhalten und mit den Abschlusszeugnissen Berechtigungen zu verleihen, die denen der öffentlichen Schulen gleichgestellt sind. Zu diesen E. gehören katholische und evangelische Schulen, die freien *Waldorfschulen, Landerziehungsheime* wie die Odenwaldschule und die im Verband Deutscher Privatschulen zusammengefassten Schulen. Sie bezeichnen sich wegen ihrer relativen Ungebundenheit vom Staat und wegen ihrer besonderen religiösen, weltanschaulichen und/ oder pädagogischen Ausrichtung auch als *freie Schulen.* Die Genehmigung für den Betrieb einer E. kann zurückgenommen werden, wenn die Voraussetzungen nicht mehr gegeben sind.

Ersatzunterricht. Wird von einem Schüler oder dessen Erziehungsberechtigten die Befreiung von der Teilnahme am Religionsunterricht beantragt, muss der Schüler am E. teilnehmen. Als E. gilt in der Regel das Fach Werte und Normen bzw. Ethikunterricht. Die Teilnahme ist verpflichtend; der E. wird wie andere Fächer beurteilt und ist versetzungserheblich.

Erstausbildung (engl. *initial vocational training*). *Berufsausbildung,* die zumeist unmittelbar auf den Abschluss einer allgemein bildenden Schule folgt und zu einer beruflichen Abschlussprüfung führt, die eine selbständige Ausübung der beruflichen Tätigkeit erlaubt. Die berufliche E. kann nach den Bestimmungen des *Berufsbildungsrefomgesetzes* (BerBiRefG) in einem Ausbildungsbetrieb in Verbindung mit dem Besuch einer *Berufsschule* oder aber in beruflichen *Vollzeitschulen* (z. B. in einer *Berufsfachschule)* erfolgen.

Erst- und Nachuntersuchung. Nach den Bestimmungen des *Jugendarbeitsschutzgesetzes* (JArbSchG) darf ein Ausbildender mit der Berufsausbildung eines Jugendlichen nur dann beginnen, wenn der Jugendliche innerhalb der letzten 14 Monate von einem Arzt untersucht worden ist und darüber eine Bescheinigung vorliegt. Ein Jahr nach Beginn der Ausbildung ist eine Nachuntersuchung erforderlich, in der insbesondere zu prüfen ist, ob die Gesundheit des Jugendlichen durch die mit der Ausbildung verbundenen Arbeiten gefährdet ist.

Erstunterricht. *Anfangsunterricht.*

Erwachsenenbildung (engl. *adult education*). Ein vielfältiges Spektrum von Bildungsangeboten, das sich bewusst an *Erwachsene* richtet und deren allgemeine Bedürfnisse nach Erweiterung des geistigen Horizonts ebenso aufgreift wie gezielte Erwartungen im Hinblick auf berufsbezogene Zusatzqualifikationen.

Verglichen mit dem öffentlichen Schulwesen oder der Berufsausbildung sind folgende Merkmale hervorzuheben: die weitgehende Freiheit der E. von gesetzlichen Regelungen, die Unabhängigkeit bei der inhaltlichen und organisatorischen Gestaltung der Angebote, die freie Wahl ihrer Mitarbeiter sowie die umfassende Selbstverwaltung der meisten Träger der E.

Themen und Arbeitsweise der *Kurse, Seminare,* Vortrags- oder Reiseveranstaltungen orientieren sich zumeist am Bedarf der Teilnehmer. Nur dann, wenn Angebote aus öffentlichen Haushalten mitfinanziert werden, wie das im Bereich der beruflichen *Weiterbildung* oft der Fall ist, liegen verbindliche Ausbildungspläne und Prüfungsanforderungen vor. Ziele, Inhalte und *Methoden* der E. sind auch von den speziellen Interessen der Träger abhängig. Betriebe und Verbände der Wirtschaft und Industrie wollen aus Gründen der Wettbewerbsfähigkeit die Kenntnisse, Fähigkeiten und Fertigkeiten der Arbeitskräfte auf allen Ebenen der Unternehmen dem Stand der wissenschaftlich-technologischen Veränderungen anpassen oder auf neue Formen der Betriebsführung und Arbeitsorganisation vorbereiten. Auch Berufsverbände, Kirchen und Gewerkschaften als Träger der E. konzentrieren sich auf die Vertiefung und Aktualisierung der Qualifikationen ihrer Mitglieder und Funktionsträger. Staatliche Einrichtungen verfolgen überwiegend Ziele im Bereich der *politischen Bildung.* Die Bundesagentur für Arbeit engagiert sich durch Maßnahmen der *Fortbildung,* Weiterbildung und *Umschulung* zur Verbesserung der Chancen für solche Erwerbstätige, deren Arbeitsplätze durch strukturelle Veränderungen auf dem Arbeitsmarkt bedroht sind. Ferner fördert sie Kurse zur beruflichen Eingliederung benachteiligter Bevölkerungsgruppen. Die größte Vielfalt und Offenheit der E. findet sich in den *Volkshochschulen.* Zu ihrer Klientel zählen junge Erwachsene ebenso wie Senioren. Ihr Angebot erstreckt sich auf alle Wissens- und Handlungsfelder, für die ein Weiterbildungsbedarf vorhanden ist: Gesellschaft, Politik, Geschichte, Wirtschaft und Recht, Erziehung und Familie, Kunst und Länderkunde, Wissenschaft und Technologie, Sprachen, Tanz, Sport, Spiel und Musik, künstlerisches Gestalten, Haushalt, Ernährung und Gesundheit, berufsvorbereitende und berufsbegleitende Fortbildung.

Die überwiegende Mehrheit der Lehrkräfte in der E. arbeitet nebenamtlich. Der Anteil der hauptamtlichen und durch ein Fachstudium qualifizierten Mitarbeiter nimmt jedoch zu. An einigen Hochschulen kann man das Diplom in Erziehungswissenschaft *(Diplompädagoge)* mit dem Schwerpunkt E. erwerben.

Erweiterte Realschule. Auf Beschluss des Saarländischen Landtages wurden 1996 die beiden Schularten *Haupt-* und *Realschule* in der E. R. zusammengeführt. In den Klassenstufen 5 und 6 werden alle Kinder von Haupt- und Realschullehrern gemeinsam unterrichtet. Lediglich in der ersten Fremdsprache findet eine Leistungsdifferenzierung nach zwei Niveaustufen statt. Auf der Grundlage eines ausführlichen Entwicklungsberichts des Klassenlehrers sowie der Zeugnisse entscheidet am Ende der Klassenstufe 6 die Klassenkonferenz, ob ein Schüler dem Haupt- oder dem Realschulbildungsgang zugewiesen wird. Für die Überweisung in den Realschulbildungsgang ist in den Fächern Deutsch, Mathematik und erste Fremdsprache »befriedigend« und in allen übrigen Fächern mindestens »ausreichend« Voraussetzung. Während des 7. Schuljahres können Schüler aufgrund überdurchschnittlicher Leistungen zum Halbjahr oder zum Schuljahresende noch in den Realschulbildungsgang überwechseln. Die E. R. beendet ihre Bildungsgänge nach Klassenstufe 9 mit dem Hauptschulabschluss und nach Klassenstufe 10 mit dem Realschulabschluss.

erziehender Unterricht. Bei *J. F. Herbart* begründet sich die Eigenständigkeit der Pädagogik als Berufswissenschaft der Lehrer wesentlich vom Begriff des e. U. her. *Erziehung* vollzieht sich nach Herbarts Theorie in zwei »Grundweisen«, als *Unterricht* und Zucht. Unterricht erweitert die Kenntnisse und Einsichten der jungen Menschen. Dabei kommt es darauf an, das erworbene Wissen festzuhalten und selbsttätig zu erweitern. Nur so kann nach Herbart Interesse als Grundlage aktiven Umgangs mit Wissen wachsen. Weil die geistigen Tätigkeiten der Menschen mannigfaltig sind und Unterricht für eine entsprechend breite Entfaltung sorgen soll, muss die Vielseitigkeit des Interesses das Leitziel allen Unterrichts sein. Jede auf begrenzte Zwecke orientierte *Bildung,* die lediglich für bestimmte Aufgaben tüchtig machen soll, bleibt dagegen notwendig einseitig und schränkt das gemeinsame Verstehen und Verständigen ein. Die Zucht, so führt Herbart seinen Gedanken fort, »ergänzt den Unterricht zur Erziehung«. Zucht fasst im Verständnis von Herbart das »Ganze der Tugend« zusammen, das dem Subjekt als Teil der gesellschaftlichen Ordnung und ihrer grundlegenden Sittlichkeit begegnet.

Herbarts Konzept des e. U. enthält einen normativen Anspruch von aktueller Bedeutung. Unterricht soll die je persönliche und die gemeinsame Welterfahrung, die Verständigung über die die Allgemeinheit betreffenden Problemlagen, das vertiefende und lebenslange Lernen aus vielseitigem Interesse heraus hervorbringen und verantwortliches Handeln aus sittlichen Gründen fördern. Und Zucht soll nicht Gehorsam und Unterwürfigkeit zum Ziel haben, sondern zur Selbstzucht, zum mutigen Handeln aus eigenen moralischen Ansprüchen, zur Solidarität mit den Schwachen und zur Verteidigung des Rechts führen. Insofern steckt im Konzept des e. U. die Grundlage für eine Bildungstheorie und Schulkonzeption, in der allgemeine Bildung, individuelle Urteilskraft, gesellschaftliche Verständigung, politische Mündigkeit, demokratisches Engagement und globale Mitverantwortung zentrale Bezugspunkte sind.

Erzieher (engl. *educator, educationalist, teacher, tutor*). **1)** Allgemein alle, die als Mutter oder Vater, Lehrer, Sozialpädagoge, Ausbilder usw. an der Erziehung und Ausbildung von Kindern und Jugendlichen beteiligt sind.

2) Staatlich anerkannter E. Die Ausbildung dauert drei Jahre: zwei Jahre Besuch einer *Fachschule* für Sozialpädagogik, ein Jahr Berufspraktikum. Die Zugangsvoraussetzungen sind in den Bundesländern z. T. unterschiedlich. Gemeinsam aber ist allen Regelungen, dass ein mittlerer Bildungsabschluss und ein Vorpraktikum verlangt werden. E. arbeiten in *Kindergärten* und *Kindertagesstätten* (alte Berufsbezeichnung: Kindergärtnerin), in der *Heimerziehung*, in der *offenen Jugendarbeit* oder – zumeist mit einer Zusatzausbildung – in behindertenpädagogischen Einrichtungen.

erzieherischer Kinder- und Jugendschutz. Das *Kinder- und Jugendhilfegesetz* (KJHG) vom 14. 12. 2006, zuletzt geändert am 19. 2. 2007, beauftragt die öffentlichen und freien Träger der *Jugendhilfe,* Angebote für den e. K. u. J. zu machen. Die Maßnahmen sollen junge Menschen befähigen, sich vor gefährlichen gesellschaftlichen Einflüssen zu schützen und sie zu Kritikfähigkeit, Entscheidungsfähigkeit und Eigenverantwortlichkeit führen. Darüber hinaus sollen Eltern und andere Erziehungsberechtigte besser befähigt werden, Kinder und Jugendliche vor schädigenden Einflüssen zu schützen.

Für die Bekämpfung kinder- und jugendgefährdender Einflüsse wurden eine Reihe spezieller Gesetze geschaffen: *Jugendschutzgesetz* (JuSchG) vom 23. 7. 2002/in Kraft seit 1. 4. 2003), zuletzt geändert am 26. 2. 2007; *Jugendmedienschutz-Staatsvertrag* (JMStV) vom 1. 4. 2003 und das *Jugendarbeitsschutzgesetz* (JArbSchG) vom 12. 4. 1976, zuletzt geändert am 31. 10. 2006.

Erziehung (engl. *education*). Handlungen von Eltern, Lehrern, Ausbildern u. a. Erziehern bzw. Pädagogen, die in der bewussten Absicht erfolgen, durch den Einsatz bestimmter *E.mittel* und E.maßnahmen Kenntnisse und Fähigkeiten, Einstellungen und Wertorientierungen, Handlungswillen und Handlungsfähigkeit, also die individuelle *Mündigkeit* der Kinder oder Jugendlichen und ihre Kompetenz zur Teilnahme am gesellschaftlichen Leben möglichst dauerhaft zu verbessern. Weil E. in diesem Sinne zielorientiertes Handeln darstellt, wird auch verschiedentlich von intentionaler E. gesprochen und davon eine funktionale E. unterschieden.

Mit dem Begriff funktionale E. werden Veränderungen im Verhalten von Kindern, Jugendlichen oder auch Erwachsenen in Beziehung gebracht, die nicht aus besonderen erzieherischen Handlungen anderer erwachsen, sondern im Sinne von *Sozialisation* aus alltäglichen Erfahrungen im Umgang mit Personen, sozialen Instituionen usw. hervorgehen. In der Tat ist menschliches Verhalten weitgehend das Ergebnis aus unbewusst aufgebauten Reiz-Reaktionsmustern, aus Identifikationen mit erfolgreichen und zugleich für das eigene Wohl wichtigen Modellpersonen, aus vielfältigen Prozessen der *Rollenübernahme* und aus positiven Verstärkungen für richtiges und negativen Sanktionen für falsches Verhalten.

Die dazu von Psychologie und Soziologie erarbeiteten Erkenntnisse machen für die *Pädagogik* deutlich, dass E. im engeren Sinne immer nur als Versuch verstanden werden kann, im Kontext der Sozialisationsgeschichte eines Individuums ausgewählte Elemente in dessen Verhalten zu verändern, denn das Leben insgesamt formt den Aufbau der heranwachsenden Persönlichkeit unablässig und umfassend. Zugleich aber ist zu bedenken, dass trotz aller soziokulturellen Einflüsse Kinder und Jugendliche aufgrund ihrer Verstandeskräfte, ihrer unverwechselbaren *Identität* und der darauf gegründeten Urteile und Handlungen auf das Leben ebenso wie auf intentionale E. keineswegs nur reagieren, sondern sich aktiv damit auseinandersetzen, E. annehmen, modifizieren oder verwerfen und somit in der Begegnung mit den erziehenden Angeboten letztlich sich selbst verändern. Auf diesen besonderen Zug des E.handelns haben schon die Klassiker der E.theorie, *J. F. Herbart, F. D. E. Schleiermacher* und *W. Dilthey* hingewiesen.

Deshalb lassen sich Wirkungen von E. nur im größeren Kontext der Lebensumstände und unter Beachtung der Subjekthaftigkeit der zu Erziehenden angemessen – und das heißt wohl: i. d. R. äußerst zurückhaltend – verstehen und erklären. Sicher aber ist, dass E. umso erfolgreicher sein kann, je mehr sie auf die tatsächlich vorhandenen Kompetenzen, Bedürfnisse, Motive und Erfahrungen der Kinder und Jugendlichen eingeht. Welche konkreten Ziele der E. als richtig bzw. wertvoll anzusehen sind und das erzieherische Handeln leiten, lässt sich nur aus dem Zusammenspiel a) der Werte und *Normen* der Erzieher bzw. der sie umgebenden Kultur, b) des *pädagogischen Taktes* der Erzieher im Umgang mit den zu Erziehenden und c) der persönlichen Anerkennung und aktiven Aneignung der E.angebote durch die jungen Menschen selbst verstehen und als gültig erweisen.

Die neuere Theoriebildung zur E. ist wesentlich durch Arbeiten von *W. Fischer, K. Mollenhauer* und J. Oelkers bereichert worden. Wichtige Beiträge dazu haben darüber hinaus Soziologen eingebracht (D. Geulen, K. Hurrelmann, L. Krappmann u. a.).

Erziehungsbeihilfen. *Hilfe zur Erziehung.*

Erziehungsbeistandschaft. *Erziehungsmaßregeln.*

Erziehungsberatung (engl. *educational guidance*). Sie will Kindern und Jugendlichen, Eltern und anderen Erziehungsberechtigten bei der Aufklärung der Hintergründe für Verhaltensauffälligkeiten, Delinquenz, Beziehungsschwierigkeiten innerhalb der Familie und schweren Lernproblemen helfen und mit den Ratsuchenden gemeinsam Lösungen entwickeln und in Handlungsprozessen konkretisieren. Träger sind die Gemeinden oder *freie Träger der Jugendhilfe.* Auskünfte erteilen die *Jugendämter.* In der E. arbeiten Psychologen, Pädagogen, Sozialarbeiter, Mediziner u. a. Fachleute zusammen.

Erziehungsberechtigter (engl. *parent or [legal] guardian*). Wer das im GG primär den *Eltern* zugestandene Recht auf Erziehung und Pflege eines Kindes tatsächlich ausübt, gilt gesetzlich als E. Normalerweise sind die Eltern als Inhaber der *elterlichen Sorge* auch E. Wird ein Kind auf Entschluss des E. oder nach Verfügung des Jugendamtes bzw. Vormundschaftsgerichtes zeitweise oder für längere Dauer in einer außerfamilialen Einrichtung untergebracht (z. B. Internat einer Schule, Pflegefamilie, Heimerziehung), so gehen bestimmte Rechte des E. auf die in dieser Einrichtung verantwortlichen Personen über.

Erziehungsgeld (engl. *child benefit*). Für Kinder, die zwischen dem 1. 1. 1986 und dem 31. 12. 2006 geboren worden sind, wird nach dem Bundeserziehungsgeldgesetz eine staatliche Ausgleichsleistung für den Elternteil gewährt, der überwiegend das Kind versorgt und erzieht. Dieser Elternteil darf dann nicht mehr als 30 Stunden in der Woche arbeiten. Als Regelsatz werden für maximal 24 Monate 300 Euro E. gezahlt, auf Wunsch für zwölf Monate 450 Euro. Anträge waren bei den E.stellen einzureichen. Bestimmte Einkommensobergrenzen durften nicht überschritten werden. Das E. ist am 1. 1. 2007 durch das neue *Elterngeld* abgelöst worden.

Erziehungshilfe. Nach den Bestimmungen des Kinder- und Jugendhilfegesetzes (KJHG) haben *Erziehungsberechtigte* Anspruch auf E., wenn eine dem Wohl des Kindes oder Jugendlichen entsprechende Erziehung nicht mehr gewährleistet ist. E. erfolgt durch Beratung und Unterstützung, durch soziale Gruppenarbeit, sozialpädagogische Hilfen für die Familie, Unterbringung in einer Tagesgruppe oder, wenn es die Umstände erforderlich machen, in einer Pflegefamilie. Auskünfte erteilt das *Jugendamt.*

Erziehungsmaßregeln (engl. *educational court orders*). Neben den *Zuchtmitteln* und der *Jugendstrafe* selbst gehören die E. zu den Maßnahmen, die *Jugendgerichte* verhängen können. Das Jugendgerichtsgesetz (JGG) unterscheidet drei Formen: **1)** Erziehungsbeistandschaft gemäß § 30 des Kinder- und Jugendhilfegesetzes (KJHG). Erziehungsbeistand und Betreuungshelfer sollen den jungen Menschen bei der Bewältigung von Entwicklungsproblemen und beim Aufbau einer Grundlage für eine selbständige Lebensführung unterstützen.

2) Weisungen: Gebote und Verbote, die Aufenthalt, Arbeit und Ausbildung, Umgang mit bestimmten Personen und erzieherisch als hilfreich angesehene soziale Dienste betreffen. Dabei sind die Grundrechte des Jugendlichen zu beachten.

3) Hilfe zur Erziehung gemäß § 27 des KJHG: Ist eine dem Wohl des Kindes oder Jugendlichen entsprechende Erziehung und Entwicklung im Verantwortungsbereich der Eltern bzw. der gesetzlichen Vertreter nicht gewährleistet, soll Hilfe durch Fachkräfte öffentlicher Erziehung in Heimen oder geeigneten Familien unterstützend bzw. stellvertretend geleistet werden. Dazu gehören auch besondere therapeutische Maßnahmen oder Eingliederungshilfen für Behinderte nach den Regelungen des Bundessozialhilfegesetzes (BSHG).

Erziehungsmittel (engl. *educational methods, corrective measures*). Alle Handlungen, Maßnahmen und Medien, die *Erzieher* (im weitesten Sinne) einleiten bzw. einsetzen, um bei Kindern und Jugendlichen Veränderungsprozesse anzustoßen, die der Verbesserung ihrer Urteilskraft, Selbständigkeit, Verantwortungsbereitschaft und Handlungsfähigkeit dienlich sein sollen. E. sind von Mitteln und Maßnahmen der Dressur oder der Verhaltensmodifikation zu unterscheiden. Dressur und Verhaltensmodifikation nämlich betrachten die zu beeinflussenden Individuen als Objekte, die in einem technischen Sinne fremden Zwecken unterworfen werden sollen. E. aber werden von Subjekten angenommen oder verworfen, also letztlich von ihnen in Wirkungen umgesetzt.

Geduldige und um Verständigung bemühte Zuwendung, Belehrung, Beratung, Gespräch, Lob und Kritik, Gebot und Verbot, Ermahnung und Hilfestellungen sind E., die positive Identifikation ermöglichen und den Erziehenden in Pflicht und Verantwortung nehmen, ohne dabei die Würde der heranwachsenden Persönlichkeit unter dem Vorwand der Erziehung zu verletzen.

Erziehungsrecht. Das Grundgesetz bestimmt in Artikel 6 Absatz 2, dass Pflege und Erziehung des Kindes das natürliche Recht der Eltern und die ihnen zuvörderst obliegende Pflicht sind. Danach dürfen Eltern ihr Kind nach ihren eigenen Vorstellungen erziehen, wobei das Wohl des Kindes oberste Priorität hat, nicht die Selbstverwirklichung der Eltern. Die Juristen sprechen in diesem Zusammenhang von einem pflichtgebundenen Recht. Das E. schließt neben der Bestimmung des Gesamtplans für die Erziehung des Kindes auch die Rechte auf freie Wahl des schulischen Bildungsweges, einer öffentlichen oder privaten Schule und über die Teilnahme am Religionsunterricht ein. Verheiratete Eltern üben das E. gemeinsam aus, unverheiratete Eltern treffen darüber Vereinbarungen. Im Streitfalle entscheidet das Familiengericht. Trennung und Scheidung führen nicht automatisch zur Beendigung des gemeinsamen E. Ist bei Fragen von erheblicher Bedeutung für das Wohl und die Zukunft des Kindes Einvernehmen nicht möglich, entscheidet auch hier das Familiengericht.

Erziehungsroman. *Bildungsroman.*

Erziehungssoziologie. *Pädagogische Soziologie.*

Erziehungsstil (Syn. **Unterrichtsstil**). Relativ stabil ausgeprägte Verhaltensmuster eines Erziehers oder Lehrers, die sich durch typische Erziehungs- und Unterrichtspraktiken charakterisieren lassen. Erste Versuche zur Entwicklung von Lehrertypologien gab es in Deutschland seit Ende der vierziger Jahre, sie gehen auf C. Caselmann, *E. Spranger* und J.P. Ruppert zurück. Für die weitere Entwicklung bahnbrechend war die sozialpsychologische Führungsstilforschung von *K. Lewin,* der als emigrierter Jude in den USA unter dem Eindruck der NS-Diktatur die Wirkungen des autoritären, libertären und demokratischen *Führungsstils* auf das Arbeits- und Sozialverhalten von Jugendlichen im Gruppenexperiment untersuchte. Die Befunde von Lewin wurden in der empirisch-pädagogischen E.forschung von R. und A.-M. Tausch in Deutschland bestätigt: 94% der Lehrer waren autokratisch/sehr autokratisch, nur 2% sozialintegrativ. R. und A.-M. Tausch, die zunächst den autokratischen (autoritär-dirigierenden), den sozialintegrativen (demokratischen) und den Laisser-faire-Stil unterschieden, erweiterten später ihr Konzept durch folgende zwei Hauptdimensionen des Erzieher- und Lehrerverhaltens: emotionale Dimension (Wertschätzung, emotionale Wärme und Zuneigung – Geringschätzung, emotionale Kälte und Abneigung) und Lenkungsdimension (maximal starke Lenkung – minimale Lenkung, Autonomie gewähren, minimale Kontrolle). In der Weiterentwicklung der E.- und Unterrichtsstilkonzepte sind die lehrerzentrierten Beobachtungskategorien zur Analyse von Interaktionsprozessen zwischen Lehrer und Schüler von N.A. Flanders und die schülerzentrierten Interaktionskategorien von A.C. Wagner zu erwähnen. Auch zur Erforschung elterlicher E. liegen eine Reihe von Darstellungen vor, etwa von K.H. Stapf, H. Lukesch oder K.A. Schneewind und Th. Herrmann. Die Kritik an den typisierenden Analysen der Erziehungs- und Unterrichtsstilforschung mag angesichts der Komplexität erzieherischen und unterrichtlichen Handelns berechtigt sein. Die Forschungsergebnisse hinsichtlich der Merkmale und Verhaltensweisen sowie Typisierung und Dimensionierung haben aber zur Sensibilisierung von Eltern und Pädagogen beigetragen.

Erziehungs- und Ordnungsmaßnahmen (Syn. **Schulstrafen**). Nach den Bestimmungen der *Schulgesetze* der Bundesländer kann die Schule E. u. O. gegen Schüler aussprechen, wenn trotz intensiver pädagogischer Bemühungen die Erfüllung der Schulpflicht und des Erziehungs- und Bildungsauftrages der Schule schwerwiegend gefährdet oder Schulordnung und Hausordnung vorsätzlich und grob verletzt werden. Je nach Schwere der Maßnahmen entscheiden Klassenlehrer, Schulleitung oder Klassenlehrerkonferenz, bei der i.d.R. der betroffene Schüler und seine Erziehungsberechtigten anzuhören sind. Zu den gesetzlich erlaubten Maßnahmen gehören Ermahnungen, Eintrag in das Klassenbuch, Nachsitzen, Überweisung in eine andere Klasse, Androhung des zeitweiligen Ausschlusses vom Unterricht (auch Verweis genannt), Ausschluss vom Unterricht, Androhung des Schulausschlusses und Ausschluss von der Schule. Die körperliche Züchtigung ist als E. u. O. verboten.

Erziehungsurlaub. *Elternzeit.*

Erziehungswissenschaft. *Pädagogik.*

Erziehungsziele. Normative (als Richtschnur dienende) Aussagen über das Ergebnis von Erziehungsprozessen, wie es als wünschenswerter und auch erreichbarer Zustand für eine heranwachsende Persönlichkeit beschrieben werden kann.

Erziehung wird hier als kriteriengeleitetes Handeln verstanden, bei dem sich die Art und Weise der erzieherischen Tätigkeit an den E. orientiert. E. sind in der Regel historisch, kulturell und gesellschaftlich bedingt und entsprechen den Erwartungen und Einstellungen von Erziehern (Eltern, Pädagogen, gesellschaftliche Gruppen). Auf der Ebene allgemeiner Ziele werden E., *Bildungsziele* und allgemeine *Lehr-* und *Lernziele* manchmal gleichgesetzt. Häufig werden Lehr- und Lernziele auf konkrete Inhalte des Unterrichts bezogen und den E. untergeordnet. Die E. geben dann den Zweck und den Sinn von *Erziehung, Bildung* und *Unterricht* an.

In der gegenwärtigen Situation der Bundesrepublik Deutschland wird als oberstes E. häufig die *Mündigkeit* der Person angestrebt. Eine Operationalisierung des Begriffs Mündigkeit müsste sich an den Grundrechten demokratischer Verfassungen orientieren. Mündigkeit wird nach *H. Roth* als Sozial-, Selbst- und Sachkompetenz verstanden. Sie ist auf pragmatische Handlungsfähigkeit und gleichzeitig auf moralisch verantwortbares Handeln in konkreten Lebenssituationen gerichtet. Die allgemeinen, übergeordneten Orientierungs- und Beurteilungskriterien für alle erzieherischen Maßnahmen könnten in der Sprache der *Bildungstheorie* auch heißen: Ziel der Erziehung ist die Befähigung zu vernünftiger Selbstbestimmung, Mitbestimmung, Solidarität und aktiver Mitgestaltung des voranzutreibenden Demokratisierungsprozesses. Diese Ziele wären, wie W. Klafki 1993 zeigte, weiter zu differenzieren. Relativ unabhängig von den in Verfassungen, Schulgesetzen, Lehrplänen oder pädagogischen Theorien vorgegebenen E. der Schule orientieren sich Kinder und Jugendliche während ihrer Sozialisation an Normen, Werten, Vorbildern und Handlungsmustern, die ihre Selbsterziehung prägen und oft den offiziellen E. zuwiderlaufen. Hier ist der Raum menschlicher Freiheit, in dem sich schulische E. und Bildungsziele zu bewähren haben.

Estland. **1)** Seit 1991 von der ehemaligen Sowjetunion unabhängige Parlamentarische Republik. Hauptstadt: Tallinn (396 000 Einw.). Fläche: 45 277 km², 1,4 Mill. Einw., 30 Einw./km². 65% Esten, 28% Russen, 2,5% Ukrainer, 1,5% Weißrussen, 1% Finnen und weitere Minderheiten. Landessprachen: Estnisch (Amtssprache) und Russisch. Religion: überwiegend ohne Religion, 11% lutherische Protestanten, 10% Estnisch-Orthodoxe.

2) Im Rahmen des Neuaufbaus eines selbständigen demokratischen Staates und einer wettbewerbsfähigen Marktwirtschaft wird der Reform des Bildungswesens große Bedeutung zugemessen. Grundlage ist das 1992 vom Parlament verabschiedete Rahmengesetz über die »Erziehung in der estnischen Republik«, dem bis 1997 insgesamt acht Spezialgesetze für die verschiedenen Bereiche oder Stufen des Bildungswesens gefolgt sind. Als zentrale Aufgabe wurde die Transformation des bis dahin nach sowjetischem Muster zentralstaatlich gelenkten und kontrollierten Bildungswesens in ein demokratisches und dezentralisiert geführtes Bildungswesen bestimmt. Dieser Umwandlungsprozess soll 2007 abgeschlossen sein. Den Kernbereich des neuen Bildungswesens bildet die neunjährige Grundschule, die als Pflichtschule von allen Kindern besucht wird. Sie wird i. d. R. als koedukative Halbtagsschule geführt. Estnisch soll ab 2007 alleinige Unterrichtssprache sein, noch ist in zahlreichen Schulen auch Russisch Unterrichtssprache.

Das Erziehungsministerium überwacht die Durchführung der gesetzlichen Vorgaben und berät lokale Behörden und Schulen bei der Erfüllung ihrer Gestaltungs- und Entscheidungsspielräume. Für Einrichtung und Führung von Kindergärten, Primar- und Sekundarschulen sind die 15 Bezirke und etwa 260 Gemeinden zuständig. Jede einzelne Schule erarbei-

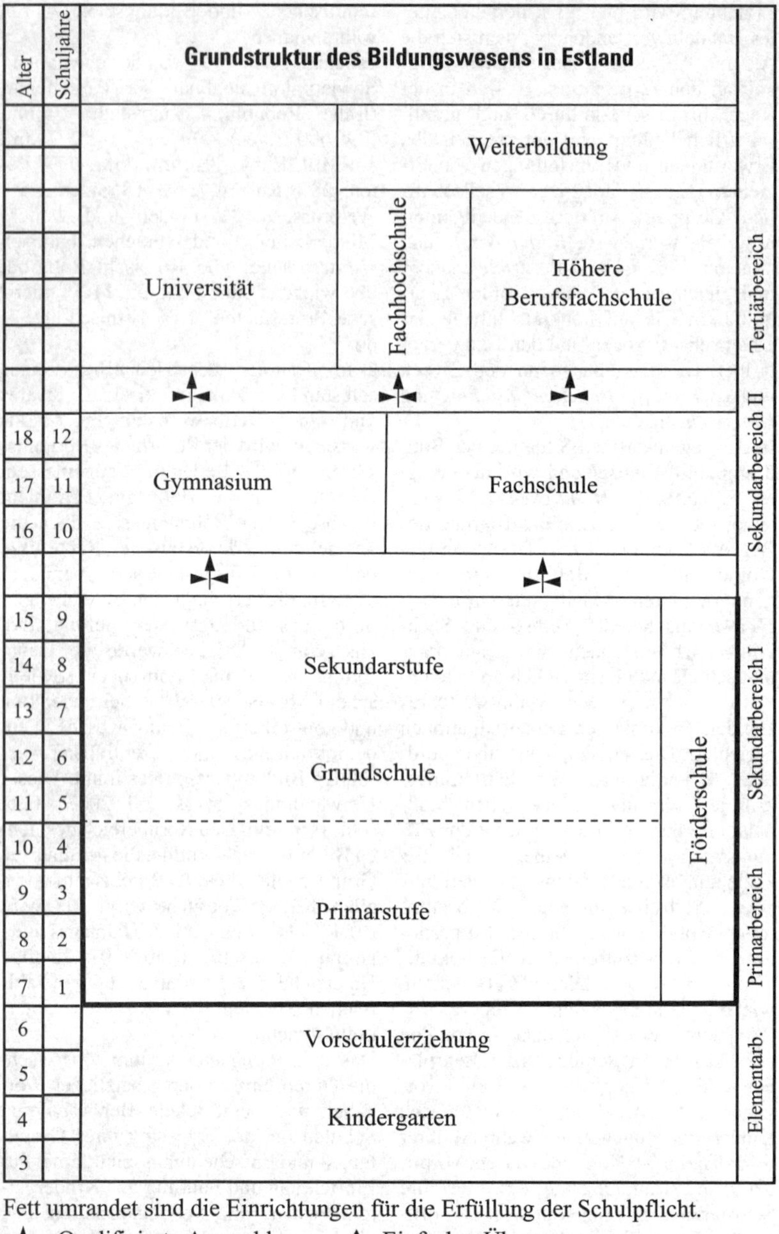

Fett umrandet sind die Einrichtungen für die Erfüllung der Schulpflicht.

Qualifizierte Auswahl — Einfacher Übergang

tet im Rahmen des nationalen Curriculums ihren speziellen Bildungsplan, verwaltet die von Staat und lokalem Schulträger zur Verfügung gestellten Gelder selbständig und wählt den Schulleiter. In dem dafür zuständigen Schulbeiratentscheiden neben den Lehrern auch Elternvertreter, Schüler, Lokalpolitiker und Vertreter regionaler Organisationen und Betriebe mit.

Von den rund 730 Bildungsinstitutionen werden 90% von den Bezirken und Gemeinden getragen, 6% unterstehen direkt der Zentralregierung und etwa 4% sind private Einrichtungen. Sie benötigen eine Zulassung durch das Erziehungsministerium. Mit dieser übernehmen die öffentlichen Haushalte auch die Kosten für Lehrergehälter und Unterrichtsmaterialien der privaten Einrichtungen. Alle anderen Aufwendungen haben die Träger zu bezahlen. Die neunjährige Schulpflicht beginnt für alle Kinder, die jeweils ab dem 1. Oktober das 7. Lebensjahr vollenden. Für Kinder und Jugendliche mit besonderem pädagogischen Förderbedarf sind vom Kindergarten bis zur Sekundarstufe II Spezialschulen eingerichtet.

3) Vorschulische Einrichtungen wie Kindergärten, Tagesstätten u. a. werden von Gemeinden oder freien Trägern unterhalten. Sie erheben Beiträge, die sich an gesetzlichen Vorgaben zu orientieren haben. Die neunjährige Grundschule dient der Erfüllung der Schulpflicht. Sie gliedert sich in eine vierjährige Primar- und eine fünfjährige untere Sekundarstufe (Sek. I). Die Grundschule ist eine Einheitsschule ohne äußere Differenzierung. Vom 1. bis zum 3. Schuljahr werden schriftliche Lernberichte gegeben. Im 4. Schuljahr werden die Leistungen in den Fächern Estnisch und Mathematik auf einer 10-Punkte-Skala (10 = beste Note) benotet. Ab Klasse 5 wird diese Skala zur Bewertung in allen Fächern angewendet. Nach erfolgreichem Besuch der 9. Klasse der Grundschule erhalten die Schüler ein Abschlusszeugnis mit Noten für alle Fächer. Dieses Zeugnis berechtigt zum Eintritt in die Schulen der Sekundarstufe II.

Nach der Grundschule können die Jugendlichen zwischen dem Besuch des dreijährigen allgemein bildenden Gymnasiums und verschieden langen Bildungsgängen in der Fachschule wählen (Sek. II). In den Gymnasien können die Jugendlichen etwa ein Viertel ihres Curriculums aus einem breiten Angebot selbständig zusammenstellen. Auch bei der Abschlussprüfung ist nur das Fach Muttersprache verbindlich. Vier weitere Prüfungsfächer wählen die Schüler aus zwölf Wahlpflichtbereichen.

4) Berufliche Erstausbildung findet derzeit ausschließlich in den Fachschulen und den Höheren Berufsfachschulen statt, die vom Erziehungsministerium, dem Agrarministerium, dem Sozialministerium, den Gemeinden und privaten Organisationen betrieben werden. Seit 1997 werden dafür in einem Nationalen Beruflichen Qualifikationszentrum Ausbildungs- und Prüfungsordnungen entwickelt. Ähnlich wie im deutschen Bundesinstitut für Berufsbildung wirken dort auch Vertreter der Gewerkschaften und der Arbeitgeber mit. Die berufliche Qualifizierung kann in postsekundären Technischen Schulen fortgesetzt werden. Die dort erworbenen Abschlüsse berechtigen zum Übertritt an eine Universität.

5) Der Tertiärbereich umfasst Universitäten und Fachhochschulen als akademische und postsekundäre Höhere Berufsfachschulen als nicht akademische Einrichtungen. 2005 gab es sechs öffentliche und zwölf private Universitäten, sieben öffentliche und sechs private Fachhochschulen sowie neun öffentliche und acht private Höhere Berufsfachschulen. Der erste Studienabschnitt bis zum Bachelor dauert drei bis vier Jahre, der zweite bis zum Master nochmals ein bis zwei Jahre. An den Höheren Berufsfachschulen werden Diplome mit der entsprechenden Berufsbezeichnung vergeben.

6) Erzieher und Lehrer erhalten ihre

wissenschaftliche Grundausbildung in unterschiedlich langen Studiengängen an Fachhochschulen oder Universitäten. Von Berufsschullehrern wird zusätzlich eine berufsfachliche Qualifikation erwartet. Für die Weiterbildung der Pädagogen sind die Träger der Bildungseinrichtungen zuständig.

7) Die Rahmenbedingungen für die allgemeine und die berufliche Erwachsenenbildung sind 1993 in einem eigenen Gesetz festgeschrieben worden. Prinzipiell sollen entsprechende Bildungsangebote von privaten Initiativen und Stiftungen ausgehen und öffentlich gefördert werden, z. B. über steuerliche Vergünstigungen und die Übernahme von Lohnausfallzeiten.

Ethik (griech. *ethika* Sittenlehre, *ethos* Sitte, Brauch; engl. *ethics*). Teildisziplin der Philosophie, die das sittliche (moralische) Entscheiden und Handeln des Einzelnen auf ihre Ursprünge, ihr Wesen, ihren Gehalt, also ihre Geltungsgründe und ihre Bedeutung für die soziale Gemeinschaft untersucht. Grundlage sittlichen Handelns ist die Gesinnung, das persönliche Gewissen, vor dem der Einzelne sein Tun letztlich zu verantworten hat. Als praktische, auf das Handeln gerichtete Philosophie trägt die E. zur Formulierung gesellschaftlich konstitutiver Werte und Normen bei. E. unterscheidet sittlich wertvolles Handeln aus Gehorsam gegenüber einem Sittengesetz (Gesinnungs- oder Pflichte.), aus sittlicher Neigung (Neigungse.) oder aus sozialer Verantwortung (Soziale.). Wird ein Handeln von seinen Erfolgen her als richtig und wertvoll beurteilt, spricht man von Erfolgse.

Ethnie (griech. *ethnos* Volk, Volksstamm; engl. *ethnic groups*). Größere Gruppen von Menschen, die durch gemeinsame historische Erfahrungen und weitgehend gleichartige Lebensverhältnisse »Ähnlichkeiten im äußeren Habitus oder der Sitten« (M. Weber) entwickelt haben und ein als gemeinsam empfundenes kulturelles Erbe pflegen. Der amerikanische Ethnologe S. Thernstrom hat in der ›Harvard Encyclopedia of American Ethnic Groups‹ (1980) 14 Merkmale genannt, die in variierenden Zusammenstellungen ethnische Gruppen z. B. innerhalb der Gesamtbevölkerung eines Landes bezeichnen können: a) gemeinsame geografische Herkunft, b) Einwanderer, c) Rasse, d) Sprache oder Dialekt, e) Religion, f) über Verwandtschaft und Gemeinde hinausgehende Verbindungen, g) gemeinsame Traditionen, Werte und Symbole, h) Literatur und Musik, i) Speisevorlieben, j) Muster der Siedlungs- und Arbeitsweise, k) politische Sonderinteressen, l) Regeln zur Sicherung des Gruppenzusammenhaltes, m) ein Gefühl der Unterschiedlichkeit gegenüber anderen Gruppen und n) die Wahrnehmung von Fremdbildern. E. wird nach diesem Katalog als soziales Konstrukt verstanden. In diesem Sinne gewinnt der Begriff auch für die Pädagogik besondere Bedeutung. Wenn z. B. die Kinder von Arbeitsmigranten, Aussiedlern, Asylsuchenden und Flüchtlingen zusammen mit deutschen Kindern Schulen besuchen, dann ist zu beachten, dass bei den Schülern für das Verständnis von Unterrichtsinhalten, sozialen Beziehungen zwischen Lehrern und Schülern, Werten und Normen im Schulleben usw. unterschiedliche Voraussetzungen für Lernprozesse gegeben sind, die auf die weitere Identitätsentwicklung der jungen Menschen und deren Schulerfolg Einfluss nehmen können. Mit den pädagogischen und didaktischen Konsequenzen befasst sich die *interkulturelle Erziehung.*

EU-Bildungsprogramme. *Comenius-EU-Programm, Erasmus-EU-Programm, Erasmus Mundus, Jugend-EU-Programm, Leonardo da Vinci, Sokrates-EU-Programm, Tempus.*

Europäischer Jugendrat (**CENYC**; engl. *Council of European National Youth Committees*). Arbeitsgemeinschaft der nationalen Landesjugendringe in den Mitgliedstaaten der Europäischen Union (EU).

Europäischer Referenzrahmen für Sprachen (GERS). *Gemeinsamer europäischer Referenzrahmen für Sprachen (GERS).*

Europäisches Abitur (engl. *European Baccalaureate*). *Europäische Schulen.*

Europäische Schulen (engl. *European Schools*). Im Jahr 2006 gab es 13 E. S. (Alicante, Brüssel I, II und III, Frankfurt/M., Mol, Bergen, Karlsruhe, München, Varese, Culham, Luxemburg I und II) in sieben Ländern. Ihre Gründung wurde in einem Vertrag zwischen den sechs Gründerstaaten der EU aus dem Jahr 1957 geregelt. 2002 ist eine neue Satzung für die E. S. verabschiedet worden. Ende 2006 wurden die Schulen von rund 20 000 Schülern besucht, vornehmlich aus Familien von Bediensteten der EU. E. S. sind in der gesamten EU öffentlich anerkannte Bildungseinrichtungen, gegliedert in eine zweijährige Kindergarten-, eine fünfjährige Grundschul- sowie eine siebenjährige Sekundarschulstufe (Gesamtschule). Sie schließen mit dem *Europäischen Abitur* ab, das in allen Mitgliedsstaaten der EU der jeweiligen nationalen Hochschulzugangsberechtigung gleichgestellt ist. Die Muttersprache bleibt während der gesamten Schulzeit Grundlage des Unterrichts in den nationalen Sprachabteilungen der E. S. In der 1. Klassenstufe kommt die erste, in der 7. Klassenstufe die zweite Fremdsprache hinzu. In den Fächern Geschichte, Geografie, Wirtschaftskunde, Kunst, Musik und Sport findet der Unterricht auf der Sekundarstufe in internationalen Kursen statt. So sollen die nationale kulturelle Identität einerseits und eine europäische Gesinnung andererseits gleichermaßen entfaltet werden.

Eurybase. *Eurydice.*

Eurydice. Informationsnetz zum Bildungswesen in Europa, das auf Beschluss des Ministerrats der Europäischen Gemeinschaft 1976 eingerichtet wurde, um den regelmäßigen Austausch von Informationen über die nationalen Bildungssysteme in Europa sicherzustellen. Auf der Grundlage dieses Beschlusses nahm E. 1980 seine Arbeit auf. Das Netz setzt sich aus nationalen Informationsstellen zusammen, die i. d. R. bei den nationalen Bildungsministerien angesiedelt sind. E. erstellt vergleichende Studien zu vielfältigen Aspekten des Bildungswesens und aktualisiert laufend die umfangreiche Datenbank Eurybase, die auch über das Internet abgefragt werden kann.

Eurythmie (engl. *eurythmics*). Eine von *R. Steiner* ab 1912 entwickelte Bewegungskunst und -therapie, die an *Waldorfschulen* ein Unterrichtsfach für alle Altersstufen ist. Bei der E. werden Laute, Wörter oder Texte sowie Instrumental- und Vokalmusik in Ausdrucksbewegungen von einzelnen Menschen oder Menschengruppen raumgreifend umgesetzt.

Evaluation (Syn. **Evaluierung**; engl. *evaluation*). Im schulischen und wissenschaftlichen Bereich wird unter dem Begriff die systematisch durchgeführte Gewinnung, Beschreibung, Auswertung, Bewertung und Interpretation von Informationen über die Wirkung von Lehr- und Lernprozessen, pädagogischen Maßnahmen, Schulversuchen, Curriculumprojekten, Unterrichtsqualität in bestimmten Fächern und überfachlichen Bereichen, Schulformen und Bildungssystemen verstanden. Ziel ist es, auf einer empirisch zuverlässigen Grundlage in den untersuchten Bereichen Optimierungen oder Modifizierungen vornehmen zu können.

1) Summative E. (Bilanzevaluation) und formative E. (Prozessevaluation): Bei der Durchführung von E.projekten wird abhängig vom E.beginn zwischen formativer und summativer E. unterschieden. Die Entscheidung für eine der beiden E.formen ist im Rahmen der wissenschaftlichen Begleitung eines Schulversuchs von großer Bedeutung. Bei der summativen E. beginnt die E. erst am Ende eines Projekts oder einer Maßnahme und führt zu einer abschließenden Bewertung. Die Ergebnisse können aber bei zukünftigen Maßnahmen oder für geplante Projekte eine wichtige Entscheidungsgrundlage abgeben.

Bei der formativen E. fängt die E. mit dem Beginn des Projekts oder der Maßnahme an und verläuft parallel zur Durchführung. Die E. führt in gewissen Abständen zu Zwischenergebnissen, die unmittelbar an die Beteiligten rückgemeldet, von diesen zur Optimierung des Projektverlaufs ausgewertet und in Handeln umgesetzt werden können.

2) Im Zuge der größeren Eigenständigkeit und Eigenverantwortlichkeit von Schulen wird jeder Einzelschule eine intensivere Rechenschaftsablegung abverlangt. Diesem Zweck der Qualitätsentwicklung von Schulen dienen die Verfahren der internen E. (Selbstevaluation) und der externen E. (Fremdevaluation), die sich gegenseitig ergänzen. Bei interner E. erfolgt die Beurteilung der Ergebnisse, der Institution oder der Personen durch Gremien und Personen, die der Einrichtung selbst angehören. Sie dient der Optimierung von Handlungen, der Standortbestimmung der Einrichtung und hat Bedeutung für die weitere Schulentwicklung. Die meisten Schulen sind gegenwärtig dabei, verschiedene Verfahren der internen E. kennenzulernen und bestimmte Entwicklungsvorhaben festzulegen, deren Ergebnisse zu einem bestimmten Zeitpunkt überprüft werden sollen.

Bei der externen E. (Fremdevaluation) erfolgt die Beurteilung der Ergebnisse, der Institution oder der Personen durch unabhängige Dritte (sog. »Schul-TÜV«). Hierzu haben manche Bundesländer externe »Evaluations-Teams« oder »Qualitätsagenturen« beauftragt oder eine Behörde zur *Schulinspektion* eingesetzt. Auf dieser Grundlage werden schrittweise alle Schulen des jeweiligen Landes evaluiert. Im Mittelpunkt stehen die Analyse der Rahmenbedingungen (Daten und Fakten der Schule), die Beurteilung von Arbeitsprozessen (Unterricht, Kooperation Eltern und Lehrer, Schulleben, Schulleitung, Qualitätsmanagement, Kooperation der Lehrkräfte) und der Ergebnisse einer Schule als Ganzes. Die Ergebnisse der externen E. sollen der evaluierten Schule helfen, die Wirksamkeit ihrer Arbeit besser einzuschätzen, ihre Stärken bewusst zu machen, die Ergebnisse ihrer Selbste. zu überprüfen und auch ihre Verbesserungsnotwendigkeiten zu erkennen. Das Verfahren schließt i. d. R. mit Empfehlungen, die konkrete Ziel- und Handlungsvereinbarungen zwischen Schule und Schulaufsicht enthalten. Die externe E. wird nach einem festgelegten »Evaluationszyklus« (z. B. vier Jahre) wiederholt.

Die Kultusbehörden der Bundesländer haben hierzu die Konzeptionspapiere, Zeitpläne, Evaluationsbögen, Qualitätsprofilbögen, Fragebögen, Unterrichtsbeobachtungsbögen, Checklisten zum Schulrundgang, Kriterien für den Abschlussbericht u. ä. Papiere im Internet veröffentlicht, so dass sie jeder Schule zugänglich sind.

3) Externe E. in groß angelegten Leistungsvergleichsuntersuchungen *(Large Scale Assessments):* Bei einer wissenschaftlichen E. wie z. B. in den *internationalen Vergleichstudien* von *TIMSS* oder *PIRLS* werden Daten methodisch organisiert erhoben und systematisch dokumentiert. Bei der Datenerhebung werden i. d. R. die klassischen Methoden der empirischen Sozialforschung Befragung, Beobachtung, Tests, Videografie und Materialanalyse verwendet. Träger der großen Vergleichsuntersuchungen zur Beurteilung von pädagogischen Leistungen wie z. B. TIMSS sind meist internationale Forschungsorganisationen wie die *International Association for the Evaluation of Educational Achievement (IEA)* in Amsterdam. Durch die immer komplexer werdenden Untersuchungsdesigns und die ständige Zunahme großer Datenmengen hat die IEA in Hamburg das *IEA Data Processing Center (IEA DPC)* zur Datenverarbeitung eingerichtet. Die Ergebnisse dieser externen E. sorgen durch ihre Veröffentlichungen für eine umfangreiche Rückmeldung im Sinne eines Systemmonitorings *(Bildungsmonitorings).*

Die Bildungsbehörden erhalten hierdurch das notwendige Wissen zur Steuerung und Weiterentwicklung des Schulsystems.
Zur E. und Weiterentwicklung der nationalen Bildungsstandards hat die KMK an der Humboldt-Universität Berlin das *Institut zur Qualitätsentwicklung im Bildungswesen (IQB)* eingerichtet.

exemplarisches Lehren und Lernen (lat. *exemplum* Beispiel, Muster, Modell). Das Prinzip des e. L. u. L. berührt eines der Grundprobleme der *Didaktik,* nämlich bezüglich der unendlichen Fülle aller denkbaren und empirisch feststellbaren Unterrichtsinhalte eine *didaktische Reduktion* vorzunehmen, die eine quantitative Begrenzung der Stofffülle und zugleich eine qualitative Strukturierung wesentlicher Bildungsinhalte mit sich bringt.
In der Zeit nach dem Zweiten Weltkrieg drehte sich die Diskussion in der Didaktik vor allem um das Exemplarische bzw. das exemplarische Prinzip (*M. Wagenschein, W. A. Flitner, J. Derbolav, H. Scheuerl,* W. Klafki u. a.). Im Gegensatz zur Idee enzyklopädisch verstandener *Allgemeinbildung* und wissenschaftlicher Vermehrung des Wissens in den Fächern sollte nicht die systematische und lückenlose Vollständigkeit lehrbaren Wissens angestrebt werden, sondern es sollten die Unterrichtsinhalte ausgewählt werden, die eine Durchdringung des Wesentlichen ermöglichen, stellvertretend für einen größeren Sinn- und Sachzusammenhang stehen und von denen aus über orientierendes Lernen die Wissenslücken geschlossen werden können. Für das Exemplarische wurden in den einzelnen Fächern unterschiedliche Begriffe verwendet: z. B. das Exemplarische im engeren Sinne (Naturwissenschaften), das Typische (Geografie), das Repräsentative, das Paradigmatische, die Inselbildung (Geschichte), die variable Struktur (Sprachlehre), das Klassische, die einfache ästhetische Form (Literatur, Bildende Kunst, Musik), das Symbolische, das Gleichnishafte (Religion), die einfache Zweckform (Technisches Werken, Sport).
Vor allem in der *bildungstheoretischen Didaktik* W. Klafkis wurden qualitativ bildungswirksame Inhalte als exemplarisch anerkannt, wenn sie Fundamentales oder Elementares aufzuschließen vermögen. Dabei wurden Bildungsinhalte dann als elementar angesehen, wenn sie im Besonderen das Allgemeine sichtbar werden lassen, und sie wurden dann als fundamental gewertet, wenn sie dem Schüler grundlegende Erfahrungen und Einsichten vermitteln.
Das Problem des Exemplarischen bestimmt bis heute z. B. in der Diskussion um bestimmte curriculare Ansätze, um die Inhalte der Allgemeinbildung oder um epochaltypische Schlüsselprobleme die Diskussion in der Didaktik.

Exkursion (lat. *excursio* Hinauslaufen, Ausflug; engl. *study trip*). Veranstaltungsform in Hochschule, Erwachsenenbildung und Schule, bei der die Lerngruppe *Lernorte* außerhalb der Institutionen, z. B. ein Biotop, ehemalige Erzlagerstätten, historische Bauwerke oder einen Industriebetrieb, unter fachlicher Leitung besucht. Mit der Durchführung einer E. ist meist keine intensive inhaltliche Vorbereitung verbunden, weil ihr nur eine orientierende Funktion zugeschrieben wird und die grundlegenden Informationen von Fachleuten vor Ort erwartet werden. In dieser traditionellen Form gehen E. über den rezeptiven Stil touristischer Besichtigungen kaum hinaus. Aus der Kritik daran wird heute eine gründliche Vor- und Nachbereitung der E. in Verbindung mit einer Lehrveranstaltung gefordert. Zur Vorbereitung gehört neben der Organisation die Klärung der Ziele und Inhalte, der Ergiebigkeit des E.ortes, der Arbeit am E.ort, der Arbeitsmittel, der Arbeitsverteilung und der Auswertung der E. (z. B. durch Protokoll, Bericht, Fotodokumentation, Ausstellung). Im Rahmen einer Lehrveranstaltung kann die E. dann z. B. der ersten Einführung in eine

Thematik durch Realbegegnung, der Veranschaulichung erarbeiteter Lerngegenstände vor Ort, der Beobachtung von Arbeitsabläufen, der Begegnung mit Experten, der Sammlung von Material oder der Entwicklung von Fragestellungen für die weitere Arbeit dienen. Ist die Arbeit vor Ort konstitutiver Bestandteil der Erarbeitung einer bestimmten Thematik und mit einer intensiven Planung, Durchführung und Auswertung verbunden, wird heute anstelle des Begriffs E. meist der Begriff *Erkundung* verwendet.

Exmatrikulation. Entlassung eines Studenten aus der Mitgliedschaft in einer Hochschule durch Streichung seines Namens aus der Liste der Studierenden. Die E. erfolgt i. d. R. auf Antrag des Studenten beim Wechsel der Hochschule oder nach Abschluss des Studiums, sie kann aber bei Vorliegen bestimmter Tatbestände auch als Zwangsmaßnahme vorgenommen werden.

exogen (lat. *ex* aus, heraus, nach, *genus* Herkunft, Abstammung; engl. *exogenous*). Äußere Bedingungen für bestimmte Einstellungs- und Verhaltensänderungen.

Experiment (lat. *experimentum* Versuch, Probe, Erfahrungsnachweis; engl. *experiment*). Beobachtet werden soll im E. der Einfluss eines Faktors (unabhängige *Variable*) auf ein bestimmtes Phänomen (abhängige Variable), wobei alle anderen Bedingungen kontrolliert werden, um den Ursache-Wirkungs-Zusammenhang zwischen der unabhängigen und der abhängigen Variablen möglichst exakt darstellen zu können. Dieses Forschungsverfahren ist typisch für naturwissenschaftliches Arbeiten, findet aber auch in den Sozialwissenschaften vereinzelt Verwendung. Innerhalb pädagogischer Forschung sind dem E. angesichts der Tatsache, dass sich Erziehung zwischen zwei Subjekten abspielt, die in der erzieherischen Interaktion zueinander Stellung beziehen, also keineswegs bloß reagieren, enge Grenzen gesetzt. Doch bestimmt die Anordnung des E. idealtypisch jede hypothesenprüfende *Empirie*.

exploratives Interview. *Interview*.

Externenprüfung. Reguläre *Abschlüsse* können von außerschulischen Absolventen durch eine E. erworben werden. So kann z. B. ein zwanzigjähriger Berufstätiger den Realschulabschluss vor einer entsprechenden Prüfungskommission der *Schulverwaltung* nachholen. Die Anforderungen der E. richten sich nach denen der schulinternen Abschlussprüfungen. Auskunft erteilt das *Schulamt*.

extrafunktionale Qualifikationen. *Basisqualifikationen. Schlüsselqualifikationen.*

extrinsische Motivation (lat. *extra* außen, außerhalb, *motio* Bewegung; engl. *extrinsic motivation*). Leistungsanreize oder Verhaltensimpulse, die ihren Ursprung in positiven oder negativen Verstärkungen haben, die mit bestimmten Verhaltensweisen verbunden sind. Ein Schüler lernt, weil er primär an guten Noten, nicht so sehr am Lernprozess oder an den Inhalten interessiert ist. Gegenteil: *intrinsische M.*

F

Fachabitur. *Fachgebundene Hochschulreife.*

Fachakademie. Berufliche Bildungseinrichtung, die auf der Grundlage eines mittleren Bildungsabschlusses, einer geeigneten Berufsausbildung, einer mehrjährigen beruflichen Tätigkeit mit zusätzlicher Qualifikation (z. B. Meisterprüfung) auf den Eintritt in eine gehobene Berufslaufbahn vorbereitet. Als *Vollzeitschule* dauert die Ausbildung mindestens zwei Jahre.

Facharbeiterbrief (engl. *craft certificate*). Zeugnis einer *Zuständigen Stelle* nach bestandener Abschlussprüfung in einem anerkannten industriellen *Ausbildungsberuf.* Im Handwerk wird die Bezeichnung *Gesellenbrief* verwendet.

Fachaufsicht. Im Rahmen der staatlichen *Schulaufsicht* umfasst die F. die Überwachung der Schulen im Hinblick auf die Erfüllung der Lehrpläne und aller damit im Zusammenhang stehenden Aufgaben, die Beratung und Förderung der Arbeit in den Schulen sowie die Weisungsbefugnis gegenüber Schulleiter und Lehrern.

Fachbereich (engl. *department*). Nach dem *Hochschulrahmengesetz* (HRG) organisatorische Grundeinheit einer Hochschule, vergleichbar der *Fakultät.* Organe sind der F.rat und der F.leiter oder -sprecher.

Fachdidaktik. Als Wissenschaft des Lehrens und Lernens in einem Unterrichtsfach oder Lernbereich ist F. mehr als eine Verknüpfung von allgemeiner Didaktik und Fachwissenschaft oder Fachstudium und Schulpraxis. Sie ist auch keine Abbilddidaktik in dem Sinne, dass die Fachwissenschaft die Lerninhalte bereitstellt, die dann unter entwicklungspsychologischen und methodischen Gesichtspunkten für den Unterricht aufbereitet werden. Vielmehr soll die F. eine wissenschaftliche Disziplin vom planvollen, institutionalisierten Lehren und Lernen spezieller gesellschaftlich relevanter Aufgaben-, Problem- und Sachbereiche sein oder werden.

Da die F. noch eine relativ junge Disziplin ist, bestehen in den einzelnen F. sehr unterschiedliche Auffassungen vom Gegenstand ihrer Forschung, Theoriebildung und Lehre. Erst seit den achtziger Jahren gibt es Versuche, fachübergreifende Kriterien für eine allgemeine Theorie der F. zu entwickeln. Die Gesamtproblematik zeigt sich auch in der Stellung der F. gegenüber den Fachwissenschaften in den verschiedenen Lehramtsstudiengängen, insbesondere in der F. für das gymnasiale Lehramt.

fächerübergreifender Unterricht. Form der Unterrichtsorganisation, durch die eine Überwindung der starren Grenzen des traditionellen Fachunterrichts angestrebt wird. Mit der Entstehung unseres heutigen Schulsystems ab etwa 1820 war eine Unterrichtsorganisation verbunden, die nicht nach pädagogischen, sondern nach bürokratischen und ökonomischen Gesichtpunkten den Schulmorgen in 45-Minuten-Einheiten gliederte und in einem differenzierten Stundenplan Schulfächer und Fachlehrer zuordnete. Diese Unterrichtsorganisation der Stundenschule bestimmt auch heute noch weitgehend den Tagesablauf von Schülern und Lehrern. Dies hat zur Folge, dass sich die Schüler von Stunde zu Stunde auf andere Fächer und Fachlehrer und die Lehrer auf andere Schüler einstellen müssen. Die Lehr-Lern-Prozesse werden zerstückelt und soziale Beziehungen zwischen Lehrern und

Schülern können kaum wachsen. Die Lehrer erwarten von den Schülern, dass sie von Stunde zu Stunde konzentriert mitarbeiten. Auf den physiologischen Körperrhythmus von Anspannung und Entspannung im Verlauf des Morgens kann solch eine bürokratische Unterrichtsorganisation keine Rücksicht nehmen. Hinzu kommt, dass vor allem Grundschulkindern eine solche Fachsystematik relativ fremd ist, weil sie ihre Welt noch eher ganzheitlich wahrnehmen. Fächerübergreifende Projekte, etwa zum Thema Umwelterziehung, bei denen die Zusammenarbeit von Lehrern mit unterschiedlichen Fachkompetenzen erforderlich ist, sind nur schwer zu realisieren. Aus der Kritik an dieser Stundenschule sind seit der *Reformpädagogik* Schulkonzeptionen entstanden, die den Schultag und die Schulwoche zeitlich anders rhythmisieren und einen reflektierten Wechsel von Fachunterricht in der Jahrgangsgruppe und f. U. durch *freie Arbeit, Wochenplanarbeit* und *Projektunterricht* in jahrgangsübergreifenden Lerngruppen ermöglichen (z. B. *Montessori-, Freinet-Pädagogik* und der *Jena-Plan*). Auch die *Waldorfschule* hat seit ihrer Gründung im Jahre 1919 einen anderen Tagesrhythmus als die Regelschule. Gegen die Zersplitterung des Fachunterrichts führte sie den *Epochenunterricht* ein, der es ermöglicht, die strukturelle Verknüpfung von Lerninhalten und den Sinnzusammenhang der Arbeit zu erkennen. Alle diese Reformschulen sind heute noch in Funktion und haben vor allem zur inneren Schulreform von Grundschulen und Gesamtschulen beigetragen.

Folgende Formen f. U. finden eine immer größere Verbreitung: freie Arbeit, Wochenplanarbeit, Epochenunterricht, Projektunterricht, Projektwochen. In manchen Bundesländern ist die Durchführung einer bestimmten Anzahl fächerübergreifender Projekte bzw. Lehrplaneinheiten vorgeschrieben.

Fachgebundene Hochschulreife (engl. *specific certificate of higher education*). Bescheinigung über den erfolgreichen Abschluss des Prüfungsverfahrens nach der letzten Klasse eines beruflichen oder eines *Fachgymnasiums*. Die F. H. berechtigt zum Studium bestimmter Fächer an einer Hochschule.

Fachgymnasium (Syn. **Berufliches Gymnasium**; engl. *specialized upper secondary school*). Das F. gehört als berufsbezogener Bildungsgang zur *gymnasialen Oberstufe*. Der Besuch setzt einen Mittleren Bildungsabschluss voraus und führt nach drei Schuljahren zur Allgemeinen Hochschulreife.

Nach der Vereinbarung der KMK zur Gestaltung der gymnasialen Oberstufe in der Sekundarstufe II vom Juni 2006 können generell folgende Fachrichtungen im F. angeboten werden: Wirtschaft, Technik, Ernährung und Hauswirtschaft, Agrarwirtschaft sowie Gesundheit und Soziales. Darüber hinaus werden in den Bundesländern weitere berufliche Schwerpunkte mit erhöhten Anforderungen angeboten, deren Zeugnisse der Allgemeinen Hochschulreife von den Ländern gegenseitig anerkannt werden.

Fachhochschule (**FH**; engl. *degree-granting college of higher education*). 1968 trafen die Länder der Bundesrepublik Deutschland eine Übereinkunft, welche die Ingenieurschulen und die höheren Fachschulen in F. überführte und dem Hochschulwesen zuordnete. Die F. bereiten durch praxisbezogene Lehre auf berufliche Tätigkeiten vor, in denen die Anwendung wissenschaftlicher Erkenntnisse und Methoden oder die Fähigkeit zur künstlerischen Gestaltung erforderlich ist. Im Rahmen ihres besonderen Bildungsauftrages nehmen die F. auch Forschungs- und Entwicklungsaufgaben wahr. Zulassungsvoraussetzung ist die *Allgemeine* oder die *Fachgebundene Hochschulreife* bzw. die in einem *Berufskolleg* erworbene *Fachhochschulreife*. F. verleihen *akademische Grade* mit dem Zusatz (FH). FH bieten inzwischen auch Bachelor- und Masterstudiengänge an, die z. B. im Studiengang Soziale Arbeit zu den Abschlüssen Bachelor of Arts und Master of Arts führen und das FH-Diplom ablösen. Sie sind i. d. R. jeweils auf bestimmte Ausbildungsbereiche spezialisiert (soziale Berufe, Technik, Wirtschaft, Verwaltung u. a.). Die meisten F. sind Einrichtungen der Länder. Daneben gibt es private (z. B. kirchliche) F. und F. des Bundes.

Fachhochschulreife (engl. *entrance qualification for a universitiy of applied science*). Das Zeugnis der F. kann an Fach- und Berufsoberschulen sowie Berufskollegs erworben werden. Die F. berechtigt zum Studium an einer Fachhochschule. Da die Voraussetzungen für die Vergabe der F. in den Bundesländern unterschiedlich geregelt sind, werden die Zeugnisse zwischen den Ländern nur teilweise anerkannt. Die Schulverwaltung oder auch die Berufsberatung der Arbeitsämter geben für den Einzelfall Auskunft.

Fachklasse. Berufsschulklasse, in der nur *Auszubildende/Lehrlinge* bzw. Schüler eines Einzelberufes (z. B. Kfz-Mechaniker) oder einer Berufsgruppe (z. B. Fahrzeugtechnik) unterrichtet werden.

Fachkompetenz und **Sachkompetenz**. Dimensionen des allgemeinen Begriffs *Kompetenz,* die oft synonym verwendet werden, aber durch Akzentuierungen zu unterscheiden sind.

F. bezeichnet die Fähigkeit, Aufgaben und Probleme mit fachlichem Wissen und Können zielorientiert, sachgerecht und methodengeleitet selbständig zu lösen und zu beurteilen. Im beruflichen Bereich wird der Begriff auch auf arbeitsplatz-, organisations-, prozess- und aufgabenspezifische Fertigkeiten, Kenntnisse und Fähigkeiten angewendet. Im wissenschaftlichen Bereich oder im Lehrerberuf sind mit F. auch spezielles Fachwissen, breites Grundlagenwissen, fachspezifische theoretische Kenntnisse und die Anwendung wissenschaftlicher Methoden gemeint.

S. bezeichnet Kenntnisse, Fertigkeiten und Fähigkeiten, die fächerübergreifend Anwendung finden. Hierzu gehören z. B. Kenntnisse in Fremdsprachen und in EDV, Rechts- und Wirtschaftskenntnisse, Fähigkeit zur praktischen Umsetzung und Vermarktung wissenschaftlicher Ergebnisse und Konzepte, Wissen über die Auswirkungen der eigenen Arbeit auf Umwelt und Gesellschaft.

Fachkunde. Neben den allgemein bildenden und den fachpraktischen Teilen im Lehrplan der *Berufsschule* alle Fächer, die der Vermittlung berufsfachlicher Kenntnisse und Fähigkeiten dienen. Das sind bei kaufmännischen Ausbildungsberufen z. B. allgemeine Wirtschaftslehre, Betriebslehre, Rechnungswesen oder bei Metallberufen Maschinen- und Werkstoffkunde.

Fachlehrer. Unterrichten aufgrund ihrer spezialisierten Ausbildung i. d. R. in ein bis drei Schulfächern in verschiedenen Schulklassen und Jahrgängen einer Schule. Häufig besteht für F. aufgrund wechselnder Klassen und einer großen Schülerzahl keine Möglichkeit, einzelne Schüler genauer kennenzulernen. Den Vorteilen der spezialisierten fachwissenschaftlichen und fachdidaktischen Qualifizierung stehen aus pädagogischer Sicht dann Nachteile gegenüber, wenn zu viele F. in einer Klasse unterrichten und keine sozialen Beziehungen zwischen Lehrer und Schüler aufgebaut werden können. Das F.prinzip war von jeher das ökonomische Organisationsprinzip an höheren Schulen, während in der Volksschule das Klassenlehrerprinzip vorherrschte, was dem Volksschullehrer in abschätziger Weise den Namen Allroundlehrer einbrachte. In der Öffentlichkeit haben wissenschaftlich abgegrenzte Kompetenzen ein höheres Ansehen. Die Nachteile des zu sehr spezialisierten F.prinzips können durch die Reduzierung der F. aufgrund von Doppelqualifikationen oder durch soziale Organisationsformen, wie sie das *Team-Kleingruppen-Modell* aufweist, überwunden werden.

Fachleistungsdifferenzierung (engl. *setting*). Form der äußeren *Leistungsdifferenzierung* in Schulen des *Sekundar-*

bereichs I, wobei im Pflichtbereich zwischen Fächern mit Kernunterricht in heterogenen Jahrgangsklassen zur Vermittlung einer allgemeinen Grundbildung und Fächern mit F. in homogenen klassenübergreifenden Kursen auf verschiedenen abschlussbezogenen Anspruchsniveaus unterschieden wird. Dieses Kern-Kurs-System ist nicht zu verwechseln mit der *Differenzierung* im Kurssystem der *gymnasialen Oberstufe*.
Durch die Vereinbarung der KMK von 1982 über die wechselseitige Anerkennung von Gesamtschulabschlüssen wurde die F. als konstituierendes Merkmal der Unterrichtsorganisation in den meisten Integrierten *Gesamtschulen* festgelegt. Die Entwicklung im *Schulsystem* nach der Wiedervereinigung machte 1993 eine neue ›Vereinbarung über die Schularten und Bildungsgänge im Sekundarbereich I‹ notwendig, in der für die integrierten *Schularten* mit mehreren *Bildungsgängen* Aussagen zur Differenzierung gemacht werden, die Bedeutung für das Erreichen eines bestimmten *Abschlusses* haben. Einzelheiten zur F. werden in den Verordnungen der Länder geregelt.
Das Konzept der F. geht von der bis heute empirisch nicht eindeutig belegten Annahme aus, dass Schüler in Lerngruppen, die nach dem Kriterium der Fachleistung hinreichend homogenisiert sind, besser lernen als in heterogenen. Im Vergleich zum *dreigliedrigen Schulsystem* kann das Kurssystem dem Leistungsniveau der Schüler in einzelnen Fächern sowie der Leistungsentwicklung oder -schwankung im Laufe der Schuljahre durch mehr *Durchlässigkeit* und Aufstiegsmobilität besser Rechnung tragen. So kann ein Schüler in einem Fach (z. B. Mathematik) im leistungsstarken A-Kurs sein, während er in einem anderen Fach (z. B. Englisch) dem leistungsschwächeren B-Kurs angehört. Jedoch haben sich in den zurückliegenden Jahren bei der F. auch Probleme im Zusammenhang von sozialem Lernen, Leistungsüberprüfung, Kurszuweisung, Kurswechsel und Durchlässigkeit zwischen den Niveaukursen herausgestellt. Eine Antwort darauf war die Entwicklung und Praxis des *Team-Kleingruppen-Modells* an einigen Gesamtschulen.
Bei der F. werden zwei Grundmodelle mit verschiedenen Varianten unterschieden: **1)** ABC-Kurs-Modell (drei Niveaukurse, in den Anforderungen von A nach C abnehmend); FEGA-Kurs-Modell (in Berlin entwickelt; F = Fortgeschrittenenkurs, E = Erweiterungskurs, G = Grundkurs, A = Anschlusskurs). Beim FEGA-Modell wird in den Niveaukursen allen Schülern ein verbindliches Fundamentum vermittelt, wofür im Grundkurs die gesamte vorgesehene Stundenzahl zur Verfügung steht. In den Erweiterungs- und Fortgeschrittenenkursen haben die Schüler die Möglichkeit, das Fundamentum schneller zu absolvieren und entsprechend ihrem Leistungsvermögen Zusatzangebote (Addita) zu erarbeiten, die jedoch das nachfolgende Fundamentum nicht vorwegnehmen dürfen. Die leistungsschwächeren Schüler setzen sich im Anschlusskurs in kleineren Lerngruppen und mit mehr Lehrerhilfe mit dem Fundamentum auseinander. Ein Kurswechsel (Auf- oder Abstieg) findet i. d. R. am Ende eines Schulhalbjahres aufgrund entsprechender Kursnoten statt. In Liftkursen können potenzielle Aufsteiger das dafür notwendige Zusatzpensum erarbeiten, während Schüler mit Lerndefiziten ihre Lücken in Stützkursen ausgleichen können, um dadurch den Abstieg in einen niedrigeren Kurs zu vermeiden. Das ABC-Kurs-Modell folgt einem ähnlichen Ablaufschema.
2) Als Alternative zum Kurssystem wird in einigen Gesamtschulen das Modell der flexiblen F. (Syn. bewegliche Unterrichtsdifferenzierung) praktiziert. In der ersten Phase jeder Unterrichtseinheit werden die Inhalte des Fundamentums in der heterogenen Großgruppe oder in den heterogenen Parallelklassen erarbeitet. Aufgrund der Ergebnisse eines Diagnose-

tests werden dann klassenübergreifend drei relativ homogene Leistungsgruppen gebildet, in denen entweder nur Zusatzinhalte (Addita) behandelt oder Lerndefizite beim Fundamentum durch methodische Abwandlungen ausgeglichen werden. Die nächste Unterrichtseinheit beginnt dann wieder in der heterogenen Großgruppe oder Parallelklasse.

fachliche Eignung (engl. *professional aptitude*). Für die Durchführung einer *Berufsausbildung* ist nach den Bestimmungen des *Berufsbildungsreformgesetzes* (BerBiRefG) fachlich geeignet, wer die beruflichen Kenntnisse und Fertigkeiten für den Beruf, in dem ausgebildet werden soll, und darüber hinaus berufs- und arbeitspädagogische Kenntnisse besitzt. Im Handwerk ist die f. E. mit der *Meisterprüfung* gegeben. In anderen Ausbildungsbereichen (Handel, Industrie u. a.) gelten folgende Kriterien: 24. Lebensjahr vollendet; Abschlussprüfung in einer dem Ausbildungsberuf entsprechenden Fachrichtung oder höherrangiges Examen (Techniker, Fachwirt, Diplom) sowie Nachweis berufs- und arbeitspädagogischer Kenntnisse, der durch eine besondere Prüfung vor einer Kammer erbracht werden kann *(Ausbildereignungsverordnung)*.

Fachoberschule (engl. *advanced technical school*). Berufliche Vollzeit- oder Teilzeitschule, die zur *Fachhochschulreife* führt. Die Aufnahme setzt i. d. R. einen mittleren Bildungsabschluss voraus. Je nach Vorbildung dauert der Schulbesuch ein (als Vollzeitschule nach abgeschlossener Ausbildung) bis drei Jahre (in Teilzeitform begleitend zu einer Ausbildung oder zur Erwerbsarbeit). Die 11. Klassenstufe umfasst Unterricht und fachpraktische Ausbildung. In der 12. Klassenstufe findet der Unterricht immer in Vollzeitform statt.

Fachoberschulreife. *Abschlüsse. Fachschulreife.*

Fachschaft. Gewähltes Gremium der Studenten eines *Fachbereichs,* Studienganges oder Einzelfaches, das die fachlichen Belange der Studenten (z. B. in Fragen des Lehrangebots oder der Hochschuldidaktik) gegenüber dem Fachbereichsrat und dcm Leiter des Fachbereichs vertritt. Die einzelnen F. wählen jeweils Vorsitzende, die gemeinsam den F.rat einer Hochschule bilden.

Fachschule für Sozialpädagogik. Ausbildungsstätte für *Erzieher.* Zugangsvoraussetzungen sind i. d. R. ein mittlerer Bildungsabschluss und ein Vorpraktikum. F. f. S. werden als öffentliche Schulen oder in freier Trägerschaft (z. B. der Kirchen) geführt.

Fachschulen (engl. *technical schools*). Wer über eine abgeschlossene Berufsausbildung oder mehrjährige Berufserfahrung verfügt, kann eine F. besuchen, die zu einer vertieften beruflichen Fachbildung führt. Als Vollzeitschulen dauert die Ausbildung an einer F. mindestens ein Jahr, in Teilzeitform je nach Abschluss entsprechend länger. Durch Zusatzunterricht können an einigen F. die Fachschulreife oder die Fachhochschulreife erworben werden. Bekannte F. sind die *Meisterschule* und die zweijährige Technikerschule. Die Lehrgänge werden mit einer Prüfung abgeschlossen (z. B. Technikerprüfung). Bei Erfolg wird ein Zeugnis erteilt. Die Abschlüsse der F. sind staatlich anerkannt.

Fachschulreife (Syn. **Oberstufenreife, Fachoberschulreife**). Die F. wird nach erfolgreichem Besuch einer *Berufsaufbauschule* oder einer zweijährigen *Berufsfachschule* erworben. Sie stellt einen dem Realschulabschluss gleichwertigen Schulabschluss dar, berechtigt folglich zum Besuch eines *Fachgymnasiums,* einer *Fachoberschule* oder eines *Berufskollegs.*

Fachstufe. In der *Berufsausbildung* die auf die Grundbildung (1. und 2. Halbjahr) folgenden Ausbildungshalbjahre. Die F. wird in eine Stufe I (3. und 4. Halbjahr, Ausbildung auf der Breite einer Berufsgruppe) und eine F. II (5. bis 7. Halbjahr, Ausbildung für einen einzelnen Fachberuf) gegliedert.

Fachwirteprüfung. Wird von der Industrie- und Handelskammer (IHK) abgenommen. Voraussetzungen sind der Haupt- oder Realschulabschluss, eine abgeschlossene kaufmännische Berufsausbildung und eine mehrjährige einschlägige Berufspraxis.
I. d. R. geht der F. eine mehrjährige Fortbildung voraus, die sowohl in Vollzeit- als auch in Teilzeitform (neben bzw. nach der Berufsarbeit) an Fachschulen oder von außerschulischen Trägern (z. B. Volkshochschulen) angeboten wird. Die F. qualifiziert für die Übernahme von Leitungs- und Führungspositionen auf der mittleren Ebene von Unternehmen.

Fähigkeiten (engl. *abilities*). Psychische und physische Voraussetzungen für leistungsbezogenes Verhalten, die in bestimmten Lebenssituationen aktualisiert werden. Sie sind durch anlagebedingte *Dispositionen* beeinflusst und/oder werden in Sozialisations-, Lern- und Übungsprozessen erworben. Kompetenzen wie musikalische oder mathematische F. variieren in ihrer Stärke bzw. Höhe von Individuum zu Individuum.
In der Intelligenzforschung werden mithilfe der *Faktorenanalyse* psychologische F. erschlossen und in Fähigkeitsmodellen geordnet. In solchen Modellen wird eine begrenzte Anzahl von Grundf. wie z. B. sprachgebundenes Denken, zahlengebundenes Denken, anschauungsgebundenes Denken, Wahrnehmungsgeschwindigkeit, Konzentrationskraft, Einfallsreichtum u. Ä. angenommen, denen alle anderen beobachtbaren F. zugeordnet werden können.

Fähigkeitsselbstkonzept (engl. *ability self-concept*). Die Gesamtheit aller Annahmen und Vorstellungen einer Person über die subjektiven Bedingungen der eigenen Leistungsfähigkeit. Gedacht wird dabei an die Ansichten einer Person über die eigenen Begabungen, das Können, die Motivation, Wertorientierungen, Anstrengungsbereitschaft usw. Wie positiv oder negativ ausgeprägt diese Ansichten sind, geht auf das Zusammenspiel vielfältiger lebensgeschichtlicher Erfahrungen bei der Bewältigung allgemeiner und spezifischer (z. B. schulischer) Aufgabenstellungen zurück. Dabei sind die begleitenden Reaktionen von Erwachsenen – ermutigen und loben vs. verunsichern und herabsetzen – von großer Bedeutung.
Die Forschung lässt derzeit u. a. folgende Thesen zu: Kinder im Vorschulalter neigen zu einer Überschätzung der eigenen Leistungsfähigkeit. Unter dem Einfluss von Bezugsgruppen in Grundschulklassen gleicht sich das F. tendenziell an die Leistungsbeurteilung durch andere an. Insgesamt jedoch bleibt das F. von der tatsächlichen Leistungsfähigkeit weitgehend unabhängig. Dabei neigen Jungen eher zur Überschätzung, Mädchen zur Unterschätzung ihrer Fähigkeiten. Bei leistungsschwächeren Schülern sinkt das F. im Laufe der Grundschulzeit unter das Maß einer realistischen Beurteilung ab. Diese Schüler sehen sich selbst schwächer, als sie tatsächlich sind. Dagegen nehmen einzelne Misserfolge auf das positive F. bei leistungsstärkeren Schülern kaum Einfluss. Die Zuordnung zu leistungsadäquaten Lerngruppen spielt für die Stabilisierung des F. eine wesentliche Rolle. Unterstützendes Verhalten von Eltern, Mitschülern und Lehrern ist von ausschlaggebender Bedeutung für die Entwicklung eines positiven F.

Faktorenanalyse (engl. *factor analysis)*. Mathematisch-statistisches Verfahren, durch das eine Vielzahl in Wechselbeziehung (Korrelation) miteinander stehender Größen (Variablen) auf eine geringe Anzahl unabhängiger Grundfaktoren zurückgeführt werden kann. Ziel der F. ist es, mithilfe einer begrenzten Anzahl von Faktoren die wechelseitige Abhängigkeit oder Unabhängigkeit einer größeren Menge beobachtbarer Daten zu beschreiben und zu interpretieren.
In der Intelligenzforschung dient die F. z. B. zur Erschließung psychologischer Fähigkeiten und der Konstruktion von Fähigkeitsmodellen. Die F. wurde 1904 von C. Spearman begründet und von

L. Thurstone weiterentwickelt. Thurstone unterscheidet mindestens sechs wesentliche Grundfähigkeiten intelligenten Verhaltens: sprachliche Fähigkeiten, Rechenfertigkeit, räumliches Vorstellungsvermögen, schlussfolgerndes Denken, Flexibilität, Wahrnehmungsschnelligkeit. J. P. Guilford hat ein dreidimensionales Intelligenzfaktorenmodell entwickelt, in dem Inhalte, Produkte und Operationen miteinander in Beziehung stehen und eine Kombination von 120 Fähigkeiten ergeben.

Fakultas (Syn. **Facultas docendi**; lat. *facultas* Fähigkeit, Erlaubnis). Lehrbefähigung bzw. Lehrerlaubnis an einer Hochschule.

Fakultät (lat. *facultas* Fähigkeit, Geschicklichkeit, Talent; engl. *faculty*). Organisatorische Grundeinheit der Universität, die i. d. R. eine Anzahl zusammengehöriger Wissenschaften vereinigt. Durch bestimmte F.organe (z. B. Dekan, F.rat) trägt sie dafür Sorge, dass ihre Angehörigen (Professoren, Dozenten, Assistenten, Studenten, Bedienstete besonderer Gruppen) ihre Aufgaben erfüllen können.

fakultativer Unterricht (lat. *facultas* Möglichkeit, Fähigkeit). Unterricht, dessen Besuch für die Schüler nicht verbindlich ist, ihnen aber die Möglichkeit gibt, Fächer, Kurse oder Arbeitsgemeinschaften nach ihren eigenen Interessen und Fähigkeiten frei zu wählen. Das Gegenteil des f. U. ist der verbindliche Pflichtunterricht.

Fallanalyse. **1)** Methodisches Konzept handlungsorientierten Lernens. Vorgegeben wird eine konkrete, möglichst lebensnahe Problemlage, für deren Lösung zuerst eine genaue Identifikation des Problems vorzunehmen ist, sodann sind Lösungsalternativen zu entwickeln und schließlich Entscheidungen über die vermutlich wirkungsvollsten Lösungsschritte zu treffen. Bereits vorhandene Kenntnisse und instrumentelle Fähigkeiten sollen aktiviert, neue Qualifikationen selbständig erworben und der Lösungsprozess gemeinsam geplant und durchgeführt werden. Der Ablauf einer F. kann sich an den sechs Teilschritten der *Leittextmethode* orientieren.
2) F. als sozialwissenschaftliche Methode: *Einzelfallstudie.*

Fallstudie. *Einzelfallstudie.*

Falsifikation (lat. *falsus* falsch, *facere* machen; engl. *falsification*). Ein für die Sozialwissenschaften im Wesentlichen von dem österreichisch-englischen Philosophen K. Popper entwickeltes Prinzip, wonach Hypothesen und Theorien nicht endgültig und abschließend zu Wahrheiten werden können (*Verifikation*), sondern nur so lange gelten, bis ein nachprüfbarer Erfahrungssatz einer aus der Hypothese oder Theorie abgeleiteten Aussage widerspricht. Durch wiederholte Versuche der F. wird, wenn keine Widersprüche zwischen abgeleiteten Sätzen und neuen Beobachtungen auftreten, die Wahrscheinlichkeit der Gültigkeit einer Theorie also lediglich erhöht, nicht aber abschließend gesichert.

Familie (lat. *familia* gesamte Hausgenossenschaft; engl. *family*). Eine Gruppe von Personen, die durch unmittelbare leibliche Verwandtschaft oder Heirat miteinander verbunden sind. Ihr sozialer Kern ist immer die Mutter-Kind-Verbindung, in den meisten Kulturen ergänzt durch den Vater. Nach unserer Rechtsordnung ist ein Eheverhältnis zwischen Frau und Mann für die F. konstitutiv. Aber auch ein Elternteil mit einem oder mehreren Kindern bildet eine F. Für beide Formen gelten die gesetzlichen Regelungen über die *elterliche Sorge,* die Unterhaltspflicht der Eltern gegenüber den minderjährigen Kindern sowie die gesetzliche Erbfolge.
Soziologisch betrachtet ist das Wesentliche einer F. die gemeinsame Haushaltsführung, weil damit i. d. R. konstante soziale Kontakte nach vergleichsweise klar definierten Rollen in einem bestimmten Lebensraum (Wohnung) verbunden sind, die auf kollektiver Verantwortung für die Sicherung der Lebensgrundlagen, einem Bestand von gemeinsam akzeptierten

Werten und Normen sowie besonders engen emotionalen Bindungen beruhen.
Pädagogisch ist die F. insbesondere als Ort der primären *Sozialisation* der Kinder und wegen ihrer begleitenden bzw. ergänzenden Funktionen im Zusammenhang mit allen gesellschaftlich organisierten Erziehungs-, Bildungs- und Ausbildungsprozessen von Bedeutung. Die Forschung belegt bis heute, dass für die Entwicklung von Selbstwertgefühl, Identität, Motivation und *Selbstkonzept* ebenso wie für alle Erfolge bzw. Misserfolge innerhalb der Einrichtungen des öffentlichen Bildungswesens die Einflüsse der F. nach wie vor entscheidend sind.
Die gesellschaftliche Bedeutung der F. wird aus der Fülle der gesetzlichen und sozialpolitischen Maßnahmen ersichtlich, mit denen die Funktionsfähigkeit der Familie gesichert bzw. unterstützt werden soll. Indikatoren dafür sind die Existenz eines besonderen Bundesministeriums für Familie und Senioren, eines Bundestagsausschusses für Familie und Senioren, einer sehr differenzierten Gesetzgebung zum Ehe- und Familienrecht und die Einrichtung besonderer *Familiengerichte.*
Geschichtlich lassen sich in Abhängigkeit von Sozial- und Wirtschaftsstruktur einer Gesellschaft sehr unterschiedliche Formen der F. nachweisen. Besondere Erwähnung findet die Großf., eine Gemeinschaft mehrerer Kernf. und deren engere Verwandtschaft, die gemeinsam Grund und Boden oder einen Betrieb bewirtschafteten. Mit der Industrialisierung bildete sich die Klein- oder Kernf. als Regelfall heraus. In ihr leben zwei Generationen zusammen. Traditionell sorgt der Vater durch Erwerbsarbeit für den Lebensunterhalt, wogegen die Mutter den familialen Haushalt führt und für die Betreuung und Erziehung der Kinder verantwortlich ist. In jüngster Zeit nimmt die Anzahl von alleinerziehenden Müttern und Vätern beständig zu. Zudem leben immer mehr Frauen und Männer mit ihren Kindern in nichtehelichen Lebensgemeinschaften.
Angesichts der zunehmenden Verlagerung ursprünglich familiärer Aufgaben in gesellschaftliche Einrichtungen (Kleinkinderpflege und -erziehung, allgemeine Entwicklung kindlicher Interessen und Neigungen, Nahrungszubereitung und Ernährung, Krankenpflege, praktische Hilfen in Lebenskrisen, Fürsorge für die Alten) wird von einem Funktionswandel der F. gesprochen. Ökonomische, sozialfürsorgerische und hauswirtschaftliche Funktionen sind zurückgetreten, die emotionalen Beziehungen zwischen den F.mitgliedern und der gemeinsame Konsum in Alltag und Freizeit haben an Bedeutung gewonnen.

Familienbildung (engl. *family and parentel counselling*). Die *Familie* ist mit inneren und äußeren Anforderungen konfrontiert, für deren Verständnis, Bewertung und Verarbeitung F. freie Angebote macht. Im Zentrum steht das Interesse, die familialen Voraussetzungen für eine allseitige und zufriedenstellende Entwicklung aller Familienmitglieder zu stärken. F. wird als Aufgabe von *Jugendhilfe* und *Erwachsenenbildung* verstanden. Orientiert an Altersstufen lassen sich z. B. folgende thematische Schwerpunkte bezeichnen: Partnerschaft, Geschlecht, Gesundheit, Familienplanung; Ehe bzw. eheähnliche Lebensgemeinschaften in rechtlicher, wirtschaftlicher und sozialer Hinsicht; Pflege, Betreuung und Erziehung der Kinder; Ehe- und Familienkonflikte; Zusammenleben mit älteren Menschen. Institutionell wird F. in Familienbildungsstätten, Elternschulen, *Volkshochschulen* u. a. Einrichtungen angeboten. Auch Schulen engagieren sich dabei immer häufiger, z. B. durch Sprachkurse für Eltern ausländischer Schüler, Beratungsangebote für Eltern im Zusammenhang mit Schule und Ausbildung und Freizeitaktivitäten für die Familie.

Familiengericht. Die F. als Teil der Amtsgerichte wurden 1977 eingerichtet, um innerfamiliale Streitfälle, insbesondere die Ehescheidung und ihre Folgen, in die Zuständigkeit eines Richters zu geben.

Dadurch verspricht sich der Gesetzgeber mehr Sensibilität in der Behandlung der Fälle, was vor allem den betroffenen Kindern zugute kommen soll. Im Interesse der Kinder arbeiten die F. oft mit sachverständigen Psychologen, Medizinern oder auch Pädagogen und mit einem Jugendamt zusammen.

Familienname (engl. *surname, family name*). Äußerliches Kennzeichen für die familiale Lebensgemeinschaft. Bei der Eheschließung müssen sich die Ehegatten für einen ihrer Geburtsnamen als F. entscheiden. Es ist jedoch auch möglich, dass beide Ehegatten ihre Geburtsnamen behalten. Der Ehegatte, dessen Name nicht der F. wird, kann seinen bisherigen Namen an den F. anfügen. Dieser Doppelname gilt jedoch nur für ihn. Vor dem Standesamt muss festgelegt werden, welchen F. gemeinsame Kinder haben werden. In einem eventuellen Streitfall entscheidet das Familiengericht.

Familiensurvey (engl. Überblick, Untersuchung). Ein 1986 im *Deutschen Jugendinstitut* in München begonnenes Projekt »Wandel und Entwicklung familialer Lebensformen« innerhalb der Abteilung Sozialberichterstattung konzipierte 1987 den ersten F. Das DJI stützt sich dabei a) auf Daten aus der amtlichen Statistik (z. B. *Mikrozensus*), b) auf regionale Datenbanken, in denen die Daten der amtlichen Statistik bis auf Kreisebene erfasst und nach den jeweiligen Fragestellungen des DJI aufbereitet werden, sowie c) auf die Ergebnisse ergänzender Umfrageprojekte des DJI selbst, die bisher in drei Untersuchungswellen (1988 bis 1993, 1994 und 2006) durchgeführt worden sind. Sämtliche Daten aus den zahlreichen Einzeluntersuchungen stehen Wissenschaft und Politik über das DJI zur Verfügung. In den bis 2006 vorliegenden drei F. wird ausführlich über die Vielfalt und den Wandel von Familienformen, die Netzwerkstruktur von Familien und Verwandtschaft, die Dynamik von Partnerbeziehungen, über das Aufwachsen der Kinder sowie über Berufskarrieren und deren Auswirkungen auf das Familienleben berichtet. An die im Jahre 2000 durchgeführten Erhebungen zum dritten F. sind Zusatzstudien zu Stieffamilien und Familien in prekären Lebenslagen angeschlossen.

Feedback (Syn. **Rückmeldung**). **1)** In der *Kybernetik* gibt das F. im Regelkreis zwischen einer bestimmten Eingabe (input) und dem erwarteten Ergebnis (output) Auskunft, ob der erreichte Ist-Wert auf der richtigen Linie des zielorientierten Steuerungsprozesses liegt. Bei Fehlern und Störeinflüssen sind so Korrekturen im Hinblick auf den vorgegebenen Soll-Wert möglich.

2) Im *programmierten Unterricht* ist das positive oder negative F. eine Information an den Lernenden, ob seine Antwort richtig oder falsch ist. Bei einer negativen Rückmeldung bekommt der Lernende eine neue Aufgabe zur Wiederholung oder Fehlerkorrektur, bei einer positiven Rückmeldung wird die Richtigkeit der Lösung bestätigt und i. d. R. mit einer weiterführenden Aufgabe verbunden.

3) In Kommunikations- und Interaktionszusammenhängen erfährt das Individuum durch das F., wie es auf den Kommunikationspartner wirkt und welchen Einfluss es auf die zwischenmenschlichen Beziehungen hat. In der Lehrer-Schüler-Interaktion bringt ein positives F. meist eine konstruktive Verstärkung des Verhaltens mit sich, während ein negatives F. häufig Beziehungsstörungen oder die Schwächung des Selbstwertgefühls zur Folge hat.

FEH. *Freiwillige Erziehungshilfe.*

Feinlernziel. *Lernziel.*

Feldforschung (engl. *field research, field experiment*). Beobachtungen menschlicher Verhaltensweisen innerhalb alltäglicher Lebenszusammenhänge, also außerhalb einer experimentellen oder speziell zum Zwecke der Forschung eingerichteten Situation. Z. B.: teilnehmende Beobachtungen im Leben einer Jugendgruppe oder eines Vereins, *Unterrichtsbeobachtung.*

Ferienordnung. In den F. regeln die Schulverwaltungen der Länder die Verteilung der insgesamt 75 schulfreien Werktage auf ein Schuljahr. Dabei sind Rahmenvereinbarungen der KMK zu berücksichtigen: Grundsätzlich sollen Oster-, Pfingst-, Sommer-, Herbst- und Weihnachtsferien eingerichtet werden. Die Sommerferien dauern in allen Bundesländern sechs Wochen. Den zeitlichen Umfang der anderen Ferienabschnitte regeln die Länder. Darüber hinaus stellen einzelne Länder den Schulen sog. bewegliche Ferientage zur Verfügung, die nach den speziellen Bedürfnissen einer Region oder einer einzelnen Schule festgelegt werden können. Um Überfüllungen der Feriengebiete und der Verkehrswege zu vermeiden, legt die KMK die Zeiten für die Sommerferien in den einzelnen Ländern längerfristig fest.

Fernstudium (engl. *distance learning*). Lehre über Studienbriefe, Rundfunk oder Fernsehsendungen, die eine Teilnahme an Studiengängen und Hochschulprüfungen möglich macht, ohne bei den laufenden Lehrveranstaltungen in der Hochschule präsent sein zu müssen. Zumeist wird das Selbststudium durch kurze Kompaktseminare von wenigen Tagen Dauer begleitet. Fernstudienlehrgänge wurden insbesondere im Interesse der beruflichen Weiterbildung eingerichtet. Wichtigster Anbieter ist derzeit die Fernuniversität/Gesamthochschule in Hagen.

Fernuniversität Hagen (NRW). Nach dem Hochschulgesetz des Landes Nordrhein-Westfalen eine den traditionellen Universitäten vollkommen gleichgestellte Hochschule mit geistes-, sozial-, rechts- und wirtschaftswissenschaftlicher Fakultät. Ihre spezielle Zweckbestimmung ist die Betreuung des *Fernstudiums*.

Fernunterricht (engl. *correspondence courses*). Über schriftliche Lehrmaterialien u. a. Medien vermitteln private Anbieter gegen Entgelt Kenntnisse und Fähigkeiten und geben über die Ergebnisse von Zwischen- oder Abschlussprüfungen i. d. R. auch auf dem Postweg Auskunft. F. ist folglich keine schulische Veranstaltung. Rechtliche Grundlage ist das Fernunterrichtsschutzgesetz aus dem Jahr 1976, zuletzt geändert im März 2005. Danach benötigen die Anbieter eine staatliche Zulassung durch die *Zentralstelle für den F.* in Köln (ZFU). Ohne diese Zulassung ist jeder F.vertrag ungültig. Die ZFU erteilt Auskunft über die Zulassung der Anbieter. Dazu erscheint jährlich ein Verzeichnis der zugelassenen Fernlehrgänge.

Fernunterrichtsschutzgesetz. *Fernunterricht. Zentralstelle für Fernunterricht.*

Fertigkeiten (engl. *skills*). Inhaltlich bestimmbares Können wie z. B. Schreib-, Lese- und Rechenf. F. sind durch Üben so weit mechanisiert bzw. automatisiert, dass sie ohne Einschalten des Bewusstseins vollzogen werden können. F. entlasten den Menschen beim Handeln hinsichtlich der Konzentration auf den richtigen Vollzug und der Reflexion über eine entsprechende Ausführung. Der Begriff wird häufig in Verbindung mit den Ausdrücken *Kenntnisse, Fähigkeiten* und F. verwendet.

FH. *Fachhochschule.*

Finnland. **1)** Präsidiale Republik auf parlamentarischer Grundlage. Hauptstadt: Helsinki (560 000 Einw.). Fläche: 338 144 km^2, 5,2 Mill. Einw., 15 Einw./km^2. 92% Finnen, 6% Schweden. Landes- und Amtssprachen: Finnisch und Schwedisch. Religion: 87% Protestanten. **2)** Wie in den anderen skandinavischen Ländern bildet auch in F. die von allen Kindern gemeinsam besuchte Grundschule (neunjährige Gesamtschule) den Kernbereich des Schulwesens. Erst im Sekundarbereich II differenzieren sich die Schularten und Abschlüsse. Die Schulen im Primar- und Sekundarbereich sind i. d. R. Ganztageseinrichtungen, besonders in den vielen dünn besiedelten ländlichen Gebieten des Landes. Die Unterrichtspflicht beginnt mit dem 7. Lebensjahr und endet nach neun Schuljahren. Sie kann auch durch Privatunterricht erfüllt werden, der dann wie die Schulen-

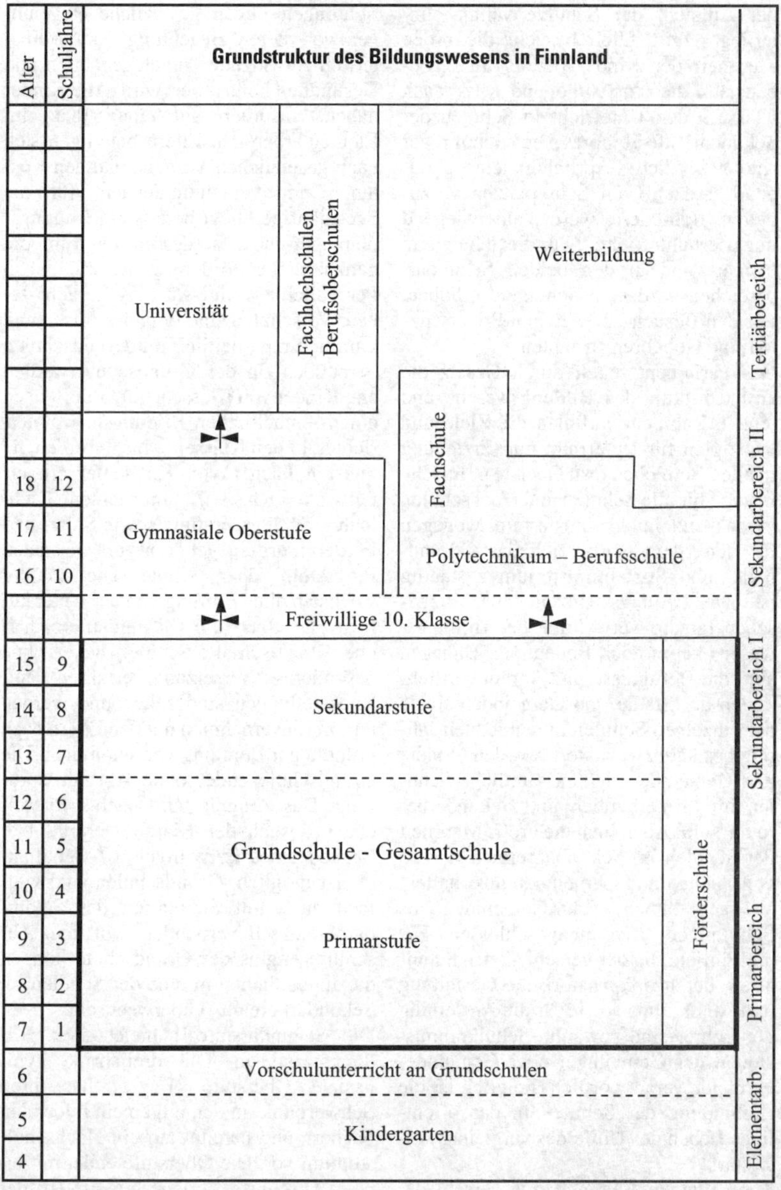
Alter
Schuljahre
Grundstruktur des Bildungswesens in Finnland
Universität
Fachhochschulen
Berufsoberschulen
Weiterbildung
Tertiärbereich
Fachschule
Sekundarbereich II
18 12
17 11
16 10
Gymnasiale Oberstufe
Polytechnikum – Berufsschule
Freiwillige 10. Klasse
15 9
14 8
13 7
Sekundarstufe
Sekundarbereich I
12 6
11 5
10 4
9 3
8 2
7 1
Grundschule - Gesamtschule
Primarstufe
Förderschule
Primarbereich
6
Vorschulunterricht an Grundschulen
5
4
Kindergarten
Elementarb.
Fett umrandet sind die Einrichtungen für die Erfüllung der Schulpflicht
Qualifizierte Auswahl
Einfacher Übergang

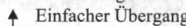

F

der Aufsicht der Schulverwaltung unterliegt. Tatsächlich besucht die große Mehrheit der Kinder bereits im 6. Lebensjahr die Vorschule und setzt nach Klasse 9 den Unterricht in Schulen der Sekundarstufe II fort. Die Schulträger sind gesetzlich verpflichtet, eine genügende Anzahl von Schulplätzen vorzuhalten. Behinderte werden überwiegend integriert unterrichtet. Für die Schulen im Primar- und in den beiden Sekundarbereichen wird kein Schulgeld erhoben. Für den Besuch der wenigen Privatschulen sind Gebühren zu zahlen.

Das Parlament regelt durch Gesetz die Grundstruktur des Bildungswesens und legt in Rahmenrichtlinien die Ziele und Prinzipien für Unterricht und Erziehung in allen Bereichen fest. Oberste politische Instanz für alle Schulen und Hochschulen ist das Erziehungsministerium, wogegen für den Elementarbereich das Gesundheits- und Sozialministerium zuständig ist. Die zwölf Provinzen haben inzwischen für die Verwaltung des Bildungswesens kaum noch Bedeutung. Dagegen sind die Befugnisse und Verantwortlichkeiten der Städte und Gemeinden sowie der einzelnen Schulen in den letzten Jahren beständig erweitert worden. Städte und Gemeinden richten sämtliche Schulen im Primarbereich und Sekundarbereich I ein. Aber auch die große Mehrheit der Schulen im Sekundarbereich II wird von Städten und Gemeinden unterhalten. Vielfach haben sich Gemeinden als Schulträger zusammengeschlossen. Für die Einrichtung der verschiedenen Schularten, deren organisatorische Gestaltung und Ausstattung sowie für die Anstellung der Lehrer sind gewählte Schulkommissionen der Gemeinden oder Gemeindeverbände verantwortlich. Folglich ist die Einbindung der Schulen in das öffentliche Leben des Umfeldes vergleichsweise stark.

3) Im Elementarbereich sind verschiedene Einrichtungen angesiedelt: Tagesstätten, Vorschulunterricht und Tagespflege in Familien. Für die Arbeit in allen Einrichtungen liegen gesetzliche Regelungen vor, deren Beachtung vom Ministerium für Soziale Angelegenheiten und Gesundheit kontrolliert wird. Alle Kinder haben Anspruch auf einen Platz im Elementarbereich. Eltern beteiligen sich nach gesetzlichen Vorgaben an den Kosten. Dem Vorschulunterricht für die Sechsjährigen liegt bereits ein Bildungsplan zugrunde, in dessen Zentrum die ganzheitliche Förderung der kindlichen Persönlichkeit und soziales Lernen stehen. Vorschulen sind organisatorisch und räumlich mehrheitlich mit Grundschulen verbunden. In der Grundschule werden alle Kinder von Klassenstufe 1 bis 9 nach einem einheitlichen Bildungsplan unterrichtet. In den Klassen 1 bis 6 werden die meisten Fächer von Klassenlehrern erteilt. Ab Klasse 7 unterrichten Fachlehrer. Schülerberatung sowie Stütz- und Förderunterricht gehören zum normalen Programm jeder Schule. Die Schüler wechseln ohne Prüfung von der Unterstufe in die Oberstufe (Sekundarbereich I) über. Praktisch alle Schüler rücken ohne besonderes Versetzungsverfahren auf. Rückstellungen sind selten und werden nur im Einvernehmen mit den Eltern nach gründlicher Beratung vorgenommen. Die Grundschule endet ohne Abschlussprüfung. Das Zeugnis wird nach erfolgreichem Besuch der Klasse 9 erteilt. Der Besuch eines freiwilligen 10. Schuljahres ist möglich. Grundschulen sind vielfach auch mit Schularten des Sekundarbereichs II verbunden. Mit dem Abschlusszeugnis der Grundschule können die Jugendlichen in eine der Schulen im Sekundarbereich II überwechseln.

Die Sekundarstufe II bietet zwei Bildungswege an. Die dreijährige gymnasiale Oberstufe (Lukio) hat ihren Schwerpunkt in den allgemein bildenden Fächern und bereitet auf ein Hochschulstudium vor. Die Oberstufe endet mit einem Abschlussexamen zum Erwerb der Hochschulreife. Neben der gymnasialen Oberstufe können berufsbildende Schulen mit unterschiedlicher Dauer und spezialisierten Abschlüssen besucht werden: zwei- bis vierjährige Berufsschulen, dreijährige Polytechnika und bis zu fünfjährige Fachschulen. In diesen Schulen kann auch die Zugangsberechtigung zu Hochschulen erworben werden.

4) Die Berufsausbildung erfolgt vorwiegend in Vollzeitberufsschulen und Fachhochschulen und kann auf drei Niveaustufen mit dem Zeugnis als Facharbeiter, Techniker oder Ingenieur abgeschlossen werden. Immer häufiger verbinden die Schulen ihre Ausbildung mit Betrieben, so dass die Lehre im Sinne des deutschen dualen Systems an Bedeutung gewinnt. Durch Teilnahme an Weiterbildungsmaßnahmen können jeweils höhere Abschlüsse während des Erwerbslebens nachgeholt werden. Träger entsprechender Kurse sind vorwiegend die postsekundären Fachschulen.

5) Ähnlich wie der Sekundarbereich II gliedert sich auch der Tertiärbereich in akademische und berufsqualifizierende Einrichtungen und Studiengänge. Die von der Staatsregierung getragenen Universitäten führen zu den Abschlüssen *Bachelor, Master, Lizentiat* und Doktor. Die von den Städten oder Gemeindeverbänden eingerichteten Fachhochschulen führen nach drei oder vier Jahren zum Bachelor. Allerdings vergeben auch Universiäten in den Bereichen Medizin, Rechtswesen, Technologie, Wirtschaft und Pädagogik berufsqualifizierende Abschlüsse. Eingangsvoraussetzung in beiden Hochschulbereichen sind die Hochschulreife sowie das Bestehen einer Aufnahmeprüfung.

6) Seit Mitte der 90er Jahre werden alle Erzieher und Lehrer vom Elementarbereich bis zum Sekundarbereich II in universitären Studiengängen ausgebildet: Erzieher bis zum Bachelor (drei Jahre), Lehrer der Grundschule und der Schulen im Sekundarbereich II bis zum Master (vier Jahre). Lehrer an Vollzeitberufsschulen können auch mit dem Diplom eines vierjährigen Fachhochschulstudiums eingestellt werden.

7) Neben den Weiterbildungsangeboten der Betriebe bieten Offene Fernstudien die Möglichkeit, unabhängig vom erreichten Bildungsstand an einer Hochschulbildung teilzunehmen. Die Teilnehmer entscheiden selbst, auf welchem Niveau sie einen Abschluss anstreben.

flexible Differenzierung. *Fachleistungsdifferenzierung.*

Fokussiertes Interview. *Interview.*

FORCE (Formation Continuée en Europe). Einrichtung der Europäischen Union (EU). Programm zur Förderung von Personalaustausch, Innovationsprojekten, Weiterbildungsmaßnahmen und Informationsaustausch zwischen den Trägern beruflicher Bildung.

Förderdiagnostik. *Diagnostik. Pädagogische Diagnostik.*

Förderkindergarten. *Sonderkindergarten.*

Fördermaßnahmen (engl. *grant-aid*). Für *ausländische Schüler* sowie Schüler mit einer ausgeprägten *Lese-Rechtschreib-Schwierigkeiten* werden in Grundschulen und in den Schulen der Sekundarstufe I in allen Bundesländern besondere F. angeboten, die drei Bereichen zugeordnet werden:

a) *Vorbereitungsklassen* oder -kurse, die die Sprachkompetenz so weit fördern sollen, dass die Teilnahme am Unterricht der Regelklassen möglich wird; b) Förderkurse, die begleitend zum Regelunterricht besucht werden; c) zusätzliche Maßnahmen, zumeist in Form kleinerer Klassen, spezieller Kurse oder auch von Einzelbetreuung, die der Therapie grundlegender Lernschwächen dienen.

Vorbereitungsklassen werden i. d. R. für die Dauer eines Schuljahres besucht. Der zeitliche Umfang anderer F. hängt vom Bedarf und den verfügbaren Lehrerstunden ab, ist jedoch zumeist auf einige Wochen beschränkt. F. sind meistens an den Schulen zur Erfüllung der Schulpflicht eingerichtet, also an Grund- oder Hauptschulen und Schulen mit mehreren Bildungsgängen. Umfang und Grad der Spezialisierung richten sich nach dem jeweils aktuellen Förderbedarf an einer Schule.

In Abhängigkeit davon weist die Schulaufsicht Lehrerdeputate und Sachmittel zu.

Förderpädagogik. In einigen Bundesländern gebrauchte synonyme Bezeichnung für Sonderpädagogik.

Förderschule (Syn. **Förderzentrum, Schule für Behinderte, Sonderschule**; engl. *special schools*). Schulart für Schüler mit einer körperlichen, seelischen oder geistigen *Behinderung*, deren *sonderpädagogischer Förderbedarf* nicht in allgemeinen Schulen erfüllt werden kann. Diese Schulart wird in den Bundesländern unterschiedlich als F., Förderzentrum, Sonderschule oder Schule für Behinderte bezeichnet.

In der ›Empfehlung zur Ordnung des Sonderschulwesens‹ vom 16. 3. 1972 hatte die Kultusministerkonferenz (KMK) zehn Sonderschultypen unterschieden, und zwar die Sonderschule für Blinde, Gehörlose, geistig Behinderte, Körperbehinderte, Kranke, Lernbehinderte, Schwerhörige, Sehbehinderte, Sprachbehinderte und Verhaltensgestörte. In einigen Bundesländern werden diese Bezeichnungen für Sonderschultypen weiter verwendet. In Baden-Württemberg heißt die Schule für Lernbehinderte heute F. In ihren ›Empfehlungen zur sonderpädagogischen Förderung in den Schulen in der Bundesrepublik Deutschland‹ vom 6. 5. 1994 verwendet die KMK eine neue Begrifflichkeit. Sie unterscheidet die acht Förderschwerpunkte emotionale und soziale Entwicklung, geistige Entwicklung, Hören, körperliche und motorische Entwicklung, Lernen, Sehen, Sprache und Unterricht für Kranke. Zu den einzelnen Förderschwerpunkten hat die KMK zwischen 1996 und 2000 neun Einzelempfehlungen veröffentlicht. Die meisten Bundesländer haben die Sonderschule in F. oder Förderzentrum umbenannt.

Förderstufe. Bezeichnung im Land Hessen für die *Orientierungsstufe,* die sich mit den Klassen 5 und 6 an die Grundschule anschließt. Die zweijährige F. soll den Übergang zu den weiterführenden Schulen Hauptschule, Realschule, Gymnasium oder Gesamtschule erleichtern.

Förderungslehrgänge (engl. *pre-apprenticeship courses*). Die *Bundesagentur für Arbeit* (BA) bietet über die Berufsberatung als berufsvorbereitende Bildungsmaßnahme F. an; Grundlagen für deren Finanzierung finden sich im *Arbeitsförderungs-Reformgesetz* (AFRG). Nach einer Anordnung der BA werden amtsintern zwei Typen von F. unterschieden.

1. F. für Schulabgänger aus Sonder- und Hauptschulen, die eine Berufsausbildung mit großer Wahrscheinlichkeit erfolgreich abschließen könnten, aufgrund persönlicher Schwierigkeiten den Anforderungen einer Ausbildung aber noch nicht gewachsen sind. Durch gezielte persönliche Hilfen, Beratung, ergänzende Lernangebote und berufsorientierende Maßnahmen sollen Bereitschaft und Fähigkeit zur Aufnahme einer Berufsausbildung gestärkt werden. Die Kurse sind kostenlos und dauern ein Jahr.

2. F. für Behinderte, die aufgrund der Dauer von Rehabilitationsmaßnahmen nicht unmittelbar nach dem Schulabschluss eine Berufsausbildung aufnehmen können. Auch diese F. verfolgen das Ziel, die Jugendlichen so weit zu motivieren und zu unterstützen, dass sie eine Berufsausbildung mit Aussicht auf Erfolg aufnehmen können. Die Kurse sind kostenlos und dauern i. d. R. sechs Monate.

3. Eine weitere Zielgruppe von F. bilden Behinderte, die weder den Anforderungen einer Berufsausbildung unter den üblichen Bedingungen gewachsen sind, noch durch die Beschäftigung in einer *beschützenden Werkstatt* ihren Möglichkeiten gemäß gefördert werden könnten. F. dieser dritten Variante werden nur noch sehr vereinzelt durch die BA finanziert. Auskünfte erteilt die Berufsberatung.

Förderunterricht. 1) In den meisten Stundentafeln für die allgemein bildenden Schulen ist ein bestimmter Stundenanteil (etwa zwei Stunden) für F. vorgesehen.

Dabei erhalten Schüler mit Lern- und Verhaltensschwierigkeiten, die durch Maßnahmen innerer Differenzierung im Regelunterricht nicht gemildert oder behoben werden können, in kleinen Gruppen zusätzliche Lernhilfen. Im Sinne äußerer Differenzierung kann der F. im Stundenplan der Woche zu einer bestimmten Zeit fest eingeplant sein und Schülern mit aktuellen Leistungsrückständen und Lerndefiziten vor allem vor Klassenarbeiten Gelegenheit zur voraus- oder nacharbeitenden Förderung geben. Möglich ist auch, den in der Stundentafel vorgesehenen Zeitanteil auf den Regelunterricht so zu verteilen, dass eine kontinuierliche Diagnose und Förderung der Lernentwicklung von Schülern durch die Kooperation von zwei Lehrkräften im Parallelunterricht (z. B. während der *Wochenplanarbeit* oder der *freien Arbeit*) erfolgen kann. Eine zusätzliche schulergänzende Art der Förderung ist die private Nachhilfe oder die Hausaufgabenhilfe.

2) In den Berufsschulen verschiedener Bundesländer wird F. als Stützunterricht für Schüler mit Lernschwierigkeiten und als Erweiterungsunterricht für diejenigen Schüler angeboten, die über die im Lehrplan geforderten Kenntnisse und Fähigkeiten hinaus zusätzliche Qualifikationen erwerben wollen.

Förderzentrum. *Förderschule.*

formale Bildung. Bildungstheorien sowie didaktische Theorien, in denen die f. B. ein zentraler Bezugspunkt ist, gehen vom Schüler als dem Subjekt von Erziehung und Unterricht aus. Sie fragen danach, welche Verhaltensweisen und Handlungskompetenzen zur Bewältigung gegenwärtiger und zukünftiger Lebenssituationen von Bedeutung sind. F. B. im traditionellen Sinne ist Kräftebildung, Verstandesbildung, Denkschulung. Als gebildet gilt, wer vom Standpunkt der *funktionalen Bildung* aus die in ihm angelegten und/oder erworbenen körperlichen, seelischen und geistigen *Dispositionen* entfaltet hat oder im Sinne der methodischen Bildung über instrumentelle Fertigkeiten und methodische Fähigkeiten für lebenslanges Lernen verfügt. Die Ausprägungen der f. B. unterscheiden sich von der *materialen Bildung* und der *kategorialen Bildung.*

Forschungsmethoden (engl. *methods of research*). Vorgehensweisen zur geordneten und überprüfbaren Gewinnung von Daten. Innerhalb der *Pädagogik* bzw. Erziehungswissenschaft lassen sich historische, beschreibende, hypothesengenerierende und hypothesenprüfende Forschungsschwerpunkte unterscheiden. Die historische Forschung gewinnt ihre Daten über die kritische Prüfung von Quellen auf ihre Authentizität und die systematische Interpretation der gefundenen Fakten. Auf diesem Wege sollen Tatsachen und Zusammenhänge zwischen Ereignissen aus der Vergangenheit belegt werden *(Hermeneutik).* In der beschreibenden und hypothesengenerierenden Forschung wird vorzugsweise mit *Beobachtungen, Befragungen* und mit der *biografischen Methode* gearbeitet. Das *Experiment* ist die typische F. für hypothesenprüfende Forschung.

Fortbildung (engl. *further training*). Der Begriff wird inzwischen mehr und mehr bedeutungsgleich mit *Weiterbildung* verwendet. Beide Begriffe stehen für alle Ausbildungsmaßnahmen, die auf eine erste berufliche Qualifizierung folgen. Der Besuch einer Fachschule fällt in diesem Verständnis ebenso unter F. wie die Teilnahme an speziellen Qualifizierungsmaßnahmen für Lehrer.

Fortbildungsschule. Im 19. Jh. haben sich aus den gewerblichen Sonntagsschulen F. entwickelt, die in ihren Anfängen ausschließlich der Sicherung, Ergänzung und Vertiefung der in der Volksschule erworbenen Kenntnisse und Fähigkeiten, später dann auch der Vermittlung berufsbezogener Qualifikationen dienten. Im ersten Drittel des 20. Jh. gingen aus den F. die *Berufsschulen* hervor, deren Besuch 1938 für alle Jugendlichen zur Pflicht wurde, die keine weiterführende Schule besuchten.

Fragebogen (engl. *questionnaire*, *questionary*). Eine nach bestimmten Gesichtspunkten geordnete Zusammenstellung von Fragen, die dem Zweck dient, die Ansichten, Erfahrungen, Einstellungen, Verhaltensweisen usw. bestimmter Personengruppen zu erheben.
F. bieten sich als Forschungsinstrumente an, wenn sich ein eng umgrenztes Thema klar geordnet darstellen lässt und die einzelnen Fragen ohne weitere Erläuterungen beantwortbar sind. Ein Nachteil des F. liegt darin, dass seine Bearbeitung nicht kontrolliert werden kann. Deshalb wird bei der Befragung von Gruppen empfohlen, F. unter beobachtbaren Bedingungen ausfüllen zu lassen (z. B. von Schülern unter Aufsicht im Klassenzimmer). In jedem Falle ist Zusicherung von Anonymität eine wesentliche Voraussetzung für den sinnvollen Einsatz von F.
Am häufigsten dienen F. der Erforschung von Verhaltensweisen, Meinungen und Erfahrungen (z. B. Dauer des wöchentlichen Fernsehens, Urteile über die Schule, Pläne für die Ausbildung).
Bei der Gestaltung eines F. ist besonders darauf zu achten, dass der Veranstalter der Befragung genannt wird, die Befragung einleuchtend begründet wird, die Formulierungen von den Befragten schnell und unmissverständlich aufgenommen werden können, eine Anleitung die Bearbeitung des F. und das Vorgehen bei Schwierigkeiten genau erläutert. Werden F. verschickt, sollte das Anschreiben Interesse und Bereitschaft wecken. Zu berücksichtigen sind weiterhin die Konzentrationsfähigkeit und die zeitliche Belastbarkeit der Befragten. Schließlich muss klar sein, bis wann und auf welchem Wege der ausgefüllte Bogen an den Veranstalter zurückgelangen soll und auf welche Weise über die Ergebnisse informiert wird.
Fragen können offen oder geschlossen, also mit einer Auswahl von Antworten, formuliert werden, aus der die Befragten die für sie zutreffende(n) Antwort(en) auswählen sollen. In F. kann darüber hinaus der Grad an Zustimmung bzw. Ablehnung zu Meinungsaussagen (Statements) erfragt werden. Geschlossene Fragen und die Beurteilung von Statements auf Skalen, z. B. zwischen »stimme völlig zu« und »lehne völlig ab«, erhöhen die Objektivität einer Befragung und erleichtern die Auswertung von F. wesentlich.

Francke'sche Stiftungen. Hervorgegangen ist die Einrichtung 1698 aus einer von dem evangelischen Pfarrer *A. H. Francke* bereits 1695 in der Halle'schen Vorstadt Glaucha eröffneten *Armenschule*. Daraus entwickelte sich eine Schulstadt mit vielfältigen pädagogischen, sozialen, wirtschaftlichen, theologischen und missionarischen Aktivitäten. Von besonderer Bedeutung war im 18. Jh. das *Philanthropin* der Stiftung, das in ganz Europa Beachtung fand. 1992 sind die F. S. erneuert worden. Die zahlreichen Gebäude dienen heute wissenschaftlichen, kulturellen, pädagogischen und sozialen Zwecken bei Kongressen, Lehrgängen, Ausstellungen und Tagungen. Auch Schulen und Institute der Universität Halle-Wittenberg sind heute hier untergebracht.

Frankfurter Schule. Ein Kreis von Soziologen, Sozialphilosophen und Politologen, die zwar kein geschlossenes wissenschaftliches System vertreten, aber über das gemeinsame Interesse an einer kritischen und radikalen Gesellschaftsdiagnose des Kapitalismus mit den Begriffen und Theorien von Aufklärung, Hegelscher Philosophie, marxistischer Politökonomie und Bezügen zur psycho-analytischen Anthropologie verbunden sind. Ihre zahlreichen Analysen und theoretischen Beiträge lassen sich zu einer kritischen Theorie der westlichen Gesellschaft zusammenfassen, die sie unter dem Diktat von technischer und ökonomischer Rationalität im Interesse von Kapitalvermehrung und Machtkonzentration sehen. Begründet wurde die F. S. 1923 von M. Horkheimer und *T. W. Adorno* am Frankfurter Institut für Sozialforschung. Während des NS-Regimes wurde das Institut in die USA verlegt und 1950 von Adorno und Horkheimer in Frankfurt/M. wiedereröffnet. Einer der wichtigsten gegenwärtigen Vertreter der F. S. ist der Philosoph und Sozialwissenschaftler J. Habermas, der sich u. a. mit den erkenntnistheoretischen Möglichkeiten einer kritischen Theorie der Gesellschaft in Verpflichtung auf eine freiheitlich-humanitäre Verfassung beschäftigt hat. Der daraus zwischen J. Habermas und dem Philosophen H. Albert u. a. geführte Streit zwischen wertfreier und kritisch-konstruktiver Sozialwissenschaft, der sog. Positivismusstreit, hat auch in der Erziehungswissenschaft seinen Niederschlag gefunden, insbesondere zwischen dem an H. Albert orientierten Konstanzer Pädagogen W. Brezinka einerseits und *O. F. Bollnow*, *H. Blankertz* und W. Klafki andererseits.

Frankreich. **1)** Präsidiale demokratische Republik. Hauptstadt: Paris (2 Mill. Einw., mit Vorstädten 14 Mill. Einw.). Fläche: 543 965 km², 60 Mill. Einw., 110 Einw./km². 94,4% Franzosen, 5,6% Ausländer. Landessprache: Französisch (Amtssprache) und Regionalsprachen. Religion: 78,8% Katholiken, 5 Mill. Muslime, protestantische, jüdische u. a. Minderheiten.

2) Auf der Grundlage von Verfassung und Gesetzgebung liegt die zentrale Zuständigkeit für das Bildungswesen beim Ministerium für Bildung, Hochschulen und Forschung in Paris. Zu den zentralisierten Aufgaben dieses Ministeriums gehören z. B. die Organisation der Bildungseinrichtungen, die Festlegung einheitlicher nationaler Lehrpläne, die Verordnung verbindlicher Ausbildungsgänge und Abschlussprüfungen, die Einstellung und Besoldung des Personals an öffentlichen Schulen. Von richtungweisender Bedeutung war das ›Orientierungsgesetz über die Bildung‹ vom 10. Juli 1989, in dem die nationalen Ziele bis zum Jahr 2000 neu festgelegt wurden. Im Jahr 2005 wurde dieses Gesetz erweitert und mit neuen quantitativen Zielangaben für die Entwicklung bis zum Jahr 2010 versehen. Für die Umsetzung der Gesetze sind in der hierarchischen Struktur der staatlichen Schulverwaltung die Rektoren (recteur d'académie) der etwa 28 regionalen Schulverwaltungsbezirke (académies) und die Inspektoren der Départements auf der Ebene darunter verantwortlich. Im Zuge der Dezentralisierungsbemühungen wurden seit den 1980er Jahren eine Reihe von Kompetenzen auf die Regionen, Départements und Kommunen übertragen. Hierzu gehört z. B. die Zuständigkeit für Bau, Erhaltung und Betrieb der Schulen. Mit der Dezentralisierung ist in den 1990er Jahren die pädagogische Autonomie der Einzelschule gestärkt worden. Zur Umsetzung der nationalen Zielsetzungen und Lehrpläne kann jede Schule eigene Entwicklungspläne (projects d'établissement) aufstellen und ein individuelles Schulprofil entwickeln.

Die zehnjährige Schulpflicht für Sechs- bis Sechzehnjährige umfasst den Primarbereich (École élémentaire bzw. École primaire) und den Sekundarbereich I (Collège) sowie ein 10. Schuljahr. Die Pflichtschulbildung ist kostenfrei. Die Schulen sind Ganztagsschulen und werden koedukativ geführt. Insgesamt besuchen 17% der Schüler eine Privatschule. Von den Schülern mit besonderem Förderbedarf gehen etwa 60% in die Integrationsklassen der Primarschule und in die Sonderklassen des Collège, während 40% in Sonderschulen oder regionalen Sonderschulzentren ihre Schulpflicht erfüllen.

3) Die Vorschulerziehung wird vom vollendeten 2. bis zum 6. Lebensjahr in Vorschulen (Écoles maternelles) und in Vorklassen der Primarschulen (Classes enfantines) angeboten. Während die Vorschulen eigenständige Einrichtungen des öffentlichen Bildungssystems sind, befinden sich die Vorklassen im Gebäude der Primarschulen. Die pädagogische Arbeit weist in beiden Institutionen die gleichen Merkmale auf. Die École maternelle ist eine Ganztagseinrichtung. Der Besuch ist freiwillig und in öffentlichen Einrichtungen kostenfrei. Fast alle Drei- bis Sechsjährigen besuchen eine Vorschuleinrichtung.

Die hohe Akzeptanz der vorschulischen Erziehung führte Anfang der 1990er Jahre zu einer pädagogisch-konzeptionellen Verknüpfung von Elementar- und Primarbereich mit drei aufeinanderfolgenden dreijährigen Lernstufen, auch Zyklus genannt. Die erste Lernstufe (cycle des apprentissages premiers) umfasst das »erste Lernen« zum Erwerb von sozialen und kognitiven Grundqualifikationen für zwei- bis vierjährige Kinder. Mit der zweiten Lernstufe beginnt im letzten Jahr der École maternelle der Erwerb von Grundfertigkeiten im Lesen, Schreiben und Rechnen (cycle apprentissages fondamentaux), durch den der Übergang zum formalisierten Lernen in der Schule pädagogisch gestaltet und vorbereitet wird.

Die Primarschule (École primaire) beginnt für alle Kinder im Alter von sechs Jahren und dauert fünf Schuljahre. Sie setzt das Erlernen von Grundfertigkeiten der zweiten Lernstufe in den Klassen 1 und 2 der Primarschule fort. In der dritten Lernstufe geht es dann in den Klassen 3 bis 5 um die Vertiefung der Grundkenntnisse und des Wissens (cycle des approfondissements). In der Vertiefungsphase wird in Französisch, Mathematik, Kunst, Musik und Sport unterrichtet, an die Stelle des Faches »Entdeckung der Welt – Staatsbürgerliche Erziehung« (Sachunterricht) treten die Fächer Geschichte, Geografie, Naturwissenschaften und Technik. Am Beginn der Vertiefungsstufe (3. Klasse) werden zu Orientierungszwecken landesweite Schulleistungstests durchgeführt. Für jeden Schüler wird ein Schulberichtsheft (livret scolaire) geführt, das den Eltern regelmäßig vorgelegt wird. In ihm werden die Ergebnisse der kontinuierlichen Leistungsbeurteilung, die Lernfortschritte u. a. wichtige Daten der Lerngeschichte des Schülers eingetragen. Zum Abschluss der Primarschule werden weder Prüfungen abgelegt noch Abschlusszeugnisse erteilt. Der Übergang in den Sekundarbereich I erfolgt automatisch.

Das Collège ist die vierjährige Gesamtschule im Sekundarbereich I für alle Schüler im Alter von 11 bis 15 Jahren. Ziel ist die Förderung der sozialen Integration der Schüler und die Vermittlung einer weiterführenden allgemeinen Bildung unter Berücksichtigung berufsvorbereitender Anteile. Seit den 1990er Jahren werden zu Beginn des Collège (6. Klasse) landesweite Tests durchgeführt, um festzustellen, ob die Schüler die Ziele der vorhergehenden Schulform erreicht haben. Auf die Anpassungsstufe (cycle d'adaptation) in Klasse 6 folgt in den Klassen 7 und 8 die zweijährige Mittelstufe (cycle central) und in Klasse 9 die Orientierungsstufe (cycle d'orientation) mit allgemein bildender und technischer Ausrichtung. Schüler, die nach der 9. Klasse eine berufliche Ausbildung beginnen wollen, werden in einer Eingliederungsklasse darauf vorbereitet. Nach erfolgreichem Abschluss des Sekundarbereichs I wird das Abgangszeugnis Diplôme national du brevet erteilt. Es gibt drei Typen des Diploms, die für die Wahl des weiteren Bildungsweges von Bedeutung sind: den allgemein bildenden (collège), den technikorientierten (technologique) und den berufsvorbereitenden Abschlusstyp (professionelle). Jugendliche ohne Abschluss des Collège können ihre Schulpflicht im Lehrvorbereitungsjahr erfüllen und direkt in eine ungelernte oder angelernte Arbeit des Erwerbslebens eintreten.

Im Sekundarbereich II stehen verschiedene Bildungsgänge zur Wahl: Das allgemein bildende und das technische Lycée (Lycées d'enseignement général et technologique) führen in drei Schuljahren zur Allgemeinen Hochschulreife(Baccalauréat général), zur Technischen Hochschulreife (Baccalauréat technologique) oder zum Techniker-Di-

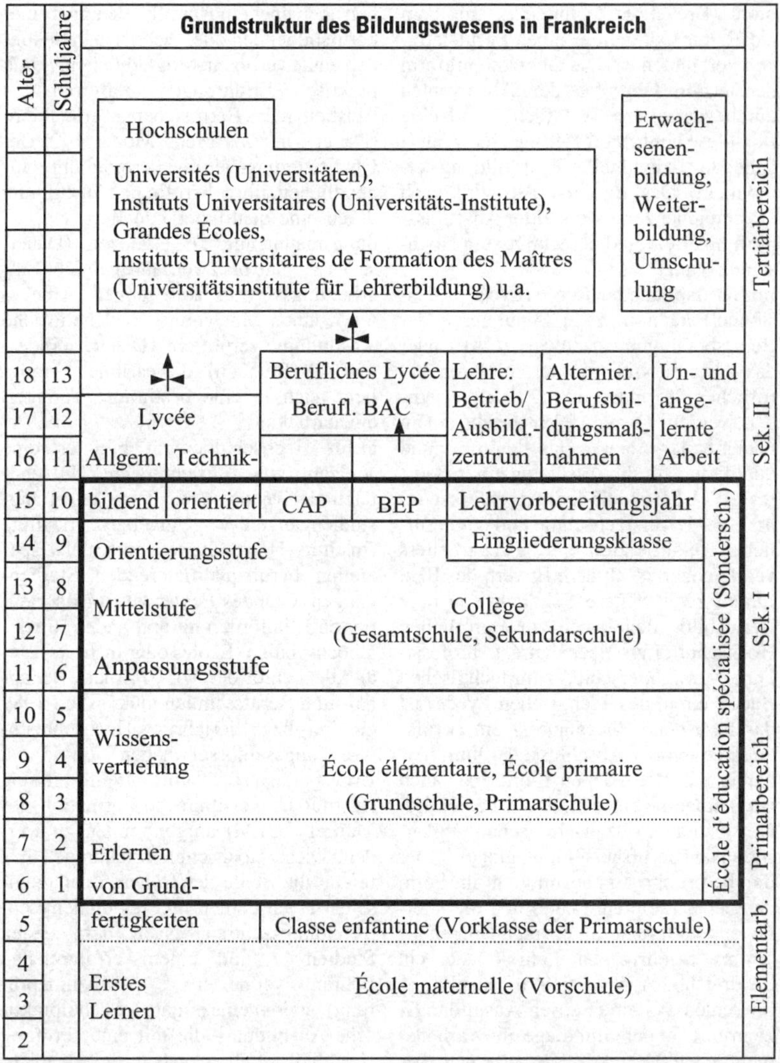

Fett umrandet sind die Einrichtungen für die Erfüllung der Schulpflicht.

Qualifizierte Auswahl — Einfacher Übergang

F

plom (Brevet de technicien), mit dem i. d. R. die Aufnahme einer Berufstätigkeit verbunden ist. Die Oberstufenreform der letzten Jahre hat den Absolventen durch zusätzliche Wahlfächer und eine flexible Wahldifferenzierung eine weitergehende individuelle Profilbildung ermöglicht. Das Baccalauréat wird nach erfolgreicher zentral erstellter Abschlussprüfung erteilt und berechtigt zum Hochschulzugang.

Im Berufsbildenden Lycée (Lycée professionnel) kann in zwei Schuljahren der Berufsbefähigungsnachweis (CAP) oder das Abschlusszeugnis der mittleren beruflichen Sekundarbildung (BEP) erworben werden. Der CAP entspricht einem Facharbeiter- bzw. Gesellenbrief und qualifiziert für die Ausübung eines Berufes. Das BEP ist mit dem Abschlusszeugnis einer Berufsfachschule und der beruflichen Qualifikation eines Facharbeiters vergleichbar. Nach dem Erwerb des BEP führen zwei weitere Schuljahre in dem Berufsbildenden Lycée zur Beruflichen Hochschulreife (Baccalauréat professionnel). Im Unterschied zum technischen Baccalauréat des Technischen Lycées ist das berufliche Baccalauréat ein berufsqualifizierender Abschluss, der unmittelbar in das Berufsleben führt, aber auch zur Aufnahme eines Studiums berechtigt.

4) Neben der vollzeitschulischen Organisation der Berufsausbildung gibt es ferner die berufliche Erstausbildung in Form der Lehre (Apprentissage) und die alternierenden Berufsbildungsmaßnahmen für 16- bis 25-Jährige. Die Lehre (Dauer: ein bis drei Jahre) ist eine Berufsausbildung im dualen System (Betrieb/Ausbildungszentrum) auf der Grundlage eines arbeitsrechtlichen Vertrages, die zu einem berufsqualifizierenden Abschluss führt.

Im Rahmen der alternierenden Berufsbildungsmaßnahmen für 16- bis 25-Jährige werden drei Typen von Eingliederungsverträgen unterschieden: 1. Der Berufliche Orientierungsvertrag bietet Jugendlichen, die weder die allgemein bildende Sekundarschulbildung abgeschlossen haben noch über ein Abschlusszeugnis einer berufsbildenden oder technischen Sekundarschule verfügen, Möglichkeiten, durch praktische Erfahrungen im Betrieb den Einstieg in das Berufsleben zu erleichtern (Dauer: drei bis sechs Monate). 2. Der Qualifizierungsvertrag ermöglicht Jugendlichen, ihre berufliche Ausbildung durch eine qualifizierende Berufsausbildungsmaßnahme zu ergänzen (Dauer: sechs Monate bis zwei Jahre). 3. Der Einarbeitungsvertrag soll jungen Arbeitslosen unter 26 Jahren eine berufliche Ausbildung vermitteln (Dauer: mindestens 200 Stunden), die es ihnen ermöglicht, sich in eine bestimmte Tätigkeit einzuarbeiten.

5) Im Hochschulbereich gibt es eine Vielzahl von Einrichtungen: Universitäten (Universités) mit Kurz- und Langstudiengängen, Universitäts-Institute (Instituts Universitaires) mit meist speziellen berufsqualifizierenden Studiengängen, Grandes Écoles zur praxisorientierten Eliteförderung und andere Spezialhochschulen (Écoles oder Instituts).

6) Alle Lehrer der Vor-, Primar-, Sekundar- und Berufsschulen müssen seit 1989 ein drei- bzw. vierjähriges Hochschulstudium abgeschlossen haben, um in ein Universitätsinstitut für Lehrerbildung (Institut Universitaire de Formation des Maîtres, IUFM) aufgenommen zu werden. Diese Hochschuleinrichtungen treten an die Stelle der früheren pädagogischen Hochschulen und regionalen Lehrerbildungszentren. Nach dem ersten Studienjahr und einem erfolgreichen Lehramtswettbewerb (Aufnahmeprüfung) beginnt eine einjährige schulpraktische Ausbildung, die mit einer Prüfung abschließt. Lehrer haben die Bezeichnung professeur und sind Beamte.

7) Maßnahmen der Erwachsenenbildung und der beruflichen Weiterbildung werden in großem Maße von Arbeitnehmern zur Höherqualifizierung, von Arbeitslosen zur Umschulung, von Jugendlichen ohne Ausbildung zur Qualifizierung für eine berufliche Erstausbildung, von Beschäftigten im Rahmen des Bildungsurlaubs und von Personen aus kulturellem Interesse in Anspruch genommen. Angebote hierzu machen Schulzentren für Weiterbildung, Fernstudieninstitute, Universitäten, Einrichtungen der Gewerkschaften und der Berufsverbände, Volkshochschulen und gewerbliche Institute wie Sprach-, Kunst- und Musikschulen.

freie Arbeit (Syn. **Freiarbeit**). Organisationsform des *offenen Unterrichts,* die häufig in Kombination mit Unterricht im Klassenverband und *Wochenplanarbeit* durchgeführt wird und Schülern Gelegenheit gibt, sich nach eigenen Interessen und Lernmöglichkeiten mit vielfältigen Themen, Inhalten, Gegenständen und Problemen selbständig handelnd auseinanderzusetzen. Voraussetzungen für f. A. sind ein festgelegter Zeitanteil im Stundenplan (etwa 3 bis 15 Stunden wöchentlich) und eine vielfältig ausgestattete Lernumgebung mit Arbeitsmaterialien und Platz für die Darbietung der Arbeitsergebnisse (Ausstellungstisch, Pinnwand, Arbeitsmappe u. Ä.). In gewissen Abständen oder vor Beginn der freien Arbeitsphase stellen die Kinder ihre Vorhaben vor, sprechen Partner- oder Gruppenarbeiten ab und klären die Materiallage. Sie können über den Zeitaufwand selbst entscheiden und ohne Zeitdruck oder Steuerung von außen eine Sache verfolgen. In der Zeit der Einführung in die Unterrichtsform müssen die Kinder erst schrittweise lernen, aus einem begrenzten Lernangebot der Lehrkraft nach eigenem Interesse eine Aufgabe auszuwählen und unter Beachtung abgesprochener Arbeitsregeln und Ordnungsprinzipien selbständig zu bearbeiten. Eine gemeinsame Planungsphase, in der alle Ideen für die f. A. der nächsten Zeit an der Pinnwand festgehalten werden, kann Kindern helfen, Anregungen aufzugreifen und eigene Vorschläge zu entwickeln. Wochenplanarbeit bietet einen guten Einstieg in die f. A.
Der Begriff f. A. geht auf reformpädagogische Anregungen *M. Montessoris, C. Freinets* und *P. Petersens* zurück. Er hat aber in Montessori-Schulen, in der Freinet-Pädagogik und im Jena-Plan P. Petersens jeweils einen eigenständigen Bedeutungsrahmen.

freie Schulen (engl. *free schools, private schools*). **1)** *Privatschulen* in der freien Trägerschaft von Kirchen, Gesinnungskreisen, Verbänden und Vereinigungen, die in Zielsetzung und Ausübung ihrer pädagogischen Arbeit gegenüber dem Staat relativ ungebunden sind. Zu den f. S. gehören katholische und evangelische Schulen, die freien *Waldorfschulen, Landerziehungsheime* wie die *Odenwaldschule* und die im Verband Deutscher Privatschulen zusammengefassten Schulen. Sie nehmen wie die öffentlichen Schulen der staatlichen Trägerschaft öffentliche Bildungsaufgaben wahr, vertreten aber in freier Selbstverantwortung eine über die Möglichkeiten des staatlichen Schulwesens hinausgehende religiöse, weltanschauliche und/oder pädagogische Schulkonzeption. Die f. S. sind nach dem juristischen Sprachgebrauch der Ländergesetze Privatschulen, die als *Ersatzschulen* den öffentlichen Schulen im Rahmen der Gesetze gleichgestellt sind.
2) Als f. S. verstehen sich auch einige *Alternativschulen* in staatlicher Trägerschaft.

Freie Schulgemeinde Wickersdorf. Am 1. 9. 1906 von *G. Wyneken* nach dem Bruch mit *H. Lietz* im *Landerziehungsheim* Haubinda zusammen mit *P. Geheeb* neu gegründetes Landerziehungsheim bei Saalfeld im Thüringer Wald. Im Herbst 1906 kam auch *M. Luserke* von Haubinda hierher. Obwohl Wyneken in den 26 Jahren ihres Bestehens die F. S. W. selbst nur vier Jahre geleitet hat, bestimmte er ohne Rücksicht auf Auseinandersetzungen die konzeptionelle Grundrichtung, die in seinem Buch ›Schule und Jugendkultur‹ (1913) enthalten ist. Neu war hier in der »Gemeinschaft der um den Geist Versammelten« die gemeinsame Erziehung beider Geschlechter (Koedukation) und die Kameradschaft zwischen Lehrern und Schülern. Autorität und Anerkennung konnten in der F. S. W. nur durch »geistige Leistung« erworben werden. In der Versammlung der Schulgemeinde bildeten alle zusammen eine echte Gemeinschaft, in der jeder Lehrer und jeder Schüler gleiches Rede- und Stimmrecht hatte. Hier sollte eine spezifische »Jugendkultur« verwirklicht werden, aus der eine neue Gesamtkultur erwachsen sollte. 1909 hat P. Geheeb die F. S. W. verlassen, um dann in der *Odenwaldschule* seine eigenen Vorstellungen von demokratischen Formen des Zusammenlebens und des gemeinsamen Arbeitens zu verwirklichen. Ein Jahr später wurde G. Wyneken wegen seiner »elitären« Erzieherhaltung durch die Schulbehörde abgesetzt und musste Wickersdorf verlassen. Danach hat M. Luserke die Leitung der F. S. W. bis 1924 übernommen, unterbrochen von 1914–1917 durch Kriegsdienst und französische Gefangenschaft. Luserkes Bemühen galt in dieser Phase dem spezifischen Jugendspiel (Laienspiel) und dem Schauspiel (G. B. Shaw, W. Shakespeare). Die F. S. W., die durch die Persönlichkeit ihrer Leiter permanent einer Reform unterworfen war, wurde 1933 von den Nationalsozialisten aufgelöst.

freies Spiel. Eine Form des *Spiels,* bei der Kinder Inhalte und Objekte ihrer Tätigkeit und ihre Mitspieler selbst auswählen. Ihre Spielaktivitäten werden nicht durch ein bestimmtes Programm oder durch Aufforderungen von Erwachsenen in Gang gesetzt. Voraussetzung ist eine räumliche und soziale Lernumgebung, von der Anregungen und Herausforderungen ausgehen. Es werden z. B. freie Gestaltungsspiele mit Sand, Wasser, Bausteinen, Farben und Hingabespiele wie Murmelspiele, Kreiselspiele, Rollerfahren, Drachensteigen u. Ä. unterschieden.

freies Unterrichtsgespräch. *Unterrichtsgespräch.*

freie Träger der Jugendhilfe (engl. *voluntary bodies for youth work*). Eingetragene Vereine oder Stiftungen, die ihre sozialpädagogische Arbeit weltanschaulich, fachlich, organisatorisch und wirtschaftlich im Rahmen der geltenden Gesetze, insbesondere des *Kinder- und Jugendhilfegesetzes* (KJHG), eigenverantwortlich durchführen. Sie unterhalten zahlreiche Einrichtungen (*Krippen, Kindergärten, Heime* u. a.) und bieten eine breite Palette von Diensten in den Bereichen Freizeitpädagogik, politische Bildung, Beratung, Berufsförderung, Einzelfallhilfe, Schulsozialarbeit usw. an. Organisiert sind die f. T. d. J. in den Spitzenverbänden der *freien Wohlfahrtspflege.*

freie Waldorfschule. *Waldorfschule.*

freie Wohlfahrtspflege (engl. *voluntary welfare work*). Die öffentliche Sozialhilfe wird durch die f. W. ergänzt, die von Kirchen oder freien Organisationen getragen wird und soziale Dienste oder Angebote in den Bereichen *Jugendhilfe,* Familienhilfe, Behindertenhilfe und Altenhilfe umfasst. Die Träger arbeiten im Rahmen der geltenden Gesetze (u. a. Bundessozialhilfegesetz, *Kinder- und Jugendhilfegesetz*), ziehen auch die gesetzlich den Hilfesuchenden zustehenden Mittel für ihre Einrichtungen und Arbeiten heran, sind in der Gestaltung ihrer Angebote aber frei. Die Träger der f. W. sind in sechs Verbänden organisiert: Arbeiterwohlfahrt, Caritas, Deutscher Paritätischer Wohlfahrtsverband, Deutsches Rotes Kreuz, Diakonisches Werk und Zentralwohlfahrtsstelle der Juden. Diese Träger unterhalten zahlreiche Einrichtungen (vom Kindergarten bis zur Altenbegegnungsstätte), bieten verschiedenste soziale Dienste an (z. B. Einzelfallhilfe, Familientherapie, Schuldnerberatung), bilden für soziale Berufe aus und fördern die fachliche und soziale Kompetenz ihrer ehrenamtlichen Mitarbeiter. Mit den öffentlichen Jugend- und Sozialämtern arbeiten sie eng zusammen. Neben öffentlichen Mitteln setzt die f. W. für ihre Aufwendungen Spendengelder, Leistungsentgelte der Hilfesuchenden und Eigenmittel ein.

Freinet-Pädagogik. Von *C. Freinet* entwickelte reformpädagogische Konzeption, der die innere Schulreform in Deutschland wichtige Impulse zu verdanken hat. Bereits als junger Lehrer kritisierte F. an dem aus dem 19. Jahrhundert tradierten Schulkonzept die fehlende Lebensnähe, die Reduktion auf das Erlernen vorgegebener Wissensstoffe und die Einschränkung kindlicher Entfaltungsmöglichkeiten. F. ging davon aus, dass Kinder lernen wollen und das Recht auf freie Entfaltung ihrer Bedürfnisse, Eigenart und Identität haben. Er verstand die »moderne Schule« als einen demokratischen Lernort, in dem Gemeinde und Natur als Lebenswelt des Kindes zum Ausgangspunkt sinnvollen Lernens und Arbeitens gemacht werden. Dabei sollte die Realisierung von Freiheit und Selbsttätigkeit des Kindes beim Lernen seine Selbstverantwortlichkeit, Kooperationsbereitschaft und Mitverantwortlichkeit für das demokratische Zusammenleben fördern. Merkmale der F.-P. zur Realisierung dieser Prinzipien sind: 1. Zeitstrukturierung durch Versammlung im Morgenkreis, Tages- und Wochenplanarbeit, freie Arbeit; 2. Motivierende Gestaltung der Lernumwelt durch Ateliers mit Arbeitsmitteln (z. B. Lernkarteien, Experimentierkästen, Arbeitsbibliothek), Werkstätten, Schulgarten und Kleintiergehege; 3. Vermittlung von Arbeitstechniken (Druckerei, freie Texte, Lesehefte, Korrespondenz mit anderen Schulen, Klassenzeitung); 4. Öffnen der Schule in die Gemeinde und Arbeit in der Natur durch Projekte, Untersuchungen und Erkundungen; 5. Ersetzen des herkömmlichen Benotungssystems durch andere Formen der Beurteilung; 6. Selbstverwaltung der Schüler durch Klassenrat und Schulkooperative. In Deutschland wird die Freinet-Bewegung vorwiegend durch den »Arbeitskreis Schuldruckerei e. V.« im süddeutschen Raum und durch die »Freinet-Kooperative e. V.« mit Sitz in Bremen vertreten.

Freistellung. **1)** Von Schülern: *Beurlaubung vom Unterricht.* **2)** Von Lehrern: Für Mitglieder der gewählten Personalvertretungen und für Schwerbehinderte sehen besondere Rechtsverordnungen der Bundesländer eine ganze oder teilweise F. von Unterrichtsverpflichtungen vor.
Da die Regelungen der Länder für die F. von Schülern und Lehrern im Einzelnen voneinander abweichen, muss bei der jeweiligen Schulaufsichtsbehörde Auskunft eingeholt werden.

freiwillige Erziehungshilfe (FEH). Frühere Bezeichnung für den gesetzlichen Anspruch von Erziehungsberechtigten auf Hilfe bei Gefährdung der seelischen, geistigen oder körperlichen Entwicklung ihrer minderjährigen Kinder. Nach dem neuen Kinder- und Jugendhilfegesetz (KJHG) aus dem Jahre 1990 werden entsprechende Angebote der *Jugendhilfe* heute im Rahmen der verschiedenen *Hilfen zur Erziehung* eröffnet.

freiwilliges soziales Jahr (**FSJ**; engl. *year of voluntary work and community service*). Jugendliche, die vor der Entscheidung über die weitere Berufsausbildung einen sozialen Dienst für die Gemeinschaft leisten oder sich in helfenden, heilenden und therapeutischen Berufen erproben möchten, können ein FSJ in Einrichtungen der Jugendhilfe, in Krankenhäusern, Altenheimen oder Behinderteneinrichtungen leisten. Seit der Verabschiedung des *Gesetzes zur Förderung eines freiwilligen sozialen Jahres* (FSJG) im Jahre 1964 (zuletzt geändert im Dezember 2004) wird das FSJ aus Mitteln des *Bundesjugendplanes* gefördert. Die Jugendlichen erhalten freie Unterkunft, Verpflegung und ein monatliches Taschengeld. Zudem sind sie kranken-, unfall-, renten- und arbeitslosenversichert. Auf die Ausbildung bzw. das Studium in einem sozialen Beruf wird das FSJ i. d. R. als Praktikum angerechnet.

Freizeit (engl. *leisure*). Die nicht durch Schule, Studium, Erwerbsarbeit, berufsorientierte Weiterbildung oder andere, die soziale Sicherheit betreffende Aktivitäten besetzte Zeit. Abgesehen von der notwendigen Befriedigung körperlicher Bedürfnisse (Schlaf, Nahrungsaufnahme, Körperpflege) liegt die Gestaltung der F. prinzipiell im freien Ermessen des Einzelnen. Das Angebot an ideellen und konsumorientierten Formen der F.gestaltung ist in den reichen industriellen Gesellschaften sehr differenziert. Die persönliche Kompetenz für eine bewusste Gestaltung der F. konkretisiert sich in der Auseinandersetzung mit bzw. der Auswahl aus diesen gesellschaftlichen Vorgaben für F.

Freizeitpädagogik (engl. *education of leisure*). Als wissenschaftliches Arbeitsgebiet der *Pädagogik* untersucht F. die Beziehungen zwischen den gesellschaftlichen Rahmenbedingungen für Freizeit und dem tatsächlich beobachtbaren Freizeitverhalten. So kann F. u. a. über die Art und Weise der Vermarktung von Freizeit und die Konsequenzen für Menschen in verschiedenen Entwicklungsstufen (Kinder, Jugendliche, Erwachsene, Senioren) und Lebenslagen Auskunft geben.

Als praktische Pädagogik will sie die Kompetenzen für eine selbstbestimmte, entlastende, erholsame und ökologisch verträgliche Freizeitgestaltung entwickeln helfen. Dadurch sollen Gegengewichte zu Fremdbestimmung, Leistungsdruck, Stress und Einseitigkeiten beim Lernen und Arbeiten geschaffen werden. Freizeit, die durch Arbeitslosigkeit aufgezwungen wird, hat durch den Wegfall der Erwerbsarbeit i. d. R. keinen sinnstiftenden Gegenpol. F. muss in diesem Falle eher sozialpädagogische Ziele verfolgen, die dem Erhalt der Identität des Arbeitslosen und der gegebenenfalls mitbetroffenen Familienangehörigen dienen.

Friedenserziehung (engl. *peace education*). Zielsetzung der F. ist, Kinder, Jugendliche und Erwachsene zu friedensorientiertem Handeln anzuleiten. F. stellt den Versuch der *Pädagogik* dar, zum Abbau von Gewalt in allen gesellschaftlichen Bereichen (z. B. Familie, Schule, Jugendgruppe, Berufsleben) beizutragen und selbstbestimmtes, demokratisches Handeln, soziale Gerechtigkeit und politische Freiheit im internationalen Zusammenhang sowie Erhalt und Wiederherstellung des Friedens zu fördern.

In der Friedensforschung sind die relevanten gesellschaftspolitischen Zusammenhänge in den letzten Jahren analysiert und Konzepte zur Friedensfähigkeit entwickelt worden. In der Schule kann die F. als Unterrichtsprinzip im Zusammenhang mit dem sozialen Lernen in allen Fächern zur Geltung gebracht werden. F. kann in curricularen Einheiten für verschiedene Fächer und in fächerübergreifenden Projekten eine wichtige Rolle spielen. Darüber hinaus muss sie vor allem auch in Einrichtungen der Kinder- und Jugendarbeit, der Verbände, Parteien, Kirchen und in der Erwachsenenbildung Gegenstand der Auseinandersetzung sein. Über die Rolle der F. im Unterricht gibt es kontroverse Auffassungen, die auch seinerzeit in der KMK bei der Diskussion parteipolitisch unterschiedlicher Entwürfe zum Ausdruck kam.

Fröbel-Spielgaben. *Spielgaben.*

Frontalunterricht (Syn. **Klassenunterricht**). *Sozialform des Unterrichts,* bei der ein Lehrer versucht, den Lernstoff an eine Schulklasse mithilfe sprachlicher Darbietung, Wandtafel, Schulbuch und Overheadprojektor unter Berücksichtigung methodischer Lernschritte an alle Schüler gleichzeitig und effektiv zu vermitteln. Dabei steuert und kontrolliert er mit Fragen und Impulsen den Fortgang des Lernprozesses. Die Schüler verhalten sich meist rezeptiv und abweichende Verhaltensweisen werden als Unaufmerksamkeit oder Disziplinlosigkeit gedeutet. Am Ende der Unterrichtsstunde sollen alle Schüler die Lehrziele erreicht haben.

Der F. wird in der Literatur häufig auf *J. A. Comenius* zurückgeführt. Eine negative Akzentuierung erfuhr er durch die Einführung der *Jahrgangsklasse* 1820 durch J. Schulze in Verbindung mit dem

Zwang zur effektiven Vermittlung eines einheitlichen, lehrplangebundenen Stoffpensums an alle Schüler in Schulklassen, die seit der zweiten Hälfte des 19. Jh. überfüllt waren und bis Ende der 60er Jahre des 20. Jh. noch eine Stärke von bis zu 60 Schülern hatten. Der lehrerzentrierte F. in der negativen Ausprägung ist nicht zu verwechseln mit einer guten Lehrererzählung, einem interessanten Lehrervortrag oder Frontalinformationsphasen zur Einführung und Organisation von freier Arbeit, Wochenplanarbeit oder Projektunterricht.

Frühkindliche Förderung. *Vorschulerziehung.*

Frustration (lat. *frustratio* Irreführung, Vereitelung, absichtliche Verzögerung; engl. *frustration*). Jede als Enttäuschung empfundene Unterbrechung einer Aktivität, deren Ziel die Erfüllung eines körperlichen oder seelischen Bedürfnisses ist.

Frustrationstoleranz (engl. *frustration tolerance*). Die erlernbare Fähigkeit zum Ertragen einer *Frustration,* ohne dass der Versuch gemacht wird, die Ursache einer Frustration zu beseitigen oder auf anderen Wegen Befriedigung zu erhalten.

FSJG. *Gesetz zur Förderung eines freiwilligen sozialen Jahres.*

Führungsstil (engl. *style of leadership*). Führung bedeutet jede Ausrichtung und Lenkung des Verhaltens von Individuen oder Gruppen. Sie kann sich auf das Wie ebenso wie auf die Bedingungen und Ziele des Verhaltens beziehen. Alltagserfahrung und Forschung belegen, dass Führung auf den Verhaltensprozess, das Befinden der Beteiligten und die Ergebnisse des Verhaltens wesentlichen Einfluss nimmt. Um die Wirkungen unterschiedlicher Arten von Führung überprüfen zu können, konstruierte die Sozialpsychologie verschiedene Modelle von F. Unterschieden werden im Allgemeinen der autoritäre F., der im Hinblick auf Ziele, Inhalte, Vorgehensweise und zeitliche Einteilung das Verhalten anderer genau vorschreibt und streng kontrolliert, der demokratische F., der um Vereinbarungen zwischen Führung und Geführten, um Mitwirkung und Selbststeuerung bemüht ist, und der Laisser-faire-F., der Anregungen, Unterstützung und Ordnung weitgehend vernachlässigt und die Handelnden vorwiegend sich selbst überlässt. *Erziehungsstil.*

Fundamentum (lat. *fundamentum* Grund, Grundlage). In Schulformen mit äußerer *Fachleistungsdifferenzierung* oder in Klassen mit *innerer Differenzierung* vermittelt das F. die für alle Schüler verbindlichen Lerninhalte und Lernziele (Grundwissen, Grundanforderungen). Für Schüler, die das F. schneller erarbeitet haben, werden Zusatzstoffe *(Addita)* angeboten. Zur Gewährleistung der *Durchlässigkeit* zwischen den Kursgruppen können zur Förderung der Schüler sog. *Stütz-* und *Liftkurse* eingerichtet werden.

Fundraising. Mittelbeschaffung für gemeinnützige Zwecke. Schulen, Projekte in der Jugendarbeit und Hochschulen entwickeln Finanzierungsinitiativen für die Realisierung von Projekten, für die in den öffentlich finanzierten Haushalten keine Mittel zur Verfügung stehen. Private und öffentliche Stiftungen, Förderprogramme der EU, der Bundes- oder einer Landesregierung, private Spenden von Unternehmen sind häufig Finanzquellen.

Funkkolleg. Allgemein zugängliches Bildungsangebot im Medienverbund, in dessen Zentrum eine Abfolge von Rundfunksendungen steht, die durch schriftliche Materialien zum Selbststudium, Studienbegleitzirkel an Volkshochschulen (und bei anderen Trägern) und durch die Beurteilung und Bewertung von Prüfungsaufgaben ergänzt werden. Träger eines F. sind Rundfunkanstalten, die eine wissenschaftliche Leitung und einen Kreis von Autoren für die einzelnen Sendungen berufen. Die erfolgreiche Teilnahme an einem F. kann von den zuständigen Landesministerien mit einem Zertifikat bescheinigt werden, das z. B. innerhalb eines Studienganges angerechnet wird. Für die Studienbegleitbriefe und die Teilnahme an den Begleitzirkeln ist eine Gebühr zu entrichten. Die bisher angebotenen F. haben Themen aus den Bereichen Philosophie, Sozialwissenschaften, Anthropologie, Kulturwissenschaften und benachbarten Disziplinen behandelt.

funktionale Bildung. *Formale Bildung*.

funktionale Erziehung. Im Gegensatz zur *intentionalen* (beabsichtigten) *Erziehung* bezeichnet die f. E. die unbeabsichtigten und nicht systematisch durchgeführten erzieherischen Einwirkungen auf Kinder und Jugendliche durch die *Sozialisation.*

Fürstenschulen (Syn. **Landesschulen**). Im 16. und 17. Jh. richteten Landesfürsten im Zuge der reformatorischen Erneuerung des Schulwesens F. ein, die sich schnell zu angesehenen Zentren humanistischer Bildung entwickelten. Sie waren Bildungsstätten für den Nachwuchs in zentralen Bereichen der landesherrlichen Politik, in Kirche, Staatsführung, Wirtschaft und Wissenschaft. Im Lehrplan wurde die in den *Kloster-* und *Domschulen* dominierende Lektüre biblischer Texte und diese erklärender Literatur ersetzt durch klassische römische Autoren. Neu aufgenommen in den Kanon der höheren Bildung wurde das Griechische. Die enge Einbindung der alten *Lateinschulen* in das kirchliche Leben wurde zugunsten einer Hinwendung zu Philosophie, Politik und weltlicher Bildung aufgegeben. Europäische Beachtung fanden u. a. die F. in Meißen, Pforta und Maulbronn.

FWU. *Institut für Film und Bild in Wissenschaft und Unterricht.*

G

Ganztagsschule (engl. *fulltime day school*). Die gesellschaftliche Bedeutung der G. hat in den letzten Jahren erheblich zugenommen. Ein Hauptgrund ist die steigende Erwerbsbeteiligung von Frauen, für die eine G. eine Verbesserung der Vereinbarkeit von Beruf und Familie mit sich bringen würde. Solche sozial- und arbeitsmarktpolitischen Gründe waren Anlass für die Kultusministerkonferenz zu einer Bestandsaufnahme in den Ländern der Bundesrepublik Deutschland. Darin versteht sie unter einer G. Schulen im Primar- und Sekundarbereich I, die über den vormittäglichen Unterricht hinaus ein ganztägiges Angebot für Schüler machen, den teilnehmenden Schülern ein Mittagessen bereitstellen und die nachmittäglichen Angebote unter der Verantwortung und Aufsicht der Schulleitung organisieren. Dabei sollen Vormittagsunterricht und Nachmittagsangebot in einem konzeptionellen Zusammenhang stehen.
Es werden drei Formen von G. unterschieden: In der »voll gebundenen Form« nehmen alle Schüler an den ganztägigen Angeboten teil, in der »teilweise gebundenen Form« nimmt nur ein Teil der Schüler (z. B. einzelne Klassen oder Jahrgangsstufen) teil und in der »offenen Form« können einzelne Schüler die ganztägigen Angebote wahrnehmen. Für die Schüler sind in den drei Formen mindestens sieben Zeitstunden an mindestens drei Tagen der Woche verbindlich.
Die Zeitkonzepte der einzelnen G. sind vielfältig gestaltet. Der Ganztagsbetrieb kann in einer gebundenen Organisationsform mit Präsenzpflicht für alle Schüler an vier Tagen der Woche von 8.00 bis 16.00 Uhr, freitags bis 13.00 oder 14.00 Uhr bestehen. Manche Schulen organisieren eine Früh- und eine Spätbetreuung an fünf Tagen. Im Nachmittagsbereich werden vielfältige Freizeitkurse, Arbeitsgemeinschaften, Übungs- und Förderzeiten angeboten. Die Gestaltung ist mit einer intensiven Raum- und Personalorganisation (Lehrer, Sozialpädagogen, Sonderpädagogen, Honorarkräfte) verbunden.
Die Verbreitung der G. war nach den Daten der KMK 2002 bis 2004 in den einzelnen Schularten und in den Bundesländern sehr unterschiedlich. Der Anteil an der jeweiligen Schulart betrug 2004 an Grundschulen 16,3%, an Hauptschulen 18,1%, an Realschulen 13,3%, an Gymnasien 20,6%, an Integrierten Gesamtschulen 69,5% und an Sonderschulen/*Förderschulen* 41,2%.
Im Unterschied zur *Halbtagsschule,* die weitgehend durch eine ökonomische Aufeinanderfolge von Unterrichtsstunden charakterisiert ist, kann sich die G. dem physiologischen Lebensrhythmus durch arbeitsintensive und entspannende Phasen besser anpassen. Das Zusammenleben aller Schüler außerhalb der Unterrichtszeit bietet gute Möglichkeiten zur Integration von Schülern unterschiedlicher sozialer Herkunft, zum sozialen Lernen, zur individuellen Förderung im Unterrichts- und Freizeitbereich und zum Abbau von Chancenungleichheiten. Durch Fördermöglichkeiten am Nachmittag werden die Lernchancen verbessert. Leistungsstarke und leistungsbereite Schüler werden durch anspruchsvolle Wahlangebote an die Schule gebunden. Die G. entlastet vor allem berufstätige und alleinerziehende Eltern von der Beaufsichtigung am Nachmittag und der

Mithilfe bei Hausaufgaben. Allerdings schränkt die G. die frei verfügbare Zeit der Kinder und Jugendlichen an vier Nachmittagen ein.

Gastschüler. Sie nehmen für einen begrenzten Zeitraum regelmäßig am Unterricht teil (z. B. im Rahmen des Schüleraustausches mit einer ausländischen Schule), können jedoch als G. keinen Schulabschluss erreichen. Für die Teilnahme am Unterricht ist die Genehmigung der Schulleitung, in manchen Ländern auch die der zuständigen Schulaufsichtsbehörde erforderlich.

Gefühl. *Emotion.*

gegliedertes Schulsystem. *Dreigliedriges Schulsystem.*

Gehorsam (engl. *obedience*). Den Anweisungen eines anderen folgen, auf ihn hören. Geschieht dies aus Angst vor Strafe oder nach bereits vollzogener Strafe, so sind für eine derartige Verhaltensänderung die Bezeichnungen Unterwerfung oder Anpassung zutreffender. Im Sinne der normativen Orientierungen, die mit den Begriffen Erziehung, Bildung und Emanzipation gegeben sind, kann G. im pädagogischen Sinne nur dann vorliegen, wenn eine Anweisung, eine Bitte, ein Rat aus Einsicht und auf der Grundlage eines freien Entschlusses befolgt werden.

Gehorsamspflicht. Aus jedem vertraglich vereinbarten Arbeitsverhältnis erwächst für den Arbeitnehmer eine G. gegenüber seinem Arbeitgeber. Für Beamte und Angestellte im öffentlichen Dienst (Lehrer, Sozialpädagogen u. a.) gilt das in besonderer Weise. Dienstliche Anweisungen sind zu befolgen. Kommen gegen eine Anweisung rechtliche Bedenken auf, so können diese umgehend dem unmittelbaren Vorgesetzten, gegebenenfalls auch dem nächsthöheren Vorgesetzten vorgetragen werden. G. befreit folglich nicht von Mitverantwortung für eine rechtlich einwandfreie Arbeit.

geisteswissenschaftliche Pädagogik. Konzeption (Richtung, Schule) pädagogischer Forschung und Theoriebildung, deren Ziel das Verstehen von Ideen, Ordnungen, Abläufen, von Gestaltung und Veränderungen für bzw. von Erziehungsprozessen vor dem Hintergrund individueller und kultureller Einflüsse ist. Sie geht dabei von der Erkenntnis aus, dass Erziehung, Unterricht und Ausbildung Vorgänge darstellen, die sich unter Beachtung der Prinzipien naturwissenschaftlich orientierter Erklärungsversuche nur z. T. erschließen lassen, weil sie weder zeitunabhängig noch vollständig determiniert in immer gleicher Linearität verlaufen. Spezifisch für diese Vorgänge ist vielmehr, dass sie als Ausdruck menschlicher Sinnstiftung nur vom jeweiligen Gesamtzusammenhang einer geschichtlich-kulturellen Situation und aus den Lebenslagen der handelnden Personen heraus verstanden werden können. Die Ordnungen, Abläufe und Gestaltungen von Erziehungsprozessen lassen sich nicht, wie es für experimentelle Forschung Voraussetzung wäre, einfach wiederholen. Sie sind vielmehr in ihrer Besonderheit nur durch die Auslegung wichtiger Objektivationen (Erziehungslehren, pädagogische Theorien, Schulordnungen, Schulgesetze usw.) zu rekonstruieren. Auf diese Weise lassen sich für bestimmte Zeiträume einerseits Erkenntnisse über die Grundstrukturen von Erziehungsprozessen sowie über deren Ausprägungen in der jeweils aktuellen pädagogischen Praxis, andererseits aber auch Einblicke in die spezifische Art und Weise der theoretischen Aufarbeitung von Erziehungsprozessen einer Zeit gewinnen. Leitziel der g. P. ist die Differenzierung und auf methodische Quellenanalyse gestützte Absicherung des Verständnisses für die kulturellen (politischen, ökonomischen, sozialen, geistesgeschichtlichen usw.) und individuellen Bedingungen aktueller oder vergangener Erziehungs- und Unterrichtsprozesse, so dass die heute handelnden oder forschenden Pädagogen die Hintergründe und Zusammenhänge ihres Tuns bewusster beachten können.

Anregungen aus der sozialwissenschaftlichen Diskussion um Wertorientierung oder Wertfreiheit der Wissenschaften und Analysen zum Verhältnis von Erkenntnis und Interesse (J. Habermas) haben innerhalb der g. P. zu Korrekturen und Weiterentwicklungen geführt. Die Aufklärung der Interessenbindung pädagogischer Objektivationen und deren Erforschung wurde als Ideologiekritik in den Aufgabenkatalog der g. P. integriert. Pädagogik solle nicht dazu missbraucht werden können, so die Entscheidung der jetzt auch als kritische Erziehungswissenschaft auftretenden g. P., der jeweils faktischen Erziehung durch Theoriebildung die Würde einer gültigen Erziehung zu verleihen. Im Gegenteil, g. P. bzw. kritische Erziehungswissenschaft müsse sich in radikaler Distanzierung zur etablierten Erziehungspraxis für eine Pädagogik engagieren, die im Sinne der Aufklärung konsequent für die *Emanzipation* der zu Erziehenden eintritt. Aus diesem leitenden Interesse heraus taucht für die kritische Erziehungswissenschaft auch die Bezeichnung emanzipatorische Pädagogik auf.

Heute werden hermeneutische Analysen, sozialgeschichtliche Studien, ideologiekritische Untersuchungen und die Ergebnisse der *empirisch-analytischen Erziehungswissenschaft* in der Theoriebildung der g. P. berücksichtigt. Für Entstehung und Entwicklung der g. P. etwa seit der Wende zum 20. Jh. war der Philosoph *W. Dilthey* von hervorragender Bedeutung. Wichtige Vertreter bis in die sechziger Jahre hinein waren *H. Nohl, T. Litt, E. Spranger, O.-F. Bollnow* und *W. A. Flitner.* Die aktuelle wissenschaftstheoretische und methodische Weiterentwicklung der g. P. haben insbesondere *H. Blankertz,* H.-H. Groothoff, W. Klafki, *K. Mollenhauer,* A. Flitner und U. Herrmann vorangetrieben.

geistige Behinderung (engl. *mental disability*). Schwere und dauerhafte Beeinträchtigung der Lernfähigkeit. Gemessen am Standardwert 100 des *Intelligenzquotienten* (IQ) für das entsprechende Lebensalter erreichen geistig Behinderte nur 60 oder weniger Punkte. Sinkt der IQ unter 20, spricht man von Imbezillen. Geistig behinderte Kinder werden in entsprechenden Sonderschulen/*Förderschulen* gefördert. Für die berufliche Ausbildung und Eingliederung sind besondere Rehabilitationsmaßnahmen und *beschützende Werkstätten* eingerichtet.

gelenktes bzw. gebundenes Unterrichtsgespräch. *Unterrichtsgespräch.*

Gemeinnützige Gesellschaft Gesamtschule e. V. (GGG). 1969 gegründete Gesellschaft, deren Aufgabe es ist, die Errichtung neuer und die Zusammenarbeit bestehender *Gesamtschulen* zu fördern. Sie will insbesondere die Forschung unterstützen, die öffentliche Diskussion um die Gesamtschule versachlichen, Lehrer mit allen Fragen der Gesamtschule vertraut machen und zur Lehrerbildung beitragen sowie durch die Ergebnisse ihrer Arbeit Gesetzgebern, Kultusverwaltungen und Schulträgern Anregungen geben und Hilfe bei der Einrichtung und Organisation von Gesamtschulen leisten. Die GGG veranstaltet Bundeskongresse, Regionalkongresse und Fachtagungen. Sie gibt die Zeitschriften ›Gesamtschulkontakte‹ und ›Gesamtschul-Berichte‹ sowie eine Veröffentlichungsreihe heraus, in der Dokumente, Informationen und Arbeitsmaterialien über die Gesamtschulentwicklung zu finden sind.

Gemeinsamer europäischer Referenzrahmen für Sprachen (GERS). Der GERS stellt eine gemeinsame Basis für die Entwicklung von Lehrplänen, Richtlinien, Prüfungen und Lehrwerken in ganz Europa dar und wird auch bei internationalen Schulleistungsvergleichen herangezogen. Er beschreibt umfassend, welche Kompetenzen Lernende für erfolgreiches kommunikatives Handeln in einer Fremdsprache erwerben müssen. Der GERS wurde von einer international zusammengesetzten Expertenkommission im Auftrag des Europarats erarbeitet. Er dient der Koordination des Lehrens und Lernens von Sprachen in Europa und soll die Mobilität der Bürger unterstützen und fördern.

Gemeinschaftserziehung. **1)** Gemeinsame schulische Erziehung von Jungen und Mädchen *(Koedukation).*

2) Erziehung zur sozialen Integration sowie zum Bewusstsein gemeinschaftlich verantwortlichen Handelns. In seiner Pädagogik des *Pragmatismus* begründete der Amerikaner *J. Dewey,* wann Demokratie »gemeinschaftliches Leben« ist und warum die Schule ein Modell sein muss, in dem Kinder und Jugendliche durch die praktische Vermittlung von Denkformen zur Bewältigung konkreter Probleme und damit zur Demokratie befähigt werden.

Gemeinschaftsschule (engl. *non-denominational school*). **1)** Die im GG für die Bundesrepublik Deutschland verankerte Rechtsform der öffentlichen Schule für Kinder aller Bekenntnisse und Weltanschauungen. In einigen Bundesländern wird sie auch als christliche G. bezeichnet. Die G. steht im Gegensatz zur *Bekenntnisschule,* die mehr und mehr in kirchliche Trägerschaften übergeht, um die Schüler ganz nach den Grundsätzen des christlichen Bekenntnisses unterrichten und erziehen zu können. Hingegen repräsentiert die G. vielfältige konfessionelle und weltanschauliche Gruppen. Ihr Ziel ist es, in Erziehung und Unterricht die Freiheit zum Bekennen religiöser und weltanschaulicher Überzeugungen zu achten, auf die Empfindungen Andersdenkender Rücksicht zu nehmen und die Beziehungen zu anderen Menschen nach den Grundsätzen der Gerechtigkeit, der Solidarität und der Toleranz zu gestalten.

2) Im ›Gesetz zur Weiterentwicklung des Schulwesens in Schleswig-Holstein‹ vom Januar 2007 neu eingeführte Schulart, in der *Abschlüsse* der Sekundarstufe I in einem gemeinsamen Bildungsgang ohne Zuordnung zu unterschiedlichen Schularten erreicht werden (siehe *Schleswig-Holstein*).

Gemeinwesenarbeit (engl. *community work*). Neben der Einzelfallhilfe und der sozialen Gruppenarbeit dritte methodische Konzeption der *Sozialarbeit/Sozialpädagogik.* Grundlage ist die wachsende Einsicht in die politischen, sozialen und wirtschaftlichen Bedingungen für Benachteiligungen, Problemlagen und Konflikte. So wird z. B. Überschuldung auch als Folge einer Marktstrategie mancher Geschäfte und Banken betrachtet, die ohne soziale Verantwortlichkeit Kunden in den finanziellen Ruin treiben. Das Konzept folgt der Leitidee, die von sozialen Notlagen betroffenen Teile der Bevölkerung eines Lebensraumes zur gemeinsamen Analyse ihrer Situation und zu solidarischen Aktionen zu befähigen. Zu diesem Zwecke werden die vorhandenen sozialen Hilfen koordiniert, mithilfe von Öffentlichkeitsarbeit wird auf die gesellschaftliche Bedingtheit zahlreicher Notlagen aufmerksam gemacht und mit den Betroffenen gemeinsam werden Lösungswege erarbeitet und beschritten.

Genderforschung (engl. *gender* Geschlecht). Pädagogische G. untersucht die Wirkung des Faktors Geschlecht in *Sozialisation, Erziehung, Unterricht, Ausbildung,* Studium und beruflicher Praxis. Als Teil der Frauenbewegung bemüht sie sich darum, über Frauen als Subjekte und Objekte der Forschung gründlich zu informieren und geschlechtsspezifische Differenzen aufzudecken. Dabei arbeitet G. interdisziplinär. Besondere Beachtung finden derzeit die Arbeiten von H. Faulstich-Wieland, B. Friebertshäuser, W. Gieseke, D. Lemmermöhle und R. Schäfer. Forschungsschwerpunkte sind u. a. Fragen nach der Bildungsbeteiligung, der Teilnahme an beruflicher Ausbildung und Studium sowie nach den Berufskarrieren.

Ausgangspunkt der G. ist die Tatsache, dass vor dem Hintergrund kultureller Grundüberzeugungen über das Wesen von Frauen und Männern in Geschichte und Gegenwart die pädagogischen Interaktionen mit Mädchen und Jungen von unterschiedlichen Erwartungen, Normen und Zielen beeinflusst waren und sind. Das lässt sich für die Familie ebenso wie für Schule, Berufsausbildung und Hochschule zeigen und objektiviert sich besonders deutlich in Erziehungsmaßnahmen, Verhaltensnormen, Spielsachen, Literatur, Schulbüchern, Bildungsprogrammen, Schullaufbahnen, Ausbildungsperspektiven und beruflichen Karrieren.

Gendering (engl. *gender* Geschlecht). Prozess der Ausbildung einer geschlechtsspezfischen Identität bei Kindern und Jugendlichen. Dabei führt die individuelle Wahrnehmung, Interpretation und Umsetzung der vielfältigen Erwartungen an das in einem kulturellen Lebenszusammenhang übliche Verhalten eines Jungen/eines Mannes bzw. eines Mädchens/einer Frau zu einer spezifischen Gestaltung der Geschlechtlichkeit im persönlichen *Habitus.*

Genehmigung von Schulbüchern. Schulbücher oder ähnliche Druckerzeugnisse, die in das Verzeichnis der Lernmittel aufgenommen werden sollen, die ein Schulträger den Schülern leihweise oder zum Verbleib zur Verfügung stellt, bedürfen zuvor einer Genehmigung durch das zuständige Kultus- oder Schulministerium. Ausnahmen bestehen für eine Reihe von Büchern für berufliche Schulen und Sonderschulen. Davon unbeschadet können Lehrer Bücher u. a. Materialien nach freiem Ermessen, aber immer unter Beachtung ihrer pädagogischen Verantwortung im Unterricht einsetzen.

Die Schulbuchverlage reichen die jeweiligen Bücher in Verbindung mit einer Reihe von zusätzlichen Informationen (z. B. für welche Schulart, welche Klassenstufe) für das Genehmigungsverfahren beim Ministerium ein. Kriterien für das Zulassungsverfahren sind u. a.: Übereinstimmung mit GG, Landesverfassung, Schulgesetz und Lehrplan, zeitgemäße didaktisch-methodische Aufbereitung des Inhalts sowie Berücksichtigung gesicherter Erkenntnisse der Fachwissenschaft. Über die Genehmigung bzw. Nichtgenehmigung wird schriftlich informiert. Die Genehmigung kann von bestimmten Bedingungen abhängig gemacht werden. Nicht genehmigte Bücher können nach Überarbeitung erneut zur Prüfung vorgelegt werden. Die genehmigten Schulbücher werden regelmäßig im Amtsblatt des Ministeriums bekannt gemacht.

General-Land-Schul-Reglement. Umfassendste preußische Schulordnung, 1763 unter Friedrich II. erlassen. Zugrunde lag weniger ein bildungspolitisches als vielmehr ein wirtschaftliches Interesse. Nach den Zerstörungen des Siebenjährigen Krieges (1756–1763) sollte eine Anhebung des kaum entwickelten Bildungsstandes der Landbevölkerung dazu beitragen, die wirtschaftlichen Schwächen und sozialen Nöte in Preußen zu überwinden. Alle Eltern und Vormünder wurden aufgefordert, die Kinder ab dem 5. Lebensjahr in die Schule zu schicken und dort bis zum 13. oder 14. Lebensjahr unterrichten zu lassen. Das G. regelte Dauer und Inhalte des Unterrichts (Religion, Lesen und Schreiben), die Anzahl der Wochenstunden, die Bedingungen, unter denen Unterricht ausfallen konnte, die Erwartungen an die Schulmeister (Küster, Handwerker, entlassene Unteroffiziere u. a.), die kirchliche Schulaufsicht und den Schulunterhalt.

Wie für alle Schulordnungen zuvor gilt auch für das G., dass es zuerst als Absichtserklärung eines aufgeklärten Feudalstaates zu verstehen ist. Tatsächlich konnten die Bestimmungen des G. aufgrund fehlender Mittel und des geringen Interesses der gesellschaftlichen Eliten an einer Verbesserung der Untertanenerziehung nur teilweise in die Praxis umgesetzt werden.

Für die katholischen Länder innerhalb des Reiches sind um die gleiche Zeit analoge Regelungen erlassen worden. Besonders umfassend war die *Allgemeine Schulordnung für die deutschen Normal-, Haupt- und Trivialschulen in sämtlichen Kaiserlich-Königlichen Erbländern* der Kaiserin Maria Theresia aus dem Jahre 1774.

Generation (lat. *genus* Geburt, Familie, Klasse; engl. *generation*). **1)** Die aufeinanderfolgenden Glieder eines Geschlechts bzw. einer Familie: Großeltern, Eltern, Kinder, Enkel usw.
2) Altersmäßig umschriebene Teilgruppe einer Gesellschaft, die durch gemeinsame kulturelle, wirtschaftliche und politische Erfahrungen geprägt ist und sich dementsprechend auch durch gewisse Gemeinsamkeiten z. B. in kulturellen Grundüberzeugungen und Praktiken, in Erziehungsstilen, Lebensentwürfen und politischen Urteilen auszeichnet. Die Schnelligkeit des gesellschaftlichen Wandels kann auch die Abfolge der G. bestimmen, so dass sich Grenzen zwischen den G. nur in Relation zur Gesamtgesellschaft und immer nur annäherungsweise bestimmen lassen.
Kommt es zwischen aufeinanderfolgenden G. zu weitgehenden Veränderungen z. B. bei den Wertorientierungen, politischen Überzeugungen und Lebenszielen, kann das zum G.konflikt führen. Innerhalb der Pädagogik hat dieser Konflikt u. a. in der *antiautoritären Erziehung* Ausdruck gefunden.
Für politische Regelungen zur Verteilung der Leistungen zwischen den G., z. B. bei der Sicherung des Lebensunterhaltes, hat sich der Begriff G.vertrag eingebürgert. Bei steigender Zahl von Alten, Verlust an Ausbildungs- und Arbeitsplätzen für viele Junge und zunehmend unstetiger werdenden Erwerbsbiografien gerät das G.verhältnis mehr und mehr unter Druck.

genetische Methode (Syn. **genetischer Unterricht**) (griech. *genesis* Entstehung, Entwicklung; engl. *genetic method*). Ausgehend von Fragen der Schüler, die sich aus der sinnlichen Wahrnehmung eines Phänomens ergeben, wird die Beantwortung nicht durch Belehrung und Vermittlung von Lehrerwissen herbeigeführt, sondern im eigenen Nachdenken, Versuchen, Entdecken und im Gespräch mit dem Lehrer gesucht, um zum Verstehen des Phänomens zu gelangen. *M. Wagenschein* hat mit seinem Buch ›Verstehen lehren – genetisch, sokratisch, exemplarisch‹ wichtige Anregungen zur g. M. gegeben und die Frage zu klären versucht, auf welche exemplarischen Themenkreise sich die naturwissenschaftliche Didaktik angesichts der zunehmenden Stofffülle beschränken kann und muss. In der Geschichte der Didaktik ist das genetische Prinzip wiederholt Thema gewesen, so z. B. als fruchtbares Moment im Bildungsprozess (F. Copei), als originale Begegnung mit Menschen und Gegenständen *(H. Roth)* oder als Kulturstufentheorie (*J. F. Herbart* u. a., Waldorfpädagogik).

Genie (lat. *genius* Erzeuger; engl. *genius*). Der außergewöhnlich befähigte, in hervorragender Weise kreativ-schöpferische Mensch, der Neues hervorbringt, sei es in der Kunst, der Literatur, der Technik oder in den Bereichen Philosophie und Wissenschaft. Die Vorstellung von einer genetischen Bedingtheit der Genialität ist zwar weit verbreitet, lässt sich jedoch wissenschaftlich nicht überprüfen.

Georg-Eckert-Institut für internationale Schulbuchforschung. Fördert und beobachtet durch internationale und interdisziplinäre Forschungsarbeit die Einhaltung von zwischenstaatlich vereinbarten Grundsätzen zur Gestaltung von Schulbüchern (insbesondere in den Fächern Geschichte, Politik und Erdkunde) unter Beachtung der Prinzipien Objektivität, freie Urteilsbildung und Völkerverständigung. Sitz ist Braunschweig.

Gerontologie. *Altenbildung. Alternsforschung.*

GERS. *Gemeinsamer europäischer Referenzrahmen für Sprachen (GERS).*

Gesamtelternbeirat. Versammlung der Vorsitzenden und stellvertretenden Vorsitzenden der *Elternbeiräte* aller Schulen im Zuständigkeitsbereich eines Schulträgers (z. B. einer Stadt). Der G. berät Angelegenheiten, die die Eltern aller Schüler öffentlicher Schulen betreffen, erarbeitet Vorschläge an den Schulträger und die Schulverwaltung zur Weiterentwicklung des Schulwesens und unterstützt Anliegen einzelner Elternvertretungen, wenn diese von allgemeinem Interesse für Unterricht, Erziehung und Schulleben sind. Aufgrund der Kulturhoheit der Bundesländer bestehen jeweils besondere rechtliche Regelungen.

Gesamthochschule (engl. *comprehensive university*). Reformhochschule, erstmals 1971 in Kassel eingeführt. G. vereinigen in sich die traditionelle Universität, die Technische Universität, Pädagogische Hochschule und Fachhochschule. Je nach Studiengang ist Abitur, fachgebundene Hochschulreife oder Fachhochschulreife Zulassungsvoraussetzung. In Forschung, Lehre und Studium bemühen sich die verschiedenen Fachbereiche und Studiengänge um weitgehende Integration und Wahlfreiheit der Studierenden. G. nehmen Hochschulprüfungen und Staatsexamina sowohl auf dem Niveau wissenschaftlicher Hochschulen als auch auf Fachhochschulniveau ab. Sie verleihen alle akademischen Grade.

Gesamtschule (engl. *Comprehensive School*). Schulkonzeption, die durch ihre Organisation im Sekundarbereich I die Trennung der Schülerschaft in die traditionellen Schularten *Hauptschule, Realschule* und *Gymnasium* aufhebt. Sie umfasst die Jahrgänge 5 bzw. (in Berlin und Brandenburg) 7 bis 10, häufig auch die *gymnasiale Oberstufe,* seltener die *Grundschule.* Über die Hälfte der G. sind *Ganztagsschulen.* Es werden zwei Grundformen unterschieden: **1)** In kooperativen bzw. additiven G. sind die Schulformen Hauptschule, Realschule und Gymnasium als Schulzweige in einem Schulzentrum räumlich, organisatorisch und pädagogisch zusammengefasst. Durch die Möglichkeit zur engen curricularen und personellen Kooperation ist ein Wechsel von Schülern zwischen den Schulzweigen und abschlussbezogenen Bildungsgängen leichter möglich und damit eine größere *Durchlässigkeit* als im gegliederten *Schulsystem* gegeben. In den einzelnen Zweigen können die üblichen *Abschlüsse* des Sekundarbereichs I erworben werden.

2) In Integrierten G. sind die Schularten des gegliederten Schulsystems völlig aufgehoben. G. in integrierter Form bilden eine pädagogische und organisatorische Einheit und umfassen die drei Bildungsgänge des Sekundarbereichs I. Die Entwicklung der Integrierten G. geht in der Bundesrepublik Deutschland auf die Bildungsreformdiskussion der sechziger Jahre zurück. Vor dem Hintergrund international vergleichender Untersuchungen sollten G. im bildungsökonomischen Interesse zur besseren Qualifizierung aller Jugendlichen durch Revision des *Curriculums* und durch Ausschöpfen der Begabungsreserven beitragen. Zu den gesellschaftspolitischen Forderungen gehörten die Realisierung von mehr *Chancengleichheit,* die soziale *Integration* von Kindern unterschiedlicher Herkunft und eine stärkere Demokratisierung im Schulwesen. Zur Erprobung dieser Zielvorstellungen empfahl der *Deutsche Bildungsrat* 1969 die Einrichtung von *Schulversuchen* mit G. Bei der Entwicklung einer entsprechenden Schulkonzeption nahm die G.bewegung nicht die wiederholt geführte Diskussion über die *Einheitsschule* auf, sondern orientierte sich in Absetzung von der sozialistischen Einheitsschule der DDR an den Konzeptionen z. B. der Comprehensive Schools in Großbritannien und der neunjährigen Grundschule Schwedens. Grundlegend für die pädagogische und organisatorische Konzeption der ersten Integrierten G., die 1968 gegründet wurden und sich als demokratische Leistungsschulen verstanden, wurde die Übernahme des Systems der äußeren *Fachleistungsdifferenzierung* (engl. setting-system) und der *Wahldifferenzierung* im Sekundarbereich I. Aus der Kritik der wissenschaftlichen Begleitforschung an den Sozialisationseffekten großer Schulsysteme und der technokratischen Handhabung der Fachleistungsdifferenzierung haben G.neugründungen seit 1975 Konsequenzen gezogen. Im

Team-Kleingruppen-Modell sind an die Stelle äußerer Fachleistungsdifferenzierung kommunikative Formen der *inneren Differenzierung* getreten. Zur pädagogischen Profilierung des Unterrichts in G. hat seit den achtziger Jahren die Rezeption reformpädagogischer Erfahrungen z. B. mit der Kombination von Fachunterricht, *freier Arbeit, Wochenplanarbeit, Epochenunterricht* und *Projektunterricht* beigetragen. Da die Mehrzahl aller G. als Ganztagsschulen eingerichtet wurden, kommt den *Arbeitsgemeinschaften* und den Spiel- und Freizeitangeboten große sozialerzieherische Bedeutung zu. Über die ursprünglichen Ziele der G.bewegung hinaus stellen sich heute viele G. den Aufgaben multikultureller Erziehung und der Integration von behinderten und nichtbehinderten Schülern.
Die quantitative Entwicklung der G. seit 1968 ist in den einzelnen Bundesländern sehr unterschiedlich verlaufen. Erst 1982 wurde die Auseinandersetzung um die bundesweite Anerkennung der Abschlüsse an Integrierten G. durch eine Rahmenvereinbarung der KMK beigelegt. Nachdem seit der Wiedervereinigung in den neuen Bundesländern integrative Schularten eingeführt wurden, die Haupt- und Realschule zusammenfassen bzw. Integrierte Gesamtschulen sind, musste die KMK 1993 in der ›Vereinbarung über die Schularten und Bildungsgänge im Sekundarbereich I‹ auch die Frage der Differenzierung und der Abschlüsse neu regeln. Insgesamt zeigt sich der Trend, dass in den Bundesländern, in denen der Elternwille berücksichtigt wird und die G. den Schulen des gegliederten Systems gesetzlich gleichgestellt sind, die G.neugründungen erheblich zunehmen.

Als eine Einschränkung ihres pädagogischen Handelns sieht die G. die Detailregelungen der Kultusministerkonferenz in der ›Vereinbarung über die Schularten und Bildungsgänge im Sekundarbereich I‹ vom Juni 2006, nach der Unterricht an Schularten mit mehreren Bildungsgängen entweder in abschlussbezogenen Klassen oder in einem Teil der Fächer leistungsdifferenziert in Kursen auf mindestens zwei lehrplanbezogenen Anspruchsebenen erteilt wird. Angesichts der Wirksamkeit von abschlussbezogenen *Bildungsstandards* und zentralen *Abschlussprüfungen* solle gemeinsames Lernen der Schüler ohne äußere Aufteilung durch Gesetze nicht verhindert werden.
Der gesellschaftlichen Bedeutung von *Ganztagsschulen* haben Integrierte G. seit ihrer Entstehung Rechnung getragen. In der Bestandsaufnahme der Kultusministerkonferenz für die Jahre 2002 bis 2004 waren 507 Integrierte G. als Ganztagsschulen organisiert. Ihr Anteil an allen Schulen mit Ganztagsbetrieb betrug 2004 69,5%. 322 700 Gesamtschüler nahmen am Ganztagsschulbetrieb teil, das sind 69% der Schülerschaft an G.

Gesamtunterricht (engl. *interdisciplinary teaching*). Aus der *Reformpädagogik* stammender Begriff, der von *B. Otto* und vom Leipziger Lehrerverein für einen ungefächerten Unterricht in unterschiedlicher Weise verwendet wurde. **1)** Freier G.: B. Otto führte in seiner 1906 gegründeten privaten Hauslehrerschule in Berlin-Lichterfelde eine tägliche Fragestunde für den freien »geistigen Verkehr« unter Kindern und Erwachsenen ein, die ihren Ursprung in den Tischgesprächen bei den Mahlzeiten hatte. Aus seinem 1907 veröffentlichten Reformprogramm ›Deutsche Erziehung und Hauslehrerbestrebungen‹ geht hervor, dass B. Otto und A. Schulz unabhängig voneinander für diese Gesprächsstunden in Abgrenzung zum Einzel- und zum Fachunterricht die Bezeichnung G. verwendeten. Als der Leipziger Lehrerverein ebenfalls den Begriff G. einführte, benutzte B. Otto zur Präzisierung seiner Position die Bezeichnung freier G. für die Kommunikationsform des freien Gesprächs, zu dem sich in seiner Schule die altersheterogene »Gesamtheit der Schulgemeinschaft« versammelte, um sich der »Welt in ihrer Gesamtheit« zu öffnen, eigene

Fragen und Probleme aufzuwerfen und diese im gemeinsamen Gespräch oder im anschließenden Fachunterricht zu klären und zu beantworten. J. Kretschmann und *O. Haase* griffen die Idee des freien G. (d. h. des freien *Unterrichtsgesprächs*) auf, aus dem die Anlässe und Themen für fächerübergreifende Vorhaben *(Projekte)* hervorgingen, die durch Training, d. h. durch fachbezogene Kurse zum Erwerb von speziellen Kenntnissen und Fertigkeiten, unterstützt und ergänzt wurden.

2) Gebundener G.: Aus der Kritik am systematischen Aufbau des Fachunterrichts und am beziehungslosen Nebeneinander von unterschiedlichen Fachinhalten im Stundenplan erprobten die Arbeitsgemeinschaften des Leipziger Lehrervereins etwa ab 1905 Formen fächerübergreifenden bzw. fachunabhängigen Unterrichts, bei dem die lebensbezogenen und kindgemäßen Lerninhalte um eine Sacheinheit, z. B. beim Thema »Der Wald«, konzentriert angeordnet wurden. Auch in anderen Teilen Deutschlands wurden ähnliche G.konzeptionen entwickelt (z. B. von W. Albert und F. Seitz in Süddeutschland, *F. Gansberg* und *H. Scharrelmann* in Bremen, W. Lamszus in Hamburg). Die G.bewegung führte 1921 in den preußischen ›Richtlinien zur Aufstellung von Lehrplänen für die Grundschule‹ zur obligatorischen Einführung des gebundenen G. im ersten Schuljahr und darüber hinaus im heimatkundlichen Anschauungsunterricht bzw. in der Heimatkunde. Diese neue Konzentration der Bildungsinhalte bestimmte die meisten Lehrpläne der folgenden Jahrzehnte, bis etwa ab Mitte der sechziger Jahre mit der Abkehr von der volkstümlichen Bildung und der Heimatkunde in den Volksschulen auch die Überwindung des G. gefordert wurde. Vor dem Hintergrund der Bildungsreformdiskussion war die Kritik vor allem auf die Beliebigkeit der Auswahl und Konzentration von Lerninhalten gerichtet. Unter dem Einfluss wissenschaftsorientierter, curricularer Ansätze trat dann in den neuen Lehrplänen ab 1969 an die Stelle des G. die Eigengesetzlichkeit der Fächer mit ihren spezifischen Fragestellungen, Strukturen, Verfahren und Begriffen in den Vordergrund. In der gegenwärtigen Diskussion wird der Begriff G. nur noch im historischen Bezug verwendet. Gleichwohl haben das freie Unterrichtsgespräch, der fächerübergreifende Unterricht, Lernen in Projekten und Kursen oder die Frage nach der Konzentration der Lerninhalte in Lehrplänen nicht an Aktualität verloren.

Gesamtversetzungsplan. Betriebe, die eine größere Zahl von *Auszubildenden* betreuen, sollen auf der Grundlage von *Ausbildungsrahmenplan* und betrieblichem *Ausbildungsplan* einen G. erstellen, aus dem im Überblick ersichtlich wird, an welchen betrieblichen Lernorten die einzelnen Auszubildenden für bestimmte Zeitabschnitte jeweils sind.

Geschäftsfähigkeit (engl. *legal capacity*). Gesetzliche Erlaubnis zur verbindlichen Durchführung von Rechtsgeschäften. G. wird in Deutschland an drei Altersstufen gebunden. Bis zur Vollendung des 6. Lebensjahres besteht Geschäftsunfähigkeit, zwischen dem 7. und dem 17. Lebensjahr beschränkte G. und ab dem 18. Lebensjahr, also mit Eintritt der *Volljährigkeit,* volle G.

Geschlechtserziehung (engl. *sex education*). Identität, Bildungs- und Berufschancen sowie Lebensräume und -weisen sind nach wie vor stark von geschlechtsspezifischer Sozialisation abhängig. G. will über die kulturelle, gesellschaftliche und politische Vermittlung des individuellen und sozialen Umgangs mit dem Geschlecht aufklären und zu einer bewussten, befriedigenden und verantwortungsvollen Gestaltung der eigenen Geschlechtlichkeit und den daraus erwachsenden Aufgaben hinführen. G. versteht sich folglich sowohl als bewusste Jungenbildung wie als Mädchenbildung. Sie ist zentraler Teil sozialen Lernens und politischer Bildung. Sie kann den Werten und Normen, die sich aus Menschenrechten und Verfassungsauftrag ergeben, nur gerecht werden, wenn sie die vielfältigen Formen der Ungleichheit zwischen Frauen und Männern aufzeigt und auf ihre Wurzeln zurückführt, die Schüler und Schülerinnen zur Mitwirkung bei der Überwindung von Benachteiligungen befähigt und entschieden gegen Diskriminierung und Ausbeutung der Mädchen und Frauen eintritt (vgl. *Genderforschung, Gendering*).

Gesellenbrief (engl. *craft certificate*). Traditionelle Bezeichnung für das Gesellenprüfungszeugnis. Wird nach bestandener *Gesellenprüfung* von der Handwerkskammer ausgehändigt.

Gesellenprüfung (engl. *apprentices' final examination*). Nach der *Handwerksordnung* (HwO) wird die Berufsausbildung in einem anerkannten *Ausbildungsberuf* (Handwerk) mit der G. abgeschlossen. Dabei ist der Nachweis zu erbringen, dass der Lehrling die nach dem Ausbildungsplan erforderlichen Kenntnisse, Fähigkeiten und Fertigkeiten sowie die im Berufsschulunterricht geforderten theoretischen und praktischen Kenntnisse erbringen kann. Die Prüfung findet vor einem Prüfungsausschuss der *Handwerkskammer* statt, kann zweimal wiederholt werden und ist für den Prüfling kostenlos.

gesetzlicher Vertreter. *Elterliche Sorge*.

Gesetz über die Verbreitung jugendgefährdender Schriften und Medieninhalte (**GjSM**; engl. *Act Concerning the Distribution of Publications Harmful to Young Persons*). Das zuletzt 1985 verschärfte GjS verbietet die Werbung für und den Verkauf von Schriften u. a. Darstellungen, die Kinder und Jugendliche zur Missachtung einer menschenwürdigen Sexualität, zu Gewalt, Verrohung, Verbrechen und Rassenhass anhalten oder Ausbeutung und Krieg verherrlichen, sofern solche Schriften auf Antrag einer Jugendbehörde (z. B. eines Jugendamtes) von der Bundesprüfstelle für *jugendgefährdende Schriften* auf eine entsprechende Liste gesetzt worden sind. Für den Fall der Zuwiderhandlung werden Strafen angedroht. Mit Inkrafttreten des neuen Jugendschutzgesetzes (JuSchG) 2003 trat das GjSM außer Kraft.

Gesetz zur Förderung eines freiwilligen sozialen Jahres (FSJG). 1964 vom Deutschen Bundestag verabschiedet (zuletzt geändert im Dezember 2004). Das FSJG regelt, unter welchen Voraussetzungen ein *freiwilliges soziales Jahr* aus Mitteln des Bundeshaushaltes gefördert werden kann. Die Förderung umfasst freie Unterkunft und Verpflegung, Arbeitskleidung, Fahrtkosten und Taschengeld. Sie ist bei den Trägern des freiwilligen sozialen Jahres (Wohlfahrtsverbänden, Kirchen, Gebietskörperschaften) zu beantragen. Ein freiwilliges soziales Jahr kann z. B. in Kliniken, Altenpflegeheimen, aber auch bei der häuslichen Betreuung von Behinderten abgeleistet werden.

Gesundheitserziehung (engl. *health education*). In einigen Bundesländern wird die G. als zentraler Teil des Bildungs- und Erziehungsauftrages der Schule hervorgehoben. Die Schüler sollen sich der Bedeutung gesundheitsrelevanter Verhaltensweisen bewusst werden, kurz- und längerfristige Gefährdungen der Gesundheit kennen, über die Bedeutung von Hygiene und Gesundheitsvorsorge informiert werden und die persönliche Verantwortung für die eigene Gesundheit sowie die Mitverantwortung für eine gesundheitsförderliche Umwelt erkennen. Schüler sollen auch über die Aufgaben und Angebote der öffentlichen und privaten Gesundheitsdienste informiert werden.

GEW. *Gewerkschaft Erziehung und Wissenschaft*.

Gewalt (engl. *force*, *violence*). **1)** In den Verhaltenswissenschaften wird G. zumeist in Anlehnung an den Aggressionsbegriff definiert, wobei als Besonderheit von G. die Anwendung von Zwang angesehen wird, durch den anderen Menschen vorsätzlich Schaden zugefügt oder Sachen zerstört werden sollen. G. wird darüber hinaus im gesellschaftlichen und politischen Bereich als legitimes Zwangsmittel zur Sicherung von Recht und Ordnung (lat. *potestas* = Amts-

gewalt), aber auch als unrechtmäßiges Mittel zur Durchsetzung von Herrschaft gegen den Willen der Opfer (lat. *violentia* = Gewalttätigkeit, Unterwerfung, Terror) verstanden.
Auf die Vielgestaltigkeit der G. verweisen Attribute wie direkte oder indirekte, offene oder versteckte, personale, institutionelle oder strukturelle G.
2) Im pädagogischen Feld wird G. insbesondere a) in den Erziehungsmaßnahmen von Eltern, Lehrern, Sozialpädagogen, Jugendrichtern u. a., b) als strukturelle G. der Erziehungsinstitutionen, c) als G. zwischen Kindern und Jugendlichen und d) als G. der Kinder und Jugendlichen gegen ihre Erzieher oder die Einrichtungen von Schulen, Jugendhäusern usw. zum Problem *(Gewalt gegen Kinder, Gewalt unter Kindern).*
In Erziehungsmaßnahmen der Eltern ist G. nach der geltenden Rechtsprechung zwar nicht grundsätzlich untersagt, doch sind nach dem BGB »entwürdigende Erziehungsmaßnahmen« unzulässig. Experten sehen darin den Hinweis, dass körperliche Strafen als Erziehungsmittel ungeeignet sind, weil sie in Ausnutzung der Schwäche des Kindes dessen Integrität und Würde verletzen. Professionellen Erziehern, Lehrern usw. ist die Ausübung von Amtsg. in Form von *Erziehungs- und Ordnungsmaßnahmen* nur in den engen Grenzen gesetzlicher Vorgaben erlaubt. Dabei ist besonders zu beachten, dass Amtsg. in diesem Bereich in keinem Falle der Sühne und Vergeltung für begangenes Fehlverhalten, sondern ausschließlich einer positiven Beeinflussung der Persönlichkeitsentwicklung des jungen Menschen zu dienen hat. Körperliche Züchtigung als Ausdruck von Amtsg. gegenüber Kindern und Jugendlichen ist in allen Bundesländern ohne jede Einschränkung verboten.

Gewalt gegen Kinder (engl. *violence against children*). G. g. K. wird in Wissenschaft, Jugendhilfe und Politik zumeist in fünf Kategorien eingeteilt: a) körperliche Misshandlungen wie Schläge, Schütteln, Stöße, Verbrennungen und Vergiftungen; b) Vernachlässigung aufgrund schwerwiegender Mängel bei der Befriedigung der seelischen, körperlichen und sozialen Grundbedürfnisse des Kindes; c) psychische Misshandlung, die Kinder ängstigt, ihre Würde verletzt, sie vor anderen lächerlich macht und ihr Selbstwertgefühl bedroht; d) *sexueller Missbrauch* und e) G. nach dem sog. Münchhausen-Stellvertreter-Syndrom. Darunter versteht man Erkrankungen des Kindes, die absichtlich herbeigeführt wurden und es den Eltern erlauben, medizinische Hilfe herbeizuholen. Vermutet wird darin ein Hilferuf der Eltern, die bei Schwierigkeiten in Pflege und Erziehung ihres Kindes nicht den Mut haben, offen um Unterstützung zu bitten.
Das Ausmaß von G. g. K. ist empirisch und statistisch kaum zu beschreiben, da die Zahl der nicht angezeigten Fälle sehr groß ist und die verschiedenen Stellen bzw. Institutionen, bei denen G. g. K. erfasst wird, ihre Statistiken nach unterschiedlichen Kriterien führen. Die Schätzungen über Betroffene variieren folglich zwischen 1% und mehr als 20% aller Kinder zwischen 0 und 12 Jahren.
Obschon es den Anschein hat, als sei die G. g. K. in den letzten Jahrzehnten rückläufig, tritt sie nach Einschätzung der Experten weiterhin in erschreckend hoher Häufigkeit auf. Als Erziehungsmaßnahmen werden körperliche Züchtigung und psychische Misshandlungen noch immer von vielen toleriert und als Privatsache betrachtet. Die Politik ist derzeit bemüht, die körperliche und seelische Unversehrtheit der Kinder durch entsprechende gesetzliche Regelungen besser zu schützen. Körperliche Bestrafung ist bereits seit den 70er Jahren in Schulen und Einrichtungen der Jugendhilfe ausnahmslos verboten.

Gewalt unter Kindern (engl. *violence among children*). Eine genauere Eingrenzung und quantitative Darstellung fällt bei diesen Gewaltformen schwer, da die Wahrnehmung von G. u. K. bei Eltern,

Lehrern, Öffentlichkeit, Wissenschaftlern und den Betroffenen selbst höchst unterschiedlich ist. Systematische und repräsentative Langzeitstudien liegen zudem nicht vor. Was von Erwachsenen als Aggression mit Verletzungs- oder Zerstörungsabsicht erlebt wird, kann für die Kinder Erkundung und Ausprobieren ihrer Durchsetzungsfähigkeit oder Mittel zur Sicherung ihres Status in der Gleichaltrigengruppe sein.

Obwohl sich Erzieher, Lehrer und Sozialpädagogen nach allen einschlägigen Untersuchungen darin einig sind, dass sich der Umgang der Kinder untereinander ganz überwiegend freundlich, friedlich und kooperativ gestaltet, wird doch zugleich immer häufiger über eine Zunahme von verbalen Beleidigungen und Verletzungen, handfesten körperlichen Angriffen, sexueller Belästigung, Erpressung und Zerstörung fremden Eigentums berichtet. Dabei sind zwischen Stadt und Land sowie zwischen den Schularten große Unterschiede zu beobachten. Generell aber gilt, dass G. u. K. fast ausschließlich ein männliches Phänomen darstellt.

Aus Hauptschulen und Sonderschulen für lernbeeinträchtigte und verhaltensgestörte Kinder und Jugendliche wird G. u. K. überdurchschnittlich häufig berichtet; die Hemmschwelle werde immer niedriger, die Gewaltformen brutaler, der Umgangston rüder und bedrohlicher. Die Häufung von G. u. K. in diesen Schularten verweist bereits auf ihre wesentlichsten Ursachen:

a) Wenig anregende, räumlich eingeschränkte Lebensverhältnisse. Für selbstbestimmte Aktivitäten und ruhiges Lernen ist nicht genügend Platz vorhanden.

b) Defizitäre Sozialisationsprozesse, die sich in einer unzulänglichen Stärkung der kindlichen Persönlichkeit, in elterlicher Gewalt gegen die Kinder, in mangelhaften sozialen Kompetenzen, in schwach ausgeprägter Frustrationstoleranz und einer eher von Misstrauen und einer negativen Grundhaltung anderen gegenüber geprägten Einstellung bemerkbar machen.

c) Das Schul- und Ausbildungssystem selbst, das diesen Schülergruppen nur noch eingeschränkte Lebensperspektiven bieten kann. Zumeist wirken Faktoren aus diesen drei Bedingungsfeldern wechselseitig zusammen und verstärken sich dadurch noch. Die Gefährdungen für Kinder und Jugendliche nehmen noch zu, wenn die Familien von Armut, dauerhafter Arbeitslosigkeit und einer mangelhaften sozialen und kulturellen Integration betroffen sind. Das ist überdurchschnittlich häufig bei Ausländern der Fall, auch bei deutschen Aussiedlern.

Präventiv können Schule und Jugendhilfe insbesondere durch engagierte, zuverlässige und sachkundige Erzieher und Lehrer, vorbildliche Selbstdisziplin der Erwachsenen, guten Unterricht, ein freundliches Klima und an den Problemen der Kinder und Jugendlichen orientierte Beratungs-, Begleitungs-, Spiel- und Lernangebote positiv einwirken.

Gewerbeaufsichtsamt. Im Bereich der *Berufsausbildung* Kontrollbehörde für die Einhaltung aller gesetzlichen Arbeitsschutzbestimmungen: des *Jugendarbeitsschutzgesetzes* (JArbSchG), des Mutterschutzgesetzes (MuSchG) und des Kündigungsschutzgesetzes(KSchG).

Gewerkschaft Erziehung und Wissenschaft (GEW). Teilgewerkschaft im Deutschen Gewerkschaftsbund (DGB). Sie will die beruflichen, wirtschaftlichen, sozialen und rechtlichen Interessen von Lehrern aller Schularten und Schulstufen, Wissenschaftlern, Sozialarbeitern/Sozialpädagogen u. a. pädagogischen Berufen vertreten und durch ihre verschiedenen Dienste und Einrichtungen an der Förderung von Erziehung, Bildung, Ausbildung, Jugendhilfe und Wissenschaft mitwirken. Die GEW ist in Landesverbände gegliedert. Der Bundesvorstand gibt die Zeitschrift ›Bildung und Wissenschaft‹ heraus.

Gewissen (engl. *conscience*). Erlebbar wird das G. als innerer Appell, eine Erfahrung in bestimmter Weise zu beurteilen oder eine zu treffende Entscheidung in Orientierung an Regeln und Normen vorzunehmen. Ein schlechtes G. zeigt an, dass man gegen eine innere Gewissheit gehandelt hat. Grundlage des G. sind folglich der jeweils in der Entwicklung erreichte Grad an Wissen, Moral und Urteilskraft.

Das G. entwickelt sich durch die Auseinandersetzung mit der Umwelt und deren Wertorientierungen und Normen. Die neuere Entwicklungspsychologie (*J. Piaget,* L. Kohlberg u. a.) glaubt sechs Stadien der Entwicklung der moralischen Urteilsfähigkeit unterscheiden zu können: Orientierung am Wohlgefallen der unmittelbaren Bezugspersonen; Orientierung am eigenen Nutzen; Orientierung an den Konventionen der Bezugsgruppen; Anerkennung von Autoritäten und allgemeinen sozialen Ordnungen; Orientierung an der Gesetzmäßigkeit des Handelns und schließlich Orientierung an allgemeinen ethischen Prinzipien.

GG. *Grundgesetz.*

GGG. *Gemeinnützige Gesellschaft Gesamtschule e. V.*

GjSM. *Gesetz über die Verbreitung jugendgefährdender Schriften.*

Glockseeschule Hannover. *Alternativschule,* die als ehemaliger staatlicher Schulversuch in der Trägerschaft der Stadt Hannover auf eine Initiative von Eltern, Lehrern und Wissenschaftlern zurückgeht, die der Free-School-Bewegung und der antiautoritären Pädagogik um 1970 nahestand. Sie begann mit dem Schuljahr 1972/73 als einzügiger Grundschulversuch in der Glockseestraße und wurde zum Schuljahresbeginn 1974/75 um die Klassen 5 und 6 erweitert. Heute ist die G. H. eine ganztägige Gesamtschule mit den Klassen 1 bis 10, in der alle Abschlüsse der Sekundarstufe I erworben werden können.

Die pädagogische Konzeption der G. H. ist durch eine Lernorganisation gekennzeichnet, in der Kinder nach dem Prinzip räumlicher, zeitlicher und inhaltlicher Offenheit lernen sollen, ihre Erfahrungsmöglichkeiten und Verhaltensweisen selbst zu regulieren. Der herkömmliche Fachunterricht wird durch themenbezogene Projekte und andere Lernangebote ersetzt, in die in den ersten Klassen auch das Erlernen der sog. Kulturtechniken integriert ist. Die Projekte und Lernangebote werden in enger Zusammenarbeit von Lehrerteams und Schülern mit dem Anspruch geplant, klassen- und damit jahrgangsübergreifende Lernsituationen für die Kinder zu schaffen. Über die kognitive und soziale Lernentwicklung informieren Berichte der Lehrkräfte; Zensuren gibt es erst am Ende des Sekundarbereichs I. Die Zensuren und Abschlüsse bringen in den Abschlussklassen einen mehr oder weniger festen Stundenplan mit sich, der die Schule in einen latenten Widerspruch mit ihrer ursprünglichen Konzeption führt.

Goethe-Institut. Diese Kulturinstitute dienen der Pflege der deutschen Sprache und der internationalen kulturellen Zusammenarbeit. Schwerpunkte der Arbeit in diesem Rahmen sind: Aus- und Fortbildung ausländischer Deutschlehrer, Entwicklung von Lehrmaterialien, Organisation von landeskundlichen und literarischen Veranstaltungen und Mithilfe bei der Entwicklung von Lehrplänen für den Deutschunterricht. Die G. arbeiten im Auftrag des Auswärtigen Amtes der Bundesregierung. Sie sind ein wesentlicher Träger der auswärtigen Kulturpolitik. 2006 bestanden 142 Institute in 81 Ländern, 13 davon in Deutschland. Die Zentrale hat ihren Sitz in München.

Gothaer Schulmethodus. Herzog Ernst I. (der Fromme) von Sachsen-Gotha-Altenburg beauftragte 1641 den Rektor des Gothaer Gymnasiums *A. Reyher,* in Anlehnung an die von dem Theologen J. Kromayer für das Fürstentum Weimar entwickelten Reformpläne für die Volksbildung ein Konzept für die Erneuerung des Lehrplans der Volksschule im Gothaer Herzogtum vorzulegen. Nach R.s Schulordnung sollte der Unterricht neben den bis dahin für Volksschulen üblichen Fächern Katechismus- und Bibellesen sowie Kirchengesang um die Fächer Rechnen, Heimatkunde, Bürgerkunde und Realien erweitert werden. Der Gang des Unterrichts wurde in einem fachlich gegliederten Lehrplan geregelt. Weitere Kapitel der Schulordnung galten der ausführlichen Darstellung didaktischer und erzieherischer Grundsätze, der Schulorganisation, der Schulausstattung und der Gliederung des Schuljahres. Anschauliche und praxisorientierte Lehrbücher sollten den Unterricht unterstützen und die Nützlichkeit der Volksbildung vertiefen. Alle Mädchen und Jungen auf dem Land und in den Städten sollten nach Vollendung des 5. Lebensjahres verpflichtet werden, so lange regelmäßig den Unterricht zu besuchen, bis sie das im Lehrplan aufgegebene Wissen gelernt hatten. Der G. S. gehört zu den ersten umfassenden Schulplänen in den deutschen Fürstentümern des 17. Jh. Es blieb zumeist bei programmatischen Erklärungen, weil die finanziellen, personellen, organisatorischen und materiellen Voraussetzungen für ihre Umsetzung in der Praxis nicht verfügbar waren.

Graduiertenförderung (engl. *scholarship for graduates*). Stipendium, das Studierenden mit überdurchschnittlichem Hochschulabschluss die Fortsetzung bzw. Vertiefung ihrer wissenschaftlichen Ausbildung ermöglicht. Die *Deutsche Forschungsgemeinschaft* (DFG), Studienstiftungen und die Länder haben dafür eigene Programme eingerichtet.

Graduiertenkolleg. Zeitlich befristete Einrichtung an Hochschulen und Universitäten zur Förderung des wissenschaftlichen Nachwuchses. Doktoranden, Postdoktoranden oder Studierende mit einem Bachelor- oder Fachhochschulabschluss erhalten im Rahmen eines von Hochschullehrern getragenen Forschungsprojektes die Möglichkeit zur Mitarbeit sowie zur Fertigstellung eigener Arbeiten. Dafür soll für jeden Teilnehmer ein individuelles Studienprogramm entwickelt werden. Die Stipendiaten erhalten für Lebensunterhalt, Arbeitsmittel, Forschungsreisen u. a. relevante Aktivitäten Geldmittel. Die Dauer der Förderung beträgt viereinhalb Jahre, Verlängerung ist möglich. Die Einrichtung eines G. beantragen Hochschulen oder Universitäten mit Unterstützung des zuständigen Landesministeriums bei der *Deutschen Forschungsgemeinschaft.* An den Hochschulen wird über alle G. und das Antragsverfahren ausführlich informiert.

Graduierung (engl. *graduation*). Bescheinigung über einen erfolgreichen Studienabschluss. Dies kann in Deutschland sowohl in Form eines Zeugnisses über das Bestehen eines Staatsexamens als auch durch Zeugnisse über akademische Grade wie Bachelor, Master, Diplom oder Magister (M. A.) erfolgen.

Griechenland. **1)** Parlamentarische Republik. Hauptstadt: Athen (750 000 Einw.). Fläche: 131 957 km², 11 Mill. Einw., 84 Einw./km². 98% Griechen, Minderheiten von Mazedoniern, Türken und Bulgaren. Landessprache: Neugriechisch. Religion: 97% griechisch-orthodoxe Christen.

2) Charakteristisch für das Bildungswesen ist die Verbindung konsequenter Integration aller Kinder in der sechsjährigen Primarschule und dem sich unmittelbar anschließenden Gymnasium mit einer ausgeprägten Leistungsorientierung des Unterrichts und einem entsprechend ausgefeilten Prüfungswesen, das von der stark zentralistisch organisierten Schulverwaltung überwacht wird. Die Schulpflicht beträgt neun Jahre. Der Besuch sämtlicher öffentlicher Schulen ist kostenlos. Privatschulen sind auf allen Stufen des Bildungswesens zugelassen, sie erhalten jedoch keine staatlichen Zuschüsse, erheben folglich i. d. R. hohes Schulgeld. Auch für sie gelten die staatlichen Bildungspläne. Nur knapp 6 % der Primarschulen und Gymnasien sind Privatschulen. Kinder mit besonderem Förderbedarf werden innerhalb der Regelschulen durch zusätzliche Angebote betreut oder besuchen Sonderschulen. Auf der Grundlage von Verfassung und Schulgesetz wird das Bildungswesen auf vier Ebenen verwaltet: Zentralregierung, 13 Regionen, 52 Präfekturen und lokale Gebietskörperschaften. Oberste Behörde für die allgemeine und berufliche Bildung sind die Ministerien für nationale Bildung und kirchliche Angelegenheiten und für Arbeit und Soziales, z. T. in Kooperation mit anderen Ressorts (z. B. Landwirtschaft, Gesundheit). Die Ministerien planen und gestalten sämtliche Bildungsgänge, entwickeln und erlassen die Curricula, genehmigen die Lehrbücher und regeln die Ausbildung der Lehrkräfte. Sie setzen die Schuldirektionen ein, die für die Erfüllung der Richtlinien und Erlasse verantwortlich sind. Die Schulleiter unterstehen direkt den Schuldirektionen. Die Finanzierung des Bildungswesens erfolgt zum überwiegenden Teil aus den Mitteln des Staatshaushalts, die direkt an die regionalen und kommunalen Träger von Einrichtungen gehen.

3) Zum Elementarbereich gehören die Kindertagesstätten, die i. d. R. von den kommunalen Gebietskörperschaften getragen werden, und die Kindergärten und Vorschulen des Bildungsministeriums. Der Besuch ist freiwillig und kostenlos. Grundlage der Arbeit ist ein staatliches Erziehungsprogramm, in dem Spiel- und Lernbereiche inhaltlich und zeitlich definiert sind, für die zweite Altersgruppe werden bereits Grundsätze einer ersten Leistungsbeurteilung festgelegt. Mehrheitlich sind die Vorschulen Primarschulen angeschlossen. Primarschulen (Dimotiko Scholio) sind, wie die Gymnasien und Lyzeen, Halbtagsschulen. Die Leistungsbeurteilung wird in den Jahrgangsstufen 1 und 2 in Form von Berichtszeugnissen, in den Stufen 3 und 4 nach vier Leistungsgruppen und in den Stufen 5 und 6 nach einem Punktesystem vorgenommen. Das erste Versetzungszeugnis erhalten die Schüler nach Klasse 5, ein Primarschulabschlusszeugnis nach Klasse 6. Nach der Primarschule werden alle Schüler ohne Ausleseverfahren in die erste Klasse des Gymnasiums aufgenommen. Die Schuljahre sind jetzt in Trimester gegliedert, die mit schriftlichen und mündlichen Prüfungen abschließen. Schüler, die am Ende eines Schuljahres 50% der zu erbringenden Punkte in allen versetzungsrelevanten Fächern erreicht haben, rücken auf. In bis zu vier Fächern können Nachprüfungen absolviert werden. Das Abschlusszeugnis wird nach der gleichen Regelung erteilt. Kinder mit besonderen Interessen und Talenten können Spezialgymnasien für Musik, Sport u. a. besuchen. Diese Differenzierung setzt sich auf der Stufe der Lyzeen fort.

Der Sekundarbereich gliedert sich in zwei große Bildungswege: das dreijährige allgemein bildende Gesamtlyzeum und die ein- bis vierjährigen Berufsbildungseinrichtungen. Im ersten Jahr werden alle Schüler des Gesamtlyzeums nach einem einheitlichen Lehrplan unterrichtet. In der 2. und 3. Klasse wählen die Schüler neben dem gemeinsamen Unterrichtsprogramm eine der drei Fachrichtungen Naturwissenschaften, Geisteswissenschaften oder Technologie. Das Gesamtlyzeum endet mit einer Abschlussprüfung, deren Bestehen zur Teilnahme an den Aufnahmeprüfungen an Universitäten und Hochschulen berechtigt.

4) Die schulischen Berufsausbildungseinrichtungen der Sekundarstufe II umfassen a) die einjährige berufliche Erstausbildung für Jugendliche, die nach Erfüllung der Schulpflicht nicht ohne jegliche Qualifikation in eine Erwerbstätigkeit eintreten wollen, b) eine gestufte dreijährige Facharbeiterausbildung sowie c) eine in zwei zweijährige Abschnitte gegliederte gehobene Fachausbildung in Verbindung mit einer Abschlussprüfung, die der des Gesamtlyzeums gleichgestellt ist.

Neben den schulischen Ausbildungsgängen findet Berufsbildung auch in einem alternierenden (dualen) System statt. Lernorte sind die berufsbildenden Schulen sowie auf der Grundlage eines Lehrvertrages Betriebe. Das erste Jahr findet

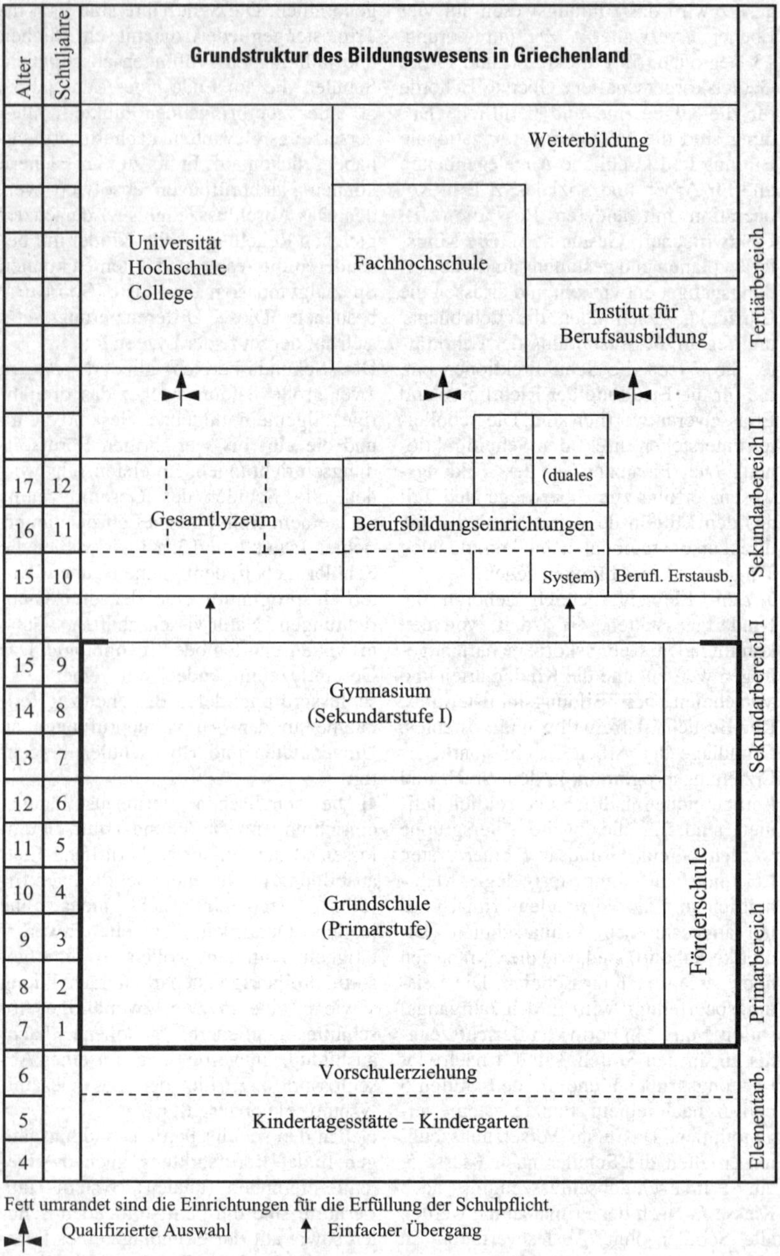

Fett umrandet sind die Einrichtungen für die Erfüllung der Schulpflicht.

Qualifizierte Auswahl   Einfacher Übergang

ausschließlich in der Schule statt. Im zweiten und dritten Ausbildungsjahr sind die Jugendlichen zur Ausbildung in einem Betrieb und für einen Tag und zwei Nachmittage zum Unterricht in der Schule. Das vierte Jahr ist wiederum dem Vollzeitunterricht vorbehalten. Die Abschlüsse sind der dreijährigen schulischen Facharbeiterausbildung gleichgestellt. Neben den Universitäten und Fachhochschulen führen im Tertiärbereich zwei- bis viersemestrige Studiengänge an Instituten für Berufsausbildung zu postsekundären Berufsabschlüssen.

5) Zum Tertiärbereich gehören Universitäten, Technische Hochschulen, die Institute für Berufsausbildung, Kunst- und Musikhochschulen und die Colleges für Lehrerbildung. Neben den von der Zentralregierung eingerichteten Hochschulen bestehen private Institutionen, deren Abschlüsse nur nach staatlicher Akkreditierung der Studiengänge anerkannt werden.

Eingangsvoraussetzungen an allen tertiären Einrichtungen sind das Abschlusszeugnis des Gesamtlyzeums oder einer vierjährigen beruflichen Bildungseinrichtung und das Bestehen der Aufnahmeprüfung.

6) Seit 1982 werden die Lehrer für die Bereiche von der Vorschule bis zur Sekundarstufe II in drei- bzw. vierjährigen Studiengängen an Universitäten ausgebildet. Lehrer an beruflichen Schulen benötigen zusätzlich eine berufsfachliche Qualifikation.

7) Private und öffentliche Angebote von Weiterbildungsträgern werden im Rahmen von Zentren für Berufsausbildung akkreditiert und vom Arbeitsministerium finanziert. Die Angebote in den rund 50 Zentren richten sich sowohl an Erwerbstätige als auch an Arbeitslose, um deren Wiedereingliederung in den Arbeitsmarkt zu ermöglichen. Neben den vom Arbeitsministerium geförderten Maßnahmen bieten auch andere Fachressorts (Landwirtschaft, Gesundheit, Bildung u. a.) Kurse zur beruflichen Fortbildung an. Für die Koordinierung der allgemeinen Erwachsenenbildung hat das Bildungsministerium ein Generalsekretariat für Erwachsenenbildung eingerichtet.

Großbritannien. Vereinigtes Königreich Großbritannien und Nordirland mit den vier Landesteilen England, *Nordirland, Schottland* und Wales. Parlamentarische Monarchie. Hauptstadt: London (7,2 Mill. Einw.). Fläche: 242 910 km², 60 Mill. Einw., 247 Einw./km². 80% Engländer, 10% Schotten, 4% Nordiren, 2% Waliser. Ausländeranteil: 4%. Landessprache: Englisch (Amtssprache). Religion: 71,8% Christen, 2,8% Muslime, 15,1% religionslos, 7,8% keine Angaben. Die vier Landesteile verfügen über eigenständige Bildungssysteme und werden deshalb gesondert dargestellt, wobei *England und Wales* aufgrund gewisser Ähnlichkeiten gemeinsam behandelt werden.

großer Befähigungsnachweis. Wird erworben mit dem Bestehen einer *Meisterprüfung* im Handwerk und berechtigt zum selbständigen Führen eines Handwerksbetriebes, zur Ausbildung in einem anerkannten Ausbildungsberuf und zum Führen des Meistertitels.

Grundausbildungslehrgänge (engl. *basic training courses*). Jugendlichen, die aufgrund fehlender geeigneter Ausbildungsplätze in Betrieben und beruflichen Vollzeitschulen oder aber wegen persönlicher Schwächen eine Berufsausbildung noch nicht aufnehmen können, dienen G. zur Überbrückung und Motivation. Sie vermitteln theoretische und praktische Grundkenntnisse und -fähigkeiten in mehreren *Berufsfeldern,* dauern ein Jahr und werden zumeist durch sozialpädagogische Angebote unterstützt. Der Besuch ist kostenlos. Angeboten werden sie von verschiedenen freien Trägern, u. a. vom Internationalen Bund für Sozialarbeit (IB). Auskunft erteilt die Berufsberatung.

Grundgesetz (**GG**; engl. *Basic Law*). Der Auftrag der westlichen Besatzungsmächte im besiegten Deutschen Reich, die Gründung der Bundesrepublik Deutschland vorzubereiten, war an die Ministerpräsidenten der Länder gerichtet; diese bildeten aus Abgeordneten der Länderparlamente und beratenden Abgeordneten der Stadt Berlin den Parlamentarischen Rat, der am 1. 9. 1948 zum ersten Mal zusammentrat und den Entwurf für ein GG am 8. 5. 1949 verabschiedete. Das GG wurde dann von den drei westlichen Besatzungsmächten mit gewissen Vorbehalten am 12. 5. 1949 genehmigt. Es sollte dem staatlichen Leben in den drei westlichen Zonen des besiegten Deutschland für eine Übergangszeit eine neue Ordnung geben. Inzwischen dient das GG als Verfassung für Deutschland. Im Einigungsvertrag zwischen der Bundesrepublik Deutschland und der Deutschen Demokratischen Republik vom 12. 9. 1990 ist eine abschließende Regelung in Bezug auf Deutschland vereinbart worden.

Für Erziehung, Unterricht, Schulwesen, Berufsausbildung, Hochschulen, Bildungsplanung und Bildungspolitik sind im GG eine Reihe wesentlicher normativer Vorgaben und administrativer Regelungen enthalten: Artikel 5 sichert die Freiheit von Kunst und Wissenschaft. Artikel 6 stellt Ehe, Familie und nichteheliche Kinder unter den besonderen Schutz der staatlichen Ordnung. Artikel 7 bestimmt die Aufsicht des Staates über das gesamte Schulwesen. Artikel 12 sichert die Freiheit der Berufswahl. Artikel 30 weist die Kulturhoheit den Bundesländern zu. Artikel 75 räumt dem Bund das Recht ein, u. a. für das Hochschulwesen Rahmenvorschriften zu erlassen (Hochschulrahmengesetz). Artikel 91 a) und b) geben dem Bund beim Hochschulbau, bei der Bildungsplanung und der Wissenschaftsförderung ein Mitwirkungsrecht.

Für jede öffentliche Erziehungs- und Unterrichtsarbeit sind die in den Grundrechten (Artikel 1 bis 19) enthaltenen Postulate wesentliche Orientierung und Norm.

Grundrechte (engl. *basic rights*). Unantastbare und unveräußerliche Rechte, die jedem Individuum unabhängig von Alter, Geschlecht, Weltanschauung, Rasse oder Nationalität zustehen. Inhaltlich sind sie für Deutschland in den Artikeln 1 bis 19 des GG festgehalten: Menschenwürde, freie Entfaltung der Persönlichkeit, Gleichheit vor dem Gesetz, Glaubens- und Bekenntnisfreiheit, Meinungsfreiheit, Freiheit von Kunst und Wissenschaft, Schutz von Ehe und Familie, Versammlungsfreiheit, Vereinigungsfreiheit, Briefgeheimnis, Freizügigkeit, Freiheit der Berufswahl, Unverletzlichkeit der Wohnung und des Eigentums. Diese Grundrechte entsprechen weitgehend den *Menschenrechten,* die im GG als unverletzlich und unveräußerlich bezeichnet werden und die Grundlage jeder menschlichen Gemeinschaft, von Frieden und Gerechtigkeit darstellen. In diesem verbindlichen Anspruch stellen sie auch für jegliche pädagogische Arbeit oberste Normen dar.

Grundschuldidaktik. Der Begriff wird meist als Sammelbezeichnung für die Fach- und Lernbereichsdidaktiken der Grundschule verwendet. Er kann aber auch den fachübergreifenden Versuch der Entwicklung einer allgemeinen Theorie meinen. Beide Aspekte des Begriffs betonen die primarstufenspezifische *Didaktik* als Theorie des Lehrens und Lernens in der Grundschule. Dabei ist noch offen, ob sie sich als Teil einer umfassenderen *Grundschulpädagogik* oder als eigenständige Didaktikdisziplin versteht. Als relativ junge Spezialisierung haften ihr die gleichen Probleme an wie der *Fachdidaktik* generell. Zu beachten ist die Entwicklung der einzelnen Fachdidaktiken, die sich als Wissenschaften vom Unterricht in den Schulfächern bzw. Lernbereichen verstehen. Mit der Betonung des Prinzips der *Wissenschaftsorientierung* in der Grundschule war ab 1970 zunächst eine stärkere Fachgebundenheit der Lehrpläne und der Grundschulpraxis verbunden, die sich auch auf die schulstufenübergreifenden Fachdidaktiken in der Lehrerbildung auswirkten. Inzwischen werden in den neueren Lehrplänen und in der Schulpraxis Kind-, Gesellschafts-, Umwelt- und Wissenschaftsorientierung in einem ausgewogenen Verhältnis berücksichtigt. Im Zuge dieses Prozesses haben sich der Sachunterricht aus der volkstümlichen Heimatkunde, die grundschulspezifische Mathematik aus dem traditionellen Rechen- und Raumlehreunterricht und der Deutschunterricht einschließlich Schriftspracherwerb und Literatur so entwickelt, dass diese Bereiche spezialisierter als früher an den Universitäten in Lehre und Forschung vertreten sein müssen. Einige Bundesländer haben dieser Entwicklung Rechnung getragen, indem sie z. B. Lehrstühle für die Didaktik des Sachunterrichts oder für G. bzw. Grundschulpädagogik mit dem Schwerpunkt Mathematik, Deutsch, Sachunterricht und Kunst/Technik eingerichtet haben. Diese Didaktik-Lehrstühle sind meist mit der allgemeinen Grundschulpädagogik in einem Institut für Grundschulpädagogik zusammengeschlossen. In anderen (westlichen) Bundesländern liegt die grundschulspezifische Schwerpunktbildung noch ganz in den Händen der Fachdidaktiken.

Grundschule (engl. *primary school*). *Schulart* im Primarbereich des allgemein bildenden *Schulsystems*, deren Besuch für alle schulplichtigen Kinder i. d. R. nach Vollendung des 6. Lebensjahres verbindlich ist. In den neuen Bundesländern ersetzt die G. seit 1991 die dreijährige Unterstufe der zehnklassigen allgemein bildenden polytechnischen Oberschule. Die G. umfasst die Schuljahrgänge 1 bis 4 (in Berlin und Brandenburg 1 bis 6).

Schulpflichtige, aber noch nicht schulfähige Kinder können einen *Schulkindergarten* oder eine *Vorklasse* besuchen. Für Kinder mit besonderen Behinderungen gibt es entsprechende Sonderschulen *(Förderschulen)*. An die G. schließen die verschiedenen Schularten des *Sekundarbereichs I* an. Die KMK hat in ihren ›Empfehlungen zum Schulanfang‹ vom Oktober 1997 Reformen angeregt, die in einer Reihe von Bundesländern zur Veränderung des Schuleintrittsalters, der *Einschulung* und der *Schuleingangsphase* geführt haben.

Als eine für alle Kinder gemeinsame Gesamtschule erhielt die G. als Unterstufe der *Volksschule* ihre Rechtsgrundlage erstmals durch die Weimarer Verfassung 1919 und das Reichsgrundschulgesetz 1920. Mit ihrer Gründung wurden die Vorklassen, Vorschulen und Progymnasien formell aufgelöst, in denen vorwiegend obere Schichten ihre Kinder auf den Besuch des Gymnasiums vorbereiten ließen. Damit wurde zugleich der *Übergang* von der G. in die Schulformen des mittleren und höheren Schulwesens zum pädagogischen und bildungspolitischen Problem. Seit der Einführung der *Hauptschule* in den sechziger Jahren hat die organisatorische Eigenständigkeit der G. auch zu einem grundschulspezifischen Profil geführt.

In den ersten vierzig bis fünfzig Jahren ihres Bestehens war die Konzeption der G. über den aus der Reformpädagogik stammenden gebundenen *Gesamtunterricht* hinaus eher durch traditionelle Strukturen geprägt. Die in der Bildungsreformdiskussion geübte Kritik an der tradierten Konzeption der G. fand auf dem Grundschulkongress 1969, von dem wesentliche Reforminitiativen ausgingen, ihren Höhepunkt. Chancengleichheit für alle Kinder, Förderung statt Auslese, Wissenschaftsorientierung und Lehrplanrevision, Sachunterricht statt Heimatkunde, kleinere Klassen u. a. waren die wichtigsten Forderungen. Eine wichtige Voraussetzung für die Öffnung des Unterrichts war in den meisten Bundesländern die Abschaffung der Zensurenzeugnisse in den ersten beiden bzw. drei Schuljahren. Die verstärkte Orientierung an den Reformpädagogen *C. Freinet, M. Montessori* und *P. Petersen* brachte eine veränderte Klassenraumgestaltung (z. B. durch Arbeitsecken) und Zeitrhythmisierung durch freie Arbeit, Wochenplanarbeit und Projektunterricht mit sich. Diese Lernbedingungen machten es auch möglich, die Integration von Behinderten und Nichtbehinderten voranzutreiben. In den letzten Jahren nehmen die G. vermehrt auch sozialpädagogische Aufgaben durch Einrichtung einer vollen *Halbtagsgrundschule* wahr. Mit der Zunahme von Ausländer- und Aussiedlerkindern in der G. kommt die Herausforderung zur *interkulturellen Erziehung* hinzu. Das neue pädagogische Profil der G. stellt an die Lehrerausbildung und die Fort- und Weiterbildung hohe Anforderungen.

Grundschulpädagogik. Eigenständige erziehungswissenschaftliche Teildisziplin, die sich seit den sechziger Jahren aufgrund zunehmender Professionalisierung der pädagogischen Arbeit und aufgrund notwendiger Spezialisierung in Forschung und Lehre aus der Schulpädagogik entwickelt hat. In einigen westlichen und vor allem in den neuen Bundesländern sind Lehrstühle für G. eingerichtet worden, die meist zusammen mit den Lehrstühlen für *Grundschuldidaktik* zu den Schwerpunkten Mathematik, Deutsch, Sachunterricht und Kunst/Technik in einem Institut für G. zusammengeschlossen sind. Sie spezialisiert sich auf Erziehung und Unterricht in der *Grundschule* einschließlich ihres anthropologischen und gesellschaftlich-historischen Bedingungsfeldes. Zu ihren Gegenstandsbereichen in Lehre und Forschung gehören: Geschichte und Theorie der Grundschule, allgemeine Grundschuldidaktik, Schulorganisation und Grundschulmodelle im internationalen Vergleich, pädagogische Diagnostik der Grundschule, Theorie der Lebens-, Lern- und Erziehungsbedingungen des Grundschulkindes, Professionalisierung des Grundschullehrerberufs in der Aus-, Fort- und Weiterbildung.

Grundschulverband – Arbeitskreis Grundschule e.V. 1968 von E. Schwartz in Frankfurt/M. gegründeter Verein mit der Zielsetzung, im Zuge der Bildungsreformdiskussion der 60er Jahre die Reformnotwendigkeit der *Grundschule* ins öffentliche Bewusstsein zu bringen. Diesem Zweck diente vor allem der Frankfurter Grundschulkongress im Herbst 1969. Seit den 70er Jahren wurden die innovativen Anliegen des Arbeitkreises auf vielen regionalen Kongressen und auf Fachtagungen zur Geltung gebracht. Im Herbst 1991 gab sich der Verein den neuen Untertitel ›Der Grundschulverband‹ und gründete in den einzelnen Bundesländern Länderverbände. Am Jahresanfang 2004 hatte der G. 12 374 Mitglieder (Schulen, Lehrer, Studierende und Wissenschaftler). Er setzt sich bundesweit für die Weiterentwicklung der Grundschule ein und fordert auf bildungspolitischer Ebene die notwendigen Investitionen für ihren Ausbau zur zeitgemäßen und kindgerechten Schule ein. Schulpädagogisch unterstützt er die Reform der Schulpraxis und der Lehrerbildung und wissenschaftlich die Förderung neuer Erkenntnisse über die Bildungsmöglichkeiten von Kindern. In den fast 40 Jahren seines Bestehens haben sich die Durchführung von Grundschulkongressen und Fachtagungen (z. B. 2006 in Frankfurt/M. zum Thema Ganztagsschule) und die Bildung bundesweiter Arbeitsgruppen, Initiativen, Projekte und Workshops bewährt. Zu den Veröffentlichungen zählten die Reihe ›Beiträge zur Reform der Grundschule‹ mit verschiedenen Themenschwerpunkten und Sonderbände. Vierteljährlich erhalten die Mitglieder die Verbandszeitung ›Grundschulverband aktuell‹.

Gruppe (engl. *social group*). Zwei oder mehr Personen, die aufgrund gemeinsamer Interessen, Aufgaben oder anderer Voraussetzungen regelmäßig miteinander kommunizieren, dabei gemeinsame Werte und Normen und eine bestimmte Rollenverteilung beachten. Eine G. nimmt auf das Verhalten der einzelnen G.mitglieder Einfluss, ist aber mehr als die Summe der Einzelverhalten. Die Normen und Rollen in der G. verlangen ein unterschiedliches Maß an Anpassung. Durch

das Wir-Gefühl in der G. und das Zusammenwirken der G.mitglieder verleiht sie umgekehrt Sicherheit und Stärke.
Unterschieden werden Primärg. (sog. natürliche G. wie die Familie) von Sekundärg. (gesellschaftlich zugewiesene G. wie z. B. eine Schulklasse), formelle (organisierte) von informellen G. (spontane, freiwillige) sowie Klein- und Großg. Für die Ausbildung der altersgemäßen sozialen Identität junger Menschen ist die Zugehörigkeit zu G. von großer Bedeutung (peer groups).

Gruppenarbeit (engl. *group work*). Aktive Tätigkeit von Kleingruppen, die nach *H. Gaudig* in den Phasen Arbeitsplanung, -verteilung, -durchführung und -vereinigung verläuft. Funktion und Durchführung der G. hängen von der Konzeption des Unterrichts ab. So hat sie im *Gruppenunterricht,* im *Projektunterricht* oder im *Team-Kleingruppen-Modell* jeweils eine andere Bedeutung. Als *soziale G.* ist sie eine Methode der *Sozialarbeit/Sozialpädagogik.*

Gruppendynamik (engl. *group dynamics*). In der zweiten Hälfte der dreißiger Jahre von dem deutschen Psychologen *K. Lewin* in den USA eingeführte experimentelle Kleingruppenforschung, die sich mit den Entstehungs-, Veränderungs- und Strukturbedingungen unbewusster und bewusster Prozesse in und zwischen sozialen Gruppen beschäftigte. Insbesondere interessierte die Erforschung von Möglichkeiten zur Veränderung von Gruppenstrukturen und Verhaltensweisen der Gruppenmitglieder z. B. in Familien, Schulklassen, Arbeitsgruppen und Wohngemeinschaften. In Deutschland fanden nach dem Zweiten Weltkrieg vor allem die sozialpsychologischen Forschungsergebnisse über *Führungs-* und *Erziehungsstile* von K. Lewin, R. Lippitt und R. K. White sowie die Methoden des *Soziogramms* und des *Psychodramas* von J. L. Moreno weite Verbreitung. Zur Umsetzung der Forschungsergebnisse in gruppendynamischen Seminaren wurden für das Verhaltenstraining von Lehrern, Ausbildern und Gruppenleitern spezielle Programme (sog. Sensitivity-Trainings) entwickelt. Von entscheidender Bedeutung ist heute die Frage der normativen Ausrichtung der Methoden und Techniken der G., wenn es darum geht, die zwischenmenschlichen Beziehungen zu verbessern, dem Einzelnen zur Ich-Identität zu verhelfen oder im demokratischen Interesse die Kritik- und Mitbestimmungsfähigkeit zu fördern.

Gruppenpädagogik (engl. *social group work*). Der Begriff G. wurde auf der Grundlage der amerikanischen Kleingruppenforschung (K. Lewin, R. Lippitt, R. K. White) nach dem Zweiten Weltkrieg in der Bundesrepublik Deutschland durch die von Amerikanern gegründete ›Arbeitsstätte für G.‹ im Wiesbadener Haus Schwalbach verbreitet. Mithilfe der G. sollte die demokratische Umerziehung der deutschen Jugend vorgenommen werden. Der Erziehung im Netzwerk sozialer Beziehungen innerhalb von Gruppen wurde größere Wirksamkeit beigemessen als der Erziehung des Einzelnen mithilfe von Büchern und Filmen. Zur Anleitung und Gestaltung der Interaktionsprozesse in der Gruppe wurden Gruppenleiter inhaltlich und methodisch besonders ausgebildet. In den folgenden Jahrzehnten wurde die G. auch auf andere pädagogische Bereiche (z. B. Kindergarten, Jugendarbeit, Sozialarbeit, Erwachsenenbildung) ausgedehnt und entwickelte sich zu einer sozialpädagogischen Theorie aller Phänomene der Erziehung innerhalb von Gruppen. In den letzten Jahren fanden R. Cohns Verfahren zur *themenzentrierten Interaktion* und T. Gordons gruppenbezogene Anwendung der klientenorientierten Gesprächspsychotherapie von *C. R. Rogers* in der G. Beachtung.

Gruppentherapie (engl. *group therapy*). Von J. L. Moreno eingeführter Begriff für psychotherapeutische Methoden, bei denen Gruppen von fünf bis fünfzehn Personen von einem oder mehreren Therapeuten unter Anwendung von Prinzipien der *Gruppendynamik* behandelt werden. Die sozialen Kontakte untereinander und die Einflussnahme der Gruppe einschließlich des Therapeuten eröffnen im Unterschied zur Einzeltherapie eine Vielzahl therapeutischer Möglichkeiten. Zu den in der Pädagogik bekanntesten Methoden gehören: *Psychodrama* (J. L. Moreno), *themenzentrierte Interaktion* (R. Cohn), Kommunikationstherapie (P. Watzlawick), Encounter-Gruppen-Therapie (*C. R. Rogers*) und Sensitivity-Trainings-Gruppen (*K. Lewin*).

Gruppenunterricht (engl. *teaching of groups*). *Sozialform des Unterrichts,* bei der ein Klassenverband für eine begrenzte Zeit in Kleingruppen aufgeteilt wird, um eine bestimmte Thematik zu bearbeiten. Im vorwiegend lehrerbezogenen Fachunterricht wird der G. aus drei Phasen bestehen: Einstiegsphase, Gruppenarbeit, Ergebnisauswertung. In der Einstiegsphase stellt i. d. R. der Lehrer das neue Thema der Klasse vor, gibt eine eindeutige Beschreibung der Arbeitsaufträge für die Gruppen, stellt die Lernmittel (Medien) bereit und bespricht den Zeitrahmen. Nach der Einteilung der Schüler in Gruppen von drei bis sechs Kindern beginnt die Gruppenarbeit. Wenn alle Teilgruppen das gleiche Thema bearbeiten (z. B. bei Experimenten im Physikunterricht), wird von aufgaben-, themen- oder arbeitsgleicher, konkurrenzorientierter Gruppenarbeit gesprochen. Haben die Teilgruppen zur Bearbeitung eines gemeinsamen Großthemas jeweils verschiedene Aufgaben übernommen (z. B. beim Thema Ostsee in der Geografie), wird das Verfahren als aufgabendifferenzierte oder arbeitsteilige, kooperative Gruppenarbeit bezeichnet. Nach der Gruppenarbeit werden die Ergebnisse im Plenum vorgestellt und ggf. anschaulich präsentiert. Zum Abschluss kann der gesamte Arbeitsverlauf in der Phase des *Metaunterrichts* noch einmal reflektiert werden, um daraus Konsequenzen für die zukünftige Arbeit zu ziehen.

Obwohl dem G. immer wieder eine große Bedeutung für die Erziehung zur Selbsttätigkeit, Selbständigkeit, Kooperationsfähigkeit und Hilfsbereitschaft beigemessen wird, hat er im Vergleich zum gesamten übrigen Schulunterricht nur einen Anteil von etwa 5% bis 10%.

Gütekriterien (engl. *test norms*). Schulische Prüfungen sollten ebenso wie psychologische Tests drei G. genügen. Sie sollten objektiv sein, also bei intersubjektiver Prüfung zeigen, dass die Ergebnisse nicht zwischen mehreren beobachtenden bzw. beurteilenden Personen variieren; sie sollten zuverlässig (reliable) oder messgenau sein, also im Wiederholungsfall möglichst zu gleichen Ergebnissen kommen, und sie sollten gültig sein, also möglichst genau das messen, was inhaltlich gemessen werden soll.

Die Aussagekraft von Tests und Verfahren schulischer Leistungsmessung hängt folglich davon ab, wie gut es gelingt, Fehlerquellen beim Prüfer auszuschließen, messgenaue Instrumente zu entwickeln und den Sachverhalt (z. B. Wissen, Können), über den Daten gewonnen werden sollen, möglichst zweifelsfrei kriterienbezogen zu definieren.

gymnasiale Oberstufe (engl. *Grammar School, classes 10 to 12 or 11 to 13*). Oberstufe an einem *Gymnasium,* einer *Gesamtschule* oder einer anderen allgemein bildenden Schulart des Sekundarbereichs II, die zum *Abitur* und der *Allgemeinen Hochschulreife* führt. Unter bestimmten Voraussetzungen kann in der g. O. der schulische Teil der *Fachhochschulreife* erworben werden. Die g. O. ist in einigen Bundesländern auch an Beruflichen Gymnasien/*Fachgymnasien* eingerichtet worden. Der dreijährige Bildungsgang umfasst neben den allgemein bildenden Fächern der g. O. berufsbezogene Fachrichtungen wie z. B. Wirtschaft, Technik, Gesundheit und Soziales und führt ebenfalls zur Allgemeinen Hochschulreife. Im Rahmen der g. O. ermöglichen doppelqualifizierende Bildungsgänge den Erwerb einer Studienberechtigung (Hochschulreife) und einer Berufsqualifi-

kation (Berufsabschluss). Die g. O. ist durch Beschluss der KMK in der ›Vereinbarung zur Gestaltung der gymnasialen Oberstufe in der Sekundarstufe II‹ vom 2. 6. 2006 geregelt, die u. a. auch über die gegenseitig anerkannten berufsbezogenen Fächer informiert.
In fast allen Bundesländern findet derzeit die Umstellung vom neunjährigen auf das achtjährige Gymnasium statt. In der Mehrzahl der Bundesländer umfasst die g. O. an Gymnasien gegenwärtig noch die Jahrgangsstufen 11 bis 13, in Sachsen-Anhalt und Thüringen die Jahrgangsstufen 10 bis 12 und in Sachsen und Mecklenburg-Vorpommern die Jahrgangsstufen 11 und 12. In der g. O. der Gesamtschule wird der Bildungsgang i. d. R. nicht auf acht Jahre verkürzt, so dass sie weiter wie auch am Beruflichen Gymnasium/Fachgymnasium die Jahrgangsstufen 11 bis 13 umfasst.
Die ursprüngliche Neugestaltung der g. O. geht auf die Vereinbarung der KMK vom 7. 7. 1972 zurück.
Mit dieser Reform sollten die Individualisierung und Spezialisierung des Lernens sowie der Umgang mit wissenschaftlichen Erkenntnissen und Methoden *(Wissenschaftspropädeutik)* in den Mittelpunkt rücken. An die Stelle der bisherigen Gymnasialtypen und der Haupt- und Nebenfächer trat ein System von Grund- und Leistungskursen, das individuelle Wahlmöglichkeiten eröffnen und eine gemeinsame Grundbildung sichern sollte. Klagen über eine nicht ausreichende *Allgemeinbildung* der Abiturienten aufgrund der zu starken Spezialisierungsmöglichkeiten führten in dem KMK-Beschluss vom 11. 4. 1988 zu einer Revision, die die Wahlfreiheit der Schüler wieder einschränkte. Nach einer umfassenden Grundsatzdiskussion Mitte der 90er Jahre hat die KMK die ›Vereinbarung zur Gestaltung der gymnasialen Oberstufe in der Sekundarstufe II‹ in ihren Beschlüssen vom 28. 2. 1997 und 22. 10. 1999 sowie die ›Vereinbarung über die Abiturprüfung der gymnasialen Oberstufe in der Sekundarstufe II‹ in dem Beschluss vom 28. 2. 1997 neu gefasst.
Danach gliedert sich die g. O. in eine einjährige Einführungs- und eine zweijährige Qualifikationsphase. Der Unterricht in der Qualifikationsphase wird in Grund- und Leistungskursen angeboten. Während die Grundkurse eine gemeinsame Grundbildung sichern sollen, sind die Leistungskurse auf die systematische Erarbeitung von Inhalten, Theorien und Modellen eines Faches gerichtet. Die Fächer sind einem der drei Aufgabenfelder zugeordnet. Es gibt

1. das sprachlich-literarisch-künstlerische Aufgabenfeld (z. B. Deutsch, Fremdsprachen, bildende Kunst, Musik),
2. das gesellschaftswissenschaftliche Aufgabenfeld (z. B. Geschichte, Geografie, Philosophie, Sozialkunde/Politik, Wirtschaft),
3. das mathematisch-naturwissenschaftlich-technische Aufgabenfeld (z. B. Mathematik, Physik, Chemie, Biologie).

Jedes der drei Aufgabenfelder muss durchgängig bis zum Abschluss der g. O. einschließlich der Abiturprüfung repräsentiert sein. Die Fächer Deutsch, Fremdsprache und Mathematik müssen durchgehend belegt werden. Der Pflichtbereich umfasst neben den Aufgabenfeldern die Fächer Sport und Religionslehre (je nach den Bestimmungen der Länder).
Die Leistungen der Schüler werden mithilfe eines differenzierten *Punkte-Systems* von 15 (sehr gut +) bis 0 (ungenügend) bewertet, das in die 6-Noten-Skala umgerechnet werden kann. Aus der Gesamtpunktzahl ergibt sich die Durchschnittsnote im Abiturzeugnis.
Um die Vergleichbarkeit der in der g. O. erworbenen Zeugnisse der Allgemeinen Hochschulreife zu gewährleisten, hat die Kultusministerkonferenz 2000 eine weitere ›Vereinbarung über die Abiturprüfung der gymnasialen Oberstufe in der Sekundarstufe II‹ beschlossen und

am 24. 5. 2002 durch *Einheitliche Prüfungsanforderungen in der Abiturprüfung (EPA)* ergänzt. In den meisten Bundesländern wird die Abiturprüfung als *Zentralabitur* durchgeführt. In einigen Bundesländern ist damit begonnen worden, die g. O. zu einer Profiloberstufe weiterzuentwickeln.

Gymnasiallehrplan 1837. *Circularrescript betreffend die für den Unterricht und die Zucht auf den Gymnasien getroffenen Anordnungen.*

Gymnasium (griech. *gymnasion;* lat. *gymnasium,* engl. *Grammar School*). Allgemein bildende Schulart, die den Sekundarbereich I und die *gymnasiale Oberstufe* umfasst, eine vertiefte allgemeine Bildung zur Vorbereitung auf das Studium an einer wissenschaftlichen Hochschule vermittelt und auf den Erwerb des *Abiturs* und der *Allgemeinen Hochschulreife* ausgerichtet ist. Die *Übergänge* am Ende des Primarbereichs und am Ende des Sekundarbereichs I sowie die Länge der Schulzeit sind in den 16 Ländern uneinheitlich. In sechs Ländern schließt das G. an Klasse 4 und in Berlin, Brandenburg und teilweise auch in Bremen an Klasse 6 der *Grundschule* an. In Mecklenburg-Vorpommern beginnt das G. mit Klasse 7, nachdem die Kinder die Orientierungsstufe in den Klassen 5 und 6 der drei anderen Schularten besucht haben. In den übrigen Ländern wechseln die Kinder nach Klasse 4 der Grundschule ebenfalls in eine der Schularten des Sekundarbereichs I, jedoch sind hier die Klassen 5 und 6 als *Orientierungsstufe* (*Förderstufe,* Beobachtungsstufe, Erprobungsstufe) eine pädagogische Einheit. Neben dem Gymnasium in Normalform gibt es Aufbauformen wie z. B. das Aufbaugymnasium, in die Schüler der Haupt- oder Realschule nach bestimmten Jahrgangsstufen oder mit dem Mittleren Schulabschluss wechseln können.

In fast allen Bundesländern findet derzeit die Verkürzung der Schulzeit für Gymnasialschüler von 13 auf 12 Schuljahre statt. Die Umstellung vom neunjährigen auf das achtjährige Gymnasium beginnt mit Jahrgangsstufe 5 und wird in den Ländern zwischen 2008 und 2013 abgeschlossen sein. Sie ist in Sachsen-Anhalt, Thüringen, Sachsen und Mecklenburg-Vorpommern schon vollzogen. Im verkürzten Bildungsgang des Gymnasiums ist für die Zulassung zur Abiturprüfung ein Gesamtstundenvolumen von mindestens 265 Wochenstunden erforderlich, die auf die Sekundarstufe I und die gymnasiale Oberstufe verteilt werden. In den meisten Ländern ist dann die Klassenstufe 10 gleichzeitig Abschluss des Sekundarbereichs I und Einführungsphase der gymnasialen Oberstufe. Die Berechtigung zum Besuch der gymnasialen Oberstufe wird im Gymnasium am Ende der 9. bzw. 10. Jahrgangsstufe durch Versetzung oder nach einer Abschlussprüfung erworben. 2003 hat die Kultusministerkonferenz *Bildungsstandards* für den Mittleren Schulabschluss in den Fächern Deutsch, Mathematik, Erste Fremdsprache (Englisch/Französisch), Biologie, Chemie und Physik beschlossen, die in den Ländern zur Grundlage neuer *Lehrpläne* (*Kerncurricula,* Kernlehrpläne) und landesweit einheitlicher Vergleichsarbeiten gemacht wurden.

Der Begriff G. geht auf die griechische Antike zurück und bezeichnete den Versammlungsplatz für athletische Wettkämpfe der Jugend und für Bildungsgespräche mit den Philosophen. In der langen Geschichte europäischer Bildung seit der Antike (z. B. artes liberales und studia humaniora) erfuhr das G. heutiger Prägung seine institutionelle Grundlegung durch den Ausbau des humanistischen G., die Gymnasiallehrerausbildung, die staatliche Schulaufsicht und die Einführung des Abiturs (1834) mit der Berechtigung zum Universitätsstudium in der ersten Hälfte des 19. Jh. Von konzeptioneller Bedeutung war der auf Idealismus und Neuhumanismus beruhende Reformgedanke *W. v. Humboldts,* dass das G. nicht eine Stätte spezialisierter Berufsbildung, sondern eine Einrichtung umfassender allgemeiner Menschenbildung sein sollte. Im Zuge der Industrialisierung kamen in der zweiten Hälfte des 19. Jh. mit dem Realgymnasium und der naturwissenschaftlich orientierten Oberrealschule zwei weitere Gymnasialschultypen hinzu, deren Abiturprüfung im Jahre 1900 als gleichwertig anerkannt wurde und die Berechtigung zum Studium an einer Universität oder Technischen Hochschule verlieh. Im Jahre 1924 wurde als vierter Typ die kulturkundlich orientierte *Deutsche Oberschule* gegründet, die in der Zeit des Nationalsozialismus die Bezeichnung Oberschule bekam. Nach dem Zweiten Weltkrieg führte die Kritik an der Vielzahl der Typen von G. zu Rahmenvereinbarungen und Abkommen der KMK (z. B. *Düsseldorfer Abkommen* 1955, *Hamburger Abkommen* 1964 bzw. 1971), in denen die Strukturen und Bezeichnungen des *Schulsystems* der Bundesrepublik Deutschland vereinheitlicht wurden. Den aus der Bildungsreformdiskussion und dem *Strukturplan für das Bildungswesen* des *Deutschen Bildungsrates* 1970 stammenden Impulsen wurde in den Beschlüssen der KMK zur Neugestaltung der gymnasialen Oberstufe in der Sekundarstufe II von 1972 und in den revidierten Fassungen von 1997 und 1999 Rechnung getragen. Neben dem G. als Schulform des gegliederten Schulsystems führen auch *Gesamtschulen* mit gymnasialer Oberstufe zum Abitur. Mit der Einrichtung der *Kollegschule* wurde in Nordrhein-Westfalen der Versuch unternommen, die Integration von Berufs- und Allgemeinbildung zu erproben. Auf eine stärkere beruflich-praktische Bildung ist auch das Berufliche G. bzw. das *Fachgymnasium* ausgerichtet. Nach der Wiedervereinigung wurde die zehnklassige allgemein bildende polytechnische Oberschule (POS, 1. bis 10. Klasse) und die zweijährige erweiterte Oberschule (EOS, 11. und 12. Klasse) des sozialistischen Schulwesens der DDR aufgehoben und in den fünf neuen Bundesländern neben anderen Schulformen das G. wieder eingeführt.

Die gegenwärtige Arbeit des G. ist durch die ›Vereinbarung über die Schularten und Bildungsgänge im Sekundarbereich I‹ der Kultusministerkonferenz vom Juni 2006, die *Bildungsstandards der Kultusministerkonferenz* und die Schulgesetze, Verordnungen und Lehrpläne der Länder geregelt.

H

Habilitation (lat. *habilitare* fähig machen). Nachweis zum Erwerb der Lehrbefugnis (venia legendi) an einer *wissenschaftlichen Hochschule.* Zulassungsvoraussetzung sind *Promotion* und eine mehrjährige wissenschaftliche Tätigkeit. Als schriftliche Prüfungsleistung ist eine H.schrift, als mündliche ein wissenschaftlicher Vortrag zu erbringen. Statt einer H.schrift können auch diverse wissenschaftliche Publikationen eingereicht werden. Nach der H. kann dem Doktorgrad die Abkürzung habil. angefügt werden. Wenn sich der Habilitierte zu kontinuierlicher Durchführung von Lehrveranstaltungen an der habilitierenden Fakultät entschließt, wird ihm i. d. R. auf Antrag der akademische Grad Privatdozent verliehen. Nach dem 2002 in Kraft getretenen novellierten *Hochschulrahmengesetz* (HRG) entfällt die H. als Voraussetzung zur Erlangung des Professorenamtes (§ 44).

Habitus (lat. Haltung, Gehabe; engl. *habit*). In Philosophie und Sozialwissenschaft bereits seit G. W. F. Hegel und *É. Durkheim* verwendeter Begriff, der durch die Arbeiten des französischen Kultursoziologen *P. Bourdieu* neue Aktualität gewonnen hat. Bourdieu versteht darunter das im Sozialisationsprozess erworbene System von individuellen Dispositionen und Handlungsschemata. Der H. einer Person wird darüber hinaus als eine Art Ordnungsgrundlage für Wahrnehmungen, Denken, Vorstellungen und Wertungen im Austausch mit der Umwelt gedacht. Angesichts der individuellen Lebensgeschichte in einem kollektiven Kontext ist jeder Person sowohl ein einzigartiger als auch ein kulturspezifischer (z. B. berufsspezifischer, schichtenspezifischer) H. eigen.

Halbtagsgrundschule. Der Unterricht nach Stundenplan kann bei unterschiedlichem Unterrichtsanfang, -ende oder bei -ausfall zu Problemen bei der Kinderbetreuung führen. Mit der Zunahme der Berufstätigkeit von Frauen und der Veränderung von Familienstrukturen (Eineltern-, Witwen-, Scheidungsfamilien) wurde die Forderung nach festen, verlässlichen Unterrichts- und Öffnungszeiten in der Grundschule verstärkt erhoben. Daraus resultierten zwei Modelle der H.: **1)** Beim Betreuungsmodell bleibt die H. weitgehend traditionelle Unterrichtsstundenschule nach Stundenplan, garantiert aber feste Schulzeiten zwischen 7.30 und 13 Uhr und betreut die Kinder bei Unterrichtsausfall. Bei zusätzlichem Bedarf an Betreuungszeit für Kinder von halbtags berufstätigen Eltern kann die H. auch zwischen 7 und 14 Uhr geöffnet haben; Frühstück und Mittagessen sowie Freizeitgestaltung und Hausaufgabenbetreuung können eingeschlossen sein. Manche Kinder besuchen anschließend einen Hort. Werden für die Betreuungszeit zusätzlich Erzieherinnen oder Honorarkräfte eingestellt, teilen sich Schulträger und Land/Gemeinde die Kosten.

In einigen Ländern (z. B. Niedersachsen) wird diese Form der H. als Verlässliche Grundschule im Unterschied zur Vollen bzw. Ganzen H. bezeichnet.

2) Die Volle oder Ganze H. unterscheidet sich von dem Betreuungsmodell konzeptionell durch eine andere Organisation und Gestaltung der zur Verfügung stehenden Zeit. Dazu haben die bestehenden H. oft eigenständige pädagogische Konzepte entwickelt, die zur Öffnung des traditionellen Unterrichts und damit zur Aufhebung des gefächerten Stundenplans und zu einer neuen Rhythmisierung des Tages- und Wochenablaufs führen: Wochenanfangs- und Wochenschlussfeier, Gleitzeiten am Beginn des Vormittags, Morgenkreis (Versammlung zur Besinnung, zum Gespräch, zur Tagesplanung u. Ä.), gemeinsames Frühstück, Phasen mit freier Arbeit, Wochenplanarbeit und fachbezogene Einführungen, jahrgangs- und fächerübergreifende Aktivitäten (Projekte, Arbeitsgemeinschaften), Schulgartenarbeit, Spielpausen, Freizeitgestaltung, Hausaufgabenhilfe, gleitender Schulschluss. Klassenräume, Schulgebäude, Schulhof und Schulgelände werden zu einer auch behindertengerechten Lernumgebung umgestaltet, in der selbsttätiges und gemeinsames Lernen durch Arbeiten, Spielen und Kommunizieren möglich ist. An die Stelle von Klassenarbeiten und Zensurenzeugnissen treten Verfahren der Lerndiagnose und Entwicklungsberichte. Diese konzeptionelle Veränderung der Arbeit in der H. bringt für die Lehrer höhere Tätigkeits- und Qualifikationsanforderungen mit sich und macht eine intensivere Zusammenarbeit in allen Bereichen der Schulgestaltung notwendig.

Halbtagsschule (engl. *half-day school*). Im Unterschied zu *Ganztagsschulen* wird in der H. nur vormittags Unterricht erteilt, wobei die zur Verfügung stehende Zeit i. d. R. nach Stundenplan in fachbezogene Unterrichtsstunden und Pausen eingeteilt ist. Sieht man von dem uneinheitlichen Ausbau des Schulwesens und Abbau der Stadt-Land-Differenzen im 19./20. Jh. ab, setzte sich die H. erst nach dem Ersten Weltkrieg allmählich gegen den Ganztagsunterricht durch. Gegenwärtig ist die H. im Schulsystem der Bundesrepublik Deutschland eher die Regel. Die Betreuung der Kinder und Jugendlichen am Nachmittag ist eine Aufgabe der Familie, des Horts und der offenen Kinder- und Jugendarbeit. Jedoch wirkt die Schule durch Hausaufgaben auf die Nachmittagsgestaltung ein.

Halo-Effekt (Syn. **Hof-Effekt**). Bezeichnung für eine Fehlerkomponente bei der Beurteilung von Leistungen oder Persönlichkeitsmerkmalen, die durch Ausstrahlung eines Einzeleindrucks auf andere bedingt ist. So wird z. B. der gute Gesamteindruck eines Menschen auf eine weniger gute Eigenschaft übertragen und bessert diese in der Beurteilung auf. Um einen solchen Ausstrahlungseffekt handelt es sich auch, wenn bei faktisch gleicher Schulleistung ein Kind aus der oberen Sozialschicht besser beurteilt wird als ein Arbeiterkind. Der Gesamteindruck oder die Vorkenntnisse von einem Menschen beeinflussen folglich unbewusst die Beurteilung seiner sonstigen Fähigkeiten und führen zu Benachteiligungen oder Bevorzugungen.

Hamburg. Als Stadtstaat Land der Bundesrepublik Deutschland. Fläche: 755 km^2, 1 744 215 Einwohner (Stand 30. 11. 2005), 2297 Einw./km^2, 14,2% Ausländer (D.: 8,9%).

Zu Schuljahresbeginn 2004/05 besuchten 181 600 Schüler allgemein bildende Schulen, davon gingen 53 772 in 236 *Grundschulen,* 12 597 in 144 *Hauptschulen,* 9348 in 65 *Realschulen,* 51 606 in 72 *Gymnasien* und 31 995 in 38 Integrierte *Gesamtschulen.* Der Anteil ausländischer Schüler betrug 18,6% (D.: 9,9%).

Recht auf schulische Bildung, Auftrag der Schule, Aufbau des Schulwesens, *Schulpflicht* u. a. rechtliche Grundlagen regelt das Hamburgische Schulgesetz vom 6. 7. 2006. Vom Schuljahr 2009/10 an sollen die Haupt-, Real- und Gesamtschulen abgeschafft und durch die neue integrative Schulart »Stadtteilschule« ersetzt werden. Das allgemein bildende Schulsystem besteht dann aus dem Gymnasium und der Stadtteilschule, die beide nach zwölf bzw. dreizehn Schuljahren zum Abitur führen.

Die allgemeine Vollzeitschulpflicht dauert neun Jahre und wird durch den Besuch der Primarstufe und einer allgemein bildenden Schule der Sekundarstufe I erfüllt. Danach ist die Schulpflicht durch den weiteren Besuch einer allgemein bildenden oder einer beruflichen Schule zu erfüllen. Auszubildende sind für die Dauer ihres Berufsausbildungsverhältnisses schulpflichtig. Die Schulpflicht endet elf Jahre nach ihrem Beginn oder mit Ablauf des Schuljahres, in dem der Jugendliche das 18. Lebensjahr vollendet.

Die Schulpflicht beginnt für Kinder, die vor dem 1. Juli das 6. Lebensjahr vollendet haben, am 1. August desselben Kalenderjahres. Sie beginnt auch für die Kinder, die nach dem 30. Juni sechs Jahre alt werden und auf Antrag der Erziehungsberechtigten in die Schule aufgenommen werden. Kinder, die zwischen dem 1. Januar und dem 30. Juni das 6. Lebensjahr vollenden und nicht schulfähig sind, können für ein Jahr vom Schulbesuch zurückgestellt und in einer Vorschulklasse *(Schulkindergarten)* gefördert werden. Auf Antrag der Erziehungsberechtigten können Kinder am 1. August in eine Vorschulklasse für Fünfjährige aufgenommen werden, die bis zum 31. Dezember das 5. Lebensjahr vollenden. Im Schuljahr 2004/05 machte der Anteil vorzeitiger *Einschulungen* 12,1% (D.: 9,1%) und der verspäteter Einschulungen 2,7% (D.: 5,7%) aus.

Die Grundschule umfasst die Jahrgangsstufen (J.) 1 bis 4. Für Kinder mit nicht ausreichenden Sprachkenntnissen ist zur Behebung dieser Defizite ein neues Sprachförderkonzept für Vorschuleinrichtungen, Vorschulklassen und allgemein bildende Schulen eingeführt worden. Seit 2005 ist die pädagogische Arbeit in Vorschulklassen und Kindertageseinrichtungen an gemeinsamen Bildungsstandards und Kompetenzen orientiert. Der seit 2003 geltende »Bildungsplan Grundschule« wird wie alle anderen Bildungspläne zum kompetenzorientierten *Kerncurriculum* im Sinne der *Bildungsstandards der Kultusministerkonferenz* (KMK) weiterentwickelt. Seit Schuljahr 2006/07 werden im zweiten Halbjahr der J. 3 in den Fächern Deutsch und Mathematik zentrale Vergleichsarbeiten geschrieben. Zeugnisse am Ende von Klasse 1 und 2 sind *Lernentwicklungsberichte* ohne Noten *(Berichtszeugnisse)*. Ab J. 3 bekommen die Schüler Halbjahres- und Jahreszeugnisse mit Noten, die durch Lernentwicklungsberichte ergänzt werden. Für den Übergang in eine weiterführende Schule erhalten die Erziehungsberechtigten mit dem Halbjahreszeugnis der J. 4 schriftlich eine Schullaufbahnempfehlung. Sie entscheiden, ob ihr Kind in eine Gesamtschule oder in die Beobachtungsstufe an einer Haupt- und Realschule oder an einem Gymnasium gehen soll.

Hauptschule und Realschule bilden eine organisatorische Einheit. Die J. 5 und 6 werden als gemeinsame Beobachtungsstufe geführt. Mit dem Halbjahreszeugnis der J. 6 entscheidet sich, welche Schüler ab J. 7 die Hauptschule, die Realschule oder ein sechsstufiges Gymnasium besuchen, das mit J. 7 beginnt und nach sechs Jahren zum Abitur führt. Der Bildungsgang Hauptschule umfasst die J. 7 bis 9 und schließt mit dem Hauptschulabschluss ab. Die Realschule umfasst die J. 7 bis 10 und führt zum Realschulabschluss (Mittlerer Schulabschluss). Leistungsstarke Schüler des Realschulbildungsgangs können nach J. 8 oder nach dem Realschulabschluss in das Aufbaugymnasium wechseln, das nach den J. 10 bis 13 zum Abitur führt.

Die Integrierten Gesamtschulen (IGS) umfassen die J. 5 bis 10, mit gymnasialer Oberstufe die J. 5 bis 13. Die IGS führt die Schüler ab J. 5 in einem weitgehend gemeinsamen Bildungsgang bis zum Ende der Sekundarstufe I. Verfahren der inneren und äußeren Differenzierung ermöglichen das Offenhalten des individuellen Bildungsweges bis zu den Schulabschlüssen. In der IGS können der Hauptschulabschluss nach J. 9 und 10 (mit Teilqualifikationen auf Realschulniveau) sowie der Realschulabschluss nach J. 10 erworben werden. Die Versetzung in J. 11 dergymnasialen Oberstufe erfolgt nach erfolgreicher Realschulabschlussprüfung

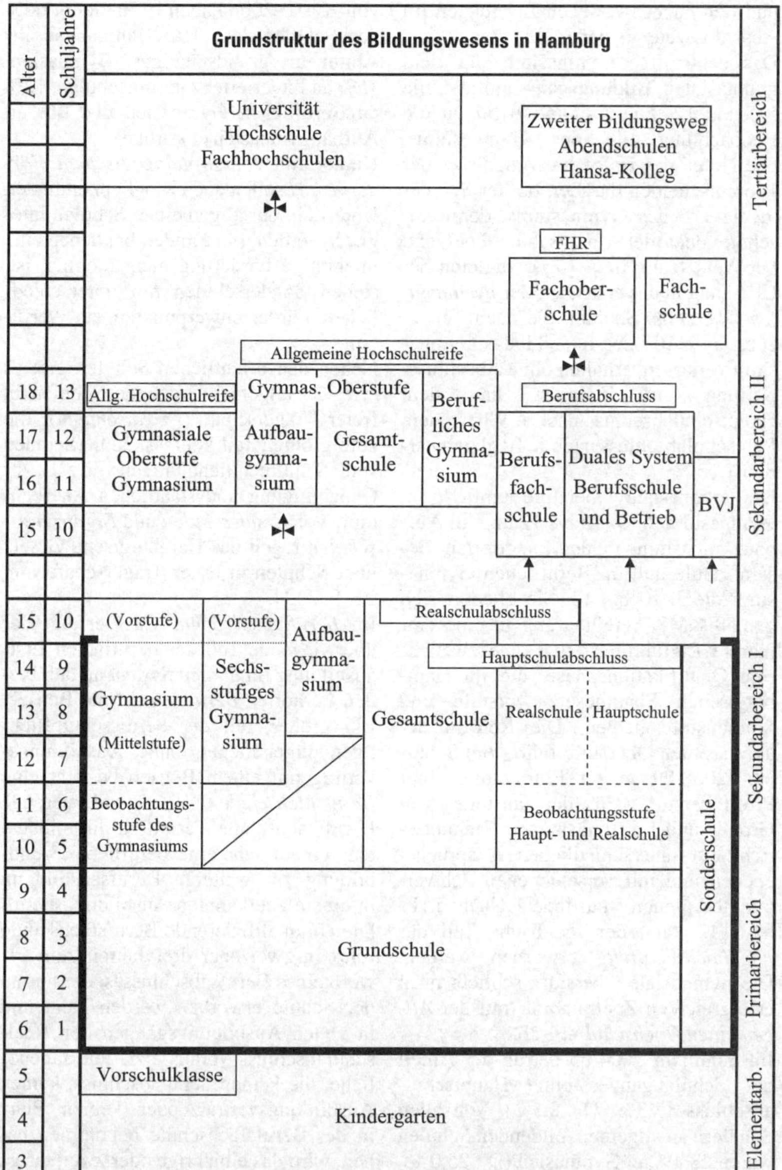

Fett umrandet sind die Einrichtungen für die Erfüllung der Vollzeitschulpflicht.

Qualifizierte Auswahl | Einfacher Übergang

BVJ = Berufsvorbereitungsjahr, FHR = Fachhochschulreife

und den nachgewiesenen Leistungen im Abschlusszeugnis der J. 10.
Das achtstufige Gymnasium mit dem gymnasialen Bildungsgang umfasst die J. 5 bis 12. Die J. 5 und 6 bilden die Beobachtungsstufe des Gymnasiums. Die Noten des Halbjahreszeugnisses der J. 6 entscheiden darüber, ob der Schüler in die J. 7 des Gymnasiums, der Realschule oder der Hauptschule übergeht. Die Versetzung in J. 10 ist zugleich der Übergang in das erste Jahr der *gymnasialen Oberstufe.* Schüler, die nach Versetzung in J. 10 bzw. in J. 11 das Gymnasium verlassen, erhalten ohne Abschlussprüfung ein Zeugnis, das dem Hauptschulabschluss nach J. 9 bzw. dem Realschulabschluss nach J. 10 gleichwertig ist.
Die gymnasiale Oberstufe umfasst im Gymnasium die J. 10 bis 12 und im Aufbaugymnasium, in der Integrierten Gesamtschule und im Beruflichen Gymnasium die J. 10 bis 13. Sie gliedert sich gemäß KMK-Vereinbarung in eine einjährige Einführungs- und eine zweijährige Qualifikationsphase, die im Hamburgischen Schulgesetz Vorstufe und Studienstufe heißen. Die Reform der gymnasialen Oberstufe führt vom Schuljahr 2008/09 an zur Einrichtung einer Profiloberstufe, in der anstelle von Grund- und Leistungskursen Fachunterricht auf unterschiedlichen Anspruchsebenen und mit verschiedenen Schwerpunktbildungen stattfindet. Nach J. 11 bzw. 12 kann der schulische Teil der *Fachhochschulreife* erworben werden. Die gymnasiale Oberstufe schließt nach erfolgreichem Zentralabitur mit der *Allgemeinen Hochschulreife* ab.
Im Schuljahr 2004/05 betrug der Anteil der Schulabgänger ohne Hauptschulabschluss 11,3% (D.: 8,3%). Von allen Schülern an allgemein bildenden Schulen waren 28,4% an Gymnasien (D.: 25,0%). 31,5% (D.: 23,0%) aller Schulabgänger ereichten in Hamburg die Allgemeine Hochschulreife. Nach den Ergebnissen der Langzeituntersuchung »LAU 13« vom 12. 1. 2006 haben in Hamburg 66% der Schüler des »LAU-Jahrgangs« ihr Abitur an grundständigen Gymnasien, 15% an Integrierten Gesamtschulen, 12% an Beruflichen Gymnasien und 7% an Aufbaugymnasien erworben.
Kinder mit *sonderpädagogischem Förderbedarf* sollen nach Möglichkeit in den Unterricht der allgemeinen Schulen integriert werden. Für Kinder, bei denen eine integrative Förderung nicht möglich ist, stehen Sonderschulen mit unterschiedlichen Förderschwerpunkten zur Verfügung.
Neben den öffentlichen Schulen gibt es etwa 25 allgemein bildende Schulen in freier Trägerschaft *(Privatschulen),* die zum größten Teil konfessionelle Schulen sind. Schulrechtliche Fragen wie z. B. zur Genehmigung und staatlichen Anerkennung von *Ersatzschulen* und *Ergänzungsschulen* regelt das Hamburgische Gesetz über Schulen in freier Trägerschaft vom 21. 9. 2004.
Im *beruflichen Schulwesen* erfolgt der überwiegende Teil der beruflichen Erstausbildung im *dualen System* an den beiden Lernorten *Berufsschule* und Betrieb. Ein großer Teil der berufsschulpflichtigen Jugendlichen ohne Ausbildungsvertrag mit einem Betrieb besucht eine *Berufsfachschule.* Die teilqualifizierende Berufsfachschule vermittelt in mindestens einem Jahr eine berufliche Grundbildung zur weiteren Berufsausbildung in einem anerkannten Ausbildungsberuf. Die vollqualifizierende Berufsfachschule führt in zwei oder drei Jahren zum Erwerb eines Berufsabschlusses, der nur an der Schule erworben werden kann und in vielen Ausbildungsgängen den Realschulabschluss voraussetzt. Für Jugendliche, die keinen Schulabschluss, keinen Ausbildungsvertrag oder keinen Platz in der Berufsfachschule bekommen haben, wird das einjährige oder zweijährige (für Migranten) *Berufsvorbereitungsjahr* (BVJ) zur Qualifizierung angeboten. Die *Fachoberschule* führt Jugendliche mit Realschulabschluss, die bereits eine min-

destens zweijährige Berufsausbildung abgeschlossen haben oder eine dreijährige einschlägige Berufstätigkeit nachweisen können, in einem Jahr zur Fachhochschulreife. Die *Fachschule* dient der beruflichen Weiterbildung und qualifiziert in ein- bis dreijährigen Bildungsgängen für höhere berufliche Aufgaben. Sie setzt den Abschluss einer einschlägigen Berufsausbildung und eine meist mehrjährige Berufspraxis voraus.
Zu den Schulformen des *Zweiten Bildungsweges* für Berufstätige zählen die *Abendhauptschule,* die *Abendrealschule,* das *Abendgymnasium* und das *Kolleg* (Gymnasium in Tagesform).
Das vielfältig und differenziert ausgebaute Hochschulsystem wird durch das Hamburgische Hochschulgesetz vom 4. 9. 2006 geregelt. Die *Lehrerbildung* findet an der Universität und den daran beteiligten Hochschulen für die vier Lehrämter Primarstufe und Sekundarstufe I, Gymnasium, Sonderpädagogik und Berufsschulen statt. Die bisherigen Lehramtsstudiengänge laufen aus und werden ab Wintersemester 2007/08 durch Bachelor- und Masterstudiengänge ersetzt. Neu ist das 2006 gegründete Zentrum für Lehrerbildung Hamburg (ZLH), eine gemeinsame Einrichtung der Hochschulen und des Landesinstituts für Lehrerbildung und Schulentwicklung (LI), das der Koordination, Kooperation und Qualitätssicherung in der Lehrerbildung dienen soll.

Hamburger Abkommen. Abkommen der Ministerpräsidenten der (damals) elf Bundesländer aus dem Jahre 1964. Es ersetzte die Vereinbarungen des *Düsseldorfes Abkommens.* Im Einzelnen wurden zu folgenden Sachverhalten vereinheitlichende Regelungen getroffen: Beginn und Dauer des Schuljahres, Einschulungsalter, Dauer der Vollzeitschulpflicht, Feriendauer und Ferienordnung, Bezeichnungen der Schularten auf allen Stufen des Schulwesens, Beginn des Fremdsprachenunterrichts an Hauptschulen, Realschulen und Gymnasien, Notenbezeichnungen, Lehramtsprüfungen, gegenseitige Anerkennung der Abschlusszeugnisse.

Hamburger Modell der Didaktik. *Lerntheoretische Didaktik.*

Handelsschule. Veraltete Bezeichnung für die zweijährige kaufmännische *Berufsfachschule.* Erteilt wird berufsbezogener und allgemein bildender Unterricht. Ziel ist der Erwerb der Fachschulreife. Wird nach dem Besuch der H. eine kaufmännische Berufsausbildung aufgenommen, kann die Ausbildungszeit um ein Jahr verkürzt werden.

Handlungsforschung. *Aktionsforschung.*

Handlungskompetenz. Der Begriff wird häufig in verschiedenen allgemein bildenden Bereichen verwendet und vertritt dann meist eine spezielle Dimension des Oberbegriffs *Kompetenz.* Im berufs- und wirtschaftspädagogischen Bereich gehört der Begriff H. zum Leitziel beruflicher Bildung. Er wird in den ›Handreichungen für die Erarbeitung von Rahmenlehrplänen der Kultusministerkonferenz (KMK) für den berufsbezogenen Unterricht in der Berufsschule‹ (2000) verstanden »als die Bereitschaft und Fähigkeit des Einzelnen, sich in beruflichen, gesellschaftlichen und privaten Situationen sachgerecht durchdacht sowie individuell und sozial verantwortlich zu verhalten«. H. entfaltet sich dabei in den Dimensionen von *Fachkompetenz*, *Selbstkompetenz, Sozialkompetenz* und *Methodenkompetenz.* Ziele wie z. B. Berufsfähigkeit und berufliche Flexibilität zur Bewältigung sich wandelnder Anforderungen in Arbeit, Gesellschaft und Europa sind auf die Entwicklung von H. ausgerichtet.

handlungsorientierter Unterricht. Konzept des Lehrens und Lernens, das sich gegen den lehrerzentrierten Frontalunterricht, gegen die belehrende Vermittlung einseitig kognitiven Wissens und gegen die rezeptive, passive Schülersituation im herkömmlichen Unterricht wendet mit dem Ziel, die *Selbsttätigkeit,* Selbständigkeit und Kooperationsfähigkeit der Kinder und Jugendlichen in der aktiven Auseinandersetzung mit Menschen, Sachen, Problemen und Zukunftsideen zu fördern. Begründet wird die Notwendigkeit der Handlungsorientierung mit der veränderten Lebenswelt, insbesondere mit dem Rückgang der Primärerfahrung bei der Aneignung von Kultur, dem Konsumdenken, dem Verlust ganzheitlich-sinnlicher Naturerfahrung etc.

In der Literatur, z. B. bei H. Gudjons, W. Jank und H. Meyer, werden als Merkmale des h. U. genannt: Lebens- und Situationsbezug der Themen und Fachinhalte, Beteiligung der Schüler bei der Planung und Berücksichtigung ihrer Interessen, Einbeziehung aller Sinne und selbsttätiger Handlungsformen, soziales Lernen und Öffnung der Schule nach außen.

Bei der Konzeptuierung und Umsetzung knüpft der h. U. an Erfahrungen der *Reformpädagogik* und der Bildungsreform der siebziger Jahre an.

Handwerkskammer (engl. *chamber of crafts*). Nach dem geltenden Recht ist Deutschland in Kammerbezirke eingeteilt, in denen die selbständigen Handwerker Pflichtmitglieder einer H. sind. Die H. sind Körperschaften des öffentlichen Rechts, sie regeln also unter staatlicher Aufsicht ihre Arbeit weitgehend in eigener Zuständigkeit, z. B. durch Satzungen oder Verordnungen. Im Rahmen der Berufsausbildung sind sie als *Zuständige Stelle* für die Durchführung der Berufsausbildung im Handwerk und die Abnahme der *Gesellen-* und *Meisterprüfungen* verantwortlich. Regelungen dazu finden sich in der *Handwerksordnung* (HwO).

Handwerksordnung (HwO). Das Gesetz zur Ordnung im Handwerk enthält nach Inkrafttreten des *Berufsbildungsreformgesetz*es (BerBiRefG) im Jahre 1969 wichtige Bestimmungen für die Berufsausbildung in einem Handwerksbetrieb. Die rechtlichen Vorschriften für ein Berufsausbildungsverhältnis im Handwerk finden sich allerdings jetzt auch im Berufsbildungsgesetz.

Hauptschule. Innerhalb des gegliederten Schulsystems gehört die H. in Deutschland zu den weiterführenden allgemein bildenden Schulen im Sekundarbereich I. Sie umfasst die Klassenstufen 5 bis 9, in den Bundesländern, in denen eine zehnjährige Vollzeitschulpflicht besteht (Berlin, Brandenburg, Bremen, Nordrhein-Westfalen) auch die 10. Klassenstufe. In den anderen Bundesländern ist die 10. Klassenstufe für den freiwilligen Schulbesuch eingerichtet. Der durch *Bildungsstandards,* Curriculum und Abschluss definierte Bildungsgang der H. wird auch in Schulen mit mehreren Bildungsgängen und in Kooperativen und Integrierten *Gesamtschulen* angeboten. Die H. ist *Regelschule,* muss also von den Schulträgern obligatorisch angeboten werden, und sie ist *Pflichtschule,* wird also von allen schulpflichtigen Kindern und Jugendlichen besucht, die in keine andere Vollzeitschule im Sekundarbereich I gehen. Folglich bestehen für den Eintritt in die H. im Unterschied zu Realschule und Gymnasium keine leistungsbezogenen Eingangsvoraussetzungen.

Die H. soll ihren Schülern eine grundlegende allgemeine Bildung vermitteln, die sie in die Lage versetzt, ihre Ausbildung vor allem in berufs-, aber auch in studienbezogenen Bildungsgängen fortzusetzen.

Ziel der H. ist der H.abschluss, der nach erfolgreichem Besuch der 9. Klassenstufe und einer Abschlussprüfung erworben wird. Nach einer besonderen Leistungsfeststellung kann dieser Abschluss als Erweiterter, Qualifizierter oder Qualifizierender H.abschluss erworben werden. Nach dem erfolgreichen Besuch des 10. Schuljahres kann an der H. auch ein mittlerer Bildungsabschluss erworben werden.

Die H. ist aus der Reform der Volksschuloberstufe hervorgegangen. Wesentliche Ziele und Maßnahmen dieser Reform hatte der *Deutsche Ausschuss für das Erziehungs- und Bildungswesen* in seinen

Empfehlungen zum Aufbau der H. vom Mai 1964 entwickelt.
Die H. sollte, wie der Name anzeigt, die Sekundarschule für die große Mehrheit der Jugendlichen sein, Bildung in einem neuen, zeitgemäßen Sinn verwirklichen und als Eingangsstufe des beruflichen Bildungswesens Ausbildungswege innerhalb des *dualen Systems* und an berufsbildenden Vollzeitschulen eröffnen, die bis dahin Absolventen der Volksschuloberstufe eher verschlossen waren. Dafür hielt der Deutsche Ausschuss eine Reihe von Maßnahmen für unabdingbar: Beginn der H. nach vier Jahren Grundschule und zwei Jahren gemeinsamer Förderstufe. Dauer der H. von der 7. bis zur 10. Klassenstufe. Fachlich differenzierter Lehrplan auf der Grundlage wissenschaftsorientierter Didaktik mit Spielräumen für Differenzierungen nach Interesse, Eignung und Leistung. Schwerpunkt im Curriculum *Arbeitslehre* mit praxisorientierter Berufswahlvorbereitung. Pflichtunterricht in einer Fremdsprache. Ziel: ein mittlerer Bildungsabschluss.
Im *Hamburger Abkommen* der Ministerpräsidenten der Länder vom Oktober 1964 wurde nur ein Teil dieser Empfehlungen für die Reform der Volksschuloberstufe in den Bundesländern vereinbart. Die H. wurde als neue Organisationsform verbindlich für alle Länder. Sie schließt an die Grundschule an und endet mit dem 9. Schuljahr. In einer Empfehlung der *Ständigen Konferenz der Kultusminister* (KMK) zur Hauptschule vom Juli 1969 wurde das bildungstheoretische Profil nochmals betont: Als weiterführende Schule sollte die Hinführung zur Wirtschafts- und Arbeitswelt besondere Beachtung finden. Auf dieser Grundlage sollte die H. ein eigenständiges und attraktives Schulprogramm entwickeln, um gegenüber Realschule und Gymnasium konkurrenzfähig zu sein.
Unter den Bedingungen der in den 60er Jahren des 20. Jh. einsetzenden *Bildungsexpansion* und steigender öffentlicher, wirtschaftlicher und privater Bildungsansprüche konnte sich die H. jedoch nicht als Alternative zu Realschule und Gymnasium durchsetzen. Ihr Anteil an den Schülern der 7. Klassenstufe sank in der alten Bundesrepublik von rund 65% im Schuljahr 1965/66 auf 36% im Schuljahr 1985/86 und lag 2006 deutschlandweit bei rund 25%. Die H. weist damit inzwischen den kleinsten Schüleranteil aller weiterführenden allgemein bildenden Schulen im Sekundarbereich I auf. Zahlreiche Programme zur Stärkung der H. haben diese Entwicklung nicht aufhalten können.
Die PISA-Studie u. a. Untersuchungen belegen, dass sich in der H. heute Schüler aus unteren sozialen Gruppen und Schüler mit Migrationshintergrund konzentrieren, deren Lernvoraussetzungen vielfach unzureichend ausgebildet sind und denen die Herkunftsfamilien die von Schulen mehr und mehr geforderte Unterstützung nicht geben können. So sind Lernförderung, Stärkung der Schülerpersönlichkeiten, Sozialerziehung und berufliche Integration inzwischen zu den zentralen Herausforderungen für Unterricht und Erziehung in der H. geworden.
Im Interesse der Sicherung eines differenzierten schulischen Bildungsangebotes bei zurückgehenden Schülerzahlen und im Bemühen, die eingetretene Marginalisierung der H. und die damit einhergehende Konzentration von benachteiligten Schülern in dieser Schulart zu überwinden, haben mehrere Bundesländer den H.bildungsgang in *allgemeinbildenden Schulen* mit mehreren Bildungsgängen integriert. Erste Untersuchungen belegen, dass in diesen Schulen mehr Schüler sowohl einen Qualifizierten H.abschluss als auch einen Mittleren Schulabschluss erreichen. Der Weiterentwicklung des Schulwesens trägt die Kultusministerkonferenz in ihrer ›Vereinbarung über die Schularten und Bildungsgänge im Sekundarbereich I‹ vom Juni 2006 Rechnung.

Hausaufgaben (Syn. **Schularbeiten**). Alle im Unterricht gestellten Aufgaben, die

Schüler in der unterrichtsfreien Zeit erledigen sollen. Je nach Familiensituation machen die Schüler ihre H. in der Familienwohnung, im Hort, in Einrichtungen der H.hilfe (z. B. Ausländerkinder), bei einem Nachhilfelehrer oder bei kompetenteren Mitschülern. Außer den von der Schule gestellten H. nehmen manche Schüler Nachhilfen, Vorhilfen oder Zusatzübungen in Anspruch, um die schulischen Anforderungen bei Klassenarbeiten oder Schultests erfüllen zu können. H. werden oft als Bindeglied zwischen Schule und Elternhaus betrachtet, durch das Eltern konkrete Informationen über Lerninhalte und Leistungsanforderungen erhalten. In Ganztagsschulen sind die H. in Form von Wiederholungs- und Übungsaufgaben weitgehend in den Unterricht integriert.

Unter didaktischen und lernpsychologischen Gesichtspunkten sollen H. den vorausgegangenen Unterricht nachbereiten oder den folgenden vorbereiten. Sie sollen im ersten Fall vor allem der Übung, Festigung, Anwendung und Übertragung des Gelernten dienen und die Schüler zu selbständigem, eigenverantwortlichem Arbeiten führen. Im zweiten Fall sollen die Schüler in Einzel- oder Gruppenarbeit Material beschaffen, Erkundungen durchführen oder längerfristige Beobachtungen festhalten.

Die H.praxis in der Schule ist in den einzelnen Bundesländern teils durch Schulgesetze und Rechtsverordnungen, teils durch Richtlinien und Erlasse geregelt. Dabei enthalten die Bestimmungen meist Sollforderungen und Anleitungen (z. B. Umfang, Schwierigkeitsgrad und Differenzierung der H.; H.stellung und Überprüfung; Richtwerte für H.zeiten; Benotung u. Ä.) bzw. Vorschriften, die sich auf Probleme einer unangemessenen H.praxis beziehen.

Die schulische und außerschulische H.praxis ist seit Mitte der fünfziger Jahre häufiger empirisch untersucht worden. Dabei spielten Fragen nach der Effektivität der H. und den mit ihnen verbundenen Sozialisationseffekten eine große Rolle. Als Konsequenz sind in der Literatur eine Reihe von Empfehlungen zur Gestaltung von H. zusammengestellt und didaktisch begründet worden.

Hauslehrer (engl. *private tutor*). In der Tradition der ständischen Fürstenerziehung, die meistens Hofmeistern übertragen war, beschäftigten im 18. und 19. Jh. auch begüterte Bürgerfamilien für Unterricht und Erziehung ihrer Kinder H., die sowohl für die Vermittlung grundlegender Unterrichtsstoffe als auch für eine standesgemäße Erziehung der Kinder verantwortlich waren. Für zahlreiche Absolventen theologischer, philologischer und philosophischer Universitätsstudien war eine solche Stelle der erste Schritt in soziale und wirtschaftliche Selbständigkeit, so z. B. für *I. Kant*, der von 1746 bis 1755 bei drei Familien H. war, für *F. D. E. Schleiermacher* und für *J. F. Herbart*. H. unterrichteten die damals üblichen Fächer der höheren Bildungsanstalten, führten zuweilen auch in Literatur, Philosophie und Musik ein und unternahmen mit ihren Schützlingen Reisen.

Ihre soziale Stellung zwischen Dienerschaft und Hausherr war zumeist höchst unsicher. Bis zum Inkrafttreten der Weimarer Reichsverfassung 1919 war diese Form der privaten Erfüllung der Unterrichtspflicht in Deutschland zulässig.

Hausunterricht. Schüler, die aufgrund einer Krankheit für längere Zeit die Schule nicht oder nicht regelmäßig besuchen können, erhalten auf Antrag der Erziehungsberechtigten, der bei der Schulleitung einzureichen ist, kostenlosen H. Je nach Alter des Kindes bzw. Jugendlichen erstreckt sich der H. auf sechs bis zwölf Wochenstunden. Er findet am Aufenthaltsort des Schülers statt, für den Fall eines längeren Krankenhausaufenthaltes auch im Krankenhaus (Krankenhausunterricht). Dort kann der H. als Gruppenunterricht erteilt werden, wenn keine ärztlichen Bedenken bestehen. Der H. wird von Lehrern in Orientierung an den Zielen und Inhalten des Lehrplans der

Schulart erteilt, die der Schüler vor Eintritt des H. besucht hat oder deren Besuch beabsichtigt ist (z. B. Realschule nach Abschluss der Grundschule).

Heilpädagogik. *Behindertenpädagogik.*

Heimatkunde. Der Begriff H. wurde erstmals 1816 von *C. W. Harnisch* und 1844 von *F. A. Finger* für einen neu konzipierten Lernbereich der Volksschule verwendet, in dem die Inhalte verschiedener Realien integrativ verflochten waren. Gegen dieses aufklärerisch-liberale Reformkonzept einer Weltkunde, in der Heimat die Ganzheit des geografischen Lebensraumes bedeutete, erhoben sich bald politische Widerstände, die zu ihrem Verbot führten.

Im Zuge der Industrialisierung und der Zivilisationskritik (Landflucht, Verstädterung, Arbeiterproletariat, sozialistische Tendenzen) wurde der Heimatgedanke in der Volksschulpolitik des Wilhelminischen Obrigkeitsstaates etwa ab 1871 aufgegriffen und zum Kern einer affirmativen religiösen und nationalen Gesinnungsbildung umfunktioniert. H. war in der Zeit bis zum Ende des Kaiserreichs kein eigenständiges Unterrichtsfach, sondern ein alle Fächer der Volksschule durchziehendes Unterrichtsprinzip.

Mit der Einführung der Grundschule in der Weimarer Verfassung (1919) wurde H. 1921 als Schulfach in die Richtlinien und Lehrpläne der Reichsländer aufgenommen und gab der Weimarer Grundschule bis 1933 ein relativ einheitliches Profil. Intentionen einer gesinnungsbildenden Heimaterziehung und H. fanden kaum Niederschlag, wohl aber Grundprinzipien der *Reformpädagogik.*

In der Schule des Nationalsozialismus (1933–1945) wurde eine völkische H. und Heimaterziehung das Fundament der Volksschulbildung und der nationalpolitischen Volkserziehung.

Nach dem Zweiten Weltkrieg war die H. im Schulwesen der DDR in den Schuljahren 1 bis 4 der zehnjährigen Oberschule Teil des Deutschunterrichts. Sie sollte dazu beitragen, bei den Kindern Einstellungen, Überzeugungen und Verhaltensweisen im Sinne des Marxismus-Leninismus und der Moral der sozialistischen Arbeiterklasse zu bewirken.

In der BRD knüpften die neuen Lehrpläne inhaltlich an die H. der Weimarer Grundschule an. Im Zuge der Bildungsreformdiskussion der sechziger Jahre richtete sich die Kritik auch auf die Konzeption der H., insbesondere auf ihren affirmativen gesinnungs- und gemütsbildenden Charakter, die *volkstümliche Bildung,* die Diskrepanz zwischen der konkreten Erfahrungswirklichkeit des Kindes und der heilen handwerklich-bäuerlichen Idylle im H.unterricht, auf das didaktische Dogma »vom Nahen zum Entfernten« sowie auf die Vernachlässigung physikalischer, chemischer und technischer Themen.

Diese Kritik an der H. führte ab 1969 zu ihrer Ablösung durch den wissenschaftsorientierten *Sachunterricht.* Noch bevor die Konzeptionsentwicklung dieses neuen Faches richtig in Gang gekommen war, benannte das Land Bayern 1974 den Lehrplan für Sachunterricht wieder in Heimat- und Sachkunde um. Der Wiederaufnahme des Begriffs Heimat und der Kombination des Sachunterrichts mit H. folgten weitere Länder, nach der Wiedervereinigung auch die neuen Bundesländer außer Brandenburg. Die heterogene Konzeptionsentwicklung der siebziger Jahre veranlasste die KMK 1980 zu einer umfangreichen Stellungnahme. Schüler, Umwelt, Wissenschaft und Gesellschaft sollten zukünftig in den Lehrplänen die zentralen Bezugspunkte sein, wobei Bewährtes der traditionellen H. und des neuen Sachunterrichts aufgearbeitet und genutzt werden sollte.

Etwa seit den achtziger Jahren erfuhr die Diskussion um den Begriff Heimat in den Medien und den unterschiedlichen gesellschaftlichen, kulturellen und politischen Gruppierungen eine Wiederbelebung. Angesichts des ideologischen Missbrauchs in der deutschen Geschichte wird die grundsätzliche Frage gestellt, ob die Grundschulpädagogik nicht auf den Heimatbegriff und die H. verzichten sollte, weil damit die anstehenden Fragen und Probleme im Nahraum der Lebenswelt des Kindes, der Umwelterziehung, der Dritten Welt, der multikulturellen Gesellschaft und der Mobilität innerhalb Europas im Hinblick auf die Entwicklung von Ich-Identität und Weltoffenheit heute nicht mehr erfasst werden können.

Heimaufsicht. Nach den Bestimmungen des *Kinder- und Jugendhilfegesetzes* (KJHG) braucht jeder, der eine Einrichtung eröffnen will, in der Kinder oder Jugendliche ganztägig oder für einen Teil des Tages betreut werden, eine Erlaubnis, damit der Schutz von Kindern und Jugendlichen sichergestellt ist. Zuständig dafür sind in der Regel die Landesjugendämter (überörtlicher Träger der Jugendhilfe), die zusammen mit dem Jugendamt und einem zentralen Träger der Jugendhilfe die örtliche Prüfung vornehmen. Schullandheime, Schülerheime unter Schulaufsicht, Jugendherbergen, Jugendbildungseinrichtungen und Jugendfreizeitstätten sind von dieser Regelung ausgenommen. Wenn Mängel angezeigt und nicht beseitigt werden, kann die Erlaubnis entzogen werden.

Heimerzieher. *Erzieher.*

Heimerziehung (engl. *residential care*). Nach den Bestimmungen des *Kinder- und Jugendhilfegesetzes* (KJHG) *Hilfe zur Erziehung* über Tag und Nacht, die durch eine Verbindung von Alltagsleben (z. B. Schule, Freizeit, Berufsausbildung) und pädagogischen und therapeutischen Angeboten die Kinder und Jugendlichen in ihrer Gesamtentwicklung unterstützen und fördern soll. Die in der H. tätigen Personen vertreten die Personensorgeberechtigten in der Ausübung der *elterlichen Sorge*, es sei denn, das *Vormundschaftsgericht* hat etwas anderes angeordnet. Die H. will a) die Rückkehr des Kindes in die eigene Familie ermöglichen, b) auf die Erziehung in einer anderen Familie vorbereiten *(Pflegeeltern)* oder c) die Jugendlichen bis zur Verselbständigung begleiten. Für die Kostenübernahme ist das Jugendamt zuständig. Die vollständige Herausnahme eines Kindes aus der Familie kann eine Reihe von Problemen mit sich bringen. Durch den Ausbau anderer Formen der Hilfe zur Erziehung (z. B. Erziehungsberatung, sozialpädagogische Familienhilfe) ist die Anzahl der Kinder und Jugendlichen in H. anteilig deutlich zurückgegangen.

heimlicher Lehrplan (engl. *hidden curriculum*). Der Begriff h. L. bezeichnet die unbeabsichtigten sozialen Lernerfahrungen von Schülern, die zwar nicht den beabsichtigten Erziehungs- und Bildungszielen sowie curricularen Inhalten und Methoden des offiziellen *Lehrplans* entsprechen, aber dennoch die schulische Sozialisation der Kinder und Jugendlichen prägend beeinflussen. So kann die Zensurengebung bei Klassenarbeiten und Zeugnissen das Konkurrenzdenken der Schüler untereinander fördern, das solidarische soziale Lernen jedoch stören. Die Zensierungspraxis kann bei den positiv Ausgelesenen ein positives Selbstkonzept bewirken, sie aber auch von anerkennenden Fremdbewertungen abhängig machen. Auf der anderen Seite besteht die Gefahr, dass negativ beurteilte Schüler auf die Dauer jegliche Erfolgszuversicht verlieren und mit Schulangst und Schulunlust auf weitere Leistungsanforderungen reagieren. Mit den Wirkungen des Beurteilungswesens auf Schüler gerät die Schule selbst in Widerspruch zu den offiziellen Zielen der optimalen individuellen Förderung aller Schüler.

Heimschulen (engl. *boarding schools*). Die Schulgesetze der Länder lassen die Einrichtung von H. zu, wenn besondere Belange der Schüler dies erforderlich machen. H. verbinden Unterricht und Heimleben in einer übergreifenden pädagogischen Konzeption. Das Wohnen außerhalb der Familie in einem Schülerheim bietet Anlässe zum sozialen Lernen in Arbeitsgemeinschaften und zu Unternehmungen in verschiedenen Fachbereichen (Kunst, Musik, Theater, Sport u. a.). Darüber hinaus lassen sich Fördermaßnahmen in H. besonders gut organisieren. Für H. erlässt die Schulverwaltung spezielle Schulordnungen. Die Eltern treten einen Teil ihrer *elterlichen Sorge* an die Heimpädagogen ab. I. d. R. muss von den Erziehungsberechtigten Heimgeld entrichtet werden.

Heimvolkshochschule. *Volkshochschulen* in Verbindung mit einem Wohnheim bzw. Internat, in dem Teilnehmer an mehrtägigen Kursen wohnen können.

Heranwachsende (engl. *rising generation*). **1)** Allgemein werden junge Erwachsene, sofern sie die soziale und wirtschaftliche Selbständigkeit vom Elternhaus noch nicht erreicht haben, als H. bezeichnet. In ähnlicher Bedeutung wird diese Phase der Entwicklung auch *Adoleszenz* genannt.

2) Nach Auffassung des *Jugendgerichtsgesetzes* können *Volljährige,* die 18, aber noch nicht 21 Jahre alt sind, ein Strafverfahren unter Beachtung ihrer besonderen Entwicklungslage erwarten. In diesem Sinne werden sie dann als H. behandelt. Das Strafmaß richtet sich jedoch nach den Vorschriften des allgemeinen Strafgesetzbuches.

Herbartianer. Gruppe von Pädagogen im 19. Jh., die sich in ihren theoretischen und praktischen Arbeiten sowohl der Psychologie wie der damit eng verbundenen Unterrichtstheorie *J. F. Herbarts* angeschlossen und diese weiterentwickelt haben, insbesondere *K. V. Stoy*, selbst noch Schüler von Herbart in Göttingen, *T. Ziller* in Leipzig, *T. Waitz*, Psychologe in Marburg, *F. W. Dörpfeld* im Rheinland und *W. Rein* an der Universität Jena.

Im Mittelpunkt ihrer wissenschaftlichen Bemühungen stand die Formalstufentheorie für die Artikulation des Unterrichts. In der Abfolge der vier Stufen a) Klarheit über neue Inhalte/Vorstellungen, b) Assoziation als Verknüpfung des Neuen mit den bereits vorhandenen Vorstellungen, c) System als Integration des Wissens in größere Zusammenhänge und d) Methode als Erprobung, Übung und Realisierung sollte der Unterrichtsprozess die Vielseitigkeit des Schülerinteresses wecken und fördern und dabei zugleich Selbstdisziplin, Sittlichkeit, Moralität und Ordnungssinn ausbilden. Die H. haben diese Stufentheorie z. T. verändert. Ihr Interesse war dabei auf eine möglichst fehlerfreie Anwendung in der Praxis gerichtet, woraus sich Verkürzungen, mechanistische Rezeptologien und bei den Lehrern oftmals eine gedankenlose Praxis ergaben, die den bildungstheoretischen Ansprüchen Herbarts nicht mehr gerecht werden konnten. Aus der Rückschau aber bleibt dennoch festzuhalten, dass die H. für die Systematisierung des Unterrichts in Beachtung psychologischer Überlegungen und für die Professionalisierung der Lehrerbildung wesentliche Beiträge geleistet haben. Insbesondere Stoy und Rein haben in ihren Übungsschulen an der Universität Jena die wissenschaftlich orientierte Reflexion praktischer Erfahrungen als zentrales Element in die Lehrerbildung eingeführt.

Hermeneutik (griech. *hermeneutike techne* Kunst der Textauslegung). Unter H. versteht man nicht nur die Kunstfertigkeit, sondern auch die Theorie des sinngemäßen Auslegens von sprachlichen und nichtsprachlichen Sinnstrukturen (Texte, Musik, Bilder, historische Prozesse, Gesten u. a.). Im Sprachgebrauch der Sozial- und Geisteswissenschaften wird der Terminus auf drei Ebenen bezogen. Er bezeichnet einerseits den lebenspraktischen Vollzug naturwüchsigen Verstehens und methodisch fundierten Auslegens, andererseits werden auch die aus dieser Praxis resultierenden differenzierten und kodifizierten Regeln damit charakterisiert. Unter den Begriff einer allgemeinen und philosophischen H. subsumiert man schließlich alle Versuche, die erkenntnistheoretischen und anthropologischen Bedingungen des Verstehens zu analysieren. Die Tatsache des bereits durch eigene subjektive Erfahrung präsenten Wissens um das, was Objekt vertieften Verstehens sein soll, bezeichnet man gemeinhin als hermeneutischen Zirkelschluss. Das Subjekt und sein kultureller Kontext sind also notwendige Bedingungen sowohl für die Gestaltung eines Sinnträgers wie für seine Auslegung. Das hat immer wieder die Frage nach der Objektivität der H. aufgeworfen. Je bewusster die geschichtlichen Bedingungen für Sinnkonstruktion und für das Vorverständnis des interpretierenden Subjekts erkannt und aufgedeckt werden, desto höher kann der Geltungsanspruch der Aussagen sein, die durch H. gewonnen werden. Mit den Bedingungen für die Entstehung von Sinnträgern, insbesondere von Texten der verschiedensten Art (Literatur, Philosophie, Erziehungslehren, Mythologien, Rechtstexten usw.), mit deren gesellschaftlichen Wandlungen und Wirkungen und ihrer aktuellen Bedeutung befassen sich die Geistes- und Sozialwissenschaften, die die menschlichen Lebensordnungen in Politik, Wirtschaft, Erziehung, Unterricht, Religion, Kunst, Kommunikation usw. zu ihrem Gegenstand haben. Die H. ist folglich ein den Geistes- und Sozialwissenschaften eigenes Erkenntnisverfahren. Wollen die Naturwissenschaften Ursache-Wirkungs-Zusammenhänge in der Natur erklären, so wollen die Geistes- und Sozialwissenschaften die kulturellen Objektivationen des Menschen in seiner Geschichte verstehen und dadurch das jeweilige Selbstverständnis einer Gesellschaft im geschichtlichen Ablauf immer erneut vertiefen. Auf diesem Wege soll Orientierungswissen für eine möglichst bewusste und somit auch zu verantwortende Gestaltung des kulturellen Prozesses gewonnen werden.

Für die Entwicklung der H. innerhalb der Pädagogik sind *F. D. E. Schleiermacher, W. Dilthey,* H.-G. Gadamer, J. Habermas und neuerdings W. Klafki von besonderer Bedeutung.

Hessen. Gegründet durch die amerikanische Militärregierung am 19. 9. 1945. Fläche: 21 114 km², 6 095 262 Einwohner (Stand 30. 11. 2005), 299 Einw./km². 11,4% Ausländer (D.: 8,9%). Hauptstadt: Wiesbaden.

Zu Schuljahresbeginn 2004/05 besuchten 707 172 Schüler die allgemein bildenden Schulen des Landes, davon gingen 242 001 auf 1189 *Grundschulen,* 43 654 auf 315 *Hauptschulen,* 91 891 auf 296 *Realschulen,* 64 542 auf 86 *Gesamtschulen* und 188 085 auf 292 *Gymnasien.* Der Anteil ausländischer Schüler betrug 11,4% (D.: 9,9%).

Auftrag, Gliederung, *Schulpflicht* und Funktionsweise des Schulwesens regelt das Hessische *Schulgesetz* in der Fassung vom 31. 3. 2005. Vollzeitschulpflicht besteht für neun Jahre, Berufsschulpflicht *(Teilzeitschulpflicht)* für drei. Für alle Kinder, die bis zum 30. Juni das 6. Lebensjahr vollenden, beginnt die Schulpflicht mit dem nächstfolgenden Einschulungstermin. Kinder, die bis zum 31. Dezember das 6. Lebensjahr vollenden, können eingeschult werden (»Kann-Kinder«). Mit der Anmeldung zum Schulbesuch sollen die deutschen Sprachkenntnisse festgestellt werden. Kinder mit sonderpädagogischem Förderbedarf, die bis zum 30. Juni das 4. Lebensjahr vollenden, können auf Antrag der Eltern vorzeitig in eine Förderschule aufgenommen werden. Im Jahr 2004 erfolgten 6,6% der Einschulungen verspätet (D.: 5,7%), 13,1% vorzeitig (D.: 9,1%).

In der Grundschule werden die Jahrgangsstufen (J.) 1 bis 4 unterrichtet. Durch Vorklassen und Eingangsstufen wird in besonderem Maße dem unterschiedlichen Entwicklungsstand der Kinder Rechnung getragen. Vorklassen fördern Kinder, die bei Beginn der Schulpflicht besonderer Anregungen und Hilfen bedürfen und deshalb zurückgestellt worden sind. Vorklassen sind Bestandteil der Grundschule oder der Förderschule. In Eingangsstufen können Kinder aufgenommen werden, die bis zum 30. 6. das 5. Lebensjahr vollendet haben. Sie führt in die J. 2. Die J. 1 und 2 der Grundschu-

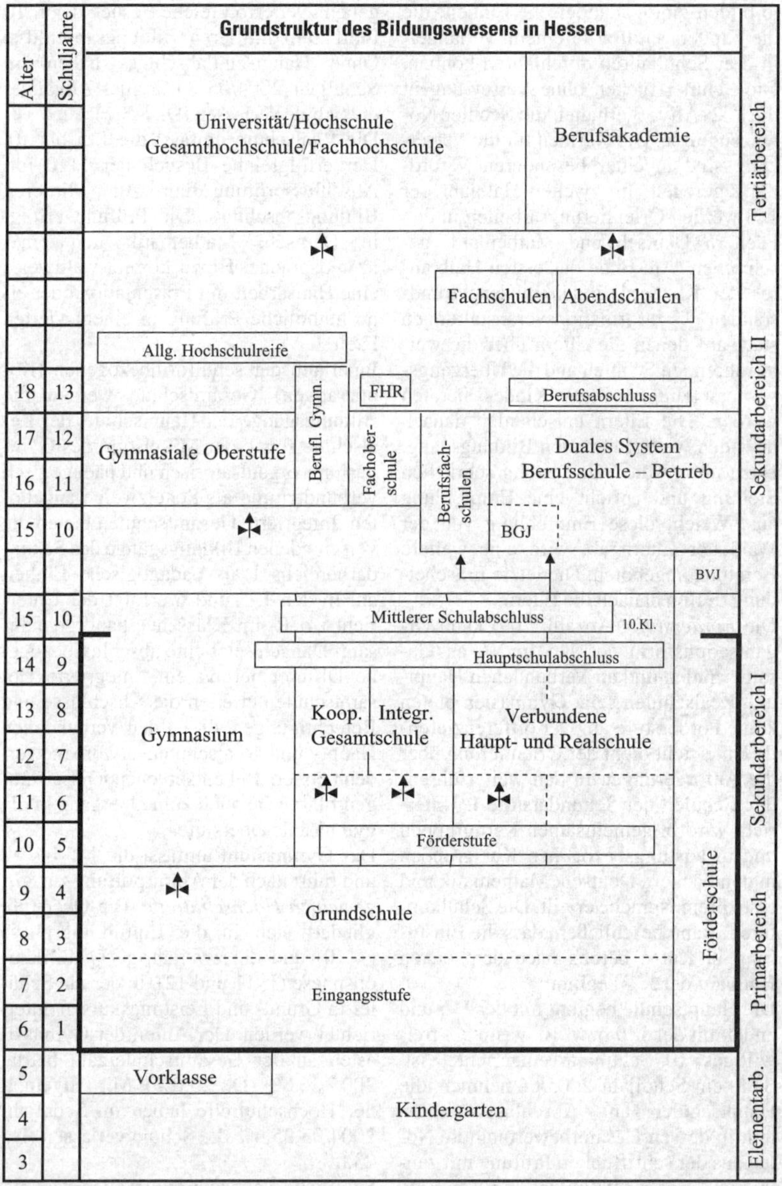

Fett umrandet sind die Einrichtungen für die Erfüllung der Vollzeitschulpflicht.

Qualifizierte Auswahl — Einfacher Übergang

BGJ = Berufsgrundbildungsjahr, BVJ = Berufsvorbereitungsjahr, FHR = Fachhochschulreife

le bilden eine pädagogische Einheit, die die Kinder verkürzt in einem, verlängert in drei Schuljahren durchlaufen können. Die Schüler rücken ohne Versetzung in die J. 2. Ab J. 3 erhalten die Schüler Notenzeugnisse. Die Normen für die Versetzung sind in einer besonderen Verordnung geregelt. Im zweiten Halbjahr der J. 3 werden Orientierungsarbeiten in den Fächern Deutsch und Mathematik geschrieben. Am Ende des ersten Halbjahres der Klasse 4 finden in den Grundschulen Informationsveranstaltungen statt, auf denen die Eltern über die weiterführenden Schulen und die Übergangsvoraussetzungen ihres Kindes beraten werden. Die Eltern entscheiden danach über den weiterführenden Bildungsgang. Dazu nimmt die Schulleitung schriftlich Stellung und spricht eine Empfehlung aus. Weicht diese Empfehlung von der Wahl der Eltern ab, wird eine weitere Beratung angeboten. Die letzte Entscheidung treffen danach die Eltern.

Die *Förderstufe* (Anzahl: 209) kann Organisationsform der J. 5 und 6 an Gesamtschulen und an Verbundenen Haupt- und Realschulen sein. Gymnasien bieten keine Förderstufe an. Der differenzierende Unterricht dient der Orientierung über die Anforderungen in den weiterführenden Schulen der Sekundarstufe I. Unterricht wird in gemeinsamen Kerngruppen und in leistungsbezogenen Kursgruppen in den Fächern Deutsch, Mathematik und erste Fremdsprache erteilt. Die Schulkonferenz kann beschließen, dass die Einstufung in Kurse bereits nach dem ersten Halbjahr der J. 5 beginnt.

Die Hauptschule beginnt mit der J. 5 und endet mit der J. 9 bzw. 10, wenn ein freiwilliges 10. Schuljahr eingerichtet ist. Seit dem Schuljahr 2005/06 nehmen alle Hauptschüler am Abschlussverfahren teil, in dessen Gesamtbewertung die Noten aus der schriftlichen Prüfung mit zentralen Aufgabenstellungen für Deutsch, Mathematik und Englisch, die Noten aus einer Projektprüfung sowie die in allen Fächern erzielten Leistungen der J. 9 eingehen. Der erfolgreiche Besuch der J. 10 führt zum mittleren Bildungsabschluss. Ohne Hauptschulabschluss haben im Schuljahr 2004/05 8,6% aller Abgänger die Schule verlassen (D.: 8,3%).

Die Realschule umfasst die J. 5 bis 10. Der erfolgreiche Besuch der J. 10 mit Abschlussprüfung führt zum Mittleren Bildungsabschluss. Die Prüfung erfolgt in Deutsch, Mathematik und einer Fremdsprache. Hinzu kommt wahlweise eine Hausarbeit mit Präsentation oder eine mündliche Prüfung in einem vierten Fach.

Innerhalb der schulformbezogenen (Kooperativen) Gesamtschule werden die Bildungsgänge der Hauptschule, der Realschule sowie der Mittelstufe des Gymnasiums organisatorisch und pädagogisch verbunden und als Schulzweige angeboten. Integrierte Gesamtschulen bieten die verschiedenen Bildungsgänge des Sekundarbereichs I als pädagogische Einheit an. In den J. 5 und 6 erfolgt der Unterricht i. d. R. im Klassenverband gemeinsam. Danach setzt eine abschlussbezogene Differenzierung ein. Integrierte Gesamtschulen erteilen die Abschlüsse und Berechtigungen, die in den Verbundenen Haupt- und Realschulen erworben werden können. Bei entsprechenden Leistungen führen sie auch zum Übergang in die gymnasiale Oberstufe.

Das Gymnasium umfasst die J. 5 bis 12 und führt nach der Abiturprüfung zur *Allgemeinen Hochschulreife*. Die Oberstufe gliedert sich in die Einführungsphase (J. 10) und die zweijährige Qualifikationsphase (J. 11 und 12), in der die Schüler in Grund- und Leistungskursen unterrichtet werden. Der Anteil der Gymnasiasten an der Gesamtschülerzahl betrug 2005 26,6% (D.: 25,0%). Mit Allgemeiner Hochschulreife haben im Schuljahr 2004/05 25,6% die Schule verlassen (D.: 23,0%).

Sämtliche weiterführenden allgemein bildenden Schulen werden auch als Abendschulen angeboten.

Für Schüler mit sonderpädagogischem

Förderbedarf findet in allgemeinen Schulen Zusatzunterricht durch Förderschullehrer statt. Darüber hinaus sind Förderschulen mit den üblichen sonderpädagogischen Schwerpunkten eingerichtet. Sonderpädagogische Förderung wird auch in den allgemein- und in den berufsbildenden Schulen des Sekundarbereichs II angeboten.
Zum *beruflichen Schulwesen* gehören die *Berufsschulen* als zweiter Lernort neben dem Betrieb innerhalb des *dualen Systems,* die ein- bis dreijährigen *Berufsfachschulen*, die auf dem mittleren Abschluss aufbauende zweijährige *Fachoberschule,* die zur Fachhochschulreife führt, sowie die dreijährigen, auf Fachrichtungen spezialisierten Beruflichen Gymnasien, die zur Allgemeinen Hochschulreife führen. Das *Berufsvorbereitungsjahr* (BVJ) dient der Sicherung und Vertiefung schulischer Grundkenntnisse und der Erweiterung der Ausbildungsfähigkeit. Im Rahmen der dualen Ausbildung können Innungen oder Kammern mit Schulträgern berufsbildender Schulen die Einrichtung eines *Berufsgrundbildungsjahres* (BGJ) als erstes Jahr der Ausbildung vereinbaren.
Die *Bildungsstandards der Kultusministerkonferenz* sollen bis 2008 umgesetzt werden. Die Evaluation dieses Prozesses soll durch landeseinheitliche Prüfungen in allen Schulformen und schulinterne Vergleichsarbeiten erfolgen. Bereits seit Schuljahr 2005/06 gelten in einer Reihe von Fächern neue *Bildungsstandards.* Im Schuljahr 2005/06 wurden für die allgemein bildenden Schulen neue Lehrpläne erlassen.
Die *Lehrerbildung* an den Landesuniversitäten erfolgt schulartenbezogen: Lehramt an Grundschulen, Lehramt an Haupt- und Realschulen, an Gymnasien, an beruflichen Schulen, an Förderschulen.
www.portal.bildung.hessen.de
www.statistik-portal.de

Heuristik (griech. *heuriskein* finden, entdecken; engl. *heuristics*). Lehre von den Methoden zur Auffindung neuer wissenschaftlicher Erkenntnisse. Die heuristische Methode ist ein Vorgehen zur Lösung von Problemen durch systematisches Erproben. Sie wird dann eingesetzt, wenn noch keine bewährten Methoden zur Verfügung stehen. Von heuristischer Funktion wird gesprochen, wenn ein Instrumentarium geeignet ist, einen Erkenntnisprozess zu fördern. So haben z. B. Lernzieltaxonomien die heuristische Funktion, vernachlässigte Lernzieldimensionen und Prüfungsaufgaben zu entdecken.

Hilfe zur Erziehung. Nach den Bestimmungen des *Kinder- und Jugendhilfegesetzes* (KJHG) tritt H. z. E. durch die öffentliche *Jugendhilfe* immer dann ein, wenn eine dem Wohl des Kindes oder des Jugendlichen entsprechende Erziehung nicht mehr gewährleistet ist. H. z. E. kann freiwillig in Anspruch genommen werden, sie kann aber auch durch ein *Vormundschaftsgericht* angeordnet werden. Je nach dem erzieherischen Bedarf wird H. z. E. in sehr unterschiedlicher Weise angeboten als: *Erziehungsberatung, soziale Gruppenarbeit,* Erziehungsbeistandschaft, sozialpädagogische Familienhilfe, Vollzeitpflege, *Heimerziehung, Jugendgerichtshilfe* und *Amtsvormundschaft.* Bis 1990 als Jugendfürsorge bezeichnet.

Hitler-Jugend (HJ). 1926 unter dem Namen ›Hitlerjugend. Bund deutscher Arbeiterjugend‹ gegründete Jugendorganisation der NSDAP. Seit 1932 waren die ebenfalls bereits in den zwanziger Jahren entstandenen Mädchengruppen der NS-Frauenschaft zur Mitgliedschaft im *Bund Deutscher Mädel* (BDM) in der HJ verpflichtet. Nachdem 1933 alle anderen Jugendorganisationen verboten worden waren, war die HJ vom ersten Jahr der NS-Herrschaft an Staatsjugend. Diese Stellung wurde 1936 mit dem Gesetz über die HJ nachträglich sanktioniert. In § 1 wurde bestimmt: »Die gesamte deutsche Jugend ist in der Hitler-Jugend zusammengefasst.« Mit der 2. Durchführungsverordnung zum Gesetz über die HJ von 1939 wurde über die Einführung einer Jugenddienstpflicht die Zwangsmitgliedschaft in der HJ rechtlich konkretisiert. Eltern, die ihre Kinder nach Vollendung des 10. Lebensjahres nicht anmeldeten, drohte ab 1940 eine Strafe von 150 Reichsmark.

Von allen Jugendlichen zwischen 10 und 18 Jahren waren nach einer Aufstellung bei W. Keim Ende 1932 erst 1,4% Mitglieder in der HJ; Ende 1933 waren bereits 30,4%, Ende 1936 62,8% und Ende 1939 87,1% der genannten Altersgruppe in die HJ integriert. Die vollständige Erfassung aller Jugendlichen konnte aber trotz zahlreicher repressiver Maßnahmen nie durchgesetzt werden.

Die HJ war getrennt nach Altersgruppen und Geschlechtern organisiert: Deutsches Jungvolk (DJ für männliche Jugendliche zwischen 10 und 14), Hitler-Jugend (HJ für männliche Jugendliche zwischen 14 und 18), Jungmädelbund (JM für weibliche Jugendliche zwischen 10 und 14), Bund Deutscher Mädel (BDM für weibliche Jugendliche zwischen 14 und 18). Die 17- bis 21-jährigen Mädchen wurden im BDM-Werk »Glaube und Schönheit« zusammengefasst. Unterstellt war die HJ der Reichsjugendführung der NSDAP.

Die Altersgruppen der HJ waren nach Anzahl der Mitglieder und Gebiet in aufsteigend größeren Einheiten zusammengefasst, bei Jungen von der Kameradschaft über Schar, Gefolgschaft, Stamm und Bann bis zum Gebiet, bei Mädchen von der Mädelschaft über Mädelschar, Mädelgruppe, Mädelring und Untergau bis zum Obergau. Innerhalb jeder Untergliederung wurden die Jugendlichen nach Dienstgraden differenziert. Die männlichen HJ-Mitglieder trugen Uniformen, deren Zuschnitt und Ausstattung sich sowohl an den Uniformen der SA wie an denen früherer Jugendverbände orientierten. Das für die HJ propagierte Prinzip, »Jugend wird durch Jugend geführt«, wurde zwar umgesetzt, die Führer aber von oben eingesetzt. Sie wurden in einer »Akademie für Jugendführung« oder in »Führerschulen« auf diese Funktion vorbereitet. Innerhalb der Gliederungen der HJ gab es keinerlei Formen der Mitsprache oder gar Mitbestimmung. Unbedingter Gehorsam wurde auf allen Ebenen durchgesetzt.

Die HJ diente der totalen Vereinnahmung der Jugend für die Ziele des totalitären NS-Regimes. Entsprechend waren für männliche Jugendliche Leistung, Kampf, Sport und Körperertüchtigung, für weibliche Jugendliche eine Mischung aus Körperertüchtigung, Gesundheitserziehung und Sozialdiensten grundlegende Erziehungsbereiche. Für Jungen und Mädchen gleichermaßen bedeutsam war darüber hinaus die weltanschauliche Schulung. Die Jugendlichen hatten feste Zeiten für Dienste, Heimabende, Unterricht und öffentliche Einsätze oder Aufmärsche zu beachten.

Die Attraktivität der HJ erwuchs sowohl aus der Übernahme von Lebensformen der früheren Jugendbewegung wie aus den vielfältigen Freizeitangeboten, die große Teile der Elternschaft ihren Kindern aus finanziellen Gründen nicht hätten bieten können. Und viele Jugendliche erlebten den Aufstieg innerhalb der Hierarchie der HJ als Aufwertung der eigenen Person. Eine Attraktion waren auch die HJ-Sondereinheiten beim Militär. Mit Beginn des Krieges wurde insbesondere in der männlichen HJ die ideologische und praktische Vorbereitung auf den Fronteinsatz verstärkt.

Die zunehmende Militarisierung der HJ mündete schließlich in die Bildung einer Hitler-Jugend-Panzergrenadierdivision, die 1943 den offiziellen Namen »12. SS-Panzerdivision Hitler-Jugend« erhielt.

hitzefrei. Die oberste Schulaufsichtsbehörde eines Bundeslandes regelt durch Bekanntmachung oder Erlass, unter welchen Bedingungen an besonders heißen Schultagen der Unterricht ausfallen darf. I. d. R. gilt als Richtwert eine Außentemperatur von 25 °C um 10 Uhr. Der Schulleiter kann in solchen Fällen entscheiden,

den Unterricht nach der 4. Stunde zu beenden.

hochbegabtes Kind (engl. *gifted child*). In den zahlreichen Definitionen von Hochbegabung werden in jeweils unterschiedlicher Breite und Gewichtung eine Vielzahl von geistigen, musisch-künstlerischen, psycho-motorischen, sozialen und emotionalen Fähigkeiten berücksichtigt. In früheren Jahren dominierte der Zugang über die messbare Testintelligenz. Erreichte ein Kind einen *Intelligenzquotienten* von 130 und mehr, sprach man von einem h. K. Dieses eher statische und eindimensionale Verständnis ist heute der Auffassung gewichen, dass man weitere Kriterien heranziehen und zugleich spezifische Lernbedingungen zur Entfaltung bzw. Förderung der Fähigkeiten schaffen müsse. Danach gilt ein Kind als hochbegabt, das deutlich überdurchschnittliche Leistungen, Talente oder Begabungen in allen Bereichen des Verhaltens zeigt, die von einer Gesellschaft für wichtig und wertvoll gehalten werden. Hochbegabung wird Kindern also unter Bezugnahme auf bestimmte Kriterien zugeschrieben: ein allgemeiner Entwicklungsvorsprung, hohe Konzentrationsfähigkeit, rasche Auffassungsgabe, gutes Gedächtnis, differenziertes Sprachvermögen, hochgradige Selbstinitiative, Freude am autodidaktischen Lernen, sehr gute Schulleistungen, allseitiges Interesse an der Lösung schwieriger Aufgabenstellungen, Erfolge in Wettbewerben und vieles andere. Meist lassen sich mehrere Fähigkeiten in überdurchschnittlich hoher Ausprägung beobachten. Zuverlässige Aussagen über Hochbegabung lassen sich aber nur nach einer längeren Beobachtung durch ausgewiesene Experten machen. Die Entwicklungsmöglichkeiten des h. K. kann man mit gezielten Angeboten fördern. In den öffentlichen Schulen können die vorzeitige Einschulung, das Überspringen von Klassenstufen oder eine verkürzte Schulzeit bis zum Abitur sinnvolle Randbedingungen sein. Solche Maßnahmen werden zumeist von sogenannten Enrichmentprogrammen (Anreicherungs- oder Zusatzprogramme) innerhalb oder außerhalb der Schule begleitet (Musikunterricht, Schach-AG, naturwissenschaftliche Arbeitsgemeinschaften, Teilnahme an Wettbewerben u. a.).

Hochschulassistent (Syn. **wissenschaftlicher Assistent**). Gruppe des wissenschaftlichen und künstlerischen Nachwuchses einer *Hochschule.* Die zu erbringenden wissenschaftlichen Dienstleistungen in Forschung und Lehre sollen zugleich die eigene wissenschaftliche Qualifikation weiterentwickeln. Darüber hinaus ist dem H. genügend Zeit für selbständiges wissenschaftliches Arbeiten zu geben, das u. a. zur *Habilitation* führen kann. Voraussetzung für die Einstellung ist i. d. R. eine Promotion oder eine besonders gute 2. Staatsprüfung.

Hochschuldidaktik. Sie analysiert wissenschaftliche Lehr- und Lernprozesse unter Berücksichtigung ihrer inhaltlichen, organisatorischen (z. B. Verbund von Lernorten, Hochschul-Stundenplan), personellen, formellen (z. B. Studienordnungen), methodischen und materiellen (z. B. Arbeitsplätze in Laboratorien und Bibliotheken) Bedingungen und entwickelt auf der Grundlage ihrer Forschungen Empfehlungen für wirkungsvollere Lehr-, Lern- und Prüfungsverfahren.

Hochschule (engl. *institution of higher education*). Nach den Bestimmungen des *Hochschulrahmengesetzes* (HRG) sowie der Landesgesetze über die H. fallen folgende Bildungseinrichtungen unter diese Bezeichnung: *Universitäten, Gesamthochschulen, Technische Hochschulen, Pädagogische Hochschulen, Kunst- und Musikhochschulen, Fachhochschulen* sowie vergleichbare öffentliche und private Einrichtungen, die nach Landesrecht staatlich anerkannt sind. Die H. dienen der Pflege und Entwicklung der Wissenschaften und der Künste durch Forschung, Lehre und Studium. Sie bereiten auf Berufe vor, die die Anwendung wissenschaftlicher Erkenntnisse und Methoden oder die Fähigkeit zu künstlerischer

Gestaltung erfordern. Eintrittsvoraussetzung für den Besuch einer H. ist die *Allgemeine* oder *Fachgebundene Hochschulreife*. Der Träger einer H. und die H. selbst haben sicherzustellen, dass die Mitglieder der H., Lehrende und eingeschriebene Studenten, die durch § 5 des GG verbürgte Freiheit von Kunst und Wissenschaft, Forschung, Lehre und Studium ungehindert wahrnehmen können.

Hochschulen der Bundeswehr. *Bundeswehrhochschulen.*

Hochschulgesetze. Aufgrund der *Kulturhoheit der Länder* haben sich alle 16 Bundesländer ihre eigenen H. gegeben. Der Bund kann dazu lediglich Rahmenvorschriften erlassen, was durch das *Hochschulrahmengesetz* (HRG) aus dem Jahre 1976, zuletzt geändert 2007, erfolgt ist. H. enthalten Bestimmungen über die Aufgaben der Hochschulen, ihre Rechtsstellung, über die Rechte und Pflichten der Mitglieder einer Hochschule, die Organisation und die Gremien der Selbstverwaltung, über die Zugangsvoraussetzungen zum Studium, das Studium selbst und die Durchführung von Prüfungen sowie über das wissenschaftliche und künstlerische Personal, seine Einstellungsvoraussetzungen, Aufgaben und Rechte.

hochschulinternes Fernsehen. *Unterrichtsmitschau.*

Hochschulprüfung (engl. *academic examination*). Im Rahmen der *akademischen Selbstverwaltung* führen Hochschulen H. in eigener Zuständigkeit durch, die zu *akademischen Graden* (z. B. Diplom, Doktorgrad) führen. Im Unterschied dazu finden *Staatsexamen* an der Hochschule unter staatlicher Aufsicht statt.

Hochschulrahmengesetz (**HRG**; engl. *University Outline Law*). Das 1976 vom Deutschen Bundestag verabschiedete Gesetz in der Neufassung vom 19. 1. 1999 (zuletzt geändert am 12. 4. 2007) enthält Regelungen über die Aufgaben der Hochschulen, die Zulassung zum Studium, die Pflichten und Rechte der Mitglieder der Hochschulen, die Organisation sowie die Verwaltung. Ursprüngliche Ziele des Gesetzes waren die Reform der Hochschulen, die Sicherung verbindlicher Prinzipien und Standards für alle Bundesländer und die Verkürzung der Studienzeiten. Bis zum Jahre 1980 hatten alle Bundesländer ihre Landeshochschulgesetze dem H. anzupassen. Durch eine Änderung des H. im Jahre 1987 sind den einzelnen Ländern und Hochschulen tradierte Freiheiten zurückgegeben worden, die einen Teil der beabsichtigten übergreifenden Reformen unterbunden haben.

1999 wurde das H. durch eine umfassende Novelle geändert. Ziel war die Stärkung der Hochschulautonomie. Die Novellierung im Jahr 2002 führte die international üblichen Abschlüsse *Bachelor* und *Master* sowie die Einrichtung von *Juniorprofessuren* ein. Durch das Urteil des Bundesverfassungsgerichts vom Januar 2005 im Zusammenhang mit dem Rechtsstreit zwischen Bund und Ländern zur Einführung von Studiengebühren ist die verfassungsgemäße Zuständigkeit der Länder für die Regelungen zum laufenden Betrieb der Hochschulen weiter gestärkt worden. Auf der Grundlage des Urteils haben eine Reihe von Ländern inzwischen die Einführung von *Studiengebühren* beschlossen.

Die Bundesregierung hat am 9. 5. 2007 im Zusammenhang mit der Föderalismusreform den »Entwurf eines Gesetzes zur Aufhebung des Hochschulrahmengesetzes (HRG)« beschlossen. Das Aufhebungsgesetz soll am 1. 10. 2008 in Kraft treten. Bis dahin müssen die Bundesländer ihr Landesrecht entsprechend verändert und angepasst haben.

Hochschulrat. Die Landeshochschulgesetze verpflichten die Universitäten und Hochschulen zur Einrichtung eines H., der die Hochschule bei ihrer strategischen Steuerung unterstützt. Die Kompetenzen des H. sind in den Ländern unterschiedlich. Sie können auch die Wahl des Rektors und die Kontrolle seiner Geschäftsführung einschließen. I. d. R. wirken im H. neben den von der Hochschule gewählten Mitgliedern Vertreter aus Wissenschaft, Kultur, Politik und Wirtschaft mit, die vom zuständigen Ministerium ernannt werden.

Hochschulreife. *Abitur.*

Hochschulrektorenkonferenz (HRK). Freiwilliger Zusammenschluss der staatlichen und staatlich anerkannten Universitäten und Hochschulen in Deutschland. Im Jahr 2006 gehörten ihr 261 Mitgliedshochschulen an, in denen 98% der Studierenden in Deutschland immatrikuliert waren. Die H. versteht sich als Forum der gemeinsamen Meinungsbildung und als Stimme der Hochschulen gegenüber Politik und Öffentlichkeit. Zu ihren Aufgaben gehören u. a. Informationsaustausch, Beratung und Unterstützung bei Reformprozessen, Zusammenarbeit mit anderen Verbänden, Pflege internationaler Beziehungen, Studienganginformationen, hochschulpolitische Stellungnahmen und Politikberatung. Sitz der H. ist Bonn.

Hochschulzugang. Eine *Allgemeine oder Fachgebundene Hochschulreife* und die *Fachhochschulreife* sind die grundlegenden Zulassungsvoraussetzungen an Hochschulen. Darüber hinaus aber haben die Hochschulen seit dem Wintersemester 2005/06 nach neuen gesetzlichen Regelungen mehr Handlungsfreiheit bei der Auswahl von Studenten. Im Rahmen der sogenannten Quotenregelung können die Hochschulen nach Berücksichtigung von vorab reservierten Plätzen für bestimmte Bewerbergruppen 60% der Studienplätze in den von bundesweiten Zulassungsbeschränkungen betroffenen Fächern selbst auswählen, 20% verbleiben für die besten Abiturienten und 20% für Bewerber nach einer Wartezeit. Die Auswahl berücksichtigt dann folgende Kriterien: Durchschnittsnote im Abitur, gewichtete Abiturnoten in relevanten Fächern, fachspezifische Studierfähigkeitstests und berufliche Tätigkeit. Nach landesrechtlichen Regelungen können die Hochschulen auch bei Fächern mit regionalen Zulassungsbeschränkungen eigene Auswahlverfahren in ähnlichem Sinne durchführen. Für bestimmte Studiengänge führen Hochschulen unabhängig von dieser Quotenregelung besondere Eignungsprüfungen durch, z. B. für künstlerische Studiengänge.

Ein Studium kann grundsätzlich auch ohne Hochschulreife aufgenommen werden. Die Einzelheiten sind im Landesrecht geregelt. Staatsangehörige anderer EU-Staaten sind beim H. Deutschen gleichgestellt, wenn sie die erforderlichen Schulabschlüsse und deutsche Sprachkenntnisse nachweisen können. Für andere Ausländer gelten spezielle Vereinbarungen, die über die Hochschulen zu erfahren sind.

Hof-Effekt. *Halo-Effekt.*

Hofmeister. *Hauslehrer.*

Hohenrodter Bund. Überregionale freie Vereinigung von Persönlichkeiten aus *Erwachsenenbildung* und Volksbildungsbewegung, die sich zwischen 1923 und 1930 in Hohenrodt im Schwarzwald trafen, um Klarheit über Ziele, Inhalte und Methoden der Volksbildung zu gewinnen. Anlass waren Kontroversen zwischen Vertretern unterschiedlicher Richtungen. Zur ersten Gesprächsrunde an den Pfingsttagen 1923 hatten *T. Bäuerle* und R. von Erdberg eingeladen mit dem Ziel, einen reichsweiten Dachverband der bis dahin zersplitterten Volksbildungsorganisationen zu gründen. Die Teilnehmer sprachen sich jedoch gegen eine organisatorische Bindung und für den freien Gedankenaustausch im H. B. aus. Sie verstanden sich als »freie Arbeitsgemeinschaft für Erwachsenenbildung« ohne Mitgliederlisten, Satzung, bindende Beschlüsse und institutionelle Sicherung. Ab 1924 wurden die jährlichen Pfingsttreffen von einem Dreierrat (T. Bäuerle, R. von Erdberg, *W. Flitner*) organisiert. Die Einladung von Teilnehmern und Gastdozenten erfolgte so, dass eine Vielfalt der Meinungsrichtungen gewährleistet war, was aber bei denjenigen auf Kritik stieß, die aus Interesse auch gern an den Treffen teilgenommen hätten. Zu den Gesprächspartnern gehörten W. Flitner, *E. Weniger*, *M. Buber*, *R. Guardini*, *O. Hammelsbeck* u. v. a. Auf der Hohenrodter Tagung 1925 kam man überein, zur Ausbildung neuer Lehrkräfte und zur wissenschaftlichen Vertiefung eine »Deutsche Schule für Volksforschung und Erwachsenenbildung« einzurichten. Die von W. Flitner konzipierte Schule wurde am 1. 10. 1927 in Leipzig eröffnet. Fungierte zunächst der neu gegründete H. B. e. V. mit dem Vorsitzenden T. Bäuerle als Rechtsträger, führte die öffentliche Kritik hieran 1930 zu einem eigenen Trägerverein mit dem Namen der Schule. Die Schulgründung hatte auch innerhalb des H. B. Auseinandersetzungen mit sich gebracht, so dass der Stil offener theoretischer Reflexion verloren ging und die achte Pfingsttagung 1930 zur letzten des H. B. wurde. Die Deutsche Schule führte ihre inhaltlich differenziert angelegten Arbeitswochen noch bis 1933 durch und wurde dann von den Nationalsozialisten geschlossen. Versuche zur Wiederbelebung des H. B. von T. Bäuerle, W. Flitner und E. Weniger fanden nach 1945 keine Resonanz.

Höhere Berufsfachschule. In einigen Bundesländern eingerichtete zwei- oder dreijährige Vollzeitschule in öffentlicher oder privater Trägerschaft, die i. d. R. auf der allgemeinen oder der Fachhochschulreife aufbaut und zu einer staatlich anerkannten beruflichen Qualifikation führt.

Höhere Bürgerschulen. *Circularverfügung: anderweitige Organisation der Real- und höheren Bürgerschulen.*

Hohe Schule. Sowohl der (selbsternannte) »Beauftragte des Führers für die Überwachung der gesamten geistigen und weltanschaulichen Schulung und Erziehung der NSDAP«, Alfred Rosenberg, als auch Robert Ley, NS-Arbeiterführer, wollten nationalsozialistische Forschung und Eliteausbildung an einer H. S. als höchster Institution nach *Adolf-Hitler-Schulen* und *Ordensburgen* abschließen. Über Planungen ist das Projekt nicht hinausgekommen.

Honorarprofessor. Auf Vorschlag eines Fachbereiches und mit Zustimmung des Senats einer Hochschule kann der Ministerpräsident eines Bundeslandes aufgrund besonderer wissenschaftlicher Leistungen Personen, die hauptberuflich außerhalb der Hochschule tätig sind, den Titel H. verleihen und ihnen damit zugleich die Genehmigung zur Lehre an der Hochschule erteilen. H. können wie die ordentlichen Professoren Prüfungen abnehmen.

Hort (engl. *day care centre*). Einrichtung der *Jugendhilfe,* die der leiblichen, erzieherischen, sozialen und seelischen Betreuung von Schulkindern (zumeist erwerbstätiger Eltern) im Alter zwischen 6 und 15 Jahren dient. Der Besuch ist freiwillig. Es werden Gebühren erhoben.

Hospitalismus (lat. *hospitale* Gastzimmer, Krankenhaus; engl. *hospitalism*). Von R. Spitz 1945 geprägter Begriff zur Kennzeichnung seelischer und körperlicher Schäden und Entwicklungsrückstände bei Kindern, die in der frühen Kindheit durch Krankenhaus- oder Heimaufenthalt längere Zeit von ihrer Mutter oder einer anderen Bezugsperson getrennt waren. Um die notwendigen emotionalen Beziehungen zu garantieren und dem H. vorzubeugen, sind zahlreiche Kinder- und Entbindungskliniken zu einer gemeinsamen Aufnahme von Kind und Mutter übergegangen.

Anstelle des Begriffs H. wird heute meist der Begriff *Deprivation* verwendet.

Hospitation (lat. *hospes* Gastfreund, Fremder; engl. *sitting in on a class*). **1)** Eine eher passive Teilnahme an Veranstaltungen einer pädagogischen Einrichtung. Für den Hospitanten als Zuhörer und Beobachter hat die H. in der Regel den Zweck, einen Einblick in den pädagogischen Alltag z. B. einer Schulklasse oder eines Kindergartens zu erhalten.

2) Eine durch bestimmte Beobachtungsaufgaben gekennzeichnete aktive Teilnahme am Unterricht, die auch Unterrichtsbesuch oder *Unterrichtsh.* genannt wird. Vom Unterrichtsbesuch wird meist gesprochen, wenn die Begutachtung eines Lehrers durch die Schulaufsicht durchgeführt wird.

HRG. *Hochschulrahmengesetz*.

Human Engineering. Zweig der angewandten Betriebspsychologie, mit dem Ziel, die optimale Kombination von Arbeitsplatzgestaltung, Maschinenausstattung und Arbeitsprozessen in Relation zu den Kenntnissen, Fähigkeiten, dem Lern- und Arbeitsvermögen sowie den Wertorientierungen der Arbeitskräfte zu konzipieren.

Humaniora (lat. *humanus* menschlich, den Menschen betreffend). In den H. wurden die klassischen Sprachen, Kunst, Philosophie und Politik der griechischen und römischen Antike als ideale Ausdrucksformen einer reflektierten, ästhetisch durchgebildeten und harmonisch abgestimmten Kultur zur Grundlage humanistischer Bildung kanonisiert, die bis ins 19. Jh. das bildungstheoretische Konzept des humanistischen Gymnasiums bestimmte. Die H. wurden den Realien gegenübergestellt, denen ihrer praktischen Relevanz wegen nur eine geringe Bedeutung für die allgemeine und freie Menschenbildung zuerkannt wurde. Hinter dieser ideologischen Kontroverse stand auch der Kampf um die Gleichstellung der Realgymnasien mit den humanistischen Gymnasien.

Humanismus (lat. humanitas *Menschlichkeit;* engl. *humanism*). Die seit dem 14. Jh. besonders in Italien einsetzende Hinwendung zu Sprache, Dichtung, Architektur, Kunst und Politik der griechisch-römischen Antike drückte einerseits das wachsende Bestreben nach Emanzipation von kirchlicher Dogmatik und tradierten geistigen Grenzen aus, zum anderen war sie Ausdruck des neuen Bewusstseins der Menschen von der Würde des freien Individuums, seiner Einzigartigkeit, Schönheit und Kreativität. Durch das Studium der klassischen Werke (studia humaniora) sollte die Erneuerung der darin vorgestellten Humanität möglich werden (Renaissance). Staatliche Machtzentren wurden jetzt neben der Kirche zu ebenbürtigen Trägern von Kunst und Wissenschaft. Philosophie, Philologie, Grammatik, Rhetorik und Poesie fanden an Universitäten und höheren Schulen wachsende Beachtung und trugen wesentlich zur Verbreitung humanistischen Gedankengutes über Italien hinaus bei. Die Schriften Ciceros wurden schon im 15. Jh. zur meistgelesenen Schullektüre und das klassische Latein zur Unterrichtssprache aller gelehrten Bildungsstätten.

Der H. konnte in Deutschland nicht die gleiche Bedeutung wie in Italien erlangen. Es mangelte in Deutschland an politisch selbstbewussten und wirtschaftlich reichen Fürstenhäusern und Städten. Und der Widerstand von Kirche und konservativer *Scholastik* an den Universitäten war ungleich heftiger als in Italien. So blieben das Gedankengut des H. und sein Bildungselan auf einzelne Universitäten und höhere Schulen begrenzt. Dort jedoch haben Humanisten wesentliche Neuerungen vorangetrieben. Der Niederländer R. Agricola (1443–1485) reformierte die Universität Heidelberg. J. Reuchlin förderte die Philologie des Hebräischen und Griechischen an süddeutschen Universitäten. Seit der Mitte des 16. Jh. konnten diese alten Sprachen an den dortigen Universitäten wieder studiert werden. Von größter Bedeutung für Bildungstheorie und Erziehungslehre aber wurde Erasmus von Rotterdam (1467–1536). In seiner Erziehungkonzeption sind die wesentlichen Leitideen der späteren Aufklärungspädagogik bereits ausgeführt: Allseitige Bildung, vernunftgeleitete Mündigkeit, feinsinnige Weltorientierung, wissenschaftliche Denkweise und aufgeklärte Sittlichkeit. Erasmus verband seine Bildungsideen mit Ausführungen über die Bedeutung frühzeitiger erzieherischer Förderung der Kinder unter Beachtung ihrer individuellen Voraussetzungen.

Das Bildungsdenken des H. fand im sogenannten Neu-H. bei G.E. Lessing, J. Herder, F. Schiller, J.W. v. Goethe, *W. v. Humboldt* u.a. seine Fortsetzung, als die Beschäftigung mit Sprache, Philosophie und Kunst der Antike eine neue Blüte erreichte. Der Begriff H. stand dabei für die scharfe Abgrenzung zum Nützlichkeitsdenken der philanthropischen Pädagogen.

Humanität (lat. *humanitas* Menschlichkeit; engl. *humanity, humanitarianism*). Die geistig-sittlichen Eigenschaften des Menschen, die ihn über seine biologischen Lebensfunktionen hinaus als Wesen mit intellektuellen, ästhetischen, ethischen und sozialen Kräften auszeichnen. Als Bildungsauftrag bedeutet das Aufklärung des Verstandes, Entfaltung von Mitgefühl und Mitmenschlichkeit, Stärkung von Verantwortungsbereitschaft und Solidarität. Jeder Einzelne ist aufgefordert, der allgemeinen Menschlichkeit eine persönliche Gestalt zu verleihen und sich zugleich dafür einzusetzen, für alle Menschen die Bedingungen zur Entfaltung ihrer Gesittung zu sichern, ohne Rücksicht auf ihr Geschlecht, ihre Weltanschauung, ihre Rasse- und Volkszugehörigkeit. Bildung im Sinne der H. ist Erziehung zum Frieden, zur Konfliktbewältigung, zur Toleranz, zum Einsatz für Gleichberechtigung, gegen soziales Elend, Diskriminierung, Folter, Völkerhetze und Kriegstreiberei.

Humankapital (engl. *human capital*). Die Summe aller im Produktionsprozess wertschaffenden Kenntnisse, Fähigkeiten, Fertigkeiten und Einstellungen der Erwerbstätigen, die aus gesellschaftlichen Aufwendungen in Erziehung, Bildung, Aus- und Weiterbildung sowie persönlichen Anstrengungen erwachsen sind. Zusammen mit a) den Arbeitsmitteln (Werkzeuge, Maschinen, Anlagen), b) der für die Produktion notwendigen Infrastruktur (Informationssysteme, Verkehrsverbindungen), c) der Arbeitsorganisation sowie d) den Rohstoffen und der Energie ist das H. wesentlicher Faktor der gesamtgesellschaftlichen Produktivkraft. Mit zunehmender Beschleunigung des technologischen Wandels steigt die Bedeutung der Erneuerung des H. Daraus erwachsen zahlreiche Anstrengungen im Bereich der *Weiterbildung*.

Humankompetenz. *Selbstkompetenz*.

HwO. *Handwerksordnung*.

Hyperaktivität (griech. *hyper* übermäßig; lat. *actio* Bewegung). Auffällig häufige und im Wachzustand kaum unterbrochene Abfolge von Bewegungen, die auf den Betrachter überwiegend wie ruheloses Herumzappeln wirkt. Die Identifikation von H. hängt u.a. von den jeweiligen Toleranzgrenzen der Umwelt ab. Ob es sich bei H. um ein Krankheitssymptom handelt, ist nur schwer und ausschließlich durch Fachleute zu diagnostizieren. Die Ursachen können in gestörten Beziehungen ebenso liegen wie in körperlichen oder seelischen Erkrankungen.

Hypothese (griech. *hypothesis* Grundgedanke; engl. *hypothesis*). Vermutung über mögliche Bedingungen bzw. Ursachen, die einem erklärungsbedürftigen Phänomen zugrunde liegen könnten. Für die Forschung ist es wichtig, dass H. als empirisch gehaltvolle Aussagen formuliert werden, damit sie durch Beobachtung nachgeprüft werden können. Das trifft z.B. auf die H. zu: Sozialintegratives Lehrerverhalten (ermutigend, helfend, geduldig, lobend, freundlich, engagiert, tolerant, wenig lenkend, diskursiv u.a.) erhöht die Bereitschaft der Schüler zur spontanen und selbständigen Beteiligung am Unterricht. Dagegen lässt sich die H., Intensität sowie Art und Weise der Schülerbeteiligung am Unterricht hingen von der Begabung der Schüler ab, nicht durch Beobachtung kontrollieren.

I

IAB. *Institut für Arbeitsmarkt- und Berufsforschung der Bundesagentur für Arbeit.*

Ich (lat. *ego*; engl. *ego*). **1)** Allgemein die bewusste Wahrnehmung von sich selbst in Abgrenzung zu anderen. Ausdruck findet dieses I.bewusstsein in dem jeweils tatsächlich verfügbaren bzw. artikulierbaren Orientierungswissen über die eigene Person in einem Ausschnitt der Wirklichkeit. Insofern nur ein sehr kleiner Teil des menschlichen Seelenlebens, das zudem von umfangreichen inneren und äußeren Faktoren beeinflusst wird, von denen das I. nichts weiß. Das I. konstituiert sich in Sozialisations- und Erziehungsprozessen als Selbsterfahrung über den Austausch mit anderen. Im Erinnern wird diese Selbsterfahrung als *Identität* bewusst.

2) Nach S. Freud jener Teil der *Persönlichkeit,* der um einen lebensfähigen Ausgleich zwischen den Realitätsanforderungen, den unbewussten libidinösen und aggressiven Bestrebungen des *Es* und den verinnerlichten Verboten der Moral *(Über-I.)* bemüht ist. Auch in diesem Verständnis also steht das I. in besonderer Nähe zur aktuellen Lebenswirklichkeit einer Person.

Ich-Kompetenz (lat. *competentia* Eignung). Im Rahmen der Erziehung zur *Autonomie* des Individuums die Fähigkeit, sich selbstbestimmt, selbständig und unabhängig zu verhalten. Erziehung und Unterricht sollen in diesem Sinne Heranwachsende befähigen, nicht nur allein, sondern auch in Zusammenarbeit mit anderen eigene Bedürfnisse und Interessen zur Geltung zu bringen, sich die eigenen Gefühle bewusst zu machen, schöpferisches Verhalten und Ausdrucksfreude zu entwickeln, Selbstsicherheit im Vertrauen auf die eigenen Fähigkeiten zu gewinnen und Selbständigkeit im Handeln zu zeigen. I. steht in enger Wechselbeziehung zur Sozial- und Sachkompetenz eines Menschen.

Idealismus (griech. *idea* Urbild, Idee; engl. *idealism*). Seit dem 18. Jh. verwendeter Begriff zur Bezeichnung verschiedener philosophischer Positionen, die im Gegensatz zum Materialismus davon ausgehen, dass alle Dinge durch Ideen, also etwas Geistiges, Nichtmaterielles, zur Existenz gebracht werden. Für Fichte, einen Begründer des I. in Deutschland, werden die Dinge von den geistigen Vorstellungen des Menschen, nicht die Vorstellungen von den Dingen erzeugt. Schon *I. Kant* wollte nicht klären, was das Ding an sich sei, vielmehr ging er der Frage nach, auf welche Weise der Mensch Kenntnis von der Wirklichkeit gewinnen könne. Für ihn waren es die objektivitätsstiftenden Kräfte des Verstandes, das formgebende, begrifflich klärende Vermögen des Geistes, das die Welt ordnet. Transzendental nennt Kant diesen Erkenntnisweg, weil er die aller empirischen Erfahrung vorausgehende (apriorische) Ordnung des Fragens, Suchens, Bezeichnens und Beurteilens der Wirklichkeit erst möglich macht. Gegen Kants kritischen I. ist G. W. F. Hegel als absoluter Idealist davon überzeugt, dass die Dinge an sich sehr wohl zu erkennen sind, freilich nicht im naturwissenschaftlichen Sinne, sondern allein im metaphysisch voranschreitenden Prozess der Annäherung des endlichen individuellen Bewusstseins an den absoluten Geist. So ist für Hegel die Logik nicht Lehre vom widerspruchsfreien Denken, vielmehr Leh-

re von der Struktur der Wirklichkeit und insofern Ausdruck des reinen Denkens.
Die Bedeutung transzendentaler Begriffe von Bildung und Erziehung für die kritische Reflexion der pädagogischen Praxis, der es immer auch um die Geltung ihres Handelns gehen muss, will sie nicht zum bloßen Sachwalter gesellschaftlicher Interessen werden, hat an Kant orientierte Pädagogen wie *P. Natorp*, *A. Petzelt*, *W. Fischer* und M. Heitger beschäftigt. Was Lernen, Lehren, Bildung usw. sei, lasse sich nicht aus der Empirie gewinnen, vielmehr müssten diese Begriffe im Sinne von Prinzipien das pädagogische Tun ordnen (A. Petzelt).

Idealtypus. Gedankliches Konstrukt, in dem die Merkmale beobachtbarer verwandter Einzelphänomene möglichst vollständig zusammengetragen und geordnet werden. So lässt sich z. B. aus den unterschiedlichen Lehrerrollen in Schulen, Hochschulen und Einrichtungen der Erwachsenenbildung usw. der I. des Lehrers entwickeln. Der I. bildet folglich Wirklichkeit nicht ab. Vielmehr dient er in der Gegenüberstellung mit Einzelerfahrungen dazu, die jeweils besonderen Erscheinungsformen eines Phänomens in seiner kulturellen Besonderheit oder geschichtlichen Ausprägung deutlich werden zu lassen.

Identifikation (lat. *idem* derselbe, der gleiche, *identitas* Wesenseinheit, *facere* machen; engl. *identification*). Allgemein das Erkennen der spezifischen Merkmale eines Menschen oder eines Gegenstandes. In psychologischem Verständnis das Nacheifern bzw. Nachahmen des Verhaltens einer Person, zu der eine starke emotionale Beziehung besteht. Durch das Bemühen um Gleichsetzung mit dem I.subjekt sollen dessen Eigenschaften in die eigene Person hineingenommen werden.

Identität (lat. *idem* derselbe, der gleiche, *identitas* Wesenseinheit; engl. *identity*).
1) Vollständige Übereinstimmung in allen Einzelheiten.
2) Die innere Gewissheit des Subjekts, dass es trotz wechselnder Lebenssituationen und -phasen und immer neuer Orientierungen in der Außenwelt ein und dieselbe Person bleibt. Wesentliche Bedingungen für die Entwicklung von I. sind die körperlichen, emotionalen und kognitiven Austauschprozesse zwischen dem heranwachsenden Kind und seiner sozialen Umgebung. I. ist deshalb auch vorstellbar als eine Art Bewusstheit der über die Bezugspersonen erfahrenen Tatsache, dass »ich ein Ich bin im Kreise der vielen anderen«. Folglich ist auch die Qualität der Selbst-Gewissheit abhängig von der Art und Weise der *Interaktionen* zwischen dem Subjekt und seiner sozio-emotionalen Umwelt. In den Interaktionen werden die Möglichkeiten zu Distanz von den anderen ebenso wie zu Selbstdarstellung und Selbstbewusstsein definiert.

Ideologie (gr. *idéa* Idee, *logos* Wort, Sinn, Vernunft; engl. *ideology*). Ursprünglich in der Bedeutung von Ideenlehre gebraucht. Nach marxistischem Verständnis der gedankliche Überbau bestimmter ökonomischer Verhältnisse, der von der jeweils herrschenden Klasse zur Legitimation der bestehenden Verhältnisse als angeblich objektive und gültige Lehre vertreten wird. Durch I.kritik soll diese Verschleierung aufgedeckt und der Zusammenhang von gesellschaftlichen Interessen und Ideen deutlich werden. In der Vielfalt der Definitionen findet auch gegenwärtig das Verständnis von I. als Rechtfertigungslehre für die Inanspruchnahme von Menschen für die nicht offen formulierten Zwecke anderer besondere Beachtung.

idiografische Methode (griech. *idios* eigen, *graphe* Bild, Schriftstück). Die i. M. richtet sich auf das *Verstehen* des Einzelfalles, also z. B. einer individuellen Lebensgeschichte oder eines Kunstwerkes, eines literarischen Textes oder eines Schulkonzeptes. Im Unterschied zu den wissenschaftlichen Bemühungen, die sich auf verallgemeinerbare, wenn möglich sogar in Gesetzen formulierbare Regelmäßigkeiten konzentrieren (= nomothetische Wissenschaften; griech. *nomos* das Gesetz), wird die i. M. eingesetzt, um die Besonderheiten und Einzigartigkeit des individuellen Falles möglichst umfassend darzustellen. Sie stellt einen typischen Erkenntnisweg der Geisteswissenschaften dar.

IEA. *International Association for the Evaluation of Educational Achievement.*

IEA Data Processing Center (IEA DPC) in Hamburg. Datenverarbeitungsabteilung der *International Association for the Evaluation of Educational Achievement (IEA),* die in ihrer jetzigen Form seit 1995 besteht. Die Einrichtung einer spezialisierten Abteilung für Datenverarbeitung/Datenmanagement wurde durch die Zunahme internationaler Studien, die wachsende Anzahl der sich beteiligenden Länder und die stetig komplexeren Untersuchungsdesigns, z. B. bei *TIMSS, PIRLS* und *PISA* notwendig. Verstärkt übernimmt das IEA DPC auch Aufgaben im Bereich der Organisation und Durchführung von Studien auf nationaler Ebene wie z. B. bei der Studie *IGLU,* dem nationalen Teil der IEA-Studie PIRLS. Das IEA DPC führt darüber hinaus im Auftrag nationaler und internationaler wissenschaftlicher Einrichtungen Serviceleistungen im Bereich der scannergestützten Datenerfassung und Datenauswertung durch.

IGLU – Internationale Grundschul-Lese-Untersuchung. Deutsche Teilstudie von *PIRLS (Progress in International Reading Literacy Study),* an der sich auf Beschluss der Kultusministerkonferenz (KMK) alle deutschen Bundesländer beteiligt haben. Gegenstand der Studie von PIRLS/IGLU ist die Lesekompetenz von Grundschülern am Ende der 4. Jahrgangsstufe im internationalen Vergleich. An der ersten Hauptuntersuchung 2001 nahmen 35 Staaten mit etwa 150 000 Schülern teil. Die internationale Leseuntersuchung wurde in Deutschland um Mathematik, Naturwissenschaften, Rechtschreiben und Aufsatz erweitert (IGLU-E). Mit IGLU-E wurde gewissermaßen die TIMSS-Grundschulstudie (TIMSS-I) nachgeholt, an der Deutschland sich seinerzeit nicht beteiligt hatte. Die PIRLS/IGLU-Konzeption beruht auf der angelsächsischen Vorstellung von Grundbildung *(Literacy),* die am Ende der Grundschule erreicht sein soll und eine wichtige Basis für das Lernen im Sekundarbereich I ist. Außerdem erhob IGLU durch eine Befragung von Schülern, Lehrern, Schulleitern und Eltern Hintergrundinformationen über den Unterricht und die außerschulische Lebensumwelt der Kinder. International wird die Studie von der *International Association for the Evaluation of Educational Achievement (IEA)* verantwortet und national von einem Konsortium an der Universität Hamburg durchgeführt. Mit der Datenerhebung und der Datenverarbeitung ist das *IEA Data Processing Center (IEA DPC)* in Hamburg beauftragt. Über IGLU informieren u. a. folgende Bücher (Kurztitel): ›Erste Ergebnisse‹ (2003); ›Einige Länder der BRD‹ (2004); ›Vertiefende Analysen‹ (2005). Im Bereich der Lesekompetenz liegen die deutschen Grundschüler im internationalen Vergleich über dem Mittelwert. Jedoch macht der Anteil stark förderungsbedürftiger Schüler über 10 % aus. Im Vergleich von IGLU-E mit TIMSS nehmen die meisten deutschen Schüler einen Platz im internationalen Mittelfeld ein. In Mathematik verlassen etwa 20 % der untersuchten Schüler die Grundschule mit zum Teil erheblichen Defiziten. In der Orthografie ist der ermittelte Leistungsstand der Schüler nicht zufriedenstellend. PIRLS/IGLU ist eine *Large Scale Assessment (LSA)* Langzeitstudie mit einem Zyklus von fünf Jahren. In der IGLU-Hauptuntersuchung 2006 ist die repräsentative Stichprobe in Deutschland auf etwa 400 Schulen erhöht worden, um über den internationalen Vergleich hinaus einen Vergleich zwischen den Bundesländern zu ermöglichen und die Überprüfung von *Bildungsstandards* in Deutsch und Mathematik einzubeziehen. Die nächste Hauptuntersuchung ist für 2011 vorgesehen.

Imitationslernen (Syn. **Beobachtungslernen, Modelllernen**; lat. *imitatio* Nachahmung; engl. *imitative learning, identificatory learning, observational learning*). Das I. wird in der *Verhaltenstherapie* und in der *Verhaltensmodifikation* angewendet, um unangemessene Verhaltensweisen zu verändern oder das vorhandene Verhaltensrepertoire zu erweitern. Dabei macht man sich die Erfahrung zunutze, dass Menschen und Tiere durch bloßes Beobachten oder Nachahmen lernen. In der Verhaltenstherapie beispielsweise wird dem Patienten ein Film gezeigt, in dem eine Person (Modell) die von ihm zu lernende Verhaltensweise praktiziert. Auf diese Weise soll der Patient in die Lage versetzt werden, ein entsprechendes Verhalten ausführen zu können. Anwendungsbereiche des I. sind: Spracherwerb, Veränderung sozialen Verhaltens, Aufbau motorischer Fertigkeiten, Eliminieren von Angstreaktionen durch Gegenkonditionierung u. a.

Immatrikulation (engl. *enrolment*). Aufnahme in eine *Hochschule* durch Einschreibung in das Verzeichnis ihrer Studenten, i. d. R. für einen bestimmten Studiengang.

Implementation (lat. *implere* anfüllen, erfüllen). Maßnahmen zur Einführung und Umsetzung von neuen *Lehrplänen, Curricula, Ausbildungsordnungen* u. Ä. Voraussetzung ist die Konkretisierung der beabsichtigten Maßnahmen bis auf die Ebene genau beschriebener Handlungen, Ziele, Inhalte und Methoden. Die Kontrolle des I.prozesses ist Aufgabe der *Evaluation.*

Indien. 1) Demokratisch-föderale Republik, 28 Bundesstaaten und 7 Bundesterritorien. Hauptstadt: Neu-Dehli (9,8 Mill. Einw.). Fläche: 3 287 263 km^2, 1,08 Milliarden Einw., 329 Einw./km^2. 72% Indoarier, 25% Draviden und verschiedene Minderheiten. Amtssprachen: Hindi und Englisch, daneben zahlreiche Regionalsprachen. Religion: 80% Hindus, 13% Muslime und religiöse Minderheiten.

2) Mit der 1947 erreichten Unabhängigkeit der Indischen Union von Großbritannien mussten die bis dahin den gesellschaftlichen Eliten vorbehaltenen Schulen und Hochschulen, die nach englischem Vorbild entwickelt worden waren, zu einem allgemein zugänglichen Volksbildungswesen umgeformt werden. Dieser Prozess ist bis heute nicht abgeschlossen, wie u. a. die hohe Analphabetismusquote deutlich anzeigt. Wichtigste Hindernisse sind die große Armut, mangelhafter Ausbau der Bildungseinrichtungen, fehlende Lehrer, Kinderarbeit und die Benachteiligung der Mädchen. Die Kulturhoheit liegt bei den Bundesstaaten. Der Unterhalt der Schulen hängt weitgehend von der Finanzkraft der Regionen und Kommunen ab. Zahlreiche Einrichtungen werden von privaten Trägern unterhalten. Die Bundesregierung kann programmatische Anstöße geben, Initiativen zur Vereinheitlichung des Bildungswesens betreiben und über Förderprogramme auf die Entwicklung in den Bundesstaaten Einfluss nehmen. 1986 haben sich Bund und Einzelstaaten auf einige Grundsätze für die zukünftige Gestaltung des Bildungswesens geeinigt: Die achtjährige Pflichtschulzeit wird in einer koedukativen Gesamtschule (Primarschule/Mittelschule) absolviert. Schulgeld wird nicht erhoben. Danach sollen möglichst viele Jugendliche in die zweijährige Unterstufe der Sekundarschule überwechseln und ihre berufs- oder studienbezogene Ausbildung in weiteren zwei Schuljahren vollenden. An diesem 10 + 2-Modell orientiert sich die Bildungspolitik der meisten Bundesstaaten. Die Bildungssysteme der einzelnen Bundesstaaten unterscheiden sich jedoch in vielerlei Hinsicht, so u. a. bei der Dauer der Schulpflicht, der Anzahl der Klassen innerhalb der Stufen (Primarschule, Mittelschule/Sek. I, High School/Sek. II), beim Einschulungsalter, bei der Anzahl der Schultage im Jahr, bei der Unterrichtssprache und beim Schulgeld für den Schulbesuch nach Erfüllung der Schulpflicht.

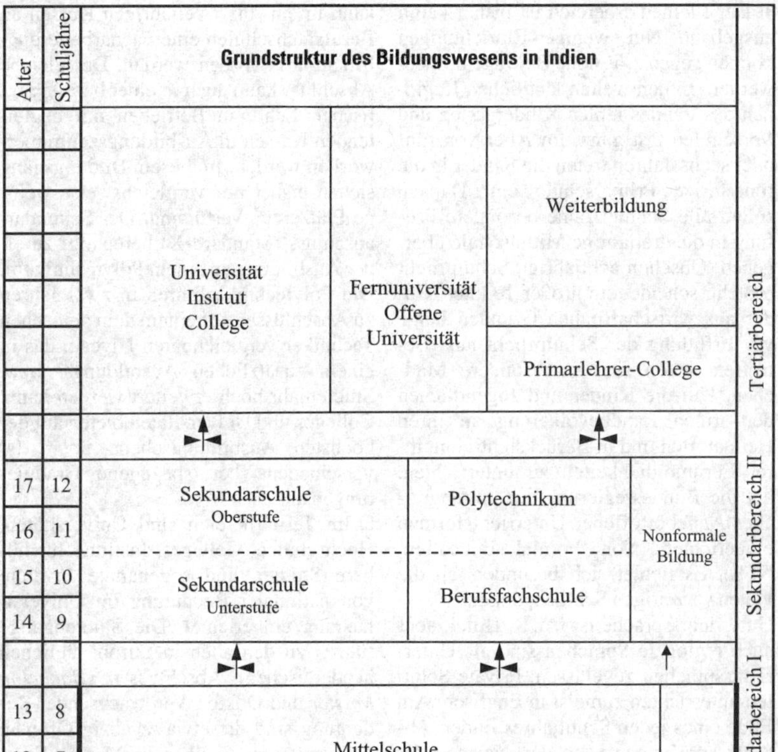

Grundstruktur des Bildungswesens in Indien

Fett umrandet sind die Einrichtungen für die Erfüllung der Schulpflicht.

Qualifizierte Auswahl   Einfacher Übergang

3) Der Elementarbereich ist bisher kaum ausgebaut. Nur wenige Einrichtungen können gegen z. T. hohe Beiträge besucht werden. In den weiten ländlichen Regionen des Landes fehlen Kindergärten und Vorschulen fast ganz. Im Alter von fünf oder sechs Jahren treten die Kinder in die fünfjährige Primarschule ein. Danach sollen alle Schüler ohne besondere Prüfung in die dreijährige Mittelschule übergehen. Obschon achtjährige Schulpflicht besteht, scheidet ein großer Teil der Kinder aus wirtschaftlichen Gründen lange vor Erfüllung der Schulpflicht aus. Betroffen davon sind insbesondere Mädchen. Um die Kinder und Jugendlichen der armen Landbevölkerung an ihren Heimatorten und in Berücksichtigung ihrer Lernmöglichkeiten zu unterrichten, hat die Bundesregierung ein umfangreiches Angebot offener Unterrichtsformen eingerichtet (Non Formal Education, NFE). Es richtet sich besonders an die vielen vorzeitigen Schulabgänger.

Unterrichtssprache ist i. d. R. Hindi, aber auch regionale Sprachen sind als Unterrichtssprachen zugelassen. Private Schulen unterrichten zumeist in Englisch. Am Ende eines jeden Schuljahres finden Abschlussprüfungen nach den Normen der Erziehungsministerien statt. Der Übergang in die Sekundarschule hängt vom Erfolg in der Prüfung nach Klassenstufe 8 ab. In den Sekundarschulen werden bereits zahlreiche berufsvorbereitende Kurse und Abschlüsse angeboten. Wer das Abschlussexamen nach Klassenstufe 10 bestanden hat (Standard X), kann die Ausbildung in der allgemein bildenden Oberstufe der Sekundarschule oder in einem Polytechnikum fortsetzen und dort das Zertifikat über einen höheren Sekundarabschluss (Standard XII) erwerben. Die Standards für dieses Examen werden von einem nationalen Gremium festgelegt und gelten in allen Bundesstaaten.

4) Berufliche Ausbildung findet auf vier Ebenen zumeist in schulischen Einrichtungen statt. Nach der Mittelschule kann in ein- bis zweijährigen Kursen an Berufsfachschulen eine Facharbeiterqualifikation erworben werden. Der gleiche Abschluss kann auch in einer berufspraktischen Lehre in Betrieben mit begleitenden Kursen in Ausbildungszentren erworben werden. In diesem Bildungsgang stehen bisher nur vergleichsweise wenige Plätze zur Verfügung. Der Sekundarabschluss (Standard X) berechtigt zu einer Ausbildung an einem Polytechnikum. Die Polytechnika führen in zwei Jahren zu Abschlüssen auf einem dem deutschen Techniker vergleichbaren Niveau, das in einem zusätzlichen Ausbildungs- bzw. Studienjahr noch erweitert werden kann. Colleges und Universitäten bieten auf der höchsten Ausbildungsebene über 100 verschiedene berufsbezogene Graduierungen an.

5) Im Tertiärbereich sind Universitäten, Hochschulen, Colleges, Institute für höhere Studien und sogenannte Institute von nationaler Bedeutung im Universitätsrang eingerichtet. Die Studiengänge führen zu den auch in Europa üblichen akademischen Abschlüssen *Bachelor, Master* und Doktor. Von wachsender Bedeutung sind die etwa zwanzig Offenen Universitäten, die über die Medien Fernstudien oder in regionalen Universitätszentren insbesondere für Erwerbstätige ihre Kurse und Abschlüsse anbieten.

6) Lehrer für die ersten fünf Jahre der Primarschule werden nach Erwerb des Standard-XII-Examens in zweijährigen Kursen an Primarschullehrer-Colleges ausgebildet. Sekundarschullehrer erwerben an Universitäten oder ranggleichen Instituten den Bachelor.

7) Die Erwachsenenbildung zielt hauptsächlich auf die Alphabetisierung der ländlichen Bevölkerung. Dabei wird intensiv mit dem Fernsehen als Unterrichtsmedium gearbeitet. Für Frauen und Mädchen werden Spezialprogramme angeboten. Auch die allgemeine und berufliche Weiterbildung wird weitgehend von den offenen Angeboten getragen. Für Erwachsenen- und Weiterbildung sind in der Bundesregierung sowie in den Regierungen der Bundesstaaten spezielle Direktorate eingerichtet.

Individualisierung (lat. *individuus* ungeteilt, unzertrennlich; engl. *individualizing*). Orientierung an der Lernbiografie und Leistungsfähigkeit eines einzelnen Kindes oder Jugendlichen bei der Gestaltung von Lehr-Lern-Prozessen. Die I. des Unterrichts wird aufgrund zunehmender Differenzierungprozesse in multikulturellen demokratischen Industriegesellschaften und aufgrund zunehmender Individualisierungprozesse in der Sozialisation deutscher Kinder immer stärker gefordert. Ihr stehen aber die traditionellen, auf Einheitlichkeit, Vergleichbarkeit und Kontrollierbarkeit ausgerichteten Unterrichtskonzepte des herkömmlichen Schulsystems entgegen. Totalitäre Staaten oder monokulturell und nationalistisch ausgerichtete Gesellschaften stehen der I. meist ablehnend gegenüber. Dies belegt das Verbot von reformpädagogischen Konzeptionen und Schulen (z. B. *M. Montessoris*) im Dritten Reich oder in der Deutschen Demokratischen Republik. Nach dem Zweiten Weltkrieg kamen in der Bundesrepublik Deutschland parallel zur Bildungsreformdiskussion seit Mitte der sechziger Jahre konzeptionell unterschiedliche I.konzepte wieder stärker in die Diskussion. Hierzu gehören auf der einen Seite die Einzelarbeit im programmierten Unterricht und im computerunterstützten Unterricht, auf der anderen Seite die Freisetzung individueller Bedürfnisse und Interessen im Konzept der antiautoritären Erziehungsbewegung. Zu nennen sind auch Reformschulen, die den Aufruf nach optimaler individueller Förderung und Abbau von Chancenungleichheit durch eine Verknüpfung von I. und *sozialem Lernen* zu realisieren versuchen (z. B. *Team-Kleingruppen-Modell*). In den vergangenen Jahren ist vor allem das I.konzept M. Montessoris, das in Montessori-Schulen in den Stunden der Freiarbeit mit Montessori-Material praktiziert wird, für die innere Reform der Grundschule von Bedeutung gewesen. Aus der Erfahrung, dass bei einer totalen I. des Unterrichts die Leistungsentwicklung in der Schülerschaft auf Kosten gemeinschaftlichen, sozialen Lernens immer weiter auseinanderklafft, wird heute eine Kombination von individualisiertem Lernen, projektartigem Lernen, Klassenunterricht und gemeinsamem Schulleben bevorzugt. Wenn im Stundenplan spezielle Zeiten für *freie Arbeit* und *Wochenplanarbeit* sowie eine entsprechend vorbereitete Lernumgebung zur Verfügung stehen, kann dem Wandel im Verständnis der Kindheit entsprochen werden.

Individualität (lat. *individuum* Einzelding, Einzelwesen, *individuus* unteilbar; engl. *individuality*). Die Gesamtheit aller Merkmale, die die Einzigartigkeit eines Menschen (eines Wesens) im Vergleich zu allen anderen ausmacht. Für den Menschen ist sie als jeweiliger Entwicklungsstand der Persönlichkeit das Resultat aus dem Ineinanderwirken von Wahrnehmung des Selbst in seiner Umwelt sowie Verarbeitung dieser Wahrnehmung nach persönlichen Motiven und erlernten kulturellen Mustern im Rahmen vorgegebener natürlicher, materialer und sozialer Bedingungen.

Individuum (lat. *individuum* Einzelding, Einzelwesen, *individuus* unteilbar; engl. *individual*). Jedes Einzelwesen (Mensch, Tier, Pflanze). Im Feld der Erziehung wird der Begriff zumeist in einem wertbezogenen Sinne zur Bezeichnung der Einmaligkeit des Einzelnen in der Vielzahl aller Menschen verwandt.

Indoktrination (lat. *indere* hineintun, einführen, einflößen; engl. *indoctrination*). Die gezielte Beeinflussung der Meinungsbildung anderer unter Ausnutzung von Abhängigkeiten, autoritärer Macht und Kontrolle der Informationsmöglichkeiten. Im pädagogischen Arbeitsfeld widerspricht sie grundsätzlich dem Auftrag, die Würde der Persönlichkeit nachdrücklich zu schützen und die Emanzipation junger Menschen zu unterstützen.

Indonesien. **1)** Präsidialrepublik. Das Land besteht aus mehr als 15 000 Inseln, von denen etwa 6000 bewohnt sind. Hauptstadt: Jakarta (8,4 Mill. Einw.). Fläche: 1 912 988 km², 218 Mill. Einw., 114 Einw./km². Zahlreiche ethnische Gruppen. Verschiedene polynesische Sprachen, Papua-Sprachen und weitere Dialekte. Amtssprache: Indonesisch, Handelssprache: Englisch. Religion: 88% sunnitische Muslime, 5% Protestanten, 3% Katholiken u. a. religiöse Minderheiten.

2) 1994 wurden wesentliche strukturelle und curriculare Bedingungen des Bildungswesens vom Parlament neu geordnet. Das Ministerium für Erziehung und Kultur und die ihm unterstellten 27 Erziehungsdepartments der Provinzregierungen sind mit der Umsetzung dieser Reformen bis heute befasst. Eingeführt werden soll eine neunjährige Schulpflicht zwischen dem 6. und dem 15. Lebensjahr. Dieses Ziel ist landesweit noch nicht erreicht. Die Schulpflicht wird in der sechsjährigen Primarschule und der dreijährigen Juniorstufe der Sekundarschule erfüllt. Die beiden Schularten sind i. d. R. zwar eigenständige Institutionen, arbeiten jedoch nach einem übergreifenden nationalen Bildungsplan. Primar- und Sekundarschulen sind koedukative Halbtagsschulen. Für Kinder mit besonderem Förderbedarf bestehen Sonderschulen. Unterrichtssprache ist grundsätzlich Indonesisch. Seit der Reform von 1994 kann in den ersten drei Schuljahren aber auch in der jeweiligen Regionalsprache unterrichtet werden. Ab Jahrgangsstufe 4 ist Englisch in allen Schulen verbindliches Fach. Neben Indonesisch wird auch die Muttersprache weiterhin gelehrt. Staatliche und zahlreiche private Bildungseinrichtungen, zumeist von Glaubensgemeinschaften eingerichtet, arbeiten gleichberechtigt nebeneinander. Alle unterliegen der Aufsicht durch das Ministerium für Erziehung und Kultur. Im Bereich der beruflichen Bildung und des Hochschulwesens kommen als oberste Aufsichtsbehörden verschiedene Fachministerien hinzu. Öffentliche Schulen können kostenfrei besucht werden, Privatschulen erheben Schulgeld.

3) Kindergärten, Tagesstätten u. a. vorschulische Einrichtungen werden mehrheitlich von freien Trägern unterhalten. In vielen dünn besiedelten oder abgelegenen ländlichen Gebieten sind nur wenige Einrichtungen vorhanden. Fast alle Kinder im Alter zwischen 6 und 12 können dagegen eine Primarschule besuchen. Im Regelfall wird der gesamte Unterricht vom Klassenlehrer erteilt. Regelmäßige Leistungskontrollen entscheiden in der Primarschule und in allen nachfolgenden Schulen über die Versetzung und die Berechtigung zum Wechsel in eine Sekundarschule. Auch für die zweite Stufe zur Erfüllung der Pflichtschulzeit, die Juniorstufe der Sekundarschule, gilt, dass inzwischen über 90% der Jugendlichen erreicht werden. Auch diese Schule ist eine Einheitsschule. Primarschulen und Junior-Sekundarschulen werden auch als islamische Schulen angeboten. Sie unterstehen dann dem Ministerium für religiöse Angelegenheiten. Erst in der Sekundarstufe II, in der Senior-Sekundarschule, differenzieren sich die Bildungsgänge nach Zielen, Inhalten und Abschlüssen. Sie dauern jedoch alle im Regelfall drei Jahre. Die große Mehrheit der Jugendlichen ist freilich gezwungen, nach Erfüllung der Schulpflicht eine Erwerbsarbeit aufzunehmen. Die Regierung beabsichtigt, durch den Ausbau der Senior-Sekundarschulen und durch Förderprogramme mehr Jugendliche für einen längeren Schulbesuch gewinnen zu können.

Die Sekundarstufe II bietet fünf Schulprofile an: Die allgemeine Sekundarschule dient der Vertiefung einer breiten Allgemeinbildung als Vorbereitung auf Hochschulstudien. Die berufsvorbereitende Sekundarschule vermittelt fachliche Qualifikationen als Voraussetzungfür die Aufnahme qualifizierter Facharbeit. Die religiösen Sekundarschulen konzen-

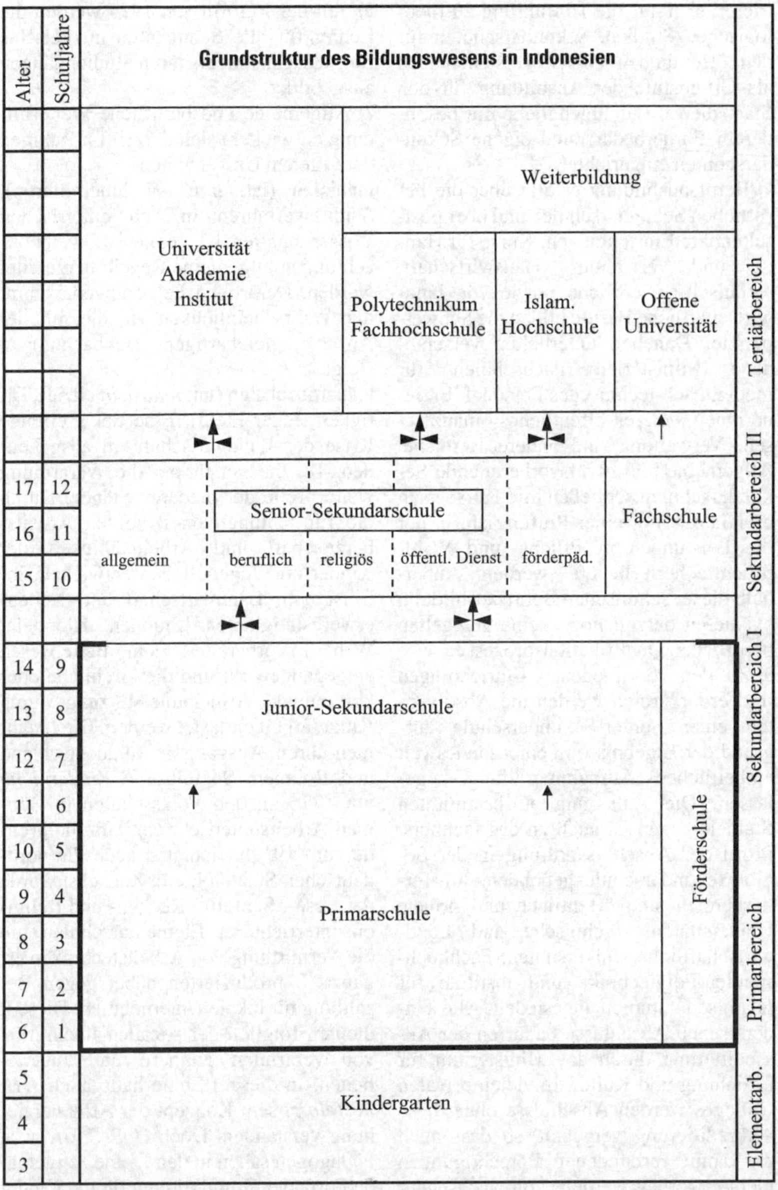

Fett umrandet sind die Einrichtungen für die Erfüllung der Schulpflicht.

Qualifizierte Auswahl   Einfacher Übergang

trieren sich auf die Hinführung zu theologischen Studien. Sekundarschulen für den öffentlichen Dienst verstehen sich als Grundstufe der Ausbildung für den Staatsdienst. Für Jugendliche mit besonderem Förderbedarf sind eigene Sekundarschulen eingerichtet.

4) Berufsausbildung erfolgt über die beruflichen Sekundarschulen und über postsekundäre Einrichtungen. Kurse für Handel und Verwaltung, Hauswirtschaft, technisch-gewerbliche sowie für landwirtschaftliche Berufe bilden die Schwerpunkte. Daneben unterhalten verschiedene Ministerien Fachschulen für medizinisch-technisches Personal, Erzieherinnen, Polizei, öffentliches Finanzwesen, Verwaltung und andere Bereiche. Allgemeine und berufsvorbereitende Sekundarschulen schließen ihre Kurse nach drei Jahren mit einer Prüfung ab, in der die Leistungen in Pflicht- und Wahlpflichtfächern benotet werden. Außerhalb dieser schulischen Berufsausbildung existieren derzeit noch keine geregelten beruflichen Qualifikationsprozesse.

5) Zu den verschiedenen Einrichtungen im Tertiärbereich werden die Absolventen einer Senior-Sekundarschule aufgrund der Ergebnisse in einer landesweit einheitlichen Aufnahmeprüfung zugelassen. Die Zulassung zu bestimmten Studiengängen ist auch an das fachliche Profil der Abschlussprüfung in der Senior-Sekundarschule gebunden. Im Tertiärbereich sind öffentliche und private Universitäten, Technische und Landwirtschaftliche Universitäten, Fachhochschulen/Polytechnika und Institute für Islamische Studien angesiedelt. Alle akademischen Abschlüsse bedürfen der Akkreditierung durch das Ministerium für Erziehung und Kultur. In vielen privaten Colleges werden Abschlüsse ohne diese Akkreditierung vergeben, so dass auch die damit verbundenen Berechtigungen nicht erworben werden. Von wachsender Bedeutung sind die Offenen Universitäten, die Fernstudien im Medienverbund anbieten.

6) Seit der Reform von 1994 werden die Lehrer für alle Schulstufen in drei- bis fünfjährigen universitären Studiengängen ausgebildet.

7) Allgemeine und berufliche Weiterbildung entwickeln sich derzeit im Rahmen der Offenen Universitäten.

Induktion (lat. *inducere* hineinführen). Schlussverfahren in den empirischen Wissenschaften, bei dem aus Einzelbeobachtungen allgemeine Regeln hergeleitet werden. Derartigen Folgerungen kommt nur Wahrscheinlichkeit zu, die mit der Anzahl gleichartiger Beobachtungen steigt.

Industrieschulen (lat. *industria* eifrige Tätigkeit, reger Fleiß). Eine tief greifende Krise der Landwirtschaft im ausgehenden 18. Jh. verstärkte die Verarmung weiter Teile der niederen Stände. Durch die Einrichtung von I. sollten Arbeitsbereitschaft und Arbeitsfähigkeit der Kinder und Jugendlichen entwickelt, ihr Einsatz in Landwirtschaft und Nebenerwerbstätigkeiten (Spinnen, Klöppeln, Weben) vorbereitet, dem Bettelwesen entgegengewirkt und die kirchliche oder kommunale Armenunterstützung durch Kinderarbeit entlastet werden. Die I. nahmen ihren Ausgang in Süddeutschland und Böhmen. So führte *F. Kindermann* um 1775 an den Volksschulen in Böhmen Arbeitsunterricht ein. Um die Wende zum 19. Jh. richteten auch die norddeutschen Staaten I. ein. Zunächst wurde der Lese-, Schreib-, Rechen- und Religionsunterricht an Elementarschulen um die Vermittlung von Arbeitstechniken ergänzt. I. produzierten dabei gegen Bezahlung für lokale Unternehmen. Diese I. dienten folglich der sozialen Integration von verarmten Kindern und Jugendlichen. In diesem Sinne hatte auch *J. H. Pestalozzi* sein Konzept der Armenerziehung verstanden. Doch *H. P. Sextro* u. a. Pädagogen sahen in den I. eine zeitgemäße Form der Grundbildung für die Kinder aller Bürger, um über deren allgemeine praxisorientierte Befähigung im Sinne der ursprünglichen Bedeutung des lat.

Begriffes industria die öffentliche und die private Wohlfahrt zu verbessern.

Industrie- und Handelskammer (IHK). *Zuständige Stelle. Kammer.*

Information (lat. *informare* bilden, unterrichten; engl. *information*). Mitteilung oder Nachricht über Phänomene, Sachverhalte, Situationen, Prozesse u. a., die unter Verwendung verschiedener Bedeutungs- und Sinnträger (Wörter, Sätze, Gesten, Symbole, Zahlen u. a.) von einem Absender an einen Empfänger übermittelt werden und direkt oder indirekt eine kommunikative Interaktion herstellen. Voraussetzung ist, dass Absender und Empfänger die verwendeten Symbole weitgehend im gleichen Sinne verstehen. Je weniger dies der Fall ist, desto mehr lässt der I.gehalt einer Mitteilung nach. Die Kommunikation kommt kaum zustande, ist gestört oder misslingt.

Informationsrecht. Die gewählten Vertreter der Eltern, Schüler und Auszubildenden haben gegenüber der Schul- bzw. Betriebsleitung ein I. in allen sie unmittelbar betreffenden Angelegenheiten. Rechtliche Grundlage sind im Raum der Schule die gesetzlichen Bestimmungen zur Mitwirkung und *Mitbestimmung* der Eltern und Schüler, für die Berufsausbildung das Betriebsverfassungsgesetz *(Jugendvertretung).*

informationstheoretisch-kybernetische Didaktik. *Kybernetisch-informationstheoretische Didaktik.*

Informationstheorie (engl. *information theory*). Mathematische Theorie, die als Grundlage der Nachrichtenübertragungstechnik und der automatischen Nachrichtenverarbeitung nach Vorarbeiten anderer 1949 von C. E. Shannon und W. Weaver entwickelt wurde. Voraussetzung war die Einführung der statistischen Maßeinheit bit (engl. Abkürzung für binary digit Zweierzahl, Zweierschritt) zur quantitativen Messung und Codierung (Verschlüsselung) der Information. Die I. hat die Erforschung der Gesetzmäßigkeiten, Bedingungen und Störungen bei der Codierung, Übertragung und Decodierung von Nachrichten und Signalen auf dem Weg vom Sender zum Empfänger zum Gegenstand. Sie stellt die Grundlage für die *Kybernetik* und damit für die *kybernetisch-informationstheoretische Didaktik* dar.

informelle Tests. Im Unterschied zu formellen *Schultests,* die Experten erstellen, werden i. T. von Lehrern selbst entwickelt. Sie sind auf den konkreten Unterricht bezogen und sollen die notwendigen Informationen über die Lernvoraussetzungen und den Stand des Lernprozesses der Schüler liefern. I. T. unterscheiden sich von den herkömmlichen Klassenarbeiten durch testtheoretisch begründete Verfahren bei der Testkonstruktion, -durchführung und -auswertung.

Inhaltsanalyse (engl. *content analysis*). In der Pädagogik Verfahren der Überschreibung (Transkription) von Texten, also qualitativen Informationen, in ein Kategorienschema, das eine quantitative Betrachtung des Textes erlaubt und auf diese Weise eine objektivere Textanalyse ermöglichen soll. Im Zentrum der I. steht die Definition der zu zählenden Einheiten (Wörter, Sätze, versprachlichte Bilder u. a.) und deren Zuordnung zu bestimmten Gruppen bzw. Kategorien (z. B. Adjektive, Substantive, Fremdwörter, Lob, Tadel usw.). Aus den so gewonnenen Einsichten in die Eigenschaften eines Textes kann auf die Einstellungen und Motive des Autors geschlossen werden.

Initiation (lat. *initiare* einführen, einweihen; engl. *initiation).* Prozess der Neuaufnahme eines Einzelnen in gesellschaftliche Gruppen und Institutionen, verbunden mit Gebräuchen und Sitten, durch die der neue Status verliehen wird. Typische Beispiele sind *Kommunion, Konfirmation* und Jugendweihe.

innere Differenzierung (Syn. **Binnendifferenzierung, Unterrichtsdifferenzierung**). Form der *Differenzierung,* die von der Berücksichtigung individueller Voraussetzungen und Lernmöglichkeiten der Schüler ausgeht und diese durch unterrichtsorganisatorische und pädagogisch-didaktische Maßnahmen innerhalb einer heterogen zusammengesetzten, gemeinsam unterrichteten Lerngruppe im fachlichen und sozialen Lernen optimal fördern will. Sie wendet sich vom *Frontalunterricht* in der *Jahrgangsklasse* ab, der versucht, alle Schüler mit den gleichen Inhalten, Methoden, Medien und Lernzeiten zum Erreichen der Lehrplanziele zu führen. Mit i. D. ist auch die zeitweise oder ständige Gruppierung der Schüler eines Klassenverbandes nach Leistungsniveau im Sinne der *Fachleistungsdifferenzierung* nicht zu vereinbaren, da dies zu Stigmatisierungen führen und pädagogischen Zielen des sozialen Lernens widersprechen könnte. I. D. bezieht sich auf didaktisch-methodische Aspekte (Ziele, Inhalte, Methoden, Medien, Lehrhilfen, Lernzeiten) des Lehrens und Lernens in der heterogenen Jahrgangsklasse oder in einer jahrgangsübergreifenden Stammgruppe.

Die interindividuelle Verschiedenheit der Schüler (z. B. Vorerfahrungen, Interessen, Lernfähigkeit, Lernstil, Lerntempo, Selbständigkeit, Kooperationsverhalten, Konzentrationsfähigkeit, Erfolgszuversicht u. v. a.) ist so groß, dass es für den Lehrer kaum möglich ist, allein durch vorgeplanten Unterricht die optimale Passung zwischen Lernanforderungen und Lernvoraussetzungen zu erreichen. Will er sie dennoch anstreben, werden sich Planung und Durchführung von Unterricht auf die methodisch und medial variantenreiche Gestaltung von Lernsituationen konzentrieren müssen. Eine dementsprechende Ausstattung des Klassenraumes als vorbereitete Lernumgebung ist notwendig. Systematische Beobachtungen und Aufzeichnungen zur individuellen Lernentwicklung sowie entsprechende Formen der Rückmeldung an Schüler und Eltern kommen hinzu. Die gegenwärtige Öffnung von Schule und Unterricht durch eine Kombination von Klassenunterricht, freier Arbeit, Wochenplanarbeit und Projektunterricht sowie Beispiele aus der Freinet-Pädagogik, aus Montessori- oder Jena-Plan-Schulen sowie der Arbeit nach dem *Team-Kleingruppen-Modell* in einigen Gesamtschulen weisen Wege hierzu auf. Über die methodischen Aspekte der i. D. hinaus kommt heute auch dem zieldifferenten Lernen bei der Integration von Behinderten und Nichtbehinderten große Bedeutung zu.

innere Schulangelegenheiten. Alle Maßnahmen, Regelungen und Mittel, die nicht die äußeren Rahmenbedingungen *(äußere Schulangelegenheiten),* sondern die gesetzlich festgelegten Aufgaben der Schulen, Kindern und Jugendlichen Unterricht zu erteilen und an ihrer Erziehung mitzuwirken, unmittelbar betreffen: die Aufstellung der Lehrpläne, die Zulassung der Schulbücher, die Regelungen bezüglich Bewertungen und Zeugnissen, Versetzungen und Berechtigungen, die Organisation der Schularbeit im Ablauf eines Schuljahres, die Bildung von Klassen, die Einrichtung besonderer unterrichtlicher Maßnahmen (z. B. Förderkurse) sowie die Ausbildung, Auswahl und Anstellung der Lehrer.

Innovation (lat. *inovare* erneuern; engl. *innovation*). Aus dem englischen Sprachbereich übernommene Bezeichnung für jegliche Art von Erneuerungsprozessen im Bildungs- und Ausbildungswesen. Je nach Schwerpunkt kann man von curricularer, methodischer, institutioneller oder auch sozialer I. sprechen. Der Begriff I. wurde vor allem durch den Deutschen Bildungsrat populär, der 1970 in seinem *Strukturplan für das Bildungswesen* das Innovieren neben dem Lehren, Erziehen, Beurteilen und Beraten zu den wichtigsten Aufgaben des Lehrerberufs zählte.

Inobhutnahme. Maßnahme zum Schutz von Kindern oder Jugendlichen. Auf ausdrücklichen Wunsch eines Kindes oder Jugendlichen bzw. wenn eine dringende Gefahr für das Wohl des Kindes oder Jugendlichen es erforderlich macht, kann das *Jugendamt* Kinder und Jugendliche vorläufig bei geeigneten Personen, in einem Heim oder einer betreuten Wohngruppe unterbringen. Dem Kind oder Jugendlichen muss unverzüglich Gelegenheit gegeben werden, eine Person seines Vertrauens zu benachrichtigen. Nach den Bestimmungen des *Kinder- und Jugendhilfegesetzes* (KJHG) übt während der I. das Jugendamt das Recht der Beaufsichtigung, Erziehung und Aufenthaltsbestimmung aus. Die *Erziehungsberechtigten* sind umgehend über die I. zu informieren. Widersprechen die Erziehungsberechtigten der I., ist das Kind oder der Jugendliche entweder sofort zu übergeben, oder aber es wird eine Entscheidung des *Vormundschaftsgerichts* herbeigeführt.

Institut für Arbeitsmarkt- und Berufsforschung der Bundesagentur für Arbeit (**IAB**; engl. *Institute for Employment Research*). Nach den Bestimmungen des *Arbeitsförderungs-Reformgesetzes* (AFRG) gehört es zu den Aufgaben der *Bundesagentur für Arbeit* (BA) in Nürnberg, Umfang und Art der Beschäftigung sowie Lage und Entwicklung des Arbeitsmarktes, der Berufe und der beruflichen Bildungsmöglichkeiten laufend zu beobachten und zu untersuchen. Zu diesem Zwecke wurde 1967 das IAB eingerichtet. Seine Arbeitsergebnisse dienen primär der rechtzeitigen Beratung der Arbeitsmarkt-, Bildungs- und Sozialpolitik. Darüber hinaus betreibt das IAB in seinem Arbeitsfeld sozialwissenschaftliche Grundlagenforschung. Die Forschungsergebnisse werden in verschiedenen Schriftenreihen und in der Zeitschrift ›Mitteilungen aus der Arbeitsmarkt- und Berufsforschung‹ laufend veröffentlicht.

Institut für Bildungsforschung in der Max-Planck-Gesellschaft. *Max-Planck-Gesellschaft zur Förderung der Wissenschaften.*

Institut für die Pädagogik der Naturwissenschaften (IPN). *IPN-Leibniz-Institut für die Pädagogik der Naturwissenschaften.*

Institut für Film und Bild in Wissenschaft und Unterricht (FWU). 1950 gegründete Einrichtung der Bundesländer zur Herstellung von *Medien* (Diareihen, Arbeitstransparentreihen, Kassettentonbändern, 8-mm- und 16-mm-Filmen, DVD-Videos, VHS-Videos) für Institutionen der Bildung, Erziehung und Wissenschaft. Einen Überblick über das lieferbare Medienangebot gibt ein Gesamtkatalog. Der Verleih der Medien des FWU erfolgt durch die *Bildstellen* der Länder, Kreise und Städte.

Institut zur Qualitätsentwicklung im Bildungswesen (IQB). 2004 gegründete wissenschaftliche Einrichtung der Bundesländer an der Humboldt-Universität Berlin zur Operationalisierung, Normierung, Überprüfung und Weiterentwicklung der nationalen *Bildungsstandards der Kultusministerkonferenz*. Es unterstützt die Bundesländer in ihrem Bemühen, die Bildungsstandards im Unterricht zu implementieren. Ziel ist die Qualitätssicherung und langfristige Qualitätssteigerung im Bildungswesen. Die Ergebnisse werden den Ländern, Schulen und der Öffentlichkeit zur Verfügung gestellt.

Integration (lat. *integratio* Erneuerung, Wiederherstellung eines Ganzen; engl. *integration*). **1)** Allgemein: Soziale Prozesse der Eingliederung von Menschen in gesellschaftliche Systeme, z. B. von Einzelpersonen in Gruppen, von Gruppen in ein Gesellschaftssystem oder Vereinigung von Gesellschaftssystemen. In der Pädagogik wird der Begriff in verschiedenen Zusammenhängen definiert verwendet.

2) Bei der Analyse der gesellschaftlichen Rolle des *Schulsystems* wurden drei Funktionen der Reproduktion der Gesellschaft herausgestellt: Qualifikationsfunktion (Lehre und Unterricht), Selektionsfunktion (Prüfungen, Berechtigungen) und Legitimationsfunktion (systemstabilisierende Normen, Werte, Rollenerwartungen). In der Verschränkung dieser drei Aspekte ist das Schulsystem ein Instrument der gesellschaftlichen I. von Kindern und Jugendlichen in das bestehende Gesellschaftssystem. Über die offiziellen und beabsichtigten I.prozesse hinaus spielen latente Lernprozesse bei den

Schülern eine Rolle, die als *heimlicher Lehrplan* bezeichnet werden.

3) Das Prinzip der sozialen I. ist ein Kennzeichen moderner demokratischer Industriegesellschaften. Die Schulkritik sieht dieses Prinzip wegen der institutionellen und sozialen Auslese im traditionell gegliederten Schulsystem nicht gewährleistet. Die Integrierte *Gesamtschule* will durch den Abbau von Chancenungleichheit und durch optimale individuelle Förderung aller Schüler zur sozialen I. beitragen. Gleichzeitig wird mit dem Ziel des emanzipatorischen *sozialen Lernens* neben der Entwicklung kognitiv-intellektueller Kompetenzen auch die Förderung sozialer Fähigkeiten zur Entwicklung individueller und sozialer *Identität* als Voraussetzung für soziale I. betont. Der I.gedanke bezieht sich in gleicher Weise auf die I. von Ausländer-, Aussiedler- und Flüchtlingskindern an deutschen Schulen.

4) Die I. von Behinderten und Nichtbehinderten in Regelschulen führte seit den achtziger Jahren vermehrt zum gemeinsamen Lernen in I.klassen, so dass eine Aufnahme in die Sonderschule nicht notwendig wurde. Das bedeutet: Reduzierung der Klassenfrequenz, Zwei-Lehrer-System (Grundschullehrer, Erzieher oder Sonderschullehrer), offene Lernformen und zieldifferentes Lernen, Raumgestaltung und veränderte räumliche Bedingungen, Abschaffung des Ziffernzeugnisses und Einführung des individuellen Entwicklungsberichtes, Fortbildung und Ausbildung der Lehrerschaft und Kooperation mit therapeutischem, psychologischem und medizinischem Fachpersonal.

5) In der *Didaktik* wird der Begriff I. im Zusammenhang einer Annäherung von wichtigen didaktischen Modellen zu einer integrativen Didaktik verwendet. Ähnlich ist auch die I. verschiedener *Fachdidaktiken* in eine Bereichs-, Stufen- bzw. Grundschuldidaktik oder in ein I.fach wie z. B. beim Fach *Sachunterricht* zu sehen.

Integrierte Gesamtschule (IGS). *Gesamtschule*.

Intelligenz (lat. *intelligentia* Einsicht, Erkenntnisvermögen, Verstand; engl. *intelligence*). Es gibt keine allgemein anerkannte wissenschaftliche Definition des Begriffs I., wohl aber Gemeinsamkeiten, die in den meisten Definitionen wiederkehren. Im allgemeinen Sinne ist I. die Anpassungsleistung eines Organismus an seine Umwelt und deren Veränderungen durch Lernen; im engeren Sinne die Fähigkeit des Menschen zur gedanklichen Erfassung und Strukturierung einer neuen Aufgabenstellung und deren zielgerichteter Lösung durch Aktualisierung und Umstrukturierung bereits vorhandener Kenntnisse und Fähigkeiten (Transfer), jedoch nicht durch bloßes Ausprobieren und daraus resultierende Erfahrungen. Welche und wie viele Faktoren zum intelligenten Verhalten gehören, hängt von den zugrunde liegenden I.theorien ab.

Intelligenzquotient (**IQ**; engl. *intelligence quotient, IQ*). Von W. Stern 1912 eingeführtes Maß zur Darstellung der geistigen Leistungsfähigkeit eines Menschen in Form eines Quotienten, der nach der Formel Intelligenzalter (IA) geteilt durch Lebensalter (LA) mal 100 errechnet wird. Danach gibt ein Wert von 100 das durchschnittliche Intelligenzniveau an. Der Wert des Intelligenzalters ergibt sich aus den in einem *Intelligenztest* erbrachten Leistungen im Vergleich zu den durchschnittlich von einer bestimmten Altersgruppe gezeigten Testleistungen. Löst ein Kind z. B. zusätzlich zur durchschnittlichen Anzahl seiner Altersgruppe weitere Aufgaben aus einer höheren Altersstufe, dann liegt sein IA über dem LA und der IQ über 100, d. h. über dem Durchschnitt. Empirische Untersuchungen zu den nach W. Stern errechneten IQ-Werten haben ergeben, dass sie bei Kindern verschiedener Altersstufen nicht vergleichbar sind und unterschiedliche Interpretationen zulassen.

Heute wird deshalb ein anderes Verfahren praktiziert, das zu einem Messwert führt, der ein Abweichungsmaß vom Mittelwert der Normalverteilung angibt. Nicht mehr das Durchschnittskind einer Altersgruppe stellt die Bezugsgröße dar, sondern die Stellung der Leistung eines Kindes in der normalen Verteilung der Leistungen seiner Altersgruppe. Bei der Normalverteilung der Leistungen wird für die Altersnorm von einem Wert von 100 ausgegangen. Die Leistung eines Kindes wird dann durch die Abweichung von dieser Norm nach oben oder unten bestimmt. Der sog. Abweichungs-IQ behält zwar noch den Namen IQ bei, ist aber kein Quotient mehr.

Intelligenztest (engl. *intelligence test*). Standardisiertes Verfahren zur Messung einer (je nach Test) unterschiedlich großen Anzahl von Intelligenzfaktoren wie Sprachkompetenz, Abstraktionsfähigkeit, Merkfähigkeit, logisches Denken, räumliches Vorstellungsvermögen oder mathematische Kombinatorik. Der erste Versuch, *Intelligenz* als einen Komplex von Faktoren mithilfe von altersspezifischen Aufgaben zu messen, geht auf A. Binet zurück. Heute liegen eine Fülle von I. vor, die sich in Definition, Auswertung und Intelligenztheorie unterscheiden. Wurden die Ergebnisse der I. früher durch den *Intelligenzquotienten* (IQ) im Sinne W. Sterns zum Ausdruck gebracht, geschieht dies heute mithilfe des sog. Abweichungs-IQ. Die meisten I. dürfen nur von geprüften Fachleuten durchgeführt, ausgewertet und interpretiert werden. Trotzdem ist angesichts der Geschichte der Intelligenzforschung darauf zu achten, auf welchem intelligenz-theoretischen Hintergrund und zu welchem Zweck (z. B. Auslese-, Platzierungs-, Förderungsentscheidung) ein I. durchgeführt wird.

intentionale Erziehung (lat. *intendere* anstreben, auf etwas richten). Im Gegensatz zur *funktionalen* (unbeabsichtigten) *Erziehung* bezeichnet die i. E. die geplanten und systematisch durchgeführten erzieherischen Einwirkungen auf Kinder, Jugendliche und Erwachsene.

Intentionen (Syn. **Intentionalität**, lat. *intendere* anstreben, auf etwas richten). Pädagogische Absichten, die im Unterricht verwirklicht werden sollen. In einem Ordnungssystem können aus analytischen Gründen drei Dimensionen unterschieden werden: pragmatisch-dynamische, auf Handeln bezogene I., kognitiv-aktive, auf Denken bezogene I. und pathisch-affektive, auf Fühlen bezogene I. In der Unterrichtswirklichkeit kommen die drei Dimensionen aber immer nur vermischt vor. Die I. sind in der *lerntheoretischen Didaktik* neben Themen/Inhalten, Methoden und Medien eines der vier Strukturelemente des Unterrichts. Unter dem Gesichtspunkt der *Interdependenz* aller Hauptfaktoren des Unterrichts muss entschieden werden, welche Absichten (also I.) mit welchen Themen (Inhalten, Gegenständen) unter Verwendung welcher Methoden (Verfahren) und Medien verwirklicht werden sollen (Unterrichtsplanung) oder verwirklicht worden sind (Unterrichtsanalyse).

Interaktion (lat. *inter* zwischen, unter, *actio* Ausführung, Handlung; engl. *interaction*). Wechselseitig beeinflusstes Denken, Fühlen und Handeln zwischen mindestens zwei Personen. Bezeichnet auch die Wechselwirkungen zwischen körperlichen und seelischen Prozessen.

Interdependenz (lat. *inter* zwischen, *dependere* abhängen; engl. *interdependence*). Gegenseitige Abhängigkeit von Variablen. In der I.analyse wird versucht, die Gesetzmäßigkeiten zwischen den Variablen zu überprüfen und zu klären. In der *lerntheoretischen Didaktik* wird mit dem Begriff die gegenseitige Abhängigkeit der Strukturelemente des Unterrichts (Intentionen, Themen, Methoden und Medien) gekennzeichnet.

Interdisziplinarität (lat. *inter* zwischen, *disciplina* Lehre, Unterricht). Mit der ständigen Differenzierung und Spezialisierung in den Erziehungswissenschaften ist zwar einerseits wissenschaftlicher Fortschritt und vertieftes Wissen in einem Spezialgebiet, andererseits aber auch der

Verlust fachübergreifender Bearbeitung pädagogischer Fragestellungen und der ganzheitlichen Zusammenschau wissenschaftlicher Erkenntnisse verbunden. In diesem Dilemma wird immer wieder I. gefordert und auch praktiziert. So etwa in verschiedenen Forschungsinstituten (z. B. Max-Planck-Institut), Fachbereichen/Fakultäten (Pädagogik, pädagogische Psychologie, pädagogische Soziologie) oder Forschungsprojekten (zu Umweltproblemen, Friedensproblemen). Über einen begrenzten Zeitraum ist die I. in Forschungsprojekten z. B. zu Lehr-Lern-Prozessen in einer Schulform oder Schulstufe geradezu gefordert.

Interesse (lat. *interesse* dabei sein, an etwas teilnehmen; engl. *interest*). **1)** Eine länger währende Einstellung, erlebbar als Gefühl bzw. Gedanke, dass bestimmte Personen, Gegenstände oder Aktivitäten mit besonderer Aufmerksamkeit wahrgenommen werden. In diesem Sinne auch zu verstehen als eine Art der *Motivation,* die das Verhalten auf das Erreichen ausgewählter Ziele ausrichtet. Resultat der *Interaktionen* zwischen dem Ich und seiner Umwelt, also von Sozialisations-, Lern-, Erziehungs- und Unterrichtsprozessen gestaltet und durch sie zu verändern.

2) Die pädagogische Bedeutung des Begriffs hat *J. F. Herbart* ausführlich reflektiert. Herbart definierte I. als Selbsttätigkeit, folgte insoweit dem Aspekt der Motivation. Da aber nicht jedwede Selbsttätigkeit der Schüler akzeptiert werden könne, solle der Unterricht die Fragen und Gedanken der Kinder »aufs Rechte lenken«, damit sich deren I. »vielseitig gleichschwebend« ausbilden könne. Freier Wille, Spontaneität und Phantasie sind nach Herbart unabdingbare Voraussetzungen für selbstbestimmte, über bloßes Reproduzieren angelernten Wissens hinausgehende Lernarbeit. Deshalb soll der Lehrer Sachverhalte und Situationen den Schülern zwar nachdrücklich und in der erforderlichen Ordnung, dennoch aber so offen verhandelbar vorstellen, dass die Kinder ihr Verhältnis dazu schließlich selbst bestimmen können. Damit ist auch gefordert, die vordergründigen I. der Kinder in ihrer Abhängigkeit von äußeren Einflüssen zu relativieren und zu korrigieren. Schüleri. werden nur dann in einem pädagogisch verantwortbaren Sinne angemessen berücksichtigt, wenn zugleich die sittlichen, geistigen und sozialen Horizonte beachtet werden, in denen die Heranwachsenden reflektiert und verantwortungsbewusst handeln sollen.

interkulturelle Erziehung (Syn. **multikulturelle Erziehung**). I. E. meint die gemeinsame Erziehung von Kindern und Jugendlichen aus verschiedenen Kulturen. Die Bundesrepublik Deutschland hat sich in weiten Teilen zu einer multikulturellen Gesellschaft entwickelt, in der vor allem in den Ballungsräumen eine Vielzahl von Menschen unterschiedlicher Kulturen nebeneinander oder zusammen leben. Trotz des Anwerbestopps für ausländische Arbeitnehmer aus Staaten außerhalb der Europäischen Union (EU) im Jahre 1973 hat sich der Anteil ausländischer Kinder durch Familiennachzug und Geburten in Kindergärten, Kindertagesstätten und Schulen erheblich erhöht. Hinzu kommen seit den letzten Jahren Aussiedler-, Asylanten- und Flüchtlingskinder. Dies führt häufig zu Konflikten zwischen den verschiedenen Bevölkerungsgruppen.

Das Konzept der i. E. wendet sich an ausländische und an deutsche Kinder und Jugendliche gleichermaßen und hat zum Ziel, die *Integration* ausländischer Schüler in die vorschulischen und schulischen Bildungsprozesse zu unterstützen und dabei die soziale und kulturelle Eigenständigkeit zu fördern. Eine solche Zielsetzung unterscheidet sich von früheren Positionen innerhalb der *Ausländerpädagogik*, die im Sinne kompensatorischer Erziehung von der einseitigen Anpassung der Ausländer (Assimilation) an die deutsche Kultur ausging und Integration durch die Vermittlung der deutschen Sprache und Kultur erreichen wollte. Inzwischen ist diese Position der Einsicht gewichen, dass Migration im Leben der betroffenen Menschen ein Einschnitt ist, bei dem die Persönlichkeitsentwicklung durch die Wahrung der kulturellen und religiösen Identität gefördert werden muss. Integrationsprozesse können aus dieser Sicht nur gelingen, wenn i. E. die Herkunftskultur, wie sie in Sprache, Brauchtum und Religion zum Ausdruck kommt, und die im Aufnahmeland sich entwickelnde Migrantenkultur einbezieht. Eine wichtige Voraussetzung ist Toleranz und wechselseitige Verständigungsbereitschaft. Dabei muss die heimische Bevölkerung lernen, dass sich monokulturelle und nationale Konzepte von Schule und Erziehung im europäischen und internationalen Rahmen überlebt haben. Das bedeutet, dass die Einbeziehung verschiedener Kulturen und Mehrsprachigkeit generell zu den zukunftsorientierten Aufgaben der Schule gehören müssen. Eine zentrale Rolle spielen Elternarbeit und Bildungspolitik. Seit den siebziger Jahren sind eine Reihe von Modellversuchen und Forschungsprojekten zur i. E. durchgeführt worden, deren Erfahrungen und Ergebnisse eine wichtige Hilfe sein können.

Internalisierung (lat. *internatus* im Innern des Hauses; engl. *internalization*). Derart tiefe Verinnerlichung äußerer Werte und Normen, dass sie zum Bestandteil des eigenen *Selbstkonzeptes* werden und ihre ursprüngliche Herkunft gar nicht mehr bewusst ist. Insofern wesentlicher Teilprozess der kulturellen Integration der nachwachsenden Generationen.

Internat (lat. *internus* inwendig). **1)** Im allgemeinen Sprachgebrauch höhere Schule mit angeschlossenem Wohnheim. Das Schulrecht verwendet den Begriff in diesem speziellen Sinn nicht (vgl. *Heimschulen*).

2) Wohnheim einer Schule.

International Association for the Evaluation of Educational Achievement (IEA). Internationale Forschungsorganisation zur Beurteilung von pädagogischen Leistungen, der Wissenschaftler aus Universitäten und Forschungseinrichtungen sowie Vertreter von Ministerien der teilnehmenden Länder angehören. Die IEA ist Träger wichtiger *internationaler Vergleichsstudien* im Bereich des Bildungswesens. Sie wurde offiziell 1967 gegründet. Zu den bekanntesten internationalen Schulleistungsstudien gehören u. a. *TIMSS* und *PIRLS* (dt. *IGLU*). Sitz des ständigen Sekretariats der IEA ist Amsterdam. Die IEA verfügt seit 1995 über eine Datenverarbeitungsabteilung in Hamburg, die seit 1997 den Namen *IEA Data Processing Center Hamburg (IEA DPC)* hat.

Internationale Standardklassifikation des Bildungswesens (**ISCED**; engl. *International Standard Classification of Education*). Die Organisation für Wirtschaftliche Zusammenarbeit und Entwicklung (OECD) wendet bei der Erstellung vergleichender Bildungsstatistiken das ISCED-System an, das sechs Bildungsbereiche bzw. Stufen (levels) unterscheidet: ISCED 0 = Elementarerziehung ab dem 2. bzw. 3. bis zum 5. Lebensjahr; ISCED 1 = Primarbereich vom 5., 6. oder 7. bis zum 10. oder 12. Lebensjahr; ISCED 2 = Sekundarbereich I mit zwei bis sechs Schuljahren; ISCED 3 = allgemein- oder berufsbildender Sekundarbereich II mit zwei bis fünf Schuljahren; ISCED 4 = postsekundäre, aber nicht tertiäre Einrichtungen (z. B. Meisterschule); 5 A = universitärer Tertiärbereich bis zum 1. Abschluss; 5 B = nichtuniversitärer Tertiärbereich (z. B. Fachhochschule); 6 = universitärer Tertiärbereich für Postgraduiertenstudien. Die Zuordnung der Bildungseinrichtungen in die Stufen erfolgt unter Beachtung folgender Kriterien: typisches Alter bei Eintritt, formale Länge des Bildungsganges, beim Abschluss insgesamt kumulierte Bildungsjahre, Eingangsvoraussetzungen. Da die Zuordnung von Einrichtungen besonders in die Stufen 3 und 4 vielfach nicht eindeutig möglich ist, sind vielfache Überschneidungen möglich, die dann auch die Vergleichbarkeit von Einrichtungen in mehreren Ländern beeinträchtigen.

Internationale Vergleichsstudien (IVS). Ausgangspunkt 1958 war die Tagung einer internationalen Forschergruppe im Hamburger UNESCO-Institut für Pädagogik, auf der über Notwendigkeit und Voraussetzungen für international vergleichende Evaluationen im Schulwesen beraten wurde. Nach ersten Pilotstudien 1959–1962 führte die Forschergruppe 1964 die »First International Mathematics Study (FIMS)« mit Schülern in zwölf Staaten durch, über die das *Deutsche Institut für Internationale Pädagogische Forschung (DIPF)* in seinen ›Mitteilungen und Nachrichten‹ (1967, Nr. 46/47) und die ›Zeitschrift für Pädagogik‹ (1969, S. 329–346) berichteten. Bezeichnend für die damalige Situation war, dass sich an der FIMS nur zwei westdeutsche Bundesländer beteiligten.

Aus der Forschergruppe ging 1967 die heute bedeutendste *International Association for the Evaluation of Educational Achievement (IEA)* hervor. Sie setzte ihre international vergleichenden Schulleistungsstudien mit »Second International Mathematics Study« (SIMS) 1980–1982 und »First and Second International Science Study« (FISS, SISS) 1970–1971 und 1983–1984 fort.

Im Gegensatz zu anderen Industrienationen beteiligte sich Deutschland erst 1995 mit TIMSS-II und TIMSS-III an solchen *Large Scale Assessment Studies (LSA).* Auf die Teilnahme an TIMSS-I (Grundschulstudie) hatte Deutschland verzichtet. Das unbefriedigende Abschneiden der deutschen Schüler an *TIMSS* führte dazu, dass sich Deutschland 2001 an der IEA-Studie *PIRLS* (dt. *IGLU*) zur Lesekompetenz von Grundschülern beteiligte und in der deutschen Ergänzung zu IGLU in IGLU-E die Schwerpunkte Mathematik, Naturwissenschaft, Rechtschreiben und Aufsatz von TIMSS-I nachzuholen versuchte. Als Reaktion auf TIMSS-II und TIMSS-III richtete die *Bund-Länder-Kommission für Bildungsplanung und Forschungsförderung (BLK)* 1997 das Modellprogramm *SINUS* zur »Steigerung der Effizienz des mathematisch-naturwissenschaftlichen Unterrichts« und ab 2003 die Nachfolgeprojekte *SINUS-Transfer* und *SINUS-Transfer Grundschule* ein. Parallel zu den Studien der IEA hat die OECD mit *PISA, PISA 2000, PISA 2003* und *PISA 2006* ein eigenes langfristig angelegtes Programm zur Erfassung von Schulleistungen im internationalen Vergleich aufgelegt, deren erste Ergebnisse in Deutschland zum sog. PISA-Schock führten. Als Ergänzung zu PISA hat die Kultusminsterkonferenz (KMK) 2003 und 2004 die Vergleichsuntersuchung *DESI (Deutsch-Englisch-Schülerleistungen-International)* am Ende der Sekundarstufe I in den Fächern Englisch und Deutsch durchführen lassen. Als eine Konsequenz aus den Ergebnissen der IVS beschloss die KMK 2003 und 2004 nationale *Bildungsstandards*, die auf Länderebene in *Kerncurricula,* Kernlehrpläne bzw. Bildungspläne und in der Schulpraxis in schuleigene Lehrpläne bzw. Schulcurricula umgesetzt werden sollen. Zur Evaluation der Entwicklung hat die KMK das *Institut zur Qualitätsentwicklung im Bildungswesen (IQB)* an der Humboldt-Universität Berlin eingerichtet. Die IEA-Studien TIMSS und PIRLS/IGLU und die OECD-Studien PISA werden in bestimmten Zyklen wiederholt und lassen Aussagen über Entwicklungstrends im Schulwesen zu, die der Funktion eines *Bildungsmonitoring* entsprechen.

Interview (franz. *entrevue* verabredete Zusammenkunft). Die Befragung stellt in den Sozialwissenschaften die am häufigsten verwendete Methode zur Erhebung von Daten dar. Die mündliche Variante wird I. genannt, die schriftliche *Fragebogen.*

I. können in sehr unterschiedlichen Formen durchgeführt werden. Kriterien für eine grobe Unterscheidung sind a) das Ausmaß der Formalisierung bzw. Standardisierung, b) das Forschungsinteresse, also die Funktion des I. in einer Untersuchung, c) die Art und Weise des Kontaktes zwischen Interviewer und Befragten (persönlich, telefonisch, über E-Mail), d) die Anzahl der Personen, die direkt befragt werden (Einzeli., Gruppeni.) sowie e) die Vorgehensweise des Interviewers.

Beim standardisierten I. sind alle Fragen und deren Abfolge sowie die Gestaltung wichtiger Punkte (Anzahl der Befragten, Dauer, Raum, Umgang mit eventuellen Störungen, Reaktion auf Nachfragen des Befragten usw.) für den Interviewer verbindlich vorgegeben. Die Fragen sollten so präzise formuliert sein, dass kurze und aussagekräftige Antworten möglich sind. Standardisierte I. werden i. d. R. dann eingesetzt, wenn informatorisches Wissen oder Kenntnisse zu einem eng umgrenzten Themenbereich erfragt werden sollen. Für die richtige Auswahl der Fragen im standardisierten I. sind genaue Vorkenntnisse über den Themenbereich unabdingbar. Soll beispielsweise erhoben werden, unter welchen sozialen, räumlichen und instrumentellen Bedingungen und mit welchem zeitlichen Aufwand Schüler bestimmter Klassenstufen und Schularten ihre Hausaufgaben erledigen, dann setzt die Entwicklung eines standardisierten I. u. a. genaue Kenntnisse über das Spektrum möglicher Hausarbeiten sowie die für ihre Erledigung erforderlichen Bücher, Materialien und Hilfsmittel voraus. Dabei können aus der vorliegenden Forschung über Hausaufgaben sowohl Hinweise für eigene Untersuchungsschwerpunkte wie auch auf mögliche Schwierigkeiten gewonnen werden. Bei der Entscheidung für ein standardisiertes I. ist jedoch zu beachten, dass die weitgehende Formalisierung des I. den Befragten keine Spielräume für spontane Äußerungen lässt. Das kann zum Verlust von Informationen führen. Deshalb ist vorab zu prüfen, welcher Grad von Standardisierung angebracht ist.

Die wichtigsten Formen nicht standardisierter oder offener I. sind das narrative (lat. *narrare* erzählen) und das fokussierte I. (lat. *focus* Brennpunkt). Sie haben primär explorative Funktion, weswegen auch von explorativen I. (lat. *explorare* auskundschaften) gesprochen wird. Zu einem bestimmten Themenbereich soll ein erster Überblick über die Ansichten, Urteile, Kenntnisse usw. der Befragten erhoben werden. Explorative I. in freier Form dienen oftmals der ersten Erkundung einer persönlichen Biografie. Dabei interessiert besonders, auf welche Themen bzw. Impulse die Befragten überhaupt ansprechen, welche Stichwörter von ihnen nicht aufgenommen werden, welche Zusammenhänge sie herstellen usw.

Dabei konzentriert sich ein fokussiertes I. eher auf einen eng umschriebenen Untersuchungsgegenstand, lässt also dem Befragten wenig inhaltliche Spielräume. So soll einerseits eine schrittweise Vertiefung möglich werden und zugleich soll beobachtet werden, wie der Befragte mit der Engführung umgeht. Selbstverständlich gebieten die Achtung vor der Privatsphäre und der Würde des Befragten gerade beim fokussierten I. hohe Sensibilität.

Dagegen wird das narrative I. in möglichst großer Offenheit im Dialog zwischen Interviewer und Befragtem ausgestaltet. Der Befragte bestimmt die Gesprächsthemen und den Grad ihrer Vertiefung. Auf diese Weise können z. B. Interessenschwerpunkte, leitende Motive, aber auch Nähe oder Distanz zu bestimmten Themen deutlich werden.

Offene I. dienen oftmals der Vorbereitung standardisierter I. und machen deutlich, bei welchen Fragen Spielräume für spontane Äußerungen der Befragten besonders wichtig sein können. Bei der Entwicklung der standardisierten I. werden Fragen zu diesen Punkten dann entsprechend differenziert ausgeführt.

intrinsische Motivation (lat. *intrinsecus* inwendig, im Inneren, *motivum* Beweggrund; engl. *intrinsic motivation*). Leistungsanreize oder Verhaltensimpulse, die ihren Ursprung im zufriedenstellenden Erleben bestimmter Verhaltensweisen haben. Umgangssprachlich ausgedrückt: eine Sache um ihrer selbst willen tun. Gegenteil: *extrinsische M.*

IPN – Leibniz-Institut für die Pädagogik der Naturwissenschaften. 1966 an der Universität Kiel gegründetes überregionales Forschungsinstitut, dessen Aufgabe die interdisziplinäre Grundlagenforschung in der Pädagogik und Didaktik des naturwissenschaftlichen Unterrichts in allen Bildungsbereichen ist. Es entwickelte und erprobte naturwissenschaftliche Curricula, didaktische Konzepte und Medien und vermittelte seine Erkenntnisse auf Kongressen, Fachtagungen und Symposien im In- und Ausland. Heute bestimmen *internationale Vergleichsstudien* und Forschungsarbeiten zur Qualität des *Unterrichts* die Arbeit des IPN. Unter dem Stichwort *Bildungsmonitoring* ist das IPN an den internationalen Vergleichsstudien zur naturwissenschaftlichen und mathematischen Bildung bei *PISA 2003, PISA 2006* und TIMSS 2007 beteiligt. Beim BLK-Programm *SINUS-Transfer* und *SINUS-Transfer Grundschule* hat das IPN die wissenschaftliche Begleitung übernommen. Schwerpunkte in Bereichen naturwissenschaftlicher Bildung sind die Entwicklung und Überprüfung von *Kompetenzmodellen*, computergestützte *Kompetenzdiagnostik* und Methodenforschung. Zum Bereich Transfer und Service gehören Wettbewerbe für Schüler und Fortbildung von Lehrkräften. Das IPN informiert über seine Arbeit in den ›IPN-Blättern‹ und hat verlagseigene Reihen: IPN-Schriftenreihe, IPN-Materialien. Als Mitglied der Wissenschaftsgemeinschaft Gottfried Wilhelm Leibniz wird das IPN gemeinsam von Bund und Ländern finanziert und ist der Universität Kiel angegliedert.

IQ. *Intelligenzquotient.*

IQB. *Institut zur Qualitätsentwicklung im Bildungswesen.*

Iran. **1)** Islamische Republik. Gegliedert in 28 Provinzen. Hauptstadt: Teheran (6,8 Mill. Einw.). Fläche: 1 648 000 Mill. km^2, 67 Mill. Einw., 41 Einw./km^2. 51% Perser, 24% Aserbaidschaner und zahlreiche Minderheiten. Amtssprache: Persisch, daneben viele Regionalsprachen. Staatsreligion: Islam.

2) Nach der 1979 erfolgten Errichtung der islamischen Republik wurde eine radikale Entsäkularisation des gesamten Bildungswesens durchgesetzt, die sich insbesondere in der Neufassung aller Bildungspläne und Schulbücher niederschlug. Bildungsziele und Inhalte wurden streng an den religiösen Prinzipien der herrschenden islamischen Lehre ausgerichtet. Betroffen waren davon insbesondere die kultur- und sozialwissenschaftlichen Fächer. Für drei Jahre wurden die Universitäten geschlossen. Sämtliche Lehrer mussten sich einer Umschulung unterziehen.

Koedukation ist in den Schulen untersagt. Private Einrichtungen können erst seit 1987 wieder um Zulassung ersuchen. Nach dem Gesetz soll eine achtjährige Schulpflicht eingeführt werden, tatsächlich geht die große Mehrheit der Kinder nur in die fünfjährige Grundschule, wobei auch in diesem Bereich nur etwa 90% erreicht werden. Viele dieser Schüler bemühen sich nach dem Abschlussexamen der Grundschule bereits vom 11. oder 12. Lebensjahr an um eine Erwerbsarbeit mit beiläufiger Ausbildung (Anlehre). Die meisten wechseln jedoch in die Unterstufe der Sekundarschule. Unterrichtssprache ist ausschließlich Persisch. Das gesamte Bildungswesen untersteht der direkten Aufsicht des Erziehungsministeriums in Teheran.

3) Im Elementarbereich bieten in den größeren Städten private Vorschulen eine gezielte Vorbereitung auf die Einschulung an. Die Grundschule beginnt mit Vollendung des 6. Lebensjahres. Der Unterricht erfolgt hier und in der nachfolgenden unteren Sekundarschule nach einem nationalen Curriculum ohne äußere Differenzierung oder Profilierung. Von

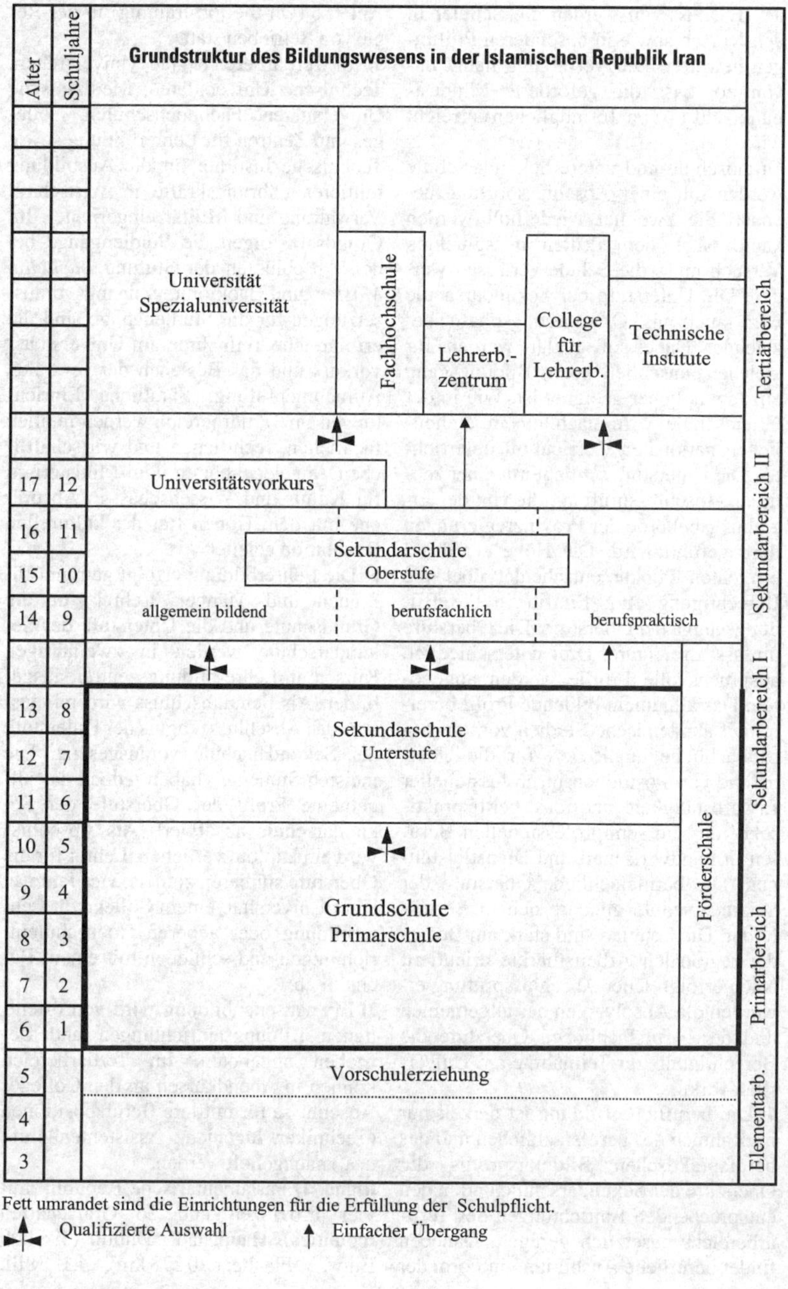

Fett umrandet sind die Einrichtungen für die Erfüllung der Schulpflicht.

Qualifizierte Auswahl Einfacher Übergang

der 1. Klasse an werden die Schüler in den Kursen sowie in besonderen Prüfungen bewertet. Die Versetzung hängt davon ab, dass die geforderte Mindestpunktzahl (7 von 16 möglichen) erreicht wird.
Grundschule und untere Sekundarschule werden mit einer Abschlussprüfung beendet, die zweimal wiederholt werden kann. Nach dem dritten missglückten Versuch muss die Schule verlassen werden. Die Unterstufe der Sekundarschule wird auch als Orientierungsphase bezeichnet. Dabei soll geklärt werden, für welchen anschließenden Bildungsgang ein Jugendlicher geeignet ist. Wie in der Grundschule wird nach einem einheitlichen nationalen Curriculum unterrichtet. Die Unterstufe schließt mit einer zentralen Abschlussprüfung, die von der Erziehungsbehörde der Provinzregierungen durchgeführt wird. Die Höhe der dabei erreichten Punkte entscheidet über die Berechtigung zum Eintritt in die Bildungsgänge der Oberstufe. Die Oberstufe umfasst drei Jahre. Drei unterschiedlich anspruchsvolle Profile werden angeboten: Das allgemein bildende Profil bereitet auf akademische Studien vor, das berufsfachliche qualifiziert für die Übernahme von Positionen in professioneller Erwerbstätigkeit und das berufspraktische führt zu semiprofessionellen Berufen in Landwirtschaft und Dienstleistungen. Die berufsfachliche Oberstufe der Sekundarschule gliedert sich in Berufsfelder. Die Schulen sind stark am Bedarf der regionalen Arbeitsmärkte orientiert. Nach erfolgreicher Abschlussprüfung erwerben die Absolventen der allgemeinen und der berufsfachlichen Oberstufe die Berechtigung zur Teilnahme am Universitätsvorkurs.

4) Die berufliche Bildung ist derzeit nur im Rahmen des berufsfachlichen und des berufspraktischen Bildungsprofils der Oberstufe der Sekundarschule und in den entsprechenden Einrichtungen des Tertiärbereichs gesetzlich geregelt. Daneben findet berufliche Ausbildung in Form der Anlehre (On-the-job-training) in der Regie von Betrieben statt.

5) Im Tertiärbereich sind Universitäten, Technische Universitäten, Medizinische Universitäten, Fachhochschulen, Colleges und Zentren für Lehrerbildung sowie Technische Institute für die Ausbildung mittlerer Führungskräfte in Wirtschaft, Verwaltung und Militär eingerichtet. Im Grundsatz folgen die Studiengänge bei den Abschlüssen der Stufung *Bachelor, Master* und Doktorat. Zugangsvoraussetzungen für die Studiengänge sind die erfolgreiche Teilnahme am Universitätsvorkurs und das Bestehen der zentralen Aufnahmeprüfung. Sämtliche Einrichtungen im Tertiärbereich werden in allen fachlichen, rechtlichen und wirtschaftlichen Angelegenheiten vom Ministerium für Kultus und Wissenschaft in Absprache mit dem Hohen Rat der kulturellen Revolution geleitet.

6) Die Lehrerbildung erfolgt getrennt für Frauen und Männer. Lehrer für die Grundschule und die Unterstufe der Sekundarschule werden in zweijährigen Kursen an Lehrerbildungszentren ausgebildet. Als Schulabschluss wird mindestens das Abschlusszeugnis der Unterstufe der Sekundarschule vorausgesetzt. Die meisten Studenten haben jedoch das allgemeine Profil der Oberstufe der Sekundarschule absolviert. Als Abschluss wird ein Diplom verliehen. Lehrer für die Oberstufe studieren zumeist vier Jahre an einer Universität, einem College für Lehrerbildung oder anderen Hochschuleinrichtungen und schließen mit einem Bachelor ab.

7) Erwachsenenbildung wird von öffentlichen Bildungseinrichtungen und Betrieben angeboten. Im Tertiärbereich können in Abendkursen an den Colleges Abschlüsse für mittlere Berufspositionen (Techniker, Ingenieur, Assistentenberufe u. a.) nachgeholt werden.

Irland. 1) Parlamentarische Republik mit vier Provinzen und 26 Grafschaften (counties). Hauptstadt: Dublin (496 000 Einw.). Fläche: 70 273 km^2, 4,1 Mill.

Einw., 58 Einw./km². In den letzten dreißig Jahren hat eine tiefgreifende demografische Wanderung vom Land in die Städte sowie von der Landwirtschaft in Industrie und Dienstleistungen stattgefunden. Landessprachen sind Englisch und Gälisch (Irisch). 88% Katholiken.

2) Seit 1998 wird das öffentliche Schulwesen auf der Grundlage eines Schulgesetzes verwaltet, finanziert und kontrolliert. Das Bildungsministerium in Dublin ist u. a. für die Bildungspläne, die Standards für die Lehrerbildung und die Anforderungsprofile für die verschiedenen Schulabschlüsse zuständig. Die große Mehrheit der Schulen wird von privaten, meist kirchlichen Trägern eingerichtet, durchweg jedoch staatlich finanziert. Etwa 2% der privaten Schulen werden ausschließlich aus Eigenmitteln von Stiftungen unterhalten und von nicht-staatlichen Beiräten kontrolliert. Im Rahmen der gesetzlichen Vorgaben obliegt das Schulmanagement lokalen Schulausschüssen, die sich aus Repräsentanten von Politik, Verwaltung, Kirchen, Lehrern und Eltern zusammensetzen. In Abhängigkeit von der im Schulbezirk vorherrschenden Sprache ist Gälisch oder Englisch Unterrichtssprache. Die Sprache der jeweiligen Minderheit wird jedoch vom ersten Schuljahr an ebenfalls gelehrt. Auf der Grundlage der staatlichen Bildungspläne erstellen die Einzelschulen ihr Schulcurriculum und gestalten das Schulprogramm (Zuordnung der Stunden zu den fachlichen Lernbereichen, Dauer des täglichen Unterrichts, Wochenarbeitsplan, Lehrereinsatz u. a.) selbständig. Obwohl die Schulpflicht erst im 6. Lebensjahr beginnt und mit dem 16. Lebensjahr endet, gehen rund 50% der Vierjährigen und fast alle Fünfjährigen bereits in die Vorschulklassen (infant classes) der Primarschulen.

Das Schulwesen ist ausschließlich horizontal in vier Stufen gegliedert: Sechsjährige Primarschule (Primary School). Dreijährige Unterstufe der Sekundarschule (Secondary School Junior Cycle). Ein Vorbereitungsjahr (Transition Year) für die Oberstufe der Sekundarschule. Zweijährige Oberstufe der Sekundarschule (Secondary School Senior Cycle). In eine berufliche Ausbildung können die Absolventen erstmals nach Abschluss des Junior Cycles oder später nach Abschluss des Senior Cycles übergehen. Mit dem Abschlussexamen des Senior Cycles (Leaving Certificate) wird die Berechtigung zum Übergang in die Einrichtungen des Tertiärbereichs erworben.

Sonderpädagogische Förderung erfahren Kinder mit Behinderung sowohl in den Regelschulen als auch in Spezialschulen. Das Gesetz verpflichtet die Schulen zu einer möglichst weitgehenden Integration aller Fördermaßnahmen in den Unterricht der Regelschulen. Der Besuch aller Schulen auf den vier Stufen des öffentlichen Schulwesens ist i. d. R. kostenlos. Schulen sind fast durchweg Ganztagesschulen.

3) Vorschuleinrichtungen sind mehrheitlich mit Primarschulen räumlich und organisatorisch verbunden, so dass die Kinder vom 4. bis zum 12. Lebensjahr in einer Einrichtung zusammenbleiben.

Die Finanzierung erfolgt weitgehend über den Staat. Das National Council for Curriculum and Assessment (NCCA) hat für die gesamte Zeit des vorschulischen Lernens einen Orientierungsplan erarbeitet. 2002 wurde ein Centre for Early Childhood Development and Education (CECDE) eingerichtet, das alle Maßnahmen im Bereich der Vorschulerziehung koordiniert. Dazu gehören insbesondere auch Förderprogramme für Kinder in sozio-kulturell benachteiligenden Lebenslagen.

Die Primarschule dauert sechs Schuljahre. Meistens werden die Kinder in Jahrgangsklassen unterrichtet. Schulen können aber auch jahrgangsübergreifende Lerngruppen bilden. Der Unterricht wird fast durchweg von Klassenlehrern erteilt. Der Unterricht von Fachlehrern setzt erst im Junior Cycle der Sekundarschule ein. Der Bildungsplan für die Primarschule (Primary School Curriculum, 1999) gliedert sich in folgende Lernbereiche: Sprache (Englisch und Gälisch); Mathematik; Sozialkunde, Ökologie und Wissenschaften (Naturwissenschaft, Geografie, Geschichte); Kunst und Musik; Sport; Lebenskunde mit Gesundheitserziehung und Religionslehre. Leistungskontrollen werden im laufenden Unterricht regelmäßig durchgeführt, am Ende einer Klassenstufe meistens auch Abschlusstests. Regelfall ist die Versetzung in die nächste Klassenstufe. Klassenwiederholungen sind höchst selten und werden erst nach gründlichen Beratungen zwischen Lehrern und Eltern beschlossen. Der Übergang in den Junior Cycle der Sekundarschule erfolgt ebenfalls ohne besondere Prüfung. Die Wahl der Schule obliegt den Eltern.

Alle Schüler besuchen nach der Primarschule die Unterstufe (Junior Cycle) der Sekundarschule. Der Bildungsplan will eine ausgewogene Allgemeinbildung vermitteln und die Schüler auf die Abschlussqualifikation (Junior Certificate) vorbereiten. Lernbereiche sind Sprachen (Gälisch, Englisch), Mathematik, Naturwissenschaften, Staatsbürger- und Sozialkunde, Sozialerziehung, Gesundheitslehre und Sport. Der Bildungsplan sieht insgesamt 26 Lernbereiche vor, aus denen jede Schule ein spezielles Curriculum zusammenstellen kann. Auch in der Sekundarschule ist Versetzung in die nächste Klassenstufe der Regelfall. Das Abschlussexamen zum Erwerb des Junior Certificate ist eine Staatsprüfung in der Regie des Bildungsministeriums.

Die Oberstufe (Senior Cycle) der Sekundarschule dauert zwei Jahre oder aber drei, wenn das freiwillige Vorbereitungsjahr (Transition Year) besucht wird. 70% aller Schulen bieten dieses Vorbereitungsjahr an. Es dient der Stärkung der jugendlichen Persönlichkeit und ermöglicht eine berufsfachliche oder allgemein akademische Profilierung des Lernens im Hinblick auf den Senior Cycle und eine nachfolgende Ausbildung. Die große Mehrheit der Schüler geht automatisch nach dem Junior Certificate in Vorbereitungsjahr und Senior Cycle an ihrer Schule über. Im Senior Cycle orientiert sich das Unterrichtsangebot an drei unterschiedlichen Abschlussprofilen: Allgemeinbildung (Leaving Certificate, LC); berufliche Grundbildung (Leaving Certificate Vocational Programme, LCVP); praktische Grundbildung (Leaving Certificate Applied, LVA).

Mit allen Profilen wird die Berechtigung zur Teilnahme an Aufnahmeverfahren von Einrichtungen im Tertiärbereich erworben.

Das LVA wird kumulativ über kontinuierliche Prüfungen im Laufe der zwei Schuljahre erworben. Für das LC und das LCVP sind externe Staatsprüfungen zu absolvieren.

4) Irland hat bisher kein einheitliches System für die berufliche Ausbildung entwickelt. Verschiedene Ausbildungswege sind möglich: Lehre in einem Betrieb; Vollzeitschulische Ausbildung in einer beruflichen Schule; berufliche Qualifikation im Tertiärbereich; Teilzeitausbildung in einem Beschäftigungsverhältnis. Diesen verschiedenen Ausbildungsformen entspricht die Vielfalt der Zuständigkeiten für die berufliche Bildung. Es existieren Schulen und Bildungszentren der Behörde für Ausbildung und Beschäftigung, Schulen und Bildungszentren der staatlichen Ausbildungsbehörde im Hotel-, Gaststättengewerbe und Tourismus, Schulen und Bildungszentren der Behörde für die Entwicklung von Landwirtschaft und Nahrungsmittelindustrie sowie Schulen im Sekundarbereich II, die dem staatlichen Ausbildungskomitee unterstehen. Die obersten Zuständigkeiten liegen beim Bildungsministerium sowie beim Ministerium für Handel, Wirtschaft und Beschäftigung.

5) Im Tertiärbereich sind Universitäten, Institute im Universitätsrang sowie Colleges für Lehrerbildung u. a. Fachrichtungen angesiedelt. Neben den staatlichen Einrichtungen bieten eine Reihe privater Colleges Ausbildungsprogramme an. Der

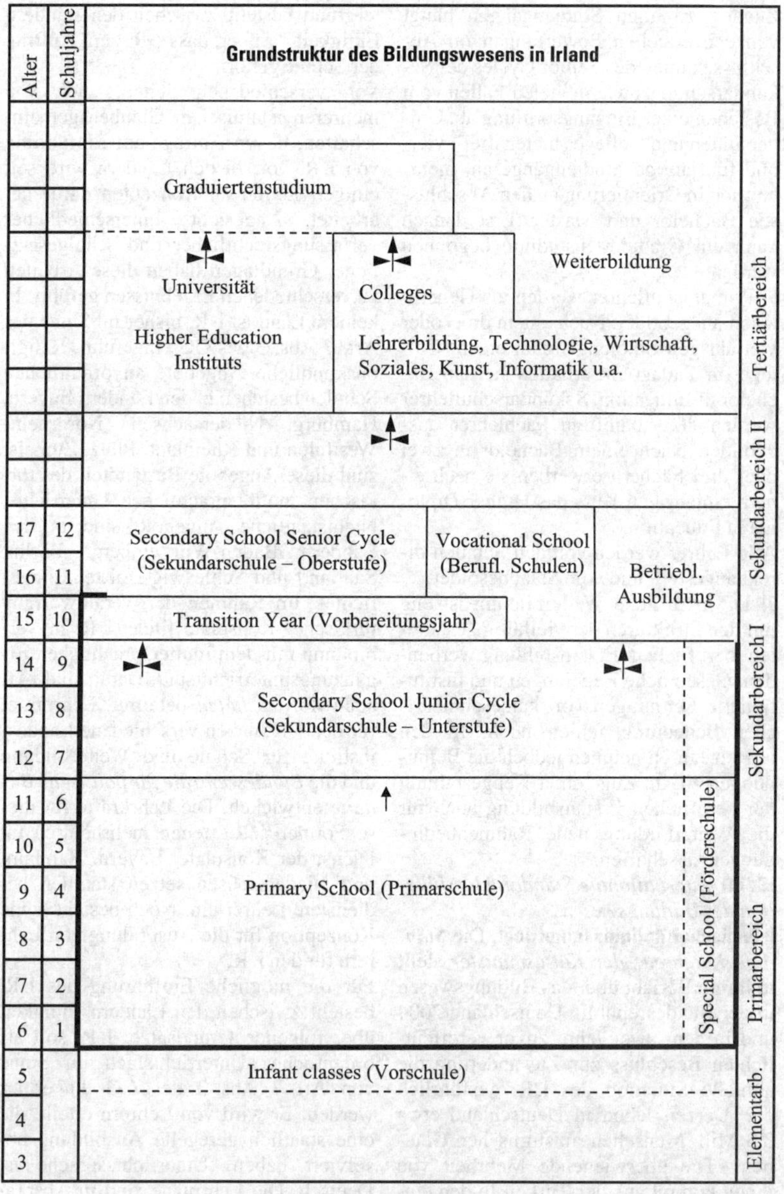

Fett umrandet sind die Einrichtungen für die Erfüllung der Schulpflicht.

Qualifizierte Auswahl — Einfacher Übergang

Zugang zu allen Studiengängen hängt von den erzielten Bewertungen im Abschlussexamen des Senior Cycles der Sekundarschule sowie in vielen Fällen vom Bestehen einer Eingangsprüfung ab. Universitäten und Colleges bieten drei-, vier- und fünfjährige Studiengänge an, mehrheitlich in Orientierung an den Abschlüssen Bachelor und Master. Erst danach kann ein Graduiertenstudium begonnen werden.

6) Primarschullehrer werden als Generalisten ausgebildet. Nach einem drei- oder vierjährigen Studiengang an einem College für Pädagogik erhalten sie den Bachelor of Education. Sekundarschullehrer werden als zukünftige Fachlehrer ausgebildet. Nach einem Bachelor in zwei oder drei Fächern erwerben sie nach einem einjährigen Kurs das Higher Diploma in Education.

Alle Lehrer werden von den Schulen direkt angestellt und vom Staat besoldet.

7) Die berufliche Weiterbildung ist eng mit den Strukturen der vielfältig gestalteten beruflichen Erstausbildung verbunden. Gesetzliche Regelungen und institutionelle Ordnungen von landeseinheitlicher Bedeutung fehlen noch. In den letzten Jahren nehmen jedoch die Bemühungen zu, im Zuge einer Neugestaltung der beruflichen Erstausbildung auch für die Weiterbildung neue Rahmenbedingungen zu schaffen.

ISCED. *Internationale Standardklassifikation des Bildungswesens.*

islamischer Religionsunterricht. Die *Ständige Konferenz der Kultusminister* stellt in ihrem Bericht über das Bildungswesen in der Bundesrepublik Deutschland 2004 und in dem zwei Jahre zuvor veröffentlichten Beschluss zur Zuwanderung die aktuelle Situation des i. R. ausführlich dar. Derzeit leben in Deutschland etwa 3,3 Mill. Menschen muslimischen Glaubens. Die überwiegende Mehrheit von ihnen kommt aus der Türkei. In den einzelnen Bundesländern schwankt der Anteil der Schüler muslimischen Glaubens zwischen 1% und 9%. Vor diesem Hintergrund besteht zwischen den Ländern Einigkeit darüber, dass i. R. zum Auftrag der Schule gehört.

Von verschiedenen Seiten, auch von mehreren islamischen Glaubensgemeinschaften, liegen Anträge auf Einführung von i. R. vor. In den Ländern wird seit einigen Jahren an Konzepten dafür gearbeitet. Angesichts unterschiedlicher verfassungsrechtlicher und schulgesetzlicher Grundlagen haben diese Arbeiten zu verschiedenen Ergebnissen geführt. In keinem Land ist i. R. bisher im Sinne des Art. 7 Abs. 3 des GG eingeführt. Religionskundliche Angebote an öffentlichen Schulen bestehen in den Ländern Bayern, Hamburg, Niedersachsen, Nordrhein-Westfalen und Rheinland-Pfalz. Zumeist sind diese Angebote Bestandteil des türkischen muttersprachlichen Unterrichts. Nichtstaatliche Angebote sind in den Ländern Baden-Württemberg, Berlin, Saarland und Schleswig-Holstein eingerichtet. Im Rahmen der Verantwortung türkischer Konsulate findet i. R. in Verbindung mit dem muttersprachlichen Ergänzungsunterricht statt. Daran sind z. T. auch *Koranschulen* beteiligt. Lehrmittel für den i. R. haben verschiedene Landesinstitute für Schule und Weiterbildung und die *Bundeszentrale für politische Bildung* entwickelt. Die Lehrkräfte für diese Formen i. R. stehen mehrheitlich im Dienst der Konsulate. Bayern, Hamburg und Niedersachsen setzen staatlich bedienstete Lehrer ein. Noch besteht keine Konzeption für die Ausbildung von Lehrern für den i. R.

Für die mögliche Einführung des i. R. besteht zwischen den Ländern Einigkeit über folgende Grundsätze: I. R. soll als ordentliches Unterrichtsfach im Sinne von Art. 7 Abs. 3 des GG eingeführt werden. Er wird von Lehrern erteilt, die eine staatlich geregelte Ausbildung absolviert haben. Unterrichtssprache ist Deutsch. Die Lehrpläne sind in Absprache mit den islamischen Glaubensgemeinschaften vom Staat zu genehmigen. Die deutschen verfassungs- und schulrechtlichen Grundlagen gelten uneingeschränkt.

Island. **1)** Parlamentarische Republik. Hauptstadt: Reykjavík (115 000 Einw.). Fläche 103 000 km^2, 292 000 Einw., 2,8 Einw./km^2. Landessprache Isländisch. Religion: 95% Protestanten.

2) Den Kernbereich des Schulwesens bildet die zehnjährige Grundschule, die als Einheits- und Pflichtschule von allen Kindern vom 6. bis zum 16. Lebensjahr gemeinsam besucht wird. Ihr Konzept steht für die konsequente Förderung von Chancengleichheit sowie sozialer und kultureller Integration der jungen Generation in das Gemeinwesen. Die Schulen in Island sind in der Regel Ganztagseinrichtungen. In allen Bereichen des Bildungswesens werden behinderte Kinder und Jugendliche nach Möglichkeit zusammen mit Nichtbehinderten unterrichtet. Darüber hinaus bieten Schulen behinderungsspezfische Zusatzbetreuung an. Separate Sonderschulen existieren nicht. Der Besuch sämtlicher Schulen ist kostenlos. Die politische und administrative Zuständigkeit für das gesamte Bildungswesen liegt beim Ministerium für Erziehung, Wissenschaft und Kultur. Das Ministerium erlässt die Rahmenrichtlinien für vorschulische Einrichtungen, für die Grundschule und die Bildungsgänge im Sekundarbereich II, regelt den Ablauf des Schuljahres und legt die Inhalte und Leistungsnormen der landeseinheitlichen Zwischen- und Abschlussprüfungen fest. Das 1974 verabschiedete Schulgesetz und die Gesetze über die Vorschulerziehung (1994), über die Pflichtschule (1995) sowie über die höheren Klassenstufen der Sekundarschule (1996) schreiben eine weitgehend dezentralisierte Schulverwaltung vor und geben den einzelnen Schulen bei der Ausgestaltung der Vorgaben und Rahmenrichtlinien des Ministeriums weitgehende Autonomie. Die Kommunen sind für die Einrichtung, Ausstattung, den Unterhalt und die Organisation der laufenden Arbeiten in vorschulischen Einrichtungen und Pflichtschulen zuständig. An den finanziellen Aufwendungen der Kommunen beteiligt sich der Staat mit etwa 40% der Kosten. Für Unterhalt und Verwaltung der höheren Sekundarschulen und der Einrichtungen im Tertiärbereich (Universitäten u. a.) ist dagegen ausschließlich die Zentralregierung zuständig.

3) Tagesstätten und Kindergärten stehen allen Kindern bis zum Beginn der Schulpflicht offen. Träger sind Kommunen und private Organisationen. Alle Einrichtungen unterliegen der öffentlichen Aufsicht. Für den Besuch werden Beiträge erhoben. Die zehn Klassenstufen der Grundschule verknüpfen ohne äußere Trennung Primar- und Sekundar-I-Stufe. Organisatorisch haben sich drei Typen von Grundschulen entwickelt: zehnjährige Schulen, Schulen mit den Klassenstufen 1 bis 7 und Schulen, die nur die Klassenstufen 8 bis 10 anbieten, also reine Unterstufen der Sekundarschule sind. In dünn besiedelten ländlichen Gebieten werden diese Schulen zumeist von weniger als 100 Schülern besucht. Unterrichtet wird aber grundsätzlich in Jahrgangsklassen. Alle Schüler rücken unabhängig von ihrer Leistung in die nächste Klassenstufe auf, können jedoch freiwillig Kurse wiederholen. Bei Lernschwierigkeiten wird Förderunterricht erteilt. Die Ausgestaltung der Leistungsbeurteilung liegt in der Zuständigkeit der Lehrerkollegien. Zwischen- und Abschlussprüfungen haben keine selektiven Folgen. Sie dienen der Rückmeldung an Schüler, Lehrer und Eltern und sind Grundlage der Schullaufbahn- und Ausbildungsberatung. Am Ende der Grundschule findet in den Fächern Isländisch, Mathematik, Dänisch und Englisch eine schriftliche Abschlussprüfung statt. Zum Übergang in einen Bildungsgang im Sekundarbereich II sind alle Jugendlichen unabhängig von den Ergebnissen der Prüfung berechtigt. Innerhalb der Sekundarstufe II werden Bildungsgänge in vier Schulkonzepten angeboten. Das vierjährige Gymnasium dient der Vertiefung allgemeiner

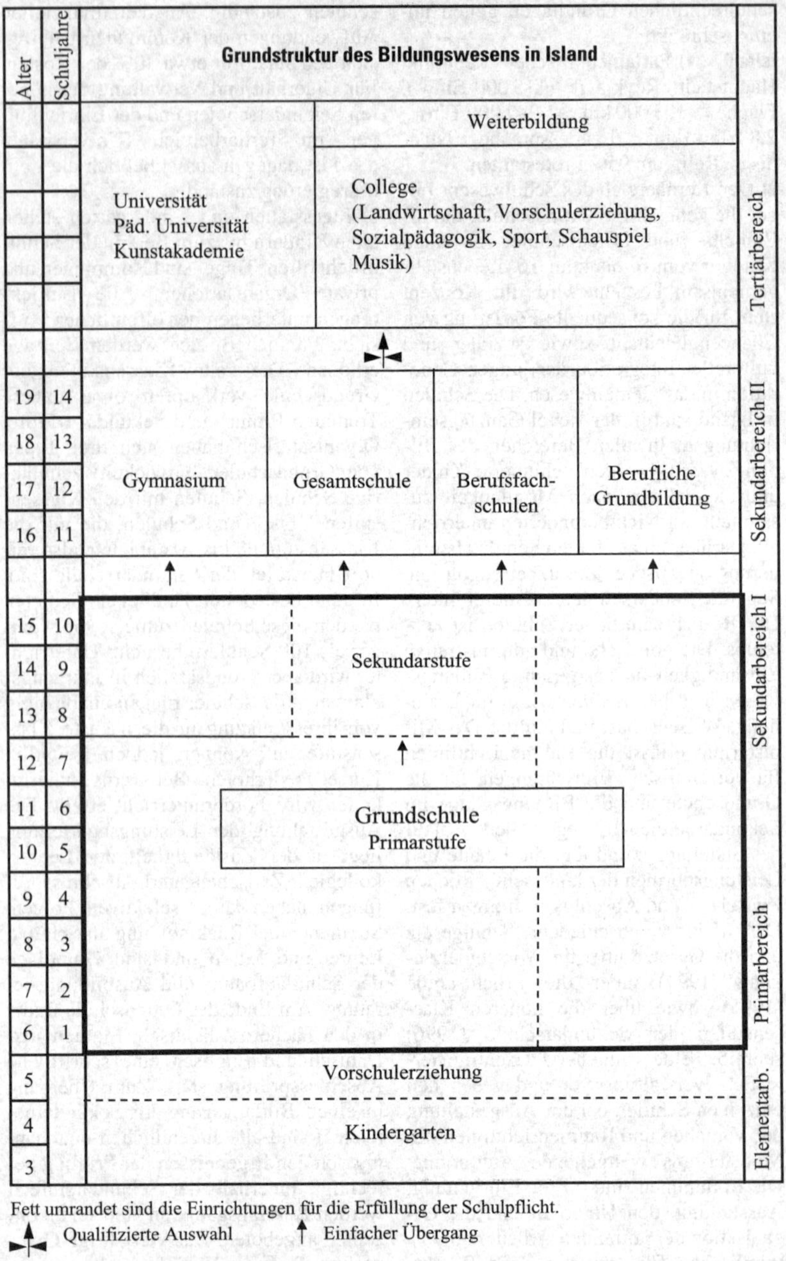

Fett umrandet sind die Einrichtungen für die Erfüllung der Schulpflicht.

Qualifizierte Auswahl   Einfacher Übergang

Bildung und bereitet auf Studiengänge im Tertiärbereich vor. Die ebenfalls vierjährige Gesamtschule integriert allgemeine und berufsorientierte Bildungsgänge. Sie führt zur Hochschulreife oder zu berufsbezogenen Qualifikationen, die in Fachstudien auf der Tertiärstufe vertieft werden können. In den Berufsfachschulen werden unterschiedlich lange berufliche Bildungsgänge angeboten, die alle mit anerkannten Berufsabschlüssen enden. Die Schulen beruflicher Grundbildung vermitteln praktische berufliche Qualifikationen, z. T. aber auch Berufsabschlüsse.

4) Berufsausbildung findet an den genannten Sekundarschulen in unterschiedlich langen Bildungsgängen statt. Sie ist nach verschiedenen Konzepten mit der betrieblichen Praxis in Handwerk, Industrie, Handel und Verwaltung verknüpft. Die Gesellenprüfung wird i. d. R. frühestens nach vier Jahren abgelegt. Bis dahin können Teilqualifikationen testiert werden.

5) Im Tertiärbereich sind zwei Universitäten und eine Reihe von Colleges eingerichtet. Eingangsvoraussetzung sind i. d. R. der erfolgreiche Abschluss eines vierjährigen Bildungsganges einer Schule im Sekundarbereich II und das Bestehen einer Aufnahmeprüfung. Die Einrichtungen werden zumeist vom Erziehungsministerium geführt. Der Grad ihrer Autonomie ist hoch. Für einzelne Colleges sind andere Fachministerien zuständig. Die universitären Studiengänge führen zum Bachelor-, Master- und Doktorexamen. Colleges schließen mit dem Bachelor ab.

6) Die Lehrer für die Klassenstufen 1 bis 10 werden in einem dreijährigen Studiengang an der Universität oder einem College ausgebildet, wogegen die Lehrer der oberen Klassenstufen der Sekundarschule ein mindestens vierjähriges Fachstudium einschließlich umfangreicher erziehungswissenschaftlicher Teile an der Universität zu absolvieren haben.

7) Für die Erwachsenenbildung hat die Regierung einen besonderen Rat eingesetzt, der Vorhaben je nach spezifischem Bedarf entwickelt und mit verschiedenen Bildungseinrichtungen und Betrieben realisiert.

Israel. **1)** Parlamentarische Demokratie, seit 1948 unabhängiger Staat. Hauptstadt: Jerusalem (700 000 Einw.). Fläche: 20 991 km^2, 6,8 Mill. Einw., 324 Einw./km^2. Multiethnische Bevölkerung, 80% Juden, 19% Araber, weitere Minderheiten. Landes- und Amtssprachen: Neu-Hebräisch und Arabisch, Bildungs- und Wissenschaftssprache: Englisch. Religion: 81% Juden, 16% Muslime, 2% Christen u. a. kleine Minderheiten.

2) Die multikulturelle Gesellschaft spiegelt sich in der Differenzierung des Schulwesens in vier Gruppen wider: Laizistisch-staatliche Schulen für die große Mehrheit der Kinder und Jugendlichen, staatlich-religiöse Schulen, die jüdische Kultur und Sprache besonders pflegen, arabische und drusische Schulen mit Arabisch als Unterrichtssprache und private Schulen, zumeist getragen von religiösen oder nationalen Gruppierungen in der Bevölkerung.

Seit 1978 besuchen alle Kinder und Jugendlichen im Rahmen ihrer zehnjährigen Schulpflicht ein gestuftes Einheitsschulsystem ohne äußere Differenzierung: den einjährigen Pflichtkindergarten (Vorschulerziehung), danach die sechsjährige Primarschule und anschließend die dreijährige Unterstufe der Sekundarschule. Erst das letzte Pflichtschuljahr kann nach persönlicher Wahl in unterschiedlichen allgemeinen oder beruflichen Bildungsgängen absolviert werden. Rund 70% der Jugendlichen verbleiben nach Erfüllung der Schulpflicht bis zur 12. Klassenstufe in einer Vollzeitschule. Diese Quote soll stetig erhöht werden. Bis zum 18. Lebensjahr besteht gesetzlicher Anspruch auf Schulgeldfreiheit und freie Lernmittel. An vier Tagen der Woche arbeiten die Schulen als Ganztagseinrichtungen (acht Unterrichtsstunden). Durch den ausgedehnten gemeinsamen Schulbesuch soll das Bildungswesen zur Verbesserung der Integration der zahlreichen Zuwanderer sowie zum Ausgleich der unterschiedlichen Bildungsvoraussetzungen und Lebenschancen beitragen. Damit jede Schule auf die spezifischen Anforderungen und Bedürfnisse ihrer Schülerschaft möglichst flexibel eingehen kann, wurde den Schulen im Rahmen der curricularen Vorgaben des Ministeriums für Erziehung, Kultur und Sport und dessen Standards für die Evaluation des Unterrichts weitgehende Autonomie bei der Gestaltung des Jahresstundenplanes, der Konkretisierung des Bildungsplanes, der Verteilung der Lehrerarbeitszeit auf bestimmte schulische Vorhaben und schließlich auch bei der innerschulischen Leistungsbewertung eingeräumt. Den religiösen Schulen (Talmud-Schulen) ist ein besonderer Status zugesichert. Kinder mit erhöhtem Förderbedarf werden zu 90% in Regelschulen unterrichtet. Sonderschulen sind nur für Kinder mit besonders schwerwiegenden Lernbeeinträchtigungen eingerichtet. Das Ministerium für Erziehung, Kultur und Sport ist für die pädagogischen Standards, die Rahmenlehrpläne, Lehrmaterialien, die Ausbildung und Leitung der Lehrer und den Bau von Schulen zuständig. Ausstattung und Unterhalt der Schulen obliegen den Kommunen. Lehrer im Kindergarten und an Grundschulen sind Angestellte des Ministeriums, Lehrer an Sekundarschulen Angestellte der Kommunen. Diese erhalten dafür hohe Zuschüsse aus dem Staatshaushalt.

3) Im Elementarbereich bestehen bereits für Kinder ab dem 1. Lebensjahr differenzierte Betreuungsangebote: Kinderkrippen, Tagesstätten und freiwillige Kindergärten ab dem 3. Lebensjahr. Die Besuchsquote der Kindergärten liegt bei über 90%. Das letzte Jahr des Kindergartens ist verpflichtend. Nach einem staatlichen Bildungsplan werden die fünfjährigen Kinder systematisch auf schulisches Lernen vorbereitet. Pflichtkindergärten arbeiten mit Primarschulen eng zusammen. In der Primarschule findet das Klassenlehrerprinzip weitgehende Beachtung. Auch dadurch soll ein der Integration und Leistungsförderung der Kinder dienliches soziales Klima geschaffen werden. Die meisten Schulen bieten am Nachmittag und an den Wochenenden extracurriculare Aktivitäten an. Auch die drei Jahrgänge der Unterstufe der Sekundarschule arbeiten fast durchweg als undifferenzierte Gesamtschule. Der größte Teil des Unterrichts wird im Klassenverband erteilt. Lediglich in Mathematik, Englisch und einzelnen naturwissenschaftlichen Kursen wird ab Klassenstufe 8 nach Leistung differenziert. Auch Sekundarschulen bieten eine breite Palette extracurricularer Aktivitäten an. Die Unterstufe schließt ohne Prüfungsverfahren ab. Die Oberstufe der Sekundarschule (Klassenstufen 10 bis 12) gliedert sich in den allgemein bildenden und den fachspezifischen Bereich. Die allgemein bildenden Schulen bereiten auf ein Hochschulstudium vor. Die bestandene Abschlussprüfung berechtigt zur Teilnahme an den Aufnahmeprüfungen der Hochschulen und Universitäten. Im fachspezifischen Bereich sind unterschiedliche Schulen eingerichtet: berufliche Gesamtschulen mit Ausbildungsgängen für eine Vielzahl von Berufen; technische Berufsfachschulen mit Bildungsgängen, die zu Hochschulstudien führen; Landwirtschaftsschulen; religiöse Oberschulen; Militärvorbereitungsschulen. Jugendliche, die keine dieser Schulen besuchen, sind nach dem Ausbildungsgesetz gehalten, eine der Berufsschulen zu besuchen, in denen das Arbeitsministerium dreijährige Ausbildungskurse mit Praktika in Betrieben durchführt.

4) Nur etwa 5% der Jugendlichen treten auf der Grundlage eines Arbeitsvertrages eine Lehre in einem Betrieb an. Daneben besuchen diese Jugendlichen eine Teilzeitberufsschule, die jedoch inhaltlich nicht mit der betrieblichen Ausbildung abgestimmt ist und auch ohne Lehrver-

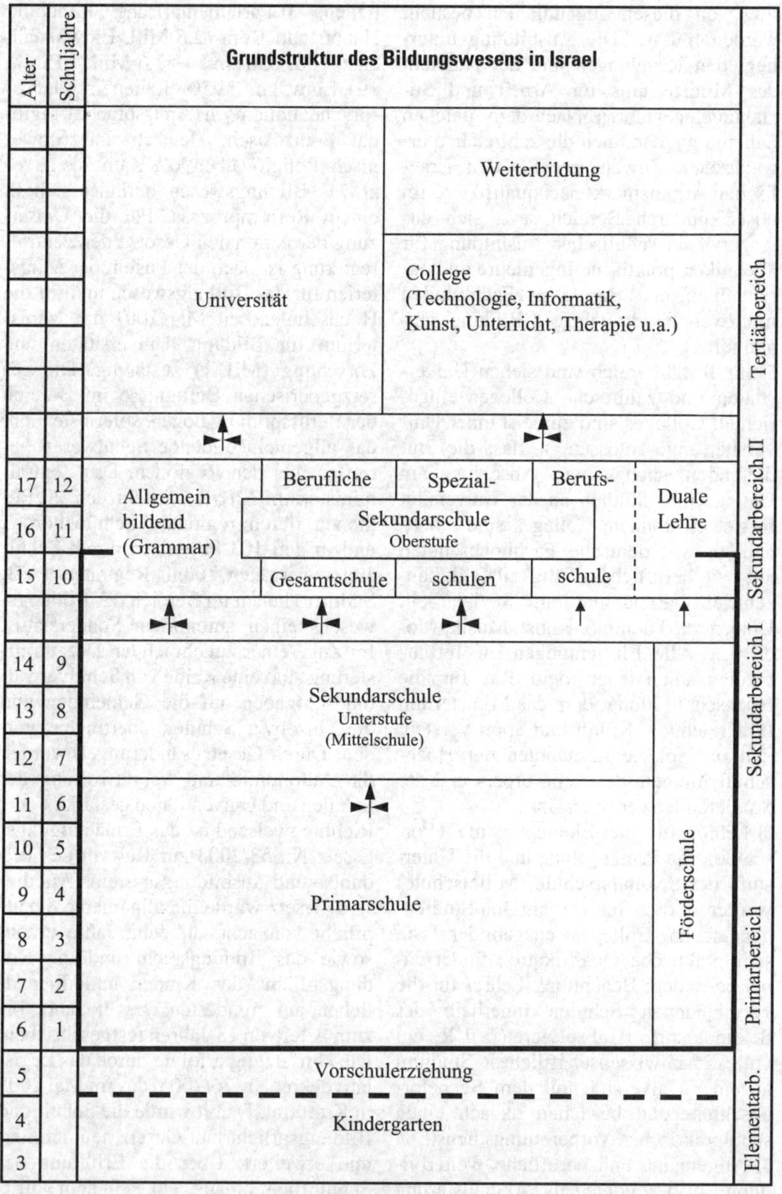

Fett umrandet sind die Einrichtungen für die Erfüllung der Schulpflicht.

Qualifizierte Auswahl — Einfacher Übergang

trag von diesen Jugendlichen besucht werden müsste. Die Ausbildung unterliegt den Regelungen und der Aufsicht des Ministeriums für Arbeit und Sozialangelegenheiten. Nach dem gleichen Schema werden auch die zahlreichen erwachsenen Zuwanderer für den israelischen Arbeitsmarkt nachqualifiziert. Im postsekundären Bereich setzt sich das Angebot an schulischer Ausbildung für Techniker, praktische Ingenieure und paramedizinische Berufe in Fachschulen mit zwei- bis dreijährigen Bildungsgängen fort.

5) Im Tertiärbereich sind sieben Universitäten und zahlreiche Colleges eingerichtet. Colleges sind zumeist einer Universität angeschlossen, so dass die Studierenden nach einem Abschluss am College ihre Studien an der Universität fortsetzen können. Colleges sind i. d. R. ähnlich wie deutsche Fachhochschulen auf ein berufliches Tätigkeitsfeld konzentriert: Rehabilitation, Sozialarbeit, Unterricht, Therapie, Kunst, Musik, Mode u. a. Alle Einrichtungen im Tertiärbereich unterstehen dem Rat für die Hochschulbildung, dem das Ministerium für Erziehung, Kultur und Sport vorsteht und in dem Repräsentanten der Hochschulleitungen, des Lehrkörpers und der Studierenden vertreten sind.

6) Lehrer für die Elementarstufe (Vorschule), die Primarschule und die Unterstufe der Sekundarschule (Mittelschule) werden in drei- bis vierjährigen Studiengängen an Colleges ausgebildet. Die schulpraktische Qualifikation findet dabei besondere Beachtung. Lehrer für die verschiedenen Schulen innerhalb der Sekundarstufe II absolvieren i. d. R. ein volles fachwissenschaftliches Studium an einer Universität mit dem Bachelorabschluss und besuchen danach einen schulpraktischen Vorbereitungsdienst.

7) Allgemeine und berufliche Weiterbildung, insbesondere als Aktualisierung und Umschulung, finden große Beachtung in zahlreichen staatlichen und privaten Institutionen.

Italien. **1)** Parlamentarische Republik. Hauptstadt: Rom (2,6 Mill. Einw.). Fläche: 301 336 km^2, 57,6 Mill. Einw., 191 Einw./km^2. 95% Italiener. Landessprache: Italienisch (Amtssprache), regional Französisch, Deutsch und Slowenisch. Religion über 90% Katholiken.

2) Das Bildungswesen befindet sich in einem Reformprozess. Für die Umsetzung der nationalen Gesetze der Zentralregierung ist nach der Fusion der Ministerien für das Bildungswesen und für die Hochschulen seit Mai 2001 das Ministerium für Bildung, Universitäten und Forschung (MIUR) zuständig. Die gesetzgeberischen Befugnisse im Bereich der Berufsbildung liegen, sofern sie nicht das allgemein bildende Schulwesen betreffen, bei den Regionen. Das Zentralministerium MIUR wird in den 20 Regionen durch regionale Schulbehörden und in den 103 Provinzen durch Schulämter vertreten. Fünf Regionen (z. B. Südtirol) haben im Bereich des Bildungswesens einen autonomen Sonderstatus. Im Zuge einer zunehmenden Dezentralisierung sind eine Reihe von Schulverwaltungsaufgaben auf die Gemeinden und die einzelnen Schulen übertragen worden. Durch Gesetzesänderungen wurden die Autonomie und Verantwortung der Schulen und Universitäten gestärkt.
Richtungweisend ist das Ermächtigungsgesetz Nr. 53/2003 zur Reform des Bildungs- und Ausbildungssystems. Mit diesem Gesetz wurde die allgemeine Schulpflicht von acht auf zehn Jahre erhöht sowie das Bildungsrecht und die Bildungspflicht der Kinder und Jugendlichen auf mindestens zwölf Jahre bis zum Alter von 18 Jahren festgeschrieben. Die Umsetzung erfolgte durch das Legislativdekret Nr. 76/2005, das im Mai 2005 in Kraft trat. Damit wurde die Schul- und Bildungspflicht laut Gesetz neu definiert und erweitert. Über die Erfüllung der Schulpflicht hinaus geht es in dem »dirit-to-dovere …« einerseits um die Gewährleistung des Rechtes auf Bildung von Seiten der Schulen jeglicher Art und des

Lehrlingswesens und andererseits um die Erfüllung der Bildungspflicht der Jugendlichen bis zum Vollenden des 18. Lebensjahres. Die Erfüllung der Bildungspflicht geschieht im Pflicht- und im Oberschulbereich, mit abschließender beruflicher Qualifikation in Berufs- und Fachschulen oder durch eine mindestens dreijährige Ausbildung im Lehrlingswesen oder in Berufsbildungszentren.
Zur Erfüllung dieser Schul- und Bildungspflicht können die Schüler eine staatliche oder eine private Schule besuchen. Im Unterschied zu vollständig privaten Schulen, deren Abschlusszeugnisse nicht offiziell anerkannt werden, entsprechen die schulrechtlichen Bedingungen der staatlich anerkannten Privatschulen denen der staatlichen Schulen. Während der Besuch offiziell anerkannter privater Primarschulen kostenlos ist, erheben private Sekundarschulen Schulgeld. Weniger als 10% der gesamten Schülerschaft besucht private Schulen.
Kinder mit körperlichen und geistigen Behinderungen oder mit Verhaltensauffälligkeiten werden in Regelschulklassen mit einer Klassenstärke von höchstens 20 Schülern integriert und zusammen mit den Lehrern der Klasse von einem speziell ausgebildeten Sonderpädagogen unterrichtet und betreut.
3) Seit der Neuregelung von 2003 umfasst das Schulwesen die Vorschule, den ersten Abschnitt (Primo ciclo dell'istruzione) mit der Kombination aus Primar- und Sekundarbereich I und den zweiten Abschnitt mit den allgemein bildenden und berufsbildenden Bildungsgängen im Sekundarbereich II.
Im Elementarbereich ist die ganztägige Vorschulerziehung Teil des Bildungswesens für Kinder im Alter von drei bis sechs Jahren. Über 90% der Kinder besuchten schon 1992 eine Vorschule. Davon waren etwa 50% in staatlichen und 50% in privaten Einrichtungen. Seit 2002/03 können auch Kinder ab zweieinhalb Jahren aufgenommen werden. Neben der älteren Bezeichnung Scuola materna (wörtlich: mütterliche Schule) wird zunehmend von Scuola dell'infanzia (Schule der Kindheit) gesprochen, um über die Rolle der familienergänzenden Vorschulerziehung hinaus auch die Entwicklung der Persönlichkeit des Kindes, die Vermittlung von Fähigkeiten und Kenntnissen und die Vorbereitung auf die Schule zu betonen. Vom Schuljahr 2004/05 an wurde ein Nationaler Lehrplan eingeführt, der aber nicht verbindlich ist. Der Besuch der Vorschule ist freiwillig und in staatlichen Einrichtungen kostenfrei.
Im Primarbereich umfasst die der deutschen Grundschule vergleichbare Primarschule (Scuola elementare bzw. primaria) für sechs- bis elfjährige Kinder fünf Schuljahre. Seit dem Schuljahr 2004/05 können auch Kinder ab fünfeinhalb Jahren aufgenommen werden. Nach dem Reformgesetz von 1990 wurde das Klassenlehrerprinzip zugunsten von Teammodellen aufgegeben, nach denen drei Lehrer mit unterschiedlichen Fachkompetenzen für zwei Klassen oder vier Lehrer für drei Klassen zuständig sind. Im zweijährigen ersten Abschnitt des Bildungsgangs wird fächerübergreifend unterrichtet, im dreijährigen zweiten Abschnitt erfolgt eine Differenzierung nach Fächern. Seit dem Schuljahr 2004/05 ist ein reformierter Lehrplan in Kraft, der als neues Fach eine Fremdsprache (Englisch) spätestens ab dem 2. Schuljahr und als neuen Bereich den Umgang mit Computern (Informationstechnologie) verbindlich vorschreibt. Die Leistungen der Kinder werden in einem Bericht (scheda) über die Lern- und Persönlichkeitsentwicklung festgehalten, den auch die Eltern bekommen. Die bisher am Ende der 5. Klasse durchgeführte staatliche Abschlussprüfung zur Erlangung des Abschlusszeugnisses wurde abgeschafft.
Im Sekundarbereich I ist die Mittelschule (Scuola media) für alle 11- bis 14-Jährigen seit der Reform 2003/04 in die drei Schuljahre umfassende Scuola secondaria di l grado (Schule des Sekundar-

bereichs I) umbenannt worden. Der reformierte Lehrplan schreibt als neues Fach eine zweite Fremdsprache und als neuen Bereich Informationstechnologie vor. Am Ende der Sekundarschule I findet eine einheitliche staatliche Abschlussprüfung statt. Die Schüler erhalten nach bestandener Prüfung ein Abschlusszeugnis, das den Zugang zum Sekundarbereich II eröffnet.
Der Sekundarbereich II besteht aus zwei großen Bildungsbereichen: 1. Ausbildung in staatlichen Sekundarschulen in Vollzeitform (Liceo), die durch fünfjährige Bildungsgänge den Zugang zur Universität ermöglichen. 2. Regionale Berufsausbildung in Berufsbildungszentren oder in der Lehre (alternierende bzw. duale Form), die nach mindestens drei Jahren zur Ausübung eines Berufs oder zum Besuch weiterführender Ausbildungsgänge führt. Mit dem Erwerb eines Schulabschlusses oder einer beruflichen Qualifikation wird das Bildungsrecht und die Pflicht zur Bildung und Ausbildung (Diritto-dovere) erfüllt.
Es gibt folgende Licei:
1. Humanistisches Gymnasium (Liceo classico), fünf Jahre. 2. Naturwissenschaftliches Gymnasium (Liceo scientifico), fünf Jahre. 3. Neusprachliches Gymnasium (Liceo linguistico), fünf Jahre. 4. Humanwissenschaftliches Gymnasium (Liceo socio-psyco-pedagogico, bisher Istituto magistrale für die Ausbildung von Berufen in den Bereichen Erziehungswesen und Sozialarbeit), fünf Jahre. 5. Technisches Gymnasium (Liceo tecnico), bisher Istituto tecnico (Fachoberschule) und Istituto professionale (Fachschule) zur theoretischen und praktischen Ausbildung für die Ausübung qualifizierter Berufe in Industrie und Handel und zur Vorbereitung auf ein Hochschulstudium, fünf Jahre. 6. Musisches Gymnasium (Liceo artistico), nach vier Jahren Zugang zur Akademie der Bildenden Künste oder der Architekturfakultät der Universität, nach einem weiteren Aufbaujahr Erwerb der Allgemeinen Hochschulreife möglich, vier bis fünf Jahre.
Diese Bildungsgänge bereiten Schüler im Alter zwischen 14 und 17 bis 19 Jahren auf den Besuch einer Universität, Hochschule und Akademie oder direkt auf einen Beruf vor. Landesweite Prüfungen an einem Liceo oder Istituto werden vor einem vom Ministerium eingesetzten Prüfungsausschuss abgehalten. Bei Bestehen wird das Abschlusszeugnis Diploma di Esame di Stato vergeben.

4) Seit 2003 ist die Berufsausbildung in der Zuständigkeit der Regionen Teil der Istruzione e formazione professionale (der neu geordneten Berufsbildung). Etwa 20% der Jugendlichen machen nach der Schule des Sekundarbereichs die berufliche Erstausbildung in Berufsbildungszentren der Region, eine Lehre mit Lehrvertrag in alternierenden bzw. dualen Ausbildungsformen oder im Rahmen von Arbeits-Ausbildungs-Verträgen. Die verschiedenen beruflichen Ausbildungsgänge der Stufe I können nach Abschluss der Sekundarstufe I aufgenommen werden und dauern zur Erfüllung des Diritto-dovere für Jugendliche im Alter von 15 bis 18 Jahren sowohl im Berufsbildungszentrum wie in der Lehre mindestens drei Jahre.
Das berufliche Abschlusszeugnis des Sekundarbereichs II ist die Voraussetzung für den Zugang zur höheren Berufsbildung. Sie findet erstens zur Vermittlung weiterführender Kompetenzen in beruflichen Spezialisierungslehrgängen (Berufsbildung der Stufe II) statt, die sechs bis zwölf Monate in der Verantwortung der Regionen dauern und mit dem Certificato di qualifica professionale bescheinigt werden. Eine weitere Möglichkeit höherer Berufsbildung bieten die Bildungsgänge Istruzione e formazione tecnica superiore (IFTS), die mit Studiengängen an Fachhochschulen vergleichbar sind und der Ausbildung von Fachkräftenin höheren Laufbahnen (z. B. in Bereichen wie Industrie, Landwirtschaft, Multimedia, Tourismus) dienen.

Grundstruktur des Bildungswesens in Italien

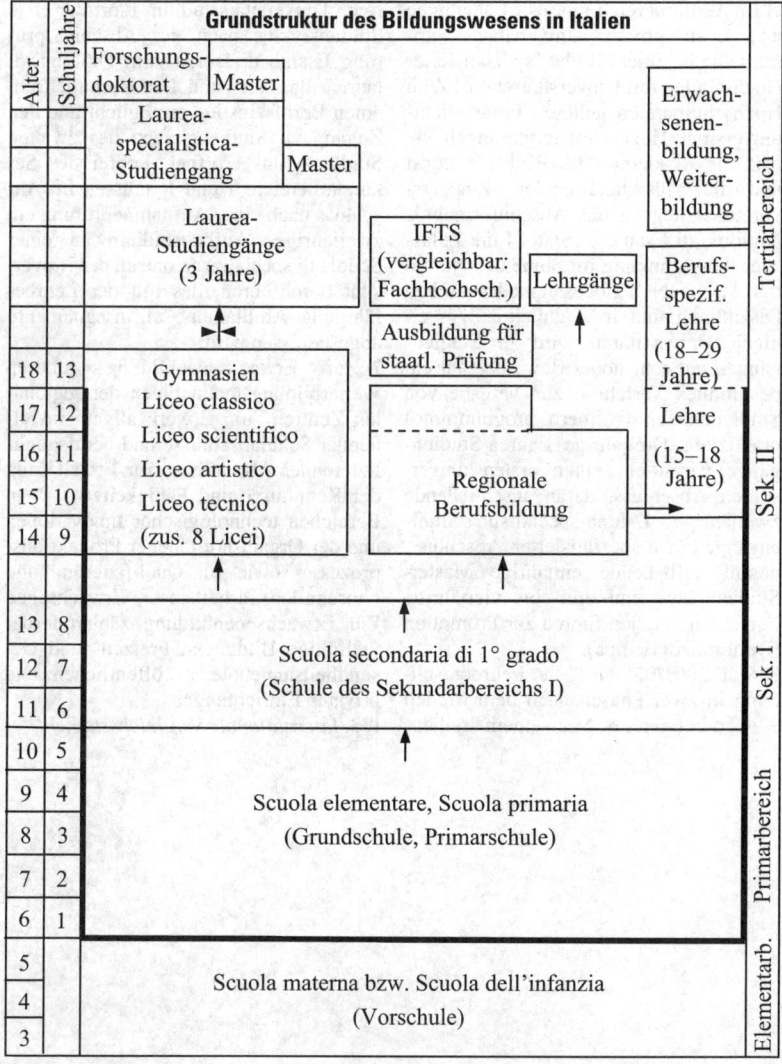

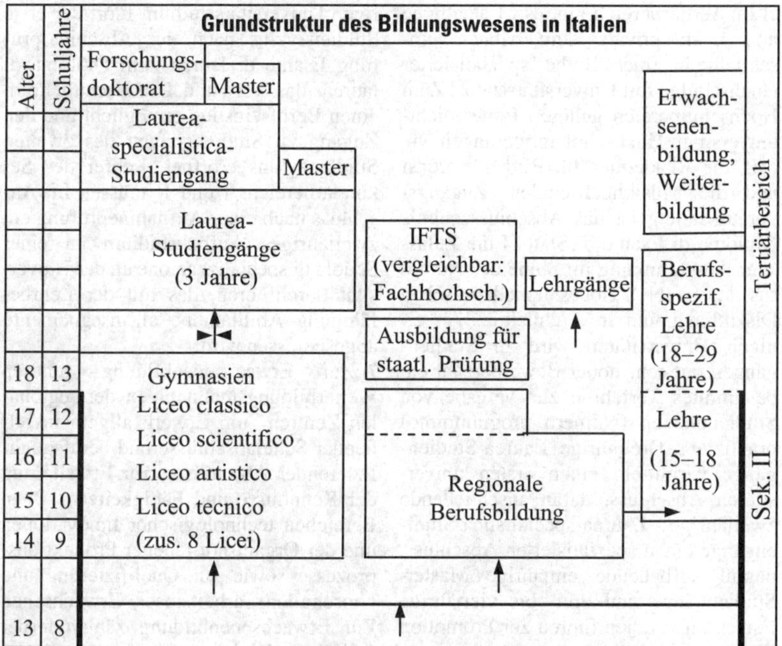

Fett umrandet sind die Einrichtungen für die Erfüllung der Schul- und Ausbildungspflicht.

Qualifizierte Auswahl Einfacher Übergang

5) Im Tertiärbereich gibt es 51 staatliche und neun private Universitäten einschließlich einer Reihe spezialisierter Hochschulen mit Universitätsstatus. Zum Hochschulbereich gehören ferner nichtuniversitäre Hochschuleinrichtungen wie z. B. die Akademien für Bildende Kunst und die Musikhochschulen. Zugangsvoraussetzung ist das Abschlusszeugnis Diploma di Esame di Stato. Eine Zulassungsbeschränkung im Sinne des Numerus clausus (NC) gibt es in medizinischen Disziplinen und in Architektur. An einigen Universitäten wird in Studiengängen mit sehr hoher Bewerberzahl ein bestimmtes Verfahren zur Vergabe von Studienplätzen (Numero programmoto) praktiziert. Dreijährige Laurea-Studiengänge vermitteln einen ersten universitären Abschluss, daran anschließende zweijährige Laurea-specialistica-Studiengänge einen spezialisierten Abschluss, darauf aufbauende einjährige Master-Studiengänge und drei- bis vierjährige Forschungsstudien führen zur Promotion (Dottorato di ricerca).

6) Seit 2001/02 wird die Lehrerausbildung in zwei Phasen nach dem Modell 3 + 2 durchgeführt: Nach einem dreijährigen Universitätsstudium führt der erste Studienzyklus nach der Abschlussprüfung Esame di laurea zum Diploma di laurea, das Vor- und Grundschullehrern einen Berufseinstieg ermöglicht und den Zugang zu Studiengängen des zweiten Studienzyklus eröffnet. Lehrer des Sekundarbereichs I und II müssen im Anschluss nach einer Aufnahmeprüfung ein zweijähriges Aufbaustudium an einer Scuola di specializzazione an der Universität durchführen, das mit der Lehrbefähigung Abilitazione all'insegnamento abgeschlossen wird.

7) Zur Erwachsenenbildung gehören Weiterbildungsmaßnahmen der regionalen Zentren zum Erwerb allgemein bildender Schulabschlüsse und berufsqualifizierender Abschlüsse, zur Erweiterung der Kenntnisse und Fähigkeiten z. B. in Bereichen technologischer Innovationen und der Organisation neuer Produktionsprozesse sowie zur Qualifizierung und Umschulung arbeitsloser Erwachsener. Zur Erwachsenenbildung zählen ferner vielfältige Bildungs-, Freizeit- und Gesundheitsangebote in öffentlichen und privaten Einrichtungen.

IVS. *Internationale Vergleichsstudien.*

J

Jahrgangsklassen. Die quantitative Einteilung der Schülerschaft eines Altersjahrganges in J. geht auf die Ökonomisierung und Rationalisierung des Schulwesens nach der Einführung der allgemeinen Schulpflicht und den Ausbau des Berechtigungswesens im 19. Jh. zurück. Nach dem Scheitern des Süvernschen Gesetzentwurfs im Jahre 1819 wurden im Zusammenhang mit der Absonderung des höheren vom niederen Schulwesen und der bürokratischen Vereinheitlichung der Gymnasien unter der Leitung von J. Schulze in Preußen 1820 die J. eingeführt. Vorbild war die Einziehung von Rekrutenjahrgängen zum Militär und nicht, wie oft dargestellt, die Pädagogik von *J. A. Comenius*. Die J. verdrängte das auf *A.H. Francke* zurückgehende System der Fachklassen, in dem die Schüler jeweils nach erbrachter fachspezifischer Leistung Klassen mit unterschiedlichem Leistungsniveau angehören konnten.

Das von der Fiktion der Alters- und Leistungsgleichheit ausgehende System der homogenen J. hat bis heute trotz der Forderung nach *innerer Differenzierung* des Unterrichts zu hohen Sitzenbleiberquoten geführt. Aus der Kritik an den J. hat *P. Petersen* im *Jena-Plan* das Konzept einer altersheterogenen Gruppierung der Schüler in *Stammgruppen* entwickelt, das in den Jena-Plan-Schulen seit 1924 praktiziert wird.

Japan. **1)** Kaiserreich auf parlamentarischer Grundlage. Gegliedert in 47 Präfekturen. Hauptstadt: Tokio (8,5 Mill. Einw.). Gesamtfläche der über 3500 Inseln: 377 837 km². 128 Mill. Einw., 338 Einw./km². 99% Japaner, daneben chinesische, koreanische u. a. sehr kleine Minderheiten. Landessprache: Japanisch. Mythische Volksreligion Shinto, daneben bzw. in Verbindung damit zahlreiche buddhistische Gemeinschaften.

2) Charakteristisch für das Bildungswesen ist die Verbindung einer formal hochgradigen strukturellen und sozialen Integration des gesamtschulartigen Schulaufbaus mit den Stufen Grundschule (Shogakko), Mittelschule/Unterstufe der Sekundarschule (Chugakko) und Oberstufe der Sekundarschule (Kotogakko) einerseits mit einer intensiven informellen Differenzierung der Einrichtungen in einer Rangfolge andererseits, die durch deren Prestige, das erhobene Schulgeld, Leistungsfähigkeit und ihre Verbindungen zu jeweils weiterführenden Institutionen bestimmt wird. Schlüsselstellen in der Bildungsbiografie sind die Aufnahmeprüfungen für die Oberstufe der Sekundarschule und die Universität, auf die ein wachsender Anteil der Jugendlichen in teuren privaten Nachhilfeschulen zusätzlich zum laufenden Schulbesuch vorbereitet wird. Die Schulpflicht beträgt neun Jahre, tatsächlich jedoch besuchen heute mehr als 95% der Jugendlichen auch die Klassenstufen 10 bis 12 einer Vollzeitschule. Öffentliche Schulen unterrichten durchweg koedukativ. Sie erheben kein Schulgeld. Die rechtlichen und curricularen Grundlagen für alle öffentlichen und privaten Schulen und Hochschulen sind durch Gesetze des Parlaments und Erlasse des Erziehungsministeriums in Tokio geregelt, das zugleich oberste Schulaufsichtsbehörde für das ganze Land ist. Die Zentralregierung unterhält selbst nur wenige Oberschulen und Universitäten. Schulen im Bereich

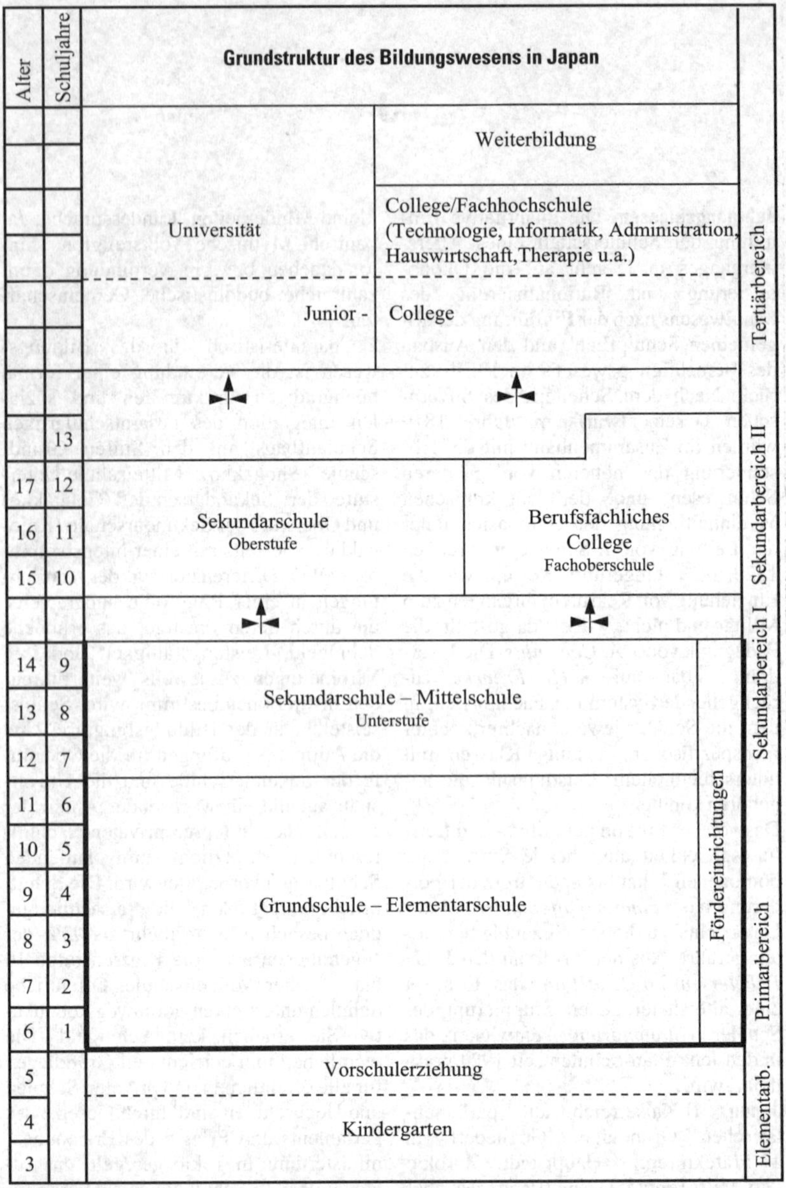

Fett umrandet sind die Einrichtungen für die Erfüllung der Schulpflicht.

Qualifizierte Auswahl — Einfacher Übergang

der Schulpflicht sind überwiegend Einrichtungen der 47 Präfekturen. Sie werden i. d. R. als Ganztagsschulen geführt. Private Einrichtungen überwiegen bei den Kindergärten und dann wieder bei den Universitäten und Junior Colleges (etwa 75%). Aber auch ein Drittel der Oberschüler besucht private Schulen. Diese erheben Schulgeld. Schüler mit besonderem Förderbedarf werden nach Möglichkeit in Regelschulen unterrichtet. Darüber hinaus bestehen Sonderklassen und Sonderschulen.

3) Die Einrichtungen des Elementarbereichs stehen allen Kindern zum freiwilligen Besuch offen. Z. T. sind hohe Beiträge zu bezahlen. Immer häufiger verstehen sich Kindergärten als Vorschulen, die Inhalte und Ziele der ersten Grundschulklasse vorwegnehmen. Grundschulen und die Unterstufen der Sekundarschulen/Mittelschulen werden als Einheitsschulen geführt. Leistungskontrollen finden große Beachtung, sind jedoch nicht mit Selektion (Sitzenbleiben, Klassenwiederholung) verbunden. Nach dem Abschluss der Mittelschule besucht die große Mehrheit der Schüler eine allgemeine Oberstufe der Sekundarschule. Voraussetzung ist die Teilnahme an einer landesweiten Aufnahmeprüfung. Die erreichte Punktzahl entscheidet darüber, welche Oberschule besucht werden kann. Grundsätzlich kann jedoch jeder in die Oberstufe der Sekundarschule überwechseln. Nur etwa 5% besuchen eine Fachoberschule mit anschließendem Kurzstudium an einer Fachhochschule. Auch dafür ist die o. g. Aufnahmeprüfung Voraussetzung. Dieser Bildungsweg gewinnt ständig an gesellschaftlicher Akzeptanz. Neben den üblichen Oberschulen werden seit 1988 immer häufiger Teilzeitoberschulen (Abend- oder Fernoberschulen) eingerichtet, an denen Berufstätige nach eigenen Interessen und Möglichkeiten Teilqualifikationen für die Aufnahme eines späteren Universitätsstudiums erwerben können.

4) Öffentliche berufliche Ausbildungsangebote bestehen lediglich für die geringe Zahl der Jugendlichen, die nach Vollendung der Schulpflicht aus dem Bildungswesen ausscheiden und in einem Betrieb keinen Arbeitsplatz erhalten haben. Im Regelfall findet die berufsfachliche Qualifikation nach Abschluss der Oberschule, eines Junior Colleges oder auch eines Universitätsstudiums ausschließlich in Betrieben direkt am Arbeitsplatz und in ergänzenden Kursen statt. Dabei ist der Berufsbezug eines Studiums in den meisten Bereichen ohne Bedeutung. Ausnahmen bilden selbstverständlich akademische Professionen, etwa Anwalt und Arzt. Gesetzliche Rahmenvorgaben für Facharbeiterberufe existieren nicht.

5) Voraussetzung für den Besuch einer Bildungseinrichtung im Tertiärbereich ist die Teilnahme an einer landesweiten Aufnahmeprüfung. In eine Fachhochschule werden die erfolgreichen Absolventen einer Fachoberschule übernommen. Auch in diesem Falle entscheidet die erreichte Punktzahl darüber, an welcher Hochschule die Einschreibung erfolgen kann. Von den rund 480 Universitäten und 600 Junior Colleges sind etwa 75% private Einrichtungen, die hohe Studiengebühren erheben. Berufsbezogene Universitätsstudiengänge nach europäischem Verständnis bestehen nur für wenige Spezialgebiete. Besonders Frauen studieren im Interesse einer Intensivierung ihrer Allgemeinbildung und ihres Sozialprestiges. Großer Wert wird von den Abnehmern generell auf ein breites allgemein bildendes Grundstudium gelegt. Dabei kommt dem öffentlichen Ansehen einer Hochschule große Bedeutung zu.

6) Lehrer an öffentlichen Schulen werden nach vier- oder fünfjährigen Universitätsstudiengängen, in denen der Berufsbezug ebenfalls kaum eine Rolle spielt, als Angestellte für ein halbes Jahr auf Probe eingestellt und erhalten danach einen beamtenähnlichen Status. Für Auswahl, Anstellung und Besoldung sind die Präfekturen oder Gemeinden zuständig. Die zahlreichen privaten Schulen regeln Einstellungsvoraussetzungen und Arbeitsplatzmodalitäten ihrer Lehrer selbstständig.

7) Auf die berufliche Weiterbildung legen die Betriebe großen Wert. Sie ist in regelmäßigen Abständen Bestandteil praktisch jeder Berufskarriere.

JArbSchG. *Jugendarbeitsschutzgesetz.*

JAW. *Jugendaufbauwerk.*

Jena-Plan. Von *P. Petersen* entwickelte und heute noch praktizierte Schulkonzeption, die Ergebnisse der *Reformpädagogik* aufgriff und auf eine Erneuerung der durch *Jahrgangsklassen* und *Frontalunterricht* gekennzeichneten deutschen Schule abzielte. Altersheterogene *Stammgruppen,* in denen zwei bis drei Jahrgänge zusammengefasst sind, sollen ein anregungsreiches Lernklima schaffen. An die Stelle der traditionellen Fächerung treten fachbezogene Niveaukurse, projektartige Gruppenarbeit und freies Arbeiten. Der Wochenarbeitsplan gibt den Schülern Gelegenheit zur Mitgestaltung. Bildungsgrundformen zur Gestaltung pädagogischer Situationen sind das Gespräch (Kreisgespräch, Vortrag u. a.), das Spiel (freies Spiel, Lernspiel u. a.), die Arbeit (Gruppenarbeit, Kurse, gestaltendes Schaffen u. a.), die Feier (Wochenanfangs-, Wochenschlussfeier u. a.). Der Klassenraum soll einer Wohnstube gleichen, in der sich die Schüler frei bewegen können. An die Stelle von Zensuren und Zensurenzeugnissen treten Besprechungen der Lernergebnisse und am Ende des Schuljahres die sog. Charakteristik (ein Lernentwicklungsbericht). Im täglichen Vollzug von verantwortlicher Tätigkeit des Einzelnen und im Miteinander der Gruppen soll ein erzieherisch wirksames *Schulleben* entstehen, das Ausdruck einer Lebensgemeinschaftsschule der Schüler, Lehrer und Eltern ist.

P. Petersen gründete zur Erprobung des J.-P. 1924 an der Universität Jena eine sog. Übungsschule, die er bis zu ihrer Schließung durch die DDR-Behörden im Jahre 1950 wissenschaftlich begleitete. Nach der Wiedervereinigung wurde 1990 in Jena eine neue J.-P.-Schule eröffnet. Insgesamt gibt es in den alten Bundesländern zwölf und in den neuen drei J.-P.-Schulen, die teilweise auch Peter-Petersen-Schulen heißen. In den Niederlanden orientieren sich etwa 250 Schulen an der Konzeption des J.-P.

JGG. *Jugendgerichtsgesetz.*

jüdische Schulen. **1)** Unter dem Einfluss der Aufklärung setzte sich insbesondere der Philosoph M. Mendelssohn (1729–1786) im Interesse wachsender Gleichberechtigung der Juden für die Gründung j. Sch. ein. Schon seit dem Mittelalter existierten in den großen europäischen Gemeinden des Judentums Schulen, deren Zielsetzungen sich aber auf die Vermittlung von Kenntnissen und Fähigkeiten zum Verständnis von Talmud und Thora konzentrierten. Unterrichtssprache war ausschließlich Hebräisch. Diese starke Einbindung der j. Sch. in die Gemeinden wurde von den mehrheitlich liberal orientierten Schulgründern des 18. und 19. Jh. nicht fortgeführt. Ihre Schulkonzepte orientierten sich am deutschen Schulwesen und zielten auf Integration und Emanzipation der Juden ab. Deutsch wurde Unterrichtssprache. Der Fächerkanon glich weitgehend dem deutscher Schulen. Einige der neuen Schulen waren Freischulen, konnten also von Kindern minderbemittelter jüdischer Familien ohne Schulgeld besucht werden. Ihre Finanzierung sicherten private Stiftungen. Etwa um die Mitte des 19. Jh. kam die Hälfte der Schüler an j. Sch. aus christlichen Familien.

Die Schulpflicht für jüdische Kinder war in den Einzelstaaten des Deutschen Reiches uneinheitlich geregelt. Um die Mitte des 19. Jh. ist sie in fast allen deutschen Staaten durch besondere Verordnungen gesetzlich verankert. Nach der Reichsgründung 1871 ging die Zahl j. Sch. aufgrund der verstärkten Assimilierungstendenzen der Juden deutlich zurück. Mit der nationalsozialistischen Machtergreifung 1933 und der damit einsetzenden

Diskriminierung, Bedrohung und Verfolgung von Juden kam den j. Sch. für die Sicherung der religiösen und kulturellen Identität der jüdischen Gemeinden eine wachsende Bedeutung zu. 1937 gab es 150 jüdische Volks-, Mittel- und höhere Schulen. Nach dem Pogrom am 9. November 1938 wurde etwa die Hälfte dieser Schulen aufgelöst. Die anderen Schulen verloren ihren Status als öffentliche Schulen. 1942 wurden alle noch bestehenden j. Sch. geschlossen und den jüdischen Kindern jedes Recht auf Unterricht entzogen.

2) Seit den 60er Jahren sind in Düsseldorf, Frankfurt/M., München, Berlin, Hamburg und Köln neue jüdische Grundschulen als staatlich anerkannte *Ersatzschulen* eingerichtet worden. Mit der jüdischen Oberschule in Berlin-Mitte kam im Schuljahr 1993/94 eine integrierte Sekundarschule mit den Bildungsgängen Realschule und Gymnasium hinzu. Alle j. Sch. werden als Ganztagsschulen geführt.

Die heutigen j. Sch. in Deutschland verstehen sich nicht als Schulen allein für Juden. Obschon das Leitziel der j. Sch. selbstverständlich in der Entfaltung einer jüdischen Identität zu sehen ist, lernen und leben Schüler und Lehrer jüdischen Glaubens mit nichtjüdischen Kindern und Lehrern zusammen. Unter Beachtung der staatlichen Bildungspläne gewinnen Unterricht und Schulleben jedoch ein spezifisch jüdisches Profil durch den Judaistikunterricht, der Religion, Bibelkunde und Hebräisch integriert, die Gliederung des Schuljahres nach den großen jüdischen Feiertagen und die Bearbeitung von Projektthemen, die für Geschichte und Gegenwart des jüdischen Volkes und des Staates Israel besondere Bedeutung haben. Die Erziehung orientiert sich an zentralen Werten und Sitten des Judentums, wobei auf Respekt gegenüber den Ansichten und Lebensformen anderer besonders geachtet wird. Als große Herausforderung für die j. Sch. erweist sich in diesen Jahren die sprachliche, kulturelle, soziale und berufliche Integration der zahlreichen jüdischen Zuwanderer aus osteuropäischen Staaten.

Jugend (engl. *youth*). Zeit des Übergangs zwischen Kindheit und Erwachsenenalter, die zwar immer mit dem Eintritt der Geschlechtsreifung und dem Gestaltwandel des kindlichen Körpers einsetzt, deren Dauer, Verlauf und Funktionalisierung jedoch ebenso wie ihr persönliches Erleben und ihre gesellschaftliche Bedeutung von kulturspezifischen Regelungen und Einrichtungen abhängen, die den jungen Menschen auf die schrittweise Übernahme der Rechte und Verantwortlichkeiten eines Vollmitgliedes einer Gesellschaft vorbereiten sollen. Je differenzierter und anspruchsvoller die Anforderungen, Entscheidungs- und Handlungsspielräume sind, die eine Kultur dem Einzelnen bzw. sozialen Verbänden in ihren zentralen Praxisfeldern eröffnet (Regeneration und Erziehung der Nachkommen, Politik, Recht, öffentliche Ordnung und Verteidigung, Wissenschaft und Technologie, Arbeit, Kommunikation, Kunst, Ausbildung), desto ausgedehnter und inhaltlich genauer bestimmt ist die gesellschaftliche Ausgrenzung von J. als Zeit des Erlernens und Einübens von allgemeinen und praxisspezifischen Kompetenzen sowie der Entwicklung moralischer Orientierungen, die zur selbständigen und eigenverantwortlichen Übernahme bestimmter *Rollen* der Erwachsenen (als Erwerbstätige, politische Bürger, Eltern, Konsumenten usw.) führen. Da innerhalb der kulturspezifischen Praxisfelder derartige Ausgrenzungen von unterschiedlicher Dauer und Gestaltung sind, lässt sich auch kein exakterer Begriff der J. bilden. So setzt die geschlechtliche Reifung bei Mädchen heute bereits ab dem 10. Lebensjahr ein, definiert die Rechtsprechung den Beginn der J.zeit mit der Vollendung des 14. Lebensjahres, setzt die Gesellschaft den Achtzehnjährigen in volle Geschäftsfähigkeit, rechtliche Selbständigkeit und alle Freiheiten des politischen Bürgers ein, betrachtet ihn in allen für die gesellschaftliche Ordnung wesentlichen Hinsichten also als Erwachsenen, rechnet andererseits unter bestimmten Voraussetzungen junge Erwachsene, die 18, aber noch nicht 21 Jahre alt sind, im Strafrecht noch zu den Jugendlichen und gewährt jungen Menschen, die auf Unterhalt durch ihre Eltern angewiesen sind, selbst bis zur Vollendung des 27. Lebensjahres Anspruch auf Kindergeld. Aus diesen vielfältigen Ungleichzeitigkeiten können Orientierungs- und Selbstbestimmungsprobleme erwachsen, die ungelöst zu heftigen Krisen und Konflikten führen können. Schule, Ausbildung, Jugendhilfe und Jugendgerichte sind deshalb gehalten, die besonderen Anforderungen und Gefährdungen in dieser Lebensphase zu berücksichtigen.

Ähnlich wie im Falle der Kindheit hat sich auch für die J.zeit eine zeitliche Untergliederung eingebürgert: die *Vorpubertät* unmittelbar vor dem Beginn der eigentlichen Geschlechtsreifung, dann die *Pubertät* im zeitlichen Spielraum zwischen dem 10. und dem 15. Lebensjahr und bei Mädchen zumeist früher als bei Jungen, gefolgt von der *Adoleszenz,* der Altersphase der *Heranwachsenden.* Angesichts der zeitlichen Ausdehnung der J. durch längere Ausbildungszeiten wird neuerdings auch noch von einer Postadoleszenz gesprochen.

Jugendamt (engl. *youth welfare office*). Träger der öffentlichen *Jugendhilfe* sind nach dem Kinder- und Jugendhilfegesetz (KJHG) Kreise, kreisfreie Städte sowie übergeordnete regionale Träger (z. B. Regierungsbezirke oder das Land). Zu diesem Zwecke werden J. und Landesj. eingerichtet, die Teil der Verwaltung der jeweiligen Gebietskörperschaft sind. Die Aufgaben des J. werden durch einen *Jugendhilfeausschuss* näher bestimmt und von der Verwaltung des J. wahrgenommen. Im Ausschuss sind die öffentlichen und die freien Träger der Jugendhilfe vertreten. Die hauptamtlichen Mitarbeiter der J. sollen nach Ausbildung und Persönlichkeit für die besonderen Aufgaben des J. geeignet sein. I. d. R. sind es *Sozialarbeiter/Sozialpädagogen.*

Jugendarbeit (engl. *youth work*). Nach dem Kinder- und Jugendhilfegesetz (KJHG) aus dem Jahre 1990 ist J. Teil der *Jugendhilfe,* zusammen mit *Jugendsozialarbeit* und *erzieherischem Kinder- und Jugendschutz.* J. wird angeboten von Verbänden, Gruppen und Initiativen der *Jugend,* von anderen freien und von öffentlichen Trägern. Sie soll an den Interessen der jungen Menschen ansetzen, von ihnen mitbestimmt und mitverwaltet werden. Zu ihren Schwerpunkten gehören allgemeine außerschulische Jugendbildung (z. B. Musik, Politik, Sport, Technik), arbeitswelt-, schul- und familienbezogene J., internationale J., Erholung und Jugendberatung. Ihre Angebote sind grundsätzlich freiwilliger Natur.

Jugendarbeitslosigkeit (engl. *youth unemployment*). Nach der Statistik der *Bundesagentur für Arbeit* (BA) fallen unter die J. Arbeitslose bis unter 20 Jahren. Aufgrund der Bevölkerungsentwicklung ist die J. seit etwa 1989 insgesamt rückläufig. Im April 1991 waren in ganz Deutschland 88 000 Jugendliche arbeitslos gemeldet, 3,5% aller Arbeitslosen, im April 1994 87 000, 2,2% aller Arbeitslosen, ein fast gleicher Prozentsatz im Jahr 2003.

Im April 2007 meldete die Bundesagentur für Arbeit rund 75 000 arbeitslose Jugendliche unter 20 Jahren. Das waren 1,9 % aller gemeldeten Arbeitslosen. Bestimmte Teilgruppen der Jugendlichen sind jedoch weiterhin in überdurchschnittlich hohem Maße von J. bedroht: Sonderschüler, Hauptschüler ohne Abschlusszeugnis, Behinderte, junge Ausländer und sozial benachteiligte Jugendliche. Die Forschung zeigt, dass diese jungen Menschen keineswegs besondere Defizite im Hinblick auf Arbeitsbereitschaft und Motivation aufweisen. Für die Entwicklung des Selbstbewusstseins, der sozialen Identität und der Integration des jungen Menschen in den gesellschaftli-

chen Gesamtprozess (wirtschaftliche Unabhängigkeit, Gründung einer Familie, Teilnahme am kulturellen und politischen Leben) stellt J. eine ernste Bedrohung dar.
Zur Reduzierung der Arbeitslosigkeit von Personen bis zum Erreichen des 25. Lebensjahres hat die Bundesregierung eine Reihe von Maßnahmen im Rahmen des Jugendsofortprogramms zum Abbau der Arbeitslosigkeit (JUMP) zur Verfügung gestellt. 2005 waren nach der Statistik der Bundesagentur für Arbeit rund 450 000 junge Menschen im Alter unter 25 Jahren arbeitslos gemeldet. Davon nahmen knapp 80 000 an den Maßnahmen des Sofortprogramms teil. Bei Jugendlichen unter 20 Jahren konnte die Arbeitslosenquote dadurch deutlich gesenkt werden, wobei nach wie vor die Arbeitslosigkeit in den östlichen Bundesländern deutlich über der in Westdeutschland liegt. Ein großer Teil der arbeitslosen Jugendlichen sucht einen Ausbildungsplatz (etwa 40 000 im Jahr 2006). Nicht erfasst werden in der Arbeitslosenstatistik weitere rund 500 000 Jugendliche, die sich in berufsvorbereitenden Maßnahmen oder im Berufsvorbereitungsjahr befinden. Die Zahl der tatsächlich arbeitslosen Jugendlichen dürfte folglich deutlich über den statistischen Angaben der Bundesagentur für Arbeit liegen.

Jugendarbeitsschutzgesetz (**JArbSchG**; engl. *Protection of Young Persons at Work Act*). Bundesgesetz aus dem Jahre 1976 (zuletzt geändert im Oktober 2006). Regelt den Arbeitsschutz für die Beschäftigung von noch nicht volljährigen *Jugendlichen*. Die wichtigsten Bestimmungen: Kinder unter 14 Jahren und Vollzeitschulpflichtige dürfen grundsätzlich nicht beschäftigt werden. Ausnahmen für Hilfen in der Familie sowie bei künstlerischen und sportlichen Veranstaltungen sind im JArbSchG geregelt. Die Arbeitszeit für Jugendliche ist auf 40 Wochenstunden begrenzt. Auszubildende müssen zur Teilnahme am Berufsschulunterricht innerhalb der Arbeitszeit freigestellt werden. Schulzeit zählt als zu vergütende Arbeitszeit. Nachtruhe besteht zwischen 20 und 6 Uhr, wobei für einzelne Branchen ab dem 16. Lebensjahr Ausnahmen möglich sind. Jugendliche dürfen nicht mehr als fünf Tage in der Woche arbeiten. Für die unter 16-jährigen Jugendlichen besteht Anspruch auf Jahresurlaub im Umfang von 30 Arbeitstagen, bis zur Vollendung des 17. Lebensjahres auf 27 Tage, danach mindestens auf 25 Tage. Verstöße gegen das JArbSchG werden vom *Gewerbeaufsichtsamt* verfolgt.

Jugendarrest. Obschon bei Juristen und Pädagogen inzwischen sehr umstritten, sieht das Jugendgerichtsgesetz (JGG) den J. noch immer als sog. Zuchtmittel vor, das von einem *Jugendgericht* verhängt werden kann, wenn das Gericht der Ansicht ist, dass eine Verwarnung oder bestimmte Auflagen angesichts der Schwere einer begangenen Straftat nicht mehr ausreichend sind. Ob als Freizeit-, Kurz- oder maximal vierwöchiger Dauerarrest, in jedem Fall soll J. unter Berücksichtigung der individuellen Voraussetzungen des Jugendlichen angemessen gestaltet werden. J. gilt nicht als *Jugendstrafe*.

Jugendaufbauwerk (JAW). In den regionalen oder landesweiten Gliederungen des J. werden Einrichtungen (Heime, Werkstätten, Unterrichtsräume) und offene Angebote (Sprechstunden, Veranstaltungen, Vermittlungsdienste) zusammengefasst, die heute vornehmlich die Integration benachteiligter Jugendlicher in Ausbildung oder Erwerbsarbeit zum Ziel haben. Die mehrheitlich freien Träger solcher Angebote werden dabei nach den Regelungen des Sozialgesetzbuches III durch die Bundesagentur für Arbeit finanziell gefördert. Beratung, Einzelfallhilfe, berufsbezogene Qualifizierung, Arbeitsplatzvermittlung und betreutes Wohnen sind die häufigsten Dienstleistungen. J. entstanden in den ersten Nachkriegsjahren als akute Nothilfe für die große Zahl heimat- und familienloser Jugend-

licher, die durch Flucht, Gefangenschaft und Kriegszerstörungen soziale Bindungen und hinreichende Versorgung verloren hatten. In ähnliche Lebenslagen gerieten in den 50er und 60er Jahren des 20. Jh. jugendliche Flüchtlinge aus der DDR, denen dann im J. Betreuung, Beratung und Einstiegshilfen in Ausbildung, Erwerbsarbeit und Selbständigkeit angeboten wurde.
Heute sind die J. in Landesverbänden und in der Bundesarbeitsgemeinschaft J. zusammengeschlossen.

Jugendberatung. Konzept der *Jugendsozialarbeit.* In Beratungsgesprächen sollen die Motivation von Jugendlichen zur praktischen Erprobung persönlicher und gesellschaftlich gegebener Entwicklungspotenziale (z. B. im Rahmen der Angebote der Arbeitsagentur) und das Durchstehvermögen der Jugendlichen in konkreten Maßnahmen gestärkt werden. Zugleich bietet J. dem Jugendlichen für derartige Erprobungsphasen fachkundige Begleitung an. J. gewinnt insbesondere für solche jungen Menschen an Bedeutung, denen in der Übergangsphase zwischen Schule und Ausbildung und bzw. oder Erwerbsarbeit schwerwiegende Hindernisse begegnen, sei es aufgrund persönlicher Schwächen oder familialer Probleme, fehlender bzw. ungeeigneter Ausbildungsplätze oder unzulänglicher Kompetenzen für die effektive Nutzung der verschiedenen Angebote von *Jugendhilfe,* allgemeiner Lebenshilfe, *Berufsberatung*, Berufsausbildung und Arbeitsvermittlung. J. versteht sich als entwicklungsbegleitende Beratung. Zielsetzungen und Maßnahmen werden mit den Jugendlichen gemeinsam vereinbart, erprobt und gegebenenfalls korrigiert. Die konkrete Umsetzung der Beratungsergebnisse im täglichen Leben und die daraus möglicherweise resultierende Bereitschaft zur Fortführung des Beratungsprozesses sind grundlegende Kriterien für die Evaluation der J.

Jugendbericht (engl. *National Youth Report*). Nach den Bestimmungen des *Kinder- und Jugendhilfegesetzes* (KJHG) hat die Bundesregierung in jeder Legislaturperiode dem Deutschen Bundestag und dem Bundesrat einen Bericht über die Lage junger Menschen und die Bestrebungen und Leistungen der *Jugendhilfe* vorzulegen. Das Gesetz verpflichtet die Regierung, mit der Berichterstattung eine unabhängige Kommission von sieben Sachverständigen zu beauftragen. Der erste J. wurde 1965 vorgelegt.

Jugendberufshilfe. Wesentlicher Teil der *Jugendsozialarbeit,* die sich an Jugendliche richtet, die bei ihrer gesellschaftlichen und beruflichen Eingliederung besonders benachteiligt sind. Dazu gehören heute mehr und mehr jugendliche Aussiedler, Einwanderer, Ausländer und Asylanten. Die J. unterstützt berufliche Orientierung, *Berufswahl* und *Berufsausbildung,* hilft bei besonderen Lern- und Leistungsbeeinträchtigungen und bietet deutsche Sprachkurse an. Die öffentlichen und freien Träger der *Jugendhilfe* als Veranstalter von Maßnahmen der J. erhalten für ihre Arbeit Mittel aus dem *Bundesjugendplan,* den *Landesjugendplänen,* von der *Bundesagentur für Arbeit* (BA) und aus besonderen Förderprogrammen des öffentlichen Haushalts. Auskünfte dazu erteilen das *Jugendamt,* die freien Träger der Jugendhilfe und die *Berufsberatung.*

Jugendbewegung (engl. *youth movement*). Im Laufe des 19. Jh. entstand in kritischer Auseinandersetzung mit den zahlreichen Veränderungen, die die Industrialisierung den tradierten Lebensformen abverlangte, eine besondere Jugendkultur. Die Kulturkritik der Philosophie in der Tradition von F. Nietzsche und A. Schopenhauer trug dazu ebenso bei wie die erstarkende Gewerkschaftsbewegung, die vehement gegen die unmenschliche Ausbeutung des Industrieproletariats kämpfte. Die Aktivitäten der um die Jahrhundertwende gebildeten bürgerlichen Wandervogelbewegung wandten sich insbesondere gegen die intellektuellen, technologischen und organisatorischen Zwänge der industriel-

len Zivilisation (alkohol- und nikotinfreies Gruppenleben, Wandern in möglichst unberührter Natur, Sozialerziehung in freier Selbstbestimmung, Pflege des tradierten Kulturgutes). Die vielen Gruppierungen und Strömungen der J. schlossen sich nie zu einer gemeinsamen Organisation zusammen und enthielten sich bewusst jeder politischen Aktivität. Das änderte sich auch nicht nach dem großen Treffen 1913 auf dem Hohen Meißner, bei dem sich alle unter einem gemeinsamen Manifest zur Freideutschen Jugend zusammenfanden. Als Leitziel setzten sich die Teilnehmer ein Leben aus eigener Bestimmung, in eigener Verantwortung und mit innerer Wahrhaftigkeit. Auf die *Reformpädagogik* haben Gedankengut und Lebensweise der bürgerlichen J. nachhaltigen Einfluss genommen.
Im Gegensatz zur bürgerlichen J. verstand sich die proletarische J. von Beginn an als politische Bewegung, die gegen die materielle und kulturelle Verelendung sowie die politische Ohnmacht der Arbeitermassen den Kampf um geistige, soziale und politische Emanzipation aufnahm.

Jugend-EU-Programm. Aktionsprogramm der europäischen Bildungs- und Jugendpolitik. Unter dieser Bezeichnung werden die Programme »Jugend für Europa« und »Europäischer Freiwilligendienst für junge Menschen« zusammengefasst. Gefördert werden sollen individuelle und Gruppenmobilität junger Menschen im Alter zwischen 15 und 25 Jahren sowie deren aktive Beteiligung am Aufbau der europäischen Integration. Nähere Auskünfte erteilt in Deutschland »Jugend für Europa« in Bonn.

Jugend für Europa. Dieses Bildungsprogramm der Europäischen Union (EU) dient der Förderung der Kooperation im Bereich der Jugendarbeit. Es richtet sich an Jugendorganisationen, öffentliche Träger von Jugendarbeit, staatliche Organisationen und Nichtregierungsorganisationen, die Jugendprogramme (z. B. Jugendaustausch, Praktika, freiwillige Arbeitseinsätze) betreuen. In jedem Land der EU ist eine nationale Agentur für J. i. E. eingerichtet. Das deutsche Büro hat seinen Sitz in Bonn.

Jugendfürsorge. *Hilfe zur Erziehung.*

jugendgefährdende Schriften. Nach den Bestimmungen des *Gesetzes über die Verbreitung jugendgefährdender Schriften und Medieninhalte (GjSM)* entscheidet die beim Bundesministerium für Familie, Senioren, Frauen und Jugend eingerichtete Bundesprüfstelle für j. S. auf Antrag einer Jugendbehörde, ob eine Schrift, ein Bild, Film oder andere Darstellung in die Liste der j. S. aufgenommen werden soll. Kriterien sind die Missachtung von Sittlichkeit und Menschenwürde, insbesondere im Bereich der Sexualität, die Verherrlichung von Gewalt, Rassenhass und Krieg und die Aufforderung zu strafbaren Handlungen. Wird eine Schrift usw. auf die Liste gesetzt (als gefährdende angezeigt und damit indiziert), unterliegt sie besonderen Werbebeschränkungen und darf an *Kinder* und *Jugendliche* nicht verkauft werden.

Jugendgericht (engl. *juvenile court*). Nach den Bestimmungen des Jugendgerichtsgesetzes (JGG) entscheiden J. über Verfehlungen von *Jugendlichen* und – unter besonderen Voraussetzungen – von *Heranwachsenden.* J. sind der Strafrichter als *Jugendrichter,* das Jugendschöffengericht (Jugendrichter und zwei Jugendschöffen) und die Jugendkammer (drei Richter und zwei Jugendschöffen). In ihren Verfahren und bei der Zuerkennung einer Maßnahme oder *Strafe* folgen die J. zuerst erzieherischen Überlegungen, damit dem jungen Menschen geholfen werden kann, an der Verbesserung seiner Einstellungen und Verhaltensweisen zu arbeiten. Dabei wird das J. durch die *Jugendgerichtshilfe* unterstützt. Verfahren vor den J. sind im Interesse der Jugendlichen nicht öffentlich.

Jugendgerichtsgesetz (**JGG**; engl. *Juvenile Court Act*). Im Interesse einer stärkeren Berücksichtigung des Erziehungsgedankens in Strafverfahren gegen *Jugendliche* und *Heranwachsende* wurde das J. als

Sonderform des Strafrechts erlassen. Es regelt Maßnahmen bei Verfehlungen Jugendlicher, die Arbeit der *Jugendgerichte* sowie der *Jugendgerichtshilfe*.

Jugendgerichtshilfe. Nach den Bestimmungen des Kinder- und Jugendhilfegesetzes (KJHG) und des *Jugendgerichtsgesetzes* (JGG) ist ein Vertreter des *Jugendamtes* oder eines freien Trägers der *Jugendhilfe* bei jedem Verfahren vor einem *Jugendgericht* zu beteiligen. Er soll durch die Erkundung und Darstellung von Entwicklung, Lebensgeschichte und aktueller psycho-sozialer Lage des angeklagten Jugendlichen den Entstehungszusammenhang einer Verfehlung aufklären helfen, den Jugendlichen während des Verfahrens betreuen und beraten sowie bei der eventuellen Entscheidung des Gerichts über Weisungen, *Erziehungsmaßregeln, Zuchtmittel* oder eine *Jugendstrafe* insbesondere den Gedanken der erzieherischen Lebenshilfe für den jungen Menschen vertreten. Wird eine Strafe auf *Bewährung* ausgesprochen, so hat die J. eng mit dem *Bewährungshelfer* zusammenzuarbeiten.

Jugendgesetze. *Jugendrecht*.

Jugendgesundheitspflege. Auf der Grundlage von Regelungen im 5. Buch des Sozialgesetzbuches (soziale Entschädigung bei Gesundheitsschäden) bieten die Träger der gesetzlichen Krankenversicherungen Kindern und Jugendlichen kostenlos Maßnahmen zur Früherkennung von Krankheiten und zur gesundheitlichen Kontrolle von Auszubildenden an, die für Letztere im *Jugendarbeitsschutzgesetz* (JArbSchG) vorgeschrieben sind.

Jugendhilfe (engl. *child and youth welfare*). J. soll einen Beitrag zur Sicherung des Rechtes jedes jungen Menschen auf Förderung seiner Entwicklung und Erziehung leisten (vgl. § 1 des *Kinder- und Jugendhilfegesetzes*). Darin unterstützt sie die Eltern und öffentlichen Träger der Erziehung, z. B. die Schulen. J. umfasst Angebote der *Jugendarbeit,* der *Jugendsozialarbeit* und des *erzieherischen Kinder- und Jugendschutzes,* Angebote zur Förderung der Familienerziehung und der Kinder in *Kindergärten* und *Horten,* Angebote des besonderen Schutzes für Kinder und Jugendliche, soweit ihre Erziehung in Familie oder einer anderen Einrichtung gefährdet ist, Beistand vor den Vormundschafts- und Familiengerichten, Beratung in Fragen der *Annahme als Kind,* Übernahme von *Amtspflegschaften* u. v. a. m. Träger dieser Leistungen sind öffentliche Stellen (z. B. *Jugendamt*) und eine Vielzahl freier Träger der J. (Kirchen, Wohlfahrtsverbände, *Jugendverbände* u. a.).

Jugendhilfeausschuss (engl. *youth services committee*). Nach den Bestimmungen des Kinder- und Jugendhilfegesetzes (KJHG) berät und beschließt der J. über die Aufgaben der *Jugendhilfe,* deren Wahrnehmung durch das *Jugendamt* und die freien Träger der Jugendhilfe. J. arbeiten auf kommunaler und auf Landesebene (Landesj.). Dem J. gehören mit 3/5 der Stimmen Vertreter der öffentlichen Jugendhilfe und mit 2/5 Vertreter der freien Jugendhilfe an.

Jugendkammer. *Jugendgericht*.

Jugendkriminalität (engl. *juvenile delinquency*). Sozialwissenschaft, Statistik und Sozialarbeit verstehen darunter das strafrechtlich relevante *abweichende Verhalten* junger Menschen, die 14, aber noch nicht 18 Jahre alt sind. Im Bundeszentralregister werden darüber hinaus auch die strafgerichtlichen Verurteilungen der *Heranwachsenden* erfasst. Die Zahl der Fälle ist seit Jahren steigend, ebenso ihr Anteil an der Gesamtkriminalität in Deutschland. Der Begriff wird mehr und mehr durch den der Jugenddelinquenz ersetzt, um deutlich zu machen, dass vielen *Jugendlichen* bewusste kriminelle Absichten und ein Wissen um die Schwere ihres Fehlverhaltens aufgrund der psycho-sozialen Entwicklungsprobleme der Jugendphase im Sinne des Strafrechtes für Erwachsene noch nicht zugeschrieben werden können. *Jugendgerichte* und Jugendstrafvollzug sind bemüht, erzieherischen Überlegungen vor Strafe und Sühne im Interesse der Stärkung des moralischen Bewusstseins der jungen Menschen sowie ihrer sozialen Absicherung und Integration besondere Beachtung zu schenken.

Jugendkultur (engl. *youth subculture*). Die bei jungen Menschen etwa zwischen dem 14. und dem 25. Lebensjahr beobachtbaren Moden in Sprache, Kleidung, persönlichem Outfit, Konsum, Freizeitverhalten, ihre Gesellungsformen und Treffpunkte, Musikvorlieben, Idole, ihre Wertorientierungen, Lebensentwürfe und ihr Verhältnis zur Politik sowie das typische Bestreben, sich an den Lebensweisen, Einstellungen und Normen von Gleichaltrigen zu orientieren, nicht an der etablierten Welt der Erwachsenen. Historisch gesehen ist J. in bürgerlichen Kreisen eine Begleiterscheinung der Industrialisierung *(Jugendbewegung)*. *E. H. Erikson* versteht J. als Ausdruck des psychosozialen Moratoriums, das die Gesellschaft jungen Menschen als Vorbereitungs- und Trainingszeit auf zukünftige Erwachsenenrollen einräumt. Dauer, Gestaltungsspielräume und Ziele dieses Moratoriums stehen in engem Zusammenhang mit den Ressourcen, die die Herkunftsfamilie und die Gesellschaft den Jugendlichen zur Verfügung stellen, unterscheiden sich also nach sozialer Herkunft, Schulabschluss, Ausbildungs- bzw. Studiengang erheblich. Die J. zeigt folglich kein einheitliches Bild. U. a. die *Shell Jugendstudien* informieren regelmäßig über den Wandel der J.

Jugendleiter (engl. *voluntary youth leader*). I. d. R. ehrenamtlich tätige Gruppenleiter in der Arbeit der *Jugendverbände,* Kirchen oder freien Träger der *Jugendhilfe.* Eine geregelte Ausbildung ist weder möglich noch erforderlich. Insofern stellt der Begriff auch keine anerkannte Berufsbezeichnung dar.

Jugendlicher. **1)** Allgemein der Mensch in seiner Entwicklung etwa zwischen dem 12. und dem 20. Lebensjahr.

2) In pädagogischer Sicht der junge Mensch auf dem Weg in eine selbständige Lebensführung als Erwachsener. Diese Phase ist heute durch jahrelange Ausbildungszeiten, die materielle, emotionale und soziale Abhängigkeiten von Eltern und gesellschaftlichen Einrichtungen mit sich bringen, gekennzeichnet.

3) Nach dem Jugendstrafrecht ein junger Mensch, der 14, aber noch nicht 18 Jahre alt ist.

Jugendpflege. Laut *Kinder- und Jugendhilfegesetz* (KJHG) zusammen mit der *Jugendfürsorge* Aufgabe der *Jugendhilfe*, die unter dem Oberbegriff *Jugendarbeit* im § 11 des KJHG differenziert beschrieben ist. Schwerpunkt ihrer Arbeit ist die Unterstützung von Erziehung und Bildung junger Menschen durch offene Angebote in den Bereichen Beratung, politische Bildung, internationale Verständigung, Sport, Freizeit, Kunst und Kultur sowie Berufsfindung. Besondere Beachtung sollen dabei die Bedürfnisse der von Benachteiligung bedrohten Gruppen finden (Arbeitslose, Arme, Ausländer, Aussiedler, Asylanten).

Jugendrecht (engl. *youth legislation*). Sammelbezeichnung für alle gesetzlichen Bestimmungen *Kinder* und *Jugendliche* betreffend, die sich in zahlreichen allgemeinen Gesetzen (BGB, Strafgesetzbuch, *Bundessozialhilfegesetz, Arbeitsförderungs-Reformgesetz, Schulgesetz*) sowie in besonderen Jugendgesetzen finden: *Kinder- und Jugendhilfegesetz* (KJHG), *Gesetz zum Schutz der Jugend in der Öffentlichkeit* (JÖSchG), *Jugendarbeitsschutzgesetz* (JArbSchG), *Jugendgerichtsgesetz* (JGG), *Gesetz über die Verbreitung jugendgefährdender Schriften* (GjS), *Bundesausbildungsförderungsgesetz* (BAföG). Die Fülle und Vielfalt dieser gesetzlichen Regelungen ist ein Indikator für die hohe gesellschaftliche Bedeutung, die einer möglichst eindeutigen Regelung von *Berechtigungen*, Ansprüchen, Verantwortlichkeiten, Rechten und Pflichten der *Minderjährigen* sowie der mit ihrer Erziehung, Bildung und gesetzlichen Vertretung befassten Erwachsenen heute beigemessen wird *(elterliche Sorge)*.

Jugendreligion (engl. *youth religion*). Etwa seit 1970 gewinnen besonders unter Jugendlichen und jungen Erwachsenen straff organisierte Gruppen bzw. Sekten und Verbände an Zulauf, die sich Religionsgemeinschaft nennen, von denen viele bei genauerer Betrachtung aber richtiger als Wirtschaftsunternehmen anzusehen sind, die ihre Mitglieder und deren persönlichen Besitz i. d. R. rücksichtslos ausbeuten und dafür Formen und Rituale von Gemeinschaftsleben bieten, das durch die Negation von etablierten Normen persönliche Befreiung und Weisheit verspricht. Ihre Faszination auf junge Menschen ist auch Indikator für psychosoziale Defizite in vielen Lebenszusammenhängen der heutigen Gesellschaft.

Jugendrichter (engl. *juvenile court magistrate*). Über strafbare Handlungen *Jugendlicher* entscheiden nach den Bestimmungen des *Jugendgerichtsgesetzes* (JGG) J., die dabei gegenüber dem allgemeinen Strafrecht Sonderregelungen berücksichtigen sollen, die dem Erziehungsgedanken im Strafverfahren gegen einen Jugendlichen oder *Heranwachsenden* besonderes Gewicht geben (vgl. auch *Jugendgericht*).

Jugendring. Freiwilliger Zusammenschluss der *Jugendverbände* auf örtlicher oder regionaler Ebene. Zumeist in der Rechtsform eines eingetragenen Vereins. Zweck ist die Vertretung gemeinsamer Interessen gegenüber Öffentlichkeit und Politik. Die J. wirken in den *Jugendhilfeausschüssen* der Gemeinden und Städte mit.

Jugendschöffengericht. *Jugendgericht*.

Jugendschutz. *Erzieherischer Kinder- und Jugendschutz*.

Jugendschutzgesetz (**JuSchG**; engl. *Act Concerning the Protection of Young People in Public*). Das bereits 2002 im Bundestag verabschiedete JuSchG trat am 1. April 2003 in Kraft (zuletzt geändert am 26. 2. 2007) und ersetzte die erst 1985 neu gefassten Gesetze zum Schutz der Jugend in der Öffentlichkeit (JöSchG) sowie über die Verbreitung jugendgefährdender Schriften und Medieninhalte (GjSM). Grund für die Schaffung eines neuen Gesetzes waren die z. T. einschneidenden Veränderungen in der Lebenswelt von Kindern und Jugendlichen sowie technische und inhaltliche Entwicklungen in den verschiedenen Medien mit neuen Gefährdungen für junge Menschen. Das Recht jedes jungen Menschen auf Förderung seiner Entwicklung und Erziehung zu einem selbständigen und sozial verantwortlichen Menschen und Mitbürger ist leitende Norm des JuSchG, das deshalb den Jugendschutz in besonderer Weise auf die Stärkung der persönlichen Kompetenzen und der kritischen Urteilskraft von Kindern und Jugendlichen verpflichtet. In einem Jugendmedienschutz-Staatsvertrag (JMStV) wurden zeitgleich zum 1. April 2003 eine für Bund und Länder einheitliche Rechtsgrundlage sowie verbindliche Standards für den Jugendschutz vereinbart.

Das JuSchG will Kinder und Jugendliche vor solchen Angeboten öffentlicher Veranstalter und privater Gewerbetreibender schützen, die sie in ihrer geistigen, ethischen, körperlichen, sozialen und emotionalen Entwicklung gefährden. Das gilt neuerdings auch für Videofilme und Computerspiele. Zuwiderhandlung wird verfolgt und bestraft.

Jugendsozialarbeit (engl. *social work for young people*). Nach den Bestimmungen des Kinder- und Jugendhilfegesetzes (KJHG) Angebote und Maßnahmen der *Jugendhilfe,* die sich um den Ausgleich sozialer Benachteiligungen oder die Überwindung individueller Beeinträchtigungen bemühen. Schwerpunkte der J. sind die schulische und berufliche Ausbildung, die Eingliederung der Jugendlichen in Arbeit und die Anleitung zu selbständiger Lebensführung. Öffentliche und freie Träger der Jugendhilfe arbeiten dabei eng mit der Schulverwaltung, den einzelnen Stellen der Bundesagentur für Arbeit (BA) sowie Trägern betrieblicher und außerbetrieblicher Berufsausbildung zusammen.

Jugendstrafanstalt (engl. *youth prison*). Dient dem Vollzug einer *Jugendstrafe* in strenger räumlicher Trennung von den Strafvollzugsanstalten für Erwachsene. Die Gründe der Absonderung ergeben sich aus dem besonderen erzieherischen Auftrag der J., der im Rahmen des allgemeinen Strafvollzugs vielfältigen Erschwernissen ausgesetzt wäre.

Jugendstrafe (engl. *committal order*). Nach dem Jugendgerichtsgesetz (JGG) besteht J. in einem nach erzieherischen Prinzipien gestalteten Freiheitsentzug in einer Jugendstrafanstalt. J. soll nur dann ausgesprochen werden, wenn schwächere Anordnungen des *Jugendgerichts* (*Erziehungsmaßregeln, Zuchtmittel,* Strafe auf *Bewährung*) keine Wirkung versprechen oder der Schwere der Straftat wegen nicht in Betracht kommen. Die Strafdauer liegt zwischen sechs Monaten und fünf Jahren, in schweren Fällen beträgt sie maximal zehn Jahre. Eine J. auf unbestimmte Dauer wird verhängt, wenn die Erfolge erzieherischer Maßnahmen abgewartet werden sollen. Nach Ablauf der Mindeststrafe wird geprüft, ob eine Entlassung auf Bewährung möglich ist.

Der Vollzug einer J. (Jugendstrafvollzug) soll vorrangig der *Resozialisierung* des verurteilten Jugendlichen und seiner erzieherischen Förderung dienen. Deshalb muss er in besonderen Jugendstrafanstalten durchgeführt werden und vergleichsweise offene Formen mit erzieherischen Maßnahmen wie beruflicher Ausbildung, Arbeit, Unterricht und Sport sowie mit Angeboten der Freizeitpädagogik verbinden. Für drogenabhängige Jugendliche sollen besondere Beratungs-, Hilfs- und Entwöhnungsmaßnahmen vorhanden sein.

Jugendstrafrecht (engl. *penal law relating to young offenders*). Für die Verurteilung von Straftätern, die zum Zeitpunkt der Straftat das 21. Lebensjahr noch nicht vollendet hatten, gilt das allgemeine Strafrecht nur, soweit nicht Sondervorschriften im *Jugendgerichtsgesetz* (JGG) zu berücksichtigen sind. Danach sind *Jugendliche,* die zur Tatzeit 14, aber noch nicht 18 Jahre alt waren, nur unter Berücksichtigung ihrer sittlichen und geistigen Entwicklung und ihrer Einsichts- und Entscheidungsfähigkeit verantwortlich zu machen. Heranwachsende, die zur Tatzeit bereits 18, aber noch nicht 21 Jahre alt waren, sind i. d. R. voll verantwortlich. Im Einzelfall kann das Gericht entscheiden, ob angesichts der sittlichen und geistigen Reife eines Heranwachsenden die Vorschriften des J. Anwendung finden. Kinder bis zur Vollendung des 14. Lebensjahres sind strafrechtlich nicht verantwortlich.

Jugendstrafvollzug. *Jugendstrafe.*

Jugend- und Auszubildendenversammlung. Nach den Bestimmungen des *Betriebsverfassungsgesetzes* (BetrVG) stellt die J. u. A. ein Organ der *Mitbestimmung* in Betrieben der privaten Wirtschaft dar. Sie versammelt alle jugendlichen Arbeitnehmer des Betriebes während der Arbeitszeit und kann vor oder nach jeder Betriebsversammlung einberufen werden. Der Betriebsrat und die Unternehmensleitung sind dazu einzuladen und haben Recht auf Rede und Mitsprache.

Jugend- und Auszubildendenvertretung (engl. *youth delegation*). Nach dem *Betriebsverfassungsgesetz* (BetrVG) ist in Betrieben, in denen mindestens fünf Arbeitnehmer beschäftigt sind, die das 18. Lebensjahr noch nicht vollendet haben, eine J. u. A. zu wählen, die die Interessen der jugendlichen Arbeitnehmer über den *Betriebsrat* gegenüber der Geschäftsleitung vertritt. Zu allen Sitzungen des Betriebsrates kann die J. u. A. einen Vertreter entsenden.

Jugend- und Schülerwettbewerbe. Schulart- und ausbildungsgangübergreifende öffentliche Angebote zur Förderung kreativer Projekte oder systematischer Studien. Sie wollen Gelegenheit zur Vertiefung und Weiterentwicklung von Interessenschwerpunkten und besonderen

Befähigungen geben, die sozialen Kompetenzen, die Motivation, die Selbstwirksamkeit und die Erfolgszuversicht der Kinder und Jugendlichen fördern und durch die Präsentation und den Vergleich der Ergebnisse die sachverständige Einschätzung der eigenen Arbeit ermöglichen.

Der Bundespräsident und die Ministerpräsidenten der Länder, Bundes- und Landesministerien, Verbände, Stiftungen, Unternehmen, Verlage u. a. Stellen schreiben die Wettbewerbe öffentlich aus und informieren über die Teilnahmebedingungen. Inhaltlich decken die Ausschreibungen ein breites Spektrum von Themen ab. Besonders bekannt sind die Wettbewerbe »Jugend forscht« und »Jugend musiziert«. Informationen sind u. a. über Kultusministerien, kommunale Schulträger oder Kammern erhältlich.

Jugendverbände (engl. *youth organizations*). Freiwillige Zusammenschlüsse junger Menschen zwischen 6 und 25 Jahren mit eigener Satzung und organisatorischen Einheiten auf verschiedenen Ebenen (z. B. Ort, Land, Bund), die für ihre Mitglieder, oft auch für andere Kinder und Jugendliche, Angebote der *Jugendarbeit* organisieren und durchführen. Sie gehören zu den freien Trägern der Jugendhilfe und können aus Mitteln der öffentlichen Jugendhilfe gefördert werden. Nach ihren Zielen lassen sich die meisten J. den Kirchen, Gewerkschaften, politischen Parteien oder Sportverbänden zuordnen (Verband Christlicher Pfadfinderinnen und Pfadfinder, Gewerkschaftsjugend, Jungsozialisten, Jugend des Deutschen Alpenvereins u. a.).

Jugendwohlfahrtsausschuss. Mit dem Inkrafttreten des neuen Kinder- und Jugendhilfegesetzes (KJHG) übernahm der *Jugendhilfeausschuss* die bis 1990 nach dem Jugendwohlfahrtsgesetz dem J. übertragenen Aufgaben.

Jugendwohlfahrtsgesetz (JWG). *Kinder- und Jugendhilfegesetz.*

Jungarbeiter. Arbeitnehmer im Alter zwischen 15. und vollendetem 18. Lebensjahr, die sich in keinem Berufsausbildungsverhältnis befinden. J. sind berufsschulpflichtig, es sei denn, sie haben ihre Teilzeitschulpflicht durch den Besuch einer einjährigen Vollzeitschule (z. B. Berufsfachschule) abgegolten.

Juniorprofessur. Durch das Gesetz zur Änderung dienst- und arbeitsrechtlicher Vorschriften im Hochschulbereich vom 31. 12. 2004 wurde die neue Personalgruppe J. eingeführt, die jetzt auch im novellierten *Hochschulrahmengesetz* (HRG) in § 48 näher definiert ist.

Ziel ist es, jungen Wissenschaftlern früher als bisher Gelegenheit zu selbständiger Forschung und Lehre zu geben und dadurch den Weg zu einer Langzeitprofessur zu verkürzen. Zugleich sollen die internationale Attraktivität deutscher Universitäten und deren Konkurrenzfähigkeit, was die Förderung des wissenschaftlichen Nachwuchses anbelangt, gestärkt werden. Insgesamt soll die Dienstzeit nicht mehr als sechs Jahre betragen. Einstellungsvoraussetzungen sind ein abgeschlossenes Hochschulstudium, eine herausragende Promotion und pädagogische Eignung.

JuSchG. *Jugendschutzgesetz.*

K

Kammer (engl. *chamber*). Regionale Selbstverwaltungseinrichtung der Betriebe von Wirtschaftsbereichen (Industrie- und Handelsk., Handwerksk., Landwirtschaftsk. usw.) oder Berufsständen (Ärztek., Rechtsanwaltsk.), die nach dem Berufsbildungsreformgesetz (BerBiRefG) als *Zuständige Stelle* die Durchführung der Berufsausbildung vom Abschluss des Ausbildungsvertrages bis zur Abschlussprüfung regelt. Sie überwacht die Berufsausbildung, berät Ausbilder und Auszubildende, erlässt die Prüfungsordnung für die Abschlussprüfung und führt diese Prüfung durch. Für diese Aufgaben errichtet jede K. einen *Berufsbildungsausschuss* und bestellt einen besonderen *Ausbildungsberater.* Darüber hinaus betreut die K. wirtschaftliche, rechtliche und soziale Angelegenheiten, die alle Mitglieder betreffen.

Kanada. **1)** Parlamentarischer Bundesstaat mit zehn Provinzen und drei bundesabhängigen Territorien innerhalb des Britischen Commonwealth. Hauptstadt: Ottawa (1 Mill. Einw.). Fläche: 9 984 670 km^2, 32 Mill. Einw., 3,2 Einw./km^2. In dem zweitgrößten Land der Erde leben etwa 77% der Bevölkerung in Städten entlang der amerikanischen Grenze im Süden. Landessprachen: Englisch und Französisch (Amtssprachen), Sprachen der ethnischen Gruppen (Indianer und Inuit). Religion: 44% Katholiken, 29% Protestanten, etwa 16,5% ohne Religion.
2) In Kanada gibt es kein Bildungsministerium auf Bundesebene. In dem föderalistischen Staat liegt die Zuständigkeit für das Bildungswesen bei den Ministern und den Ministerien (Department oder Ministry of Education/Ministère de l'Education) der zehn Provinzen und der drei Territorien. Jeder Minister ist für die Aufsicht, Verwaltung und Steuerung des jeweiligen Bildungssystems verantwortlich. Im Zuge der Dezentralisierung haben die Ministerien einen Teil ihrer Zuständigkeiten für den Primar- und Sekundarschulbereich auf die regionalen Behörden, die School Boards, übertragen. Jedoch ist die kommunale Zuständigkeit der gewählten Schulausschüsse meist auf wenige Bereiche, z. B. auf die Verwaltung und Aufsicht der Schulen, die Einstellung der Lehrer und die Umsetzung der Lehrpläne begrenzt. In den meisten Provinzen ist jede Schule selbst für Inhalt, Durchführung und Bewertung der Abschlussprüfungen zuständig.
Die dreizehn Schulsysteme der Provinzen und Territorien weisen zwar Ähnlichkeiten auf, sind aber in wesentlichen Punkten (z. B. Schuleintrittsalter, Dauer der Grundschulzeit) auch unterschiedlich. Der Ministerrat für Bildung (Council of Ministers of Education in Canada, CMEC) ist für die Koordination der bildungspolitischen Maßnahmen zwischen den Provinzen und Territorien zuständig und gibt Empfehlungen zur Curriculumentwicklung und zu einheitlichen Bildungsstandards heraus. Zum Leistungsvergleich zwischen den Provinzen und Territorien hat der CMEC in den letzten Jahren ein umfangreiches Indikatorenprogramm zur Messung von Leistungen (School Achievement Indicator Program, SAIP) in den verschiedenen Fächern und Lernbereichen entwickelt. Bei der Auswertung der Large-Scale-Assessments wie TIMSS und PISA hat der Vergleich zwischen den dreizehn Schulsystemen eine große Rolle gespielt.
Das Schulwesen in Kanada ist durch eine

hohe Liberalität, Chancengleichheit und Autonomie gekennzeichnet. Bildungsmöglichkeiten werden vom Vorschulbereich bis zur Universität kostenfrei angeboten. Die Schulen sind Teil eines Gesamtschulsystems, das keine äußere Differenzierung in unterschiedliche Schulformen kennt. Eine Gruppierung der Schüler in hochschul- und berufsvorbereitende Bildungsgänge findet in den meisten Provinzen erst ab der 10. Klasse statt. Die Verfassung von 1982 lässt Privatschulen zu, deren geringe Anzahl (etwa 2%) meist in den Händen der Kirche liegt. Die Anzahl der Schüler an öffentlichen Sonderschulen betrug 1990/91 nur 1,8% und an privaten Sonderschulen 2,4% aller Schüler in Vorschulen/Kindergärten, Primar- und Sekundarschulen.

Die Schulpflicht umfasst normalerweise zehn Jahre und geht vom 6. bis zum 16. Lebensjahr. Sie beginnt in einigen Provinzen jedoch schon mit fünf Jahren. Das öffentliche Schulsystem ist koedukativ. Alle Schulen sind Ganztagsschulen.

3) Die Vorschulerziehung für drei- bis sechsjährige Kinder in Kindergärten (Nursery Schools) ist Teil des öffentlichen Schulwesens und kostenlos. Das pädagogische Personal in vorschulischen Kindergärten muss über ein abgeschlossenes Hochschulstudium verfügen. Ein Jahr vor Schuleintritt werden den Fünfjährigen in allen Provinzen zur Vorbereitung auf die Schule Vorschulprogramme angeboten, die täglich zwei bis drei Stunden in Anspruch nehmen. Im Jahr 1992/93 gingen 91% aller Fünfjährigen entweder in einen Kindergarten oder in die verbindliche Vorklasse der Grundschule. Der Anteil der Vierjährigen an der Vorschulerziehung im Kindergarten ist vergleichsweise gering und liegt in manchen Provinzen unter 50% aller Gleichaltrigen.

Beim Aufbau des öffentlichen Schulsystems gibt es zwischen den einzelnen Provinzen und manchmal sogar innerhalb einer Provinz Unterschiede. Sieht man von der Anzahl der Schuljahre innerhalb einer Schulstufe ab, dann unterscheidet man generell zwischen Primarbereich, Sekundarbereich I und Sekundarbereich II.

Der Primarbereich umfasst i. d. R. die Klassen 1 bis 6 mit der Grundschule (Elementary School oder Primary School). Wenn die Grundschule auch die Fünfjährigen einbezieht, ist der Primarbereich manchmal in die Grundstufe für die Fünf- bis Neunjährigen und in die Mittelstufe für die Neun- bis Zwölf- oder Dreizehnjährigen untergliedert.

Auch bezüglich des Übergangszeitpunkts vom Primarbereich in den Sekundarbereich I und II gibt es Unterschiede zwischen den Provinzen. In Britisch Columbia beginnt die Junior High School mit der 8. Klasse und dauert drei Schuljahre, an die sich die Senior High School mit den Klassen 11 und 12 anschließt. In den meisten Provinzen umfasst die Junior High School die Klassen 7 bis 9 und die Senior High School die Klassen 10 bis 12. Im französischsprachigen Quebec endet die Sekundarbildung mit der 11. Klasse. Dort können die Schüler danach ihre Ausbildung in einem College für Allgemeinbildung und Berufsbildung (Collège d'Enseignement General et Professionnel, CEGP) fortsetzen. Während der zweijährige allgemein bildende Zweig dieses Colleges zur höheren Bildung führt, bereitet der dreijährige berufsbildende Zweig auf eine Berufstätigkeit vor. In Ontario nehmen Schüler die Klasse 13 dann freiwillig wahr, wenn sie ihre Noten in den Ontario Academic Courses (OACs) verbessern wollen, die für die Aufnahme an einer Universität ausschlaggebend sind.

Die Übergänge zwischen den Schulstufen finden ohne Leistungsprüfungen statt, so dass eine Differenzierung erst am Ende des Sekundarbereichs II erfolgt. In Kanada gibt es keine so starke Trennung zwischen Bildungsgängen für Allgemeinbildung und für Berufsbildung, so dass beide Ausbildungsrichtungen an derselben Schule angeboten werden. So gibt es

i. d. R. in den Senior High Schools zwei Bildungsgänge, von denen der eine stärker auf ein Hochschulstudium und der andere auf den Besuch eines Community College, einer technischen Fachschule oder auch direkt auf die Berufsarbeit vorbereitet. In den Fächern belegen die Schüler meist Halbjahreskurse, deren Niveau nach einem Punktesystem (Creditsystem) gewichtet wird. Neben den verbindlichen Kernfächern wie z. B. Englisch und Mathematik können sie die anderen Fächer im Hinblick auf ihre beruflichen Ziele selbst wählen. Dabei erfolgt eine Differenzierung durch drei Zweige oder Züge (Tracks): Die Kurse des akademischen Zweiges (Advanced bzw. Academic Track) bereiten auf eine höhere Bildung, die des allgemeinen Zweiges (General bzw. General Track) auf eine breite Bildung und die des beruflichen Zweiges (Basic bzw. Vocational Track) auf eine Berufsausbildung vor. Am Ende des 12. bzw. 13. Schuljahres erhalten die Schüler den Sekundarabschluss (High-School-Diploma) auf der Grundlage erfolgreich absolvierter berufs- und/oder studienvorbereitender Kurse. In einigen Provinzen sind zur Überprüfung vorgegebener Leistungsstandards zentrale Abschlussprüfungen eingeführt worden.

Der Abschluss des Sekundarbereichs II, der in den meisten Provinzen nach 12 Schuljahren im Alter von 18 Jahren erworben wird, liegt noch vor der eigentlichen spezialisierten Berufsausbildung. Da aber die Schulpflicht schon nach 10 Schuljahren endet, erweist es sich als ein großes strukturelles Problem, dass eine hohe Anzahl der 15-jährigen Schulabgänger ohne Sekundarabschluss (ca. 30% eines Altersjahrgangs) direkt auf den Arbeitsmarkt geht oder arbeitslos ist.

4) Es gibt in Kanada kein strukturiertes System der Berufsausbildung. Das duale System (Lehre und Berufsschule bzw. College) ist vergleichsweise von geringer Bedeutung. Die Berufsausbildung hat ihren Schwerpunkt im tertiären Bereich und beginnt häufig mit einem Studium oder im College-System. Für die vielen Jugendlichen, die nach der Schulpflicht zunächst eine ungelernte oder angelernte Tätigkeit ausgeübt haben, sind die Ausbildungsprogramme der beruflichen Erst- und Weiterbildung in Community Colleges, Technischen Instituten und in CEGPs von zentraler Bedeutung. Sie werden meist in Zusammenarbeit mit der regionalen Wirtschaft entwickelt und entsprechen dem vorhandenen Ausbildungsbedarf. Von den gleichen Einrichtungen werden für gewerbliche Berufe zwei- bis fünfjährige duale Berufsbildungsgänge des Apprenticeship-Programms angeboten, das mit einem hohen Zeitanteil in einem Betrieb stattfindet. Der erfolgreiche Abschluss eines beruflichen Ausbildungsprogramms führt je nach Berufswahl und Niveau zu unterschiedlichen Abschlüssen, zu denen überwiegend das Certificate of Qualification oder das Diplom zählen. Da viele Jugendliche und Erwachsene zur Höherqualifizierung an die Universitäten gehen wollen, bieten die Community Colleges, Technischen Institute oder die CEGPs im Rahmen der Erwachsenenbildung Kurse zur Vorbereitung auf das Hochschulstudium und zum Erwerb der Hochschulreife an. Von innovativer Bedeutung für eine höhere, nichtuniversitäre Berufsausbildung sind in Ontario die Colleges für angewandte Wissenschaften und Technologie (Colleges of Applied Arts and Technology, CAAT). Zur generellen Verbesserung der Berufsvorbereitung in den High Schools und dem Berufsbildungssystem werden Reformen angestrebt.

5) Das akademische Studium an den über 70 Universitäten wird als die eigentliche Berufsausbildung angesehen. Zulassungsbedingung ist ein qualifizierter High-School-Abschluss oder eine Eingangsprüfung für Bewerber mit qualifizierter Berufserfahrung. Fast alle Studienrichtungen haben den Numerus clausus eingeführt. Das i. d. R. vier Jahre umfassende Studium kann zum ersten akademi-

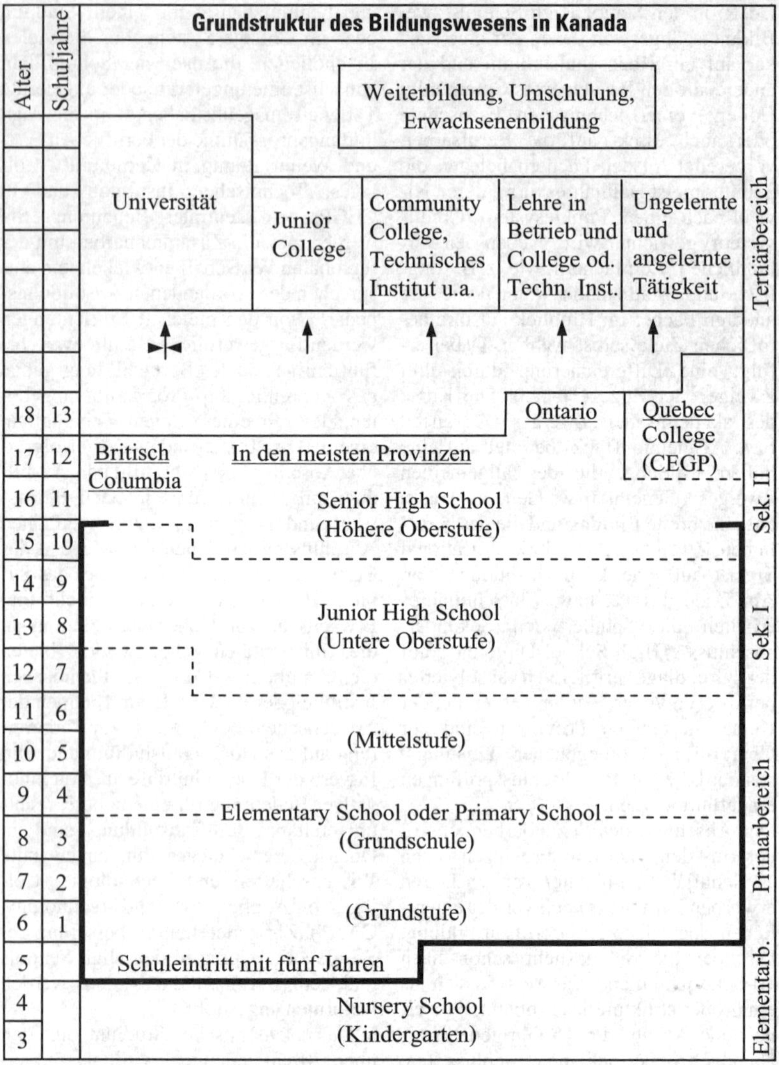

Fett umrandet sind die Einrichtungen für die Erfüllung der Schulpflicht.

Qualifizierte Auswahl   Einfacher Übergang

schen Abschluss Bachelor's Degree und nach zwei bis drei weiteren Jahren zum Master's Degree oder zur Promotion (Doktortitel) führen. Junior Colleges sollen das Grundstudium an Universitäten entlasten und bieten auf der Grundlage von Kooperationsabkommen in einer Vielzahl von Fächern Vorbereitungskurse für den Übergang in die Universitäten an.

6) Der Lehrerberuf hat in Kanada ein hohes Ansehen. Lehrer werden an erziehungswissenschaftlichen Fakultäten der Universitäten ausgebildet. Auf ein vierjähriges Universitätsstudium, das in den Geistes- oder Naturwissenschaften mit dem Bachelor's Degree abgeschlossen wird, folgt ein ein- oder zweijähriges erziehungswissenschaftliches Studium der Lehrerbildung. Die Ausbildung der Grundschullehrer dauert vier bis sechs Jahre, die der Sekundarschullehrer fünf bis sechs Jahre. Der beruflichen Fortbildung wird große Bedeutung beigemessen. Neue berufliche Schwerpunkte wie die Einführung von Bildungsstandards, die Entwicklung mittelfristiger Schulprogramme, die Unterstützung von Schülern mit sonderpädagogischem Förderbedarf in allgemeinen Schulen und die pädagogische Arbeit in jahrgangsübergreifenden Klassen veranlassten die School Boards, von den Lehrern 40 Tage Fort- und Weiterbildung im Jahr zu verlangen.

7) Es gibt vielfältige Formen der Weiterbildung, die aber institutionell nicht so wie das Schulsystem klar geregelt sind. Berufliche Weiterbildung wird häufig von regionalen Trägern und Unternehmen angeboten, an die sie thematisch dann meist gekoppelt ist. Viele Ausbildungsformen der beruflichen Weiterbildung und Umschulung, die mit Abschlüssen und Zeugnissen verbunden sind, werden nach kanadischem Verständnis eher der Berufsausbildung zugerechnet. Darüber hinaus gibt es in den Community Colleges vielfältige Kurse zur Erweiterung der Allgemeinbildung und zur Freizeitgestaltung. Zur Weiterbildung zählt auch der Fernunterricht, der meist von privaten Unternehmen angeboten wird. Von zentraler Bedeutung ist das zur Förderung von Humanressourcen 1993 eingerichtete Programm Human Recources Development Canada (HRDC), dessen Zielsetzung eine Verbesserung der Bildungs- und Arbeitsmarktchancen des Einzelnen und der Gesellschaft insgesamt z. B. durch lebenslanges Lernen ist.

Kapitalakkumulation (engl. *accumulation of capital*). Das Fortbestehen sozialer Ungleichheiten in einer Gesellschaft, die in der Konkurrenz um knappe Güter angeblich an den Prinzipien freier Leistungskonkurrenz und Chancengerechtigkeit orientiert ist, versteht der Soziologe *P. Bourdieu* als Folge komplexer, lebenslanger und hoch wirksamer Austauschprozesse zwischen den Generationen, in denen angesammeltes materielles, verinnerlichtes oder institutionalisiertes Kapital reproduziert, erneuert und vermehrt wird. Bourdieu greift auf den Marx'schen Kapitalbegriff zurück, weil auch im sozialen Geschehen mit dem dabei verfügbaren Kapital Reproduktionsprozesse, Gewinnmaximierung und Wettbewerb verbunden sind. Durch die intergenerativen Austauschprozesse verinnerlicht die neue Generation die Kapitalausstattung ihrer Herkunft in Form einverleibter Dispositionen, Lebensziele, Handlungskonzepte, Haltungen und in Kompetenzen im Umgang mit verfügbaren Ressourcen. Die neue Generation trägt ihre Geschichte demnach im wahrsten Sinne des Wortes immer mit sich herum, ist lebendige Gestaltung unterschiedlicher Lebenswelten und wird so im Kollektiv struktureller Ausdruck sozial-kultureller Vererbungsprozesse.

Bourdieu unterscheidet vier Ausformungen des Kapitals. 1. Das kulturelle Kapital. Bourdieu differenziert es in die drei Varianten a) verinnerlichte Dispositionen, Fertigkeiten und Fähigkeiten (*Habitus,* Sprache, geistiger Horizont, politische Orientierung), b) objektiviertes Kulturkapital wie Bücher, PC, Musikinstrumente und c) institutionalisiertes Kulturkapital, das sind Zeugnisse und Titel, mit denen sich gesellschaftliche Berechtigungen verbinden, aber auch ökonomisches Kapital erwerben lässt. 2. Das soziale Kapital versteht Bourdieu als die Gesamtheit aller Ressourcen, die sich aus der Zugehörigkeit zu bestimmten gesellschaftlichen Gruppen für die Lebensqualität und die Lebenspraxis ergeben. 3. Mit dem ökonomischen Kapital spricht Bourdieu den Besitz aller in Geldwert konvertierbarer Eigentumsrechte an, also z. B. Immobilienbesitz. Berechtigungen aus Bildungsabschlüssen sind als institutionalisiertes Kulturkapital unter bestimmten Voraussetzungen in ökonomisches Kapital konvertierbar. 4. Das symbolische Kapital schließlich steht für die öffentliche Bekanntheit und Anerkennung, woraus Prestige, Einfluss und Handlungsspielräume resultieren.

Von dieser Theorie her sind sowohl die je individuelle soziale Praxis der Menschen, ihr Selbstkonzept und ihre Identität als auch die Strukturen der sozialen Wirklichkeit, also u. a. die Differenzen zwischen den Klassen und Schichten, als Ausdruck des mehr oder weniger kontinuierlichen Verlaufs von K. in der Zeit zu verstehen. Für die Darstellung und Analyse schichtenspezifischer Sozialisationsprozesse in Geschichte und Gegenwart sind damit wesentliche systematische Hilfen eröffnet. Auch die Daten aus neueren Schulleistungsuntersuchungen, die enge Zusammenhänge zwischen sozialer Herkunft und Schulerfolgen beschreiben, werden unter Bezugnahme auf diese theoretische Konstruktion analysiert. So bezieht sich die theoretische Aufarbeitung der Untersuchungsergebnisse aus PISA ausdrücklich auf das Konstrukt der K. nach Bourdieu.

Kasuistik (lat. *casus* Fall, Zwischenfall, Zufall; engl. *casuistry*). Die philosophische Lehre vom Verhalten in Gewissenskonflikten. Unter Bezugnahme auf ein System von Geboten soll der Wert einer Handlung im Vergleich zu einer anderen beurteilt werden können, um zu einer begründeten Entscheidung zu gelangen.

Katechese (griech. *katechesis* Unterricht). Mündliche Unterweisung in einem christlichen Glaubensinhalt (z. B. Bibelstelle, Gebot).

kategoriale Bildung. Mit der Theorie von der k. B. versuchte W. Klafki, die Einseitigkeit der materialen und der formalen Bildungstheorien zu überwinden bzw. die Trennung von objektbezogener, *materialer* und subjektbezogener, *formaler Bildung* durch eine dialektische Verknüpfung aufzuheben. Klafki spricht von einem Vorgang der doppelseitigen Erschließung. In der Auseinandersetzung mit der Welt eignet sich der Mensch grundlegende inhaltliche Einsichten und Kenntnisse über die Wirklichkeit (materialer, objektbezogener Aspekt) an und erwirbt zugleich Fähigkeiten des Erkennens, Erlebens, Verstehens und Handelns (formaler, subjektbezogener Aspekt).

Kausalität (lat. *causa* Ursache, Grund; engl. *causality*). Wenn sich zwischen Sachverhalten eine Beziehung nachweisen lässt, die sich als Grund-Folge-Beziehung bzw. als Ursache-Wirkung-Abfolge darstellt, sprechen wir von K. In einem strikten oder vollkommenen Sinne liegt K. nur in logischen Sätzen vor: Wenn X, dann immer Y. Die Erfahrungswissenschaften, also auch die Pädagogik, erreichen bestenfalls probabilistische (wahrscheinliche) K.: Wenn X, dann mit folgender Wahrscheinlichkeit und unter den angegebenen Bedingungen Y. Von zirkulärer (lat. *circulare* sich im Kreis bewegen) K. wird gesprochen, wenn zwischen zwei oder mehr Variablen Wechselbeziehungen (Interdependenzen) vorliegen, also die Faktoren im zeitlichen Ablauf eines Prozesses mal die Funktion von Ursache, mal von Wirkung haben. So kann z. B. steigende Unruhe in einer Klasse zu einer deutlich lauteren Lehrersprache führen, was wiederum zur Folge haben kann, dass die Unruhe in der Klasse noch zunimmt, um den Lehrer zu übertönen.

Kenntnisse (engl. *knowledge*). Das in

Lernvorgängen erworbene Wissen über Sachverhalte und soziale Zusammenhänge. K. bedürfen zur beständigen Verfügbarkeit im Denken, Sprechen und Handeln der häufigen *Übung* und Wiederholung. Der Begriff wird oft in Verbindung mit den Bezeichnungen *Fähigkeiten* und *Fertigkeiten* verwendet.

Kerncurricula (Syn. **Kernlehrpläne**). Neue Form und Konzeption von *Lehrplänen* und *Curricula* als staatliche Vorgaben für schulischen Unterricht. In der Geschichte des Lehrplans wurden die Begriffe Lehrplan und Curriculum häufig synonym verwendet. Die Entwicklung wissenschaftsorientierter Curricula zeigte jedoch seit etwa 1970, dass es sich um unterschiedliche Text- und Materialsorten mit einer spezifischen Form und Funktion handeln kann. Dies war auch der Grund dafür, dass sich für die staatlichen Vorgaben, in denen sich die in den Schulgesetzen vorgegebenen Bildungsziele konkretisieren, der Begriff Lehrplan weitgehend durchgesetzt hat. Zwar werden in den 16 Bundesländern die unterschiedlichen Bezeichnungen Lehrpläne, Bildungspläne, Rahmenlehrpläne und Rahmenrichtlinien mit verschiedenen Akzentuierungen verwendet, ihnen ist jedoch gemeinsam, dass sie den Unterricht durch den Input von Zielen, Inhalten, Themen und Unterrichtsvorschlägen steuern in der Hoffnung, dass diese Eingaben auch zum entsprechenden Lernerfolg führen.
Im Unterschied hierzu stehen die neuen Lehrpläne, die z. B. in Niedersachsen »Kerncurriculum« und in Nordrhein-Westfalen »Kernlehrplan« heißen, in einem konzeptionellen Zusammenhang mit der Umsetzung der nationalen *Bildungsstandards der Kultusministerkonferenz* (KMK), die sich am Output, also an den Ergebnissen des Lern- und Bildungsprozesses orientiert. *Bildungsstandards* beschreiben *Kompetenzen* aus dem Kernbereich der Fächer. Sie haben eine nationale Leitfunktion und legen Kompetenzen fest, die z. B. nach zwei Jahrgangsstufen oder am Ende von Schulabschlüssen erreicht sein sollen und durch nationale oder landesweit einheitliche Testverfahren überprüft werden können. In den K. nehmen neben den allgemeinen Informationen zur Funktion von Bildungsstandards und zur Bedeutung heutiger *Bildungsziele* die Ausführungen zu den konkreten Anforderungen in den einzelnen Kompetenzbereichen breiten Raum ein. Mithilfe von Aufgabenbeispielen werden diese veranschaulicht und konkretisiert. Weiter folgen in den K. Ausführungen zur Leistungsmessung bzw. zur *Evaluation.* Auf der Grundlage dieser verbindlichen Vorgaben sollen die Schulen die Konkretisierung durch die Auswahl von Inhalten und ihre zeitliche Anordnung in einem schuleigenen Lehrplan oder Schulcurriculum selbst erarbeiten.
Bei der Umsetzung der Bildungsstandards wird erwartet, dass Lehrpläne in den Bundesländern schrittweise in K. umgewandelt werden. Am Beispiel von Baden-Württemberg, wo der als »Kerncurriculum« bezeichnete Teil in den neuen »Bildungsplan« integriert ist, kann beobachtet werden, dass es in der Lehrplanentwicklung hinsichtlich der Output- und Inputorientierung unterschiedliche konzeptionelle Varianten geben wird.

Kern-Kurs-System. *Fachleistungsdifferenzierung.*

Kind (engl. *child, infant*). Der Mensch in seiner Entwicklung zwischen Geburt und *Pubertät*. Gebräuchliche Einteilung: Säugling, Kleink., Kindergartenk., Schulk. Die altersspezifischen Einstellungen und Verhaltensweisen in diesen Abschnitten, die Art und Weise, wie sich das K. mit der Welt auseinandersetzt, der Grad seines Selbstvertrauens, seine Neugier, sein Verhalten in Konflikten usw. sind das Ergebnis von Wechselwirkungen zwischen körperlichen und seelischen Entwicklungsprozessen und den Erfahrungen, die das K. bei der Befriedigung seiner Bedürfnisse und der Erprobung seiner wachsenden Kräfte im Umgang mit seiner sozialen und materialen Umwelt macht. Die Ausbildung der kindlichen Persönlichkeit geschieht also im ständigen Austausch mit der Lebenswelt, nicht im Sinne einer Entfaltung im Keim bereits vorhandener *Anlagen.* Das K. erlebt sich in den Reaktionen der anderen als angenommenes oder abgelehntes, geliebtes oder ungeliebtes, erfolgreiches oder versagendes Wesen. Kindsein konstituiert sich folglich soziokulturell, ist ein gesellschaftlich vermittelter Lebenszusammenhang. Darin ist die unabweisbare pädagogische Verantwortung von Eltern, Schule und Gesellschaft für die Lage und das Befinden der K. begründet. Mitte des 18. Jh. setzte in Literatur, Kunst, praktischer Pädagogik und Wissenschaft ein breites Interesse am K. ein (u. a. *J.-J. Rousseau,* ›Emile oder Über die Erziehung‹, 1762; *J. H. Campe,* ›Robinson der Jüngere, zur angenehmen und nützlichen Unterhaltung für Kinder‹, 2 Teile, 1779/80, ›Die Entdeckung Amerikas‹, 3 Teile, 1781/82). Um die Wende vom 19. zum 20. Jh. erreichte dieses Interesse einen Höhepunkt (u. a. W. Preyer, ›Die Seele des Kindes‹, 1882; *E. Key,* ›Das Jahrhundert des Kindes‹, dt. 1902). Bilder vom Wesen des K. wurden von unterschiedlichsten Aspekten her konstruiert. Natürlichkeit, Reinheit, Unschuld, Ursprünglichkeit und Erlösung verbinden sich in einer Mythologisierung der K. als Heilsbringer, als Träger der Erneuerung. Umgekehrt entlarven Darstellungen von der Bedrohung der K. durch die industrielle kapitalistische Massengesellschaft (Kinderarbeit, Armut, Krankheit, Wohnungselend) solche Projektionen als bürgerliche Kindertümelei, die den Blick auf die Wirklichkeit der K. verstellt. Der Zerfall von Kindheit steht für den Ruin der etablierten Kultur. In den unterschiedlichen Bildern vom K. spiegeln sich also Selbstverständnis und Selbstkritik der Erwachsenen im Horizont ihrer Interessen und Hoffnungen. Gegenwärtige Konzepte vom K. sind von Rücksichtnahmen auf die Eigenständigkeit dieser Lebensphase geprägt. Die wachsende Sensibilität für die Ansprüche der K. ist jedoch längst umfassend vermarktet worden. Das Leben der K. hat dadurch einerseits an Sicherheit und Qualität gewonnen, wird zugleich jedoch zunehmend funktionalisiert und organisiert. Die sozialen und ökologischen Belastungen für die K. nehmen zu. Der alltägliche Lebenszusammenhang wird durch Kurse, angeleitetes Spiel, Training, organisierte Freizeit, Schülerhilfen und schließlich durch die Schule selbst weitgehend bestimmt. Andererseits erwachsen den K. aus materiellen Einschränkungen, räumlicher Enge und sozialer Kälte tief greifende Belastungen. Die Lage der K. muss folglich differenziert betrachtet werden. Dabei sollten die näheren sozialen und emotionalen Beziehungen besondere Beachtung finden, weil sie als Gegengewicht zu Vermarktung und Rationalisierung an Bedeutung gewonnen haben und auch materielle Benachteiligungen teilweise ausgleichen können.

Kinderarbeit (engl. *child labour*). Nach den Bestimmungen des *Jugendarbeitsschutzgesetzes* (JArbSchG) ist eine Beschäftigung von noch nicht 14-jährigen oder vollzeitschulpflichtigen Jugendlichen grundsätzlich verboten. Ausnahmen sind mit Einverständnis der zuständigen Aufsichtsbehörde unter Erfüllung bestimmter Auflagen möglich bei Musikaufführungen, Rundfunkaufnahmen u. Ä. Veranstaltungen für Kinder über 3 Jahre, bei Theatervorstellungen für Kinder über sechs Jahre. Ferner dürfen Kinder ab dem 13. Lebensjahr bis zu drei Stunden täglich für leichte Arbeiten in der Landwirtschaft oder in Familienbetrieben herangezogen werden. Kinder dürfen nicht zwischen 18 und 8 Uhr, nicht vor dem Schulunterricht und nicht während des Schulunterrichts beschäftigt werden.

Wachsende Armut zwingt inzwischen auch in Deutschland immer mehr Kinder zur K. Da die zuständigen Aufsichtsbehörden für eine wirksame Kontrolle völlig ungenügend ausgerüstet sind, bleibt K. in den meisten Fällen unentdeckt. In den ärmsten Ländern der sog. Dritten Welt stellt K. einen notwendigen Beitrag zum täglichen Überleben dar. Die von den Vereinten Nationen verabschiedete *Konvention über die Rechte des Kindes* ist auch in dieser Hinsicht weit von ihrer Zielsetzung entfernt.

Kinderdörfer (eng. *children's villages*). Im Sinne des deutschen Sozialgesetzbuches VIII Einrichtungen der *Hilfe zur Erziehung* für Kinder und Jugendliche beiderlei Geschlechts in familienähnlich strukturierten Hausgemeinschaften, die auf Dauer von Hauseltern geleitet werden und den Kindern ermöglichen, ihren Alltag im Rahmen der altersgruppenüblichen Grenzen weitgehend selbständig zu gestalten.

Das erste Pestalozzi-K. wurde 1946 in Trogen (Schweiz) für Kriegswaisen aus Europa eingerichtet. Das Konzept der K. hat durch *H. Gmeiner* und seine SOS-K. weltweite Verbreitung und Anerkennung gewonnen. Heute existieren tausende von K., die von unterschiedlichen privaten, öffentlichen oder kirchlichen Trägern eingerichtet und jeweils spezifischen Aufgaben verpflichtet sind.

Kinderfunk (engl. *children's programme*). Selbständiges Programmressort des Hörfunks, das sich mit speziellen Sendungen an Kinder unter 14 Jahren wendet. Pädagogisch aufbereitete Märchen und Kinderbücher, Musik, Spiel- und Quizsendungen sollen unterhaltende, bildende und informierende Programmangebote für die kleineren Kinder sein. Die Sendungen bieten aber auch Eltern und Erziehern Orientierungs- und Erziehungshilfen. Für die älteren Kinder dieser Altersgruppe sind auch die *Schulfunksendungen* von Interesse. Der K. wird zunehmend durch das Fernsehen verdrängt.

Kindergarten. Innerhalb des Bildungswesens wird der K. zwar dem *Elementarbereich* zugeordnet, er ist jedoch keine Einrichtung des Schulwesens, sondern gehört rechtlich in den Bereich der *Jugendhilfe*. K. werden von drei- bis sechsjährigen Kindern auf freiwilliger Basis besucht. In spielerischer Form soll die Selbständigkeit der Kinder gefördert, sollen soziale Kompetenzen und elementare Sachkenntnisse entwickelt werden. Die Öffnungszeiten verteilen sich auf etwa drei bis vier Stunden am Vormittag. Werden die Kinder ganztägig betreut, etwa weil beide Elternteile erwerbstätig sind, wird der K. als Kindertagesstätte geführt. Beide Einrichtungen werden mehrheitlich von *freien Trägern der Jugendhilfe* (z. B. Kirchen), teilweise von Gemeinden, Betrieben oder Elternvereinen unterhalten. Für den Besuch von K. oder Kindertagesstätten ist eine Gebühr zu entrichten. Das Personal bilden i. d. R. Erzieherinnen und *Erzieher,* die nach einem mittleren Bildungsabschluss eine dreijährige Fachschulausbildung durchlaufen haben.

Kindergeld (engl. *children's allowance*). Nach dem Bundeskindergeldgesetz (BKGG), Neufassung vom 20. 7. 2006, wird K. zur Verminderung der sich aus der Pflege und Erziehung von Kindern ergebenden finanziellen Mehrbelastungen gezahlt. Als Kinder gelten dabei eheliche, für ehelich erklärte, adoptierte und nichteheliche Kinder, aber auch Stiefkinder und Pflegekinder, die in den Haushalt der bezugsberechtigten Person aufgenommen sind. Das K. betrug 2006 für das erste, zweite und dritte Kind monatlich 154 Euro, für das vierte und jedes weitere Kind 179 Euro. K. wird für alle Kinder bis zum 18. Lebensjahr bezahlt; wenn Kinder in Ausbildung sind bis zum 25., wenn sie ohne Arbeitsplatz sind bis zum 21. Lebensjahr. Anträge auf K. sind bei der Kindergeldkasse der zuständigen Arbeitsagentur zu stellen, die auch die Auszahlung vornimmt. Dort kann auch ein Kindergeldzuschlag beantragt werden, der gering verdienenden Eltern zusteht, die mit ihren unter 25 Jahre alten und unverheirateten Kindern in einem gemeinsamen Haushalt leben und mit ihrem Einkommen das Existenzminimum des Kindes nicht abdecken können.

Kinderhaus. Einrichtung im Elementarbereich für Kinder im Vorschulalter, in der nach der Konzeption der *Montessori-Pädagogik* gearbeitet wird.

Kinderheim (engl. *children's home*). Einrichtung für die inhaltlich und zeitlich umfassende Betreuung und Erziehung von Kindern oder Jugendlichen, für deren Wohl vorübergehend oder auf längere Zeit in der Herkunftsfamilie nicht hinlänglich gesorgt werden kann. Durch die Verbindung von Alltagsleben, pädagogischen und besonderen therapeutischen Hilfen soll das Kind oder der Jugendliche entsprechend seinen Möglichkeiten möglichst allseitig gefördert werden. Ein K. darf nach den Bestimmungen des *Kinder- und Jugendhilfegesetzes* (KJHG) nur mit Erlaubnis des *Jugendamtes* geführt werden. Ziel der Arbeit ist die Rückkehr des Kindes oder Jugendlichen in die Familie, wenn sich dort die Erziehungsbedingungen wieder verbessert haben. Ist das nicht möglich, werden Kinder und Jugendliche auf den Eintritt in eine andere Familie, eine familienähnliche Einrichtung oder andere Formen des betreuten, aber möglichst selbständigen Lebens vorbereitet.

Kinderkrippe. *Krippe*.

Kinderladen. In den sechziger und siebziger Jahren richteten zumeist studentische Eltern als Alternative zu den bestehenden *Kindergärten* K. ein, in denen die Kinder nach Grundsätzen der sog. *antiautoritären* und repressionsfreien *Erziehung* gefördert werden sollten. Da K. mehrheitlich in leer stehenden Ladengeschäften eingerichtet wurden, erhielten sie auf diese Weise ihren Namen. Heute existieren solche K. nicht mehr.

Kinderrechtskonvention. *Konvention über die Rechte des Kindes*.

Kinderschutz (engl. *protection of children*). Angebote an Familien und Kinder, die in akuten Fällen von *Kindesmisshandlung* oder *Kindesvernachlässigung* Beratung und Hilfe suchen. Insbesondere in Großstädten haben sich *Kinderschutzzentren* dieser Aufgabe angenommen, die von Familien in den erwähnten Notlagen freiwillig aufgesucht werden können. K. will zudem durch familienunterstützende und freizeitpädagogische Maßnahmen das Lebensfeld von Kindern präventiv so weit sichern und förderlich gestalten helfen, dass leibliche, seelische oder soziale Schädigungen vermieden werden. Rechtliche Grundlage für den K. ist das *Kinder- und Jugendhilfegesetz* (KJHG). Die verschiedenen Träger des K. haben sich im *Deutschen Kinderschutzbund* (DKSB) zusammengeschlossen.

Kinderspielplatz. *Spielplatz*.

Kindertagesstätte (Syn. **Kindertageseinrichtung**; engl. *day car centre for children*). Sammelbezeichnung für alle familienunterstützenden und familienergänzenden sozialpädagogischen Einrichtungen zur regelmäßigen Betreuung von Kindern. Das KJHG rechnet dazu Kinderkrippen, Krabbelstuben, *Kindergärten, Horte* und Kindertagesheime.

Kinder- und Jugendhilfegesetz (**KJHG**; engl. *Child and Youth Welfare Act*). Das 1990 vom Deutschen Bundestag verabschiedete KJHG löste das Jugendwohlfahrtsgesetz aus dem Jahre 1922 ab. Sein leitendes Interesse ist die umfassende Förderung der Entwicklung und Erziehung von *Kindern* und *Jugendlichen*. Zu diesem Zwecke werden eine Fülle von Leistungen und Angeboten der *Jugendhilfe* definiert, die die Erziehung in der *Familie* unterstützen und ergänzen, nicht erst dann, wenn diese Erziehung gefährdet ist, sondern auch familienbegleitend und vorbeugend. Bei ernsthaften Gefährdungen kennt das KJHG aber auch die Trennung der Kinder von ihren *Eltern*. Die im Gesetz vorgesehenen Angebote und Maßnahmen werden von freien und öffentlichen Trägern der Jugendhilfe durchgeführt. Zuständige Stelle im öffentlichen Bereich ist das *Jugendamt*.

Im Rahmen des Schwangeren- und Familienhilfegesetzes von 1992 wurde das KJHG 1996 (zuletzt geändert 1998) novelliert und um den Rechtsanspruch auf einen Platz im Kindergarten für alle Kinder im Alter von drei Jahren bis zum Schuleintritt ergänzt, der am 1. 1. 1996 in Kraft getreten ist. Weitere Veränderungen hat das KJHG 2004 durch das Tagesbetreuungsausbaugesetz und 2005 durch das Gesetz zur Weiterentwicklung der Kinder- und Jugendhilfe erfahren. Das KJHG ist das VIII. Buch des Sozialgesetzbuches.

Kinder- und Jugendplan des Bundes. *Bundesjugendplan.*

Kindesentziehung. Das Strafgesetzbuch definiert K. als Straftatbestand. K. liegt dann vor, wenn ein *Minderjähriger* dem Personensorgeberechtigten, i. d. R. Mutter oder Vater, gewaltsam entzogen wird. Eine eventuelle Einwilligung des Kindes ist aufgrund des im GG garantierten Erziehungsrechts unerheblich.

Kindesmisshandlung (engl. *cruelty to children, child abuse*). **1)** In umfassendster Bedeutung jede Form von körperlicher oder seelischer Gewaltanwendung gegen Kinder, durch die ihre gesunde Entwicklung und persönliche Würde nachhaltig beschädigt werden. Dazu gehört als besonders schwerwiegende Form der *sexuelle Missbrauch* von Kindern.

2) Das Strafgesetzbuch unterscheidet zwischen Misshandlung von Schutzbefohlenen, sexuellem Missbrauch von Kindern und Kindesvernachlässigung. K. stellt eine Form von Körperverletzung dar. Alle Handlungen, die das Wohlbefinden und die Unversehrtheit des kindlichen Körpers gefährden, den Gesundheitszustand beeinträchtigen oder gar zu Krankheit und Tod führen, sind Delikte, die angezeigt werden müssen und durch die Staatsanwaltschaft zu verfolgen sind.

Da nach wie vor Gewaltanwendung in der Erziehung weit verbreitet und auch gesellschaftlich akzeptiert ist und der familiale Lebensraum nach außen relativ abgeschlossen ist, gibt es eine hohe Dunkelziffer. Umso wichtiger ist es, dass professionelle Erzieher die Signale und Symptome misshandelter Kinder erkennen und wissen, welche Beratungsstellen anzusprechen sind.

Kindesvernachlässigung. Form der *Kindesmisshandlung,* die in der Unterlassung der aus der *elterlichen Sorge* erwachsenden Pflicht besteht, dem Kind ein Mindestmaß an körperlicher Pflege, Hygiene und Schutz zu gewähren sowie seine fundamentalen Bedürfnisse nach Zuwendung und Kommunikation zu beachten. Nach den Bestimmungen des BGB kann K. durchaus zum Straftatbestand werden, wobei allerdings rechtlich gesehen der Nachweis schuldhaften Handelns der Sorgeberechtigten sehr schwierig ist.

Kindheit. *Kind.*

KJHG. *Kinder- und Jugendhilfegesetz.*

Klasse. *Schulklasse.*

Klassenarbeit (Syn. **Lernkontrolle**; engl. *written class test*). Schriftliche Form der *Leistungsbeurteilung* im Unterricht, die in schulrechtlichen Bestimmungen gefordert wird. Durch die K. soll der Schüler unter Aufsicht in selbständiger Einzelarbeit und ohne fremde Hilfe die Ergebnisse seines Lernens in den einzelnen Schulfächern nachweisen. Eine Gruppenarbeit ist als Grundlage für die *Leistungsbewertung* nur dann geeignet, wenn die individuellen Beiträge deutlich abgrenzbar und bewertbar sind. Aus pädagogischen Gründen kann es vor allem zur Förderung schwächerer Schüler angebracht sein, Gemeinschaftsarbeiten zu ermöglichen und einheitlich zu beurteilen. Diese Bewertungen dürfen aber bei Festsetzung der Zeugnisnote nicht den Ausschlag geben.

Die Anzahl der zu zensierenden schriftlichen K. pro Schuljahr, zu denen auch *Schultests* gehören können, ist in Rechtsverordnungen und Erlassen der Kultusministerien festgelegt. Um eine Häufung von K. vor den Zeugnisterminen zu vermeiden, sollen sie gleichmäßig über das Schuljahr verteilt werden. Ebenso soll an einem Tag nicht mehr als eine Arbeit geschrieben werden.

K. haben verschiedene Funktionen: Sie sollen in erster Linie den Schüler selbst sowie Eltern und Lehrer über den jeweiligen Lernstand und die Lernentwicklung informieren. Ihre diagnostische Auswer-

tung dient dem Lehrer als Erfolgskontrolle seines Unterrichts und gibt zugleich Hinweise auf etwaige qualitative Veränderungen unterrichtlicher Maßnahmen und auf Differenzierungsmöglichkeiten. Die im Verlauf eines Schuljahres bzw. Schulhalbjahres geschriebenen K. bilden mit ihrer Bewertung die Grundlage für die *Zensurengebung* in den *Zeugnissen* und damit für die Entscheidung bei Kurszuweisungen, *Versetzungen, Übergängen, Abschlüssen* und der Vergabe von *Berechtigungen.* Sie berühren damit die Rechtsstellung des Schülers im Zusammenhang mit der Zuweisungs- und Selektionsfunktion der Schule.
Aufgrund dieser rechtlichen Bedeutung für die Schullaufbahn eines Schülers wird die Leistungsbewertung bei K. ebenso kontrovers diskutiert wie die Konsequenzen, die mit dem gesellschaftlichen und dem pädagogischen *Leistungsbegriff* verbunden sind. In der *pädagogischen Diagnostik* wird die Frage erörtert, ob K. überhaupt die pädagogischen Funktionen der Diagnose und Förderung schulischer Leistungen erfüllen können und ob bei Übergangs- und Abschlussentscheidungen nicht objektive Beurteilungsverfahren geeigneter seien als das subjektive Lehrerurteil.

Klassenfahrten. *Schulfahrten.*

Klassenlehrer (Syn. **Klassenleiter**; engl. *class* oder *form teacher, form master/mistress*). Der mit der Leitung einer Schulklasse oder Lerngruppe beauftragte Lehrer bzw. Tutor, der als Vertrauensperson für alle Angelegenheiten der Klasse zuständig ist. Seine Aufgabe ist es, den Schulbesuch zu kontrollieren, Schülerbegleitbögen zu führen, Zeugnisse zu schreiben und für Schüler und Eltern ein persönlicher Berater in allen Schulangelegenheiten zu sein. Neben seiner Funktion als K. ist er auch *Fachlehrer* in anderen Schulklassen und Jahrgängen. Vor allem in Schulen, in denen der Fachunterricht mit häufig wechselnden Fachlehrern dominiert, ist der K. für die Schüler eine wichtige Bezugsperson. Über die organisatorischen und beratenden Aufgaben hinaus kommt ihm eine große sozialerzieherische Bedeutung zu. Es hängt oft wesentlich von ihm ab, ob das Schulleben (z. B. Feste, Feiern, Klassenfahrten u. a.) gepflegt, der Klassenraum als Lernumgebung gestaltet, Arbeitsergebnisse des Unterrichts präsentiert und die Beziehungen der Schüler untereinander gefördert werden. Während früher das K.prinzip dem Volksschullehrer den negativen Ruf eines Allroundlehrers eingebracht hatte, ist es heute erwiesen, dass es für die Gestaltung einer pädagogisch-erzieherischen Atmosphäre in allen Schularten günstig ist, wenn der K. möglichst viele seiner Fächer und Stunden in einer Klasse vertritt.

Klassenpflegschaft. In einigen Bundesländern Gremium für die Zusammenarbeit von Eltern, Schülern, Lehrern und Schulleitung auf der Ebene der einzelnen Klasse. Mitglieder sind folglich der gewählte Elternvertreter, der Klassensprecher der Schüler, der Klassenlehrer und der Schulleiter. Die K. kann lediglich beraten und den nächsthöheren Gremien der Mitbestimmung, wie z. B. dem *Elternbeirat,* Vorschläge unterbreiten.

Klassenunterricht. *Frontalunterricht.*

Klient (lat. *cliens* Schutzbefohlener; engl. *client*). Eine Person, die sich im Feld pädagogischer Praxis einem Berater (z. B. in der Erziehungsberatung), einem Sozialpädagogen (z. B. in der Schuldnerberatung) oder einem Psychotherapeuten (z. B. in der Familientherapie) anvertraut und Schutz, Beistand oder Heilung sucht.

Klippschule (niederl. *klipp* klein). Niedere Stadtschulen, mehrheitlich private Gründungen, die aufgrund ihrer bescheidenen Ausstattung und geringen Größe oftmals K. oder Winkelschulen genannt wurden.

Klosterschulen. In den mitteleuropäischen Klöstern (Oxford, Tours, Corbie, Reichenau, St. Gallen, Fulda u. a.) entstanden bereits im 8. Jh. die ersten K. als Zentren des aufkommenden Bildungswesens. Neben der inneren Schule, die sich auf die Ausbildung des Ordensnachwuchses und der Priester konzentrierte, wurde seit dem 9. Jh. auch eine äußere Schule für männliche und weibliche Laien geführt. Der Unterricht orientierte sich an der Systematik der *Septem artes liberales.* Im Mittelpunkt standen lateinische Grammatik und klassische lateinische Texte, aber zunehmend auch die Exegese der Bibel und grundlegende dogmatische Texte. Im Unterricht wurde vorgelesen, nachgesprochen und abgehört. Die Schüler lebten meist in klösterlichen Internaten und waren der Zucht und der Gerichtsbarkeit der Klöster unterworfen. Die Bildungskonzeption der K. beeinflusste die ab dem 11. Jh. entstehenden *Dom-* und *Stiftschulen* sowie die *Lateinschulen* in den Städten. Und die Artistenfakultäten der im 13. Jh. entstehenden Universitäten, die das Fundament für die Fachstudien an der theologischen, juristischen oder medizinischen Fakultät legen sollten, entwickelten sich ebenfalls in der Tradition der K.

Nach der Reformation gewannen K. als Kirchenschulen in staatlicher Trägerschaft auch als Stätten evangelischer Bildung große Bedeutung. So bestimmte z. B. die evangelische württembergische Klosterordnung für noch unreformierte wie für bereits reformierte Klöster, dass mindestens zwei Ordensbrüder die Septem artes liberales und Theologie unterrichten sollten.

Wenn heute von Klöstern Schulen getragen werden, dann sind diese Schulen i. d. R. *Privatschulen* im Rahmen der Landesschulgesetze.

KMK. *Ständige Konferenz der Kultusminister der Länder in der Bundesrepublik Deutschland.*

KMK-Bildungsstandards. *Bildungsstandards der Kultusministerkonferenz* (KMK).

Kode (engl. *code*). Kodierung nennt man in der Forschung den Prozess der Übertragung von Daten (z. B. richtiger Antworten) in ein definiertes Zahlensystem (z. B. Ergebnisklassen 1 bis 3) zum Zwecke der Auswertung.

Im übertragenen Sinne bezeichnet K. in der Sozialisationsforschung den Ausschnitt an Sprachzeichen und rhetorischen Regeln, die einer Person zur Teilnahme an der allgemeinen Kommunikation sowie zur Entschlüsselung von Informationen zur Verfügung stehen. Umfang und Differenziertheit sind stark vom sozial-kulturellen Hintergrund abhängig. *B. Bernstein* führte die Konstrukte »restringierter« und »elaborierter« K. ein. Der restringierte K. bevorzugt Begriffe, deren Bedeutung vom Gebrauch innerhalb vergleichsweise enger sozialer Grenzen geprägt ist und sich mit starken Identifikationsprozessen verbindet. Das Vokabular ist eingeschränkt, die Sätze sind kurz und häufig unvollständig. Dagegen zeichnet sich der elaborierte K. durch relativ kontextunabhängige Begriffe und komplexen Satzbau aus. Dadurch sind nach Bernstein mehr oder weniger enge bzw. erweiterte Kommunikationsmöglichkeiten gegeben, die besonders in schulischen Lernprozessen Nachteile für Schüler mit restringiertem K. bringen können.

Koedukation (lat. *cum* mit, in Wortverbindungen *co* oder *con, educare* erziehen; engl. *coeducation*). Unterricht und schulische Erziehung für beide Geschlechter gemeinsam. Öffentliche Schulen sind grundsätzlich koedukative Einrichtungen. Dabei dürfen einzelne Fächer oder Teile des Lehrplans durchaus für die Geschlechter getrennt unterrichtet werden. Privatschulen können ausschließlich für Jungen oder Mädchen eingerichtet werden.

Kognition (lat. *cognitio* Erkennen, Erkenntnis; engl. *cognition*). Der Begriff ist aus der Kritik von E. C. Tolman und U. Neisser an der behavioristischen Auffassung vom Lernen hervorgegangen und stammt aus der K.psychologie, die Lernen als einen Prozess versteht, der im Bewusstsein Erfahrungs- und Erkenntniszusammenhänge bewirkt, von denen Erwartungen und Pläne ausgehen, die das weitere Lernverhalten des Menschen leiten. K. ist ein hypothetisches Konstrukt, bei dem der Prozess des Kognizierens von dem Produkt dieses Vorgangs zu unterscheiden ist. Der Vorgang des Gewahrwerdens und Erkennens bezieht sich dann auf das sinnliche Wahrnehmen, auf das erinnernde und vorausschauende Vorstellen, das Denken und Problemlösen, die Begriffsbildung und Versprachlichung; das Ergebnis dieses Erkenntnisprozesses im Bewusstsein ist dann die Sinneserfahrung, die Vorstellung von Wahrgenommenem, das Gedächtnis und die Erinnerung, das Denken und die Sprache, die Erwartung und Planung. K. ist Prozess und Ergebnis der Informationsverarbeitung und Handlungssteuerung auf der Grundlage von Wissen, Werten und Erkenntnis.

kognitive Lernziele (lat. *cognoscere* erkennen, wahrnehmen; engl. *cognitive objectives*). Sie beziehen sich im Unterschied zu *affektiven* und *psychomotorischen Lernzielen* auf Wahrnehmen, Denken, Wissen, Kenntnisse, Problemlösung und intellektuelle Fähigkeiten. Beispiel aus dem Fremdsprachenunterricht: das neue Vokabular eines Textes kennenlernen. In jedem menschlichen Verhalten sind kognitive, affektive und psychomotorische Aspekte miteinander verflochten. Sie werden aber aus analytischen Zwecken unterschieden, um alle denkbaren und empirisch auffindbaren *Lernziele* bei der Unterrichtsplanung oder Curriculumentwicklung *Lernzieltaxonomien* zuordnen zu können.

Kohorte (lat. *cohors* Haufe, Menge; engl. *cohort*). Teilgruppe einer Bevölkerung, die innerhalb eines definierten Zeitraums Erfahrungen teilt. Eine Geburtsk. umschließt z. B. alle im gleichen Jahr Geborenen, eine Klassenstufenk. alle Schüler einer Klassenstufe in einem bestimmten Jahr. In der Sozialforschung werden K. gebildet, um Bevölkerungsgruppen über längere Zeiträume hinweg vergleichend auf Veränderungen hin zu untersuchen. In diesem Sinne können z. B. die Schul- und Ausbildungskarrieren der Kinder, die in einem bestimmten Gebiet im Schuljahr x eingeschult worden sind, alle zwei Jahre erhoben werden.

Kolleg (engl. *Fulltime Adult Education College*). Schulform als Vollzeitschule des *Zweiten Bildungsweges* für Erwachsene, die i. d. R. in drei und höchstens vier Jahren zur *Allgemeinen Hochschulreife* (*Abitur,* Reifeprüfung) führt. Der Name der Bildungseinrichtung muss außer der vorgeschriebenen Bezeichnung »K.« die Zusatzbezeichnung »Institut zur Erlangung der Hochschulreife« enthalten. Der Bildungsgang ist wie an der *gymnasialen Oberstufe* in Einführungs- und Qualifikationsphase gegliedert. Aufnahmevoraussetzung ist, dass die Teilnehmer mindestens 19 Jahre alt sind, eine Berufsausbildung abgeschlossen haben oder eine mindestens dreijährige Berufstätigkeit nachweisen können und eine Eignungsprüfung bestanden oder einen mindestens halbjährigen Vorkurs erfolgreich durchlaufen haben. Die Länder können entscheiden, ob sie ausschließlich Bewerber mit Mittlerem Schulabschluss oder einem gleichwertigen Abschluss zulassen oder bei solchen Bewerbern auf die Eignungsprüfung verzichten. Die Führung eines Familienhaushalts ist der Berufstätigkeit gleichgestellt. Die Schüler dürfen während des K.besuchs keine geregelte berufliche Tätigkeit ausüben. Im Vorkurs werden Deutsch, eine Fremdsprache und Mathematik unterrichtet. Die Einführungsphase dauert zwei Halbjahre. Über die Zulassung zur Qualifikationsphase entscheiden die erbrachten Leistungen am Ende der Einführungsphase. Die Vereinbarungen der Kultusministerkonferenz über die gymnasiale Oberstufe, die Abiturprüfung und über die *Einheitlichen Prüfungsanforderungen in der Abiturprüfung (EPA)* gelten im K. entsprechend. Einzelheiten sind in der ›Vereinbarung zur Gestaltung der Kollegs‹ (Beschluss der KMK vom Juni 2000) zusammengefasst. Eine Förderung nach dem *Bundesausbildungsförderungsgesetz (BAföG)* ist möglich.

Kolleg für Aussiedler. Einrichtung für Studienbewerber aus osteuropäischen Ländern mit entsprechenden Vorbildungsnachweisen. Vermittelt wird die Eignung zur Aufnahme eines Studiums an deutschen wissenschaftlichen Hochschulen und Fachhochschulen. Der Besuch des K. f. A. dauert i. d. R. maximal zwei Jahre. Die Eignung wird durch eine Prüfung festgestellt.

kollegiale Schulleitung. In einigen Bundesländern ist z. B. in Gesamtschulen und Schulzentren anstelle eines Schulleiters eine k. S. vorgesehen, die die Leitung der Schule auf kooperativer Basis wahrnimmt. Je nach Größe der Schule besteht sie aus drei bis fünf Personen. Die Verteilung und Wahrnehmung der Aufgaben regelt eine Geschäftsordnung. Neben dem Schulleiter gibt es i. d. R. einen Organisationsleiter und einen didaktischen Leiter. Einzelheiten bestimmen die jeweiligen *Schulgesetze*.

Kollegschule. Modellversuch des Landes Nordrhein-Westfalen zur Integration von allgemeinen und beruflichen Bildungsgängen in der Sekundarstufe II. Der Schulversuch geht auf Vorschläge des *Deutschen Bildungsrates* im *Strukturplan für das Bildungswesen* zurück. Die K. bietet schulpflichtigen Jugendlichen nach der Sekundarstufe I alle vollzeit- und teilzeitschulischen Bildungsgänge an. Ziel ist das Erreichen der Fachhochschulreife oder der Allgemeinen Hochschulreife, verbunden mit dem Abschluss in einem anerkannten Ausbildungsberuf. Nach dem gegenwärtigen Auslaufen der Bildungsgänge ist der Modellversuch beendet.

Kollektivstrafe. Bestrafung einer Gruppe oder Klasse, ohne dass ein individuelles Fehlverhalten festgestellt werden kann. Im Bereich öffentlicher Erziehungs- und Unterrichtseinrichtungen ist diese Strafform deshalb prinzipiell verboten.

Kolloquium (lat. *colloquium* Besprechung, Gespräch; engl. *colloquium*). **1)** Wissenschaftliche Diskussion zwischen Hochschullehrern und Studierenden, z. B. Examensk. zur Vorbereitung auf die Prüfung.
2) Prüfung in Gesprächsform.

Kommunikation (lat. *communicatio* Mitteilung, Unterredung; engl. *communication*). In Abgrenzung zur *Interaktion* meint K. den sozialen Prozess der Verständigung von Menschen über eine Mitteilung mit dem Medium der Sprache, der Mimik und Gestik oder anderer vereinbarter Signal- und Zeichensysteme, auch mithilfe von technischen Einrichtungen.
In der mathematisch-quantitativ ausgerichteten *Informationstheorie* von C. E. Shannon und W. Weaver (1949) wird der technische Prozess des K.austausches anhand folgender Faktoren beschrieben: Sender (Initiator) – Information (inhaltlich bestimmte Nachricht) – Kommunikationsart oder Kanal (z. B. die Sprache) – Empfänger (Rezipient) – Effekt (nach dem Empfang der Information), z. B. *Feedback* vom Empfänger zum Sender.
Ergebnisse der K.forschung haben sich seit den siebziger Jahren verstärkt in der Erziehungswissenschaft und ihren pädagogischen Handlungsfeldern niedergeschlagen, so z. B. Befunde zur Massenk. in der *Medienpädagogik* oder der K.theorie in der *kommunikativen Didaktik*. Verschiedene K.theorien, z. B. die von P. Watzlawick und *D. Baacke*, haben eine Reihe von Axiomen menschlicher K. herausgearbeitet, die Unterrichts- und Erziehungsprozessen zugrunde liegen.

kommunikative Didaktik (Syn. **kritisch-kommunikative Didaktik**). Ein Modell der *Didaktik*, das vom Wissenschaftsverständnis der kritischen Theorie der Frankfurter Schule (J. Habermas) und der darauf aufbauenden kritischen *Erziehungswissenschaft* (H.-J. Gamm, *K. Mollenhauer*, K.-H. Schäfer/K. Schaller, R. Winkel) ausgeht. Oberstes Leitziel der k. D. ist *Emanzipation*. Sie betrachtet sich als kritisch, weil sie zur Demokratisierung und Humanisierung aller Lebensbereiche beitragen möchte und die bestehenden gesellschaftlichen Hindernisse durch ideologiekritische Fragestellungen

aufdecken will. Sie nennt sich kommunikativ, da Unterricht ein kommunikativer Prozess ist, der nach den Prinzipien des rationalen *Diskurses* und der symmetrischen Kommunikation gestaltet werden soll. Ferner sollen nach Auffassung der k. D. Lehren und Lernen stärker von Mitbestimmung geprägt, schülerorientierter, kooperativer, transparenter, störungsärmer gestaltet und damit generell kommunikativer werden.
Die k. D. versteht sich als Theorie schulischen Lehrens und Lernens im Sinne einer systematischen, nachprüfbaren und unterstützenden Analyse und Planung von Unterricht. Sie will die Komplexität des realen Unterrichts deskriptiv-empirisch erfassen, die Strukturen von Unterrichtsprozessen hermeneutisch erschließen und sich für eine permanente Verbesserung des Unterrichts einsetzen. Unterricht wird als ein interdependentes Geflecht von Vermittlungen (Methoden, Medien u. a.), Inhalten, Beziehungen und Störfaktoren gesehen. Dabei wird der Beziehungsdimension (Lehrer – Schüler, Schüler – Schüler) im Vergleich zur Inhaltsdimension vermehrt Gewicht beigemessen. Die k. D. sieht sich in gewisser Nähe zu den beiden klassischen Modellen der weiterentwickelten *bildungstheoretischen* und *lerntheoretischen Didaktik.*

kommunikative Kompetenz (lat. *communicare* eine Mitteilung machen, sich verständigen, *competentia* Zusammentreffen). Fähigkeit, in Kommunikationsprozessen die eigenen Absichten, Bedürfnisse und Interessen angemessen darzustellen sowie die des Gegenübers wahrzunehmen und sich auf einen dialogischen Lernprozess einzulassen. Bei der Erziehung hat der kommunikative Dialog seinen Zweck in der Verständigung zwischen Lehrenden und Lernenden über Sinn-Orientierung und über die Handlungsziele, die erreicht werden sollen.
Als ein Mittel zum Erwerb von k. K. gelten verschiedene Formen des *Rollenspiels.*

Kompensation (lat. *compensare* ausgleichen; engl. *compensation*). **1)** Ausgleich, Ersatz oder Entschädigung für eine Schwäche oder einen Schaden durch bestimmte Mittel.
2) Von A. Adler in die Psychoanalyse eingeführter Begriff für die Verarbeitung an sich selbst festgestellter körperlicher, psychischer oder geistiger Mängel durch Ersatzmaßnahmen. Dabei kann es auch vorkommen, dass eine durch Minderwertigkeitsgefühle oder -komplexe veranlasste Überbetonung einer Ersatzhandlung (Überk.) auf die soziale Umgebung nicht die gewollte Wirkung hat und eventuell lächerlich wirkt.

kompensatorische Erziehung (lat. *compensare* ausgleichen, ersetzen; engl. *compensatory education*). Fördermaßnahmen, um meist soziokulturell bedingte sprachliche und intellektuelle Benachteiligungen von Kindern und Jugendlichen auszugleichen. Die Ursprünge der k. E. liegen Mitte der sechziger Jahre in den USA und haben ihre Gründe in der Bildungsdiskussion nach dem Sputnik-Schock 1957, in der Bürgerrechtsbewegung nach der gesetzlichen Aufhebung der Trennung von Schwarzen und Weißen (1964) und in den Unruhen der Slum-Bevölkerung (Schulabbrecher, Halbanalphabeten). Mit dem sog. Head-Start-Programm und der Fernsehserie Sesame-Street sollten Bildungsrückstände aufgeholt und darüber hinaus auch die Gesundheitsfürsorge und die Versorgung mit warmen Mahlzeiten verbessert werden. Wegen der mangelnden Langzeitwirkung der Förderprogramme verstärkte sich ab 1970 die Kritik an der k. E. In der Bundesrepublik fiel die Übernahme von amerikanischen Programmen z. B. zum Sprachtraining und zur Intelligenzförderung während der Bildungsreformdiskussion um 1970 auf fruchtbaren Boden. Durch die Kritik an der k. E., Kinder aus der Unterschicht an die Normen der Mittelschicht anpassen zu wollen, wurde um 1972/73 mit dem von E. Schwartz geprägten Begriff der freisetzenden Erziehung eine reflektiertere Betrachtungsweise in Gang gesetzt, die auf soziale Integration, Abbau von Chancenungleichheit durch individuelle Förderung und Identitätsentwicklung gerichtet war.

Kompetenz (engl. *competence*). **1)** Mit der internationalen Studie *PISA* und der Entwicklung nationaler *Bildungsstandards der Kultusministerkonferenz* (KMK) erhielt der Begriff K. eine neue Funktion. Wurde das deutsche Schulwesen bisher vorwiegend durch den »Input« in Form traditioneller Lehrpläne, Stundentafeln usw. gesteuert, führten die Ergebnisse der *internationalen Vergleichsstudien* zu einem Perspektivwechsel. Seitdem soll die Leistung der Schule am »Output« orientiert werden, wie er in den Lernergebnissen der Schüler zum Ausdruck kommt. Normen für den »Output« stellen die nationalen *Bildungsstandards* dar, die an *Bildungszielen* orientiert sind. Aufgabe der Bildungsstandards ist es, die K. zu benennen, die Schüler bis zu einer bestimmten Jahrgangsstufe erwerben müssen, damit Bildungsziele als erreicht gelten können. Schulisches Lernen ist auf Fachk. bezogen und kann nicht durch allgemeine fächerübergreifende *Schlüsselkompetenzen* ersetzt werden. Im Verständnis der KMK-Bildungsstandards ist K. eine erlernte Leistungsdisposition, die durch einen kontinuierlichen Aufbau von Wissen und Können in einem bestimmten Fach oder Fächerverbund entwickelt wird und zur Bewältigung unterschiedlicher Aufgaben, Probleme und Situationen sowie zum Weiterlernen befähigt. Dieser kognitiv und funktional bestimmte K.begriff wird in der viel zitierten Definition von Weinert (in: Leistungsmessungen in der Schule, 2001) erweitert. Danach »versteht man unter K. die bei Individuen verfügbaren oder durch sie erlernbaren kognitiven Fähigkeiten und Fertigkeiten, um bestimmte Probleme zu lösen, sowie die damit verbundenen motivationalen, volitionalen und sozialen Bereitschaften und Fähigkeiten, um die Problemlösungen in variablen Situationen erfolgreich und verantwortungsvoll nutzen zu können«. Ähnlich betont Weinert weiter: Innerhalb wie außerhalb der Schule sei ein Zusammenspiel von »fachlichen K. (z. B. physikalischer, fremdsprachlicher, musikalischer Art), fachübergreifenden K. (z. B. Problemlösen, Teamfähigkeit)« und handlungsbezogenen K. (z. B. soziale, motivationale, moralische) notwendig. Wie z. B. die fachbezogene, handlungsrelevante Sprachk. beim Lernenden durch das Zusammenwirken von Wissen, Fähigkeit, Verstehen, Können, Handeln, Erfahrung und Motivation eine individuelle Ausprägung erfährt, so kann eine solche komplexe K. auch unter diesen sieben Aspekten für Aufgabenstellungen und Testverfahren operationalisiert werden. Komplexe K., die auf ein breites Leistungsspektrum und auf konkrete Anforderungssituationen bezogen sind, werden bei der Operationalisierung in *Kompetenzmodellen* weiter differenziert und in Aufgaben und Tests umgesetzt.

2) Weit verbreitet ist die Ausdifferenzierung des Begriffs in Teilk. bzw. K.dimensionen, zu denen *Selbstkompetenz,* Personal- oder Humank., *Sozialkompetenz, Methodenkompetenz, Fachkompetenz* und Sachk., Lernk. und *metakognitive Kompetenz* zählen. Solche Dimensionen bestimmten die Konzeption beruflicher *Handlungskompetenz* in den ›Handreichungen für die Erarbeitung von Rahmenlehrplänen der Kultusministerkonferenz (KMK) für den berufsbezogenen Unterricht in der Berufsschule‹ (2000). Diese Teilk. haben auch in den Konzepten zu Schlüsselk. Bedeutung, die in den Curricula der Hochschulen zur Einführung von *Bachelor-* und *Master-*Studiengängen eine Rolle spielen. Vor dem Hintergrund unterschiedlicher K.systeme ist die Entwicklung geeigneter Verfahren zur K.messung eine wichtige wissenschaftliche Aufgabe.

Kompetenzdiagnostik im Bildungsbereich. Teilbereich der interdisziplinären empirischen Bildungsforschung, dem Vertreter der Psychologie, Erziehungswissenschaft und Fachdidaktik angehören. Die K. ist unter dem Thema »Kompetenzmodelle zur Erfassung individueller Lernergebnisse und zur Bilanzierung von Bildungsprozessen« ein Schwerpunktprogramm der Deutschen Forschungsgemeinschaft (DFG) mit einer Laufzeit von sechs Jahren. Die Koordinierungsstelle des interdisziplinären Forschungsprojekts ist beim *Deutschen Institut für Internationale Pädagogische Forschung* in Frankfurt/Main angesiedelt.

Durch die *internationalen Vergleichsstudien TIMSS* und *PISA* hat der Begriff *Kompetenz* zunehmend Eingang in die nationalen *Bildungsstandards der Kultusministerkonferenz* (KMK) und in die Lehrpläne in Form von *Kerncurricula* gefunden. Da die bisherige *pädagogische Diagnostik* den gestellten Aufgaben konzeptionell nicht gerecht werden kann, muss eine entsprechende kompetenzorientierte pädagogische Diagnostik erst entwickelt und empirisch überprüft werden. Hierzu gehören: **1.** Die Entwicklung theoretischer *Kompetenzmodelle,* in denen fach- und situationsspezifische Anforderungen in abgrenzbaren Lern- und Handlungsbereichen definiert, individuelle Voraussetzungen für erfolgreiches Handeln beschrieben und personenbezogene Kompetenzerwerbsprozesse in pädagogischen Handlungsfeldern berücksichtigt werden. **2.** Die Entwicklung psychometrischer Messmodelle zur differenzierten Erfassung personenbezogener, situations- und domänenspezifischer Faktoren der Kompetenzkonstrukte. **3.** Die Entwicklung und Erprobung innovativer empirischer Messverfahren, wie sie z. B. neben standardisierten Testverfahren in systematischer Beobachtung von Bildungsprozessen mithilfe von Videostudien angewendet werden. **4.** Weiter ist zu untersuchen, wie die aus den Punkten 1 bis 3 gewonnenen Erkenntnisse über K. in Informationspaketen so dargestellt werden können, dass sie zur Innovation sowohl bei bildungspolitischen Entscheidungsträgern als auch in der pädagogischen Praxis von Lehrern beitragen. Eine diagnostische Weiterentwicklung wird aus der Zusammenarbeit von erziehungswissenschaftlichen, fachdidaktischen und kognitionspsychologischen Experten erwartet.

Kompetenzmodelle. *Bildungsstandards* legen fest, welche *Kompetenzen* Schüler bis zu einer bestimmten Jahrgangsstufe mindestens erworben haben sollen. Sie beziehen sich auf den Kernbereich einer fachdidaktischen *Domäne* und werden durch K. strukturiert. K. bestehen aus **1.** Kompetenzbereichen, in denen die Dimensionen beschrieben werden, zu denen über die Schuljahre hinweg Wissen und Können systematisch aufgebaut werden soll; **2.** Kompetenzstufen, in denen verschiedene Grade an Kompetenz beschrieben werden, die sich bei Schülern als unterschiedliche Lernniveaus empirisch feststellen lassen und für differenzierte Aufgabensammlungen und Testverfahren Verwendung finden können.

In den *Bildungsstandards der Kultusministerkonferenz* werden keine vollständigen K. dargestellt. Sie beschreiben fachspezifische Kompetenzbereiche im Sinne einer »Kompetenzprogression« für den Primarbereich, den Hauptschulabschluss und den mittleren Bildungsabschluss, die die gleiche Grundstruktur für *kumulatives Lernen* haben. Anstelle von Kompetenzstufen beschreiben die KMK-Bildungsstandards nur sog. »Anforderungsbereiche«. Darüber hinaus sollen Kompetenzstufen eine Hierarchie von Anforderungen auf einem unteren, mittleren oder hohen Kompetenzniveau beschreiben, damit Schüler nicht unter- oder überfordert werden. Der *Gemeinsame europäische Referenzrahmen für Sprachen* (2001) gilt als Beispiel für die Entwicklung eines K.

Konditionierung (lat. *condicio* Verabredung, Bedingung, Voraussetzung; engl. *conditioning*). Aus experimentellen *Lerntheorien* des *Behaviorismus* stammende

Bezeichnung für Lernvorgänge, bei denen ein bestimmtes Verhalten mit einem bestimmten Reiz so verknüpft ist, dass es mit großer Wahrscheinlichkeit bei wiederholtem Auftreten desselben Reizes wieder oder sogar verstärkt ausgelöst wird. Das erlernte Verhalten ist also bedingt durch die Erfahrung mit einem bestimmten Reiz.
Der Begriff der klassischen K. (classical conditioning) geht auf den russischen Experimentalphysiologen I. P. Pawlow zurück. In Tierexperimenten bot Pawlow einem Hund Futter (natürlicher, unbedingter Reiz) an, worauf dieser mit dem natürlichen, unbedingten Reflex der Speichelabsonderung reagierte. Nachdem bei den folgenden Futtergaben gleichzeitig ein Glockenton (neutraler Reiz) erklungen war, erfolgte die Speichelabsonderung des Hundes bereits bei Erklingen des Tones. Der Glockenton wurde so zu einem bedingten, konditionierten Reiz und der darauf erfolgte Speichelfluss zur bedingten, konditionierten Reaktion.
Bei der von *B. F. Skinner* untersuchten operanten K. (operant conditioning) wird unmittelbar nach einer bestimmten Reaktion auf einen Reiz ein positiv oder negativ verstärkender Reiz dargeboten. Damit erhöht sich die Wahrscheinlichkeit des Auftretens oder der Vermeidung von gezeigten Reaktionen. Bei Tierversuchen in der sog. Skinner-Box konnte sich das Tier durch Betätigung eines Hebels (Operation im Sinne einer Handlung) Futter verschaffen und erlernte so durch die Belohnung (positiver Verstärker) die Betätigung des Apparates. Bei der sog. operanten K. wird also ein erwünschtes Verhalten umgehend verstärkt, so dass es sich aufgrund der Belohnung stabilisiert. Umgekehrt kann Strafandrohung für ein unerwünschtes Verhalten ein konditioniertes Vermeidungsverhalten verstärken. In ähnlicher Weise wurde von E. Thorndike Lernen durch Verknüpfung einer Reaktion mit einer positiven Verstärkung als instrumentelle K. (instrumental conditioning) bezeichnet.
Bei der semantischen K. (semantic conditioning) stellen bestimmte Wörter einen bedingten Reiz dar, der die Assoziation bedeutungs- oder sinnverwandter Wörter auslöst. Eine andere Variante ist die verbale K. (verbal conditioning), bei der es im Gespräch um die Verstärkung eines Verhaltens durch die positive Zustimmung des Zuhörers geht.
Die von Pawlow, Skinner u. a. in Tierexperimenten gewonnenen Reiz-Reaktions-Theorien zur Erklärung von konditionierten Lernvorgängen wurden weitgehend auch auf den Menschen übertragen. Die Erkenntnisse finden in Behandlungsmethoden der *Verhaltenstherapie* und der *Verhaltensmodifikation* ihre Anwendung. Jedoch können die Prinzipien der K. nicht jegliches Lernen beim Menschen erklären. Forschungsarbeiten haben gezeigt, dass menschliches Lernen wesentlich durch kognitive Prozesse und Strukturen bedingt ist.

Konferenzmethode (lat. *conferre* zusammentragen). Über die offene und möglichst aspektreiche Erörterung eines Problems in kleinen *Gruppen* sollen verschiedene Ansichten eines Problems erörtert, Lösungswissen zusammengetragen, alternative Lösungswege gefunden sowie konkrete Lösungen in die Wege geleitet und nach Möglichkeit auch umgesetzt werden. Die K. macht sich die synergetischen Effekte von Gruppenprozessen zunutze. Sie ähnelt darin dem *Brainstorming*.

Konflikt (lat. *confligere* zusammenschlagen, zusammenstoßen; engl. *conflict*). Gleichzeitiges Auftreten von zwei oder mehreren nicht miteinander zu vereinbarenden Reaktionen auf einen Impuls. Der Begriff bezeichnet sowohl den individuellen innerlichen Widerstreit (Hass – Liebe) als auch intersubjektive Unverträglichkeiten (erwartetes gegen gezeigtes Verhalten). K. lassen sich unter Berücksichtigung der Kriterien Begehren und Abweisen differenzieren. Werden zwei Ziele verfolgt, die sich wechselseitig ausschließen, kann von einem K.

auf der Ebene des Begehrens gesprochen werden. Ergeben sich in ein und derselben Situation Ziele, die begehrt, und solche, die abgelehnt werden, liegt nach dieser Sprachregelung ein K. zwischen Begehren und Abweisen vor.

Konkurrenz (lat. *concurrere* angreifen, aneinandergeraten; engl. *competition*). Leistungsbezogener Wettbewerb. Ziel bzw. Folge ist die Bildung einer Rangreihe: Erster, Zweiter, Dritter usw. Da der Schule u. a. die Funktionen von Auslese und *Allokation* übertragen wurden, bestimmt K. Einstellungen und Verhaltensweisen von Schülern nachhaltig. Die daraus erwachsende Rivalität zwischen den Schülern erschwert schulische Bemühungen um Kooperationsfähigkeit und Solidarität.

Konstrukt (lat. *constructio* Zusammenfügung, Verbindung; engl. *construct*). Die gedankliche Zusammenfügung von Bedeutungen zu einem Begriff. Insofern Voraussetzung für jede bewusste Erfahrung. Im Rahmen empirischer Forschung sind K. so zu definieren, dass die Prozesse, die zu bestimmten Daten führen, und die Merkmale dieser Daten selbst möglichst eindeutig festgelegt sind. So kann z. B. Schulerfolg bestimmt werden als Erwerb des Abschlusszertifikates nach einem Schulbesuch ohne Sitzenbleiben und dem Bestehen der erforderlichen Abschlussprüfung. Davon unterscheiden ließen sich dann eingeschränkte Schulerfolge, also solche, die etwa nach zweimaliger Wiederholung von Klassenstufen erreicht werden.

konstruktivistische Didaktik. *Didaktik*.

Kontaktstudium. Das K. dient der wissenschaftlichen Reflexion, Überprüfung und Vertiefung berufspraktischer Erfahrungen. Die Veranstaltungen des K. sollen insbesondere berufspraktische Bezüge berücksichtigen und so angeboten werden, dass sie neben einer Berufstätigkeit bzw. in Kompaktform während des Urlaubs oder in Zeiten beruflicher Freistellung besucht werden können.

Kontingenztabelle. *Kreuztabelle*.

Konvention über die Rechte des Kindes (engl. *Convention on the Rights of the Child*). Die UN-Kinderrechtskonvention wurde am 20. November 1989 von der Generalversammlung der Vereinten Nationen einstimmig verabschiedet. Sie besteht aus einer Präambel und 54 Artikeln. Sie wurde am 26. Januar 1990 von der Bundesrepublik Deutschland unterzeichnet und trat nach der Zustimmung von Bundestag und Bundesrat durch Gesetz vom 17. Februar 1992 am 5. April 1992 in Kraft. Die Ratifizierungsurkunde wurde am 6. März 1992 beim Generalsekräter der Vereinten Nationen hinterlegt. Damit wurden die persönlichen, kulturellen, sozialen und politischen Rechte von *Minderjährigen* erstmals in verbindlicher Form in einem internationalen Beschluss festgelegt. Grundlagen der Konvention sind die allgemeine Erklärung der Menschenrechte, die Erklärung der Vollversammlung über die Rechte des Kindes vom 20. 11. 1959 und die Charta der Vereinten Nationen. Eine der zentralen Bestimmungen verpflichtet Gesetzgebung und öffentliche Verwaltung, alle ihre Beschlüsse und Maßnahmen immer auch am Wohl der Kinder im Sinne der ausgeführten Bestimmungen zu orientieren. Nachdrücklich wird jede Diskriminierung untersagt. Der Staat ist in all seinen Verantwortungsbereichen verpflichtet, Leben, Gesundheit, Freiheit, Würde, Sicherheit, Erziehung und individuelle Entfaltung der kindlichen Persönlichkeit zu schützen und zu fördern. Die Verantwortlichkeit der Eltern hat sich an den zunehmenden Fähigkeiten der Kinder zu selbständigem Urteil und selbstbestimmter Lebensführung zu orientieren.

Konzentration. *Aufmerksamkeit*.

Kooperationsformen des Unterrichts. *Sozialformen des Unterrichts*.

Kooperative Gesamtschule (KGS). *Gesamtschule*.

Koranschule. Islamische Religionsschule. In Deutschland, Österreich und der Schweiz richten Moscheen oder islamische Vereine K. für Kinder ab dem

4. Lebensjahr ein. In ihnen lernen Kinder unter der Anleitung eines Imam den vollständigen arabischen Urtext des Koran auswendig. Ziele sind dabei, die Koranrezitation mit der gültigen Sinnvermittlung des heiligen Buches, der Entwicklung unbedingten Gehorsams gegenüber dieser Lehre, der Pflege der Muttersprache sowie der Einführung in die sozialen und kulturellen Normen der islamischen Gemeinde aufs Engste zu verbinden. K. können deshalb auch als Orte religiöser politischer Sozialisation charakterisiert werden. In diesem Sinne werden sie in vielen Fällen als Speerspitzen des sogenannten heiligen Krieges (Jihad) zur Sicherung und Ausweitung des islamischen Herrschaftsgebietes instrumentalisiert.

Korea (Republik Korea). 1) Präsidiale Republik. Hauptstadt: Seoul (10 Mill. Einw.). Fläche: 99 313 km², 48,1 Mill. Einw., 484 Einw./km². Fast ausschließlich Koreaner. In Städten leben 83% der Bevölkerung. Landessprache: Koreanisch (Amtssprache), Englisch und Japanisch als Handelssprachen. Religion: Buddhisten, Konfuzianer, Protestanten, Katholiken u. a.

2) Mit Beendigung des Status als Kolonie Japans (1910–1945) nach dem Zweiten Weltkrieg führte die Aufteilung des Landes zur Volksrepublik K. im Norden und zur Republik K. im Süden. Staatsgründung: 15. August 1948. Nach Korea-Krieg (1950–1953) und Militärdiktaturen leitete die neue Verfassung vom 29. Oktober 1987 die Demokratisierung des Landes ein. Zählte Südkorea Anfang der 60er Jahre noch zu den ärmsten Entwicklungsländern der Erde, gehört es heute zu den aufstrebenden Wirtschaftsnationen. Als Grund für den ökonomischen Aufschwung wird der Aufbau eines egalitären Bildungswesens nach amerikanischem Vorbild und die damit verbundene Expansion des Bildungsstandes der koreanischen Bevölkerung gesehen. Die guten PISA-Ergebnisse dokumentieren und bestätigen diese Entwicklung.

Die erste gesetzliche und systembildende Grundlegung des Schulwesens nach der Teilung 1948 erhielt Südkorea durch das Bildungsgesetz (Educational Law) von 1949. Das bis in die Gegenwart wirkende Gesetz wurde 1998 unterteilt in das Grundgesetz der Bildung (Fundamental Law of Education), das Bildungsgesetz für den Elementar- und Sekundarbereich (Elementary and Secondary Educational Law) und das Hochschulgesetz (Higher Education Law). 1999 kamen das Gesetz zum lebenslangen Lernen (Lifelong Education Law) und das Berufsbildungsgesetz (Law for Promoting of Vocational Education and Learning) hinzu. Diese Gesetze waren das Ergebnis der Bemühungen seit Anfang der 90er Jahre, ein demokratisches Bildungswesen aufzubauen. Verschiedene Vorschläge der Reformkommission Presidential Commission on Education Reform (PECR) für ein neues Bildungssystem, die im National Report von 2004 veröffentlicht wurden, führten zwischen 1992 und 1996 zu einer kritischen Auseinandersetzung.

Die grundlegende Verantwortung für das Bildungssystem hat seit Februar 2001 das Ministerium für Bildung und Personalentwicklung (Ministry of Education and Human Resources Development, MOEHRD, abgekürzt MOE). Der jeweilige Bildungsminister besitzt den Rang eines Vize-Premierministers. Mit der Ausweitung des Aufgabenbereichs hat das Bildungsministerium die juristische und fachliche Aufsicht über das gesamte Bildungssystem einschließlich der beruflichen Bildung der Hochschulen und der Erwachsenenbildung inne. Für den Hochschulbereich ist weiter das Ministerium für Forschung und Technologie (Ministry of Science and Technology, MOST) zuständig. Im März 2001 wurde das Beratungsgremium Advisory Council for Educational Policy eingerichtet, um den Bildungsminister mit Analysen und Entwicklungsvorschlägen zu unterstützen. Im Zuge der Dezentralisierung ist ein Teil der Bildungsverwaltung auf die lokalen Behörden (Local Offices of Education) übertragen worden. Seit 1991 soll hierdurch die Autonomie und Partizipation auf lokaler Ebene ermöglicht und gefördert werden. Hierzu gehört auch die Erweiterung der Schulautonomie. Seit 1996 gibt es an allen Schulen das Gremium des Schulrats, das sich aus Lehrern, dem Schulleiter, Eltern und Vertretern der Gemeinde aus dem Einzugsbereich der Schule zusammensetzt. Der Schulrat berät z. B. Fragen des Schulbudgets, des Schulcurriculums, des Schülerwohls, der Kooperation mit anderen Schulen und des Schulmanagements.

Der Aufbau des Schulsystems besteht heute aus einem 6–3–3–4-System. Nach dem Kindergarten im Vorschulbereich folgen die sechsjährige Grundschule, die dreijährige Mittelschule, die dreijährige Oberschule und die vierjährige Hochschule.

Die Schulpflicht beginnt mit dem vollendeten 6. Lebensjahr. War nach der Verfassung von 1948 nur die schulgeldfreie sechsjährige Grundschule für alle Kinder obligatorisch, wurde seit 1985 die dreijährige Mittelschule schrittweise in die neunjährige Pflichtschulzeit einbezogen. Seit 1997 ist der Mittelschulbesuch landesweit obligatorisch und gebührenfrei.

Für behinderte Kinder und Jugendliche, die nicht in den Regelunterricht integriert werden können, gibt es auf allen Schulstufen sonderpädagogische Einrichtungen.

Die siebte Lehrplanreform von 1996 bewirkte die Einführung neuer Lehrpläne zwischen 2000 und 2002 in den Grundschulen, 2001 und 2003 in den Mittelschulen sowie 2002 und 2004 in den Oberschulen.

Zur Qualitätssicherung und Qualitätsprüfung wird seit den 90er-Jahren ein Evaluationssystem praktiziert, das sowohl summarische als auch spezielle diagnostische Informationen über die Leistungs- und Sozialentwicklung eines Schülers dokumentiert. Die curriculumbezogenen Leistungsdaten werden mit landesweiten Tests (National Assessment of Scholastic Achievement, NASA) erhoben. Sie werden in den Klassen 4, 5 und 6 der Grundschulen und in den beiden ersten Klassen der Mittel- und Oberschulen, aber nicht im Abschlussjahr durchgeführt. Die Ergebnisse der einzelnen Schulen werden der Öffentlichkeit nicht zugänglich gemacht.

3) Die Vorschulbildung hat in den letzten Jahren aufgrund der Wichtigkeit frühkindlicher Bildung, aber auch wegen der zunehmenden Anzahl berufstätiger Frauen immer mehr an Bedeutung gewonnen. Während 1966 nur 1% der Drei- bis Fünfjährigen einen Kindergarten (Yuchiwon, Nursery school) besuchte, konnten durch die beständige Zunahme an öffentlichen Kindergartenplätzen bereits 1995 45% der Fünfjährigen die Vorschulbildung wahrnehmen. In den Großstädten besuchen heute die meisten Kinder eine Vorschuleinrichtung. Kinder von arbeitenden Müttern mit geringem Einkommen werden seit 1999 bei der Vergabe von öffentlichen Kindergartenplätzen bevorzugt, und ihr Platz wird vom Staat finanziell bezuschusst. Etwa 20% der fünfjährigen Kinder aus sozial schwachen Familien sind seit 2002 ganz von den Gebühren befreit. Durch das Vorschulprogramm werden die Kinder bereits in die Bereiche Lesen, Schreiben, Mathematik, Englisch u. a. eingeführt. Die große Nachfrage führte zur Ausweitung privater Einrichtungen, so dass 2000 das Verhältnis von privaten zu öffentlichen Kindergärten 7 zu 3 betrug. In den größeren Städten haben sich neben den Kindergärten Kindertagesstätten (Daycare centres) und für arbeitende Mütter Kinderhilfsdienste (Childcare services) etabliert. Größere Firmen mit vielen weiblichen Angestellten haben inzwischen eigene Kindertagesstätten und Kinderhilfsdienste eingerichtet.

Die Grundschule (Chôdeung hakkyô, Primary School) umfasst sechs Schuljahre und istfür alle sechs- bis elfjährigen Kinder obligatorisch. Wenn die Kapazitäten ausreichen, können seit 1996 auch schon

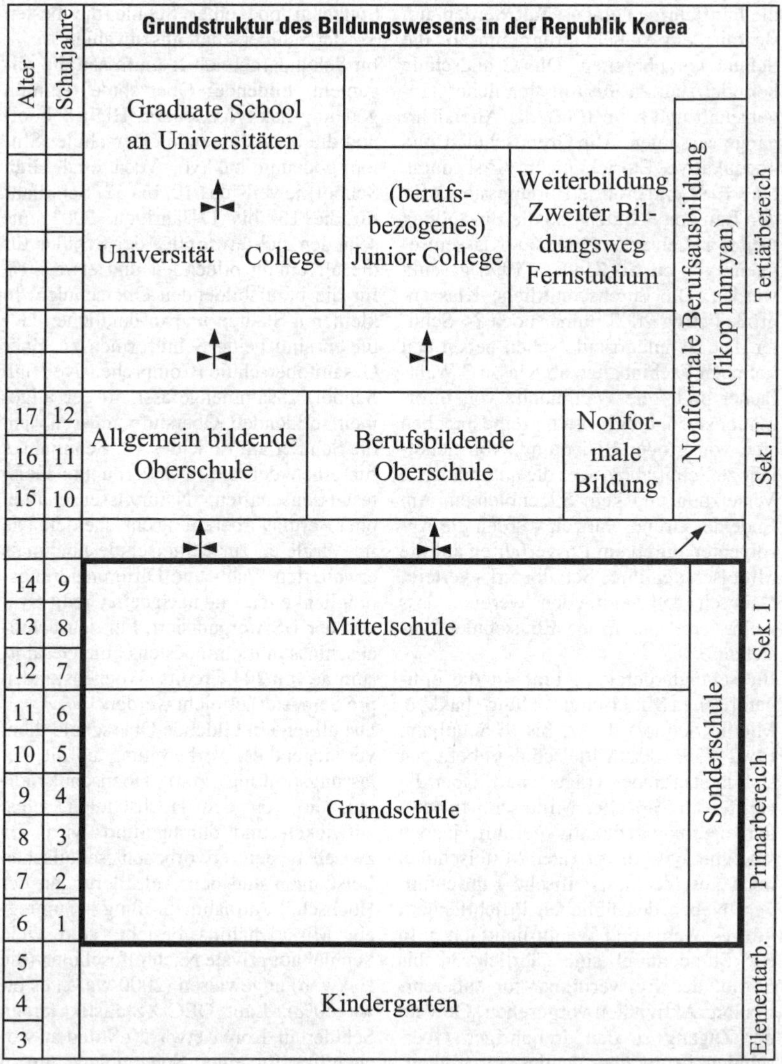

Fett umrandet sind die Einrichtungen für die Erfüllung der Schulpflicht

Qualifizierte Auswahl — Einfacher Übergang

K

die Fünfjährigen eingeschult werden, um sie mit dem Vorschulprogramm auf die Schule vorzubereiten. Die Grundschule befindet sich zu 99% in staatlicher Trägerschaft und kann 100% der Altersjahrgänge versorgen. Alle Grundschulen sind koedukative Einrichtungen. Erst durch eine 1982 eingeführte Bildungssteuer für den Bau von Schulen und die Einstellung weiterer Lehrer konnte die Klassenfrequenz von ca. 50 Kindern 1998 gesenkt werden. Die durchschnittliche Klassengröße betrug 2003 immer noch 34 Schüler. Die Schulcurricula sehen neben den üblichen Fachinhalten ab Klasse 3 Wahlfächer und freie Wahlinhalte vor. Informationstechnologie und Fremdsprachen sind von großer Bedeutung. Von Schuljahr zu Schuljahr gibt es die automatische Versetzung und kein Sitzenbleiben. Am Ende der Grundschulzeit werden die Absolventen durch ein Losverfahren auf die Mittelschulen ihres Schulbezirks verteilt. Dadurch soll vermieden werden, dass wohnviertelspezifische Eliteschulen entstehen.

Im Sekundarbereich I umfasst die obligatorische Mittelschule (Jûng hakkyô, Middle School) das 7. bis 9. Schuljahr. Etwa 75% der Mittelschulen befinden sich in staatlicher Trägerschaft. Über die Hälfte (56,5%) aller Mittelschulen werden bereits koedukativ geführt, jedoch sind über 65% der privaten Mittelschulen noch geschlechtsspezifische Einrichtungen. Neben den üblichen Pflichtfächern gibt es Wahl- und Wahlpflichtfächer. In der Stundentafel sind jährlich 34 bis 68 Stunden frei verfügbar für außercurriculare Aktivitäten vorgesehen. Obwohl der Zugang zu den dreijährigen Oberschulen heute über landesweit einheitliche Aufnahmeprüfungen und Losverfahren reguliert wird, liegt die Übergangsquote der Mittelschulabsolventen bei 100%. Spezielle Oberschulen für Kunst, Fremdsprachen, Naturwissenschaften und Sport bestimmen ihre eigenen Aufnahmekriterien. Diese Spezialschulen haben das Recht, sich aus der Spitzengruppe einer Schule die besten 3% der Schülerschaft auszuwählen.

Im Sekundarbereich II umfassen die allgemein bildende Oberschule (Inmûn gôdeung hakkyô, General High School) und die berufsbildende Oberschule (Shilop gôdeung hakkyô, Vocational High School) jeweils das 10. bis 12. Schuljahr für die 15- bis 17-Jährigen. 2001 entschieden sich etwa 60% der Schüler für die allgemein bildenden und etwa 40% für die berufsbildenden Oberschulen. In kleineren Städten und in ländlichen Gebieten sind beide Schulformen zu einer Gesamtoberschule (Comprehensive High School) zusammengefasst. In der allgemein bildenden Oberstufe müssen sich die Schüler am Ende des 10. Schuljahres für einen der drei Schwerpunkte Geisteswissenschaften, Naturwissenschaften oder Berufsvorbereitung entscheiden. Die im Vergleich zur Mittelschule nochmals erweiterten Wahl- und Differenzierungsmöglichkeiten sind nach dem Credit-System der USA organisiert. Für den Schulabschluss muss mindestens eine Gesamtsumme von 204 Credits (Wochenstunden pro Semester) erreicht werden.

Die allgemein bildende Oberschule dient vorwiegend der Vorbereitung auf die Zulassungsprüfung zum Hochschulstudium, die von den Hochschulen selbst entwickelt und durchgeführt wird. Da zwischen den erworbenen schulischen Leistungen und den Anforderungen der Hochschul-Aufnahmeprüfung (Sunung) ein Missverhältnis besteht, sind viele Schüler auf private Nachhilfeschulen (die Hakwon) angewiesen (2000 waren es etwa 60%). Laut OECD-Statistik lernen Schüler in Korea etwa 50 Stunden wöchentlich für einen Spitzenplatz, um in eine Elite-Universität aufgenommen zu werden. Um diese Probleme zu mildern, strebt das Bildungsministerium seit 1996 eine Reform der Oberstufe und der Aufnahmeprüfungen an. Etwa 67% der allgemein bildenden und 43% der berufsbildenden Oberschulen sind in privater Trägerschaft.

Mit dem Übergang aus der 9. Klasse der Mittelschule in die berufsbildende Oberschule beginnt der Eintritt in das Berufsbildungssystem. Die berufsbildenden Oberschulen gliedern sich in die Fachrichtungen Technik, Kaufmännische Ausbildung, Landwirtschaft, Hauswirtschaft, Fischzucht und Marineausbildung. Das Curriculum der beruflichen Oberschule setzt sich aus allgemein bildenden Fächern (30%) und aus berufsbildenden Fächern (70%) zusammen. Neben der Vermittlung eines breiten Berufsgrundwissens in einer der genannten Fachrichtungen verleiht sie nach erfolgreichem Abschluss auch die Berechtigung zum Studium an einer Hochschule. Die Wahl des technischen (93% männliche Jugendliche) oder des kaufmännischen Zweiges (81% weibliche Jugendliche) ist sehr stark geschlechtsspezifisch geprägt. Absolventen der berufsbildenden Oberschule, die ihre Ausbildung nicht im Tertiärbereich fortsetzen, erhalten meist unmittelbar nach dem Schulabschluss auf dem Arbeitsmarkt eine Arbeitsstelle.

Das Schulsystem aus Grund-, Mittel- und Oberschule hält Bildungschancen lange offen und ist so durchlässig, dass die eigentliche Allokation (Verteilung, Zuweisung) erst im Alter von 18 Jahren beim Übergang in den Tertiärbereich oder das Beschäftigungssystem stattfindet. Dies hat dazu beigetragen, dass gegenwärtig 97% eines Alterjahrsgangs die Oberschule erfolgreich abschließen und ein Bildungsniveau erreichen, das ein Hochschulstudium ermöglicht. Nur 1,4% aller südkoreanischen Jugendlichen haben keinen Schulabschluss.

4) Zur Berufsausbildung im formalen Bildungsbereich (Jikop gyôyûk, Vocational Education) gehören die berufsbildenden Oberschulen und die Junior Colleges (Jonmûndaehak) im Tertiärbereich, die unter der Aufsicht des Bildungsministeriums (MOE) stehen. Alle weiteren Berufsbildungsaktivitäten, die in der Zuständigkeit des Arbeitsministeriums (MOL) liegen, werden als nonformale Berufsausbildung (Jikop hûnryan, Nonformal Vocational Training) bezeichnet. Hierzu gehören 1. Ausbildungsgänge der staatlichen und öffentlichen Ausbildungsinstitute zur Qualifizierung von Facharbeitern, Technikern und anderen Berufen, 2. Ausbildungsmöglichkeiten auf Facharbeiterebene in privaten Betrieben und 3. Ausbildungsgänge für z. B. Büro- und Dienstleistungsberufe, die von Institutionen in privater Trägerschaft angeboten werden. Da diese Ausbildungsgänge i. d. R. nicht an festgelegten Berufsbildern orientiert sind, überwiegt – unabhängig von erworbenen Zeugnissen – bei der Übernahme einer Arbeitsstelle die eigentliche betriebliche Qualifizierung durch unmittelbares Anlernen am Arbeitsplatz (On-the-job-training).

5) Im Tertiärbereich gibt es die vier- bis sechsjährigen Studiengänge an Universitäten (Daehakkyô) und Colleges (Daehak) mit dem Abschluss Bachelor (Haksa), die darauf aufbauenden Graduate Schools (Daehakwon) zum Erwerb des Magister- (Soksa) oder des Doktortitels (Baksa). Eine einzelne Hochschulfakultät wird College genannt. Es gibt derzeit etwa 170 Universitäten und Colleges, wobei sich eine Hochschuleinrichtung mit mindestens drei Fakultäten (Colleges) nach dem Bildungsgesetz als Universität bezeichnen kann. Zu jeder Universität gehört mindestens eine Graduate School. Darüber hinaus gibt es zwei bis drei Jahre umfassende berufsbezogene Studiengänge an Junior Colleges (Jonmûndaehak) auf mittlerer Hochschulebene, die mit Fachhochschulen vergleichbar sind. In ihnen werden vor allem Studiengänge zu den Fachrichtungen Technik, Wirtschaft, Landwirtschaft, Krankenpflege, Gesundheitswesen, Hauswirtschaftslehre, Kunst, Sport und Fischerei angeboten. Da der expandierende Andrang an den Hochschulen nur über ein differenziertes System von Aufnahmeprüfungen reguliert werden kann, ist der Selektionsdruck vor allem an den angesehenen Universitäten und Colleges groß. Für den Übergang in das Beschäftigungssystem ist der formale Bildungsabschluss und das Ansehen der absolvierten Hochschule entscheidend.

6) Lehrer müssen i. d. R. ein vierjähriges Hochschulstudium an einem Teacher College (Pädagogische Hochschule), an Colleges of Education (pädagogischen Fakultäten) oder an der Korean National University of Education absolvieren. Lehrer an Sonderschulen werden in dem 1994 eingerichteten Nationalinstitut für Sonderpädagogik ausgebildet.

7) Im Bereich der Erwachsenenbildung und der allgemein bildenden Weiterbildung wurde das Social Education Promotion Law zur Förderung lebenslangen Lernens 1999 durch das Lifelong Education Law (LEL) ersetzt. Es wurden in einer Reihe von Institutionen Möglichkeiten für berufstätige Jugendliche und Erwachsene geschaffen, Abschlüsse des Bildungssystems z. B. in Abendklassen des Zweiten Bildungsweges oder durch Fernunterricht nachträglich zu erwerben. Einige dieser Einrichtungen haben ihre Bedeutung inzwischen verloren, da fast 100 % der Jugendlichen die Mittel- und Oberschulen besuchen.

Zur Weiterbildung auf der Hochschulebene gehört das Fernstudium, das von 14 Open Universities, sechs Open Graduate Schools und staatlichen Air and Correspondence Colleges angeboten wird.

Die berufliche Weiterbildung und Umschulung wird von den öffentlichen und privaten nonformalen Berufsausbildungsinstitutionen getragen. Schwerpunkte sind die Vermittlung von modernen Produktionsmethoden, neuen Technologien, Kenntnissen zur Vorbereitung auf höhere Qualifikationsprüfungen und Fähigkeiten zur Verbesserung der Arbeitsfähigkeit, vor allem bei Problemgruppen.

körperliche Züchtigung. *Prügelstrafe. Erziehungs- und Ordnungsmaßnahmen.*

kosmische Erziehung. Teilbereich der *Montessori-Pädagogik.* Die Konzeption der k. E. und die dazu entwickelten didaktischen Materialien gehören zum Spätwerk *M. Montessoris.* Biografisch-politischer Hintergrund der Entstehung der k. E. sind die Erfahrungen M. Montessoris mit ihrer Ausweisung und Flucht aus Barcelona bei Ausbruch des Spanischen Bürgerkrieges 1936 im Alter von 66 Jahren, mit der Schließung von Montessori-Schulen und der Verfolgung von Montessori-Anhängerinnen durch die Nationalsozialisten in Deutschland (z. B. *C. Grunwald, H. Helming*) sowie mit ihrer Internierung während des Zweiten Weltkrieges in Indien.

In ihren Friedensvorträgen hatte M. Montessori in den 30er Jahren die ökologischen, friedenspädagogischen und gesellschaftlich-moralischen »kosmischen Aufgaben« des Menschen zur Erhaltung des Gleichgewichts in der Natur, zur Verantwortung für ein friedliches Zusammenleben der Menschen und zur Stärkung der persönlichen Integrität des Individuums thematisiert. In den 40er Jahren entwickelte sie diese Gedanken zu einer »kosmischen Theorie« weiter und betonte voller Sorge, es sei höchste Zeit, dass sich die Menschheit ihrer gemeinsamen Verantwortung bewusst werde und in Einigkeit handle, um Katastrophen wie Störungen im Gleichgewicht der Natur und vernichtende Kriege unter den Menschen in Zukunft abzuwenden.

Nachfolgende Generationen sollen durch die k. E. auf ihre große Verantwortung vorbereitet und sich ihrer Stellung im Kosmos, in der Evolution des Lebens und in der Geschichte der Menschheit bewusst werden, um sich in Achtung und Liebe als Teil dieser Entwicklung erkennen zu können.

Nach der Entwicklungstheorie M. Montessoris werden die Grundlagen für die kosmische Bewusstseinsbildung im Alter zwischen 6 und 12 Jahren gelegt, wenn sich das Kind verstärkt der äußeren Welt zuwendet und mit Wissbegierde danach verlangt, die Ursachen der Dinge und Zu-

sammenhänge in der Welt zu ergründen, moralische Orientierungen zu erhalten und in sozialen Gruppen mit anderen zusammen zu lernen.
Inhaltlich-thematische Schwerpunkte des »universalen Lehrplans« der k. E. sind: Entstehung des Kosmos und der Erde, Evolution des Lebens, Geschichte der Menschheit, Astronomie, die vier Elemente, Tier- und Pflanzenwelt, eigene Biografie u. a.
Ein wichtiger Aspekt der k. E. ist die *Methode*. Es geht in erster Linie nicht um die Vermittlung von leicht abfragbaren Detailkenntnissen, sondern um das Erleben, Bewusstmachen und Verstehen von größeren Zusammenhängen. Es sollen »Interessensamen« gesät werden, die vielleicht erst später richtig aufkeimen, aber motivierend für die Aufarbeitung und Vertiefung im Sekundarbereich wirken. Besondere Bedeutung haben dabei Erkundungen (z. B. im Wald), Lernerfahrungen mit realen Gegenständen (z. B. Analyse des Erdbodens und des Wassers), Erzählgeschichten (z. B. Schöpfungsgeschichten) und Entwicklungsmaterialien (z. B. Jahreskette, Evolutionszeitleiste, Pflanzen- und Tierbaum).
Für die Altersgruppe der Jugendlichen hat M. Montessori das Programm des »Erdkinderplans« entwickelt, den sie in einer Art polytechnischer Erfahrungsschule des sozialen Lebens realisiert sehen wollte. Der »Erdkinderplan« ist aber bisher weitgehend nur Programm geblieben.
Im Unterschied zur weiten Verbreitung der pädagogischen Schriften M. Montessoris hat die Rezeption der Theorie und Praxis der k. E. in Deutschland erst nach der Veröffentlichung des gleichnamigen Buches im Jahr 1988 verstärkt eingesetzt. Die k. E. erfährt seitdem eine zunehmende Beachtung.

Kosten-Nutzen-Analyse (engl. *cost-benefit analysis*). Im Zusammenhang mit dem wachsenden Interesse an einer betriebswirtschaftlichen Lenkung des Bildungswesens findet die K.-N.-A. inzwischen auch in der Bildungspolitik Beachtung, obschon ihr Ertrag für eine möglichst effektive Mittelverwendung angesichts des komplexen Gefüges aller für ein Vorhaben relevanten Bedingungen und Wirkungen und deren geldwerte Beschreibung sehr begrenzt ist.
K.-N.-A. sollen im Wesentlichen der Beantwortung von drei Fragen dienen: a) Welche verschiedenen Lösungen sind für konkrete Probleme bzw. Zielsetzungen denkbar? b) Was sagen Wirkungsanalysen über die Vor- und Nachteile verschiedener Alternativen aus? c) Welche Alternative ist unter Berücksichtigung von Kosten, Zeit, Wirkungen und Nebeneffekten die beste?
Da Entscheidungen über die Güte von Alternativen im Bildungswesen hochgradig interessengeleitet und wertbesetzt sind, ist die Aufstellung einer allseits anerkannten Rangordnung von Handlungsalternativen zumeist schwierig.

Krabbelstube. *Krippe*.

Krankenhausunterricht. *Hausunterricht*.

Kreativität (lat. *creare* erschaffen, hervorbringen, *vis* Kraft, Stärke; engl. *creativity*). Während früher mit dem Begriff in erster Linie herausragende Fähigkeiten des schöpferischen Menschen (Künstler, Wissenschaftler) verbunden wurden, hat sich der Bedeutungsumfang unter dem Einfluss der psychologischen K.forschung in Richtung alltäglicher, technischer, politischer und wirtschaftlicher Bereiche erweitert. Zu den kreativen Fähigkeiten gehören produktives und divergentes Denken, wie es in ideenreichen, originellen Problemlösungen zum Ausdruck kommt. Über die kognitiv-intellektuellen Aspekte hinaus zählen aber auch emotionales Engagement, soziale Kooperation, produktive Phantasie und ästhetische Gestaltung zu den Merkmalen kreativen Handelns. Dabei wird heute davon ausgegangen, dass alle Menschen zu kreativen Leistungen fähig sind. Das wirft die Frage auf, wie solche Fähigkeiten gefördert und die Merkmale des K.begriffs pädagogisch konkretisiert werden können. Möglichkeiten werden in der Verstärkung offener, erfahrungsbezogener und handlungsorientierter Unterrichtskonzepte gesehen, die Schülern vielfältige Gelegenheiten zu Selbständigkeit, Selbsttätigkeit, Kooperation, entdeckendem Lernen, problemlösendem Denken und ästhetisch-künstlerischen Aktivitäten geben. Als kreativitätshemmend gelten schulische Strukturen, die Schüler vorwiegend zu rezeptivem Lernen zwingen und durch Leistungsdruck, Selektionszwang und Disziplinierung gekennzeichnet sind.

Kreuztabelle (Syn. **Kontingenztabelle**; engl. *cross-sectional table*). Tabellarische Anordnung von Elementen einer Stichprobe unter Berücksichtigung von zwei Merkmalen. Weist das eine Merkmal x und das andere y Ausprägungen auf, so hat die K. x Zeilen und y Spalten. In die durch die Zeilen und Spalten gebildeten Felder wird dann jeweils die Anzahl der Elemente eingetragen, die die entsprechenden Ausprägungen beider Merkmale zugleich aufweisen, sich in dieser Hinsicht also berühren (lat. *contingere*). Trägt man beispielsweise in der Zeile die in Blöcke gebündelten Punktwerte eines Tests (z. B. 0–10, 11–20 usw.) und in die Spalte Schüler aus Haupt-, Real-, Gesamtschulen und Gymnasien der Klassenstufe 7 ein, dann wird deutlich, in welcher Weise sich die Ausprägung der Punktzahl mit den verschiedenen Schularten berührt. So kann z. B. deutlich gemacht werden, dass ein Teil der Schüler verschiedener Schularten in derselben Klassenstufe gleich hohe Leistungen zeigen. Die einfachste Form einer K. ist dann möglich, wenn jede der beiden Variablen nur zwei Ausprägungen haben kann, z. B. Spalte: Junge/Mädchen, Zeile: Technikunterricht in Klassenstufe 8 ja oder nein. Eine derartige K. wird auch als Vierfelder-Tabelle bezeichnet.

Kriminalität (engl. *delinquency*). Jeder unter Strafandrohung gestellte Bruch der in einer Gesellschaft bzw. einem Staat rechtlich festgeschriebenen Ordnung.

Krippe (engl. *day nursery*). Tageseinrichtung zur Betreuung und gemeinsamen Erziehung von Kindern bis zum 3. Lebensjahr. I. d. R. geben berufstätige Mütter, insbesondere alleinerziehende Frauen, ihr Kind in eine K. Immer öfter aber wird der Besuch einer K. auch für Kinder gewünscht, die anderenfalls ohne regelmäßige Kontakte zu anderen Kindern aufwüchsen. Träger von K. sind Gemeinden, Kirchen, Wohlfahrtsverbände u. a. Institutionen. Früher wurden Kinderk. für Säuglinge bis zur Vollendung des 1. Lebensjahres und Krabbelstuben für Kinder bis zu drei Jahren unterschieden.

kritische Erziehungswissenschaft. *Pädagogik. Geisteswissenschaftliche Pädagogik.*

kritisch-kommunikative Didaktik. *Kommunikative Didaktik.*

Kroatien. **1)** Republik. Hauptstadt: Zagreb (780 000 Einw.). Unabhängigkeitserklärung von Jugoslawien 1991 auf der Grundlage einer bereits 1990 verabschiedeten neuen demokratischen Verfassung. Auf einer Fläche von 56 542 km^2 leben etwa 4,4 Mill. Menschen, 80 Einw./km^2. Davon sind 90% Kroaten, 4,5% Serben und 1% Bosniaken. Landes- und Amtssprache ist Kroatisch. 87% Katholiken, 5% orthodoxe Christen, 2% Muslime. Seit Mitte der 90er Jahre bemüht sich K. um Annäherung an die EU. Inzwischen liegt ein Antrag auf Vollmitgliedschaft vor.

2) Die Verfassung bestimmt die Grundschule (achtjährige Pflichtschule) als obligatorisch für alle Kinder. Ihr Besuch ist kostenlos. Für alle anderen Bildungseinrichtungen werden gleiche Zugangsrechte garantiert. Das 2000 verabschiedete Verfassungsgesetz über Menschenrechte garantiert den ethnischen Minderheiten die Berücksichtigung ihrer kulturellen Werte im Unterricht. Für die einzelnen Stufen des Bildungswesens sind spezielle Gesetze erlassen worden: Das Gesetz über die Kleinkinder- und Vorschulerziehung (1997), das Gesetz über das Grund-

schulwesen (2001), das Gesetz über das Mittelschulwesen (2001) und das Gesetz über das Hochschulwesen (1996). Im Rahmen dieser für die ganze Republik geltenden Gesetze sind Träger von Bildungseinrichtungen die Republik, die 20 Regionalverwaltungen (Komitate) und die Stadt Zagreb sowie lokale Behörden (Gemeinden, Städte). Die organisatorischen Rahmenbedingungen des Bildungswesens, sämtliche Lehrpläne und Prüfungsordnungen sowie die Grundsätze für die Ausbildung des Lehrpersonals werden vom Kultusministerium in Zagreb erlassen. Für die beruflichen Bildungsgänge in Schulen und die Ausbildung im dualen System ist das Gewerbeministerium zuständig. Die Finanzierung der Grund-, Mittel- sowie der Hochschulen erfolgt überwiegend aus dem Haushalt der Republik. Gemeinden, Eltern und private Träger haben weitere Finanzmittel aufzubringen.
Für Kinder mit sonderpädagogischem Förderbedarf werden sukzessive Sonderschulen eingerichtet; i. d. R. sollen sie jedoch in den Regelschulen hinreichend gefördert werden. An Mittelschulen werden dreijährige Kurse für »Hilfsberufe« angeboten.
Die Demokratisierung des Bildungswesens wird weiterhin vorangetrieben. Schwerpunkte dabei sind die Erneuerung der Lehrpläne und die Entwicklung neuer Schulbücher. Angesichts der enormen Belastungen aus dem Krieg und der wirtschaftlichen Schwierigkeiten bei der Umstellung der Planwirtschaft auf den freien Markt ist auch die Finanzierung des Bildungswesens noch immer auf internationale Unterstützung angewiesen.
3) Für die Vorschulerziehung der Kinder vom 3. bis 6. Lebensjahr hat das Kultusministerium Richtlinien erlassen, nach denen jede Einrichtung ein eigenes Programm ausarbeiten soll. Um Fragen der Gesundheitserziehung und Hygiene kümmert sich das Gesundheitsministerium. Vor allem in den ländlichen Regionen fehlen Kindergärten, so dass nur knapp 20% der Kinder 2002 eine Vorschule besuchen konnten. In einigen städtischen Kindergärten wird auf die Frühförderung musischer und sportlicher Begabungen besonders geachtet. Träger der Kindergärten sind die Bezirke (Komitate). Die Zahl privater Kindergärten nimmt ständig zu.
Die Erfüllung der Schulpflicht beginnt im 6. oder 7. Lebensjahr. I. d. R. besuchen die Kinder die Grundschule (achtjährige Pflichtschule) in ihrer Wohnregion. Grundsätzlich ist die Schulwahl aber frei. In den Klassen 1 bis 4 der Unterstufe (1. Zyklus) wird der fachlich undifferenzierte Gesamtunterricht durch Klassenlehrer erteilt. In den Klassen 5 bis 8 der Oberstufe (2. Zyklus) gliedert sich der Lehrplan in Pflicht- und Wahlpflichtfächer, die von Fachlehrern unterrichtet werden. Grundschulen arbeiten öfter noch im Zweischichtbetrieb, weil Räume und qualifizierte Lehrkräfte fehlen.
Ab der 3. Klasse rücken die Schüler nur dann in die nächste Klasse auf, wenn in allen Fächern mindestens »genügende« Leistungen erbracht worden sind. Diese Norm erfüllen fast alle Schüler. Den Grundschulabschluss erreichen die Schüler ohne Prüfung nach erfolgreichem Besuch der 8. Klasse. Alle Absolventen erwerben damit das Recht zum Besuch einer Mittelschule (Sekundarstufe II). Mehr als 95% wechseln in einen der vier Schulwege der Sekundarstufe II über. Die Aufnahme in eine bestimmte Schule kann bei fehlenden Plätzen von den bisher erbrachten Schulleistungen abhängig gemacht werden. Allgemein bildende Gymnasien umfassen vier Schuljahre. Neben der Regelform bestehen sprachliche, mathematisch-naturwissenschaftliche und humanistische Gymnasien. Gymnasien schließen mit der Abiturprüfung ab und verleihen die Allgemeine Hochschulreife. Vierjährige künstlerische Mittelschulen setzen das Bestehen einer besonderen Eingangsprüfung voraus und bereiten besonders auf die Fortsetzung der Ausbildung an einer Kunst-

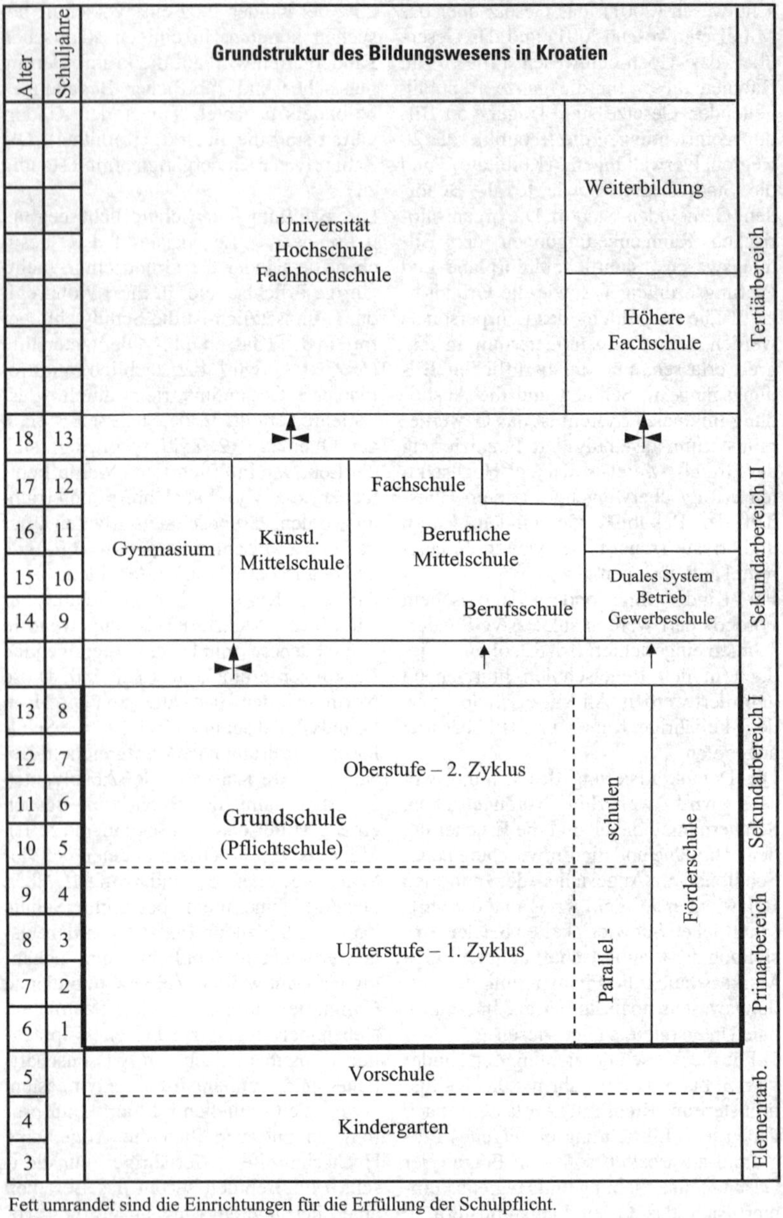

Fett umrandet sind die Einrichtungen für die Erfüllung der Schulpflicht.

Qualifizierte Auswahl ↑ Einfacher Übergang

Musik- oder Designerhochschule vor. Die beruflichen Mittelschulen schließen mit vollen beruflichen Qualifikationen ab. Als vierjährige Fachschulen führen sie auch zur Hochschulreife. Im dualen System arbeiten zweijährige Gewerbeschulen eng mit Betrieben oder Ausbildungswerkstätten zusammen. Sie bilden Facharbeiter aus.
Auch die Mittelschulen leiden bis heute unter personellen, räumlichen, sächlichen und didaktischen Mängeln. Mit Unterstützung internationaler Organisationen wird der begonnene Ausbau- und Reformprozess noch mehrere Jahre andauern. Die Anzahl privater Einrichtungen nimmt stetig zu.

4) Über das Angebot an beruflicher Bildung an Mittelschulen hinaus bestehen bis heute keine besonderen gesetzlichen Regelungen. Große Betriebe bilden nach eigenem Bedarf direkt am Arbeitsplatz aus. Insbesondere die EU fördert den Aufbau betrieblicher Ausbildungs- und Weiterbildungseinrichtungen und entsprechender Curricula.

5) Zum Tertiärbereich gehören vier Universitäten, mehrere Hochschulen, Fachhochschulen und zweijährige höhere Fachschulen. Die Immatrikulation erfolgt i. d. R. in Abhängigkeit von den erbrachten Schulleistungen in einer vierjährigen Mittelschule.

6) Erzieher in Kindergärten und in der Vorschule sowie Lehrer für die Unterstufe der Grundschule werden in zwei- bzw. vierjährigen Studiengängen an Pädagogischen Hochschulen ausgebildet.
Lehrer für die Oberstufe der Grundschule und Mittelschullehrer absolvieren ein mindestens vierjähriges Fachstudium an einer Universität sowie einen zusätzlichen pädagogisch-psychologischen Kurs von ein- bis zweijähriger Dauer.

7) Formalisierte Weiterbildung besteht derzeit vor allem für die Nachschulung von Erwachsenen in der Grundbildung. Dafür sind an der Pflichtschule besondere Kurse eingerichtet. Weitere Angebote sind in Planung und Entwicklung.

Kultur (lat. *cultura* Bearbeitung, Besorgung, Pflege; engl. *culture*). In der Aneignung und Gestaltung der Natur nach ihren Zielen erschaffen sich die Menschen K. Weltanschauungen, Erklärungen für Entstehung und Vergänglichkeit der Natur, Sinngebungen für die täglichen Lebensverrichtungen und die soziale Ordnung, Prinzipien und Normen für richtiges Verhalten, für die Gestaltung der Lebensräume (Öffentlichkeit, Politik, Geselligkeit, Religion, Wirtschaft, Familie usw.) und der Lebenssituationen von sozialer Bedeutung (Ernährung, Pflege, Erziehung, Initiation, Heirat, Arbeit, Kampf, Sterben) sind ebenso wie alle Werke bzw. Produkte (Wohnstätten, Waffen, Arbeitsgeräte, Münzen, Kultgegenstände, Instrumente, Kommunikationsmittel, Kleidung, Schmuck, Einrichtungen usw.) als Objektivationen des kulturellen Prozesses anzusehen. Der Begriff umfasst also die Gesamtheit der typischen Lebensformen einer Gemeinschaft, einschließlich der sie tragenden geistigen Haltungen. In diesem Sinne kann von der K. einer Gruppe, einer Familie, einer Schule, eines Betriebes usw. gesprochen werden, sofern jeweils spezifische Wertordnungen und Handlungsmuster ausgebildet worden sind. Die unabdingbare Voraussetzung der Entwicklung menschlicher K. ist die Sprache.
Der Begriff Zivilisation wird in Abgrenzung dazu in einem engeren Sinne als Summe der Kenntnisse, Fähigkeiten und technischen Hilfsmittel zur Bewältigung der alltäglichen Lebensanforderungen verstanden, die im Laufe von Generationen als überlieferte Handlungskompetenz erworben wurde.

kulturelles Kapital. *Kapitalakkumulation.*

Kulturhoheit der Länder (engl. *Cultural Sovereignty of the States*). Aufgrund der Verteilung der staatlichen Verantwortlichkeiten und Zuständigkeiten durch das GG sind allein die Bundesländer für die Schulgesetzgebung und die Schulverwaltung zuständig. Der Deutsche Bundestag und das Bundesministerium für Bildung und Forschung haben gemäß Artikel 91 b GG lediglich im Bereich der Bildungsplanung sowie der betrieblichen Berufsausbildung Kompetenzen. Die K. räumt den Ländern bei der Gestaltung des Bildungswesens weitgehende inhaltliche und organisatorische Freiheiten ein, so dass zwischen den 16 Ländern z. T. erhebliche Unterschiede bestehen. Zur Sicherung einer einheitlichen Grundstruktur des Bildungswesens und Abklärung der Bezeichnungen für die Schularten haben die Ministerpräsidenten der Länder verschiedene Abkommen getroffen. Ähnlichen Zielen dient auch die *Ständige Konferenz der Kultusminister der Länder in der Bundesrepublik Deutschland* (KMK).

kultursoziologische Didaktik. Ausgehend von der Einsicht, dass Lernende – Kinder, Jugendliche oder Erwachsene – Ziele, Inhalte und Arbeitsweisen von Bildungsprogrammen und Lehr-Lern-Arrangements unter den Bedingungen ihres kulturellen und ökonomischen Milieus wahrnehmen, bewerten und in ihre Lebenspraxis integrieren, analysiert die k. D. das Problem der Passung von Bildungsangeboten für bestimmte Adressaten. Denn Lehr-Lernprogramme setzen bei den Lernenden einerseits bestimmte kognitive, mentale, soziale und seelische Dispositionen voraus *(Habitus),* die sich z. B. in Interessen, Lerneifer oder Lernstrategien niederschlagen und gehen andererseits davon aus, dass den Lernenden die erforderlichen materiellen, kulturellen und sozialen Ressourcen für die Nutzung der Lehr-Lern-Programme verfügbar sind *(kulturelles Kapital).* Die neuere bildungssoziologische Forschung weist nach, dass für einen wachsenden Teil der Lernenden in Schule und Weiterbildung diese Voraussetzung nicht selbstverständlich als gegeben vorausgesetzt werden dürfen. Denn schulische Bildungsangebote sind bis heute der Tradition aus klerikaler, feudaler und bürgerlicher *Bildung* verpflichtet, was sich besonders deutlich darin erweist, dass sämtliche Bildungspläne allgemein bildender Schulen unterhalb des Gymnasiums ausgedünnte Programme des gelehrten Unterrichts darstellen. Schüler mit Migrationshintergrund und aus Unterschichtenfamilien scheitern in der Schule immer öfter, weil ihnen Habitus und Ressourcen für die Inanspruchnahme dieses tradierten Bildungsangebotes fehlen. Derartige Probleme unzureichender Passung greift k. D. auf und versucht Bildungsprogramme so zu korrigieren, dass die vorhandenen Ressourcen von Lernenden bewusster als bisher wahrgenommen und Möglichkeiten zu deren Aktivierung und Weiterentwicklung gefunden werden. K. D. wendet sich also gegen die weit verbreitete schulische und politische Praxis, schulisches Versagen von Kindern und Jugendlichen aus sogenannten bildungsfernen Familien den Betroffenen selbst zuzuschreiben, indem individuelle Defizite oder Begabungsmängel als angebliche Ursachen bezeichnet werden. Vielmehr versteht sie sich konsequent dem didaktischen Prinzip einer Schülerorientierung verpflichtet, die den sozialkulturellen Hintergrund sowie die ökonomische Lebenslage der jungen Menschen konsequent einschließt. Im Sinne empirischer Sozialwissenschaft interessiert sich k. D. folglich für die Aufklärung der tatsächlichen sozialen Bedingungen des Aufwachsens und die zu erwartenden Sozialchancen der Lernenden. Nur auf der Grundlage solcherart differenzierter Einsichten in Lebenslagen, Lebensperspektiven und daraus erwachsenden Lernbedürfnissen, Lernvoraussetzungen und Lernressourcen könne Schülerorientierung didaktisch sinnvoll werden, so die grundlegende These der k. D. Theoretisch orientiert sie sich dabei an den Arbeiten des französischen Soziologen *P. Bourdieu.*

Die ausschlaggebenden Anstöße zur Entwicklung einer k. D. kamen aus der angewandten Sonderpädagogik, insbesondere aus dem Bereich der Lernbeeinträchtigtenförderung. K. D. ist darüber hinaus jedoch immer dann einzubeziehen, wenn

Bildungsprogramme für Lernende aus Milieus entwickelt werden sollen, die sich von vorherrschenden Bildungsmustern mehr oder weniger unterscheiden. Ausgehend von den Bildungspotenzialen des vertrauten Milieus und dessen sozialer Sicherung sollen die Lernenden für »Grenzüberschreitungen« (G. G. Hiller) vorbereitet werden, die neue Handlungsfelder und Lebenschancen eröffnen können. Damit gewinnt k. D. für die Bildungsarbeit mit den unteren Statusgruppen der Gesellschaft besondere Bedeutung.

Kulturtechniken. Durch Erziehung, Unterricht und Sozialisation erworbene Kenntnisse, Fähigkeiten und Fertigkeiten, die zum Erhalt und zur Verbreitung, aber auch zum weiteren Erwerb von Kultur notwendig sind. Dazu gehören die elementaren K. wie Sprechen, Lesen, Schreiben und Rechnen, aber in einem erweiterten Sinne auch K. wie Telefonieren, Umgang mit neuen Medien und Autofahren.

Kultusministerium (engl. *Ministry of Education and Culture*). Oberste Schulaufsichtsbehörde eines Bundeslandes. Die Zuständigkeitsbereiche und mit ihnen die genauen Bezeichnungen weichen in den 16 Ländern voneinander ab. I. d. R. aber hat das K. folgende Aufgaben zu erfüllen: Gestaltung des gesamten Schulwesens durch den Erlass von Bildungsplänen, Schulordnungen u. a. grundsätzlichen Regelungen, Zulassung der Schulbücher, schulrechtliche Aufsicht und Verwaltung des Schulwesens, Erlass von Prüfungsordnungen, Leitung von Lehramtsprüfungen, Personalplanung, Lehrereinstellung, Lehrerfortbildung, Verteilung der Haushaltsmittel und Schulplanung.

Kultusministerkonferenz (KMK). *Ständige Konferenz der Kultusminister der Länder in der Bundesrepublik Deutschland.*

kumulatives Lernen. Form nachhaltigen Kompetenzerwerbs in einem langfristigen und über mehrere Jahre verlaufenden Lernprozess, in dem sich jeweils neues und bereits erworbenes Wissen und Können zu einer neuen Struktur verbinden, welche schrittweise ausdifferenziert wird. Im kumulativen Lernprozess entwickeln sich Faktenwissen, Einsichten in Konzepte, Methodenkenntnisse und motivationale Orientierungen zu einem System intelligenten Wissens und *metakognitiver Kompetenzen*. Ein solcher aktiver Konstruktions- und Vernetzungsprozess führt zur Erfahrung von Kompetenzzuwachs und zur Motivation für nachhaltiges Weiterlernen. Voraussetzung für k. L. ist ein Unterricht, der Schülern Gelegenheit gibt, grundlegende Kompetenzen, die sie in vorausgegangenen Jahren erworben haben, durch flexible Anwendung auf neue Situationen und fachübergreifende Problemstellungen zu wiederholen, weiterzuentwickeln und zu festigen. Die in den TIMSS- und PISA-Studien nachgewiesene geringe Kumulativität des Wissenserwerbs im Unterricht deutscher Schulen hat dazu geführt, dass in den neuen *Kerncurricula* bzw. Kernlehrplänen seit 2005 die Kompetenzerwartungen in den jeweiligen Fächern von Stufe zu Stufe in aufsteigender Progression und Komplexität formuliert sind.

Kündigung des Ausbildungsverhältnisses. Die Bedingungen der K. d. A. sind in die Niederschrift des *Berufsausbildungsvertrages* aufzunehmen. Während der *Probezeit* ist eine K. d. A. durch beide Vertragsparteien jederzeit und ohne besondere Begründung möglich. Nach Ablauf der Probezeit ist eine fristlose Kündigung nur bei Vorliegen schwerwiegender Gründe möglich, die gesetzlich geregelt sind. Der Auszubildende kann unabhängig davon kündigen, wenn er die Berufsausbildung aufgeben oder eine andere beginnen möchte. Die K. d. A. muss schriftlich erfolgen.

Kunst- und Musikhochschulen. Eigenständige Hochschulen, die durch Lehre, freie Kunstausübung, wissenschaftliche Forschung und Nachwuchsförderung der Kunst dienen. In den Bereichen Musik, darstellende sowie bildende Kunst bereiten sie auf künstlerische und kunstpädagogische Berufe vor. Voraussetzungen für die Aufnahme eines Studiums an einer K. u. M. sind die Allgemeine oder Fachgebundene Hochschulreife und der Nachweis der künstlerischen Eignung. Ein Studiengang kann durch eine Hochschulprüfung (Diplom) oder eine staatliche Prüfung (i. d. R. für ein Lehramt) abgeschlossen werden.

Kuratorium der deutschen Wirtschaft für Berufsbildung (KWB). Bildungspolitisches Forum der Spitzenverbände der Wirtschaft. Mitglieder sind der Bundesverband der Deutschen Industrie, die Bundesvereinigung der Deutschen Arbeitgeberverbände, der Deutsche Industrie- und Handelstag, der Zentralverband des Deutschen Handwerks, der Bundesverband des Deutschen Groß- und Einzelhandels, der Bundesverband der freien Berufe und der Deutsche Bauernverband. Das K. erarbeitet gemeinsame bildungspolitische Positionen und Reformvorschläge, insbesondere im Bereich der Berufsausbildung, und vertritt diese gegenüber der Öffentlichkeit, den Parteien, Parlamenten, Regierungen und Verbänden.

Kurs (lat. *cursus* Lauf, Lehrgang, Vortragsreihe; engl. *course*). Inhaltlich-thematisch relativ abgeschlossene, methodisch lehrgangsartige Form des Lehrens und Lernens, die in den konzeptionellen Rahmen pädagogischer Institutionen unterschiedlich eingebunden ist. Der K. dominiert in der Erwachsenenbildung z. B. als Volkshochschulk., in der Lehrerfortbildung als einwöchiger Zentralk. in einem Lehrerfortbildungsheim oder als halbtägiger Regionalk. in einer Schule. In Schulkonzeptionen der Reformpädagogik wie z. B. im *Jena-Plan* dient er der völligen Ersetzung des Systems der *Jahrgangsklasse* in der Kombination von Niveauk., projektartiger Gruppenarbeit und freier Arbeit. In der Regelschule werden neben dem dominierenden Fachunterricht im Rahmen des *Förderunterrichts* Förderk. für einen begrenzten Zeitraum eingerichtet, um Lerndefizite von Schülern zu beheben. Förderk. gibt es aber auch für *ausländische Schüler* in Grund- und Hauptschulen. Diese K. sind nicht zu verwechseln mit wahlfreien *Arbeitsgemeinschaften*, in denen Schüler Themen nach ihrem Interesse bearbeiten.

Von zentraler Bedeutung im gegenwärtigen *Schulsystem* ist der K. im Kern-K.-System integrierter Schularten und im K.system der gymnasialen Oberstufe. Im Kern-K.-System der Orientierungsstufe, der Hauptschule, der Integrierten Haupt- und Realschule und der Integrierten *Gesamtschule* hat der K. die Funktion, die Probleme der Heterogenität der Schülerschaft durch *Fachleistungsdifferenzierung* bewältigen zu helfen. Ziel des K.unterrichts ist, durch eine relative Homogenisierung der Schülerschaft einzelne Schüler nach dem Kriterium der Leistung einerseits zu fördern und andererseits schulart- und schulabschlussbezogen zu selektieren. Hinzu kommen vor allem in den Integrierten Gesamtschulen ab Klasse 7 bzw. 9 die Wahlpflichtk. Mit der meist technokratisch gehandhabten K.zuweisung sind Sozialisationseffekte verbunden, die den pädagogischen Zielen der individuellen Förderung, des sozialen Lernens und des Abbaus von Konkurrenz entgegenstehen. Pädagogische Alternativen zum Kern-K.-System bieten Konzeptionen der *inneren Differenzierung* wie z. B. im *Team-Kleingruppen-Modell* u. a. Reformschulen.

Im K.system der *gymnasialen Oberstufe* haben die Schüler bei Beachtung bestimmter Einschränkungen eine freie Fächerwahl und müssen sich dabei zwischen *Grund- und Leistungsk.* mit unterschiedlichem Stundenanteil und Leistungsniveau entscheiden.

Kurzschule (engl. *Short Term School*; *Outward Bound School* – »Fahrt-ins-Leben-Schule«). Von *K. Hahn* 1941 in Großbritannien gegründete Schulform, in der Jugendlichen im Alter zwischen 16 und 21 Jahren in mehrwöchigen Kursen an

Seen, am Meer oder im Gebirge reale Gelegenheiten zur Ausbildung im Rettungswesen, zur Förderung der körperlichen Fitness, zur Praktizierung von Hilfsaktionen oder zur internationalen Verständigung im Dienste des Friedens gegeben wurden. Für Hahn waren das Erleben echter Notsituationen, die Erfahrung der eigenen physischen und psychischen Belastbarkeit und die Bewährung der Kooperation in der Gemeinschaft von Mädchen und Jungen die besten Vorbereitungen auf die Ernstfälle des Lebens, die Übernahme von Verantwortung und die Bildung der Persönlichkeit. Die Idee der K. ist von der neueren *Erlebnispädagogik* aufgegriffen und weiterentwickelt worden.

KWB. *Kuratorium der deutschen Wirtschaft für Berufsbildung.*

Kybernetik (griech. *kybernetike techne* Kunst des Steuerns; engl. *cybernetics*). Von dem Mathematiker N. Wiener 1947 geprägter Begriff für die Wissenschaft von den Steuerungs- und Regelungsvorgängen in technischen und organismischen Systemen. Grundlegend für die K. sind die *Informationstheorie* und das Regelkreismodell. Als typisches Beispiel für ein automatisiertes, selbstregulierendes System ist das thermostatgesteuerte Heizungssystem zu nennen. Die Erkenntnisse der K. finden in der *kybernetisch-informationstheoretischen Didaktik* ihre Anwendung.

kybernetisch-informationstheoretische Didaktik. Theorie des Lehrens und Lernens, die auf den Grundlagen der *Kybernetik,* der *Informationstheorie* und der behavioristischen *Lerntheorie* Lernen als einen Vorgang versteht, bei dem im Sinne des sog. Regelkreismodells ein Adressat unter ständiger Korrektur zu einem vorgegebenen Verhaltensziel gesteuert wird. Sie wurde in den sechziger Jahren von H. Frank, F. v. Cube und K. Weltner entwickelt. Die Prinzipien und Erkenntnisse der k.-i. D. finden vor allem im *programmierten Unterricht* und im *computerunterstützten Unterricht* Anwendung.

K

L

Label(l)ing Approach. Sozialpsychologische Theorie, nach der ein auffälliges bzw. abweichendes Verhalten im Wesentlichen durch die Reaktionen der anderen ausgeprägt, stabilisiert und schließlich auch vom Betroffenen als Abweichung erlebt wird. Das soziale Umfeld etikettiert bestimmte Verhaltensweisen als Anomalie, Behinderung, Asozialität, Kriminalität usw. Dem davon betroffenen Subjekt haftet diese Kennzeichnung an. Andere nehmen es entsprechend wahr. Das Subjekt nähert sich schrittweise den Fremdeinschätzungen an. Es macht sich die soziale Wahrnehmung zu eigen.

Laborschule Bielefeld. Seit 1974 bestehende Einrichtung der Universität Bielefeld. Als staatlicher *Schulversuch* umfasst die L. mit elf Jahrgängen und etwa 660 Schülern die Primarstufe mit einem Vorschuljahr und die Sekundarstufe I. Sie ist eine Integrierte *Gesamtschule* und *Ganztagsschule,* die als *Angebotsschule* jährlich 60 Schüler aufnimmt. Die Jahrgänge 0–10 sind nach bestimmten Prinzipien in vier Stufen eingeteilt, die von stabilen, überschaubaren *Stammgruppen* und unspezialisiertem Unterricht zu komplexen, offenen Formen und spezialisierten Lernangeboten überleiten. An die L. schließt das *Oberstufen-Kolleg* an.
Die Grundkonzeption der beiden Bielefelder Schulprojekte wurde von H. v. Hentig entwickelt. Nach seiner Auffassung erzieht die traditionelle Lernschule nicht zu Selbst- und Mitbestimmung. Wichtig sei deshalb eine *Entschulung* der Schule, um Leben und Lernen wieder stärker zu verbinden. Die Schule müsse ein Erfahrungsraum werden, in dem Schüler nicht Objekte der Belehrung seien, sondern Subjekte selbstbestimmten Lernens sein könnten. Zur Ermöglichung offener und realer Erfahrungen soll sie über die Schule als Erfahrungsraum hinaus auch In-die-Stadt-hinein-Schule sein und die Umwelt selbst zum Lernort machen.
Es gehört zum Forschungsauftrag der L., entsprechende Reformkonzepte zu entwickeln, zu erproben und zu evaluieren, damit die gewonnenen Erkenntnisse auch auf andere Schulen übertragen werden können.

Laienspiel (engl. *amateur performance*). Aus der *Jugendbewegung* stammender und von *M. Luserke* 1912 geprägter Begriff für eine Spielform, die zur Wiederbelebung des alten Volkstheaters durch nichtprofessionelle Schauspieler beitragen sollte. In der Schule war das L. Bestandteil der musischen Bildung und Erziehung. Der historisch bedingte Ausdruck wird heute in der Schule durch die Begriffe *darstellendes Spiel* oder szenisches Spiel ersetzt.

Laisser-faire. Aus der französischen Aussage »Lasst nur machen!« übernommene Charakterisierung für einen pädagogischen Führungs-, Erziehungs- und Unterrichtsstil, in dem der verantwortliche Pädagoge zu wenig lenkt, ordnet, korrigiert und kontrolliert.

Landerziehungsheim (Syn.: **Landschulheim**). Schule in freier Trägerschaft einer Stiftung oder eines gemeinnützigen Vereins. Als Internatsschulen in ländlicher Umgebung stammen sie zum größten Teil aus der Zeit der *Reformpädagogik* und vertreten einen spezifischen pädagogischen Ansatz. In Deutschland gibt es 20 und in der Schweiz 1 L. Sie sind in der Vereinigung Deutscher L. zusammengeschlossen.

Die L.bewegung ging von der New School in Abbotsholme aus, einem 1889 von C. Reddie in England eingerichteten L. Begründer der Bewegung in Deutschland waren: *P. Geheeb, K. Hahn, H. Lietz, M. Luserke* und *G. Wyneken.* Zu den bekannten und heute noch bestehenden Gründungen nach 1900 gehören Schondorf am Ammersee (1905), die *Odenwaldschule* (1910) und Salem am Bodensee (1920).

Landesausschuss für Berufsbildung. Nach den Bestimmungen des Berufsbildungsreformgesetzes wird bei jeder Landesregierung ein L. f. B. eingerichtet. Er setzt sich paritätisch zusammen aus Beauftragten der Arbeitgeber, der Arbeitnehmer und der obersten Landesbehörden. Die Mitglieder werden auf maximal vier Jahre von der jeweiligen Landesregierung berufen. Arbeitgeberverbände und Gewerkschaften haben für ihre Beauftragten ein Vorschlagsrecht. Der L. f. B. soll die Landesregierung in allen Fragen der *Berufsausbildung* beraten. Dabei soll er insbesondere die Berufsausbildung im Lernort Betrieb (nach dem BerBiRefG) und in den beruflichen Schulen (nach dem Schulgesetz) koordinieren.

Landesberufsschulen. Im Rahmen ihrer Kulturhoheit können auch die Bundesländer selbst Schulträger von Berufsschulen sein. Sie errichten dann L. Vereinzelt bestehen L. für Berufe mit sehr wenigen Auszubildenden, die dann in einer L. im *Blockunterricht* unterwiesen werden. I. d. R. sind L. mit einem Wohnheim verbunden, weil die Schüler aus einem größeren Einzugsbereich für den Blockunterricht zusammenkommen.

Landeselternbeirat. Die Schulgesetze der Bundesländer sehen die Mitwirkung und *Mitbestimmung* der Eltern innerhalb des Schulwesens auch auf Landesebene vor. Zu diesem Zwecke wird der L. gebildet, der sich aus gewählten Elternvertretern aller Schularten des Landes zusammensetzt. Der L. berät das Kultusministerium in allen grundsätzlichen Fragen des Erziehungs- und Unterrichtswesens, insbesondere bei der Gestaltung der Bildungspläne. Umgekehrt ist das Kultusministerium dem L. vor der Regelung allgemeiner schulpolitischer Fragen berichtspflichtig. Stellungnahmen des L. haben jedoch keine aufschiebende oder aufhebende Wirkung.

Landesjugendamt (engl. *land youth office*). Nach den Bestimmungen des *Kinder- und Jugendhilfegesetzes* (KJHG) können mehrere örtliche und überörtliche Träger der *öffentlichen Jugendhilfe* ein L. errichten, das Jugendhilfe übergreifend plant und organisiert, die *Jugendämter* und freien Träger der Jugendhilfe berät und fördert sowie Fortbildungsangebote unterbreitet. Das L. ist den Jugendämtern gegenüber nicht weisungsberechtigt.

Landesjugendhilfeausschuss. Der L. berät und beschließt über die Aufgaben und finanziellen Aufwendungen des *Landesjugendamtes.* Wie der *Jugendhilfeausschuss* auf der Ebene des einzelnen *Jugendamtes,* erörtert der L. die Problemlagen junger Menschen und ihrer Familien, um daraus Anregungen und Vorschläge für die *Jugendhilfe* zu entwickeln. Dem L. gehören Vertreter der Träger öffentlicher und freier Jugendhilfe an.

Landesjugendplan (engl. *land youth plan*). Jedes Jahr verabschieden die Landesparlamente einen L. zur Förderung der *Jugendhilfe,* insbesondere der *Jugendarbeit* der freien und öffentlichen Träger. Verwaltet werden die Mittel i. d. R. durch das jeweilige Sozialministerium.

Landesjugendring. Freiwilliger Zusammenschluss von *Jugendverbänden* auf Landesebene zur Vertretung der gemeinsamen Interessen gegenüber Öffentlichkeit und Politik (Landtag, Landesregierung, Parteien, Gewerkschaften usw.). Der L. arbeitet im *Landesjugendhilfeausschuss* mit.

Landesschulbeirat. In den meisten der 16 Bundesländer beruft das Kultusministerium einen L., um wichtige Vorhaben (z. B. die Novellierung des Schulgesetzes oder die Reform des Lehrplans) mit Vertretern aller unmittelbar betroffenen

Gruppen sowie besonders interessierter Institutionen und Verbände zu beraten. Mitglieder sind folglich i. d. R. Vertreter der Schüler, der Eltern, der Lehrer aller Schularten, der Hochschulen, der Kommunen, der Kirchen, der Gewerkschaften und der Wirtschaft.

Landesschulen. *Fürstenschulen.*

Landeszentralen für politische Bildung. *Bundeszentrale für politische Bildung.*

Landschulheim. *Landerziehungsheim.*

Large Scale Assessment (LSA). Groß angelegte überregionale und internationale *Evaluation* z. B. der Leistungen von allen 15-Jährigen am Ende der Pflichtschulzeit. Beispiele für LSA sind die Studien *TIMSS, PISA* und *IGLU.* Diese großen Forschungsprojekte werden i. d. R. in ihrer Entwicklung, Durchführung und Auswertung von einer zentralen Einrichtung (z. B. Konsortium, Institut, Behörde) geleitet und begleitet. Die Analyse und Interpretation der empirischen Daten benötigt hoch entwickelte psychometrische Verfahren, die meist von spezialisierten Einrichtungen durchgeführt werden.

Lateinschule. In Orientierung am Bildungskonzept der *Kloster-* und *Domschulen* wurden seit dem späten Mittelalter in den Städten L. als höhere Schulen eingerichtet. Da sich der Unterricht auf die Fächer des Triviums der *Septem artes liberales* – Grammatik, Rhetorik, Dialektik – beschränkte und zumeist diese Fächer nur bruchstückhaft gelehrt wurden, gehörten die L. zu den Trivial- oder *Partikularschulen.* Der Besuch einer L. war für das spätere Studium an einer Universität nützlich, jedoch keineswegs Voraussetzung, wie überhaupt mit dem Besuch einer L. keinerlei formale Berechtigung verbunden war. Der Name der Schule hebt die zentrale Stellung des Lateinunterrichts hervor, der im Wesentlichen in der Beschäftigung mit lateinischer Grammatik und dem Auswendiglernen verschiedener Texte bestand. Deutsch, Mathematik oder sachkundliche Fächer gehörten ursprünglich nicht zum Kanon der L. Im Laufe der Jahrhunderte haben sich die L. sehr unterschiedlich entwickelt. Ausgebaute Einrichtungen boten auf mehreren Klassenstufen Unterricht an und erweiterten ihren Bildungsplan, kleine L. unterschieden sich dagegen kaum von den niederen Schulen *(Ratsschulen, teutsche Schulen),* oft wurde der Unterricht in einer Art Schulverbund mit ihnen gemeinsam unter einem Dach abgehalten, da das Interesse an der Vermittlung von Lese-, Schreib- und Rechenfertigkeiten in den Städten schnell anstieg. Wichtige Impulse für die Entwicklung der L. gingen von *M. Luther* und *Ph. Melanchthon* aus. Für die Reformatoren waren das Verständnis der neuhochdeutschen Bibelübersetzung, des Katechismus und des Gesangbuches ebenso wie die Vorbereitung auf theologische Studien zentrale Bildungsziele. Viele L. sind im 18. Jh. in Gymnasien umgewandelt worden. Andere waren Ausgangspunkt für die Gründung von Fürstenschulen. Die letzten eigenständigen L. wurden erst um die Mitte des 19. Jh. aufgelöst.

Lateralität (Syn. **Seitigkeit**; lat. *lateralis* seitlich). Bei paarig angelegten Sinnesorganen (Augen, Ohren) oder Gliedern (Beine/Füße, Hände) der bevorzugte Gebrauch einer Seite (z. B. Rechtsäugigkeit, *Linkshändigkeit*) aufgrund einer überwiegenden Aktivität in der linken oder rechten Hirnhemisphäre. Ob die funktionelle Bevorzugung einer Seite angeboren ist und durch Üben verstärkt oder verändert werden kann, ist eine offene Forschungsfrage.

Latinum. Für das Studium bestimmter Disziplinen (Theologie, Rhetorik, Geschichte, Medizin u. a.) verlangen die Universitäten den Nachweis lateinischer Sprachkenntnisse. Bis in die sechziger Jahre war das große L. erreicht, wenn man mindestens fünf Jahre mit Erfolg am Lateinunterricht teilgenommen hatte, das kleine L. dagegen bereits nach drei Jahren. Heute bestehen sehr unterschiedliche Bestimmungen. Auskunft erteilen die Prüfungsämter der Universitäten und Hochschulen.

Lebenslage. Zusammenspiel von äußeren (objektiven) Bedingungen zur Verwirklichung ideeller und materieller Lebensziele, der subjektiven Wahrnehmung und Bewertung dieser Bedingungen und den daraus resultierenden persönlichen Empfindungen und Handlungsspielräumen. Eine Konstellation günstiger Lebensbedingungen, die mit einem positiven subjektiven Wohlbefinden und vergleichsweise hoher Zufriedenheit verbunden ist, betrachtet man im Allgemeinen als wünschenswerte Lebensqualität. In diesem Sinne stellt Lebensqualität eine wichtige Dimension zur Erfassung sozialer Ungleichheit dar. Da bei objektiv gleichen Lebensbedingungen aufgrund der subjektiven Faktoren durchaus eine unterschiedliche L. gegeben sein kann, lässt sich Ungleichheit folglich über Bildungsstand, Einkommen und Sozialprestige nicht hinreichend beschreiben.

Die Forschung berücksichtigt bei den objektiven Faktoren der L. zumeist die Berufsqualifikation, das verfügbare Einkommen, das Vermögen, die Qualität der Erwerbsarbeit, die Sicherheit des Arbeitsplatzes, die Wohnbedingungen, die soziale und kulturelle Infrastruktur (z. B. für Spiel, Erholung, Sport, Unterhaltung, Lernen), das Versorgungs- und Vorsorgeniveau, außergewöhnliche Belastungen durch Krankheit, Behinderung, Pflege sowie Krisen innerhalb der Familie.

Für Kinder resultiert ihr Empfinden von Lebensqualität primär aus dem Familienklima, der Schulsituation und den sozialen Kontakten zu Gleichaltrigen. Die objektiven Faktoren der L. haben direkt wenig Bedeutung für sie. Längerfristig betrachtet wirkt sich die L. der Eltern aber auf die *Sozialisation* von Kindern und Jugendlichen aus und damit auch auf ihre Erziehung und Schulerfolge. Vereinfacht kann man sagen: »eingeschränkte L. = geringe Erfolgschancen in Schule und Ausbildung und umgekehrt«.

lebenslanges Lernen (Syn. *lebensbegleitendes Lernen, lebensumspannendes Lernen;* engl. *lifelong learning*). Die Konzeption l. L., die vorschulisches, schulisches und nachschulisches Lernen als einen kontinuierlichen Prozess versteht, geht auf Konzepte des Europarats 1970 (éducation permanente), der OECD 1973 (recurrent education) und der UNESCO 1976 (lifelong education) zurück und führte schließlich 2000 zum »Memorandum über lebenslanges Lernen« der Europäischen Kommission und 2004 zur »Strategie für lebenslanges Lernen in der Bundesrepublik Deutschland« der Bund-Länder-Kommission für Bildungsplanung und Forschungsförderung (BLK).

In ihrer Mitteilung zum Thema ›Einen europäischen Raum des lebenslangen Lernens schaffen‹ formuliert die Europäische Kommission 2001 folgende Definition: »Lebenslanges Lernen ist alles Lernen während des gesamten Lebens, das der Verbesserung von Wissen, Qualifikationen und Kompetenzen dient und im Rahmen einer persönlichen, bürgergesellschaftlichen, sozialen bzw. beschäftigungsbezogenen Perspektive erfolgt.«

L. L. zielt im europäischen Kulturraum auf die Entfaltung der Persönlichkeit und die Befähigung zur Selbstbestimmung, auf die aktive kulturelle, wirtschaftliche, politische und soziale Teilhabe als demokratischer Bürger an der Gesellschaft, auf die uneingeschränkte soziale Eingliederung in alle Bereiche der Lebensgemeinschaft und auf die Beschäftigungsfähigkeit in der sich wandelnden globalisierten Welt. Die Notwendigkeit zum l. L. geht von der Erfahrung in der modernen Wissensgesellschaft aus, dass Wissen und Kompetenzen, die Kinder und Jugendliche in Familie, Schule, Ausbildung und Studium erworben haben, nicht während der gesamten Lebenszeit ihre Gültigkeit bewahren. Wirtschaftliche Veränderungen, demografischer Wandel, Informations- und Kommunikationstechnologien, zunehmende Mobilität, Klimawandel und Umweltprobleme bringen neue Aufgaben mit sich.

In der »Strategie« der BLK umfasst l. L. alles formale, nichtformale und informelle Lernen an verschiedenen Lernorten von der frühen Kindheit bis einschließlich der Phase des Ruhestandes. Sie unterscheidet folgende Lebensphasen: Kinder, Jugendliche, junge Erwachsene, Erwachsene, Ältere. Für die einzelnen Lebensphasen werden unter den Aspekten »Einbeziehung informellen Lernens, Selbststeuerung, Kompetenzentwicklung, Vernetzung, Modularisierung, Lernberatung, Neue Lernkultur/Popularisierung des Lernens, chancengerechter Zugang« Entwicklungsschwerpunkte für l. L. beschrieben. Im Rahmen des l. L. wurden zur Erhöhung der Bildungsbeteiligung insbesondere bildungsferner und benachteiligter Gruppen durch das Programm »Lernende Regionen« des Bundesministeriums für Bildung und Forschung Netzwerke kooperierender Bildungsträger in 72 Regionen verschiedener Bundesländer eingerichtet.

Lebensweltanalyse. In einer L. werden die alltäglichen Erfahrungszusammenhänge z. B. von Schülern oder Lehrern und die von ihnen gelebten Handlungsspielräume durch teilnehmende *Beobachtung* oder *Befragung* von Sozialwissenschaftlern erkundet. Gegenstand einer L. sind also die überlieferten und i. d. R. von Bezugspersonen vermittelten Vorräte an Wissen und Deutungsmustern bezüglich der zahlreichen Selbstverständlichkeiten des Alltags und die verinnerlichten Normen und Legitimationen für angemessenes Verhalten im Alltag. Für die Entwicklung der *Identität* sind derartige Orientierungen von großer Bedeutung, weil sie Grundlage einer positiven Identifikation mit den Lebensverhältnissen sind.

Legasthenie. *Lese-Rechtschreib-Schwierigkeiten.*

Lehralgorithmus. *Algorithmus.*

Lehramt (engl. *teaching profession*). Jede in einer gesellschaftlichen Institution (Schule, Hochschule, Stätte der Erwachsenenbildung, Kirche usw.) eingerichtete Position, die der Vermittlung bestimmter Kenntnisse, Fähigkeiten und Fertigkeiten dient. Die Übernahme eines L. im Bereich des öffentlichen Dienstes (des Bundes, der Länder oder Gemeinden) setzt das Absolvieren formalisierter Ausbildungsgänge und das Bestehen von Lehramtsprüfungen voraus.

Lehramtsprüfungen. L. sind Staatsprüfungen. Als 1. Staatsprüfung schließen sie das Studium an einer Hochschule bzw. Universität ab. Die Dauer des Studiums ist in einer staatlichen Prüfungsordnung festgelegt. Die 2. Staatsprüfung setzt die erfolgreiche Teilnahme an einem staatlich organisierten *Vorbereitungsdienst* voraus. In beiden Teilprüfungen sind schriftliche und mündliche, in der 2. Staatsprüfung auch unterrichtspraktische Leistungen zu erbringen. L. werden in einzelnen Bundesländern für bestimmte Schularten (Grundschule, Realschule usw.), in anderen für Schulstufen (Primarstufe, Sekundarstufe I oder II) abgenommen.

Lehrbeauftragter. *Hochschulen* haben das Recht, zur Ergänzung ihres Lehrangebots an entsprechend qualifizierte Personen Lehraufträge zu erteilen. Ein L. wird auf Vorschlag des Fachbereichs von der Hochschulleitung durch Abschluss eines Vertrages bestellt. Der Vertrag regelt die Dauer des Lehrauftrages (i. d. R. ein Semester), die Anzahl der Semesterwochenstunden und die Vergütung. Die Mitwirkung bei der Abnahme von Prüfungen ist gesondert geregelt.

Lehre (engl. *apprenticeship*). **1)** Die *Berufsausbildung* im Handwerk wird nach der *Handwerksordnung* (HwO) weiterhin als L. bezeichnet.

2) Unterricht an *Hochschulen,* der in enger Verbindung zur Forschung stattfinden und den Studenten fachliche und methodische Kenntnisse und Fähigkeiten vermitteln soll, die sie auf selbständige wissenschaftliche und berufliche Tätigkeiten vorbereiten.

Lehrer. *Fachlehrer. Klassenlehrer.*

Lehrerbildung (engl. *teacher training*). L. erfolgt in zwei Teilschritten oder Phasen: Studium an einer wissenschaftlichen

Hochschule und anschließender *Vorbereitungsdienst* an einem staatlichen Studienseminar, in den grundsätzlich jeder erfolgreiche Absolvent eines lehramtsbezogenen Studienganges übernommen werden muss.
Das Studium umfasst die Elemente Fachwissenschaft, *Fachdidaktik, Pädagogik, Schulpädagogik* und Schulpraxis, i. d. R. auch Psychologie, Soziologie oder Politikwissenschaft. Dabei sollen fachbezogene, didaktisch-methodische, erzieherische und soziale Kompetenzen entwickelt werden, die verantwortliches berufliches Handeln auf der Grundlage wissenschaftlicher Erkenntnisse, systematischer Weiterbildung und kritisch-konstruktiver Distanz zur jeweiligen Schulpraxis möglich machen.
Studienziel ist also der Nachweis einer wissenschaftlichen, noch nicht einer schulpädagogischen Qualifikation. Diese soll während des Vorbereitungsdienstes erworben werden, weswegen in dieser Phase Hospitationen im Unterricht bewährter Lehrer, eigene Unterrichtspraxis sowie deren Reflexion im Mittelpunkt stehen. Die erfolgreiche Teilnahme an den beiden Phasen der L. wird nach Ablegen der 1. (nach dem Studium) und der 2. Staatsprüfung (nach dem Vorbereitungsdienst) durch Zertifikate bescheinigt. Mit dem Erwerb dieser Zertifikate ist kein Anspruch auf Übernahme in den öffentlichen Schuldienst verbunden.
Mitte des Jahres 2006 hatten sich die meisten Bundesländer für die Neuordnung der lehrerbildenden Studiengänge nach dem Bachelor-Master-Konzept ausgesprochen. In einigen Universitäten und Hochschulen gab es bereits im Wintersemester 2005/06 entsprechende Studiengänge. Nach einem Strukturmodell der *Deutschen Gesellschaft für Erziehungswissenschaft* soll das Studium für alle Lehrämter aus einem dreijährigen *Bachelor-* und einem anschließenden zweijährigen *Master*-Studiengang bestehen. Eine Differenzierung nach Schulstufen oder Schularten soll erst im Masterstudium einsetzen. Nach dem insgesamt fünfjährigen Studiengang soll der Eintritt in den staatlichen Vorbereitungsdienst erfolgen.
Für die qualitative Weiterentwicklung der L. hat die KMK im Dezember 2004 Standards beschlossen, die bisher als Kompetenzen für die Bildungswissenschaften vorliegen und in naher Zukunft durch Kompetenzen in den Didaktiken der Unterrichtsfächer ergänzt werden. Die Länder haben beschlossen, diese Standards mit Beginn des Ausbildungsjahres 2005/06 als Grundlage für alle lehrerbildenden Studiengänge und den Vorbereitungsdienst zu übernehmen. Fünf Kompetenzenbereiche definieren die zentralen beruflichen Anforderungen an die Lehrer: Lehren und Lernen, erziehender Unterricht, Beurteilung und Beratung, persönliche Weiterbildung auf wissenschaftlicher Grundlage und Mitwirkung an der Schulentwicklung.

Lehrerdeputat. *Arbeitszeit der Lehrer.*

Lehrerfortbildung (engl. *teachers' advanced training*). Dient der Aktualisierung, Ergänzung und Erweiterung beruflicher Kompetenzen des Lehrers. Im Zentrum stehen fachdidaktische und erzieherische Angebote, aber auch bildungspolitische, gesellschaftstheoretische, organisatorische und soziale Themen werden behandelt.
Im Rahmen der pädagogischen Freiheit und Verantwortung wird von den Lehrern die Teilnahme an Veranstaltungen der L. erwartet, in einzelnen Schulgesetzen sogar ausdrücklich angesprochen. L. findet als staatliches Angebot in besonderen L.einrichtungen (z. B. L.akademien) oder innerhalb der einzelnen Schulen selbst statt (schulinterne L.). Daneben gibt es Veranstaltungen freier Träger (z. B. von Lehrerverbänden, Gewerkschaften, Kirchen und von privaten Anbietern). Für die Teilnahme an Veranstaltungen der L. kann die Schulverwaltung auf Antrag eine befristete Befreiung von den Dienstpflichten gewähren. Die Kosten für den

Besuch staatlicher L. werden von der Schulverwaltung übernommen.

Lehrerkonferenzen. Arten, Zusammensetzung und Aufgaben der L. sind in den *Schulgesetzen* der Bundesländer und in ergänzenden Erlassen (Konferenzordnungen) der obersten Schulaufsichtsbehörde geregelt. Die L. beraten und beschließen über alle Maßnahmen, die für die gemeinsame Unterrichts- und Erziehungsarbeit an einer Schule von Bedeutung sind. Sie dienen darüber hinaus dem Erfahrungsaustausch, dem Zusammenwirken und der wechselseitigen Unterstützung der Lehrer. Bei allen Beschlüssen sind die geltenden Rechtsvorschriften und die *pädagogische Freiheit* des einzelnen Lehrers zu beachten. Personalfragen und soziale Belange einzelner Lehrer dürfen in den L. nicht behandelt werden.

I. d. R. werden folgende Arten von L. unterschieden: Die Gesamtl., die Klassenl., die Fachl., die Schulstufen- oder Jahrgangsstufenl. und die Abteilungsl., falls eine Schule in Abteilungen untergliedert ist.

Die Gesamtl. und die Jahrgangsstufenl. leitet der Schulleiter, die Klassenl. der Klassenlehrer, die anderen Konferenzen ein aus dem Kreis der Mitglieder gewählter Lehrer. Die Teilnahme an den L. gehört zu den *Dienstpflichten* des Lehrers.

Lehrerverbände. Im Rahmen der im GG und im Beamtenrechtsrahmengesetz verbürgten Koalitionsfreiheit dürfen sich Lehrer zur Wahrung und Förderung ihrer Arbeitsbedingungen zu Gewerkschaften und Verbänden zusammenschließen. Damit ist ausdrücklich das Recht auf Arbeitskämpfe zur Durchsetzung ihrer Ziele verbunden.

Die L. sind mehrheitlich Zusammenschlüsse der Lehrerschaft einer Schulart bzw. Schulstufe (Philologenverband-Gymnasium, Realschullehrerverband, Verband Deutscher Sonderschulen, Verbände der Lehrer an beruflichen Schulen). Die größten L., die *Gewerkschaft Erziehung und Wissenschaft* (GEW) und der Verband Bildung und Erziehung (VBE), sind schulartübergreifend und vertreten auch die Interessen anderer pädagogischer Berufsgruppen.

Lehrerweiterbildung (engl. *in-service further training for teachers*). Neben der Lehrerfortbildung von einer L. zu sprechen ist dann sinnvoll, wenn damit Bildungsangebote bezeichnet werden, die Lehrer über die normale Ausbildung hinaus für spezielle Aufgaben qualifizieren. Die erfolgreiche Teilnahme wird durch ein Zertifikat bescheinigt, das zu einer Verbesserung der beruflichen Stellung führen kann. Typisches Beispiel: *Kontaktstudium* zum Erwerb der Qualifikation als Beratungslehrer.

Lehrgang (engl. *course, course of instruction*). **1)** Allgemeine Bezeichnung für eine festgelegte Anordnung von Lerninhalten zur Vermittlung bestimmter Lehr- und Lernziele. Der L. wird i. d. R. über einen bestimmten Zeitraum hinweg vorausgeplant und ohne wesentliche Veränderungen für unterschiedliche Teilnehmer wiederholt durchgeführt. Die einzelnen Teilinhalte und Lernschritte werden vom L.ziel abgeleitet und so angeordnet, dass jeder Teil auf dem vorausgehenden aufbaut und die Voraussetzung für den nächsten Lernschritt darstellt. Beim L. besteht meist ein deutliches Informations- und Kompetenzgefälle zwischen Lehrenden und Lernenden.

2) Im schulischen Bereich ist der L. eine der *methodischen Großformen des Unterrichts* zur schrittweisen Vermittlung bestimmter Lehrplaninhalte (z. B. Lese- und Schreibl. in der Grundschule), meist als Abfolge von themenbezogenen Unterrichtseinheiten. Bei der Anordnung von Lerninhalten wird i. d. R. die Kombination von sachlogischen, wissenschaftlich-systematischen und adressatenorientierten, entwicklungsbezogenen Gesichtspunkten berücksichtigt. Im traditionellen Unterrichtskonzept überwiegt die lehrgangsartige, lehrerzentrierte Unterweisung großer Jahrgangsklassen, die kaum durch Partner- oder Gruppenarbeit aufgelockert wird. In der Kombination mit anderen Großformen wie *Projektunterricht* und *Erkundungen* hat der methodisch gut geplante L. im reformierten Unterrichtskonzept seine eigenständige Bedeutung. So kann z. B. der Schüler in der *freien Arbeit* oder im *Wochenplanunterricht* das lehrgangsorientierte Pensum selbstbestimmt und konzentriert erarbeiten.

Lehrgang zur Verbesserung beruflicher Bildungs- und Eingliederungschancen (BBE). Jugendlichen und jungen Erwachsenen mit beruflich schwerwiegenden Bildungsdefiziten, Ausbildungsabbrechern, an- und ungelernten Jugendlichen, die aus Krankheitsgründen den Belastungen einer Ausbildung vorübergehend nicht gewachsen sind, sowie jugendlichen Aussiedlern und sozial Benachteiligten bietet die Berufsberatung der Arbeitsagentur den BBE kostenlos an. Der BBE hat folgende Schwerpunkte: Unterricht zur Behebung von Defiziten bei schulischen Grundkenntnissen, Stabilisierung der Persönlichkeit durch das Training von Alltagskompetenzen und Einübung in grundlegende Arbeitstugenden. Rechtsgrundlage ist das Sozialgesetzbuch III (Arbeitsförderung).

Lehrgespräch. **1)** Form des *Unterrichtsgesprächs* in der Schule.

2) Freigesetzt von den unmittelbaren Anforderungen eines Arbeitsplatzes, vermitteln Ausbilder den Auszubildenden komplexere fachliche Zusammenhänge. Dabei wird unter Einsatz von *Medien,* Informationsmaterialien und im Rückgriff auf die Vorerfahrungen der Auszubildenden versucht, in fragend-entwickelndem Vorgehen neue fachliche Kenntnisse zu erarbeiten. Die Durchführung eines L. setzt eine gründliche Vorbereitung durch den Ausbilder voraus.

Lehr-Lern-Forschung. Wissenschaftlicher Arbeitsbereich, der alle planmäßig herbeigeführten und unabsichtlich sich ergebenden Lehr-Lern-Situationen in schulischen und außerschulischen Einrichtungen zum Gegenstand seiner Forschung macht, wobei in der Praxis vor allem Untersuchungen im Schulunterricht durchgeführt werden. Der Begriff schließt die *Unterrichtsforschung* mit ein. Die L.-L.-F. geht innerhalb der Erziehungswissenschaften von dem Interesse aus, bei der didaktischen Theoriebildung nicht länger vorwiegend auf Aussagen der allgemeinen *Lerntheorien* angewiesen zu sein, sondern die didaktischen Prozesse des Lehrens und Lernens unter den jeweiligen Bedingungen unmittelbar empirisch zu untersuchen. Im Vordergrund der L.-L.-F. standen Ende der siebziger Jahre kognitive und sozialpsychologische Probleme der Instruktion und Interaktion im Unterricht, die mit empirisch-analytischen Methoden vorwiegend durch die kognitions-, lern- und sozialpsychologische Forschung untersucht wurden. Gegenstände waren z. B. Lernmotivation, Textverständnis, Lernzeit, Selbstkonzept, Interaktion, Selbststeuerung, Unterrichtsklima, kognitive Strukturen, Lehrstoffhierarchie. Die Diskussion um die Dominanz der unterrichtsbezogenen Forschungsgegenstände und des kognitiven Lehr- und Lernbegriffs führte dazu, stärker als bisher auch das Lehren und Lernen in außerschulischen Institutionen (z. B. Sozialarbeit, Erwachsenenbildung, Hochschule) und in nur schwach institutionalisierten Bereichen der Freizeit, der Bürgerinitiativen oder der Altenbildung zu thematisieren. Um die biografische Dimension persönlichkeitsverändernden Lernens von Jugendlichen und Erwachsenen erfassbar zu machen, wird heute die Herausarbeitung eines ganzheitlich-biografischen Lernbegriffs und die Einbeziehung qualitativer Forschungsmethoden in die L.-L.-F. angestrebt. Nach den Ergebnissen der *internationalen Vergleichsstudien* TIMSS, PISA, IGLU und DESI hat sich die L.-L.-F. verstärkt dem *Unterricht* selbst zugewandt, um die Merkmale der Unterrichtsqualität empirisch zu erfassen.

Lehrling (engl. *apprentice*). Nach wie vor gesetzliche Bezeichnung für die *Auszubildenden* in einem Handwerksberuf.

Lehrlingswart. Vorsitzender eines Ausschusses innerhalb einer Handwerkerinnung, dessen Ziel die Förderung der Berufsausbildung ist. Von besonderer Bedeutung für seine Arbeit ist die Kooperation mit der Berufsschule, z. B. dann, wenn das 1. Lehrjahr in Vollzeitform an einer Berufsfachschule durchgeführt werden soll.

Lehrmittel (engl. *teaching aid, teaching materials*). Sie werden i. d. R. von der L.industrie hergestellt, vom *Schulträger* angeschafft und vom Lehrer bei der Unterrichtsgestaltung als Hilfsmittel zur Veranschaulichung eingesetzt. Beispiele für L. sind: Wand-, Haft-, Bildtafeln, Präparate, Experimentiergeräte, Modelle, Karten, Globen, Sandkästen, Lehrbücher. Manchmal werden auch audiovisuelle *Medien* zur Gruppe der L. gezählt. Die *Bildungsmessen* Didacta und World Didac geben einen umfassenden Überblick über alle L.

Lehrplan (Syn. **Richtlinien, Rahmenrichtlinien, Bildungsplan**; engl. *curriculum, syllabus*). Als Verwaltungsvorschrift oder Rechtsverordnung vom Kultusministerium eines Bundeslandes erlassene Bestimmung, die der pädagogischen Arbeit in Schule und Unterricht einen verbindlichen Rahmen gibt. Der L. ist auf bestimmte Schularten, Schulstufen, Lernbereiche und/oder Schulfächer bezogen. Er enthält i. d. R. Aussagen über allgemeine Bildungsziele, Erziehungsgrundsätze, didaktisch-methodische Konzepte sowie über konkretere Ziele, Themen, Inhalte und Vorschläge für den Unterricht in den einzelnen Lernbereichen bzw. Fächern. Im Rahmen der amtlichen Ziel-, Inhalts- und Zeitvorgaben in der Stundentafel gibt der L. den Lehrerinnen und Lehrern aufgrund ihrer *pädagogischen Freiheit* die Möglichkeit, Unterricht und Schulleben in der konkreten Situation vor Ort eigenverantwortlich zu gestalten. Dieser breite Spielraum der Lehrerschaft wird in einigen Bundesländern durch die Begriffe Richtlinien oder Rahmenrichtlinien zum Ausdruck gebracht. Der L. repräsentiert meist die Kontinuität kultureller und wissenschaftlicher Entwicklungen, ist Ausdruck einer bestimmten historisch-gesellschaftlichen Situation und lässt bildungspolitische Konstellationen in einem Bundesland erkennen. Weltanschauliche und politische Auseinandersetzungen gab es in den zurückliegenden Jahren häufig durch konkrete L.inhalte in den Bereichen Gemeinschaftskunde, Friedenserziehung, Geschichte, Sexualkunde und Deutsch. Angesichts unterschiedlicher und miteinander konkurrierender Weltanschauungen ist der Staat in der pluralistischen Gesellschaft zur weltanschaulichen und parteipolitischen Neutralität verpflichtet. Der L. ist deshalb an die Werteordnung der Verfassung und die freiheitlich-demokratische Grundordnung gebunden. Da der L. den gemeinsamen Rahmen für alle betroffenen Schulen eines Bundeslandes abgibt, haben seine Ziele und Inhalte normative Wirkung bei Zeugnissen und Abschlüssen sowie bei der Genehmigung von Schulbüchern. Gesellschaftliche und wissenschaftliche Entwicklungen sowie innovative *Curricula* und Medien erfordern jeweils nach einigen Jahren eine Überarbeitung des L. Die Bildungsstandards der Kultusministerkonferenz von 2003 und 2004 machten in den Bundesländern neue L. in der Form von *Kerncurricula* notwendig.

Lehrplankommission. Sie besteht aus staatlich berufenen Mitgliedern, zu denen i. d. R. praktizierende Lehrer, Wissenschaftler und Verwaltungsbeamte gehören. Ihre Aufgabe ist die Erstellung eines *Lehrplans*. Wichtig für die Zusammensetzung der L. ist, dass die Mitglieder unterschiedliche Fachaspekte kompetent vertreten und schulpraktische, wissenschaftliche und bildungspolitische Belange ausgewogen berücksichtigt sind. Da in der Praxis die personelle Zusammensetzung der L. häufig lediglich den ministeriellen Vorgaben entspricht und dadurch innovative Planungsarbeit eingeschränkt ist, wird für die Lehrplanerstellung mehr

Transparenz gefordert, die durch eine gesetzlich abgesicherte Verfahrensordnung erreicht werden könnte.

lehrtheoretische Didaktik. *Lerntheoretische Didaktik.*

Lehr- und Lernmittel (Syn. **Bildungsmittel, Unterrichtsmittel**; engl. *teaching and learning aid).* Traditionelle Sammelbezeichnung für alle Hilfsmittel zur Verwirklichung pädagogischer Ziele und zur Unterstützung von Lehr- und Lernprozessen. Zur genaueren Kennzeichnung bestimmter didaktischer Funktionen wurden verschiedene Begriffe wie *Arbeitsmittel,* Anschauungs-, Selbstbildungs- oder Übungsmittel verwendet. Seit den sechziger Jahren ist die didaktisch weiter gefasste Sammelbezeichnung *Medien* bzw. Unterrichtsmedien hinzugekommen. In verwaltungsrechtlichen Veröffentlichungen (z. B. Schulgesetzen, Lehrplänen) und in der Literatur werden häufig die traditionellen Bezeichnungen Lehrmittel, Lernmittel, Arbeitsmittel usw. beibehalten, aber auch die neuen Begriffe wie Medien, Unterrichtsmedien, audiovisuelle Medien, neue Medien (z. B. Computer) u. a. in manchmal synonymer Weise verwendet. Einen Überblick bietet die Lehrmittelindustrie im Warenverzeichnis der Kataloge zu den internationalen *Bildungsmessen* Didacta und World Didac.

Lehrwerkstatt (engl. *training work-shop*). Einrichtung der innerbetrieblichen *Berufsausbildung*, in der über längere Zeiträume fachpraktische und fachtheoretische Inhalte lehrgangsmäßig vermittelt und geübt werden. Spezifisch ist die Trennung von der laufenden Produktion sowie die Betreuung der Auszubildenden durch speziell qualifizierte hauptamtliche Ausbilder.

Lehrziel. *Lernziel.*

Leibniz-Institut für die Pädagogik der Naturwissenschaften. *IPN – Leibniz-Institut für die Pädagogik der Naturwissenschaften.*

Leistung (engl. *performance, achievement*). Grad, in dem ein Individuum ein Problem oder eine Aufgabe erfolgreich bewältigt; auch Grad der Aneignung von bestimmten Inhalten, Fähigkeiten, Fertigkeiten, Kenntnissen, Erkenntnissen und Einstellungen. L. kommt als Ergebnis oder im Vollzug von Tätigkeiten und Handlungen zum Ausdruck, z. B. beim Lernen in der Schule, bei der Produktion von Gütern, der Bereitstellung von Dienstleistungen oder als gesellschaftlicher Beitrag. Im Hinblick auf ein spezielles Betätigungsfeld hängt der Grad der L. von den Beurteilungsnormen ab, die sich ein Individuum selbst setzt oder die von der Gesellschaft an das Individuum herangetragen werden.

Leistungsbegriff. Das Problem der *Leistung* in der Schule wird seit Ende der sechziger Jahre in der Pädagogik und in der bildungspolitisch interessierten Öffentlichkeit neu und z. T. kontrovers diskutiert. Dabei ist zwischen dem gesellschaftlichen und dem pädagogischen L. zu unterscheiden.

Der gesellschaftliche L. und damit das individualistische Leistungsprinzip hat in seiner tradierten und noch heute wirksamen Form seit 1820 die Konzeption und die Funktion des Schul- und Berechtigungswesens bestimmt. Der Nachweis individuell erbrachter Schulleistung und der erfolgreiche Abschluss einer Schullaufbahn wurden zur Voraussetzung für den Zugang zu bestimmten Berufslaufbahnen und damit zugleich zu gesellschaftlichen, wirtschaftlichen und politischen Positionen. Dies im 19. Jh. gesellschaftspolitisch durchgesetzt zu haben wird als Emanzipation des Bildungs- und Besitzbürgertums gegenüber den damaligen Standesprivilegien des Adels bezeichnet. Das gesellschaftliche Leistungs-, Wettbewerbs- und Selektionsprinzip auf die Schule zu übertragen hatte jedoch pädagogische und konzeptionelle Folgen, die mit den Selektionsprozeduren im Gymnasium begannen und sich nach dem Ausbau des gegliederten Schulsystems bis in die Grundschule und das berufliche Ausbildungswesen fortsetzten.

Aufgrund der Anerkennung des Leistungsprinzips wurden die Sozialisationseffekte und sozialschichtspezifischen Auswirkungen dieses Systems bis in die sechziger Jahre des 20. Jh. kaum hinterfragt.

Im Zuge der politischen Demokratisierung wurde in den siebziger Jahren eine Neubestimmung des L. durch das pädagogische Leistungsprinzip z. B. von W. Klafki und H. v. Hentig als notwendig angesehen, da das Leben in einer freiheitlich-demokratischen Gesellschaft nur befördert werden könne, wenn das anerkannte Erziehungsziel der individuellen Mündigkeit nicht in Widerspruch zu den konzeptionellen Strukturen der Schule gerate. Schule müsse eine demokratische Leistungsschule sein und zur Selbst- und Mitbestimmung beitragen. In einer solchen Schule führt der Weg vom vorwiegend individualistischen, konkurrenzorientierten Lernen zum solidarischen und sozialen Lernen, vom primär ergebnisorientierten Lernen zum prozess- und problemorientierten Lernen, vom Schüler als Objekt belehrenden Unterrichts zum mitbestimmenden Subjekt des eigenen Lernprozesses, von der objektivierten Leistungsmessung zur förderorientierten Lerndiagnose. Eine erfolgreiche Revision des bisher vorherrschenden Leistungsverständnisses setzt die Bewusstmachung und Überwindung der Widersprüche zwischen den demokratischen Erziehungszielen und der tradierten Schulkonzeption voraus.

Leistungsbeurteilung (Syn. **Leistungsmessung**; engl. *achievement report*). Lern- bzw. Erfolgskontrolle bei Lernprozessen. Der Begriff Leistungsmessung wird für methodisch anspruchsvolle, objektivierte Verfahren benutzt, z. B. beim Einsatz informeller *Schultests*. Damit bei der Verwendung des Begriffs L. nicht nur an die Funktion der *Zensurengebung* gedacht wird, wird das Verfahren der L. heute in Leistungsfeststellung und *Leistungsbewertung* unterteilt.

Der Prozess der L. beginnt bereits bei der Unterrichtsplanung, und zwar mit der Beschreibung der Ziele und Inhalte, deren Erarbeitung später kontrolliert werden soll. Bei der Feststellung des Lernerfolges kann überprüft werden, ob der Schüler in seinem individuellen Lernprozess in Bezug auf die Anforderungen des Unterrichts Lernfortschritte gemacht hat (individueller, personenbezogener Beurteilungsmaßstab), ob er die Lernziele und Lerninhalte des Lehrplans erreicht hat (kriteriumsorientierter, ziel- und sachbezogener Beurteilungsmaßstab) oder wo der Schüler im Vergleich zur Leistungsbandbreite innerhalb einer Lerngruppe steht (sozialbezogener, vergleichsorientierter Beurteilungsmaßstab). Bei der Entscheidung über geeignete Prüfverfahren zur Feststellung der Lernergebnisse ist zwischen objektiven (*z. B. Schultests*) und subjektiven Verfahren (*z. B. Klassenarbeiten,* Beobachtungen) zu unterscheiden. Die Ergebnisse der Leistungsfeststellungen haben zunächst didaktische Funktion und können dazu beitragen, falsch gelaufene Lernprozesse zu korrigieren, Lerndefizite auszugleichen, Lernfortschritte zu bestätigen, Lehrbedingungen zu optimieren oder folgende Lernschritte differenziert zu planen. Die Ergebnisse geben dem Lehrer Auskunft über den Erfolg oder Misserfolg seines Unterrichts. Der Schritt von der Leistungsfeststellung zur Leistungsbewertung setzt eine Bewertungsnorm voraus. Für die zensurenfreie Beurteilung ist der individuelle Maßstab Grundlage der verbalen Rückmeldung über die erbrachte Leistung an den Schüler. Der Leistungsbewertung mit *Zensuren* liegen die amtlichen Notendefinitionen und ihr anforderungsorientierter, kriteriumsbezogener Beurteilungsmaßstab zugrunde. Es ist dann zu entscheiden, auf welcher der sechs Anforderungsebenen eine Leistung einzustufen ist.

Leistungsbewertung. Im Unterschied zur *Leistungsbeurteilung* geht es bei diesem Begriff um die schulrechtlich geforderte Benotung von Schülerleistungen. Die Bewertung von *Klassenarbeiten* u. a. Leistungsnachweisen während des Schuljahres hat in erster Linie den pädagogischen Zweck, Schüler, Lehrer und Eltern über Leistungsstärken und -schwächen zu informieren, damit Konsequenzen für die Förderung des Schülers und die Unterrichtsgestaltung daraus gezogen werden können. Allerdings kann die Bewertung einer Einzelleistung auch Auswirkungen auf die Entscheidung über *Versetzungen* und *Abschlüsse* haben. Die Bewertung der Schülerleistung in *Zeugnissen* ist bei *Abschlussprüfungen* und Abschlusszeugnissen auch mit der Zuerkennung von *Berechtigungen* verbunden. Grundlage der L. sind schriftliche, mündliche und praktische Leistungsnachweise. Der Leistungsstand des Schülers wird in Halbjahres-, Jahres- oder Abschlusszeugnissen durch Angaben für die einzelnen Fächer ausgewiesen.

Leistungsdifferenzierung. Formen der äußeren *Differenzierung* an einzelnen Schulen bzw. der Schuldifferenzierung, bei denen die Schüler nach dem Kriterium der Leistung gruppiert werden. Zu unterscheiden sind hierbei die Modelle der *Fachleistungsdifferenzierung (Setting)* und der Niveaudifferenzierung, bei dem die Schüler nach fachübergreifendem Leistungsniveau in homogene Lerngruppen *(Streaming)* eingeteilt werden.

Leistungsmessung. *Leistungsbeurteilung*.

Leistungsmotivation (lat. *movere* bewegen, Antrieb; engl. *achievement motivation*). Ein in der soziokulturellen Umwelt erlerntes und relativ stabiles Persönlichkeitsmerkmal, das in aktivierenden oder hemmenden Einstellungen und Verhaltensweisen zum Ausdruck kommt. Die L. des Kindes aktualisiert sich in der situationsbezogenen individuellen Auseinandersetzung mit den normativen Leistungsanforderungen der Eltern und/oder der Schule. Je nach Erwartungshaltung reagiert das Individuum mit Hoffnung auf Erfolg oder mit Furcht vor Misserfolg und ist dementsprechend zur Leistungserbringung motiviert oder nicht motiviert. Die Entwicklung der L. ist in starkem Maße von dem Erziehungsstil und den Erziehungspraktiken in der Familie abhängig und führt schon im Vorschulalter zu individuell unterschiedlichen Ausprägungen. Günstig wirkt sich aus, wenn sich kleine Kinder bereits vom ersten Lebensjahr an als Verursacher von Erfolgen erleben (Kausalattribuierung). Kinder, denen von ihren Eltern früh selbständiges Verhalten und eigene Entscheidungen zugemutet werden, sind später eher zur Leistung motiviert als zu stark behütete Kinder. Dem *Anfangsunterricht* bzw. der neuen *Schuleingangsphase* kommt bei Schülern mit unentwickelter L. eine wichtige kompensatorische Aufgabe zu. Als negativ erweisen sich Schulkonzeptionen, bei denen Schüler ohne ausgeprägte L. durch Leistungskonkurrenz, Notendruck und Misserfolgserlebnisse gehemmt werden, während Erfolgsorientierte durch weitere Lernerfolge in ihrer Leistungsfähigkeit kontinuierlich gefördert werden. Günstiger erweisen sich pädagogische Konzeptionen, bei denen alle Schüler eine Chance bekommen, durch sach- und problembezogene Aufgabenstellungen das eigene Können zu erfahren und so zum Weiterlernen um der Sache willen intrinsisch motiviert werden. Den zensurenfreien Jahrgängen in der Grundschule wird hierbei eine große Bedeutung beigemessen.

Leistungsprinzip. *Leistungsbegriff*.

Leittextmethode. Organisationsform für betriebliche oder schulische Ausbildungs- und Unterrichtsprozesse, die den Auszubildenden und Schülern eine weitgehende Selbststeuerung ihrer Arbeiten möglich macht. Zu diesem Zweck verbindet die L. sog. Leittexte mit einer vorbereiteten Lernumgebung und dem Angebot an die Auszubildenden bzw. Schüler, Arbeitsformen und Arbeitszeiten frei zu wählen. In den Leittexten werden Aufgabenstellungen, erläuternde Informationen dazu, Hinweise auf Arbeitshilfen sowie Kriterien für die Kontrolle der Arbeitsschritte vorgegeben. Auszubildende und Schüler sollen sich diese Vorgaben selbständig aneignen, das Ziel des Arbeitsprozesses und die dahin führenden Schritte möglichst exakt bezeichnen, die vorgegebenen Teilaufgaben lösen, dafür erforderliche Zusatzinformationen aus bereitgestellten Unterlagen entnehmen und die Ergebnisse ihrer Arbeit wiederum selbständig dokumentieren und überprüfen. Ausbilder und Lehrer erstellen die Leittexte oder wählen entsprechende Materialien aus, bereiten die Lernumgebung vor und begleiten den selbst gesteuerten Arbeitsprozess durch Anregungen, Rückfragen, Beratung und Teilnahme an der Erfolgskontrolle.

Lektion (lat. *lectio* Lesen, Vorlesen; engl. *lesson*). Inhaltlich-thematisch relativ abgeschlossene Lerneinheit in einem Lehr- oder Übungsbuch, in einer Unterrichtsstunde oder Vorlesung.

Lektor (lat. *lector* Leser, Vorleser; engl. *lecturer, reader*). **1)** Nichthabilitierter Hochschullehrer für praktische Übungen und Einführungskurse.
2) Angestellter oder freier Mitarbeiter eines Verlags, der eingehende Manuskripte begutachtet und für die Veröffentlichung bearbeitet. L. können ferner für Organisation und Gestaltung bestimmter Teile des Verlagsprogramms verantwortlich sein.

Leonardo da Vinci. Aktionsprogramm der Europäischen Union (EU) zur Unterstützung europäischer Berufsbildungspolitik, das unter dem Namen des italienischen Gelehrten und Künstlers firmiert. Über transnationale Bildungspartnerschaften, an denen Betriebe, Ausbildungsinstitutionen oder wirtschaftliche Organisationen teilnehmen können, sollen neue Konzepte der beruflichen Bildung bzw. des lebenslangen Lernens entwickelt werden. Zuständig für die Durchführung des Aktionsprogramms ist die Europäische Kommission. Anträge sind an die nationale Koordinierungsstelle beim *Bundesinstitut für Berufsbildung* in Bonn zu richten.

Lernbehinderung (Syn. **Lernbeeinträchtigung**; engl. *educationally handicap*). L. wird festgestellt, wenn ein Kind oder Jugendlicher schwer, in verschiedenen Lernfeldern und lang dauernd in seinem schulischen oder berufsbezogenen Lernen beeinträchtigt ist, in seinen Leistungen deutlich unter den Normen seiner Altersgruppe bleibt und deshalb besonderer Hilfen bedarf. In diesem Sinne wird L. funktional im Hinblick auf bestimmte Aufgabenstellungen verstanden. Die frühere Annahme, ursächlich für die Leistungsrückstände sei im medizinischen Sinne Schwachsinn oder eine irreparable Intelligenzschädigung, gilt heute als falsch. Vielmehr geht die *Behindertenpädagogik* davon aus, dass jede L. individuell unterschiedliche Ursachen hat, wobei physische, psychische und soziale Faktoren ineinandergreifen. Das beobachtbare Bild von L. stellt also immer eine sekundäre, lebensgeschichtlich entwickelte Behinderung dar. Pädagogisch wichtig ist an diesem neuen Verständnis von L., dass damit der Gedanke, möglichst frühzeitig zu fördern, Lernbeeinträchtigungen und soziale Benachteiligungen zu mildern und individuelle Hilfen anzubieten, an Bedeutung gewonnen hat. Die Umbenennung der Sonderschule für Lernbehinderte in *Förderschule* ist ebenso wie die verstärkte Kooperation zwischen Grundschulen und Förderschulen bildungspolitischer Ausdruck dieser Sichtweise.

Lernbuffet. *Lernen an Stationen.*

Lernen (engl. *learning*). Nach E. R. Hilgard und G. H. Bower ist L. eine Veränderung im Erleben und Verhalten eines Individuums, die durch wiederholte Erfahrungen in der Interaktion mit der Umwelt zustande kommt. Vorausgesetzt wird, dass diese Veränderung des Verhaltensrepertoires nicht auf neurophysiologische Reifungsvorgänge oder vorübergehende Zustände des Organismus (z. B. Ermüdung, Erkrankung) zurückgeführt werden kann. Lernvorgänge selbst sind nicht unmittelbar beobachtbar, sondern können nur aus dem Vergleich der Reaktionen des Lernenden auf Umweltsituationen geschlossen werden.

Veränderung ist der generelle Indikator für L. in allen *Lerntheorien*. Dabei kann Veränderung Erlernen oder Verlernen bzw. Anpassung oder Fehlanpassung bedeuten. Erfahrungen, auf die sich das L. bezieht, sind an Wahrnehmungen und Informationen aus der Umwelt und an deren Verarbeitung durch das Individuum gebunden. L. als Prozess der Erfahrungsbildung in der Auseinandersetzung mit der Umwelt bezieht sich auf Kognitionen, Emotionen und Verhalten. Hierzu gehören z. B. auch die Entstehung und Veränderung von Ängsten, Einstellungen, Fähigkeiten zum Problemlösen und Sprachkompetenzen. Die verschiedenen Lerntheorien unterscheiden sich in der Beschreibung und Erklärung der Bedingungen und Faktoren, unter denen Veränderungen und Erfahrungen möglich werden.

Auf dem Hintergrund empirischer Untersuchungen der *Lehr-Lern-Forschung* zum *Unterricht* und neuer Ansätze in der *Didaktik*, die sich an konstruktivistischen und neurobiologischen Erkenntnissen orientieren, hat sich unter dem Begriff »neue Lernkultur« ein weiterführendes Verständnis von schulischem L. etabliert. L. wird danach als ein Sammelbegriff für eine Vielzahl von Prozessen verstanden, die im zentralen Nervensystem ablaufen und es dem Menschen ermöglichen, die sich in seinem Lebensumfeld stellenden Anforderungen zunehmend besser zu bewältigen (E. Stern). Dem liegt die Erkenntnis zugrunde, dass Lernende die eigentlichen Akteure ihres Lernprozesses sind, indem sie aufgrund ihrer geistigen Dispositionen ihr bisheriges Wissen aktiv und auch ohne äußere Anstöße so umstrukturieren können, dass es zur Bewältigung neuer Anforderungssituationen herangezogen werden kann. L. kann zwar von außen auch angeregt werden, aber ob, was und wie gelernt wird, hängt vom Lernenden selbst ab. L. wird deshalb auch als ein »autopoietischer« Prozess verstanden *(Autopoiesis)*. Daraus resultiert weiter, dass jeder Lernende aufgrund seiner Lernbiografie anders lernt, da er über eine eigenständige Basis inhaltlichen Wissens und lernstrategischer Handlungskompetenz verfügt.

Im Unterschied zum L. in Alltagssituationen des Lebens geht es beim schulischen L. um die Rekonstruktion von Wissen, das in historischen und gegenwärtigen gesellschaftlichen, kulturellen und wissenschaftlichen Kontexten entstanden ist. Die Aufgabe der Lehrer besteht dann darin, eine vorstrukturierte Lernumgebung zu schaffen, in der Schüler ihre Konstruktionsprozesse zum Wissensaufbau an sinngebenden Inhalten vollziehen, ihre bereits vorhandene Wissensbasis durch neue Inhalte, Handlungs- und Erkenntnisprozesse ausbauen, umstrukturieren, vernetzen und festigen. Damit L. im Sinne der neuen Lernkultur gelingen kann, muss die Unterrichtsqualität durch entsprechende Unterrichtsarrangements und durch eine reflektierte Mischung von *kumulativem Lernen, situiertem Lernen* und direkter Instruktion gefördert werden.

Lernen an Stationen (Syn. **Stationenlernen, Lernzirkel**). Methodisches Verfahren zur selbständigen, handlungsorientierten und multisensorischen Erarbeitung von neuen oder zum Üben und Wiederholen von bereits erarbeiteten Themen und Inhalten. Hierzu werden verschiedene Lernstationen mit unterschiedlichen Aufgaben und Materialien arrangiert, an denen die Lernenden allein oder in kleinen Gruppen arbeiten können. Dies kann sowohl im Klassenraum als auch an anderen Lernorten, z. B. im Schulgarten, im Wald oder in einem Museum, geschehen. In der Praxis haben sich verschiedene Formen entwickelt, die unterschieden werden müssen.

1) Themenbezogenes L. a. S.: Bei der Erarbeitung von neuen Themen und Inhalten muss das L. a. S. von der Lehrkraft vorab genau geplant und gut organisiert werden. Für die Vielzahl der Lernstationen müssen Teilthemen und Gegenstände ausgewählt, Materialien und Geräte zusammengestellt, Arbeitsanweisungen geschrieben und organisatorische Überlegungen angestellt werden. Da die Arbeit an den Stationen – je nach Fach und Stundenvolumen – mehr als eine Woche dauern kann, sollte jede Stunde einen festen, ritualisierten Rahmen haben. In der ersten Stunde geht es um die gemeinsame Einführung in das Gesamtthema und den organisatorischen Ablauf. Jede Stunde kann aus vier Phasen bestehen: 1. Gemeinsames Anfangsgespräch und Wahl der Stationen. 2. Arbeit an den Stationen. 3. Abschluss der Stationenarbeit mit Aufräumen. 4. Gemeinsames Abschlussgespräch mit Bericht über die Arbeit, Nachfragen, Austausch von Informationen und Erfahrungen. Bei der Aufarbeitung mehrerer Lernstationen empfiehlt sich eine Dokumentation der Arbeit, um den Überblick zu behalten. Bewährt hat sich ein Stationenprotokoll der Lehrkraft auf einem Plakat und der Schüler auf einer Laufkarte. Erfahrungen haben gezeigt, dass L. a. S. Schülern mit unterschiedlichem Lerntempo und Vorwissen ermöglicht, Grundkenntnisse selbständig zu erarbeiten, zu vertiefen und zu festigen. Für diese Form des Stationenlernens sind Themen geeignet, die sich gut in thematische Teilgebiete mit entsprechenden Aufgaben und Materialien untergliedern lassen.

2) Übungs- und wiederholungsbezogenes L. a. S.: a) Dem Lernen an themenbezogenen freien Übungsstationen geht die Erarbeitung eines Themenbereichs und des Grundwissens im Klassenunterricht (z. B. in der Mathematik) voraus. Um den Schülern mit unterschiedlichem Lerntempo, Interesse und Wissen verschiedene handlungsorientierte, multisensorische und ihren Lernstilen entsprechende Gelegenheiten zum Üben, Wiederholen und Festigen zu geben, werden ihnen in etwa zehn Lernstationen unterschiedliche Materialien, Medien und Aufgaben angeboten. Auf eine bestimmte Abfolge bei der Bearbeitung wird zugunsten der freien Wahl der Übungsstationen verzichtet. Der Beobachtung, Beratung und Lernhilfe durch die Lehrkraft bzw. der Lehrkräfte bei Doppelbesetzung kommt eine große Bedeutung zu.

b) Unter den Begriffen Lernstraße, Übungsstraße oder Lernparcour wird vor allem in lehrgangsartigen Fächern eine Form des Stationenlernens verstanden, bei der eine festgelegte Reihenfolge der Stationen durchlaufen werden muss. Die Aufgaben dieser Lernstationen sind nach aufsteigendem Schwierigkeitsgrad im Sinne vom Leichten zum Schweren und vom Einfachen zum Komplexen linear angeordnet. Dazwischen befinden sich Lernstationen, die schneller lernenden Schülern Gelegenheit zur Vertiefung geben. Legitimiert wird dieses Verfahren mit der Möglichkeit zum schrittweisen Nachvollzug aufsteigender Schwierigkeiten und Lösungsmöglichkeiten.

c) Im Bereich des Sports gibt es die Übungsform des Zirkeltrainings (engl. circuit training). Dabei werden an kreisförmig angeordneten Stationen mit unterschiedlichen Geräten bestimmte Aktivitäten effektiv ausgeführt. Nach einer zeitlich begrenzten Aktivitätsphase an einer Station erfolgt der Wechsel zur nächsten, bis alle Stationen durchlaufen sind. Diese Form des Übens an Stationen wurde bei bestimmten Aufgaben auch in anderen Fächern im Klassenraum übernommen. Dabei werden auf den im Kreis stehenden Tischen Lernmaterialien und Aufgaben angeboten, die eine begrenzte Zeit lang benutzt und geübt werden sollen, bevor der Wechsel zur nächsten Übungsstation stattfindet. Ein solches Zirkeltraining erweist sich im Rahmen der *freien Arbeit* als nützlich, wenn Schüler in der materialreichen Lernumgebung des Klassenraums vertraute Übungsmaterialien aus den Augen verloren haben, die ihnen auf diese Weise wieder in Erinnerung gebracht werden. Die Stationen sind nicht frei wählbar und müssen von allen Schülern im festgelegten Zeitrhythmus durchlaufen werden.

3) Lerntheke, Lernbuffet oder Lernladen sind Formen des L. a. S., bei denen Lernangebote auf Tischen und/oder Regalen zur Auswahl zur Verfügung stehen. Die Materialien und Aufgaben können im Anschluss an die gemeinsame Bearbeitung eines Themas daran gebunden sein und den Schülern Gelegenheit geben, sich Material für eine eigene Lernstation frei auszuwählen, mit dem sie sich weiter vertiefend auseinandersetzen wollen. Unter den Begriffen kann aber auch eine offene Form des L. a. S. verstanden werden, bei der das Materialangebot (z. B. Experimentiermaterial, Bauanleitungen, Geräte, Beobachtungsaufgaben, Arbeitsanweisungen, Verbrauchsmaterial) ohne thematische Vorbestimmung zum entdeckenden Lernen bereitsteht, damit die Schüler ihre Lernstation selbst einrichten. Aus der selbst gewählten Arbeit kann die Motivation und das Interesse der gesamten Lerngruppe erwachsen, den Themenbereich zum Anlass für ein Projekt zu machen. H. Hagstedt hat für diese und ähnliche Formen des L. a. S. den Begriff Lerngarten gebraucht.

Lernen durch Versuch und Irrtum (engl. *learning by trial and error, trial and error learning*). Diese Art des Lernens kennzeichnet das Verhalten von Lebewesen, in unbekannten Situationen durch eine Vielzahl von erfolglosen und erfolgreichen Bemühungen allmählich zum dauerhaften Erfolg zu kommen. Die Bezeichnung wurde 1898 und 1911 in Veröffentlichungen von dem amerikanischen Psychologen E.L. Thorndike auf der Grundlage von Versuchen zur *Konditionierung* und *Verstärkung* des Verhaltens bei Tieren benutzt, um den Wissenserwerb durch aktives Probieren vom Lernen durch Einsicht, d. h. vom spontanen Erfassen der Problemlösung, abzugrenzen.

Lernentwicklungsbericht. **1)** Form der notenfreien individuellen Rückmeldung an einen Schüler und seine Eltern über die Lern-, Verhaltens- und Leistungsentwicklung in der Grundschule am Ende eines Schulhalb- bzw. Schuljahres. Die Form der verbalen schriftlichen Informationen wird in einigen Bundesländern auch als *Berichtszeugnis* oder als Schulbericht bezeichnet. In allen Bundesländern wird im 1. Schuljahr halbjährlich und/oder zum Schuljahresende mündlich oder schriftlich über Lernentwicklung, Verhalten und Leistungsstand berichtet. In der Mehrzahl der Länder wird diese Praxis auch im 2. Schuljahr weitergeführt. Einige Länder geben neben dem Bericht beim Übergang in die 3. Jahrgangsstufe auch Noten in Deutsch und Mathematik. Ab Jahrgangsstufe 3 setzt sich die Notengebung in den Fächern durch, oft ergänzt durch eine Form des Berichts zum Arbeits- und Sozialverhalten und zur Lernentwicklung. In einigen Ländern kann die Elternschaft durch eine Abstimmung zwischen L., Berichtszeugnis oder Notenzeugnis wählen oder – in Berlin, Brandenburg und Bremen – sich dafür entscheiden, bis zum Ende von Jahrgangsstufe 4 bzw. 6 gänzlich auf die Erteilung von Notenzeugnissen zu verzichten. In Mecklenburg-Vorpommern wird zwischen L. und erweitertem L. zur Vorbereitung auf den Übergang in die Orientierungsstufe am Ende von Jahrgangsstufe 4 unterschieden. Das Schreiben eines L. setzt die Beobachtung und Dokumentation der Lernentwicklung eines Schülers voraus. Einige Länder haben hierzu Beobachtungskriterien, Dokumentationsformen und Schreibhilfen vorgegeben. Im Artikel über das Berichtszeugnis sind Schreibprobleme aufgeführt, die auch beim Schreiben von L. auftreten können.

2) Form des zensurenfreien *Zeugnisses* für einen Schüler im 5. bis 8. bzw. 10. Jahrgang an *Gesamtschulen.* Die Ersetzung von zensierten Klassenarbeiten durch Verfahren der Lerndiagnose und von Zensurenzeugnissen durch L. ist für die betreffenden Gesamtschulen eine wichtige Voraussetzung für die Pädagogisierung der Lern- und Sozialisationsprozesse der Schüler. Die Ergebnisse der Lerndiagnose (Beobachten, Beschreiben, Dokumentieren, Besprechen, Beraten, Fördern) sind die Grundlage des L. Der

L. enthält z. B. in einer Schule, die nach dem *Team-Kleingruppen-Modell* strukturiert ist, zwei Teile.
Im allgemeinen Teil beschreibt das Lehrerteam für alle Schüler seiner Großgruppe (75 bis 80 Schüler) in gleicher Weise die allgemeinen Lernbedingungen, die fachübergreifenden Unterrichtsphasen, den Unterricht in den einzelnen Fächern und die allgemeinen Schwerpunkte der Lernbeobachtung und Förderung. In diesem Teil informiert die Schule über das Leben und Lernen in einem Schulhalbjahr, die meisten Kapitel werden als Gesprächsangebot an Eltern und Schüler während des Schulhalbjahres ausgegeben.
Im individuellen Teil des L. wird der Lernprozess des einzelnen Schülers von seinem Tutor auf der Grundlage der Lerndiagnosemitteilungen der Fachlehrer beschrieben und durch einen Rückmeldebericht des Schülers ergänzt. Dafür haben die Lehrer bestimmte Ziele und Kriterien entwickelt.
Vom 9. Jahrgang an ist die Schule wieder zur Erteilung eines Zensurenzeugnisses verpflichtet. Zensurenzeugnisse und L. widersprechen sich in vieler Hinsicht. Deshalb besteht zwischen Lehrern, Schülern und Eltern ein kontinuierlicher Dialog über Noten und Abschlüsse. Der L. wird in dieser Form seit 1975 praktiziert.

Lerngarten. *Lernen an Stationen.*

Lernkartei (engl. *learning card file or index*). Lehr- und Lernmittel zur Förderung selbständigen Lernens im Unterricht. L. sind Bestandteil der vorbereiteten Lernumgebung im Klassenraum und erleichtern freie Arbeit, Wochenplanarbeit, Lernen in Projekten und Phasen der Übung und Wiederholung im Klassenunterricht. L. gibt es im Lehrmittelhandel für verschiedene fachbezogene und fächerübergreifende Inhaltsbereiche. Sie werden aber auch von Lehrern selbst und zusammen mit Schülern hergestellt; sie entstehen manchmal im Unterrichtszusammenhang und wachsen dann allmählich an. Unterschieden werden Arbeits-, Übungs- und Ideenkarteien. Wichtig ist die Gestaltung mit vielfältigen und abwechslungsreichen Bild-, Grafik- und Textteilen, mit Arbeitsaufträgen und Aufgabenstellungen zum selbständigen Umgang, mit Möglichkeiten zur Differenzierung und zur Selbstkontrolle sowie mit Hinweisen auf weiteres Arbeitsmaterial und Anregungen zur eigenen Weiterentwicklung der Kartei.
Es gibt L., bei denen die Karten systematisch aufgebaut sind und nacheinander bearbeitet werden sollen (beispielsweise Übungskarteien). Andere L. sind zur Bearbeitung verschiedener Themen gedacht. Sie enthalten z. B. Anregungen zum freien Experimentieren oder Vergleichsmodelle zur Aufarbeitung und Erkundung des eigenen Wohnortes (Arbeitskarteien). Wichtig ist bei der Arbeit mit Karteien, dass die Schüler in den Umgang mit ihnen eingeführt werden und so die in ihnen enthaltenen Lernmöglichkeiten erkennen und nutzen lernen.

Lernkontrolle. *Klassenarbeit. Leistungsbeurteilung.*

Lernladen. *Lernen an Stationen.*

Lernmittel (engl. *learning aids*). Sie werden i. d. R. von der Lehr- und Lernmittelindustrie hergestellt, meist von Eltern oder im Rahmen der *Lernmittelfreiheit* angeschafft und in der Schule oder bei Hausaufgaben von den Schülern benutzt. Beispiele für L. sind: Schulbücher (Fibel, Lese-, Sprach-, Sach-, Mathematikbuch u. a.), Atlanten, Nachschlagewerke, aber auch Arbeitsblätter, Lernkarteien, didaktische Materialien (z. B. Montessori-Sammlung). Eine Unterscheidung zu *Arbeitsmitteln* oder Unterrichtsmedien ist nicht immer eindeutig zu treffen. Über die L. geben die *Bildungsmessen* Didacta und WorldDidac einen umfassenden Überblick.

Lernmittelfreiheit (engl. *free provision of teaching materials*). In allen Ländern der Bundesrepublik Deutschland geltender Grundsatz, Schülern an öffentlichen Schulen *Lernmittel* (z. B. Schulbücher) und manchmal auch Lernmaterial (z. B.

Hefte) ganz oder teilweise kostenfrei vom Schulträger oder vom Land zur Verfügung zu stellen. In einigen Bundesländern werden Einkommensgrenzen oder die Kinderzahl berücksichtigt, oder es bestehen sog. zumutbare Kostenbeteiligungen der Erziehungsberechtigten. Die L. soll sicherstellen, dass kein Schüler aufgrund der sozialen Lage seiner Eltern in seiner Schullaufbahn benachteiligt wird. Finanzierung und Handhabung der L. werden in entsprechenden verwaltungsrechtlichen Bestimmungen festgelegt und sind in den einzelnen Bundesländern unterschiedlich geregelt.

Lernorte. **1)** L. sind nach den 1974 vom Deutschen Bildungsrat gemachten Vorschlägen zur Reform des Sekundarbereichs II und der beruflichen Bildung im *dualen System:* Arbeitsplatz (Betrieb), Berufsschule, Lehrwerkstatt und Studio (zur Förderung kreativen, ästhetischen und sozialen Lernens). Die Lernangebote dieser Einrichtungen, die sich durch ihre spezifische pädagogisch-didaktische Funktion bei der Vermittlung allgemeiner und beruflicher Qualifikationen voneinander unterscheiden, sollen vom Lernprozess der Jugendlichen aus geplant, organisiert und aufeinander bezogen werden. In der weiteren Diskussion hierzu werden primäre L., die speziell zum Lernen eingerichtet werden (z. B. Berufsschule), von sekundären L. unterschieden, in denen sich auch Lernen vollzieht, die aber vorrangig andere Aufgaben erfüllen (z. B. Jugendwohnheim, Sportzentrum).

2) Im allgemein bildenden Schulwesen geht die Idee, Lernen vor Ort außerhalb der Schule zu praktizieren, auf die Reformpädagogik zurück. So spricht z. B. *J. Dewey* von »schools without walls« (Schulen ohne Mauern). L. außerhalb der Schule, die nicht für Lernzwecke eingerichtet oder vorgesehen sind, die aber zum Zweck des Lernens im Rahmen von Projekten, Exkursionen oder Erkundungen eine wichtige Funktion haben, sind z. B. Supermarkt, Bauernhof, Betrieb, Kläranlage, Talsperre, Wald, Moor, Kiesgrube. Hiervon unterscheidet C. Salzmann mit einem neuen Begriff Lernstandorte oder Lernzentren, die unter didaktisch-methodischen Gesichtspunkten adressatengerecht für aktive Erkundungs- und Lernprozesse eingerichtet werden und auf Dauer zur Verfügung stehen. Hierzu gehören z. B.: Naturparks, Lehrpfade, Museen, Planetarien, Einrichtungen für Umwelterziehung. Zur Erledigung von Arbeitsaufgaben ist der Erwerb von Techniken des Beobachtens, Protokollierens, Dokumentierens (Fotos, Videos) und Interviews wichtig. Die Einbeziehung außerschulischer L. und Lernstandorte bekommt heute im Zusammenhang mit der Öffnung von Schule und Unterricht eine zunehmend größere Bedeutung.

Lernparcour. *Lernen an Stationen.*

Lernschwierigkeiten (Syn. **Lernstörungen**; engl. *learning difficulties*). Im Unterschied zu *Lernbehinderungen* treten L. vorübergehend auf und können durch entsprechende Fördermaßnahmen behoben werden. L. liegen meist im Bereich der Schulleistung. Häufig zeigen sich zusammen mit wiederholten Misserfolgen unerwünschte Nebenwirkungen im Verhalten, Erleben und in der Persönlichkeitsentwicklung. Hierzu gehören z. B. mangelndes Selbstvertrauen, Verlust der Lernmotivation, Schulangst, Aggressivität, Schweigsamkeit oder Fernbleiben vom Unterricht. Solche *Verhaltensauffälligkeiten* ziehen meist Beziehungsstörungen in Form von *Stigmatisierungen* durch Mitschüler, Lehrer und Eltern nach sich, die nur noch durch eine gezielte Lern- und Verhaltenstherapie gemildert oder behoben werden können.

Der Begriff L. umfasst ein Bündel von Phänomenen, deren Ursachen einer genauen Analyse bedürfen. Naive wie auch wissenschaftliche Erklärungsversuche suchten die Ursachen früher vorwiegend in der Person des Kindes und fanden sie in seiner mangelnden Begabung, Intelligenz oder Anstrengungsbereitschaft. Die Diskussion um das Problem der

Legasthenie und der Lese-Rechtschreib-Schwierigkeiten ist Ausdruck dieser Entwicklung. Erst die Spracherwerbsforschung seit etwa 1980 macht beispielhaft deutlich, dass nur eine professionelle Fehleranalyse Aussagen zulässt, ob die Ursachen in falsch erworbenen Lernstrategien des Schülers, biologischen Faktoren einer Lernbehinderung, unqualifizierten Lehrprozessen oder außerschulischen Sozialisationsbedingungen zu suchen sind. In schweren Fällen von L. ist eine Anamnese der sozialen, psychischen, schulischen und biologischen Faktoren notwendig. Meist reicht aber eine vorübergehende Förderung des Schülers aus.

Lernspiele (Syn. **didaktische Spiele**; engl. *learning games*). Mit didaktischer Absicht gestaltete *Lern-* und *Arbeitsmittel*, die der äußeren Form nach einem Gesellschaftsspiel gleichen, aber inhaltlich-thematisch auf die Erreichung bestimmter Lernziele und Lerninhalte gerichtet sind. L. wie Leselotto, Rechendomino, Puzzle, Memory, Quartett, Würfelspiel u. a. sollen im spielerischen Gebrauch Wissen und Kenntnisse vermitteln, wiederholen und üben. Motivation und Spielfreude gehen auch vom gemeinsamen Spielen mit anderen Schülern aus. L. unterscheiden sich vom wirklichen *Spiel* vor allem dadurch, dass sie nicht zweckfrei betrieben werden. Daraus resultiert die häufig geäußerte Kritik, mit der Verknüpfung der Begriffe Lernen und Spiel werde das Spielen für didaktisch-methodische Zwecke instrumentalisiert. Hinzu kommt die Kritik, dass der Einsatz von L. für das produktive Erlernen sachbezogener Inhalte von den Schülern nicht ernst genommen werde und wenig effektiv sei. Die Forschung konnte jedoch nachweisen, dass bei freier Wahl der Spiele und der Spielpartner im Gebrauch der L. Merkmale des Spiels erhalten bleiben und L. bei entsprechender Einbeziehung in einen thematischen Kontext des Unterrichts durchaus als lerneffektiv erfahren werden.

Lernstatt. Organisationsform betrieblicher Berufsausbildung und Weiterbildung. Zumeist ein offenes und auf Selbstbestimmung hin konzipiertes Angebot im Rahmen der Arbeitszeit. Aus Anlass einer betrieblichen Aufgaben- oder Problemstellung treffen Mitarbeiter oder Auszubildende regelmäßig zur gemeinsamen Lösungsfindung zusammen, zumeist einmal wöchentlich für zwei Stunden. Ziel der auf diese Weise eingerichteten L. ist die Erweiterung fachlicher, sozialer oder methodischer Kompetenzen. *Moderatoren* strukturieren den Gruppenprozess. Experten können zur Beratung oder zur Ergänzung bzw. Erweiterung der Fachkompetenzen hinzugezogen werden. Arbeiten mehrere Lerngruppen in einem Betrieb, so werden deren Aktivitäten über eine L.zentrale koordiniert und in den Arbeitsprozess überführt.

Lernstörungen. *Lernschwierigkeiten.*

Lernstraße. *Lernen an Stationen.*

Lerntheke. *Lernen an Stationen.*

lerntheoretische Didaktik (Syn. **lehrtheoretische Didaktik**). Diese in den sechziger Jahren von *P. Heimann, G. Otto* und *W. Schulz* in Berlin entworfene *Didaktik* entstand in Auseinandersetzung mit der *bildungstheoretischen Didaktik.* Ausgehend von einem positivistischen Wissenschaftsverständnis lehnte sie den traditionellen Bildungsbegriff wegen seiner ideologischen Unbestimmtheit als zentrale Leitkategorie für didaktisches Handeln ab und versuchte in einer Theorie des Unterrichts alle Faktoren des Lernens und Lehrens empirisch-analytisch zu erfassen. Das sog. Berliner Modell der lerntheoretischen Didaktik wurde um 1980 von W. Schulz zum sog. Hamburger Modell der lehrtheoretischen Didaktik weiterentwickelt. **1)** Berliner Modell: Auf der Grundlage empirischer Beobachtung und wertfreier Beschreibung der Unterrichtspraxis werden mithilfe der Strukturanalyse sechs grundlegende Faktorenfelder ermittelt, die jeden Unterricht kennzeichnen und in einem Verhältnis der Wechselwirkung zueinander stehen

(Prinzip der Interdependenz). Dabei werden vier Entscheidungsfelder mit den Faktoren Intentionen, Themen, Methoden, Medien und zwei Bedingungsfelder mit den Faktoren anthropogene und soziokulturelle Voraussetzungen unterschieden. Auf einer weiteren Reflexionsebene soll die Faktorenanalyse durch Normenkritik vorgegebener Zielbestimmungen, Faktenbeurteilung wissenschaftlicher Sachaussagen und Formenanalyse bevorzugter Unterrichtsmethoden und Medien die Kriterien aufdecken und beschreiben, die Einfluss auf Entscheidungen haben können oder schon gehabt haben.

Die so gewonnene Theorie des Unterrichts der l. D. sagt für die *Unterrichtsanalyse* und für die *Unterrichtsplanung* nur aus, über welche Unterrichtsfaktoren prinzipiell Entscheidungen herbeigeführt werden müssen und wodurch diese Entscheidungen beeinflusst werden. Als empirische Wissenschaft vom Unterricht gibt sie aber nicht an, nach welchen Kriterien solche Entscheidungen herbeigeführt werden und wie diese lauten sollen. Obwohl das Berliner Modell der Didaktik nicht unmittelbar für die konkrete *Unterrichtsvorbereitung* geeignet ist, hat es in der Lehrerausbildung weite Verbreitung gefunden.

2) Hamburger Modell: Aus der Didaktikdiskussion der siebziger Jahre zieht W. Schulz Konsequenzen und verzichtet im Unterschied zum Berliner Modell auf das Postulat der Wertfreiheit. Leitende Zielvorstellung wird für ihn die Erziehung zur Kompetenz, Autonomie und Solidarität sowie die Beteiligung der Schüler an der Unterrichtsplanung. Er unterscheidet vier Planungsebenen, geordnet nach der zeitlichen Abfolge und dem Grad der Konkretheit: die Perspektivplanung über einen längeren Zeitraum, die Umrissplanung für einzelne Unterrichtseinheiten, die Prozessplanung von Unterrichtsschritten und die Planungskorrektur während der Unterrichtsdurchführung. W. Schulz greift die Begrifflichkeit des Berliner Modells wieder auf und ergänzt sie. So kombiniert er auf der Ebene der Perspektivplanung Intentionalität (Kompetenz, Autonomie, Solidarität) und Thematik (Sach-, Gefühls- und Sozialerfahrung) in einer zweidimensionalen Matrix zur Bestimmung von Richtzielen emanzipatorisch relevanten, professionellen didaktischen Handelns. Die Perspektivplanung gibt der Umrissplanung, die für Schulz das Kernstück der Unterrichtsplanung in der Alltagspraxis ist, eine allgemeine Orientierungsgrundlage. Die sechs interdependenten Entscheidungs- und Bedingungsfelder des Berliner Modells werden auf vier reduziert, neu geordnet und ergänzt: a) Unterrichtsziele: Intentionen und Themen; b) Ausgangslage der Lernenden (früher anthropogene und soziokulturelle Voraussetzungen) und der Lehrenden; c) Vermittlungsvariablen wie Methoden, Medien, schulorganisatorische Hilfen; d) Erfolgskontrolle: Selbstkontrolle der Schüler und Lehrer.

Das Hamburger Modell der l. D. von W. Schulz geht damit von den gleichen wissenschaftstheoretischen und methodologischen Grundpositionen aus wie die bildungstheoretische, kritisch-konstruktive Didaktik W. Klafkis.

Lerntheorien (engl. *learning theories*). Unterschiedliche Versuche, Kenntnisse über Bedingungen und Prozesse des *Lernens* zu gewinnen, zu beschreiben und zu erklären. Die klassischen behavioristischen L. aus der ersten Hälfte des 20. Jahrhunderts sind Reiz-Reaktions-Theorien, die von den äußeren Bedingungen des Lernens ausgehen und Verhaltensänderung als Reaktion auf bestimmte Umweltreize zurückführen. Schwerpunkte der Ansätze sind z. B. bei I. P. Pawlow die klassische *Konditionierung*, bei E. L. Thorndike das *Lernen durch Versuch und Irrtum* oder bei *B. F. Skinner* die operante Konditionierung. Seit den sechziger Jahren rücken kognitive L. vermehrt die inneren Prozesse der Informationsaufnahme und -verarbeitung in den Mittelpunkt des Erkenntnisinteresses. Lernen wird verstanden als Aneignung, Verarbeitung und Anwendung von Informationen (*Kognition,* Emotion, Handlung). Schwerpunkte dieser Ansätze sind z. B. bei J. S. Bruner die Theorie entdeckenden Lernens, bei D. P. Ausubel die Theorie sinnvollen Lernens, bei *J. Piaget* die Theorie der kognitiven Entwicklung und bei U. Neisser die Aneignungstheorie. A. Bandura schließlich versteht Lernen als soziale Interaktion und entwickelt eine sozial-kognitive L., in der die Wirkung personaler Vorbilder, die Selbstregulierung des Menschen und der Anteil sprachlicher Prozesse thematisiert werden.

Die L. sind für das Lernen in pädagogischen Handlungsfeldern von unterschiedlicher Bedeutung. Um an die Bedürfnisse der Pädagogen und der Didaktik näher heranzukommen, hat sich in der Bundesrepublik Deutschland in den letzten Jahren die empirische *Lehr-Lern-Forschung* entwickelt. Aber auch ihre Ergebnisse und Aussagen befreien den praktizierenden Pädagogen nicht von der Aufgabe, die Konsequenzen lerntheoretischer Befunde im Zusammenhang seiner didaktisch-methodischen Entscheidungen originär zu reflektieren.

Lerntyp (engl. *type of learning*). Von dem Biochemiker F. Vester geprägter Begriff, der auf der Erkenntnis basiert, dass beim *Lernen* neue Informationen über ein hochgradig individuell ausgebildetes Netzwerk von physiologischen, psychischen, motivationalen, sozialen und räumlichen Bedingungen wahrgenommen, gespeichert, mit vorhandenen Strukturen verknüpft und mit Bedeutung versehen werden. Grundlegend sind Erkenntnisse aus der Gehirnforschung, wonach die Dichte und Qualität der Zellverbindungen nur geringfügig genetisch bedingt sind, vielmehr in den ersten Lebensmonaten durch die verschiedenen Sinneseindrücke weitgehend festgelegt werden. Gehirnzellen wachsen demzufolge je nach der vorhandenen Umwelt anders. Wahrnehmungen über Auge, Nase, Geschmack, Hören und Tasten schlagen sich unmittelbar in festen anatomischen Zellstrukturen nieder, die zur individuellen Ausprägung der Eingangskanäle für neue Informationen führen. So entsteht lange vor allem bewussten Lernen als feste Grundstruktur für späteres Lernen ein inneres Abbild der Welt und der Beziehungen des Selbst zur Welt. Über die vielfältigen Wechselwirkungen zwischen den Eingangskanälen und der Grundstruktur einerseits und den Lernstoffen, Lernumgebungen, Lehrverfahren, Situationen, Erwartungen, Gefühlen, Gewohnheiten usw. andererseits bildet sich der individuelle L. aus. Ausgehend von der Dominanz der Eingangskanäle lassen sich in unserer Kultur nach F. Vester grob unterscheiden: der visuelle, der auditive, der kommunikative, der haptische und der verbal-abstrakte L. Tatsächlich aber sind aufgrund der individuellen Lernerfahrungen Differenzierungen dieser Typen in großer Zahl zu beobachten.

Lernwerkstatt (Syn. **didaktische Werkstatt, pädagogische Werkstatt**). Einrichtung in Bereichen der Lehrerbildung (Schulen, Fortbildungsinstitutionen, Hochschulen u. Ä.), die eine sorgfältig vorbereitete Lernumgebung bietet, in der freies und selbständiges Arbeiten allein oder mit anderen zu Anregungen für die innere Schulreform führt. L. sind ein offener Lernort, an dem Darbietungen von Kundigen gegeben und entgegengenommen werden können, an dem entdeckendes, selbstbestimmtes und handlungsorientiertes Lernen stattfindet und wo in Gesprächen die vielen Ideen kreativ weiterentwickelt werden können.

Zur Ausgestaltung der L. gehören verschiedene Arbeitsbereiche zum Schreiben und Drucken, Experimentieren und künstlerischen Gestalten, für Mathematik, Naturerkundung, Zeitdarstellungen usw.

L. machen Angebote für Universitätsseminare, Lehrerfortbildungsgruppen und Schulklassen, sie veranstalten Workshops

und Tagungen, bieten Tage der offenen Tür und Beratung an und sind im Hochschulbereich auch ein Ort der Handlungsforschung.
Die L.bewegung in der Bundesrepublik bekam ihre ersten Anregungen von den englischen und amerikanischen Teachers' Centers der sechziger und siebziger Jahre. Wichtige Impulse gingen von den ersten L. an der Gesamthochschule Kassel und an der TU Berlin aus, die Anfang der achtziger Jahre gegründet worden sind.

Lernziel (Syn. **Lehrziel**; engl. *learning objective, learning aim*). Beschreibung eines angestrebten Ziels, das im Unterricht oder bei vergleichbaren Lernsituationen erreicht werden soll. Der L.begriff ersetzte nach dem Erscheinen von R. Magers Buch ›Lernziele und Programmierter Unterricht‹ 1965 weitgehend die bis dahin gebräuchlichen Begriffe Unterrichtsziel und Bildungsziel, die aus der Sicht ihrer Kritiker lediglich den Gegenstand oder Inhalt des Unterrichts relativ vage benannten. L.beschreibungen sollten so präzise und konkret wie möglich nicht nur Aussagen über den Lerninhalt, sondern vor allem auch über das beobachtbare Endverhalten und die Bedingungen, unter denen der Schüler das Verhalten zeigt, machen. Mit dem L.begriff sollte der Blick auf den Schüler und sein Lernergebnis gerichtet werden, wobei offenblieb, ob der Schüler an der Zielsetzung zu beteiligen sei. Da i. d. R. die Ziele von den Lehrenden festgelegt werden, ersetzten manche didaktischen Konzepte den L.begriff durch den Begriff Lehrziel. Inzwischen wird bei der Unterrichtsplanung häufig wieder für die Bildungsabsichten von Lehrenden der Begriff *Unterrichtsziel* (statt Lehrziel) und für die Beteiligung von Lernenden an der Planung der Begriff Handlungsziel (statt L.) der Schüler verwendet.
Zielsetzungen werden je nach Grad der Allgemeinheit oder Konkretheit mehr oder weniger eindeutig und präzise formuliert. In der Tradition des lernzielorientierten Unterrichts werden auf den verschiedenen Ebenen sog. Richtziele (sehr allgemein), Grobziele (relativ konkret) und Feinziele (eindeutig, präzise) unterschieden. In manchen Didaktikkonzepten wird bei der Perspektivplanung von allgemeinen Richtzielen oder Bildungszielen, bei der Umrissplanung für Unterrichtseinheiten von Unterrichtszielen und bei Unterrichtsentwürfen für Einzelstunden vom Stundenziel gesprochen.

Lernzieltaxonomie (engl. *taxonomy of educational objectives*). Ordnungssystem zur Findung, Klassifizierung und Hierarchisierung von *Lernzielen* bei der Entwicklung eines *Curriculums* und von Prüfungsaufgaben für lernzielorientierte bzw. kriteriumsbezogene *Schultests*. Psychologische L. unterscheiden sich von inhaltlich-thematischen Taxonomien, die kulturelle Elemente eines Curriculums systematisieren. Die psychologischen Taxonomien von B. S. Bloom, D. R. Krathwohl, B. B. Masia, R. H. Dave und J. P. Guilford aus den fünfziger bis siebziger Jahren sind eine Klassifikation psychischer Funktionen, denen Lernziele mit Verhaltensbeschreibungen zugeordnet werden können. Die ›Taxonomy of Education Objectives‹ von B. S. Bloom u. a. bezieht sich also nur auf die psychologischen Verhaltensaspekte der Lernziele eines Curriculums oder Tests. Sie ist ein fächerübergreifendes Klassifikationsinstrument, das die spezifischen Fachinhalte, also den Inhaltsaspekt der Lernziele, ausklammert. Aus analytischen Gründen ist Blooms Taxonomie in drei mehrdimensionale Teilbereiche aufgeteilt, und zwar in den kognitiven (z. B. Wahrnehmen, Denken, Problemlösen), affektiven (z. B. Einstellungen, Werthaltungen) und psychomotorischen Bereich (Steuerung von körperlichen Funktionen). Innerhalb der einzelnen Teile sind die psychologischen Funktionen nach dem Prinzip der Komplexität in dem Sinne hierarchisiert, dass die niedrigere Klasse jeweils Element der höheren ist. Außer dieser bekanntesten gibt es eine

Reihe anderer L. (z. B. die von R. M. Gagne zu Lernarten).
Als Hilfsmittel in Form eines Bezugssystems für Entscheidungsprozesse bei der Curriculumentwicklung bietet die L. Kriterien für die Auswahl und Anordnung von Bildungszielen, Unterrichtsthemen, Lernverfahren und Evaluationsmethoden, sie gibt die Möglichkeit zur Entdeckung bisher vernachlässigter oder neuer Aufgaben, entbindet aber nicht von der Entscheidung über Lernziele. Ferner kann die kognitive Taxonomie von B. S. Bloom zum Erkenntnisgewinn beitragen, wenn sie in einer mehrdimensionalen Lernzielmatrix mit einer Inhaltstaxonomie verbunden wird. Hierzu lieferte D. Lemke 1981 zwei- und dreidimensionale Suchraster für Lernziele im Unterricht.

Lernzirkel. *Lernen an Stationen.*

Lese-Rechtschreib-Schwierigkeiten (Syn. **Legasthenie**). Der Begriff Legasthenie wurde 1916 von dem Neurologen P. Ranschburg zur Bezeichnung von Störungen beim Erlernen des Lesens und Schreibens eingeführt. Hatte P. Ranschburg den Begriff bei Lese-Rechtschreib-Schwächen von Kindern aller Intelligenzgrade gebraucht, so verwendete M. Lindner 1951 den Begriff Legasthenie nur noch für Kinder mit mindestens durchschnittlicher Intelligenz. Diese sog. Diskrepanzdefinition führte um 1970 dazu, dass als Legastheniker anerkannte Schüler eine besondere Förderung erfuhren und ihre Schwächen bei der Leistungsbeurteilung des Lesens und Rechtschreibens berücksichtigt werden konnten. Legastheniker waren nach dem damaligen Erkenntnisstand solche Kinder, die in einem standardisierten Lese-Recht-schreib-Test einen niedrigen Prozentrang und im Intelligenztest einen mindestens durchschnittlichen IQ erreichten. Die 1975 einsetzende fundamentale Kritik an dieser Definition von Legasthenie, an der Auswahl des diagnostischen Instrumentariums, an der Auslese förderbarer Kinder durch die Festlegung von Ober- bzw. Untergrenzen für Testergebnisse und an der fehlenden Effektivität der auf dieser Diagnostik beruhenden Therapie veranlasste die KMK 1978 zu der Empfehlung an die Bundesländer, den Ausdruck Legasthenie nicht mehr zu verwenden und entsprechende Erlasse aufzuheben bzw. zu ändern.
Dies führte zur Verwendung des Begriffs L.-R.-S. und zur völligen Neuorientierung der empirischen Forschung, die nun bei den Spracherwerbsprozessen ansetzte und neben den Lernbeeinträchtigungen der Schüler die lese- und schreibmethodischen Qualifikationen der Lehrkräfte sowie die außerschulischen Lernbedingungen mit einbezog. Nach dem gegenwärtigen Stand der Theoriebildung müssen Kinder sich beim Schriftspracherwerb die alphabetische Struktur unserer Schrift aneignen und durchlaufen dabei einen Entwicklungsprozess mit charakteristischen Stufen. Es wird vermutet, dass dieser kognitive Aneignungsprozess bei Kindern mit L.-R.-S. langsamer verläuft, und es kann sein, dass sie sich dabei auf einzelnen Stufen unerkannte falsche Lernstrategien angewöhnen, die unter schulischen Anforderungen zu Fehlern führen. Eine erhebliche Senkung des Anteils von Kindern mit L.-R.-S. wird von einer Verbesserung des Anfangsunterrichts erwartet, die sich auf die schriftmethodische Vermittlung, die Diagnose von Lernschwierigkeiten und die Gestaltung differenzierter Fördermaßnahmen bezieht. Verfestigen sich die L.-R.-S. zum Schulversagen, sind psychotherapeutische Maßnahmen angebracht.

Lettland. **1)** Seit 1991 von der ehemaligen Sowjetunion unabhängige parlamentarische Republik. Hauptstadt: Riga (735 000 Einw.). Fläche: 64 589 km^2, 2,3 Mill. Einw., 36 Einw./km^2. 57% Letten, 30% Russen und Minderheiten (Polen, Belorussen, Esten u. a.). Landes- und Amtssprachen: Lettisch und Russisch. Religion: 55% Lutheraner, 24% Katholiken, 9% Russisch-Orthodoxe.

2) Im Rahmen des Neuaufbaus eines demokratischen Staates und der Entwicklung einer selbstständigen und wettbewerbsfähigen Marktwirtschaft wird dem Bildungswesen eine zentrale Bedeutung zugewiesen. Freilich fehlen schon für den Erhalt und Betrieb der bestehenden Einrichtungen die finanziellen und personellen Voraussetzungen, so dass die notwendige Verbesserung der organisatorischen Rahmenbedingungen und der Schulausstattung sowie die Entwicklung neuer Lehr- und Lernmittel nur mühsam vorankommen. Dabei stellt sich aufgrund der hohen Zuwanderung von Russen während der Zeit des Sowjetregimes das Sprachenproblem auf allen Stufen des Bildungswesens als besonders schwerwiegende Herausforderung dar. Heute sind etwa 70% der Primarschulen lettisch, 15% russisch und ebenfalls 15% doppelsprachig. Die Schulpflicht beginnt mit der Vollendung des 7. Lebensjahres. Sie wird von allen Kindern durch den Besuch der neunjährigen Grundschule erfüllt. Das Abschlusszeugnis der Grundschule erreichen die Absolventen i. d. R. mit 16 Jahren. Die Verfassung und das Bildungsgesetz von 1991 garantieren allen Bevölkerungsgruppen gleiches Recht auf kostenlose Schulbildung. Jede Schule kann zwischen Lettisch, Russisch oder Englisch als Unterrichtssprache wählen. Gesetzlich zugesichert ist allein der lettische Unterricht. In allen Schulen ist Lettisch Pflicht- und Hauptfach. Schulen sind koedukative Halbtagseinrichtungen. Private Einrichtungen sind nach Genehmigung durch das Ministerium für Erziehung und Wissenschaft zugelassen. Für die ethnischen Minderheiten entstehen derzeit eigene Schulen. Für Kinder mit besonderem Förderbedarf sind Sonderschulen eingerichtet.

3) Der Besuch des Kindergartens ist freiwillig. Ein aktueller Reformplan der Regierung strebt jedoch den verpflichtenden Besuch einer Vorschule an. Gut 50% der Kinder zwischen drei und sieben Jahren besuchten 2003 Einrichtungen im Vorschulbereich. Die Erziehungs- und Bildungsarbeit orientiert sich an einem Rahmenplan des Ministeriums für Erziehung und Wissenschaft. Nach dem neuen Bildungsgesetz aus dem Jahre 1998 beginnt die Grundschulzeit mit dem 7. Lebensjahr. Die Grundschule gliedert sich grundsätzlich in eine vierjährige Primar- und in eine fünfjährige Sekundarstufe. Innerhalb dieses gesetzlichen Rahmens haben sich drei verschiedene Organisationsformen entwickelt: a) Vier Jahre Elementarschule und anschließend fünf Jahre Gymnasium, das formell erst mit der Klassenstufe 10 beginnt. b) Neun Jahre Gesamtschule mit direktem Übergang in das Gymnasium. c) Vier Jahre Primar- und nach direktem Übergang fünf Jahre Sekundarstufe I. Die Schulleistungen werden von der 1. Klasse an nach einer 10-Punkte-Skala bewertet (4 = noch ausreichend, 10 = mit Auszeichnung). Für die Versetzung sind noch ausreichende Leistungen in allen Fächern Voraussetzung. Ab Klasse 3 wird Englisch gelehrt, ab Klasse 6 eine zweite Fremdsprache. Wählen Schulen Englisch als Unterrichtssprache, ändert sich die Sprachenfolge ebenfalls nach Wahl der Schule. Leistungsschwache Schüler können die Grundschule bis zum 18. Lebensjahr besuchen oder aber nach der 7. Klasse in eine Schule überwechseln, die ihnen eine berufliche Grundbildung vermittelt, mit der sie eine Erwerbsarbeit aufnehmen können. Nach erfolgreichem Besuch der 9. Klasse erhalten die Absolventen das Abschlusszeugnis der Grundschule (Basisschule), mit dem die Berechtigung zum Besuch einer Schule der Sekundarstufe II erworben wird. Innerhalb der Sekundarstufe II sind allgemein bildende, auf die Anforderungen der Universitäten und Hochschulen ausgerichtete und berufsbildende Schulen eingerichtet. Die Absolventen der Grundschule verteilen sich zu etwa gleichen Anteilen auf diese beiden Bildungswege. Die dreijährigen Gymnasien bieten vier Profile auf jeweils zwei unterschiedlichen Niveaustufen (Grundkurs und Leistungskurs) an: das allgemeine Profil ohne besonderen

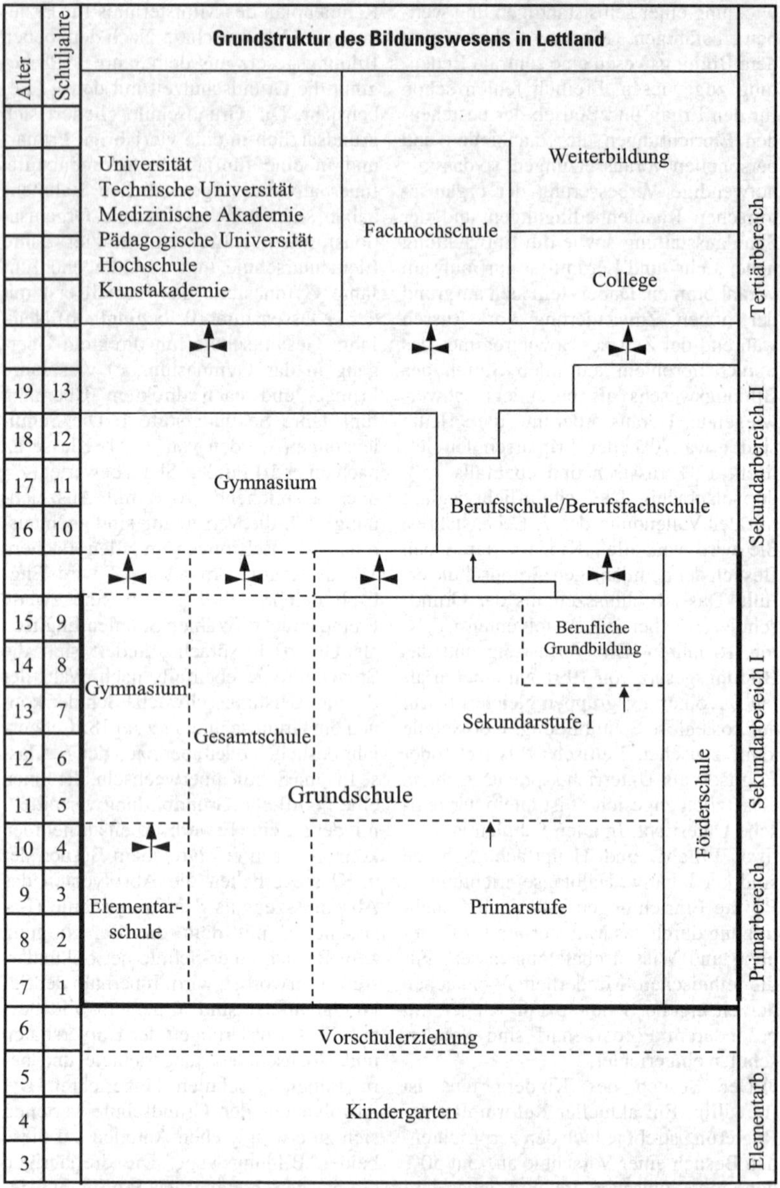

Fett umrandet sind die Einrichtungen für die Erfüllung der Schulpflicht.

Qualifizierte Auswahl — Einfacher Übergang

fachlichen Schwerpunkt, das geisteswissenschaftliche Profil, das naturwissenschaftliche Profil und das berufstheoretische Profil. Am Ende der 12. Klasse findet eine zentrale Abschlussprüfung statt. Voraussetzung ist der Besuch mindestens eines Faches auf dem Niveau des Leistungskurses. Das Examen ist bestanden, wenn in allen Prüfungsfächern nicht weniger als vier Punkte erreicht worden sind. Das Abschlusszeugnis berechtigt zum Eintritt in eine Bildungseinrichtung des Tertiärbereichs. Im Bereich der berufsbildenden Sekundarschulen sind zwei-, drei- und vierjährige Programme eingerichtet. Nach zwei oder drei Jahren wird die Facharbeiterprüfung abgelegt, nach vier Jahren der Berufsabschluss für besonders anspruchsvolle Tätigkeiten im Dienstleistungs- und Produktionssektor in Verbindung mit der Berechtigung zum Hochschulstudium.

4) Die berufsbildenden Sekundarschulen sind zusammen mit den berufsqualifizierenden Studiengängen im Tertiärbereich die ausschließlichen Träger der beruflichen Bildung.

5) Auch im Tertiärbereich werden zwei Systeme unterschieden, das akademische und das berufsqualifizierende. Innerhalb der Institutionen aber wird diese Trennung nicht konsequent eingehalten. Universitäten bieten auch berufsqualifizierende Studiengänge an und Fachhochschulen akademische Programme. Die akademischen Programme an Universitäten, Akademien und Hochschulen gliedern sich in die Stufen Bachelor-, Master- und Doktoratsstudien. Berufsqualifizierende Studiengänge an Colleges und Fachhochschulen dauern zwei, drei oder vier Jahre. Sie schließen mit einem staatlich anerkannten Diplom oder mit dem Bachelor ab. Die Abschlüsse privater Institutionen werden staatlich anerkannt, wenn eine Akkreditierung der Einrichtung und ihrer Studiengänge vorliegt.

6) Lehrerbildung findet in Form von pädagogisch-psychologischen Begleitstudien neben den fachwissenschaftlichen Studien für einen Bachelorabschluss oder nach einem Bachelor in zweijährigen schulpraktischen Programmen statt.

7) Allgemeine und berufliche Weiterbildung wird von Sekundarschulen, Universitäten, Hochschulen und Colleges, von Betrieben, Berufsverbänden, Gewerkschaften, kommunalen und privaten Trägern angeboten.

Liechtenstein. **1)** Fürstentum, konstitutionelle Erbmonarchie auf parlamentarischer Grundlage. Hauptstadt: Vaduz (5000 Einw.). Fläche: 160 km^2. 34 000 Einw., 213 Einw./km^2. 65,7% Liechtensteiner, 34,3% Ausländer. Landessprache: Deutsch. Religion: 77% Katholiken, 7% Protestanten.

2) Das Bildungswesen im Primarbereich und Sekundarbereich I ähnelt dem schweizerischen bzw. dem deutschen Schulaufbau. Im Sekundarbereich II werden nur noch Gymnasien und für Behinderte Beschützende Werkstätten angeboten. Darüber hinaus setzen die Jugendlichen ihre allgemeine oder berufsvorbereitende Bildung an Schulen des benachbarten Auslandes fort. Bis auf wenige Spezialkurse trifft diese Regelung auch auf den Tertiärbereich zu. Für Kinder mit besonderem Förderbedarf sind vom Kindergarten bis zur Berufsbildung Sonderschulen vorhanden. Schulpflicht besteht vom 7. bis zum 15. Lebensjahr. Schulen sind im Regelfall Halbtagseinrichtungen. Die Schulgesetzgebung steht dem Landtag zu, die Aufsicht über das gesamte Bildungswesen übt die Regierung des Fürstentums über ein Schulamt aus. Da ein großer Teil der Schulabgänger zur Berufsausbildung oder zum Studium in die Schweiz, nach Österreich oder nach Deutschland geht, sind mit diesen Ländern zahlreiche Vereinbarungen getroffen worden. Der Besuch aller Bildungseinrichtungen ist kostenlos.

3) Kindergärten können freiwillig von Kindern im 5. und 6. Lebensjahr besucht werden. Für fremdsprachige Kinder ist der Besuch des zweiten Kindergarten-

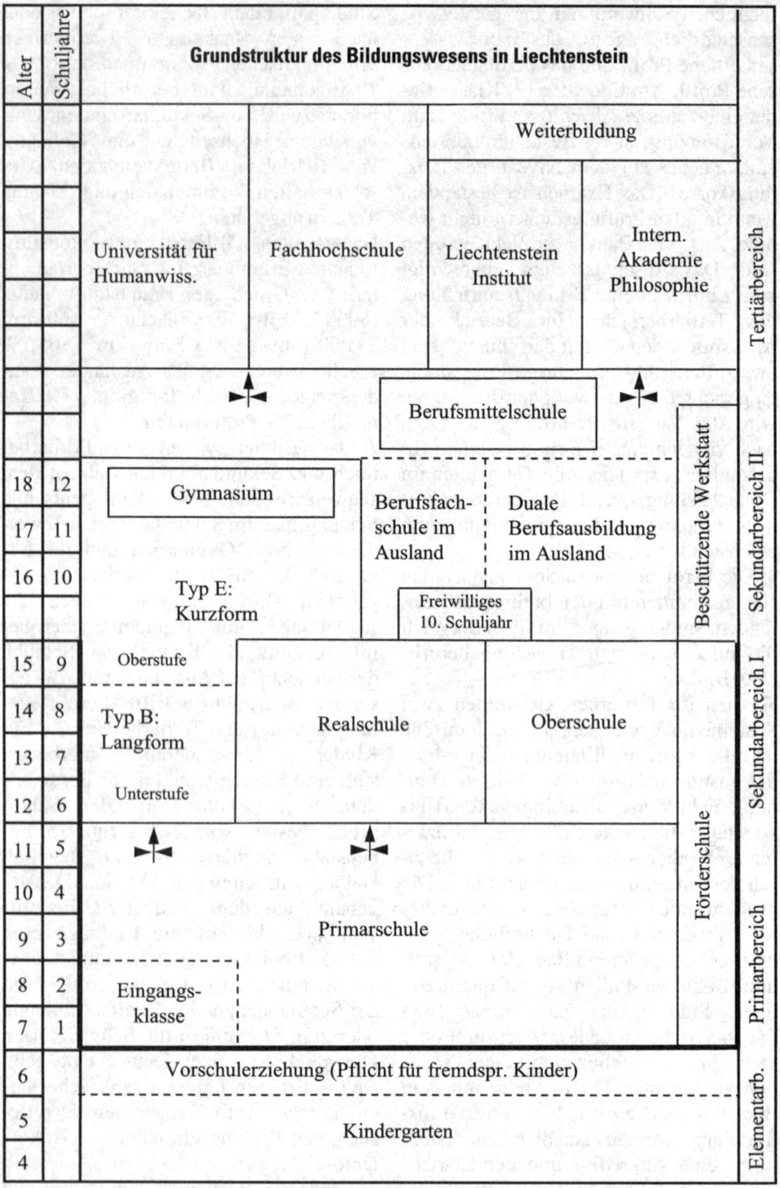

Fett umrandet sind die Einrichtungen für die Erfüllung der Schulpflicht.

Qualifizierte Auswahl   Einfacher Übergang

jahres obligatorisch, damit sprachliche Defizite in Deutsch noch vor Schuleintritt weitgehend behoben werden können. Träger der Kindergärten sind die Gemeinden. Für den Besuch werden Beiträge erhoben. Die fünfjährige Primarschule wird von Kindern ab dem 7. Lebensjahr besucht. Eine vorzeitige Aufnahme kann beantragt werden. Die Primarschule ist eine Einheitsschule. Der Schulrat des Fürstentums kann den Eltern den Besuch der Vorklasse oder der zweijährigen Eingangsklasse empfehlen, die das Pensum der ersten Primarschulklasse auf zwei Jahre verteilt. In der Primarschule werden keine Ziffernoten gegeben. Die Kinder steigen am Ende eines Schuljahres automatisch in die nächsthöhere Klasse auf. Klassenwiederholungen sind jedoch freiwillig möglich. Innerhalb der Sekundarstufe I, also nach Klassenstufe 5, gliedert sich das Schulwesen in drei Schularten: Oberschule, Realschule und Gymnasium. Für den Übergang erteilt die Schulleitung der Primarschule eine Übergangsempfehlung. Entscheiden sich Eltern gegen diese Empfehlungen, haben die Kinder in der gewünschten Schulart eine Aufnahmeprüfung zu absolvieren. Die Oberschule bereitet insbesondere auf eine zukünftige Berufsausbildung vor. Sie bietet ein breites Spektrum von Pflicht- und Wahlpflichtfächern an. Für die Versetzung ausschlaggebend sind die Leistungen in Deutsch, Mathematik, Biologie/Physik, Geschichte/Staatskunde und Geografie. Der Übergang in die Realschule ist an mindestens mit »gut« bewertete Leistungen in Deutsch und Mathematik gebunden. Das Bildungsprofil der Realschule ist breiter (z.B. zwei Fremdsprachen) und anspruchsvoller als das der Oberschule und bereitet auf weiterführende berufliche und schulische Bildungsgänge vor. Übergänge aus der Oberschule in die Realschule sowie aus dieser in das Gymnasium sind aufgrund überdurchschnittlicher Leistungen insbesondere nach der ersten Jahrgangsstufe (Klasse 6) ohne Zwischenprüfung möglich. Nach Abschluss von Oberschule oder Realschule kann ein freiwilliges berufsvorbereitendes 10. Schuljahr zur Verbesserung der Chancen auf dem Ausbildungsstellenmarkt besucht werden. Das Gymnasium wird in zwei Typen angeboten: als grundständiger Typ B unmittelbar im Anschluss an die fünfte Jahrgangsstufe der Primarschule und als Typ E nach Klasse 8 der Realschule. Schwerpunkte im Curriculum des Typs B sind Sprachen (Deutsch, Latein, Englisch, Französisch) und Naturwissenschaften, wogegen im Typ E die Propädeutik der Wirtschafts-, Rechts- und Sozialwissenschaften das Bildungsprofil prägt. Das Gymnasium schließt mit der Maturität (Hochschulreife) ab, die in der Schweiz und Österreich zur prüfungsfreien Aufnahme an Universitäten und Hochschulen berechtigt.

4) Für die Berufsausbildung sowohl im dualen System als auch in beruflichen Vollzeitschulen stehen in L. nur die betrieblichen Ausbildungsplätze zur Verfügung. Teilzeit- und Vollzeitberufsschulen können ausschließlich im Ausland besucht werden. Für Jugendliche mit besonderem Förderbedarf unterhält L. Beschützende Werkstätten. Für alle Personen mit einer abgeschlossenen Berufsausbildung bietet die Berufsmittelschule die Möglichkeit zum Erwerb der Hochschulreife (Berufsmatura): Die Kurse dauern zwei bis drei Jahre. Die Studierenden können ihre beruflichen Schwerpunkte bei der Wahl der Fächer berücksichtigen. Die Berufsmatura berechtigt zum Studium an allen Hochschulen in L. und Österreich sowie an den Fachhochschulen der Schweiz.

5) Innerhalb des Tertiärbereichs sind vier Institute eingerichtet. Die Universität für Humanwissenschaften hat ihren Lehrbetrieb 2000 aufgenommen. Sie bietet ein viersemestriges Graduiertenstudium im Bereich von Psychologie und Neurowissenschaften an. Die Fachhochschule führt zu Bachelor- und Masterabschlüssen in den Fachbereichen Architektur und Wirtschaftswissenschaften. An der

Internationalen Akademie für Philosophie können grundständige Studiengänge bis zu den Abschlüssen Magister und Doktor absolviert werden. Das Liechtenstein-Institut ist eine Forschungs- und Lehreinrichtung in den Fachbereichen Rechtswissenschaft, Politikwissenschaft, Wirtschafts- und Sozialwissenschaften und Geschichte. Andere universitäre Studiengänge können nur im Ausland absolviert werden.

6) L. bildet selbst keine Lehrer aus. Die Lehrer erwerben ihre Qualifikationen in der Schweiz, in Österreich oder auch in Deutschland.

7) Eine staatliche Arbeitsstelle für Erwachsenenbildung bietet eine breite Palette von allgemeinen und fachlichen Kursen an.

Liftkurse. In Schulkonzeptionen mit äußerer *Fachleistungsdifferenzierung* (z. B. in einigen Gesamtschulen) gibt es meist am Ende eines Schulhalbjahres aufgrund der bisherigen Kursnoten Gelegenheit zum Kurswechsel (Auf- oder Abstieg). Sog. L. bieten potenziellen Aufsteigern das dafür notwendige Zusatzpensum an, damit sie am Beginn des neuen Halb- oder Schuljahres den Einstieg in den höheren Niveaukurs leichter bewältigen.

Lingua. *Comenius-EU-Programm.*

Linkshändigkeit (engl. *left-handedness*). Bevorzugter Gebrauch und meist auch Leistungsüberlegenheit der linken Hand im Vergleich zum Gebrauch der rechten Hand, z. B. beim Schreiben. Sie kommt bei etwa 15% bis 20% der Bevölkerung vor. Die Dominanz der linken Hand tritt oft mit der Dominanz auch anderer paarig angelegter Organe (Augen, Beine/Füße) zusammen auf. Der Grad der Rechts- oder Linkshändigkeit kann mit dem Hand-Dominanz-Test (H-D-T) von H.-J. Steingrüber diagnostiziert werden. Eindeutigen Linkshändern soll die Rechtshändigkeit auf keinen Fall aufgezwungen werden, da dies zu psychischen und auch körperlichen Störungen führen kann. Die richtige Blatt- und Schreibhaltung ist für Linkshänder wichtig (vgl. R. W. Meyer: Linkshänder?, 2007). Zeigt ein Kind bezüglich der Seitigkeit (Lateralität) keine eindeutige Bevorzugung einer Hand, sondern wechselt von einer Hand zur anderen, dann sollte eine Schulberatungsstelle in Anspruch genommen werden.

Litauen. **1)** Seit 1990 von der ehemaligen Sowjetunion unabhängige parlamentarische Republik. Hauptstadt: Wilna (553 000 Einw.). Fläche: 65 301 km², 3,5 Mill. Einw., 53 Einw./km². 83% Litauer, 6,7% Polen, 6,3% Russen und weitere kleine ethnische Minderheiten. Landessprache: Litauisch. Religion: 79% Katholiken, 4% Orthodoxe.

2) Im Rahmen des Neuaufbaus eines selbstständigen demokratischen Staates sind auch die gesetzlichen, administrativen, strukturellen und inhaltlichen Grundlagen des Bildungswesens vom Kindergarten bis zur Universität umfassend reformiert worden. 1991 verabschiedete das Parlament ein Erziehungsgesetz und 1992 legte die Regierung das Rahmenkonzept für die Erneuerung der Erziehung in L. vor. Leitziele sind die Demokratisierung der Schulverwaltung, die Dezentralisierung der Verantwortlichkeiten und Entscheidungsbefugnisse bis auf die Ebene der einzelnen Schule, die Differenzierung des Bildungsangebotes bei gleichzeitiger Sicherung einer umfassenden gemeinsamen Grundbildung sowie die Stärkung der nationalen litauischen Identität.

Den Kernbereich des allgemein bildenden Schulwesens bildet die zehnjährige Pflichtschule, die frühestens nach Klassenstufe 8 mit dem Übergang in ein Gymnasium verlassen werden kann.

Die allgemeine Schulpflicht endet mit dem Erreichen des 16. Lebensjahres. Schulen sind i. d. R. koedukative Halbtagseinrichtungen. Für Kinder mit erhöhtem pädagogischen Förderbedarf sind auf allen Stufen Sonderschulen eingerichtet. In öffentlichen Schulen wird kein Schulgeld erhoben.

Das Ministerium für Bildung und Wissenschaft ist oberste Aufsichtsbehörde für die Schulverwaltung auf allen Ebenen, es übt die Rechtsaufsicht über Universitäten und Hochschulen aus und ist in Kooperation mit anderen Fachministerien für Berufsschulen und Berufskollegs zuständig. Kindergärten sowie Primar- und Sekundarschulen werden von den Bezirken und Kommunen eingerichtet und im Auftrag des Ministeriums verwaltet. Private Einrichtungen sind auf allen Stufen des Bildungswesens möglich. Nach staatlicher Anerkennung erhalten die Träger Zuschüsse. An den Universitäten sind etwa die Hälfte der Studienplätze Freiplätze. Für den anderen Teil der Plätze legen die Hochschulen Studiengebühren fest.

3) Einrichtungen im Elementarbereich wie Kindergärten, Tagesstätten u. a. werden von privaten Trägern oder den Kommunen angeboten. Ihr Besuch ist freiwillig und an die Zahlung von Beiträgen gebunden. Die Arbeit in den Einrichtungen orientiert sich an den ministeriellen Leitlinien für die Vorschulerziehung – ein Curriculum für Lehrer und Eltern aus dem Jahr 1993. Die Primarschule bildet die erste Stufe der Pflichtschule. Sie umfasst die Klassenstufen 1 bis 4 und wird eigenständig oder in organisatorischer Verbindung mit Kindergärten oder mit der Sekundarstufe I (Basisschule) geführt. In dünner besiedelten ländlichen Gebieten werden Kinder mehrerer Jahrgänge gemeinsam unterrichtet. Nach Inhalten und Terminierung wird die Leistungsbeurteilung in der Verantwortung des Lehrerkollegiums gestaltet. Die Pflichtschulzeit wird in der Basisschule mit den Klassenstufen 5 bis 10 fortgesetzt. Neben der schon erwähnten organisatorischen Verbindung mit Primarschulen bildet sie z. T. auch mit Schulen der Sekundarstufe II eine Einheit. Schülern, die wegen Lernschwierigkeiten dem normalen Unterricht der Basisschule nicht mehr folgen können, wird nach der 6. Klassenstufe der Besuch einer Jugendschule oder einer Heimschule angeboten. Auch in der Basisschule entscheiden die Kollegien über Inhalte und Terminierung der Leistungsbeurteilung. Nach erfolgreicher Beendigung der Pflichtschulzeit wechseln die Jugendlichen i. d. R. auf die zweijährige Oberstufe der Sekundarschule, die fast durchweg mit der Basisschule organisatorisch verbunden ist, oder in eine Berufsschule. Bereits nach Klassenstufe 8 ist der Wechsel zum vierjährigen Gymnasium möglich.

4) Unter der leitenden Zuständigkeit des Ministeriums für Bildung und Wissenschaft findet die berufliche Erstausbildung nach der Auflösung des betrieblichen Ausbildungswesens in den sowjetischen Staatsunternehmen derzeit ausschließlich in Vollzeitschulen statt. Berufsschulen bieten in unterschiedlich langen und nach Anspruchsniveau und Abschlüssen differenzierten Bildungsgängen Qualifikationen an. Absolventen der Oberstufe der Sekundarschule können berufliche Abschlüsse für mittlere technische und kaufmännische Positionen an Berufskollegs im Tertiärbereich erwerben.

5) Im Tertiärbereich sind öffentliche und private Universitäten, Fachhochschulen und Colleges eingerichtet. Die Universitäten führen nach der neuen Stufung zu Bachelor- und Masterabschlüssen sowie zum Doktorat. Fachhochschulen und Colleges schließen ihre zwei- bis vierjährigen Studiengänge mit berufsqualifizierenden Diplomprüfungen ab. Voraussetzung für den Eintritt in sämtliche Studiengänge ist die erfolgreiche Abschlussprüfung an einer mindestens dreijährigen Schule der Sekundarstufe II.

6) Lehrer für den Vorschulbereich und die Primarschule werden in drei- bis vierjährigen Studiengängen an einer Pädagogischen Universität oder einem pädagogischen College ausgebildet. Lehrerfür Sekundarschulen absolvieren ein vier- bis fünfjähriges Studium mit Masterabschluss und im Anschluss daran einen einjährigen Vorbereitungsdienst.

7) Einrichtungen, Programme und Qualifizierungsmaßnahmen des Personals für

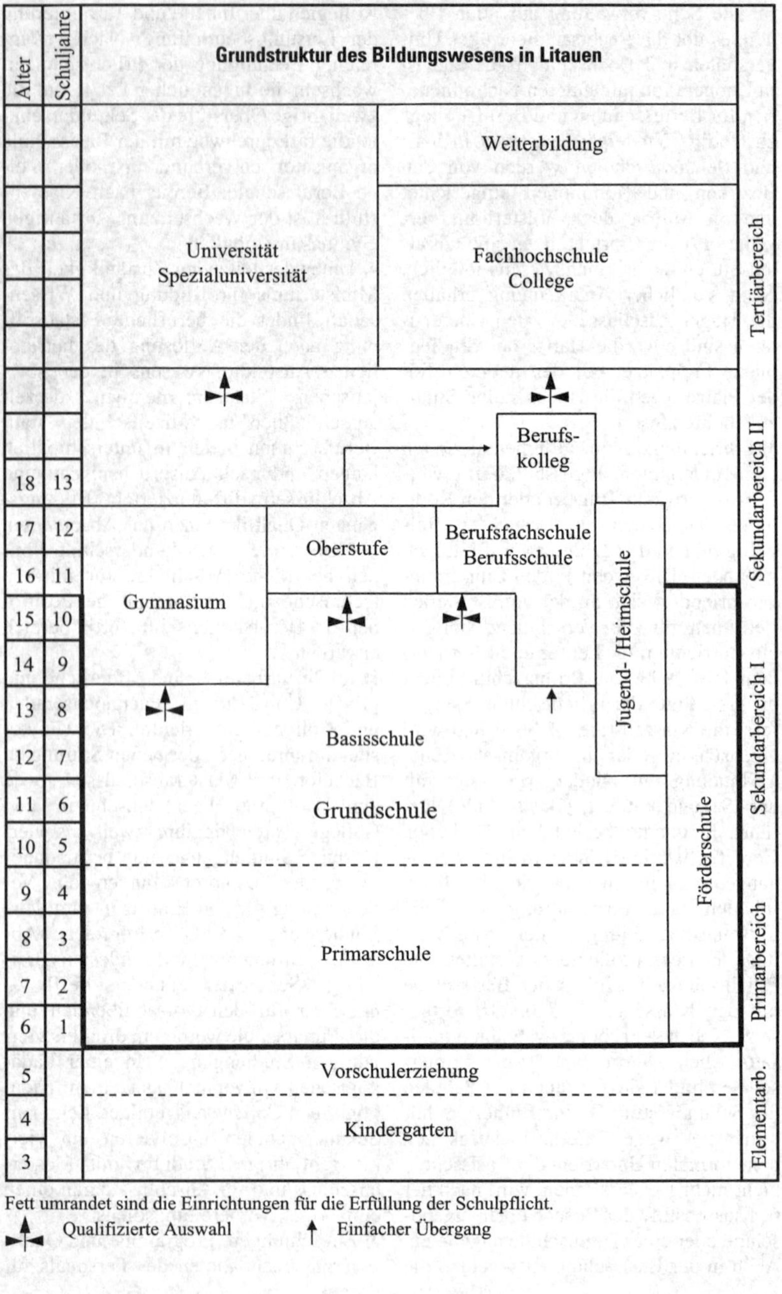

Fett umrandet sind die Einrichtungen für die Erfüllung der Schulpflicht.

Qualifizierte Auswahl — Einfacher Übergang

die allgemeine und die berufliche Weiterbildung sind in den letzten zehn Jahren umfassend ausgebaut worden. Unter der Zuständigkeit der Ministerien für Bildung und Wissenschaft und für Wirtschaft bieten heute Hunderte von öffentlichen, betrieblichen und privaten Trägern ein breites Spektrum von Qualifizierungsprogrammen an. Diese Programme sind für die Nach- und Umqualifizierung von großer Bedeutung.

Literacy. Der Begriff bedeutet im engeren Sinne Lesekompetenz, im übertragenen Sinne ist der Erwerb universaler Basisqualifikationen gemeint. Durch den Wandel von der Industrie- zur Wissensgesellschaft ist diese Grundbildung für eine befriedigende Lebensführung in persönlicher, beruflicher, gesellschaftlicher, wirtschaftlicher, kultureller und politischer Hinsicht erforderlich. Dieser lebensbezogene Ansatz richtet sich in der Schule auf den Erwerb bestimmter *Kompetenzen,* die sich in konkreten Anwendungssituationen bewähren und darüber hinaus für *lebenslanges Lernen* befähigen. Die Vergleichsstudie *PISA* der OECD knüpft an das internationale L.-Konzept an und unterscheidet die Bereiche Lesekompetenz (reading l.), mathematische Grundbildung (mathematical l.) und naturwissenschaftliche Grundbildung (scientific l.). Dieses funktionalistisch geprägte Bildungskonzept führte zu einer bildungstheoretischen Diskussion über ein umfassenderes Verständnis von Grundbildung und über den traditionellen deutschen Begriff der *Allgemeinbildung.*

Lizentiat (**Lic.**; lat. *licentia* Erlaubnis, Freiheit). *Akademischer Grad,* den eine Hochschule nach Bestehen einer Hochschulprüfung verleiht. Derzeit kann ein L. in Deutschland nur noch in theologischen Studiengängen erworben werden. Bis zur Umstellung auf Bachelor- und Masterabschlüsse *(Bologna-Deklaration)* verleihen Universitäten in der Schweiz ein L.

Lob (engl. *good mark*). Positive Verstärkung eines erwünschten bzw. als richtig, wertvoll oder vorbildlich beurteilten Verhaltens durch Beifall, öffentliche Zustimmung oder auch die Aufforderung zur Wiederholung. In Form von bestätigender Zuwendung und Zärtlichkeit schon in der frühen Kindheit eine Handlungsweise der kindlichen Bezugspersonen, die für die Ausbildung von Vertrauen, Identität und Selbstbewusstsein von großer Bedeutung ist.

Logopädie (griech. *logos* Reden, *paideia* Bildung; engl. *speech therapy*). Lehre von den Ursachen für Sprachstörungen sowie von Heil- und Übungsverfahren zu deren Minderung oder Überwindung.

LSA. *Large Scale Assessment.*

Luxemburg. 1) Konstitutionelles Großherzogtum auf demokratisch-parlamentarischer Grundlage. Hauptstadt: Luxemburg (77 000 Einw.). Fläche: 2586 km^2, 453 000 Einw., 175 Einw./km^2. 61% Luxemburger, 39% Ausländer. Amtssprachen: Luxemburgisch, Französisch, Deutsch, Gesetzessprache: Französisch. Religion: 86% Katholiken.

2) Besonderes Merkmal des Schulwesens ist die insgesamt elfjährige Bildungspflicht, die aus der neunjährigen Schulpflicht und der Pflicht zum Besuch des zweijährigen Pflicht-Kindergartens resultiert. Innerhalb der Bildungseinrichtungen von Elementar- bis zur Sekundarstufe II findet die Mehrsprachigkeit der luxemburgischen Gesellschaft besondere Berücksichtigung. Im Kindergarten, in der Vorschule und in den Klassen 1 bis 6 der Primarschule wird Luxemburgisch (Letzebergesch) gesprochen. Deutsch wird ab Klasse 1, Französisch ab Klasse 2 der Primarschule unterrichtet. In der Sekundarstufe I ist Deutsch in den ersten beiden Klassen die dominierende Unterrichtssprache. Danach erfolgt i. d. R. der Wechsel zu Französisch. Zur Erfüllung der Schulpflicht besuchen alle Kinder gemeinsam die sechsjährige Grundschule und danach drei Schuljahre in einem der Bildungsgänge des Sekundarbereichs I. Sämtliche Bildungseinrichtungen können kostenlos

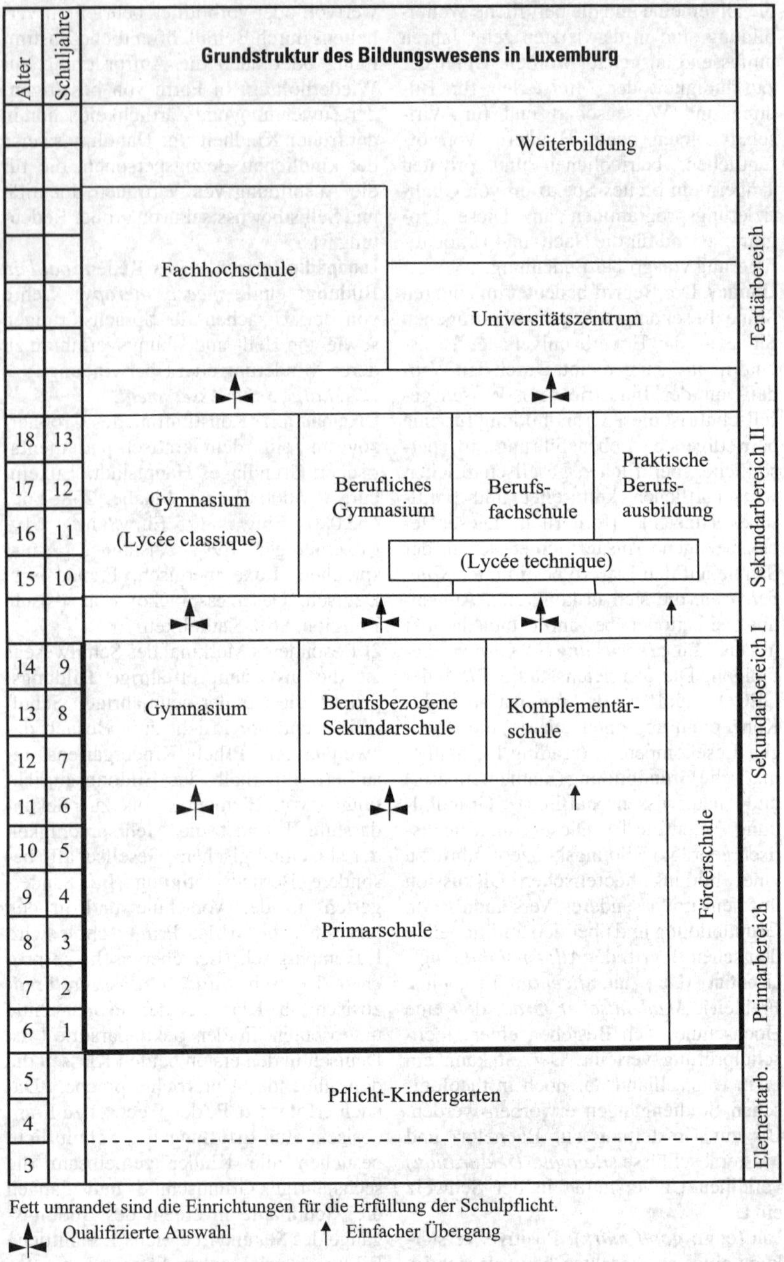

Fett umrandet sind die Einrichtungen für die Erfüllung der Schulpflicht.

Qualifizierte Auswahl   Einfacher Übergang

besucht werden. Nur wenige Kindergärten und Schulen werden als private Einrichtungen betrieben. Das Ministerium für Unterricht und berufliche Bildung ist für das gesamte Bildungswesen zuständig. Auf der Grundlage des Schulgesetzes werden dort Bildungspläne erlassen, Schulbücher genehmigt, die Normen für die Leistungsbeurteilung sowie die Standards für Lehrerausbildung und Berufspraxis festgelegt. Privatschulen unterliegen der gleichen staatlichen Schulaufsicht. Für Kinder mit erhöhtem Förderbedarf bestehen besondere Klassen. Träger der Vor- und Primarschulen sind die Gemeinden, alle sonstigen Einrichtungen sind staatliche Institutionen.

3) Vorschulische Einrichtungen sind mehrheitlich mit Primarschulen verbunden. An drei Wochentagen sind sie vor- und nachmittags geöffnet. Der Erziehungs- und Bildungsarbeit liegt ein Plan des Ministeriums zugrunde, auch wenn kein Unterricht im schulischen Sinne erfolgt. Grundschulen erteilen an sechs Tagen wöchentlich etwa 30 Stunden Unterricht, an drei Tagen als Ganztagseinrichtungen. Im Verlauf der sechsjährigen Schulzeit werden Luxemburgisch, Deutsch und Französisch als Unterrichtssprachen eingeführt.

Leistungsbeurteilung wird aufgrund schriftlicher und mündlicher Prüfungen vorgenommen und am Ende von Trimestern in Zeugnissen festgehalten. Für die Versetzung muss in mindestens zweien der drei Hauptfächer Deutsch, Französisch und Mathematik eine Mindestpunktzahl erreicht werden. Die Grundschule endet ohne Abschlussprüfung. Nach der Grundschulzeit können die Schüler ihren Bildungsweg in allgemein bildenden oder beruflichen Bildungsgängen des Sekundarbereichs I fortsetzen. Voraussetzung ist das Bestehen der landeseinheitlichen Zulassungsprüfung. Wer sich dieser Prüfung nicht unterziehen will oder sie nicht besteht, besucht einen dreijährigen Vorbereitungsunterricht, der in unterschiedliche Maßnahmen zum Erwerb eines berufspraktischen Befähigungszeugnisses oder in eine betriebliche Lehre führen kann, die durch Unterricht an einer technischen Sekundarschule begleitet wird. Dieser dreijährige Vorbereitungsunterricht wird unter der Bezeichnung Komplementärschule angeboten.

Das allgemein bildende Lycée classique mit den Klassenstufen 7 bis 13 entspricht dem deutschen Gymnasium. Die berufsbezogenen im Lycée technique sind in drei Zweige und auf unterschiedlichen Niveaustufen angesiedelt. Die Klassenstufen 7 bis 9 dienen grundlegendem und orientierendem Lernen im Hinblick auf diese Alternativen. Der technische Zweig ist dem deutschen Beruflichen Gymnasium vergleichbar. Im Zentrum steht die Vertiefung der Allgemeinbildung als Vorbereitung auf ein Studium. Der Zweig für berufsfachliche Ausbildung führt zu einem berufsqualifizierenden Diplom, z. B. zum Techniker. Im dritten Zweig finden Anlehre im Sinne beruflicher Grundbildung und Ausbildung auf dem Niveau der dualen Ausbildung statt. Dieser Zweig arbeitet deshalb eng mit Betrieben zusammen.

4) Berufsausbildung findet in den oben dargestellten schulischen Formen statt. Im Falle einer dualen Ausbildung vermittelt das Arbeitsamt den Schülern einen Ausbildungsbetrieb. Alle ausbildenden Lehrgänge auf der Sekundarstufe II bauen auf die bereits in der Orientierungsphase der Sekundarstufe I einsetzende fachliche Spezialisierung der Schüler auf.

5) Studiengänge im Tertiärbereich sind gebührenfrei und ohne Aufnahmeprüfung offen. Voraussetzung ist allein die Allgemeine oder die Fachhochschulreife. Die Fachhochschulen bieten grundständige Studien in den Fachbereichen Informatik, Bauwesen, Elektronik und Maschinenbau sowie schul-, sozial- und sonderpädagogische Studiengänge bis zum *Bachelor* an. Im Universitätszentrum können in verschiedenen Fachbereichen die Semester des Grundstudiums absolviert werden. Abschlüsse können im Anschluss an dieses Grundstudium nur an ausländischen Universitäten erworben werden.

6) Lehrer für die Vor- und Primarschule werden in dreijährigen Studiengängen an der Fachhochschule ausgebildet. Sekundarstufenlehrer haben ein Fachstudium an einer ausländischen Universität und zusätzlich einen dreijährigen Vorbereitungsdienst in L. zu absolvieren.

7) An der gut ausgebauten allgemeinen und beruflichen Weiterbildung beteiligen sich private, öffentliche und betriebliche Träger.

Lyzeum. *Allgemeine Bestimmungen über die Neuordnung des Höheren Mädchenschulwesens und die weiterführenden Bildungsanstalten für die weibliche Jugend.*

M

MA. *Master.*
M. A. *Magister Artium.*
Mädchenbildung. *Geschlechtserziehung.*
Mädchenschulwesen. Um die Wende vom 19. zum 20. Jh. hat sich in Preußen und den meisten anderen Ländern des Deutschen Reiches das M. weitgehend etabliert und aus der Zweitklassigkeit emanzipiert. Im Bereich der Elementarbildung wurden Mädchen und Jungen i. d. R. von Anfang an zusammen unterrichtet. Das galt besonders für die ab dem Spätmittelalter eingerichteten städtischen *Ratsschulen* und die *teutschen Schulen*. Die Reformation legte auf die Geschlechtertrennung im niederen Schulwesen großen Wert. Das änderte aber insgesamt an den Verhältnissen im niederen Schulwesen wenig. Auch an den erst um die Wende vom 19. zum 20. Jh. etablierten Mittelschulen wurde der Unterricht mehrheitlich koedukativ erteilt, obschon auf dieser Bildungsstufe deutlich öfter als im niederen Schulwesen reine Jungen- oder Mädchenschulen eingerichtet worden sind. Im höheren Schulwesen wurden seit den 1908 erlassenen *Allgemeinen Bestimmungen über die Neuordnung des Höheren Mädchenschulwesens und die weiterführenden Bildungsanstalten für die weibliche Jugend* zwei Bildungswege angeboten: das Lyzeum als Stätte frauenspezifischer Bildung und Sozialisation, vielfach verbunden mit Lehrerinnenseminaren, und die Studienanstalt, analog zu den höheren Schulen für Jungen gegliedert in Oberrealschulen, Realgymnasien und Gymnasien. Beide Wege führten zum Abitur, womit ab 1908 in Preußen auch im Hinblick auf die Studienberechtigung für Mädchen die volle Gleichstellung erreicht war. In einigen südlichen Reichsländern war den Mädchen die Immatrikulation an den Universitäten schon früher ermöglicht worden, in Baden 1900, in Bayern 1903, in Württemberg 1904 und in Sachsen 1906.

Magister Artium (**M. A.**; lat. Lehrer der Künste; engl. *Master of Arts*). *Akademischer Grad,* der nach bestandener Hochschulprüfung verliehen wird, hauptsächlich in Fächern aus dem Bereich der Geistes- und Sozialwissenschaften. Der M. A. kann wie der Diplom-Grad hinter dem Namen geführt werden.

Malta. **1)** Seit 1974 von Großbritannien unabhängige parlamentarische Republik. Hauptstadt: Valletta (7173 Einw.). Fläche: 316 km², 401 000 Einw., 1269 Einw./km². 97% Malteser sowie britische und italienische Minderheiten. Landes- und Amtssprachen: Maltesisch und Englisch. Religion: 93% Katholiken, kleine religiöse Minderheiten.

2) Struktur, Curriculum und Abschlüsse des Bildungswesens orientieren sich weitgehend am britischen System. Schulpflicht besteht zwischen dem 5. und dem 16. Lebensjahr und wird durch den Besuch der Primarschule und beider Stufen der Sekundarschule erfüllt. Ab Klassenstufe 7 können die Jugendlichen zwischen verschiedenen Bildungsgängen wählen und innerhalb dieser aus einer Reihe von Wahlpflichtfächern ihr spezifisches Bildungsprofil gestalten. Die Grundlagen von Struktur, Funktionsweise, Zielen und Inhalten des Bildungswesens sind im Erziehungsgesetz von 1988 festgelegt, für dessen Durchführung das Erziehungsministerium verantwortlich ist. Ihm untersteht eine Reihe von regionalen Erziehungsdirektionen für Aufsicht und Beratung der Primar- und

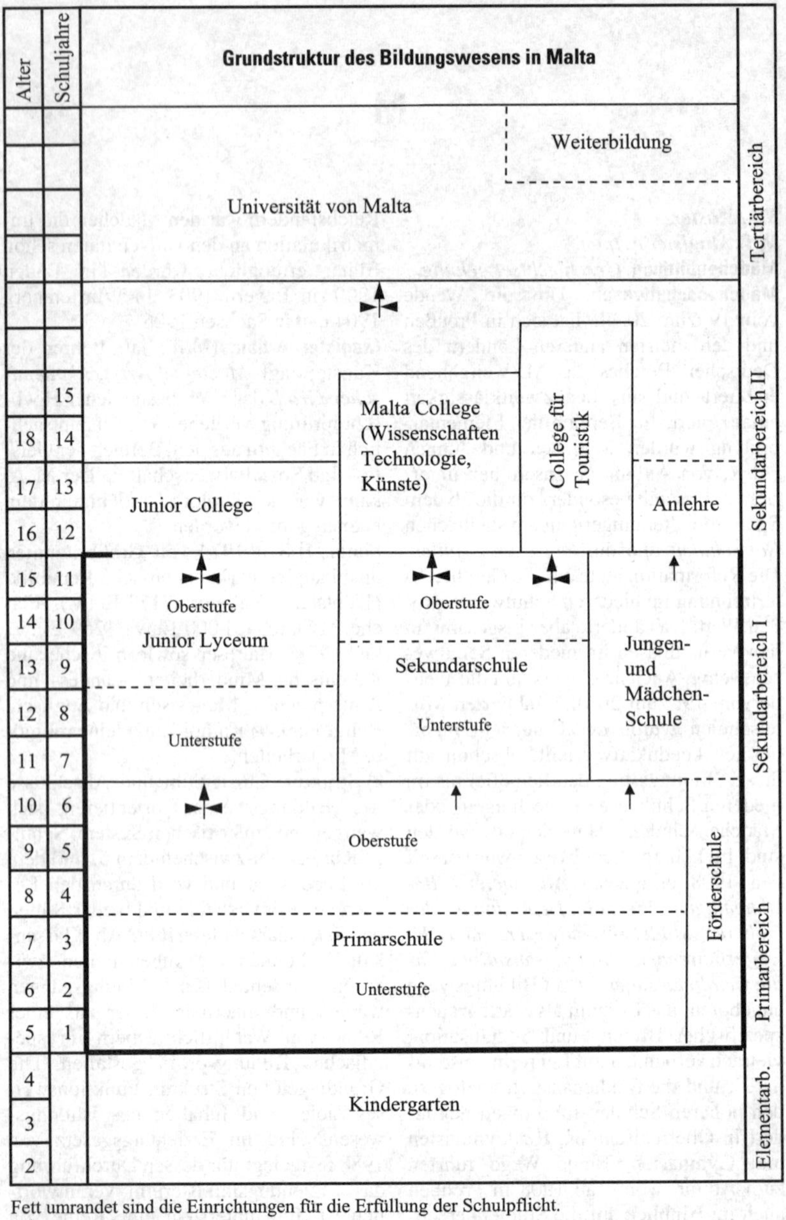

Fett umrandet sind die Einrichtungen für die Erfüllung der Schulpflicht.

Qualifizierte Auswahl ↑ Einfacher Übergang

Sekundarschulen sowie der schulischen Angebote für Kinder mit besonderem Förderbedarf. An allen Bildungseinrichtungen bis auf die Universität wird in Maltesisch und Englisch unterrichtet. Unterrichtssprache der Universität ist ausschließlich Englisch. Der Besuch sämtlicher öffentlicher Einrichtungen vom Kindergarten bis zur Universität ist kostenlos. Private Bildungseinrichtungen werden mehrheitlich von der katholischen Kirche betrieben. Alle Privatschulen erhalten hohe staatliche Zuschüsse. Sie haben sämtliche Normen des Erziehungsgesetzes zu beachten und unterliegen der staatlichen Aufsicht. Für Kinder und Jugendliche mit erhöhtem Förderbedarf werden besondere Klassen oder Spezialschulen angeboten. Öffentliche Schulen unterrichten i. d. R. nach einer Mittagspause bis in den Nachmittag hinein. In der Primarschule wird koedukativ gearbeitet, in der Sekundarschule zumeist nach Geschlechtern getrennt.

3) Fast alle Vierjährigen besuchen freiwillig den Kindergarten. Er findet als Basis für den anschließenden Schulbesuch hohe Beachtung. Das Curriculum der Primarschule gliedert sich in zwei jeweils dreijährige Zyklen. Im ersten Zyklus findet keinerlei leistungsbezogene Selektion oder Differenzierung statt. Im 2. Zyklus in der Primarschule werden nach jeder Klassenstufe zentrale Prüfungen durchgeführt, deren Ergebnisse über die Versetzung und die Zuweisung zu Leistungsniveaus entscheiden. Die Primarschulzeit wird ohne ein formalisiertes Abschlussverfahren beendet. Alle Absolventen der Primarschule gehen in eine der drei fünfjährigen Schulen im Sekundarbereich I über. Schüler, die am Ende der Primarschule eine besondere Prüfung bestanden haben, können in das Junior Lyceum eintreten, das dem deutschen Gymnasium vergleichbar ist. Halbjährlich werden die Leistungen in allen zentralen Fächern geprüft und bewertet. Nach dem erfolgreichen Besuch der Klassenstufe 11 wechseln die Jugendlichen, die studieren wollen, in das zweijährige Junior College, das bereits eng mit der Universität kooperiert. Mit der bestandenen Abschlussprüfung des Junior Colleges wird die Allgemeine Hochschulreife erworben. Ohne Prüfung können die Absolventen der Primarschule in die allgemeine Sekundarschule eintreten. Für Jugendliche mit Lernschwierigkeiten sind die koedukativ arbeitenden Mädchen- und Jungenschulen eingerichtet, deren Förderangebote die Selbständigkeit der Schüler stärken und ihren Einstieg in eine berufspraktische Ausbildung ermöglichen sollen. Lyceum und Sekundarschule sind in zwei Stufen gegliedert Die erste zwei- bzw. dreijährige Orientierungsphase soll Grundwissen aufbauen und Einblicke in mögliche Spezialisierungen vermitteln. In der zweiten Stufe können sich die Schüler durch größere Wahlmöglichkeiten im Curriculum auf spätere Ausbildungs- und Studienschwerpunkte vorbereiten. Die Lehrpläne beider Schulen sind in wesentlichen Teilen identisch, so dass Übergänge möglich sind. Die Schüler beider Schulen nehmen an den jährlich stattfindenden landesweiten Prüfungen teil. Nach einer Abschlussprüfung erreichen sie den Sekundarabschluss (0-Level). In der Sekundarschule dienen die Bildungsgänge vorwiegend der Grundlegung beruflicher Qualifikationsprozesse auf der Sekundarstufe II. Bei entsprechendem Prüfungserfolg ist aber auch der Wechsel in das zweijährige Junior College zum Erwerb der Hochschulreife möglich.

Zum Sekundarbereich II gehören das schon genannte Junior College, das vierjährige Malta College für Künste, Wissenschaft und Technologie sowie das fünfjährige College für Touristikstudien. Die Eingangsvoraussetzungen richten sich nach den Anforderungen in den einzelnen Bildungsgängen. Die beruflichen Ausbildungsgänge führen zu staatlich anerkannten Abschlüssen.

4) Die berufliche Aus- und Weiterbildung findet an den Beruflichen Sekundarschulen und an privaten Instituten statt. Halbjährlich finden Prüfungen statt, die intensiv mit Berufsberatung verbunden werden. Erfolgreiche Absolventen können eine erweiterte berufliche Fachausbildung in Spezialkursen erwerben. Für Arbeitslose bietet die Regierung besondere Grundausbildungs- und Eingliederungslehrgänge an.

5) Die Universität von Malta ist eine 400 Jahre alte, voll ausgebaute selbstverwaltete Einrichtung mit zehn Fakultäten. Weitere Einrichtungen sind im Tertiärbereich nicht vorhanden.

6) Die Lehrer an Primar- und Sekundarschulen müssen als Einstellungsvoraussetzung mindestens den *Bachelor* der Universität von Malta erwerben. Die lehrerbildenden Studiengänge konzentrieren sich auf bestimmte Fachkombinationen und Altersgruppen der Schüler. Sonderschullehrer erwerben zusätzliche Qualifikationen. Die Universität bietet für Lehrer auch Master- und Postgraduiertenabschlüsse an.

7) Träger der Weiterbildung sind Betriebe und Kommunen. Es besteht ein gut ausgebautes System mit hoher Beteiligung.

Manpower-Ansatz. Methodisches Konzept in *Bildungsplanung* und *Bildungsökonomie,* das unter Berücksichtigung der absehbaren Entwicklungen in den Bereichen Produktivität, Märkte und Konsumverhalten den zukünftigen Bedarf an spezifisch qualifizierten Arbeitskräften (z.B. mit Berufsausbildung im dualen System, auf Meister- und Technikerebene, mit Hochschulabschluss) für die Gesamtwirtschaft oder einzelne Wirtschaftszweige zu prognostizieren versucht. Für bildungspolitische Entscheidungen ist der Vergleich dieser Prognosen mit denen aus dem *Social-demand-Ansatz* wichtig.

Marchtaler Plan. Erziehungs- und Bildungsplan für die katholischen freien Grund- und Hauptschulen in der Diözese Rottenburg-Stuttgart, der in der Kirchlichen Akademie für Lehrerfortbildung in Obermarchtal entwickelt wurde und nach der Erprobung 1987 in Kraft getreten ist. Der M.P. orientiert sich an der Anthropologie *M. Montessoris,* die jedes Kind als einmaliges, unverwechselbares Geschöpf sieht, und an der Schulkonzeption der *Montessori-Pädagogik,* in der *freie Arbeit,* Stilleübungen, vorbereitete Umgebung, *kosmische Erziehung,* Handwerkserziehung und soziales Lernen wichtige Bestandteile sind. Intention des M.P. ist eine ganzheitlich personale und soziale Erziehung, um die werdende Persönlichkeit des jungen Menschen allseitig zu entfalten. Der Ausbildung religiöser, ethischer, sozialer und humaner Haltungen und Fähigkeiten soll eine menschlich-humane Gestaltung der Schule als Lebens- und Lernraum Rechnung tragen.

Der Schulalltag ist in der Hauptschule in Ganztagesform (8.00–15.40 Uhr) durch folgende Elemente strukturiert: 1. Mit dem Morgenkreis wird die Schulwoche am Montag in der ersten Stunde für alle Klassen eröffnet. 2. Jeder Schulmorgen beginnt mit der freien Stillarbeit, in der die Individualität und die Selbsttätigkeit des Kindes im Mittelpunkt pädagogischer Bemühungen stehen. Das Kind entscheidet frei über die Wahl des Arbeitsthemas, die Arbeits- und Zeiteinteilung und die Wahl des Arbeitspartners. Zeitweise werden die Kinder in den Stunden mit Doppelbesetzung vom Klassenlehrer und von einem Fachlehrer gemeinsam betreut. 3. Nach der freien Stillarbeit folgt jeden Morgen eine Phase Fachunterricht für Fächer wie Englisch, Sport, Technik und Hauswirtschaft/Textiles Werken. 4. Die übrigen Fächer bringen ihren Anteil in den vernetzten Unterricht ein, der den weiteren Morgen und zwei Nachmittage ausfüllt. In ihm werden die Inhalte der Unterrichtseinheiten fächerübergreifend und zusammen mit den theologischen, ethischen und personalen Aspekten zu einer ganzheitlichen sinnbildenden und wertorientierten Größe vernetzt. 5. An zwei weiteren Nachmittagen stehen die Handwerkserziehung und die Arbeitsgemeinschaften/Freizeitgruppen im Mittelpunkt. 6. Ein gemeinsamer Abschlusskreis beendet jede Schulwoche. Pädagogische Konferenzen und enge Zusammenarbeit im Kollegium sind wichtige Voraussetzungen für die Schulentwicklung in den Marchtaler Schulen.

Master (**MA**, engl., lat. *magister* Meister, Lehrer). Nach der Neuordnung der Studiengänge an Universitäten und Hochschulen im Sinne der *Bologna-Deklaration* zweiter akademischer Abschluss, der den Erwerb des *Bachelor* oder eines traditionellen Universitätsabschlusses (Magister, Diplom, Staatsexamen u. a.) sowie ein ein- bis zweijähriges Vollzeitstudium voraussetzt. Die sogenannten konsekutiven M.-Studiengänge schließen unmittelbar an einen Bachelor an und dienen der wissenschaftlichen Vertiefung. In nichtkonsekutiven M.-Studiengängen qualifizieren sich die Studierenden in einem neuen Fachgebiet. Für die konsekutiven Studiengänge hat die KMK vier Abschlussbezeichnungen festgelegt: MA (M. of Arts), MEng (M. of Engineering), MSc (M. of Science), LLM (M. of Laws). Bei den nichtkonsekutiven M.-Studiengängen können die Abschlussbezeichnungen von den Hochschulen frei gewählt werden. In anderen europäischen und außereuropäischen Staaten werden zahlreiche andere Abschlussbezeichnungen geführt. Die Zulassung zu einem M.-Studiengang muss beantragt werden. Über die Zulassung entscheidet die Hochschule.

materiale Bildung. Bildungstheorien und didaktische Theorien, in denen die m. B. ein zentraler Bezugspunkt ist, fragen danach, welche Inhalte bzw. Sachen aus der Fülle des Wissens über die Wirklichkeit ausgewählt werden sollen bzw. für die Schüler von Bedeutung sind. Aus der Sicht des bildungstheoretischen Objektivismus gilt derjenige als gebildet, der im enzyklopädischen Sinne ein umfangreiches und vielfältiges Wissen erworben hat. Nach einer anderen Richtung der m. B. ist derjenige gebildet, der mit dem klassischen Bildungskanon vertraut und daran sittlich gereift ist. Die Ausprägungen der m. B. unterscheiden sich von der *formalen Bildung* und der *kategorialen Bildung*.

materialistische Pädagogik (lat. *materia* Stoff, Quelle). Theorie, mit der die individuelle Entwicklungsgeschichte der Subjekte (im Sinne ihrer Erziehungsgeschichte), die Ziele, Funktionen, Methoden und Strukturen von Unterricht, Schule und Berufsbildung sowie die Aufgaben und Arbeitsweisen der übergeordneten Systeme Bildungspolitik und Bildungsrecht aus der Dynamik der Wechselwirkungen zwischen den tatsächlich gegebenen sozioökonomischen und soziopolitischen Bedingungen und den gesellschaftlichen Auseinandersetzungen um die Gestaltung derselben erklärt werden. Die m. P. geht von der These aus, dass Erziehung Ausdruck der gesellschaftlichen Organisation der Arbeits- und Reproduktionsprozesse, der damit unmittelbar zusammenhängenden sozialen Strukturen einer Gesellschaft sowie deren politisch-rechtlicher Praxis und Ideologie ist. Und dies im doppelten Sinne: Einerseits schaffen sich die Menschen durch Arbeit ihre Lebenswelt und mit ihr die Bedingungen für ihre Bewusstseinslage. So gesehen bestimmt das Sein das Bewusstsein. Andererseits gewinnen die Menschen aus ihrer wachsenden Einsicht in die gesellschaftliche Vermittlung von Identität, Politik und Kultur ein Potenzial an Selbstreflexivität, das Motive, Wertorientierungen und Handlungskompetenzen hervorbringt und dazu befähigt, diese mit den tatsächlich gegebenen Möglichkeiten zur Mitgestaltung der Lebenswelt, also auch der Erziehungsprozesse, zu vergleichen. Vor diesem Hintergrund wird das Bewusstsein zum bestimmenden Moment für das Sein.

So kann dann Erziehung gezielt zum Instrument der Absicherung bestehender Machtpositionen werden, aber auch zur Veränderung der sozioökonomischen Verhältnisse und ihrer ideologischen Rechtfertigungen eingesetzt werden.

M. P. erforscht im Kern also die Zusammenhänge zwischen Arbeit, Politik, Ideologie sowie Sozialisations- und Erziehungsprozessen in unterschiedlichen Gruppen und Instanzen (Familie, Betrieb, Schule usw.), die ihre jeweilige gesellschaftliche Aufgabenstellung zwar aus ihrer Funktionalität für die Sicherung oder Modifikation sozioökonomischer Verhältnisse beziehen, doch von den in den Erziehungsprozessen bewusst handelnden Subjekten gerade aus der Einsicht in diese Funktionalisierung auch gegen die bestehenden Verhältnisse gewendet werden können.

Die Vielfalt der sich in den Entwicklungsprozessen zeigenden individuellen Fähigkeiten, Begabungen und Lebensentwürfe darf nach Ansicht der m. P. nicht als Ursache der Arbeitsteilung sowie der damit verbundenen unterschiedlichen Lebenschancen betrachtet werden, vielmehr resultiert diese Vielfalt erst aus der Arbeitsteilung und der Funktionalisierung des Erziehungs- und Bildungswesens für die mit der Arbeitsteilung einhergehenden soziopolitischen Verhältnisse. Oder anders formuliert: Die These, wonach die angeblich natürlichen Unterschiede zwischen den Menschen Grund für soziale Ungleichheit sind, stellt die tatsächlichen Abhängigkeiten geradezu auf den Kopf.

Daraus leitet sich auch das emanzipatorische Erkenntnisinteresse der m. P. ab. Die gesellschaftlichen Rahmenbedingungen für Erziehungs- und Bildungsprozesse werden im Hinblick auf die aus ihnen resultierenden Beschränkungen für die Entfaltung individuellen Vermögens sowie gesamtgesellschaftlicher Humanität analysiert. Aus den daraus gewonnenen Erkenntnissen erwächst zwar keine Norm oder Handlungsanleitung für Veränderungsprozesse. Es wird jedoch das Bewusstsein geschaffen für eine konsequent politische Pädagogik im Interesse derjenigen, die der politischen Inanspruchnahme von Erziehung und Bildung durch die etablierte Macht ihre Ohnmacht schulden. Da Pädagogik als Wissenschaft selbst in den dialektischen Zusammenhang von Funktionalisierung und Veränderung eingebunden ist, hat sie sich, so die Forderung der m. P., über die sozialen Bedingungen ihrer Arbeit sowie die daraus erwachsenden Einflüsse auf Lehre und Forschung laufend selbstkritisch aufzuklären.

Die Grundlegung der materialistischen Denkweise in neuerer Zeit erfolgte durch die philosophischen und sozialhistorischen Arbeiten von K. Marx und F. Engels. Es finden sich u. a. aber auch bei *C. A. Helvétius* in Frankreich, bei *F. E. Beneke* und *F. D. E. Schleiermacher* innerhalb der deutschen Pädagogik Ansätze materialistischer Theoriebildung zum Erziehungsprozess. In der ersten Hälfte des 20. Jh. hat *S. Bernfeld*, in der Gegenwart haben H.-J. Gamm, J. Gröll, H. J. *Heydorn* und W. Schmied-Kowarzik Beiträge für eine m. P. vorgelegt.

Max-Planck-Gesellschaft zur Förderung der Wissenschaften e. V. (MPG) 1948 als selbstverwaltete Organisation eingerichtet, betreibt in enger Kooperation mit den Universitäten und Hochschulen Grundlagenforschung in den Natur-, Bio-, Geistes- und Sozialwissenschaften. Die Finanzierung der 80 Institute teilen sich Bund und Länder.

Max-Planck-Institut für Bildungsforschung. Eines der 80 Institute der *Max-Planck-Gesellschaft zur Förderung der Wissenschaften,* das 1963 mit dem Schwerpunkt Bildungsforschung gegründet wurde. Das Institut betreibt sozialwissenschaftliche Grundlagenforschung von Sozialisations-, Bildungs- und Erziehungsprozessen im gesamten Lebensverlauf sowie die Analyse von Entwicklungs- und Veränderungsprozessen der Bildungseinrichtungen und des Bildungssystems im Zusammenhang mit übergreifenden gesellschaftlichen Wandlungsprozessen. 2006 gliederte sich das Institut in die Forschungsbereiche Adaptives Verhalten und Kognition, Erziehungswissenschaft und Bildungssysteme sowie Entwicklungspsychologie. Darüber hinaus dient das Institut der Förderung des wissenschaftlichen Nachwuchses. Sitz ist Berlin.

Mazedonien. **1)** Republik. Zentrale Gesetzgebung und Verwaltung. Gegliedert in 123 Gemeinden. Hauptstadt: Skopje (467 000 Einw.). Auf einer Fläche von 25 713 km^2 leben etwa 2 Mill. Einwohner, 79 Einw./km^2. Davon sind 64% Mazedonier, 25% Albaner, 4% Türken u. a. Minderheiten. Amtssprachen sind Mazedonisch und Albanisch, daneben Türkisch, Serbisch und Sprachen anderer Minderheiten. Auch im gesamten Bildungswesen werden die Sprachen der Minderheiten in Unterricht und Lehrbüchern berücksichtigt. Rund 70% sind orthodoxe Christen, 25% Muslime.

2) Die Verfassung von 1991 schreibt eine achtjährige Schulpflicht vor, die mit Vollendung des 7. Lebensjahres beginnt und von allen Kindern in der Grundschule absolviert wird. Für alle Stufen des Bildungswesens konkretisieren Einzelgesetze die speziellen Regelungen über Dauer, Gliederung, Ziele und Inhalte sowie Abschlüsse und Berechtigungen der Einrichtungen. Der um 2000 angelaufene Reformprozess im Bildungswesen wird auch in M. durch internationale Organisationen (UNESCO, Europarat u. a.) begleitet und finanziell unterstützt.

Für die Einrichtungen im Vorschulbereich ist das Ministerium für Arbeit und Sozialpolitik zuständig, für alle Schulen und Hochschulen das Ministerium für Bildung und Wissenschaft. Es entscheidet über die Einrichtung von Schulen und Hochschulen, erlässt die Lehrpläne und Prüfungsordnungen, genehmigt die Lehrbücher, regelt die Lehrerausbildung, moderiert den laufenden Schulentwicklungsprozess und übt die Fach- und Rechtsaufsicht aus. Im Interesse der Demokratisierung des Bildungswesens und der Friedenssicherung im Land wird dabei auf die Beachtung der Rechte ethnischer Minderheiten besonders geachtet. Private Bildungseinrichtungen sind im Vorschulbereich und ab der Sekundarstufe II zulässig. Sie benötigen eine staatliche Zulassung.

Für behinderte Kinder werden in den Regelschulen besondere Fördermaßnahmen und darüber hinaus auch spezielle Sonderschulen eingerichtet.

3) Kindergärten und Vorschulen bestehen für Kinder vom 2. bis zum 7. Lebensjahr. Sie arbeiten in Orientierung an staatlichen Erziehungs- und Bildungsplänen. Beschäftigt werden Pflegerinnen, Erzieherinnen und Vorschullehrerinnen. Die Einrichtungen sollen im letzten Jahr gezielt auf den Besuch der Grundschule vorbereiten. Zu diesem Zwecke wird versucht, Vorschulen möglichst innerhalb oder in räumlicher Nähe zu Grundschulen einzurichten. Die Öffnungszeiten schwanken zwischen vier und zehn Stunden täglich und richten sich primär nach den Zeiten mütterlicher Berufstätigkeit. Das derzeitige Angebot an Plätzen reicht auch in den städtischen Regionen nicht aus.

Die achtjährige Grundschule (Pflichtschule) gliedert sich in vierjährige Stufen. Der ungefächerte Gesamtunterricht wird in den ersten vier Klassen (Unterstufe) vom Klassenlehrer erteilt. Fächerdifferenzierung und Fremdsprachenunterricht setzen ab Klasse 5 ein. Wegen Raum- und Lehrermangel müssen die meisten Grundschulen im Zweischichtbetrieb arbeiten. Die Versetzung innerhalb der Grundschule erfolgt ab Klasse 3 leistungsgebunden. Für jeden Schüler erstellen die Schulen Jahresberichte, in denen die Lernerfolge in allen Pflicht- und Wahlpflichtfächern, das Verhalten der Schüler in Klasse und Schule und ihre besonderen Aktivitäten dargestellt und bewertet werden sollen. Nach erfolgreichem Abschluss der Grundschule erhalten die Schüler i. d. R. im Alter von 15 Jahren ein Abschlusszeugnis. Dieses Zeugnis berechtigt grundsätzlich zur Teilnahme an den Aufnahmeverfahren der Sekundarschulen. Die im Abschlusszeugnis erzielten Noten werden bei der Auswahl berücksichtigt.

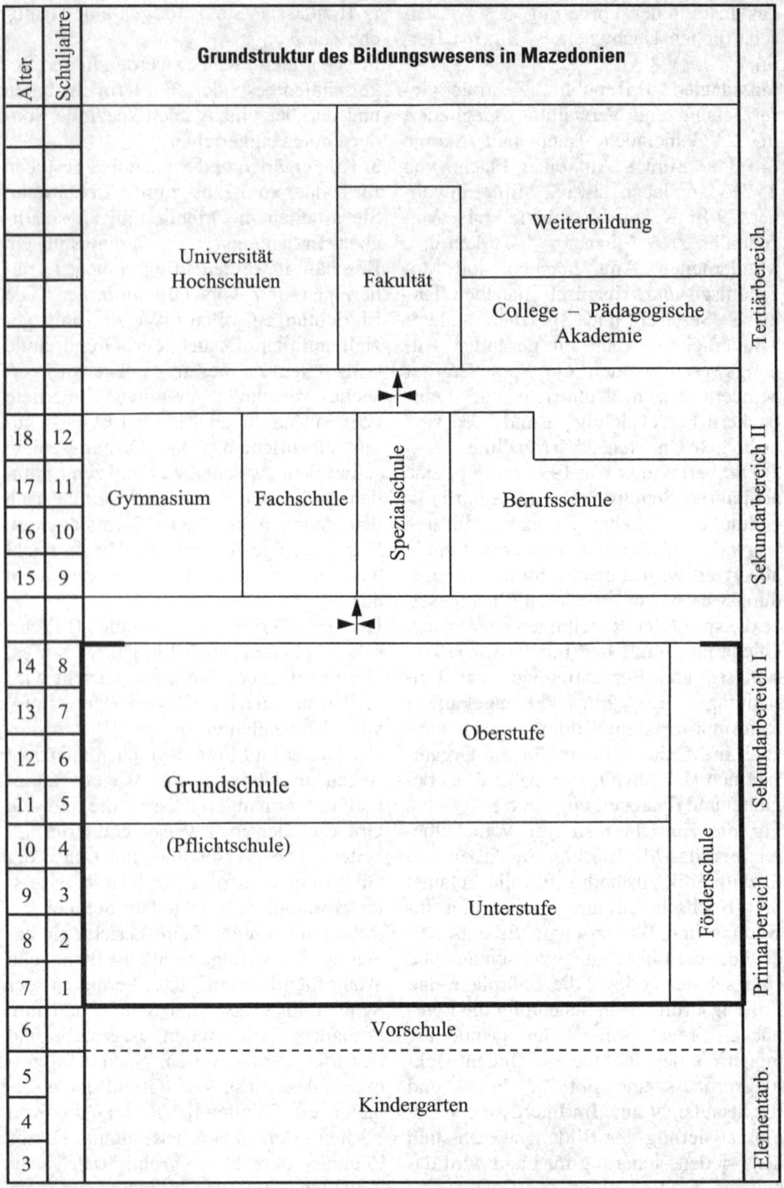

Fett umrandet sind die Einrichtungen für die Erfüllung der Schulpflicht.

Qualifizierte Auswahl   Einfacher Übergang

Auf der Sekundarstufe II werden vier Bildungsgänge angeboten. Das vierjährige allgemein bildende Gymnasium führt zum Sekundarabschluss mit Zugangsberechtigung zu den Aufnahmeverfahren der Einrichtungen im Tertiärbereich. Ebenfalls in vier Schuljahren führen Technische Sekundarschulen (Fachschulen) zu beruflichen Qualifikationen und auch zum Hochschulstudium. Spezialschulen für Kunst, Musik und Ballett bereiten in vier Schuljahren auf entsprechende Fachstudien vor.

4) Für die arbeitsmarktorientierte berufliche Ausbildung bestehen drei- und vierjährige Berufsschulen. Alle Sekundarschulen schließen mit einer umfangreichen Abschlussprüfung ab.

Neben der schulischen Berufsausbildung bilden mehr und mehr Betriebe neue Mitarbeiter nach dem Konzept des On-the-job-training aus. Dafür bestehen noch keine gesetzlichen Regelungen. In diesem Bereich und bei der Weiterbildung ist der Entwicklungsbedarf des Landes besonders hoch.

5) Für die Aufnahme in eine der beiden Universitäten, in Fakultäten (Teiluniversitäten), in Colleges und in die Pädagogische Akademie ist neben der erfolgreichen Abschlussprüfung einer Sekundarschule das Bestehen einer Aufnahmeprüfung erforderlich.

Für ethnische Minderheiten sind besondere Aufnahmequoten reserviert. Sie können ihre Studien in ihrer Muttersprache absolvieren.

Colleges und Pädagogische Akademie bieten zweijährige Ausbildungsgänge an, die Universitäten vier- bis sechsjährige Studiengänge. In allen Einrichtungen des Tertiärbereichs sind umfangreiche Reformprozesse angelaufen, die für die Umsetzung neuer Standards in Orientierung an europäischen Vorgaben erforderlich sind.

6) Vorschullehrer und die Lehrer für die ersten vier Klassen der Grundschule werden an Pädagogischen Akademien oder Pädagogischen Fakultäten ausgebildet. Lehrer für die Klassen 5 bis 8 der Grundschule und an Sekundarschulen absolvieren ein mindestens vierjähriges Fachstudium an der Universität und einen zusätzlichen pädagogisch-psychologischen Kursus.

7) Formalisierte Weiterbildung besteht derzeit insbesondere für die Nachschulung von Erwachsenen in der Grundbildung. Dafür sind an der Pflichtschule besondere Kurse eingerichtet. Weitere Angebote sind in Planung und Entwicklung.

Mecklenburg-Vorpommern. Das Land entstand 1945 aus dem Land Mecklenburg und dem westlich der Oder-Neiße-Linie bei Deutschland verbliebenen Teil der ehemaligen preußischen Provinz Pommern (Vorpommern), wurde 1952 im Rahmen der DDR-Verwaltungsreform aufgelöst und nach der Wiedervereinigung 1990 wieder errichtet. Fläche: 23 178 km^2, 1 707 872 Einwohner (Stand 30. 11. 2005), 74 Einw./km^2, 2,3% Ausländer (D.: 8,9%). Hauptstadt: Schwerin. Zu Schuljahresbeginn 2004/05 besuchten 170 117 Schüler allgemein bildende Schulen, davon gingen 42 776 in 366 *Grundschulen,* 5247 in 128 *Hauptschulen,* 23 956 in 204 Verbundene Haupt- und Realschulen, 26 201 in 219 Realschulen, 51 488 in 83 *Gymnasien* und 6506 in 16 Integrierte *Gesamtschulen.* Der Anteil ausländischer Schüler betrug nur 1,6% (D.: 9,9%).

Die demografische Entwicklung führte in dem dünn besiedelten Land zu einem erheblichen Rückgang der Schülerzahl an allgemein bildenden Schulen von 298 204 im Schuljahr 1993/94 bis auf 170 117 im Schuljahr 2004/05. Aus den demografischen Erfordernissen folgte in dem neuen Schulgesetz vom 13. 2. 2006, das am 1. 8. 2006 in Kraft getreten ist, eine Veränderung des Schulsystems. Um Schulen in erreichbarer Entfernung zu erhalten, wurden vom Schuljahr 2002/03 an Hauptschulen, Realschulen sowie Verbundene Haupt- und Realschulen zu *Regionalen Schulen,* denen Grund- und Gesamtschulen angeschlossen sein können.

Die Vollzeitschulpflicht dauert neun Schuljahre und umfasst den Besuch von Schulen des Primarbereichs und des Sekundarbereichs I. Die *Schulpflicht* im Sekundarbereich II dauert bei Bestehen eines Berufsausbildungsverhältnisses bis zum Ende der Ausbildungszeit, ohne Bestehen eines Berufsausbildungsverhältnisses dauert sie drei Schuljahre, jedoch längstens bis zum Ende des Schulhalbjahres, in dem der Schüler das 18. Lebensjahr vollendet. Sie wird i. d. R. durch den Besuch einer allgemein bildenden oder einer berufsbildenden Schule im Sekundarbereich II erfüllt.

Die Schulpflicht beginnt für alle Kinder, die bis zum 30. Juni das 6. Lebensjahr vollendet haben, am 1. August. Kinder, die spätestens am 31. Dezember eines Jahres sechs Jahre alt werden, können auf Antrag der Erziehungsberechtigten eingeschult werden und sind dann schulpflichtig. Auf Antrag der Erziehungsberechtigten kann die *Einschulung* von Kindern in begründeten Fällen um ein Jahr zurückgestellt werden. An Grundschulen können *Vorklassen* und/oder Diagnoseförderklassen für schulpflichtige Kinder eingerichtet werden, deren allgemeine Entwicklung verzögert bzw. stark verzögert ist. Im Schuljahr 2004/05 machte der Anteil vorzeitiger Einschulungen 2,8% (D.: 9,1%) von allen Einschulungen aus. Der Anteil verspäteter Einschulungen betrug 8,9% (D.: 5,7%). Kinder mit *sonderpädagogischem Förderbedarf,* die bis zum 30. Juni das 5. Lebensjahr vollenden, können auf Antrag der Erziehungsberechtigten in eine Vorklasse an der *Förderschule* eingeschult werden.

Die Grundschule umfasst die J. 1 bis 4. Mit J. 3 beginnt der Unterricht in einer Fremdsprache. Ende der 3. J. finden zentrale länderübergreifende Vergleichsarbeiten des Projekts *VERA* in den Fächern Mathematik oder Deutsch statt. Am Ende der 1. J. erhalten die Erziehungsberechtigten über den Leistungsstand sowie das Arbeits- und Sozialverhalten ihres Kindes einen *Lernentwicklungsbericht*. Von der 2. J. an wird zusätzlich zum Lernentwicklungsbericht ein Notenzeugnis erteilt. Am Ende der Grundschule entscheiden die Erziehungsberechtigten darüber, ob ihr Kind die Schullaufbahn in einer Regionalen Schule, in einer Kooperativen Gesamtschule (KGS) oder in einer Integrierten Gesamtschule (IGS) einschlagen soll.

Durch das Schulgesetz vom 13. 2. 2006 wurde in den drei Schularten die schulartunabhängige *Orientierungsstufe* mit den J. 5 und 6 neu eingeführt. Die Bezeichnung »schulartunabhängig« bedeutet, dass für alle Gegenstandsbereiche des Unterrichts in den Jahrgängen 5 und 6 der drei Schularten die gleichen Rahmenpläne gelten. Die Orientierungsstufe bildet eine pädagogische Einheit und hat die Aufgabe, durch Beobachtungs-, Förder- und Erprobungsmaßnahmen die Entscheidung über den nachfolgenden Bildungsgang eines Kindes zu erleichtern. Hierzu wird am Ende der J. 6 eine schriftliche Schullaufbahnempfehlung gegeben. Auf dieser Grundlage entscheiden die Erziehungsberechtigten über die Schulart und den Bildungsgang ihres Kindes ab J. 7.

Die Regionale Schule umfasst die J. 5 bis 10 und führt nach erfolgreichem Besuch der J. 9 zur *Berufsreife* und der J. 10 zur Mittleren Reife. Die Berechtigung zum Übergang in die J. 10 ist vom Anspruchsniveau der Fachleistungskurse in J. 9 und von überdurchschnittlichen Leistungen beim Erwerb der »Berufsreife mit Leistungsfeststellung« durch eine freiwillige Prüfung abhängig. Die Mittlere Reife wird nach erfolgreichem Besuch der J. 10 durch eine Abschlussprüfung erworben. Bei hinreichenden Leistungen berechtigt die Mittlere Reife zum Übergang in die *gymnasiale Oberstufe.*

Die Kooperative Gesamtschule umfasst die J. 5 bis 10, mit gymnasialer Oberstufe die J. 5 bis 12. In ihr werden der zur Berufsreife und der zur Mittleren Reife führende Bildungsgang der Regionalen Schule sowie der gymnasiale Bildungsgang in den J. 7 bis 10 organisatorisch parallel in einer Schule geführt, so dass die Schüler in den abschlussbezogenen Fächern bildungsgangbezogen unterrichtet werden.

Die Integrierte Gesamtschule umfasst die J. 5 bis 10, mit gymnasialer Oberstufe die J. 5 bis 12. In der Integrierten Gesamtschule werden diese drei Bildungsgänge integrativ verbunden, so dass die Schüler ihren Bildungsweg durch Maßnahmen der inneren Differenzierung und der Fachleistungsdifferenzierung auf die Abschlüsse hin individuell entwickeln können.

Das Gymnasium umfasst die J. 7 bis 12 mit dem gymnasialen Bildungsgang. Die Aufnahme ist von der Schullaufbahnempfehlung und vom Elternwillen abhängig. Entscheiden sich die Erziehungsberechtigten gegen die Schullaufbahnempfehlung, gilt das erste Halbjahr der J. 7 als Probezeit. Für anerkannte Sport- oder Musikgymnasien mit den J. 5 bis 12 gelten besondere Bestimmungen.

Wie in der Regionalen Schule erwerben die Schüler in der IGS, in der KGS und im Gymnasium mit der Versetzung in J. 10 die Berufsreife bzw. einen Abschluss, der der Berufsreife gleichwertig ist. Die Berechtigung zum Übergang in J. 11 der gymnasialen Oberstufe oder in ein *Fachgymnasium* erhalten die Schüler nach erfolgreich absolvierter Prüfung am Ende der J. 10. Diese Berechtigung ist der Mittleren Reife gleichwertig.

Die gymnasiale Oberstufe umfasst die J. 10 als Einführungsphase und die J. 11 und 12 als Qualifikationsphase, die nach erfolgreichem Abschluss des Zentralabiturs zur *Allgemeinen Hochschulreife* führt. Die gymnasiale Oberstufe kann an Gymnasien und an Gesamtschulen oder im Schulverbund eingerichtet werden. Für die Qualifikationsphase wurden gemeinsam mit den Ländern Berlin und Brandenburg *Kerncurricula* erstellt, in denen die Bildungsstandards für das *Abitur* festgelegt sind. In der gymnasialen Oberstufe kann auch der schulische Teil der *Fachhochschulreife* erworben werden. Im Schuljahr 2004/05 betrug der Anteil der Schulabgänger ohne Hauptschulabschluss 9,8% (D.: 8,3%). Von allen Schülern an allgemein bildenden Schulen waren 30,3% (D.: 25,0%) an Gymnasien. Im Vergleich dazu erreichten aber nur 22,6% (D.: 23,0%) aller Schulabgänger die Allgemeine Hochschulreife. Zum Erwerb des Abiturs für Erwachsene gibt es das *Abendgymnasium.*

Bei Schülern mit *sonderpädagogischem Förderbedarf* entscheiden die Erziehungsberechtigten, ob ihr Kind eine allgemeine Schule oder eine *Förderschule* besuchen soll. Für Schüler, die nicht in einer allgemeinen Schule gefördert werden können, gibt es die Förderschulen mit neun Förderschwerpunkten für unterschiedliche Arten der *Behinderung.*

Neben den öffentlichen Schulen gibt es Schulen in freier Trägerschaft *(Privatschulen),* die *Ersatz-* oder *Ergänzungsschulen* sein können. Einzelheiten zu ihrer Stellung im Schulwesen, zur Trägerschaft, Schulaufsicht, staatlichen Anerkennung und zur Finanzhilfe regelt Teil 11 des Schulgesetzes.

Im *beruflichen Schulwesen* sollen die verschiedenen Schularten in einem »Regionalen Beruflichen Bildungszentrum« mit der Bezeichnung »Berufliche Schule« zusammengefasst werden. Die *Berufsschule* vermittelt im Rahmen des *dualen Systems* gemeinsam mit einem Ausbildungsbetrieb eine Berufsausbildung in einem anerkannten Ausbildungsberuf. Das erste Jahr der Berufsausbildung kann als *Berufsgrundbildungsjahr* (BGJ) schulisch im Vollzeitunterricht oder kooperativ mit dem ausbildenden Betrieb erfolgen. Mit dem erfolgreichen Abschluss der Berufsschule kann die Berufsreife oder ein der Mittleren Reife gleichwertiger Abschluss erworben werden. Die Berufsschule bereitet berufsschulpflichtige Jugendliche ohne Ausbildungsverhältnis in einem *Berufsvorbereitungsjahr* (BVJ) auf eine Berufsausbildung oder eine Berufstätigkeit

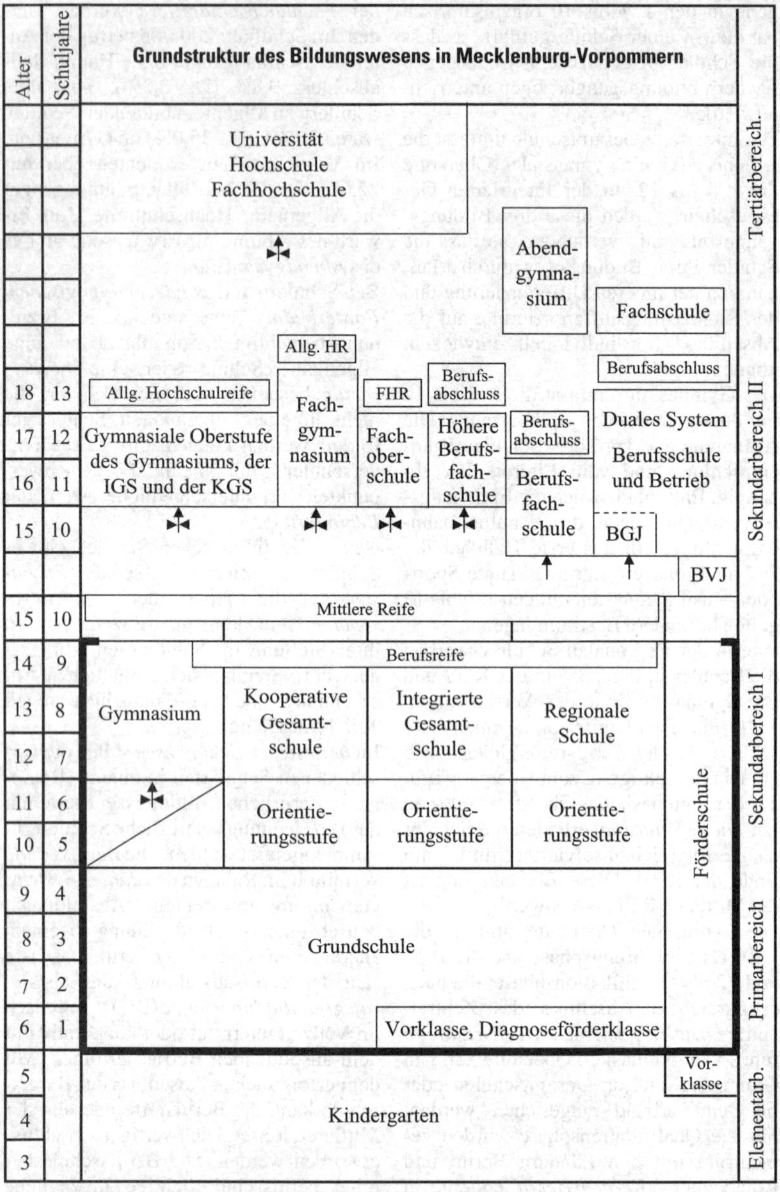

Fett umrandet sind die Einrichtungen für die Erfüllung der Vollzeitschulpflicht.

Qualifizierte Auswahl ↑ Einfacher Übergang

Allg. HR = Allgemeine Hochschulreife, BGJ = Berufsgrundbildungsjahr, BVJ = Berufsvorbereitungsjahr, FHR = Fachhochschulreife

vor. Die *Berufsfachschule* und die Höhere Berufsfachschule setzen keine Berufsausbildung oder Berufstätigkeit voraus und vermitteln Jugendlichen mit dem Abschluss der Berufsreife bzw. der Mittleren Reife in einer bestimmten Berufsfachrichtung einen Teil der Berufsausbildung, einen staatlichen Berufsabschluss oder einen Abschluss in einem anerkannten Ausbildungsberuf. Die Ausbildung dauert je nach Bildungsgang mindestens ein Jahr oder zwei Jahre. Die *Fachoberschule* umfasst die J. 11 und 12 und führt Schüler mit Mittlerer Reife oder einer als gleichwertig anerkannten Berufsausbildung zur *Fachhochschulreife.* Das *Fachgymnasium* umfasst die einjährige Vorstufe und die zweijährige Qualifikationsphase der gymnasialen Oberstufe und führt Schüler mit Mittlerer Reife zur Allgemeinen Hochschulreife. Die *Fachschule* dient zur beruflichen Weiterbildung und zur Vertiefung beruflicher Fachkenntnisse. Ihr Besuch setzt neben entsprechenden Schulabschlüssen eine einschlägige abgeschlossene Berufsausbildung und eine zweijährige Berufserfahrung voraus. Die Fachschule schließt mit einer Prüfung ab und verleiht einen staatlichen Abschluss.
Das Hochschulsystem wird durch das Landeshochschulgesetz vom 10. 7. 2006 geregelt. Zu den staatlichen Hochschulen gehören zwei Universitäten, die Hochschule für Musik und Theater Rostock sowie vier Fachhochschulen. Die *Lehrerbildung* findet für die Lehrämter an Grund- und Hauptschulen, Haupt- und Realschulen, Gymnasien, Beruflichen Schulen und für Sonderpädagogik an der Universität Rostock und für die Lehrämter an Haupt- und Realschulen und an Gymnasien an der Universität Greifswald statt. Nach der »Zielvorgabe« des Landes werden die lehrerbildenden Bachelor- und Masterstudiengänge vorwiegend in Rostock konzentriert, während sich die Universität Greifswald weitgehend auf Bachelorstudiengänge in wenigen Fächern beschränken muss. Ferner wird das Zentrum für Lehrerbildung und Schulforschung an der Universität Rostock etabliert.

Medien (lat. *medium* Mitte, Vermittler; engl. *medium*). **1)** Im Bereich der öffentlichen und privaten Kommunikation zusammenfassende Bezeichnung für alle visuellen, auditiven und audiovisuellen Kommunikationsmittel wie z. B. Presse, Funk, Film und Fernsehen.
2) In der *lerntheoretischen Didaktik* durch *P. Heimann* 1962 eingeführter Faktor der Analyse und Planung von Unterricht, der mit den Elementarstrukturen Intentionen, Themen und Methoden in einem Interdependenzverhältnis steht. Nach Heimann muss bei jedem Unterricht entschieden werden, »welche Absichten an welchen Inhalten unter Verwendung welcher Methoden und M. verwirklicht werden sollen (Planung) oder verwirklicht worden sind (Unterrichtsanalyse)«.
3) Seit den sechziger Jahren kamen zu den traditionellen Begriffen wie Bildungs-, Unterrichts- oder *Lehr- und Lernmittel* die neuen Begriffe M., Unterrichtsm., audiovisuelle M. u. a. hinzu und traten weitgehend an ihre Stelle. Mit der Technisierung der M. wurden neue Begrifflichkeiten wie Hardware für Geräte und Software für Programme eingeführt. Seit etwa 1984 werden Bildung und Ausbildung durch sog. neue M. und Technologien wie Computer, Videotext, Datenabrufsysteme, Internet u. a. zu Innovationen herausgefordert.
M. im Unterricht sind Kommunikationsmittel, die zur Unterstützung und Optimierung von Lehr- und Lernprozessen eingesetzt werden. Sie sind in E. Dales Theorie der Unterrichtsm. Repräsentanten von Realsituationen in Natur und Gesellschaft. Dale unterscheidet drei Gruppen von vermittelbaren Erfahrungsmöglichkeiten, die er in einem sog. Erfahrungskegel (cone of experience) vom Konkreten zum Abstrakten hin stufenweise angeordnet hat: a) Ersatz von konkreten Handlungen in Realsituationen

(z. B. Erkundungen, Praktika, Rollenspiele); b) Abbildungen von Realsituationen (z. B. Ausstellungen, Filme, Schulfunk); c) visuelle und sprachliche Symbole (z. B. Verkehrszeichen, Umgangssprache, formalisierte Sprache wie Mathematik).
Es gibt eine Reihe von Ordnungsversuchen, in denen sämtliche Lehr- und Lernmittel bzw. M. von der Wandtafel bis zum Computer-Lehrsystem nach Kategorien und Funktionen klassifiziert worden sind. Eine solche Übersicht ist auch in den Katalogen der *Bildungsmessen* Didacta und WorldDidac zu finden.

Medienbank. Medieninformationssystem, das dem Benutzer ermöglicht, aus einer großen Anzahl archivierter und katalogisierter audiovisueller Medien (z. B. Videokassetten, Dias, Filme) gezielt und schnell auszuwählen. Als Beispiel sind die *Bildstellen* des *Instituts für Film und Bild in Wissenschaft und Unterricht* (FWU) zu nennen. Eine M. für Ausbildungsmedien im beruflichen Bereich wird seit 1974 beim *Bundesinstitut für Berufsbildung* (BiBB) entwickelt.

Mediendidaktik. Spezialisierter Teilbereich der *allgemeinen Didaktik,* der sich seit der Einführung von technischen Geräten zur Wiedergabe von gespeicherten Lernprogrammen entwickelt hat. Die M. befasst sich vorwiegend mit didaktisch-methodischen Aspekten der Entwicklung, Verwendung und Erforschung von Medien in Schule, Jugendarbeit, Erwachsenenbildung und Hochschule. Dabei stehen Fragen nach der Gestaltung und Optimierung von Lehr-Lern-Prozessen mithilfe von Medien, den notwendigen Lernvoraussetzungen, den wahrnehmungspsychologischen Bedingungen und den technischen, organisatorischen und personellen Voraussetzungen beim Einsatz von Selbstlerngeräten (Hardware) und Selbstlernprogrammen (Software) im Mittelpunkt. Bei der Weiterentwicklung der M. spielen unterschiedliche Konzeptionen eine Rolle, die von der Unterrichtstechnologie bis zur emanzipatorischen *Medienpädagogik* reichen. Die Erkenntnisse der M. sind auch für die praktische Arbeit in pädagogischen Institutionen, Verlagen, Rundfunk- und Fernsehanstalten von Bedeutung.

Medienkunde. Vermittelt einen systematischen Überblick über die Vielfalt vor allem technischer *Medien.* Sie führt in die Handhabung der Geräte und Lehranlagen (Hardware) wie z. B. Filmprojektor, Sprachlaboranlagen, Computer ein und vermittelt auch Kenntnisse über den Umgang mit entsprechenden Programmen (Software). Sie bietet Einblick in die Entstehung von Medienangeboten und regt zu eigenen Produktionen (z. B. Videos, Drehbücher) an. Gegenstand der M. ist die Reflexion der Medien, nicht die didaktisch-methodische Relevanz des Medieneinsatzes im Lehr- und Lernprozess.

Medienpädagogik. Teildisziplin der Erziehungswissenschaft, die sich mit den Wirkungen der *Medien* auf die Sozialisations- und Lernprozesse von Kindern, Jugendlichen und Erwachsenen und mit den Möglichkeiten der Erziehung zu einem aufgeklärten Rezeptions-, Informations- und Kommunikationsverhalten beschäftigt. Die Bandbreite des pädagogischen Gegenstandsbereichs reicht von den publizistischen Massenmedien (z. B. Zeitung, Fernsehen) als Instrumente öffentlicher Kommunikation und Manipulation bis hin zu neuen Unterrichtsmedien (z. B. Computer/-programme), die als didaktisch aufbereitete Instrumente schulische Lernprozesse optimieren sollen. Sie erforscht weniger mediale Lernprozesse in traditionellen Institutionen (z. B. Schule), sondern untersucht unter übergreifenden Aspekten die Verflochtenheit aller Kommunikations- und Medienphänomene im gesellschaftlichen Alltag. Ihr Ziel ist die Analyse von Formen, Inhalten und Methoden der Medien, die kritische Aufklärung über ihre Funktionen und Wirkungen, die qualitative Verbesserung bei der Neugestaltung von Medien, die Befähigung zur kritischen

Mediennutzung und zur medialen Eigenproduktion. Unter den Ansätzen der M. werden besonders hervorgehoben: a) die normative M., deren Ziel die Bewahrung der Kinder und Jugendlichen vor den schädlichen Einflüssen z. B. des Fernsehens und der Computerspiele ist; b) die funktionale, technologische M., die auf der Grundlage vorgegebener Ziele und Inhalte die fördernden und störenden Wirkfaktoren der Medien identifizieren will, um durch effektive Lernprogramme und Geräte den Lernerfolg von Lernenden zu optimieren; c) die emanzipatorische M., deren Ziel die kritische Aufklärung, Nutzung und Eigenproduktion von Medien in einem von Lehrenden und Lernenden offen gestalteten Lernprozess ist.

Medienverbundsystem (engl. *multi-media system*). Kombination verschiedenartiger Medien, die unterschiedliche didaktische Funktionen erfüllen und eine einheitliche und wiederholbare Lehr- und Lernsituation schaffen. Die M. sind heute so weit entwickelt, dass sie das Selbstlernen ermöglichen. Beispiele für Multimedia-Systeme in der Erwachsenenbildung sind die *Telekollegs* zur Vermittlung der Fachschul- und der Fachhochschulreife, die *Funkkollegs* zur Weiterbildung von Lehrern, das *Fernstudium* oder das M. zur Elternbildung und zum Fremdsprachenerwerb, das von Volkshochschulen genutzt wird. M. für den Unterricht mit Schülern gibt es durch die Kombination von Schulfunk- oder Schulfernsehsendungen und schriftlichem Begleitmaterial, Folien, Dias u. a. Der Einsatz des M. in der Schule setzt die Einübung in den Gebrauch der verschiedenartigen Bestandteile voraus und verändert die traditionellen Lehrer- und Schülerrollen.

Mediothek (engl. *audio-visual library*). Sammlung audiovisueller Medien in Bildungseinrichtungen (z. B. Schulen, Bibliotheken), in denen Software (Dias, Filme, Tonbänder, Schallplatten, DVD-Videos, VHS-Videos, Videospiele u. Ä.) und Hardware (Diaprojektoren, Filmprojektoren, Video-Sets, Tonbandgeräte, Plattenspieler, Overheadprojektoren, Beamer, Computer u. Ä.) aufbewahrt, katalogisiert und zur Nutzung bereitgestellt werden.

Mehrfachbehinderung (engl. *multi-handicap*). Häufung von Schädigungen oder funktionellen Störungen, die sich in ihren Wirkungen zumeist noch wechselseitig verstärken. So kann z. B. eine Körperbehinderung durch einen Stigmatisierungsprozess zu Störungen im Bereich der Kommunikation führen, die dann schwere psychische Belastungen bis hin zur Depression verursachen. Oder eine Lernbehinderung kann sich durch ein vom Schüler beständig erlebtes Versagen mit schweren Verhaltensstörungen verbinden.

Meinungsfreiheit des Schülers. Das Recht auf freie Meinungsäußerung gehört zu den besonders wichtigen Grundrechten des Schülers. Es darf in keinem Falle durch staatliche Maßnahmen rechtswidrig behindert werden. Die demokratische Schule ist durch das GG gehalten, den Prozess der freien Meinungsbildung und des Austausches von Meinungen im Unterricht nach Kräften zu fördern. Deshalb ist es der Schule und dem einzelnen Lehrer verwehrt, ihre Ansichten als einzig zutreffende hinzustellen.

Die M. d. S. findet in den Gesetzen sowie den Regeln des Schullebens ihre Grenzen. So darf ein Schüler keineswegs immer seine Meinung frei äußern, vielmehr ist auf die Mitschüler und Lehrer Rücksicht zu nehmen. Von besonderer Bedeutung für die Grenzen der M. d. S. sind die Menschenrechte sowie die im GG enthaltenen Normen für die freiheitlich-demokratische Grundordnung.

Meister-BAföG. Der Begriff hat sich als hilfreiche Kurzbezeichnung für das am 1. 1. 1996 erlassene und 2002 wesentlich erweiterte Aufstiegsfortbildungsförderungsgesetz (AFBG) eingebürgert. Das M. unterstützt die berufliche Fortbildung und erleichtert die Gründung von Existenzen durch Zuschüsse zu Kurs- und Prüfungsgebühren, Unterhalts- und Reisekosten, Familien- und Kinderzuschüsse sowie finanzielle Anreize bei der Gründung eines selbständigen Unternehmens und zur Schaffung neuer Arbeitsplätze. Antragsberechtigt sind deutsche und ausländische Fachkräfte aus einer breiten Palette von Berufen. Gefördert wird die Teilnahme an Erst- und Zweitfortbildungsmaßnahmen in Vollzeit- oder Teilzeitkursen, in mediengestützten Kursen oder in Angeboten anerkannter Träger beruflicher Ausbildung. Im Jahr 2004 haben rund 130 000 Teilnehmer Förderung erhalten. Auskünfte erteilen die bei den Kreisen oder den kreisfreien Städten eingerichteten Ämter für Ausbildungsförderung.

Meisterprüfung (engl. *examination for the title of master*). Die M. im Handwerk kann nur in einem in der Anlage zur *Handwerksordnung* (HwO) zugelassenen Gewerbe abgelegt werden. M. sind aber auch in Industrie, Land- und Hauswirtschaft möglich. Voraussetzungen sind i. d. R. die bestandene Abschlussprüfung in einem anerkannten Ausbildungsberuf bzw. die Gesellenprüfung sowie eine mindestens dreijährige Tätigkeit im erlernten Beruf. Auf die M. kann man sich durch den Besuch einer Meisterschule vorbereiten. Die M. wird von einem staatlichen Prüfungsausschuss bei der zuständigen *Kammer* abgenommen. Geprüft werden Fachpraxis, Fachtheorie, Betriebswirtschaftslehre, Recht und Betriebspädagogik. Nur wer die M. abgelegt hat, darf die Bezeichnung Meister führen und ein Handwerk selbständig ausüben. Die M. berechtigt auch zur Berufsausbildung in einem anerkannten Ausbildungsberuf.

Mentor. **1)** In der griechischen Mythologie Freund des Odysseus, der während dessen Reisen die Erziehung seines Sohnes Telemach übernahm.

2) Lehrer, der Studierende während eines Schulpraktikums oder Referendare im Vorbereitungsdienst bei ihrer Unterrichtstätigkeit berät.

Messen (engl. *measurement, surveying*). Empirische Forschung erhebt mittels verschiedener *Forschungsmethoden* und Instrumente (z. B. Fragebogen) Daten (z. B. Kreuze an bestimmten Stellen des Fragebogens). Solche Daten über größere soziale Einheiten (z. B. Schüler eines Jahrganges) sollen durch M. in bestimmte Ordnungen gebracht werden (z. B. Kategorisierung der Schüler nach zwei Merkmalsausprägungen oder Einstufung der Schüler in Punkte- und Zensurenskalen usw.). Voraussetzung des M. ist folglich eine möglichst genaue Definition der qualitativen (z. B. Nationalität, politische Einstellung) oder der quantitativen (z. B. Leistung, Zeitaufwand für die Lösung einer Aufgabe) Merkmale, über deren Verteilung innerhalb bestimmter, vorher festgelegter Ordnungen Aussagen gemacht werden sollen.

metakognitive Kompetenz. Dimension des allgemeinen Begriffs *Kompetenz,* worunter die Fähigkeiten zum selbstregulierenden Lernen, zur Selbstorganisation des Lernens und zur Steuerung von Lernprozessen, aber auch zum Erwerb von Wissen über das eigene Lernen und über Kenntnisse von Lernstrategien fallen.

Metakommunikation (griech. *meta* nach, hinterher; lat. *communicare* etwas mitteilen, sich beraten). Der Begriff wurde 1967 von P. Watzlawick eingeführt und bedeutet *Kommunikation* über Kommunikation. Sie vollzieht sich meist unbewusst, wenn über vergangene Inhalts- oder Beziehungsgespräche Informationen untereinander ausgetauscht werden. In der Kommunikationstheorie ist M. ein Verfahren, um Beziehungskonflikte bewusst zu machen und zu behandeln. Angewendet auf Unterrichts- und Erziehungsprozesse gibt die M. Möglichkeiten, Vorgänge in der Schulklasse wie Disziplinkonflikte, Unterrichtsstile, Außenseiterprobleme u. Ä. zu diskutieren und nach Veränderungen zu suchen. M. kann sich aber auch vorwiegend auf den Inhalts- und den Organisationsaspekt von Unterricht beziehen *(Metaunterricht)*.

Metaunterricht. Unterricht über den Unterricht. Während des Unterrichts verlaufen die Lehr- und Lernprozesse meist unbewusst. Der M. dient dem Zweck, den abgelaufenen Unterricht noch einmal nachzuvollziehen, um sich bestimmte Funktionen und Strukturen von Inhalten, Organisationsaspekten, Verhaltensweisen u. a. bewusst zu machen. Der M. ist dazu da, die Interaktion aller am Unterricht Beteiligten so zu verdichten, dass eine Diskussion über die vermittelten Lerninhalte und die lebensbezogenen Alternativen möglich wird.

Methoden (griech. *methodos* Vorgehen, Verfahren; engl. *methods*). Lange Zeit galten M. der Erziehung und des Unterrichts vorwiegend dem planmäßigen Vorgehen des Lehrers bei der Erarbeitung vorgegebener Inhalte und Ziele. In der *bildungstheoretischen Didaktik,* die sich mit dem Bildungsgehalt auseinandersetzte, wurden die Ziel- und Inhaltsfragen von den M. unterschieden und deren Abhängigkeit von den Ziel- und Inhaltsentscheidungen betont. Die *lerntheoretische Didaktik* des Berliner Modells betrachtete in den sechziger Jahren die M. aufgrund der Interdependenz der Faktoren Intentionalität, Thematik, Methodik und Medien als gleichrangig, um die wechselseitige Beeinflussung aller für den Unterricht konstitutiven Faktoren herauszuheben. Beide Positionen haben sich in den siebziger Jahren so weit angenähert, dass sie die These von der Vorrangigkeit der Zielentscheidungen und die These von der Interdependenz gegenseitig anerkennen. Seit den achtziger Jahren wird unter dem Primat demokratischer Erziehungs- und Bildungsziele wie Selbstbestimmungs-, Mitbestimmungs- und Solidaritätsfähigkeit verstärkt die Frage nach angemessenen M. neu diskutiert. Erziehung und Unterricht werden als Dialog zwischen Lehrenden und Lernenden aufgefasst, in dem die Verständigung über Ziele, Lernausgangsbedingungen, Themen, M. und Medien einen wichtigen Rang einnimmt. Unterricht auch als zielorientierten Prozess der Sozialerziehung zu verstehen, in dem die Interaktion zwischen Lehrenden und Lernenden und der Lernenden untereinander von Bedeutung ist, hat weitere Relevanz für M.entscheidungen. Unter Unterrichtsm. versteht W. Klafki alle Formen zielorientierten Lehrens und Lernens, die auf Themen und soziale Kompetenz gerichtet sind und die unterschiedlichen Lernausgangsbedingungen der Schüler berücksichtigen.

Die M.probleme sind auch auf andere Handlungsfelder der *allgemeinen Didaktik* zu übertragen. Davon sind aber z. B. die M. der *Sozialarbeit* und die erziehungswissenschaftlichen *Forschungsm.* zu unterscheiden.

Methodendifferenzierung. *Innere Differenzierung*.

Methodenkompetenz. Dimension des allgemeinen Begriffs *Kompetenz*, die die Fähigkeit und Bereitschaft bezeichnet, bei der Bearbeitung von Aufgaben und Problemen zielgerichtet, geplant und strukturiert vorzugehen, Wissenslücken zu erkennen und gewonnene Erkenntnisse auf neue Probleme anzuwenden. Zur M. gehört ferner, Methoden, Arbeitsverfahren, Lösungsstrategien und Lernstrategien selbständig auszuwählen, anzuwenden, zu überprüfen und weiterzuentwickeln. M. umfasst auch analytische Fähigkeiten, kritisches Denken sowie kreatives Gestalten, Darstellen und Bewerten von Ergebnissen. Ein weiterer Aspekt betrifft die Organisationsfähigkeit und das Zeitmanagement.

Methodik (eng. *methodology*). Zusammenfassende Lehre oder Theorie von den *Methoden*, die zur Erreichung bestimmter Ziele in Erziehung und Unterricht zur Verfügung stehen. Neben einer allgemeinen M. der Erziehung und des Unterrichts werden in den einzelnen Teildisziplinen der Erziehungswissenschaft (z. B. Sozialpädagogik, Erwachsenenbildung, Freizeitpädagogik) und in den Fach-, Bereichs- und Stufendidaktiken entsprechende speziellere M. entwickelt, zu denen auch die schulbezogene Unterrichtsm. gehört. Die M. befasst sich mit der empirischen Überprüfung, theoretischen Begründung und Weiterentwicklung von Methoden.

methodische Großformen des Unterrichts. Formen des Lehrens und Lernens, die sich in Zielsetzung, Gestaltung und Strukturierung durch typische Merkmale voneinander unterscheiden. Zu den Großformen gehören: Lehrgang, Kurs, Trainingsprogramm, Lektion, Unterrichtseinheit, Projekt, Vorhaben, Projektwoche, Workshop, Praktikum, Exkursion u. Ä. Die Unterschiede liegen z. B. in dem Grad ihrer Offenheit oder Geschlossenheit in Bezug auf die Lenkung durch Lehrer oder die Selbsttätigkeit der Schüler, aber auch in dem Anteil praktischen, kognitiven, sozialen oder ganzheitlichen Lernens.

Mexiko. **1)** Präsidiale Bundesrepublik. Hauptstadt: Mexiko-Stadt (8,6 Mill. Einw.). Gegliedert in 31 Bundesstaaten und den Hauptstadt-Bundesdistrikt. Fläche: 1 953 162 km^2, rund 103,8 Mill. Einw., 53 Einw./km^2, davon 75% Mestizen, 14% Indianer, 10% Weiße. Amtssprache: Spanisch, daneben indianische Sprachen. 90% Katholiken, 5% Protestanten. In ländlichen Regionen hohe Analphabetenquote (bei rund 40%).

2) Für die Bildungseinrichtungen vom Elementar- bis zum Tertiärbereich sind auf nationaler Ebene die Staatsregierung, im Bereich der Bundesländer deren Regierungen und innerhalb der Bundesstaaten die Kommunen sowie private Träger zuständig. Verwaltung und Praxis im Bildungswesen sind weitgehend dezentralisiert, weswegen zahlreiche Abstimmungs- und Beratungsgremien die Kooperation der Verwaltungsebenen sichern und wirkungsvoller gestalten helfen sollen. Die Rahmenbedingungen regelt das Allgemeine Bildungsgesetz. Das Gesetz gliedert das gesamte Bildungswesen in drei Stufen: Grundbildung, mittlere höhere Bildung und höhere Bildung. Für Einrichtung, Ziele, Inhalte und Abschlüsse der Einrichtungen zuständig sind auf Staatsebene das Ministerium für öffentliche Bildung sowie in den Bereichen Berufsausbildung und Weiterbildung das Ministerium für Arbeit und Soziales. Die Gouverneure der Bundesstaaten ernennen Bildungsminister. Auf kommunaler Ebene sind Bildungssekretariate für die Sicherstellung des gesetzlichen Angebots zuständig.

Private Einrichtungen sind in allen Bereichen des Bildungswesens zahlreich vorhanden. Hochschuleinrichtungen werden mehrheitlich privat getragen. Alle privaten Einrichtungen, die staatlich anerkannte Abschlüsse vergeben wollen, benötigen die Akkreditierung durch die Regierung. Die Finanzierung des Bildungswesens erfolgt zum überwiegenden Anteil aus den Mitteln des Staatshaushalts, etwa 10% bringen die Bundesstaaten und die Kommunen auf. Private Bildungseinrichtungen erheben Schulgeld.

In Entsprechung zur administrativen Zuständigkeit werden die Bildungseinrichtungen klassifiziert nach nationalen, bundesstaatlichen, kommunalen und privaten Institutionen.

Für Kinder mit sonderpädagogischem Förderbedarf sind an Regelschulen spezielle Kurse, darüber hinaus auch Spezialschulen eingerichtet. In allen Schulen werden die Schüler nach einer 10-Punkte-Skala bewertet. 5 Punkte und weniger bezeichnen ungenügende Leistungen.

3) Die erste Stufe des Bildungswesens, die Grundbildung, gliedert sich in drei Teile: Kindergarten mit Vorschule, Primarschule und Unterstufe der Sekundarschule.

Schulpflicht besteht ab dem 6. Lebensjahr und endet mit dem 15. Lebensjahr. Sie wird von allen Kindern in der sechsjährigen Primarschule und der darauf aufbauenden dreijährigen Unterstufe der Sekundarschule erfüllt. Nach erfolgreichem Besuch der Primarschule erhalten die Schüler das Zertifikat über Grundschulbildung. Anstelle der Unterstufe der Sekundarschule kann nach der Primarschule auch eine drei- oder vierjährige

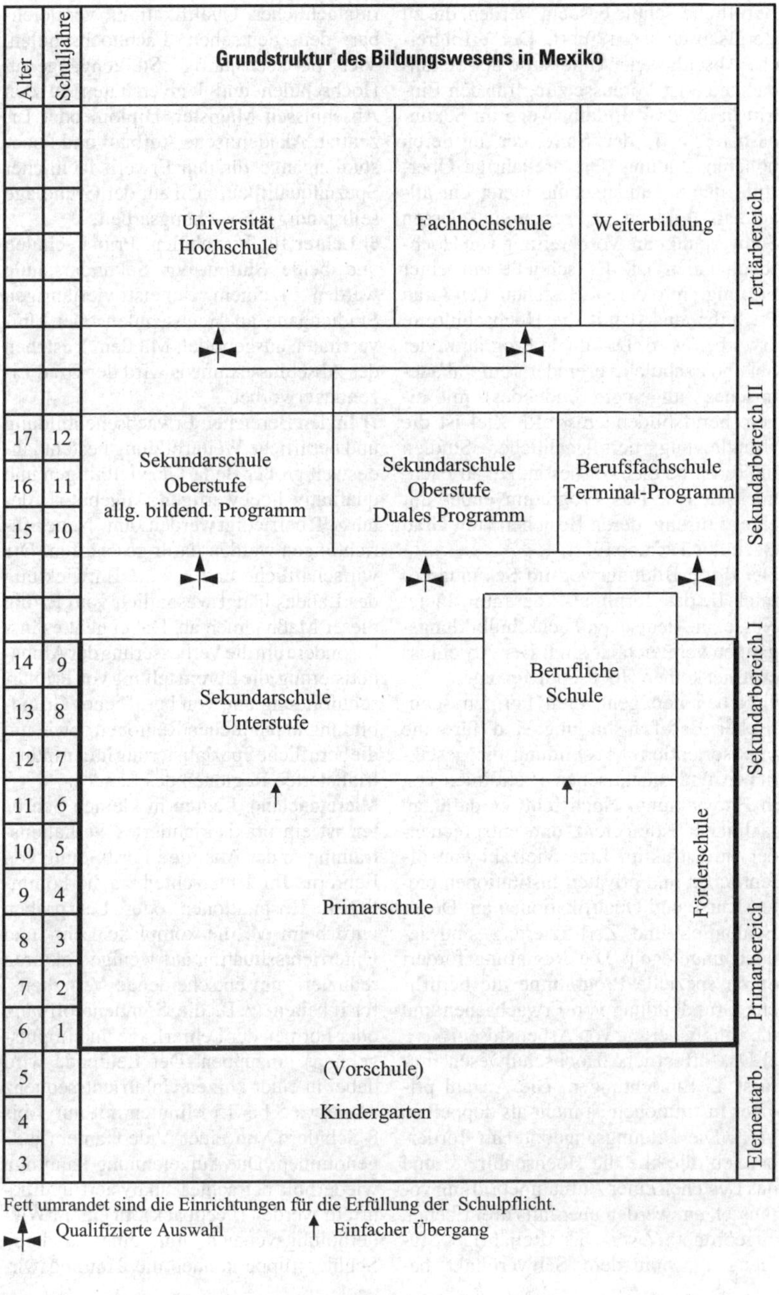

Fett umrandet sind die Einrichtungen für die Erfüllung der Schulpflicht.

Qualifizierte Auswahl ↑ Einfacher Übergang

Berufliche Schule besucht werden, die zu Berufsabschlüssen führt. Der erfolgreiche Abschluss der Unterstufe der Sekundarschule ist Voraussetzung für den Eintritt in die drei Bildungswege im Sekundarbereich II, der Stufe der mittleren höheren Bildung. Die dreijährige Oberstufe der Sekundarschule bietet ein allgemein bildendes Programm, dessen Schwerpunkt die Vorbereitung von Hochschulstudien ist. Es schließt mit einer Prüfung, mit deren Bestehen der Grad Bachiller und damit die Hochschulreife erworben wird. Das duale Programm der Sekundarschule verbindet ein akademisches (allgemein bildendes) mit einem berufsbildenden Profil. Ziel ist die Grundlegung berufsfachlicher Studien im Tertiärbereich, insbesondere an Fachhochschulen. Das Programm endet mit einer Prüfung, deren Bestehen zum Grad Bachiller Técnico führt.
Der dritte Bildungsweg im Sekundarbereich II, das Terminal-Programm, bietet Kurse, die deutschen Fachschulbildungsgängen vergleichbar sind. Der Abschluss eröffnet keinen Hochschulzugang.

4) Neben den genannten Formen schulischer Berufsausbildung sind für eine praxisorientierte Ausbildung die gesetzlichen und didaktischen Richtlinien erst in Entwicklung. Noch fehlt es dafür an fachlicher Kompetenz und entsprechender Infrastruktur. Eine Vielzahl von öffentlichen und privaten Institutionen bieten Kurse und Qualifikationen an. Deren Evaluation und Zertifizierung sind jedoch ungeregelt. Die Regierung fördert durch spezielle Programme die berufliche Grundbildung von Erwachsenen und die Eingliederung von Arbeitslosen.

5) Das öffentliche Hochschulwesen umfasst 45 Einrichtungen. Die Anzahl privater Institutionen ist mehr als doppelt so groß. Die Bildungsangebote im Tertiärbereich, die alle die Hochschulreife und das Bestehen einer Aufnahmeprüfung voraussetzen, werden ebenfalls drei Ebenen zugeordnet: Zwei- bis dreijährige Studiengänge mit dem Schwerpunkt berufsfachlicher Qualifikation, vergleichbar den deutschen Fachhochschulen. Vier- bis sechsjährige Studiengänge an Hochschulen und Universitäten zu den Abschlüssen Magister, Diplom oder Lizentiat. Akademische Aufbau- und Fachstudiengänge für den Erwerb fachlicher Spezialqualifikationen auf der Grundlage selbständiger Forschungsarbeit.

6) Lehrer für Vorschulen, Primarschulen und beide Stufen der Sekundarschule werden in einem zumeist vierjährigen Studiengang an Hochschulen oder Universitäten ausgebildet. Mit dem Bestehen des Abschlussexamens wird der Grad Lizentiat erworben.

7) In den Bereichen Erwachsenenbildung und berufliche Weiterbildung besteht landesweit großer Bedarf an vielfältigen und qualitativ hochwertigen Angeboten, der nur z. T. befriedigt werden kann. Neue Einrichtungen werden dafür geschaffen. Die wirtschaftliche und soziale Entwicklung des Landes hängt wesentlich vom Erfolg dieser Maßnahmen ab. Dabei geht es insbesondere um die Verbesserung der Alphabetisierung, die Bereitstellung von Primarschulbildung und von beruflicher Grundbildung in ländlichen Regionen sowie um die berufliche Spezialisierung in den industrialisierten Regionen des Landes.

Microteaching. Lehren in kleinen Schritten ist ein praxisorientiertes Verhaltenstraining in der Aus- und Fortbildung von Lehrern. Im Unterschied zu herkömmlichen Hospitationen oder Lehrproben wird beim M. die komplexe Lehr- und Unterrichtssituation auf wenige Faktoren reduziert, um entscheidende Verhaltensfertigkeiten (z. B. die Stundeneröffnung oder Formen der Lehrerfrage und Impulsgebung) einzuüben. Der Lehrende wird dabei in einer kurzen Unterrichtssequenz von etwa 5 bis 15 Minuten mit nur 4 bis 8 Schülern von einer Videokamera aufgenommen. Die Aufzeichnung kann nun wiederholt betrachtet, analysiert und beurteilt werden (Feedback). In einem Wiederholungsversuch mit einer anderen Schülergruppe können die Trainingswirkungen unter kontrollierten Bedingungen festgestellt werden.

Migration (engl. *migration*). Auf Dauer angelegte Wanderbewegungen von Menschen oder Bevölkerungsgruppen innerhalb oder zwischen Gesellschaften bzw. Staaten, bei denen sich i. d. R. mit der räumlichen auch soziale und kulturelle Veränderungen für die Betroffenen und später auch für die aufnehmenden Gesellschaften bzw. Staaten ergeben. Unterschieden wird zwischen externer (zwischenstaatlicher) und interner M., zwischen freiwilliger oder erzwungener sowie zwischen befristeter (z. B. bei vielen Gastarbeitern) und unbefristeter M. Zu den Gründen für externe M. zählen Arbeitslosigkeit, Armut, Krieg, Verfolgung, Unterdrückung der Menschenrechte, aber auch die Absicht, im Einwanderungsland die besseren Ausbildungs- und Arbeitsverhältnisse zu nutzen. In Deutschland leben im Januar 2005 nach Angaben des Statistischen Bundesamtes rund 7,3 Mill. Ausländer. Erfasst werden dabei alle Personen, die dauerhaft in Deutschland leben, ohne die deutsche Staatsbürgerschaft zu besitzen. Davon waren im Oktober 2006 930 000 Schüler an allgemein bildenden Schulen. Hinzu kommen Personen mit *Migrationshintergrund.* Sie sind im Besitz eines deutschen Passes oder einer doppelten Staatsangehörigkeit. Von insgesamt 9,8 Mill. Schülern im Schuljahr 2005/06 wiesen etwa 30% nach Angaben des Ersten Bildungsberichts der KMK (2006) einen Migrationshintergrund auf. Deshalb kommt der *interkulturellen Erziehung* hohe Bedeutung zu.

Migrationshintergrund. Nach der Definition des *Mikrozensus* von 2005 umfasst die Bevölkerung mit M. sowohl ausländische als auch deutsche Staatsbürger. Darunter sind zugewanderte oder in Deutschland geborene Ausländer, Spätaussiedler (insbesondere aus der ehemaligen Sowjetunion), Eingebürgerte mit persönlicher Migrationserfahrung sowie deren Kinder, die persönlich keine unmittelbare Migrationserfahrung haben. Etwa 30% aller Schüler in Deutschland weisen einen M. auf. Der Erste Bildungsbericht der KMK (2006) hat besonders den Zusammenhang zwischen Bildung und *Migration* untersucht. Belegt wird dabei u. a. eine eklatante Beeinträchtigung der Bildungschancen für Schüler mit M.

Mikrozensus (gr. *mikros* klein; lat. *census* Volkszählung; engl. *sample census*). Jährliche amtliche Repräsentativstatistik (1%-Stichprobe) über die Bevölkerung in Deutschland und den Arbeitsmarkt. Die vom Statistischen Bundesamt veröffentlichten Daten geben Auskunft über die Bevölkerungsstruktur (Alter, Geschlecht, Deutsche, Ausländer, Beteiligung am Erwerbsleben u. a.), Formen des Zusammenlebens (Haushalte, Familie, Zweierbeziehungen, Kinder u. a.), die wirtschaftliche und soziale Lage der Bevölkerung sowie die Gliederung der Bevölkerung nach schulischer Ausbildung, beruflicher Qualifikation und Weiterbildung. So weist die jüngste Veröffentlichung des M. aus dem Jahr 1999 u. a. nach, dass sich der Bildungsstand der Bevölkerung, gemessen an den allgemein bildenden Schulabschlüssen, in den letzten Jahren ständig verbessert hat. Hatten 1991 noch 57% der Befragten, die Angaben zum Schulabschluss machten, einen Volks- oder Hauptschulabschluss, so waren dies im April 1998 nur noch knapp 53%. Einen mittleren Abschluss erreichten 1991 27,3% und 1998 27,8%, die Hochschulreife 1991 15,7% und 1998 19,5%.

2002 verteilten sich die Schulabschlüsse nach Angaben des Statistischen Bundesamtes in Gesamtdeutschland für alle Altersgruppen wie folgt: Hauptschulabschluss: 45,3%; Abschluss Polytechnische Oberschule: 7,5%; Mittlerer Abschluss: 19,2%; Fachhochschulreife und Allgemeine Hochschulreife: 20,1%.

Milieu (frz. *milieu* Umwelt; engl. *environment*). Soziale Umwelt eines Individuums, die das Erleben und Verhalten sowie die Entwicklung des Menschen beeinflusst. Nach milieutheoretischer Auffassung werden die psychischen Verhaltensweisen und die geistigen Fähigkeiten im Wesentlichen durch die umweltbedingten Lernvorgänge geprägt.

Minderjährige (engl. *person under age*). Kinder und Jugendliche bis zur *Volljährigkeit*, die in Deutschland mit der Vollendung des 18. Lebensjahres eintritt. Sie haben nach dem BGB durchaus eine Reihe von Rechten und Pflichten, sind jedoch noch nicht voll geschäftsfähig. Die rechtliche Selbständigkeit soll mit wachsender sozialer Reife, Verantwortlichkeit und Mündigkeit des jungen Menschen zunehmen. Rechtsbeschränkung will dem Schutz der M. dienen. Bis zur Vollendung des 7. Lebensjahres sind sie voll geschäftsunfähig, danach bedingt geschäftsfähig und strafmündig, mit Eintritt des 14. Lebensjahres religionsmündig, und eine Eheschließung kann frühestens ab dem 16. Lebensjahr erfolgen. Dem strafrechtlichen Schutz der M. dienen besondere Bestimmungen im Strafgesetzbuch und das *Jugendgerichtsgesetz*.

Mind-Mapping. (engl. *mind-map* Gedanken-Landkarte). Technik zur Visualisierung von Gedanken, Ideen, Wissen, Gesprächen, Gruppenarbeiten, Arbeitsergebnissen, Erkundungserfahrungen usw. Im Unterschied zu Versuchen, das »Gedankenchaos« geordnet linear in der richtigen Reihenfolge untereinander aufzuschreiben, passt sich die Technik des M.-M. den assoziierenden Vorgängen im Gehirn an. Eine Mind-Map kann individuell auf einem großen Blatt Papier oder in einer Gruppe an der Wandtafel oder auf einem Plakat entwickelt werden. In der Anwendung dieser Technik empfehlen sich folgende Schritte: 1. Das Thema, die Überschrift, die Fragestellung oder ein Bild wird in die Mitte eines Papierbogens oder auf eine Tafel geschrieben oder gezeichnet und mit einem Kreis umrandet. 2. Die wichtigsten Aspekte (zwei oder drei) werden auf die ersten Hauptäste notiert, die vom Zentrum nach links, nach rechts und eventuell nach unten gezogen werden. 3. Jetzt werden die Gedanken dazu notiert, wie sie kommen, ohne auf Vollständigkeit und Trennschärfe zu achten. Wenn die Gedanken zu einem schon vorhandenen Hauptast passen, werden sie als Zweige an diesen angehängt. Neue Gedanken bilden einen neuen Hauptast. Die Ast- und Zweiglinien sollen so angeordnet sein, dass die Stichwörter möglichst waagerecht auf die Linien geschrieben werden können. Sollen die Teilnehmer einer Gruppe zunächst individuell ihre subjektiven Gedanken in einer netzartigen Struktur sichtbar machen, empfiehlt es sich, die einzelnen Assoziationen auf kleine Kärtchen zu schreiben und erst daraus die Mind-Map als Netzgrafik zu erstellen. Dabei sollen nicht mehr als acht bis zehn Minuten aufgewendet werden. Der Vorgang führt zu einem netzartigen, fast künstlerischen Gebilde, das als »Gedanken-Landkarte« ein geordnetes und übersichtliches Ergebnis darstellt, von dem die weitere Arbeit ausgehen kann.
Ein ähnliches Verfahren ist das *Clustering*.

Missio canonica (lat. *missio* Entsendung, *canonicus* nach kirchlichem Recht). In der katholischen Kirche die Berufung in das Amt des Religionslehrers und offizielle Beauftragung zur Verkündigung der katholischen Religion. Voraussetzung sind bestimmte Qualifikationen, die während des Studiums oder in besonderen Weiterbildungsmaßnahmen erworben werden können.

Mitbestimmung (engl. *co-determination*). **1)** Im Bereich des Schulwesens: Landesrechtlich festgelegte Möglichkeiten zur Mitwirkung und M. von Eltern und Schülern (Schülermitverantwortung, SMV) bei der Gestaltung von Schulleben und Unterricht durch gewählte Vertreter. M. findet auf verschiedenen organisatorischen Ebenen statt: Schulklasse, Schule, Schulträger, Bundesland. Sie beschränkt sich i. d. R. auf Rechte wie Informations-, Anhörungs- und Vorschlagsrecht. Tatsächlich mitentscheiden oder gar Ent-

scheidungen verhindern können Eltern und Schüler nur in seltenen Ausnahmefällen. Da die rechtlichen Grundlagen für die M. in den einzelnen Bundesländern sehr unterschiedlich sind, ist das jeweils geltende *Schulrecht* zu beachten. Darüber informieren Broschüren, die kostenlos bei den Kultusministerien erhältlich sind.
2) Im Bereich der betrieblichen Berufsausbildung: Nach den Bestimmungen des *Betriebsverfassungsgesetzes* (BetrVG) steht dem Betriebsrat im Zusammenhang mit der betrieblichen Berufsausbildung insbesondere bei folgenden Punkten ein M.recht zu: bei der Durchführung von Maßnahmen der betrieblichen Ausbildung, bei der Bestellung von Ausbildern sowie der Überwachung ihrer persönlichen und fachlichen Eignung, bei der Einstellung von Auszubildenden und bei der Kontrolle der Vorschriften des Jugendarbeitsschutzgesetzes (JArbSchG).

Mitbestimmungsfähigkeit. W. Klafkis Bildungskonzept weist die M. als wesentliches Element der Allgemeinbildung im freiheitlich-demokratischen Rechtsstaat aus, weil Volkssouveränität als Legitimation politischer Macht nur entwickelt werden kann, wenn die von politischen und wirtschaftlichen Entscheidungen Betroffenen am Zustandekommen dieser Entscheidungen unmittelbar beteiligt sind. Zur M. gehören Sach- und Sozialkompetenzen, Verantwortungsbereitschaft und Handlungskompetenzen für die Mitwirkung in öffentlichen Prozessen. M. erfordert Mitdenken, Sich-Einlassen auf kollektive Problemstellungen sowie Eigeninitiative bei der Entwicklung und Umsetzung von Vorschlägen. Sie fordert und fördert also Eigenständigkeit und Mündigkeit und ist zugleich eine beachtliche Möglichkeit zur Verbesserung von Produktivität in allen gesellschaftlichen Bereichen, weil durch demokratisch abgestimmte und kooperativ verantwortete Prozesse i. d. R. *Synergien* freigesetzt werden. Familie und Öffentlichkeit, Schule und Jugendhilfe können einen wesentlichen Beitrag zur Grundlegung von M. leisten, wenn sie in Rücksichtnahme auf die Persönlichkeitsentwicklung der jungen Menschen die Möglichkeiten zur Mitbestimmung erweitern und die Entscheidungen der Kinder und Jugendlichen ernst nehmen. In *freier Arbeit* und *Projektunterricht* sind dafür besonders günstige Voraussetzungen gegeben.

Mittelpunktschule (Syn. **Nachbarschaftsschule**). Hauptschule, Realschule, Gymnasium oder Gesamtschule, die durch Zusammenlegung kleinerer Einzelschulen an zentralem Standort entstanden ist. Eine M., die mehrere Schulformen umfasst, wird meist als Schulzentrum bezeichnet.

Mittelschule. **1)** Veraltete Bezeichnung für alle mittleren Schulformen, die 1964 im *Hamburger Abkommen* durch den Begriff *Realschule* ersetzt wurde.
2) Seit der Wiedervereinigung gibt es im Land Sachsen nach der vierjährigen Grundschule neben dem Gymnasium die M. Sie ist eine differenzierte Schulform mit den Klassen 5 bis 10, die eine allgemeine und berufsvorbereitende Bildung vermittelt. Die Klassenstufen 5 und 6 bilden eine pädagogische Einheit und haben orientierende Funktion. Ab Klassenstufe 7 findet eine abschlussbezogene *Differenzierung* statt. Die Schüler können in der M. den Hauptschulabschluss oder den Qualifizierenden Hauptschulabschluss nach der 9. Klasse und den Realschulabschluss nach der 10. Klasse erwerben. Voraussetzung für den Erwerb des Qualifizierenden Hauptschulabschlusses und des Realschulabschlusses ist das Bestehen einer Abschlussprüfung.

mobile Jugendarbeit (engl. *detached youth work*). Bemüht sich, durch Arbeitslosigkeit, Armut, häusliche Verwahrlosung, Drogenmissbrauch oder andere Gefährdungen und Benachteiligungen bedrohte Jugendliche direkt in ihrem alltäglichen Lebenszusammenhang zu erreichen und durch Gesprächsangebote, Beratung, Vermittlungsdienste oder Beistand (z. B. in Konflikten mit Schule, Arbeitgeber oder Polizei) eine Verschärfung der Ausgrenzung dieser Jugendlichen und ihr Abgleiten in die Kriminalität zu verhindern. M. J. geht zu den Jugendlichen, bezieht das engere soziale Umfeld der Jugendlichen in ihre Arbeit ein und distanziert sich von jeder Aufsichts- oder Kontrollfunktion. Durchgeführt wird m. J. von freien und öffentlichen Trägern der *Jugendhilfe.*

Mobilität (lat. *mobilitas* Beweglichkeit; engl. *mobility*). In Gesellschaften oder sozialen Gruppen sind Rolle und Status einer Person nicht auf Dauer festgelegt, sondern können z. B. durch den Erwerb von Zeugnissen, Leistung oder wirtschaftlichen Erfolg verändert werden. Sozialer Auf- oder Abstieg wird als vertikale M., ein Wechsel der Position ohne Veränderung des Status als horizontale M. bezeichnet.

Modelllernen. *Imitationslernen.*

Modellschule. Schule, die aufgrund ihrer besonderen pädagogischen und organisatorischen Prägung i. d. R. eine Weiterentwicklung oder Alternative zu vergleichbaren Schulen des Regelschulsystems darstellt und ein Modell (Muster) für die Orientierung anderer Schulen sein kann. M. sind häufig Versuchsschulen im Rahmen eines staatlichen *Schulversuchs* (z. B. das *Team-Kleingruppen-Modell* der Integrierten *Gesamtschule* in Göttingen-Geismar). Nach dem Auslaufen des Schulversuchs bekommen sie häufig den Status einer *Angebotsschule,* deren Abschlüsse von der KMK anerkannt werden. Auch Reformschulen in öffentlicher oder freier Trägerschaft haben oft den Charakter einer M. (z. B. Jena-Plan-Schulen, Montessori-Schulen).

Modellversuche (engl. *pilot projects*). In allen Bereichen des Bildungswesens können M. als Entscheidungshilfen zur Klärung bildungspolitischer Fragen eingerichtet werden. M. geben der Bildungsforschung Gelegenheit, Reformvorhaben und Innovationsprozesse zu erproben, bevor sie als Regeleinrichtung eingeführt werden. Sie bedürfen deshalb einer wissenschaftlichen Begleitung, die die Auswertung vornimmt. M. werden häufig von der *Bund-Länder-Kommission für Bildungsplanung und Forschungsförderung* (BLK) unterstützt. Werden M. im Schulwesen durchgeführt, wird auch von *Schulversuchen* gesprochen.

Moderator (lat. Lenker; engl. *moderator*). Leiter eines Gesprächs- oder Lernprozesses in Gruppen. Er soll unter Berücksichtigung der situativen Bedingungen (Raum, Zeit, Gruppengröße, Zusammensetzung der Gruppe, soziales Klima usw.) durch Fragen, Impulse, Zusammenfassungen, persönliche Stellungnahmen, Spielregeln oder den Einsatz von Medien einen Interaktionsprozess so gestalten, dass sich jeder einzelne Teilnehmer möglichst erfolgreich und in persönlich zufriedenstellender Weise in den Gruppenprozess einbringen kann. Sachkompetenz, Sensibilität für die verbalen und nonverbalen Botschaften der Teilnehmer, Selbstkontrolle sowie attraktive und anregungsreiche Gesprächsführung sind dafür die wesentlichen Voraussetzungen.

Modularisierung. Differenzierte Beschreibung von Lehr-Lern-Einheiten als inhaltlich und zeitlich begrenztem Verbund von Lehrveranstaltungen zur Vermittlung bestimmter Kenntnisse, Fähigkeiten oder Kompetenzen. Dabei werden unter Bezugnahme auf einen übergreifenden Qualifikationsprozess und unter Berücksichtigung von Zeit, Ort und Ausstattung der Lernumgebung die Inhalte, Arbeitsweisen, Erfolgskriterien und Prüfungsmodalitäten definiert. Module bilden abgeschlossene Bausteine, die unterschiedlich kombinierbar sind, so dass sie in mehrere Ausbildungsgänge eingefügt werden können. M. hat also die Flexibilisierung sowie die wechselseitige Anrechenbarkeit von Bausteinen in verschiedenen Qualifikationsprozessen zum Ziel.

Monaco. Die Bildungseinrichtungen des kleinen Fürstentums an der französischen Mittelmeerküste (1,95 km^2, 33 000 Einw.) folgen ohne Einschränkung dem französischen System und unterstehen auch dem französischen Erziehungsministerium.

Monoberufe (griech. *monos* einzig). Berufe, die unter Berücksichtigung ihrer Anwendungsbereiche, Aufgaben, Arbeitsorte und der für ihre Ausübung erforderlichen Kenntnisse und Fähigkeiten durch einen vergleichsweise hohen Grad von Einengung oder Spezialisierung gekennzeichnet sind. Die Ausbildung in M. ist auf wenige Berufstätigkeiten ausgerichtet, eine Übertragung der berufsspezifischen Qualifikationen in andere Berufe kaum oder nur vereinzelt möglich. Typische M. sind u. a. Friseur, Bäcker, Brauer und Mälzer, Optikschleifer.

Montenegro. 1) Republik. Hauptstadt: Podgorica (136 473 Einw.). Gegliedert in 21 Gemeinden. Fläche: 13 812 km^2. 621 000 Ein., 45 Einw./km^2. 43% Montenegriner, 32% Serben, 15% Bosniaken, 7% Albaner. Sprachen: Montenegrinisch (Amtssprache), Serbisch und Albanisch. Mehrheitlich serbisch-orthodoxe Christen. Vom Februar 2003 bis zum Juni 2006 in einem Staatenbund mit *Serbien.* 55,5% der Bevölkerung votierten im Mai 2006 für die Unabhängigkeit von Serbien.

2) Die Reform des Bildungswesens in M. und in der Republik Serbien ist zur Zeit des Staatenbundes durch ein neues Schulgesetz 2003 in Gang gesetzt worden. Eine Novellierung des Schulgesetzes nach Auflösung des Staatenbundes ist bisher nicht erfolgt. Die Grundschule (Pflichtschule) wurde auf neun Jahre verlängert, alle Lehrpläne wurden überarbeitet und die Ausbildung der Lehrer neu gestaltet. Leitziele sind seitdem die grundlegende Demokratisierung und die fachliche Modernisierung des Bildungswesens in Orientierung an europäischen Standards. M. und Serbien sind dabei auf die Unterstützung durch internationale Organisationen angewiesen. Trotzdem ist die personelle und materielle Ausstattung des Bildungswesens in weiten Teilen des Landes noch immer äußerst defizitär.

Die bisher geltende Verfassung des Staatenbundes sichert gleiche Zugangsrechte zu allen Bildungseinrichtungen, kostenlosen Besuch der Pflichtschule und das Recht auf Unterricht in der Muttersprache für die nationalen Minderheiten zu. Für sämtliche Einrichtungen vom Kindergarten bis zu den Universitäten sind spezielle Gesetze erlassen worden. Private Einrichtungen sind auf allen Ebenen des Bildungswesens zugelassen. Ihre Anzahl steigt stetig.

Die Ausführung der Bildungsgesetze obliegt nach dem Schulgesetz von 2003 dem Bildungsministerien in Podgorica, insbesondere die Einrichtung von Schulen, der Erlass von Bildungsplänen und Stundentafeln, die fachliche und formale Kontrolle der Schulen, die Genehmigung von Schulbüchern, die Organisation der Lehrerbildung sowie die Regeln für die Schulverwaltung. Die kommunalen Schulbehörden sind für die Organisation und den Erhalt der örtlichen Einrichtungen zuständig. Grund- und Mittelschulen (Sekundarschulen auf Stufe II) werden von Schuldirektoren geleitet, die wie der Schulausschuss jeder Schule von den Bildungsministerien eingesetzt werden.

3) Für die Einrichtungen im Vorschulbereich, Kinderkrippen, Kindergärten und Vorschulklassen ist politisch das Ministerium für Gesundheit und Sozialpolitik zuständig. Die Bildungs- und Erziehungspläne werden jedoch vom Bildungsministerium erlassen. Neben Pflegerinnen und Erzieherinnen arbeiten in den Vorschuleinrichtungen auch Heilpädagogen, Ärzte und Psychologen. Gruppengröße und pädagogische Angebote hängen von den verfügbaren Ressourcen ab, die im Land sehr unterschiedlich verteilt sind.

In die Grundschule (Pflichtschule) werden die Kinder i. d. R. nach Vollendung des 7. Lebensjahres eingeschult. Die Grundschule umfasst die Klassen 1 bis 9, die in jeweils dreijährige Phasen mit unterschiedlichen Anteilen von Pflicht- und Wahlpflichtunterricht gegliedert sind. Da die Umstellung von der acht- zur neunjährigen Grundschule erst begonnen hat, arbeiten zahlreiche Schulen noch nach dem alten Konzept. In den ersten drei

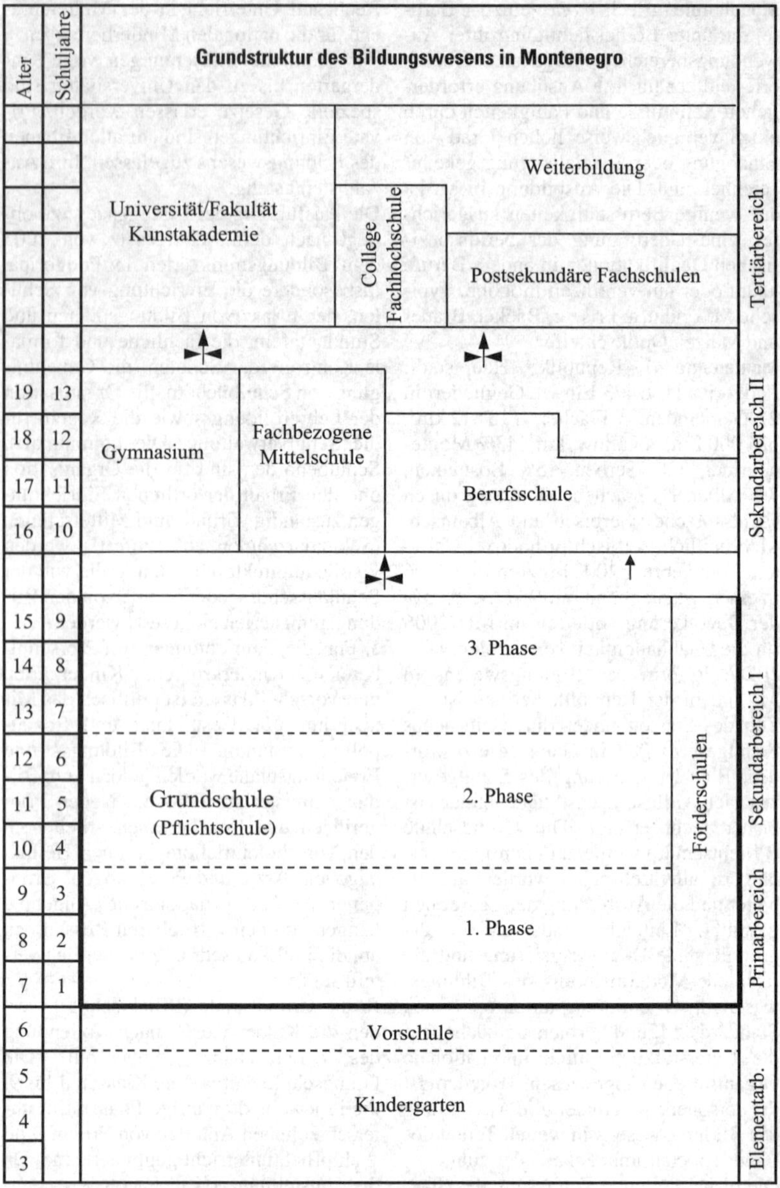

Fett umrandet sind die Einrichtungen für die Erfüllung der Schulpflicht.

Qualifizierte Auswahl — Einfacher Übergang

oder vier Klassen wird der ungefächerte Gesamtunterricht von Klassenlehrern erteilt. Spätestens ab Klasse 5 setzt Fachunterricht ein. Die Versetzung innerhalb der Grundschule hängt von mindestens ausreichenden Leistungen in allen Fächern ab, die jedoch von fast allen Kindern erbracht werden. Klassenwiederholungen sind selten. Nach erfolgreichem Besuch der 9. Klasse erhalten die Schüler das Abschlusszeugnis der Grundschule. Der weitere Schulbesuch ist freiwillig.
Die Aufnahme in eine der anschließenden Sekundarschulen (Sek. II) setzt neben dem Grundschulabschluss das Bestehen einer Aufnahmeprüfung voraus. Im Sekundarbereich können die Schüler das allgemein bildende vierjährige Gymnasium, die ebenfalls vierjährige fachlich differenzierte Mittelschule oder eine zwei- bis dreijährige Berufsschule besuchen. Gymnasium und fachbezogene Mittelschule führen zur Hochschulreife.
Behinderte Kinder sollen i. d. R. in den allgemeinen Vorschuleinrichtungen und Schulen individuell gefördert werden. Ist das nicht möglich, können sie Sondereinrichtungen bis in den Bereich der Sekundarschulen besuchen.

4) Formalisierte berufliche Bildung findet in den beschriebenen Sekundarschulen statt. Daneben bilden Betriebe nach eigenem Bedarf direkt am Arbeitsplatz aus. Noch bestehen dafür keine gesetzlichen Regelungen. Auch beim Aufbau beruflicher Aus- und Weiterbildung unterstützen internationale Organisationen die beiden Staaten.

5) Die Zulassung zum Besuch der Universität oder einer ihrer Fakultäten außerhalb Podgoricas, einer Hochschule, der Kunstakademie oder einer postsekundären Fachschule erfordert die Hochschulreife und das Bestehen einer Aufnahmeprüfung. Die Anforderungen der Aufnahmeprüfung legen die Einrichtungen selbst fest. Die Reform des tertiären Bildungswesens orientiert sich ebenfalls an europäischen Standards. Ziel ist die Stufung und Modularisierung des Studiums nach B. A., M. A. und postgraduierten Abschlüssen.

6) Pfleger und Vorschulerzieher werden an pädagogischen Sekundarschulen (Mittelschulen) ausgebildet. Die Lehrer für die ersten drei oder vier Klassen der Grundschule studieren für zwei Jahre an einer pädagogischen Fakultät oder einem College. Alle anderen Lehrer absolvieren ein mindestens vierjähriges Fachstudium an einer Universität und erhalten zusätzlich eine pädagogisch-psychologische Fachausbildung.

7) Formalisierte Weiterbildung besteht derzeit insbesondere für die Nachschulung von Erwachsenen in der Grundbildung. Dafür sind an der Pflichtschule besondere Kurse eingerichtet. Weitere Angebote sind in Planung und Entwicklung.

Montessori-Pädagogik. *M. Montessori* entwickelte nach ihrem Studium als junge Ärztin, Forscherin in der psychiatrischen Universitätsklinik, Professorin für Anthropologie an der Universität Rom und Pädagogin in der »Casa dei bambini« (1907–1909) aus der praktischen Erfahrung mit geistig behinderten und gesunden Kindern in Rom seit 1898 die Grundprinzipien ihrer pädagogischen Konzeption. Sie griff das Sinnesmaterial der französischen Ärzte *J. M. Itard* und *É. Séguin* auf und schuf eine vorbereitete Umgebung, in der Kinder frei von äußerem Druck ihrer Entwicklung gemäß lernen konnten. Durch Beobachtung entdeckte sie das Phänomen der *Polarisation der Aufmerksamkeit,* einer konzentrierten Tätigkeit in der wahlfreien Auseinandersetzung mit der didaktifizierten Umgebung. Ihre pädagogischen Erfolge und die Veröffentlichungen ihrer ersten Bücher (ab 1909) erfuhren bald darauf weltweite Anerkennung. Sie bereiste von da an viele Länder der Erde, gründete Montessori-Kinderhäuser, Montessori-Schulen und Montessori-Gesellschaften und führte Diplom-Kurse durch, in denen sie ihr theoretisches Konzept darstellte und Darbietungen zum Umgang mit dem Montessori-Material gab. In den 30er

Jahren hielt sie in verschiedenen Ländern Vorträge zu »Frieden und Erziehung«, in denen ihre Vorstellungen von der Freiheit und Würde jedes einzelnen Menschen und die Erziehung für die »Eine Welt« im Mittelpunkt standen. Während ihrer Zeit in Indien entwickelten Maria und *Mario Montessori* ihre Konzeption der *kosmischen Erziehung,* die sie als Grundstein aller Schulerziehung bezeichneten.
Im Mittelpunkt der Pädagogik M. Montessoris steht das Kind, nicht eine Erziehungsmethode. Grundlage ihres anthropologischen Menschenbildes ist die Annahme, dass in jedem Kind ein innerer Bauplan zur Persönlichkeitsentwicklung angelegt ist, der sich in der tätigen Auseinandersetzung mit der Umwelt entfaltet. Dabei spielen *sensible Perioden* (Phase 3 bis 6 Jahre, Kinderhaus; Phase 7 bis 10/12 Jahre, Grundschule; Phase 12 bis 18 Jahre, Gesamtschule: Polytechnische Erfahrungsschule des sozialen Lebens) eine Rolle, in denen das Kind alterstypische Lernbereitschaften zeigt, die durch angemessene Lernangebote befriedigt werden müssen, wenn sie nicht unerfüllt vergehen sollen. Für M. Montessori gilt der Grundsatz: Achtung vor der Freiheit des Kindes und seinen spontanen Äußerungen. Die Entwicklung seiner Persönlichkeit ist nicht ein Problem pädagogischer Lehrkunst, sondern ein Problem der Freiheit des Kindes, über die freie Selbsttätigkeit zur Selbständigkeit zu gelangen nach dem Grundsatz indirekter Erziehung: »Hilf mir, es selbst zu tun!«
M. Montessoris Bemühen galt der Beobachtung von Kindern, um mögliche Inhalte ihres Interesses für lernaktive Angebote zu ermitteln und entsprechende didaktische Arbeitsmaterialien als Mittel zur Selbstbildung zu entwickeln. Das M.-Material ist in fünf grundlegende Bereiche gegliedert: Übungen des täglichen Lebens, Sinnesübungen, Sprache, Mathematik und kosmische Erziehung (d. h. Kultur- und Sachunterricht). Das Material reduziert die komplexe Wirklichkeit, ermöglicht jeweils eine bestimmte Lernaktivität, ist ästhetisch ansprechend, fordert zum handelnden Umgang auf und enthält die Möglichkeit zur Fehlerkontrolle. In der vorbereiteten Umgebung bestimmt das Kind in der *Freiarbeit,* die z. B. in Grundschulen täglich zwei bis drei Stunden dauert und in der altersheterogenen, meist drei Altersjahrgänge umfassenden Lerngruppe stattfindet, mit welchem Material, ob allein oder mit anderen zusammen und wie lange es an einer Sache arbeiten will. Dabei wird zwischen kurzen Übungen und der großen Arbeit, die sich auch über Tage hinziehen kann, unterschieden. In den Umgang mit einem Material führen Erzieher bzw. Lehrer in sog. Lektionen ein. Ansonsten ist ihre Rolle eher auf die Vorbereitung der Lernumgebung, auf die Beobachtung der Lernprozesse und auf eine indirekte Erziehung gerichtet. Sie sollen vor allem nicht in den Aktivitätszyklus des Kindes eingreifen. Darüber hinaus sollen sie in einführenden Stunden oder bei Erkundungen gute Erzähler und Gesprächspartner sein. Ziel der M.-P. ist der verantwortlich handelnde Mensch. Im Mittelpunkt der pädagogischen Arbeit steht deshalb vom 6. Lebensjahr an die ökologisch und friedenspädagogisch orientierte kosmische Erziehung, für die M. Montessori einen universalen Lehrplan entwickelt hat.
Die Arbeit nach den Prinzipien der M.-P. bedarf bei Erziehern und Lehrern einer zusätzlichen Ausbildung in Diplom-Lehrgängen.

Moral (lat. *moralis* die Sitten betreffend, ethisch; engl. *morals*, *morality*). In Interaktion mit seiner Umwelt erlernt und entwickelt das Individuum Sittlichkeit und Empfinden für Recht und Unrecht, Wert und Unwert. Je ausschließlicher und einfacher die Bindung an Bezugspersonen ist, desto enger schließen sich die M.vorstellungen des heranwachsenden Kindes an die der Bezugspersonen an. Mit zunehmender Differenzierung des Feldes der Bezugspersonen, -gruppen und -instanzen (Religion, Philosophie, Politik,

Literatur, Medien) erweitern sich auch die sittlichen Orientierungen und verstärken sich die Möglichkeiten für eine eigenständige M. Das Wissen um die sozialen und kulturellen Wurzeln der eigenen M. und Einsicht in die Bedingungen anderer moralischer Normen sind wesentliche Voraussetzungen für eine Sittlichkeit, die sich an den Prinzipien Toleranz, Friedfertigkeit und Solidarität orientiert. Die Entwicklung der M. bei Kindern machte bereits in den dreißiger Jahren *J. Piaget* zum Gegenstand umfangreicher empirischer Studien. Piaget ordnete seine Beobachtungen zwei Typen kindlicher Moral zu, einer heteronomen (fremdbestimmten) und einer autonomen (selbstbestimmten) M., die in der Entwicklung aufeinanderfolgen. Als schulpädagogische Konsequenz forderte Piaget eine aktive Schule, in der das Kind über Kooperationserfahrungen, rationale Konfliktlösungen sowie die Erfahrung von Gleichheit und Solidarität seine individuelle M. zunehmend autonom entfalten und stabilisieren kann. L. Kohlberg schloss mit seinen theoretischen und empirischen Arbeiten an Piaget an. Jedes Individuum bildet im Laufe seiner Entwicklung bestimmte Denkstrukturen für die Lösung moralischer Probleme aus, die Kohlberg in einer Abfolge der drei Niveaus präkonventionell, konventionell und postkonventionell (jeweils in zwei Stufen unterteilt) darstellte. Auf dem präkonventionellen Niveau werden Lösungen moralischer Konflikte aus einer konkret-individualistischen und egozentrischen Perspektive heraus gesucht. Gut ist, was Nutzen bzw. Erfolge bringt. Der Blickwinkel weitet sich auf dem konventionellen Niveau. Jetzt bezieht der Mensch die Sichtweise anderer und den Fortbestand der sozialen Ordnungen in seine moralischen Überlegungen ein. Auf dem postkonventionellen Niveau werden moralische Entscheidungen dann durch Bezugnahme auf Prinzipien, die bestehenden sozialen Ordnungen vorgegeben sind, und schließlich unter Beachtung moralischer Grundsätze (Gerechtigkeit, Gleichheit, Wahrheit u. a.) getroffen. Die unterschiedlichen Perspektiven und Begründungszusammenhänge, die im Laufe der Entwicklung des moralischen Urteilsvermögens auftreten, hat Kohlberg über sog. moralische Dilemmata erhoben, hypothetische Geschichten, für die Lösungen zu finden waren.

Morgenkreis. *Unterrichtsgespräch.*

Motivation im Unterricht (lat. *movere* bewegen). Aktivierung der Lern- und Handlungsbereitschaft von Schülern im Wechselspiel zwischen pädagogischen Anregungen im Unterricht und persönlichen Einstellungen (z. B. dem Leistungsmotiv). Der Motivationsprozess wird nach traditioneller Auslegung im Wesentlichen von zwei Komponenten bedingt: von der inneren (intrinsischen primären) M. der Schüler und/oder von der äußeren (extrinsischen sekundären) Situation des Unterrichts. Dabei sind zwei Befunde der Motivationsforschung besonders zu beachten: 1. Die bereits in der frühen Kindheit unter bestimmten Sozialisationsbedingungen entwickelte intrinsische *Leistungsmotivation* ist ein relativ stabiles emotionales Persönlichkeitsmerkmal, das sich in der situativen Auseinandersetzung mit den Anforderungen der Schule aktualisiert. Sie kommt laut H. Heckhausen vor allem in der unterschiedlich entwickelten Hoffnung auf Erfolg oder Furcht vor Misserfolg zum Ausdruck, die bereits am Schulanfang das Verhalten eines Kindes mitbestimmen kann. 2. Vor dem Hintergrund unterschiedlich entwickelter Leistungsmotivation der Schüler hemmt bzw. fördert auch die Unterrichtskonzeption selbst eine positive Entwicklung schulischer Lern- und Leistungsbereitschaft. So hängt es oft vom zugrunde liegenden *Leistungsbegriff* ab, ob ein Kind aus Neugier, aus Lernfreude, aus Zuneigung zum Lehrer lernt oder um Anerkennung zu bekommen, der Strafe zu entgehen oder belohnt zu werden. Die häufigen Klagen über Schulmüdigkeit, Lernunlust, Aggressivität u. a.

zeigen, wie schwer es für Lehrer ist, eine angemessene Leistungsmotivation durch Unterricht aufzubauen oder zu erhalten. In der neueren Fachliteratur wird die Unterscheidung zwischen intrinsischer und extrinsischer M. weitgehend fallen gelassen. Von der Öffnung des Unterrichts wird erwartet, dass Schüler bei einer selbst- und mitverantworteten Unterrichtsgestaltung z. B. durch Freiarbeit, Wochenplanarbeit oder Projektarbeit Erfahrungen machen, die sie längerfristig befähigen, Ich-Identität zu entwickeln und zum Subjekt ihres Lernprozesses zu werden.

Motorik (lat. *motor* Beweger; engl. *motor functions*). Zusammenspiel aller Bewegungsfaktoren im menschlichen Organismus, zu denen Rumpf, Glieder, Hände, Finger und Stoffmenge (Molar) sowie die Fähigkeiten gehören, die in der Schnelligkeit, Gelenkigkeit, Genauigkeit, Stärke, Koordination und dem Stoßvermögen zum Ausdruck kommen. Es werden unterschieden: Grobm. (z. B. Körper- und Gliederstärke, Bewegungskoordination, Reaktionsschnelligkeit), Feinm. (Geschicklichkeit der Finger, Mimik), willkürliche (bewusst beeinflussbare) und unwillkürliche M. (z. B. Reflexe) sowie Senso- bzw. Psychom. (Koordination von motorischen und psychischen Vorgängen). Die Heranreifung körperlicher Faktoren der Bewegungsabläufe steht in engem Zusammenhang mit der Entwicklung psychisch-geistiger Faktoren wie Wahrnehmen, Fühlen, Denken und Sprechen. Die Organisation jeder Bewegung aller Organismen ist mit dem Psychischen verbunden und von Erfahrung, Übung und Temperament abhängig. Dies ist an der psychomotorischen Ausdrucks- und Leistungsbewegung zu erkennen. Die Erforschung der M. erfolgt unter Beachtung der anatomischen und physiologischen Vorgänge durch Verhaltens- und Erlebnisbeobachtung. Die Bewegungserziehung im Vor- und Grundschulalter ist für die Entwicklung der M. und der Psychom. von großer Bedeutung.

MPG. *Max-Planck-Gesellschaft zur Förderung der Wissenschaften.*

multikulturelle Erziehung. *Interkulturelle Erziehung.*

Multiple-choice-response-system. *Auswahl-Antwort-System.*

Mündel (engl. *ward*). Unter *Vormundschaft* stehende Minderjährige.

Mündigkeit (engl. *majority; responsibility*). **1)** Als Rechtsbegriff geht M. zurück auf den im Althochdeutschen als »munt« bezeichneten Status eines Menschen, der ihm bislang vorenthaltene Rechte einräumte, aber auch die zuvor noch nicht eingeforderte Haftung für die Folgen seines Tuns abverlangte. In diesem Sinne kennen wir heute u. a. die Vertragsm., die Ehem. oder die Strafm.

2) Seit *I. Kant* gewinnt der Begriff in der Philosophie der *Aufklärung* und damit auch in der *Pädagogik* eine weitere Bedeutung. In seiner Schrift ›Was ist Aufklärung?‹ (1784) nennt Kant denjenigen mündig, der sich seines Verstandes ohne Leitung eines anderen zu bedienen versteht und auf dieser Grundlage als Subjekt reflektiert und in vernünftiger Abwägung seiner Kräfte an der Mitgestaltung des kulturellen Lebenszusammenhanges arbeitet. In dieser Tradition stehen auch die gegenwärtigen bildungstheoretischen Bemühungen um eine Klärung der Bedingungen der Möglichkeit von M. und des dabei von der *Erziehung* und vom *Unterricht* zu erwartenden Beitrages. Erziehung kann nur dann als Beitrag zur M. eines Subjekts Gültigkeit gewinnen, wenn sie die kognitiven, emotionalen, moralischen und sozialen Voraussetzungen für die Ausbildung eigener Urteilskraft als Grundlage selbstbestimmten und selbstverantwortlichen Handelns befördert. Wollen Erzieher und Lehrer die M. ihrer Schutzbefohlenen und Schüler in dieser Perspektive fördern, müssen sie also individuelle Denkwege respektieren, Interessen wecken und vertiefen, Wissen vermitteln, das Denken methodisch schulen, die Fähigkeit zum Diskurs aufbauen, eigene Grenzen berücksichtigen, die

Möglichkeit eigenen Scheiterns bedenken und beim jungen Menschen Einsicht in die Bedeutung ethischer Prinzipien für die Entfaltung der eigenen Subjektivität wie für diejenige der anderen vermitteln. Lebendig wird M. immer nur im selbstreflexiven und handelnden Einzelnen.

Museumspädagogik. Fachrichtung der Erziehungswissenschaft, deren Gegenstand das Bildungsangebot für Kinder, Jugendliche und Erwachsene im Museum ist. Museumspädagogen entwickeln didaktisch-methodische Konzepte für die Gestaltung von Ausstellungsräumen, für erläuternde Schautafeln und Texte, für Filme und Dias, Kataloge u. a. Begleitmaterialien.

Sammeln, Bewahren, Erforschen und Ausstellen gehören traditionell zu den Aufgaben eines Museums. In den letzten zwanzig Jahren hat die KMK in ihren Empfehlungen mehrfach den Bildungsauftrag und die Öffentlichkeitsarbeit der Museen herausgestellt. Vor allem größere Museen in der Bundesrepublik verfolgen eigenständige didaktisch-methodische Konzeptionen, mit denen die Besucher an die Objekte, Texte und Aktionen herangeführt werden. In diesem Zusammenhang haben sich Museen unter pädagogischen Gesichtspunkten auch vermehrt Kindern und Jugendlichen zugewandt. Dies kommt in Sonderausstellungen zu Themen wie »Waschen früher und heute« oder im Sinne experimenteller Archäologie »Von der Aussaat zum Verzehr in der Frühgeschichte« zum Ausdruck. In angegliederten Aktionsräumen und auf Freiflächen können junge Museumsbesucher unter Anleitung von Museumspädagogen wie früher Wäsche waschen oder wie in der Steinzeit Brot backen. Arbeitsmaterialien (Suchbögen, Bildhefte, Arbeitsmappen) stehen meist zur Verfügung. Daneben gibt es spezielle Führungen für Kinder und Schulklassen. Einen besonderen Stellenwert haben Freilichtmuseen. In Kunstmuseen kommen angeleitete Malaktionen der Erschließung von Gemälden entgegen.

Für die Kooperation von Schule und Museum ist es bei Sonderausstellungen wichtig, dass die Lehrer ihren Unterricht rechtzeitig thematisch darauf einstellen und die Museumspädagogen über die Lernvoraussetzungen der Schüler und die Intentionen der Lehrer informiert sind. Darüber hinaus hat die Schule ein eigenes museumspädagogisches Interesse, nämlich das Museum als außerschulischen *Lernort* dann zu nutzen, wenn die Thematik des Unterrichtszusammenhangs seine Einbeziehung notwendig macht oder wünschenswert erscheinen lässt. Manche Museen haben für bestimmte Standardthemen des Lehrplans ausleihbare Museumskoffer mit Repliken zusammengestellt, die dem handelnden Lernen der Kinder entgegenkommen. Von ihnen geht oft die Motivation aus, im Museum mehr darüber zu erfahren. Im Sinne *genetischen Unterrichts* kann sich dann ereignen, was im herkömmlichen Unterricht so schwer zu erreichen ist, dass Schüler sich aus eigenem Antrieb für den Entstehungszusammenhang eines musealen Gegenstandes interessieren.

Musikhochschule. *Kunst- und Musikhochschulen.*

Musikschulen. Als privates Unternehmen, Verein oder im Rahmen einer Volkshochschule geführte Schulen, die Einzelunterricht für eine Vielzahl von Instrumenten, musikalische Früherziehung, Singen im Chor, Spiel im Ensemble, aber auch musikwissenschaftliche Kurse zur Vorbereitung der Aufnahmeprüfung an einer Musikhochschule anbieten. Für den Besuch der Kurse ist Unterrichtsgeld zu entrichten. Qualifikation der Lehrkräfte, Unterrichtsinhalte und -formen sowie die Durchführung von Prüfungen sind nicht gesetzlich geregelt.

Musiktherapie. Wird bei der Behandlung seelischer Erkrankungen, im Rahmen der Psychotherapie und auch bei der pädagogischen Betreuung behinderter Kinder oder Jugendlicher eingesetzt. Die Musik ist dabei Ausdrucks- und Kommunikationsmittel. Musiziert wird mit den ei-

genen Händen oder Füßen, mit Schlaginstrumenten, Flöten oder anderen, einfach erschließbaren Instrumenten. Oft wird Musik mit Bewegung, Sprache, Spiel oder Malen verbunden.
Musiktherapeuten erhalten ihre Ausbildung i. d. R. über ein Diplom-Aufbaustudium. Sie arbeiten überwiegend in psychiatrischen Kliniken oder Rehabilitationseinrichtungen.

Muße (engl. *leisure*). Selbstbestimmte Gestaltung freier Zeit ohne jeglichen Druck. Zeit der Besinnung auf sich selbst.

Mütterschule. Überwiegend Einrichtungen von Kirchen u. a. Trägern der *freien Wohlfahrtspflege.* Schwerpunkt ihrer Arbeit sind Information, Beratung und praktische Kurse zur Vorbereitung auf die Geburt sowie zur Pflege, Ernährung und Förderung der Neugeborenen. Darüber hinaus bieten M. in vielfachen Formen Anregung und Unterstützung bei der Kleinkindererziehung.

N

Nachbarschaftsschule. *Mittelpunktschule.*

Nachsitzen (engl. *be kept in*). Nach den Schulgesetzen der meisten Bundesländer kann N. als Erziehungs- und Ordnungsmaßnahme im Umfang von bis zu zwei Unterrichtsstunden vom Klassenlehrer, von bis zu vier Unterrichtsstunden vom Schulleiter angeordnet werden.

narratives Interview. *Interview.*

Nationalpolitische Erziehungsanstalten (offizielle Abk. NPEA, gebräuchlich Napola). Erste Einrichtung des NS-Regimes für die Heranbildung zukünftiger Eliten des »germanischen Herrenvolkes«. Nach einem strengen Ausleseverfahren, das »rassische Reinheit«, politische Zuverlässigkeit des Elternhauses, charakterliche, körperliche und geistige Eignung der Kinder überprüfte, wurden i. d. R. 10-jährige Volksschüler in die 8-klassigen Internatsschulen aufgenommen, die bis zum Abitur führten. Unterricht und Schul- bzw. Internatsleben orientierten sich an den Bildungsplänen der höheren Schulen, der Tradition der Eliteerziehung in den vormaligen preußischen Kadettenanstalten, an der völkischen und entschieden antidemokratischen Konzeption der Gemeinschaftserziehung einiger reformpädagogischer Einrichtungen sowie an Aufgaben vormilitärischer Sozialisation und Ausbildung (Geländesport, Kampfsport, Schießen, Reiten, Motorsport u. a.). Sämtliche Lehrer und Erzieher sollten Reserveoffiziere sein.

1933 ließ der preußische Staatskommissar im Ministerium für Wissenschaft, Kunst und Volksbildung, B. Rust (NSDAP), ab 1934 Reichsminister für Wissenschaft, Erziehung und Volksbildung, die ersten NPEA eröffnen. Entsprechend umfunktioniert wurden zu diesem Zwecke die ehemaligen Kadettenanstalten Potsdam, Köslin und Plön; es folgten Wahlstatt in Schlesien und die Umwandlung des Großen Waisenhauses in Potsdam. Von 1934 an wurden NPEA dann auch in anderen Ländern des Reiches gegründet, wobei i. d. R. vorhandene Einrichtungen der neuen Aufgabe gemäß umgestaltet worden sind: Naumburg/Saale, Spandau, Oranienstein, Ilfeld, Stuhm, Klotzsche bei Dresden, Backnang, Ballenstedt, Schulpforta, Bensberg, Rottweil, Köthen. Nach dem Anschluss Österreichs entstanden dort drei NPEA, danach auch im Sudentenland und während des Krieges in den besetzten »germanischen« Ländern Niederlande und Luxemburg. Zwei NPEA waren ausschließlich Mädchen vorbehalten. 1941 besuchten etwa 6000 Schüler die 37 NPEA.

Die NPEA waren zwar Einrichtungen der Länder, unterstanden jedoch einer Sonderbehörde innerhalb des Reichserziehungsministeriums unter Leitung des SS-Obergruppenführers A. Heißmeyer. Auch in dieser organisatorischen Nähe zur SS wird deutlich, dass die NPEA eine Elite heranziehen sollten, die dem totalitären NS-Regime mit unbedingtem Gehorsam zur Verfügung stehen sollte.

nationalsozialistische Eliteschulen. *Adolf-Hitler-Schulen, Nationalpolitische Erziehungsanstalten, Ordensburgen, SS-Junkerschulen.*

nationalsozialistische Pädagogik. Das Gedankengut nationalsozialistischer Erziehungslehre und die Handlungsanleitungen für die Praxis bestimmten sich aus der radikalen Ablehnung individueller geistiger Freiheit, intellektueller Selbständigkeit, demokratischer Ordnungen, kultureller Liberalität und Toleranz, kreativer

Schaffenskraft und humaner Solidarität. Positive Leitbegriffe waren Unterordnung, bedingungslose Opferbereitschaft für Volksgemeinschaft und Führer, körperliche Tüchtigkeit und Wehrhaftigkeit, begeisterte Bereitschaft zur rücksichtslosen Durchsetzung nationaler Interessen, Reinhaltung der arischen Rasse, Vernichtung unwerten Lebens und Neuordnung der Welt durch deren totale Unterwerfung unter die Interessen des NS-Regimes. Hitler in ›Mein Kampf‹: Die »gesamte Erziehung und Ausbildung muss darauf angelegt sein, ihm (dem jungen Deutschen, d. Verf.) die Überzeugung zu geben, anderen unbedingt überlegen zu sein.«
Praktische Erziehung war vor aller geistigen Bildung als körperliche Ertüchtigung und völkische Charakterbildung zu gestalten. »Artgemäße« Tugenden waren Gehorsam, Treue, Ehre, Kameradschaft, Einsatzfreude und totale Führergefolgschaft. Machtausübung ohne jede personale Verantwortung war de facto leitendes Erziehungsziel. Die auf den Eroberungskrieg programmierte Wehrmacht und ihre vormilitärischen Verbände wurden zu Leitbildern nationalsozialistischer Erziehungsstätten. In ihnen vollendete sich die totale Erfassung und Reglementierung der »Volksgenossen«, an denen die öffentlichen Schulen, *Hitler-Jugend* und *Bund Deutscher Mädel, nationalsozialistische Eliteschulen,* berufsständische Verbände, die NSDAP, SA, SS, Arbeitsdienst u. v. a. Organisationen permanent und allumfassend zusammenwirkten. Ihr verbindendes Ziel war die Vorbereitung der heranwachsenden Jugend auf die Übernahme der Weltherrschaft durch den neuen Typus des nordisch bestimmten Herrenmenschen deutscher Nationalität.
Die führenden Vertreter dieser ideologischen Gemengelage aus nationalistischem Idealismus, rassischem und antisemitischem Gedankengut, antidemokratischen und antiwestlichen Strömungen waren in der Pädagogik *A. Baeumler, E. Krieck* und W. Rust.

Schulen und Hochschulen wurden in diesem Kontext bald nach der Machtübernahme 1933 weitgehend gleichgeschaltet, auf Rassenlehre, Antisemitismus, nationalistische Heroisierung der deutschen Geschichte und systematische Kriegsvorbereitung verpflichtet. Dabei erfuhr das NS-Regime anfangs durchaus Unterstützung bei zahlreichen Pädagogen in Schulen und Universitäten, bei etlichen Pädagogen auch über längere Jahre. Antisemitismus, Nationalismus und die Ablehnung der demokratischen Ordnung der Weimarer Republik sowie die Sehnsucht nach einem starken Führer, der dem Reich ein neues Selbstbewusstsein und internationalen Respekt schenken würde, waren in der Pädagogik verbreitet; ebenso die Hoffnung auf eine politische Erlöserfigur und die Suche nach Einbindung in völkische Gemeinschaft und nationale Dienste. Vor diesem Hintergrund war offensichtlich die Verführbarkeit durch das Programm der NSDAP, das vielfach belegte Charisma Adolf Hitlers und seiner Propagandisten groß. So haben u. a. *Th. Litt, O. F. Bollnow, W. A. Flitner* und *F. Blättner,* Pädagogen, die den Aufbau eines demokratischen Bildungswesens nach 1945 wesentlich mitgestaltet haben, 1933 die Ergebenheitsadresse ›Bekenntnis der Professoren an den deutschen Universitäten und Hochschulen zu Adolf Hitler und dem nationalsozialistischen Staat‹ zusammen mit rund 700 ihrer Professorenkollegen unterzeichnet. Und E. Spranger begrüßte in der führenden Zeitschrift der deutschen Pädagogik ›Die Erziehung‹ das überfällige Erwachen Deutschlands, die völkische Begeisterung und den nationalen Willen zur Erneuerung des Erziehungswesens in einem wahrhaft deutschen Sinne, da nun die Erstickung der deutschen Volkskraft durch Demokratie, Marxismus, Materialismus, westlichen Intellektualismus und Psychoanalyse unterbunden sei. Und in großer Affinität zur n. P. stellte er fest: »Wehrhaftigkeit der deutschen Jugend ist ein hohes, von allen Erziehungsinstanzen zu bejahendes Ziel.« Distanz, Verweigerung und Widerstand gegenüber dem NS-Regime haben sich in der Pädagogik erst später, eher zögerlich und vergleichsweise selten eingestellt. Die Aufarbeitung der Beziehungen zwischen der deutschen Pädagogik in Wissenschaft und Praxis und den Entwicklungen hin zum faschistischen Staat begann erst lange Jahre nach dem Zusammenbruch des NS-Regimes und auch dann nur sehr verhalten und vereinzelt.

NC. *Numerus clausus.*

Neigungsdifferenzierung. *Wahlpflichtdifferenzierung.*

Neuhumanistisches Gymnasium. *Circularrescript betreffend die für den Unterricht und die Zucht auf den Gymnasien getroffenen Anordnungen.*

Neukantianismus. Philosophische Bewegung in der zweiten Hälfte des 19. und beginnenden 20. Jh., die sich unter Berufung auf die Schriften *I. Kants* sowohl gegen die spekulative Metaphysik des *Idealismus* wie gegen Materialismus und Empirismus wendete. Es entwickelten sich verschiedene akademische Schulen. Für die Pädagogik wurden die Marburger Schule (u. a. *P. Natorp*) und die wertphilosophische Südwestdeutsche Schule (u. a. *J. Cohn* in Freiburg) wichtig. Im Zentrum der Marburger Schule standen Fragen nach den Möglichkeiten, Quellen und Grenzen einzelwissenschaftlicher Erkenntnisse. Die südwestdeutsche Richtung konzentrierte sich auf Kulturphilosophie und in diesem Rahmen auf Fragen nach dem Begründungszusammenhang der Werte. Erziehung wird dabei verstanden als reflektierte Fortbildung und Fortführung der Kultur im dialektischen Zusammenspiel von kultureller Autonomie der Subjekte und Integration in die Gemeinschaft.

Der Kritizismus des N. hat bis heute in der wissenschaftstheoretischen Diskussion der Pädagogik große Beachtung erfahren (*W. Fischer*, *H. Blankertz,* M. Heitger, K. Schaller, J. Ruhloff, D.-J. Löwisch, W. Schmied-Kowarzik u. a.). Im Zentrum steht dabei das Bemühen um die gültige Rechtfertigung pädagogischer Aussagen und Handlungen, die sich, so M. Heitger, nicht »in der bloßen Faktizität und ihrem häufigen Auftreten zu begründen« vermögen, weil auf diese Weise jedwede Pädagogik zulässig sei, gleich welchen Zwecken, welchem Menschenbild oder welchen Werten sie sich verpflichtet wisse. Die These führt im Sinne des N. zur Frage nach der Geltung von Prinzipien, die im praktischen Erziehungshandeln verbindlich gemacht werden sollen.

Neuseeland. **1)** Parlamentarische Demokratie, gegliedert in 16 Regionen. Staatsoberhaupt ist die englische Königin. Hauptstadt: Wellington (184 000 Einw.). Fläche: 270 534 km^2, gut 4 Mill. Einwohner, 15 Einw./km^2, davon 70% europäischer Abstammung, 15% Maori, 6% asiatischer, 7% pazifischer Abstammung. Amtssprachen: Englisch und Tokelanisch. 70% Protestanten, 13% Katholiken.

2) Gesetzgebung, Verwaltung, Management und Finanzierung des Bildungswesens liegen in der Zuständigkeit von Parlament und Regierung in Wellington. Im Auftrag des Erziehungsministeriums regulieren die Schulaufsichtsbehörden der 16 Regionen das Bildungswesen im Einzelnen, wobei die Schulen und Hochschulen eine relativ große Autonomie in Fragen des Schulcurriculums, des Budgets und der Personalrekrutierung haben. Aktuelle rechtliche Grundlage ist das Bildungsgesetz von 1986, das 2006 wesentliche Ergänzungen erfahren hat. Beabsichtigt ist dabei die Zusammenführung mehrerer Gesetze in einem umfassenden nationalen Bildungsgesetz (Education Act). Schulpflichtig sind die Kinder und Jugendlichen vom 6. bis zum 16. Lebensjahr. Die meisten beginnen ihre Schulzeit jedoch bereits im 5. Lebensjahr und durchlaufen alle Stufen bis zum dritten Niveau des Abschlussexamens in einer fachlich höchst differenzierten horizontal gegliederten Gesamtschule. Nach neuen gesetzlichen Regelungen werden die

N

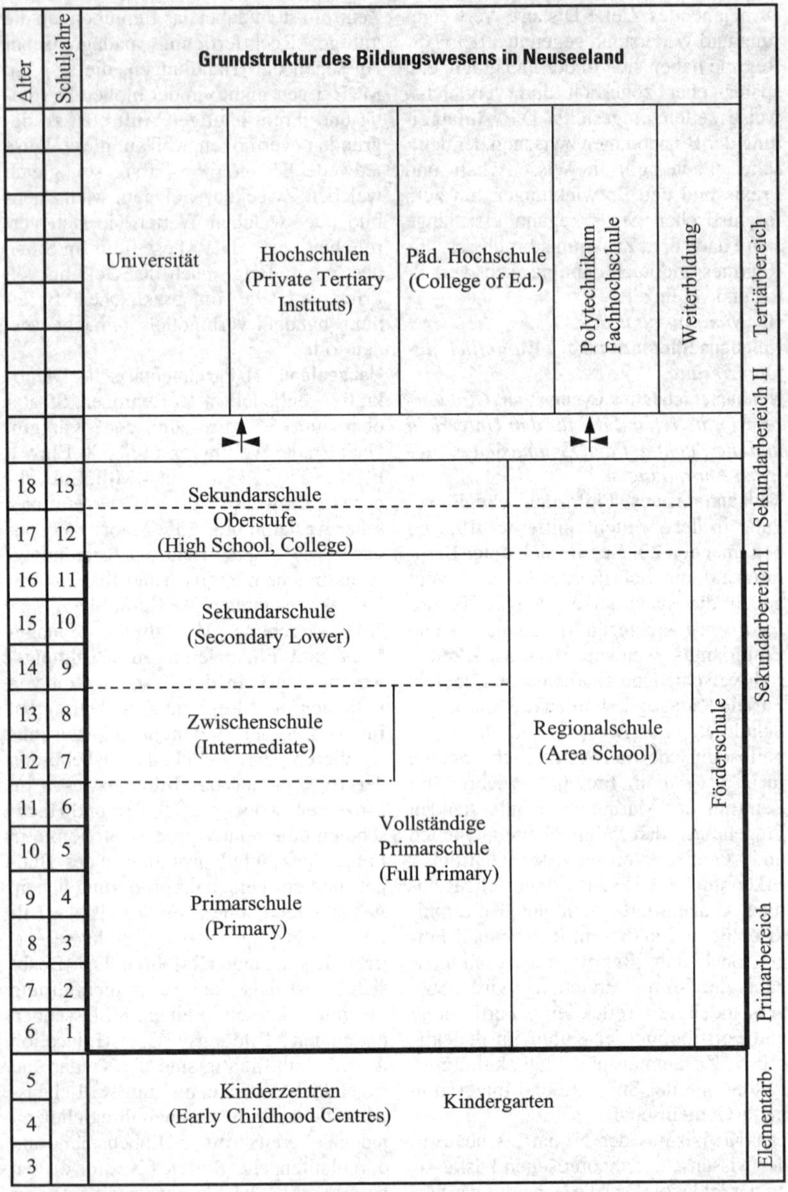

Fett umrandet sind die Einrichtungen für die Erfüllung der Schulpflicht.

Qualifizierte Auswahl
Einfacher Übergang

Schulstufen durch die Angabe der Schuljahre, nicht mehr durch Schulformen oder Abschlüsse definiert. Das verweist erstens auf den konsequenten didaktischen Zusammenhang in der Abfolge aller Stufen und zweitens auf das Fehlen einer Hierarchie von Schularten innerhalb einer Stufe. In allen Schulformen können nach einer bestimmten Anzahl von Schuljahren die gleichen Abschlüsse erreicht werden. Daraus resultiert für die Schüler eine vergleichsweise große Freiheit bei der Gestaltung ihres Bildungsweges. Die meisten öffentlichen Schulen sind jeweils für bestimmte Schuljahre eingerichtet: Primarschulen für die Schuljahre 1 bis 6, Zwischenschulen (Intermediate Schools) für die Schuljahre 7 und 8, Sekundarschulen für die Schuljahre 9 bis 13.
Es gibt jedoch eine Anzahl von privaten und öffentlichen Schulen, die Schuljahre anders verbinden: Vollständige Primarschulen für die Schuljahre 1 bis 8. Mittelschulen für die Schuljahre 7 bis 10. Regionalschulen (Vollständige Gesamtschulen) für die Schuljahre 1 bis 13.
Private Bildungseinrichtungen sind vom Elementar- bis zum Tertiärbereich zugelassen. Sie benötigen eine staatliche Akkreditierung und werden aus dem Staatshaushalt unterstützt.
Die nationale Abschlussprüfung an Sekundarschulen ist das NCEA (National Certificate of Educational Achievement), das auf drei Niveaustufen jeweils nach dem 11., 12. und 13. Schuljahr absolviert werden kann. Für die Benotung des Abschlussexamens werden neuerdings auch die Jahresleistungen herangezogen, damit die Kumulation des Prüfungsdrucks am Schuljahresende gemildert wird. Eine Reihe von privaten Schulen führen Prüfungen unter Berücksichtigung englischer Examensanforderungen durch.
In allen Bereichen des Bildungswesens sind für behinderte Schüler und Studierende förderpädagogische Angebote eingerichtet, in den eher dünn besiedelten Regionen zumeist in Form von Internatsschulen. Von relativ großer Bedeutung sind auch die gut entwickelten Angebote des Fernunterrichts (Correspondence School) für Behinderte und für die Kinder in entlegenen Siedlungen.

3) Im Vorschulbereich besteht ein ausgebautes System von Kinderzentren (Early Childhood Centres) und Kindergärten. Die Erziehungs- und Bildungsarbeit in diesen Einrichtungen kann sich an Richtlinien des Erziehungsministeriums orientieren. Die Kinder beginnen ihre Schulzeit in der Primarschule, die je nach Organisationsform sechs oder acht Schuljahre umfasst. In den meisten Schulen werden die beiden letzten Schuljahre der Primarschule organisatorisch als eigenständige Schule geführt (Intermediate School). Der Sekundarschulbereich beginnt ab dem 9. Schuljahr. Nach den drei Jahren der Unterstufe wird die erste Stufe des Abschlussexamens (NCEA) durchgeführt. Bis dahin werden alle Schüler ohne besondere Zwischenprüfungen versetzt. Klassenwiederholungen im deutschen Verständnis finden nicht statt. Das Bestehen der ersten Stufe des NCEA ermöglicht bereits den Übergang in ein Polytechnikum im Tertiärbereich, in dem Studiengänge bis zum Bachelor belegt werden können.
Die Oberstufe der Sekundarschule (High School oder College) umfasst die Schuljahre 12 und 13. Für alle Schulen auf dieser Stufe gelten die gleichen curricularen Rahmenbedingungen, Leistungsstandards und Anforderungen in den Abschlussprüfungen nach dem 12. und dem 13. Schuljahr (NCEA, Stufen 2 und 3). High Schools und Colleges unterscheiden sich didaktisch ebenso wie baulich radikal von deutschen Schulen im Sekundarbereich II. Die Schüler stellen ihr eigenes Curriculum aus einem breit gefächerten Angebot von Kursen unter Beachtung bestimmter Regeln selbständig zusammen. Zur Wahl stehen handwerkliche, technische, künstlerische, sportliche, sprachliche, naturwissenschaftliche sowie sozial- und wirtschaftswissen-

schaftliche Angebote ebenso wie das Fach Outdoor Education (Klettern, Wandern, Kajak fahren u. Ä.). Baulich sind High Schools und Colleges i. d. R. auf einem großen Campus angelegt. Für jeden Fachbereich bestehen eigene Gebäude mit Fachräumen und Außenanlagen.

4) Berufsausbildung findet an unterschiedlichen öffentlichen und privaten Fachschulen, an den Polytechnika (Fachhochschulen), Hochschulen und Universitäten statt. In allen Kursen findet die Praxisorientierung große Beachtung. So können z. B. für eine Ausbildung zum KfZ-Mechaniker die Grundlagen bereits in der High School erworben werden. Eine nachfolgende Ausbildung an einem Polytechnikum erkennt diese Qualifikationen an.

5) Die Einrichtungen im Tertiärbereich gehören vier Kategorien an: Universitäten, private Hochschulen (Private Tertiary Institutes), Pädagogische Hochschulen (Colleges of Education) und Polytechnika (Polytechnics). Nach der zweiten Stufe des NCEA können auch an Universitäten und privaten Hochschulen bestimmte Studien aufgenommen werden. In allen Einrichtungen sind die Studiengänge in die beiden Stufen Undergraduate (Abschluss Bachelor) und Postgraduate (Abschluss Master) gegliedert. Die Abschlüsse werden an allen Einrichtungen wechselseitig anerkannt.

Die drei- bis vierjährigen Studiengänge bis zum Bachelor sind stark praxisorientiert, führen folglich die meisten der Absolventen ins Berufsleben.

Nach einem weiteren Studienjahr kann der Bachelor with Honours erworben werden, der eine vertiefte Fachkompetenz anzeigt. Bis zum Master sind i. d. R. weitere zwei Studienjahre erforderlich. Erst danach können vertiefende akademische Studien und selbständige Forschungsarbeiten begonnen werden.

6) Lehrer für die Schuljahre 1 bis 13 an öffentlichen und privaten Schulen werden nach Erreichen der 3. Stufe des NCEA in vierjährigen Studiengängen an einer der vier Pädagogischen Hochschulen ausgebildet.

7) Für die allgemeine Weiterbildung und die berufliche Spezialisierung und Umschulung bieten High Schools, Fachschulen, Polytechnics, Hochschulen und Universitäten vielfältige Kurse und Trainingsprogramme an.

Nichtschülerprüfung. *Schulfremdenprüfung.*

Nichtversetzung. *Versetzung. Sitzenbleiben.*

Niederlande. 1) Parlamentarische Monarchie. Hauptstadt: Amsterdam (739 295 Einw.). Regierungssitz: Den Haag (468 421 Einw.). Fläche: 41 526 km², 16,3 Mill. Einw., 392 Einw./km². 96% Niederländer. Landesprache: Niederländisch (Amtssprache) und regional Friesisch. Religion: 30% Katholiken, 20% Protestanten, 5,7% Muslime, 0,2% Juden, 2,1% andere Religionen, 42% konfessionslos.

2) Die Zentralregierung und das Parlament tragen die Gesamtverantwortung für das Schulwesen. Die Einheitlichkeit der Rahmenbedingungen wird von ihr durch Gesetze und Verordnungen geregelt. Das Ministerium für Bildung, Kultur und Wissenschaft ist u. a. für die Finanzierung, die Schulaufsicht und das Prüfungswesen zuständig. Die Umsetzung der Gesetze und Verordnungen bleibt aber weitgehend dem Schulträger und der einzelnen Schule überlassen. Die Gemeinden sind die Schulträger der öffentlichen Schulen. Sie üben auch im Auftrag der Zentralregierung die Aufsicht über die Einhaltung der Schulpflicht und die Verteilung der Finanzmittel aus. Die Schulverwaltung ist dezentralisiert, so dass die Schulen über eine weitgehende Autonomie verfügen. Sie entwickeln ihren eigenen Schularbeitsplan und sind für die Verteilung der zugewiesenen Finanzmittel selbst verantwortlich. Für die externe Evaluation von Schulen ist die Inspectie van het Onderwijs zuständig. Diese Abteilung ist außerhalb des Ministeriums angesiedelt und im Rahmen des

Gesetzes Wet op het Onderwijs Toezicht (WTO) weitgehend unabhängig.
Hauptmerkmale des Bildungssystems sind die Bildungsfreiheit und die finanzielle Gleichstellung von öffentlichen und privaten Schulen, wodurch Schulen mit konfessionellen, weltanschaulichen oder pädagogischen Schwerpunkten eingerichtet werden können. Etwa 70% der Schüler besuchen eine Privatschule. Träger der Privatschulen sind Stiftungen, Vereine oder kirchliche Organisationen. Öffentliche und private Schulen müssen vom Bildungsministerium festgelegte Grundkriterien und Regeln einhalten. Um die Einheitlichkeit des Bildungswesens zu sichern, wurden die Inhalte und Leistungsanforderungen in staatlichen Richtlinien formuliert, die für alle Schulen verbindlich sind und mit staatlichen Tests überprüft werden.
Die Vollzeitschulpflicht beginnt mit dem 1. Schultag des Monats, der auf den 5. Geburtstag eines Kindes folgt und dauert bis zum Ende des Schuljahres, in dem der Schüler das 16. Lebensjahr vollendet oder einen Schulbesuch von mindestens zwölf Vollzeitschuljahren nachweisen kann. Für Jugendliche, die danach keine Vollzeitschule besuchen, besteht noch zwei weitere Jahre eine Teilzeitschulpflicht bis zur Vollendung des 18. Lebensjahres.
Bis zum Alter von 16 Jahren ist der Schulbesuch für alle Schüler kostenfrei, danach wird jährlich Schulgeld erhoben. Die Eltern können jedoch einen Antrag auf Ausbildungsförderung stellen.
Die Schulen sind Ganztagsschulen. Alle Primar- und Sekundarschulen werden koedukativ geführt.
Neben der zunehmenden Integration von Behinderten in die Primar- und Sekundarschulen gibt es Sonderschulen (Speciaal Onderwijs), insbesondere für Kinder mit geistigen und körperlichen Behinderungen.

3) Mit dem Gesetz zur Primarschulbildung (WBO) von 1985 wurden Kindergärten bzw. Vorschulen und Primarschulen zu einer Bildungseinrichtung für Kinder von vier bis zwölf Jahren zusammengefasst, die Basisschool (Basisschule bzw. Primarschule) heißt. Betreuungsangebote für Kinder unter vier bzw. fünf Jahren machen Spielgruppen (Peuterspeelzalen), Kindertagesstätten (Kinderdagverblijven) und Firmenkindergärten. 2004 wurde dieser Bereich in dem Gesetz über Kinderbetreuung geregelt. Das Gesetz gibt nur einen Rahmen vor und will einen sich selbst regulierenden »Kinderbetreuungsmarkt« fördern. Diese Förderung bezieht sich z. B. auf die Teilung der Kosten zwischen Eltern, Arbeitgeber und Staat, wobei der Anteil von Eltern und Staat vom Einkommen der Eltern abhängig sein kann. Als Problem der frühkindlichen Erziehung und Bildung wird der Abbau von Benachteiligung und die Integration von Minderheiten gesehen.
Der Primarbereich (Basisonderwijs) umfasst acht Schuljahre. Nahezu alle Kinder besuchen bereits mit vier Jahren freiwillig die Basisschule. Die ersten vier Schuljahre werden als Primarstufe I, die Jahrgangsstufen 5 bis 8 als Primarstufe II bezeichnet. Aufgrund der Autonomie der Basisschule ist die Organisationsform des Schulanfangs je nach Schularbeitsplan sehr unterschiedlich. Häufig sind die Vier- und Fünfjährigen in einer Gruppe und gehen dann mit sechs Jahren in die relativ altershomogene 3. Klasse. Andere Schulen gestalten den allmählichen Übergang vom spielerischen zum systematischeren Lernen für die Vier- bis Achtjährigen in der Primarstufe I aus pädagogischen Gründen in altersgemischten Klassen. In der Primarstufe II kann auch eine Gruppenbildung nach Leistungsniveau erfolgen. Am Ende des achtjährigen Bildungsgangs gibt es keine formale Abschlussprüfung und kein offizielles Abschlusszeugnis, sondern einen Bericht. Hierzu führen etwa 90% der Schulen einen zentralen Test durch, der vom Zentralinstitut für Testentwicklung (CITO) entwickelt wurde und ausgewertet wird. Die Eltern können auf der

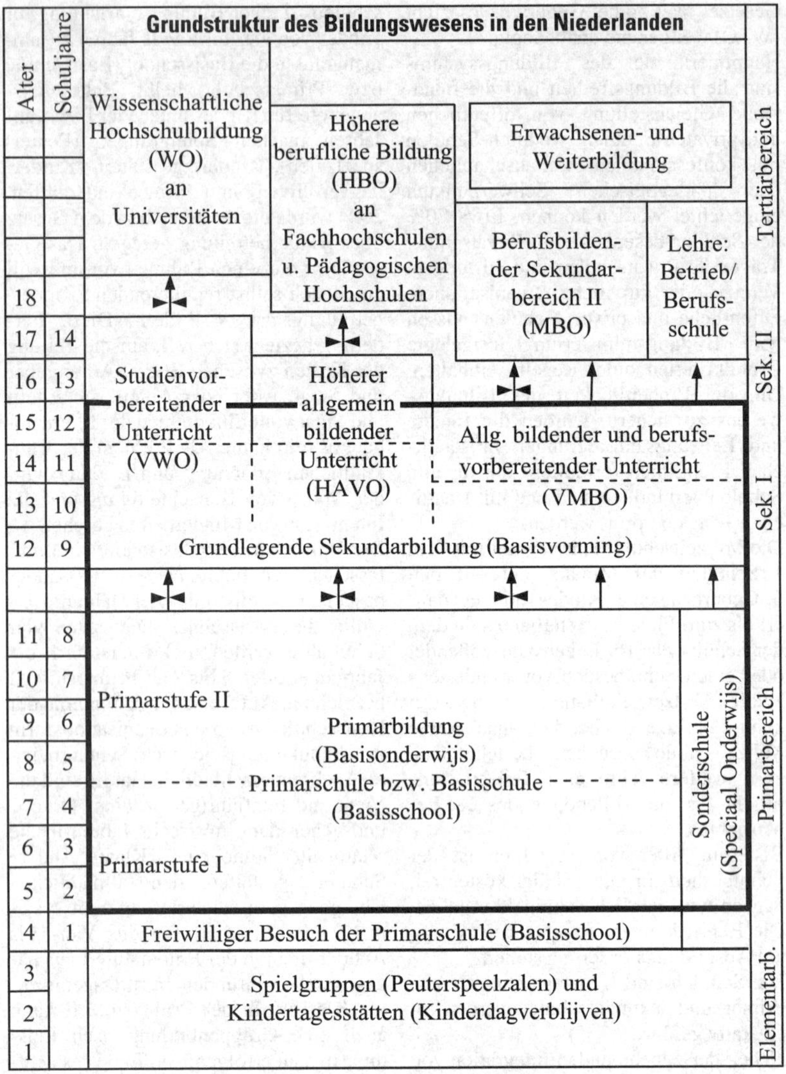

Fett umrandet sind die Einrichtungen für die Erfüllung der Schulpflicht.

Qualifizierte Auswahl — Einfacher Übergang

Grundlage des CITO-Ergebnisses und der Beratung durch einen Gutachter der Schule entscheiden, welche weiterführende Schule ihr Kind besuchen soll. Die Testergebnisse fließen in den Schulbericht über das Leistungspotenzial des Schülers ein, der für die gewählte Schule des Sekundarbereichs bestimmt ist.
In den allgemeinen Schularten der Sekundarstufe I mit den Bildungsgängen VWO, HAVO und VMBO wird der Sekundarunterricht in zwei Abschnitte gegliedert. Im ersten Abschnitt werden alle Schüler in den ersten zwei oder drei Jahrgangsstufen in mehreren Fächern nach einem einheitlichen Kerncurriculum zum Erwerb einer gemeinsamen Grundbildung (Basisvorming) unterrichtet. Im zweiten Abschnitt erwerben sie die Inhalte und Kompetenzen des entsprechenden Bildungsgangs, der mit einer schulischen Abschlussprüfung (Eindexamen) abschließt. Diese besteht aus einer schulinternen Prüfung (Schoolexamen) in obligatorischen Prüfungsfächern und aus einer landesweiten Prüfung (Centraalexamen), die in allen allgemein bildenden Schulen zur gleichen Zeit und unter gleichen Bedingungen stattfindet. Die Bildungsgänge unterscheiden sich wie folgt:
1. Der vorbereitende wissenschaftliche Sekundarunterricht (Voorbereidend Wetenschappelijk Onderwijs, VWO) am Gymnasium, Lyzeum, Atheneum oder einer Kooperativen Gesamtschule für 12- bis 18-Jährige dauert sechs Jahre und bereitet auf das Studium an einer Universität (Wetenschappelijk Onderwijs, WO) vor. Altsprachliche Fächer sind ein Schwerpunkt im Gymnasium, sie sind im Lyceum nur Wahlfächer und fehlen im Atheneum ganz. Zu den Neuerungen in der Oberstufe (Sekundarstufe II) gehört die obligatorische Profilbildung durch die Wahl eines der vier Bereiche Natur und Technik, Natur und Gesundheit, Wirtschaft und Gesellschaft oder Kultur und Gesellschaft. Die erfolgreiche Abschlussprüfung im 6. Jahr des studienvorbereitenden Sekundarbereichs II (VWO) führt zum Abschlusszeugnis Diploma Voorbereidend Wetenschappelijk Onderwijs (Abk.: Diploma VWO) mit der Berechtigung zur wissenschaftlichen Hochschulbildung (WO) und zum beruflichen Tertiärbereich (HBO).
2. Der höhere allgemein bildende Sekundarunterricht (Hoger Algemeen Voortgezet Onderwijs, HAVO) für 12- bis 17-Jährige an einer Einrichtung des Sekundarbereichs I und II dauert fünf Jahre und bereitet auf die berufsbildenden Hochschulen (z. B. Fachhochschulen) vor. Viele Schüler setzen jedoch ihre Schulbildung in dem fünften Schuljahr an einer studienvorbereitenden Schule (VWO) oder an einer berufsbildenden Schule der Sekundarstufe II (MBO) fort. Im zweiten Abschnitt (Jahrgangsstufe 4 und 5 der Oberstufe) müssen die Schüler wie in der VWO-Schule einen der vier Fächerbereiche zur Profilbildung wählen. Die erfolgreiche Abschlussprüfung im 5. Jahr des allgemein bildenden Sekundarbereichs II (HAVO) führt zum Abschlusszeugnis Diploma Hoger Algemeen Voortgezet Onderwijs (Abk.: Diploma HAVO) mit der Berechtigung zum Besuch der berufsbildenden Hochschulen im Tertiärbereich (Hoger Beroepsonderwijs, HBO).
3. Der allgemeine und berufsvorbereitende Sekundarunterricht (Voorbereidend Middelbaar Beroepsonderwijs, VMBO) an einer Einrichtung des Sekundarbereichs für 12- bis 16-Jährige dauert vier Jahre und bereitet auf den Besuch von berufsbildenden Schulen im Sekundarbereich II (MBO) vor. Der VMBO-Bildungsgang wurde 2001 eingeführt und entstand aus der Zusammenlegung von mittlerem allgemein bildendem und berufsvorbereitendem Sekundarunterricht. Die Maßnahme sollte die berufsvorbereitende Bildung der Absolventen verbessern, die in berufsbildende Schulen der Sekundarstufe II (Middelbaar Beroepsonderwijs, MBO) wechseln oder eine Lehre aufnehmen. Das gemeinsame einheitliche Kerncurriculum im ersten Ab-

schnitt des Sekundarbereichs I (Basisvorming) dauert in der VMBO-Schule zwei Jahre. Im zweiten Abschnitt (Jahrgangsstufe 3 und 4) müssen die Schüler einen von vier Lernwegen wählen (theoretische Ausbildung, kombinierte theoretische und berufsbildende Ausbildung, berufsbezogene Ausbildung für die MBO-Langform oder die MBO-Kurzform) und diesen auf einen der vier Fachgebiete Technik, Pflegekunde, Wirtschaft oder Landwirtschaft beziehen. Für die Abschlussprüfung im vierten Jahr wurden in den differenzierten Bildungsgängen im Schuljahr 2002/03 neue Prüfungsformen eingeführt. Schüler erhalten nach Bestehen der Abschlussprüfung das Diploma VMBO mit der Berechtigung zur beruflichen Bildung im Sekundarbereich II (MBO). Schüler, die endgültig die Abschlussprüfung nicht bestanden haben und die Schule verlassen, jedoch in einem oder mehreren Prüfungsfächern entsprechende Leistungsnoten erzielt haben, bekommen hierfür ein Abschlusszeugnis (Certificaat). Seit 2003 gibt es einen Aktionsplan gegen das frühzeitige Ausscheiden von Jugendlichen aus Schule und Ausbildung sowie gegen die relativ hohe Jugendarbeitslosigkeit.

4) 1996 ist ein neues Gesetz zur Berufs- und Erwachsenenbildung in Kraft getreten. Die Berufsschulbildung der Sekundarstufe II (MBO) wird vorwiegend in staatlichen Einrichtungen wie regionalen Ausbildungszentren (ROC) oder landwirtschaftlichen Ausbildungszentren (AOC) vermittelt. Für die berufliche Erstausbildung im Sekundarbereich II gibt es zwei Möglichkeiten:

1. Der zwei-, drei- oder vierjährige berufsbildende Sekundarunterricht (MBO) schließt an die Bildungsgänge der berufsvorbereitenden Schulen der Sekundarstufe VMBO an und bereitet in Vollzeitschulen auf unterschiedliche Berufsfunktionen in Technik, Wirtschaft, Landwirtschaft, Dienstleistung, Verwaltung, Sozialfürsorge, Gesundheitspflege und im öffentlichen Dienst vor. In Teilzeitform (Abendkurse) gehört der MBO zur Erwachsenenbildung.

2. Zur zwei- bis dreijährigen Lehrlingsausbildung werden Jugendliche ab 16 Jahren zugelassen, die den VMBO-Abschluss haben. Es gibt etwa 400 Lehrberufe. Das Lehrlingswesen entspricht weitgehend dem dualen System in Deutschland, jedoch ist die Zahl der Teilnehmer in dualen Ausbildungsgängen vergleichsweise klein.

5) Im Tertiärbereich gibt es 14 Universitäten, die Fernuniversität und etwa 60 Fachhochschulen. Voraussetzung für die wissenschaftliche Hochschulbildung (Wetenschappelijk Onderwijs, WO) an der Universität ist ein VWO-Abschlusszeugnis und in einigen Fällen der Abschluss von berufsbildenden Hochschulen (HBO). Seit der Neuorganisation der Hochschulbildung im Jahr 2002 können die akademischen Grade Bachelor und Master sowie der Doktortitel erworben werden. Der Zugang zur höheren beruflichen Bildung (Hoger Beroepsonderwijs, HBO) an einer Fachhochschule ist über ein entsprechendes HAVO-, VWO- oder MBO-Abschlusszeugnis möglich.

6) Der Mangel an Lehrern ist vor allem in Primar- und Sekundarschulen ein sehr großes Problem. Deshalb gehört die Ausbildung von Lehrkräften zum Hauptthema der Bildungspolitik. Die Lehrerbildung findet an Hochschulen statt und ist in dem Gesetz über Hochschulbildung und wissenschaftliche Forschung geregelt. Die Lehrer für den Primarbereich, für die ersten drei Jahrgänge des VWO und des HAVO sowie für alle Jahrgänge von VMBO und MBO werden in vier Jahren an Pädagogischen Hochschulen oder Fachhochschulen (HBO) ausgebildet. Universitäten bilden Lehrer für alle Jahrgangsstufen und Schulen des Sekundarbereichs aus. Alle Lehrer sind Beamte.

7) Seit dem Gesetz über Berufs- und Erwachsenenbildung von 1996 sind vor allem 46 Regionale Ausbildungszentren (ROCs) für entsprechende Bildungsangebote zuständig. Hierzu gehört der allgemein bildende Sekundarunterricht für Erwachsene (VAVO), durch den auf dem Zweiten Bildungsweg Abschlusszeugnisse für VMBO, HAVO oder VWO erworben werden können. Weitere Angebote dienen der Vorbereitung auf eine berufliche Grundbildung, eine Fachausbildung oder eine Ausbildung zur mittleren Führungskraft sowie der Weiterbildung zur beruflichen Qualitätssicherung, zur Innovation im Bereich der Informations- und Kommunikationstechnik und zum Erwerb von beruflichen Fremdsprachenkenntnissen im Zuge der Internationalisierung und Globalisierung. Niederländisch als Fremdsprache wird im Rahmen des Einbürgerungsprogramms für Neuankömmlinge angeboten. Außerdem umfasst die Erwachsenenbildung vielfältige Kurse zur Erweiterung der Allgemeinbildung und der sozialen Fähigkeiten.

Niedersachsen. Das Land wurde am 23. 8. 1946 durch die britische Militärregierung gegründet. Fläche: 47 619 km^2, 7 995 482 Einwohner (Stand 30. 11. 2005), 168 Einw./km^2, 6,8% Ausländer (D.: 8,9%). Hauptstadt: Hannover.

Zu Schuljahresbeginn 2004/05 besuchten in Niedersachsen 991 201 Schüler allgemein bildende Schulen, davon gingen 347 627 in 1873 *Grundschulen,* 93 090 in 534 *Hauptschulen,* 130 938 in 451 *Realschulen,* 174 880 in 270 *Gymnasien,* 27 052 in 33 Integrierte *Gesamtschulen* und 162 987 in 586 schulartunabhängige *Orientierungsstufen,* die zum Schuljahresbeginn 2004 abgeschafft wurden. Der Anteil ausländischer Schüler betrug 7,1% (D.: 9,9%).

Bildungsauftrag der Schule, Gliederung des Schulwesens, *Schulpflicht* u. a. rechtliche Grundlagen regelt das Niedersächsische Schulgesetz, zuletzt geändert durch das Gesetz zur Einführung der Eigenverantwortlichen Schule vom 11. 7. 2006. Zu den einzelnen Schulformen gibt es seit 2004 neue Grundsatzerlasse. Zur Umsetzung der *Bildungsstandards der Kultusministerkonferenz* (KMK) wurden vom Schuljahr 2006/07 an in den Fächern neue *Kerncurricula* (Lehrpläne) eingeführt.

Die Schulpflicht dauert zwölf Jahre. Die Vollzeitschulpflicht umfasst neun Jahre und wird durch den Besuch der Schulen im Primarbereich und im Sekundarbereich I erfüllt. Im Anschluss daran wird die Schulpflicht im Sekundarbereich II durch den Besuch einer allgemein bildenden oder einer berufsbildenden Schule absolviert. Auszubildende erfüllen ihre Berufsschulpflicht durch den Besuch der *Berufsschule.*

Die Schulpflicht beginnt für alle Kinder, die bis zum 30. Juni das 6. Lebensjahr vollendet haben, mit Beginn des folgenden Schuljahres am 1. August. Kinder, die nach dem 30. Juni das 6. Lebensjahr vollenden, können auf Antrag der Erziehungsberechtigten in die Schule aufgenommen werden und sind dann schulpflichtig. Schulpflichtige Kinder, die in ihrer *Schulfähigkeit* noch nicht genügend entwickelt sind, können vom Schulbesuch um ein Jahr zurückgestellt werden. Im Schuljahr 2004/05 machte der Anteil vorzeitiger *Einschulungen* 7,9% (D.: 9,1%) aus. Der Anteil verspäteter Einschulungen betrug 6,6% (D.: 5,7%).

Die Grundschule umfasst die Jahrgangsstufen (J.) 1 bis 4. Die Neuanmeldung von Schulanfängern findet bereits im Vorjahr statt, um für Kinder mit Defiziten in der deutschen Sprache »Sprachfördermaßnahmen vor der Einschulung« (Erlass v. 1. 3. 2006) durchzuführen. Der *Schulkindergarten* für nicht schulfähige Kinder entfällt, wenn Grundschulen die J. 1 und 2 als *Eingangsstufe* mit jahrgangsübergreifenden Lerngruppen führen. Die *Schuleingangsphase* kann von den Schülern in einem Jahr, in zwei oder in drei Schuljahren durchlaufen werden. In J. 3. finden im zweiten Schulhalbjahr zentrale Vergleichsarbeiten in den Fächern Mathematik oder Deutsch statt. In J. 4. erstellt die Grundschule für die Entscheidung der Erziehungsberechtigten über den weiteren Bildungsgang ihres

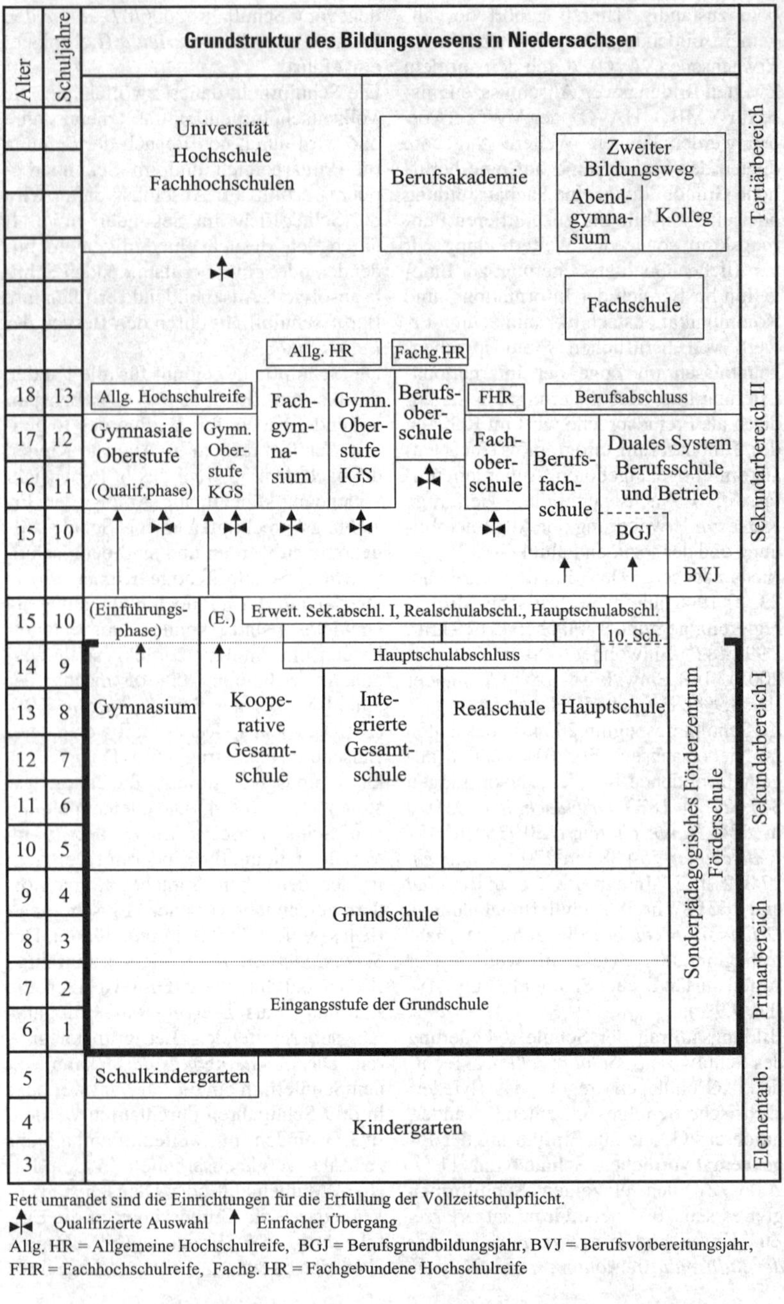

Fett umrandet sind die Einrichtungen für die Erfüllung der Vollzeitschulpflicht.

Qualifizierte Auswahl ↑ Einfacher Übergang

Allg. HR = Allgemeine Hochschulreife, BGJ = Berufsgrundbildungsjahr, BVJ = Berufsvorbereitungsjahr, FHR = Fachhochschulreife, Fachg. HR = Fachgebundene Hochschulreife

Kindes eine Schullaufbahnempfehlung. Die Hauptschule umfasst die J. 5 bis 9 und ist durch allgemein bildenden und berufsbezogenen Unterricht auf den Erwerb des Hauptschulabschlusses gerichtet. An der Hauptschule kann ein 10. Schuljahr eingerichtet werden, dessen Besuch freiwillig ist. In ihm spielt die abschlussbezogene Fachleistungsdifferenzierung auf A- und B-Kursniveau in den Fächern erste Fremdsprache und Mathematik eine große Rolle. Durch den Besuch des 10. Schuljahres an der Hauptschule können der Realschulabschluss und der Erweiterte Sekundarabschluss I erreicht werden.

Die Realschule hat die J. 5 bis 10 und ist auf die Vermittlung des Realschulabschlusses gerichtet. Ab J. 6 wird eine 2. Fremdsprache angeboten. Vom 9. Schuljahr an findet in den Fächern erste Fremdsprache und Mathematik eine Differenzierung nach Fachleistungskursen A und B statt, die für den Erwerb des Erweiterten Sekundarabschlusses I von Bedeutung ist.

Das Gymnasium umfasst die J. 5 bis 12 und ermöglicht seinen Schülern den Erwerb der *Allgemeinen Hochschulreife*. Das 10. Schuljahr zählt als Einführungsphase der *gymnasialen Oberstufe*. Der erfolgreiche Besuch des 10. Schuljahres berechtigt durch Versetzung zum Eintritt in die Qualifikationsphase der gymnasialen Oberstufe, die zur Abiturprüfung mit landesweit einheitlichen schriftlichen Aufgaben (Zentralabitur) führt.

In der Kooperativen Gesamtschule (KGS) werden die Hauptschule, die Realschule und das Gymnasium organisatorisch als aufeinander bezogene Schulzweige geführt. Im gymnasialen Zweig gehören die J. 10 bis 12 zur gymnasialen Oberstufe.

Die Integrierte Gesamtschule (IGS) umfasst die J. 5 bis 13. Schüler, die am Ende von J. 10 den Erweiterten Sekundarabschluss I erhalten, können ihren Bildungsweg in der gymnasialen Oberstufe der IGS (J. 11 bis 13), in einem Gymnasium (J. 10 bis 12) oder in einem Fachgymnasium (J. 11 bis 13) fortsetzen.

In allen Schulformen des Sekundarbereichs I sollen die Abschlüsse schulformübergreifend sein. Schüler der 9. J. in den Hauptschulen, den Hauptschulzweigen der Kooperativen Gesamtschulen und der Integrierten Gesamtschulen, die nach J. 9 die Schule verlassen, erhalten nach erfolgreicher zentraler Abschlussprüfung den Hauptschulabschluss. Mit Ausnahme am Gymnasium und im Gymnasialzweig der Kooperativen Gesamtschule können Schüler in den Schulformen des Sekundarbereichs I am Ende der J. 10 nach erfolgreich absolvierter zentraler Abschlussprüfung den Sekundarabschluss I Hauptschul- bzw. Realschulabschluss und den Erweiterten Sekundarabschluss I erwerben. Der Erweiterte Sekundarabschluss I berechtigt zum Besuch der Einführungsphase der gymnasialen Oberstufe und zum Besuch des *Fachgymnasiums.* Ein Abschluss wird am Gymnasium und im Gymnasialzweig der Kooperativen Gesamtschule am Ende des Sekundarbereichs I nur im Falle des Schulabgangs ohne Abschlussprüfung erteilt. In den beiden Schulformen findet am Ende der J. 10 eine Versetzung in die Qualifikationsphase der gymnasialen Oberstufe statt. Einzelheiten regeln die Abschlussverordnungen.

Im Schuljahr 2004/05 betrug der Anteil der Schulabgänger ohne Hauptschulabschluss 7,5% (D.: 8,3%). Von allen Schülern an allgemein bildenden Schulen waren 24,8% (D.: 25,0%) an Gymnasien. 16,3% (D.: 23,0%) aller Schulabgänger erreichten in Niedersachsen die Allgemeine Hochschulreife.

Das *Abendgymnasium* und das *Kolleg* (Tagesunterricht) vermitteln befähigten Erwachsenen auf dem *Zweiten Bildungsweg* die Allgemeine Hochschulreife.

Sonderpädagogische Förderung kann in der allgemeinen Schule, in der *Förderschule* und an anderen Förderorten stattfinden. Schüler mit *sonderpädagogischem Förderbedarf,* die nicht in einer allgemeinen Schulform hinreichend gefördert werden können, werden in spezialisierten *Förderschulen* unterrichtet. Die Förderschule soll zugleich ein Sonderpädagogisches Förderzentrum sein, das mit seinen »mobilen Diensten« die sonderpädagogische Förderung an allgemeinen Schulen durch Kompetenzerweiterung unterstützt.

Neben den öffentlichen Schulen gibt es in Niedersachsen 133 allgemein bildende Schulen in freier Trägerschaft *(Privatschulen)*. Fragen zur Genehmigung, staatlichen Anerkennung und Finanzhilfe von *Ersatzschulen* und *Ergänzungsschulen* sind im »Elften Teil« des Schulgesetzes geregelt.

Im Bereich der *beruflichen Bildung* erfolgt der überwiegende Teil der Berufsausbildung im *dualen System* mit den beiden Lernorten Berufsschule und Betrieb. Die einjährige Grundstufe der Berufsschule kann als *Berufsgrundbildungsjahr* (BGJ) mit Vollzeitunterricht oder in Kooperation mit einem Ausbildungsbetrieb absolviert werden. Der Grundstufe kann ein *Berufsvorbereitungsjahr* (BVJ) mit Vollzeitunterricht zur Förderung der Ausbildungsfähigkeit von Jugendlichen vorausgehen. *Berufsfachschulen* vermitteln als Vollzeitschulen in einem Jahr eine berufliche Grundbildung für verschiedene Berufsfelder, in zwei oder mehr Jahren einen Berufsabschluss und auch weiterführende Schulabschlüsse. In der *Fachoberschule* werden Schüler mit Realschulabschluss 1. ohne berufliche Erstausbildung in den J. 11 und 12 und 2. mit einer beruflichen Erstausbildung in J. 12 zur *Fachhochschulreife* geführt. Die *Berufsoberschule* befähigt Schüler mit einer beruflichen Erstausbildung, die über den Realschulabschluss oder die Fachhochschulreife verfügen, in den J. 12 und 13 bzw. in J. 13 zum Erwerb der *Fachgebundenen Hochschulreife*. Das *Fachgymnasium* vermittelt Schülern mit der Berechtigung zum Besuch jeder Schule im Sekundarbereich II in den J. 11 bis 13 Grundlagen in berufsbezogenen Fächern und führt sie zum Erwerb der Allgemeinen Hochschulreife. Die *Fachschule* dient Schülern nach einer einschlägigen beruflichen Erstausbildung oder einer ausreichenden praktischen Berufstätigkeit zur beruflichen Aus- und Weiterbildung.

Das Hochschulsystem wird durch das Niedersächsische Hochschulgesetz vom 21. 6. 2006 geregelt. Das Land verfügt über elf Universitäten, zwei künstlerische Hochschulen und dreizehn Fachhochschulen. Die *Lehrerbildung* erfolgt an Universitäten für die Lehrämter an Grund-, Haupt- und Realschulen, Sonderschulen, Gymnasien und berufsbildenden Schulen. Seit Wintersemester 2006/07 sind die lehramtsbezogenen Studiengänge auf den sechssemestrigen Bachelor-Studiengang und die zwei- bis viersemestrige Masterphase umgestellt worden.

Ferner gibt es im Tertiärbereich elf niedersächsische *Berufsakademien* in nichtstaatlicher Trägerschaft, die aber keine Hochschulen sind.

Niveaudifferenzierung. *Fachleistungsdifferenzierung.*

Nominaldefinition. Definition.

Nordirland. **1)** Landesteil des Vereinigten Königreichs von *Großbritannien* und Nordirland mit eigenständigem Bildungssystem. Fläche: 13 576 km^2, 1,7 Mill. Einw., Sprachen: Englisch, Irisch-Gälisch und Scots. Religion: 53,1% Protestanten, 43,8% Katholiken. Hauptstadt: Belfast (277 200 Einw.).

2) Das Bildungsministerium (Department of Education, DE) ist für den Bereich der Schulbildung und das Ministerium für Beschäftigung und Lernen (Department for Employment and Learning, DEL) für die Bereiche Aus- und Weiterbildung, Hochschulen und Lehrerbildung zuständig. Das öffentliche Schulwesen wird zentral vom Bildungsministerium und auf lokaler Ebene von fünf regionalen Bildungsbehörden (den Education and Library Boards) verwaltet. Seit dem Bildungsreformgesetz für Nordirland von 1989 sind verschiedene Aufgaben der Verwaltung auf die einzelne Schule übertragen worden. Seitdem verfügen alle Schulen über einen Verwaltungsrat (Board of Governors) und erhalten nach dem Programm zur Übertragung der Haushaltsmittel auf die Schule (Local Management of Schools, LMS) entsprechende Finanzmittel einschließlich der Kosten für die Lehrkräfte, über deren Verwendung der Board of Governors entscheidet. Die Zuständigkeit für die von der katholischen Kirche getragenen Catholic Maintained Schools liegt beim Rat für katholische Schulen. Konfessionsschulen der protestantischen Kirchen gehören zu den staatlichen Schulen (Controlled Schools), die von den lokalen Bildungsbehörden getragen werden. Daneben gibt es staatlich geförderte Integrationsschulen in der Trägerschaft von wohltätigen Stiftungen (Grant Maintained Integrated Schools). Ziel dieser Integrationsschulen ist es, katholische und protestantische Schüler gemeinsam zu unterrichten. Sie erhalten eine Finanzierung von 100%; der Besuch ist kostenlos.

In Fragen der Qualitätsentwicklung und der Kompetenzsteigerung im Bildungswesen werden das DE und das DEL vom Education and Training Inspectorate (ETI) beraten. Für alle Angelegenheiten der Überprüfung des Lehrplans, der Durchführung von Prüfungen im Sekundarbereich I und II, der Entwicklung landesweiter Schulleistungstests und der Beratung der Schulen ist in Nordirland der Rat für Lehrplan, Prüfungen und Bewertung (Council for Curriculum, Examinations and Assessment, CCEA) zuständig, der vergleichbar mit dem QCA in England ist.

Die Schulpflicht besteht vom vollendeten 4. bis zum vollendeten 16. Lebensjahr und umfasst zwölf Schuljahre. Kinder, die bis zum 1. Juli eines Jahres das 4. Lebensjahr vollendet haben, werden mit Beginn des neuen Schuljahres im September eingeschult. Ist die Aufnahmekapazität der 1. Jahrgangsstufe nicht erreicht, können die Primarschulen auch Kinder aufnehmen, die nach dem 1. Juli eines Jahres das 4. Lebensjahr vollenden.

3) Die vorschulische Erziehung für zwei- und dreijährige Kinder wird in selbständigen Vorschulen (Nursery Schools) oder für Dreijährige in Vorschulklassen der Primarschulen (Nursery Classes) angeboten. Daneben gibt es öffentlich finanzierte Grand-aided Nursery Schools (Kindertagesstätten) für Kinder im Alter von zwei und drei Jahren, die konfessionell geführt sein können, Day Nurseries (Kindertagesstätten) mit Betreuungs- und Bildungsangeboten für Kinder unter fünf Jahren, die nicht konfessionell gebunden und meist private Einrichtungen sind, sowie Playgroups für Kinder im Alter von zwei bis vier Jahren. Das Angebot richtet sich nach dem Bildungsplan für den Elementarbereich, der in Nordirland Preschool Curriculum heißt. Darüber hinaus wird ein fundamentaler Bildungsplan für Kinder im Alter von drei bis sechs Jahren (Kindergarten und die ersten beiden Klassen der Primarschule) eingeführt werden.

Die Bildungsbehörden sind verpflichtet, für Kinder mit sonderpädagogischem Förderbedarf im Alter von zwei bis zu 19 Jahren einen angemessenen Unterricht (Special Needs Education) zu gewährleisten. Möglichkeiten hierzu sind durch die Integration in Primar- und Sekundarschulen, die Aufnahme in getrennte Abteilungen dieser Schulen, den Besuch einer Sonderschule (Special School) oder eines sonderpädagogischen Internates und durch Hausunterricht gegeben. Durch die Special Educational Needs and Disability Order von 2005 wurde bekräftigt, dass Behinderte das Recht auf Bildung in allgemeinen Schulen haben und ihnen auch Einrichtungen der Weiterbildung und des Hochschulbereichs zugänglicher gemacht werden.

Die meisten Kinder besuchen im Alter zwischen vier bis elf Jahren sieben Schuljahre lang die Primarschule. Sie ist in die Key stages 1 (1. bis 4. Schuljahr) und 2 (5. bis 7. Schuljahr) gegliedert. Der erste

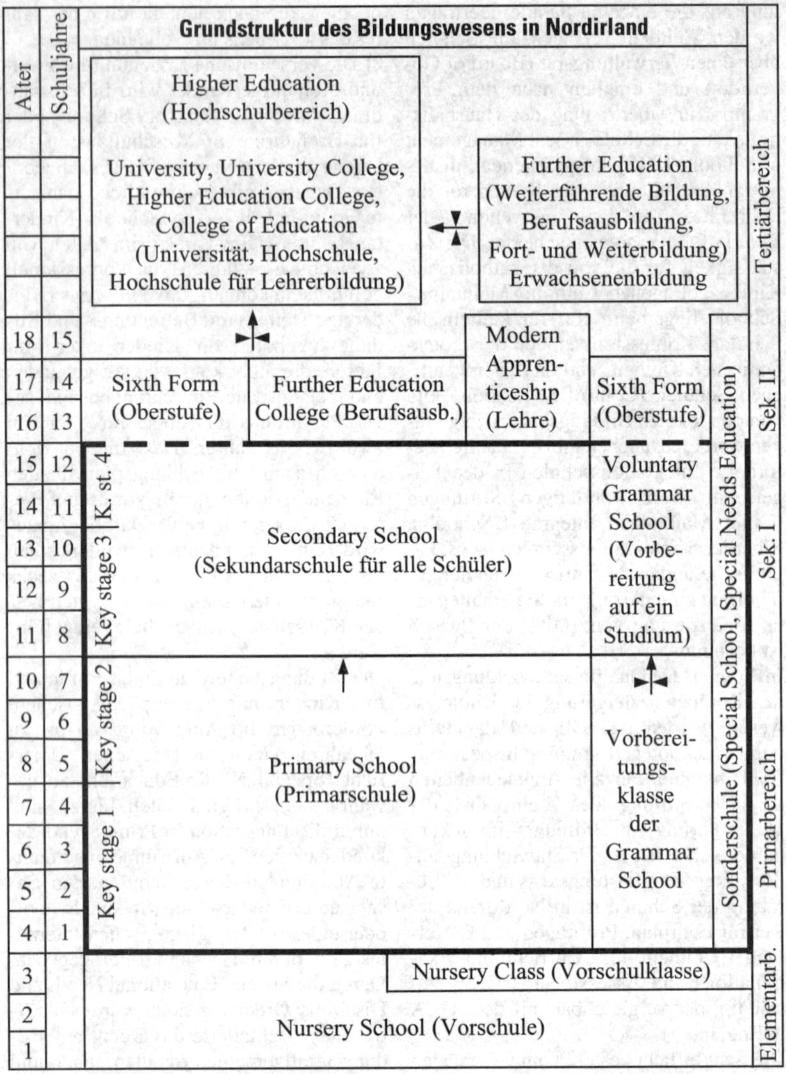

Fett umrandet sind die Einrichtungen für die Erfüllung der Schulpflicht.

Qualifizierte Auswahl — Einfacher Übergang

Abschnitt des einheitlichen Kerncurriculums (Key stage 1) richtet sich an Kinder zwischen vier und acht Jahren und der zweite (Key stage 2) an die Altersgruppe zwischen acht und elf Jahren.
Zu den Privatschulen im Primarbereich gehören die Vorbereitungsklassen der Voluntary Grammar Schools, die schulgeldpflichtig sind. Beim Übergang vom Primar- in den Sekundarbereich machen Voluntary Grammar Schools für 11- bis 18-Jährige, die vorwiegend auf die Hochschulreife und das Studium an einer Hochschule vorbereiten, die Zulassung von einer Aufnahmeprüfung abhängig. Diese Schulform wird von Stiftungstreuhändern verwaltet und vom Bildungsministerium finanziert. Es gibt reine Mädchen- und Jungenschulen, aber auch koedukativ geführte Einrichtungen. Sie können konfessionell gebunden sein. Es ist beabsichtigt, den selektiven Charakter dieser Schulform aufzuheben.
Im Unterschied dazu müssen die Secondary Schools für 11- bis 16- bzw. 18-Jährige im Rahmen ihrer Aufnahmekapazität alle Schüler aufnehmen. Sie bieten Bildungsgänge auf verschiedenem Niveau an. Nach dem Bildungsreformgesetz von 1989 ist der einheitliche Lehrplan (Northern Ireland Curriculum) für alle öffentlichen Schulen verbindlich. Er umfasst acht Fächer bzw. Lernbereiche, in die Themenbereiche wie Erziehung zum gegenseitigen Verständnis, kulturelles Erbe, Gesundheitserziehung, Informationstechnologie, Wirtschaft und Berufskunde eingebunden sind.
2004 hat das Bildungsministerium eine Überarbeitung des Curriculums eingeleitet, die sich vor allem auf den Hauptabschnitt (Key stage 4) für Schüler im Alter von 14 bis 16 Jahren und auf den Abschnitt für über 16-Jährige bezieht. Das neue Curriculum soll für jeden Bereich das zu erreichende Minimum an Kompetenzen beschreiben. Für die Implementation des Curriculums sind einige Jahre vorgesehen. Gemäß der Education Order vom Juli 2006 sollen Übergangstests (Transfer Tests, 11-plus-Tests) am Anfang und am Ende des Sekundarbereichs vom Herbst 2008 an durchgeführt werden.
Neben der Beobachtung und Beurteilung der Schülerleistungen durch die Lehrer werden die Schüler am Ende der Hauptabschnitte (Key stages) 1, 2 und 3 im Alter von acht, elf und 14 Jahren durch landesweit einheitliche Tests überprüft. Die Ergebnisse der Lehrerbeurteilung und der landesweiten schriftlichen Prüfungen werden anhand einer im Northern Ireland Curriculum festgelegten Skala von 1 bis 8 erfasst. Über die Ergebnisse werden die Eltern informiert, jedoch wird kein Zeugnis ausgestellt. Am Ende der Schulpflicht legen die Schüler eine landesweit einheitliche Prüfung ab und können den Abschluss des Sekundarbereichs I (General Certificate of Secondary Education, GCSE) erwerben.
Danach setzen die meisten Schüler im Sekundarbereich II einen allgemein bildenden studienvorbereitenden Bildungsgang in der Oberstufe (Sixth Form) der Grammar School oder der Secondary School fort. Sie können am Ende der 14. Klasse in den prüfungsrelevanten Fächern durch eine Prüfung die Abschlüsse Advanced Subsidiary Level (GCE AS-Level) oder den höherwertigen General Certificate of Education at Advanced Level (GCE A-Level) erwerben, der zum Hochschulstudium berechtigt (vgl. *England und Wales*).
4) Ein anderer Teil der Jugendlichen setzt seine Ausbildung im Sekundarbereich II in Einrichtungen der weiterführenden Bildung (Further Education) fort. In Nordirland haben die Further Education Colleges die gleiche Bedeutung für die Berufsausbildung, die Fort- und Weiterbildung sowie die Erwachsenenbildung wie in England und Wales. Anbieter von Ausbildungsplätzen sind vorwiegend Ausbildungszentren (Training Centres), Werkstätten der Gemeinden (Community Workshops) und Further Education Colleges in Zusammenarbeit mit den Unter-

nehmen, die betriebliche Ausbildungsplätze zur Verfügung stellen. Seit der Einführung im Jahr 1994 hat die Lehrlingsausbildung (Modern Apprenticeship) ständig an Bedeutung gewonnen. 2000 wurde ein Nationaler Qualifikationsrahmen (National Qualifications Framework, NQF) eingeführt, der aus neun Qualitätsstufen (Eingangstufe und Stufen 1 bis 8) besteht, denen jeder berufliche Bildungsgang mit seinen Abschlüssen und Befähigungsnachweisen zugeordnet werden kann, so dass sämtliche beruflichen Bildungsabschlüsse auch einer Qualitätskontrolle unterzogen werden können.

5) Der Hochschulbereich umfasst zwei Universities und University Colleges, die akademische Abschlüsse verleihen können. Daneben gibt es Higher Education Colleges (synonym: Colleges of Higher Education), die meist kürzere Studiengänge (z. B. Foundation Degrees) und Bachelorstudiengänge anbieten (vgl. England und Wales).

6) An zwei Hochschulen (Colleges of Education) findet die Lehrerbildung statt. Sie bilden vorwiegend Primar- und Sekundarschullehrer für bestimmte Fächer aus und bieten hierzu vierjährige Studiengänge (Honours Degree, BEd) und ein einjähriges Aufbaustudium (Postgraduate Certificate in Education, PGCE) an. Die Ausbildung von Sekundarschullehrern erfolgt nach einem fachwissenschaftlichen Studium über den Aufbaustudiengang (PGCE) in den erziehungswissenschaftlichen Instituten der beiden Universitäten. Der Studiengang führt zum Hochschulabschluss Master oder Postgraduate Diploma in Education. Die Zulassung zum Lehramtsstudium wird vom Lehrerbedarf abhängig gemacht.

7) Zum tertiären Bildungsbereich gehören Einrichtungen der Erwachsenenbildung, die als Tages- und Abendschulen allgemeine und berufliche Bildungsgänge sowie Kurse im Bereich der Freizeitgestaltung anbieten. Further Education Institutions führen darüber hinaus Bildungsgänge, die nachträglich eine grundlegende Schulbildung vermitteln und auf den Erwerb von allgemein bildenden Abschlüssen vorbereiten. Eine weitere Hauptaufgabe der Further Education Institutions ist der Ausbau beruflicher Weiterbildungsmaßnahmen. In den letzten Jahren wird der Vermittlung von Konzepten für lebenslanges Lernen große Bedeutung beigemessen.

Nordrhein-Westfalen (NRW). Am 23. 8. 1946 durch die britische Militärregierung gegründetes Land. Fläche: 34 084 km^2, 18 060 193 Einwohner (Stand 30. 11. 2005), 530 Einw./km^2, 10,7% Ausländer (D.: 8,9%). Hauptstadt: Düsseldorf.

Zum Schuljahresbeginn 2004/05 besuchten 2 333 379 Schüler allgemein bildende Schulen, davon gingen 762 030 in 3453 *Grundschulen,* 283 584 in 735 *Hauptschulen,* 344 387 in 554 *Realschulen,* 557 038 in 627 *Gymnasien* und 230 326 in 216 Integrierte *Gesamtschulen.* Der Anteil ausländischer Schüler betrug 13,1% (D.: 9,9%).

Recht auf Bildung, Gliederung des Schulwesens, *Schulpflicht* u. a. rechtliche Grundlagen regelt das Schulgesetz für das Land Nordrhein-Westfalen vom 27. 6. 2006.

Die Vollzeitschulpflicht in der Grundschule und in einer weiterführenden allgemein bildenden Schule des Sekundarbereichs I dauert zehn Schuljahre, am Gymnasium neun Schuljahre. Vollzeitschulpflichtige, die am Ende des 9. Schuljahres in ein Berufsausbildungsverhältnis eintreten, erfüllen die Schulpflicht durch den Besuch der *Berufsschule.* Nach der Vollzeitschulpflicht beginnt in der Sekundarstufe II die Pflicht zum Besuch der Berufsschule, eines anderen Bildungsganges des Berufskollegs oder einer anderen Schule der Sekundarstufe II. Sie dauert bis zum Ende eines Berufsausbildungsverhältnisses oder ohne Berufsausbildungsverhältnis bis zur Vollendung des 18. Lebensjahres oder bis zum erfolgreichen Abschluss eines vollzeitschulischen Bildungsganges in der Sekundarstufe II.

Gemäß Schulgesetz vom Juni 2006 beginnt die Schulpflicht für Kinder, die bis zum 31. Dezember das 6. Lebensjahr vollenden, am 1. August desselben Kalenderjahres. In der Konkretisierung wird die Vorverlegung des Stichtags für das Einschulungsalter in Monatsschritten vom 31. Juli für das Schuljahr 2007/08 bis zum 31. Dezember für das Schuljahr 2014/15 vorgenommen (siehe § 132 SchG). Kinder, die nach dem jeweiligen Stichtag das 6. Lebensjahr vollenden, können auf Antrag der Erziehungsberechtigten in die Schule aufgenommen werden. Im Schuljahr 2004/05 machte der Anteil vorzeitiger *Einschulungen* 8,1% (D.: 9,1%) aus. Der Anteil verspäteter Einschulungen betrug 4,3% (D.: 5,7%).

Die Grundschule umfasst die Klassen (K.) 1 bis 4. Zum Schuljahr 2008/09 werden die *Schulbezirke* mit ihren Einzugsgrenzen für Grundschulen abgeschafft. Gemäß § 36 des Schulgesetzes werden seit 2007 vor der Einschulung Sprachstandsfeststellungen durchgeführt, um Kinder bei nicht altersgemäßer Sprachentwicklung und Beherrschung der deutschen Sprache zur Teilnahme an vorschulischen Sprachförderkursen zu verpflichten. Die K. 1 und 2 werden als *Schuleingangsphase* geführt. Sie kann von den Schülern in einem Jahr, in zwei oder in drei Jahren durchlaufen werden. Mit dem Versetzungszeugnis in K. 3 werden seit dem Schuljahr 2007/08 zum Arbeits- und Sozialverhalten und in den Fächern Noten eingeführt. Ende des 3. Schuljahres finden länderübergreifende zentrale Lernstandserhebungen im Rahmen von *VERA* in den Fächern Deutsch und Mathematik statt. Mit dem Halbjahreszeugnis der Klasse 4 erstellt die Grundschule eine Übergangsempfehlung und nennt die für ein Kind geeignete Schulform in der Sekundarstufe I. Die Eltern entscheiden nach Beratung durch die Grundschule über den weiteren Bildungsweg ihres Kindes. Steht die pädagogische *Prognose* der Grundschule dem entgegen, entscheidet das Schulamt auf der Grundlage eines Prognoseunterrichts über die Eignung.

Die Sekundarstufe I umfasst die Hauptschule, die Realschule und die Gesamtschule bis K. 10 sowie das Gymnasium bis K. 9. Die K. 10 im Gymnasium gehört zur *gymnasialen Oberstufe.* Zur Implementation der *Bildungsstandards der Kultusministerkonferenz (KMK)* wurden neue *Kerncurricula/Kernlehrpläne* eingeführt. Die Bildungsgänge der Sekundarstufe I sollen so aufeinander abgestimmt sein, dass durch mehr *Durchlässigkeit* ein Wechsel auf eine geeignetere Schulform möglich ist. Dies gilt besonders für die K. 5 und 6 als Erprobungsstufe in der Hauptschule, der Realschule und im Gymnasium. Am Ende der Erprobungsstufe entscheidet die Klassenkonferenz, ob der Schüler den Bildungsgang in der gewählten Schulform fortsetzen kann.

In den vier Schulformen des Sekundarbereichs I können folgende *Abschlüsse* erworben werden: 1. der Hauptschulabschluss nach K. 9 und ein ihm gleichwertiger Abschluss, 2. der Hauptschulabschluss nach K. 10 und ein ihm gleichwertiger Abschluss, 3. der Mittlere Schulabschluss (Fachoberschulreife) nach K. 10, der mit der Berechtigung zum Besuch der gymnasialen Oberstufe verbunden sein kann. Die Abschlüsse am Ende von K. 10 werden in der Hauptschule, Realschule und Gesamtschule in einem Abschlussverfahren mit landeseinheitlichen schriftlichen Prüfungen erworben. Das Gymnasium erteilt mit der Versetzung am Ende der K. 9 die Berechtigung zum Besuch der Einführungsphase der gymnasialen Oberstufe und mit der Versetzung am Ende der K. 10 die Berechtigung für den Besuch der Qualifikationsphase in der gymnasialen Oberstufe sowie gleichzeitig den Mittleren Schulabschluss (Fachoberschulreife). Einzelheiten regelt die Ausbildungs- und Prüfungsverordnung. Der Anteil der Schulabgänger ohne Hauptschulabschluss an allen Abgängern betrug 2004 6,9% (D.: 8,3%).

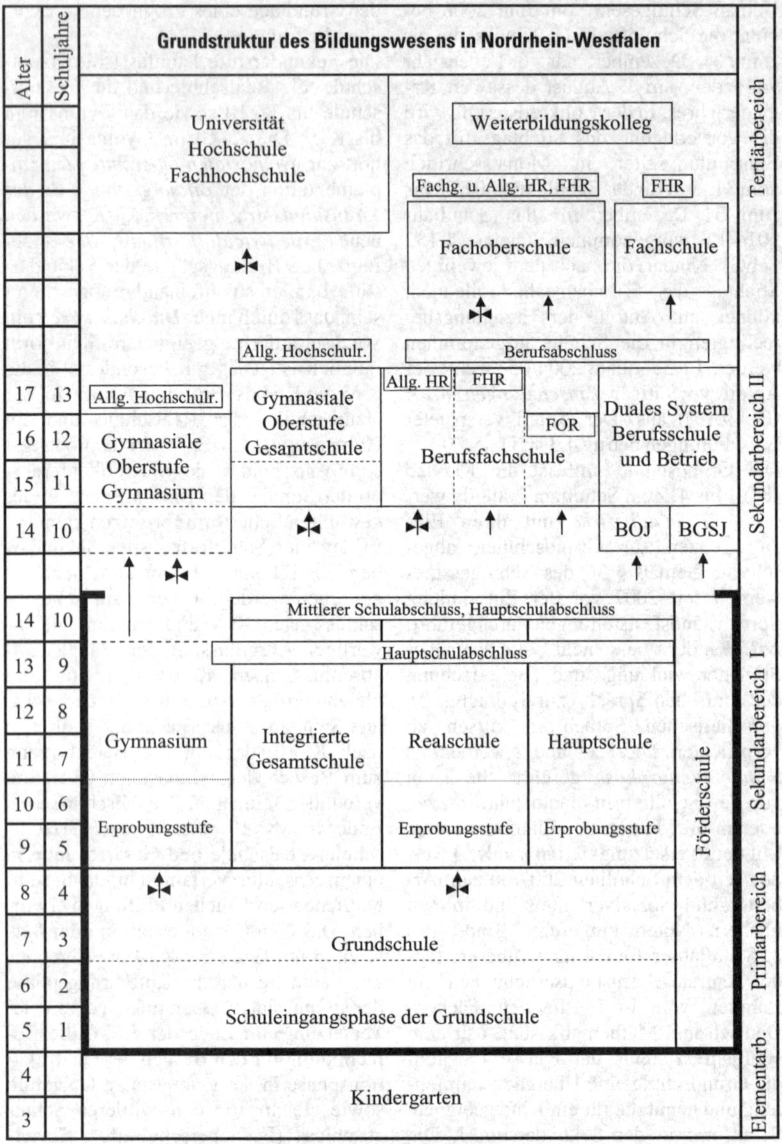

Fett umrandet sind die Einrichtungen für die Erfüllung der Vollzeitschulpflicht.

Qualifizierte Auswahl ↑ Einfacher Übergang

Allg. HR = Allgemeine Hochschulreife, BGSJ = Berufsgrundschuljahr,
BOJ = Berufsorientierungsjahr, Fachg. HR = Fachgebundene Hochschulreife,
FHR = Fachhochschulreife, FOR = Fachoberschulreife (Mittlerer Schulabschluss)

Die gymnasiale Oberstufe gliedert sich in die einjährige Einführungsphase und die zweijährige Qualifikationsphase. Sie umfasst im Gymnasium die K. 10 bis 12 und in der Gesamtschule die K. 11 bis 13. Seit dem Schuljahr 2003/04 können die Schulen bestimmte Profile bilden und sich zur »Profiloberstufe« weiterentwickeln. Die gymnasiale Oberstufe schließt mit der zentralen Abiturprüfung (Zentralabitur) ab. In der gymnasialen Oberstufe kann auch der schulische Teil der *Fachhochschulreife* erworben werden. Von allen Schülern an allgemein bildenden Schulen waren 23,9% an Gymnasien (D.: 25%). 25,8% (D.: 23,0%) aller Abgänger erreichten in NRW die *Allgemeine Hochschulreife.*

Sonderpädagogische Förderung von Schülern findet an allgemeinen Schulen (gemeinsamer Unterricht, integrative Lerngruppen), an *Förderschulen* mit unterschiedlichen Förderschwerpunkten und in sonderpädagogischen Förderklassen an Berufskollegs statt.

Das Weiterbildungskolleg vereint die Bildungsgänge der *Abendrealschule,* des *Abendgymnasiums* und des *Kollegs* (Institut zur Erlangung der Hochschulreife).

Die *Laborschule* und das *Oberstufen-Kolleg Bielefeld* sind Versuchsschulen des Landes NRW.

Neben den öffentlichen Schulen gibt es in NRW 313 allgemein bildende Schulen in freier Trägerschaft *(Privatschulen).* Fragen zur Genehmigung, staatlichen Anerkennung und zum Betrieb von *Ersatzschulen* und *Ergänzungsschulen* sind im »Elften Teil« des Schulgesetzes geregelt.

Das *Berufskolleg* umfasst die Bildungsgänge der berufsbildenden Schulen. Die Berufsschule vermittelt im Rahmen des *dualen Systems* Jugendlichen, die in einem Berufsausbildungsverhältnis stehen, entsprechende allgemein bildende und berufsbezogene Kompetenzen und ermöglicht zusätzlich den Erwerb weiterführender Abschlüsse. Die Berufsschule bietet darüber hinaus zwei einjährige vollzeitschulische Bildungsgänge an. Das Berufsorientierungsjahr (BOJ) vermittelt Kenntnisse und Fertigkeiten eines Berufsfeldes und ermöglicht den Erwerb des Hauptschulabschlusses. Das Berufsgrundschuljahr (BGSJ) führt zu einer beruflichen Grundbildung in einem Berufsfeld und ermöglicht den Erwerb des Hauptschulabschlusses nach K. 10 oder des Mittleren Schulabschlusses (Fachoberschulreife). Die *Berufsfachschule* umfasst ein- bis dreijährige vollzeitschulische Bildungsgänge und vermittelt 1. eine berufliche Grundbildung, 2. berufliche Kenntnisse und 3. Berufsabschlüsse, die – je nach Bildungsgang – den Erwerb des Mittleren Schulabschlusses (Fachoberschulreife), des schulischen Teils der Fachhochschulreife und der Allgemeinen Hochschulreife ermöglichen. Die *Fachschule* in Nordrhein-Westfalen vermittelt in ein- bis dreijährigen vollzeitschulischen Bildungsgängen eine berufliche Weiterbildung und ermöglicht in den mindestens zweijährigen Bildungsgängen den Erwerb der Fachhochschulreife. Die *Fachoberschule* setzt i. d. R. eine zweijährige Berufsausbildung voraus und vermittelt in zweijährigen vollzeitschulischen Bildungsgängen berufliche Kenntnisse, die – je nach Bildungsgang – zum Erwerb der Fachhochschulreife, zur Allgemeinen Hochschulreife und bei Fehlen einer zweiten Fremdsprache zur *Fachgebundenen Hochschulreife* führen.

Das Hochschulsystem wird durch das Hochschulgesetz NRW vom 30. 11. 2004 geregelt. Das Land verfügt über vierzehn Universitäten, sieben Kunst- und Musikhochschulen und zwölf Fachhochschulen. Die *Lehrerbildung* ist durch das Lehrerausbildungsgesetz vom 8. 7. 2003 und durch die Lehramtsprüfungsordnung vom 27. 3. 2003 geregelt. Seit dem Wintersemester 2003/04 gibt es Studiengänge für vier Lehrämter 1. an Grund-, Haupt- und Realschulen und den entsprechenden Jahrgangsstufen der Gesamtschulen, 2. an Gymnasien und Gesamtschulen, 3. an Berufskollegs und 4. für Sonderpädagogik.

Fünf Universitäten umfassen grundständige Lehramtsstudiengänge, die von Beginn an auf den Lehrerberuf ausgerichtet sind und mit dem Ersten Staatsexamen abgeschlossen werden. An fünf anderen Universitäten werden im Modellversuch neue gestufte Studiengänge in der Lehrerausbildung (Bachelor/Master) angeboten.

Norm (lat. norma Maßstab, Richtschnur, Regel, Vorschrift). Im Bereich der Pädagogik im ursprünglichen lateinischen Wortsinne jede Handlungsvorschrift, der erzieherisches oder unterrichtliches Denken und Tun folgen sollen. Solche N. werden vielfach aus weltanschaulichen (z. B. christlichen) Lehrmeinungen abgeleitet oder verstehen sich als Prinzipien, deren Beachtung durch den Pädagogen dazu beitragen kann, dass der heranwachsende junge Mensch sein Denken, Wollen und Handeln bestimmten Sollensforderungen (i. S. von Normen) aus eigenem Entschluss unterstellt.

Normalbiografie. Bis in die 60er Jahre des 20. Jh. hinein verliefen die Übergangsprozesse zwischen Kindheit bzw. Primarschulzeit, Jugend bzw. Sekundarschulzeit und Ausbildung bzw. Studium und anschließender Aufnahme einer Berufstätigkeit bzw. Erwerbsarbeit für die große Mehrheit der jungen Menschen in zeitlicher, sozial-kultureller, inhaltlicher und institutioneller Hinsicht nach weitgehend gleichförmigen Mustern ab, wenn auch mit deutlichen Differenzen zwischen den gesellschaftlichen Klassen bzw. Schichten. Die üblichen biografischen Stationen in der Unterschicht waren Schulzeit bis zum Beginn der Jugendphase, Ausbildung bis zu deren Abschluss; Eintritt ins Erwerbsleben synchron zum Wechsel in den Erwachsenenstatus und damit in rechtliche, soziale und ökonomische Selbständigkeit. Bei Jugendlichen aus der Mittelschicht verschoben sich diese Stationen zeitlich nach hinten, je nachdem, ob sie Realschulen oder Gymnasien besuchten. In der Oberschicht kamen zur verlängerten Schulzeit in der Jugendphase das Studium und der dadurch bedingte spätere Übergang in wirtschaftliche und soziale Selbständigkeit hinzu.

Die generelle Verlängerung der Schul-, Ausbildungs- und Studienzeiten, die immense Erhöhung der Anteile von Fachschülern und Studierenden nach einem ersten beruflichen Abschluss, die Ausdifferenzierung unterschiedlicher Ausbildungswege in Verbindung mit der durch eine anhaltende Verknappung von Ausbildungsplätzen bedingten Verschärfung von Selektionsprozessen und der dauerhafte Mangel an Erwerbsstellen haben in den letzten beiden Jahrzehnten des 20. Jh. in immer stärkerem Maße zur Auflösung der N. geführt. Zwischen Schulabschluss und Aufnahme einer Ausbildung, innerhalb des Ausbildungsprozesses selbst sowie zwischen Ausbildungsabschluss und Aufnahme einer dauerhaften Erwerbstätigkeit müssen besonders die Jugendlichen mit schwachen Schulabschlüssen immer öfter vorbereitende Ausbildungsmaßnahmen *(Grundausbildungs- und Förderungslehrgänge),* Verzögerungen beim Einstieg in eine Berufsausbildung, *ausbildungsbegleitende Hilfen,* Zusatzkurse in der Ausbildung, nur bedingt auf die Ausbildung anrechenbare Lernzeiten im *Berufsvorbereitungsjahr* oder einer *Berufsfachschule* und auch Abschnitte von Arbeitslosigkeit hinnehmen. Der Übergangsprozess gestaltet sich dann im Vergleich zur geradlinigen traditionellen N. als Lebensweg mit Hindernissen, Leerstrecken und Umwegen, der bei einem Teil der Jugendlichen sein Ziel, die berufliche und soziale Selbständigkeit, schon nicht mehr erreicht. Für solche jungen Erwachsenen ist zunächst eine Existenz auf der Grundlage öffentlicher und privater Versorgungsleistungen vorprogrammiert. Die Bundesagentur für Arbeit bietet eine Reihe von Eingliederungshilfen an, die über den nachträglichen Erwerb marktfähiger Qualifikationen den Eintritt in die Erwerbsarbeit erleichtern sollen.

Doch auch für einen wachsenden Teil der Beschäftigten gilt inzwischen, dass Phasen von Kurzarbeit oder Arbeitslosigkeit, Arbeitsplatzwechsel und Umschulungen mehrfach in der Berufsbiografie zu bewältigen sind.

Normalschule. *Allgemeine Schulordnung für die deutschen Normal-, Haupt- und Trivialschulen in sämtlichen Kaiserlich-Königlichen Erbländern.*

normative Pädagogik (lat. *norma* Richtschnur, Regel). **1)** Systeme erzieherischer und/oder unterrichtlicher Handlungsvorschriften, die übergeordneten weltanschaulichen oder politischen Lehrmeinungen folgen (z. B. Regeln für die christliche Erziehung, den sozialistischen Unterricht). N. P. versteht sich in diesem Sinne als praktische Erziehungslehre im Dienst vorgegebener Lebensziele. Die Kinder bzw. Schüler werden auf die Anerkennung und Übernahme dieser Ziele hin erzogen und unterrichtet.

2) Als Konzeption der *Pädagogik* philosophisch begründete Theorie von den aus der apriorischen Erkenntnis gewonnenen Voraussetzungen und Prinzipien pädagogischer Wissenschaft und pädagogischen Handelns (Syn. transzendentalkritische Pädagogik). Entwickelt werden sollen die Gründe für die Geltung pädagogischer Begriffe. Daraus ergibt sich dann folgende Fragestellung: Welche Normen müssen für Erziehung in Theorie und Praxis gefordert werden, wenn sich Erziehung von Sozialisation, Konditionierung, Fürsorge, Pflege, Dressur oder auch Training unterscheiden soll? Da Selbstbestimmung, freies Wollen und verantwortliches Handeln leitende Ideen der Erziehung sind, muss Erziehung den zu Erziehenden konsequent als ein Subjekt respektieren, das sich letztlich immer nur selbst unter die regelnde Kraft bestimmter Sollensforderungen stellen und entsprechend verändern kann. Dabei ist ihm der Pädagoge eine Art Ich-Entwicklungshelfer, indem er im Dialog mit dem jungen Menschen dessen Urteilskraft, sein moralisches Empfinden und seine Handlungsfähigkeit fördert. Davon ausgehend, glaubt n. P. Erziehungslehren und konkrete pädagogische Maßnahmen (z. B. Strafe) auf ihre Geltung hin prüfen zu können.

Auf der Grundlage der kritischen Philosophie *I. Kants* und deren Fortführung durch H. Cohen, *P. Natorp* u. a. haben *A. Petzelt, W. Fischer,* M. Heitger und J. Ruhloff zu diesem Konzept einer pädagogischen Wissenschaft wesentliche Beiträge geliefert.

Normenbücher. Veröffentlichungen der Ständigen Konferenz der Kultusminister der Länder in der Bundesrepublik Deutschland (KMK) zur Vereinheitlichung der Abiturprüfung, deren Durchführung in der ›Vereinbarung über die Anwendung einheitlicher Prüfungsanforderungen in der Abiturprüfung in der neu gestalteten gymnasialen Oberstufe‹ am 6. 2. 1975 beschlossen wurde. Die KMK berief sich dabei auf die Bedeutung, die der Notendurchschnitt bei der Vergabe von Studienplätzen durch den *Numerus clausus* hat. Bis 1976 erschienen fünfzehn N. für die einzelnen Fächer. Sie enthielten neben dem Abdruck der KMK-Vereinbarung von 1975 aufgabenspezifische Anforderungen, obligatorische Lernziele, Lernzielkontrollebenen und Bewertungsschlüssel. Die N. sollten nach einer Erprobung in Schulen in einer revidierten Fassung neu erscheinen. An dem KMK-Beschluss und den N. wurde von Bildungspolitikern, Erziehungswissenschaftlern und Journalisten heftige Kritik geübt. In einer neuen ›Vereinbarung über einheitliche Prüfungsanforderungen in der Abiturprüfung‹ von 1979 wurden die N. nur noch als »Grundlage der fachspezifischen Anforderungen in der Abiturprüfung« angesehen. Zur Sicherung der Gleichwertigkeit des Abiturs hat die KMK im Mai 2002 *›Einheitliche Prüfungsanforderungen in der Abiturprüfung‹ (EPA)* beschlossen.

Norwegen. **1)** Konstitutionelle Monarchie auf parlamentarischer Grundlage. Hauptstadt: Oslo (530 000 Einw.). Fläche: 323 759 km^2 (einschließlich der Inseln Spitzbergen und Jan Mayen),

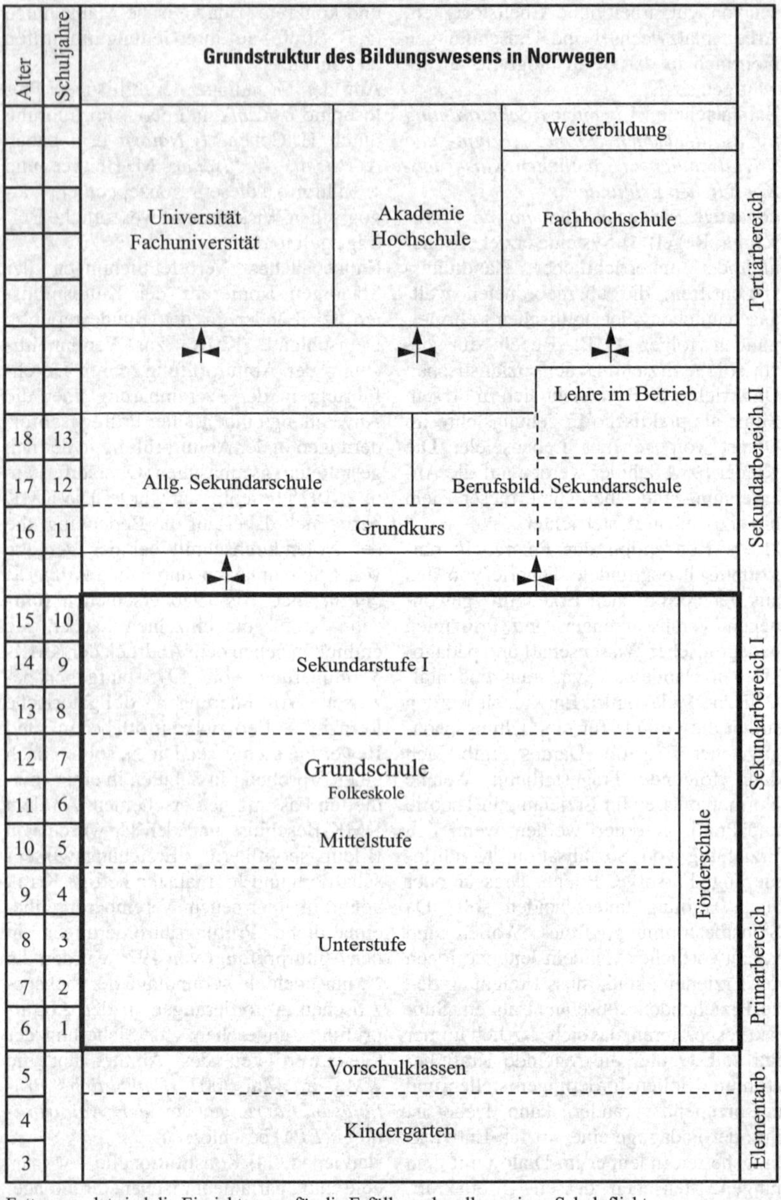

Fett umrandet sind die Einrichtungen für die Erfüllung der allgemeinen Schulpflicht.

Qualifizierte Auswahl — Einfacher Übergang

4,6 Mill. Einw., 14 Einw./km^2. Landessprache: Norwegisch. Religion: 90% Protestanten.

2) Wie in den anderen skandinavischen Ländern bildet die für alle Kinder gemeinsame Grundschule (zehnjährige Gesamtschule) den Kernbereich des Schulwesens. Erst im Sekundarbereich II differenzieren sich die Schularten und Abschlüsse. Die Schulen und Hochschulen aller Bereiche und Stufen sind ganz überwiegend öffentliche Einrichtungen. Nur etwa 3% der Kinder und Jugendlichen besuchen private Schulen. Für alle Schulen besteht Schulgeld- und Lernmittelfreiheit. Schulen sind i. d. R. Halbtagseinrichtungen, bieten jedoch mehrheitlich auf Wunsch der Eltern Betreuung bis in den Nachmittag hinein an, was insbesondere in den vielen dünn besiedelten Gebieten wichtig ist. Die Schulpflicht kann auch im Hausunterricht erfüllt werden. Für beeinträchtigte und behinderte Schüler wird Sonderunterricht erteilt. Vereinzelt arbeiten auch separate Sonderschulen. Die Schulpflicht beginnt mit Vollendung des 6. Lebensjahres. Nach der Pflichtschulzeit haben die Jugendlichen zwischen dem 16. und 19. Lebensjahr einen gesetzlich verbürgten Anspruch auf eine dreijährige weiterführende Schulbildung, die mit einer beruflichen Qualifikation oder der Berechtigung zum Besuch der Hochschulen abschließen kann. Die administrative Zuständigkeit für das Bildungswesen liegt beim Ministerium für Bildung, Wissenschaft und kirchliche Angelegenheiten. Das Ministerium erlässt Rahmenrichtlinien für den Unterricht aller Klassenstufen, berät die Schulverwaltung auf Gemeinde- und Provinzebene, ist für die Schulen im Sekundarbereich II selbst zuständige Aufsichtsbehörde und regelt die Berufsausbildung in den Betrieben. Jede Gemeinde ist verantwortlich für Einrichtung und Unterhalt der Pflichtschulen und die Umsetzung der gesetzlichen Vorgaben für Unterricht, Erziehung und Betreuung. Für diese Aufgaben wählt der Gemeinderat einen Schulausschuss, der auch über die Einstellung der Lehrer und die Finanzmittel für die Schulen entscheidet. Für die Einrichtung und Verwaltung der Schulen im Sekundarbereich II ist in jeder der 18 Provinzen ein staatliches Amt für das Bildungswesen verantwortlich, das Lehrer einstellt, die Einhaltung der gesetzlichen Rahmenbestimmungen überwacht und die Schulen bei Reformprozessen berät und unterstützt.

3) Seit 1975 regelt ein Vorschulgesetz den Elementarbereich. Kindergärten und Vorschulklassen werden von Kommunen und privaten Trägern unterhalten. Ihr Besuch ist freiwillig. Nur etwa 30% der Kinder besuchen einen Kindergarten. Die zehnjährige Grundschule gliedert sich in die Primarstufe (Klassenstufen 1 bis 4), die Mittelstufe (5 bis 7) sowie die Sekundarstufe I (8 bis 10). Das Curriculum bietet neben den Pflichtfächern einen Wahlpflichtbereich an. Aufgrund der dünnen Besiedlung des Landes werden in etwa der Hälfte der Pflichtschulen die Kinder mehrerer Altersjahrgänge gemeinsam unterrichtet. Der Sekundarbereich II wird seit 1994 als einheitliche dreijährige Schule geführt, die unterschiedliche Bildungsgänge und Abschlüsse anbietet. Im 11. Schuljahr besuchen alle Schüler gemeinsam 13 Grundkurse mit allgemein bildenden und berufsvorbereitenden Inhalten. In den anschließenden zwei Schuljahren sind verschiedene Spezialisierungen möglich, die zur Hochschulzugangsberechtigung, zu einer vollen Berufsabschlussprüfung oder zu berufsbildenden Teilqualifikationen führen, die durch eine Lehre ergänzt werden.

4) Weitaus die meisten Lehrlinge besuchen für zwei Jahre die Schule und wechseln dann in eine ein- oder zweijährige betriebliche Lehre über. Stehen nicht genügend betriebliche Ausbildungsplätze zur Verfügung, muss die Provinzregierung Ausbildungsplätze im Sekundarbereich II einrichten.

5) Im Tertiärbereich sind vier Universitäten, mehrere Fachuniversitäten, Kunst-

und Musikhochschulen sowie Fachhochschulen eingerichtet. Neben diesen öffentlichen Hochschulen arbeiten eine Reihe privater Institute. Zugangsvoraussetzung ist das Abschlusszeugnis nach einem dreijährigen Bildungsgang auf der Sekundarstufe II.

6) Erzieher werden nach Abschluss der weiterführenden Schule in einem dreijährigen Kursus an einer Fachhochschule ausgebildet, Lehrer für die allgemein bildenden Fächer im Pflichtschulbereich studieren vier Jahre an einer Hochschule für Lehrerbildung, Fachlehrer (Musik, Sport u. a.) zusätzlich ein Jahr an einer Universität. Lehrer für Schulen im Sekundarbereich II studieren vier bis sechs Jahre an einer Universität, Lehrer für den beruflichen Fachunterricht müssen zusätzlich eine Gesellenprüfung abgelegt haben.

7) In Norwegen besteht, wie in allen skandinavischen Ländern, ein gut ausgebautes Netz von Einrichtungen für allgemeine und berufsbezogene Erwachsenenbildung. Die wichtigsten Einrichtungen sind hierbei die Heimvolkshochschulen, von denen die meisten mit Internaten verbunden sind.

Noten. *Zensuren.*

Notengebung. *Zensurengebung.*

NPEA. *Nationalpolitische Erziehungsanstalten.*

Numerus clausus (**NC**; lat. *numerus* Zahl, Zugeteiltes, *claudere* abschließen, beendigen). Zulassungsbeschränkung für einen Studiengang. Darf nur gesetzlich festgelegt werden, wenn unter Ausschöpfung aller Ausbildungskapazitäten an den Hochschulen die Anzahl der Studienplätze weit unter der Anzahl der Bewerbungen liegt. In Deutschland werden die Studienplätze in Fächern, für die ein NC besteht, über die *Zentralstelle für die Vergabe von Studienplätzen* (ZVS) zugewiesen.

O

Oberrealschule. *Erlass zur Weiterführung der Reform an höheren Schulen.*

Oberstudiendirektor. Amtsbezeichnung für den Leiter eines allgemein bildenden oder beruflichen Gymnasiums.

Oberstufen-Kolleg. Zentrale Einrichtung der Universität Bielefeld für Ausbildung und Forschung, die sich an die *Laborschule* anschließt. Als staatliche Versuchsschule integriert das O.-K. mit vier Jahrgängen die studienbezogenen Ausbildungsgänge der Sekundarstufe II und die Eingangssemester des Hochschulbereichs. Es ist eine Ganztagsschule mit einem differenzierten Kurssystem. Als Curriculum-Werkstätte sollen Curriculumeinheiten, neue Lehr- und Lernformen, Beratungsmodelle, Bewertungsverfahren und Mitbestimmungsmöglichkeiten entwickelt und erprobt werden, die auch auf andere Schulen und Hochschulen übertragbar sind. Die Konzeption wurde von H. v. Hentig entwickelt und gemeinsam mit einer Planungsgruppe in der ersten Hälfte der siebziger Jahre konkretisiert. Das 1974 eröffnete Schulprojekt erreichte 1978 seinen Endausbau. Untersucht wird der Übergang von der Schule an die Hochschule zwischen dem 11. und neuen 14. Jahrgang an einer heterogen zusammengesetzten Kollegiatenpopulation. Am Ende der vierjährigen Ausbildung kann eine Doppelqualifikation erreicht werden, die aus der allgemeinen Hochschulreife und der Berechtigung besteht, die Ausbildung im Hochschulbereich in einem höheren Studiensemester fortzusetzen.

Oberstufenreife. *Fachschulreife.*

Objektivität (lat. *objectum* das Entgegengestellte; engl. *objectivity*). **1)** Im Gegensatz zur *Subjektivität* die strenge Sachlichkeit, Vorurteilslosigkeit und Orientierung an der Sache, an Daten und Fakten.
2) Kriterium jeder wissenschaftlichen Untersuchungsmethode und der daraus stammenden Ergebnisse, das dann erfüllt ist, wenn anderen der gedankliche oder materiale Nachvollzug bzw. die Wiederholung nach den gleichen Verfahrensregeln ermöglicht wird.
3) Als Testgütekriterium ist O. gegeben, wenn die Ergebnisse eines Tests unabhängig vom Untersucher sind und mehrere Auswerter unabhängig voneinander zu gleichen Ergebnissen kommen.

Odenwaldschule. Im Jahre 1910 von *P. Geheeb* in Ober-Hambach bei Heppenheim a. d. Bergstraße gegründetes *Landerziehungsheim.* Heute ist das aus der reformpädagogischen Bewegung stammende Internat eine anerkannte Ersatzschule in der Trägerschaft eines gemeinnützigen Vereins. Als Integrierte Gesamtschule mit besonderer pädagogischer Prägung versteht sie sich als eine Lebens- und Arbeitsgemeinschaft von Kindern, Jugendlichen und Erwachsenen. Von den etwa 330 Jungen und Mädchen sind 270 Internatsschüler, die aus allen Teilen der Bundesrepublik Deutschland und aus dem Ausland kommen. Die O. ist zugleich die Grundschule des Dorfes Ober-Hambach. Auf den Kindergarten und die Grundschule baut die gemeinsame Mittelstufe und die Oberstufe auf, die aus einer Fachoberschule und einer gymnasialen Oberstufe besteht. In den Klassen 7 bis 10 erhalten alle Schüler eine handwerklich-technische Grundausbildung, die in der Oberstufe unter bestimmten Voraussetzungen zum Berufsabschluss durch eine sog. Gesellenprüfung führen kann. Bei der Erziehung zur Selbstverantwortung und zur Toleranz spielen das gesamte Schulleben und die institutionalisierten Schülervertretungen (z. B. das Parlament) eine zentrale Rolle. Die Lehrer sind gleichzeitig Erzieher ihrer Schüler, die gemeinsam in kleinen Wohngruppen von 6 bis 10 Jungen und Mädchen verschiedenen Alters eine Heimfamilie bilden. Von der O. sind viele Anregungen für Reformen im In- und Ausland ausgegangen.

OECD. *Organisation for Economic Cooperation and Development.*

offene Jugendarbeit (engl. *open activities for young people*). Angebote der *Jugendarbeit* öffentlicher *Jugendhilfe* und der freien Träger, die sich nach dem Grundsatz freiwilliger Teilnahme an alle interessierten Kinder und Jugendlichen richten. Die Aktivitäten umfassen die Bereiche Sport, Kunst, politische Bildung, Gesundheit, Reisen u. a. m.

offener Unterricht (engl. *open education, informal teaching*). Konzept einer Unterrichtskultur, das auf den Vorbildern der *Reformpädagogik* (*Jena-Plan* von *P. Petersen, Montessori-Pädagogik, Freinet-Pädagogik*), den Anregungen der praktischen Philosophie der angelsächsischen open education und den Erfahrungen der englischen Primary Schools aufbaut. Das Konzept will den sog. lernzielorientierten und lehrerzentrierten Unterricht öffnen, um Schülern durch selbständiges und kooperatives, problemorientiertes und handlungsbezogenes, mitbestimmendes und mitverantwortetes Lernen Gelegenheit zu geben, Fähigkeiten für das Leben in einer von Wissenschaft und Demokratie geleiteten offenen Gesellschaft zu erwerben. Die Öffnung bezieht sich auf die Methode des Unterrichts, auf die Themen und Inhalte sowie auf die Öffnung der Schule gegenüber der außerschulischen Lebenswelt.

Organisationsformen des o. U. sind gemeinsamer Unterricht (Morgenkreis, Planungsgespräch, lehrgangsartige Phasen, Wochenschlussfeier u. a.), Tagesplan-/*Wochenplanarbeit, freie Arbeit, Projektunterricht,* Lernen vor Ort. Folgende Bedingungen haben im o. U. besondere Bedeutung: ein vielfältig ausgestatteter Klassenraum (vorbereitete Lernumgebung); ein gut vorbereitetes, differenziertes Lernangebot mit Einstiegshilfen und Kontrollmöglichkeiten; eine dem Lebensrhythmus des Kindes angepasste Zeitstrukturierung des Schulmorgens mit Ritualen, Fixpunkten und Phasen für arbeitsintensives Lernen und Entspannung; die kontinuierliche Entwicklung von Fähigkeiten der Schüler zum selbständigen und eigenverantwortlichen Lernen; Fähigkeiten der Lehrerschaft zur Beobachtung, Beschreibung, Diagnose und Förderung der Lernentwicklung von Schülern und zum Schreiben von entsprechenden Berichten. Förderlich für die Öffnung des Unterrichts ist Lehrerkooperation im Team.

Andere Begriffe, die Öffnung signalisieren, sind z. B. praktisches Lernen, handlungsorientiertes Lernen, erfahrungsbezogenes Lernen.

offenes Curriculum (engl. *open curriculum*). *Curricula* vermitteln zwischen staatlichen Lehrplänen und der Unterrichtsplanung. Im Unterschied zu geschlossenen C., die für die Durchführung von Unterricht präzise Aussagen machen und Ziele, Inhalte, Lernvoraussetzungen, Methoden, Medien und Evaluationsverfahren genau vorschreiben, sind o. C. didaktisch-methodische Handlungsentwürfe für die jeweiligen Lernsituationen im Unterricht. Die Offenheit bezieht sich auch auf den Aufbau und die Darstellungsweise der C.-Materialien. Als eines der wenigen Beispiele ist das o. C. ›Soziales Lernen‹ für den Elementarbereich zu nennen, dessen 28 didaktische Einheiten in den siebziger Jahren vom Deutschen Jugendinstitut in München entwickelt worden sind. Die zu den einzelnen Themen aufbereiteten Situations- und Sachanalysen, Qualifikationsbeschreibungen, Vorschläge für die Durchführung von Projekten und Kursen sowie

Hinweise für die Material- und Medienbeschaffung sollen Lehrer und Erzieher entlasten und Anregungen für ihre eigene Arbeit geben, es sind keine Durchführungsvorschriften.

öffentliche Jugendhilfe (engl. *statutory agency of child and youth services*). Der Teil der *Jugendhilfe,* der von Behörden der Gebietskörperschaften (öffentliche Einrichtungen wie Gemeinden, Kreise, Länder) gestaltet wird. Sie arbeitet mit den zahlreichen freien Trägern der Jugendhilfe eng zusammen.

öffentliche Schule. Schule, die in der Trägerschaft einer Gebietskörperschaft des öffentlichen Rechts steht. Solche Schulträger sind ein Bundesland, eine Gemeinde, ein Kreis oder ein von den Gemeinden oder Kreisen gebildeter Schulverband. Alle anderen Schulen sind *Privatschulen* in freier Trägerschaft.

Off-the-job-training. Aus dem Englischen übernommene Bezeichnung für alle Formen der *Berufsausbildung,* die nicht in unmittelbarer Verbindung mit einem Arbeitsplatz bzw. dem Produktionsprozess erfolgen. Darunter fallen zuerst alle Arten der schulischen Berufsausbildung, aber auch der betriebliche Unterricht oder der Besuch eines Kurses in einer überbetrieblichen *Ausbildungsstätte.*

O. i. B. *Orientierung in Berufsfeldern.*

Ökologie (griech. *oikos* Wohnung, *logos* Wort, Lehre; engl. *ecology*). **1)** In der *Sozialisationsforschung* wird Ö. in Anlehnung an die Konzeption des amerikanischen Soziologen U. Bronfenbrenner als Zusammenspiel sich wechselseitig beeinflussender sozialer, räumlicher und physikalischer Faktoren verstanden, die als unmittelbare und alltägliche Umgebung in Familie, Schule, Verein usw. die Ausbildung von Verhaltensmustern *(Habitus), Einstellungen* und normativen Orientierungen bei Kindern und Jugendlichen beeinflussen. Sozial und räumlich abgrenzbare konstante Lebenssituationen und die in ihnen typischen Beziehungen und Prozesse bilden den Rahmen für entsprechende Untersuchungen. **2)** In Bildungstheorie und Didaktik findet die Ö. bei der Grundlegung der *Umwelterziehung* Beachtung, indem sie auf die komplexen Wechselbeziehungen zwischen den biologischen, physikalischen, sozio-ökonomischen und kulturellen Prozessen verweist und dadurch für die Entwicklung von Sensibilität, Sachverstand und Verantwortlichkeit diesbezüglich entscheidende Voraussetzungen schafft.

ökonomisches Kapital. *Kapitalakkumulation.*

On-the-job-training. Aus dem Englischen übernommene Bezeichnung für alle Formen der *Berufsausbildung,* die unmittelbar am Arbeitsplatz bzw. in direkter Verbindung mit dem Produktionsprozess erfolgen. Das Training wird zumeist nach der *Vier-Stufen-Methode* durchgeführt.

Ontogenese (griech. *ons* das Seiende, *genesis* Werden). Im Gegensatz zur *Phylogenese* die Entwicklung des Einzelwesens von der Befruchtung der Eizelle bis zum geschlechtsreifen Zustand.

operationalisiertes Lernziel. Beschreibung eines *Lernziels,* das drei Kriterien entsprechen muss: Es muss eine beobachtbare Verhaltensweise des Schülers beschreiben, die dieser am Ende des Lernprozesses erreicht haben soll. Es muss die Bedingungen nennen, unter denen die beabsichtigte Verhaltensänderung kontrolliert werden soll. Ess muss den Bewertungsmaßstab angeben, der Auskunft darüber gibt, ob und in welchem Maße der Schüler das Lernziel erreicht hat. Beispiel: Der Schüler soll aus einer gegebenen Aufzählung von Ursachen, die zum Ersten Weltkrieg geführt haben können, wenigstens drei richtige heraussuchen und eine Begründung dafür geben können. Die Operationalisierung eines Lernziels, d. h. die Umformulierung einer unklaren Zielangabe in eine eindeutige, beobachtbare Verhaltensbeschreibung, wird dann für notwendig erachtet, wenn die Lernergebnisse mithilfe eines lernzielorientierten bzw. kriteriumsbezogenen *Schultests* überprüft werden sollen.

Operationalisierung (engl. *operationalization*). **1)** Um eine gedankliche Vorstellung über psycho-physische Zustände (z. B. Angst, Intelligenz, Stress, Einfühlungsvermögen, Motivation) wissenschaftlich erfassen zu können, reicht die Verständigung auf dem Niveau der Alltagssprache nicht aus. Erforderlich sind analytische *Definitionen,* in denen genau festgelegt ist, welche tatsächlichen oder gedanklichen Operationen beobachtbar sein sollen, damit von einem bestimmten, vorher exakt eingegrenzten Phänomen gesprochen werden kann. Wenn aus der Forschung z. B. hinlänglich bekannt ist, dass aggressives Verhalten durch Beobachtungs- und Erfolgslernen erworben werden kann, lässt sich Aggression innerhalb einer experimentellen Studie mittels sogenannter Reaktionssimulatoren messen. Werden beispielsweise in einem Film oder einer Spielszene erfolgreiche Handlungsmuster vorgestellt, kann man beobachten, wann und unter welchen experimentellen Bedingungen die Probanden sich an den erfolgreichen Mustern orientieren.

2) Unter Beachtung der Grundsätze analytischer Definitionen können auch Lernziele operationalisiert werden. Definiert wird dann, welche Handlungen oder Aussagen bei Schülern unter welchen Bedingungen beobachtbar sein sollten, damit ein Lernziel als erreicht betrachtet werden kann *(operationalisiertes Lernziel).*

Ordensburgen. Von R. Ley entwickelte Einrichtung des NS-Regimes zur Auslese und Schulung der Partei- und Staatseliten. 1936 wurden drei O. offiziell eröffnet, die bereits 1934/35 mit ihrem Betrieb begonnen hatten: Krössinsee bei Falkenburg/Pommern, Vogelsang/Eifel und Sonthofen/Bayern. Nach R. Leys Plänen sollten Absolventen der *Adolf-Hitler-Schulen* für die O. ausgewählt werden, die nach Arbeits- und Wehrdienst in dreieinhalbjährigen Kursen das Lehrangebot der »Schule für Weltanschauung« durchlaufen sollten: Geschichte, Rassen- und Geopolitik, Ostfragen sowie militärsportliche Ausbildung. 1936 begann der erste einjährige Kurs, zu dem verdiente Parteimitglieder zugelassen wurden. Ab 1939 konnten sich Mitglieder der Deutschen Arbeitsfront bewerben, selbst wenn sie nicht der NSDAP angehörten. Für Schüler der Adolf-Hitler-Schulen waren die O. von geringer Attraktivität, denn in den O. konnte keine Hochschulreife erworben werden, so dass den Ordensjunkern akademische Berufe versperrt blieben. Während des Krieges haben an O. verschiedene Lehrgänge für versehrte Soldaten stattgefunden. So ist das geplante Konzept der O. nie vollständig realisiert worden.

Ordnungsmaßnahmen. *Erziehungs- und Ordnungsmaßnahmen.*

Ordnungsmittel. Vor Inkrafttreten des Berufsbildungsreformgesetzes (BerBiRefG) Bezeichnung für die *Ausbildungsordnung.*

Ordnungswidrigkeit. **1)** Allgemein jeder Verstoß gegen geltendes Recht, für den als Rechtsfolge die Ahndung mit einer Geldbuße zugelassen ist.

2) Im Geltungsbereich der Schulgesetze sind O. insbesondere Verstöße gegen die Erfüllung der Schulpflicht, im Geltungsbereich des Berufsbildungsgesetzes (BBiG) das Fehlen eines schriftlichen Berufsausbildungsvertrages, die Übertragung ausbildungsfremder Aufgaben an den Auszubildenden sowie das Fehlen der Eignung des ausbildenden Betriebes oder des Ausbilders.

Organisation for Economic Co-operation and Development (OECD). Diese Organisation für wirtschaftliche Zusammenarbeit und Entwicklung koordiniert die Bereiche Wirtschaftspolitik und Entwicklungshilfe ihrer Mitgliedstaaten. Sie hat u. a. auch Vorschläge zur Vereinheitlichung der pädagogischen Begriffssprache in den Bildungssystemen der Mitgliedstaaten gemacht (z. B. Elementar-, Primar-, Sekundarbereich). Wichtig sind ihre international vergleichenden Studien zur Bildungsbeteiligung von Jugendlichen.

Orientierung in Berufsfeldern (O. i. B.). Schulische *Berufsorientierung* bzw. Berufswahlvorbereitung an den Hauptschulen in Baden-Württemberg. In den Fächern Technik, Hauswirtschaft und Wirtschaftslehre werden in Klasse 8 Unterrichtsphasen mit Betriebs- bzw. Berufserkundungen und einem abschließenden *Betriebspraktikum* kombiniert. Zwei Unterrichtseinheiten werden von der *Berufsberatung* des Arbeitsamtes durchgeführt. In den meisten anderen Bundesländern werden die gleichen Ziele durch die Berufsorientierung im Rahmen des Faches Arbeitslehre verfolgt.

Orientierungsstufe (engl. *Orientation Stage*). Organisationsform für den 5. und 6. Jahrgang, die 1970 vom Deutschen Bildungsrat im *Strukturplan für das Bildungswesen* vorgeschlagen wurde, um den punktuellen Übergang von der Grundschule in den Sekundarbereich I durch einen gleitenden pädagogisch neu zu gestalten. Dabei blieb offen, ob die O. der Grundschule oder einer Schulform des Sekundarbereichs I angegliedert oder schulformunabhängig sein sollte. In jedem Falle aber sollten die Schüler in ihrer Heterogenität schulformübergreifend zusammengefasst werden. Die bildungspolitisch kontroversen Auffassungen über die O. wurden bereits 1973 im Bildungsgesamtplan der Bund-Länder-Kommission für Bildungsplanung und Forschungsförderung (BLK) und in der Vereinbarung der KMK von 1974 deutlich und führten in der Folgezeit zu unterschiedlichen Umsetzungen.

Gegenwärtig wird die O., die in Hessen Förderstufe, in Hamburg Beobachtungsstufe und in Nordrhein-Westfalen Erprobungsstufe heißt, wie folgt realisiert: Nach der maßgeblichen ›Vereinbarung über die Schularten und Bildungsgänge im Sekundarbereich I‹ (Beschluss der KMK vom Juni 2006) bilden »die Jahrgangsstufen 5 und 6 unabhängig von ihrer organisatorischen Zuordnung eine Phase besonderer Förderung, Beobachtung und Orientierung über den weiteren Bildungsweg mit seinen fachlichen Schwerpunkten«. Konzeptionell geht es dabei um ein gemeinsames grundlegendes Bildungsangebot, um die bestmögliche Förderung und Entwicklung der individuellen Leistungsfähigkeit durch differenzierte Anforderungen, um Maßnahmen zum Ausgleich unterschiedlicher Lernvoraussetzungen und um die Beobachtung der Lernfortschritte im Hinblick auf die Anforderungen in den nachfolgenden Bildungsgängen und Jahrgangsstufen. Die O. ist entweder den weiterführenden Schularten zugeordnet oder sie ist als schulartunabhängige O. von ihnen getrennt. Von einer schulartunabhängigen O. kann nur gesprochen werden, wenn die Schularten Gymnasium, Realschule, Hauptschule und die Verbundschulen eines Landes in den Jahrgangsstufen 5 und 6 über einen gemeinsamen Lehrplan verfügen und die Durchlässigkeit und der Wechsel zwischen den Schularten am Ende der Jahrgangsstufe 6 nicht nur durch Abwärtsmobilität gekennzeichnet ist. Der O. voraus geht im 4. Schuljahr auf der Grundlage der Schullaufbahnempfehlung der Grundschule und der Entscheidung der Eltern die Wahl einer Schulart im Sekundarbereich I.

In den Ländern gibt es zur Gestaltung der O. unterschiedliche Modelle. In Berlin und Brandenburg gehören die Jahrgangsstufen 5 und 6 zur sechsjährigen Grundschule. In Niedersachsen wurde die eigenständige schulartunabhängige O. 2004 abgeschafft. Die Entscheidung über den weiteren Bildungsweg im gegliederten Schulsystem findet dort wie in den Ländern Baden-Württemberg und Bayern bereits am Ende der Grundschule statt. Auch in Bremen wurde die O. 2004 abgeschafft und durch differenzierende Bildungspläne mit schulartübergreifenden Kompetenzen und Standards in den vier Schularten sechsjährige Grundschule, Integrierte Gesamtschule/Stadtteilschule, Gymnasium und Sekundarschule ersetzt. In Nordrhein-Westfalen ist die Erprobungsstufe Teil des gegliederten

Schulsystems mit Hauptschule, Realschule und Gymnasium und soll die Durchlässigkeit durch den gemeinsamen Lehrplan gewährleisten. In neun Ländern gibt es neben dem Gymnasium Verbundschulen, in denen die Jahrgänge 5 und 6 darüber entscheiden, ob ein Kind ab Jahrgangsstufe 7 in den Hauptschul-, Realschul- oder Gymnasialbildungsgang übergeht. Die Entscheidung darüber liegt i. d. R. bei der Schule.

Österreich. 1) Parlamentarische Bundesrepublik mit neun Bundesländern. Hauptstadt: Wien (1,6 Mill. Einw.). Fläche: 83 871 km^2, 8,1 Mill. Einw., 97 Einw./km^2, 9,4% Ausländer. Landessprache: Deutsch (Amtssprache), regional Kroatisch, Ungarisch, Slowenisch, Tschechisch. Religion: 74% Katholiken, 5% Protestanten, 4% Muslime, 0,1% Juden, 12% religionslos.

2) Das Bildungswesen ist in den wesentlichen Belangen bundeseinheitlich geregelt und hat in dem Schulorganisationsgesetz von 1962, dem Schulpflichtgesetz von 1985 und dem Schulunterrichtsgesetz von 1986 seine Grundlage. Veränderungen wurden bisher auf dem Wege von Novellierungen der Gesetze durchgeführt. Im 2. Schulrechtspaket 2005 (ausgegeben am 16. 2. 2006) wurden die o. g. und sechs weitere schulbezogene Gesetze geändert. Für die Ausarbeitung der Schul- und Hochschulgesetze ist seit April 2000 das Bundesministerium für Bildung, Wissenschaft und Kultur (BMBWK) zuständig. Das BMBWK ist die oberste Aufsichtsbehörde für das gesamte Primar- und Sekundarschulwesen im allgemein bildenden und berufsbildenden Bereich. Die Vollziehung der Gesetze ist Angelegenheit des Bundes insbesondere für das gesamte allgemein bildende höhere Schulwesen, für das berufsbildende mittlere und höhere Schulwesen sowie für die Bildungsanstalten für Sozialpädagogik und für Kindergartenpädagogik. Für Pflichtschulen und Kindergärten ist sie Angelegenheit der Länder und Gemeinden. Während der Bund die Grundsatzgesetzgebung festlegt, haben die Landtage für die Ausführungsgesetzgebung zu sorgen. Die Schulen verfügen über eine gewisse Autonomie, u. a. in der Entwicklung eigener Schulprofile und in finanzieller Hinsicht. Um die Qualität der Bildung zu sichern und im internationalen Vergleich zu steigern, hat das BMBWK 2003 eine sog. Zukunftskommission eingerichtet, die 2005 ihren Abschlussbericht vorgelegt hat. Danach soll die Qualitätsverbesserung nicht durch Änderung der Schulorganisation, sondern durch eine innere Schulreform erreicht werden, zu der im Bildungsplan 2010 Vorgaben gemacht werden. Zur systematischen Qualitätssicherung und -entwicklung in Schulen hat das BMBWK Verfahrensvorschläge zur Initiative Q. i. S. – Qualität in Schulen (www.qis.at) herausgegeben. Durch das neue Hochschulgesetz 2005 (ausgegeben am 13. 3. 2006) zur Professionalisierung der Lehrerausbildung im Pflichtschulbereich wurden die 51 Pädagogischen Akademien aufgelöst und acht staatliche und vier kirchliche Pädagogische Hochschulen neu gegründet.

3) Die Vorschulerziehung kann für Kleinkinder bis zum Alter von drei Jahren mit dem Besuch einer Krippe beginnen. Sie findet für drei- bis sechsjährige Kinder im Kindergarten statt und ist freiwillig. Das Kindergartenwesen ist nicht bundeseinheitlich geregelt. Träger sind die Länder, Gemeinden oder private Einrichtungen. Die Höhe der Elternbeiträge hängt von den Subventionen des Landes oder der Gemeinde ab. Im Jahr 2003/04 nahmen 65,6% aller Dreijährigen und 94,9% aller Fünfjährigen vorschulische Einrichtungen in Anspruch.

Die allgemeine Schulpflicht dauert neun Schuljahre. Etwa 93% der Schüler erfüllen sie in öffentlichen Schulen, deren Besuch kostenfrei ist. Sie kann auch durch den Besuch einer Privatschule oder durch häuslichen Unterricht erfüllt werden, wenn der Unterricht gleichwertig ist. Die Gründung von Privatschulen ist ver-

fassungsmäßig garantiert. Die Bedingungen zum Betrieb einer Schule in privater Trägerschaft sind gesetzlich geregelt.
Die Volksschule umfasst die Grundschule und an 16 Standorten eine Volksschuloberstufe. Die Grundschule nimmt zum Schuljahresbeginn alle Kinder auf, die bis zum 1. September das 6. Lebensjahr vollenden und damit schulpflichtig werden. Kinder, die laut Pflichtschulgesetz von 2006 bis zum 1. März des folgenden Kalenderjahres das 6. Lebensjahr vollenden, können auf Ersuchen ihrer Eltern oder Erziehungsberechtigten zum 1. September eingeschult werden und sind dann schulpflichtig. Die Aufnahme der schulpflichtig gewordenen Kinder, die nicht schulreif sind, erfolgt in der Vorschulstufe der Grundschule. Die Grundschule umfasst bei Bedarf die einjährige Vorschulstufe, die Grundstufe I mit der 1. und 2. Schulstufe und die Grundstufe II mit der 3. und 4. Schulstufe. Die Grundstufe I ist eine pädagogische Einheit. Als neue Schuleingangsphase können die beiden Stufen der Grundstufe I organisatorisch getrennt oder gemeinsam geführt werden. Die Lerngruppenbildung umfasst entweder jeweils eine Klasse auf der Vorschulstufe (bei Bedarf) und auf der 1. und 2. Schulstufe oder eine gemeinsam geführte Klasse über ein bis drei Stufen. Diese neue Schuleingangsphase soll den für die 1. Schulstufe noch nicht reifen Schülern ebenso wie den besonders begabten dienen, entsprechend ihrem Lernentwicklungsprozess die Grundstufe I in einem Jahr durch Überspringen, in zwei oder in drei Schuljahren zu durchlaufen. Die Form der Schuleingangsphase kommt auch der sozialen Integration behinderter Kinder entgegen. Nach der Novellierung des Schulorganisationsgesetzes können seit dem Schuljahr 2006/07 in der Vorschulstufe und in den ersten vier Schulstufen der Grundschule ab einer Schülerzahl von acht Schülern schulstufen- und schulübergreifende Sprachförderkurse eingerichtet werden. Seit dem Schuljahr 2003/04 ermöglicht die neue Stundentafel schulautonome Lehrplanbestimmungen. Um das Prognoseverfahren für die Schulwahl im Sekundarbereich I zu erleichtern, werden seit 2006 in den Fächern Deutsch und Mathematik in der 4. Schulstufe auf Bildungsstandards bezogene einheitliche Tests durchgeführt. Nach erfolgreichem Abschluss der Grundschule gehen etwa 30% in die Unterstufe der Allgemein bildenden höheren Schule (AHS), etwa 70% der Schüler in die Hauptschule und nur 0,01% in die Volksschuloberstufen.
Von allen Kindern im Pflichtschulalter haben knapp 4% sonderpädagogischen Förderbedarf. Neben der Möglichkeit ihrer Integration in die Grundschule und in die Volksschuloberstufe, Hauptschule oder Unterstufe der AHS gibt es ein sehr differenziertes Angebot an selbständigen Sonderschulen oder an Sonderklassen in Hauptschulen und Polytechnischen Schulen. Die Sonderschule umfasst acht, im Falle der Einbeziehung der Polytechnischen Schule oder eines Berufsvorbereitungsjahres neun Schulstufen (Schuljahre). Zur Unterstützung der sozialen Integration im gemeinsamen Unterricht von behinderten und nichtbehinderten Kindern durch entsprechend ausgebildete Lehrkräfte wurden mobile Sonderpädagogische Zentren eingerichtet.
Voraussetzung für die Aufnahme in die AHS ist die Note »Sehr gut« oder »Gut« in den Fächern Deutsch und Mathematik am Ende der 4. Schulstufe der Grundschule oder eine Aufnahmeprüfung. Nachdem Übergang in die Hauptschule werden die Schüler in den Fächern Deutsch, Mathematik und in einer Fremdsprache in drei Leistungsgruppen eingeteilt. Die Anforderungen der höchsten Leistungsgruppe sollen jenen der AHS entsprechen. Für Schüler, die im Jahreszeugnis der Hauptschule einen ausgezeichneten Lernerfolg aufweisen, ist dadurch die Möglichkeit zum Übertritt in eine AHS gegeben.

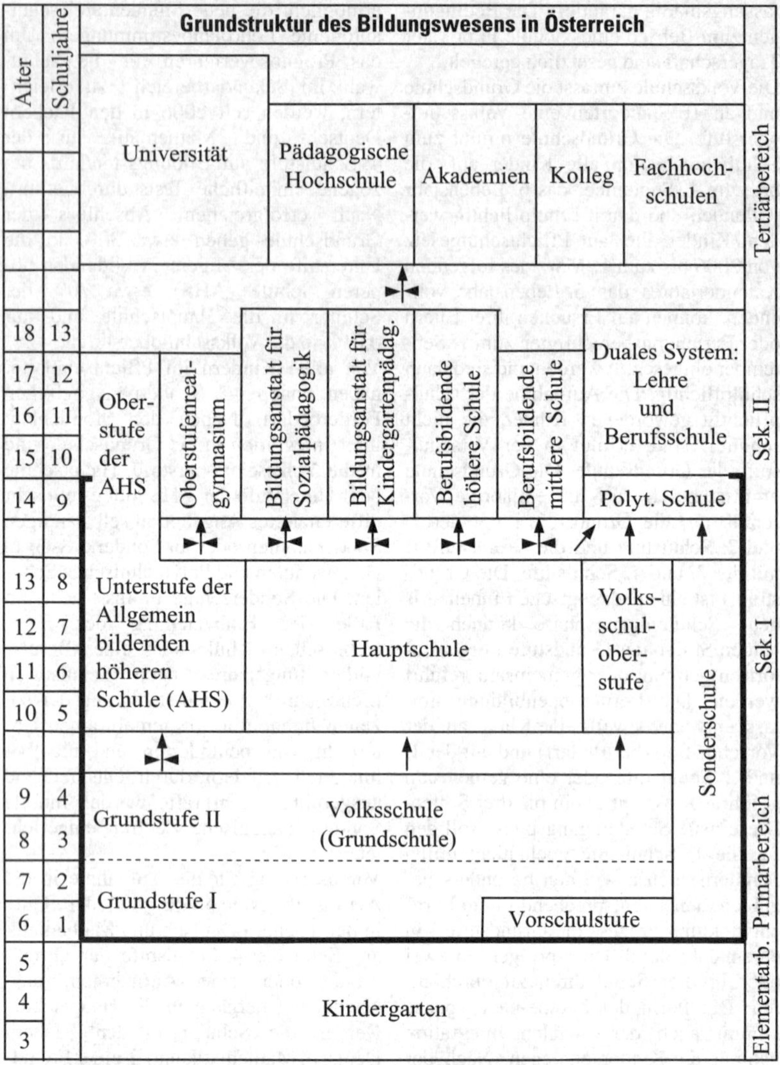

Fett umrandet sind die Einrichtungen für die Erfüllung der Schulpflicht.

Qualifizierte Auswahl   Einfacher Übergang

4) Im Sekundarbereich II können Jugendliche nach erfolgreichem Abschluss der 8. Klasse und zum Teil nach einer Aufnahmeprüfung folgende Schulen besuchen: 1. Oberstufe der AHS (9.–12. Klasse); 2. Oberstufenrealgymnasium (9.–12. Klasse); 3. Bildungsanstalt für Sozialpädagogik (9.–13. Klasse); 4. Bildungsanstalt für Kindergartenpädagogik (9.–13. Klasse); 5. Berufsbildende höhere Schule (9.–13. Klasse); 6. Berufsbildende mittlere Schule (9.–12. Klasse). An den Schulen 1 bis 5 kann das Reifeprüfungszeugnis (Matura) erworben werden. Etwa 20% der Jugendlichen mit erfolgreichem Hauptschulabschluss, die nach Erfüllung der Schulpflicht einen Beruf erlernen wollen, besuchen im 9. Schuljahr eine Polytechnische Schule. Etwa 3% der Schüler beenden ihre Schullaufbahn direkt nach der Schulpflicht. Die Berufsausbildung im dualen System (Lehre und Berufsschule) beginnt nach dem 9. Schuljahr. Ungefähr 40% der 15-Jährigen sind Lehrlinge in der dualen Ausbildung. Sie erreichen – je nach Ausbildungsberuf – den Abschluss der Lehre in zweieinhalb bis vier Jahren auf dem Niveau eines Facharbeiters. Für die Ausbildungsordnung im Betrieb ist das Bundesministerium für Wirtschaft und Arbeit zuständig.
Die beruflichen Vollzeitschulen beginnen mit dem 9. Schuljahr. Die Aufnahme erfolgt nach erfolgreicher Absolvierung der 8. Klasse und nach Ablegung einer Aufnahmeprüfung. Durch den erfolgreichen Abschluss der Polytechnischen Schule ist es möglich, ohne Aufnahmeprüfung in die erste Klasse einer beruflichen mittleren oder höheren Schule überzutreten. Nach dem Abschlussbericht der Zukunftskommission 2005 besteht beim Übergang von Schulstufe 8 des allgemein bildenden in Schulstufe 9 des berufsbildenden Schulwesens ein erhebliches Problem. Eine große Anzahl Jugendlicher muss die Klasse wiederholen oder ihre Ausbildung in den unteren Klassen ganz abbrechen. Der Prozentsatz liegt österreichweit in den Berufsbildenden höheren Schulen bei mehr als 20%.
Die Berufsbildenden mittleren Schulen (BMS), die auch Technische, Gewerbliche, Kunstgewerbliche oder Landwirtschaftliche Fachschule genannt werden, bilden – je nach Fach – in ein, zwei, drei oder vier Jahren für eine große Anzahl verschiedener Berufe aus.
Die Berufsbildenden höheren Schulen (BHS) vermitteln in fünf Jahren für ähnliche Berufsfelder wie die BMS höhere Berufsqualifikationen und eine fundierte Allgemeinbildung. Mit der Doppelqualifikation ist der Erwerb der Hochschulreife für ein Studium an einer Universität verbunden.

5) Im Hochschulwesen hat das Universitätsgesetz 2002 den 22 Universitäten die völlige Autonomie gebracht. Zu den nichtuniversitären Hochschuleinrichtungen des Tertiärbereichs gehören die neuen Pädagogischen Hochschulen, die Fachhochschulen für die Bereiche Technik, Wirtschaft, Soziales und Gesundheit, die Religionspädagogischen und Berufspädagogischen Akademien, die Akademien für Sozialarbeit, die Akademien für Gesundheitsdienste und die Kollegs. Kollegs vermitteln an Absolventen von höheren Schulen in einem vier- bis sechssemestrigen Bildungsgang ergänzend das Bildungsgut einer berufsbildenden höheren Schule. Aufnahmevoraussetzung ist die erfolgreich abgelegte Reifeprüfung.

6) Die Ausbildung der Lehrer für Volksschulen (Grundschulen), Hauptschulen, Polytechnische Schulen, Sonderschulen und Berufsbildende Schulen findet an neu gegründeten Pädagogischen Hochschulen statt und schließt nach mindestens sechs Semestern gemäß der Bologna-Erklärung mit dem Bachelor ab. Lehrer für Allgemein bildende höhere Schulen und Schulen des Sekundarbereichs II werden in mindestens neun Semestern an Universitäten ausgebildet.

7) Die Erwachsenenbildung besteht aus einer Vielfalt von Bildungseinrichtungen (z. B. Volkshochschulen). Im allgemein bildenden Bereich bietet der Zweite Bildungsweg Möglichkeiten der Nachholung von Bildungsabschlüssen. Seit 1997 ist das Gesetz über die Berufsreifeprüfung zur beruflichen Weiterbildung in Kraft. Die Vorbereitungslehrgänge ermöglichen Jugendlichen und Erwachsenen, die über einen Lehrabschluss oder den Abschluss einer Berufsbildenden mittleren Schule verfügen, über ein Hochschulstudium eine berufliche Höherqualifikation zu erreichen. Die Berufsreifeprüfung berechtigt auch zum Besuch eines Kollegs für Berufstätige. Von großer Bedeutung in der Erwachsenen- und in der Weiterbildung ist der Erwerb von Strategien und Kompetenzen für lebenslanges bzw. lebensbegleitendes Lernen. Auf der Grundlage von Konzepten der Europäischen Union und der OECD zum lebenslangen Lernen nimmt Österreich am EU-Bildungsprogramm 2007–2013 teil.

Overachievement. Leistungen, die deutlich über dem Niveau liegen, das aufgrund allgemeiner Eindrücke von einer Person erwartet wurde. Unter einem Overachiever wird auch eine Person verstanden, die sich Leistungen abverlangt, die ihre Fähigkeiten übersteigen.

P

PAD. *Pädagogischer Austauschdienst.*

Pädagogik (Syn. **Erziehungswissenschaft**; griech. *pais* Knabe, Kind, *agein* führen, *paidagogike techne* Knabenführungskunst; engl. *pedagogy, educational theory*). **1)** Die Wissenschaft der *Erziehung* bearbeitet im Wesentlichen vier Aufgaben: 1. Beschreibung von Erziehungs-, Unterrichts- und Ausbildungsprozessen in Gegenwart und Vergangenheit. 2. Interpretation der Programme für und der Theorien über Erziehung im Feld ihrer weltanschaulichen, wissenschaftlichen, politischen und sozialen Bedingungen. Verständlich gemacht werden sollen die Werte, Normen und Interessen, von denen her die Ziele, Formen, Maßnahmen und Methoden der Erziehung entwickelt und begründet werden bzw. worden sind. 3. Erklärung der organisatorischen und der zwischenmenschlichen Gestaltung von Erziehungsprozessen und der beobachtbaren Wirkungen von Erziehung. Gewonnen werden soll ein Wissen, mit dessen Hilfe die Voraussetzungen für erfolgreiche Erziehung beschrieben und kontrolliert werden können. 4. Klärung der pädagogischen Grundbegriffe und bildungstheoretische Analyse der gesellschaftlichen Entwicklungen, um eine reflektierte, öffentlich kontrollierbare und verantwortungsbewusste Gestaltung der pädagogischen Prozesse zu ermöglichen.

2) Als selbständige Disziplin wird P. seit 1779 betrieben. Damals richtete der preußische Staat an der Universität in Halle/ Saale den ersten Pädagogiklehrstuhl ein. Die Entstehung einer selbständigen P. und ihre weitere Entwicklung sind eng verzahnt mit Prozessen in Politik, Wirtschaft, Religion und Wissenschaft sowie deren Reflexion in Philosophie, Gesellschaftstheorie, Literatur und Kunst.

So waren die radikale Kritik der Aufklärungsphilosophie an überlieferten Dogmen und ihr Streben nach einer vernunftgeleiteten und freien Gestaltung des Lebens zusammen mit dem Interesse der absolutistischen Staaten, durch eine aufgeklärte, sprich rationale, kalkulier- und steuerbare Politik die Modernisierung von Rechtswesen, Verwaltung, Volkswirtschaft und Militär in die Wege zu leiten, die geistesgeschichtlichen und politischen Wurzeln für die Selbständigkeit der P. Denn wenn der Mensch von Natur aus vernunftbegabt und gut ist und wenn alles, was der Mensch ist, was er erkennt, was er will und dann auch vermag, letztlich das Ergebnis seiner Erziehung ist, so die zentralen Thesen der Aufklärungsp., gewinnen Erziehung und *Bildung* für die Überwindung geistlicher und geistiger Bevormundung ebenso wie für die Beseitigung rückständiger Lebens- und Arbeitsformen hohe Bedeutung. Durch Erziehung und Bildung lassen sich nach Überzeugung der Aufklärungsp. sowohl das Individuum wie die Gesellschaft zum Besseren führen. Gefordert wurde eine von Theologie und dogmatischer Ethik freie P., die zur Vervollkommnung des Einzelnen wie des Gemeinwesens beitragen sollte.

Die P. ist damit seit ihrer Entstehung mit dem Problem konfrontiert, wie sich die Vervollkommnung der Subjekte mit der gesellschaftlichen Inanspruchnahme von Erziehungs-, Bildungs- und Ausbildungsprozessen vereinbaren lässt. Deshalb hat die P. für sich zu klären, auf welche Weise sie auf die Gestaltung dieses Spannungsverhältnisses Einfluss nehmen will und mit den Möglichkeiten wissenschaftlicher Forschung und Theoriebildung überhaupt kann.

Im Laufe ihrer Geschichte haben sich Teile der pädagogischen Theorie und Praxis an ganz bestimmte weltanschauliche oder pragmatische Programme angelehnt. Daraus sind mehr oder weniger geschlossene pädagogische Schulen im Sinne von Überzeugungsgemeinschaften hervorgegangen, so u. a. *Montessori-Pädagogik, Freinet-Pädagogik* und *Waldorfschulen.*

Eine weitere Differenzierung der P. ergab sich aus der Anlehnung an erkenntnistheoretische und forschungsmethodische Positionen in Philosophie und Sozialwissenschaften. Die Konzeptionen bzw. Richtungen der P. unterscheiden sich zum einen in der Gewichtung der unter 1) genannten vier Aufgaben, die P. zu bearbeiten hat, und sie bestimmen zum anderen das Verhältnis der P. zur gesellschaftlichen Erziehungspraxis in sehr spezifischer Weise zwischen den Positionen engagiert und mitverantwortlich bis zu distanziert und wertungsfrei.

3) Auf der Grundlage der in Theologie, Philosophie und Geschichtswissenschaft entwickelten *Hermeneutik (F. D. E. Schleiermacher, W. Dilthey)* sucht die *geisteswissenschaftliche P.* über die systematische Interpretation grundlegender pädagogischer Objektivationen (Erziehungslehren, Bildungsprogramme, Schulpläne, Gesetze usw.) den für die jeweils aktuelle pädagogische Praxis Verantwortlichen ein möglichst genaues Bild von den historisch-gesellschaftlichen Bedingungen ihres Denkens und Handelns zu vermitteln. Der Erziehungswirklichkeit soll durch die Auslegung zugrunde liegender Ansichten, Theorien, Ziele, Ordnungen, Maßnahmen usw. ein vertieftes Selbstverständnis ermöglicht werden. Auf diese Weise kann die geisteswissenschaftliche P. zwar das Verständnis dafür erweitern, warum sich Erziehung in Theorie und Praxis so darstellt, wie sie es jeweils tut. Zukunftsweisende Orientierungen aber sind im Prinzip nicht möglich.

Im Gegensatz zu dieser historischen Relativierung fragt die transzendentalphilosophische oder *normative P.* unter Bezugnahme auf die Philosophie *I. Kants* nach den aller Erfahrung und Beurteilung von empirischer Erziehung vorausgehenden, rein aus dem Erkenntnisvermögen selbst zu gewinnenden und insofern apriorischen Prinzipien, von denen her Erziehung im Unterschied zu Fürsorge, Pflege, Dressur oder Training ihre Geltung überhaupt erst gewinnen kann. Sie versteht ihre grundsätzlichen Aussagen als Normen, an denen sich die Geltung pädagogischen Denkens und Handelns zu erweisen hat.

Einen sinnweisenden Anspruch erhebt auch die *phänomenologische Pädagogik.* Sie will das Wesentliche pädagogischer Prozesse und Gegenstände durch Reduktion auf das, was in der geistigen Anschauung von diesen Prozessen und Gegenständen gegeben ist, erkennen. Nicht das zufällige Verständnis der Phänomene in subjektiven und gesellschaftlichen Grenzen interessiert, vielmehr soll hinter den, möglicherweise auch gegen die subjektiven Deutungen erzieherischen Handelns das Wesen der Phänomene freigelegt werden.

Ein viertes Konzept der P. stützt sich auf die materialistische Gesellschaftstheorie (K. Marx). Erziehungsprozesse werden von der *materialistischen Pädagogik* im Bedingungsfeld der gesellschaftlichen Organisation von Arbeit und den damit unmittelbar zusammenhängenden sozialen Strukturen und Herrschaftsverhältnissen analysiert. Durch den Nachweis der Funktionalisierung von Erziehung sollen die Grundlagen für eine systemüberwindende Erneuerung pädagogischer Theorie und Praxis gewonnen werden. Auch die materialistische P. verfolgt also eine aktive Einflussnahme auf den gesellschaftlichen Erziehungsprozess.

4) Den vier skizzierten Konzeptionen der P. ist vorgehalten worden, dass sie der

Beschreibung und Analyse sozialer Bedingungen, unter denen Erziehungs-, Unterrichts- und Ausbildungsprozesse tatsächlich ablaufen, und der Untersuchung von Ursache-Wirkungs-Zusammenhängen in pädagogischen Verhältnissen nicht die gleiche Aufmerksamkeit geschenkt haben wie der Interpretation oder der Konstruktion bildungstheoretischer Entwürfe, der Begriffskritik und der globalen Formulierung von Erziehungstheorien. Und speziell an die Adresse der geisteswissenschaftlichen P. erging der Vorwurf, sie habe die Interessenbindung pädagogischer Theorien nicht aufgeklärt, sich in ihren Interpretationen auf geistesgeschichtliche und psychologische Aspekte beschränkt und die politische Vereinnahmung der Erziehung auf diese Weise verschleiert. So wurde der jeweils faktischen Erziehung die Würde einer gültigen Erziehung zugewiesen. Nach diesem fundamentalen Zweifel an der weiteren Tragfähigkeit des traditionellen geisteswissenschaftlichen Konzepts integrierten eine Reihe von Vertretern der geisteswissenschaftlichen P. (W. Klafki, *K. Mollenhauer, H. Blankertz* u. a.) ideologiekritische Analysen und sozialgeschichtliche Studien in ihre Arbeit. Als kritisch-konstruktive Erziehungswissenschaft (auch emanzipatorische Pädagogik genannt) signalisiert diese Konzeption ihr Engagement für eine P., die im Sinne der Aufklärung konsequent für die *Emanzipation* der zu Erziehenden eintritt.

5) Das erfahrungswissenschaftliche Defizit der P. wurde erst dann nachhaltig korrigiert, als das Wissenschaftsverständnis der P. durch die Hinwendung zur empirischen Forschung *(Empirie)* etwa ab Mitte der sechziger Jahre eine weitere Veränderung erfuhr. Neue Kriterien für die Überprüfbarkeit wissenschaftlicher pädagogischer Aussagen wurden aus Psychologie und Soziologie gewonnen. Das erklärende und auch das konstruktive, also handlungsanleitende Potenzial der P. ist dadurch wesentlich verbessert worden. Die neue Bezeichnung Erziehungswissenschaft sollte die Erweiterung des pädagogischen Wissenschaftsverständnisses um methodische Grundsätze aus stärker empirisch ausgerichteten Wissenschaften anzeigen. An dem Aufgabenverständnis der P. bis hin zu der Entscheidung, sich auf der Grundlage transzendentalkritischer, phänomenologischer, gesellschaftstheoretischer und sozialisationstheoretischer Erkenntnisse in Mitverantwortung für die Gestaltung der gesellschaftlichen Erziehungsprozesse zu sehen, änderte sich dadurch freilich nichts.

6) Den radikalen Bruch mit dem Konzept der P. als Wissenschaft von und für die Erziehung verfolgte dagegen in den siebziger Jahren die *empirisch-analytische Erziehungswissenschaft,* die sich als wertfreie Sozialwissenschaft versteht, folglich alle Normen, Orientierungen, Beurteilungen und Empfehlungen für die Gestaltung des pädagogischen Prozesses aus dem wissenschaftlichen Aussagenzusammenhang der P. eliminiert. In konsequenter Anwendung dieser Entscheidung können dann nur noch solche Aussagen wissenschaftliche Geltung beanspruchen, die experimentellen oder zumindest daran orientierten Überprüfungensverfahren standhalten. Dabei will und kann diese P. den Anspruch und das Wesen von Erziehung nicht mehr erkennen. Sie engt sich ein auf die Bereitstellung von Kenntnissen, die in einem technischen Sinne die Kontrolle von Lernprozessen optimieren.

7) In ihrer heutigen Praxis beachtet die P. in Abhängigkeit von den Problemen, um deren Aufklärung und Lösung sie sich bemüht, die Standards der unterschiedlichsten wissenschaftlichen Konzeptionen. Das gelingt keineswegs widerspruchsfrei. P. ist, wie andere Wissenschaften heute auch, kein harmonischer und in sich geschlossener Arbeitszusammenhang, in den hermeneutische, philosophische, phänomenologische, ideologiekritische, materialistische und empirische Erkenntnisprozesse bruchlos integriert werden können. Im Gegenteil, die methodische und fachliche Differenzierung und damit auch die Uneinheitlichkeit der P. nach innen und außen sind inzwischen weit fortgeschritten. Gewachsen ist jedoch zugleich die Klarheit über die jeweils spezifischen Erkenntnismöglichkeiten und Grenzen der verschiedenen Konzepte und die Bereitschaft zu wechselseitiger Ergänzung und Korrektur.

8) In den letzten 100 Jahren wurde erzieherische Arbeit mehr und mehr institutionalisiert, was zugleich zur Herausbildung neuer pädagogischer Berufe führte. Richtete P. in Theorie und Praxis ihr Interesse zuerst ausschließlich auf Kinder bzw. Schüler, weswegen die P. auch vornehmlich als Berufswissenschaft der Lehrer verstanden wurde, so sind heute praktisch alle Altersstufen der Bevölkerung Adressaten pädagogischer Programme und Maßnahmen. Entsprechend ist auch die fachliche Differenzierung der P. als Wissenschaft vorangeschritten. In Orientierung an Altersstufen lassen sich Kleinkindp., *Vorschulpädagogik, Schulpädagogik, Berufspädagogik, Erwachsenenbildung* und *Altenbildung* unterscheiden. Unter dem Gesichtspunkt spezifischer Aufgabenfelder haben sich neben der Schulp. und der Berufsp. die *Sozialpädagogik* und die *Behindertenpädagogik* (auch Sonderp.) herausgebildet. In diesen Teildisziplinen der P. führte die Konzentration auf bestimmte Problembereiche zu weiteren fachlichen Untergliederungen (*Spielpädagogik, Museumspädagogik, Medienpädagogik, Umwelterziehung, Sexualpädagogik, Gesundheitserziehung, politische Bildung, Sportpädagogik u. a.*).

pädagogische Anthropologie (engl. *educational anthropology*). Einführungen und Überblicke zur p. A. heben zumeist drei Charakteristika hervor: Erstens die Vielzahl der methodischen Konzepte zwischen enger Orientierung an natur- und sozialwissenschaftlichen Bezugswissenschaften einerseits und transzendentalphilosophischen Positionen andererseits. Zweitens, dass sich die Entwicklung einer eigenständigen Teildiszplin p. A. innerhalb der Pädagogik bzw. Erziehungswissenschaft erst in den Anfängen befindet und drittens die Tatsache, dass unabhängig von den aktuellen Konstitutionsproblemen historisch gesehen anthropologisches Denken wesentlicher Gegenstand pädagogischer Theorien seit deren Anfängen ist. Denn Vorstellungen vom Menschen, seiner Erziehungsbedürftigkeit, Lernfähigkeit und *Bildsamkeit,* Überlegungen zum Verhältnis zwischen den biologischen Grundlagen menschlicher Entwicklung sowie den sozialen Zwängen einerseits und den Möglichkeiten zur Selbstgestaltung des Menschen als lernendes Vernunftwesen andererseits, Reflexionen über Erziehungsziele und deren Rechtfertigung, über das Verhältnis von Subjektwerdung und Ausbildung der Heranwachsenden für gesellschaftliche Zwecke, Überlegungen zu den Besonderheiten von Kindheit und Jugendzeit als Brennpunkten pädagogischen Engagements lassen sich mehr oder weniger explizit und systematisch in allen pädagogischen Konzepten auffinden.

Versteht sich p. A. als »eine Zusammenfassung der Ergebnisse der verschiedenen Wissenschaften vom Menschen, die für das Verständnis des Erziehungsvorgangs von Belang sind« *(O. F. Bollnow),* also von psychologischen, soziologischen, neurophysiologischen, biologischen oder auch medizinischen Erkenntnissen über die geistige Entwicklung des Kindes, über *Lernen,* Gedächtnis, Motivation, *Identität, Selbstkonzept* u. a. zentrale Aspekte pädagogischer Theorie und Praxis, dann ist p. A. »datenverarbeitende Integrationswissenschaft« *(H. Roth)* zum Zwecke der Grundlegung pädagogischen Handelns durch empirisch abgesichertes Wissen. Wesentliche Beiträge dazu liefern derzeit die Arbeiten der *pädagogischen Psychologie* was Fragen der Qualitätsentwicklung der Lehr-Lern-Kultur betrifft sowie die sozialwissenschaftliche

Bildungsforschung zur sozial-kulturellen Vermittlung von Bildungschancen.
Aber auch die neuere pädagogische *Unterrichtsforschung* hat bedeutsame Einsichten in die Bedingungen der Möglichkeit guten Unterrichts gewinnen können, die für eine Art anthropologischer Wende in der Schule Anstöße geben können, weil individualisierende Lernförderung, positiv verstärkende Lehrprozesse und selbständiges Lernen in unterstützenden Lernumgebungen als Chance zur Humanisierung und zugleich zur effektiveren Gestaltung des Unterrichts erkannt sind.
P. A. als philosophische Disziplin fragt von einem anderen Erkenntnisinteresse her. Was gewinnen wir an Einsichten über das Wesen des Menschen aus den pädagogischen Bemühungen, aus dem bewusst gesetzten Vorbild, dem Hinweis, der Ermahnung, dem Appell, der Aufforderung, dem Tadel oder der *Strafe?* Wie denken wir den Menschen, wenn wir Selbstdisziplin fordern, seine Mitverantwortung erwarten, Solidarität als Leitziel formulieren? Und wie muss Bildungsarbeit gestaltet sein, wenn wir meinen, *Bildung* des Menschen sei letztlich nur als Akt der Selbstbildung möglich? Von solchen Fragen her will die philosophische p. A. zu keinem geschlossenen Bild vom Menschen kommen, das gleichsam zur Richtschnur pädagogischen Handelns werden könnte. Vielmehr betont Bollnow: »Jedes neu betrachtete Phänomen ergibt einen neuen, nicht vorauszusehenden Beitrag zum Verständnis des Menschen und insbesondere auch der Erziehung.« Erziehung als kulturelle Praxis und deren Reflexion wird dabei als Ausdruck der Schöpferkraft des Menschen (H. Plessner) im Zusammenhang des übergreifenden historischen Prozesses *(W. Dilthey)* gesehen. P. A. als philosophische Anthropologie steht dann auch in unmittelbarer Nachbarschaft zur *Bildungstheorie*. Es geht um die nähere Identifikation von Bildungszielen angesichts der Schlüsselprobleme (W. Klafki), mit denen sich die Menschheit auseinandersetzt: die Friedensfrage, die Umweltfrage, die Frage der Ungleichheit, die Frage nach Steuerung und Kontrolle des elektronischen Informationssystems und die Frage nach dem humanen Umgang der Geschlechter. Die pädagogische Reflexion solcher Schlüsselprobleme zielt darauf ab, die in Bildungsprozessen möglichen Beiträge zur Wahrnehmung, Erklärung, Beurteilung und Behandlung solcher Probleme zu erkennen und zu aktivieren.

pädagogische Diagnostik (engl. *educational diagnostics*). **1)** Praktische Ausübung diagnostischer Tätigkeiten zur systematischen und kontrollierten Gewinnung von Informationen über Lehr-Lern-Prozesse in pädagogischen Handlungsfeldern, die auf der Grundlage präziser Fragestellungen pädagogische Entscheidungen unterstützen.
2) Teildisziplin der Pädagogik/Erziehungswissenschaft, die durch Forschung und Theoriebildung die Anwendung diagnostischer Methoden in pädagogischen Handlungsfeldern weiterentwickelt.
Der Begriff p. D. wurde von K. Ingenkamp auf dem Grundschulkongress 1969 im Sinne des Educational measurement und in Anlehnung an die medizinische und die psychologische *Diagnostik* in die pädagogische Fachsprache eingeführt. Ziel war die Professionalisierung der Pädagogen als Diagnostiker im Handlungsfeld von Erziehung und Unterricht und die Loslösung von der Dominanz außerschulischer Psychodiagnostik. bzw. psychologischer Betreuung. Zu den Funktionen der p. D. gehören: Förderung individueller Lernprozesse, Verbesserung des Unterrichts, Intensivierung der Beratung von Schülern, Eltern und Lehrern, Pädagogisierung und Objektivierung der Entscheidungen bei Kurszuweisungen, Übergängen und Abschlüssen. In seinem Buch ›Pädagogische Diagnostik in Deutschland 1885–1932‹ hat Ingenkamp inzwischen belegt, dass der Begriff bereits 1910 von A. Spitzner benutzt worden ist. Als pädagogisch-diagnostische

Gegenposition zur sog. Selektionsdiagnostik und zur Psychodiagnostik hat sich die Förderdiagnostik entwickelt, die auf eine konsequente individuelle Diagnose, Betreuung und Unterstützung ausgerichtet ist. Nach Auffassung von E. W. Kleber können in der Pädagogik je nach spezifischer Fragestellung unterschiedliche Formen der Diagnostik verwendet werden. Er nennt sein Buch deshalb ›Diagnostik in pädagogischen Handlungsfeldern‹ und hält eine p. D. als eigenständige Teildisziplin der Pädagogik nicht für sinnvoll.

Die Aufgaben der p. D. stehen heute vor dem Hintergrund der traditionellen Strukturen des Schul- und Berechtigungswesens und der innovativen Bemühungen des demokratisierten Bildungswesens in einem bildungspolitischen Spannungsverhältnis. Es dominieren die traditionellen Formen der Leistungsfeststellung durch mündliche Prüfungen und Klassenarbeiten und der Leistungsbewertung durch Punkte und Zensuren, vor allem bei Kurszuweisungen, Jahres-, Übergangs- und Abschlusszeugnissen. In Verbindung damit werden häufig Prüfungsangst, Leistungsmotivation, Konzentrationsfähigkeit, soziale Beziehungsprobleme u. a. zum diagnostischen Gegenstand. Reformbemühungen zur Optimierung individuellen Lernens stellen dagegen eher Verfahren der Beobachtung, Dokumentation, Interpretation und Diagnose von Lehr-Lern-Prozessen (z. B. beim Spracherwerb), individuelle Formen der Feststellung fachlicher Lernerfolge (z. B. eigenständige Textproduktion), zensurenfreie Rückmeldeverfahren (z. B. Entwicklungsberichte) und dialogische Beratungsgespräche in den Mittelpunkt. Von allgemeiner positionsübergreifender Bedeutung muss die Frage nach einer angemessenen Kombination von subjektiven (z. B. Lehrerurteil) und objektiven Beurteilungsverfahren (z. B. standardisierten Tests) bzw. von subjektiv-individuellen und überregional-vergleichbaren Anforderungsprogrammen sein. Das Beharrungsvermögen der leicht handhabbaren, aber immer wieder nachgewiesenen Fragwürdigkeit der Zensurengebung und die fehlende Professionalisierung der Lehrerschaft haben bisher die Weiterentwicklung einer didaktisch orientierten p. D. stark behindert. Nach Auffassung von K. Ingenkamp muss die p. D. zwischen Psychodiagnostik und allgemeiner Pädagogik ihren eigenen wissenschaftlichen Weg finden und darf angesichts der diagnostischen Möglichkeiten der Computertechnologie nicht länger im Programmatischen stecken bleiben. Gegenwärtig wird im Zusammenhang mit den *Internationalen Vergleichsstudien*, der Umsetzung nationaler *Bildungsstandards der Kultusministerkonferenz* in kompetenzorientiere *Kerncurricula* und der professionellen *Evaluation* im Schulwesen in der interdisziplinären empirischen *Schulforschung* ein neues Konzept der *Kompetenzdiagnostik* entwickelt und erprobt.

pädagogische Freiheit des Lehrers. Die meisten Schulgesetze der Bundesländer übertragen dem Lehrer die unmittelbare Verantwortung für Erziehung und Unterricht der Schüler. Verantwortung erfordert notwendig einen Handlungs- und Entscheidungsspielraum. Dieser ist für den Lehrer insbesondere in didaktisch-methodischen Fragen, bei der Schülerbeurteilung, im erzieherischen Handeln sowie in seiner Mitwirkung an der Gestaltung des Schullebens gegeben. Die p. F. hat der Lehrer im Rahmen der geltenden Gesetze, unter Beachtung der Bildungspläne u. a. Anordnungen der Schulverwaltung wahrzunehmen.

Pädagogische Hochschule (**PH**; engl. *College, School of Education*). In Deutschland den Universitäten gleichgestellte wissenschaftliche Hochschulen in *Baden-Württemberg,* die vornehmlich Studiengänge für Lehrämter an Grund-, Haupt-, Real- und Sonderschulen anbieten, darüber hinaus für Berufe in der Erwachsenenbildung sowie im Bildungs- und Kulturmanagement qualifizieren. PH führen zu den Abschlüssen *Bachelor, Master, Magister Artium, Diplom* und Staatsexamen und verleihen das Doktorat (Dr. paed., Dr. phil.) und die *Habilitation.* Die PH sind aus den Pädagogischen Akademien und Instituten hervorgegangen. In den anderen Bundesländern sind die PHs bzw. alle lehrerbildende Studiengänge in die Universitäten integriert worden.

In *Österreich* sind die Pädagogischen Akademien und Institute durch eine Novellierung des Hochschulgesetzes 2005 zu PH weiterentwickelt worden. Der Bund unterhält acht, die Katholische Kirche vier PH. Alle haben den Status von *Fachhochschulen.* Die Studiengänge führen zu den Abschlüssen Bachelor und Master.

In der *Schweiz* sind PH auf der Grundlage des Bundesgesetzes über die Fachhochschulen vom Oktober 1995 und daran orientierter kantonaler Gesetze als Fachhochschulen für die Ausbildung von Lehrkräften an Vorschulen, Primar-, Sekundar- und Sonderschulen eingerichtet. Einige der PH bieten Studiengänge mit den Abschlüssen Bachelor und Master an, so u. a. die PH St. Gallen. Die EDK (Schweizerische Konferenz der kantonalen Erziehungsdirektoren) hat die interkantonale Anerkennung aller Abschlüsse der PH geregelt. Die PH der Schweiz gehören zusammen mit zahlreichen anderen Hochschulen zum nichtuniversitären Tertiärbereich.

pädagogische Psychologie (engl. *educational psychology*). Arbeitsbereich der Psychologie, der sich schwerpunktmäßig mit der Übertragung psychologischer Theorien auf pädagogische Handlungsfelder befasst. Leitende Interessen der p. P. sind die Analyse von Lernbeeinträchtigungen sowie die Entwicklung und Erprobung von Lehr-Lern-Konzepten, die eine Verbesserung von Lernprozessen erwarten lassen. Zu den wesentlichen Bezugstheorien gehören Wahrnehmungs-, Kognitions-, Lern- und Motivationstheorien.

Im deutschsprachigen Raum sind wichtige Beiträge zur p. P. u. a. von *H. Aebli,* K. Ingenkamp, *H. Roth,* R. Tausch, *F. Weinert u. a.* geleistet worden.

Pädagogischer Austauschdienst (**PAD**; engl. *The Educational Exchange Service*). Staatliche Einrichtung beim Sekretariat der KMK, die im Auftrag aller Bundesländer den internationalen Austausch im Schulbereich organisiert. Der PAD wurde 1951 von der KMK beschlossen. Mit seinen Programmen fördert der PAD internationale Begegnungen und unterstützt Deutsch als Fremdsprache im Ausland. 1995 übernahm der PAD die Aufgaben der nationalen Agentur für die EU-Bildungsprogramme SOKRATES, COMENIUS, LINGUA und ARION. In seiner Arbeit wird der PAD von den Kultusverwaltungen der Länder sowie dem Auswärtigen Amt unterstützt. Die Programme werden durch die Kultusministerien veröffentlicht, über die auch die Antragsverfahren für eine Teilnahme an PAD-Programmen laufen.

pädagogischer Bezug. Von *H. Nohl* gebildeter Begriff, mit dem die Besonderheiten des pädagogischen Verhältnisses zwischen einem Erwachsenen und einem Kind oder Jugendlichen in systematischer Ordnung erfasst werden sollen. Das Konstrukt enthält beschreibende und normative Teile. Eher beschreibend sind die Aussagen über das zwischen einem Erzieher bzw. Lehrer und den Kindern bzw. Schülern bestehende Gefälle an Einsicht, Umsicht, Voraussicht, Kenntnissen, Fähigkeiten, Urteilskraft und Handlungsfähigkeit sowie der Hinweis auf die Vorläufigkeit des p. B. Das Gefälle muss aber zugleich als normative Kategorie verstanden werden. Der Pädagoge soll sich durch die genannten Merkmale auszeichnen. Primär normativer Art ist die Forderung nach Anerkennung der Persönlichkeit des Kindes und seiner Individualität bei gleichzeitig umfassenden erzieherischen und bildenden Bemühungen um das Kind sowie der Appell an die Verantwortlichkeit des Erziehers für das Kind.

pädagogischer Takt. Der von *J. F. Herbart* gebildete Begriff will die Komplexität der Anforderungen beim erzieherischen Handeln erfassen. Im Unterschied zu Experimenten oder technischen Versuchsanordnungen mit Personen oder Objekten, die kontrollier- und wiederholbar sind, ist die pädagogische Situation durch die Nichtwiederholbarkeit der Interaktionen zwischen zwei Subjekten gekennzeichnet, in denen die individuellen Sinngebungsprozesse nicht stillgestellt werden können. Folglich kann Wissenschaft in der pädagogischen Situation nicht schlicht angewendet, können die Ergebnisse bestimmter Maßnahmen nicht einfach abgewartet und erfasst werden, kann der Prozess nicht abgestellt werden, bis möglicherweise eine andere Maßnahme gefunden ist. Vielmehr muss sich die Handlungskompetenz des Erziehers, sein p. T. darin erweisen, dass er wissenschaftlichen Sachverstand, wissenschaftlich geübte Beobachtungsgabe und Sensibilität für mögliche Ursache-Wirkung-Zusammenhänge in Interaktionsprozessen mit Intuition, rascher Auffassungsgabe und der Fähigkeit zu entschlossenem und zugleich reflektiertem Handeln verbindet. Das Studium einschlägiger Wissenschaften, laufende Reflexion des eigenen Tuns, Kritik durch Dritte u. a. Formen der bewussten und kontrollierten Gestaltung des eigenen pädagogischen Handelns sind im Sinne des Herbart'schen Begriffes vom p. T. deshalb dringend geboten.

pädagogische Soziologie (Syn. **Erziehungssoziologie**; engl. *educational sociology*). Arbeitsbereich der *Soziologie,* der sich einerseits auf die Beschreibung und Analyse der gesellschaftlichen Bedingungen für Ziele, Strukturen, Maßnahmen und Verläufe von Sozialisations-, Erziehungs- und Unterrichtsprozessen in den unterschiedlichen Sozialisationsinstanzen (Familie, Kindergarten, Schule, Betrieb, Medien usw.) konzentriert, umgekehrt aber auch die Bedeutung dieser Prozesse für soziale Entwicklungen bzw. Veränderungen in der Gesellschaft untersucht. Eine der zentralen Fragestellungen der p. S. verfolgt die Aufklärung der Zusammenhänge zwischen Persönlichkeitsmerkmalen wie sozialer Schichtenzugehörigkeit, konkreter Lebenslage (Stadt–Land, Familienstruktur, Kommunikations- und Interaktionsmuster im Alltag), Geschlecht und Nationalität und den damit verbundenen Schul- und Ausbildungssituationen. Auf diese Weise lässt sich z. B. die Funktion der Sozialisationsinstanzen und der staatlichen Bildungspolitik für die gesellschaftliche Bedingtheit von sozialer Ungleichheit erkennen. Ein weiterer Schwerpunkt der Forschung befasst sich mit den Auswirkungen gesellschaftlicher Veränderungen bei Werten, Normen, Lebensformen, Arbeitsverteilung und -organisation, Information und Konsum auf Kindheit und Jugendzeit.
Wichtige Beiträge zur p. S. sind u. a. von H. Bertram, H. Fend, D. Geulen, K. Hurrelmann und D. Ulich geleistet worden.

pädagogische Tatsachenforschung. Ein von E. Müller-Petersen und *P. Petersen* entwickeltes Verfahren zur Beobachtung und Protokollierung des Unterrichts für die Erforschung des *Jena-Plans* an der Universitäts-Übungsschule in Jena. Im Unterschied zur heutigen hypothesengeleiteten Unterrichtsforschung ging es Petersen nicht um das Experiment, sondern um die Tatsachenbeschreibung im natürlichen und miterlebten Unterricht. Ziel der Protokollierung war die subjektive Beschreibung pädagogischer Situationen zur Gesamterfassung des Unterrichts, die dann der nachträglichen hermeneutischen Deutung und Theoriebildung diente. Durch den subjektiven Charakter des Verfahrens waren die Ergebnisse der p. T. nicht intersubjektiv überprüfbar. Diesen empirischen Ansatz entwickelte der Petersen-Schüler *F. Winnefeld* weiter.

pädagogische Werkstatt. *Lernwerkstatt.*

Paideia (griech. Erziehung, Bildung, Humanität). Von Sokrates, Platon und Aristoteles entwickelte Grundlinien eines bildungstheoretischen Denkens, das bis in die Gegenwart hinein die Pädagogik nachhaltig beeinflusst. Dabei gewann in der Antike das Verständnis von P. in einem langen Prozess die Gestalt eines harmonischen Miteinanders von körperlicher, musischer, geistiger und sittlicher Ausbildung. Sie ist Ausdruck des Bildungswillens und der allseitigen *Bildsamkeit* des Menschen, die sich innerhalb des freien geistigen Verkehrs der Polis und ihrer Schulen entfaltet.

PAL. *Prüfungsaufgaben- und Lehrmittelentwicklungsstelle.*

Paneluntersuchung. Um mögliche Veränderungen in den Ansichten oder Einstellungen zu erfassen, werden bestimmte Untersuchungsgruppen zu mindestens zwei verschiedenen Zeitpunkten wiederholt befragt. Die P. ist eine typische Variante der Längsschnittanalysen.

Pansophia (griech. *pan* alles, *sophia* Weisheit, Schlauheit; die Allweisheit). In seinen pädagogischen und didaktischen Schriften stellte *J. A. Comenius* Überlegungen an, wie durch eine Zusammenführung der wesentlichen Erkenntnisse der gesamten Wissenschaften in einem methodisch angelegten Buch Allweisheit darstellbar und dann auch vermittelbar sein könnte. Im einzelnen Menschen sollte sich die göttliche Harmonie der Schöpfung abbilden, so dass in einer völkerverbindenden Einheit unter Gottes Wort (Panharmonia) die auf P. basierende Allerziehung (Pampaedia) die Welt auf die unmittelbar bevorstehende Herrschaft Christi vorbereiten könne. Ausdruck fanden diese Bestrebungen des Comenius u. a. in dem berühmten und weit verbreiteten Werk ›Orbis sensualium pictus‹ (Welt in Bildern) aus dem Jahr 1658.

Paradigma (griech. *paradeigma* Muster, Vorbild). Grundkonzeption für die Erarbeitung und Bewertung wissenschaftlicher Erkenntnisse. Elemente eines P. sind ein bestimmtes Verständnis von Wirklichkeit, ein besonderes Erkenntnisinteresse, ein typisches Forschungsverfahren sowie eine spezifische Bestimmung des Verhältnisses von Theorie und Praxis. So geht das empirische P. z. B. im Kern von einer geordneten, nach bestimmten Ursache-Wirkungs-Zusammenhängen sich immer wieder gleichartig vollziehenden Wirklichkeit aus. Ziel empirischer Forschung ist Gesetzeswissen, aus dem sich Prognosen und Handlungsanweisungen für die Praxis gewinnen lassen. Typische Forschungspraktiken sind *Experiment* und *Messen.* Dagegen definiert das geisteswissenschaftliche P. seine Wirklichkeit als sinnstiftende Interaktion von Individuen im Rahmen ihres historischen Lebenszusammenhanges. Ziel der Forschung ist die verstehende Rekonstruktion der in den Objektivationen enthaltenen Sinngebungen für kulturelles Handeln. Das typische Forschungsverfahren ist dementsprechend die Textauslegung *(Hermeneutik),* wozu heute selbstverständlich auch die Interpretation von Ergebnissen statistischer Analysen und empirischer Untersuchungen gehört.

Paralleltest. Bestehen von einem standardisierten Test zwei oder mehrere Formen mit unterschiedlichen, aber gleichwertigen Aufgaben, dann werden sie als P. bezeichnet. Parallele Formen von *Schultests* haben den Vorteil, dass zwei P. in einem festgelegten zeitlichen Abstand in der gleichen Lerngruppe durchgeführt werden können, um die Lehr- und Lerneffekte zu messen. Sie können aber auch z. B. zeitlich versetzt in unterschiedlichen Lerngruppen durchgeführt werden, ohne dass die Mitteilung der Ergebnisse von der ersten an die zweite Gruppe Einfluss auf deren Ergebnis haben kann.

Partikularschulen (lat. *pars* Teil). Seit dem Spätmittelalter Sammelbezeichnung für alle nicht- bzw. voruniversitären Schulen. Die Bezeichnung hebt darauf ab, dass sich das Lehrprogramm dieser Schulen nur auf einen kleinen Teil der *Septem artes liberales* oder auch auf Inhalte beschränkte, die gar nicht zu diesem Kanon gehörten. Zu den P. zählten *Dom-* und *Stiftsschulen, Lateinschulen, Ratsschulen,* teutsche Schulen u. a.

Partnerarbeit. *Sozialform des Unterrichts* bzw. *Unterrichtsform,* bei der zwei Schüler in meist kürzeren Unterrichtsphasen zusammenarbeiten. Sie soll die kognitive Leistungsfähigkeit und die soziale Kompetenz der Schüler fördern. Durch sie können die Schüler von der *Einzelarbeit* (Alleinarbeit) über die gemeinsame Partnertätigkeit zur *Gruppenarbeit* geführt werden. Im Verbund mit anderen Unterrichtsformen ist sie eine eigenständige Sozialform, die durch arbeitsteiliges und kooperatives Handeln auf gegenseitige Ergänzung angelegt ist und damit auch die Effizienz beim gemeinsamen Üben und Wiederholen, beim Sammeln von Materialien, bei Befragungen außerhalb der Schule, bei gemeinsamen Experimenten oder kreativen Leistungen (z. B. Anfertigen von Collagen, Wandzeitungen) steigert. Die P. kann auch der gezielten Förderung einzelner Schüler oder der Integration von sog. Außenseitern dienen. Abzulehnen sind hingegen wettkampfartige Formen der P., bei denen der Lösungsvergleich Leistungsdruck und Konkurrenzdenken verschärft.

Pausengestaltung. In den schulrechtlichen Bestimmungen ist festgelegt, dass zwischen den Unterrichtsstunden von i. d. R. 45 Minuten Dauer, zwischen neunzigminütigen Blockstunden oder zwischen anderen ausgewiesenen Zeitspannen im Unterricht ausreichende Pausen liegen müssen. Sie dienen den Schülern zur Entspannung und Abwechslung. Diesen Zweck können sie dann nicht erfüllen, wenn die Pausenzeit lediglich zum Toben oder zum Austragen von sozialen Konflikten genutzt wird, so dass die Schüler danach körperlich und psychisch erschöpft wieder in den Unterricht kommen. Einer P., die der Erholung und Muße dient, kommt deshalb eine große Bedeutung zu.

Bei einer organisatorischen Trennung von Unterricht und Pause geht es darum, den Übergang zwischen Unterricht, Frühstück, Getränke- und Geräteausgabe (z. B. Seile, Bälle, Schläger) geordnet zu organisieren. Durch eine anregungsreiche Umgebung in den Räumen, auf dem Hof oder im Schulgartengelände können vielfältige Möglichkeiten zum Ausruhen, Bewegen, Spielen, Basteln, Lesen, Singen, Erzählen u. v. a. m. angeboten werden. Fließende Übergänge zwischen den Unterrichts- und Pausenphasen verstärken die Möglichkeiten, die aktive Pause für selbstbestimmte Tätigkeiten zu nutzen und mit Freude zu erleben. In manchen Schulen organisieren Lehrer nicht nur die Pausenaufsicht, sondern machen im Rahmen ihres Stundendeputats in der Pausenzeit offene Freizeitangebote.

Peergroup. Aus dem Englischen übernommene Bezeichnung für eine *Gruppe* gleichaltriger Kinder oder Jugendlicher. Die Beteiligung an solchen Gruppen ist nach der neueren Forschung für den Erwerb alterstypischer Einstellungen und Verhaltensweisen junger Menschen sowie für die Ablösung von der Familie wichtig. Damit gewinnen P. Bedeutung für die Entwicklung von Selbstbewusstsein, sozialer Identität und Kompetenz.

Performanz (lat. *perferre* durchführen; engl. *performance*). Art und Weise, in der sich ein Mensch angesichts einer konkreten Aufgabenstellung verhält und Lösungen sucht, die den Bedingungszusammenhang, aus dem die Aufgabe erwächst, beeinflussen. Beobachtungsdimensionen dabei können z. B. sein: Umstände ertragen versus Umstände aufgabenorientiert verbessern; Alleinarbeit versus Teamarbeit.

Periodenunterricht. *Epochenunterricht.*

Personalakte (engl. *personnel index*). Enthält die schriftlich niedergelegten Informationen über den beruflichen Werdegang eines Bediensteten (Lehrer, Sozialarbeiter, Professor u. a.) sowie alle Dokumente über dienstliche Vorgänge zwischen der Behörde und dem Bediensteten (z. B. Abordnung an eine andere Dienststelle, Genehmigung eines Kurantrages). Der Bedienstete hat ein Recht auf Einsicht in seine P. Ansonsten unterliegen P. dem Amtsgeheimnis.

Personalisation. Formung der individuellen Persönlichkeit durch die Wahrnehmung, Interpretation, Bewertung und Veränderung des *Ich,* seiner Motive, Einstellungen und Eigenschaften im Umgang mit den kulturellen und sozialen Gegebenheiten des Lebens. In aktiver Auseinandersetzung mit den übergreifenden und lebensnotwendigen Sozialisations- und Enkulturationsprozessen arbeitet der Einzelne an der Gestaltung seiner unverwechselbaren Individualität. P. ist Ausdruck der menschlichen Spontaneität.
Als Subjekt ist der einzelne Mensch also nie bloßes Produkt seiner Anlagen und Lebensumstände.

Personalkompetenz. *Selbstkompetenz.*

Personalrat (engl. *representation of staff*). Auf der Grundlage des Bundespersonalvertretungsgesetzes bzw. der Personalvertretungsgesetze der Länder wählen Beamte, Angestellte und Arbeiter in Betrieben und Behörden staatlicher Gebietskörperschaften (Gemeinde, Land, Bund) einen P., der die beruflichen, sozialen und personellen Interessen aller Bediensteten, aber auch einzelner Mitarbeiter gegenüber der Leitung der Dienststelle vertritt. In den meisten für die Gestaltung der Arbeit wichtigen Angelegenheiten (Arbeitszeit, Urlaub, Sozialleistungen) steht dem P. ein Mitbestimmungsrecht zu.

Personensorge. Ist wesentlicher Bestandteil der *elterlichen Sorge.* Sie umfasst insbesondere das Recht der Namengebung, der Bestimmung des Aufenthaltes des Kindes, der Bestimmung und Sorge für Verpflegung, Kleidung, Wohnung, Erziehung und Ausbildung, aber auch das Züchtigungsrecht. Einschränkungen der P. und deren Übertragung an Dritte kann nur ein *Vormundschaftsgericht* beschließen.

Persönlichkeit (lat. *persona* Charakter, Mensch nach Rang und Stand; engl. *personality*). Summe aller Merkmale und Verhaltensweisen, die den einzelnen Menschen zu einer unverwechselbaren Individualität werden lassen. Dabei ist das lebenslang wirksame Bedingungsfeld jeder P. sowohl soziokultureller wie physischer und psychischer Natur.

Pestalozzianer. Nach dem Tode *J. H. Pestalozzis* 1827 konzentrierte sich das Interesse einer Reihe von Schulpraktikern, Hochschullehrern und Politikern auf Pestalozzis *Elementarmethode.* Von deren Umsetzung in Volksschulen und seminaristischer Lehrerbildung erwarteten sie eine durchgreifende Verbesserung der Unterrichtsarbeit. In der preußischen Schulpolitik gehörten diesem Kreis J. W. Süvern und L. Nicolovius an, in Schulpraxis und Lehrerbildung u. a. *G. F. Dinter, B. G. von Denzel, F. A. W. Diesterweg* und *C. H. Zeller.*

Peter-Petersen-Schule. *Jena-Plan.*

PETRA. **1)** Inzwischen innerhalb der Berufspädagogik verbreitete Abkürzung für die projekt- und transferorientierte Ausbildung in Betrieben. Sie verbindet die Erarbeitung berufsfachlicher Kenntnisse und Fertigkeiten mit der Einübung von arbeitsplatzübergreifenden Schlüsselqualifikationen. Hergestellt werden soll ein verwendungsfähiges Produkt (z. B. ein Werkzeug), wobei die dafür erforderliche Information, Planung, Durchführung, Kontrolle und Bewertung möglichst durch die Auszubildenden selbst gesteuert werden soll. In der systematischen Übertragung der neuen Qualifikationen auf veränderte oder neue Aufgabenstellungen soll die Transferfähigkeit entwickelt werden. P. wird i. d. R. durch den Einsatz der Leittextmethode unterstützt.
2) Engl. *Partnership in Education and Training in Europe*. Förderprogramm der Europäischen Union zur Verbesserung der *Berufsausbildung* durch internationale Partnerschaften, wechselseitige Besuche und Weiterbildungsangebote.

Pflegeeltern (Syn. **Pflegefamilie**; engl. *foster parents*). Kinder und Jugendliche können auf ausdrücklichen Wunsch der leiblichen Eltern im Rahmen der *Hilfe zur Erziehung* oder aufgrund eines Beschlusses des Vormundschaftsgerichts auf eine bestimmte Dauer bei P. untergebracht werden. Die Vermittlung und die

Beaufsichtigung der Pflege erfolgt i. d. R. durch das Jugendamt. Teile der *elterlichen Sorge* können nur auf ausdrückliche Anordnung des Gerichts an die P. übertragen werden.

Pflegefamilie. *Vollzeitpflege*.

Pflegekind (engl. *foster child*). Minderjähriger, der auf Dauer (Vollzeitpflege) oder regelmäßig für mehrere Stunden am Tag (Tagespflege) in die Betreuung, Erziehung und Pflege einer fremden Familie gegeben ist. Rechtsgrundlage einer solchen Pflege ist nach den Bestimmungen des Kinder- und Jugendhilfegesetzes (KJHG) ein Vertrag zwischen den Eltern bzw. dem Personensorgeberechtigten und der Pflegeperson, der auch mündlich vereinbart werden kann. Wer Kinder zur Pflege annehmen will, benötigt dafür die Genehmigung durch das *Jugendamt*. Zumeist werden P. durch das Jugendamt vermittelt und unterstützt.

Pflegschaft (engl. *guardianship*). **1)** Im Unterschied zur *Vormundschaft*, die der rechtlichen und fürsorgerischen Vertretung einer Person in allen Angelegenheiten dient, kann P. von einem Vormundschaftsgericht für die Besorgung einzelner Angelegenheiten angeordnet werden. Für nichteheliche Kinder wird zur Sicherung der Unterhaltsansprüche häufig eine P. beantragt. Minderjährige Mütter nicht ehelicher Kinder erhalten die Hilfen aus der P. automatisch.

2) Elterngremien zur Mitbestimmung bzw. Mitwirkung in der Schule existieren in einigen Bundesländern als Klassenp. und Schulp. Die Schulp. wird in manchen Bundesländern als Schulelternbeirat bezeichnet.

Pflichtfächer (engl. *compulsory subjects*). In den *Stundentafeln* der schulrechtlichen Verordnungen oder Erlasse zu den einzelnen Schularten wird i. d. R. zwischen Pflicht-, Wahlpflicht- und Wahlbereich unterschieden. Die im Pflichtbereich aufgeführten Fächer sind P., die der Schüler nicht abwählen kann. Aus der Fächergruppe des Wahlpflichtbereichs muss der Schüler ein Fach oder mehrere Fächer nach seinen Interessen, Fähigkeiten oder Ausbildungswünschen auswählen; er darf also nicht alle *Wahlpflichtfächer* abwählen. Hingegen sind die Lernangebote des *Wahlbereichs* meist fakultative Veranstaltungen. Allerdings ist darauf zu achten, ob die schulrechtlichen Bestimmungen des jeweiligen Bundeslandes den Begriff Wahlbereich tatsächlich im Sinne eines wahlfreien zusätzlichen Angebots verstehen oder ob die Wahlfreiheit durch das Abdecken von Aufgabenfeldern für den zukünftigen Bildungsweg eingeschränkt ist (vgl. z. B. die Bestimmungen zur *gymnasialen Oberstufe*).

Pflichtschulen. Landesverfassungen und Schulgesetze definieren die *Grundschule* und die *Hauptschule* bzw. den Hauptschulbildungsgang in Schulen mit mehreren Bildungsgängen als P. In ihnen ist die allgemeine Schulpflicht zu erfüllen, wenn nach der für alle Kinder gemeinsamen Grundschule keine andere weiterführende Schule besucht wird. In P. treten die Kinder und Jugendlichen ohne Erfüllung besonderer Aufnahmekriterien ein. Wahlschulen nehmen dagegen nur Schüler auf, die gesetzlich festgelegte Leistungskriterien erfüllen.

PH. *Pädagogische Hochschule*.

phänomenologische Pädagogik (griech. *phainomenon* Erscheinung). Während die geisteswissenschaftliche Pädagogik Erziehung im Zusammenhang ihrer historischen Bedingungen verstehen will, sucht die p. P. den *Idealtypus* der Erziehung über die möglichst reine, von Zufälligkeiten befreite und auf das Wesentliche der Phänomene konzentrierte Anschauung von der Entwicklung der menschlichen Subjekthaftigkeit im Zusammenhang ihres erzieherischen Bedingungsfeldes zu erkennen. Der zu Erziehende wird dabei als Subjekt seiner Persönlichkeitsgestaltung und sinngebende Instanz verstanden. Da aber die subjektive Auslegung der Bedeutung erlebter Erziehung ebenso wie die Sinngebung für beabsichtigte Erziehung durch soziokulturelle Einflüsse gleichsam fremdbestimmt ist, lassen sich, so die These der p. P., der wahre Sinn der Erziehung und die Bewertung dieser erzieherischen Einflüsse durch den zu Erziehenden selbst weder durch die Quellenkritik der geisteswissenschaftlichen Pädagogik noch durch bloße Beobachtung oder Befragung im Sinne empirischer Forschung erkennen und in einer Theorie verallgemeinern. Vielmehr soll über den systematischen Aufbau der erzieherischen Erscheinungen in den Vorstellungsgehalten der phänomenologischen Theorie das Wesen pädagogischer Handlungen erkannt werden. Dieser Prozess der Sinnzuweisung auf der Grundlage phänomenologischer Analyse muss sich, will er nicht dem Zufall ausgeliefert sein, immer erneut Rechenschaft darüber ablegen, welche Phänomene denn eigentlich gegeben sind, was sie meinen und beabsichtigen. Für eine schrittweise Reduktion der pädagogischen Phänomene auf das Wesentliche sind nach Ansicht der p. P. biografische Dokumente (Tagebücher, Briefe, Bilder, Fotografien usw.) sowohl von und über die Erziehenden als auch von und über die zu Erziehenden von zentraler Bedeutung. Aus der gedanklichen Bündelung vieler Einzelinformationen, der Trennung des Wesentlichen vom eher Zufälligen, aus der begrifflichen Fassung des Kerns eines bestimmten Phänomens im Unterschied zu anderen sollen die aufgrund dieser Analyse in der Vorstellung als wesentlich erkannten Qualitäten der erzieherischen Prozesse darstellbar werden. Durch die Vorstellung des Wesens von Erziehung schließlich kann p. P. dann zur Orientierungshilfe für die pädagogische Praxis werden.

Auf der Grundlage der Arbeiten des Philosophen E. Husserl haben *O. F. Bollnow, J. Dolch*, W. Loch und C. Rittelmeyer die p. P. in Deutschland entwickelt.

Phantasie (griech. *phantasia* Vorstellung, Erscheinung; engl. *imagination, fantasy*). Vorstellungstätigkeit, durch die bildhafte Inhalte in das Bewusstsein treten und sich mit aus der Erfahrung stammendem Material verbinden. Die P.vorstellungen kombinieren aus dem Gedächtnis hervortretende, abgewandelte Erinnerungsbilder und damit einhergehende angenehme oder unangenehme Gefühle zu neuartigen schöpferischen Imaginationen. Die P.tätigkeit ist immer an Bildhaftes gebunden, doch produziert sie keine realitätsgerechte Erinnerung oder eine neue Erfahrung, die mit Denken und Handeln verbunden ist, sondern sie reproduziert lediglich zufällig aufgenommene Bilder. Dabei besteht die Gefahr der Verengung, indem das schöpferische Vorstellungsvermögen sprunghaft verworrene Tagträume, Träume oder Halluzinationen produziert.

Vor allem das Kind verfügt über ein Vermögen, über das historisch und real Gegebene hinaus eine Scheinwelt seiner selbst und seiner P.gestalten zu entwerfen. Seine P.tätigkeit ist dabei vorwiegend reproduktiv und greift durch die Anschauungsfixierung auf das in der Sozialisation bisher gebotene bildhafte Anschauungsmaterial zurück. Die Kindheitsforschung sieht heute die Gefahr, dass die Anschauungswelt der phantastischen Reproduktion der Kinder fast ausschließlich durch die Angebote der Spielzeugindustrie und der Medien (Fernsehen, Kassetten, Comics) genährt wird, die als Realitätsersatz für die fehlende produktive, konkret-operative und kreative Tätigkeit in der Lebenswirklichkeit fungiert.

In der Pädagogik wird die Notwendigkeit gesehen, die Kinder aus dem Verhaftetsein in einer irrealen P.welt herauszuführen und ihre Fähigkeit zu P. und *Kreativität* in der Erziehung zu einer kreativen P. realitätsgerecht neu zu gestalten. Eine Chance dafür ist aber nur dann gegeben, wenn die Bedingungen verändert werden, die zur Gettoisierung der Kindheit in der Kleinfamilie und Schule geführt haben.

Philanthropen (griech. *philein* lieben, *anthropos* Mensch). Reformpädagogen zur Zeit der *Aufklärung*, die auf die bildbare, einsichtsfähige und gute Natur des Menschen und seine Fähigkeit zum vernünftigen Ausgleich zwischen individueller Freiheit und gesellschaftlicher Nützlichkeit setzten. Wesentliche Grundlagen waren den P. die Arbeiten *J. J. Rousseaus* und die Philosophie der Aufklärung. Durch pädagogische Ratgeber für Mütter und Väter, lehrhafte Kinder- und Jugendbücher, neue Schulkonzepte *(Philanthropine, Industrieschulen),* Lehrbücher und Bildungsprogramme sollten die familialen und gesellschaftlichen Voraussetzungen für eine an Selbständigkeit, wirtschaftlicher Rationalität, Selbstdisziplin, Selbstverantwortung und nützlicher Schaffenskraft orientierten Erziehung geschaffen werden, zugleich zur Beförderung des Gemeinwohls wie der je individuellen Glückseligkeit. In ihren Schulkonzepten strebten die P. eine Emanzipation von Unterricht und Schulaufsicht aus kirchlicher Kontrolle an. Schule sollte Bürgerschule sein mit vielfältigen didaktischen Gestaltungsspielräumen. In diesem Sinne sind auch die Schulgründungen der P. entstanden. Zu den P. gehörten u. a. *J. B. Basedow, J. H. Campe, H. Ph. Sextro, C. G. Salzmann, J. H. Stuve, E. Chr. Trapp, P. Villaume.*

Philanthropine (griech. Stätten der menschfreundlichen Bildung). Schulgründungen der *Philanthropen.* Als Werkstätten zur Veredelung der Menschen und ihrer Arbeitsgeschicklichkeit sollten diese Schulen sowohl einer umfassenden Beförderung aller Gewerbe und Künste, damit auch der Verbesserung der allgemeinen Wohlfahrt im Staate, als auch der Grundlegung individueller Glückseligkeit dienen. Mit diesen Gedanken verbanden eine Reihe von Pädagogen den emanzipatorischen Optimismus der *Aufklärung. J.H. Campe* stellte 1786 das Konzept in seinem Buch ›Über einige verkannte, wenigstens ungenutzte Mittel zur Beförderung der Industrie, der Bevölkerung und des öffentlichen Wohlstandes‹ vor, scheiterte jedoch in der Praxis mit seinem P. in Hamburg. Erfolgreicher war für wenige Jahre das von *J. B. Basedow* in Dessau 1774 eröffnete P. Es sollte eine von privaten Förderern getragene, frei von staatlicher Vorschrift und Aufsicht arbeitende, an realistischer und praktischer Bildungsarbeit orientierte Stätte natürlicher Erziehung werden, eine Art idealtypischer pädagogischer Provinz. Der z. T. wohl überharte Drill und fehlende Geldmittel führten bereits 1793 zur Schließung der Einrichtung in Dessau. Im thüringischen Schnepfenthal richtete *C. G. Salzmann* ein P. ein. Auch in den *Francke'schen Anstalten* in Halle gehörte ein P. zu den international bekannten Einrichtungen. Etwa 60 weitere P. sollen zeitweise gearbeitet haben. Als vergleichsweise teure und aufwendige Internatsschulen, die den Interessen und Erwartungen der Bürgerschaft nur partiell Rechnung trugen, konnten die P. nicht zum Modell einer durchgreifenden Erneuerung des maroden Schulwesens im ausgehenden 18. Jh. werden.

Philologenverband. *Lehrerverbände.*

Philosophie der Erziehung (engl. *philosophy of education*). Im Zentrum unterschiedlicher Konzepte der P. d. E. stehen Fragen nach den Bedingungen erzieherischen Denkens und Handelns, nach dem Sinn erzieherischen Tuns und den Voraussetzungen für Erkenntnisse und Urteile über Erziehungsprozesse.

Die Frage nach den Möglichkeiten erzieherischen Handelns führt zur gedanklichen Erarbeitung der Wesensmerkmale des Menschen als eines auf Erziehung verwiesenen, durch Erziehung veränderbaren und dennoch immer zugleich durch Spontaneität sowie die Verpflichtung zur Freiheit und Mündigkeit ausgezeichneten Subjekts. Ohne diese Einheit von körperlichen und sozialen Festlegungen (Anlagen und Sozialisation) einerseits und persönlicher Eigenständigkeit andererseits kann Erziehung getrennt von sozialer Vereinnahmung nicht gedacht werden.

Die Frage nach dem Sinn erzieherischen Tuns ist im Kern die Suche nach Gründen, von denen her erzieherisches und bildendes Handeln ihre Geltung gewinnen können. Insbesondere dieser Aspekt der P. d. E. ist für jeden Erzieher und Lehrer von großer praktischer Bedeutung. Im Grenzfall nämlich geht es um die Prüfung der Frage, ob Erziehung und Unterricht in der Funktionalisierung für fremde Interessen aufgehen oder der Mündigkeit der zu Erziehenden dienlich sind.

Die Frage nach den Voraussetzungen für Erkenntnisse über erzieherisches Tun zielt, ganz ähnlich wie in anderen Wissenschaften, auf die Entdeckung und Definition von Regeln, unter deren Beachtung geordnetes und nachprüfbares Wissen zusammengetragen werden und zur Entwicklung von Erziehungstheorien führen kann. *O. F. Bollnow*, W. Brezinka, *J. Derbolav, W. Fischer* und H.-J. Gamm haben in neuerer Zeit wichtige Arbeiten zur P. d. E. beigesteuert.

Pietismus (lat. *pietas* fromme Gesinnung). Protestantische Glaubensbewegung, die ihre Wurzeln in England und den Niederlanden hat. Sie enstand bald nach dem Dreißigjährigen Krieg aus der Kritik an der konfessionellen Erstarrung der Amtskirchen. Grundlegend für den deutschen P. wurde die Schrift ›Pia Desideria‹ von P. J. Spener (1635–1705), in der er sechs »einfältige Vorschläge« für ein gottesfürchtiges Leben entwickelt: unablässiges Bibelstudium als Weg zu einem heilsmäßigen Leben, allgemeines Priestertum, gute Werke, Nächstenliebe, lebenspraktische Arbeit der Priester und eine Verbesserung der Predigt. Religiöse Erziehung, strenge Anleitung, Kontrolle über alle sündigen Schwächen der jungen Menschen, aber auch die Ausbildung nützlicher Fähigkeiten und hilfreicher Arbeitstugenden wurden als Voraussetzungen für ein tatkräftiges Glaubensleben angesehen. Erziehungskonzeption und Schulprogramm des P. wurden vornehmlich von *A. H. Francke* gestaltet und in seinen Anstalten in Glaucha bei Halle praktiziert. In verschiedenen Ausformungen eines evangelikalen Fundamentalismus lebt der P. fort.

PIRLS – Progress in International Reading Literacy Study. Weiterentwicklung der Internationalen Lesestudie IRLS (International Reading Literacy Study) der Forschungsorganisation *International Association for the Evaluation of Educational Achievement (IEA)*, die 1990–1991 durchgeführt wurde. Die deutsche Teilstudie ist *IGLU*. Gegenstand von PIRLS/IGLU ist die Lesekompetenz von Grundschülern am Ende der vierten Jahrgangsstufe im internationalen Vergleich. An der ersten Hauptuntersuchung 2001 nahmen 35 Länder mit etwa 150 000 Schülern teil. P. ist eine *Large Scale Assessment*-Studie (LSA), die als Langzeitstudie in einem Zyklus von fünf Jahren angelegt ist. Die Ergebnisse der Datenerhebung von 2006 werden zwischen November 2007 und März 2008 veröffentlicht. Eine weitere Untersuchung ist für das Jahr 2011 geplant. Die Leitung und Koordination liegt in der Verantwortung des IEA Headquarters in Amsterdam und des International Study Centers am Boston College (USA).

PISA – Programme for International Student Assessment. Diese *Large Scale Assessment*-Studie der OECD untersucht anwendungsorientierte Basiskompetenzen von 15-Jährigen gegen Ende der Pflichtschulzeit in allgemein bildenden und beruflichen Schulen in den Bereichen Lesefähigkeit (reading literacy), mathematische Grundbildung (mathematical literacy) und naturwissenschaftliche Grundbildung (scientific literacy) sowie bereichsübergreifende Kompetenzen (z. B. situatives Problemlösen). Theoretische Grundlage für PISA ist die angelsächsische Konzeption von *Literacy*, einer funktionsbezogenen Grundbildung als Voraussetzung für die kulturelle Teilhabe. PISA sucht keine enge curriculare Anbindung an Lehrpläne, sondern orientiert sich an der Funktion von *Kompetenzen* in länderübergreifenden Schlüsselbereichen, die notwendige Voraussetzung für weiterführende Lern- und Bildungsprozesse sind. Das Untersuchungsprogramm erfolgte in den drei Zyklen *PISA*

P

2000, *PISA 2003* und *PISA 2006* mit unterschiedlichen Schwerpunkten und soll fortgeführt werden.

PISA 2000. Schwerpunkt Lesekompetenz; Nebenkomponenten Mathematik und Naturwissenschaften; fächerübergreifende Kompetenzen: selbstreguliertes Lernen und Computernutzung. Lesekompetenz ist im Reading-Literacy-Konzept eine zentrale fächerübergreifende Kompetenz, die zur Allgemein- und Grundbildung gehört. Es geht um die Fähigkeit, Texte und Textsorten unterschiedlicher Art in vielfältigen Lebensbezügen zu verstehen und anzuwenden. Dazu gehört eine Textsortenvielfalt, die sich nicht nur auf kontinuierliche Texte (z. B. Erzählung, Kommentar) beschränkt, sondern auch nichtkontinuierliche Texte (z. B. Tabellen, Diagramme, Karten) einbezieht.

An der Erhebung 2000 beteiligten sich 43 Staaten. In Deutschland nahmen 5073 Schüler teil. Für die nationale Erweiterung PISA-E 2000, in der die deutschen Bundesländer untereinander verglichen wurden, musste die nationale Stichprobe auf fast 46 000 Schüler erhöht werden. Federführend war das Max-Planck-Institut für Bildungsforschung Berlin.

Zentrale Befunde aus PISA 2000: Im Bereich Lesekompetenz liegen die Leistungen deutscher Schüler unter dem OECD-Durchschnitt, ebenso in Mathematik und Naturwissenschaften. Der Leistungsabstand zwischen guten und schwachen Schülern ist in keinem anderen Land so groß wie in Deutschland. Die Lesekompetenz reicht bei 23 Prozent der deutschen Schüler nicht aus, um in der beruflichen Erstausbildung ohne Risiko zu bestehen. Die Leistungen sind in kaum einem anderen OECD-Land so eng an die soziale Herkunft gekoppelt wie in Deutschland. Neben Kindern aus unteren Sozialschichten stellen vor allem Migrantenkinder eine Risikogruppe dar. Die diagnostische Kompetenz deutscher Lehrer ist im Bereich Lesen nicht ausreichend entwickelt, denn von den potenziellen Risikoschülern wurden lediglich 15 Prozent als schwache Leser erkannt. Im Vergleich zwischen den Bundesländern zeigen sich große Leistungsunterschiede. Während im internationalen Vergleich Bayern über dem OECD-Mittelwert liegt, Baden-Württemberg und Sachsen noch zum Mittelfeld zählen, verteilen sich die Leistungen der übrigen Bundesländer darunter. Die ersten Veröffentlichungen über ›PISA 2000‹ (2001, 2003) sind 2004 durch vier »vertiefende Analysen« zur Lesekompetenz, zur mathematischen Kompetenz, zur naturwissenschaftlichen Bildung sowie zur Institution Schule und zur Lebenswelt der Schüler ergänzt worden.

PISA 2003. Schwerpunkt Mathematik; Nebenkomponenten Lesekompetenz und Naturwissenschaften; fächerübergreifende Kompetenzen: Problemlösen, Computernutzung. Grundlage ist die Konzeption der mathematischen Grundbildung (mathematical literacy). Die Schüler wurden über ihre Wahrnehmung von Schule und Unterricht sowie über ihre familiäre Umgebung interviewt. Zur Informationsgewinnung über Unterschiede zwischen den Schulen fand eine Befragung der Schulleitungen statt.

An der Erhebung 2003 beteiligten sich 41 Staaten. Sie bestand in Deutschland aus drei Teilstudien:

1) PISA-I (»PISA-International«): Stichprobe für den internationalen Vergleich: 4660 deutsche Schüler aus 216 Schulen; Bericht hierzu: ›PISA 2003‹ (2004);

2) PISA-E (Erweiterungsstudie): Vergleich der Bundesländer in Deutschland untereinander und ihre internationale Einordnung. Nationale Stichprobe: 44 580 Schüler aus 1487 Schulen. Bericht hierzu: ›PISA 2003‹ (2005);

3) PISA-I-Plus (Längsschnittstudie): Lernzuwachs in der Kompetenzentwicklung im Verlauf eines Schuljahres. 2003, Ende Jahrgangsstufe 9, Stichprobe: 8559 Schüler aus 387 Klassen; 2004, Ende Jahrgangsstufe 10, Stichprobe a): 6020 Schüler mit mittlerem Bildungsabschluss aus 275 Klassen an 152 Schulen; Stich-

probe b) für Analysen auf Klassenebene: 4353 Schüler in 194 Klassen aus 119 Schulen. Bericht hierzu: ›PISA 2003‹ (2006).
Die Federführung hatte das Leibniz-Institut für die Pädagogik der Naturwissenschaften (IPN) an der Universität Kiel.
Zentrale Befunde aus PISA 2003: Die Leistungen der Schüler liegen in den drei Kompetenzbereichen Mathematik, Lesen und Naturwissenschaften im internationalen Durchschnittsbereich der OECD-Staaten. Beim bereichsübergreifenden Problemlösen erreichen die deutschen Schüler Werte über dem OECD-Durchschnitt. Die Streuung der Leistungen ist in allen drei Kompetenzbereichen im internationalen Vergleich relativ hoch. Auf der untersten Kompetenzstufe und darunter befinden sich in Mathematik 21,6 %, im Lesen 22,3 % und in den Naturwissenschaften 23,6 % der 15-Jährigen in Deutschland. Sie stellen eine Risikogruppe für das weitere Lernen und für die berufliche Erstausbildung dar. Die vorhandenen Kompetenzen und der soziokulturelle Hintergrund stehen in einem engen Zusammenhang mit der Verteilung der Schüler auf die verschiedenen Schulformen. Aus dem Vergleich der Ergebnisse von 2000 und 2003 ergibt sich die Erkenntnis, dass die Entwicklungsbemühungen seit den negativen Befunden von *TIMSS* in Mathematik und Naturwissenschaften zu Kompetenzzuwächsen in Gymnasien, Realschulen und Gesamtschulen geführt haben, nicht aber in Hauptschulen. Im Vergleich mit den Ergebnissen aus PISA 2000 zeigte sich, dass sich die Bildungsergebnisse in Deutschland zwar nicht verschlechtert haben, aber große Anstrengungen unternommen werden müssen, um die hohe Anzahl der Schüler mit Risikoprognosen zu verringern.
In der Längsschnittuntersuchung PISA-I-Plus zur Entwicklung mathematischer Kompetenz im Verlauf eines Schuljahres zeigten sich auf der Individualebene sehr unterschiedliche Zuwächse. Von Schülern aller Leistungsniveaus konnten nur 60% ihre Leistungen verbessern, 40% ließen keine Leistungsfortschritte erkennen und 8% verzeichneten sogar Leistungsabnahmen. Bei der Entwicklung naturwissenschaftlicher Kompetenz ist nur bei 44% der Schüler ein Zuwachs festzustellen, während die Ergebnisse bei 19% deutlich schlechter ausfallen als am Ende der Jahrgangsstufe 9. Aus den vielfältigen Befunden von PISA-I-Plus sind zur Frage nach den Ursachen zu erwähnen: Der Unterricht gibt keine ausreichenden Möglichkeiten zum *kumulativen Lernen*, er ist in hohem Maße lehrergeleitet und variationsarm, »passive« Lehrer lassen viele Handlungsmöglichkeiten ungenutzt. Die Untersuchung bestätigt, dass die Familienstruktur, das Bildungsniveau der Eltern und Aspekte der Sprachkompetenz beim Kompetenzzuwachs ebenso eine bedeutsame Rolle spielen wie insbesondere der Unterricht als der wichtigste Lernort für Kompetenzentwicklung.
4) Zu erwähnen ist als nationale Zusatzerhebung das von der DFG geförderte Projekt PISA-I-Plus/COACTIV, in dem parallel zu den Schülererhebungen das »Professionswissen von Lehrkräften, kognitiv aktivierender Mathematikunterricht und die Entwicklung mathematischer Kompetenz« untersucht wird.
PISA 2006. Schwerpunkt Naturwissenschaften; Nebenkomponenten Lesekompetenz und Mathematik. Grundlage ist die Konzeption der naturwissenschaftlichen Grundbildung (scientific literacy). Getestet wurde Wissen in den Bereichen physikalische Systeme, lebende Organismen, Erd- und Weltallsystem. Die Aufgaben aus Physik, Chemie, Biologie und Geowissenschaften sind Anwendungssituationen des Alltagslebens entnommen und dienen der Feststellung, ob es Jugendlichen gelingt, naturwissenschaftliche Konzepte und Prozesse zur Lösung wirklichkeitsnaher Probleme (z. B. eigene Ernährung, Treibhauseffekt) einzusetzen. Durch den Schülerfragebogen soll-

ten motivationale und affektive Einstellungen erfragt werden, um festzustellen, welche Bedeutung sie der naturwissenschaftlichen Forschung zumessen und welche Bereitschaft zur persönlichen Verantwortung gegenüber der Natur bei ihnen besteht. Weitere Hintergrundinformationen wurden über Eltern-, Lehrer- und Schulleiterbefragungen eingeholt.

An der Erhebung 2006 beteiligten sich 57 Staaten. Sie bestand in Deutschland aus drei Teilstudien:

1) PISA-I (»PISA International«): Stichprobe für den internationalen Vergleich: etwa 5750 deutsche Schüler aus 220 Schulen;

2) Bildungsstandards: Nationale Zusatzstichprobe mit je zwei neunten Klassen aus 230 Schulen und zusammen etwa 8500 Schülern;

3) PISA-E (Erweiterungsstudie): Nationale Ergänzungsstichprobe für den Vergleich der Bundesländer in Deutschland untereinander mit etwa 57 000 Schülern aus ungefähr 1300 Schulen. Die Federführung hatte das Leibniz-Institut für die Pädagogik der Naturwissenschaften (IPN) in Kiel.

Zu den internationalen Neuerungen gehören in den drei Kompetenzbereichen Trendanalysen, die Aussagen über die Kompetenzentwicklung der Schüler zwischen 2000 und 2006 ermöglichen. Eine nationale Neuerung ist die ergänzende Untersuchung zu den *Bildungsstandards der Kultusministerkonferenz* von 2003, durch die Bildungsstandards für den Mittleren Schulabschluss in Mathematik festgeschrieben werden sollen.

Planspiel (engl. *simulation*). Spielform, die zur Gruppe der Simulationsspiele gehört. Ein komplexer Konflikt der gesellschaftlichen Wirklichkeit wird modellartig nachgebildet und in der handelnden Auseinandersetzung der einzelnen Interessengruppen bis zur Entscheidung durchgespielt. Das P. ist im Grunde eine Methode, um komplexe gesellschaftliche Handlungsfelder durch Rekonstruktion oder Antizipation der Realsituation im Modell so zu reduzieren, dass ihre Strukturen und Funktionen bewusst gemacht werden können. Dabei werden durch die Übernahme unterschiedlicher Rollen in der simulierten Interaktion die Interessengegensätze gesellschaftlicher Gruppen bei der Entscheidungsfindung erarbeitet. Das P. verläuft i. d. R. in drei Phasen. Zuerst wird die simulierte Realsituation dargestellt, die eine Lösung verlangt. Den Teilnehmern werden Grundinformationen und Regeln für das Rollenhandeln im beabsichtigten Lösungsprozess vorgegeben. Die Verteilung der Rollen und die Zeitplanung zur Vorbereitung der Interessengruppen wird vorgenommen. Die Durchführung beginnt zu einem verabredeten Zeitpunkt und kann sich über mehrere Sitzungen erstrecken. Die Rollenträger sollen relativ selbständig interagieren und entscheiden. Jedoch kann der Spielleiter durch neue Eingaben die Entscheidungssituation und den Lösungsprozess beeinflussen. Im Allgemeinen soll sich seine Funktion auf die beratende Unterstützung der Gruppen beschränken. Die Lösungsschritte, Entscheidungen und Ergebnisse der Durchführung werden schriftlich festgehalten. Die Dokumentation ist die Grundlage für die Auswertungsphase, in der eine gemeinsame rückschauende Spielkritik erfolgt.

Polarisation der Aufmerksamkeit. Schlüsselphänomen der *Montessori-Pädagogik,* mit dem die selbstbestimmte Konzentration auf eine Tätigkeit mit einem selbst gewählten Gegenstand bezeichnet wird. Die P. d. A. besteht aus einem aktiven Kontakt zwischen Kind und Gegenstand, bei dem sich das Kind selbstvergessen in eine Arbeit versenkt. *M. Montessori* entdeckte dieses Phänomen 1907, als sie in einem Kinderhaus Roms ein Mädchen beobachtete, das die Arbeit mit einem Einsatzzylinderblock 44-mal wiederholte, ohne sich stören zu lassen. Dieses Erlebnis wurde für Montessori zum Ausgangspunkt für die Erforschung von Bedingungen, unter denen eine P. d. A. ermöglicht und wiederholbar wird.

Der Verlauf der P. d. A. besteht aus einem dreiteiligen Aktivitätszyklus: 1. In der Phase der Vorbereitung ist das Kind in einer Erwartungshaltung und sucht in der vorbereiteten Umgebung unter verschiedenen Materialien nach dem Gegenstand, mit dem es sich intensiv beschäftigen will. Dies kann ein etwas unruhiges Versuchsstadium mit kleineren Arbeiten sein, an dessen Ende Ermüdungserscheinungen beobachtbar sein können. 2. Hat das Kind eine Arbeit gefunden, in die es sich vertiefen möchte, beginnt die Phase der großen Arbeit. Es ist eine Zeit von etwas längerer Dauer mit intensiven und ausdauernden Tätigkeiten, bei denen das Kind Probleme selbst lösen will und dabei bis zum Erreichen der inneren Sättigung nicht gestört werden darf. 3. Nach Beendigung der Konzentration beginnt die Phase der Ruhe, die durch ein inneres Ausruhen gekennzeichnet ist, bei dem das Kind die eigene Arbeit oder die anderer Kinder entspannt betrachtet. Am Schluss des Aktivitätszyklus werden die benutzten Materialien wieder an ihren Platz zurückgelegt.

Polen. **1)** Parlamentarische Republik. Hauptstadt: Warschau (1,7 Mill. Einw.). Fläche: 312 685 km^2, 38 Mill. Einw., 122 Einw./km^2. 98,7% Polen und nationale Minderheiten (u. a. Deutsche, Ukrainer, Weißrussen). Landessprache: Polnisch (Amtssprache), Sprachen der Minderheiten. Religion: 96% Katholiken.

2) Seit Mai 2006 ist das Ministerium für Nationale Bildung (Ministerstwo Edukcji Narodowej, MEN) für die nationale Bildungspolitik, das Bildungssystem und die Verwaltung aller Schulen und Hochschulen zuständig. Für den Bereich Wissenschaft und Forschung ist das Ministerium für Wissenschaft und Hochschulwesen (MNiSW) verantwortlich.

Das polnische Bildungswesen befindet sich seit den freien Wahlen im Juni 1989 in einem Reformprozess. Durch das Gesetz über das Bildungssystem von 1991 wurde das allgemeine und berufliche Schulwesen neu begründet. Bei der Bestimmung von Bildung und Erziehung orientierte sich das Gesetz u. a. an der Allgemeinen Erklärung der Menschenrechte, der Internationalen Konvention über die Rechte des Kindes, den Grundlagen der Ethik und des christlichen Wertesystems sowie an der Achtung des polnischen Kulturerbes und der Kulturwerte Europas und der Welt. In der neuen Verfassung von 1997 wurden die Grundprinzipien für den Bereich der Bildung und das Recht auf Bildung und unentgeltlichen Unterricht bis zum Alter von 18 Jahren in Artikel 70 verfassungsrechtlich verankert. Nach der Novellierung des Bildungsgesetzes durch das Bildungsreformgesetz vom Januar 1999 wurden der Schulaufbau und die Verwaltungsstruktur neu geregelt, Aufgaben und Verantwortlichkeiten dezentralisiert. Auf der obersten Ebene ist das Ministerium für Nationale Bildung u. a. für folgende Aufgaben zuständig: Umsetzung der bildungs- und schulpolitischen Maßnahmen des Staates als oberste Schulaufsicht; Vorbereitung von Gesetzen im Schul- und Hochschulbereich, Erstellung von Kerncurricula und deren Implementation, Einführung von Reformen des Bildungssystems, Abstimmung von Forschungsaktivitäten mit anderen Einrichtungen (z. B. Institut für Bildungsforschung), Regelung landesweiter Belange der Finanzierung des Bildungswesens, des Schul- und Prüfungsrechts, der Genehmigung von Schulbüchern. Auf der Ebene darunter erfolgt die regionale Aufsicht über Schulen und Bildungseinrichtungen in den 16 Wojewodschaften (Bezirken) durch die Behörde des Kurators für das Bildungswesen. Der Kurator ist für die Umsetzung bildungspolitischer Maßnahmen in seinem Bezirk verantwortlich, wozu neben den Belangen des Schulwesens und der Lehrerfortbildung auch die staatlichen Einrichtungen der Weiterbildung gehören. Die Aufsicht über die Kuratoren hat das Bildungsministerium inne. Auf der Ebene der regionalen Bildungsbehörden sind die Kreise Träger der Schulen im Sekundarbereich II und die Gemeinden Träger der Vorschuleinrichtungen (Kindergärten), der Grundschulen und der Gymnasien. Sie sind für alle Belange der Verwaltung, Finanzierung und Organisation zuständig und stellen auch den Schulleiter ein. Auf Schulebene ist der Schulleiter für die Einstellung und Entlassung von Lehrern zuständig und übt die Aufsicht über sie aus. Er ist auch für die Bewirtschaftung und Verteilung der Haushaltsmittel der Schule verantwortlich. Zusammen mit dem Lehrerrat und dem Beirat entwickelt er das Programm und Profil der Schule. Zur Aufgabe der Schule gehört es auch, die auf zentraler Ebene des Ministeriums entwickelten Lehrplanfundamente in einem schulischen Lehrplan zu konkretisieren.

Die Verfassung und das Bildungsgesetz von 1991 ermöglichen die Einrichtung von Schulen in nichtöffentlicher Trägerschaft (Privatschulen). Privatschulen erhalten keine volle Finanzierung durch den Staat. Während der Anteil an Privatschulen im Pflichtschulbereich relativ gering ist, hat der Anteil privater Einrichtungen im Tertiär- und Hochschulbereich in den letzten Jahren ständig zugenommen.

Im allgemein bildenden und beruflichen Schulwesen werden lediglich etwa 3% aller Kinder und Jugendlichen mit sonderpädagogischem Förderbedarf versorgt. Etwa die Hälfte aller Schüler davon geht in Sonderschulen (Szkola specjalne) oder Sonderschulabteilungen an Grundschulen, die andere Hälfte besucht Integrationsklassen der allgemeinen Schulen. Es gibt auch berufsbildende Sonderschulen, die von Invalidengenossenschaften oder bestimmten Ministerien (Justiz, Gesundheit) getragen werden.

Die Vollzeitschulpflicht dauert zehn Jahre und umfasst die »Nullklasse«, die sechsjährige Grundschule (Szkola podstawowa) und das dreijährige Gymnasium (Gimnazjum). Die »Nullklasse« ist seit dem Schuljahr 2004/05 für alle sechsjährigen Kinder verbindlich und kann im Kindergarten oder in der Vorbereitungsklasse der Grundschule absolviert werden. Die Vollzeitschulpflicht beginnt in der Grundschule während des Kalenderjahres, in dem das Kind das 7. Lebensjahr vollendet hat. Sie dauert bis zur Vollendung des 16. Lebensjahres, längstens bis zum Abschluss des Gymnasiums. Die Teilzeitschulpflicht innerhalb oder außerhalb einer Vollzeitschule endet im Alter von 18 Jahren. Der Schulbesuch ist während der Schulpflichtzeit kostenfrei.

3) Der Vorschulbereich umfasst die Vorschule (Przedszkole) für drei- bis sechsjährige Kinder und die einjährige Vorbereitungsklasse (Klasa zerowa) an Grundschulen für sechsjährige Kinder. Im Schuljahr 2004/05 wurde die kostenfreie Vorbereitung in »Nullklassen« von 98,1% der Sechsjährigen wahrgenommen. Von den Drei- bis Fünfjährigen bekamen 2004/05 nur 38,2% einen Vorschulplatz. Zur Unterstützung der pädagogischen Arbeit im Vorschulbereich gibt es ein Rahmencurriculum für vier Aktivitätsbereiche.

Die Grundschule wurde seit dem Schuljahr 1999/2000 von acht auf sechs Jahre verkürzt und gilt jetzt für Kinder im Alter von sieben bis 13 Jahren. Sie umfasst zwei Phasen: die Klassen 1 bis 3 mit einem integrierten Anfangsunterricht und die Klassen 4 bis 6, in denen das Fachunterrichtsprinzip vorherrscht. Die Schulzeit geht von Montag bis Freitag, sie beginnt um 8 Uhr und endet um 2 oder 3 Uhr nachmittags. Das Kerncurriculum enthält ab Klasse 4 neben dem üblichen Fächerkanon die Bereiche Ökologische Bildung, Gesundheits-, Medien- und Sozialerziehung. Besonderer Wert wird auf den Fremdsprachenunterricht in westlichen Sprachen und auf informationstechnologische Bildung gelegt. In den ersten drei Klassen erfolgt die Beurteilung der Lernentwicklung in beschreibender Form. Ab Klasse 4 werden die Leistungen mit der Notenskala von 6 (»ausgezeichnet«) bis 1 (»unbefriedigend«) bewertet. Auch das Verhalten der Schüler wird mit Noten beurteilt. Am Ende der 6. Klasse müssen alle Schüler an externen standardisierten Tests teilnehmen. Es wird betont, dass die obligatorischen Testverfahren keine Selektionsfunktion haben. Über die Lernergebnisse erhalten die Absolventen der Grundschule ein Abschlusszeugnis.

In der Sekundarstufe I ist nach der Verkürzung der Grundschulzeit das dreijährige Gymnasium als eine neue Schulform für alle Kinder von 13 bis 16 Jahren eingeführt worden. Die Aufnahme setzt das Abschlusszeugnis der Grundschule voraus. Das Gymnasium hat die Aufgabe, dass die Schüler ihre Interessen und Leistungsmöglichkeiten erkennen und in die speziellen Ausrichtungen allgemein bildender und beruflicher Bildungsgänge eingeführt werden, um sich am Ende der Sekundarstufe I besser für weiterführende Bildungs- und Ausbildungswege entscheiden zu können. Neben den Pflichtfächern und Lernbereichen, die denen der Oberstufe der Grundschule entsprechen, kommen z. B. Philosophische Bildung und Zivilverteidigung hinzu. Die Schüler absolvieren eine obligatorische externe Abschlussprüfung der Regionalen Prüfungskommission und erhalten nach deren Bestehen ein Abschlusszeugnis, das den Zugang zu einer Einrichtung des Sekundarbereichs II eröffnet. Im Schuljahr 2004/05 besuchten 95,8% der 13- bis 16-Jährigen das Gymnasium.

Im reformierten Sekundarbereich II sind seit dem Schuljahr 2002/03 neue weiterführende Schulformen eingerichtet worden. Über die Aufnahme entscheiden jeweils die in der Abschlussprüfung erzielten Ergebnisse und das Abschlusszeugnis des Gymnasiums. Ferner wurden im Sekundarbereich II zwei obligatorische Fremdsprachen für alle Schüler und das Zentralabitur eingeführt. Zu den neuen Schulformen gehören:

1. Das allgemein bildende Lyzeum (Liceum ogólnokształcace) bereitet 16- bis 19-jährige Schüler an drei Schuljahren auf das Abitur und damit auf die Aufnahme eines Studiums an einer Hochschule oder Universität vor. Am Ende des Bildungsgangs erhalten erfolgreiche Schüler ein Abschlusszeugnis, das auf der Grundlage der schulischen Leistungen ohne Abschlussprüfung vergeben wird. Inhaber dieses Zeugnisses können die Reifeprüfung (Matura) ablegen. Etwa 98% der Absolventen bekommen den Abschluss der höheren Bildung des Sekundarbereichs II, während etwa 94% das Reifezeugnis (Matura) erwerben. Diese Einrichtung ersetzt den bisherigen vierjährigen Bildungsgang.

2. Das Profillyzeum (Liceum profilowane) vermittelt in einem dreijährigen Bildungsgang 16- bis 19-jährigen Schülern die für das Abitur notwendige Allgemeinbildung und zugleich eine breit angelegte berufliche Grundbildung. Das Abschlusszeugnis hat den gleichen Stellenwert wie beim allgemeinbildenden Lyzeum und führt unter gleichen Voraussetzungen zum Abiturzeugnis. Die Einrichtung ersetzt die beiden Schulformen Liceum techniczne und Liceum zawadowe (Berufslyzeum), die 2004 abgeschafft wurden.

3. Das doppelqualifizierende Technikum bietet 16- bis 20-jährigen Schülern einen vierjährigen allgemeinen, technischen und beruflichen Bildungsgang an. Das Abschlusszeugnis berechtigt zur Ausübung des betreffenden Berufs und ermöglicht, die allgemeine Abiturprüfung abzulegen und bei Bestehen das Abiturzeugnis zu erwerben.

4. Die Berufsgrundschule (Zasadnicza szkola zawodowa) vermittelt Schülern im Alter von 16 bis 19 Jahren in zwei- bis dreijährigen beruflichen Bildungsgängen allgemeine und berufliche Kompetenzen zum Bestehen der externen Abschlussprüfung und zum Erwerb des berufsqualifizierenden Abschlusszeugnisses. Das Zeugnis eröffnet den Zugang zum zweijährigen Ergänzungslyzeum (Uzupelniaace liceum ogólnokształcace) oder zum dreijährigen Ergänzungstechnikum

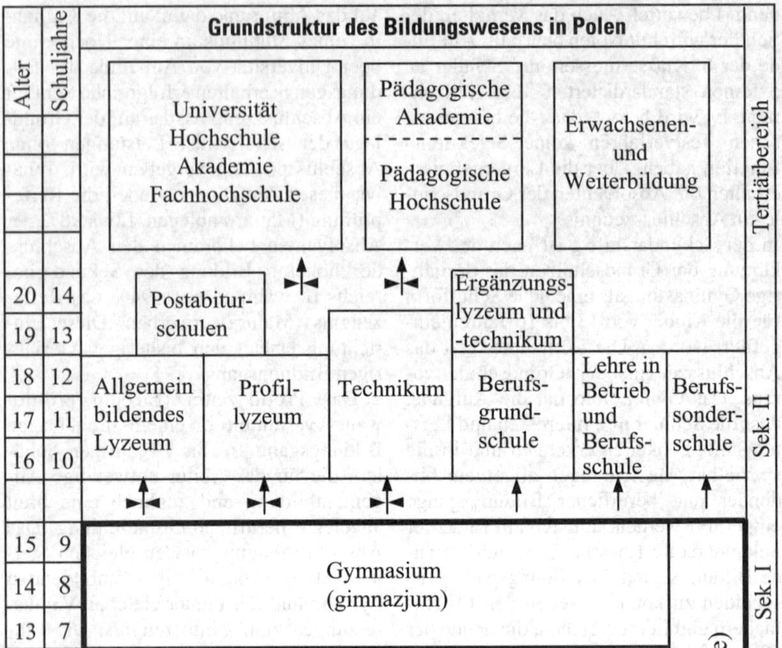

Fett umrandet sind die Einrichtungen für die Erfüllung der Schulpflicht.

Qualifizierte Auswahl   Einfacher Übergang

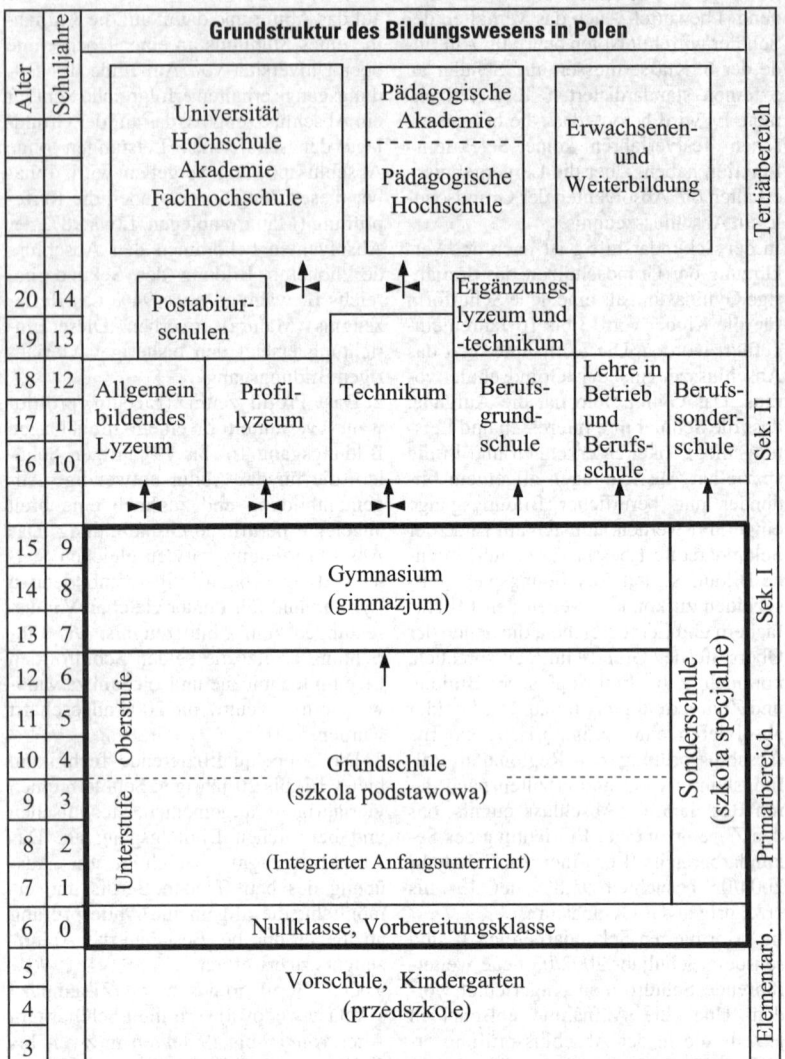

(Technikum uzupelniajace), in denen auf das Abitur und ein Hochschulstudium vorbereitet wird.
5. Daneben gibt es die Postabiturschulen (Szkola policealna) für Absolventen der allgemein bildenden Lyzeen oder der Profillyzeen, die kein Studium aufnehmen möchten. Die Einrichtungen bieten Jugendlichen ab 19 Jahren höhere berufliche und technische Bildungsgänge an, die in max. 2,5 Jahren zu berufsqualifizierenden Abschlüssen in der jeweiligen Fachrichtung führen.

4) Zum neuen Berufsschulsystem gehören die bereits dargestellten reformierten Berufsschulformen des Sekundarbereichs II, nämlich das Profillyzeum und das doppelqualifizierende Technikum, die Berufsgrundschule und die sich anschließenden Ergänzungsschulen (Lyzeum und Technikum). Hinzu kommt, dass im Schuljahr 2005/06 an den Postabiturschulen auf die Kompetenzen zukünftiger Lyzeumsabgänger zugeschnittene neue Schul- und Qualifikationsprogramme eingeführt wurden. Daneben erwirbt ein Teil der Jugendlichen nach dem polnischen Gymnasium seine Berufsausbildung in dualer Form in Betrieben und Berufsschulen. Zum beruflichen System zählt auch die zunehmende Verbreitung von nichtakademischen Berufshochschulen, die überwiegend private Einrichtungen sind und Absolventen in drei bis vier Jahren zur Berufsausübung in über fünfzig Fachrichtungen ausbilden.

5) 2005 ist ein neues Hochschulgesetz in Kraft getreten, das die Belange des Hochschulwesens neu regelt. Daneben wird an einem innovativen Nationalen Entwicklungsplan 2007–2013 gearbeitet. Dabei spielt die europäische Integration der polnischen Hochschulbildung eine große Rolle.
Im staatlichen Hochschulwesen gibt es neben den Universitäten, Technischen Universitäten, der Katholischen Universität Lublin und den Medizinischen Akademien eine Reihe fachlich spezialisierter Hochschulen, zu denen Wirtschaftshochschulen, Landwirtschaftshochschulen, Pädagogische Akademien, Pädagogische Hochschulen, Sporthochschulen, Kunst- und Musikhochschulen zählen. Daneben gibt es eine zunehmende Zahl an Fachhochschulen (Berufshochschulen) und privaten Hochschuleinrichtungen. Zugangsvoraussetzung ist der Nachweis der Hochschulreife und häufig eine Zulassungs- oder Eignungsprüfung. Einheitliche Magisterstudiengänge (fünf bis sechs Jahre) führen zum Abschlusstitel Magister (Mgr), Magister inzynier (Dipl.-Ing.) u. Ä.; Absolventen von Fachhochschulstudiengängen (drei Jahre) erhalten den Abschlusstitel Licencjat oder nach vier Jahren den Titel Inszynier (Ingenieur); das Doktorandenstudium schließt mit dem Titel Doctor (Dr) ab. Im Zuge der Europäisierung haben einige Hochschulen bereits Studiengänge, die zum Bachelor of Arts oder Bachelor of Science und zum Master of Arts führen.

6) Lehrer müssen einen Hochschulabschluss haben. Gegenwärtig werden Vor-, Grund- und Sekundarschullehrern Ausbildungsmöglichkeiten in Pädagogischen Hochschulen, Pädagogischen Akademien und Pädagogischen Fakultäten an Universitäten angeboten. Grundschullehrer der Klassen 1 bis 3 unterrichten in dem integrierten Schulanfangsunterricht fast alle Fächer, während Lehrer in den Klassen 4 bis 6 Fachlehrer sind, die zwei Schulfächer studieren müssen. Pädagogische Hochschulen führen nach drei Jahren zu einem Diploma oder zum Titel Licencjat. Absolventen mit dem Titel Licencjat können ihre Ausbildung mit einem zweijährigen Studium an einer Universität oder einer Pädagogischen Akademie ergänzen und den Titel Magister (Master's degree) erwerben. Die Pädagogische Akademie ist eine Hochschule für Erziehungswissenschaft. Lange Studiengänge führen in fünf bis sechs Jahren zum Magister. Promotionsstudiengänge mit dem Abschluss Doktor (Dr) werden ebenfalls angeboten. Lehrer allgemein bildender Fächer in den Schulformen des Sekundarbereichs II absolvieren ein Universitätsstudium mit dem Abschluss Magister degree. Lehrer der beruflichen Fächer werden an Technischen Hochschulen, Landwirtschaftlichen Akademien, Wirtschaftshochschulen u. a. Einrichtungen ausgebildet und erwerben gleichwertige Abschlüsse.

7) Zum Bereich der Erwachsenenbildung gehören Möglichkeiten zum Nachholen von Allgemeinbildung und beruflicher Ausbildung in den entsprechenden Schulen, zur allgemeinen Erwachsenenbildung in Volkshochschulen, Heimvolkshochschulen bzw. Kultur- und Bildungszentren sowie zur beruflichen Fort- und Weiterbildung in Einrichtungen z. B. von Betrieben, Gewerkschaften und Genossenschaften. Zu den Bedingungen, Formen und Berechtigungen der beruflichen Erwachsenenqualifizierung gibt es seit 1993 eine gemeinsame Verordnung des Bildungsministeriums und des Ministeriums für Arbeit und Sozialpolitik. Im Zuge der Liberalisierung hat sich ein Markt mit Weiterbildungsfirmen und Zentren für permanente Bildung entwickelt.

politische Bildung. Alle in Schulen, Jugendarbeit, Hochschulen und Erwachsenenbildung lernzielorientiert und methodisch angelegten Formen der Entfaltung bzw. Erweiterung des Erkenntnis- und Urteilsvermögens über politische Tatbestände und Prozesse. Leitziele sind die an demokratischen Normen (z. B. den Menschenrechten, den Grundrechten, den politischen Normen des Grundgesetzes) orientierte Beteiligungsbereitschaft und -fähigkeit von Kindern, Jugendlichen und Erwachsenen.

Im Schulunterricht sind die Fächer Politik/Gemeinschaftskunde, Arbeitslehre, Geschichte und Ethik von besonderer Bedeutung für die p. B.

Die Jugendarbeit hat ebenfalls den gesetzlichen Auftrag zur p. B. Volkshochschulen, Gewerkschaften, Kirchen u. a. Verbände bieten insbesondere für Erwachsene entsprechende Lehrveranstaltungen an.

Wichtige Voraussetzungen für p. B. sind die Mitbestimmungsrechte von Schülern, Eltern, Studierenden, Auszubildenden und Lehrern bzw. Hochschullehrern bei der inhaltlichen, personellen und organisatorischen Gestaltung ihrer Lern- und Arbeitsfelder.

Portfolio (engl. *portfolio assessment*). Zielgerichtete und systematische Sammlung von Schülerarbeiten, die die individuellen Bemühungen, die Reflexion über den Lernprozess, die Lernforschritte und die Ergebnisse des Lernenden in einem Lernbereich oder in mehreren Fächern darstellt. Die Funktion und Gestaltung von P. hängt von den jeweiligen Bildungseinrichtungen zwischen Vorschulbereich und Weiterbildung ab. Im Schulwesen werden P. häufig als Methode individualisierter Leistungsbeurteilung und als Alternative oder Ergänzung zur punktuellen, vergleichsorientierten Leistungsmessung durch Klassenarbeiten oder Tests verwendet. Wesentliches Ziel der Arbeit mit P. ist es, die ganze Breite der tatsächlichen Kompetenzen eines Schülers zum Ausdruck kommen zu lassen, ihn von Anfang an zu beteiligen an der Festlegung von Zielen, Inhalten, Methoden, Medien und Zeitplänen sowie im Erarbeitungsprozess seine Fähigkeiten zur Selbststeuerung, Eigenverantwortung und Beurteilung der Qualität eigener Leistungen zu entwickeln und zu erhöhen. P. sollen den Dialog zwischen Lernendem und Lehrenden über den Erarbeitungsprozess vertiefen. Nach der gemeinsamen Bewusstmachung einer Fragestellung, eines Problems oder einer Aufgabe beginnt das kontinuierliche Sammeln und Erstellen von Dokumenten, die den individuellen Lernprozess nachvollziehbar machen. Eine P.-Mappe kann aus mehreren Teilen bestehen. Das Prozess-P. dokumentiert den Lernprozess und macht den Lernweg sichtbar. Aus ihm kann Überholtes aussortiert und für den Teil Präsentations-P. das Beste ausgewählt werden. Am Ende bestimmter Phasen im Jahreslauf (Schulhalbjahr, Schuljahr) können Schüler den Lehrern und Eltern das P. präsentieren und sich dabei mit dem eigenen Arbeitsergebnis nochmals auseinandersetzen. Änderungsideen und Kommentare werden in einem Protokoll festgehalten. Darüber hinaus können die P. aller Schüler einer Lerngruppe ausgelegt und zu einer Präsentationsveranstaltung gemacht werden. Je nach Konzeption der Arbeit mit P. sind in der Literatur unterschiedliche Begriffe zu finden, die vom Arbeisp., Lernp., Beurteilungp., Vorzeigep. bis zum Präsentationsp. reichen.

polytechnische Bildung (griech. *polys* viel, vielfältig). Konzept einer möglichst allseitigen Ausbildung kreativ-künstlerischer, praktischer, kognitiver, methodischer und sozialer Kompetenzen. Diesem Leitziel entspricht eine enge inhaltliche, personale und räumliche Verbindung von Lernen und Arbeiten, Schule, Werkstätten und Leben, Ausbildung und Beruf, Theorie und Praxis. Teile dieses umfassenden bildungstheoretischen Programms sind in den Lernbereich *Arbeitslehre* bzw. *Arbeit – Wirtschaft – Technik* eingeflossen.

Portugal. 1) Parlamentarische Republik. Hauptstadt: Lissabon (557 000 Einw.). Fläche: 92 345 km^2, dazu Inseln und exterritoriale Besitzungen. 10,5 Mill. Einw., 114 Einw./km^2. Landessprache: Portugiesisch. Religion: überwiegend Katholiken.

2) Aufbau und aktuelle Aufgaben des Bildungswesens sind noch immer davon gekennzeichnet, dass die allgemeine Schulpflicht bis 1974 lediglich vier Jahre betrug, bis 1986 nur sechs Jahre und erst ab 1987 eine neunjährige Schulpflicht schrittweise verwirklicht werden konnte. Das allgemeine und das berufliche Qualifikationsniveau der Bevölkerung sind entsprechend niedrig. Die Nachqualifikation von Erwachsenen gehört deshalb zu den selbstverständlichen Aufgaben der Bildungseinrichtungen von der Grundschule bis zu den Hochschulen. Grundlage für die Neuordnung des gesamten Bildungswesens ist das Rahmengesetz über das Bildungswesen von 1986. Als Kernbereich des Schulwesens bestimmt das Gesetz die neunjährige Schule der Grundbildung (Ensino básico), die alle Kinder des Landes zur Erfüllung ihrer Schulpflicht gemeinsam besuchen. Die Schulpflicht beginnt mit der Vollendung des 6. Lebensjahres. Für die Durchführung der gesetzlichen Bestimmungen und die Aufsicht über das gesamte Bildungswesen ist das Erziehungsministerium zuständig, bei beruflichen Ausbildungsgängen in Kooperation mit dem Ministerium für Arbeitsmarktfragen und soziale Sicherheit. In den 18 Distrikten des Landes führen besondere Ämter die regionale und lokale Schulaufsicht im Auftrag des Ministeriums durch. Das Gewicht der Zentralbehörde soll schrittweise zugunsten der Kompetenzen in Regionen, Gemeinden und der einzelnen Schulen abgebaut werden. Schulträger der Einrichtungen zur Erfüllung der Schulpflicht sind die Gemeinden. Bei der Finanzierung werden sie aus dem Staatshaushalt unterstützt. Auch anerkannte private Schulen haben gesetzlichen Anspruch auf öffentliche Zuschüsse. Der Besuch der Pflichtschulen ist kostenlos. Die Schulen können jedoch unter Berücksichtigung der finanziellen Verhältnisse in den Familien für Lehrmittel und extracurriculare Angebote Beiträge erheben. Pflichtschulen werden i. d. R. als Ganztageseinrichtungen geführt. Für Kinder und Jugendliche mit erhöhtem Förderbedarf ist ein System von Sonderklassen und Spezialschulen im Aufbau.

3) Die Kindergärten des Elementarbereichs (Pré escolar) können freiwillig ab dem 3. Lebensjahr besucht werden. Sie verstehen sich ausdrücklich nicht als Vorschulen, sondern eher als Orte allgemeiner Förderung der kindlichen Persönlichkeit. Der Schulbesuch beginnt mitdem Eintritt in die vierjährige Primarstufe (Ensino básico) der Schule der

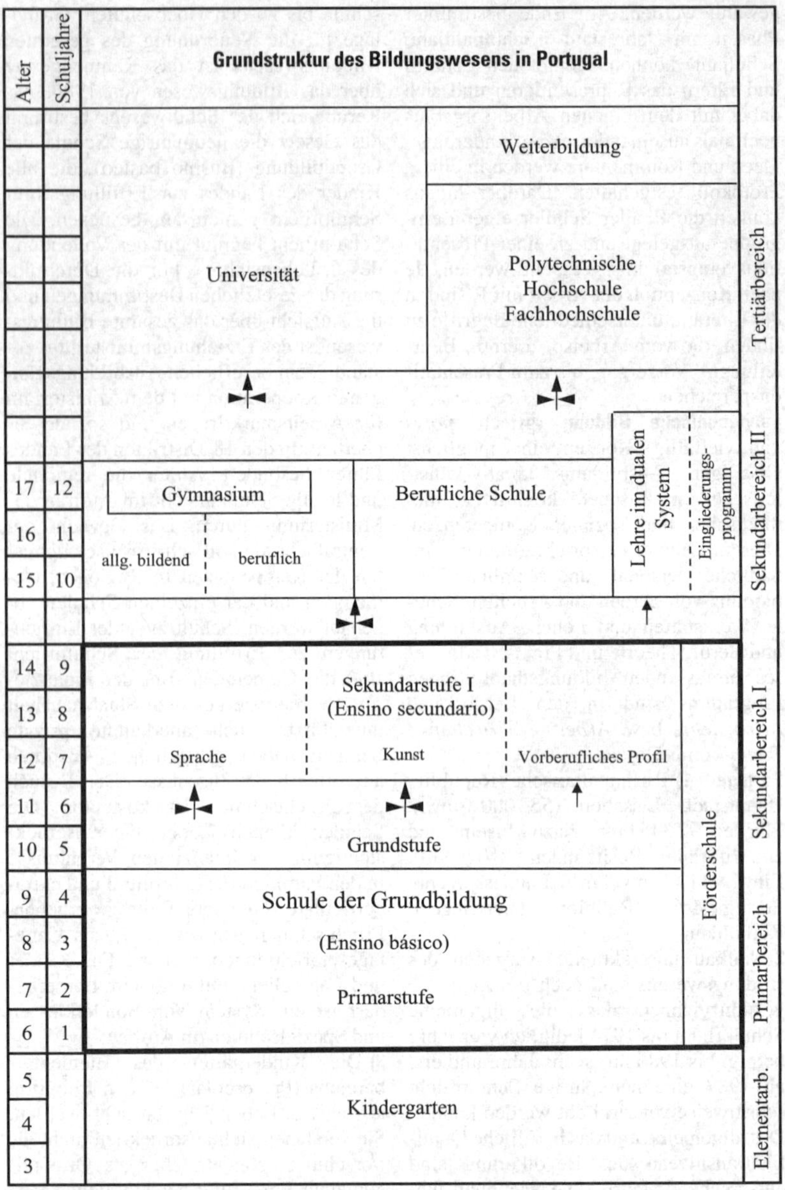

Fett umrandet sind die Einrichtungen für die Erfüllung der Schulpflicht.

Qualifizierte Auswahl ↑ Einfacher Übergang

Grundbildung und setzt sich in der zweijährigen Grundstufe und der dreijährigen Sekundarstufe I (Ensino secundario) fort. Die Leistungsbeurteilung findet auf allen Stufen des Bildungswesens große Beachtung. Schon in der Pflichtschule hängt die Versetzung von Mindestpunktzahlen ab. Die drei Stufen dieser Schule sind zumeist organisatorisch und räumlich miteinander verbunden. Die einzelnen Bildungsstufen sind auch als eigenständige Schulen oder in Verbindung von zwei Stufen eingerichtet. In dünn besiedelten Gebieten wird die 2. Stufe oftmals in Form von E-Learning durchgeführt. Für die Primarstufe hat das Ministerium lediglich einen Rahmenlehrplan erlassen, der Leitziele und Lernbereiche näher erläutert. Die detaillierte Ausgestaltung des Unterrichts ist in die pädagogische Freiheit des Klassenlehrers im Rahmen der Beschlüsse der Lehrerkonferenz gestellt. Schwerpunkt des Curriculums in der Grundstufe ist Fachunterricht in den Lernbereichen Sprachen, Naturwissenschaft und Technik, soziales Lernen und Ethik. In der Primarstufe und in der Grundstufe werden alle Kinder nach einem gemeinsamen Curriculum unterrichtet. In der dritten Stufe, der Sekundarstufe I, wählen die Schüler neben dem gemeinsamen Pflichtunterricht einen Schwerpunkt nach Interesse, bisherigen Schulleistungen und geplanter Fortsetzung des Bildungsweges aus. Nach dem erfolgreichen Abschluss der Sekundarstufe I erhalten die Schüler das Zeugnis der Grundbildung. Damit können sie ihre Ausbildung in den Bildungsgängen der Sekundarstufe II fortsetzen. Diese Stufe bietet mehrere weiterführende Bildungswege an: Das Gymnasium, die Berufliche Schule, die ein- bis vierjährige Berufsausbildung in einem dualen System oder das berufsvorbereitende Eingliederungsprogramm. Im Gymnasium wird der allgemein bildende Unterricht in den drei Klassenstufen nach einem gemeinsamen Lehrplan erteilt. Daneben kommt dem Schwerpunktbereich (Wahlbereich) wie schon in der Sekundarstufe I große Bedeutung für die weitere Ausbildung an Hochschulen oder im Bereich der Berufsausbildung zu. Gymnasien lassen sich so in einen studienvorbereitenden und einen berufsqualifizierenden Kurs differenzieren. Beide Kurse führen zur Hochschulreife. Die Beruflichen Schulen führen zu staatlich anerkannten Abschlüssen in Berufen mit hohen theoretischen Anforderungen.

4) Neben der schulischen Berufsausbildung hat sich ein duales Ausbildungswesen in Orientierung an der deutschen Praxis entwickelt. Absolventen der Grundbildung, die keine Vollzeitschule der Sekundarstufe II besuchen, können in eine ein- bis vierjährige Lehre eintreten, die von Instituten für Beschäftigung und Berufsausbildung in Kooperation mit Betrieben durchgeführt wird. Im beruflichen Profil der Sekundarstufe I wird auf diesen Ausbildungsweg bereits vorbereitet. Für die Nachqualifizierung von Erwachsenen und für Jugendliche mit Lernbeeinträchtigungen werden besondere Eingliederungsprogramme für die Aufnahme einer Erwerbsarbeit angeboten.

5) Nach dem Rahmengesetz von 1986 gliedert sich der Tertiärbereich in Universitäten und Polytechnische Hochschulen (Fachhochschulen). Die Zulassung für beide Hochschularten setzt den erfolgreichen Besuch eines Zweiges der Sekundarschule sowie das Bestehen einer Aufnahmeprüfung voraus. Die Hochschulen erheben Studiengebühren.

6) Erzieher für Kindergärten und Lehrer für die beiden ersten Stufen der Schule der Grundbildung werden in drei- bzw. vierjährigen Studiengängen an einer Pädagogischen Fachhochschule ausgebildet, die mit dem Bachelor abschließen. Lehrer für die dritte Stufe der Grundbildung und die Sekundarschulen durchlaufen einen fünf- bis sechsjährigen Studiengang an einer Universität, der ein Jahrespraktikum einschließt und zum Lizentiat führt.

7) Der beruflichen Nachqualifizierung

und Weiterbildung kommt große Bedeutung zu. Fast 90% aller Angebote werden von privaten Unternehmen durchgeführt und finanziert.

Postgraduiertenstudium (engl. *postgraduate study*). Jede formalisierte Phase eines Studiums, für die ein erster akademischer Grad Zulassungsvoraussetzung ist. In Großbritannien und den USA alle Studien nach dem *Bakkalaureus* (Bachelor), in Deutschland bisher Studien nach dem 1. Staatsexamen, der Diplom- oder der Magisterprüfung. Nach der Neustrukturierung der Studiengänge durch die Abschlüsse *Bachelor* und *Master* wird das P. vermutlich zumeist als Doktorandenstudium durchgeführt werden.

Pragmatismus (griech. *pragma* Handeln, Tatsache, Wirklichkeit; engl. *pragmatism*). Von dem amerikanischen Philosophen und Mathematiker C. S. Peirce Ende des 19. Jh. begründete handlungstheoretische Auffassung von Wissenschaft, die danach fragt, was wissenschaftliche Theorien für praktische, sachbezogene, soziale und sprachliche Handlungsprozesse in konkreten geschichtlichen Erfahrungsfeldern bedeuten. Darauf begründete *J. Dewey* in Amerika seine Pädagogik des P., die von der Bedeutung des Handelns und der Erfahrung ausgeht. Demokratie ist für Dewey gemeinschaftliches Leben und Schule soll als Modell den Grund dafür legen. Erziehung und Unterricht bewirken seiner Ansicht nach in den Interaktionsprozessen und in der handelnden Auseinandersetzung mit Natur, Gesellschaft und Kultur beim Schüler einen kontinuierlichen Erfahrungsaufbau, der im Verlauf des Erziehungsprozesses zur Ich-Identität hinführt. Die Theorie des *Projektunterrichts* von J. Dewey und *W. H. Kilpatrick* zeigt die pädagogische Umsetzung der Philosophie des P.

Praktikum (griech. *praxis* Tat, Beschäftigung, *praktike techne* Lehre vom aktiven Tun und Handeln; engl. *practical studies*). In den pädagogischen Lehramts- und Diplomstudiengängen werden P. in mehreren Formen und mit unterschiedlichen Zielsetzungen durchgeführt.
In den Lehramtstudiengängen gibt es i. d. R. drei P.: Das außerschulische P. (Sozial- bzw. Betriebsp.) soll den Studierenden einen exemplarischen Zugang zur Lebensumwelt von Kindern und Jugendlichen und/oder zur Lebens- und Berufswelt ihrer Eltern ermöglichen. Durch das sog. große Schulp. (allgemeines Schulp.) können sie das Berufsfeld des Lehrers unter pädagogischen und fächerübergreifenden Gesichtspunkten kennenlernen und ihre Eignung für den Lehrerberuf durch Unterrichten erproben. Im Fachp. geht es schließlich darum, das Berufsfeld des Lehrers in einem der gewählten Studienfächer unter fachspezifischen Gesichtspunkten zu erschließen.
In den Diplomstudiengängen findet je ein P. im Grund- und im Hauptstudium statt. Sie dienen der Heranführung der Studierenden an die Felder ihrer späteren Berufstätigkeit. Je nach Schwerpunkt des Diplomstudienganges finden die P. z. B. in Einrichtungen der Eltern- und Familienberatung, der Familienbildung und Familienhilfe, der außerschulischen Jugendarbeit, der Randgruppen- und Ausländerarbeit, der Erwachsenenbildung oder der Freizeit- und Kulturarbeit statt. Das zweite P. dient u. a. auch der forschungsorientierten Erkundung.
Die P. werden meist vorbereitet und ausgewertet. Einzelheiten sind in den Prüfungs-, Studien- und Praktikumsordnungen geregelt.

Praxeologie (griech. *praxis* die Tat, *logos* das Wort, die Lehre). Sammelbegriff für alle Wissenschaften vom rationalen Handeln. Insbesondere Disziplinen, die sich mit dem Handeln in sozialen Bezügen befassen, haben ihre P. als angewandte Pädagogik, Soziologie, Psychologie oder auch Politik entwickelt. Sie analysieren die Handlungszusammenhänge, klären deren Bedingungen und zeigen bei vorgegebenen Problemen mögliche Lösungen und deren Kosten auf. Methodisches und theoretisches Wissen werden für die

Verbesserung einer Praxis fruchtbar gemacht.

Primarbereich (Syn. **Primarstufe**; engl. *Primary Education*). In Anlehnung an die Vorschläge der OECD zur Vereinheitlichung der Begrifflichkeit im Bildungswesen der Mitgliedstaaten bezeichnete 1970 der Deutsche Bildungsrat im *Strukturplan* den für alle Schüler gemeinsamen ersten Schulabschnitt als P. Der Begriff sollte nicht nur den seit 1919 eingeführten Begriff Grundschule ablösen, sondern mit einem neuen Organisationsplan auch ein neues Schul- und Erziehungskonzept durchsetzen. Der P. sollte mit der Einschulung der Fünfjährigen die jeweils zweijährige *Eingangsstufe,* Grundstufe und ggf. *die Orientierungsstufe* umfassen.

Der Bildungsgesamtplan der BLK von 1973 hat das im Strukturplan vorgeschlagene Konzept zur Neugliederung des P. nicht übernommen. Er hielt am Konzept der traditionellen vierjährigen Grundschule fest, führte aber auch den Begriff P. ein. Zur Frage der Eingangsstufe des P. sollten Modellversuche durchgeführt werden.

Für die Schuljahrgänge 1 bis 4 bzw. 6 (Berlin, Brandenburg) hat sich mittlerweile die Bezeichnung P. durchgesetzt; die Institution des P. heißt *Grundschule.* Ihr kann ein *Hort,* eine *Vorklasse* oder ein *Schulkindergarten* angegliedert sein.

Primärgruppe. *Gruppe*.

Privatdozent. Teilgruppe im wissenschaftlichen und künstlerischen Personal einer Hochschule. Im Rahmen ihres (i. d. R. auf sechs Jahre beschränkten) Dienstverhältnisses nehmen sie ihre Aufgaben in Forschung und Lehre selbständig wahr. Die Einstellungsvoraussetzungen entsprechen denen von Professoren.

Privatschulen (engl. *private schools, public schools*). Alle nichtöffentlichen Schulen in der freien Trägerschaft von Kirchen, privaten Vereinigungen und Einzelpersonen. Sie haben eine Bezeichnung zu führen, die eine Verwechslung mit *öffentlichen Schulen* ausschließt. Aus dem Untertitel der Schule muss hervorgehen, ob es sich um eine *Ersatzschule* oder um eine *Ergänzungsschule* handelt. Ersatzschulen (z. B. freie Waldorfschulen) sind den öffentlichen Schulen gleichgestellt. Sie bedürfen der Genehmigung des Staates und unterstehen den Landesgesetzen. Ergänzungsschulen (z. B. Musikschulen) sind kein Ersatz für öffentliche Schulen. Sie können deshalb mit ihren Zeugnissen auch nicht die Berechtigungen verleihen, die mit entsprechenden Zeugnissen öffentlicher Schulen verbunden sind.

Probezeit (engl. *probation*). Jede Berufsausbildung nach den Bestimmungen des Berufsbildungsreformgesetzes (BerBiRefG) beginnt mit einer P. Ihre Dauer (ein bis drei Monate) muss im Berufsausbildungsvertrag genau festgelegt sein. Während der P. kann das Berufsausbildungsverhältnis von beiden Vertragsparteien jederzeit ohne Einhaltung einer Frist und auch ohne besondere Begründung gekündigt werden.

Produktionsschule. Im Zusammenhang politischer, sozialer und kultureller Reformversuche nach dem Ende des Ersten Weltkrieges formulierten sozialistische Pädagoginnen und Pädagogen die Idee der P. Den Kern des Konzepts bildet der schon vielfach in der Pädagogik erörterte Gedanke, das Lernen aus der *Entfremdung* fachlicher Lektionen durch Einbindung in produktive Arbeit zu befreien. Dabei dachte der sowjetische Pädagoge *P. P. Blonskij* an die Integration der Schule in die industrielle Produktion, weil nur so die Schule ihren Beitrag zur revolutionären Umgestaltung der Gesellschaftsordnung leisten und die Jugend auf die kollektive Verantwortung für die Produktion realistisch vorbereitet werden könne. *P. Oestreich*, *A. Siemsen*, *F. Karsen* u. a. deutsche Pädagogen setzten gegen diesen ökonomischen Gedanken die Überlegung, Kinder und Jugendliche dürften nicht dem Druck industrieller Produktionsverfahren ausgeliefert werden. Vielmehr sei die P. als Lebens- und

Arbeitsgemeinschaft so einzurichten, dass unter Berücksichtigung der kindlichen Lernvoraussetzungen und Bedürfnisse die geistigen, körperlichen, sozialen und künstlerischen Kräfte an tatsächlichen Vorhaben, Projekten und lebenspraktischen Aufgaben entwickelt werden könnten. Das Konzept der P. konnte konsequent nur in der 1922 von *W. Blume* auf einer Havelinsel bei Berlin eröffneten Schulfarm Scharfenberg realisiert werden.

Professionalisierung (lat. *professio* Gewerbe, Beruf, engl. *professionalization*). Allgemein jede nähere Definition von fachlichen Kompetenzen, die für die Ausübung einer bestimmten Tätigkeit erforderlich sind sowie die inhaltliche, sachliche und zeitliche Gliederung eines entsprechenden Ausbildungsweges, z. B. eines Studienganges einschließlich der dabei zu erbringenden Prüfungsleistungen. Veränderte berufliche Anforderungen führen zur Intensivierung der P., die sich zumeist in beruflichen Spezialisierungen, verschärften Zulassungsordnungen und gestiegenem Prestige niederschlagen.

Im Lehrerberuf beschränkte sich die P. über viele Jahrhunderte auf die Vermittlung des für den Unterricht erforderlichen Fachwissens, abgestuft nach den Schularten im ständisch gegliederten Schulwesen. Pädagogische und psychologische Kompetenzen sind erst im Laufe des 19. Jh. in die P. der Lehrer einbezogen worden. Heute orientiert sich die P. der Lehrer i. d. R. an den Arbeitsaufgaben und den für deren Bewältigung erforderlichen Handlungskompetenzen. Für die zentrale Aufgabe, das Unterrichten, beschreibt K.-O. Bauer ein Handlungsrepertoire mit fünf Schwerpunkten: a) Soziale Strukturen in Klassen hervorbringen und für geordnete Arbeitsabläufe sorgen, b) in lebendige Interaktionen mit Schülern eintreten, c) Informationsprozesse gestalten und steuern, d) Lernumgebungen einrichten und e) planende, vorbereitende und nachbereitende Hintergrundarbeiten durchführen. Im *Strukturplan für das Bildungswesen* des *Deutschen Bildungsrates* (1970) wurden neben dem Unterrichten vier weitere Arbeitsaufgaben genannt, die bei der P. von Lehrern zu berücksichtigen sind: Erziehen, Beraten, Betreuen und Entwickeln (Innovieren) von Schule. In neueren Arbeiten zur P. werden im Zusammenhang mit der Qualitätsverbesserung von Schule als Schwerpunkte der P. hervorgehoben: Diagnosekompetenz, Lernberatung und -förderung, Evaluationskompetenz, Teamfähigkeit, Entwicklung von neuen Lernarragements, Managementkompetenz.

Professor (lat. *professor* öffentlicher Lehrer; engl. *professor*). Nach den Bestimmungen des Hochschulrahmengesetzes (HRG) gehören die P. zum hauptberuflichen wissenschaftlichen und künstlerischen Personal der Hochschulen. Sie nehmen ihre Aufgaben in Wissenschaft und Kunst, Forschung und Lehre selbständig wahr. Sie haben sich auch an Aufgaben der Studienreform und Studienberatung zu beteiligen, an der Verwaltung der Hochschule mitzuwirken und Prüfungen abzunehmen. P. sind verpflichtet, im Rahmen der für ihr Dienstverhältnis geltenden Regelungen Lehrveranstaltungen ihrer Fächer in allen Studiengängen abzuhalten. Einstellungsvoraussetzungen für P. sind ein abgeschlossenes Hochschulstudium, pädagogische Erfahrungen, Promotion und zusätzliche wissenschaftliche oder künstlerische Leistungen, die i. d. R. durch eine Habilitation nachgewiesen werden.

Profiling (engl. Seitenansicht, Umriss). Beschreibung von Kenntnissen, Fähigkeiten, Einstellungen und Verhaltensweisen von Individuen oder Gruppen unter Bezugnahme auf definierte Kriterien. Das Verfahren ist u. a. bei der Besetzung von Stellen im Hinblick auf eine aufgabenorientierte Personalauswahl hilfreich, wenn bestimmte Persönlichkeitsmerkmale von besonderer Bedeutung für die Erfüllung der Anforderungen sind.

Beim P. werden zumeist standardisierte Testverfahren eingesetzt. P. wird auch bei der Auswahl von Bewerbern für Ausbildungsprozesse herangezogen.

Prognose (griech. *prognosis* Vorkenntnis; engl. *forecast*). Voraussage aufgrund vorliegender Erkenntnisse, dass eine Entwicklung mit einer gewissen Wahrscheinlichkeit einen bestimmten Verlauf nehmen wird. Je genauer bzw. vollkommener die Vorkenntnisse und die Kontrolle der Bedingungen sind, unter denen ein Prozess bisher abgelaufen ist, desto exakter ist die P.

programmierter Unterricht (Syn. **programmierte Instruktion, programmiertes Lernen**; engl. *programmed instruction, programmed learning*). Form des Selbstunterrichts bzw. Selbstlernverfahren mithilfe von objektivierten Lehr-Lern-Programmen, die die unmittelbare Mitwirkung eines Lehrers ersetzen. Solche Lehrsysteme können aus einem programmierten Lehrbuch, einer Video- oder Tonbandkassette und/oder einem Computerprogramm bestehen. Das Lehr-Lern-Programm ist in kleine Lerneinheiten und Lernschritte unterteilt und gibt dem Lernenden durch häufige Kontrollen Schritt für Schritt Rückmeldungen *(Feedback)* über den Lernerfolg, die zusammen mit den Lernhilfen zum Weiterlernen motivieren und zum Lernerfolg führen können. Der Lernende kann Lernort, -zeit und -tempo selbst bestimmen und ist damit relativ autonom.

Der p. U. ist eine Unterrichtstechnik, die auf S. L. Pressey zurückgeht, der in den zwanziger Jahren bereits die ersten Lehrprogramme und Lernmaschinen entwickelte. In den sechziger Jahren fanden die Modelle des linearen Programms von *B. F. Skinner* und des verzweigten Programms von N. A. Crowder in Deutschland große Beachtung. Voraussetzung für die Entwicklung solcher Selbstlernprogramme und Lernmaschinen waren die theoretischen Grundlagen der Informationstheorie und der Kybernetik.

projektorientierter Unterricht. Eine reduzierte Form des *Projektunterrichts,* bei der unter gegebenen Schulbedingungen oder noch fehlenden Erfahrungen der Schüler nur einzelne Merkmale des idealen Projektmodells realisiert werden können.

Von p. U. kann dann gesprochen werden, wenn versucht wird, Probleme und Arbeitsanlässe aus der Lebenswelt der Schüler aufzugreifen, die Schüler an der Planung zur Realisierung und Auswertung zu beteiligen, die Durchführung teilweise mit Erkundungen an außerschulischen Lernorten zu verbinden und die Arbeitsergebnisse in geeigneter Weise zu präsentieren.

Projektstudium (Syn. **projektorientiertes Studium**). Didaktisches Konzept zur inneren Reform des Hochschulstudiums. Es ist aus der Kritik an den Ausbildungsinhalten, die i. d. R. aus dem Kanon überlieferter Fachsystematiken der Einzelwissenschaften stammen, und an den Lehr-Lern-Verfahren, die vorwiegend auf die Rezeption vorgegebener Wissensbestände ausgerichtet sind, hervorgegangen. Das Konzept des P. fordert mehr Gesellschaftsbezug, Interdisziplinarität, Methodenpluralismus, Berufspraxisbezug, problemorientiertes Vorgehen, forschendes Lernen und Beteiligung an den Entscheidungsprozessen in Lehrveranstaltungen.

Als didaktisches Reformkonzept wurde das P. seit etwa 1970 im Zusammenhang mit einigen Hochschulneugründungen (Bremen, Kassel, Oldenburg) und in einigen Studiengängen an älteren Universitäten (z. B. Berlin, Frankfurt, Hamburg, Münster) eingeführt und erprobt. Zahlreiche Berichte geben Auskunft nicht nur über die Schwierigkeiten bei der Einführung des P., sondern auch über seine hochschuldidaktische Bedeutung.

Projektunterricht (Syn. **Projektmethode, Vorhabengestaltung**). Gemeinsam ist diesen Begriffen das Lernen in Projekten, wie es sich als Alternative zum lehrgangsartigen, lehrerzentrierten, am fach-

lichen Lehrbuch orientierten Lernen seit etwa 1900 aus den reformpädagogischen Strömungen Europas und Amerikas entwickelt hat. Die Projektidee zu verstehen macht den Nachvollzug historischer Beispiele notwendig.
Für die deutsche Diskussion ist bis heute die theoretische Grundlegung der Projektmethode durch die Vertreter des amerikanischen *Pragmatismus J. Dewey* und *W. H. Kilpatrick* Anfang des 20. Jahrhunderts von Bedeutung. Den Zusammenhang von Demokratisierung der Gesellschaft und entsprechendem Lernen in der Schule sahen sie in der Projektmethode verwirklicht, durch die problemorientiertes Denken, praktisches Tun und realitätsbezogenes Erfassen der Wirklichkeit miteinander verbunden werden sollen, um die Trennung von Leben und Lernen sowie Denken und Handeln aufzuheben. Aus der deutschen *Reformpädagogik* hervorgegangen, ist das Lernen in Projekten unter dem Begriff Vorhabengestaltung vor allem um 1930 von J. Kretschmann, *O. Haase* und *A. Reichwein* praktisch erprobt und theoretisch begründet worden. Nach der empirischen Wende in der Pädagogik um 1960 war die Kontinuität dieser Entwicklung zunächst unterbrochen, bis die Studentenbewegung Ende der sechziger Jahre die Projektidee mit der Forderung des Projektstudiums wieder aufgriff. In der Literatur bisher weniger beachtet wurden die in den siebziger Jahren entwickelten Curricula ›Soziales Lernen‹ von J. Zimmer und ›Stücke zu einem mehrperspektivischen Unterricht‹ von K. Giel und G. G. Hiller, in denen Lernen in Projekten und Kursen das grundlegende Vermittlungsverfahren ist. Etwa zur gleichen Zeit hat W. Nestle einen didaktischen Plan entwickelt, der in eine Abfolge von fächerübergreifenden Projekten und gefächerten Kursen gegliedert ist. Seit den achtziger Jahren sind eine Reihe von Veröffentlichungen erschienen, die durch reformgeschichtliche Darstellungen, begriffliche Klärungen, methodische Handlungsanweisungen und Beispiele aus der Praxis die Projektarbeit in schulischen und außerschulischen Einrichtungen fördern wollen.
Aus den verschiedenen Merkmalskatalogen in der Literatur lassen sich folgende Kriterien für den P. zusammenfassen: 1. Ausgangspunkte für Projekte sind i. d. R. situative Anlässe und konkrete Aufgabenstellungen aus der Lebenswirklichkeit der Schüler (Situations-, Sach-, Gesellschafts- und Schülerorientierung). 2. Zielsetzung ist die gemeinsame und konkrete Bearbeitung der Probleme und Aufgaben in der Realität (Produkt- und Handlungsorientierung). 3. Die Organisation der Zielsetzung, Planung, Ausführung und Überprüfung der Projektarbeit wird gemeinsam von Lehrern und Schülern getragen (Selbstorganisation und Mitverantwortung). 4. Anstelle ausschließlich fachimmanenter Lehrgänge werden problemorientierte, fächerübergreifende, integrative Lern- und Arbeitsprozesse bevorzugt (Interdisziplinarität, Lehrerkooperation/Teamarbeit, außerschulische Kompetenzen). 5. Kognitive, soziale, affektive und motorische Anforderungen und Leistungen werden verknüpft (ganzheitliches Erleben der Realität und vernetztes Denken in komplexen Zusammenhängen). 6. Praktische Anwendungen und Problemlösungen werden erprobt, um den individuellen Sinn und die soziale Bedeutung des Lernens zu erkennen (Sinn und Bedeutung des Handelns). 7. Die Beendigung des Projektes kann ein Auslaufen, Scheitern, Zurückschauen oder festliches Verabschieden durch eine Veröffentlichung, Ausstellung, Aufführung oder Aktion sein (Metainteraktion, Produkt- und Werkbetrachtung).
Ähnlich wie beim *Epochenunterricht* hat sich der P. neben dem lehrgangsbezogenen Unterricht eher in Reformschulen als in Regelschulen etablieren können. Traditionelle schulorganisatorische Strukturen, fehlende Kooperationserfahrungen der Lehrerschaft und Zwänge des Beurteilungswesens werden als Hindernisse

genannt. Positive Beispiele aus *projektorientiertem Unterricht* und aus *Projektwochen* zeigen, dass Kinder und Jugendliche heute neben systematisch aufgebautem Lernen in Lehrgängen auch Lernen in Projekten erfahren sollten.

Projektwoche (Syn. **Projekttage**). Eine bis zu zwei Wochen dauernde Zeiteinheit, in der Schüler, Lehrer und meist auch Eltern eines Jahrgangs, einer Schulstufe oder einer ganzen Schule eine Projektarbeit durchführen. Im Unterschied zum *Projektunterricht,* der relativ spontan aus lebensbezogenen Anlässen erwachsen kann, erfordert die P. eine genaue Vorplanung und eine Umorganisation des Schulbetriebes. Die Gesamtkonferenz entscheidet vorab über Termin, Dauer und Themenstellung. Eine Vorbereitungsgruppe übernimmt die genaue organisatorische und inhaltliche Planung. Über Informationsblätter und Anschlagbretter werden die zur Wahl stehenden Rahmenthemen der Arbeitsgruppen veröffentlicht. Die Themen sollen einen gesellschaftsbezogenen Problembezug haben, zu interdisziplinärer Zusammenarbeit herausfordern und eine Verknüpfung von Kopf- und Handarbeit ermöglichen. Erst jetzt setzt in der P. für die einzelnen Gruppen die Arbeit im Sinne eines Projektbegriffs mit den Phasen Zielsetzung, Planung, Ausführung und Beurteilung ein. Am Ende der P. werden die Ergebnisse der Arbeitsgruppen vorgestellt und ausgewertet.

Promotion (lat. *promotio* Beförderung; engl. *procedure for gaining a doctor's degree*). Prüfungsverfahren zur Erlangung eines Doktorgrades an einer wissenschaftlichen Hochschule. Nachgewiesen werden soll die Befähigung zu selbständigem wissenschaftlichen Arbeiten. Die schriftliche Prüfung ist in Form einer Hausarbeit (Dissertation), die mündliche durch ein Kolloquium (Rigorosum, Disputation) zu erbringen. Die Einzelheiten des Verfahrens sind in der P.ordnung der jeweiligen Hochschule geregelt.

Propädeutik (griech. *propaideuein* vorher unterrichten; engl. *propaedeutics*). Einführung in Kenntnisse, Arbeitsweisen und Haltungen, die auf ein Studium oder einen Fachunterricht vorbereiten. Im 19. Jh. und nach dem Zweiten Weltkrieg bereitete die philosophische P. in den Abschlussklassen der Gymnasien an Textbeispielen und durch Problemerörterungen auf das philosophische Denken und damit auf das Philosophiestudium vor.

Im übertragenen Sinne spielt der Begriff P. im Zusammenhang mit der *Wissenschaftsorientierung* nach 1970 eine Rolle. So wurde dem *Sachunterricht* der Grundschule in den Lehrplänen von sechs Bundesländern zwischen 1969 und 1975 die fachpropädeutische Aufgabe zugewiesen, für den späteren Fachunterricht der weiterführenden Schulen grundlegende fachbezogene Kenntnisse, Arbeits- und Verhaltensweisen zu vermitteln. Auch in der Diskussion über den Mathematik- und Literaturunterricht der Grundschule wurde von der Fachp. oder von fachpropädeutischen Ansätzen und Funktionen der Didaktik gesprochen.

Im Unterricht der *gymnasialen Oberstufe* und der *Kollegschule* des Sekundarbereichs II wird die Einführung in Vorkenntnisse und Arbeitsweisen einer Wissenschaft als *Wissenschaftsp.* bezeichnet.

Prüfungsangst (engl. *examination anxiety, examination phobia*). Spezielle Erscheinungsform der *Angst* bzw. der *Schulangst.* P. ist situativ bedingt aus der Wechselwirkung zwischen der subjektiven Angstbereitschaft des Prüflings und der objektiven aktuellen Prüfungssituation mit ihren unkalkulierbaren Faktoren (z. B. Prüfer, Prüfungsstoff, Prüfungsvorgeschichte, Konsequenzen der Prüfung). Die Angstbereitschaft resultiert meist aus unbewussten oder bewussten Erlebnissen, die bis in die frühkindliche Lebensgeschichte zurückreichen können. Es kann sich um eine normale P. handeln, die sich aus den realen Gefahrenmomenten des Prüfungsumfeldes ergibt, es kann aber auch schon eine neurotische Angst

vorliegen, die das Resultat wiederholter und vielleicht verdrängter Gefahrenmomente ist.
Unter den vielfältigen Symptomen der P. sind zu nennen: schneller Herzschlag, Bluthochdruck, erhöhte Körpertemperatur, trockener Mund, Schweißbildung an den Innenhänden, aber auch Konzentrationsunfähigkeit, Gedankenblockierung, Vergesslichkeit, Neigung zu Zweifeln bis hin zu Fluchtreaktionen oder Suizidversuchen.
Hilfen zum Abbau von P. sind offene Gespräche zwischen den Beteiligten, Simulationsspiele und in schweren Fällen eine Psychotherapie.

Prüfungsaufgaben- und Lehrmittelentwicklungsstelle (PAL). Entwickelt für anerkannte Ausbildungsberufe im gewerblich-technischen Bereich und für die im Berufsbildungsreformgesetz (BerBiRefG) vorgeschriebenen *Zwischen-* und *Abschlussprüfungen,* Lehr-Lern-Mittel und Prüfungsaufgaben. I. d. R. setzen alle Industrie- und Handelskammern in Deutschland die Aufgabenstellungen der PAL bei ihren Prüfungen ein. Sie können aber auch davon abweichende Prüfungsaufgaben stellen.

Prüfungsausschuss der Kammern. In den anerkannten Ausbildungsberufen sind nach den Bestimmungen des Berufsbildungsreformgesetzes (BerBiRefG) *Abschlussprüfungen* vor einem P. d. K. durchzuführen. Für jeden Ausbildungsberuf wird bei der Zuständigen Stelle ein P. eingerichtet. Das Verfahren für die Bildung eines P. kann der Berufsbildungsausschuss der Zuständigen Stelle festlegen. Das BBiG bestimmt, dass dem Ausschuss mindestens drei fachlich und berufspädagogisch geeignete Mitglieder angehören müssen. Arbeitgeber und Arbeitnehmer sind in einem P. zu gleichen Teilen vertreten. Mitwirken muss mindestens ein Lehrer einer beruflichen Schule. Der P. d. K. ist für die inhaltliche und organisatorische Vorbereitung der Prüfung, für die Abnahme der Prüfung, die Festlegung der Bewertung und die Erteilung der Zeugnisse zuständig.

Prüfungsordnung (engl. *examination regulation*). Regelt die Voraussetzungen für die Zulassung zu einer Prüfung, die Prüfungsfächer und die in einer Prüfung zu erbringenden Leistungen, die Art und Weise der Leistungsnachweise (schriftlich, mündlich und/oder praktisch), die Organisation und Durchführung der Prüfung sowie die Grundsätze der Leistungsbewertung. P. für Schulen (z. B. für die Realschulabschlussprüfung oder das *Abitur*) und für sämtliche *Staatsexamen* (z. B. für ein Lehramt) werden vom zuständigen Ministerium erlassen. Für *Hochschulprüfungen* erarbeitet die Hochschule im Rahmen ihrer akademischen Selbstverwaltung die P., die jedoch der Genehmigung des zuständigen Ministeriums bedarf.

Prügelstrafe. Jede Form der Disziplinierung von Kindern und Jugendlichen durch Zufügung von körperlichen Schmerzen ist pädagogisch unsinnig und im Raum der Schule rechtlich zweifelsfrei verboten. Schon eine Ohrfeige erfüllt den Tatbestand der Körperverletzung im Amt und kann von den Erziehungsberechtigten angezeigt werden.

Psychoanalyse (griech. *psyche* Atem, Seele, *analysis* Auflösung; engl. *psychoanalysis*). Von S. Freud entwickelte Form der Psychotherapie. Zentrale analytische Absicht ist das Aufdecken und Verstehen unbewusster Motivationen, die ihre Wurzeln in sexuellen Energien haben. Die P. verläuft i. d. R. als jahrelanger Prozess zwischen dem Patienten und dem Analytiker, in dem es immer wieder zu Übertragungen von Gefühlen auf den Analytiker kommt, die eigentlich anderen Personen, zumeist Mutter oder Vater, gelten. Durch die Auflösung der Übertragung kann es zur Ablösung des Patienten von der beherrschenden Person kommen.
Die P. geht als Theorie der menschlichen Persönlichkeit und ihrer Entwicklung von der Annahme aus, dass das Seelenleben von unbewussten Triebkräften aus

dem *Es* bewegt wird, deren Ausgestaltung und Heftigkeit im Wesentlichen von der mehr oder weniger geglückten Verarbeitung sexueller Wünsche unter Beachtung der kulturellen Normen (Realitätsprinzip) abhängt. Auf diese Weise entwickelt sich das Ego bzw. *Ich,* das als eine Art Ausgleichsmechanismus zwischen den Triebkräften des Es und den verinnerlichten Verboten des *Über-Ich* vorgestellt wird. Die sexuelle Lust (Libido) wird im Entwicklungsprozess verschiedenen erogenen Zonen (Mund, After, Geschlechtsteile) zugewiesen (orale, anale und phallische Phase). Bei der Verarbeitung und sozial akzeptierten Integration des persönlichen Umgangs mit der Libido werden starke und lebenslang wirksame seelische Prozesse angenommen: Verdrängung, Ödipuskomplex, *Identifikation,* Rationalisierung, Regression, Übertragung. Neurosen werden als Ausdruck unerkannter, weil inzwischen unbewusster Fehlentwicklungen derartiger Prozesse verstanden. In neurotischen Symptomen sucht sich die durch einen inneren Widerstand unterdrückte sexuelle Energie Ersatzbefriedigung.

psychoanalytische Pädagogik. Im ersten Drittel des 20. Jh. setzten die Bemühungen einer Reihe von Pädagogen und Psychologen ein, in der Erziehungs- und Unterrichtsarbeit die Erkenntnisse der *Psychoanalyse* zu berücksichtigen. Dabei spielte die Fortbildung von Eltern, professionellen Erziehern und Lehrern von Beginn an eine große Rolle. Besonders *A. Aichhorn* und *A. Freud* haben sich darum bemüht, wobei auch S. Freud die Bedeutung der Psychoanalyse für die Pädagogik betonte. Die Bezeichnung geht vermutlich auf den Namen einer 1926 von H. Meng gegründeten Zeitschrift zurück. In dieser Publikation wurden Konzepte und Erfahrungen der Integration psychoanalytischer Theorien in Heimerziehung, Erziehungsberatung, Elternarbeit und Unterricht vorgestellt. Während der NS-Herrschaft mussten die Vertreter der p. P. zum großen Teil emigrieren, sämtliche Publikationen wurden verboten, die grundlegenden Werke schon 1933 öffentlich verbrannt. Auch in der Pädagogik, z. B. bei *E. Spranger*, stieß die p. P. auf heftige Ablehnung. Mit der *antiautoritären Erziehung* ab Mitte der 60er Jahre erfuhr die p. P. in Deutschland wieder mehr Beachtung. Zahlreiche Grundschriften erlebten Neuauflagen. Innerhalb der *Deutschen Gesellschaft für Erziehungswissenschaft* besteht eine eigene Kommission für p. P. Die dort kooperierenden Forscher sind bemüht, die psychoanalytischen Theorien für alle Felder pädagogischer Arbeit fruchtbar zu machen, vornehmlich durch Einsicht in die Bedeutung der Interaktionen zwischen kindlichen Triebstrukturen und Abwehrmechanismen und die aus den daraus erwachsenden Konflikten möglicherweise resultierenden Krankheitsbilder.

Psychodrama (engl. *psychodrama*). Von dem amerikanischen Soziologen J. L. Moreno entwickelte Form psychotherapeutischer Gruppenarbeit. Der Patient wird aufgefordert, vor dem Therapeuten und anderen Patienten bestimmte Szenen seines Lebens zu spielen. Im Gespräch sollen dann die persönlichen oder sozialen Krisen und Konflikte des Patienten aufgedeckt werden. Wie andere Formen der Psychotherapie darf auch das P. nur von qualifizierten Therapeuten durchgeführt werden.

Psychologie (griech. *psych*e Seele, *logos* Wort, Lehre; engl. *psychology*). Wissenschaft vom menschlichen Verhalten, speziell von den als Bedingungen des Verhaltens angenommenen seelischen Vorgängen im Menschen. Diese versucht die P. im Wesentlichen auf drei Forschungswegen zu erkennen: durch Selbstbeobachtung, Betrachtung anderer in verschiedensten Lebenssituationen und in experimentellen Studien. Aus dem sehr umfangreichen Arbeitsfeld der P. sind die *Entwicklungsp.* und Lernp. für die Pädagogik von besonderer Bedeutung.

Psychomotorik. *Motorik.*

psychomotorische Lernziele (engl. *psychomotor learning objectives*). Sie beziehen sich im Unterschied zu *kognitiven* und *affektiven Lernzielen* auf psychomotorische Fähigkeiten und Fertigkeiten. Da die Organisation der *Motorik* immer mit dem Psychischen verbunden ist, werden beide Bereiche zusammen betrachtet, obwohl es bei den p. L. im Wesentlichen um die Bewegungsfaktoren im menschlichen Verhalten geht. In jedem konkreten menschlichen Verhalten sind kognitive, affektive und psychomotorische Aspekte miteinander verflochten. Sie werden aber aus analytischen Zwecken unterschieden, um alle denkbaren und empirisch auffindbaren *Lernziele* mit ihren Schwerpunkten den drei Dimensionen in *Lernzieltaxonomien* zuordnen zu können.

Pubertät (lat. *pubertas* Geschlechtsreife, Mannbarkeit; engl. *puberty*). Entwicklungsphase, in der die Geschlechtsorgane vollständig heranreifen und die sog. sekundären Geschlechtsmerkmale (Haarwuchs an den Geschlechtsorganen, in den Achselhöhlen und beim Mann im Brust- und Gesichtsbereich, Entwicklung der Brüste bei der Frau) sich ausbilden. Der Eintritt der P. variiert zwischen den Individuen sehr. Die geschlechtliche Reifung kommt derzeit bei Mädchen etwa im 13., bei Jungen etwa im 14. Lebensjahr zu ihrem Abschluss. Welche Erfahrungen die Jugendlichen mit ihrer geschlechtlichen Reifung machen, wann und auf welche Weise sie die Phase der Kindheit verlassen, ist kulturabhängig (vgl. *Jugend*).

Punkte-System. In der *gymnasialen Oberstufe* wird bei der *Leistungsbewertung* nach Punkten ein 15-Punkte-System zugrunde gelegt, dem die *Noten* wie folgt zugeordnet werden:
15/14/13 Punkte: sehr gut (1), 12/11/10 Punkte: gut (2), 9/8/7 Punkte: befriedigend (3), 6/5/4 Punkte: ausreichend (4), 3/2/1 Punkte: mangelhaft (5), 0 Punkte: ungenügend (6).

Puppenspiel (engl. *puppet theatre, puppet play*). **1)** Figurenspiel mit Handpuppen, Marionetten, Stabfiguren und Masken für Kinder und Erwachsene. Viele Inhalte des P. haben eine lange Tradition und gehen auf Märchen, Fabeln, Legenden, Sagen, Volksstücke und Bibelstoffe zurück. Ihre Funktion ist Unterhaltung, Anregung der Phantasie, Entwicklung von Kreativität und Darstellung allgemein menschlicher Problemlösungen.
Für das Figurenspiel ist die Gestaltung der Puppen von Bedeutung. Figuren des Kasperletheaters (Kasper, Gretel, Räuber, Großmutter, Polizist u. a.) sind typisiert. Sie stellen eine bestimmte Eigenschaft des menschlichen Wesens dar und erzeugen im Zuschauer eine bestimmte Erwartungshaltung (Spaß und Humor oder Furcht und Schrecken). Im Unterschied hierzu bieten die sog. offenen Figuren wesentlich mehr darstellerische Möglichkeiten, setzen aber beim Zuschauer ein höheres Einfühlungsvermögen und eine größere Bereitschaft zur Aufnahme und Verarbeitung sprachlicher Dialoge voraus.
Außer geschlossenem P., in dem die Kinder nur Zuschauer bleiben, und offenem P., bei dem sie das Spiel verbal selbst lenken, gibt es verschiedene Zwischenformen mit unterschiedlicher didaktischer Zielsetzung.
2) Im Unterschied hierzu greift das realitätsbezogene Figurenspiel im Kindergarten oder in der Grundschule Inhalte und Lebenssituationen aus der Wirklichkeit des Kindes auf, um ihm durch dargestellte Problem- und Konfliktlösungen einen direkten Transfer auf die eigene Umwelt zu ermöglichen. Die Erzieherin oder Lehrerin spricht also mithilfe der Figuren Probleme und Konflikte an, die die Kinder unmittelbar betreffen. Im Vergleich zum problembezogenen *Rollenspiel* hat das P. den Vorteil, dass die Figuren als Medium zwischen Problem und Kind stehen. Indem die Probleme und Konflikte über die Puppe sprachlich zum Ausdruck gebracht werden müssen, eignet sich das P. besonders zum Abbau von Sprachbarrieren und Sprechangst. Es hat jedoch

wegen seiner pädagogischen Intentionalität und meist didaktisch-methodischen Gestaltung eine andere Qualität als das freie Spiel des Kindes mit seiner Puppe.

3) *Freies Spiel* des Kindes mit Spielzeugpuppen, Teddybären oder anderen Kuscheltieren. Als Partner des Kindes kann die Puppe eine Ersatzfunktion für andere Bezugspersonen (z. B. Eltern, Geschwister) haben; sie kann aber auch ein Spielgefährte sein, der durch seine Kuscheligkeit Geborgenheit und Wärme vermittelt. Eine besondere Funktion bekommt das freie P., wenn die Puppe für das Kind die Rolle des zweiten Ich einnimmt. Das Kind überträgt dann eigene Probleme auf die Puppe und lässt sie im Spiel Konflikte mit anderen Personen oder Tieren lösen. Die Puppe übernimmt die Rolle des Kindes, während sich das Kind selbst schon in eine geklärte fiktive Position versetzt, die sein Ich wieder ins Gleichgewicht bringen kann.

Pygmalion-Effekt. Von R. Rosenthal und L. Jacobson untersuchter Effekt, dass Schülerverhalten gemäß einem Bild, das sich Lehrer vom Schüler machen oder das ihnen von außen vorgegeben worden ist, verändert werden kann, so wie sich in der griech. Mythologie der Frauenverächter Pygmalion, König von Kypros, schließlich in das von ihm selbst erschaffene Bildnis einer Frau verliebte.

Es besteht also eine gewisse Wahrscheinlichkeit, dass positive oder negative Vorurteile des Lehrers den Schulerfolg von Schülern beeinflussen, obwohl eine objektive Diagnose der Lernvoraussetzungen eine solche Veränderung nicht hätte erwarten lassen.

Q

Quadrivium. *Septem artes liberales.*

Qualifikation (lat. *qualitas* Beschaffenheit, *facere* machen; engl. *qualification*). Allgemein die Gesamtheit der Kenntnisse, Fähigkeiten und Fertigkeiten, die für die Bewältigung konkreter Anforderungen in Alltag und Beruf erforderlich sind. Q. und Arbeit hängen dementsprechend eng zusammen. Je differenzierter die gesellschaftlich aufgetragenen Arbeiten werden, desto umfassender müssen die spezifischen Q. werden.

Die Beziehungen des Q.begriffs zu den Begriffen *Kompetenz* und *Bildung* müssen durch Definition möglichst genau bestimmt werden, weil Merkmale wie Wissen, Können, Dispositionen, Selbständigkeit, Handlungsfähigkeit und Handlungsbereitschaft, Urteilskraft, Kritikfähigkeit usw. mit allen drei Begriffen verknüpft sind. Eine Möglichkeit der begrifflichen Trennung hat J. Kade vorgelegt. Als Kriterium der Unterscheidung führte er das Maß an Selbst- bzw. Fremdbestimmung ein, das sich mit den Konzepten von Bildung, Kompetenz und Q. verbindet. Kompetenz sichert dem Individuum eine breite Palette an Möglichkeiten zum selbstbestimmten Handeln in wechselnden Situationen von Alltag und Beruf. Bildung intendiert ganz generell und umfassend individuelle Freiheit, Mündigkeit, Mut und Handlungsfähigkeit auf der Grundlage differenzierten Wissens, methodischer und sozialer Fähigkeiten sowie autonomer moralischer Urteilskraft. Q. dagegen gewinnt ihren Sinn erst vom Verwertungsprozess her. Für den, der die qualifizierte Arbeitskraft einsetzt, zählt die Effektivität, mit der Q. in Produktionsprozesse umgesetzt werden können. Vom Subjekt her gesehen ist Q. umgekehrt Voraussetzung für eine erfolgreiche Erwerbstätigkeit, weil der Entwicklungsstand der persönlichen Q. die Arbeitsmarktchancen wesentlich beeinflusst.

Qualifizierter/Qualifizierender Hauptschulabschluss. Schüler, die die Klassenstufe 9 der *Hauptschule* oder einer Schule mit mehreren Bildungsgängen absehbar erfolgreich abschließen werden, können in einigen Bundesländern (u. a. Bayern, Sachsen, Thüringen) an einer freiwilligen Leistungsfeststellung in ausgewählten Fächern teilnehmen. Wird dabei als Gesamtnote mindestens »befriedigend« erreicht, erhält der Absolvent das Zeugnis über den Q. H. Der Abschluss verleiht gegenüber dem üblichen Hauptschulabschluss keine besonderen Berechtigungen. Er dokumentiert lediglich vergleichsweise hohe Leistungen und verbessert dadurch die Chancen bei der Bewerbung um einen Ausbildungsplatz.

qualitative Forschung. Konzept oder *Paradigma* empirischer Forschung, das sich im Hinblick auf das Verständnis sozialer Wirklichkeit, das leitende Erkenntnisinteresse, das Verhältnis von Theorie zu Erfahrung und von Forscher zu Beforschtem sowie im Hinblick auf Forschungsprozess, Forschungsmethoden und -techniken von der quantitativen empirischen Forschung abgrenzt.

Q. F. untersucht die Deutungs- und Handlungsmuster von Menschen in ihren verschiedenen Lebenszusammenhängen (vgl. Lamnek). Sie geht davon aus, dass in der lebendigen Auseinandersetzung der Subjekte mit ihrer Umwelt Wirklichkeit als Gegenstand der Sozialforschung überhaupt erst entsteht.

Deshalb können sowohl die individuellen

wie die kollektiven Prozesse dieser Konstituierung von sozialer Wirklichkeit im Empfinden, Fühlen, Denken und den Aktionen der Menschen nur dann angemessen erfasst und verstanden werden, wenn die Beforschten nicht wie in der quantitativen Forschung Objekte standardisierter Befragungs- oder Beobachtungsverfahren werden, in denen ihre Wirklichkeit in den Grenzen vorgängiger Theorien und verfügbarer Techniken zugeschnitten worden ist, sondern in der Kommunikation mit dem Forscher als Subjekte an der Rekonstruktion und Analyse sozialer Wirklichkeit teilnehmen. Q. F. verläuft deshalb als offene Kommunikation zwischen Forscher und Beforschtem, in deren Verlauf soziale Wirklichkeit interaktiv rekonstruiert und verstehend erklärt wird. Q. F. bevorzugt folglich Forschungsmethoden und -techniken wie Gruppendiskussion, teilnehmende Beobachtung, offene Befragung, narratives und halb standardisiertes Interview, weil sie den Verständigungsprozess zwischen Forscher und Beforschten unterstützen. Aber auch Methoden aus der Biografieforschung, der Phänomenologie und der Hermeneutik finden in der q. F. Berücksichtigung.

Qualitätszirkel (engl. *quality circle*). Kreis von Mitarbeitern eines Betriebes, in dem Möglichkeiten zur Verbesserung der Arbeitsbedingungen und Leistungen erörtert, Maßnahmen vorgeschlagen und die Auswirkungen von Neuerungen überprüft werden. Die Arbeit mit Q. geht von der Annahme aus, dass Mitbestimmung und Mitverantwortung wesentliche Voraussetzungen für eine effektive und möglichst fehlerfreie Nutzung von Produktionsmitteln darstellen. Deshalb wirken in einem Q. alle Gruppen, die an einem bestimmten Produktionsabschnitt direkt beteiligt sind, gleichberechtigt mit.

quantitative Forschung. Konzept oder *Paradigma* empirischer Forschung, dessen Erkenntnisinteresse darauf gerichtet ist, objektiv beobachtbare Phänomene als Wirkungen bestimmter Ursachen zu erfassen, auf dieser Grundlage möglichst weitgehend verallgemeinerbare Aussagen über Kausalbeziehungen, also Theorien zu gewinnen, die für die Erklärung neuer Beobachtungen herangezogen werden können und dabei immer wieder neu auf ihre Gültigkeit hin überprüft werden. Bei der Beobachtung und Beschreibung von Wirklichkeit ebenso wie bei der Überprüfung von Theorien werden nur quantifizierbare (= messbare) Daten zugelassen. Die soziale Wirklichkeit wird dadurch im Interesse der intersubjektiven Überprüfbarkeit der Daten distanziert zum Objekt der Forschung gemacht. Die Daten über die Beforschten sollen nur in den vorab definierten Grenzen bestimmter Kriterien, Items, Fragen oder Skalen festgehalten werden. Subjektive und situative Einflüsse auf die erhobenen Daten interessieren die q. F. nur als Randbedingungen, die im Interesse der Wiederholbarkeit des Forschungsprozesses möglichst exakt kontrolliert werden müssen. Q. F. folgt also dem naturwissenschaftlichen Forschungsparadigma. Dagegen wenden die Vertreter der *qualitativen Forschung* ein, dass soziales Verhalten nur dann angemessen verstanden und erklärt werden kann, wenn die subjektive, interaktive und kulturelle Einbindung bei der Produktion von Meinungen, Antworten, Urteilen usw. berücksichtigt wird. Diese Bedingungen aber lassen sich vielfach nicht distanziert beobachten, sondern setzen die Verständigung zwischen Forscher und Beforschten voraus.

R

Rahmenlehrplan für Berufsschulen. Aufgrund einer Vereinbarung zwischen der Bundesregierung und den Bundesländern werden die R. von der KMK mit den betrieblichen *Ausbildungsrahmenplänen* für staatlich anerkannte Ausbildungsberufe inhaltlich und zeitlich abgestimmt und als Vorgaben für die Berufsschullehrpläne der Länder beschlossen.
Es heißt ausdrücklich, dass eine abweichende zeitliche Gliederung des Unterrichts zulässig ist, wenn schulorganisatorische oder regionale Gegebenheiten dies erforderlich machen.
Rahmenplan. Der *Deutsche Ausschuss für das Erziehungs- und Bildungswesen* legte 1959 den R. zur Umgestaltung und Vereinheitlichung des allgemeinbildenden öffentlichen Schulwesens vor, weil »das deutsche Schulwesen den Umwälzungen nicht nachgekommen ist, die in den letzten 50 Jahren Gesellschaft und Staat verändert haben«. Der R. empfiehlt unter Beibehaltung der Dreigliedrigkeit im Aufbau des Schulwesens ein gemeinsames Bildungsfundament über alle Schichten und Berufsgruppen hinweg zu sichern, alle Bildungsinhalte der Schultypen neu zu durchdenken, den Bildungsstand der Volksschüler deutlich anzuheben, in einer für alle Kinder gemeinsamen *Förderstufe* (Klassen 5 und 6) den Übergang von der Grundschule in die weiterführende Schule pädagogischer zu gestalten, die Oberstufe der Volksschule bis zu einem 9., vielleicht sogar 10. Schuljahr zu verlängern und für die große Mehrheit der Jugendlichen die derart erweiterte Oberstufe der Volksschule zu einer *Hauptschule* zu entwickeln, die Realschule um ein 11. Schuljahr zu erweitern und den Übergang zwischen den Schulformen zu erleichtern. Die Schularten des Gymnasiums sollten für Kinder, die nach Begabung und Leistungsfähigkeit mit großer Sicherheit zum Abitur gelangen würden, um eine mit Klasse 5 beginnende Studienschule ergänzt werden. Die Bildungspolitik hat diese Empfehlungen nur vereinzelt berücksichtigt. Die Förderstufe wurde nicht eingeführt. Das 9. und das 10. Schuljahr an Hauptschulen sind erst nach 10 und mehr Jahren eingerichtet worden. Auch an der strukturellen, sozialen und kulturellen Segregation der Bildungsgänge konnte der R. nichts ändern.
Rahmenrichtlinien. *Lehrplan*.
Randgruppe (engl. *marginal group*). Gruppe, die durch ihre unzureichende Integration in Kultur und Sozialstruktur einer Gesellschaft oder einer kleineren sozialen Einheit (z. B. Schule, Betrieb) auffällig wird. Die Gründe dafür können sehr verschiedenartig sein. Oft sind gesellschaftliche Krisen (z. B. Arbeitslosigkeit) für das Entstehen von R. verantwortlich. Die Mitglieder von R. sind i. d. R. *Stigmatisierungen* ausgesetzt, die eine Reintegration erschweren.
Rationalität (lat. *ratio* Rechnung, Erwägung, Vernunft). R. gebietet, Aussagen auf Gründe zurückzuführen, Aussagesysteme widerspruchsfrei und in sich schlüssig zu formulieren und die Wege ihrer argumentativen oder empirischen Überprüfung offenzulegen. Insofern sind die Arbeitsprozesse in den modernen Wissenschaften, die sich auf systematische Beobachtungen, Experimente und strenge logische Argumentation konzentrieren, nach heutigem Verständnis idealtypische Beispiele für rationales Verhalten. Die praktische Anwendung wissenschaft-

licher Erkenntnisse erfolgt dann rational, wenn Ziele, Mittel und Kosten in einem vernünftigen Verhältnis zueinander stehen, wenn bewährte Verfahren zur Zielerreichung eingesetzt werden sowie Offenheit und freier *Diskurs* das Handeln begleiten, also Willkür, Affekte und Subjektivität vermieden werden.
Gerade in der Pädagogik, aber auch in anderen gesellschaftlichen Praxisfeldern ist ersichtlich, dass eine derartige Zweckr. (M. Weber) für ihre Legitimation moralischer Urteile bedarf. Sollen *Erziehung* und *Unterricht* unter Beachtung der Menschenrechte sowie der Normen einer demokratisch-rechtsstaatlichen Verfassung erfolgen, dann sind die Achtung der Würde von Kindern und Jugendlichen, die Unverletzlichkeit ihrer Person, Gewaltfreiheit in der Erziehung, die Förderung von Mündigkeit und Selbständigkeit junger Menschen sowie die Vermittlung sozialer Kompetenzen und allgemeiner *Wertorientierungen* Maximen einer zeitgemäßen rationalen Pädagogik.

Ratsschulen. Ab dem 13. Jh. wuchs in den aufblühenden Städten bei Handwerk und Handel der Bedarf an Grundbildung in den Kulturtechniken Lesen, Schreiben und Rechnen. In zahlreichen Städten wurden auf Initiative der Stadträte öffentliche oder private R. eingerichtet. Ihr Name weist darauf hin, dass sie der Aufsicht des Rates, nicht der der Kirche unterstanden. R. gehörten zu den niederen Schulen. Sie hießen oftmals auch deutsche Schreib- und Rechenschulen oder teutsche Schulen. Handwerker u. a. Bürger schickten ihre Kinder gegen Bezahlung in den Unterricht der Schulmeister. Für ärmere Kinder gab es Freiplätze. Die Lehrkräfte an den R. waren anfangs oftmals aus dem geistlichen Stand, rekrutierten sich dann aber immer öfter aus Absolventen der Artistenfakultät, viele hatten keinen formellen Abschluss. Sie wurden von Schulmeistern nach dem Muster der zünftigen Lehrlingsausbildung als Gesellen durch Helfen, Zuschauen und Nachmachen praktisch in die Lehrertätigkeit eingeführt. Lehrer arbeiteten im Dienst und unter Aufsicht der Stadtregierung. I. d. R. besuchten die Kinder vom 5. oder 6. Lebensjahr an die R. Viele waren aber auch älter, weil sie zuvor bereits die ersten Klassen einer *Lateinschule* oder sogar eine Handwerkslehre absolviert hatten. Über die Dauer des Schulbesuchs bestimmten allein die Eltern. Seit der Reformation wurde in den R. auf religiös-sittliche Erziehung, das Lernen von Lebensregeln und die Charakterbildung großer Wert gelegt.

Realdefinition. *Definition.*

Realgymnasium. *Erlass zur Weiterführung der Reform an höheren Schulen.*

Realschule (engl. *Intermediate School*). Weiterführende Schulart, die an die Grundschule oder die schulformunabhängige Orientierungsstufe anschließt. Die R. umfasst die Klassen 5 bis 10 bzw. 7 bis 10 der Sekundarstufe I. Sie vermittelt eine erweiterte allgemeine Bildung und führt zu Abschlüssen, die es ermöglichen, den Bildungsweg in berufsqualifizierenden und studienbezogenen Bildungsgängen fortzusetzen. Die R. verdankt ihr Ansehen vor allem der Tatsache, dass sie Zugangsvoraussetzungen für mittlere und gehobene Berufslaufbahnen bietet und weiterführende schulische Abschlusswege eröffnet. Im Vergleich zur Orientierungsstufe, Hauptschule oder Gesamtschule ist sie nicht in bildungspolitische Auseinandersetzungen hineingezogen worden. Obwohl die R. in den letzten Jahrzehnten zwischen Hauptschule und Gymnasium bzw. Gesamtschule eine relativ stabile Position eingenommen hat, gibt es kaum empirische Untersuchungen oder Aussagen über eine innere Schulreform dieser Schulart.
Im Zuge der systembildenden Differenzierung des *Schulsystems* im 19. Jh. hatte die R. zwischen dem humanistischen Gymnasium und der Elementarschule (Volksschule) im Jahre 1832 mit der Vergabe von Berechtigungen für mittlere Laufbahnen ihre staatliche Anerkennung

gefunden. In den ›Allgemeinen Bestimmungen‹ von 1872 wurden alle sechsklassigen Schulen mit mittleren Abschlussberechtigungen unter der Bezeichnung Mittelschule zusammengefasst. Durch den sog. Mittelschulerlass von 1910, die Bestimmungen über die Mittelschulen in Preußen von 1925 und die Vereinbarungen über die mittlere Reife von 1931 festigte das Mittlere Schulwesen seinen Ausbauprozess. Im Düsseldorfer Abkommen der KMK von 1955 wurden noch alle mittleren Schulformen als Mittelschulen bezeichnet, erst das Hamburger Abkommen von 1964 führte zur Vereinheitlichung der Bezeichnungen in allen Bundesländern den Begriff R. ein. Seit der Wiedervereinigung wurden die Hauptschule und die Realschule in einigen Ländern durch Schularten ersetzt bzw. ergänzt, in denen die Bildungsgänge der Hauptschule und der Realschule pädagogisch und organisatorisch verbunden sind. Zu diesen *Verbundschulen* gehören die Duale Oberschule *(Rheinland-Pfalz), Erweiterte Realschule* (Saarland), *Mittelschule* (Sachsen), Oberschule *(Brandenburg), Regelschule* (Thüringen), *Regionale Schule* bzw. Regionalschule (Mecklenburg-Vorpommern, Rheinland-Pfalz, Schleswig-Holstein), *Sekundarschule* (Bremen, Sachsen-Anhalt), Verbundene Haupt- und Realschule (Berlin, Hamburg, Hessen), Werkrealschule *(Baden-Württemberg).* In diesen Schularten mit zwei Bildungsgängen gibt es ab Klasse 7 eine *Differenzierung,* die auf die *Abschlüsse* nach der 9. und nach der 10. Jahrgangsstufe ausgerichtet ist. Am Ende der Klasse 10 kann der Mittlere Bildungsabschluss erworben werden, der in der Mehrzahl der Länder als Realschulabschluss, in Brandenburg und Nordrhein-Westfalen als Fachoberschulreife, in Rheinland-Pfalz als Qualifizierter Sekundarabschluss I und im Saarland als Mittlerer Bildungsabschluss bezeichnet wird. Befähigte Realschüler können nach bestimmten Jahrgangsstufen (z. Hamburg) oder mit R.abschluss in ein Aufbaugymnasium wechseln. Die Berechtigung zum Besuch der gymnasialen Oberstufe ist an besondere Leistungen in einigen Fächern gebunden. Einzelheiten regeln die Verordnungen der Länder.

Recht auf Bildung. In der Allgemeinen Erklärung der Menschenrechte vom 10. 12. 1948 heißt es in Art. 26: »Jeder Mensch hat Recht auf Bildung. Der Unterricht muss wenigstens in den Elementar- und Grundschulen unentgeltlich sein ... Die Ausbildung soll die volle Entfaltung der menschlichen Persönlichkeit und die Stärkung der Achtung der Menschenrechte und Grundfreiheiten zum Ziele haben.« Ähnlich bestimmt der Art. 28 der *Konvention über die Rechte des Kindes* vom 20. 11. 1989 das »Recht auf Bildung; Schule; Berufsausbildung«.

Rechte des Kindes *Konvention über die Rechte des Kindes.*

Rechtsaufsicht. Im Rahmen der staatlichen Schulaufsicht umfasst die R. die Kontrolle der Gesetzmäßigkeit der Schularbeit (Einhaltung der Lehrpläne, der Versetzungsordnung, der Aufsichtspflicht u. a.). Die Schulaufsichtsbehörden verfügen gegenüber den Schulen über ein Weisungsrecht.

Rechtsfähigkeit (engl. *legal responsibility*). In der Rechtsordnung der Bundesrepublik Deutschland ist jede Person von der Geburt bis zum Tod Träger von Rechten und Pflichten. Von dieser grundsätzlich allen gegebenen R. ist die rechtliche Handlungsfähigkeit (Geschäftsfähigkeit und *Deliktsfähigkeit*) zu unterscheiden.

Rechtsverordnungen. *Verordnungen.*

Redundanz (lat. *redundantia* Überfluss, Weitschweifigkeit; engl. *redundancy*).

1) Weitschweifigkeit in der Rede, Wiederholung bereits gemachter Aussagen, Überladung einer Darstellung mit überflüssigen Elementen.

2) In der *Informationstheorie* stellt sich die Frage, wie groß die Anzahl der Informationen sein muss, um eine Nachricht zu verstehen. Die über eine notwendige Information hinausgehende Überinformation oder Zusatzinformation wird als R. bezeichnet.

In der *kybernetisch-informationstheoretischen Didaktik* ist die R. ein wichtiges didaktisches Mittel, um durch einen gewissen Informationsüberschuss den Lernerfolg bei unterschiedlich leistungsfähigen Adressaten zu sichern.

Referendariat. *Vorbereitungsdienst.*

Reformpädagogik. Lange Zeit galt die historische R. als eine von unterschiedlichen Strömungen getragene epochemachende Bewegung zwischen 1890 und 1933, an deren Vorbildern sich die heutige Schulreform orientieren könne. Die neuere historische Forschung belegt jedoch, dass es eine in sich abgeschlossene, historisch unterscheidbare Epoche der R. nicht gegeben hat. Vielmehr standen ihre maßgeblichen Repräsentanten in der Tradition pädagogischen Denkens (*J. A. Comenius, J.-J. Rousseau, J. H. Pestalozzi*) und haben in Einzelfällen auch über die Unterbrechungen durch den Nationalsozialismus hinaus bis in das erste Jahrzehnt nach dem Zweiten Weltkrieg weitergewirkt.

Das Neue der R. in dieser Zeit zwischen 1890 und 1933 war vor allem vor dem Ersten Weltkrieg die Anwendung pädagogischer Reflexion auf die historisch-gesellschaftliche Situation, aus der eine Vielfalt unterschiedlicher Ansätze zur Erneuerung der Schule und der Erziehung hervorgingen. Anlässe waren der um 1900 abgeschlossene Aufbau eines verschulten, bürokratisierten, selektiven Schulsystems im wilhelminischen Obrigkeitsstaat und der mit der Industrialisierung, Verstädterung und Mobilität einhergehende gesellschaftliche, technische, ökonomische und kulturelle Umbruch. Mit der Modernität reformpädagogischen Denkens und Handelns verbanden sich Vorstellungen von einer entbürokratisierten Schule, von freiheitlich-demokratischen Lebensverhältnissen und liberalen, kindorientierten Bildungsidealen.

Die verkehrstechnische und massenmediale Entwicklung ermöglichte durch Besuche, Tagungen und Publikationen einen intensiven Erfahrungs- und Gedankenaustausch, an dem z. B. *G. Kerschensteiner, P. Petersen, H. Lietz, P. Geheeb, K. Hahn, C. Freinet, M. Montessori, J. Dewey* und verschiedene Lehrervereine intensiv beteiligt waren. Die Modernisierung der Erziehungsreflexion im internationalen Zusammenhang gab die Chance, das nationalstaatlich eingegrenzte Denken zu überwinden. Zu den wichtigsten Ansätzen der R. zählen die Pädagogik vom Kinde aus, die Arbeitsschul-, Einheitsschul-, Volkshochschul-, Kunsterziehungs- und Jugendbewegung sowie die Lebensgemeinschaftsschulen der Hamburger und Bremer Schulreformer, die Hauslehrerschule *B. Ottos*, die Landerziehungsheime (seit 1898), die Waldorfschulen (seit 1919), die Jena-Plan-Schule P. Petersens (1924), die Montessori-Schulen (seit 1907) und auch die von *A. Reichwein* 1933 übernommene Dorfschule in Tiefensee. Vor allem die zuletzt genannten Schulgründungen haben mit ihren schulkonzeptionellen Besonderheiten das reformpädagogische Denken in der Bundesrepublik beeinflusst.

Es wird behauptet, dass die gegenwärtige reformpädagogische Diskussion vor allem im Grundschulbereich ohne die R. nicht möglich gewesen wäre. Darin wird aber zugleich die Gefahr gesehen, dass sich die heutige pädagogische Reflexion nicht aus der Umklammerung ihrer Orientierung an der historischen R. befreien kann, um sich, wie damals um 1900, den gesellschaftlich-historischen Problemen im 21. Jh. zu stellen und sie originär zu bewältigen. Der Eindruck einer breiten reformpädagogischen Bewegung damals wie heute darf nicht darüber hinwegtäuschen, dass das tradierte staatliche Schulsystem mit seinen Strukturen und Merkmalen bis heute nicht grundsätzlich verändert worden ist.

Regelkreis. *Kybernetisch-informationstheoretische Didaktik.*

Regelschulen. **1)** Alle Schularten, die im Schulgesetz eines Bundeslandes vorhanden sind und nicht den Status einer *Angebotsschule*, eines *Schulversuchs* oder einer *Privatschule* haben. Zu ihnen gehören meist die traditionellen Schulformen Grundschule, Hauptschule, Realschule, Gymnasium und Sonderschule/*Förderschule*. Die Gesamtschulen wurden seit 1968 zunächst als Versuchsschulen eingerichtet. Sie erhielten nach der Schulversuchsphase in einigen Bundesländern den Status gleichberechtigter R., in anderen den einer Angebotsschule. Zur Errichtung von R. durch den Schulträger besteht eine generelle Verpflichtung, wenn ein flächendeckendes Bedürfnis auf Dauer, z. B. durch die Entwicklung von Neubaugebieten und sog. Trabantenstädten, vorhanden ist. Die Bevölkerungsentwicklung und das Bedürfnis nach bestimmten *Schularten* (z. B. nach Hauptschulen) kann sich aber auch so entwickeln, dass die Frage entsteht, welche Schularten vom Schulträger anzubieten sind oder fortgeführt werden dürfen. Einzelheiten der Entwicklung im Schulwesen sind den Vereinbarungen der KMK, den Schulgesetzen bzw. Schulverfassungen und Verordnungen der Bundesländer zu entnehmen.

2) Im Bundesland Thüringen ist R. die Bezeichnung für eine Schulart, die nach der Grundschule neben dem Gymnasium existiert und die Klassenstufen 5 bis 9 bzw. 10 umfasst. Die Schulart integriert den Haupt- und den Realschulbildungsgang und führt nach der 9. Klasse zum Hauptschul- (Berufsreife) und nach der 10. Klasse zum Realschulabschluss (Mittlere Reife).

Regelstudienzeit (engl. *standard period of study*). Wird nach den Bestimmungen des *Hochschulrahmengesetzes* (HRG) in den Prüfungsordnungen der Hochschulen festgelegt. Innerhalb der R. soll ein erster berufsqualifizierender Abschluss erreicht werden. Daraus folgt, dass die R. für die Gestaltung der Studienordnung, für die Sicherstellung des entsprechenden Lehrangebots, für die Organisation der Prüfung sowie die Ermittlung der erforderlichen Ausbildungskapazitäten an den Hochschulen maßgebend ist.

Regionale Schule (R. S.), Regionalschule (Rs). Schulart des Sekundarbereichs I in drei Ländern, die die Bildungsgänge der Hauptschule und der Realschule umfasst und in den Klassen 5 und 6 eine *Orientierungsstufe* hat. Damit wird den regionalen Bedingungen und den demografischen Entwicklungen Rechnung getragen und ein wohnortnahes Schulangebot gesichert. Die R. S. wurde in *Rheinland-Pfalz* 1997 eingeführt. In *Mecklenburg-Vorpommern* wurden vom Schuljahr 2002/03 an Hauptschulen, Realschulen sowie Verbundene Haupt- und Realschulen in R. S. umgewandelt. In *Schleswig-Holstein* soll die mit dem neuen Schulgesetz von 2007 ab dem Schuljahr 2008/09 eingeleitete Zusammenführung von Haupt- und Realschulen zu R. und die Einrichtung von Gemeinschaftsschulen bis zum Schuljahr 2010/11 abgeschlossen sein.

Rehabilitation (lat. *re* zurück, *habilitare* befähigen; engl. *rehabilitation*). Maßnahmen zur Eingliederung bzw. Wiedereingliederung von Behinderten in Gesellschaft, Beruf und Arbeit. Dabei werden vier Schwerpunkte unterschieden: medizinische R., schulische R., berufliche und soziale R. Für den Erfolg einer R. ist eine möglichst frühzeitige und individualisierende Förderung wesentliche Voraussetzung.

Reichsgrundschulgesetz. 1920 mit den Stimmen der Koalitionsfraktionen SPD, Zentrum und Deutscher Demokratischer Partei im Reichstag unter dem Titel ›Reichsgesetz betreffend die Grundschulen und Aufhebung der Vorschulen‹ beschlossen. In der im August 1919 verabschiedeten ersten demokratischen Reichsverfassung der neuen Republik (Weimarer Verfassung) blieb die Schulhoheit zwar bei den Ländern, doch übertrug der Artikel 10 dem Reich eine Rahmenrechtskompetenz. Zusammen mit Artikel 146, der bestimmte, dass der organische Aufbau des öffentlichen Schulwesens mit einer für alle gemeinsamen *Grundschule* zu beginnen habe, waren

damit die Grundlagen für das R. gegeben. Es blieb das einzige Schulgesetz mit Gültigkeit im gesamten Reich. Für alle anderen Schularten bestanden keine reichseinheitlichen Rahmenregelungen.
Das R. bestimmte die ersten vier Jahrgänge der Volksschule als die für alle gemeinsame Grundschule und hob sämtliche öffentlichen *Vorschulen* für mittlere und höhere Lehranstalten auf. Der neuen Grundschule wurde ein doppelter Bildungsauftrag erteilt: Unter Wahrung ihrer wesentlichen Aufgabe als Grundstufe der *Volksschule* sollte sie zugleich die ausreichende Vorbildung für den Übergang in mittlere oder höhere Schulen gewährleisten. Damit wurde die Grundschule auf soziale und kulturelle Integration und auf die individuelle Förderung einer möglichst großen Bandbreite von Potenzialen der Kinder verpflichtet. Für den Übergang in weiterführende Schulen sollten Anlage und Neigung der Kinder, nicht die wirtschaftliche und gesellschaftliche Stellung oder das Religionsbekenntnis der Eltern maßgebend sein.

Reichsschulkonferenz. Vom 11. bis zum 19. Juni 1920 kamen in Berlin über 700 Experten aus Wissenschaft, Bildungsverbänden, Vertretern der Schulverwaltung und der Parteien zusammen. Nach dem Willen des einberufenden Reichsinnenministeriums sollten die Grundzüge eines Bildungsgesamtplanes vom Kindergarten bis zur Lehrerbildung erarbeitet werden, der den Parlamenten und Regierungen im Reich und in den Ländern als Empfehlung dienen sollte. In der im August 1919 von der Nationalversammlung in Weimar verabschiedeten ersten demokratischen Verfassung der neuen Republik blieb die Schulhoheit zwar bei den Ländern, doch übertrug der Artikel 10 der Verfassung dem Reich eine Rahmenrechtskompetenz und gab im »Vierten Abschnitt: Bildung und Schule« eine Reihe von Grundsätzen für die Neugestaltung des Bildungswesens vor. Vor diesem rechtlich-politischen Hintergrund kam die R. zustande.
Das Ziel der R., einen Bildungsgesamtplan zu formulieren, wurde nicht erreicht. In zentralen Punkten konnten die tiefen Gegensätze innerhalb der Versammlung nicht in Kompromissen überwunden werden. Dabei waren besonders folgende Fragen umstritten: Soll die Volksschule Konfessionsschule oder christliche Gemeinschaftsschule sein? Können Eltern über den konfessionellen Charakter der Volksschule mitentscheiden? Werden anstelle öffentlicher Gemeinschaftsschulen Privatschulen auch aus konfessionellen Gründen zugelassen? Welchen Einfluss auf Schule, Schulverwaltung und Volksschullehrerbildung behalten die Kirchen? Wird das Schulwesen nach dem Konzept der *Einheitsschule* oder – mit Ausnahme der vierjährigen Grundschule – weiterhin als Nebeneinander von Schularten auf verschiedenen Niveaustufen entwickelt? Soll die erste Phase der Lehrerbildung insgesamt an Universitäten erfolgen und der Lehrerberuf nach einheitlichen standesrechtlichen Prinzipien geordnet werden, oder bleibt es bei der hierarchischen Differenzierung der Lehrämter als Stützen des traditionellen Schulwesens? Im Kern standen sich also konservative Kräfte, denen es um die Sicherung von Privilegien aus der Kaiserzeit ging, und Reformkräfte, die sich für die radikale Überwindung von Klassen- und Standesgrenzen einsetzten, gegenüber.

Reifeprüfung. *Abitur.*

Reifung (engl. *maturation*). Prozess von Wachstum und Entwicklung, wie er für alle Individuen typisch ist. Die Frage, zu welchen Anteilen in diesem Prozess der Einfluss von genetischen oder ererbten Faktoren und Umweltbedingungen wirksam wird, ist einerseits vergeblich, da nicht zu beantworten, und andererseits wird eine solche Fragestellung den vielfältigen Wechselwirkungen zwischen genetischen Potenzialen und Impulsen aus der Umgebung eines Individuums nicht gerecht. Fest steht allerdings, dass Erbe und Lernen die zentralen Bedingungen der R. darstellen.
Im Verlauf der R. findet eine Differenzie-

rung des Organismus statt. Das Nervensystem wird sensibler, die Gliedmaßen werden funktionstüchtiger, die Fähigkeit zur Abstimmung der verschiedenen psychomotorischen und kognitiven Kräfte nimmt zu, damit zugleich die ichbestimmte Einflussnahme auf die R.

Rektor (lat. *rector* Lenker, Leiter; engl. *headmaster, principal*). **1)** Öffentliche Grund-, Haupt-, Real- und Sonderschulen/*Förderschulen* werden vom einem R. geleitet, im Unterschied zu den Gymnasien und beruflichen Schulen, deren Leiter ein *Direktor* ist. Der R. ist zugleich Lehrer an seiner Schule. Er führt und verwaltet die Schule, hat in der Lehrerkonferenz den Vorsitz und vertritt die Schule nach außen. In Erfüllung seiner Aufgaben ist er den Lehrern seiner Schule gegenüber weisungsberechtigt. Er ist für die Einhaltung der Lehrpläne und aller sonstigen Erlasse der Schulaufsicht verantwortlich. Der R. wird von der Schulverwaltung eingesetzt. Dabei wirken Lehrer, Schüler und Eltern mit. Nähere Regelungen dazu finden sich in den Schulgesetzen der Länder.

2) In den Hochschulen ist der R. ein Organ der Selbstverwaltung. Er vertritt die Hochschule nach außen, leitet das Rektoramt und ist Vorsitzender des Senats und seiner Ausschüsse. Er wird nach den Bestimmungen des Hochschulrahmengesetzes (HRG) aus dem Kreis der Professoren für mindestens zwei Jahre gewählt und vom Ministerpräsidenten des Landes ernannt. Der R. einer Hochschule ist nicht Vorgesetzter der übrigen Hochschullehrer.

Reliabilität (engl. *reliability* Zuverlässigkeit). Gütekriterium für Testverfahren u. a. Instrumente empirischer Forschung, das anzeigt, in welchem Maße die Untersuchungsergebnisse bei wiederholter Anwendung des Instruments unter sonst gleichen Bedingungen voneinander abweichen. Folglich ist die R. umso höher, je kleiner bei mehrfachem Einsatz des Instruments die Varianz der Ergebnisse ist. Ein vollkommen reliables Instrument müsste bei mehrfacher Anwendung immer zu den gleichen Ergebnissen kommen.

Renaissance (franz. Wiedergeburt). Geistesgeschichtlich eng mit dem *Humanismus* verbunden bezeichnet der Begriff die Wiedererweckung der antiken Kultur, insbesondere in Literatur, bildender Kunst und Musik. Für die Pädagogik war die optimistische Anthropologie der R. bedeutsam, weil nach den eher dunklen Zügen, die das Mittelalter dem menschlichen Wesen zugeschrieben hatte, Sündhaftigkeit, Ohnmacht, Verderbtheit, Armseligkeit, die R. die Gottähnlichkeit, die Schöpferkraft und das Vermögen zur eigenen vernunftgeleiteten Vervollkommnung des Menschen hervorhebt.

Repräsentativität (Syn. **Repräsentanz**; engl. *representative sampling*). Ausmaß, in dem eine *Stichprobe* die Merkmalsstruktur einer größeren sozialen Gesamtheit in bestimmten Hinsichten getreu widerspiegelt. Statistisch gesehen sind nur nach dem Zufallsprinzip gezogene Auswahlgruppen repräsentativ.

Repression (lat. *repressor* Unterdrücker; engl. *repression*). Jede Handlungsweise in der Absicht, die Urteilskraft und Handlungsfreiheit einer abhängigen oder schwächeren Person unter Androhung oder Einsatz von Gewalt zu unterbinden und sie einer fremden Willensentscheidung zu unterwerfen. Die Rede von einer repressiven Erziehung ist von diesem Wortverständnis her ein Widerspruch in sich, denn der Begriff *Erziehung* fordert zur *Emanzipation* der zu Erziehenden auf. Sog. repressive Erziehung sollte folglich als Dressur oder *Konditionierung* bezeichnet werden.

Reproduktion (lat. *re* zurück, wieder, *producere* vorführen; engl. *reproduction*). Allgemein die Wiedererzeugung von Bewusstseinsinhalten oder Gegenständen (z. B. von Bildern). Im Bereich der Pädagogik Beitrag von Erziehungs- und Unterrichtsprozessen zur Erneuerung der Sozialstruktur einer Gesellschaft sowie der Arbeitskraft innerhalb gesellschaftlicher Teilgruppen durch *Sozialisation, Qualifikation,* Selektion und *Allokation*. So dient die Hauptschule z.B. in Verbindung mit dem dualen System im Wesentlichen zur R. der Facharbeiterschaft, während Gymnasium und Hochschule die R. der Führungskräfte zu besorgen haben.

Resozialisierung (lat. *re* zurück, in den früheren Zustand bringen, *societas* Gemeinschaft; engl. *rehabilitation*). Maßnahmen mit dem Ziel, im Sozialisationsprozess erworbene abweichende Einstellungen und Verhaltensweisen, die zu Bestrafung geführt haben, durch gezielte Eingriffe so zu korrigieren, dass die Wiedereingliederung in die Gesellschaft möglich wird.

restringierter Kode. *Kode*.

Retardierung (Syn. **Retardation**; lat. *retardatio* Verzögerung; engl. *retardation*). Verzögerung, Verlangsamung in der Entwicklung (z.B. der *Intelligenz*) eines Kindes im Vergleich zu anderen Kindern. Aussagen über den Grad der R. werden meist mithilfe von Intelligenztests gewonnen; ein Intelligenzquotient (IQ) um 70 deutet auf R. hin. Hat das Zurückbleiben des Kindes äußere Ursachen (z.B. Ernährungsmangel, ungünstige familiäre oder soziale Verhältnisse), können entwicklungsfördernde Maßnahmen helfen.

Rheinland-Pfalz. Gegründet am 30. 8. 1946 auf Anordnung der französischen Militärregierung. Fläche: 19 853 km^2, 4 059 910 Einwohner (Stand 30. 11. 2005), 205 Einw./km^2, 7,7% Ausländer (D.: 8,9%). Hauptstadt: Mainz.

Zu Schuljahresbeginn 2004/05 besuchten 492 026 Schüler die allgemein bildenden Schulen des Landes, davon gingen 170 691 auf 990 *Grundschulen,* 48 127 auf 201 *Hauptschulen,* 41 925 auf 98 *Regionale Schulen,* 15 825 auf 19 *Gesamtschulen,* 69 947 auf 117 *Realschulen* und 123 846 auf 140 *Gymnasien.* Der Anteil ausländischer Schüler betrug 7,7% (D.: 9,9%).

Auftrag, Gliederung, *Schulpflicht* und Funktionsweise des Schulwesens regelt das *Schulgesetz* in der Fassung vom 30. März 2004. Die Vollzeitschulpflicht beginnt nach Vollendung des 6. Lebensjahres bis zum 30. 6. und dauert neun Jahre, die Berufsschulpflicht *(Teilzeitschulpflicht)* drei Jahre. Kinder, die bis zum 31. 12. das 6. Lebensjahr vollenden, können auf Antrag der Eltern eingeschult werden (»Kann-Kinder«). 2004 erfolgten 4,6% der Einschulungen verspätet (D.: 5,7%), 7,9% vorzeitig (D.: 9,1%).

Die Grundschule umfasst die Klassenstufen (K.) 1 bis 4. Für vom Schulbesuch zurückgestellte Schüler können *Schulkindergärten* eingerichtet werden. Unterricht in einer Fremdsprache ab Klasse 1 wird schrittweise eingeführt. Die Leistungsbeurteilung erfolgt ab Klasse 3 in Notenzeugnissen. Im 4. Schuljahr werden seit 2004 Vergleichsarbeiten in Deutsch und Mathematik geschrieben *(VERA).* Sechs andere Bundesländer haben sich dieser Form externer Evaluation angeschlossen.

Die Wahl der Schullaufbahn in den Sekundarstufen I und II obliegt den Erziehungsberechtigten bzw. den volljährigen Schülern. Grundschulen sprechen dafür Empfehlungen aus und bieten individuelle Beratung an. Auch die aufnehmenden Schulen informieren über ihre Anforderungen, Abschlüsse und Möglichkeiten. Die letzte Entscheidung treffen die Eltern frei und in eigener Verantwortung.

Die Hauptschule umfasst die K. 5 bis 9. Sie führt nach erfolgreichem Besuch der K. 9 zum Hauptschulabschluss, in R.-P. als *Berufsreife* bezeichnet, nach erfolgreichem Besuch der freiwilligen 10. K. zum Mittleren Abschluss, dem Qualifizierten Sekundarabschluss I. Der Hauptschulbildungsgang wird in organisatorischer und pädagogischer Verbindung mit dem Realschulbildungsgang innerhalb der Regionalen Schule angeboten. Sie umfasst die K. 5 bis 10 und führt nach K. 10 und nach bestandener Abschlussprüfung zum Qualifizierten Sekundarabschluss. In den K. 5 und 6 der Regionalen Schule werden die Schüler

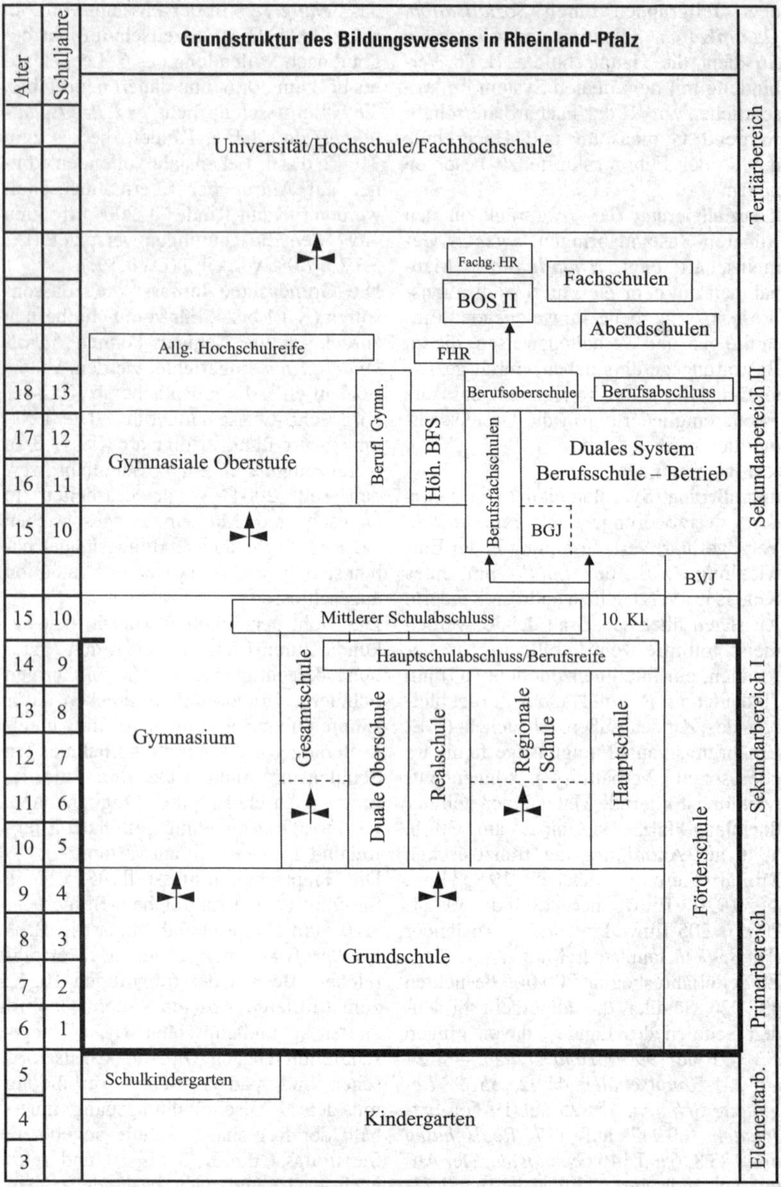

Fett umrandet sind die Einrichtungen für die Erfüllung der Vollzeitschulpflicht.

Qualifizierte Auswahl — Einfacher Übergang

BFS = Berufsfachschule, BGJ = Berufsgrundbildungsjahr, BOS = Berufsoberschule,
BVJ = Berufsvorbereitungsjahr, FHR = Fachhochschulreife

gemeinsam unterrichtet. In K. 7 setzt eine abschlussbezogene äußere Leistungsdifferenzierung ein. Diese auf den Hauptschul- oder den Realschulabschluss ausgerichtete Differenzierung findet je nach den einzelschulischen Gegebenheiten im gesamten Unterricht oder nur in den Kernfächern Deutsch, Mathematik und Fremdsprache statt. Ohne Hauptschulabschluss haben im Schuljahr 2004/05 8,1% aller Abgänger die Schulen im Sekundarbereich verlassen (D.: 8,3%).
Für R.-P. und für ganz Deutschland neu ist die *Duale Oberschule,* die sich 2006 noch in der Erprobungsphase befand. Als Schulart der Sekundarstufe I umfasst sie die K. 5 bis 10, arbeitet auf der Grundlage von amtlich bestätigten Kooperationsvereinbarungen eng mit beruflichen Schulen zusammen, führt zu den Abschlüssen von Haupt- und Realschulbildungsgang und kann bei Erfüllung bestimmter Leistungskriterien zu einer Verkürzung der dualen Ausbildung und über die *Berufsoberschule* zur *Fachhochschulreife* führen. Wegen ihrer berufsfachlichen Orientierung erfreut sich die Duale Oberschule großer Attraktivität.
Der achtjährige Bildungsgang des Gymnasiums führt mit der Abiturprüfung zur *Allgemeinen Hochschulreife.* Die Einführungsphase in die Oberstufe dauert mindestens ein Schulhalbjahr. Danach können die Schüler durch Wahl aufeinander aufbauender Grund- und Leistungskurse Schwerpunkte bilden. Zusammen mit der Einführungsphase dauert der Besuch der gymnasialen Oberstufe mindestens zweieinhalb Jahre. Die Gesamtqualifikation für die Hochschulreife wird aus den Leistungen im Kurssystem und in der Abiturprüfung errechnet.
Integrierte Gesamtschulen bieten die Bildungsgänge von Haupt- und Realschule sowie des Gymnasiums an. Sie können mit einer *gymnasialen Oberstufe* verbunden sein, die zur Allgemeinen Hochschulreife führt. I. d. R. findet der Unterricht in Gesamtschulen im Klassenverband statt, in den oberen Klassen ergänzt durch Maßnahmen innerer Differenzierung und Kursdifferenzierung nach Leistung. Mit Allgemeiner Hochschulreife haben im Schuljahr 2004/05 22,7% die Schule verlassen (D.: 23,0%).
Hauptschulen, Realschulen und Gymnasien werden auch als Abendschulen angeboten.
Für Schüler mit sonderpädagogischem Förderbedarf sind *Förderschulen* mit den üblichen sonderpädagogischen Schwerpunkten (Sehbehinderung, Blindheit, Gehörlosigkeit, Hörbehinderung, Lernförderung, Körperbehinderung, Sprachbehinderung und sozio-emotionale Entwicklungsverzögerung) eingerichtet. Mehrere Förderschulformen können in einer Schule zusammengefasst werden. Darüber hinaus bestehen Förderschulen für die förderpädagogischen Schwerpunkte Sehen, Hören, körperliche Entwicklung und geistige Entwicklung.
Zum *beruflichen Schulwesen* gehören sechs Schulformen, die *Berufsschule* als zweiter Lernort neben dem Betrieb innerhalb des *dualen Systems,* die ein- bis dreijährigen *Berufsfachschulen,* die auf dem Mittleren Abschluss aufbauende zweijährige *Höhere Berufsfachschule,* die zu einem Berufsqualifizierenden Abschluss in Verbindung mit der Fachhochschulreife führt, die ebenfalls auf dem Mittleren Abschluss und zusätzlich einer abgeschlossenen Berufsausbildung aufbauende *Berufsoberschule* (BOS), die als BOS I zur Fachhochschulreife, als BOS II zur Fachgebundenen Hochschulreife führt, die dreijährigen Beruflichen Gymnasien, die zur Allgemeinen Hochschulreife führen, und die *Fachschulen.* Das *Berufsvorbereitungsjahr* (BVJ) dient der Sicherung und Vertiefung schulischer Grundkenntnisse und der Erweiterung der Ausbildungsfähigkeit. Im Rahmen der dualen Ausbildung können Innungen oder Kammern mit Schulträgern berufsbildender Schulen die Einrichtung eines *Berufsgrundbildungsjahres* (BGJ) als erstes Jahr der Ausbildung vereinbaren.
Auf der Grundlage des Beschlusses der

KMK vom 23./24. 5. 2002 *Bildungsstandards* für eine Reihe von Fächern an zentralen Schnittstellen der Bildungsgänge (*Abschlüsse* und *Übergänge*) zu erarbeiten, sind bis zum Schuljahr 2005/06 in R.-P. elf Bildungsstandards in Kraft gesetzt worden, die in schuleigene curriculare Arbeitspläne umgesetzt worden sind. Die Arbeitsergebnisse werden über schulinterne Parallelarbeiten in den K. 5 und 7 sowie über landesweite Vergleichsarbeiten in Mathematik und Deutsch kontrolliert. Die *Lehrerbildung* an den Landesuniversitäten erfolgt schulartbezogen: Lehramt an Grund- und Hauptschulen, Lehramt an Realschulen, an Gymnasien, an beruflichen Schulen und Lehramt an Förderschulen. An Regionalen Schulen, Gesamtschulen und an der Dualen Oberschule unterrichten Haupt-, Realschul- und Gymnasiallehrer.

Rhetorik (griech. *rhetorike techne* Redekunst; engl. *rhetoric*). Lehre von der ausdrucksstarken und wirkungsvollen Rede, ihren Regeln, ihrem Aufbau, ihren sprachlichen und nonverbalen Ausdrucksmitteln und ihren Stilformen.

Richtlinien. *Lehrplan.*

Rigorosum (lat. *rigor* Härte, Strenge). Mündlicher Teil der Doktorprüfung im Haupt- und in zwei Nebenfächern. An manchen Universitäten als Disputation, d. h. als öffentliche Verteidigung von Thesen zum Gegenstandsbereich der Doktorarbeit durchgeführt.

Ritterakademien. Lehranstalten für junge Adlige und Söhne einflussreicher Großbürger. Unterricht und Internatsleben konzentrierten sich auf die Vorbereitung für ein Staatsamt. Die ersten R. entstanden 1589 in Tübingen (Collegium Illustre) und 1599 in Kassel (Collegium Mauritianum). Anfänglich war der Unterricht der R. – soweit möglich – mit den Seminaren einer Universität verbunden. Nach dem Dreißigjährigen Krieg erfolgten eine Reihe von Neugründungen, die letzte 1842 in Bedburg/Eifel. Einige R. sind in Universitäten aufgegangen, die meisten jedoch ohne Fortführung geschlossen worden.

Ritual (lat. *ritus* religiöse Regel, Brauch, Sitte; engl. *ritual*). Sozial geregelte und von den Mitgliedern einer Gruppe, Institution oder Gesellschaft weitgehend gleichförmig ausgeführte Handlungsabläufe. Sie vereinfachen und stabilisieren das soziale Handeln in häufig wiederkehrenden Lebenssituationen (Begrüßung, Vorstellung, Feiern, Kommunikation mit Personen unterschiedlicher Position, Besuch, Verabschiedung, Verhandeln usw.), schaffen dadurch eine grundlegende Handlungskompetenz für solche Situationen, strukturieren soziale Prozesse und vermitteln ein Gefühl der Zusammengehörigkeit.

Rolle (engl. *role*). Situations- und wertorientierte Ausführung der Verhaltenserwartungen, die von Personen, Gruppen oder Institutionen an den Inhaber einer sozialen Position gerichtet sind. Soll der Begriff Position rein funktional einen Platz innerhalb eines sozialen Systems beschreiben, so ist mit R. die tatsächliche Ausfüllung der Position gemeint, die angesichts der individuellen Wahrnehmung, Interpretation, Bewertung und Auswahl der Verhaltenserwartungen immer mehr meint als den bloßen Vollzug dieser Erwartungen. R. kann folglich auch als persönliche Darstellung einer Kombination mehr oder weniger festgelegter Verhaltenserwartungen umschrieben werden.

Rollendistanz. Grundqualifikation für soziales Handeln, nämlich die Fähigkeit eines Menschen, sich von verinnerlichten Normen und sozialen *Rollen* dadurch abzusetzen, dass z. B. in einer bestimmten Situation mit Rücksicht auf die Normen und Gefühle des Kommunikationspartners die eigenen normativen Anforderungen nicht voll zur Geltung gebracht werden. R. kommt auch darin zum Ausdruck, dass ein Mensch in der Lage ist, seine Normen und sozialen Rollen kritisch in Frage zu stellen, zu verändern oder sogar aufzugeben. R. kommt in Rollenbeziehungen auch in der Fähigkeit zum Ausdruck, unklar oder widersprüchlich erscheinende Erwartungen eines Partners nicht einfach zu erfüllen, sondern im Gespräch zu klären und ggf. einen Konsens herzustellen.

Rollenkonflikt (engl. *role conflict*). Lassen sich unterschiedliche Verhaltenserwartungen an den Inhaber einer sozialen Position nicht miteinander vereinbaren, führen sie in ein Dilemma bzw. in den Zwang zur Entscheidung. Unterschieden werden Interr. von Intrar. Beim Interr. gerät eine Person in Schwierigkeiten, weil zwischen den Erwartungen verschiedener Rollen, die zu berücksichtigen sind, Widersprüche auftreten. Dagegen werden beim Intrar. Widersprüche zwischen Erwartungen, die sich aus den verschiedenen Segmenten einer Rolle ergeben, deutlich. Ein für die Lehrerrolle typischer Intrar. kann z. B. aus Widersprüchen zwischen pädagogischen Normen (dem einzelnen Schüler gerecht werden) und administrativen Vorschriften (alle Schüler nach den gleichen Kriterien beurteilen) resultieren.

Rollenspiel (engl. *role-playing*). Spielform, in der die Teilnehmer eine definierte *Rolle* im Interaktionszusammenhang einer simulierten realen Lebenssituation darstellen. Die Spieler können dabei unterschiedliche Rollen übernehmen, ausprobieren, wechseln und verändern, so dass sie ihr eigenes Handeln reflektieren und das Denken, Fühlen und Handeln anderer Personen besser verstehen lernen. Das R. hat einen Inhaltsaspekt, der auf gesellschaftliche Handlungsfelder wie Familie, Schule, Freizeit, Einkauf, Verkehr usw. bezogen ist, und einen Verhaltensaspekt, der die Wechselbeziehung der unterschiedlichen Rollen in diesen Handlungsfeldern betrifft.

Es werden verschiedene Formen des R. unterschieden: Im spontanen R. interagieren Kinder allein oder in der Kindergruppe (z. B. beim *Puppenspiel*) aus eigenem Antrieb, unabhängig von lenkenden Einflüssen durch Spielleiter. Dies setzt i. d. R. eine anregungsreiche vorbereitete Lernumgebung voraus. Im offenen bzw. freien R. interagieren die Spieler in einer simulierten Handlungssituation, indem sie die übernommene Rolle ohne vorherige Festlegung kreativ und eigenständig gestalten. Im gelenkten bzw. angeleiteten, geschlossenen R. sind die Vorgaben für das Rollenhandeln weitgehend festgelegt, so dass es darum geht, die übernommene Rolle möglichst realitätsgerecht darzustellen. Von einem bestimmten Erfahrungsstand an ist es notwendig, die Teilnehmer über das R. als eine Methode des Lernens zu informieren, Spielregeln für verschiedene Formen des R. bewusst zu machen und eine Reihe von Spieltechniken zu erproben und einzuüben.

Mit dem R. sollen die Teilnehmer vorwiegend ihre soziale Handlungskompetenz entwickeln. Dabei ist zu beachten, dass es je nach zugrunde gelegter Rollentheorie affirmativen oder kritisch-emanzipatorischen Zielen, Werten und Normen dienen kann.

Rollenübernahme (engl. *taking the role of the other*). Der vom amerikanischen Soziologen G. H. Mead eingeführte Begriff bezeichnet die speziell menschliche Fähigkeit, sich im Umgang mit einem Partner dessen Reaktionen auf das eigene Verhalten vorab bereits vorstellen zu können und sie folglich als Antizipation in den Entwurf und die Durchführung des eigenen Verhaltens einfließen zu lassen. Im Verhalten des Ich ist demnach immer partiell das (erwartete) Verhalten des anderen repräsentiert.

Rückmeldung. *Feedback*.

Ruhepausen. Laut Jugendarbeitsschutzgesetz (JArbSchG) müssen Jugendlichen in Ausbildung oder Erwerbsarbeit feststehende R. von angemessener Dauer gewährt werden. Bei einer Arbeitszeit von viereinhalb bis sechs Stunden mindestens 30 Minuten, bei längeren Arbeitszeiten 60 Minuten. Eine R. darf 15 Minuten nicht unterschreiten. Sie darf nur dann in den Arbeitsräumen genommen werden, wenn während der R. die gesamte Arbeit in diesen Räumen ruht. Ist das nicht der

Fall, sind besondere Aufenthaltsräume für die Jugendlichen einzurichten.

Rumänien. 1) Präsidiale Republik. Hauptstadt: Bukarest (1,9 Mill. Einw.). Fläche: 238 391 km², 21,7 Mill. Einw., 91 Einw./km². 89% Rumänen, 7% Ungarn und weitere kleinere Minderheiten. Landessprachen: Rumänisch (Amtssprache), Ungarisch und Deutsch. Religion: 87% Orthodoxe, katholische und protestantische Minderheiten.

2) Nach dem Zusammenbruch des kommunistischen Regimes und der gesellschaftlichen und politischen Wende 1989 bis 1991 wird auch das Bildungswesen radikal neu gestaltet. Bis 1995 hat die Regierung auf der Grundlage eines vorläufigen Erziehungsdekrets erste Reformprozesse eingeleitet. 1995 wurde dann im Parlament ein neues Unterrichtsgesetz verabschiedet. Das Gesetz gliedert das Bildungswesen in einen dreijährigen Vorschulbereich (Kindergarten), einen achtjährigen Pflichtunterricht, der von allen Kindern gemeinsam in der vierjährigen Grundschule und dem darauf aufbauenden Gymnasium (Einheitsschule) zu besuchen ist, die Sekundarstufe II mit vier- oder fünfjährigen Bildungsgängen sowie den Tertiärbereich, zu dem auch ein spezifischer Bereich postlyzealer Ausbildungsgänge gehört. 1999 ist das Bildungsgesetz novelliert und 2003 nochmals ergänzt worden. Danach werden seit dem Schuljahr 2003/04 folgende Ziele schrittweise in den Schulen umgesetzt: Das letzte Kindergartenjahr wird verbindliches Vorbereitungsjahr. Die Einschulung erfolgt nach Vollendung des 6. Lebensjahres. Die Schulpflicht wird auf zehn Jahre verlängert.

Unterrichtssprache ist Rumänisch. In Gebieten mit größeren Minderheiten kann auch in deren Muttersprache unterrichtet werden. Staatlicher Unterricht ist auf allen Stufen des Bildungswesens kostenfrei. Die zahlreichen privaten Schulen und Universitäten erheben Schulgeld bzw. Studiengebühren. Schulunterricht findet i. d. R. in Halbtagseinrichtungen statt. Die z. T. dünne Siedlungsstruktur des Landes und die große Nachfrage nach neuen Qualifikationen haben dazu geführt, dass im Sekundar- und Tertiärbereich verstärkt Abend- und Fernkurse angeboten werden. Für Kinder und Jugendliche mit erhöhtem Förderbedarf sind Sonderklassen und Sonderschulen eingerichtet. Privatschulen werden als integraler Bestandteil des nationalen Bildungswesens betrachtet. Sie unterliegen sämtlichen Bestimmungen des Unterrichtsgesetzes. Für Gestaltung, Entwicklung und Funktionstüchtigkeit des Bildungswesens im Sinne der Gesetze ist das Unterrichtsministerium zuständig, dem für die Schulaufsicht regionale Schulinspektorate untergeordnet sind. Sämtliche Bildungspläne, Lehrbücher und Prüfungsnormen bedürfen der Genehmigung durch das Ministerium. Die Gestaltungsspielräume der Einzelschule sind vergleichsweise gering.

3) Das Gesetz bezeichnet die freiwilligen Einrichtungen für Kinder zwischen dem 3. und dem 7. Lebensjahr als Vorschulunterricht. Sie werden von den Schulinspektoraten eingerichtet. Ihr Besuch ist kostenlos. Für die pädagogische Arbeit hat das Unterrichtsministerium Leitlinien erlassen. Der Grundschulunterricht findet an eigenständigen Schulen oder an Schulen bis zur Klassenstufe acht (Gymnasium) oder zwölf (Lyzeum) statt. Schulleistungen werden ab Klasse 1 überprüft und bewertet. Alle Schüler wechseln nach Klassenstufe 4 ohne Zwischenprüfung auf das Gymnasium über. Das Gymnasium umfasst die Klassenstufen 5 bis 8 und ist als eigenständige Schule oder in Verbindung mit einem Lyzeum eingerichtet. Wie zuvor in der Grundschule findet eine regelmäßige Leistungskontrolle statt. Bei nicht ausreichenden Leistungen in drei oder mehr Fächern kann der Klassenlehrer eine Wiederholung der Klasse anordnen. Das Gymnasium endet mit einer zentralen Abschlussprüfung. Ihr Bestehen ist Voraussetzung für den Besuch der Schulen auf der Sekundar-

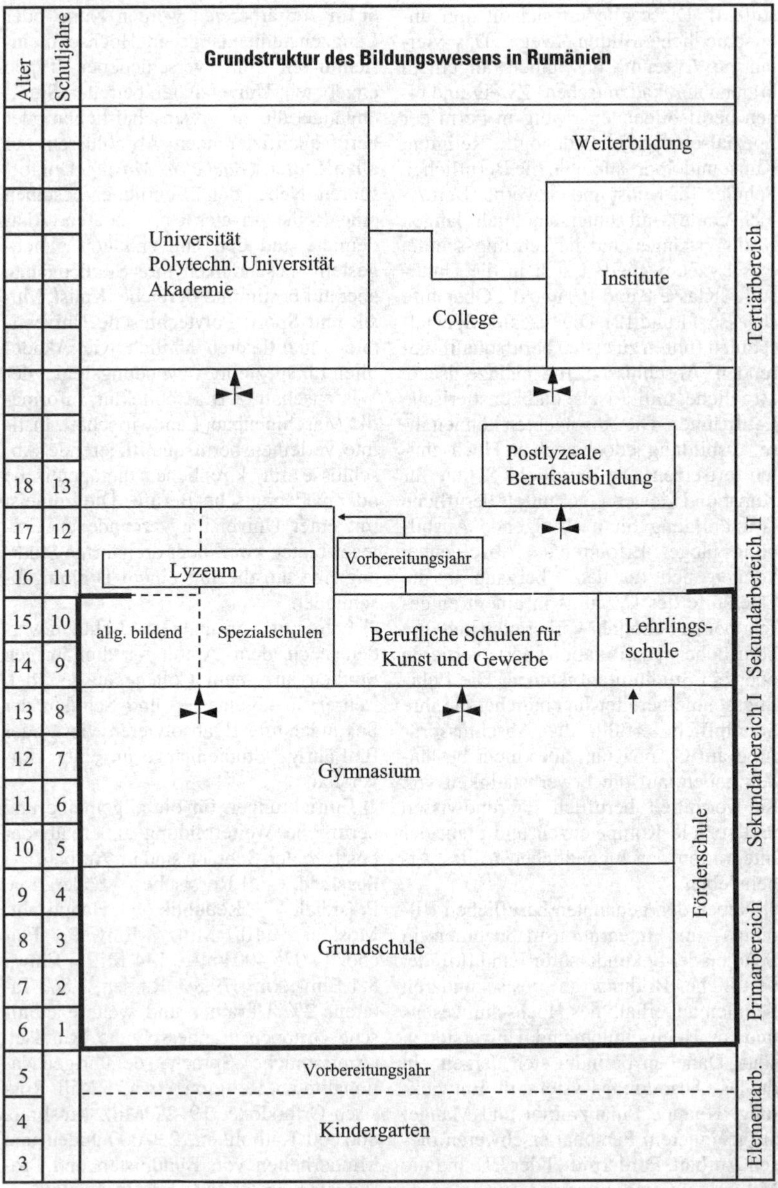

Fett umrandet sind die Einrichtungen für die Erfüllung der Schulpflicht.

Qualifizierte Auswahl   Einfacher Übergang

stufe II. Diese gliedert sich in drei unterschiedliche Bildungswege: Das vierjährige Lyzeum, das einen allgemein bildenden (akademischen) Zweig und einen berufsbildenden Zweig in Form der Spezialschulen für Pädagogik, Religion, Kunst und Sport anbietet, die Beruflichen Schulen für Kunst und Gewerbe (Berufsfachschule) mit unterschiedlich langen Bildungsgängen und die Lehrlingsschule. Das Lyzeum gliedert sich in die Unterstufe (Klasse 9 und 10) und die Oberstufe (Klasse 11 und 12). Die lyzealen Spezialschulen führen zu ersten berufsqualifizierenden Abschlüssen für pädagogische, kirchliche, militärische und künstlerische Laufbahnen. Die Absolventen können ihre Ausbildung jedoch auch an Hochschulen fortsetzen. Die Berufliche Schule für Kunst und Gewerbe vermittelt berufliche Grundbildung für nachfolgende Ausbildungsgänge. Erfolgreiche Absolventen können sich für den Übergang in die Oberstufe des Lyzeums in einem eingeschobenen Schuljahr vorbereiten und ihre berufliche Qualifikation dort vertiefen oder ein Studium aufnehmen. Die Lehrlingsschule bereitet Jugendliche, die ihre Schulpflicht erfüllt, die Abschlussprüfung am Gymnasium aber nicht bestanden haben, auf die Erwerbstätigkeit vor. Sie vermittelt berufliches Grundwissen und soziale Kompetenzen und dient der Integration der Jugendlichen in das Arbeitsleben.

4) Neben den genannten beruflichen Bildungs- und Integrationsmaßnahmen in Schulen der Sekundarstufe I und II findet berufliche Bildung an postsekundären Schulen außerhalb des Hochschulwesens und an Hochschulen und Universitäten statt. Daneben befindet sich derzeit ein duales Ausbildungssystem in Entwicklung. Knappe Finanzmittel und Mangel an geeignetem Personal erschweren diesen Aufbau. Fördermittel der EU und die Mitwirkung von Experten aus Ländern mit ausgebildeter dualer Berufsausbildungspraxis unterstützen den Entwicklungsprozess.

5) Im Tertiärbereich werden Kurz- oder Langzeitstudiengänge an Hochschuleinrichtungen fünf verschiedener Typen angeboten: Universitäten betreuen Studiengänge, die zu wissenschaftlichen oder berufsqualifizierenden Abschlüssen auf allen Stufen (*Bachelor, Master,* Doktor) führen. Neben den öffentlichen bestehen eine Reihe privater Universitäten. Akademien sind den Universitäten gleichgestellt, beschränken ihre Studiengänge aber auf bestimmte Bereiche: Kunst, Musik und Sport. Polytechnische Universitäten qualifizieren ähnlich wie Akademien für spezielle Anwendungsfelder der Wissenschaft, z. B. Architektur, Informatik, Maschinenbau, Landwirtschaft. Institute verleihen berufsqualifizierende Abschlüsse für kirchliche, therapeutische oder pädagogische Berufe. Die zumeist mit einer Universität verbundenen Colleges bieten zwei- oder dreijährige Studiengänge an, die mit einem Diplom abschließen.

6) Lehrer an Vor- und Grundschulen werden nach dem Abitur in dreijährigen Studien an einem College ausgebildet, Lehrer an Gymnasien und Schulen der Sekundarstufe II absolvieren vier- oder fünfjährige Studiengänge an einer Universität.

7) Einrichtungen für die allgemeine und berufliche Weiterbildung außerhalb der postlyzealen Schulen sind im Aufbau.

Russland. **1)** Russische Föderation, Präsidiale Republik. Hauptstadt: Moskau (10,1 Mill. Einw.). Fläche: 17 075 400 km^2, 144 Mill. Einw., 8,4 Einw./km^2. 79,8% Russen, 3,8% Tataren, 2% Ukrainer und weitere ethnische Gruppen. Landessprache: Russisch (Amtssprache), Sprachen der übrigen Nationalitäten. Religion: etwa 75 Mill. Russisch-Orthodoxe, 19–22 Mill. Muslime, 800 000 Katholiken, 230 000 Juden und Minderheiten von Buddhisten und Protestanten, ca. 50 Mill. konfessionslos.

2) Nach der Auflösung der Sowjetunion im Dezember 1991 und der Gründung der Russischen Föderation im Jahr 1992 billigte die Bevölkerung per Volksabstimmung im Dezember 1993 die neue Verfassung, in der das allgemeine Recht auf obligatorische grundlegende Allgemeinbildung fest verankert und der unentgeltliche Zugang zu den öffentlichen Einrichtungen von der Vorschul- bis zur Hochschulbildung garantiert wurde. Die im »Gesetz der russischen Föderation für die Bildung« von 1992 enthaltene Grundstruktur des Bildungswesens wurde in den Novellierungen des Bildungsgesetzes von 1996 und 2000 ergänzt und weiterentwickelt.

Durch die Liberalisierung und Entstaatlichung im Bildungswesen entstanden vielfältige private Bildungseinrichtungen mit innovativen Programmen vom Primarbereich bis zum Hochschulbereich. Die Einführung der Schulformen Gymnasium und Lyzeum sowie privater Universitäten und Hochschulen ist Ausdruck dieser Entwicklung. Auch staatliche Schulen ergriffen die Gelegenheit, ein eigenständiges reformpädagogisch orientiertes Schulprofil zu entwickeln. Auf der föderalen Ebene begannen nationale Republiken damit, ethnisch-nationale Zielsetzungen zu realisieren und bei der Festlegung von Bildungsinhalten Sonderwege zu beschreiten. Als im Verlauf der weiteren Jahre zusammen mit der Finanzkrise des Staates qualitative Einbrüche in der Leistungsfähigkeit der staatlichen Schulen auf der einen Seite immer deutlicher wurden und andererseits die Elitebildung im privaten Bildungssektor immer stärker zunahm, wurden die Stimmen, die sich für die Wiederherstellung der führenden Rolle des Staates im Bildungswesen aussprachen, immer lauter.

Im Zuge dieser Entwicklung wurde 2004 das Ministerium für Bildung und Wissenschaft durch Erlass des Präsidenten neu gegründet, in dem die beiden ehemalig getrennten Ressorts Bildung und Wissenschaft zusammengeführt wurden. Die Hauptaufgaben des Ministeriums bestehen in der Gestaltung der staatlichen Bildungspolitik und in den gesetzlichen Regelungen für die Bereiche Bildung und Wissenschaft in dem föderalen Riesenreich. Vor dem Hintergrund der Globalisierung geht es der Bildungspolitik jetzt darum, die politische, rechtliche, organisatorische und inhaltliche Einheitlichkeit des Bildungssystems zu sichern und gleichzeitig die Gesellschaft in die Mitgestaltung der notwendigen Modernisierungsprozesse einzubeziehen.

3) Die allgemeine Schulpflicht umfasst neun Schuljahre. Sie beginnt mit dem Eintritt in die Grundschule und endet mit Vollendung des 15. Lebensjahres. Da die Vorverlegung des Schuleintritts vom 7. auf das 6. Lebensjahr Mitte der achtziger Jahre nur von einem Teil der Eltern angenommen wurde, ist das Einschulungsalter je nach örtlichen Gegebenheiten unterschiedlich.

Zum Vorschulbereich gehören die Kinderkrippen (detskie jasli) für Kinder im Alter von zwei Monaten bis drei Jahren und die Kindergärten (detskie sady) für Drei- bis Sechs- bzw. Siebenjährige. Träger der Kindergärten sind vorwiegend die Kommunen. Der Besuch ist freiwillig und nur noch für bedürftige Familien kostenfrei. Während die Kindergärten vor dem Umbruch sehr in Anspruch genommen wurden, ist die Anzahl der Kinder danach sehr stark zurückgegangen. 2001 besuchten nur noch etwa 55% der Altersgruppe eine Vorschuleinrichtung. Die vielfältigen Gründe hierfür liegen in den Finanzierungslücken der öffentlichen Haushalte, in den zurückgegangenen Geburtenraten und in der sozialen Situation vieler Familien. Der Anteil privater Einrichtungen ist aufgrund höherer Gebühren relativ gering.

Der Pflichtschulbereich umfasst neun Schuljahre und ist in den Primarbereich mit drei bzw. vier Schuljahren und den Sekundarbereich I mit fünf Schuljahren gegliedert. Die zentrale Schulform ist die Allgemeinbildende Mittelschule (obščeobrazovatel'naja srednjaja škola), die in drei Stufen unterteilt ist: Grundstufe bzw. Grundschule, 1. bis 4. Schuljahr

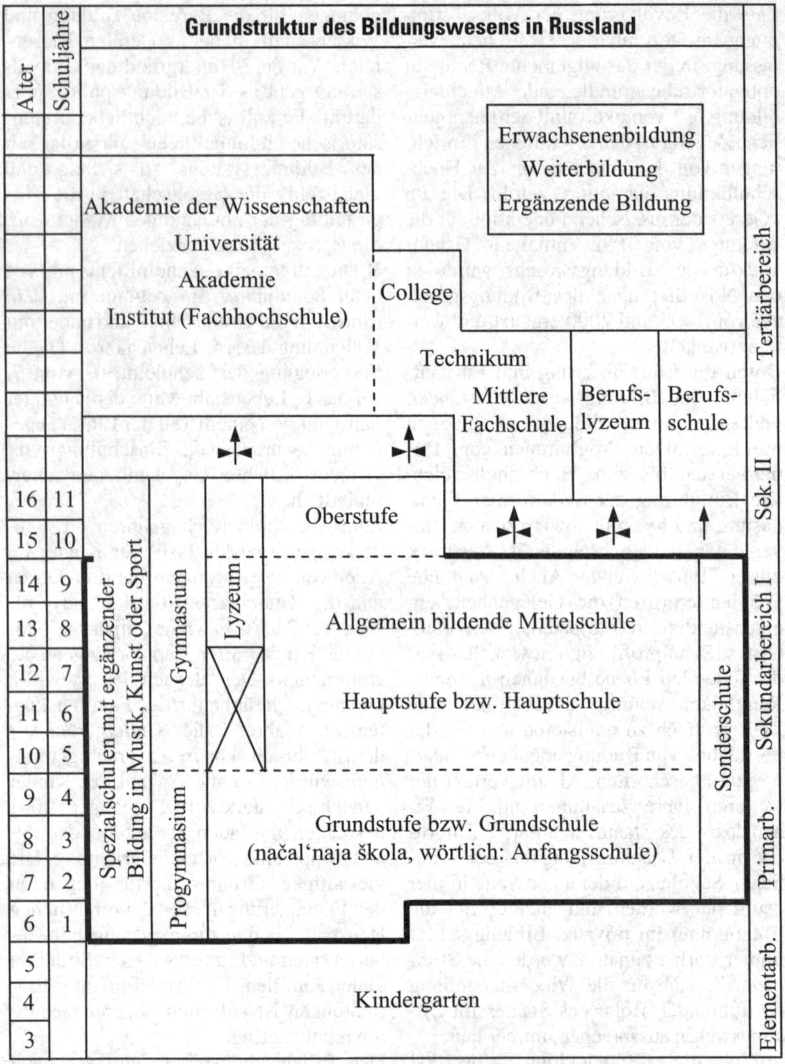

Fett umrandet sind die Einrichtungen für die Erfüllung der Schulpflicht.

Qualifizierte Auswahl — Einfacher Übergang

(načal'naja škola, wörtlich: Anfangsschule), Hauptstufe bzw. Hauptschule, 5. bis 9. Schuljahr (osnovnaja srednjaja škola) und Oberstufe bzw. Vollständige Mittelschule, 10. und 11. Schuljahr (polnaja srednjaja škola). Der Abschluss der Hauptstufe wird als Unvollständige mittlere Bildung und der am Ende des 11. Schuljahres als Vollständige mittlere Bildung bezeichnet. Die Stufen können auch organisatorisch als eigenständige Institutionen eingerichtet werden. Es gibt dann die Vollständigen Mittelschulen (Klasse 1 bis 11) mit allen drei Stufen, die Unvollständigen Mittelschulen (Klasse 1 bis 9) mit zwei Stufen und die selbständigen Grundschulen (Klasse 1 bis 3 oder 4). Unter den staatlichen Schulen sind etwa 25% eigenständige Grundschulen (meist auf dem Lande), etwa 20% Unvollständige Mittelschulen (von Klasse 1 bis 9) und etwa 55% Vollständige Mittelschulen (von Klasse 1 bis 11).

Der Schuleintritt in die Anfangsschule (Grundstufe) des Primarbereichs für Kinder im vorgezogenen Schuleintrittsalter von sechs Jahren wird bisher nur von etwa 35% der Altersgruppe wahrgenommen. Die Mehrzahl der Schulanfänger wird mit sieben Jahren eingeschult und absolviert die Grundstufe dieser Schulen vom 1. bis zum 3. Schuljahr. Diese Schüler werden vom 3. sofort in das 5. Schuljahr versetzt. Statt der neunjährigen erfahren sie nur eine achtjährige Pflichtschulbildung.

Auf die drei- bzw. vierjährige Grundstufe zur Vermittlung einer kulturellen Grundbildung baut die Hauptstufe auf. Der Übergang erfolgt durch einfache Versetzung. Ziel der zweiten Stufe ist die Vermittlung einer grundlegenden Allgemeinbildung. Mit einer Abschlussprüfung und dem »Zeugnis über die grundlegende Allgemeinbildung« der 9. Klasse endet die Schulpflicht. Die Oberstufe der Vollständigen Mittelschule im Sekundarbereich II führt nach einer Abschlussprüfung zum »Zeugnis über die Vollständige mittlere Allgemeinbildung«. Dieses Reifezeugnis berechtigt zur Bewerbung um einen Hochschulplatz und zur Teilnahme an der Hochschulaufnahmeprüfung.

Seit Mitte der neunziger Jahre gibt es vorwiegend in den Städten zwei neue, aber gebührenpflichtige Schulformen: Das Gymnasium (gimnazija) mit humanwissenschaftlichem Schwerpunkt (Klasse 5 bis 11, aber auch als Progymnasium ab Klasse 1 vorhanden) und das Lyzeum (lizej) mit naturwissenschaftlich-technischem Schwerpunkt (meist ab Klasse 8 oder 10 bis 11). Beide Schulformen bereiten vorwiegend auf das Hochschulstudium vor. Gymnasien und Lyzeen müssen staatlich anerkannt sein. Obwohl viele von ihnen noch nicht über eine staatliche Akkreditierung verfügen, haben sie einen Kooperationsvertrag mit Hochschulen oder Universitäten und deren Lehrpersonal.

Daneben gibt es eine kleine Anzahl etablierter Spezialschulen für Hochbegabte mit ergänzender Bildung in Musik, Kunst, Tanz oder Sport. Diese Schulform mit ihrer frühzeitigen Auswahl und Förderung besonders begabter und leistungsfähiger Schüler gab es bereits im sowjetischen Schulwesen, sie war bekannt für ihre soziale Selektion.

In der Sowjetunion wurden geistig und körperlich behinderte Kinder als eine Randgruppe angesehen, die nur 1,5% der Schülerschaft zwischen dem 6. und 15. Lebensjahr ausmachte und meist in Tages- oder Internatsschulen versorgt und gefördert wurde. Nach dem Umbruch stellte sich heraus, dass die Anzahl der Kinder mit sonderpädagogischem Förderbedarf wesentlich größer ist und eine entsprechende Anzahl Sonderschulen (special'nye školy) nicht zur Verfügung steht.

4) Das Berufsbildungssystem befindet sich seit der Gründung der Russischen Föderation in einer Phase der Umbildung und des Neuanfangs. Im Bildungsgesetz von 1992 wurden drei Stufen zur beruflichen Bildung unterschieden: 1. berufliche Grundbildung, 2. mittlere berufliche Bildung und 3. berufliche Hochschulbildung.

1. Die grundlegende Berufsbildung (NPO) für Facharbeiter und andere Ausbildungsberufe findet in Berufsschulen (professional'noe učilišče) statt. Diese Vollzeitschulen im Sekundarbereich II führen in zwei Jahren zum berufsqualifizierenden Abschluss eines Facharbeiters oder in drei bis vier Jahren in einem doppelqualifizierenden Ausbildungsgang zur Facharbeiterqualifikation und zum allgemein bildenden Sekundarabschluss (Abitur).

Ferner vermittelt die Berufsschule an Schüler der allgemein bildenden Schulen ohne Schulabschluss und an Schulabbrecher eine berufliche Ausbildung von kürzerer Dauer (sechs bis zwölf Monate) in arbeitsplatzbezogenen Lehrgängen und Anlernverfahren in Betrieben oder beruflichen Lehranstalten.

2. Die mittlere Berufsbildung für Technikerberufe in Industrie und Landwirtschaft oder für soziale Dienstleistungsberufe wie z. B. Kindergärtnerinnen, Krankenschwestern findet in Mittleren Fachschulen (Berufsoberschulen) statt, die auch offiziell unter der synonymen Bezeichnung »Einrichtungen der SPO« (srednee professional'noe obazovanie) geführt werden. Hierzu zählen das Technikum (technikum) und das College (kolledž). Diese Einrichtungen in Vollzeitform führen – je nach Sekundarabschluss – in zwei bis vier Jahren zu doppelqualifizierenden Abschlüssen (Technikerabschluss und voller Sekundarschulabschluss/Abitur).

3. Auf der Stufe der höheren beruflichen Bildung bzw. der beruflichen Hochschulbildung, der bisher allein das Hochschulstudium zugerechnet wurde, haben sich institutionelle Differenzierungen ergeben. Aus den beruflich-technischen Berufsschulen sind die Höheren Berufsschulen mit der Bezeichnung Berufslyzeum (professional'nyj licej) hervorgegangen, die je nach Profil Technisches Lyzeum, Handelslyzeum, Agrarlyzeum oder Pädagogisches Lyzeum heißen. Sie bieten auch die Ausbildungsgänge der beruflich-technischen Schulen an, führen aber darüber hinaus in einer gestuften Ausbildung mit einem höheren Theorieanteil in vier Jahren zu gehobenen Berufsabschlüssen, die zugleich zur weiterführenden Ausbildung auf der nächsthöheren Ebene einschließlich der Hochschule berechtigen. In vergleichbarer Weise sind durch Umwandlung von Mittleren Fachschulen die Colleges für verschiedene Fachrichtungen entstanden, die sowohl berufsqualifizierende Bildungsgänge als auch in Kooperation mit Hochschulen das Grundstudium eines Studiengangs anbieten.

5) Der Zugang zu einer Hochschule ist von der Abiturnote und einer Aufnahmeprüfung abhängig. Ohne Vorbereitung durch teure private Tutoren waren die Aufnahmeprüfungen bislang kaum zu bestehen. Nach einer Erprobungsphase seit 2001 sieht der Gesetzentwurf von 2006 die Einführung der Staatlichen Einheitsprüfung im Jahr 2009 vor.

Im Hochschulsystem ist zwischen den Instituten der Akademie der Wissenschaften für Grundlagenforschung und den Hochschulen für Lehre und angewandte Forschung zu unterscheiden. Beide Einrichtungen besitzen das Promotions- und Habilitationsrecht. Bei den Hochschulen gibt es folgende Unterschiede: 1. Klassische Universitäten sind zuständig für Lehre und Forschung im Bereich der Grundlagenwissenschaften aller Disziplinen. 2. Akademien sind spezialisierte Hochschulen für Forschung und Lehre (z. B. Pädagogische Hochschulen, Medizinische Hochschulen) und für die berufliche Bildung auf höchstem Niveau zuständig. 3. Fachhochschulen (russ. Institut) dienen der beruflichen Bildung in Übereinstimmung mit Anforderungen der Wissenschaft und Technik. Sie können selbständige Hochschule oder Teil einer Universität oder einer Akademie sein. Gegenwärtig gibt es 600 staatliche und etwa 500 private Hochschulen.

Ein Teil der Hochschulen ist dem Staats-

komitee für Hochschulwesen unterstellt, für andere Hochschulen sind Fachministerien zuständig, z. B. das Gesundheitsministerium für die Medizinische Hochschule.
Das Studium dauert in den meisten Fächern fünf, in Medizin sechs Jahre. Neben dem Diplom gibt es den Bachelor- und den Master-Abschluss. Das Diplom oder der Master sind die Voraussetzung für die Aufnahme in die Aspirantur, in der innerhalb von drei Jahren eine wissenschaftliche Arbeit (wie bei der deutschen Promotion) angefertigt werden muss. Voraussetzung für die Einleitung eines Habilitationsverfahrens ist die abgeschlossene Aspirantur. Eine Habilitation wird mit dem Titel »Doktor der Wissenschaften« (doctor nauk) abgeschlossen.

6) In der Lehrerausbildung werden Lehrkräfte für den Vorschul- und den Primarbereich an Pädagogischen Lehranstalten (pedagogiceskij ucilišca), die aus der sowjetischen Lehrerbildung vor allem auf dem Lande übernommen worden sind, an Pädagogischen Colleges (pedagogiceskij kolledž) und an Pädagogischen Hochschulen (pedagogiceskij institut) ausgebildet. Lehrer für den Sekundarbereich I und II absolvieren ihre Ausbildung an Pädagogischen und Technischen Hochschulen (beide Einrichtungen zum Teil mit Universitätsstatus) oder an Klassischen und Pädagogischen Universitäten. Die Ausbildungsdauer beträgt vier bis fünf Jahre. Pädagogische Universitäten haben darüber hinaus spezielle Forschungsaufgaben und postgraduale Ausbildungsgänge.

7) Die Erwachsenenbildung erfährt durch die politischen Veränderungen einen grundsätzlichen Wandel. Unter dem neuen Begriff »Ergänzende Bildung« werden außerschulische Bildungseinrichtungen zusammengefasst, die vielfältige Angebote im Freizeit- und Kulturbereich für alle Altersstufen machen. Von besonderer Bedeutung sind der Fernunterricht und das Fernstudium über Radio und Fernsehen.

S

Saarbrücker Rahmenvereinbarung. Beschluss der KMK zur Ordnung des Unterrichts in der Oberstufe des *Gymnasiums* vom 29. 9. 1960. Er wurde 1961 für den Unterricht konkretisiert durch Empfehlungen zur didaktischen und methodischen Gestaltung der Oberstufe. Die S. R. zielte auf die Konzentration der Inhalte nach dem Prinzip des *exemplarischen Lehrens und Lernens*, auf mehr Selbständigkeit und Wahlfreiheit für die Schüler, eine Reduzierung der Pflichtfächer sowie die Einführung eines Wahlpflichtbereichs in der Oberstufe, der eine vertiefte Vorbereitung auf anschließende Studien ermöglichen sollte. Bereits 1972 wurden in der Oberstufenreform der KMK neue Grundsätze für den inzwischen weiter ausdifferenzierten schulischen Weg zum Abitur vereinbart.

Saarland. Nach einer Volksabstimmung wurde das S. gemäß dem deutsch-französischen Saarabkommen mit Wirkung vom 1. 1. 1957 der Bundesrepublik Deutschland eingegliedert. Fläche: 2 568 km^2, 1 051 155 Einwohner (Stand 30. 11. 2005), 411 Einw./km^2. 8,4% Ausländer (D.: 8,9%). Hauptstadt: Saarbrücken.

Zu Schuljahresbeginn 2004/05 besuchten 116 984 Schüler die allgemein bildenden Schulen des Landes, davon gingen 39 609 auf 269 *Grundschulen,* 27 788 auf 52 *Erweiterte Realschulen,* 10 993 auf 15 Integrierte *Gesamtschulen* und 30 435 auf 35 *Gymnasien.* Der Anteil ausländischer Schüler betrug 8,4% (D.: 9,9%).

Auftrag, Gliederung, *Schulpflicht* und Funktionsweise des Schulwesens regelt das Schulordnungsgesetz vom 5. Mai 1965, zuletzt geändert am 13. Juli 2005. Vollzeitschulpflicht besteht nach Vollendung des 6. Lebensjahres für neun, Berufsschulpflicht *(Teilzeitschulpflicht)* für drei Jahre. Die Schulpflicht beginnt für alle Kinder, die bis zum 30. Juni das 6. Lebensjahr vollenden. Kinder, die bis zum 31. Dezember sechs werden, können in diesem Kalenderjahr auf Antrag der Erziehungsberechtigten eingeschult werden. Eine darüber hinausgehende vorzeitige Einschulung ist nach Prüfung der Schulfähigkeit ebenfalls möglich.

Im Jahr 2004 erfolgten 4,6% der Einschulungen verspätet (D.: 5,7%), 8,6% vorzeitig (D.: 9,1%).

Die Grundschule umfasst die Klassenstufen (K.) 1 bis 4 und ist die für alle Kinder verbindliche gemeinsame Grundstufe des Schulwesens. Der Unterricht wird i. d. R. getrennt nach Klassen erteilt. Schrittweise wird an Grundschulen Französischunterricht eingeführt. Grundschulen arbeiten dann eng mit Kindergärten zusammen, in denen ebenfalls bilingual und bikulturell gearbeitet wird. Das Kultusministerium hat für diese Kooperationen ein neues Bildungsprogramm erlassen, das im Schuljahr 2006/07 in Kraft trat. Die Leistungsbeurteilung in Grundschulen erfolgt ab K. 1 in Form von Notenzeugnissen. Die Wahl der weiterführenden Schule nach Abschluss der Grundschule obliegt den Erziehungsberechtigten. Für den Übergang in ein Gymnasium ist die Feststellung der Eignung durch die Klassenkonferenz, die im Halbjahreszeugnis der K. 4 bei der zusammenfassenden Beurteilung des Schülers ausgeführt wird, Voraussetzung. Ausschlaggebend sind dafür neben der bisherigen Lern- und Leistungsentwicklung die Leistungen in Deutsch und Mathematik, die in einem dieser Fächer mindestens

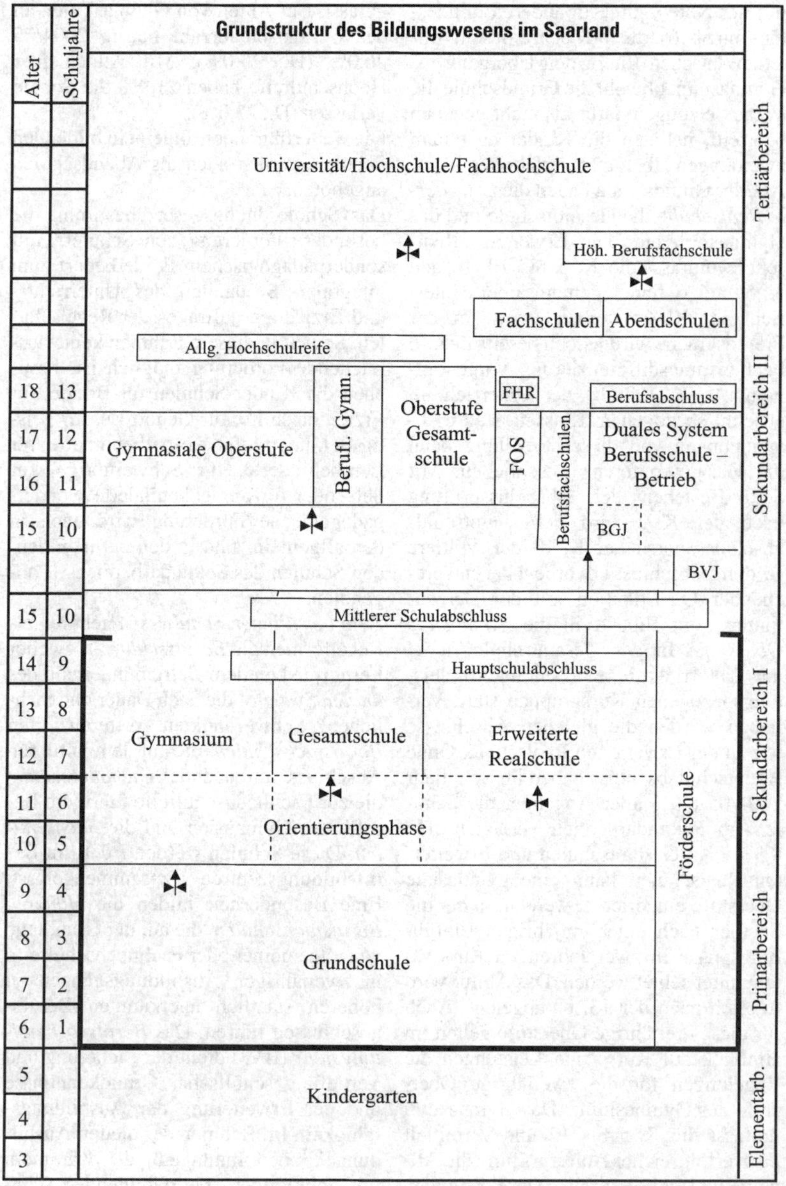

Fett umrandet sind die Einrichtungen für die Erfüllung der Vollzeitschulpflicht.

Qualifizierte Auswahl — Einfacher Übergang

BFS = Berufsfachschule, BGJ = Berufsgrundbildungsjahr, BVJ = Berufsvorbereitungsjahr, FOS = Fachoberschule

mit der Note »gut«, im anderen mindestens mit »befriedigend« beurteilt sein sollten. Wünschen Eltern den Übergang ins Gymnasium, obwohl die Grundschule die Voraussetzungen dafür als nicht gegeben beurteilt, nehmen die Kinder an einem zweitägigen Übergangsverfahren teil.

Auf der Grundschule bauen die *Erweiterte Realschule,* die Gesamtschule und das Gymnasium auf. Die Erweiterte Realschule umfasst die K. 5 bis 10. In den K. 5 und 6 findet gemeinsamer Unterricht im Klassenverband statt. In der Fremdsprache wird jedoch bereits in K. 6 Fachleistungsdifferenzierung vorgenommen. Ab K. 7 findet der Unterricht in abschlussbezogenen Klassen statt. Abweichungen von dieser Regelung kann die Gesamtkonferenz beschließen. Mit dem Bestehen der Abschlussprüfung nach der K. 9 wird der Hauptschulabschluss, nach der K. 10 der Mittlere Bildungsabschluss erworben, bei entsprechender Qualifikation mit der Berechtigung zum Eintritt in die *gymnasiale Oberstufe.* In der Gesamtschule findet der Unterricht in Klassen und in leistungsbezogenen Kursgruppen statt. Verliehen werden die gleichen Abschlüsse wie in der Erweiterten Realschule. Ohne Hauptschulabschluss haben im Schuljahr 2004/05 8,9% aller Abgänger die Schulen im Sekundarbereich verlassen (D.: 8,3%). An Gesamtschulen und Erweiterten Realschulen kann eine gymnasiale Oberstufe eingerichtet werden, in der die Schüler nach einer einjährigen Einführungsphase in zwei Jahren im Kurssystem unterrichtet werden. Das Abitur wird folglich nach der 13. K. abgelegt. Auch für diese dreijährige Oberstufe gelten im Hinblick auf Kurse und Leistungen die Regelungen für die zweijährige Oberstufe des Gymnasiums. Das Gymnasium umfasst die K. 5 bis 12 und vermittelt nach erfolgreicher Abiturprüfung die Allgemeine Hochschulreife. Die Leistungen aus den Kursen in der Oberstufe und im Abitur werden nach einem Punktesystem zu einer Gesamtqualifikation zusammengefasst. Der Anteil von Gymnasiasten an der Gesamtschülerzahl betrug 2004/05 26,0% (D.: 25,0%). Mit Allgemeiner Hochschulreife haben 21,9% die Schule verlassen (D.: 23,0%).

Die weiterführenden allgemein bildenden Schulen werden auch als Abendschulen angeboten.

Das Schulordnungsgesetz bestimmt die besondere Förderung von Schülern mit sonderpädagogischem Förderbedarf zum integralen Bestandteil des Unterrichts- und Erziehungsauftrages der Regelschulen. Soweit in diesem Rahmen keine ausreichende Förderung möglich ist, besuchen die Kinder Schulen für Blinde, für Erziehungshilfe, für Gehörlose, für geistig Behinderte, für Körperbehinderte, für Lernbehinderte, für Schwerhörige, für Seh- oder für Sprachbehinderte. Sonderpädagogische Förderung wird auch in den allgemein- und in den berufsbildenden Schulen des Sekundarbereichs II angeboten.

Zum *beruflichen Schulwesen* gehören als Regelformen die *Berufsschule* als zweiter Lernort neben dem Betrieb innerhalb des *dualen Systems,* die nach Dauer und fachlichen Schwerpunkten differenzierten *Berufsfachschulen,* die auf dem mittleren Abschluss aufbauende *Fachoberschule,* die zur Fachhochschulreife führt, die Beruflichen Gymnasien und die *Fachschulen.* Diese Schulen werden i. d. R. in Berufsbildungszentren zusammengefasst. Eine Besonderheit bilden die *Höheren Berufsfachschulen,* die auf der Grundlage von allgemeiner oder Fachhochschulreife in zweijährigen Ausbildungsgängen zu höheren staatlich anerkannten Berufsabschlüssen führen. Das *Berufsvorbereitungsjahr* (BVJ) dient der Sicherung und Vertiefung schulischer Grundkenntnisse und der Erweiterung der Ausbildungsfähigkeit. Im Rahmen der dualen Ausbildung können Innungen oder Kammern mit Schulträgern berufsbildender Schulen die Einrichtung eines *Berufsgrundbildungsjahres* (BGJ) als erstes Jahr der Ausbildung vereinbaren.

In Orientierung an den *Bildungsstandards der Kultusministerkonferenz* gelten seit dem Schuljahr 2004/05 für die Grundschule, den Hauptschulabschluss und den Mittleren Bildungsabschluss *Bildungsstandards.* Die im gleichen Schuljahr eingeführten neuen *Lehrpläne* enthalten diese Bildungsstandards und Hinweise für eine neue Leistungsermittlung und -beschreibung.

Die *Lehrerbildung* am Zentrum für Lehrerbildung der Landesuniversität Saarbrücken erfolgt schularten- und zugleich schulstufenbezogen: Lehramt für die Primarstufe, Lehramt für die Sekundarstufe I (Klassenstufen 5 bis 9), für die Sekundarstufe I (Klassenstufen 5 bis 10), Lehramt an Gymnasien und Gesamtschulen (Klassenstufen 5 bis 13), Lehramt an beruflichen Schulen und Lehramt für Sonderpädagogik.

Sachanalyse. In Konzeptionen der *Unterrichtsvorbereitung* wird die S. oft als erster Schritt vor der *didaktischen Analyse* und der methodischen Planung dargestellt, bei dem es um die fachwissenschaftliche Auseinandersetzung des Lehrers mit dem Stoffgebiet geht. W. Klafki betont hingegen, dass die gründliche Aneignung von Sachkenntnissen Aufgabe der Lehrerbildung, Lehrerfortbildung und privaten Lehrerweiterbildung ist. Er sieht die Gefahr, dass die vorpädagogisch-fachwissenschaftliche S. direkt zur Grundlage des Unterrichts gemacht wird und die spezifisch pädagogischen Aufgaben aus dem Blick geraten. Ein Ausweg wird nicht in einem linearen Ableitungsschema, sondern in einem ganzheitlichen Konzept der Unterrichtsvorbereitung gesehen, in dem die einzelnen Faktoren und Schritte der Planung miteinander vernetzt sind und in einem Verhältnis der Wechselbeziehung zueinander stehen. Dabei ist zwischen dem Prozess der Planung interdependenter Faktoren und der schriftlichen Niederlegung der Planungsergebnisse zu unterscheiden, in der eine Reihenfolge der dargestellten Faktoren wieder eine Rolle spielt. Einrichtungen zur Organisation von Praktika an Hochschulen und Ausbildungsseminare haben meist ein einheitliches Gliederungsschema für schriftliche Stundenentwürfe entwickelt, an denen sich Studierende, Lehramtsanwärter und Referendare orientieren sollten, um festzustellen, ob sie eine eigenständige S. machen müssen oder fachliche Ziele, fachwissenschaftliche Zusammenhänge und fachspezifische Arbeitsmethoden in anderer Weise berücksichtigen können.

Sachkompetenz. *Fachkompetenz und Sachkompetenz.*

Sachsen. Wieder gegründet im Herbst 1990. Erste Landtagswahl am 14. 10. 1990. Verabschiedung der Verfassung am 27. 5. 1992. Fläche: 18 414 km^2, 4 275 371 Einwohner (Stand 30. 11. 2005), 235 Einw./km^2, 2,8% Ausländer (D.: 8,9%). Etwa 40 000 Sorben im Gebiet der Lausitz. Das Schulgesetz sichert deren Recht auf muttersprachlichen Unterricht. Hauptstadt: Dresden.

Zu Schuljahresbeginn 2004/05 besuchten 365 956 Schüler die allgemein bildenden Schulen des Landes, davon gingen 104 159 auf 859 *Grundschulen,* 134 425 auf 469 *Mittelschulen* und 101 898 auf 154 *Gymnasien.* Der Anteil ausländischer Schüler betrug 1,8% (D.: 9,9%).

Auftrag, Gliederung, *Schulpflicht* und Funktionsweise des Schulwesens regelt das *Schulgesetz* für den Freistaat Sachsen in der Neufassung vom 16. 7. 2004. Die Vollzeitschulpflicht setzt mit der Vollendung des 6. Lebensjahres am 30. Juni ein. Kinder, die bis zum 30. September das 6. Lebensjahr vollenden, werden mit der Anmeldung zur Grundschule schulpflichtig. Die Vollzeitschulpflicht dauert neun Jahre, die Berufsschulpflicht *(Teilzeitschulpflicht)* drei. Im Jahr 2004 erfolgten 8,6% der Einschulungen verspätet (D.: 5,7%), 7% vorzeitig (D.: 9,1%).

Die Grundschule umfasst die Klassenstufen (K.) 1 bis 4. Der Unterricht wird i. d. R. getrennt nach Klassen erteilt. Jahrgangsübergreifender Unterricht ist nur im

Rahmen eines von der Schulverwaltung genehmigten Konzepts zulässig. Zur Erleichterung der Schuleingangsphase arbeiten Grundschulen eng mit Kindergärten und Horten zusammen. Spätestens ab der 3. K. wird eine Fremdsprache unterrichtet. Auf die Grundschule folgen Mittelschule und Gymnasium. Über den weiteren Bildungsweg im Anschluss an die Grundschule entscheiden die Eltern auf der Grundlage einer Empfehlung der Grundschule. Für die Empfehlung der Schule sind Begabung und Leistung maßgeblich. Für das Gymnasium werden Schüler empfohlen, die in der Halbjahresinformation der K. 4 in Deutsch und Mathematik den Durchschnitt 2,5 oder besser erreicht haben. Schüler mit einer Empfehlung für die Mittelschule, die dennoch ein Gymnasium besuchen wollen, können an einer Aufnahmeprüfung teilnehmen. In den K. 5 und 6 der Mittelschule wird eine Empfehlung im Hinblick auf den angestrebten Bildungsabschluss ausgesprochen.

Die Mittelschule ist eine differenzierte Schulart, die den Haupt- und den Realschulbildungsgang anbietet. Jede Mittelschule bildet einen besonderen Profilbereich aus. Zur Verbesserung der Chancen auf einen Ausbildungsplatz im *dualen System* arbeiten die Mittelschulen eng mit berufsbildenden Schulen zusammen. In den K. 5 und 6 werden die Schüler gemeinsam unterrichtet, ab K. 7 beginnt eine auf die bisherige Leistungsentwicklung und den beabsichtigten Abschluss bezogene Differenzierung. Nach der K. 9 und bestandener Abschlussprüfung erwerben die Schüler je nach Leistung den normalen oder den Qualifizierenden Hauptschulabschluss, nach K. 10 und bestandener Prüfung den Realschulabschluss.

Ohne Hauptschulabschluss haben im Schuljahr 2004/05 9,4% aller Abgänger die Schulen im Sekundarbereich verlassen (D.: 8,3%).

Das Gymnasium umfasst die K. 5 bis 12. Die K. 10 ist Einführungsphase in die gymnasiale Oberstufe mit den K. 11 und 12. Hier wird der Unterricht in halbjährigen Grund- und Leistungskursen erteilt. Die *Allgemeine Hochschulreife* wird durch eine Gesamtqualifikation erworben, die Leistungen aus der Abiturprüfung, den Leistungskursen und den anrechenbaren Grundkursen einschließt. Der Anteil der Gymnasiasten an der Gesamtschülerzahl betrug 27,8% (D.: 25%). Mit Allgemeiner Hochschulreife haben 25,3% aller Schüler die Schule verlassen (D.: 23,0%).

Alle weiterführenden allgemein bildenden Schulen werden auch als Abendschulen angeboten.

Schüler mit sonderpädagogischem Förderbedarf werden an *Förderschulen* unterrichtet. Das Schulgesetz definiert acht Schultypen: Schulen für Blinde und Sehbehinderte, für Hörgeschädigte, für geistig Behinderte, für Körperbehinderte, Schulen zur Lernförderung, Sprachheilschulen, Schulen für Erziehungshilfe sowie Klinik- und Krankenhausschulen. Sonderpädagogische Förderung wird auch in den allgemein- und in den berufsbildenden Schulen des Sekundarbereichs II angeboten.

Zum *beruflichen Schulwesen* gehören die *Berufsschule* als zweiter Lernort neben dem Betrieb innerhalb des dualen Systems, die nach Dauer und fachlichen Schwerpunkten differenzierten *Berufsfachschulen*, die *Fachoberschule* und die Beruflichen Gymnasien. Die Fachoberschule setzt einen Mittleren Bildungsabschluss voraus, dauert zwei Jahre und schließt mit einer Abschlussprüfung, deren Bestehen zur Fachhochschulreife führt. Bewerber mit einer einschlägigen Berufsausbildung können in eine einjährige Fachoberschule eintreten. Das Berufliche Gymnasium dauert nach dem Mittleren Bildungsabschluss drei Jahre und führt zur Allgemeinen Hochschulreife. Für den Unterricht und die Abiturprüfung gelten die Regelungen der gymnasialen Oberstufe. Das *Berufsvorbereitungsjahr* (BVJ) dient der Sicherung und

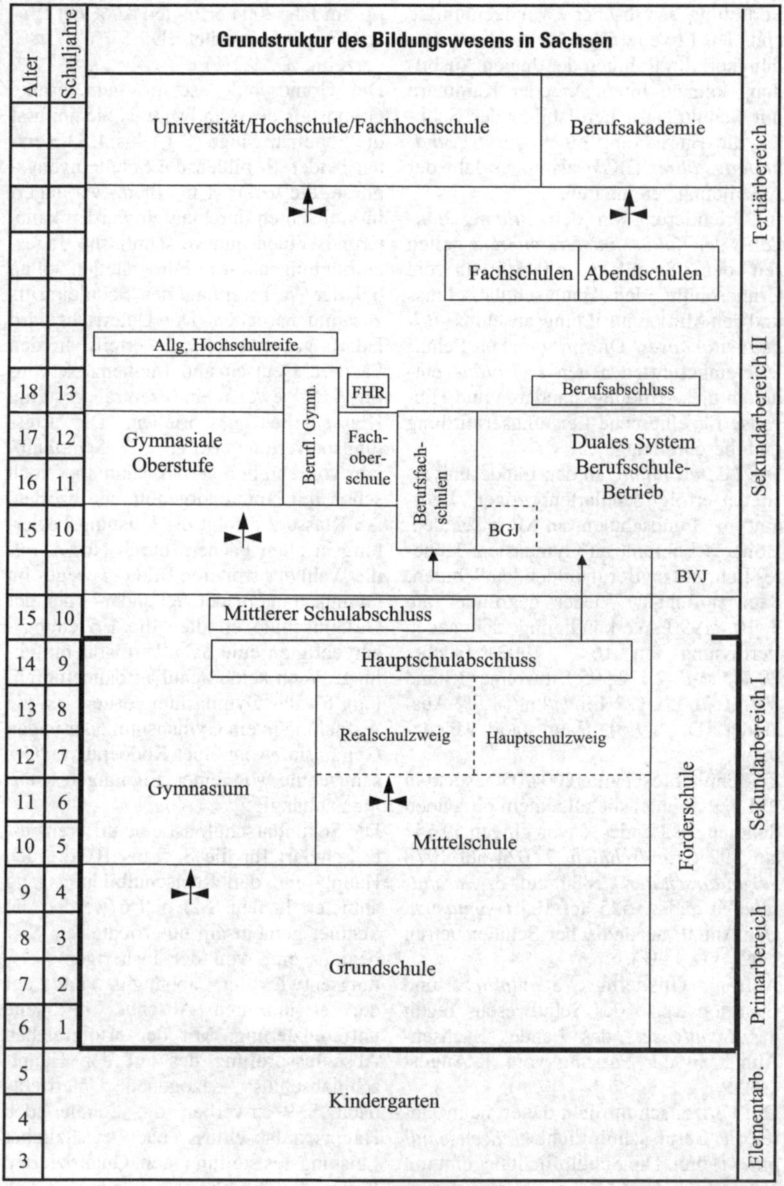

Fett umrandet sind die Einrichtungen für die Erfüllung der Vollzeitschulpflicht.

BGJ = Berufsgrundbildungsjahr, BVJ = Berufsvorbereitungsjahr, FHR = Fachhochschulreife

S

Vertiefung schulischer Grundkenntnisse und der Erweiterung der Ausbildungsfähigkeit. Im Rahmen der dualen Ausbildung können Innungen oder Kammern mit Schulträgern berufsbildender Schulen die Einrichtung eines *Berufsgrundbildungsjahres* (BGJ) als erstes Jahr der Ausbildung vereinbaren.
In Orientierung an den *Bildungsstandards der Kultusministerkonferenz* gelten seit dem Schuljahr 2004/05 für die Grundschule, den Hauptschulabschluss und den Mittleren Bildungsabschluss *Bildungsstandards.* Die im gleichen Schuljahr eingeführten neuen *Lehrpläne* enthalten diese Bildungsstandards und Hinweise für eine neue Leistungsermittlung und -beschreibung.
Die *Lehrerbildung* an den Landesuniversitäten erfolgt schulartenbezogen: Lehramt an Grundschulen, an Mittelschulen, Höheres Lehramt an Gymnasien, Höheres Lehramt an Berufsbildenden Schulen.
Sachsen-Anhalt. Wieder gegründet am 3. 10. 1990. Verkündigung der neuen Verfassung am 16. 7. 1992. Fläche: 20 445 km^2, 2 472 505 Einwohner (Stand 30. 11. 2005), 122 Einw./km^2, 1,9% Ausländer (D.: 8,9%). Hauptstadt: Magdeburg.
Zu Schuljahresbeginn 2004/05 besuchten 231 329 Schüler die allgemein bildenden Schulen des Landes, davon gingen 59 652 auf 592 *Grundschulen,* 77 024 auf 1078 *Sekundarschulen,* 2834 auf 3 *Gesamtschulen* und 73 525 auf 105 *Gymnasien.* Der Anteil ausländischer Schüler betrug 1,9% (D.: 9,9%).
Auftrag, Gliederung, *Schulpflicht* und Funktionsweise des Schulwesens regelt das *Schulgesetz* des Landes Sachsen-Anhalt in der Fassung vom 1. August 2005.
Die Vollzeitschulpflicht dauert neun Jahre, die Berufsschulpflicht *(Teilzeitschulpflicht)* drei. Die Schulpflicht beginnt mit Vollendung des 6. Lebensjahres bis zum 30. Juni des Kalenderjahres. Kinder, die auf Antrag der Eltern vorzeitig eingeschult werden, sind ebenfalls schulpflichtig. Im Jahr 2004 erfolgten 4,7% der Einschulungen verspätet (D: 5,7%), 2,8% vorzeitig (D.: 9,1%).
Die Grundschule ist die gemeinsame Grundstufe des Schulwesens. Sie umfasst die Schuljahrgänge (S.) 1 bis 4. Die ersten beiden S. bilden die Schuleingangsphase, die verkürzt in einem, verlängert in drei Jahren durchlaufen werden kann. Grundschulen und vorschulische Tageseinrichtungen sowie Förderstellen sollen bei der Vorbereitung des Schuleintritts zusammenarbeiten. Der Unterricht wird i. d. R. getrennt nach S. erteilt. In den Fächern Deutsch und Mathematik wird im 4. S. jeweils eine zentral gestellte Klassenarbeit geschrieben. Die Leistungsbewertung erfolgt im 1. Schulhalbjahr vornehmlich verbal, kann aber auch schon mit Noten vorgenommen werden. Ab Klasse 2 erfolgt die Leistungsbewertung in allen Fächern durch Noten. Für die Wahl des weiteren Bildungsweges im Gymnasium, in der Sekundar- oder der Gesamtschule erhalten die Erziehungsberechtigten eine Schullaufbahnempfehlung. Wenn keine Schullaufbahnempfehlung für das Gymnasium vorliegt, ist die Aufnahme in ein Gymnasium oder in den Gymnasialzweig einer Kooperativen Gesamtschule von einer Eignungsfeststellung abhängig.
Die Sekundarschule ist eine differenzierte Schulart für die S. 5 bis 10, die den Haupt- und den Realschulbildungsgang anbietet. In den S. 5 und 6 werden die Schüler gemeinsam unterrichtet, ab S. 7 beginnt eine von der bisherigen Leistungsentwicklung abhängige und auf den erwünschten Abschuss bezogene Differenzierung. Mit der erfolgreichen Abschlussprüfung des auf den Hauptschulabschluss bezogenen Unterrichts nach S. 9 erwerben die Schüler den Hauptschulabschluss, nach zusätzlicher Leistungsfeststellung den Qualifizierten Hauptschulabschluss, der zum Besuch des 10. S. der Sekundarschule berechtigt. Am Ende der 10. S. in dem auf den Realschulabschluss bezogenen Unterricht

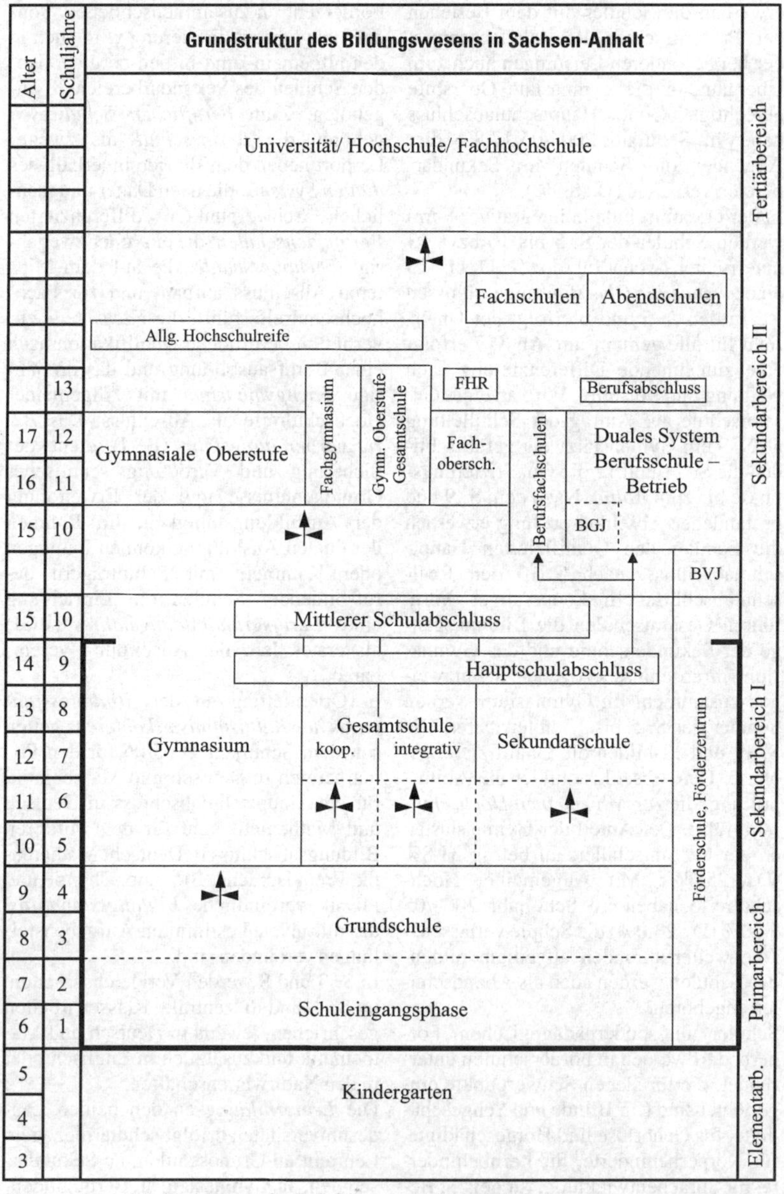

Fett umrandet sind die Einrichtungen für die Erfüllung der Vollzeitschulpflicht.

Qualifizierte Auswahl   Einfacher Übergang

BGJ = Berufsgrundbildungsjahr, BVJ = Berufsvorbereitungsjahr, FHR = Fachhochschulreife

erwerben die Schüler mit dem Bestehen der Prüfung einen Realschulabschluss, der bei besonderen Leistungen auch zum Übergang in die gymnasiale Oberstufe berechtigt. Ohne Hauptschulabschluss haben im Schuljahr 2004/05 13,8% aller Abgänger die Schulen im Sekundarbereich verlassen (D.: 8,3%).

In der Gesamtschule in integrativer Form werden Schüler der S. 5 bis 10 bzw. 13 unterrichtet, wenn für die S. 11 bis 13 eine *gymnasiale Oberstufe* angeschlossen ist. In den S. 5 und 6 erfolgt der Unterricht für alle gemeinsam. Ab S. 7 erfolgt eine zunehmende Differenzierung nach Neigung und Leistung. Wird an einer Gesamtschule auf Antrag der Schulleitung ab S. 9 ein Gymnasialzweig geführt, bilden die S. 11 und 12 die Qualifizierungsphase bis zum *Abitur.* Nach dem S. 9 und bestandener Abschlussprüfung erwerben die Schüler den Qualifizierten Hauptschulabschluss, nach S. 10 den Realschulabschluss. In kooperativer Form führen Gesamtschulen die Bildungsgänge der Sekundarschule und das Gymnasium in abschlussbezogenen Schulzweigen zusammen. Im Gymnasium werden Schüler der S. 5 bis 12 unterrichtet. Die S. 11 und 12 bilden die Qualifizierungsphase. Den Abschluss bildet die Abiturprüfung, die zur *Allgemeinen Hochschulreife* führt. Der Anteil der Gymnasiasten an der Gesamtschülerzahl betrug 31,8% (D.: 25,0%). Mit Allgemeiner Hochschulreife haben im Schuljahr 2004/05 24,0% (D.: 23,0%) die Schule verlassen.

Alle weiterführenden allgemein bildenden Schulen werden auch als Abendschulen angeboten.

Schüler mit sonderpädagogischem Förderbedarf werden in Förderschulen unterrichtet, die für sieben Schwerpunkte eingerichtet sind (für Blinde und Sehgeschädigte, für Gehörlose und Hörgeschädigte, für Körperbehinderte, für Lernbehinderte, für Sprachentwicklung, für geistig Behinderte, für Erziehungshilfe). Sonderschulen und andere allgemein- oder berufsbildende Schulen können sich zu Förderzentren zusammenschließen. Sonderpädagogische Förderung wird auch in den allgemein- und in den berufsbildenden Schulen des Sekundarbereichs II angeboten. Zum *beruflichen Schulwesen* gehören die *Berufsschule* als zweiter Lernort neben dem Betrieb innerhalb des *dualen Systems,* die nach Dauer und fachlichen Schwerpunkten differenzierten *Berufsfachschulen*, die ein- oder zweijährige *Fachoberschule,* die auf dem Mittleren Abschluss aufbaut und zur Fachhochschulreife führt, die *Fachschule* zur vertieften beruflichen Qualifikation nach einer Berufsausbildung und das dreijährige *Fachgymnasium* mit Allgemeiner Hochschulreife als Abschluss. Das *Berufsvorbereitungsjahr* (BVJ) dient der Sicherung und Vertiefung schulischer Grundkenntnisse und der Erweiterung der Ausbildungsfähigkeit. Im Rahmen der dualen Ausbildung können Innungen oder Kammern mit Schulträgern berufsbildender Schulen die Einrichtung eines *Berufsgrundbildungsjahres* (BGJ) als erstes Jahr der Ausbildung vereinbaren.

In Orientierung an den *Bildungsstandards der Kultusministerkonferenz* gelten seit dem Schuljahr 2005/06 für den Primarbereich in Deutsch und Mathematik, für den Hauptschulabschluss in Deutsch und Mathematik und für den Mittleren Bildungsabschluss in Deutsch, Mathematik, Fremdsprache, Biologie, Chemie und Physik verbindliche *Bildungsstandards,* die mit niveaubestimmten Aufgabenstellungen verbunden sind.

In S. 3 und 8 werden Vergleichsarbeiten, in S. 4 und 6 zentrale Klassenarbeiten geschrieben, jeweils in Deutsch und Mathematik und zusätzlich in Englisch oder in den Naturwissenschaften.

Die *Lehrerbildung* an den beiden Landesuniversitäten erfolgt schulartbezogen: Lehramt an Grundschulen, an Sekundarschulen, an Gymnasien, an Berufsbildenden Schulen, an Sonderschulen.

Sachunterricht. Zentrales Schulfach der Grundschule (neben Deutsch und Mathe-

matik), das im Zusammenhang mit der Bildungsreform 1969 die *Heimatkunde* ablöste und in die neuen Lehrpläne und Stundentafeln aufgenommen wurde. Unabhängig davon, ob das Fach in den siebziger Jahren in einigen Bundesländern wieder in Sachkunde, Heimat- und Sachkunde oder Heimat- und S. umbenannt worden ist, bleibt die Aufgabe, eine allgemein anerkannte Konzeption des S. erst zu entwickeln, die der Kombination von Kind-, Umwelt-, Gesellschafts- und *Wissenschaftsorientierung* Rechnung trägt.
Erste Versuche einer Konzeptuierung galten Anfang der siebziger Jahre dem Bemühen, die Komplexität naturwissenschaftlich-technischer Inhalte und Verfahren über den fachpropädeutischen, den verfahrensorientierten und den konzeptorientierten Curriculumansatz für die Grundschule zu elementarisieren. Mitte der siebziger Jahre kamen der mehrperspektivische, der situationsorientierte und der sozialgeografische Ansatz hinzu, die stärker auf die Gesellschaftswissenschaften bezogen waren und Kinder für Erfahrungsfelder ihrer Lebenswirklichkeit handlungsfähig machen wollten. Hatten die Lehrpläne dieser Jahre den jeweiligen Trend der Konzeptionsentwicklung in sich aufgenommen, so weisen die neuen Lehrpläne der achtziger Jahre nach der Kritik an diesen Ansätzen kaum noch eine konzeptionelle Konturierung auf und begnügen sich mit der Auflistung von z. T. traditionellen Themen. Gleichzeitig war nicht nur der Rückgang naturwissenschaftlich-technischer Themen, sondern auch, im Unterschied zu westlichen Nachbarländern, die fast vollständige Ausklammerung der Computertechnologie zu beobachten.
Untersuchungen zur veränderten Kindheit, Aufgaben der *Umwelterziehung* und Probleme der *interkulturellen Erziehung* geben dem S. neue Impulse. Nicht eine Renaissance der Heimatkunde oder ein Wiederaufleben fachbezogener Bereiche weisen Mitte der neunziger Jahre in die Zukunft, sondern eine Neureflexion sachunterrichtlicher Gegenstände aus einer stärker ganzheitlichen Sicht der Wirklichkeit. Dabei wird es darum gehen, einerseits, von den Grundbedürfnissen und der unmittelbaren Mit- und Umwelt des Grundschulkindes ausgehend, den regionalen Nahraum durch Erfahrungs- und Sachlernen durchschaubar zu machen, andererseits aber auch den Blick auf Europa und die Welt zu öffnen. Die medial vermittelte Konfrontation des Kindes mit Problemen der Erde und des Kosmos macht es notwendig, weltweite multikulturelle und ökologische Themen in die grundlegende Bildung durch S. einzubeziehen.
Die 1992 gegründete Gesellschaft für Didaktik des S. in Deutschland (GDSU) hat sich zum Ziel gesetzt, hierzu konzeptionelle Beiträge zu leisten. 2002 hat die GDSU einen »Perspektivrahmen Sachunterricht« herausgegeben, der sowohl wichtige Erfahrungsbereiche der Kinder berücksichtigt als auch fachlich für den Unterricht im Sekundarbereich anschlussfähig ist. Die Einführung von *Bildungsstandards der Kultusministerkonferenz* hat in den *Lehrplänen* der Bundesländer zum Teil neue konzeptionelle Entwicklungen mit sich gebracht. Mit der Umstellung auf Bachelor- und Masterstudiengänge treten auch in der Lehrerausbildung Veränderungen für das Schulfach S. ein.

Sammelklassen. Werden vereinzelt an Berufsschulen eingerichtet, wenn sich *Fachklassen* für eine Berufsgruppe (z. B. Fahrzeugtechniker) wegen zu geringer Schülerzahl nicht bilden lassen. In einer S. werden dann z. B. die Auszubildenden aller handwerklichen Metallberufe zusammengefasst.

Sample. *Stichprobe.*

SaN. *Schulen ans Netz.*

Sanktion (lat. *sancire* heiligen, bestimmen, strafen; engl. *sanction*). Positive (Belohnung) oder negative (Bestrafung) Bewertung eines erwünschten bzw. unerwünschten Verhaltens.

San Marino. Das Bildungswesen der

kleinen parlamentarischen Republik (61,2 km^2 Fläche, 28 000 Einw.), in Mittelitalien gelegen, ist dem des italienischen Staates eingegliedert so wie auch andere Bereiche öffentlicher Angelegenheiten (Finanzen, Militär, Polizei u. a.).

Schicht (engl. *stratification*). Teil der Gesellschaftsmitglieder, der sich durch gemeinsame Merkmale (heute zumeist: Schulabschluss, Ausbildung, Beruf, Einkommen) von anderen Mitgliedern der Gesellschaft unterscheiden lässt. Durch eine Definition der einzelnen S. und ihre gestufte Anordnung kann der hierarchische Aufbau einer Gesellschaft dargestellt werden. Die Zuweisung eines Individuums zu einer S. hängt folglich immer von der Auswahl der Merkmale ab.

schichtenspezifische Sozialisation. Zwischen Sozialisationsprozessen, Familienerziehung, Schullaufbahn und Berufschancen der Kinder einerseits und ihrer Zugehörigkeit zu einer *Schicht* andererseits bestehen deutliche Zusammenhänge. Kinder und Jugendliche aus unteren sozialen Schichten besuchen häufiger, als es ihrem Anteil an einem Altersjahrgang entsprechen würde, Förder- und Hauptschulen, ergreifen Handwerksberufe mit geringen Mobilitätschancen und sind bei den jugendlichen Arbeitslosen überrepräsentiert. Tendenziell gelten für Kinder und Jugendliche aus oberen Schichten die gegenteiligen Perspektiven: Besuch weiterführender Schulen, Studium, qualifizierte, sichere, mit hohem Prestige und guten Einkommensmöglichkeiten verbundene Berufstätigkeit. Zugleich aber ist zu beachten, dass in Abhängigkeit von Faktoren wie Stadt – Land, Nationalität, Geschlecht, Religionszugehörigkeit, Familienklima oder Größe eines Altersjahrganges die Sozialisationsprozesse innerhalb einer Schicht sehr unterschiedlich verlaufen können. Zwischen Schichtzugehörigkeit und Erziehung darf folglich kein deterministischer Zusammenhang hergestellt werden.
Festmachen lässt sich der Prozess der s. S. insbesondere an der unterschiedlichen sozialen, intellektuellen und materiellen Ausstattung von Kindheit, an den Rollen und Normen, die erlernt werden, an den Investitionen in die Zukunft der Kinder sowie an den Lebensplänen, die Eltern für ihre Kinder entwerfen.

Schleswig-Holstein. Am 23. 8. 1946 durch alliierten Beschluss der Besatzungsstaaten gegründetes Land. Fläche: 15 763 km^2, 2 833 023 Einwohner (Stand 30. 11. 2005), dänische Minderheit etwa 50 000, 179 Einw./km^2, 5,4% Ausländer (D.: 8,9%). Hauptstadt: Kiel.
Zu Schuljahresbeginn 2004/05 besuchten 341 500 Schüler allgemein bildende Schulen, davon gingen 121 138 in 655 *Grundschulen,* 46 633 in 288 *Hauptschulen,* 66 382 in 174 *Realschulen,* 74 438 in 105 *Gymnasien* und 14 418 in 23 Integrierte *Gesamtschulen.* Der Anteil ausländischer Schüler betrug 5,2% (D.: 9,9%).
Auftrag der Schule, Gliederung des Schulwesens, *Schulpflicht* u. a. rechtliche Grundlagen regelt das Schleswig-Holsteinische Schulgesetz vom Jan. 2007. Hauptgründe für die schulgesetzlichen Änderungen waren der deutliche Rückgang der Schülerzahlen und die in den *internationalen Vergleichsstudien* offenbar gewordenen Schwächen des bestehenden Schulsystems. Der demografischen Entwicklung wird mit der Zusammenführung von Haupt- und Realschulen zu *Regionalen Schulen* Rechnung getragen. Zur Sicherung wohnortnaher Schulangebote wird die *Gemeinschaftsschule* eingeführt, die aus dem Zusammenschluss bereits bestehender Schulen des gegliederten Schulsystems besteht und über ein pädagogisches Konzept für gemeinsames Lernen verfügt. Die bestehenden Gesamtschulen sollen zu Gemeinschaftsschulen weiterentwickelt werden. Die Umwandlung in die neuen Schularten soll bis zum Schuljahr 2010/11 abgeschlossen sein.
Die Vollzeitschulpflicht dauert insgesamt neun Schuljahre und wird durch den Be-

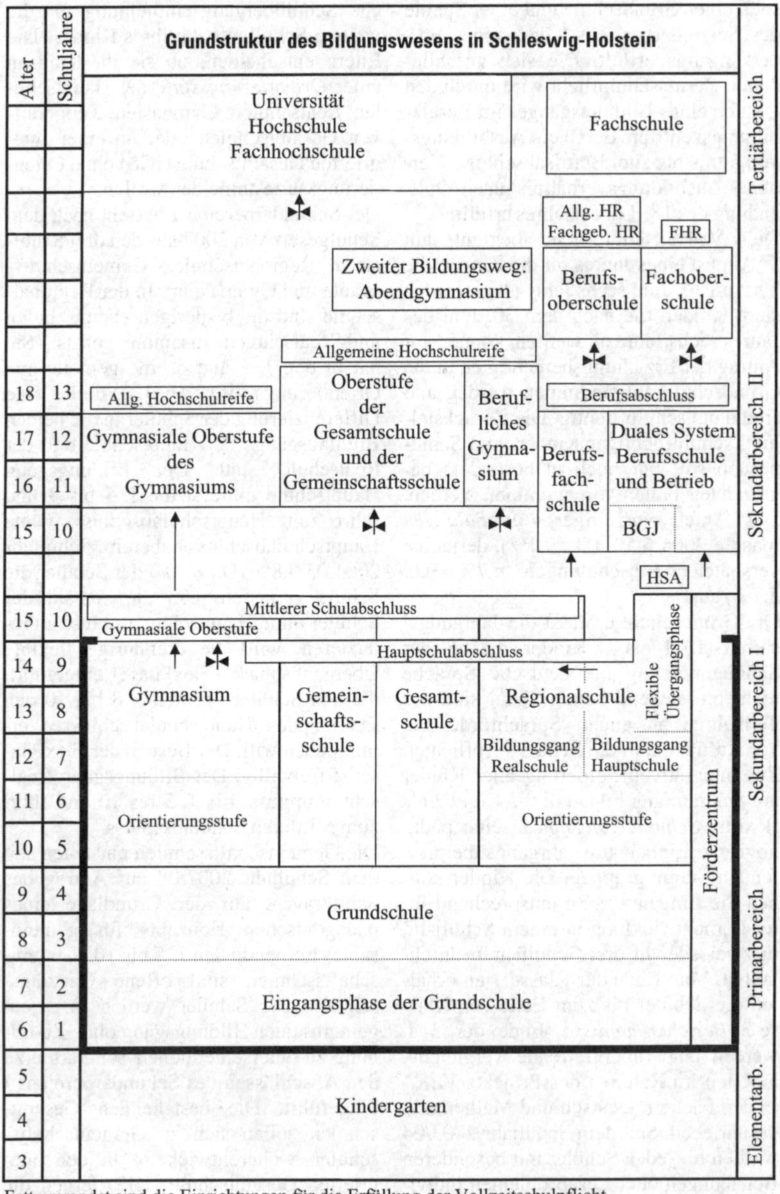

Fett umrandet sind die Einrichtungen für die Erfüllung der Vollzeitschulpflicht.

Qualifizierte Auswahl ↑ Einfacher Übergang

Allg. HR = Allgemeine Hochchulreife, BGJ = Berufsgrundbildungsjahr,
Fachgeb. HR = Fachgebundene Hochschulreife, FHR = Fachhochschulreife

such einer Grundschule und einer Schule des Sekundarbereichs I oder eines Förderzentrums erfüllt. Die sich anschließende Berufsschulpflicht wird durch den Besuch eines Bildungsganges im Berufsbildungszentrum, durch ein Ausbildungsverhältnis bis zum Berufsabschluss oder ohne Ausbildungsverhältnis nach Vollendung des 18. Lebensjahres erfüllt.

Die Vollzeitschulpflicht beginnt am 1. August eines Jahres für die Kinder, die bis zum 30. Juni sechs Jahre alt geworden sind. Kinder, die nach dem 30. Juni des Jahres sechs Jahre alt werden, können auf Antrag der Erziehungsberechtigten in die Grundschule aufgenommen werden und sind dann schulpflichtig. Die Zurückstellung schulpflichtiger Kinder vom Schulbesuch soll nur noch in besonders begründeten Fällen vorgenommen werden. Der Anteil vorzeitiger *Einschulungen* machte 2004 6,5% (D.: 9,1%), derjenige verspäteter Einschulungen 6,7% (D.: 5,7%) aus.

Die Grundschule umfasst die Jahrgangsstufen (J.) 1 bis 4. Kinder, die bei der Schulanmeldung die deutsche Sprache nicht hinreichend beherrschen, sind zur Teilnahme an einem Sprachförderkurs vor Aufnahme in die Schule verpflichtet. Zur integrativen Förderung aller Kinder am Schulanfang bilden die J. 1 und 2 als flexible *Schuleingangsphase* eine pädagogische Einheit mit jahrgangsübergreifenden Stammgruppen. Die Kinder können die Eingangsphase entsprechend ihrer Lernentwicklung in einem Schuljahr, in zwei oder in drei Schuljahren durchlaufen. Vom Ende der Klasse 1 an erhalten die Schüler bis zum Ende von Klasse 3 *Berichtszeugnisse.* Ende der 3. J. werden länderübergreifende Vergleichsarbeiten im Rahmen des Projekts *VERA* in den Fächern Deutsch und Mathematik geschrieben. Seit dem Schuljahr 2003/04 werden für jeden Schüler mit besonderen Begabungen oder Lernproblemen individuelle Lernpläne erstellt und fortgeschrieben. Mit dem Halbjahreszeugnis der J. 4 erhalten die Eltern eine schriftliche Schulübergangsempfehlung für die weitere Schullaufbahn ihres Kindes. Die Eltern entscheiden, ob sie ihr Kind an einer *Orientierungsstufe* der Hauptschulen, Realschulen, Gymnasien, Kooperativen Gesamtschulen oder an einer Integrierten Gesamtschule (IGS) ohne Orientierungsstufe anmelden wollen.

Der Sekundarbereich I besteht nach dem Schulgesetz von 2007 aus den drei Schularten Regionalschule, Gemeinschaftsschule und Gymnasium. In der Regionalschule sind die bisherigen Hauptschulen und Realschulen zusammengefasst. Sie hat in den J. 5 und 6 eine gemeinsame Orientierungsstufe. Ab J. 7 findet eine Differenzierung der Schüler in die beiden Bildungsgänge der Hauptschule und der Realschule statt. Der Bildungsgang Hauptschule umfasst die J. 5 bis 9 und führt zum Hauptschulabschluss. Ohne Hauptschulabschluss haben im Schuljahr 2004/05 9,8% (D.: 8,3%) der Schüler die Schule verlassen. Um die Anzahl der Schüler ohne Hauptschulabschluss zu reduzieren, wird die dreijährige flexible Übergangsphase (FlexPhase) eingeführt, die den Schülern in den J. 8 bis 10 den Erwerb des Hauptschulabschlusses ermöglichen will. Der Besuch der FlexPhase ist freiwillig. Der Bildungsgang Realschule umfasst die J. 5 bis 10 und führt zum Mittleren Schulabschluss.

Die Gemeinschaftsschulen entstehen seit dem Schuljahr 2007/08 auf Antrag des Schulträgers auf der Grundlage eines pädagogischen Konzepts für gemeinsames Lernen in den J. 5 bis 10. Gemeinschaftsschulen sind offene Ganztagsschulen. Die Schüler werden in einem gemeinsamen Bildungsgang ohne Zuordnung zu unterschiedlichen Schularten zu den Abschlüssen des Sekundarbereichs I hingeführt. Die bestehenden Gesamtschulen sollen sich zu Gemeinschaftsschulen weiterentwickeln. In der Integrierten Gesamtschule (IGS) lernen die Schüler aller Leistungsstärken auf einem gemeinsamen Bildungsweg und werden in den J. 5 bis 10 zu einer abschlussbezo-

genen Differenzierung hingeführt. Für Schüler mit einer Versetzung in die J. 11 schließt sich die gymnasiale Oberstufe an.
Das Gymnasium (G 9) umfasst die J. 5 bis 13 für Schüler, die noch im Schuljahr 2007/08 in die 5. J. des Gymnasiums wechseln. Mit dem Schuljahr 2008/09 beginnt für die Schüler in der J. 5 der achtjährige gymnasiale Bildungsgang (G-8-System). Sie gehören zu dem Jahrgang, der im Jahr 2016 nach acht Jahren Abitur macht. Das achtjährige Gymnasium (G 8) umfasst die Orientierungsstufe mit den J. 5 und 6, die Sekundarstufe I mit den J. 7 bis 9 und die Sekundarstufe II mit den J. 10 bis 12. Die Berechtigung zum Besuch der gymnasialen Oberstufe wird im G-8-System durch Versetzung in die J. 10 erworben.
Die *Abschlüsse* des Sekundarbereichs I werden nach Bestehen zentraler *Abschlussprüfungen* vergeben. Schüler, die eine der Schularten des Sekundarbereichs I nach J. 9 verlassen, erhalten nach erfolgreicher Abschlussprüfung den Hauptschulabschluss. Hauptschüler mit überdurchschnittlichem Hauptschulabschluss können ihre Schullaufbahn in J. 10 im Bildungsgang Realschule fortsetzen, um den Mittleren Schulabschluss zu erreichen. Am Ende der J. 10 können Schüler, die eine Schulart des Sekundarbereichs I verlassen, den Mittleren Schulabschluss erwerben. Schüler der Regionalschule im Bildungsgang Realschule, der Integrierten Gesamtschule oder der Gemeinschaftsschule mit einem überdurchschnittlichen Mittleren Schulabschluss erwerben die Berechtigung zum Besuch der gymnasialen Oberstufe.
Die gymnasiale Oberstufe umfasst im Gymnasium zukünftig die J. 10 bis 12 und in der Integrierten Gesamtschule, der Gemeinschaftsschule und im Beruflichen Gymnasium die J. 11 bis 13. Sie gliedert sich gemäß KMK-Vereinbarung in eine einjährige Einführungs- und eine zweijährige Qualifikationsphase. Am Ende der J. 11 bzw. 12 kann der schulische Teil der *Fachhochschulreife* erworben werden. Ab Schuljahr 2008/09 wird die neue Profiloberstufe eingeführt und das Kurssystem abgelöst. Ab Frühjahr 2008 gibt es das Zentralabitur. Im Schuljahr 2004/05 haben 20,3% (D.: 23,0%) der Schulabgänger die Schule mit der Allgemeinen Hochschulreife verlassen.
Das Förderzentrum ist eine Einrichtung für Schüler mit *sonderpädagogischem Förderbedarf,* die in allgemeinen Schularten nicht ausreichend gefördert werden können. Es umfasst bis zu neun Förderschwerpunkte und führt die Schüler zu Schulabschlüssen und zur beruflichen Bildung hin.
Neben den öffentlichen Schulen gibt es in Schleswig-Holstein 138 allgemein bildende Schulen in freier Trägerschaft *(Privatschulen),* zu denen auch die Schulen der dänischen Minderheit gehören. Das Schulgesetz von 2007 regelt im »Siebenten Teil« die gesetzlichen Grundlagen der staatlich anerkannten *Ersatzschulen* und der *Ergänzungsschulen.*
Auf dem *Zweiten Bildungsweg* können Erwachsene den Haupt- oder den Realschulabschluss (Mittleren Schulabschluss) erwerben. In größeren Städten gibt es ein öffentliches *Abendgymnasium,* das die Fachhochschulreife und die Allgemeine Hochschulreife vermittelt.
Zur Weiterentwicklung der *beruflichen Bildung* wird der Aufbau Regionaler Berufsbildungszentren angestrebt. Im *beruflichen Schulwesen* erfolgt der überwiegende Teil der beruflichen Erstausbildung im *dualen System* an den beiden Lernorten *Berufsschule* und Betrieb. Das erste Jahr der Berufsausbildung kann als *Berufsgrundbildungsjahr* (BGJ) schulisch im Vollzeitunterricht oder kooperativ mit dem ausbildenden Betrieb erfolgen. Die *Berufsfachschule* vermittelt für bestimmte Fachrichtungen in ein- oder mehrjährigen Bildungsgängen eine berufliche Grundbildung oder eine abgeschlossene Berufsausbildung. Jugendliche mit einem Mittleren Schulabschluss und einer abgeschlossenen Berufsausbil-

dung oder einer fünfjährigen einschlägigen Berufstätigkeit können in der *Fachoberschule* in einem einjährigen Vollzeitunterricht für bestimmte Fachrichtungen die Fachhochschulreife, in der *Berufsoberschule* in einem zweijährigen Vollzeitbildungsgang die *Fachgebundene Hochschulreife* und mit einer zweiten Fremdsprache die Allgemeine Hochschulreife erwerben. Die *Fachschule* verhilft Schülern nach einer einschlägigen beruflichen Erstausbildung und einer mindestens einjährigen praktischen Berufstätigkeit zur Erweiterung ihrer beruflichen Fachkompetenzen.

Im Hochschulbereich trat zur Realisierung notwendiger Modernisierungsprozesse das neue Landeshochschulgesetz 2007 in Kraft. Zu den Hochschulen gehören drei Universitäten, eine Musikhochschule und fünf Fachhochschulen. In der *Lehrerbildung* gab es die Studiengänge für die Lehrämter an Gymnasien und Realschulen an der Universität Kiel und für die Lehrämter an Grund- und Hauptschulen, Realschulen, Sonderschulen und Beruflichen Schulen an der Universität Flensburg. Die Lehramtsstudiengänge an der Universität Flensburg sind seit dem Wintersemester 2005/06 geschlossen und durch Bachelor- und Masterstudiengänge ersetzt worden. Die Universität Kiel beabsichtigt, alle Lehramtsstudiengänge bis 2010 auf Bachelor- und Masterstudiengänge umzustellen. Im Zuge der Strukturreform wird die Universität Flensburg zum Zentrum für Erziehungs- und Vermittlungswissenschaften ausgebaut.

Schlichtungsausschuss. Nach den Bestimmungen des Berufsbildungsreformgesetzes (BerBiRefG) kann der Berufsbildungsausschuss einer *Zuständigen Stelle* als Unterausschuss einen S. einrichten, dessen Zweck die Beilegung von Konflikten zwischen Auszubildendem und Ausbilder ist. Besteht ein S., kann ein Streitfall erst nach der Behandlung durch den S. als Klage bei einem Arbeitsgericht vorgebracht werden. Im Bereich des Handwerks werden S. bei den Innungen gebildet.

Schlüsselkompetenzen. Allgemeine bereichsübergreifende *Kompetenzen,* die als erworbene Wissensbestände, Fähigkeiten und Einstellungen grundlegend für die persönliche, soziale und berufliche Entwicklung der Menschen in modernen komplexen Gesellschaften sind. Im Rahmen der allgemeinen Schulpflicht haben einige Mitgliedstaaten der Europäischen Union seit 2002 S. in die Lehrpläne aufgenommen. Dabei handelt es sich um fächerübergreifende Kompetenzen, die auf Kommunikation, Zusammenarbeit und Problemlösen bezogen sind. Im Konzept der Kultusministerkonferenz (KMK) für das allgemein bildende Schulsystem gibt es bisher keine speziellen nationalen *Bildungsstandards* für S. In den ›Handreichungen für die Erarbeitung von Rahmenlehrplänen der Kultusministerkonferenz (KMK) für den berufsbezogenen Unterricht in der Berufsschule‹ (2000) sind die im Konzept der *Handlungskompetenz* formulierten überfachlichen Dimensionen der Personal- und *Sozialkompetenz* indirekt S. Seit der *Bologna-Deklaration* zur Einführung von *Bachelor-* und *Master*-Studiengängen haben S. in den Curricula der Hochschulen große Bedeutung. Die Studiengänge sollen neben der *Fachkompetenz* auch fachübergreifende S. mit den Dimensionen *Methoden-*, *Sozial-* und *Selbstkompetenz* vermitteln, die auf die praktischen Anforderungen des Berufslebens vorbereiten und den Anschluss an weitere Studiengänge ermöglichen. Über den institutionellen Rahmen geht die OECD 2003 in dem Projekt »Definition and Selection of Competencies« (DeSeCo) zur Erfassung von S. bei Jugendlichen und Erwachsenen für *lebenslanges Lernen* hinaus. Das bereichsübergreifende Konzept komplexer gesellschaftlicher Anforderungen unterscheidet S. in drei Kernkategorien:

1. Handeln in sozial heterogenen Gruppen: S., die für das Zusammenleben in multikulturellen Gesellschaften und für

die Auseinandersetzung mit individueller und sozialer Vielfalt wichtig sind.
2. Autonome Handlungsfähigkeit: S., die das Individuum erwerben muss, um in verschiedenen sozialen, politischen und kulturellen Kontexten eigenständig und verantwortungsvoll handeln und diese aktiv mitgestalten zu können.
3. Interaktive Nutzung von Medien und Hilfsmitteln: S., in der globalisierten Informationsgesellschaft Instrumente wie Sprachen, Informationsvermittlung und neue Technologien (z. B. Computer) zu nutzen, aber auch durch kritische Reflexion und Mitgestaltung zum Erhalt von kultureller Lebensqualität beizutragen.
Diese S. erfordern ein Zusammenspiel von Wissen, kognitiven und praktischen Fähigkeiten sowie sozialen Verhaltenskomponenten (Einstellungen, Werte, Motivationen).

Schlüsselqualifikationen (engl. *key qualifications*). Alle Kenntnisse, Fähigkeiten, Einstellungen und Verhaltensweisen, die a) der Erweiterung bestehender Qualifikationen oder dem Erwerb neuer dienen, b) für die Bewältigung einer Vielzahl von Aufgabenstellungen grundlegend sind und c) zum aktiven und kritisch-konstruktiven Umgang mit neuen Techniken, Arbeitsmitteln sowie Organisationsformen der Arbeit befähigen. Wegen ihrer arbeitsplatz- und fächerübergreifenden Funktion werden die S. auch als extrafunktionale oder *Basisqualifikationen* bezeichnet. Ihre Entwicklung ist an die Bewältigung konkreter beruflicher oder schulischer Anforderungen gebunden, denn nur von tatsächlichen Aufgabenstellungen her kann die Bedeutung allgemeiner Befähigungen (abstrahierendes und logisches Denken, Planen, Disponieren, Kontrollieren, Informieren, systematische Fehlersuche, kooperatives Handeln, Selbständigkeit usw.) erfahren werden.

Scholastik (lat. *scholasticus* zur Schule gehörig; engl. *scholasticism*). Geistesgeschichtliche Bezeichnung für die philosophisch-theologischen Lehren des Mittelalters vom 6./7. Jh. bis ins 15. Jh. Im Mittelpunkt stand das Bemühen um eine stimmige Verbindung von Theologie und Philosophie. Die Offenbarungen der Bibel und die Wege und Erkenntnisse philosophischen Denkens sollten durch eine streng logische Bestimmung der Gründe für ihre Übereinstimmung bzw. Nichtübereinstimmung zu einer dialektischen Synthese gebracht werden. So sollte sich die Theologie als Grundlage aller Wissenschaft und Philosophie erweisen und dadurch zugleich deren Geltung sichern. In diesem Prozess wurde die antike philosophische Tradition in das christliche Weltbild integriert. Im Laufe der Jahrhunderte sind für die Auflösung der damit verbundenen Problemstellungen verschiedenste Lehren entwickelt worden. Am radikalsten war wohl die Ansicht von der Möglichkeit einer doppelten Wahrheit, wonach zwei sich widersprechende Aussagen nebeneinander Geltung in den Grenzen philosophischer bzw. theologischer Erkenntnis beanspruchen können. Die Frage nach dem Über- oder Unterordnungsverhältnis zwischen Theologie und Philosophie ist innerhalb der S. durchaus kontrovers beantwortet worden. Nach Ansicht der Kirche hatte sich philosophische Erkenntnis dem kirchlich-theologischen Dogma zu fügen.
Wesentliche Träger der scholastischen Tradition waren Mönchsorden und Klosterschulen, später dann auch Universitäten. Ihren Höhepunkt fand die S. im 13. Jh. mit der Niederschrift von sogenannten »summae« (Zusammenfassungen) aus Disputationen. Am bekanntesten sind die Summen des Thomas von Aquin. Anthropologie, Erziehungslehre und Bildungstheorie sowie die Erziehungsinstitutionen haben aus der scholastischen Tradition zahlreiche Impulse erhalten (P. Lombardus, V. v. Beauvais, A. Magnus, Th. v. Aquin, J. Gerson u. a.). Es entstanden u. a. Lehrbücher und Bildungspläne, die für Jahrhunderte den Unterricht prägten. Im Zentrum der pädagogisch-philosophischen Erörterungen standen Fragen nach der rechten Aus-

legung der Botschaft des Neuen Testaments für den Umgang mit Kindern und deren Unterweisung. Der Augsburger Pädagoge F. März betont, die scholastische Lehre habe dazu beigetragen, durch eine neue Sichtweise auf die Personwürde des Kindes die Einsicht in die Bedeutung von kindgemäßer Erziehung und Unterricht zu vertiefen, was immer an Härte und Rücksichtslosigkeit in der tatsächlichen Erziehungspraxis zu beobachten gewesen sein mag. Voraussetzung dieses neuen pädagogischen Geistes war freilich die Anerkennung der absoluten Autorität der kirchlichen Dogmen. Je unduldsamer die katholische Theologie in dieser Frage wurde, desto tiefer wurde der Bruch zwischen Dogma und Wissenschaft. *Humanismus, Renaissance* und *Aufklärung* führten zum Ende der scholastischen Dominanz in Philosophie und Pädagogik, letztlich also zur Trennung von Glauben und Wissenschaft.

Schottland. **1)** Landesteil des Vereinigten Königreichs von *Großbritannien* und Nordirland mit eigenständigem Bildungssystem. Fläche: 78 133 km^2, 5,1 Mill. Einw., Sprachen: Englisch, Schottisch-Gälisch (Highlands) und Scots (Lowlands). Religion: Presbyterianer (Staatskirche). Hauptstadt: Edinburgh (449 000 Einw.).

2) Für die Bildungspolitik sind in Schottland der Minister for Education and Young People (Vorschulerziehung und Schulbildung) und der Minister for Enterprise and Lifelong Learning (nachschulische Bildung und lebenslanges Lernen) gegenüber der Regierung und dem Parlament verantwortlich. Die Minister werden bei der Umsetzung durch das Scottish Executive Education Department (SEED) in allen Bereichen der Schulpolitik und durch das Scottish Executive Enterprise and Lifelong Learning Department (SEELLD) in Fragen der Aus- und Weiterbildung in Verbindung mit Unternehmen unterstützt. Das SEED ist für alle Bereiche des Schul- und Bildungswesens zuständig und setzt die bildungspolitischen Maßnahmen im Zuge der Dezentralisierung gemeinsam mit den lokalen Behörden (Lokal Authorities, LAs) und den Schulen vor Ort um. Die von den LAs verwalteten Schulen sind verpflichtet, einen Schulverwaltungsrat (School Board) einzurichten, dem der Schulleiter und gewählte Vertreter der Eltern, Lehrer, örtlichen Gemeinschaft und Wirtschaft angehören. Seit 1995 ist diesen Schulen die Verwaltung von 80% ihres Schulhaushalts übertragen worden, über deren Verwendung der Schulverwaltungsrat zu entscheiden hat. Dies ist mit mehr Autonomie und Partizipation, aber auch mit mehr Verantwortung, Management und Verwaltungsarbeit verbunden. 2002 hatten ungefähr 83% der Primarschulen und 96% der Sekundarschulen einen School Board.

Zur Evaluation der Qualität im Bildungswesen gehört die Selbst-Evaluation der einzelnen Schule, zu der Her Majesty's Inspectorate of Education (HMIE) 2002 das Materialpaket »How Good Is Our School?« herausgegeben hat. Seit dem Schuljahr 2004/05 führt das HMIE durch seine Inspektoren schulexterne Evaluationen durch. Unter Berücksichtigung der Ergebnisse der Schulüberprüfung und der schulinternen Evaluation soll jede Schule ein Schulentwicklungsprogramm (School Forward Programme) erstellen, das sowohl den praktischen Bedürfnissen der Lehrer und Schüler als auch den nationalen bildungspolitischen Entwicklungen Rechnung trägt. In einer Schulbroschüre sollen die Eltern und die Öffentlichkeit über die Leistungen der Schüler bei den landesweiten Prüfungen, über die Ergebnisse der Schulbegehung durch die HMIE und über die Entwicklungsplanung der Schule informiert werden.

Die Schulpflicht (compulsory education) beginnt im Alter von fünf Jahren und endet mit Vollendung des 16. Lebensjahres. Sie umfasst den Primarbereich mit sieben und den Sekundarbereich I mit vier Schuljahren. Der Unterricht in öffentlichen Pflichtschulen erfolgt in ko-

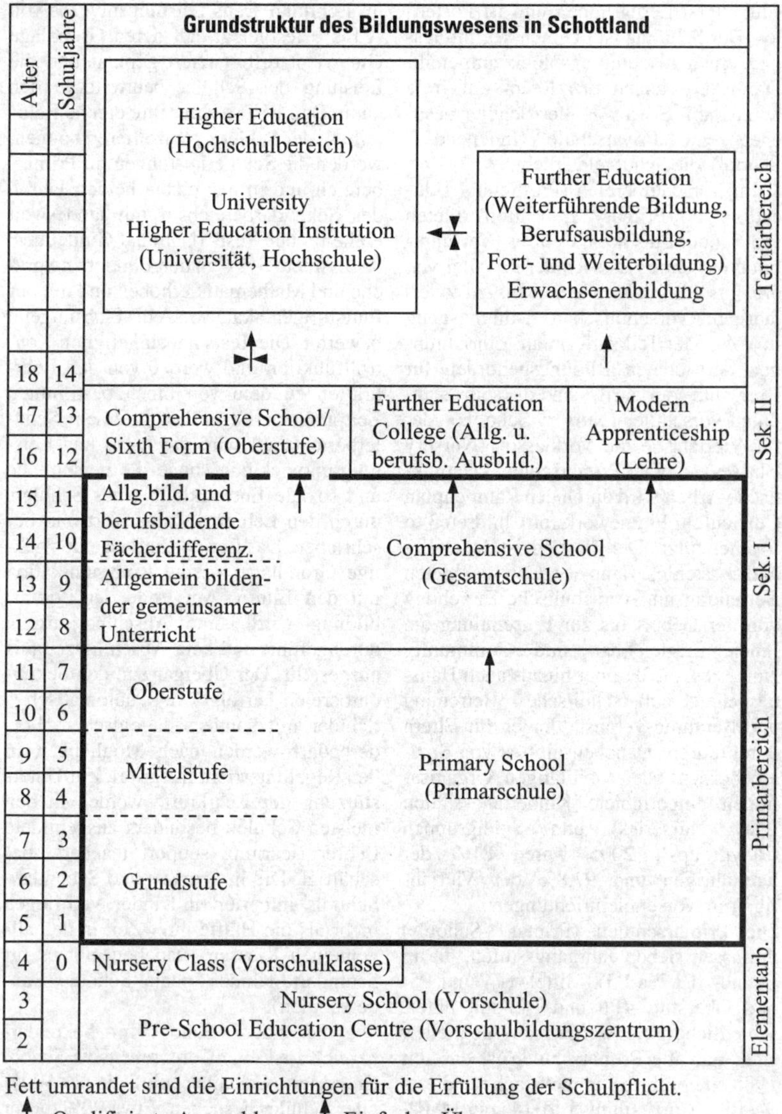

Fett umrandet sind die Einrichtungen für die Erfüllung der Schulpflicht.

Qualifizierte Auswahl   Einfacher Übergang

S

edukativen Lerngruppen und ist kostenlos. Der Schultag ist in einen Vormittags- und einen Nachmittagsblock aufgeteilt. Die Eltern haben das Recht auf freie Schulwahl. Etwa 5% aller Schüler besuchen eine Privatschule (Independent School), die Schulgeld erhebt.

3) Im Vorschulbereich (Pre-School Education, Pre-Primary Education) bieten Pre-School Education Centres (Vorschulbildungszentren) für Kinder im Alter von drei bis fünf Jahren einen bis zu zweijährigen vorschulischen Bildungsgang in Voll- oder Teilzeitform an. Einrichtungen der lokalen Bildungsbehörden für Drei- und Vierjährige sind die selbstständigen Vorschulen (Nursery Schools) oder für Vierjährige die Vorklassen (Nursery Classes) an einer Primarschule. Die praktische Arbeit wird durch den Rahmenplan Curriculum Framework for Children 3 to 5 unterstützt. Der Besuch ist freiwillig und kostenlos. Nursery Centres bieten Betreuung und vorschulische Erziehung von der Geburt bis zur Einschulung an. Ihnen vergleichbar sind Community Nurseries, die darüber hinaus auch Hausbesuche, außerschulische Betreuung und Beratungsveranstaltungen für Eltern durchführen. Daneben gibt es von Sozialbehörden oder wohltätigen Organisationen eingerichtete Kindertagesstätten (Day Nurseries) und Spielgruppen (Playgroups). 2005 waren 81% der Dreijährigen und 97,8% der Vierjährigen in Vorschuleinrichtungen.

Die Primarschulen (Primary Schools) umfassen sieben Jahrgangsstufen, die in Grund- (P1 bis P3), Mittel- (P4 und P5) und Oberstufe (P6 und P7) mit unterschiedlichen Schwerpunkten gegliedert sind. Für alle Primarschulen ist das seit 1988 eingeführte und mehrfach revidierte Scottish Curriculum 5 to 14 mit 14 Fächern bzw. Lernbereichen verbindlich. Dieses Lehrplankonzept (5 to 14) schließt die 8. und 9. Jahrgangsstufe (S1 und S2) mit ein und soll damit den Übergang in den Sekundarbereich I erleichtern. Für jedes Fach bzw. jeden Lernbereich sind im Lehrplan sechs Leistungsniveaus von A bis F festgelegt, auf deren Grundlage Unterricht differenziert geplant und die Leistung der Schüler beurteilt werden kann. Damit die Lehrer ihre eigene Beurteilung der Schüler kontrollieren können, werden die Schülerleistungen im Primarbereich und in den ersten beiden Jahren des Sekundarbereichs I mit landesweit einheitlichen Tests (National Guidelines: Assessment 5–14) in den Bereichen Sprache und Mathematik erhoben und mit der fünfstufigen Skala von A bis E absteigend bewertet. Die Tests haben lediglich Kontrollfunktion und werden von den Lehrkräften zu dem von ihnen bestimmten Zeitpunkt durchgeführt. In einem Schülerberichtsheft wird die Lern- und Leistungsentwicklung sowie die persönliche und soziale Entwicklung eines Schülers durch den Lehrer dokumentiert und beschrieben. Das Berichtsheft ist eine wichtige Grundlage für die Kommunikation mit den Eltern. Am Ende der Primarbildung wird keine Abschlussprüfung durchgeführt und kein Abschlusszeugnis ausgestellt. Der Übergang in den Sekundarbereich I erfolgt i. d. R. automatisch.

Schüler mit sonderpädagogischem Förderbedarf werden nach Möglichkeit in den Regelunterricht integriert. Zur Unterstützung der Lehrkräfte werden in den meisten Schulen besonders ausgebildete Lehrer (learning support teachers) beschäftigt. Die in Primary und Secondary Schools integrierten Kinder verbringen mehr als die Hälfte ihrer Zeit in den allgemeinen Klassen. Daneben gibt es für behinderte Kinder Special Schools (Sonderschulen).

Die Secondary School im Sekundarbereich I ist eine Comprehensive School (Integrierte Gesamtschule), die fast 100% aller Schüler besuchen. Etwa 90% dieser Schulen bieten sechsjährige Bildungsgänge für 12- bis 18-Jährige an, die zwei Jahre über die Schulpflichtzeit hinausgehen. In den Bildungsgängen der Comprehensive School wird neben dem allgemein bildenden Unterricht teilweise auch berufsbildender Unterricht erteilt. Der Sekundarbereich I und II ist in drei Stufen mit unterschiedlichen Schwerpunkten eingeteilt: Jahrgangsstufe S1 und S2 mit allgemein bildendem Unterricht für alle Schüler, Jahrgangsstufe S3 und S4 mit abschlussbezogener Schwerpunktbildung, Jahrgangsstufe S5 und S6 mit stärkerer Fachspezialisierung zum Erwerb höherer Abschlüsse. Die Schüler können aufgrund ihrer Bildungslaufbahn entscheiden, ob sie die Comprehensive School nach vier, fünf oder sechs Jahren verlassen wollen. Am Beginn der Jahrgangsstufe S4 wählen sie ihre Fächer und Lerneinheiten aus, die je nach angestrebtem Abschlussniveau des Sekundarbereichs I auf unterschiedlichem Kursniveau (setting) unterrichtet werden. Die Kurse bereiten auf die landesweit einheitliche externe Abschlussprüfung zur Erlangung des Scottish Qualifications Certificate (SQC), Standard Grade, vor. Bei der Gesamtbeurteilung eines Schülers am Ende der Pflichtschulzeit werden sowohl die Ergebnisse der kontinuierlichen schulinternen Leistungsbeurteilung als auch die benoteten Testergebnisse berücksichtigt.

Um die Vielfalt von Abschlüssen und Berechtigungen im Bildungswesen überschaubar zu machen, hat die Scottish Qualifications Authority (SQA) 2001 alle Abschlüsse in der Klassifikation Scottish Credit and Qualification Framework (SCQF) vom Access (Level 1) bis zum Doctorates (Level 12) geordnet zusammengefasst.

Standard Grade ist der Abschluss eines zweijährigen Bildungsgangs, der i. d. R. am Ende des Sekundarbereichs I (S4) in bis zu acht Fächern erworben wird. Der Abschluss kann auf den drei Niveaustufen Foundation, General und Credit (in aufsteigender Folge) erfolgen, die im SCQF den Stufen 3, 4 und 5 entsprechen. Der Abschluss eröffnet den Zugang zu Bildungsgängen im Sekundarbereich II und zur Aufnahme einer Berufsausbildung oder einer Berufstätigkeit.

Die allgemein bildende Secondary School im Sekundarbereich II ist die Sixth Form der Comprehensive School (Oberstufe der Gesamtschule). Sie umfasst die Jahrgangsstufen S5 und S6 des Sekundarbereichs. Ziel dieser beiden Schuljahre ist in erster Linie der Erwerb der National-Qualifications-Abschlüsse Higher oder Advanced Higher, der den Zugang zum Hochschulstudium eröffnet. Jedoch können auch andere Abschlüsse bereits nach einem einjährigen Bildungsgang am Ende der Jahrgangsstufe S5 erreicht werden. Der Erwerb der Abschlüsse Access (SCQF-Stufe 1 bis 3), Intermediate 1 und 2 (SCQF-Stufe 4 und 5) und Higher (Stufe 6) im Sekundarbereich II hängt von der Wahl der Fächer, der Lerneinheiten und vom jeweiligen Stundenumfang ab. Die Abschlüsse auf den SCQF-Stufen 1 bis 4 berechtigen ohne landesweit einheitliche externe Prüfung zum Einstieg in bestimmte Berufe und eröffnen den Zugang zu beruflichen Bildungsgängen oder wie der des Intermediate 2 zu Bildungsgängen mit dem Abschluss Higher. Der Stundenanteil der Fächer, die zum Higher Grade führen, haben einen Stundenumfang von 160 Stunden. Das Curriculum für den Abschluss Advanced Higher Grade umfasst ein anspuchsvolles Zweijahresprogramm mit einem Stundenumfang von 320 Stunden. Der Abschluss Higher Grade der SCQF-Stufe 6 verfügt über die Zugangsberechtigung zum Tertiärbereich. Der am Ende der Jahrgangsstufe S6 erworbene Abschluss Advanced Higher Grade erhält im SCQF die Stufe 7.

Schüler, die die Leistungsanforderungen für den Higher Grade nicht erfüllen, können erfolgreich abgeschlossene Module so kombinieren, dass sie den Anforderungen des beruflichen Abschlusses General Scottish Vocational Qualifications (GSVQ) entsprechen. Der Abschluss bereitet auf den Berufseinstieg vor und kann zugleich die Zugangsberechtigung für den Tertiärbereich vermitteln.

4) Im Sekundarbereich II gibt es für nicht

mehr schulpflichtige Jugendliche im Alter ab 16 Jahren, die keine Oberstufe der Comprehensive School besuchen, die Möglichkeit, in einem Further Education College eine schulische Ausbildung in beruflichen oder allgemeinen Bildungsgängen wahrzunehmen oder eine Berufsausbildung in einem anerkannten Ausbildungsberuf zu beginnen. Im Jahr 2003 gingen von den 16-jährigen Schulabgängern 52% in eine Bildungseinrichtung, 5% machten eine staatliche bezuschusste Ausbildung, 23% hatten eine Erwerbstätigkeit aufgenommen, 16% waren arbeitslos oder nicht arbeitsfähig und 4% waren unbekannt oder wegen Umzug nicht erfasst.

Das größte Angebot der Further Education Colleges bezieht sich auf berufliche Bildungsgänge mit theoretischem und berufspraktischem Unterricht. Die meisten ein- oder zweijährigen Bildungsgänge werden mit einem Certificate oder Diploma abgeschlossen. An Further Education Colleges können in bestimmten berufsorientierten Advanced- oder Higher-Education-Kursen die Abschlüsse Higher National Certificate (HNC) oder Higher National Diploma (HND) erworben werden.

Die »moderne Lehrlingsausbildung« (Modern Apprenticeship) wurde 1996 für 16- bis 24-Jährige eingeführt und ist seit 2001 auf über 25-Jährige ausgeweitet worden. Sie bietet in zahlreichen Branchen die Möglichkeit, am Arbeitsplatz neue Kompetenzen zu erwerben und zusammen mit der Erweiterung des Wissens in der beruflichen Schule anerkannte berufliche Befähigungsnachweise zu erwerben. Die Lehrlingsausbildungen müssen den Standards für Modern Apprenticeship entsprechen, die im Scottish Management System der Lokal Enterprice Companies (LEC) festgelegt sind. Die in Verträgen mit den LECs abgeschlossene Dauer der Ausbildung von i. d. R. zwei bis drei Jahren wird durch staatliche Fördergelder unterstützt. Die Ausbildung beinhaltet die Vorbereitung auf den beruflichen Abschluss Scottish Vocational Qualifikation Stufe 3 (SVQ), der im 12-stufigen Qualifikationsrahmen (SCQF) der Stufe 6 entspricht.

Im Rahmen des Programms Youth Training Guarantee für alle Jugendlichen zwischen 16 und 24 Jahren, die weder einen Arbeitsplatz haben noch eine Vollzeitschule besuchen, soll eine berufliche Erstausbildung ermöglicht werden. Diese sogenannte Skillseekers-Ausbildung umfasst eine betriebliche und schulische Ausbildung, die in zwei Jahren zu einem anerkannten beruflichen Abschluss der SVQ-Stufe 3 (SCQF-Stufe 6) führt. Die Ausbildungsbetriebe erhalten seit 2002 nach dem Motto »Get Ready for Work« für erfolgreich absolvierte Ausbildungsabschnitte einen staatlichen Zuschuss.

5) Im Hochschulbereich gibt es 14 Universitäten und sieben andere Hochschuleinrichtungen (z. B. Hochschulen für Kunst, Musik und Theater, Technische Hochschulen, Agrarkulturelle Hochschulen), die durch den Scottish Higher Education Funding Council (SHEFC) finanziert werden. Alle Hochschulen (Higher Education Institutions) sind autonome Einrichtungen. Für die Zulassung zum Studium werden mindestens drei Fächer auf Advanced-Higher-Grade-Ebene mit den Noten A bis C und zwei zusätzliche Fächer auf der Higher-Grade-Ebene vorausgesetzt. Unter bestimmten Bedingungen werden auch Fächerkombinationen des beruflichen Higher National Certificates (HNC) akzeptiert. Je nach Voraussetzungen und Länge der Studiengänge ist die Wertigkeit der Abschlüsse dem Scottish Credit and Qualification Framework (SCQF) zu entnehmen, z. B.: Higher National Diploma (Stufe 8); Bachelor Ordinary Degree (Stufe 9); Bachelor Honours Degree (Stufe 10); Masters Degree (Stufe 11); Doctorates (Stufe 12).

6) Alle Lehrer an öffentlichen Schulen verfügen über ein abgeschlossenes Hochschulstudium und eine Lehrbefähigung. Primarschullehrer absolvieren entweder ein vierjähriges Lehrerstudium mit dem

Abschluss Bachelor of Education (BEd) Degree oder wie die Sekundarschullehrer nach einem fachwissenschaftlichen Studium (University Degree) ein einjähriges erziehungswissenschaftliches Aufbaustudium, das zum Post-Graduate Certificate in Education (PGCE) führt. Die Zulassung zum Lehramtsstudium wird vom Lehrerbedarf abhängig gemacht. Lehrer sind Angestellte der Bildungsbehörde und jährlich zu Fort- und Weiterbildungsveranstaltungen verpflichtet.

7) Anbieter im Bereich der Erwachsenen- und Weiterbildung sind u. a. Community Education Centres und Further Education Colleges. Community Education Centres sind Einrichtungen der lokalen Bildungsbehörden, die zum Bereich der Adult Education (Erwachsenenbildung) zählen. Sie bieten für nicht mehr schulpflichtige Jugendliche ab 16 Jahren und für Erwachsene allgemeine und berufliche Bildungsgänge des Sekundarbereichs I und II in Teilzeitform sowie Kurse im Bereich der Freizeitgestaltung an. I. d. R. gibt es keine formalen Zugangsbedingungen. In den meisten Bildungsgängen können auch entsprechende Abschlüsse oder Zertifikate erworben werden.

Further Education Colleges sind Einrichtungen der Aus-, Fort- und Weiterbildung, die auch zur Erwachsenenbildung und teilweise zur Higher Education (Hochschulbildung) zählen. Sie bieten Jugendlichen und Erwachsenen Bildungsgänge des Sekundarbereichs II und des tertiären Bereichs in Voll- und Teilzeitform oder als Fernlehrgänge an. Während es auf der Grundstufe i. d. R. keine formalen Zugangsvoraussetzungen gibt, werden für die Zulassung zu Bildungsgängen auf fortgeschrittenem Niveau formale Schulabschlüsse verlangt. In den letzten Jahren ist die Vermittlung von Konzepten lebenslangen Lernens eine wichtige Aufgabe dieser Einrichtungen geworden.

Schulabschlüsse. *Abschlüsse.*

Schulabstinenz. Der Begriff steht für sehr unterschiedliche Verhaltensweisen, durch die sich Schüler dem Unterricht entziehen: Verspätung, vorzeitiges Verlassen des Unterrichts, häufiges Austreten, inneres Abschalten, Unterrichtsstörungen, regelmäßiges Fehlen (entschuldigt oder unentschuldigt), tagelanges Fernbleiben vom Unterricht bis hin zur längerfristigen oder gar totalen Schulverweigerung.

So unterschiedlich wie das Erscheinungsbild sind auch die Hintergründe für S. Oftmals liegen soziale Belastungen im familialen Umfeld oder in der Schule selbst vor. S. kann dann durchaus als Hilferuf verstanden werden. Auch Krankheiten, Depressionen, Angst vor Misshandlung durch Mitschüler, häufiger Schulwechsel oder schulische Misserfolge, wirtschaftliche Not oder der Verlust einer wichtigen Bezugsperson können S. auslösen. Nach neueren Untersuchungen stellen sich derzeit folgende Erkenntnisse zur S. als gesichert dar: S. nimmt zu. Sie beginnt bereits in der Grundschule und tritt gehäuft in Förder-, Haupt- und Berufsschulen auf. Jungen treten deutlich öfter in Erscheinung als Mädchen. Angst vor Schulversagen, vor der Zukunft, vor Lehrern, vor Mitschülern oder ausländerfeindlichen Gruppen Jugendlicher spielt eine wachsende Rolle.

Schulamt (engl. *school board*). Unterste Behörde der staatlichen *Schulaufsicht.* Über die *Rechts-* und *Fachaufsicht* kontrolliert sie die Gesetzmäßigkeit aller schulischen Maßnahmen, durch die *Dienstaufsicht* die Lehrer bei der pflichtgemäßen Erfüllung ihrer Aufgaben. Die Mitarbeiter des S. (Schulräte, Oberschulräte, S.direktoren) sind i. d. R. Lehrer, die eine zusätzliche schulrechtliche und wissenschaftliche Qualifikation erworben haben.

Schulanfang. *Anfangsunterricht. Schuleingangsphase.*

Schulangst. Spezielle Erscheinungsform der Angst, die eine Reaktion auf Gefahren oder Bedrohungen im Bereich der Schule und des Elternhauses darstellt und vielfältige Ursachen haben kann. Sie tritt bei einer zeitlich relativ kurzen, an situative Anlässe gebundenen Erregung als

Zustandsangst oder bei erworbener sozialisationsbedingter Verhaltensdisposition als Ängstlichkeit (Eigenschaftsangst) auf. Der Phänomenbereich des Begriffs S. schließt die *Prüfungsangst* und die Leistungsangst ein.
S. resultiert häufig aus Kontaktschwierigkeiten gegenüber Lehrern und Mitschülern, aus Angst vor Mitschülern bei Konflikten, Freundschaftsverlusten, Prestigeminderungen oder aus der Stigmatisierung von Außenseitern im Klassenverband. Mit der Zunahme von Leistungsanforderungen und -erwartungen vor Zeugnissen, Übergängen und Schulabschlüssen äußert sich S. vor allem als Prüfungsangst und als Ängstlichkeit vor generellem Leistungsversagen und Strafen der Bezugspersonen. Je höher das eigene Aspirationsniveau und das der Eltern ist und je mehr der Leistungsvergleich mit Freunden und Mitschülern eine Rolle spielt, desto größer ist die Gefahr einer Identitätsdiffusion, die Stress, Frustration, Aggression und Drogenmissbrauch zur Folge haben kann. Mit Leistungsdruck und Repressionen sind aber meist weitere Leistungsminderungen, verstärktes Versagen und Angsterhöhung verbunden. Schulvergleichende Untersuchungen belegen, dass Leistungsängstlichkeit bei Real- und Gymnasialschülern am höchsten und bei Gesamtschülern am niedrigsten ist.
Zur Diagnose sind Gespräche über das Angsterleben der Kinder- und Jugendlichen und/oder die Bearbeitung eines sog. Angstfragebogens für Schüler wichtig. Hilfen zum Abbau von S. sind in erster Linie in einer Veränderung der angstauslösenden schulischen und elterlichen Faktoren zu suchen. Für Schüler, die von S. betroffen sind, werden therapeutische Verfahren angeboten, die zur *Verhaltensmodifikation* oder zur kognitiven Modifikation führen. In schweren Fällen ist eine Psychotherapie notwendig.

Schularbeiten. *Hausaufgaben.*

Schularten (Syn. **Schulformen, Schulgattungen**). Schulen im *Schulsystem,* die sich nach *Bildungsgängen, Abschlüssen* und *Berechtigungen* unterscheiden. Seit dem *Hamburger Abkommen* von 1964 bzw. 1971 gehören die auf die *Grundschule* aufbauenden *Hauptschulen, Realschulen* und *Gymnasien* zu den S. des allgemeinbildenden Regelschulsystems. Im Verlauf der Bildungsreform um 1970 kamen die *Gesamtschulen* in einigen Ländern hinzu. Seit der Wiedervereinigung hat sich die Grundstruktur des Schulsystems im Sekundarbereich I erheblich verändert, so dass die Kultusministerkonferenz in einem das Hamburger Abkommen ergänzenden Beschluss vom 3. 12. 1993 den Rahmen für die S., Bildungsgänge und Abschlüsse neu abstecken musste. In der gegenwärtig gültigen Fassung vom 2. 6. 2006 liegt dieser Beschluss der ›Vereinbarung über die Schularten und Bildungsgänge im Sekundarbereich I‹ zugrunde. In dieser Vereinbarung werden die S. mit jeweils einem oder mehreren Bildungsgängen unterschieden. Zu den S. mit einem Bildungsgang, in denen der gesamte Unterricht vorwiegend auf einen bestimmten Abschluss bezogen ist, gehören die traditionellen S. Hauptschule, Realschule und Gymnasium. Zu den S. mit zwei Bildungsgängen, in denen die Hauptschule und die Realschule organisatorisch und pädagogisch zusammengefasst sind, zählen die Duale Oberschule *(Rheinland-Pfalz), Erweiterte Realschule* (Saarland), *Mittelschule* (Sachsen), Oberschule *(Brandenburg), Regelschule* (Thüringen), *Regionale Schule* bzw. Regionalschule (Mecklenburg-Vorpommern, Rheinland-Pfalz, Schleswig-Holstein), *Sekundarschule* (Bremen, Sachsen-Anhalt), Verbundene Haupt- und Realschule (Berlin, Hamburg, Hessen), Werkrealschule *(Baden-Württemberg).* Mehr als zwei Bildungsgänge haben die Gesamtschulen. Die Kooperative Gesamtschule fasst die Bildungsgänge der Hauptschule, der Realschule und des Gymnasiums pädagogisch und organisatorisch zusammen. Die Integrierte Gesamtschule bildet eine organisatorische und pädagogische

Einheit, die alle drei Bildungsgänge des Sekundarbereichs I umfasst. Eine neue S. mit mehreren Bildungsgängen ist die Gemeinschaftsschule in Schleswig-Holstein. In allen Bundesländern gibt es außerdem die Schulen für Kinder mit *sonderpädagogischem Förderbedarf,* die in den einzelnen Ländern *Förderschule,* Förderzentrum, Sonderschule oder Schule für Behinderte heißen. Die Vereinbarung der KMK legt für die Gestaltung der S. und Bildungsgänge die gemeinsamen und besonderen Merkmale fest und regelt die Bedingungen für die gegenseitige Anerkennung der Abschlüsse und Berechtigungen.
Im Sekundarbereich II werden die *gymnasiale Oberstufe* an Gymnasien und Gesamtschulen sowie die S. des *beruflichen Schulwesens* unterschieden. S. des *Zweiten Bildungsweges* sind die *Abendhauptschule*, die *Abendrealschule*, das *Abendgymnasium* und das *Kolleg.*

Schulaufbau. *Schulsystem.*

Schulaufsicht (engl. *supervisory school authority*). Das gesamte Schulwesen in Deutschland untersteht nach Artikel 7 des GG der Aufsicht des Staates. Da die Bundesländer *Kulturhoheit* besitzen, also für alle Angelegenheiten im Schulwesen zuständig sind, regeln sie in ihren *Schulgesetzen* die Aufgaben der S. und deren Organisation in den Behörden der *Schulverwaltung.* Im Einzelnen umfasst die S.: Planung, Leitung, Ordnung und Weiterentwicklung des Schulwesens, das Recht auf Bestimmung der Unterrichtsziele und -inhalte, die *Fachaufsicht* über die von den Schulen zu erfüllenden pädagogischen Aufgaben, die *Dienstaufsicht* über die Schulleiter und Lehrer sowie die Aufsicht über die Pflichterfüllung der Schulträger. Der Umfang der S. gegenüber den freien Schulen (Privatschulen) ist gesondert geregelt.

Schulausschuss. *Schulkonferenz.*

Schulautonomie (Syn. **Autonomie der Schule**; griech. *autonomia* Eigengesetzlichkeit, Eigenverantwortung, Selbständigkeit, Selbstverwaltung). Nach Artikel 7 Absatz 1 des Grundgesetzes steht das Schulwesen unter der Aufsicht und Gesamtverantwortung des Staates; die einzelne Schule besitzt keine absolute Autonomie. Bei dem Begriff S. kann es deshalb immer nur um die Erweiterung bisheriger Verantwortung, Selbständigkeit, Selbstverwaltung und Gestaltungsfreiheit der Einzelschule im Rahmen von verfassungsrechtlichen und schulgesetzlichen Bestimmungen gehen. Bereits 1970 hatte der Deutsche Bildungsrat im *Strukturplan für das Bildungswesen* und in anderen Empfehlungen vorgeschlagen, die Selbständigkeit und Eigenverantwortung der Schule in pädagogischen und administrativen Bereichen durch eine Verlagerung der Kompetenzen auf die Ebene der Einzelschule zu verstärken. Die in den 90er Jahren wiederaufgenommene Diskussion um die S. geht von der wissenschaftlichen Erkenntnis aus, dass das hierarchische Verhältnis von relativ einheitlichen und standardisierten zentralen Vorgaben der Kultusministerien (z. B. Stundentafeln, Zeitstrukturen, Lehrpläne usw.) und der dezentralen Umsetzung in den Einzelschulen immer weniger geeignet ist, zur angemessenen professionellen Bearbeitung von erzieherischen Problemlagen in der Einzelschule beizutragen und die Steigerung der Qualität von Unterricht und Schulleben zu bewirken. Zwischen der Makroebene des Schulsystems und der Mikroebene des Unterrichts und der Erziehung durch den einzelnen Lehrer ist die Ebene der Einzelschule als Gesamtsystem von großer innovativer Bedeutung geworden. Sie wird von der Schulforschung als »pädagogische Handlungseinheit« (Fend) und als »Motor der Schulentwicklung« (Rolff) bezeichnet. Zukunftsorientierte Schulentwicklung im Sinne innerer Schulreform wird als ein umfassender Prozess angesehen, der bei der Einzelschule ansetzen muss. Als grundlegend wird die Erweiterung von Handlungsspielräumen, Entscheidungskompetenzen und der Eigenverantwortung der Einzelschule angesehen. Eine solche Autonomie der Schule konkretisiert sich in der schuleigenen fachbezogenen und pädagogischen Lehrplanarbeit, bei Organisationsfragen (z. B. im Umgang mit Jahresstundentafeln, Zeitstrukturierungen), in der eigenständigen Verwaltung des zugewiesenen Globalhaushalts, in der Mitwirkung bei der Auswahl von Personal sowie in der Zusammensetzung und Aufgabenbestimmung für schulische Entscheidungsgremien und die Schulleitung. Die begründete Forderung nach S. hat in der pädagogischen Diskussion und in der Bildungspolitik an Aktualität gewonnen und inzwischen ihren Niederschlag in Schulgesetzen und Verordnungen der Länder Brandenburg, Bremen, Hamburg, Hessen, Mecklenburg-Vorpommern, Niedersachsen, Nordrhein-Westfalen und Schleswig-Holstein gefunden.

Im Zentrum der schulischen Gestaltungsautonomie steht die Verpflichtung, ein *Schulprogramm* zu entwickeln, das als Planungs- und Handlungskonzept den Orientierungsrahmen für die Qualitäts- und Profilbildung einer Einzelschule abgibt. Zur Unterstützung der einzelnen Schule gibt es entsprechende Beratungs-, Moderations- und Fortbildungsangebote sowie schriftliche Materialien. Über die Schulprogrammarbeit der Einzelschule hinaus wird die Kooperation mehrerer Schulen im Netzwerk (Schulverbund) angestrebt. Ein weiterer Bestandteil der Entwicklung ist die schulinterne *Evaluation* und die externe Schulevaluation durch die *Schulinspektion,* deren Ergebnisse auch veröffentlicht werden sollen. Über deren vergleichende Analyse werden Erkenntnisse über den qualitativen Zustand des gesamten Schulsystems gewonnen, die sowohl für die Einzelschule wie für die Schulverwaltung und die Schulpolitik von Interesse sind. Für Eltern enthalten die Schulprogramme und ihre Evaluation wichtige Informationen und Orientierungen, wenn es um die Wahl einer geeigneten Schule für ihre Kinder geht.

Schulbeirat. Unter dieser oder etwas anders lautenden Bezeichnungen (z. B. Schulausschuss) werden nach den landesrechtlichen Vorgaben für die *Schulverfassung* in einzelnen Bundesländern im Zuständigkeitsbereich von Schulträgern Gremien eingerichtet, in denen Vertreter des Schulträgers Maßnahmen im Bereich der *äußeren Schulangelegenheiten* mit Vertretern der Eltern, der Lehrerschaft, der Schüler, der Berufsbildung u. a. für die Schularbeit unmittelbar wichtigen Institutionen beraten.

Schulbereitschaft. *Schulfähigkeit*.

Schulbezirk. Für Pflichtschulen, in denen die gesetzlich festgelegte *Schulpflicht* zu erfüllen ist (*Grundschulen, Hauptschulen*, Schulen für Lernbehinderte/*Förderschulen* und *Berufsschulen*), werden S. eingerichtet. Die in einem S. wohnenden Kinder oder Jugendlichen müssen die jeweils für sie zuständige Schule des S. besuchen, es sei denn, sie sind Schüler einer *Wahlschule* oder einer *Privatschule*. Ausnahmen muss das zuständige Schulamt genehmigen.

Durch das Schulgesetz vom 27. 6. 2006 werden in Nordrhein-Westfalen vom Schuljahr 2008/09 an die S. für Grundschulen aufgehoben.

Schulbibliothek. *Schulmediothek*.

Schuldfähigkeit (engl. *responsibility*). Voraussetzung für die strafrechtliche Verantwortlichkeit eines Täters. Täter, die das 14. Lebensjahr noch nicht vollendet haben, besitzen nach dem deutschen Recht noch keine S. Die Gesetze sprechen von absoluter Schuldunfähigkeit. Für Täter zwischen dem 14. und der Vollendung des 18. Lebensjahres, unter besonderen Umständen auch noch bis zur Vollendung des 21. Lebensjahres, gilt das im *Jugendgerichtsgesetz* (JGG) geregelte *Jugendstrafrecht*. Stellt ein Richter z. B. aufgrund seelischer Störungen eine verminderte S. fest, können nach dem Schuldspruch z. B. erzieherische Maßnahmen verhängt werden.

Schuldruckerei. Begründer der S. ist neben dem Belgier *O. Decroly* der französische Pädagoge *C. Freinet.* Freinet suchte Wege, von den vorgegebenen Schulbüchern abzukommen und die Schüler ihre eigenen freien Texte über ihre Projekte, Erkundungen oder Experimente produzieren zu lassen. Eine Zeitungsanzeige brachte ihn auf die Idee, eine Kleinstdruckpresse anzuschaffen und die Schüler ab 1923/24 ihre Texte selbst setzen und drucken zu lassen. Im Jahre 1926 entwickelte er seine eigene Klapp-Druckpresse, die heute neben der Rollen- bzw. Abziehpresse beim Drucken in der Schule in Deutschland verwendet wird. Die S. Freinets förderte die freie Textproduktion, die Herstellung einer Schülerzeitung, die Entstehung eigener Lese- und Sachbücher und die Korrespondenz mit anderen Schulen. In seinem Buch ›L'Imprimerie à l'École‹ hat er die Bedeutung des Arbeitsmittels S. für die Selbstentfaltungsmöglichkeiten der Schüler zusammengefasst.

Schule (griech. *schole* Ort der Muße, Unterrichtsstätte; lat. *schola*; engl. *school*). Im Sinne des *Schulrechts* ist die S. eine Einrichtung in staatlicher bzw. kommunaler oder freier (privater) Trägerschaft zur Erziehung und Ausbildung von Kindern und Jugendlichen. Auch *Landerziehungsheime* sind S. im schulrechtlichen Sinn, obwohl sie nicht den Namen S. verwenden. Hingegen sind private Unterrichtseinrichtungen, die sich S. nennen (z. B. Tanzschulen), keine S. im obigen Sinne. Der Schulbegriff ist heute rechtlich verankert in den Quellen des Schulrechts (Grundgesetz, Landesverfassungen, Schulgesetze der Länder, Rechtsverordnungen). Die rechtliche und die pädagogische Sicht von S. können sich unterscheiden.

Die konzeptionelle Grundlegung der Institution S. und ihrer Merkmale (*Leistungsbegriff, Jahrgangsklasse* usw.) geht auf den Ausbau des Schul-, Berechtigungs- und Schulverwaltungswesens im 19. Jh. zurück, der zunächst im höheren Schulwesen begann. Mit der zunehmenden Industrialisierung, Verstädterung und Mobilität reichte das nachahmende Lernen im unmittelbaren Lebenszusammenhang nicht mehr aus und machte eine planmäßige Vermittlung technischer Fähigkeiten und des ständig anwachsenden Wissensstoffs an breite Bevölkerungsschichten in der S. notwendig. Mit der Verstaatlichung der S. und der Realisierung der Schulpflicht im 19. Jh. ging auch die Durchsetzung der Prinzipien Einheitlichkeit, Vergleichbarkeit und Kontrollierbarkeit schulischer Leistungserbringung einher.

Die Gesamtheit aller Kinder und Jugendlichen ist seitdem an den Besuch der Vollzeit- und Teilzeits. gebunden.

Die heutige sozialwissenschaftlich orientierte *Schultheorie* sieht folgende gesellschaftliche Funktionen der S.: Befähigung der heranwachsenden Generation für die Bewältigung der Aufgaben im Beschäftigungs- und Gesellschaftssystem (Qualifikationsfunktion). Steuerung der Ausbildung geeigneter Schüler durch Prüfungen, Zensuren, Abschlüsse und Berechtigungen (Selektionsfunktion) sowie durch Zuweisung zu bestimmten Schularten und Ausbildungsgängen, mit denen bestimmte Berufschancen und ein entsprechender sozialer Status verbunden sind (Allokationsfunktion). Vermittlung gesellschaftlich erwünschter Grundwerte, Verhaltensweisen, Einstellungen und Überzeugungen wie z. B. Fleiß, Sorgfalt, Kooperationsbereitschaft, Verlässlichkeit, Pünktlichkeit, Loyalität gegenüber gesellschaftlichen und politischen Normen (Integrations- bzw. Legitimationsfunktion). Da sich in dem zehn- bis dreizehnjährigen Prozess der schulischen Sozialisation gleichzeitig die Persönlichkeit des Schülers konstituiert und die gesellschaftlichen Verhältnisse reproduziert werden, wird zusammengefasst auch von der Sozialisations- und Reproduktionsfunktion der S. gesprochen. Im Zuge der nunmehr fast 210-jährigen Schulgeschichte hat einerseits die Verrechtlichung von Bildung und Erziehung, andererseits aber auch die gesellschaftliche

Akzeptanz der Institution S. zugenommen.
Die bereits seit Mitte des 19. Jh. einsetzende Schulkritik richtete sich um 1970 verstärkt auf die Verschulung der modernen Gesellschaft und die chancenungleichen Wirkungen des Berechtigungswesens. Von der Demokratisierung der Gesellschaft und der bildungspolitischen Öffnung der S. seit den siebziger Jahren wird der Anstieg des Bildungs- und Ausbildungsniveaus der heranwachsenden Bevölkerung erwartet, zugleich aber eine Nivellierung des Leistungsniveaus vermutet. Die Eltern wollen heute einerseits eine kindgemäße, Lernfreude weckende S., andererseits aber auch eine optimale Vorbereitung ihrer Kinder auf möglichst hohe Schul- und Ausbildungsabschlüsse. Diese widersprüchlichen Erwartungen stellen die Dominanz bisheriger Strukturen und Funktionen der S. infrage. Schulkritiker gehen aufgrund der heutigen gesamtgesellschaftlichen Situation davon aus, dass die demokratische Gesellschaft einen langfristigen Bedarf nach einer veränderten S. hat, und fordern, den Schulbegriff zu überdenken und inhaltlich neu zu fassen.

Schule für Behinderte. *Förderschule. Deutschland.*

Schuleingangsdiagnostik. *Einschulungsdiagnostik.*

Schuleingangsphase. Neue Konzeption zur Reform des *Anfangsunterrichts,* die seit 1992 in 15 Bundesländern mit unterschiedlichen Formen erprobt wird. Die S. ist inzwischen in einigen Ländern durch Schulgesetze eingeführt worden. Grundlage sind die von der Kultusministerkonferenz 1997 beschlossenen ›Empfehlungen zum Schulanfang‹, die neue schulrechtliche Bestimmungen zur *Einschulung,* zum Schuleintrittsalter und zur Schulpflicht möglich machten. Ziel der neuen S. ist es, alle schulpflichtigen Kinder eines Jahrgangs in die Grundschule aufzunehmen und sie dem Stand ihrer *Schulfähigkeit* entsprechend zu fördern. Dazu können die bisherigen Schulkindergärten bzw. Vorklassen in die Grundschulen integriert und die sozialpädagogischen Fachkräfte mit den Grundschullehrkräften in einem Team zusammengefasst werden. Die S. umfasst als pädagogische Einheit die bisherigen Jahrgangsstufen 1 und 2. Das Kind kann seiner Entwicklung entsprechend die neue S. in einem, in zwei oder in drei Jahren durchlaufen, ohne dass das dritte Jahr auf die Pflichtschulzeit angerechnet wird. Bei der Organisation des Unterrichts sind die jahrgangsübergreifende und die jahrgangsbezogene Form zu unterscheiden. Die jahrgangsübergreifende Organisationsform hat den Vorteil, dass besonders begabte oder schneller lernende Kinder ihre Schulzeit verkürzen können. Vorteile haben auch Kinder mit Entwicklungsverzögerungen und langsam Lernende. Sie werden entsprechend gefördert, ohne ihre aufgebauten sozialen Beziehungen und ihre vertraute Umgebung aufgeben zu müssen. Dabei profitieren sie i. d. R. von besser Lernenden. Schulversuche zur S. haben gezeigt, dass jahrgangsübergreifender Unterricht fachlich für alle Schüler Gewinn bringend ist. Dazu trägt eine Unterrichtsorganisation bei, die selbstgesteuertes Lernen der Kinder durch verschiedene Unterrichtsformen wie Wochenplanarbeit, Stationenlernen, Werkstattlernen und freie Arbeit fördert. In der jahrgangsbezogenen S. wird für den vierjährigen Durchlauf der Grundschule traditionell eine feste Bezugsgruppe (Klasse) gebildet. Der Unterricht wendet sich i. d. R. zunächst an die gesamte Klasse und ermöglicht auch Unterrichtsphasen des selbständigen Lernens mit differenzierten Anforderungen.
Zur individuellen Förderung werden in einigen Bundesländern in der S. für alle Kinder Förderpläne erstellt. Das gilt für besonders begabte Kinder ebenso wie für diejenigen, deren Schulfähigkeit noch nicht so stark ausgeprägt ist. Die Zeugnisse beschreiben in der neuen S. i. d. R. die Lernentwicklung und den Leistungsstand in den Fächern sowie das Arbeits-

und Sozialverhalten. Das Versetzungszeugnis in Klasse 3 enthält i. d. R. neben der Beschreibung in den Fächern eine Note.

Schuleingangsstufe. *Anfangsunterricht.*

Schulen ans Netz e.V. (SaN). Seit 1996 bestehende gemeinsame Initiative des Bundesministeriums für Bildung und Forschung (BMBF) und der Deutschen Telekom AG, Schulen ans Internet anzuschließen. Ziel ist es, in den kommenden Jahren alle Schulen in Deutschland an das weltweite Netz zu bringen. Der Bildungsserver von SaN informiert über die Initiative, Förderer, Projekte, Ausschreibungen, Berichte u. a. unter den Internet-Adresseen www.san-ev.de., www.schulen-ans-netz.de. Links leiten zu vielfältigen inhaltlichen und technischen Angeboten hin, z. B. Lehrer-Online für Lehrkräfte aller Schulformen, LeaNet für Frauen in Schule und Bildungseinrichtungen oder IT works zur Entwicklung von IT-Systemlösungen für Schulen. Zu den Projekten von S. a. N. gehört auch das Bund-Länder-Projekt des BMBF zum Thema »Freie Lernorte – Raum für mehr« (www.freie-lernorte.de), in dem es um die Entwicklung einer neuen Lernkultur an Schulen, speziell an Ganztagsschulen geht.

Schulen des Gesundheitswesens. Dienen der Ausbildung nichtakademischer Gesundheitsberufe (Krankenschwestern, Pfleger, Hebammen, Masseure, Beschäftigungstherapeuten, Krankengymnasten). Zumeist sind sie Krankenanstalten angegliedert und werden von den Trägern dieser Einrichtungen unterhalten. Sie gehören nicht in den Zuständigkeitsbereich der Kultusministerien. Ihre Abschlüsse sind jedoch staatlich anerkannt.

Schulen in freier Trägerschaft. *Privatschulen.*

Schulen mit mehreren Bildungsgängen. *Allgemeinbildende Schulen. Schularten.*

Schüler (engl. *pupil, student*). **1)** Allgemein jede kindliche, jugendliche oder erwachsene Person, die eine Unterrichtseinrichtung besucht, um dort bestimmte Kenntnisse, Fähigkeiten und Fertigkeiten zu erwerben.
2) Im engeren Sinne Kinder und Jugendliche, die vor Aufnahme einer Berufsausbildung bzw. eines Studiums oder vor Eintritt in eine Erwerbstätigkeit eine öffentliche oder private Schule besuchen. Für diese S. bestimmt das *Schulrecht* den Begriff von dem besonderen Verhältnis her, das S. (bei minderjährigen S. auch die Erziehungsberechtigten) zur Schule als öffentliche Anstalt eingehen *(Schulverhältnis)*. Pflichten und Rechte des S. werden im Zusammenhang mit Bestimmungen zur *Schulpflicht,* zur *Schulordnung,* zu Prüfungen, zur Sicherung der *Grundrechte* der S. und ihrer Möglichkeiten zur *Mitbestimmung* bzw. Mitwirkung bei der Gestaltung des Schullebens im Einzelnen festgelegt.

Schüleraustausch (engl. *student exchange*). Im Interesse der internationalen Verständigung und als Gelegenheit zur Erweiterung und Vertiefung sprachlicher, sozialer und kultureller Bildungsangebote fördern die Kultusministerien und der bei der KMK angesiedelte *Pädagogische Austauschdient* (PAD) den S. Die Organisation besorgen öffentliche oder private Einrichtungen. Für mehrere Wochen, manchmal auch für ein ganzes Schuljahr besuchen deutsche Schüler dann ausländische Schulen und wohnen i. d. R. bei Gastfamilien, ihre Austauschpartner sind in diesem Zeitraum oftmals Gäste deutscher Schulen und Familien. Längere Schulzeiten im Ausland und dabei erbrachte Leistungsnachweise werden nach landesrechtlichen Regelungen in Deutschland angerechnet. S. unter diesen Bedingungen ist eine Schulveranstaltung.

Schülerbeurteilung. *Leistungsbeurteilung.*

Schülermitverantwortung. *Mitbestimmung.*

Schülermitverwaltung (SMV). *Mitbestimmung. Schülerrat.*

Schülerrat. Unter dieser oder einer ähnlichen Bezeichnung (z. B. Schülerbeirat) nach den landesrechtlichen Regelungen zur Schülermitverantwortung (SMV) auf der Ebene der einzelnen Schule eingerichtetes Gremium, das sich i. d. R. aus den Klassensprechern zusammensetzt. Der S. soll über Angelegenheiten der Gesamtschülerschaft beraten und deren Interessen gegenüber den Lehrern und der Schulleitung vertreten. In den meisten Bundesländern können Vertreter des S. zu Lehrerkonferenzen hinzugezogen werden. Angesichts der unterschiedlichen Bestimmungen in den Bundesländern können Einzelheiten nur den jeweils geltenden Gesetzen und Erlassen entnommen werden.

Schülersprecher. Vorsitzender des *Schülerrates* einer Schule.

Schülerunfallversicherung. Für alle Schüler besteht für Unfälle, die sich während des Schulbesuchs, bei Schulveranstaltungen (z. B. Exkursion, Praktikum) sowie auf dem Weg zur und von der Schule ereignen, eine S. Jeder Unfall, der ein Schulunfall sein könnte, ist bei der Schulleitung umgehend zu melden. Die Schulleitung informiert sodann innerhalb von drei Tagen den Unfallversicherungsträger.

Schülervertretung. Nach den *Schulgesetzen* der Bundesländer wirken die Schüler an der Gestaltung des Schullebens durch die S. mit. Ab Klasse 5 wählt die Klassenversammlung einen Klassensprecher. Die Klassensprecher einer Schule bilden gemeinsam den *Schülerrat*. Der Schülerrat wählt den Schülersprecher und einen *Vertrauenslehrer* bzw. Verbindungslehrer, der die S. beraten und unterstützen soll.

Schulfähigkeit (Syn. **Schulreife, Schulbereitschaft**; engl. *readiness for school*). Die Begriffe S. und Schulreife werden häufig synonym verwendet. Der Begriff Schulreife entstammt aus einer Zeit, als reifungstheoretische Positionen in der Entwicklungspsychologie dominierten. Aus der Kritik daran setzte sich mit dem Begriff S. eine empirisch und lerntheoretisch begründete Sichtweise durch. Beide Begriffe haben bis heute einen Bedeutungswandel erfahren, der auch damit zusammenhängt, dass die *Einschulung* nach jahrzehntelangen schulpolitischen und pädagogisch-psychologischen Bemühungen um einen kontinuierlichen Übergang vom Vorschulbereich in die Grundschule immer auch ein Problem der S. war.

Der *Anfangsunterricht,* wie er bis in die siebziger Jahre praktiziert wurde, führte mit seinen einheitlichen Anforderungen in den Lese-, Schreib- und Rechenlehrgängen zu hohen Sitzenbleiberquoten und sozialer Auslese bereits am Ende des 1. Schuljahres. Schon 1951 machte A. Kern mit seinem Buch ›Sitzenbleiberelend und Schulreife‹ auf dieses Problem aufmerksam, führte aber das Schulversagen auf die biologisch noch nicht herangereifte Fähigkeit zur visuellen Wahrnehmungsdifferenzierung und Gestaltgliederung bei nicht schulreifen Schülern zurück. Zur Diagnose der Schulreife am Schulanfang wurden Schulreifetests (z. B. der Kern'sche Grundleistungstest, GLT) entwickelt und von Mitte der fünfziger bis Anfang der siebziger Jahre sehr häufig durchgeführt, um die nicht schulreifen Kinder um ein Jahr vom Schulbesuch zurückzustellen und heranreifen zu lassen.

Um 1970 wurde das biogenetische Schulreifekonzept durch ein lerntheoretisches Entwicklungskonzept abgelöst, weil nachgewiesen werden konnte, dass bestimmte kognitive Faktoren der Schulreife trainiert werden können und maßgeblich durch die Lernanregungen der sozialen Umwelt des Kindes mitbestimmt werden. Der Begriff Schulreife wurde nun durch den Begriff S. ersetzt, der aus der Sicht der Schule besonders die kognitiv-intellektuellen Aspekte (z. B. Formwahrnehmung, Zahl- und Mengenauffassung, Aufgabenverständnis) ansprach, die für schulisches Lernen wichtig sind. Da aber emotionale, soziale und motivationale Aspekte für den Schulerfolg ebenso von Bedeutung sind, ergänzte L. Schenk-Danziger 1969 den Begriff S. durch den kindbezogenen Begriff Schul-

bereitschaft. Die Umorientierung der *Einschulungsdiagnostik* führte zu Einschulungstests, die vorwiegend auf die Erfassung kognitiver Fähigkeiten ausgerichtet waren. Die als nicht schulfähig diagnostizierten Kinder wurden zurückgestellt und sollten in *Schulkindergärten* oder *Vorklassen* durch entsprechende Fördermaßnahmen auf die Anforderungen der Schule vorbereitet werden. In der Kritik an diesen Auslesemaßnahmen wurde der Begriff S. auch als Fähigkeit der Schule ausgelegt, alle Schulanfänger aufzunehmen, da abzuholen, wo sie stehen, und durch Maßnahmen innerer Differenzierung individuell so zu fördern, dass die notwendige S. bei allen Kindern erreicht wird.
Die bisherigen Maßnahmen zur Bewältigung der Einschulungsprobleme zeigen, dass sowohl das reifungstheoretische als auch das fähigkeitstheoretische Konzept diagnostische Ansätze vertreten, die nur bei der Diagnose der S. des Schülers ansetzen und zur Zurückstellung führen, die Förderung des Schülers in einem veränderten Anfangsunterricht nach der Einschulung aber nicht in Betracht ziehen.
Seit etwa 1980 wird von H. Nickel u. a. ein ökopsychologisches Schulreifemodell verbreitet, das den Begriff »Schulreife« wieder verwendet, ihn aber im Sinne ihres interaktionistischen ökologisch-psychologischen Verständnisses neu bestimmt. Dieses ökopsychologische Schulreifemodell geht von der Bedeutung der Wechselbeziehungen zwischen Schulanfänger, Schule und Umwelt aus. Es bezieht neben den individuellen geistigen, psychischen und körperlichen Lernvoraussetzungen des Kindes die vorschulische, häusliche und außerhäusliche Lernumwelt ebenso ein wie die schulischen Anforderungen, Lernbedingungen und Strukturen. Der Schuleintritt wird als ein normativer *Übergang* angesehen, der, wie jeder Übergang, schwierig ist und durch diagnostische und förderorientierte Maßnahmen in der Schule professionell begleitet werden muss, damit für jedes Kind im Anfangsunterricht erfolgreiches Lernen möglich wird und die Zurückstellung vom Schulbesuch am Beginn der Schullaufbahn vermieden werden kann.
Die Kultusministerkonferenz sieht 1997 in ihren ›Empfehlungen zum Schulanfang‹ die S. im Schnittpunkt der Lernvoraussetzungen des Kindes, des sachlichen Anspruchs der Inhalte und des pädagogischen Konzepts der Schule. Sie lehnt eine einseitig auf das Kind ausgerichtete Feststellung der S. ab. Die Vorschläge der KMK zur Änderung des Schuleintrittalters und zur Reduktion der hohen Zurückstellungsquoten führten in einigen Bundesländern inzwischen zu einer neuen *Schuleingangsphase*, die – bis auf krankheitsbedingte Ausnahmen – alle schulpflichtigen Kinder aufnimmt.

Schulfahrten (Syn. **Klassenfahrten**). Sie ermöglichen Schülern und Lehrern Erfahrungen, mit denen verschiedene Ziele verbunden sind: Förderung sozialen Lernens und sozialer Verhaltensweisen; Verbesserung des Lehrer-Schüler- und des Schüler-Schüler-Verhältnisses; Kennenlernen des erweiterten Lebensraumes unter geografischen, ökologischen, geschichtlichen, politischen und sonstigen kulturellen Gesichtspunkten; Förderung der Freizeitgestaltung und der Gesundheitserziehung; Vermittlung von Einblicken in die Berufs- und Arbeitswelt. Die Konkretisierung dieser Ziele hängt von der Art der S. ab. Unterschieden werden: Wanderungen als S.; Klassenfahrten z. B. zu Sportveranstaltungen, Ausstellungen, Museen, Theatervorstellungen, Konzerten u. Ä.; Schüleraustauschfahrten; Schullandheimaufenthalte; Studienfahrten bei Abschlussklassen der Sekundarbereiche; Fahrten zur Besichtigung von Betrieben oder sozialen Einrichtungen. Bei der Organisation und Durchführung von S. sind die schulrechtlichen Bestimmungen (Erlasse) zu beachten, in denen z. B. die Anzahl und Dauer der S. für die einzelnen Jahrgangsstufen und Schularten, die Entfernung der Zielorte im In- und Ausland, die Aufsichtsführung und

Regelungen bezüglich der Planung und Genehmigung festgelegt sind. Der Verbindung von Unterricht in der Schule und sinnvoll gestalteten S. kommt eine große freizeitpädagogische Bedeutung zu.

Schulferien (engl. *school holidays, school vacation*). Nach einer Vereinbarung der KMK betragen die S. derzeit in Deutschland 75 Werktage. Ihre zeitliche Verteilung über das Jahr wird mit gewissen Spielräumen für die einzelnen Bundesländer auf längere Zeit in der *Ferienordnung* von der KMK festgelegt. Die genaue Festlegung aller Ferientage erfolgt im Rahmen dieser Vorgabe durch die Kultus- bzw. Schulministerien der Länder.

Schulfernsehen (engl. *school television*). Bereich des öffentlichen Fernsehens, der sich mit der Programmentwicklung, Produktion und Übertragung von Fernsehsendungen für die Schule befasst. S. gibt es in der Bundesrepublik Deutschland seit Mitte der sechziger Jahre. Seitdem wurde folgender Forderungskatalog für Schulfernsehsendungen erarbeitet: Die Programme müssen sich in den vom Lehrer vorgesehenen Zusammenhang des Unterrichts einpassen lassen. Deshalb muss die Zeitstruktur der Schul- und Unterrichtsorganisation beachtet werden. Dies ist heute möglich, indem Sendungen mit Video- oder DVD-Geräten aufgezeichnet und dann ganz oder in Ausschnitten zur Einführung, Information, Wiederholung, Erläuterung oder Zusammenfassung eingesetzt werden. Die Strukturierung und die Sequenzen einer Sendung müssen auf diese Bedürfnisse zugeschnitten sein. Das S. kann mit seinen medialen Möglichkeiten und Sendeformen Gegenstände, Vorgänge und Sachverhalte aus z. B. biologischen, geografischen, historischen, regionalen, betrieblichen oder ökologischen Bereichen zur Darstellung bringen, die auf andere Weise nicht oder nur unter erschwerten Bedingungen in den Unterricht eingebracht werden können. Dabei sollen die Sendungen nach den heutigen Ansprüchen an einen offenen Unterricht zu situationsbezogener und handlungsorientierter Auseinandersetzung anregen. Schriftliche Begleitmaterialien, die einem solchen Konzept entsprechen, sind für Lehrer eine große Hilfe. Das Schulfernsehangebot wurde Mitte der 90erJahre mithilfe des Computers um Internetangebote, CD-ROMs und DVDs erweitert.

Schulfinanzierung (Syn. **Schulunterhaltung**). Aufbringen der Geldmittel für die Personalkosten, die Verwaltung, den Bau, die Ausstattung, den Unterhalt usw. der *Schulen.* Bei den öffentlichen Schulen übernehmen das Bundesland (Personalkosten, Schulverwaltung, Zuschüsse für äußere Schulangelegenheiten) und die kommunalen oder regionalen Schulträger die S. Private Schulen, sofern sie als Ersatzschulen anerkannt sind, erhalten 75% und mehr ihrer Aufwendungen aus öffentlichen Haushalten erstattet. Regelungen zur S. finden sich in den *Schulgesetzen,* den Privatschulgesetzen oder den Privatschulfinanzierungsgesetzen der Länder.

Schulformen. *Schularten.*

Schulforschung. Die Entwicklung der S. in Deutschland verläuft vor allem durch die Zeit des Nationalsozialismus nicht kontinuierlich wie beispielsweise in den USA, so dass die Entwicklungsphase von etwa 1900 bis Ende der 60er Jahre und die Etablierungsphase von etwa 1970 an zu unterscheiden sind.

1. Die Ursprünge empirischer S. um 1900 sind eng mit den Namen *E. Meumann* und *W. A. Lay* verbunden. Meumann baute 1911 in Hamburg ein Institut für experimentelle Psychologie auf und bemühte sich in seinem ›Abriss der experimentellen Pädagogik‹ (1914) um eine erfahrungswissenschaftliche Grundlegung der Pädagogik. Forschungsschwerpunkte Meumanns waren Begabung und Lernen des Kindes sowie fremdsprachlicher und mathematischer Unterricht.

In dem auf soziale Reproduktion angelegten gegliederten Schulsystem traten vor dem Ersten Weltkrieg vielfältige

Schülerprobleme auf. In seiner Begabungsforschung griff Meumann diese Probleme auf und analysierte die Zusammenhänge zwischen Anlage und Milieu, Vererbung und Entwicklung sowie schichtspezifischer Sozialisation, Begabungsdifferenzen und Schulstruktur. Dabei hatte er u. a. festgestellt, dass es etwa 4% über dem Begabungsdurchschnitt liegende Volksschüler gebe, die für den Besuch der höheren Schule geeignet seien. Den Entwicklungsprozess des Kindes verstand er als aktiv verarbeitete individuelle Transformation der Umgebung, die durch Selbsttätigkeit, Selbstmachen und Selbstfindung gefördert werde.
Nach der Einführung der *Grundschule* 1919 führte die Übergangsauslese zu neuen Problemen, zu deren Lösungen ›Testprüfungen der Intelligenz‹ (*E. Hylla* 1927) und die ›Begabungsprüfung für den Übergang von der Grundschule zu weiterführenden Schulen‹ (E. Hylla/O. Bobertag 1928) beitragen sollten. Während E. Hylla u. a. Schulforscher 1933 emigrieren mussten und die empirische S. unterbrochen wurde, führten Beiträge zur Begabungsproblematik in der Zeit des Nationalsozialismus zur Legitimation ethnischer Diskriminierung und Verfolgung. Bis weit in die 50er Jahre war es möglich, dass in der Kontinuitätslinie nationalsozialistischer Ideologie begabungsbezogene Argumentationen durch Autoren wie W. Hartnacke, K. V. Müller und A. Huth weiter verbreitet wurden. Erst mit dem Band ›Begabung und Lernen‹ (1969) des Deutschen Bildungsrates konnte diese Fragestellung auf den Stand internationaler S. gehoben werden.

2. Zu den Anfängen empirischer S. zählt auch *P. Petersens* Konzept der *pädagogischen Tatsachenforschung*, das er seit 1923 zur Überprüfung der reformpädagogischen Schulkonzeption des *Jena-Plans* in der Übungsschule der Universität Jena zusammen mit seiner Frau E. Müller-Petersen erprobte. In dieser Tradition stehen die Arbeiten des pädagogischen Psychologen *F. Winnefelds* in Halle, der das Konzept von Petersen zwischen 1950 und 1968 in der damaligen DDR zu einer modernen empirischen Lehr-Lern-Forschung weiterentwickeln wollte.

3. Der Versuch einer empirischen Grundlegung der Pädagogik durch Meumann war schon vor seinem Tod 1915 einer heftigen Kritik durch Vertreter der *geisteswissenschaftlichen Pädagogik* (z. B. *E. Spranger*) und der Kultur- und Religionsphilosophie (z. B. E. Troeltsch) ausgesetzt. Die Kritik richtete sich auf die Anwendung der Methoden des Experiments, der Statistik, der Befragung und der systematischen Beobachtung auf den Zusammenhang von Schule und *Begabung* und darüber hinaus auf das gesamte Feld der Schulorganisation und der Bedingungen des Lernens. Im Gegensatz hierzu verstand Spranger »die Erziehung als einen Kulturvorgang, der in den Zusammenhang des ganzen geistigen Lebens eingebettet ist, und folglich die Pädagogik als eine Wissenschaft, die in ihrem historischen, beschreibenden und normativen Teil mit allen übrigen Kulturgebieten eng verwoben ist«. Auf dem Hintergrund der angedeuteten Kritik wurden die Aufgabenbereiche der empirischen S. in der Folgezeit stark begrenzt. Neben der geisteswissenschaftlich-hermeneutischen S. kamen Ende der 20er Jahre Forschungen zum Vergleich von Bildungs- und Schulsystemen anderer Staaten hinzu (E. Hylla 1928, S. Hessen 1928).

4. Der Neubeginn empirischer S. ist nach dem Zweiten Weltkrieg mit der Gründung der Hochschule für Internationale Pädagogische Forschung (HIPF) 1951 durch E. Hylla verbunden, aus der 1964 das *Deutsche Institut für Internationale Pädagogische Forschung (DIPF)* in Frankfurt/M. hervorgegangen ist. Zur gleichen Zeit gab es 1963 die Gründung des *Max-Planck-Instituts für Bildungsforschung (MPI)* in Berlin. Beide außeruniversitären Einrichtungen stehen heute zusammen mit dem Leibniz-Institut für die Pädagogik der Naturwissenschaften (IPN) in Kiel im Zen-

trum international vergleichender S. Seit *H. Roth* in seiner Göttinger Antrittsvorlesung 1962 »die realistische Wendung in der pädagogischen Forschung« gefordert hat, ist besonders nach 1990 die Anzahl der Projekte und Publikationen empirischer S. sehr stark angestiegen. Überblicke zur S. vermitteln seitdem die Publikationen ›Bildungsforschung‹ (Hg. Deutscher Bildungsrat 1975), ›Empirische Pädagogik 1970–1990‹ (Hg. K. Ingenkamp u. a. 1992), ›Zukunftsfelder von Schulforschung‹ (Hg. H.-G. Rolff 1995), ›Handbuch der Schulforschung‹ (Hg. W. Helsper/J. Böhme 2004) und als Resümee ›Neue Theorie der Schule‹ (H. Fend 2006).

Als Folge des Positivismusstreits in der Soziologie, der auch in der Erziehungswissenschaft zur wechselseitigen Ablehnung von Vertretern empirisch-analytischer und qualitativ-hermeneutischer Positionen führte, standen empirische Forschungsprojekte in den 1970er und 1980er Jahren, die entweder mit quantitativen oder mit qualitativen Methoden arbeiteten, relativ unverbunden nebeneinander. Seit den 1990er Jahren zeigt sich vermehrt, dass S. sowohl auf empirisch-analytische als auch auf qualitativ-hermeneutische Methoden angewiesen ist. Bei einer Kombination verschiedener Verfahren wird heute von der Triangulation quantitativer und qualitativer Zugänge, Verfahren und Ergebnisse gesprochen. Folgende Beispiele verdeutlichen die Entwicklung.

1. Beispiel für eine Untersuchung mit quantitativen Methoden und Daten: Im Zusammenhang mit Studien zur schulbezogenen sozialen Ungleichheit im Bildungswesen wird vom Dortmunder Institut für Schulentwicklungsforschung (IFS) seit 1979 im Zweijahresabstand eine Repräsentativbefragung der bundesdeutschen Bevölkerung durchgeführt, zu der u. a. die Frage an die Schülereltern gehört, welchen Schulabschluss ihr Kind nach ihren Wünschen erreichen soll (vgl. Rolff u. a. 2000).

2. Beispiel für eine Triangulation quantitativer und qualitativer Methoden in der vergleichenden S.: In der *Internationalen Vergleichsstudie TIMSS* der *IEA* wurden zur quantitativen Erfassung von Daten nicht nur Tests zu den Leistungen der Schüler in Mathematik und Naturwissenschaften in 45 Staaten durchgeführt, sondern darüber hinaus in Deutschland, den USA und in Japan Ergänzungen durch Videodokumentationen von Unterrichtsstunden in Mathematik und durch Interviews mit etwa 200 Lehrern, Schülern, Eltern und Schulleitern in 17 Einzelschulen vorgenommen. Die Ergebnisse der qualitativen Interview- und Videoanalysen lieferten wichtige Kontextinformationen, um Differenzen im Schulleistungsvergleich besser erklären zu können.

3. Zwei Beispiele für Phasenmodelle zur zeitlich unterschiedlichen Triangulation methodischer Zugänge: In einer Untersuchung zum Schulwahlverhalten von Eltern bei Gesamtschulen als Angebotsschulen wurde zunächst zur Hypothesengewinnung durch die Analyse von narrativen Interviews mit Schulleitern und Vertretern der Schulverwaltung die Entwicklungsgeschichte der Schulen rekonstruiert und auf der Basis dieser qualitativen Teilstudie die quantitative Elternbefragung durchgeführt und interpretiert. Im zweiten Beispiel gehen quantitative Vorstudien den qualitativen Untersuchungen voran. Nach einer repräsentativen Befragung von Schülern und Lehrern zum Thema Gewalt an Schulen wurden anschließend an einer besonders gewaltbelasteten Schule problemzentrierte Interviews mit Schülern, Lehrern, Hausmeistern und Schulsekretärinnen durchgeführt mit dem Ziel, genauere Begründungen und Erklärungen für schulisches Gewalthandeln zu finden.

Die Beispiele zeigen, dass in der Entwicklung methodischer Zugänge in empirischen Projekten der S. inzwischen der Methodenstreit durch die Flexibilität methodischer Triangulation abgelöst worden ist und es vom jeweiligen Forschungsgegenstand und -ziel abhängt, welche empirischen Methodenkonstellationen zweckmäßig sind.

Schulforum. *Schulkonferenz.*

Schulfremdenprüfung (Syn. **Nichtschülerprüfung**). Abschlussprüfungen von Bildungsgängen können auch von Schulfremden (sog. Nichtschülern) zum Erwerb des Hauptschul- und Realschulabschlusses, der Hochschulreife und von berufsqualifizierenden Abschlüssen abgelegt werden. Im Rahmen des *Zweiten Bildungsweges* bereiten anerkannte Lehrgänge des Fernunterrichts und der Volkshochschulen darauf vor. Einzelheiten zum Verfahren der staatlichen Abschlussprüfungen für Fernlehrgangsteilnehmer regelt die nach Landesrecht zuständige Prüfungsbehörde (z. B. Schulämter) auf der Grundlage von Vereinbarungen der KMK. Als Schulfremde gelten auch die Schüler von nicht anerkannten privaten Ersatzschulen. Da das Bestehen der S. und die Zeugnisnoten ausschließlich von den in der Prüfung nachgewiesenen Leistungen abhängen, blieben bisher die von Schülern in Privatschulen oder die von Nichtschülern im Beruf erbrachten Leistungen unberücksichtigt. Die KMK hat allerdings in ihrer Vereinbarung über die Durchführung der Abiturprüfung für Schüler an Waldorfschulen 1984 empfohlen, die sich aus der Pädagogik der Waldorfschule ergebenden Besonderheiten zu berücksichtigen. Pädagogen empfehlen, Vorleistungen in der S. anzurechnen und die Prüfungsanforderungen für Nichtschüler entsprechend abzuändern.

Schulfunk (engl. *schools broadcasting*). Selbständiges Programmressort des Hörfunks öffentlich-rechtlicher Rundfunkanstalten, dessen Sendungen in erster Linie der Ergänzung und Vertiefung des Unterrichts in der Schule dienen sollen. Die S.programme werden i. d. R. mit den Lehrplänen des Sendebereichs abgestimmt, enthalten aber auch wichtige aktuelle Themen. Über das Programmangebot und das einführende Begleitmaterial werden die Schulen rechtzeitig informiert. Die Beihefte enthalten meist zusätzliche Informationen und didaktisch-methodische Hinweise für Lehrer. Sie werden auf Anforderung kostenlos zugeschickt. S.sendungen sind ein wichtiges Zusatzangebot, dessen Vorzüge in der lebendigen Gestaltung von Reportagen, Interviews, Hörspielen, Features über Literatur, Naturwissenschaften, Geschichte etc. liegen, die zur weiteren Auseinandersetzung mit dem Gegenstand anregen.
Der S. stellt darüber hinaus ein Bildungsprogramm dar, das von vielen Erwachsenen gerne gehört wird.

Schulgarten (engl. *school garden*). Gartenfläche auf dem Gelände oder in unmittelbarer Nähe der Schule, die unterrichtlichen und erzieherischen Zwecken dient. Der S. hat in der Schulgeschichte eine lange Tradition und ist doch nicht an jeder Schule vorhanden. Seit den achtziger Jahren ist das S.interesse durch die Forderung nach schülergerechter Umwelterziehung wieder neu belebt worden. Die S.arbeit ist einerseits auf den Biologieunterricht bezogen, hat aber andererseits vor allem in der Grundschule fächerübergreifende Bedeutung.
In den letzten Jahren sind viele Schulgrundstücke zu einem naturnahen Erfahrungsraum mit Biotopen, Nutzgärten mit standortgemäßer Bepflanzung in Mischkultur und ökologischer Bewirtschaftung, Kräuterspiralen, Ruhezonen mit Nisthilfen für Vögel und Insekten sowie Plätzen zum Kochen, Essen und Pausieren umgestaltet worden. Der S. gibt vielfältige Gelegenheiten zum Pflanzen und Pflegen, Beobachten und Dokumentieren, Malen, Beschreiben und Ausstellen sowie zum Feiern im Ablauf des S.jahres. Er ist ein wichtiger Bestandteil des gesamten Schullebens.

Schulgattungen. *Schularten.*

Schulgeld (engl. *school fees*). Für den Besuch sämtlicher *öffentlicher Schulen* wird nach den Bestimmungen der *Schulgesetze* der Bundesländer kein S. erhoben. Für

Privatschulen gelten Sonderregelungen, die im Einzelfalle zu erfragen sind.

Schulgemeinde. Gemeinschaft der Lehrer, Schüler und Eltern einer *Schule*, durch deren partnerschaftliches Zusammenwirken Unterricht und Schulleben ausgestaltet werden sollen. Rechtlich ist die S. nicht als Träger besonderer Funktionen definiert. Im Rahmen der *Mitbestimmung* von Eltern und Schülern gewinnt sie jedoch auch formal Gestalt.

Schulgesetz (engl. *education act*). Aufgrund der *Kulturhoheit der Länder* verabschieden die Parlamente der sechzehn Bundesländer für ihr jeweiliges Staatsgebiet ein S. Es bestimmt den Auftrag der *Schule*, regelt die Gliederung des Schulwesens nach *Schularten* und Schulstufen, definiert die Rechtsstellung der Schule als öffentliche Anstalt, legt die Dauer der Vollzeit- und Teilzeitschulpflicht fest, enthält Vorschriften über Errichtung und Unterhalt der öffentlichen Schulen, regelt die Pflichten und Rechte sowie die Organisation der *Schulaufsicht,* beschreibt die Aufgaben der *Schulleitung,* der Lehrer und der verschiedenen Konferenzen, regelt Inhalt und Form der *Mitbestimmung* von Eltern und Schülern an der Gestaltung des Schullebens.
S. gelten für alle öffentlichen *allgemeinbildenden* und *beruflichen Schulen* eines Landes.

Schulgesundheitspflege. Im Rahmen geltender Gesetze bieten die Länder den Schülern allgemeinärztliche und zahnärztliche Betreuung an. Es finden kostenlose Untersuchungen und Impfungen statt. Zu diesem Zwecke gehen Ärzte des Gesundheitsamtes i. d. R. während des ersten, des vierten und des sechsten Schuljahres jeweils einmal in die Schulen. Für den Einzelfall sind die Bestimmungen im jeweiligen Bundesland zu beachten.

Schulhoheit. Die im GG dem Staat zugewiesene Befugnis, das *Schulverhältnis* gesetzlich zu regeln, den heranwachsenden Bürgern z. B. die Pflicht zum Besuch einer Schule aufzuerlegen. Nach der verfassungsrechtlichen Lage sind dafür die Bundesländer *(Kulturhoheit der Länder)* zuständig. Die Landesparlamente erlassen zu diesem Zwecke *Schulgesetze.*

Schulinspektion. Verfahren externer *Evaluation* von Schulen durch Inspektoren, das auch als Schulvisitation (Brandenburg), Qualitätsanalyse (Nordrhein-Westfalen), Fremdevaluation (Baden-Württemberg) u. Ä. bezeichnet wird. Die Ergebnisse der *Internationalen Vergleichsstudien* (*TIMSS*, *PISA*, *IGLU*) führten zu Neuerungen in der Steuerung des Schulwesens. Wie auf Schülerebene die Outputsteuerung durch zentrale Lernstandserhebungen eingeführt wurde, so soll auf der Ebene der Einzelschule die Schulevaluation diesem Zweck dienen. Ziel ist eine bessere Qualitätsentwicklung. Die externe Evaluation soll der einzelnen Schule eine Rückmeldung über ihre Stärken und Schwächen bzw. über Verbesserungsmöglichkeiten geben. Die Einführung der S. ist in den 16 Bundesländern unterschiedlich weit entwickelt. Während Bremen bereits 1996 damit begonnen hatte, folgte Schleswig-Holstein ab 2004 mit der »Externen Evaluation im Team (EVIT)«. Nach einer Erprobungsphase wird die S. in Niedersachsen zwischen 2006 und 2009 flächendeckend durchgeführt. Brandenburg und Berlin haben den niedersächsischen »Orientierungsrahmen Schulqualität« als Vorlage übernommen. Seit dem Schuljahr 2006/07 wird auch in Nordrhein-Westfalen die externe Qualitätsanalyse an Schulen landesweit praktiziert.
Die Entwicklung des niedersächsischen Konzepts z. B. hat sich am österreichischen Modell »Qualität in Schulen (QiS)«, am schottischen Evaluationskonzept »How good ist our school?« und am Qualitätskonzept der niederländischen S. »Inspectie van het Onderwijs« orientiert sowie die Erfahrungen mit dem internationalen Evaluationsprojekt der Bertelsmann Stiftung »Qualitätsentwicklung von Schulen auf Basis internationaler Qualitätsvergleiche – Internationales

Netzwerk innovativer Schulsysteme (INES)« und dem EFQM-Modell der European Foundation for Quality Management im Rahmen des BLK-Programms QuiSS (Qualitätsentwicklung in Schulen und Schulsystemen) einbezogen. Für die schulinterne Evaluation wurde den Schulen die Nutzung des internationalen SEIS-Verfahrens (Selbstevaluation in Schulen) der Bertelsmann Stiftung empfohlen.

Die S. wird an allen öffentlichen und berufsbildenden Schulen durchgeführt. Für die Pilotphase und die flächendeckende Inspektions- und Evaluationsphase stellen die einzelnen Bundesländer umfangreiche Informationsschriften zur Verfügung. Darin ist neben einer Einführung der Ablauf der S. beschrieben, der aus der Vorbereitungsphase (sechs bis acht Wochen vor dem Schulbesuch), der Durchführungsphase (drei bis vier Tage) und der Berichtsphase (etwa drei Wochen nach Schulbesuch) bestehen kann. Die Informationsschriften enthalten auch eine detaillierte Beschreibung der Qualitätsbereiche und der Qualitätsmerkmale, auf die die Bewertung der Qualität einer Schule bezogen ist (z. B. auf Ergebnisse und Erfolge der Schule, Lehr- und Lerninhalte, Lehrerhandeln im Unterricht, Schulklima und Schulkultur). Ein weiterer Teil betrifft die Verfahren der Informationsgewinnung. Zur Daten- und Dokumentenanalyse gehören meist: Erhebungsbogen (Schulleiter), Schulprogramm, Bericht zur Selbstevaluation, Konferenzbeschlüsse, Vergleichsarbeiten der Schüler u.Ä. Weiter spielen Unterrichtsbeobachtungen, Gespräche mit Schulleitung, Schülern, Eltern und Lehrern sowie ein Schulrundgang mit Checkliste zum Schulgebäude und Gelände, zu Klassen- und Fachräumen und zur Medien- und Geräteausstattung eine Rolle. Zur Bewertung der Schul- und Unterrichtsqualität erstellt das Inspektionsteam auf der Grundlage der Qualitätskriterien ein »Qualitätsprofil« der Schule. Die Bewertung erfolgt meist auf einer 4- und 3-stufigen Skala. Die Schule erhält zunächst i. d. R. einen schriftlichen Inspektionsbericht mit Empfehlungen, zu dem sie Stellung nehmen kann. Danach erfolgt der endgültige Inspektionsbericht, der meist den Gremien der Schule und der Schulaufsichtsbehörde zugestellt wird.

Die Inspektionen werden in Abständen von etwa vier Jahren und in unterschiedlicher Intensität, die von den bisherigen Ergebnissen der externen Evaluation abhängen, wiederholt. Für Schulen, die einer dringenden Verbesserung bedürfen, wird in kürzeren Abständen eine Nachinspektion festgesetzt.

Schuljahr (engl. *school year*). Das S. beginnt in der Bundesrepublik Deutschland am 1. August und endet am 31. Juli des folgenden Kalenderjahres. Der Unterricht eines neuen S. fängt nach den Sommerferien an. Durch die unterschiedlichen Ferientermine in den einzelnen Bundesländern (*Ferienordnung*) sind S.beginn und Unterrichtsbeginn im Allgemeinen nicht identisch.

Da für den Schüler die Zeit seiner *Schulpflicht* in S. gegliedert ist, wird der Begriff S. auch häufig synonym mit dem Begriff Klasse im Sinne von Jahrgangsklasse oder Schulklasse verwendet.

Das S. ist auch der Zeitabschnitt, in dem bestimmte Lernziele und Lerninhalte der Lehrpläne und Richtlinien erreicht werden sollen. Deshalb werden am Ende eines S. auch Zeugnisse vergeben, mit denen Versetzungen, Übergänge und Abschlüsse verbunden sind.

Schulkindergarten (engl. *school kindergarten*). Einrichtung an einer Grund- oder *Förderschule* bzw. Sonderschule zur Förderung von schulpflichtigen Kindern, die wegen mangelnder *Schulfähigkeit* um ein Jahr vom Schulbesuch zurückgestellt wurden und durch eine intensive Betreuung auf die Schule vorbereitet werden.

In einigen Bundesländern wurde durch neue Bestimmungen zur *Einschulung* eine neue *Schuleingangsphase* eingerichtet, die alle schulpflichtigen Kinder aufnimmt und Schulkindergärten alter Art überflüssig macht.

Schulklasse (Syn. **Klasse**; engl. *school class*). Nach dem *Hamburger Abkommen* von 1964 werden die S. im Schulaufbau von Klasse 1 bis 13 aufwärts durchnummeriert. Für den Begriff Klasse bzw. S. wird auch häufig der Begriff *Schuljahr* synonym verwendet.

Als formelle Grundeinheit von Schülern werden S. im System der *Jahrgangsklasse* i. d. R. nach dem Kriterium der Altersgleichheit gebildet. Für die Bildung von Klassen gibt es verwaltungsrechtliche Richtlinien, in denen die Anzahl der Schüler einer S. durch den Klassenfrequenzrichtwert festgelegt wird.

Schulkollegium. Mittlere Schulaufsichtsbehörde im Bundesland Nordrhein-Westfalen. In anderen Ländern findet mehrheitlich die Bezeichnung Oberschulamt Verwendung.

Schulkonferenz. Gemeinsame Konferenz von Schulleitung, Vertretern der Lehrerschaft, der Schüler, Erziehungsberechtigten und (im Falle beruflicher Schulen) von Vertretern aus dem Bereich der Berufsausbildung. In einzelnen Bundesländern finden sich die Bezeichnungen Schulforum oder Schulausschuss. Die S. berät in allen für Unterricht und Schulleben grundlegenden Angelegenheiten, beschließt die Schulordnung, Erziehungs- und Ordnungsmaßnahmen, Stellungnahmen gegenüber dem Schulträger und auch Schulpartnerschaften. Gegenüber dem Schulleiter und den Lehrerkonferenzen besteht i. d. R. ein Vorschlagsrecht.

Schullandheim (engl. *country hostel*). Die Schule ergänzende pädagogische Einrichtung, die Schulklassen während der Schulzeit einen längeren Aufenthalt in ländlicher Umgebung ermöglicht. Träger sind meist Schulvereine, einzelne Schulen, Gemeinden oder Kreise.

Der S.aufenthalt kann der Bearbeitung besonderer thematischer Schwerpunkte (Erkundungen, Wanderungen, Beobachtungen, Museumsbesuche), der Erholung und dem Gemeinschaftsleben der Klasse dienen. Vor allem für Schulklassen aus den Großstädten kann die Atmosphäre auf dem Lande von großer erzieherischer Bedeutung sein und für Lehrer und Schüler ein Schulklima schaffen, das positive Auswirkungen auf das weitere Schulleben in der Stadt hat.

Der Begriff S. ist nicht zu verwechseln mit Landschulheim im Sinne von *Landerziehungsheim*.

Schullaufbahnberatung (Syn. **Bildungsberatung**). Entsprechend qualifizierte Lehrer, *Beratungslehrer* und *schulpsychologische Dienste* informieren Schüler und Eltern, aber auch Lehrer und Erzieher über Fragen und Probleme der Einschulung, Sonderschulüberweisungen, Versetzungsentscheidungen, Übergänge, beraten bei einem Kurswechsel im Rahmen der Fachleistungsdifferenzierung, bei Wahlpflichtfachentscheidungen, Schulwechsel, Berufswahlentscheidungen und Lernschwierigkeiten. Wichtig ist, Schülern und Eltern Orientierungs- und Entscheidungshilfe bei der Verwirklichung beabsichtigter Bildungsziele zu geben.

S. findet als Information und Beratung großer Schüler- und/oder Elterngruppen, aber auch als Individualberatung statt. Vor allem bei Diskrepanzen zwischen Lernvoraussetzungen und Lernanforderungen nach Übergängen oder zwischen Schulabschlusserwartungen und Schulversagen ist das Einzelgespräch mit dem Schüler und seinen Eltern von großer Bedeutung.

Schulleben. Kennzeichnendes Merkmal einer Schulkultur, die *Schule* hinaushebt über die ihr seit dem 19. Jh. zugeschriebenen gesellschaftlichen Funktionen. Mit der kulturschaffenden Funktion des S. überwindet die Schule ihre Beschränkung auf Unterricht und Wissensvermittlung und bindet diese in ein eher ganzheitliches pädagogisches Erziehungskonzept ein.

Der Begriff S. wurde erstmalig 1826 von *F. Fröbel* verwendet, der eine stärkere Verknüpfung von Familienleben und Leben in der Schule forderte. Zu dieser Zeit wurden mit der Vereinheitlichung der Gymnasien auch die schulkonzeptionellen Merkmale des deutschen Schulwesens (wie etwa Jahrgangsklassen, Frontalunterricht, Versetzungsregelungen usw.) eingeführt, gegen deren Auswirkungen später die *Reformpädagogik* mit den verschiedenen Konzepten zur Verbindung von Leben und Lernen in der Schule anging. Unterricht wurde nicht mehr als einzige Aufgabe der Schule angesehen, sondern als ein wichtiger Teil im Gesamtkonzept des S. (vgl. z. B. den *Jena-Plan*). In der gegenwärtigen Situation wird dem S. häufig nur eine kompensatorische Funktion in einer sonst durch Leistungsdruck, Fachunterricht und lebensferne Inhalte gekennzeichneten Schule zugeschrieben. Feste (Klassenfest, Grillabend, Schulfest, Sportfest, Basar, Sommerfest, Laternenumzug, Diskothek u. Ä.) und Feiern (Einschulungs-, Schulentlassungs-, Weihnachts-, Geburtstagsfeier u. Ä.) sind dann Höhepunkte, zu denen sich Schüler, Lehrer und Eltern vielleicht ein- oder zweimal im Jahr zusammenfinden. Im Unterschied hierzu wird mit dem an der Reformpädagogik orientierten Begriff S. die Vorstellung von einem mehrdimensionalen gemeinschaftstiftenden Gesamtkonzept verbunden, wie es noch am ehesten in Reformschulen, Grundschulen und Gesamtschulen praktiziert wird. In diesem Sinne macht kulturbezogenes und gemeinwesenorientiertes S. die Schule zu einem Lebens-, Lern- und Erfahrungsraum für Schüler, Lehrer, Eltern und die Gemeinde. Mit der Öffnung von Schule und Unterricht hat dann die Schule eine Chance, im Sinne *J. Deweys* zu einem Modell für gemeinschaftliches Leben in der Demokratie zu werden.

Schulleistung. *Leistungsbegriff.*

Schulleistungsstudien. *Internationale Vergleichsstudien (JVS).*

Schulleitung (engl. *school management*). Pädagogische und organisatorische Führung einer *Schule* in allen inneren und äußeren Schulangelegenheiten und Vertretung der Schule nach außen. Als Schulleiter (Rektor oder Direktor) kann nur eingesetzt werden, wer die Befähigung zum Lehramt der zu leitenden Schulart besitzt. Zu den Aufgaben der S. gehören insbesondere die Sicherstellung des Unterrichts gemäß den geltenden rechtlichen Vorschriften, die Leitung der Gesamtlehrer- und der Schulkonferenz, die Unterrichtsverteilung, das Aufstellen der Stundenpläne, die Aufnahme und Entlassung von Schülern, die Bewirtschaftung des Haushalts der Schule, die Anordnung von Vertretungen, die Kontrolle über die Einhaltung der Schulordnung sowie die Aufsicht über das Schulgebäude und die dazugehörenden Einrichtungen. Gegenüber den Lehrern der Schule ist die S. in der Erfüllung ihrer gesetzlichen Aufgaben weisungsberechtigt.

Schulmediothek (Syn. **Schulbibliothek**; engl. *school audio-visual library, school library*). Zentrale Einrichtung in einer Schule oder einem Schulzentrum, die Schülern und Lehrern Bücher, Zeitschriften, audiovisuelle *Medien, Lehr- und Lernmittel* u. Ä. zur unterrichtsbezogenen und freien Benutzung zur Verfügung stellt. Der Begriff S. bezeichnet seit den siebziger Jahren eine Einrichtung, die sich von den Aufgaben der herkömmlichen Schüler- und Lehrerbücherei erheblich unterscheidet. Die S. ist ein Informations-, Lese-, Arbeits- und Beratungszentrum, das von Schülern und Lehrern während der gesamten Unterrichtszeit für individuelle Studien oder unterrichtsbezogene Gruppenarbeit genutzt werden kann und dem selbständigen Erwerb von Informationen und Arbeitstechniken dient. Vor allem in Ganztagsschulen hat sie eine wichtige Funktion im Freizeitbereich. Es sollen Arbeitsplätze (Einzeltische, Gruppentische) und Arbeitsgeräte (Schreibmaschine, Computer, Kopierer, Drucker, Videogerät, Beamer u. Ä.) sowie Dias, Filme, Tonbänder, Schallplatten, DVD-Videos, Videospiele u. Ä. zur

Verfügung stehen. Die S. soll von einer Bibliothekarin geleitet werden. Der Aufstellung und Katalogisierung des Buch- und Medienbestandes (Präsenz- und Ausleihbestände) sollen die Prinzipien öffentlicher Bibliotheken zugrunde gelegt werden. Über ›Konzeption, Einrichtung und Betrieb von Schulmediotheken‹ informiert eine Broschüre des *Instituts für Film und Bild in Wissenschaft und Unterricht* (FWU).

Schulordnung (engl. *school rules*). **1)** Durch die Schulgesetze der Bundesländer sind die obersten Schulaufsichtsbehörden der einzelnen Länder ermächtigt, eine S. als Rechtsverordnung zu erlassen. Sie regelt Einzelheiten des *Schulverhältnisses* und der Prüfungsverfahren: Aufnahme, Schulwechsel, Versetzung, Zensuren- und Zeugnisgebung, Bewertungsmaßstäbe für die Leistungsbeurteilung, Prüfungsinhalte und -verfahren, Ausscheiden aus der Schule sowie Konferenzen der Lehrer und der Schulgemeinde.

2) Im Rahmen dieser Vorgaben und anderer rechtlicher Regelungen kann sich die einzelne Schule eine eigene S. oder Hausordnung geben, die im Wesentlichen Fragen des Miteinanderlebens innerhalb der Schule sowie der Benutzung von Räumen und Einrichtungen regelt. Diese S. wird von der Schulkonferenz beschlossen und ist allen Lehrern, Schülern und Erziehungsberechtigten bekannt zu machen.

Schulorganisation. Der Begriff wird in der Literatur nicht einheitlich verwendet. Im Unterschied zu allen pädagogisch-inhaltlichen Konzepten, Theorien und Entwicklungen der *Schule* geht es beim Begriff S. um alle Maßnahmen und Strukturen der Organisation, die einer Regelung bedürfen. Dies betrifft die Organisation innerhalb einer einzelnen Schule, die mehrerer Schulen in einem Schulbezirk oder Bundesland und des *Schulsystems*. Grundlage der S. ist das *Schulrecht* und seine Quellen. Es wird zwischen einer äußeren und einer inneren S. unterschieden.

Die äußere S. ist durch die Struktur des Schulsystems, den Aufbau der Schulverwaltung und die Gliederung innerhalb einer einzelnen Schule vorgegeben. Zu den schulorganisatorischen Allgemeinregelungen gehören z. B. folgende Festlegungen: Schuljahr, Ferien und Schulbeginn; Stundentafel, wöchentliche Stundenzahl in den Schulformen, Tageshöchstmaß der Unterrichtsstunden von 45 Minuten Dauer in der Halbtags- und in der Ganztagsschule, Anzahl der Unterrichtstage in der Woche; Abgrenzung des Schulbezirks und des Schuleinzugsbereichs, Regelungen zum Schulwechsel; Klassenfrequenzhöchstzahlen, Lehrerbedarf und Lehrerstellen.

Die innere S. wird durch die Verwaltungsvorschriften und die Ämterhierarchie bestimmt. Dazu gehören die Funktionsteilung innerhalb einer Schule z. B. zwischen Schulleiter, didaktischem Leiter, Jahrgangsleiter, Klassenlehrer etc., der Amtscharakter der Lehrerrolle und die Regelhaftigkeit der Handlungsvollzüge. Im Rahmen dieser Bedingungen wird ein bestimmtes Lehrer- und Schülerverhalten erwartet, wobei es im konkreten Handlungsvollzug Toleranzspielräume gibt. Hierzu geben Gesetze, Erlasse und Konferenzbeschlüsse bindende Normen vor.

Die Schulforschung hat herausgefunden, dass die strukturelle und soziale Organisation der Schule die inhaltlich-konzeptionelle und pädagogische Arbeit der Lehrerschaft mitbedingt. Sie hat bewusst gemacht, dass die inneren und systembildenden Konzeptionsmerkmale der Schule seit ihrem Ausbau ab etwa 1820 verwaltungstechnischen und nicht pädagogischen Ursprungs sind. Aus der Sicht ihrer Kritiker entspricht die S. heute immer noch eher einem hierarchisch strukturierten Bürokratiemodell als einem Demokratiemodell. Als Beispiel der schulorganisatorischen Demokratisierung einer Einzelschule ist das seit zwanzig Jahren bestehende *Team-Kleingruppen-Modell* zu nennen.

Schulpädagogik. Teildisziplin der *Pädagogik*. Wissenschaftshistorisch ist sie nach 1950 aus Vorgängerdisziplinen mit den Bezeichnungen praktische Pädagogik und *Unterrichtslehre* hervorgegangen, die neben der allgemeinen Pädagogik bzw. der systematischen Pädagogik bestanden. Mit der Ausweitung zur S. wurde Unterricht als isolierter Gegenstand bisheriger Unterrichtslehre oder allgemeiner Didaktik vor dem Hintergrund institutioneller Voraussetzungen und gesellschaftlich-historischer Bedingungen in den größeren Gesamtzusammenhang einer *Schultheorie* gestellt. Die S. befasst sich mit der Schule als Erziehungs- und Unterrichtsfeld einschließlich der damit verbundenen Bedingungen und Einflüsse und entwickelt in historischer und systematischer Betrachtung eine Theorie des Unterrichts im Rahmen einer Theorie der Schule. Durch empirisch-pädagogische Forschung unterstützt sie die Theoriebildung und professionalisiert als Berufswissenschaft von Lehrern das pädagogische Handeln in der Schulpraxis. Zu den Gegenständen in Lehre und Forschung gehören: *Schulforschung, Unterrichtsforschung, Internationale Vergleichsstudien,* Geschichte und Theorie der Schule, allgemeine Didaktik und Unterrichtstheorie, Schulorganisation und Schulrecht, Schulentwicklung im internationalen Vergleich, pädagogische Diagnostik der Schule, Theorie der Lern- und Sozialisationsbedingungen von Kindern und Jugendlichen, Professionalisierung der Lehrerschaft in Aus-, Fort- und Weiterbildung.

Schulpflicht (engl. *compulsory education*). Die *Schulgesetze* der Bundesländer regeln die S. Sie gliedert sich in eine neun- oder zehnjährige *Vollzeits.* und eine dreijährige *Teilzeits.* S. besteht für alle Kinder und Jugendlichen, die im Geltungsbereich eines Schulgesetzes ihren Wohnsitz oder überwiegenden Aufenthaltsort haben. Die S. erstreckt sich auf den regelmäßigen Besuch des Unterrichts und anderer Schulveranstaltungen und ist grundsätzlich an einer deutschen Schule abzuleisten. Das gilt i. d. R. auch für deutsche Schüler im Ausland. Die Vollzeits. ist in der *Grundschule* und in einer der *weiterführenden Schulen* zu erfüllen, die Teilzeits. an einer *Berufsschule,* i. d. R. für die Dauer einer Berufsausbildung. Besteht kein Berufsausbildungsverhältnis, endet die Teilzeits. mit der Vollendung des 18. Lebensjahres. Die Teilzeits. wird auch durch den Besuch einer weiterführenden allgemeinbildenden Schule nach dem 9. Schuljahr oder durch den Besuch einer einjährigen beruflichen Vollzeitschule erfüllt (z. B. in einer einjährigen Berufsfachschule oder durch das Berufsgrundbildungsjahr). Die S. beginnt i. d. R. nach Vollendung des 6. Lebensjahres am 1. August desselben Jahres. Stichtag für die Vollendung des 6. Lebensjahres ist in neun Bundesländern der 30. Juni, in sieben anderen liegt er nach den letzten Novellierungen der Schulgesetze unterschiedlich zwischen dem 31. Juli und dem 31. Dezember. In diesen Bundesländern werden die Kinder bis zu einem halben Jahr früher eingeschult als in den neun anderen. Für die Erfüllung der S. durch Behinderte, Ausländer, Asylbewerber u. a. Kinder und Jugendliche in besonderen Lebenslagen bestehen in allen Ländern spezielle Regelungen.

Schulprogramm. Planungs- und Handlungskonzept einer Einzelschule, das als schriftliches Ergebnis der gemeinsamen Entwicklungsarbeit eines Kollegiums Grundlage der Qualitätsverbesserung und Profilbildung sein soll. Voraussetzung hierfür ist ein gewisser Grad an *Schulautonomie,* die ihre Grenzen in den übergeordneten verfassungsrechtlichen und schulgesetzlichen Rahmenbedingungen hat. In einigen Bundesländern sind die Schulen durch Gesetze und Erlasse aufgefordert, ihr pädagogisches Profil zu entwickeln, indem sie ein S. erarbeiten, das eine Leitfunktion für die pädagogische Arbeit hat und eine Basis für die Gestaltung des Unterrichts und des Schullebens abgibt. Das S. ist dann Ausdruck der pädagogisch-konzeptionellen Grundorientierung des Kollegiums und zugleich der gemeinsamen Verantwortung der Lehrer- und der Elternschaft für ihre Schule. In diesem Sinne ist das S. ein Instrument der innovativen Schulentwicklung, der inneren Schulreform, der Mitbestimmung und Kooperation aller Beteiligten.

Folgende Schritte haben sich bei der Entwicklung eines S. bewährt: 1. Pädagogische Bestandsaufnahme zum Ist-Zustand: Situationsbeschreibung, Bilanzierung der Stärken und Schwächen der bisherigen schulischen Arbeit, besondere gesellschaftlich-soziale Herausforderungen, pädagogischer Grundkonsens in Fragen des Unterrichtens und Erziehens. 2. Zielfindung: Klärung der für vordringlich gehaltenen pädagogischen, didaktischen und organisatorischen Schwerpunkte zur Qualitätsverbesserung der Arbeit; gemeinsames Erstellen einer Prioritätenliste für die Konkretisierung. 3. Maßnahmenprogramm: Aus der Rangfolge möglicher Vorhaben eines oder eine begrenzte Anzahl gemeinsam auswählen, planen und durchführen. Aspekte der Konkretisierung sind Überlegungen, an welche Stärken angeknüpft werden kann, welche Probleme gelöst werden müssen, welche Ziele erreicht werden sollen, welcher Zeitrahmen für die Verwirklichung der Ziele nötig ist, wer die leitende Verantwortung für die Organisation der Arbeit übernimmt u. a. m. 4. Ergebnisauswertung und Weiterentwicklung: Gegenstände können mangelnde oder beispielhafte Fach- und Methodenkompetenz, Organisationsschwierigkeiten und konstruktive Organisationsleistungen, Probleme und positive Beispiele im Bereich der Schüler-Lehrer-Beziehung, der Grad fehlender oder vorhandener Innovations- und Kooperationsbereitschaft im Kollegium u. a. sein. 5. Längerfristige *Evaluation:* Sie ist im Rahmen einer Einzelschule als Selbstevaluation der Prozesse zu verstehen und kann in bilanzierenden Gesprächsrunden relativ kurzfristig oder in festgelegten Zeitabständen als systematische Evaluation der bisherigen konzeptionellen Entwicklung als Ganzes auf der Grundlage von Befragungen und Beobachtungen stattfinden. Zu fragen ist, ob sich die Ausgangsbedingungen verändert haben, der pädagogische Grundkonsens gesteigert worden ist und die Qualität der Schule sich verbessert hat. Darüber hinaus ist auch eine schulexterne Evaluation durch die *Schulinspektion* vorgesehen, deren Ergebnisse nicht nur Aussagen über die Qualität und das Profil der Einzelschule, sondern auch über die Qualität des gesamten Schulsystems zulassen. Die kooperative Programmentwicklung und die Evaluation des Kollegiums einer Schule tragen i. d. R. nicht nur zur Erweiterung der pädagogisch-didaktischen Kompetenzen bei, sie führen meist auch zur Entwicklung einer kollegialen Arbeitsgemeinschaft. In den meisten Bundesländern bieten die Institute für Lehrerfortbildung Hilfen zur Entwicklung eines S. durch Seminare, Moderatorenteams und Arbeitsmaterialien an.

Schulpsychologe (engl. *educational psychologist*). S. sind an der Universität diplomierte Psychologen mit dem beruflichen Schwerpunkt Schule und Unterricht. Im Rahmen landesrechtlicher Regelungen arbeiten sie als öffentliche Angestellte zumeist innerhalb des *schulpsychologischen Dienstes.* Sie bieten ihre analytische, beratende und problemlösende Fachkompetenz Schülern, Eltern und Lehrern an. Zumeist sind Lern- und Entwicklungsprobleme Anlass für die Einschaltung eines S. Neben dieser Einzelfallberatung wächst der Bedarf an Systemberatung im Rahmen der Lehrerfortbildung sowie der schulinternen Qualitäts- und Personalentwicklung. S. sind über die Schulämter erreichbar.

schulpsychologischer Dienst. In einigen Bundesländern besteht innerhalb der Schulverwaltung ein s. D., in dem Diplompsychologen und Lehrer mit psychologischer Zusatzausbildung den

Schulen und der Schulverwaltung Beratung, Entscheidungshilfen, Informationen und Hilfe in Konfliktfällen anbieten. Die Mitarbeiter sind nicht weisungsgebunden. Sie unterliegen einer besonderen Verschwiegenheitspflicht, ähnlich wie Ärzte und Sozialarbeiter. Zu den häufigsten Aufgaben gehören: Analyse und Beratung bei Lernstörungen, Leistungs- und Verhaltensschwierigkeiten, Schullaufbahnberatung, Konfliktberatung für Lehrer, Schüler und Erziehungsberechtigte sowie fachliche Unterstützung der Lehrer, der Schulleitung und Schulverwaltung bei besonderen pädagogischen Maßnahmen (Zurückstellung der Einschulung, Überweisung an eine Sonderschule/*Förderschule*, Entscheidung über Erziehungs- und Ordnungmaßnahmen). Ähnliche Aufgaben erfüllen in anderen Bundesländern die *Beratungslehrer.*

Schulrat (engl. *school supervisor*). Mitarbeiter einer unteren Schulaufsichtsbehörde (*Schulamt*). Er muss die Befähigung zum Lehramt besitzen. Er übt die *Fach-* und *Dienstaufsicht* über die Grund-, Haupt- und Sonderschulen/*Förderschulen*, in einigen Bundesländern auch über die Realschulen im Bezirk des Amtes aus.

Schulrecht (engl. *school law*). Umfasst sowohl Rechtsnormen aus GG und Landesverfassungen als auch *Schulgesetze*, darauf beruhende Rechtsverordnungen und Verwaltungsvorschriften. Es dient insgesamt der Regelung des Schulbetriebs im Interesse der Erfüllung des gesetzlich bestimmten Bildungs- und Erziehungsauftrages. Schule ist rechtlich gesehen als Institution zu verstehen, die auf Dauer an einem festen Ort, unabhängig vom Wechsel der Schüler und Lehrer, in bestimmten Organisationsformen unter Beachtung der Bildungs- bzw. Lehrpläne bestimmte Ziele und Zwecke verfolgt. Nach den Bestimmungen des GG fällt das S. in die Kompetenz der Bundesländer. Um die Einheitlichkeit der Lebensverhältnisse auch im Bereich der Schule sicherzustellen, erarbeitet die KMK länderübergreifende Rechtsnormen, die vor Inkrafttreten allerdings vom Landesgesetzgeber verabschiedet werden müssen. S. ist weitgehend sog. öffentliches Recht, weil es die Ausübung staatlicher Befugnisse gegenüber den Bürgern regelt.

Schulreife *Schulfähigkeit.*

Schulreifetest. *Einschulungsdiagnostik.*

Schulschriften. *Ausgangsschriften.*

Schulsozialarbeit (engl. *social work at school*). Schülern, Eltern und Lehrern steht es außerhalb des Schulbetriebes frei, die verschiedenen Angebote der *Jugendhilfe* zu nutzen. Darüber hinaus kann auf Beschluss der Gesamtlehrerkonferenz eine Schule die Zusammenarbeit mit Trägern und Mitarbeitern der Jugendhilfe als S. institutionalisieren. Wichtigstes Ziel ist Prävention gegen Persönlichkeitskrisen der Schüler, gegen abweichendes Verhalten und Schulversagen. Dieses Ziel verfolgt S. durch die Stärkung sozialpädagogischer Kompetenzen innerhalb der Schule sowie die inner- und außerschulische Unterstützung des Entwicklungs- und Lernprozesses der Schüler. Die in der S. tätigen *Sozialpädagogen* oder *Sozialarbeiter* bieten dafür Schülern, Erziehungsberechtigten und Lehrern pädagogische, soziale und rechtliche Beratung an, leisten in akuten Krisenfällen Unterstützung durch Kontakte zu sozialen Diensten, ergänzen das Schulleben durch Gruppenarbeit zu adressatenbezogenen Themen (Sport, Freizeitgestaltung, Gesundheit, Ernährung, Partnerschaft und Sexualität, Drogen), durch Spielstuben und Mittagstische, Hausaufgabenhilfe oder auch durch Elternarbeit. S. findet in unterschiedlichen Organisationsformen statt: als selbständige, in den Schulbetrieb integrierte Institution, als Einrichtung, die nur nach besonderer Absprache mit der Schulleitung tätig wird, oder als freies Angebot neben der Schule. Die Qualität der S. hängt wesentlich von der Bereitschaft und Fähigkeit der Lehrer und Sozialpädagogen zur offenen und kritisch-konstruktiven Zusammenarbeit ab. Das *Kinder- und Jugendhilfegesetz* (KJHG) und die *Schulgesetze* der Länder fordern Schulverwaltung und Schulen ebenso wie die öffentlichen und privaten Träger der Jugendhilfe zur Weiterentwicklung der S. auf. Informationen zum Stand der S. sind den Veröffentlichungen des *Deutschen Jugendinstituts* in München zu entnehmen.

Schulspiel. *Darstellendes Spiel.*

Schulsprengel. Früher gebräuchliche Bezeichnung für *Schulbezirk.*

Schulstrafen. *Erziehungs- und Ordnungsmaßnahmen.*

Schulsystem (Syn. **Schulaufbau, Schulwesen**; engl. *school system*). Auf *Schule* bezogener Teilbereich des *Bildungswesens*, in dem die vertikale Gliederung nach *Schularten* und die horizontale Struktur der aufeinander aufbauenden Schulstufen (*Primar-* und *Sekundarbereich I* und *II*) durch grundlegende schulpolitische Entscheidungen festgelegt sind. Aufgrund der *Kulturhoheit der Länder* enthalten die *Schulgesetze* der einzelnen Bundesländer differenzierte Aussagen zu Aufbau und Gliederung des Schulwesens, die voneinander abweichen können. Unterschiedliche Auffassungen und Regelungen gibt es z. B. zur Dauer der *Grundschule* (vier- oder sechsjährig in Berlin und Brandenburg), zur *Förderstufe* bzw. *Orientierungsstufe* (schulformübergreifend, schulformabhängig), zur *Gesamtschule* (*Regelschule, Angebotsschule)*, zur Einrichtung selbständiger Stufenschulen und zur Lehrerbildung (Stufenlehrer).

Durch die Zusammenarbeit der Länder in der KMK tragen die Abkommen der Ministerpräsidenten zur Vereinheitlichung des S. bei. Der *Deutsche Bildungsrat* hat mit dem *Strukturplan für das Bildungswesen* von 1970 u. a. Gutachten und Empfehlungen die Entwicklung im Bildungswesen beeinflusst. Die Einrichtung der *Bund-Länder-Kommission für Bildungsplanung und Forschungsförderung* (BLK) führte 1973 zum *Bildungsgesamtplan*. Seit der Wiedervereinigung ist in den neuen Bundesländern nach der Aufhebung der zehnklassigen allgemein bildenden polytechnischen Oberschule das *Gymnasium* wieder eingeführt und daneben der Sekundarschulbereich durch die Zusammenführung von *Haupt-* und *Realschule* und die Gründung einiger Gesamtschulen neu strukturiert worden. Brandenburg hat die Hauptschule nicht mehr eingeführt und neben Realschule und Gymnasium die Integrierte Gesamtschule als Regelschule voll ausgebaut. Diese Neugliederung des Schulsystems zog auch in einigen alten Bundesländern vergleichbare Neuregelungen nach sich. Die KMK hält die neuen integrierten Schularten im Sekundarbereich I mit dem Hamburger Abkommen für vereinbar, wenn ab Klasse 7 in einigen Fächern eine abschlussbezogene *Differenzierung* stattfindet und die Vereinbarung über die *Abschlüsse* am Ende des Sekundarbereichs I beachtet wird. Einzelheiten hat die KMK in der »Vereinbarung über die Schularten und Bildungsgänge im Sekundarbereich I« geregelt. (Vgl. KMK-Beschluss vom 3. 12. 1993 i. d. F. vom 2. 6. 2006.) In allen Ländern gibt es außerdem die Sonderschule, Schule für Behinderte oder *Förderschule.*

Im weiteren Aufbau des S. schließt sich an den Sekundarbereich I der Sekundarbereich II mit der *gymnasialen Oberstufe* des Gymnasiums und der Gesamtschule sowie den Schulen des *beruflichen Schulwesens* an. Zum allgemein bildenden S. gehören im tertiären Bereich das *Abendgymnasium* und das *Kolleg*, die zur Allgemeinen Hochschulreife führen. (Vgl. *Deutschland*, 16 Bundesländer)

Schultest (engl. *school test*). Mit bestimmten Methoden entwickeltes und nach festen Regeln durchzuführendes Verfahren der *Diagnostik* bzw. der *pädagogischen Diagnostik*. Gemäß den Testgütekriterien von G. A. Lienert soll ein Test objektiv, reliabel (zuverlässig) und valide (gültig) sein. Ein S. ist ein Hilfsmittel, mit dem Lernvoraussetzungen und

Ergebnisse von Lernprozessen nach diesen Kriterien in künstlich geschaffenen Standardsituationen unter genau festgelegten Bedingungen gemessen werden können. Der S. soll so angelegt sein, dass er von Lehrern oder Beratungslehrern durchgeführt, ausgewertet, interpretiert und für pädagogisches Handeln nutzbar gemacht werden kann.
Obwohl Testverfahren seit Anfang des 20. Jh. entwickelt worden sind, ist ihre Verbreitung nach der Unterbrechung durch den Nationalsozialismus erst ab 1964 mit der von K. Ingenkamp herausgegebenen Reihe ›Deutsche Schultests‹ wieder in Gang gekommen. Zu den eingesetzten S. gehören Einschulungstests (sog. Schulreifetests), Tests zur Legasthenikerdiagnose, Schulleistungs-, Gruppenintelligenz- und Spracheignungstests zur Übergangsauslese, Konzentrations- und Aufmerksamkeitstests, Sozialtests u. a. Seit etwa 1973 führte die aufkommende Testkritik zu einem erheblichen Rückgang der Testanwendung.
Die verschiedenen Arten von S. unterscheiden sich im Wesentlichen in der Zielsetzung und den Auswertungsmerkmalen. Nach der klassischen Testtheorie von G. A. Lienert sind die vergleichsorientierten, gruppennormbezogenen, standardisierten S. konstruiert. Sie ermöglichen, das getestete Merkmal (z. B. die Schulleistung) eines einzelnen Schülers oder einer Schulklasse mit den Ergebnissen einer umfangreichen, meist für alle Schüler eines Altersjahrgangs repräsentativen Schülergruppe zu vergleichen. Von der vergleichsgruppenbezogenen Testart unterscheiden sich die kriteriums- und lernzielorientierten Tests grundsätzlich. Basierend auf einem Curriculum suchen sie den Beurteilungsmaßstab für die Zielerreichung nicht im sozialen Vergleich von Leistungen, sondern in der Orientierung an einem sachbezogenen Kriterium, das den Charakter einer Idealnorm hat. Zwar gelten für beide Arten die gleichen Prinzipien bei der Testkonstruktion (Lernzielbeschreibung, Aufgabenentwicklung), jedoch unterscheiden sie sich prinzipiell in der Aufgabenanalyse und der Testauswertung aufgrund unterschiedlicher Messtheorien. Ziel des Kriteriumstests ist die Feststellung, ob ein Lernziel erreicht wurde bzw. wie groß der Abstand zum Kriterium »Lernziel erreicht« ist, d. h. welche Defizite noch bestehen. Das Ergebnis als Stand des Lernprozesses kann für einen Schüler festgestellt werden, ohne die Ergebnisse anderer Schüler zu kennen.
Verfahren, die von Lehrern für ihren Unterricht nach den testmethodischen Konstruktionsmerkmalen selbst entwickelt werden, bezeichnet man im Unterschied zu den formellen Tests der Experten als informelle Tests.

Schultheorie (Syn. **Theorie der Schule**; engl. *theory of school*). Teilbereich der *Schulpädagogik*, von dem historisch-hermeneutische und empirisch-systematische Forschungen und Theoriebildungsprozesse ausgehen, der aber auch Forschungsergebnisse und Theorien anderer Fachrichtungen der Erziehungswissenschaft (z. B. Sozialpädagogik) und anderer Disziplinen (z. B. Psychologie, Soziologie) aufgreift und zu einer umfassenden Theorie der Schule verarbeitet.
Die historische *Schulforschung* beschreibt und analysiert die Entwicklung der *Schule*, der *Schulorganisation* und des *Schulsystems*. Sie dokumentiert, wie Schule als Teilsystem der Gesellschaft historisch durch soziostrukturelle Gegebenheiten und Erwartungen von Gruppen der Gesellschaft (z. B. Bildungsbürgertum, Politik, Kirche, Parteien) geformt wurde. Sie sucht Aufklärung über das Verhältnis von Schule und Gesellschaft, über die bildungspolitische und verwaltungstechnische Institutionalisierung des Lernens in der Schule und die Einflussmöglichkeiten von Bildungs- und Unterrichtstheorien auf diese Vorgänge. Ihre historischen Analysen machen die Abhängigkeit didaktischer und methodischer Prozesse von der zugrunde liegenden Schulsystemkonzeption, die Hand-

lungsspielräume von Lehrern sowie die Widersprüche zwischen staatlichem Berechtigungswesen und pädagogisch-erzieherischen Bemühungen bewusst. An alternativen Schulen und Konzeptionen der *Reformpädagogik* kann sie die Bedingungen des Wandels wie das Scheitern von Reformbemühungen angesichts des Beharrungsvermögens traditioneller Strukturen aufzeigen.

Die empirisch-systematische Schulforschung belegt mit ihren Analysen den gegenwärtigen Funktionszusammenhang von Schule und Gesellschaft und arbeitet in schulsystemvergleichenden Untersuchungen die Lern- und Sozialisationseffekte der verschiedenen Schularten und Schulstufen heraus. Auf der Grundlage kontrollierter Realitätsbeobachtung beschreibt, analysiert und erklärt sie die vorgefundenen Bedingungen und den Vollzug des Lehrens und Lernens in der Schule. Vor allem am Beispiel der Schulprogrammentwicklung einzelner Schulen mit besonderer pädagogischer Konzeption kann die Schulforschung theoretische Grundlagen gewinnen, die ein Beleg für den Qualitätswandel einer Schule sind, der auch andere Schulen zur Reform anregen kann. Von großem Einfluss auf die schultheoretische Diskussion sind seit *TIMSS* und *PISA* die Ergebnisse der *Internationalen Vergleichsstudien* und die daraus resultierenden Reformen in *Schule* und *Unterricht*.

Zur S. gehört auch die Aufklärung über ihre eigene Wissenschaftsgeschichte, die spätestens mit der erstmaligen Verwendung des Begriffs Theorie der Schule Mitte der zwanziger Jahre des 20. Jh. beginnt.

Schulträger. In den Schulgesetzen der Bundesländer ist geregelt, welche öffentlichen Gebietskörperschaften (Gemeinde, Kreis, Land) zur Einrichtung von Schulen berechtigt und verpflichtet sind. Der S. übernimmt die sächlichen Kosten für die Schule (Planung, Bau, Unterhalt, Ausstattung sowie laufende Verwaltung). Für die Einrichtung und Schließung einer Schule benötigt ein S. die Genehmigung der obersten Schulaufsichtsbehörde. Für Grundschulen, Hauptschulen, Sonderschulen und Gymnasien sind i. d. R. die Gemeinden S., kreisfreie Städte und Landkreise unterhalten das berufliche Schulwesen.

Schulunfähigkeit. *Bildungsunfähigkeit*.

Schulunterhaltung. *Schulfinanzierung*.

Schulverband. Einzelne Schulträger können sich zu einem S. zusammenschließen, wenn die Nachfrage nach Schulplätzen, finanzielle Leistungsfähigkeit der einzelnen Schulträger und örtliche Nähe den gemeinsamen Unterhalt einer Schule nahelegen.

Schulverfassung. Definiert die Schule als unselbständige Anstalt des öffentlichen Rechts, die in der Verwaltungshierarchie des Schulwesens die unterste Einheit bildet. Schulen haben weder Verwaltungs- noch Satzungsautonomie. Sie unterliegen der Rechts- und Fachaufsicht durch die mittleren und höheren Behörden der Schulverwaltung und arbeiten weisungsgebunden. Die S. bestimmt die Rechts- und Pflichtverhältnisse zwischen dem Gesetzgeber und dem Schulträger sowie zwischen Lehrern, Schülern und Erziehungsberechtigten.

Schulverhältnis. Das durch die Schulhoheit des Staates begründete Rechtsverhältnis zwischen dem *Schüler* und der Schule. Das S. bestimmt gegenseitige Rechte und Pflichten. Die Schule ist auf der Grundlage der bestehenden Gesetze (GG, Landesverfassung, *Schulgesetz*) gehalten, dem Schüler Unterricht und Erziehung zuteil werden zu lassen, ihm einen Schulabschluss zu ermöglichen, seine individuelle Persönlichkeit zu stärken und ihn zur Teilnahme am kulturellen und politischen Leben zu befähigen. Der Schüler ist gehalten, den Unterricht regelmäßig zu besuchen und alles zu tun, was das Erreichen der Schulziele unterstützt. Im Rahmen des S. dürfen die *Grundrechte* der Schüler nur insoweit eingeschränkt werden, als das für das Erreichen der Schulziele unbedingt erforderlich ist. Dafür ist in jedem Falle eine gesetzliche Grundlage erforderlich.

Schulversagen (engl. *failure at school*). Wenn S. festgemacht wird an der Zurückstellung bei der Einschulung, an Schulzeitverlängerung in der Grundschule, an einer Grundschulempfehlung für die weiterführende Schule, die dem Elternwunsch nicht entspricht, an der Wiederholung einer Klasse wegen unzureichender Leistungen, am absteigenden Schulformwechsel, am Verlassen der Schule ohne Abschlusszeugnis, am dauerhaften Bedarf von Nachhilfeunterricht oder an Schulverweigerung, dann wird der Begriff im Sinne von Schülerversagen gebraucht. Schüler können die Leistungs- und Verhaltensnormen der Schule nicht erfüllen. Die Zahl dieser Schüler nimmt in Deutschland stetig zu und ist im internationalen Vergleich hoch, wie *PISA* belegt hat. Die im Begriff S. auch enthaltene Aussage, dass nämlich die Schule die unterschiedlichen Lernvoraussetzungen, individuellen Lernwege und die sozialen Rahmenbedingungen für das schulische Lernen der Kinder und Jugendlichen nicht erfolgreich berücksichtigt und in diesem Sinne als System versagt, wird erst neuerdings in der Schulforschung gründlicher untersucht.

Das Schülerversagen ist häufig Folge sozialer Beeinträchtigungen. Die soziale Stellung der Eltern ist niedrig, ihre wirtschaftliche Lage oftmals prekär, vielfach fehlt es an Möglichkeiten, den Kindern beim Lernen zu helfen, oft besteht kulturelle Distanz der Schule gegenüber. Kinder aus derart bildungsfernen Familien gehören deshalb besonders häufig zu den Schulversagern. *Schulsozialarbeit* und förderpädagogische Angebote im Rahmen von *Ganztagsschulen* können diese Benachteiligung der Kinder deutlich mindern.

Schulversäumnis. Ein S. liegt vor, wenn ein Schüler seiner Pflicht zur Teilnahme am Unterricht nicht nachkommt, wenn er an der Teilnahme verhindert oder wenn er von der Teilnahme befreit bzw. beurlaubt ist. S. wegen einer dringenden Verhinderung (z. B. Krankheit) ist bei minderjährigen Schülern von den Erziehungsberechtigten der Schule spätestens am zweiten Tag der Verhinderung mündlich oder schriftlich anzuzeigen. Volljährige Schüler entschuldigen sich selbst. Auf Antrag kann der Fachlehrer für einzelne Stunden vom Unterricht befreien oder beurlauben, für bis zu zwei ganze Unterrichtstage der Klassenlehrer und für längere Zeiten der Schulleiter. Die zulässigen Gründe für eine Beurlaubung sind in den Schulbesuchsverordnungen der Länder zumeist recht genau aufgelistet. Eltern können diese Verordnung bei der zuständigen Behörde bzw. beim Schulamt anfordern.

Schulversuch. Im Bildungswesen dient ein S. dazu, neue pädagogische und organisatorische Erkenntnisse für Weiterentwicklungen in der *Schule* zu gewinnen und praktisch zu erproben. S. können sich z. B. auf neue Strukturen im Schulsystem oder auf curriculare Veränderungen in einzelnen Schulformen, aber auch auf Teile der Schulverfassung beziehen. Sie werden im Rahmen bestehender Schulformen oder in besonderen Versuchsschulen durchgeführt. S. können auch flächendeckend in bestimmten Versuchsbezirken eingerichtet werden. Beispiele sind S. mit Gesamtschulen oder mit der Integration behinderter und nicht behinderter Kinder außerhalb von Sonderschulen/*Förderschule* in der allgemeinen Schule.

S. bedürfen der Genehmigung durch die Schulaufsichtsbehörde. Das Verfahren zur Beantragung eines S. durch eine einzelne Schule oder den Schulträger ist in den Schulgesetzen und/oder Verordnungen der Bundesländer geregelt. S. laufen i. d. R. eine begrenzte Zeit und sind wissenschaftlich oder in sonstiger geeigneter Weise zu begleiten und auszuwerten. Die Ergebnisse sollen der Öffentlichkeit zugänglich gemacht werden.

Ist ein S. in einer Versuchsschule (z. B. der Gesamtschule) beendet, kann die

Schule in den Status einer *Regelschule* oder einer *Angebotsschule* übergeführt werden. Ehemalige S. werden bei Weiterbestehen auch als *Modellschulen* bezeichnet. Wie die ›Vereinbarung über die Schularten und Bildungsgänge im Sekundarbereich I‹ der KMK von 1993 (in der Fassung vom 2. 6. 2006) zeigt, werden die Abschlüsse und Berechtigungen bestimmter ehemaliger Gesamtschulen mit besonderer Konzeption weiterhin anerkannt.

Schulverwaltung (engl. *school administration*). Alle Behörden der staatlichen *Schulaufsicht* und des jeweiligen *Schulträgers* einer Schule (Stadt, Gemeinde, Kreis). Die staatliche S. ist in den einzelnen Bundesländern sehr unterschiedlich geregelt. Oberste Behörde ist das zuständige Ministerium. Den Schulen unmittelbar vorgesetzt sind die Schulämter. Ob dazwischen eine mittlere Behörde eingeschaltet ist und für welche Schularten die einzelnen Behörden zuständig sind, ist in den meisten Ländern in den Schulgesetzen geregelt. Es liegen jedoch auch spezielle S.gesetze vor.

Schulverweisung. Hat ein Schüler vorsätzlich in schwerster Weise und wiederholt seine Pflichten verletzt und dadurch die Erfüllung der Aufgaben der Schule sowie die Rechte seiner Mitschüler gefährdet und stellt sein weiteres Verbleiben an der Schule für Erziehung und Unterricht der übrigen Schüler eine nicht zu verantwortende Beeinträchtigung dar, kann durch die oberste Behörde der Schulverwaltung eine S. (auch Ausschluss von der Schule genannt) ausgesprochen werden. Bei minderjährigen Schülern sind zuvor dessen Erziehungsberechtigte zu einem Gespräch einzuladen. Die S. kann für eine einzelne Schule, für die Schulen eines Ortes oder eines ganzen Landes ausgesprochen werden. Gegen eine S. kann vor einem Verwaltungsgericht Einspruch erhoben werden.

SchulWeb. Seit 1995 bestehender Bildungsserver für deutschsprachige Schulen im Internet. Er besteht aus der größten Datenbank der deutschsprachigen Schulen und Schülerzeitungen weltweit, die mit einem eigenen Informationsangebot (Homepage und ggf. weiteren Seiten) im World Wide Web vertreten sind und die sich beim S.-Server angemeldet haben. Nur solche Schulen sind über die Internet-Adresse www.schulweb.de zugänglich. Ziel des S. ist die Vermittlung von Kontakten zwischen Schulen und die Förderung des Einsatzes von Internetdiensten an Schulen. Neben Schulangeboten (z. B. Zeitungen, Materialien), vielfältigen Informationen (z. B. Literatur, Wettbewerbe) fördert der S. die Kommunikation im Netz über die Mailingliste, die Chatrunden und das Forum.

Schulwesen. *Schulsystem.*

Schulzentrum (engl. *school complex*).
1) Zentraler Gebäudekomplex, in dem sich mehrere *Schularten* befinden.
2) Im Stadtstaat Bremen ist das S. die Schulart des Sekundarbereichs I, die Hauptschule, Realschule und Gymnasium pädagogisch und organisatorisch zusammenfasst.

Schulzwang. Die Schulgesetze der Bundesländer sehen den S. für solche Fälle vor, in denen trotz gütlicher Bemühungen durch Schule oder Schulverwaltung Erziehungsberechtigte oder (im Falle der Teilzeitschulpflicht) Ausbildende es versäumen, Kinder und Jugendliche zur Erfüllung der *Schulpflicht* anzuhalten. Es können Geldbußen verhängt werden, oder aber der Schüler wird der Schule zwangsweise zugeführt.

Schweden. **1)** Parlamentarische Monarchie. Hauptstadt: Stockholm (771 038 Einw.). Fläche: 449 964 km^2, 8,9 Mill. Einw., 20 Einw./km^2. 92,2% Schweden, 0,2% Samen (Lappen), 2,5% einheimische Finnen, 5,3% Ausländer. Landessprache: Schwedisch (Amtssprache), Finnisch und Samisch (Lappisch). Religion: etwa 85% Christen (vorwiegend evangelisch-lutherische).
2) Die Zuständigkeit für alle Ausbildung und die Schulgesetzgebung liegt beim Reichstag und beim Ministerium für Bil-

dung und Wissenschaft. Während zu den zentralen Aufgaben des Staates die Verfügung landesweit einheitlicher Ziele, Schulordnungen, Lehrpläne, Stundentafeln u. Ä. gehört, liegt die Verantwortung für die Durchführung im Zuge der Dezentralisierung bei den kommunalen Behörden. Die Gemeinden sind die Träger der Pflichtschulen, der Gymnasialschulen und der meisten Einrichtungen für Erwachsenenbildung. Der Gemeinderat ist für den Schulplan des Schulwesens in der Gemeinde und die einzelne Schule für ihren Arbeitsplan verantwortlich. Das 1991 eingerichtete Zentralamt für Schule und Erwachsenenbildung (Skolverket) ist mit seinen elf regionalen Außenstellen die Verwaltungsbehörde des Schulbereichs, die für die Schulaufsicht, Schulentwicklung, Evaluation, Lehrerfortbildung u. a. Aufgaben zuständig ist. Das Zentralamt legt dem Reichstag und der Regierung in bestimmten Abständen einen Bildungsbericht mit einer Beurteilung des Schulwesens vor, der Grundlage für einen landesweiten Schulentwicklungsplan ist.

Staatliche Zentralbehörde für die Universitäten und Hochschulen ist das Zentralamt für höhere Bildung.

Die Schulpflicht besteht für Kinder im Alter von sieben bis 16 Jahren und umfasst neun Schuljahre. Mit der Einführung eines flexiblen Schulbeginns können seit 1997 auf Wunsch der Eltern alle Sechsjährigen in die Schule aufgenommen werden. 2003 traf das auf 3,1% der Sechsjährigen zu. Darüber hinaus gibt es seit 1998 die Vorschulklasse (Förskoleklass), die von den Sechsjährigen freiwillig besucht werden kann, um sie auf die Schule vorzubereiten.

Für die Kinder der Bevölkerungsgruppe der Samen (Lappen) werden die sechsklassigen staatlichen Schulen für Sami (Sameskolan) und der integrierte samische Unterricht an einer Anzahl kommunaler Pflichtschulen in Nordschweden angeboten. Der Lehrplan für den samischsprachigen Unterricht sieht vor, dass die Schüler mit dem samischen Kulturerbe vertraut gemacht werden und Samisch sprechen, lesen und schreiben lernen.

In der Grundskola (Grundschule) sind etwa 12% der Schüler Kinder von Flüchtlingen und Einwanderern. Sie haben das Recht auf die gleiche Grundschulausbildung wie die schwedischen Mitschüler, auf Unterricht in Schwedisch als Zweitsprache und auf Unterricht in ihrer Muttersprache als Fach.

Für Schüler mit körperlichen und sprachlichen Behinderungen gibt es acht zehnklassige staatliche Spezialschulen (Specialskolan) und für geistig Behinderte kommunale Sonderschulen (Särskolan). Für diese Schulen ist das Staatliche Institut für Behindertenfragen als Behörde zuständig.

Nur etwa 2% aller Schulkinder besuchen vom Zentralamt für Schule und Erwachsenenbildung anerkannte Privatschulen, zu denen vorwiegend Montessori- und Waldorfschulen gehören. Eine Privatschule erhält Finanzhilfe von der Heimatgemeinde des Schülers.

Eine Besonderheit des Schulwesens besteht in dem Recht der Eltern und Schüler, zwischen kommunalen Schulen frei wählen zu können. Alle öffentlichen Schulen werden koedukativ geführt und sind gebührenfrei.

3) Zu den Vorschuleinrichtungen (Förskolan) im Elementarbereich für Kinder im Alter von einem Jahr bis fünf Jahren zählen ganztägige Kindergärten, Kindertagesstätten und offene Vorschuleinrichtungen. Sie werden von 90,9% der Dreijährigen, 95,7% der Vierjährigen und 96,9% der Fünfjährigen besucht. Die 1998 neu eingeführte Vorschulklasse (Förskoleklass) für den freiwilligen Besuch von Sechsjährigen gehört zum Schulwesen und wird in den Lehrplan der Schule einbezogen. Die Förskoleklass wird von etwa 94% der Sechsjährigen besucht.

Die neun Schuljahre umfassende Pflichtschule für alle Schüler ist die als integrierte Gesamtschule in Ganztagsform

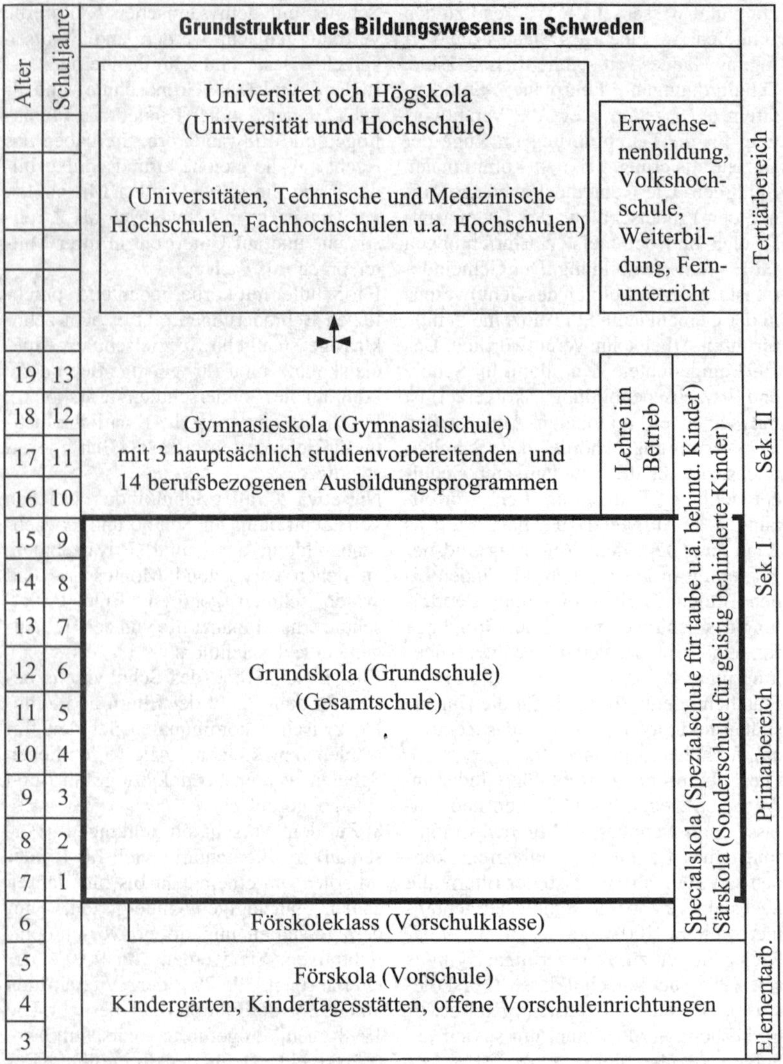

Fett umrandet sind die Einrichtungen für die Erfüllung der Schulpflicht.

Qualifizierte Auswahl — Einfacher Übergang

konzipierte Grundskola (Grundschule), die Schule für samische Kinder (Sameskola), die Schule für Behinderte (Specialskola) und die Sonderschule (Särskola). Der Lehrplan ist landesweit gültig. Er beschreibt die grundlegenden Leitlinien, Ziele und Werte der Schule, den Kursplan für jedes Fach und schreibt die zu erreichenden Ziele am Ende des 5. und 9. Schuljahres vor. In den ersten sieben Schuljahren gibt es keine Noten oder Zeugnisse, sondern kontinuierliche Beobachtungen und Berichte über die Lernfortschritte sowie die Regelversetzung. Vom 8. Jahrgang an werden in den Schulfächern lernziel- und wissensbezogene Noten (Dreierskala: Sehr gut, Gut, Genügend) und schriftliche Zeugnisse gegeben. Zur Vergleichbarkeit werden am Ende des 5. (freiwillig) und 9. Schuljahres landesweit einheitliche Tests in den Fächern Schwedisch, Englisch und Mathematik durchgeführt. Mit einem erfolgreichen Abschlusszeugnis wechseln etwa 98% der Grundschulabsolventen in das System der Gymnasieskola (Gymnasialschule) über.

Im Sekundarbereich II werden in der als integrierte Gesamtschule in Ganztagsform konzipierten Gymnasieskola landesweit 17 dreijährige Ausbildungsprogramme angeboten. Drei dieser Programme bereiten direkt auf das Studium im Hochschulbereich vor, 14 sind hauptsächlich berufsbezogen, wobei mindestens 15% der Gesamtausbildungszeit im Betrieb stattfindet. Alle 17 Programme vermitteln neben den speziellen Programmschwerpunkten mit acht verbindlichen Kernfächern eine breite Grundausbildung. Zu den Ausbildungsprogrammen, die sich im zweiten und dritten Jahr in Zweige untergliedern, gehören: 1. Naturwissenschaften, 2. Geisteswissenschaften, 3. Künstlerisches Programm, 4. Wirtschaft und Verwaltung, 5. Baugewerbe, 6. Kinderbetreuung, 7. Elektronik, 8. Energie, 9. Nahrungsmittel, 10. Handwerk, 11. Gesundheitsfürsorge, 12. Gastgewerbe, 13. Industrie, 14. Medien, 15. Nutzung der natürlichen Ressourcen, 16. Umweltschutz und Umweltbildung, 17. Fahrzeugtechnik. Die Leistungsbeurteilung wird nicht für einzelne Fächer oder jedes Schulhalbjahr, sondern nach Abschluss jeden Kurses mithilfe einer vierstufigen Notenskala (Sehr gut, Gut, Genügend, Ungenügend) durchgeführt. Für bestimme Fächer sind nationale Tests entwickelt worden. Am Ende der Schulzeit findet keine Abschlussprüfung statt. Das Abschlusszeugnis der Gymnasieskola enthält eine Auflistung der Noten für alle Kurse und fasst die Ergebnisse entsprechend dem Studienplan zusammen. Ziel ist die Zugangsberechtigung für ein Studium an einer Universität oder Hochschule.

4) Die berufliche Ausbildung erfolgt hauptsächlich in den vollzeitlichen Einrichtungen der Gymnasieskola. Nur etwa 2% der Jugendlichen durchläuft eine Lehrlingsausbildung im traditionellen Sinne in einem Betrieb.

5) Zum Hochschulbereich gehören sieben Universitäten (Universiteten) und etwa 20 weitere Hochschulen (Högskola). Über 43% eines Altersjahrgangs nehmen eine höhere Ausbildung im Tertiärbereich auf (2002). Zugangsbedingungen sind der Abschluss im Sekundarbereich II und die Zulassungsvoraussetzungen der einzelnen Hochschulen. Kriterien für die Auswahl der Studierenden sind Schulzeugnisse, Universitätseignungsprüfung oder spezielle Tests, vorhergehende Ausbildung und Berufserfahrung. Es wird zwischen berufsbezogenen (z. B. Diplom in Medizin oder für ein Lehramt) und akademischen Abschlüssen (Diploma, Bachelor's degree, Master's degree, Doktor) unterschieden.

6) Pflichtschullehrer absolvieren eine Ausbildung von dreieinhalb (Klasse 1 bis 7) bis viereinhalb Jahren (Klasse 4 bis 9) und Gymnasiallehrer von viereinhalb Jahren für zwei oder drei Fächer an einer Universität oder einer universitären Lehrerbildungseinrichtung. Lehrer für den berufsbezogenen Unterricht an der Gymnasialschule verfügen über hohe wirtschaftswissenschaftliche, naturwissenschaftliche oder technische Qualifikationen, eine Lehrerausbildung und häufig über Berufserfahrung in einem Ausbildungsberuf. Seit 2001 müssen Lehrer aller Lehrämter eine Lehrbefähigung für den integrativen Unterricht von Schülern mit besonderem Förderbedarf erwerben. Lehrer sind Beamte.

7) Die Erwachsenenbildung ist Teil des öffentlichen Schulwesens und bietet eine gebührenfreie Weiterbildung an, die der Grund- und der Gymnasialschule entspricht. Darüber hinaus bietet die ergänzende Erwachsenenbildung berufsbezogene Kurse an, die zu höherer Befähigung im Beruf oder zu Qualifikationen in einem neuen Beruf führen. Eine weitere Aufgabe der Erwachsenenbildung ist der Schwedischunterricht für Einwanderer im Alter von 16 Jahren aufwärts. Daneben gibt es außerhalb des öffentlichen Bildungswesens etwa 150 Volkshochschulen, die meist Heimvolkshochschulen sind, und den Fernunterricht.

Schweigepflicht (engl. *duty to maintain confidentiality*). Unter die S. im Sinne der Pflicht zur Geheimhaltung fallen alle Kenntnisse über Klienten oder Patienten und auch über deren nähere Lebensumstände. In dieser Weise trifft sie besonders für Sozialarbeiter/Sozialpädagogen, Beratungslehrer, Mitarbeiter des schulpsychologischen Dienstes, aber auch für Lehrer zu. Hinzu kommt außerdem die Pflicht zur Geheimhaltung von Dienstgeheimnissen, soweit dies ausdrücklich durch Gesetz oder eine dienstliche Anordnung bestimmt ist. So unterliegen z. B. alle Aussagen, die in nichtöffentlichen Teilen einer dienstlichen Konferenz erfolgen, der Pflicht zur Verschwiegenheit.

Schweiz. **1)** Parlamentarischer Bundesstaat mit 26 Kantonen. Hauptstadt: Bern (122 304 Einw.). Fläche: 41 285 km^2, 7,4 Mill. Einw., 179 Einw./km^2, im Mittelland über 500 Einw./km^2. 79,5% Schweizer. Vier Landessprachen: Deutsch (63,7%), Französisch (20,4%), Italienisch (6,5%), Rätoromanisch (etwa 0,5%), 9,5% andere Sprachen (2000); Amtssprachen: Deutsch, Französisch und Italienisch. Religion: 41,8% Katholiken, 35,3% Protestanten, 4,3% Muslime, 1,8% Orthodoxe, 0,2% Juden, 11,1% konfessionslos.

2) Die Zuständigkeiten im Bildungsbereich sind in dem föderalistischen Bundesstaat dezentral zwischen Bund, Kantonen und Gemeinden aufgeteilt. Auf Bundesebene gibt es kein Bildungsministerium. Rechtliche Grundlagen des Bildungswesens sind der Bildungsartikel 41 in der Bundesverfassung von 1848 (bis heute mehrfach ergänzt) und die Schulgesetze der 26 Kantone. In der am 1. 1. 2000 in Kraft getretenen revidierten Bundesverfassung wurde dem Bund die gesamtschweizerische Zuständigkeit für alle Berufe außerhalb der Hochschule übertragen. Durch das Berufsbildungsgesetz von 2004 und durch entsprechende Verordnungen wurden in der Berufsbildung verschiedene Reformen eingeführt. Der Bund ist u. a. zuständig für die Eidgenössischen Technischen Hochschulen in Lausanne und Zürich, für die Berufsbildung und die Fachhochschulen. Von zentraler Bedeutung für das Bildungswesen sind die eigenständigen Schulgesetze der Kantone, das Schulsystem ist nicht einheitlich geregelt. Ein rechtliches Instrument zur Angleichung der verschiedenen Schulsysteme stellt das Konkordat über die Schulkoordination von 1970 dar. In diesem Sinne bedeutsam ist die Schweizerische Konferenz der kantonalen Erziehungsdirektoren (EDK), die sich vermehrt mit der Weiterentwicklung und der Koordination des Bildungswesens befasst und Empfehlungen an die Kantone abgibt. Um das vielfältige schweizerische Bildungssystem durchschaubar und planbar zu machen, bauen Bund und Kantone ein nationales Bildungsmonitoring auf. Im Bereich der Volksschule will die EDK die obligatorische Schule durch das Reformprojekt HarmoS (2003–2007/08) landesweit und verbindlich harmonisieren. Am 14. 6. 2007 hat die EDK ein neues Schulkonkordat über die Harmonisierung der obligatorischen Schule (HarmoS-Konkordat) einstimmig verabschiedet. Grundlage hierfür war die Zustimmung in der Volksabstimmung über die Umsetzung des neuen Bildungsrahmenartikels (Art. 62 Abs. 4) der Bundesverfassung am 21. 5. 2006. Kernpunkte des Konkordats sind: Obligatorischer Schuleintritt mit erfülltem 4. Altersjahr, Dauer der Primarstufe inklusive Kindergarten oder Eingangsstufe acht Jahre, Dauer der Sekundarstufe drei Jahre, im Tessin vier Jahre, Schulpflicht 11 Schuljahre. Ferner: national verbindliche Bildungsstandards, sprachregionale Lehrpläne, Blockzeiten auf der Primarstufe und ein Angebot bedarfsgerechter Tagesstrukturen. Wird das Konkordat bis Ende 2008 von zehn Kantonen ratifiziert, erfolgt die Umsetzung in allen Kantonen bis spätestens 2014/15.

Der Beginn der Schulpflicht ist in den Kantonen bisher nicht einheitlich geregelt. Sie beginnt i. d. R. für jedes Kind, das bis zum 30. April eines Jahres das 6. Lebensjahr vollendet, am Beginn des Schuljahres nach den Sommerferien. Sie dauert in der obligatorischen Schule für Kinder im Alter von sechs bis 15 Jahren neun Jahre und umfasst bisher in allen Kantonen die Primarschule und die Sekundarstufe I. Der Kanton Zürich weicht z. B. mit seinen Reformen wie folgt davon ab: Nach dem Volksschulgesetz des Kantons Zürich vom Februar 2005 werden Kinder, die bis zum 30. April eines Jahres das 4. Lebensjahr vollenden, mit Beginn des nächsten Schuljahres schulpflichtig. Die Schulpflicht dauert hierdurch elf Schuljahre, längstens jedoch bis zum Abschluss der Volksschule. Durch die Schulpflicht der Vierjährigen besteht die öffentliche Volkschule im Kanton Zürich aus der zweijährigen Kindergartenstufe, der sechsjährigen Primarstufe und der dreijährigen Sekundarstufe.

In der Schweiz ist der Besuch öffentlicher Schulen unentgeltlich. Privatschulen werden nur in seltensten Fällen subventioniert. Für Kinder mit sonderpädagogischem Förderbedarf gibt es Sonderklassen in Regelschulen, Sonderschulen für bestimmte Behinderungsarten und ambulante Förder-, Beratungs- und Therapieeinrichtungen. Insgesamt besuchen etwa 6% aller Schüler der obligatorischen Schulen eine Schule mit besonderem Lehrplan.

3) Zum Vorschulbereich gehören i. d. R. die Einrichtungen der Vorschulerziehung, die in der Deutschschweiz Kindergarten, in der Westschweiz École enfantine (Kinderschule) und im Tessin Scuola dell'infanzia (Kinderschule) heißen. Ferner gibt es die familienexterne Kinderbetreuung im Vorschulalter, zu der Kinderkrippen und Spielgruppen zählen. In der Mehrzahl der Kantone wird die Vorschulerziehung im Schulgesetz und den entsprechenden Schulverordnungen geregelt. In einigen Kantonen gibt es ein eigenes Kindergartengesetz. In allen Kantonen besteht das Anrecht auf eine mindestens einjährige und in der Hälfte der Kantone auf eine zweijährige Vorschulerziehung. Der Besuch ist unentgeltlich und war bisher freiwillig. Die Kindergärten werden gesamtschweizerisch von etwa 98% der Kinder für ein Jahr und von 63% für zwei Jahre in Anspruch genommen. Es gibt Bestrebungen, den Kindergartenbesuch vor Schuleintritt durch ein ein- oder zweijähriges Kindergartenobligatorium verpflichtend zu machen, wie es im Kanton Luzern bereits seit 1999 und im Kanton Zürich seit 2005 geschehen ist.

Im August 2000 hat die EDK »Erste Empfehlungen zur Bildung und Erziehung der vier- bis achtjährigen Kinder« herausgebracht, in denen es um die Zusammenlegung von Kindergarten- und Primarschuljahren geht. In der Grund- oder Basisstufe wird die Schuleingangsphase neu gestaltet. Dabei geht es um die Flexibilisierung des Übergangs von der Vorschule

(Kindergarten) zur Primarschule. Sie umfasst zwei Kindergartenjahre und ein Primarschuljahr (Modell 2+1) oder zwei Primarschuljahre (Modell 2+2). Die Klassen werden jahrgangsgemischt geführt. Die Grundstufe wird i. d. R. in drei oder vier Jahren durchlaufen, kann aber auch ein Jahr kürzer oder länger absolviert werden. Seit 2004 gibt es hierzu eine größere Anzahl Modellversuche, die 2009 abgeschlossen sein sollen.

In die Primarschule (École primaire, Scuola elementare) treten die Kinder frühestens mit sechs Jahren ein. Sie dauert in 20 Kantonen sechs Jahre und in den übrigen fünf oder vier Jahre. Der Unterricht erfolgt i. d. R. am Vor- und Nachmittag. Neben den üblichen Fächern wird meist ab Klasse 3 Englischunterricht erteilt. Zur Beurteilung der Leistungen gibt es Noten, die aber in einer Reihe von Kantonen in den ersten Klassen abgeschafft und durch Beurteilungsgespräche, Beobachtungsbögen oder Entwicklungsberichte ersetzt worden sind. Nach der 6. Klasse erfolgt der Übertritt in die Sekundarschule (Oberstufe der Volksschule) oder in manchen Kantonen ins Langzeitgymnasium über eine Aufnahmeprüfung. Das Langzeitgymnasium führt in sechs Schuljahren zur Maturität.

Die Dauer hängt von der Anzahl der Schuljahre im Primarbereich ab und umfasst in den meisten Kantonen drei Jahre, in anderen vier oder fünf Jahre. Mit Ausnahme von Genf, des Tessins und von Teilen des Wallis, wo es Gesamtschulen mit differenzierten Anforderungen gibt, ist die Sekundarstufe I selektiv in zwei bis vier Schultypen mit unterschiedlichen Anforderungen gegliedert. Es gibt Schultypen mit Grundansprüchen zur Vorbereitung auf weniger anspruchsvolle Berufslehren (z. B. Oberschule), mit mittleren Ansprüchen (z. B. Realschule, Bezirksschule oder Progymnasium) zur Vorbereitung auf anspruchsvollere Berufsausbildungen und mit gehobenen Ansprüchen (z. B. Sekundarschule, Untergymnasium) zur Vorbereitung auf die Maturitätsschule (Gymnasium) oder die Fachmittelschule. In manchen Kantonen werden die Schüler nach der sechsjährigen Grundschule nicht mehr bestimmten Schultypen zugewiesen, sondern innerhalb einer Sekundarschule (7. bis 9. Schuljahr) nach unterschiedlichen Anforderungen differenziert. Dabei gibt es zwei Organisationsformen: In der gegliederten Sekundarschule werden die Schüler in zwei Stammgruppen mit grundlegenden oder mit erweiterten Anforderungen sowie in bestimmten Fächern in Niveaugruppen unterrichtet. In der dreiteiligen Sekundarschule findet der Unterricht in den Abteilungen A, B und C mit unterschiedlichen Anforderungen statt. Die Zuweisung in diese Leistungsgruppen erfolgt aufgrund einer Gesamtbeurteilung in der Übertrittsempfehlung der Primarschule und der bisherigen Leistungen in allen Fächern. Zur Leistungsbeurteilung wird i. d. R. eine Notenskala von 1 bis 6 (Sehr gut) benutzt. Ein Wechsel der Leistungsgruppen ist innerhalb der folgenden Schuljahre an drei Terminen möglich.

Nach der gesamtschweizerischen Statistik, die nur zwei Schultypen unterscheidet, gehen etwa 30% der Schüler in die »Sekundarstufe I mit Grundansprüchen« und etwa 70% in die »Sekundarstufe I mit erweiterten Ansprüchen«. Beim Übergang in die Berufsausbildungen und Maturitätsschulen zeigt die Erfahrung, dass Absolventen aus Sekundarschulen mit erweiterten Ansprüchen im Sekundarbereich II allgemein bildende Schulen und anspruchsvolle Berufslehren offenstehen, während Absolventen mit Grundansprüchen z. B. bei Aufnahmeprüfungen in Maturitätsschulen kaum berücksichtigt werden.

Die Sekundarstufe II lässt sich in allgemein bildende und berufsbildende Ausbildungsgänge unterteilen. Unter den allgemein bildenden Schulen im Sekundarbereich II nehmen die Maturitätsschulen Schüler bestimmter Schulen (z. B. des Untergymnasiums) prüfungsfrei und an-

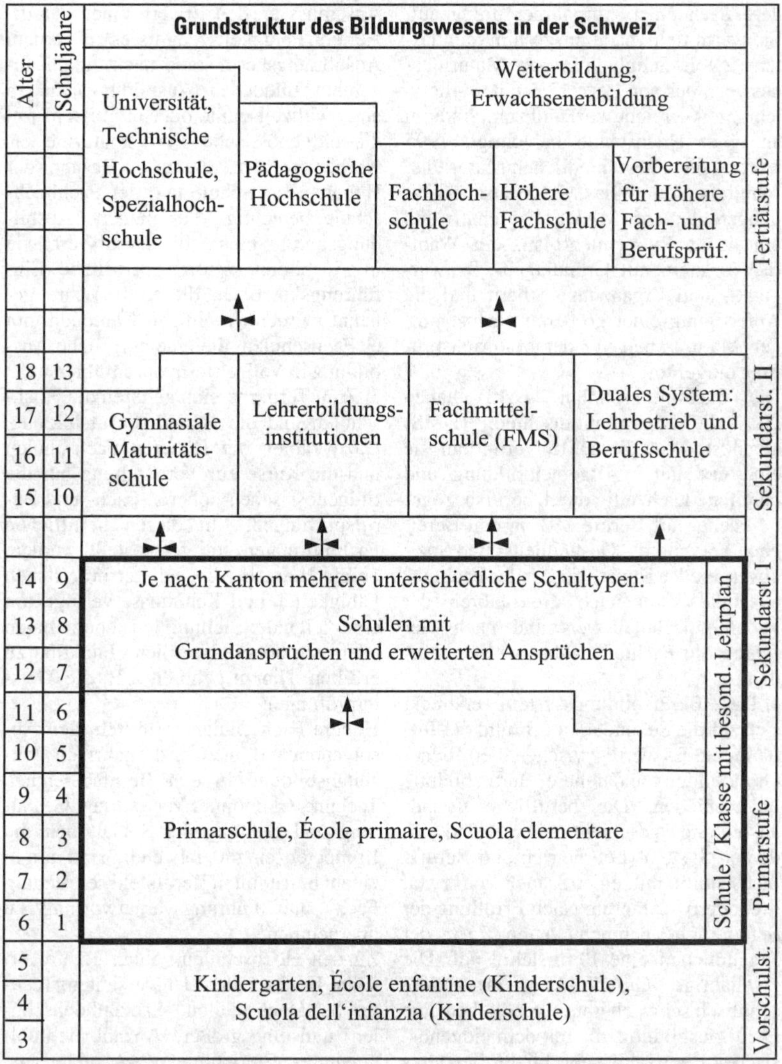

Fett umrandet sind die Einrichtungen für die Erfüllung der Schulpflicht.

Qualifizierte Auswahl   Einfacher Übergang

dere nach einer Aufnahmeprüfung auf. Sie vermitteln nach insgesamt mindestens zwölf Schuljahren den Maturitätsausweis, der von etwa 17% eines Altersjahrgangs erreicht wird und zum Studium an einer Hochschule berechtigt. 1995 wurden die unterschiedlichen Maturitätsschultypen durch das Maturitätsanerkennungsreglement (MAR) abgeschafft und ein neuer Rahmenlehrplan, ein Wahlfächersystem mit Grundlagen-, Schwerpunkt- und Ergänzungsfächern und die Anfertigung einer größeren eigenständigen Maturaarbeit vor der Maturitätsprüfung eingeführt.

Die Fachmittelschulen (FMS) haben 2004 die Diplommittelschulen (DMS) abgelöst. Wie die DMS vermitteln sie eine erweiterte Allgemeinbildung und bereiten gleichzeitig durch berufsbezogene Fächer auf Berufe z. B. in den Bereichen Verwaltung, Gesundheits- und Sozialwesen oder Kunst vor. An der Fachmittelschule kann nach drei Jahren der Fachmittelschulausweis und nach vier Jahren die Fachmaturität erworben werden.

4) Das Berufsbildungssystem erstreckt sich auf die Sekundarstufe II und die Tertiärstufe. Es wird zwischen beruflicher Grundbildung und höherer Berufsbildung unterschieden. Die berufliche Grundausbildung geschieht vorwiegend im dualen System (Lehrbetrieb und Berufsfachschule) mit einer Dauer von zwei, drei oder vier Jahren. Nach Erfüllung der Schulpflicht nehmen knapp 75% der Jugendlichen eine Berufslehre auf. Die zweijährige Grundbildung ermöglicht schulisch schwächeren Jugendlichen eine Berufsausbildung, die mit dem eidgenössischen Berufsattest abschließt. Letzteres gewährt den Zugang zur drei- oder vierjährigen Grundbildung. Diese dient der Vermittlung von Qualifikationen zur Ausübung eines Berufs und führt zum Erwerb des eidgenössischen Fähigkeitszeugnisses. Das breite Spektrum der Berufslehren reicht von kaufmännischen über Pflege- bis hin zu technischen Berufen. Im Anschluss an den Erwerb eines qualifizierten Fähigkeitszeugnisses in einem Ausbildungsberuf kann nach einem allgemein bildenden Ausbildungsjahr an einer Vollzeitschule oder in Teilzeitform die eidgenössische Berufsmaturität erworben werden, die zum Besuch der Höheren Fachschule und der Fachhochschule berechtigt. Für manche Ausbildungsberufe bieten die Berufsverbände in Ausbildungszentren berufliche Einführungskurse an, die triale Lehre genannt werden. In einigen Kantonen gibt es Fachschulen, die eine berufliche Ausbildung in Vollzeitform durchführen.

5) Zum Tertiärbereich gehören die Hochschulen und die Höhere Berufsbildung. Dazu zählen die Höheren Fachschulen und die Kurse zur Vorbereitung auf die Eidgenössischen höheren Fach- und Berufsprüfungen. Mit diesen beruflichen Fachprüfungen soll festgestellt werden, ob ein Bewerber über die erforderlichen Fähigkeiten und Kenntnisse verfügt, um eine leitende Stellung zu übernehmen oder eine höhere berufliche Funktion zu erfüllen. Hierzu gehören z. B. die Meisterprüfungen.

Höhere Fachschulen vermitteln den Absolventen z. B. in einer dreijährigen Vollzeitausbildung in den Berufsbereichen Technik, Ökonomie, Verwaltung, Gestaltung und Design oder Sozialarbeit die Kompetenzen, die notwendig sind, um in einem bestimmten Berufsfeld selbständig Fach- und Führungsverantwortung zu übernehmen.

Zu den Hochschulen zählen 15 universitäre Hochschulen (Universitäten, Technische Hochschulen, Spezialhochschulen) und eine größere Anzahl nichtuniversitärer Einrichtungen. Akademische Studienabschlüsse an den wissenschaftlichen Hochschulen sind Diplom, Lizentiat, Bachelor, Master, Doctorat (PhD) und in einigen berufsbezogenen Studienfächern die staatliche Prüfung.

Seit dem Fachhochschulgesetz von 1996 gibt es neben den universitären Hochschulen die Fachhochschulen mit praxisorientierten Diplom-, Bachelor- und Masterstudiengängen für verschiedene Berufsfelder. Zu diesem Hochschultypus zählen auch die Pädagogischen Hochschulen.

6) Die Ausbildung der Lehrkräfte ist je nach Kanton unterschiedlich organisiert. Für die Lehrkräfte im Vorschulbereich findet sie entweder in einem Seminar des Sekundarbereichs II (Dauer: drei oder vier Jahre) oder nach der Maturität im Tertiärbereich (Dauer: zwei bis drei Jahre) statt. Seit 2005 werden Lehrer an Volksschulen (Primar- und Sekundarschulen) in allen Kantonen an Pädagogischen Hochschulen ausgebildet (Dauer: fünf Jahre). Lehrer an Gymnasien müssen in zwei oder drei Fächern ein Universitätsstudium abgeschlossen und anschließend eine berufsbezogene Ausbildung absolviert haben (Dauer: mindestens fünf Jahre). Lehrkräfte an gewerblichen Berufsschulen werden nach einer abgeschlossenen Ausbildung am Schweizerischen Institut für Berufspädagogik (SIBP) und Lehrkräfte für den kaufmännischen Bereich an Universitäten ausgebildet.

7) Die Einrichtungen der Weiterbildung und der Erwachsenenbildung zählen in der Schweiz zum Quartärbereich (vierter Bildungsbereich). In den ›Empfehlungen zur Weiterbildung von Erwachsenen‹ des EDK von 2003 umfasst die Weiterbildung die Gesamtheit aller Lernprozesse, in denen Erwachsene ihre Fähigkeiten entfalten, ihr Wissen erweitern und ihre fachlichen und beruflichen Qualifikationen verbessern und neu ausrichten. Die Weiterbildung ist Bestandteil lebenslangen Lernens.

Score. Aus dem Englischen übernommene Bezeichnung für die zahlenmäßige Einordnung einer Leistung z. B. in einem *Schultest* durch eine Punktzahl oder *Note.*

Seitigkeit. *Lateralität.*

Sekundarbereich I (Syn. **Sekundarstufe I**). In Anlehnung an die Vorschläge der OECD zur begrifflichen Vereinheitlichung in den Bildungssystemen der Mitgliedstaaten bezeichnet der Deutsche Bildungsrat im Strukturplan von 1970 den für alle Schüler gemeinsamen Teil des horizontal strukturierten *Bildungswesens,* der die Schuljahre 5 bzw. 7 bis 10 umfasst, als Sekundarstufe I. Heute ist das *Schulsystem* vertikal in *Schularten* gegliedert und horizontal durch die Stufen *Elementarbereich* (vorschulischer Bereich), *Primarbereich* (Grundschule), S. I (einschließlich Förder- bzw. *Orientierungsstufe*) und Sekundarbereich II strukturiert.

Sekundarbereich II (Syn. **Sekundarstufe II**). Zum S. II des *Schulsystems* gehören die *gymnasiale Oberstufe* des *Gymnasiums* und der *Gesamtschule* sowie die Schulen des *beruflichen Schulwesens.*

Sekundärgruppe. *Gruppe.*

Sekundarschule (engl. *secondary school*). Im Bundesland Sachsen-Anhalt allgemein bildende *Schulart*, die nach der Grundschule neben dem Gymnasium existiert. Sie umfasst die Schuljahrgänge 5 bis 9 bzw. 10. Nach der differenzierenden Förderstufe im 5. und 6. Schuljahrgang besuchen die Schüler den Hauptschul- oder den Realschulbildungsgang. Die Abschlüsse der beiden Bildungsgänge ermöglichen den Schülern, ihren Bildungsweg im berufsbildenden Bereich fortzusetzen. Bei Vorliegen besonderer Leistungen erwerben Schüler des zehnjährigen Hauptschulbildungsganges und des Realschulbildungsganges die Berechtigung zum Eintritt in die Klasse 10 des Gymnasiums.

Selbstbestimmung (engl. *self-determination*). Das Recht des Einzelnen und gesellschaftlicher Gruppen auf autonome und eigenverantwortliche Gestaltung der eigenen Angelegenheiten folgt aus dem in Artikel 2 des Grundgesetzes garantierten Recht auf freie Entfaltung der Persönlichkeit, soweit die Rechte anderer nicht verletzt werden. Den Rahmen für die verantwortete Praxis von S. beschreiben die Menschen- und Grundrechte.

Die Fähigkeit zur S. wird von W. Klafki zusammen mit der *Mitbestimmungsfähig-*

keit und der *Solidaritätsfähigkeit* als Leitziel einer zeitgemäßen *Allgemeinbildung* bezeichnet, weil allein in der Verpflichtung auf diese Ziele Erziehung und Unterricht ihren Beitrag dazu leisten könnten, dass die heranwachsende Generation interessiert, mutig, sachverständig und offen an der kritischen Aneignung, Verständigung und Bewertung der historisch gewachsenen Lebensbedingungen und deren bewusster Fortführung, Weiterentwicklung oder Veränderung mitwirken will und kann.

Bei wachsender Komplexität und Globalisierung des Bedingungsgefüges der Lebensbeziehungen und zunehmender Konzentration wirtschaftlicher und politischer Macht wird es immer wichtiger, in pädagogischen Interaktionen, ganz besonders in Unterricht und Schulleben, die mit der Freiheit zur S. verbundene soziale Verantwortung sowie die Möglichkeiten individueller und kollektiver Sinngebung und die Gestaltbarkeit der allgemeinen Lebensverhältnisse konkret erfahrbar werden zu lassen. Die zentralen Werte und Normen der Menschen- und Grundrechte – Menschenwürde, Freiheit, Gleichheit – sind unter dieser Verpflichtung immer erneut in erzieherische und didaktische Prinzipien zu übersetzen, um deren jeweils mögliche und verantwortbare Konkretisierung sich Erzieher, Lehrer und Sozialpädagogen als Bürger und Beauftragte eines freiheitlichen, demokratischen und um Gerechtigkeit bemühten Gemeinwesens beständig zu kümmern haben.

Selbstbewusstsein (engl. *self-confidence*). Bewusstsein des Ich von sich selbst als Subjekt des Erlebens und Erkennens im Unterschied zum Gegenstands- oder Außenweltbewusstsein.

Selbsterfahrungsgruppe (engl. *sensitivity group*). Gruppendynamisches Verfahren, das unter Anleitung von speziell ausgebildeten Therapeuten oder Psychagogen praktiziert wird. Eine zeitlich begrenzt sich zusammenfindende Gruppe lernt in Gesprächen und gemeinsamen Übungen (z. B. in Rollenspielen) die eigenen Bedürfnisse, Wünsche, Gefühle, Gedanken und Verhaltensweisen zum Ausdruck zu bringen und sie über die Rückmeldungen der Gruppenmitglieder deutlicher wahrzunehmen und sich bewusst zu machen.

Selbstkompetenz (Syn. **Humankompetenz, Personalkompetenz**). Dimension des allgemeinen Begriffs *Kompetenz,* die die Bereitschaft und Fähigkeit bezeichnet, sich als individuelle Persönlichkeit die Entwicklungsmöglichkeiten, Anforderungen und Einschränkungen in Familie, Schule, Beruf und öffentlichem Leben bewusst zu machen, die Gewordenheit eigener Begabungen, Fähigkeiten, Wertvorstellungen und Haltungen zu erkennen, Lebenspläne zu entwickeln und das eigene berufliche und soziale Leben aktiv zu gestalten. Unter S. fallen auch Arbeitstugenden und Persönlichkeitseigenschaften wie Selbstvertrauen, Selbständigkeit, Leistungsbereitschaft, Kritikfähigkeit, Zuverlässigkeit, Verantwortungs- und Pflichtbewusstsein.

Selbstkonzept (lat. *concipere* zusammenfassen, sich etwas vorstellen; engl. *self-concept*). Der Begriff bringt die Tatsache zum Ausdruck, dass jeder Mensch über ein inneres Bild der eigenen Person und seiner Beziehungen zur Umwelt verfügt. Dieses selbstbezogene Wissen deckt je nach Biografieverlauf und *Lebenslage* unterschiedliche Dimensionen ab und weist eine Ordnung auf, die sich nach der persönlichen Beurteilung der Erfahrungen mit sich selbst und der Umwelt richtet. Das S. kann folglich auch als Ergebnis der laufenden Verarbeitung der bisherigen Selbsterfahrungen angesehen werden.

Für Kinder und Jugendliche in Schule und Ausbildung sind drei Schwerpunkte des S. von besonderer Bedeutung: a) das allgemeine Selbstwertgefühl als kognitive Repräsentation der eigenen Wertschätzung, b) das *Fähigkeitsselbstkonzept* als kognitive Repräsentation der persönlichen Handlungskompetenzen gegenüber schulischen Anforderungen sowie c) das

Wissen über die eigene Kontrollkompetenz, also die Ausprägung der Überzeugung, die Ergebnisse von schulischem Leistungshandeln seien als Ergebnisse eigenen Könnens und eigener Anstrengungen anzusehen. Schulerfolge und Schulzufriedenheit korrelieren mit positiven Ausprägungen dieser Schwerpunkte des S. z. T. sehr deutlich.

Ein freundliches und angstfreies Klassenklima, geduldige und verständnisvolle Kommunikation zwischen Lehrern und Schülern, erfolgsorientierte Arbeitsangebote für die Schüler, konstruktive Rückmeldungen über Schulleistungen sowie ein hohes Maß an *Authentizität* in Unterricht und Schulleben sind nach dem derzeitigen Forschungsstand von großer Bedeutung für eine positive Entwicklung des S.

Selbsttätigkeit. Bemühungen des Lernenden, die Organisation seines Lernprozesses aktiv und zunehmend eigenverantwortlich mitzugestalten. Diese Kompetenz ist dann erreicht, wenn sich der Lernende in den vielfältigen Formen der Auseinandersetzung mit einem Lerngegenstand ohne fremde Aufforderung spontan und intensiv für die Bewältigung einer Arbeit entscheidet. Der Lernende hat dann das Ziel der Erziehung zur S., nämlich seine Selbständigkeit, erreicht. Er ist zum Subjekt seines Lernprozesses geworden. In der Literatur wird der Begriff der S. häufig in Verbindung mit dem Begriff Selbständigkeit genannt und diesem untergeordnet.

In der Didaktik kommt das Prinzip der S. auch in verwandten Begriffen wie aktives Lernen, selbstgesteuertes Lernen, selbstverantwortetes Lernen oder selbstbestimmtes Lernen zum Ausdruck. Seit der Reformpädagogik wird das Prinzip der S. in der *Montessori-Pädagogik* und in der *Arbeitsschulbewegung* konsequent vertreten.

Selbstwertgefühl. *Selbstkonzept.*

Selbstwirksamkeit (engl. *self-efficacy*). Das von A. Bandura entwickelte Konstrukt dient der näheren Bestimmung optimistischer Selbstüberzeugungen im Hinblick auf die Lösung schwieriger Herausforderungen. Die Kompetenz zur Lösung schreibt eine Person mit hoher S. überwiegend sich selbst zu. Auch bei Gruppen (Klasse, Lehrerkollegium) lässt sich die S. darstellen. Benutzt wird dafür eine Skala mit 10 Items zur Erfassung von Lehrer- und Schülermerkmalen (R. Schwarzer & M. Jerusalem). Nach verschiedenen Studien bestehen positive Zusammenhänge mit Lernerfolgen, Selbstvertrauen, Arbeitszufriedenheit und einer stabilen selbstattribuierten Erfolgserwartung, negative Zusammenhänge mit Ängstlichkeit, Gefühl der Bedrohung, Depressivität und Burnout. Eine hohe S. ist wesentliche Voraussetzung für selbstorganisiertes Lernen.

Selektion. *Auslese.*

Selektionsdiagnostik. *Diagnostik. Pädagogische Diagnostik.*

Self-fulfilling prophecy. *Pygmalion-Effekt.*

Semester (lat. *semestris* halbjährig). Studienhalbjahr. In vielen Ländern wird das Studienjahr in Trimester, also dreimal drei Monate, eingeteilt.

Seminar (lat. *seminarium* Keim, vorbereitende Bildungsstätte; engl. *seminar*). Organisationsform von Lehr-Lern-Veranstaltungen, in denen im Wesentlichen durch Gedankenaustausch und Diskussion neue Erkenntnisse gewonnen werden sollen.

Senat (lat. *senatus* Rat der Alten). Versammlung von gewählten Vertretern der einzelnen Mitgliedergruppen einer Hochschule, die über alle Angelegenheiten zu beschließen hat, die die gesamte Hochschule angehen (z. B. Erlass der Grundordnung und der Ordnungen über Hochschulprüfungen, Wahl des Rektors bzw. des Präsidenten der Hochschule, Einrichtung oder Aufhebung von Studiengängen).

Seniorenbildung. *Altenbildung.*

sensible Phasen, sensitive Perioden. **1)** Begriff in der *Montessori-Pädagogik*, den *M. Montessori* nach ihrem Schlüsselerlebnis mit der Entwicklung einer

Schmetterlingsraupe 1917 von dem holländischen Biologen H. de Vries übernommen hat. S. P. sind in der frühen Entwicklung von Lebewesen Zeiten von vorübergehender Dauer, in denen eine besondere Empfänglichkeit für den Erwerb bestimmter Fähigkeiten besteht, die danach wieder abklingt. Bei ihren intensiven Beobachtungen von Kindern hat Montessori im Unterschied zu den erblichen Verhaltensprogrammen bei Tieren in verschiedenen Lebensabschnitten schöpferische Sensitivitäten festgestellt, durch die bestimmte Lernprozesse besonders gefördert werden, wenn in der Umwelt entsprechende Erfahrungsmöglichkeiten vorhanden sind. Ist jedoch eine solche Phase der Empfänglichkeit vorbei, kann der Erwerb einer Fähigkeit nie mehr so mühelos und ohne Willenskraft und Anstrengung geschehen. Jede Phase ist die Basis der folgenden. Verkümmerte Sensibilitäten sind meist nur mit großer pädagogischer Hilfe in begrenztem Maße korrigier- und förderbar. Montessori unterscheidet drei große Phasen 0–6 (mit den Unterphasen 0–3 und 3–6), 7–12 und 12–18 Jahre, deren Sensibilitäten in der Literatur ausführlich dargestellt sind. Für Pädagogen ergibt sich die wichtige Aufgabe, durch Beobachtung das Auftreten einer s. P. zu erkennen und eine vorbereitete Umgebung mit angepassten Lernmöglichkeiten bereitzustellen, damit das Kind zur *Polarisation der Aufmerksamkeit* und zum Aufbau seiner Persönlichkeit gelangen kann. Gelingt dies nicht, kann die Nichtbeachtung s. P. Frustration, Aggressivität und Launenhaftigkeit bewirken und damit das Selbst- und Weltbild des Kindes negativ beeinflussen.

2) Die neuere Gehirnforschung hat bei Tieren (z. B. Eulen, Sumpfmeisen) durch Experimente und bei Kindern durch ihre bildgebenden Verfahren s. P. nachgewiesen, in denen durch die Wechselwirkung von neurobiologischer Reifung und Erfahrung in der Umwelt bestimmte Denkkonzepte entstehen, die grundlegende Spuren für die Bewältigung des Lebens im Gehirn hinterlassen. Die neurobiologische Entwicklungsforschung spricht von »sensiblen Perioden« oder »kritischen Entwicklungszeitfenstern«. Das wichtigste Merkmal der Entwicklungszeitfenster ist, dass sie z. B. zum Spracherwerb zeitlich begrenzt geöffnet sind und nicht ungenutzt verstreichen dürfen. Sie liegen in den ersten drei bis fünf Lebensjahren, also vor der Zeit, in der schulische Bildung einsetzt. Die Neurodidaktik befasst sich heute mit den Grundlagen und Vorschlägen für gehirngerechtes Lehren und Lernen.

Septem artes liberales (lat. *septem* sieben, *ars* Kunst, Geschicklichkeit, *liber* frei). Vor dem Hintergrund von bis ins 2. Jh. v. Chr. zurückreichenden konzeptionellen Bemühungen, für die Tradierung des Wissens eine fachlich-thematische Ordnung zu finden, konkretisieren sich bereits im frühen Mittelalter im Zusammenhang mit der Einrichtung von *Kloster-*, *Dom-* und *Stiftsschulen* die S. a. l. als Kanon der schulischen Lehre. Mit ihnen wird ein didaktisches Schema gewonnen, das die Absonderung der Schule von den Lebenszwängen des Alltags dafür nutzt, der kleinen gesellschaftlichen Elite eine allgemeine Grundbildung zu vermitteln, auf der alle weiteren beruflichen Spezialisierungen in Kirche, Staat und Wirtschaft aufbauen können.

Die S. a. l. gliedern sich in das Trivium (lat. Dreiweg) und das Quadrivium (lat. Kreuz- bzw. Vierweg). Im Trivium wurden Grammatik, Rhetorik und Dialektik, im Quadrivium Arithmetik, Geometrie, Astronomie und Musik gelehrt. Trivium und Quadrivium fanden Gestalt in Zusammenstellungen klassischer Texte, die im Laufe der rund 700 Jahre, in denen die S. a. l. die Bildungsarbeit fundierten, vielfältig variiert zu verschiedensten Lehrbüchern geführt haben.

Im Trivium geht es um Befähigung zur sprachlichen Kommunikation auf der Höhe der diesbezüglichen Wissenschaften, im Quadrivium um den verständnisvollen Umgang mit dem Wissen über die Welt.

Zur Teilnahme an der sinnverstehenden und sinnstiftenden Kommunikation trägt die Grammatik als Buchstaben- und Satzlehre, als Kunst des Lesens und Schreibens, als Befähigung zum verständnisvollen Umgang mit Sprache und Literatur und deren angemessener Reproduktion bei. In der Rhetorik soll auf die wesentlichen Formen der öffentlichen Rede vorbereitet werden, z. B. Lobesreden auf Gott und Heilige, Prunkreden zu festlichen Anlässen, Gerichtsreden, politische Reden, Grabreden u. a. Im Zentrum der Rhetorik stehen Stilkunde, Gliederung der Rede und Aufbau von Argumentationsfiguren. Die Dialektik schließlich soll das begriffliche Denken und das logische Schlussfolgern lehren. Die vier mathematischen Disziplinen des Quadriviums – die Musik wurde vor allem hinsichtlich der Harmonielehre betrachtet – repräsentieren das Wissen über die Welt nach Zahl, Raum, Bewegung und Zeit. In dieser Konzentration sind die S. a. l. eine bis heute nicht überbotene Konstruktion *kategorialer Bildung* und *exemplarischen Lehrens und Lernens.*

Erst im Laufe des 17. und 18. Jh. werden die S. a. l. von einer neuen Fächergliederung für den Unterricht abgelöst. Zugleich entfaltet sich das Konzept des erziehenden Unterrichts, der Auftrag an die Schule bleibt also nicht mehr auf die bloße Weitergabe von Wissen beschränkt.

Serbien. Republik. Hauptstadt: Belgrad (1 280 000 Einw.). Gegliedert in 29 Kreise. Zu S. gehören die Provinz Vojvodina und das von den Vereinten Nationen verwaltete Kosovo. Fläche: 88 361 km². 7,5 Mill. Einw., 85 Einw./km². Etwa 83% Serben. Ungarische und bosniakische Minderheiten. Amtssprache: Serbisch, daneben Sprachen der Minderheiten. Mehrheitlich serbisch-orthodoxe Christen. Vom Februar 2003 bis zum Juni 2006 in einem Staatenbund mit *Montenegro,* der nach der Unabhängigkeitserklärung Montenegros am 3. 6. 2006 aufgelöst worden ist.

Die Reform des Bildungswesens in S. und in der Republik Montenegro ist zur Zeit des Staatenbundes durch ein neues Schulgesetz 2003 in Gang gesetzt worden. Eine Novellierung des Schulgesetzes nach Auflösung des Staatenbundes war bis zum Dezember 2006 noch nicht erfolgt. Alle dort vorgenommenen Regelungen galten im Dezember 2006 für S. und Montenegro.

Setting. *Fachleistungsdifferenzierung.*

Sexualerziehung. *Geschlechtserziehung.*

sexueller Missbrauch (engl. *sexual abuse*). Werden Kinder oder Jugendliche gezielt und unter Einsatz von Gewalt zum Objekt der Befriedigung von Lustbedürfnissen Erwachsener, so spricht man von s. M. Besonders häufig missbrauchen Väter die Abhängigkeit, das Vertrauen, das Bedürfnis nach Zärtlichkeit und die Unwissenheit ihrer Töchter, um diese zu sexuell erregenden Handlungen zu verführen oder zu zwingen. Die Geheimhaltung wird unter Androhung schlimmster Konsequenzen für das Leben der Eltern und die Zukunft der Familie erpresst. Die Varianz der Handlungen ist so vielfältig wie die sexuellen Praktiken der Gesellschaft insgesamt. S. M. lässt sich folglich auch als Form struktureller Gewalt im Eltern-Kind-Verhältnis und als besonders schwerwiegende Form der Kindesmisshandlung definieren.

Die Täter sind i. d. R. um eine intensive Verschleierung des s. M. bemüht und die Signale der Opfer werden i. d. R. nicht erkannt, obschon es eine Reihe von möglichen Indikatoren für s. M. gibt: körperliche Spuren, plötzliche Veränderungen im Gruppenverhalten, mehr oder weniger verschlüsselte Hinweise im Spiel der Kinder und psychische Auffälligkeiten (z. B. Essstörungen, Ängstlichkeit, Selbstisolation). Selbstverständlich verbieten sich vorschnelle Rückschlüsse auf s. M. beim Auftreten solcher Symptome, weil auch ganz andere Ursachen vorliegen können. Deshalb ist es dringend geboten, bei Verdacht Experten aus *Erziehungsberatung,* Selbsthilfegruppen, *Jugendamt* oder Medizin hinzuzuziehen.

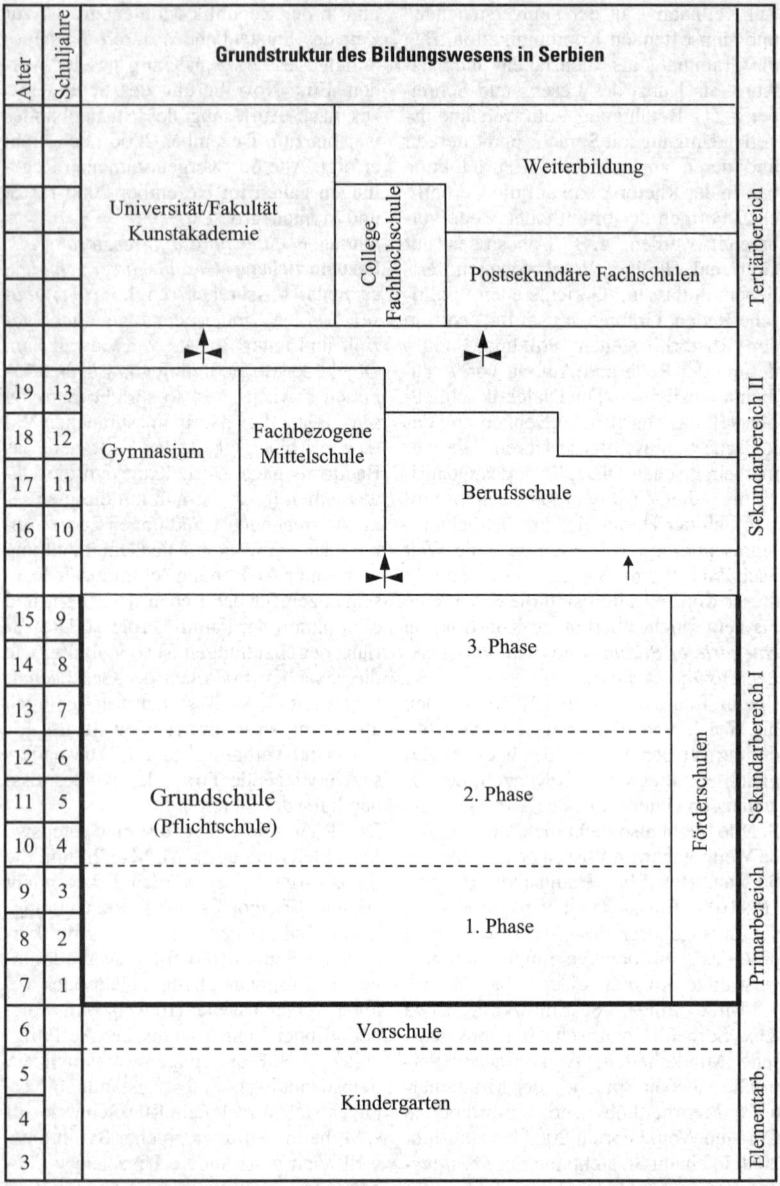

Fett umrandet sind die Einrichtungen für die Erfüllung der Schulpflicht.

Qualifizierte Auswahl ↑ Einfacher Übergang

SGB. *Sozialgesetzbuch.*

Shell Jugendstudien. Seit 1952 wird in unregelmäßigen Abständen eine repräsentative Stichprobe von Jugendlichen im Alter zwischen 12 und 25 Jahren über ihre Befindlichkeiten befragt. Ergänzend zur quantitativen Analyse werden ausführliche Einzelinterviews durchgeführt, in denen die allgemeinen Erkenntnisse der Befragung im Zusammenhang einzelner Biografien veranschaulicht werden. Die Studien fragen insbesondere nach dem Lebensstil, der Lebenslage und den Lebensentwürfen der Jugendlichen, nach ihrem Verhältnis zu Staat, Parteien, Gewerkschaften und Kirchen, nach ihren Wertorientierungen, ihren Zukunftsplänen, ihren Erwartungen, Befürchtungen und Überzeugungen, nach ihren Aktivitäten in Freizeit, Schule und Ausbildung sowie nach den Besonderheiten ihrer Mentalität und Denkweisen. Jede bisherige Studie verfolgte in diesem Rahmen einen besonderen Schwerpunkt. Die 14. Studie aus dem Jahr 2002 konzentrierte sich auf die politischen Einstellungen und das politische Engagement der Jugendlichen und die dabei zu beobachtenden geschlechtsspezifischen Ausprägungen.

Die S. J. werden von unabhängigen Forscherteams durchgeführt. Sie gehören inzwischen zu den wichtigsten Quellen der deutschen Jugendforschung. Die Finanzierung leistet das Energieunternehmen Deutsche Shell.

SINUS und **SINUS-Transfer**. Qualitätsentwicklungsprogramm der deutschen *Bund-Länder-Kommission für Bildungsplanung und Forschungsförderung (BLK)* zur »Steigerung der Effizienz des mathematisch-naturwissenschaftlichen Unterrichts«. Grundlage des Programms war eine Expertise zum Themenschwerpunkt (BLK Heft 60, 1997). Mit diesem bisher umfassendsten Programm haben Bund und Länder auf die unbefriedigenden Befunde der internationalen Studie *TIMSS 1995* reagiert. Mithilfe von SINUS sollte die Qualität des Unterrichts in einem Netzwerk von 180 Schulen der Sekundarstufe I in 15 Bundesländern innerhalb der fünf Schuljahre von 1998/99 bis 2002/03 verbessert werden. Die Koordination und wissenschaftliche Betreuung lag beim Leibniz-Institut für die Pädagogik der Naturwissenschaften (IPN) in Kiel.

SINUS ging von der Erkenntnis der Implementationsforschung aus, dass sich Qualitätsverbesserungen erfolgreich auf der Ebene der Schule nur durch die professionelle Kooperation der Lehrkräfte selbst erarbeiten lassen. Diese wurde durch den Zusammenschluss von sechs Schulen zu einem regionalen Netzwerk (Schulset) einschließlich einer Pilotschule gefördert. Das Programm enthielt folgende elf Module:

1. Weiterentwicklung der Aufgabenkultur im mathematisch-naturwissenschaftlichen Unterricht. 2. Naturwissenschaftliches Arbeiten. 3. Aus Fehlern lernen. 4. Sicherung von Basiswissen – verständnisvolles Lernen auf unterschiedlichen Niveaus. 5. Zuwachs von Kompetenz erfahrbar machen: kumulatives Lernen. 6. Fächergrenzen erfahrbar machen: fächerübergreifendes und fächerverbindendes Arbeiten. 7. Förderung von Mädchen und Jungen. 8. Entwicklung von Aufgaben für die Kooperation von Schülern. 9. Verantwortung für das eigene Leben stärken. 10. Prüfen: Erfassen und Rückmelden von Kompetenzzuwachs. 11. Qualitätssicherung innerhalb der Schule und Entwicklung schulübergreifender Standards.

Die Schulen eines Sets sollten sich in der Wahl der zu bearbeitenden Module abstimmen. Zum Informations- und Erfahrungsaustausch gab es zentrale und regionale Fortbildungsveranstaltungen. Die Schulsets wurden von Koordinatoren und einer wissenschaftlichen Begleitung betreut. Bei der Qualitätsverbesserung des Unterrichts in den beteiligten Schulen waren die Kooperation zwischen den Lehrkräften, die gemeinsame Weiterentwicklung der Unterrichtsmethodik sowie die Evaluation und Reflexion des eigenen Unterrichts die wichtigsten Faktoren.

Der erfolgreiche Ansatz führte mit SINUS-Transfer von 2003–2005 und von 2005–2007 zur zweimaligen Ausweitung der Schulnetze, an denen aus 13 Bundesländern etwa 1800 Schulen in 178 Sets (Stand 08/2005) teilnahmen. Dabei wurde der Transfergedanke durch die Kooperation von ehemaligen Programmschulen (Referenzschulen) und neu hinzukommenden Schulen (Disseminationsschulen) in gemeinsamen Schulsets realisiert. Aus solchen Verbünden sind inzwischen Kompetenzzentren oder Servicestellen entstanden, die Materien bereitstellen, Beratung und Fortbildung anbieten sowie Maßnahmen koordinieren. Der Auswertung dienten formative Evaluationen durch die Lehrkräfte, externe Evaluationen (Videostudien, Fallstudien, Interviews, Befragungen) und modulbezogene Dissertationen. Über die Verbreitung der Schulnetze, die Lehrerbefragungen zur Akzeptanz des Programms, zur Arbeit mit den Fachgruppenportfolios, zur Schülerbefragung und zu den Programmphasen gibt es ausführliche Auswertungsberichte.

SINUS-Transfer Grundschule. Die Übertragung der Konzeption von *SINUS* und *SINUS-Transfer* auf die Grundschule kann zwar an die Erfahrungen und die Organisationsstruktur des Programms im Sekundarbereich I anknüpfen, sie muss jedoch die Besonderheiten des Primarbereichs berücksichtigen. Das spezielle Grundschulprogramm geht von den Ergebnissen der internationalen Vergleichsstudie *IGLU* aus, in der die Grundschulleistungen zwar auf dem Durchschnittsniveau der OECD- oder EU-Staaten liegen, aus der sich jedoch bei differenzierter Betrachtung ein erheblicher Handlungsbedarf ergibt. Als Beispiel ist zu nennen, dass der Anteil potenzieller Risikoschüler in Mathematik über 18 Prozent und in den Naturwissenschaften über 14 Prozent liegt, wodurch deren weitere Lernbiografie als gefährdet anzusehen ist. Auf der anderen Seite gibt es etwa 40 Prozent leistungsstarke Schüler, deren Entwicklungspotenzial durch fehlende Anregungen noch nicht ausgeschöpft ist. Hinzu kommen Mittelwertunterschiede bei Mädchen und Jungen. Neben solchen ausgeprägten Problemlagen im Grundschulalter werden auf der Ebene der Lehrerprofessionalität folgende grundschulspezifische Besonderheiten genannt: Qualifikations- und Kompetenzprofile der Lehrkräfte (Fachkompetenz, pädagogische Kompetenz), ihr professionelles Selbstverständnis, Unterrichtstraditionen und didaktische Orientierungen, Zuschnitt der Schulfächer (z. B. Sachunterricht als Integrationsfach), Schulgröße und kollegiale Zusammenarbeit (z. B. keine Fachgruppen). Vor diesem Hintergrund ist die Notwendigkeit zur Qualitätssteigerung im mathematischen und naturwissenschaftlichen Grundschulunterricht zu sehen. Die inhaltliche Arbeit des Programms der regionalen Netzwerk-Grundschulen erfolgt über zehn Module, wobei die ausgewählten Problembereiche i. d. R. getrennt für die Mathematik und die Naturwissenschaften formuliert werden. Von den drei Basismodulen – 1. Gute und vielfältige Aufgaben, 2. Entdecken, Erforschen, Erklären, 3. Schülervorstellungen und grundlegende Ideen aufgreifen – kann jeweils ein Modul ausgewählt und mit einem der sieben folgenden Erweiterungsmodule kombiniert werden: 4. Lernschwierigkeiten erkennen, verständnisvolles Lernen fördern, 5. Talente entdecken und unterstützen, 6. fachübergreifend und fächerverbindend unterrichten, 7. Interessen von Mädchen und Jungen weiterentwickeln, 8. eigenständig lernen, gemeinsam lernen, 9. Lernen begleiten, Lernerfolg beurteilen, 10. Übergänge gestalten. Beschreibungen zu den Modulen sollen den Lehrkräften helfen, Problembereiche in ihren Schulen zu identifizieren und Themen zur Bearbeitung auszuwählen.

Die teilnehmenden Schulteams der etwa 170 Sinus-Grundschulen in 13 Bundesländern begannen ihre Arbeit im ersten Schuljahr 2004/05 mit zwei ausgewählten Basismodulen. In den folgenden zwei Schuljahren wurde pro Jahr ein Erweiterungsmodul ergänzt. Im vierten Programmjahr 2007/08 findet eine Dissemination der SINUS-Arbeit statt, indem jedes Schulset die Anzahl von fünf auf zehn Schulen durch Neuaufnahmen verdoppelt. Im Schuljahr 2008/09 soll dann die Qualitätsentwicklung im erweiterten Set vertieft werden. Die Arbeit wird insgesamt evaluiert. Jedes teilnehmende Bundesland hat eine Koordinationsstelle. Die zentrale Koordination und wissenschaftliche Betreuung liegt beim Leibniz-Institut für die Pädagogik der Naturwissenschaften (IPN) an der Universität Kiel.

Sitte (griech. *ethos* Brauch, Sitte, Gewohnheit; engl. *mores)*. Die in Sozialisations- und Erziehungsprozessen erworbenen Werte und Normen, die die Handlungsweisen der Angehörigen einer *Kultur*, Gesellschaft, Gruppe oder Glaubensgemeinschaft bestimmen. Der Begriff enthält die Forderung nach gutem sittlichem Verhalten, einem Sollen. Abweichungen davon sind folglich unsittlich. Im Unterschied zu rechtlichen Normen wird die S. nicht mit staatlichen Zwangsmitteln, sondern über die allgemeine soziale Kontrolle durchgesetzt. Anerkennung, Lob, Akzeptanz bzw. Distanzierung, Ablehnung, Stigmatisierung und Isolation sind Formen der sozialen Kontrolle.

situiertes Lernen (engl.: *anchored instruction*). Ein aus dem Amerikanischen kommender Begriff für eine Form des Unterrichts, in der intelligentes Wissen in Problemsituationen erworben wird, das sich im Gedächtnis so »verankert«, dass es in neuen Anwendungssituationen zur Lösung des Problems aktiviert werden kann. Ein solches Wissen wird durch einen aktiven Konstruktionsprozess des Lernenden hervorgebracht. Damit dies möglich wird, müssen in einer anregungsreichen Umgebung Lernsituationen entstehen können, in denen der Lernende motiviert und konstruktiv aktiv wird. Bei der Planung und Gestaltung situierter Lernumgebungen sind folgende Merkmale charakteristisch: 1. Eine komplexe Anwendungssituation repräsentiert ein Ausgangsproblem, das zur Lösung motiviert. 2. Die Bedeutsamkeit des Kontextes dieser Anwendungssituation wird bewusst gemacht und aktiviert das Vorwissen. 3. Die mehrperspektivische Sicht auf die Anwendungssituation führt zur vielfältigen Erschließung des Problemfeldes und schließlich zur Definition des Problems. 4. Die Artikulation des Problems und die Reflexion über eine Problemlösung aktiviert vorhandenes Wissen aus verschiedenen fachbezogenen Bereichen. Die Reduktion der entstandenen Komplexität des Wissens führt in der Verarbeitung zur Auswahl von Lösungshypothesen und schließlich zur Lösung des Problems. 5. Der Lern- und Verarbeitungsprozess im sozialen Austausch einer Gruppe erhöht und vertieft das erworbene Wissen. Dieser Ansatz s. L. entspricht verschiedenen Methoden und Formen *offenen Unterrichts,* der zur Vermeidung »trägen Wissens« beitragen soll. In der internationalen Diskussion über die Frage nach der Effizienz dieses Ansatzes im Vergleich zur Effizienz der »direkten Instruktion« eines lehrergelenkten *Frontalunterrichts* gab es kontroverse Sichtweisen. Untersuchungen weisen heute nach, dass eine Mischung von lehrerbezogenem und offenem Unterricht zu besseren Lernergebnissen führt als eine einseitige Fixierung auf eine Unterrichtsart.

Sitzenbleiben (engl. *stay down a year, have to repeat a year*). Ausdruck, der das pädagogische Problem der Wiederholung einer Jahrgangsstufe vor dem Hintergrund der schulrechtlichen Begriffe *Versetzung*, Nichtversetzung oder Klassenwiederholung bezeichnet. Der Begriff S. hängt mit der *Zensurengebung* seit der ersten Hälfte des 19. Jh. zusammen, die um 1900 dazu führte, dass die reale Sitzordnung der Schüler in einer Klasse nach der zensurenmäßigen Rangordnung vorgenommen wurde. Die sog. Lokation nach Leistung galt als der objektive Maßstab für das Versetztwerden oder S., das in Verbindung mit Prüfungen stattfand. Die wichtigste Veränderung der Rangordnung wurde mit den *Zeugnissen* vorgenommen, auf denen neben der Gesamtschülerzahl der Klasse die Platzziffer eines Schülers aufgeführt wurde. Schüler auf den hinteren Rangordnungsplätzen, die das Jahrespensum des Lehrplans im Vergleich zu den anderen Schülern nicht erreicht hatten, blieben sitzen und wurden nicht in die nächsthöhere Jahrgangsstufe versetzt. In seiner ›Geschichte der Pädagogischen Diagnostik‹ hat K. Ingenkamp belegt, dass in den höheren Schulen Preußens erst 1927 durch Ministererlass jede Rangordnung der Schüler abgeschafft wurde.

Die Durchführung der Versetzungsverordnungen und das dahinterstehende Denken führten dazu, dass z. B. in Mannheim im Jahre 1900/01 64%, in Preußen 1929 42% und noch 1950 in der Bundesrepublik mehr als 25% aller Volksschüler mindestens einmal eine Jahrgangsstufe wiederholen mussten. Erst als Anfang der siebziger Jahre durch amtliche Statistiken offenbar wurde, dass von allen Sitzenbleibern in Grund- und Hauptschulen bereits 75% in der Grundschule, und zwar 26,5% im ersten und 21,9% im zweiten Schuljahr, nicht versetzt wurden, regte die KMK mit ihren ›Empfehlungen zur Arbeit in der Grundschule‹ von 1970 bildungspolitische Maßnahmen an. Durch die Regelversetzung am Ende des 1. Schuljahres, die Einführung zensurenfreier *Berichtszeugnisse* und die Pädagogisierung der Grundschularbeit sanken die Zahlen bis 1985 auf 8,2% im ersten und 15,9% im zweiten Schuljahr. Datenreihen einzelner Bundesländer belegen, dass der nach unten gehende Trend in der Grundschule weiter anhält. Heute sind die Sitzenbleiberquoten in den Abschlussklassen der Realschule und des Gymnasiums am höchsten. Im Schuljahr 2004/05 wiederholten 2,8% der Schüler wegen Nichtversetzung die Klassenstufe, das sind rund 250 000 von 9 Millionen Schülern in allgemein bildenden Schulen. Am Beginn der Schulzeit wiederholten im Primarbereich mit 1,4% vergleichsweise wenige Schüler die Klassenstufe. Im Sekundarbereich I (Klassenstufe 5–10) belief sich die Wiederholerquote auf 3,6% und im Sekundarbereich II auf 2,9%. Der Anteil von Wiederholern ist in der 9. Klassenstufe mit 5,1% am höchsten; dies betraf 4,3% der Schülerinnen und 5,8% der Schüler. Im Ländervergleich ist die Wiederholerquote in Bayern mit 4,1% der Schüler am höchsten, in Baden-Württemberg mit 1,9% am niedrigsten. Während in Bayern bereits in der 5. Klassenstufe 8,6% der Schüler wiederholen müssen, ist die Wiederholerquote in den anderen Ländern in den Klassenstufen 8 und 9 im Sekundarbereich I und 11 und 12 im Sekundarbereich II am höchsten.

Hinter diesen statistischen Zahlen stehen individuelle Lernbiografien der Kinder. Untersuchungen weisen nach, dass mit den Klassenwiederholungen häufig negative Selbstkonzeptentwicklungen und familiäre Konflikte einhergehen, während leistungssteigernde Lernentwicklungen im Wiederholungsjahr ohne intensive individuelle Förderung kaum nachweisbar sind.

Skills. In Theorien des Lehrerverhaltens sind S. Verhaltensmuster und Verhaltensfertigkeiten zur Erfüllung der vielfältigen Aufgaben des Lehrers in Erziehung und Unterricht. Aus der Analyse des komplexen Lehrerverhaltens wurde eine Anzahl unterschiedlicher Aufgabenkataloge gewonnen, die für Trainingsprogramme verwendet werden, durch die Erziehungsstile, Verhaltensweisen in Beratungssituationen, gruppendynamisches Sozialverhalten u. a. analysiert und eingeübt werden können. Eine Form des Skill-Trainings ist das *Microteaching*.

Slowakische Republik. **1)** Parlamentarische Republik. Hauptstadt: Bratíslava (428 672 Einw.). Fläche: 49 034 km², 5,3 Mill. Einw., 110 Einw./km². 86%

Slowaken, 10% Ungarn und weitere Minderheiten. Landessprachen: Slowakisch (Amtssprache), Ungarisch und Tschechisch. Religion: 60% Katholiken, 10% Protestanten, 4% Orthodoxe.

2) Die S. hat nach Auflösung der Tschechisch-Slowakischen Föderation 1992 ihre Selbstständigkeit erklärt. Doch als gesetzliche Grundlage für die Neugestaltung des Bildungswesens dienen weiterhin die nach der gesellschaftlichen und politischen Wende 1990 im Parlament der Föderation beschlossene Verfassung und die daran orientierten Schul- und Hochschulgesetze. Obschon also auch das Bildungswesen seit 1992 eine nationale Ausgestaltung erfährt, sind die Gemeinsamkeiten mit dem Bildungswesen Tschechiens weiterhin groß.

Mit dem 1998 novellierten Gesetz über das System des Primar- und Sekundarschulwesens wurde die zehnjährige Schulpflicht eingeführt und als Kernbereich des Schulwesens die neunjährige Grundschule mit einer vierjährigen Primar- und einer fünfjährigen Sekundarstufe bestimmt. Es folgen die auch als Mittelschulen bezeichneten Einrichtungen der Sekundarstufe II, Gymnasium, Fachmittelschule und Berufsmittelschule, die mit einer dualen Ausbildung verbunden sein kann. Formal endet die Schulpflicht nach Besuch der 1. Klassenstufe in diesen Schulen der Sekundarstufe II. Tatsächlich aber besuchen deutlich mehr als 90% der Jugendlichen die Schulen zwölf Jahre. Öffentliche Schulen sind koedukative Halbtagseinrichtungen, ihr Besuch ist kostenfrei. Unterrichtssprache ist Slowakisch. Kinder von Minderheiten werden in ihrer Muttersprache unterrichtet. An Sekundarschulen und Universitäten finden in den Sommerferien die jährlichen Abschlussprüfungen statt. Auf kontinuierliche Leistungsbeurteilung wird großer Wert gelegt. Ab Klassenstufe 5 sind Noten in der Muttersprache, einer Fremdsprache, Mathematik und einem Wahlfach in allen Schularten für die Versetzung ausschlaggebend. Für die Durchführung sämtlicher Schul- und Hochschulgesetze ist das Ministerium für das Schulwesen zuständig, in Fragen der Berufsbildung in Kooperation mit anderen Fachministerien. Die eigentliche Schulaufsicht obliegt vier Bezirksschulämtern, die auch für die Verteilung der Finanzen an die Einzelschulen zuständig sind. Kirchliche und andere Privatschulen bedürfen der Genehmigung des Ministeriums und erhalten dann die gleichen finanziellen Mittel wie öffentliche Schulen. Sie erheben Schulgeld. Für Kinder und Jugendliche mit erhöhtem Förderbedarf bestehen Sonderschulen auf allen Stufen des Bildungswesens.

3) Kindergärten sind Teil des Bildungswesens, ihr Besuch ist freiwillig. Das spielerische Lernen regelt ein Lehrplan des Ministeriums für das Schulwesen. Auf Schulvorbereitung wird im letzten Jahr großer Wert gelegt. Die zehnjährige Pflichtschulzeit beginnt in der vierjährigen Grundschule, die als Einheitsschule von allen Kindern besucht wird und ohne äußere Differenzierung arbeitet. Nach Klasse 4 der Primarstufe geht die große Mehrheit in die Sekundarstufe I mit den Klassen 5 bis 9 über. Besonders leistungsfähige und begabte Schüler können aber schon jetzt nach einer Aufnahmeprüfung in das achtjährige Gymnasium übertreten. Diese Schulen bieten auf einen fachlichen Schwerpunkt spezialisierte Curricula an (Sprache, Kunst, Sport, Musik u. a.). Der Eintritt ist auch noch nach der 6. und nach der 8. Klasse möglich. Die Sekundarstufe I endet mit einer Abschlussprüfung. Deren Bestehen ist Voraussetzung für den Eintritt in eine Schule der Sekundarstufe II, das vierjährige Gymnasium, die Fachmittelschule und die meisten Bildungsgänge der Berufsmittelschule. Übergreifend lassen sich die Gymnasien heute in humanistische (sprachlich-geisteswissenschaftliche) und naturwissenschaftliche differenzieren. Die vierjährige Fachmittelschule führt zu anspruchsvollen Berufsqualifikationen und vermittelt zugleich die

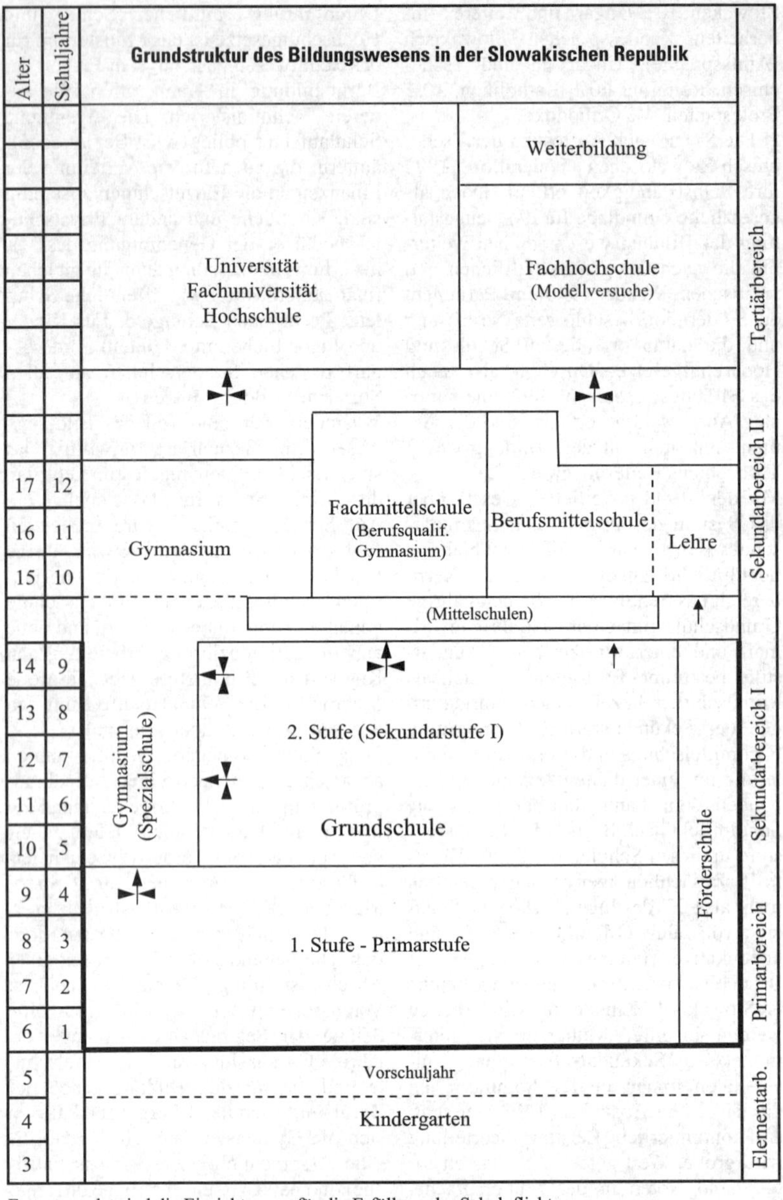

Fett umrandet sind die Einrichtungen für die Erfüllung der Schulpflicht.

Qualifizierte Auswahl   Einfacher Übergang

Hochschulreife. Als spezieller Typ der Fachmittelschule findet das Konservatorium mit seinen bis zu achtjährigen Bildungsgängen in den Bereichen Musik, Tanz und Schauspiel besondere Beachtung. Eine Reihe von Fachmittelschulen bietet für Absolventen mit Hochschulreife höhere (postsekundäre) Ausbildungsgänge an, die z. B. zu den Abschlüssen Techniker, Betriebswirt oder medizinisch-technische Assistentin führen. In der Berufsmittelschule findet in zumeist dreijährigen Kursen Facharbeiterausbildung statt. Für Schüler ohne Abschlusszeugnis der Grundschule werden kurze Grundausbildungslehrgänge in Kooperation mit Betrieben oder staatlichen Ausbildungswerkstätten angeboten. In vierjährigen Kursen können auch die Schüler der Berufsmittelschule die Hochschulreife erwerben.

4) Die Berufsausbildung findet in den bereits beschriebenen beruflichen Schulen des Sekundarbereichs II statt. Die Schulen arbeiten eng mit überbetrieblichen Ausbildungszentren und Ausbildungsbetrieben zusammen. Lehrlinge sind jedoch rechtlich in jedem Fall Schüler.

5) Das Hochschulwesen umfasst derzeit 14 Institutionen: fünf Landesuniversitäten, drei Technische Hochschulen, eine Wirtschaftsuniversität, zwei Kunsthochschulen sowie je eine Pädagogische, Landwirtschaftliche sowie Transport- und Kommunikationswissenschaftliche Hochschule. In den laufenden Reformprozessen sollen sämtliche Studiengänge dahingehend neu zugeschnitten werden, dass die international anerkannten Abschlüsse *Bachelor, Master* und Doktor erreicht werden können. Alle Einrichtungen werden zu Körperschaften mit Selbstverwaltungsrechten entwickelt. Als Modellversuche werden derzeit mehrere Fachhochschulen erprobt.

6) Erzieherinnen für Kindergärten werden nach Erfüllung der zehnjährigen Schulpflicht in vierjährigen, nach der Hochschulreife in zweijährigen Kursen an Fachmittelschulen ausgebildet. Die Lehrer der Grundschule absolvieren einen speziellen vierjährigen lehrerbildenden Studiengang an der Pädagogischen Fakultät einer Universität. Im Unterschied dazu erfolgt die Ausbildung der Lehrer an Mittelschulen und Schulen im Sekundarbereich II über ein mindestens fünfjähriges fachwissenschaftliches Universitätsstudium in zwei Fächern mit zusätzlichen schulpädagogischen und psychologischen Studienleistungen und Praktika.

7) Weiterbildungsmaßnahmen werden in den bestehenden Sekundarschulen und Universitäten, von öffentlichen und privaten Betrieben und in speziellen Weiterbildungszentren angeboten, die von Vereinen getragen werden. Da der Bedarf an Umschulung und Nachqualifizierung groß ist, wächst das diesbezügliche Angebot stetig.

Slowenien. **1)** Republik. Politische Verwaltung durch die Zentralregierung und 193 Gemeinden. Hauptstadt: Ljubljana (264 269 Einw.) Unabhängigkeitserklärung und neue demokratische Verfassung 1991. Auf einer Fläche von 20 253 km^2 leben knapp 2 Mill. Einwohner, 99 Einw./km^2. Davon sind 83% Slowenen, 2% Kroaten, 2% Serben u. a. Minderheiten. Sprachen: Slowenisch (Amtssprache), Kroatisch, Serbisch u. a. Sprachen der Minderheiten. 58% Katholiken, daneben orthodoxe Christen, Muslime u. a. religiöse Minderheiten.

2) Im Bildungswesen lösten Reformen das alte System erst nach längeren Übergangsphasen ab, so dass Konfrontationen und überstürzte Neuerungen vermieden werden konnten. 2009 werden die Ziele der verschiedenen Reformgesetze, insbesondere die Einführung der neunjährigen Grundschule (Pflichtschule), umgesetzt sein.

Die Verfassung von 1991 verpflichtet das Bildungswesen auf Erziehung zu Demokratie und Achtung der Menschenrechte. Sie garantiert allen Bürgern gleiche Bildungschancen, unabhängig von ethnischer, religiöser oder sozialer Her-

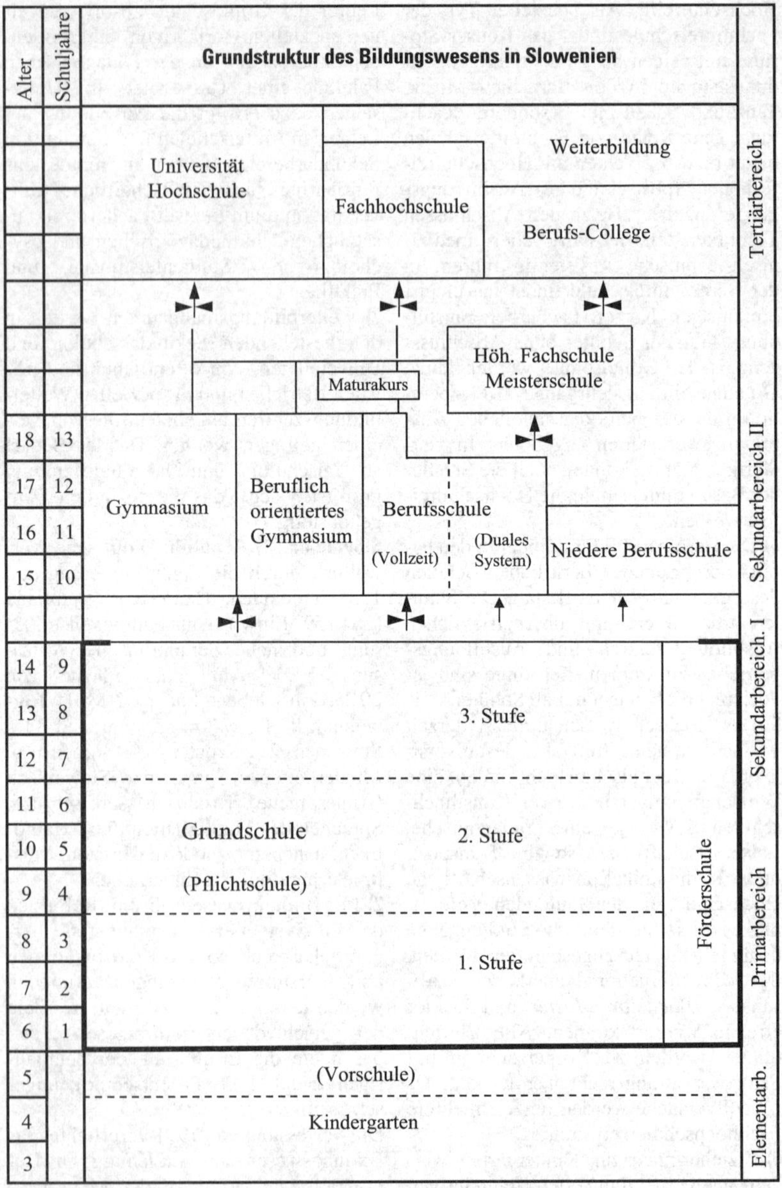

Fett umrandet sind die Einrichtungen für die Erfüllung der Schulpflicht.

Qualifizierte Auswahl — Einfacher Übergang

kunft. Der Besuch der Pflichtschule ist kostenfrei. Sämtliche Kosten werden aus öffentlichen Haushalten bezahlt. Für die ethnischen Minderheiten sichert das Gesetz Unterricht in der Muttersprache zu. Für behinderte Kinder sind spezielle Förderprogramme in den Regelschulen oder Sonderschulen einzurichten. Alle Schulen sind wegen fehlender Ressourcen Halbtageseinrichtungen.

In sechs Bildungsgesetzen (zu Vorschule, Grundschule, Gymnasium, Berufsschule, Erwachsenenbildung sowie Organisation und Finanzierung des Bildungswesens) sind für die derzeit laufenden Reformprozesse die Ziele und Maßnahmen beschlossen worden. Sie sollen das Bildungswesen des Landes an europäische Standards heranführen. Im Bereich der beruflichen Bildung orientiert sich S. dabei besonders an Deutschland. Das Ministerium für Bildung, Wissenschaft und Sport ist für Organisation, Finanzierung, Lehrerbildung, Lehrpläne, Schulbücher und Aufsicht der Einrichtungen auf allen Stufen des Bildungswesens zuständig. Die berufliche Bildung wird in Absprache mit dem Arbeitsministerium gestaltet. Das Schulgesetz sieht die Einrichtung von 14 regionalen Schulbehörden vor, die administrative, personelle und finanzielle Angelegenheiten unter Berücksichtigung der regionalen Gegebenheiten und Erfordernisse regeln sollen. Kindergärten und Grundschulen werden von den Gemeinden, alle anderen Schulen und Hochschulen von der Republik eingerichtet. Private Schulen und Hochschulen sind zugelassen. Sie unterliegen der staatlichen Schulaufsicht und werden aus öffentlichen Haushalten subventioniert.

3) Auf der Stufe der Elementarerziehung sind Kinderkrippen, Kindergärten und Vorschulen (»Kleine Schulen«) eingerichtet. Zusammen mit der Verlängerung der Grundschule auf neun Jahre soll der Besuch der Vorschule landesweit für alle Kinder möglich werden. Grundlage für die Elementarerziehung ist das 1996 verabschiedete Gesetz für die Kindergärten. Das Bildungsministerium hat einen Rahmenplan für die Erziehungs- und Bildungsarbeit erlassen. Neben den kommunalen Einrichtungen nimmt die Zahl von privaten Kindergärten in Orientierung an besonderen pädagogischen Programmen (Freinet, Steiner, Montessori) stetig zu.

Die Grundschule (Pflichtschule) ist in drei Stufen gegliedert, die sich in wesentlichen pädagogischen Hinsichten voneinander unterscheiden. Den ungefächerten Gesamtunterricht erteilt in der 1. Stufe der Klassenlehrer, i. d. R. unterstützt von einer Erzieherin. Lernentwicklung und Leistungsstand werden jeweils zum Ende einer Klasse ohne Benotung schriftlich dokumentiert. Unterricht durch Fachlehrer wird ab Klasse 4 sukzessive eingeführt. Schulleistungen werden in der 2. Stufe schriftlich und mittels Noten beurteilt. In beiden ersten Stufen erfolgt die Versetzung jedoch unabhängig von diesen Beurteilungen. Erst in der 3. Stufe hängt die Versetzung von mindestens ausreichenden Noten in allen Fächern ab. Leistungsrückstände können in Stützkursen aufgearbeitet und Noten durch Nachprüfungen verbessert werden, so dass Klassenwiederholungen selten sind. Auf der 3. Stufe (Sek. I) wird der Unterricht in fünf Kernfächern (Muttersprache, Fremdsprache, Mathematik, ein naturwissenschaftliches und ein sozialwissenschaftliches Fach) in drei Niveaustufen angeboten. Nach der 1. und der 2. Stufe können die Schüler freiwillig an externen Leistungstests teilnehmen. Nach der 3. Stufe ist die Teilnahme verpflichtend und Voraussetzung für den Erwerb des Abschlusszeugnisses der Grundschule. Damit ist grundsätzlich der Übertritt in alle Schulen der Sekundarstufe II (Mittelschulen) möglich, wenn genügend Schulplätze zur Verfügung stehen. Ist das nicht der Fall, wird nach Leistungen in der Grundschule ausgewählt.

Die Sekundarstufe II bietet drei Bildungswege an, das allgemein bildende Gymnasium, das beruflich orientierte

Gymnasium und die nach Dauer, Inhalten, Lernorten und Abschlüssen differenzierten beruflichen Sekundarschulen. Die beiden ersten Wege führen über das Abitur zum Hochschulstudium oder in eine postsekundäre berufliche Ausbildung. Über Zusatzkurse kann das Abitur (Matura) aber auch nach der beruflichen Sekundarschule erworben werden. Die große Mehrheit der Absolventen drei- oder zweijähriger Berufsschulen tritt in Erwerbsarbeit ein.
Die Abiturprüfung wird überwiegend als externe Prüfung durchgeführt. Sie unterliegt strenger Reglementierung durch die vom Ministerium eingesetzten Schulbehörden. Das Abiturzeugnis berechtigt zur Immatrikulation an einer Universität oder Hochschule ohne weitere Aufnahmeprüfung.
4) Die Reform der beruflichen Bildung wird derzeit mit besonderem Nachdruck betrieben. Neben der schulischen und der postsekundären Ausbildung an Fachhochschulen und Berufs-Colleges wird ein duales System eingeführt. Die Ausbildung wird von Ausbildungsbetrieben oder Werkstätten und beruflichen Schulen gemeinsam gestaltet. Theorie (Schule) und Berufspraxis (Betrieb) stehen dabei in einem Verhältnis von etwa 40% zu 60%.
5) Zu den tertiären oder postsekundären Einrichtungen gehören die stark berufspraktisch ausgerichteten zweijährigen Berufs-Colleges, die drei- oder vierjährigen Fachhochschulen sowie die Universitäten, Fakultäten und die Kunst- und Musikhochschulen. Universitäten und Fakultäten stellen derzeit ihre Studienprogramme auf die neuen europäischen Rahmenbedingungen (undergraduate: B. A., graduate: M. A.) um.
6) Vorschullehrer und Lehrer für die Grundschule werden an pädagogischen Fakultäten in einem vierjährigen Studiengang mit anschließendem einjährigem Vorbereitungsdienst ausgebildet. Lehrer für die Schulen der Sekundarstufe II absolvieren ein neunsemestriges Fachstudium an einer Universität mit anschließendem Vorbereitungsdienst. Nach dem Vorbereitungsdienst folgt das Staatsexamen.
7) Für die allgemeine und berufliche Weiterbildung besteht noch keine besondere staatliche Aufsichts- und Steuerungsbehörde. Träger sind Betriebe, private Anbieter, Gewerkschaften, Volkshochschulen, Sekundarschulen, Berufs-Colleges und Universitäten.

Social-demand-Ansatz. Methodisches Konzept in *Bildungsökonomie* und *Bildungsplanung,* das die gesellschaftliche Nachfrage nach Abschlüssen an allgemein bildenden und beruflichen Schulen, in Berufsausbildung und an Hochschulen aufgrund vorliegender Daten zu prognostizieren versucht, um auf der Grundlage dieser Daten Aussagen über a) den Bedarf an Plätzen im Bildungswesen sowie b) das künftige Angebot an qualifizierten Arbeitskräften machen zu können. Für bildungspolitische Entscheidungen ist der Vergleich dieser Daten mit denen aus dem *Manpower-Ansatz* wichtig.

Sokrates-EU-Programm. Unter diesem Namen werden seit 1995 die EU-Bildungsprogramme *Erasmus,* Lingua und *Comenius* zusammengefasst. Das Gesamtprogramm konzentriert sich auf drei Bereiche: Hochschule: Studentenaustausch, wechselseitige Anerkennung von Studienleistungen, internationale Verständigung. Elementarbereich und Schule: gemeinsame Schulprojekte, Lehrerfortbildung. Übergreifende Maßnahmen: Entwicklung von Lehr-Lernmaterialien, Ausbildung von Sprachlehrern (Lingua). Für die Jahre 2000 bis 2006 war das Programm mit 1,85 Mrd. Euro ausgestattet.

Solidaritätsfähigkeit (lat. *solidus* dicht, fest, kompakt, dauerhaft; engl. *solidarity*). Da der Einzelne zur Verwirklichung seiner Lebensziele und zur Ausgestaltung seiner Rechte und Freiheiten in komplexen arbeitsteiligen Gesellschaften grundsätzlich auf die Gemeinschaft angewiesen ist, sollten sich nach dem Prinzip der Solidarität Individualismus und die Bindung an das Gemeinwohl möglichst im

Gleichgewicht halten. S. meint dementsprechend, im anderen das mit gleichen Rechten ausgestattete Subjekt zu sehen, nicht das bloße Objekt zur Realisierung eigener Interessen.
In diesem Sinne vollzieht sich *Allgemeinbildung* in der Konzeption W. Klafkis wesentlich auch im Aufbau von S., die sich darin zeige, dass die persönlichen Freiheiten zu Selbst- und Mitbestimmung auch für diejenigen gefordert und erkämpft werden, denen sie aus wirtschaftlichen, weltanschaulichen oder politischen Gründen beschnitten werden oder ganz und gar versagt sind. Im deutschen Bildungswesen und in der Jugendhilfe verlangt dieses Postulat insbesondere den Einsatz für die Menschen-, Grund- und Bürgerrechte der vielen nicht zufriedenstellend integrierten ausländischen Kinder und Jugendlichen, der Flüchtlinge, Asylanten und auch der von Armut bedrohten deutschen Kinder.

Sonderberufsschulen. Für behinderte Jugendliche, die trotz besonderer unterrichtlicher und sozialpädagogischer Hilfen in den Regelformen des beruflichen Schulwesens nicht angemessen gefördert und qualifiziert werden können, sind behindertengerechte S. eingerichtet worden. Über das spezifische Angebot in einer Gemeinde, einem Kreis oder Land informiert die *Berufsberatung* oder die zuständige Schulverwaltungsbehörde, die über das nächste Schulamt zu erreichen ist. Grundsätzlich bestehen alle Schularten des beruflichen Schulwesens auch als S.

Sonderkindergarten. Eingerichtet für Kinder ab dem 3. Lebensjahr, die aufgrund ihrer *Behinderung* in einem Kindergarten nicht angemessen in ihrer geistigen, körperlichen und sozialen Entwicklung gefördert werden können. Die pädagogische Arbeit der S. orientiert sich streng an den jeweiligen Behinderungen der Kinder. Daraus erwachsen besondere Förderprogramme zur Entwicklung geistig-sprachlicher, sozialer, motorischer, sensorischer und musischer Fähigkeiten. Ziel der S. ist es, die Selbständigkeit und Lernfähigkeit der Kinder so weit zu entwickeln, dass sie nach Besuch des S. am Unterricht einer Grundschule erfolgreich teilnehmen können. Einzelne Sonderschulen/*Förderschulen* für vergleichsweise schwer körper- oder geistig behinderte Kinder bieten eigene S. an. Träger der S. sind zumeist Behindertenverbände. Die S. unterliegen der Aufsicht des Jugendamtes. Die Kosten für den Besuch eines S. werden nach den Bestimmungen des *Bundessozialhilfegesetzes* (BSHG) vom Sozialamt übernommen. Auskünfte erteilt das nächste Jugendamt.

Sonderpädagogik. *Behindertenpädagogik.*

sonderpädagogischer Förderbedarf. Umschreibung individueller Förderbedürfnisse von Schülern, die in ihren Entwicklungs-, Lern- und Bildungsmöglichkeiten so eingeschränkt sind, dass sie im Unterricht zusätzliche sonderpädagogische Unterstützung benötigen. Nach den KMK-Empfehlungen von 1994 können dem Unterricht folgende sieben Schwerpunkte zugrunde liegen: Emotionale und soziale Entwicklung, geistige Entwicklung, Hören, körperliche und motorische Entwicklung, Lernen, Sehen, Sprache. Die Ermittlung des s. F. erfolgt durch eine kooperative Diagnostik. Die daraus gewonnene Festlegung von Förderschwerpunkten bildet die Grundlage für die Entwicklung einer differenzierten Förderplanung. Der s. F. kann an allgemeinen Schulen, durch Maßnahmen mobiler Dienste, im gemeinsamen Unterricht, in Kooperationsklassen oder in *Förderschulen* erfolgen.

Sonderschule. *Förderschule.*

Sonderschullehrer (engl. *special school teacher*). Entweder durch ein zwei- bis viersemestriges Aufbaustudium nach dem 1. Staatsexamen für das Lehramt an Gymnasien, Grund- und Hauptschulen oder durch ein achtsemestriges eigenständiges Studium mit anschließendem Vorbereitungsdienst und 2. Staatsprüfung wird die Lehrbefähigung zum S. erworben. Dabei sind neben grundlegenden pädagogischen, fachdidaktischen und sozialwissenschaftlichen Studieninhalten medizinische und psychologische Kenntnisse über eine spezielle Behinderungsart zu erwerben.

Sonderschulpflicht. Können Kinder und Jugendliche aufgrund einer schwerwiegenden Lernbeeinträchtigung, einer geistigen, seelischen oder körperlichen *Behinderung* ihre *Schulpflicht* nicht in der Grundschule, einer der weiterführenden Schularten und (für die Teilzeitschulpflicht) in der Berufsschule erfüllen, sind sie zum Besuch einer entsprechenden Sonderschule/*Förderschule* verpflichtet. Kinder und Jugendliche, die nach eingehender Prüfung durch die Schulaufsichtsbehörde wegen der Schwere ihrer Behinderung auch in diesen Schulen nicht gefördert werden können, sind von der S. befreit.

Soziabilisierung. Erste Phase der *Sozialisation*, in der dem Kind durch körperliche und emotionale Zuwendung die grundlegenden Voraussetzungen für die Entwicklung seiner menschlichen Eigenschaften erschlossen werden. Dazu gehören insbesondere ein umfassendes Vertrauen in die Umwelt und das Erleben des individuellen Fortbestandes im Wandel der Lebenssituationen. Das Kind erfährt sich im Umgang mit den anderen mehr und mehr als ein selbständiges Wesen.

Soziabilität (engl. *sociability*). Angewiesensein des Menschen auf soziale Kontakte für die Entfaltung seiner spezifischen Lernfähigkeit. Neigung zur Geselligkeit und Fähigkeit zur sozialen Anpassung.

Sozialarbeiter/Sozialpädagoge (engl. *social worker*). Berufsbezeichnungen für die Absolventen von drei- oder vierjährigen Studiengängen an Berufsakademien, Fachhochschulen und Universitäten, die in Entsprechung zur wachsenden Verzahnung von *Sozialarbeit* und Sozialpädagogik in den Bundesländern ebenfalls nicht mehr in eindeutiger Trennung verwendet werden. Einige Länder verleihen das Diplom für Sozialarbeiter oder Sozialpädagogen, andere nur noch für Sozialpädagogen. Im Berufsbild der S./S. verbinden sich sozialpädagogische, diagnostische, sozialrechtliche, administrative, beraterische und rehabilitative Kompetenzen. S./S. arbeiten mehrheitlich bei freien und öffentlichen Trägern sozialer Dienste (Kommunen, Verbände der freien Wohlfahrtspflege), in der *Jugendhilfe,* in Krankenhäusern und Rehabilitationseinrichtungen. Ihre wichtigsten Arbeitsgebiete sind der allgemeine soziale Dienst, der sich auf Hilfen, Beratung und Beistandschaft für Familien konzentriert, die Jugendhilfe mit ihren weitläufigen Angeboten zwischen offener Freizeitpädagogik und Bewährungshilfe für jugendliche Straftäter, die Altenhilfe, die Suchtprävention und -therapie, Hilfen für Aussiedler, Ausländer und Asylbewerber sowie die Sozialpsychiatrie.

Sozialarbeit/Sozialpädagogik (engl. *social work*). An der Wende vom 19. zum 20. Jh. entwickelte sich Sozialarbeit als Fürsorge für verarmte und randständige Bevölkerungsgruppen. Die fast zeitgleich entstandene Sozialpädagogik hatte ihren Schwerpunkt in betreuenden, beratenden und familienunterstützenden Angeboten in den Bereichen von Schule und Jugendarbeit. Sie setzte sich für junge Menschen ein, die durch soziale Benachteiligungen und Gefährdungen in ihrer Entwicklung bedroht waren. Beide Konzepte bilden heute gemeinsam ein differenziertes System psychosozialer und materieller Hilfen für alle, die mit sozialen, ökonomischen und ordnungspolitischen Anforderungen zeitweise oder auf längere Dauer nicht zurechtkommen. Eine klare Trennung ist in der theoretischen Bearbeitung der Problemfelder, in der Ausbildung von *Sozialarbeitern/Sozialpädagogen* und in deren Berufspraxis folglich kaum mehr möglich. Die Professionalisierung von S./S. hat mit der Einführung von Studiengängen an Universitäten und Fachhochschulen in den siebziger Jahren wichtige Impulse erhalten. Auf der Grundlage einer Vielzahl von gesetzlichen Regelun-

gen, insbesondere aus dem *Kinder- und Jugendhilfegesetz* (KJHG) und dem *Bundessozialhilfegesetz* (BSHG), arbeiten S./S. unter dem leitenden Interesse, einerseits durch Beratung, Angebote zum sozialen Lernen sowie problemzentrierte Konflikt- und Krisenhilfe Individuen und Gruppen in ihrer Selbstverantwortung und Handlungskompetenz zu stärken und andererseits an der politischen Verbesserung der sozialen und wirtschaftlichen Rahmenbedingungen für eine selbstbestimmte und zufriedenstellende Lebensführung mitzuwirken.
Wichtige Beiträge zur Sozialarbeit sind u. a. von R. Fatke, *K. Mollenhauer,* H.-U. Otto und H. Thiersch vorgelegt worden.

Sozialcharakter (engl. *social character*). Einstellungs- und Verhaltensmuster, die von den Mitgliedern einer sozialen Gruppe, einer Schicht oder einer ganzen Kultur geteilt werden. Ein S. entwickelt sich im Anpassungsprozess des Individuums an die der sozialen Einheit gemeinsamen ideologischen, sozialen und ökonomischen Bedingungen. Der Einzelne empfindet das Bedürfnis, sein Verhalten an den Erwartungen und Zielen der Gemeinschaft auszurichten. So sichert sich diese die Energien ihrer Mitglieder für ihren Fortbestand und das Individuum erfährt aus der sozialen Anerkennung Bestätigung und Befriedigung. Für die Entwicklung des S. bei Kindern sind die Persönlichkeitsmuster der Eltern sowie ihre Praktiken bei der *Sozialisation* und *Erziehung* von grundlegender Bedeutung.

soziale Einzelhilfe. *Casework.*

soziale Gemeinwesenarbeit. *Gemeinwesenarbeit.*

soziale Gruppenarbeit (engl. *social group work*). Im Rahmen der Jugendhilfe, insbesondere auch der *Schulsozialarbeit*, will s. G. Kindern und Jugendlichen bei der Überwindung von Beziehungsproblemen in Familie oder Schule, Entwicklungsschwierigkeiten oder bei Verwahrlosung helfen. Dabei bietet sie den jungen Menschen insbesondere die Gelegenheit zur gemeinsamen Aufarbeitung bestimmter Problemlagen, durch die Isolation überwunden, Solidarität und Wir-Gefühl aufgebaut und Vertrauen in die eigenen Kräfte gefördert werden können.

sozialer Wandel (engl. *social change*). Der Begriff umfasst eine nicht abgrenzbare Fülle von quantitativen und qualitativen Veränderungen im Hinblick auf die soziale Struktur, die Verteilung politischer und wirtschaftlicher Macht, das Rechtsempfinden, die Weltanschauung, das Arbeitsleben, das Konsumverhalten, die Familienstruktur, die Bedeutung von Bildung, das Freizeitverhalten, die Grundsätze für das Verhältnis zwischen den Generationen usw. Dabei kann s. W. innerhalb einzelner Gesellschaften, zwischen Gesellschaften oder auch in der Abfolge von historischen Epochen innerhalb von Gesellschaften beobachtet werden. Die Theorien zur Erklärung des s. W. lassen sich grob in evolutionäre und revolutionäre differenzieren. Evolutionäre Theorien heben die allmähliche Höherentwicklung, revolutionäre die plötzliche, vielfach auch mit Gewalt und Umsturz verbundene Veränderung sozialer Strukturen hervor. Innerhalb dieser groben Trennung finden derzeit fünf weitere Aspekte in der Forschung besondere Beachtung: In welchem Umfang nach Zeit und Phänomenen soll s. W. erklärt werden, d. h. welche Reichweite streben die Theorien an? Auf welche zentralen Ursachen wird der s. W. zurückgeführt, auf gesellschaftsinterne oder -externe Faktoren, auf den Einfluss sozialer Institutionen (z. B. Parlamente, Gewerkschaften, Kirchen) oder Gruppen (z. B. ethnische, weltanschauliche, politische)? Erwächst s. W. aufgrund von nachhaltigen demografischen Veränderungen (z. B. Wanderbewegungen der Bevölkerung, Geburtenrückgang), Konflikten zwischen sozialen Klassen und Schichten, Innovation in den Produktionsverhältnissen oder aus weltanschaulichen Impulsen? Sind die Arbeiter, die Intellektuellen, die Künstler, die Schriftsteller oder die Wissenschaftler Motor des s. W.? Wie umfassend ist die

Natur des s. W., d. h. verändern sich nur einzelne Segmente der Kultur oder liegen umfassende Wandlungsprozesse vor?
Die Bedingungen für *Sozialisation,* Erziehung und Unterricht sind offensichtlich vom s. W. unmittelbar betroffen, z. B. durch die heute wachsende Bedeutung von lebenslangen Lern- und Qualifizierungsprozessen für Identität, Sozialprestige, berufliche Karrieren und wirtschaftliche Stellung. Schulerfolg kann in diesem Kontext auf das Familienleben und das Verhältnis der Eltern zu ihren Kindern direkten Einfluss nehmen, und Erwerbsarbeit wird immer öfter mit berufsbezogenen Qualifizierungsphasen zu verbinden sein. Individuelle Biografieverläufe werden vom Faktor Bildung deutlich intensiver als noch vor wenigen Jahrzehnten bestimmt. Und veränderte Verhältnisse auf dem Arbeitsmarkt führen in der Verbindung mit den neuen Bildungsprozessen zu Einbrüchen in den *Normalbiografien.*

Sozialerziehung (Syn. **soziale Erziehung**). Vermittlung elementarer Fähigkeiten des sozialen Verhaltens durch erzieherische Maßnahmen. Damit sind angemessene Formen des sozialen Umgangs, der gegenseitigen Rücksichtnahme und der Kommunikation in der Gruppe, Entwicklung von Gemeinschaftsgefühl und Einfügung in eine Gruppe, gemeinsame Interessenvertretung und Mitverantwortung für die Belange anderer gemeint. Die älteren Positionen der S. traten nach dem Zweiten Weltkrieg in Bereichen der Sozialpädagogik, politischen Bildung und Schulpädagogik vorwiegend mit harmonisierenden Tendenzen auf. Partnerschaftliches Miteinander und Füreinander, individuelles Einfügen in die Gemeinschaft, Übernahme von Verantwortung und dienende Unterordnung unter das Gemeinwohl sowie Verständnis für gesellschaftliche Strukturen und Zusammenhänge standen im Vordergrund. Soziale Ungleichheiten und Konflikte wurden weitgehend übergangen. Mit der Auflösung tradierter Normen und Werthaltungen unter den Einflüssen weltweiter Veränderungen entwickelte sich der Trend, neue Formen der S. zu fordern. Anstelle des Begriffs S. wurde mehr und mehr der Begriff *soziales Lernen* gebraucht. Heute ist festzustellen, dass angesichts der zunehmenden Gewalt unter Kindern und Jugendlichen von Lehrern und Erziehern mehr soziales Lernen gefordert wird, womit sie aber im traditionellen Sinne die Sozialtugenden der S. und nicht im definierten Sinne soziales Lernen meinen. Obwohl beide Begriffe Überschneidungen aufweisen, sollte zwischen einer nicht affirmativen sozialen Erziehung und dem sozialen Lernen unterschieden werden.

soziales Kapital. *Kapitalakkumulation.*

soziales Lernen (engl. *social learning*). Vermittlung und Reflexion von Erfahrungen mit Menschen und Sachangelegenheiten, von Wissen und Kenntnissen über Strukturen und Funktionen gesellschaftlich-historischer Handlungsfelder sowie Umsetzung von Erfahrungen und Wissen in Verhalten, Handlungsstrategien und Zukunftsentwürfe.
Der Begriff s. L. hat sich seit den sechziger Jahren aus der Abgrenzung gegenüber Konzepten der *Sozialerziehung* entwickelt. Seine Ursprünge gehen auf erziehungspsychologische Intentionen von R. und A.-M. Tausch zurück, die individuelle Freiheit, Selbstbestimmung, Kooperation und soziale Einordnung als zentrale Voraussetzung für sozial-integratives, demokratisches Verhalten von Lehrern und Schülern ansahen. In den ab 1968 eingerichteten *Gesamtschulen* wurde mit dem Begriff s. L. das Ziel der sozialen Integration von Schülern unterschiedlicher sozialer Gruppen und unterschiedlicher Leistungsfähigkeit verbunden. Die Begegnung verschiedener Sozialschichten in der gemeinsamen Schule sollte zum Abbau sozialer Ungleichheit in der Gesellschaft beitragen. Aus der Kritik an der Tendenz zur Harmonisierung innerschulischer Erfahrung und der Abstrahierung vom realen Lebens-

zusammenhang entwickelten sich weitere Ansätze. Die Vertreter strategischen s. L. wollten die Schüler befähigen, die eigene Lage in den gesellschaftlich widersprüchlichen Konfliktfeldern zu erkennen und durch politisch-emanzipatives Handeln zu verändern. Psychologisch und psychoanalytisch orientierte Positionen der Kommunikationstheorie und des *symbolischen Interaktionismus* hatten zum Ziel, den Schülern zu helfen, gesellschaftliche Widersprüche zu ertragen, hemmende innerpsychische Zustände wie z. B. Angst abzubauen und Selbstbewusstsein zu entwickeln. Untersuchungen in den siebziger Jahren hatten den innerschulischen Widerspruch zwischen sozialen Lernzielen und praktizierter *Fachleistungsdifferenzierung,* die daraus resultierenden Sozialisationseffekte des *heimlichen Lehrplans* und die Einflüsse außerschulischer Primärsozialisation nachgewiesen. Aus diesen Erkenntnissen, dass die soziale Interaktion in der Schule eine wichtige Voraussetzung für s. L. ist, resultierte Mitte der siebziger Jahre das bis heute richtungweisende *Team-Kleingruppen-Modell,* in dem der Versuch gemacht wird, s. L. und fachlich-inhaltliches Lernen miteinander zu verbinden. Zur gleichen Zeit wurden im Vorschul- und im Schulbereich vereinzelte *offene Curricula* für s. L. entwickelt, deren Ziel die Handlungsfähigkeit der Kinder in konkreten Lebenssituationen sein sollte. Im Rückblick wird heute festgestellt, dass es zwar eine Reihe z. T. kontroverser Ansätze gibt, es aber bisher nicht gelungen ist, soziale Lernziele als feste Bestandteile fachlich-inhaltlicher Curricula zu etablieren und eine Gesamtkonzeption zu entwickeln. Erwartet werden jetzt Konzepte s. L., die die Lücke zwischen dem lebensfernen, zweckrationalen Unterricht und der fehlenden Erziehungskraft der Lebenswelt der Schüler schließen helfen.

soziales Verhalten (engl. *social behavior*). Im wissenschaftlichen Sprachgebrauch versteht man darunter nicht helfendes oder solidarisches Verhalten, sondern die Tatsache, dass ein Individuum sein Verhalten in Abhängigkeit von den Erwartungen und Reaktionen anderer reguliert. S. V. wird im Sozialisationsprozess oder in speziellen Trainingssituationen erworben. Wichtigste Medien der Vermittlung sind Sprache, Mimik und Gestik sowie verschiedene Formen positiver und negativer Verstärkung für erwünschtes bzw. nicht erwünschtes Verhalten.

soziale Ungleichheit (engl. *social difference, inequality*). Der Begriff bezeichnet die ungleiche Verteilung von Gütern, die in einer Gesellschaft als wertvoll, wichtig und erstrebenswert angesehen werden: materieller Besitz, Geld, Bildungs- und Berufsabschlüsse, berufliche Positionen u. a. Alle diese Güter führen i. d. R. dazu, dass die Lebensumstände in einem umfassenden Sinne besser bzw. angenehmer oder schlechter bzw. unangenehmer sind. Dabei enthält sich der Begriff jeder Wertung. S. U. wird nämlich erst dann zu einer Frage der Gerechtigkeit, wenn die Chancen auf Erwerb dieser Güter regelmäßig ungleich verteilt sind, etwa durch Herkunft, Rasse, Religion oder Zugehörigkeit zu einem Stand. Dagegen wenden sich u. a. Schulgesetze, wenn sie fordern, jedem Kind unabhängig von Herkunft, Geschlecht und Religion gleiche *Bildungschancen* einzuräumen.

In der Soziologie gelten heute vier Dimensionen als zentrale Bereiche s. U.: materieller Wohlstand, gesellschaftlicher Einfluss, öffentliches Ansehen und Bildung. Diese Merkmale stehen in engem Zusammenhang mit den Lebensumständen, also mit Gesundheit, sozialer Absicherung, beruflicher Position und Sicherheit, Wohnen, Weiterbildung, Erholung und Freizeit. Über Prozesse sozialer *Kapitalakkumulation* werden durch *Sozialisation* und *Erziehung* an die Kinder entsprechend unterschiedliche kulturelle, soziale, habituelle und ökonomische Ressourcen weitergegeben.

Sozialformen des Unterrichts (Syn. **Kooperationsformen des Unterrichts**). Teilbereich der *Methode* des Unterrichts, zu dem alle alternativen Möglichkeiten der sozialen Organisation schulischer Interaktions- und Kommunikationsprozesse zwischen Lehrern und Schülern sowie Schülern untereinander gehören. Zu den alternativen S. zählen: Frontalunterricht (Klassenunterricht, Plenum), Gruppenunterricht (Gruppenarbeit, Abteilungsunterricht), Partnerarbeit, Einzelarbeit (Allein- oder Stillarbeit). Die S. beziehen sich im Interesse sachbezogener und sozialer Lernprozesse sowohl auf die Anordnung von Tischen und Stühlen und die Gestaltung des Klassenraums wie auf die Beziehungsstruktur zwischen den Personen. Die Wahl bestimmter S. hängt auch mit den Differenzierungsformen zusammen, die in einer Schul- und/oder Unterrichtskonzeption praktiziert werden.

Die Überlegenheit einer einzelnen S. (z.B. Gruppenunterricht) gegenüber einer anderen (z.B. Frontalunterricht) konnte bisher empirisch nicht nachgewiesen werden. Reflektierte Unterrichtspraxis zeigt i.d.R. Kombinationen der vier genannten S. Die Dominanz einer einzelnen S. (z.B. des Frontalunterrichts) kann jedoch die Lern-, Interaktions- und Kommunikationschancen von Schülern negativ beeinflussen und sollte vermieden werden. Bei der Erarbeitung sachbezogener Themen betrifft die Wahl der S. den unterschiedlichen Lernstil der Schüler, ihre Lernmotivation, den Unterrichtsstil des Lehrers, das Lehrer-Schüler-Verhältnis, die gruppendynamischen Prozesse, das soziale Lernklima und die Erreichung demokratischer Erziehungs- und Bildungsziele.

Sozialgesetzbuch (SGB). Seit 1968 arbeiteten Bundesregierung und Deutscher Bundestag an der Zusammenfassung, Harmonisierung und Neuordnung des bisher auf viele Einzelgesetze verstreuten Sozialrechts. 2007 liegen XII Bücher des SGB vor. Für die pädagogische Arbeit sind von besonderer Bedeutung: Buch I: Allgemeiner Teil; Buch II: Grundsicherung für Arbeitssuchende; Buch III: Arbeitsförderung; Buch VIII: Kinder- und Jugendhilfe; Buch IX: Rehabilitation und Teillehre behinderter Menschen.

Sozialisation (lat. *sociare* verbinden, vereinigen; engl. *socialization*). Prozess, in dessen lebenslangem Verlauf ein Individuum über die kulturspezifischen Regulationen seiner Bedürfnisbefriedigung, den alltäglichen Umgang mit Familienangehörigen und anderen Bezugspersonen, über Lernprozesse im System der gesellschaftlichen Instanzen sowie als Teil bzw. Nutzer von gesellschaftlichen Institutionen die mehrheitlich anerkannten Kriterien für erfolgreiches bzw. erwünschtes und weniger erfolgreiches bzw. unerwünschtes Verhalten, die wesentlichen Verständigungsmittel und ein daran orientiertes Repertoire von Einstellungen und Verhaltensmustern erwirbt. Aufgrund dieser vielfältigen Erfahrungen und Lernprozesse wird das Individuum zum Mitträger einer *Kultur,* so dass das alltägliche Verhalten für die meisten Lebenssituationen im Einzelnen überwiegend sozial programmiert ist. Dies stabilisiert Individuum und Gesellschaft und sichert außerdem Kommunikation und Kontinuität. Das Individuum wird zur soziokulturellen Persönlichkeit. Die Sozialpsychologen sprechen von der *Internalisierung* einer Kultur. Mit zunehmendem Alter wächst durch subjektive Spontaneität und äußere Anregungen die Ausbildung der individuellen Urteilskraft, also das Vermögen des Individuums, den Prozess der kulturellen Regelung und Stabilisierung seines Verhaltens zu reflektieren, Alternativen, Widersprüche und Wandlungen zu erkennen, Konflikte zwischen sozialen Erwartungen und subjektiven Standards bewusst zu machen und Entscheidungen zu fällen. Im S.prozess ist das Individuum folglich nicht Objekt der soziokulturellen Beeinflussungen, vielmehr ist es von Anbeginn an der Gestaltung seiner soziokulturellen Persönlichkeit beteiligt. Diese wachsende aktive Teilnahme der Individuen an der S. ist unabdingbare Voraussetzung für jeden kulturellen Wandel. Die Sozialwissenschaften betrachten den Prozess der S. differenziert *(Soziabilisierung, Enkulturation, Personalisation, Akkulturation). Erziehung* wird als absichtlicher, formalisierter und kontrollierter Teilprozess der S. verstanden.

Sozialisationsforschung. In Anlehnung an H. Fend und K.-J. Tillmann lässt sich S. als interdisziplinäre Betrachtung des Zusammenhangs von Gesellschaft, Institutionen und Subjektwerdung verstehen. Soziologie, Psychologie und Erziehungswissenschaft haben dazu in den letzten vier Jahrzehnten eine Vielzahl von theoretischen und empirischen Beiträgen geliefert. Unter Bezugnahme auf verschiedene Theorien (z. B. Rollentheorie, symbolischer Interaktionismus, Psychoanalyse) und mit differenzierten Methoden quantifizierender und qualitativer Forschung (Befragung, Beobachtung, idiografische Methode, Lebensweltanalyse) will S. das Zusammenspiel von gesellschaftlichen (z. B. soziale Struktur, Produktionsverhältnisse, Kultur), institutionellen (z. B. Schule, Berufsausbildung, Medien), interaktiven (z. B. Eltern-Kind-Beziehungen, Interaktionen in Schule und Unterricht) und subjektiven Faktoren (z. B. Interpretationsmuster, Einstellungen, Motivationen, Selbstkonzept) erhellen.

Sozialisationsinstanzen. Soziale Gruppen, Instanzen, Organisationen und Felder, in denen der Sozialisationsprozess abläuft. Zumeist wählt die Sozialwissenschaft zur Darstellung der S. eine Ordnung, in der die Erweiterung der S. in Anlehnung an den Lebenslauf nach dem Muster konzentrischer Kreise beschrieben wird. Die lebensgeschichtlich ersten und von großer psychophysischer Nähe und Dichte der *Interaktionen* zwischen Kind und Kultur gekennzeichneten S. sind die Familie einschließlich ihres unmittelbaren verwandtschaftlichen Umfeldes sowie die Gruppe der etwa gleichaltrigen Kinder, mit denen im alltäglichen Umgang vielfältige Erfahrungen gemacht werden. Diese primären S. werden in modernen Gesellschaften schon während der frühen Kindheit von gesellschaftlichen Einrichtungen wie Kindertagesstätten, Kindergärten, Musikschulen oder auch durch die Arbeit von Tagesmüttern ergänzt. Diese sekundären S. gewinnen während der Schulzeit, der sich anschließenden Berufsausbildung oder dem Studium zusammen mit der Teilnahme an Veranstaltungen der Jugendarbeit, der Vereine, Kirchen u. a. Institutionen bis ins frühe Erwachsenenalter zunehmend an Bedeutung.

Als tertiäre S. lassen sich schließlich alle sozialen Lernfelder bezeichnen, in denen Heranwachsende ebenso wie Erwachsene durch Arbeit, Weiterbildung, Konsum, soziale Kontrolle, Mobilität, Unterhaltung und Informationsbeschaffung, Freizeit, Erholung, Krankheit usw. Erfahrungen machen, die ihre soziokulturelle Persönlichkeit lebenslang beeinflussen.

Sozialkompetenz. Die Bereitschaft und Fähigkeit, in unmittelbarer Nähe zu Mitlebenden soziale Beziehungen zu pflegen und zu gestalten, Zuwendungen und Spannungen zu erkennen, zu verstehen, sich verantwortungsvoll damit auseinanderzusetzen und sich zu verständigen. S. bedeutet ferner die Bereitschaft und Fähigkeit, sich in distanzierteren sozialen Beziehungen zu Mitmenschen z. B. in Ausbildung und Beruf kommunikativ, kooperativ und teamfähig zu verhalten, Ziele und Pläne gemeinsam zu entwickeln und zu realisieren, Informationen auszutauschen, die Sichtweisen und Interessen anderer zu erkennen und zu berücksichtigen, sich bei emotionalen Spannungen und Konflikten rational auseinanderzusetzen und zu verständigen, aber auch sich Verhandlungsgeschick, Durchsetzungsvermögen und Leitungsqualitäten anzueignen. Zur S. gehört auch, andere Kulturen zu kennen und zu verstehen, sich gegenüber benachteiligten Gruppen in sozialer Verantwortung zu zeigen, Hilfsbereitschaft und Gemeinschaftssinn zu üben und mit Toleranz oder Solidarität für kulturelle Werte einzutreten.

Sozialpädagoge. *Sozialarbeiter/Sozialpädagoge.*

Sozialpädagogik. *Sozialarbeit/Sozialpädagogik.*

Sozialstruktur (engl. *social structure*). Interne Ordnung einer Gruppe oder Gesellschaft unter Bezugnahme auf a) demografische Merkmale wie Geschlecht, Alter, Nationalität, Rasse, Weltanschauung oder b) soziale Merkmale wie Rolle und Status, Bildung und Beruf, Einkommen und gesellschaftlichen Einfluss. Zumeist wird unter Auswahl und in Kombination bestimmter Merkmale eine Gesellschaft in *sozialen Schichten* abgebildet. Zwischen der Wahl der Schullaufbahn von Kindern und Jugendlichen und den daraus i. d. R. erwachsenden Berechtigungen und sozialen Chancen und den oben genannten Merkmalen einer S. bestehen weiterhin deutliche Zusammenhänge.

Soziogramm. *Soziometrie.*

Soziologie (lat. *socius* Teilnehmer; griech. *logos* Wort, Sinn, Vernunft; engl. *sociology*). Wissenschaft von den Strukturen, Prozessen, inneren Gesetzmäßigkeiten und Beziehungen menschlicher Gesellschaften, Gruppen, Organisationen und Institutionen. Für die Pädagogik sind soziologische Theorien über die Wechselwirkungen von Gesellschaft und Individualität (*Interaktion, Sozialisation*) bei der Ausbildung von Identität in den verschiedenen Altersgruppen (z. B. Jugends.), Theorien über den Einfluss von Gruppen auf das Verhalten der Individuen und über die Einflussnahme bestimmter Strukturmerkmale der Gesellschaft (Klassen, Schichten, Herrschaftsverhältnisse) auf Inhalte, Organisationsformen und Abläufe von Ausbildungsprozessen von besonderer Bedeutung.

Soziometrie (lat. *socius* Teilnehmer; griech. *-metria* -messung; engl. *sociometry*). Vom amerikanischen Soziologen J. L. Moreno entwickeltes Erhebungsverfahren, mit dessen Hilfe die wechselseitigen Gefühle und Einstellungen innerhalb einer Kleingruppe erfasst werden können. Die Ergebnisse der schriftlichen Befragung werden in einem Soziogramm grafisch dargestellt, indem zwischen den Symbolen für die Mitglieder der Gruppe durch bestimmte Ausprägungen von Linien Sympathien oder Ablehnungen zwischen den Personen, Rangfolgen in der Wahl von anderen Gruppenmitgliedern oder auch Häufigkeiten ausgedrückt werden. Durch tabellarische Aufbereitung des Soziogramms kann die Position jedes einzelnen Gruppenmitgliedes durch bestimmte Kennziffern (Indexwerte) bestimmt werden.

Spanien. **1)** Parlamentarische Monarchie. Hauptstadt: Madrid (3,2 Mill. Einw.). Fläche: 504 782 km^2, 42,6 Mill. Einw., 85 Einw./km^2. Amtssprache: Spanisch, regional Katalanisch, Galicisch, Valencianisch und Baskisch. Religion: 94% Katholiken.

2) Bis zur Einleitung des grundlegenden Reformprozesses ab 1990 war das Allgemeine Bildungsgesetz (Ley general de educación, LGE) von 1970 die Grundlage des schulischen und beruflichen Bildungswesens. Mit der Verabschiedung der demokratischen Verfassung von 1978 wurden die Leitlinien des Bildungswesens neu festgelegt und die Gewährleistung des Rechts auf Bildung zur Pflicht des Staates gemacht. Das Bildungsreformgesetz LOGSE von 1990 führte zur allgemeinen Neuordnung des Bildungswesens und löste das Bildungsgesetz (LGE) von 1970 ab. Ihm folgten 1995 das Mitbestimmungs- und Verwaltungsgesetz (LOPEG), 2001 das Hochschulgesetz (LOU), 2002 das Berufsbildungsgesetz (LOCFP) und ebenfalls 2002 das Gesetz zur Qualität des Bildungswesens (LOCE). Im Mai 2006 wurde beschlossen, die bisherige Gesetzgebung im Bildungswesen durch das zusammenfassende Regelwerk Ley Orgánica de Educación (LOE) neu zu fassen und zu vereinfachen.

Im Zuge des Dezentralisierungsprozesses sind die Aufgaben und Zuständigkeiten der Bildungsverwaltung auf drei Ebenen verteilt: 1. auf die zentrale Verwaltung des Ministeriums für Bildung und Wissenschaft (MEC) in Madrid, 2. auf die Bildungsabteilungen der 17 autonomen Gemeinschaften in den Regionen und auf zwei autonome Städte, 3. auf die lokalen Verwaltungen in den Kommunen und Schulen.

Durch das Reformgesetz LOGSE ist die Schulpflicht um zwei Jahre auf das Alter von sechs bis 16 Jahre verlängert worden und umfasst den Primar- und den Sekundarbereich I. Der Besuch aller öffentlich finanzierten Schulen ist im Rahmen der Schulpflicht kostenlos. Alle öffentlichen Schulen sind koedukative Einrichtungen.

Das Privatschulwesen hat eine lange Tradition und große Bedeutung. Etwa 30% aller Schulen sind in privater, meist katholischer Trägerschaft. Private Einrichtungen besuchten 2005/06 im Vorschulbereich 35,1%, im Primarbereich 33,3%, im Sekundarbereich I 33,7%, im Sekundarbereich II (Bachillerato) 24,7% und im Sonderschulbereich 47,9% der Kinder und Jugendlichen.

Schüler mit sonderpädagogischem Förderbedarf sollen grundsätzlich in die allgemein bildenden Schulen integriert und nur in Ausnahmefällen in Sonderschulen unterrichtet werden.

3) Die frühkindliche Erziehung (Educación infantil) im Vorschulbereich gliedert sich in die Stufen für Kinder von null bis drei Jahre und drei bis sechs Jahre. Die öffentlichen Vorschulen für Drei- bis Sechsjährige heißen Escuelas de educación infantil und sind Primarschulen angeschlossen. Der Besuch öffentlicher Vorschulen ist freiwillig und unentgeltlich. Private Einrichtungen, die vom Bildungsministerium oder von den autonomen Gemeinschaften genehmigt sind, heißen Centros de educación infantil. Fast alle Vier- und Fünfjährigen besuchen eine Vorschule.

Die Primarbildung (Educación primaria) dauert sechs Schuljahre und ist in drei Zweijahresstufen mit unterschiedlichen Schwerpunkten gegliedert. Die Primarschule (Escuela de educación primaria) hat die Aufgabe, allen Kindern eine grundlegende Allgemeinbildung zu vermitteln und über die Fertigkeiten in den Bereichen Sprache, Lesen, Schreiben und Rechnen hinaus auch Kenntnisse und Einstellungen in den fächerübergreifenden (z. B. Umwelterziehung) und interkulturellen Bereichen (z. B. Friedenserziehung) zu vermitteln. Der Fremdsprachenunterricht beginnt mit acht Jahren im 1. Schuljahr der 2. Stufe. Die kontinuierliche Leistungsbeurteilung ist lernzielorientiert und bezieht sich auf jeweils eine gesamte Stufe. Der Übergang in den Sekundarbereich I erfolgt ohne Abschlussprüfung und Abschlusszeugnis automatisch.

Die obligatorische Sekundarschule (Escuela de educación secundaria obligatoria, ESO) mit den Jahrgangsstufen 7 bis 10 für alle 12- bis 16-Jährigen ist in zwei zweijährige Stufen gegliedert. Während auf der 1. Stufe die allgemeine Grundbildung vertieft wird, ist die Vorbereitung auf die Erwerbstätigkeit bzw. die mittlere Berufsausbildung oder die Befähigung für den weiterführenden Bildungsgang (Bachillerato) Aufgabe der Stufe 2. Die kontinuierliche Leistungsbeurteilung durch Noten führt zum Abschlusszeugnis Graduado en educación secundaria, das zum Übergang in den allgemein bildenden Sekundarbereich II und in die Mittlere Berufsausbildung berechtigt.

Für die allgemein bildende Sekundarschule des Sekundarbereichs II (Jahrgangsstufe 11 und 12) ist der Bildungsgang des Bachillerato eingerichtet worden, der den Schülern die Wahl zwischen den vier Fachrichtungen Technik, Natur- und Gesundheitswissenschaften, Geistes- und Sozialwissenschaften und Kunst ermöglicht. Nach erfolgreicher Beendigung des Bachillerato wird ohne spezielle Abschlussprüfung die Qualifikation Ba-

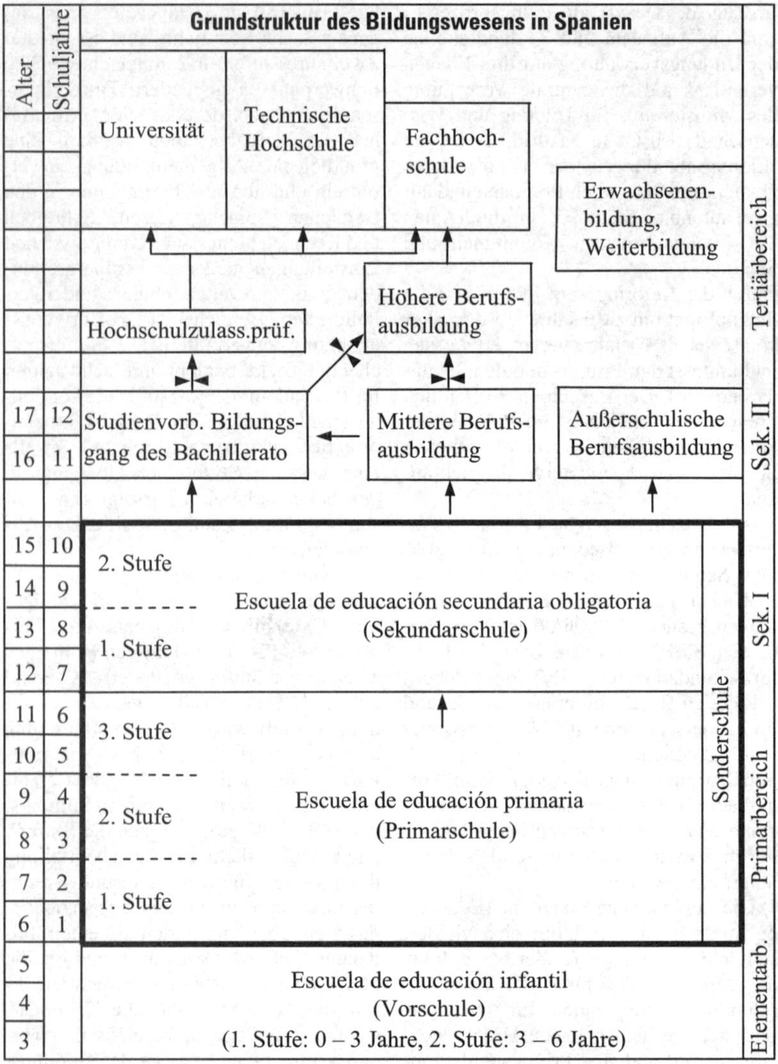

Fett umrandet sind die Einrichtungen für die Erfüllung der Schulpflicht.

Qualifizierte Auswahl ↑ Einfacher Übergang

chiller (Abitur) erworben, die zur Teilnahme an der selektiven Hochschulzulassungsprüfung und zur Höheren Berufsausbildung berechtigt.

4) Im Bereich der Berufsausbildung werden die geregelte schulische Berufsausbildung (Formación profesional reglada) als Teil des Bildungssystems und die außerschulische Berufsausbildung (Formación profesional ocupacional, FPO) in der Verantwortung des Arbeitsministeriums unterschieden. 1. Die fachspezifische Berufsausbildung mittleren Grades (Formación profesional específica de grado medio) an Sekundar- oder Berufsschulen für Jugendliche mit Pflichtschulabschluss bereitet in Ausbildungsmodulen mit theoretischem Unterricht und praktischer Ausbildung am Arbeitsplatz auf ein berufliches Tätigkeitsfeld vor. Die berufliche Fachausbildung schließt nach zwei Jahren mit dem Zeugnis eines Facharbeiters (Técnico) ab, mit dem eine Erwerbstätigkeit aufgenommen werden kann. Das Zeugnis berechtigt auch zum Übergang in bestimmte fachspezifische Unterrichtszweige des Bachillerato.

Die fachspezifische Berufsausbildung höheren Grades (Formación profesional específica de grado superior) ist für Abiturienten eine Alternative zum Universitätsstudium. Für die Zulassung ist der Abschluss Bachiller im Sekundarbereich II erforderlich, zudem müssen – je nach Berufsfachwahl – bestimmte fachspezifische Zulassungsbedingungen erfüllt sein. Für Absolventen der beruflichen Fachausbildung mittleren Grades mit dem Abschluss Técnico ist der Zugang über eine Aufnahmeprüfung möglich. Bei erfolgreichem Abschluss der Höheren Berufsausbildung wird das Zeugnis des Técnico superior erteilt, mit dem eine Berufsqualifizierung verbunden ist und der fachspezifische Zugang zur Fachhochschule (Escuela universitaria) ermöglicht wird.

2. Im Rahmen der außerschulischen Berufsausbildung werden allen 16- bis 20-jährigen Jugendlichen, die den Pflichtschulabschluss (Graduado en educación secundaria) nicht erreicht haben, besondere Ausbildungsprogramme (Programas de garantia social) zur sozialen Sicherheit und zum Erwerb einer beruflichen Grundbildung angeboten. Andere Berufsbildungsmaßnahmen richten sich an Arbeits- und Erwerbslose zum Zwecke der Ausbildung, Umschulung, Weiterbildung und Wiedereingliederung in das Erwerbsleben. Ähnliche Ausbildungsprogramme bieten auch Werkstatt-Schulen (Escuelas taller) und Ausbildungszentren für das Handwerk (Casas de oficios) an.

5) Im Hochschulbereich gibt es über 50 öffentliche und über 20 private Einrichtungen, zu denen die Universitäten (Universidades), Technischen Hochschulen (Escuelas técnicas superiores) und Fachhochschulen (Escuelas universitarias) zählen. Der Zugang ist von einer Hochschulzulassungsprüfung (Pruebas de aptitud para el acceso a la universidad, PAAU) im Anschluss an das Abitur abhängig bzw. zu den Fachhochschulen nach Abschluss der Höheren Berufsausbildung ohne Zulassungsprüfung möglich.

6) Nach der Reform der Lehrerbildung müssen Lehrer für Vor- und Primarschulen ein dreijähriges wissenschaftliches Studium an einer der Pädagogischen Fachhochschulen und Lehrer für den Sekundarbereich ein vier- bis fünfjähriges fachwissenschaftliches Studium an einer Universität oder Technischen Hochschule mit einem anschließenden einjährigen pädagogischen Aufbaustudium absolvieren.

7) Die Erwachsenenbildung und die berufliche Weiterbildung bieten im Zuge lebenslangen Lernens (Educación permanente) durch Fernunterricht oder in Sprachschulen, Volkshochschulen, gewerkschaftlichen Weiterbildungszentren, Privaten Akademien u. a. zahlreiche Bildungsmöglichkeiten.

Spiel (Syn. **Spielen**; engl. *game, play*). Im Unterschied zum zweckbestimmten, geplanten Arbeiten die zweckfreie, spontane, freiwillige, von innen heraus motivierte, lustbetonte und phantasiegeleitete Tätigkeit, die nach bestimmten Regeln verläuft. Da der Begriff nicht eindeutig definiert werden kann, wurde in der spieltheoretischen Literatur versucht, für unterschiedliche S.formen gemeinsame Merkmale und Funktionen des S. herauszuarbeiten. Dabei wurde betont, dass im konkreten S. nicht immer alle Merkmale auftreten müssen und es Übergangsphänomene zwischen S. und Arbeit oder S. und Erkunden gibt. Folgende Merkmalsbeschreibungen kennzeichnen den Begriff: Das S. erfolgt freiwillig, selbstbestimmt und zweckfrei um seiner selbst willen und frei von äußeren Zwängen. Es findet losgelöst vom Ernst des Alltags statt und aktiviert Phantasievorstellungen. Es ermöglicht in der handelnden Auseinandersetzung mit Mitspielern und Objekten Realitätserfahrungen und die Verarbeitung von Alltagsproblemen. In diesen Interaktionsprozessen finden Lernvorgänge statt, die für die soziale, kognitive und psychomotorische Entwicklung von großer Bedeutung sind. Das S. geht von einer Idee aus, ist zielgerichtet und dennoch offen für wechselvolle Veränderungen im Verlauf, dessen Ergebnis und Ende nicht vorhersehbar sind. Es erfüllt sich im Hier und Jetzt und wird von der Aktivität und Emotionalität der Spieler getragen, wobei der periodische Wechsel von Spannung und Entspannung charakteristisch ist. Das S. erfordert auch bei offenen und variabel gestalteten Verläufen die Verständigung über Regeln. Es macht Spaß, ist mit lustbetonten Gefühlen verbunden und mit Ängsten unvereinbar.

In der Literatur gibt es verschiedene Klassifikationsversuche, um die Fülle von S.formen nach entwicklungsbedingten Fähigkeiten, altersspezifischen Spielen, Gegenständen und Zwecken zu unterscheiden und zu ordnen. Beim S. des kleinen Kindes dienen Tätigkeits- und Funktionsspiele der lustvollen Übung körperlicher und kognitiver Fähigkeiten (z. B. Greifen, Hüpfen). Im freien S. des Vorschulbereichs sind Gestaltungs- und Konstruktionsspiele (z. B. mit Bauklötzen, Knete) für die Entwicklung von Raumvorstellungen und Fiktions-, Symbol- und Phantasiespiele (z. B. mit Puppen) oder Rollen- und Partnerspiele (z. B. im Mutter-Kind-S.) für die Entwicklung sozialer und sprachlicher Kompetenzen von Bedeutung. In Bewegungs-, Kreis- und Versspielen werden soziale Kontakte aufgebaut und kulturelle Bräuche übernommen. In der Grundschule wird das freie S. allmählich von anderen S.formen wie Rollen-, Interaktions-, Regel- und Sportspielen abgelöst. Strategie- und Denkspiele fördern besonders problemlösende und begriffliche Fähigkeiten. Vom Übergang zum Sekundarbereich an werden Plan-, Simulations- und Rollenspiele für die Auseinandersetzung mit individuellen und gesellschaftlichen Problemfeldern für ebenso wichtig gehalten wie das Sozio- oder Psychodrama. Szenische Spiele zielen auf die darstellerische Interpretation von literarischen Texten, auf die Vergegenwärtigung historischer Ereignisse oder auf eine theaterartige Aufführung vor Publikum. Neuerdings werden von einem erweiterten S.begriff aus z. B. auch Risikohandlungen wie Motorradrasen, Skateboard-Künste oder Graffiti-Sprühen im Jugendalter als spielerisches Erproben verstanden, das der Entwicklung der Ich-Identität dient.

Alle diese S.formen können sowohl aus der freien Aktivität der Kinder und Jugendlichen erwachsen als auch von S.leitern angeregt und gelenkt werden. Dabei wird vor einer zu starken Didaktifizierung des S. in der Schule, die oft in Verbindung mit *Lernspielen* beobachtet werden kann, gewarnt.

Spielgaben (Syn. **Fröbel-Spielgaben**). Von *F. A. Fröbel* ab 1836 entwickeltes Lernmaterial, das aus einem aufeinander abgestimmten System besteht: Ball, Kugel, Würfel, Walze, geteilte Würfel (Bausteine). Fröbel, auf den auch der Name *Kindergarten* zurückgeht, wollte von seinem ganzheitlich pantheistischen Weltbild aus in der Kleinkind- und Familienerziehung erreichen, dass die Kinder im Umgang mit den S. die »mathematische Weltgesetzlichkeit« fühlend und handelnd erfahren. Zum richtigen Umgang mit den S. hat er eine ausführliche bebilderte Anleitung verfasst. Zur harmonischen Entfaltung aller Anlagen aus freiem Antrieb diente ihm das *Spiel*, für das er weitere Materialien zum Bauen und Gestalten entwickelte. Zur sog. Beschäftigung gehörten z. B. Holztäfelchen zum Bauen, Holzstäbchen zum Legen von Figuren, Papierstreifen und -blätter zum Flechten, Falten und Zeichnen. Hinzu kamen Anleitungen für Gemeinschafts- und Bewegungsspiele und die ›Mutter- und Koselieder‹ aus dem Jahre 1844. Die S. Fröbels sind als das erste System dieser Art von grundlegender Bedeutung für die Vorschulerziehung geblieben.

Spielpädagogik. Teilbereich der Erziehungswissenschaft und Wahlpflichtfach in pädagogischen Diplomstudiengängen an Hochschulen. Ihre speziellen Gegenstandsbereiche sind das *Spiel* als anthropologisches und historisch-gesellschaftliches Phänomen in Erziehung, Bildung und Freizeit, die Spielforschung und Theorien des Spiels, die Spieldidaktik im Hinblick auf unterschiedliche Adressatengruppen (z. B. Kinder, Jugendliche, Erwachsene, alte Menschen) und Institutionen (z. B. Schule, Freizeiteinrichtungen, Kinder- und Jugendarbeit, Erwachsenenbildung) und die Vermittlung von didaktisch-methodischen Spielkompetenzen (z. B. in den Bereichen Rollenspiel, darstellendes Spiel, Puppenspiel, Bewegungsspiel, praktische Animation, pädagogische Gesprächsführung, Beratung und Supervision).

Spielplatz (Syn. **Kinderspielplatz**; engl. *playground*). Öffentliche Spieleinrichtung für Kinder, die auf einer eingegrenzten Außenanlage verschiedenartige Spielmöglichkeiten bietet. Die Spielbereiche enthalten meist Spielgeräte für Bewegungsaktivitäten wie Klettergerüst, Reck, Hangelreck, Rutsche, Schaukel, Wippe, Kriechanlage und Spielhäuschen sowie einen Sandspielbereich. Seit den sechziger Jahren sind in einigen Orten pädagogisch betreute *Abenteuerspielplätze* hinzugekommen.

Die meisten öffentlichen S. sind wohnungsnah für Kinder im Vor- und Grundschulalter erstellt und unbetreut. Sie werden wegen ihrer Eintönigkeit oft nur wenig genutzt. Die Forderungen richten sich deshalb auf betreute und spielpädagogisch neu gestaltete S., die gerade in Ballungszentren über Bewegungsmöglichkeiten hinaus Materialerfahrungen mit Wasser, Erde, Matsch und Feuer, konstruktives Spiel mit Baumaterial, naturkundliche Erfahrungen mit Pflanzen und Tieren, Umgang mit Geräten zur Wetterbeobachtung und Windrädern erlauben. Solche S. nehmen heute in Verbindung mit Einrichtungen der offenen Kinder- und Jugendarbeit zu, eine weite Verbreitung ist aber aus Gründen der Finanzierung nicht zu erwarten.

Spielstunde. In den siebziger Jahren von B. Daublebsky vorgeschlagene Einrichtung zur Förderung der Spielkultur in Schulen. Die S. kann in regelmäßigen Abständen stattfinden, an die Stelle von Vertretungsstunden treten oder auch fest in den Stundenplan aufgenommen werden. Sie setzt den Aufbau eines Spielerepertoires voraus und macht die spieldidaktische Vorbereitung und Durchführung notwendig. Die S. wird vor allem in Ganztagsschulen und in ganzen Halbtagsgrundschulen durchgeführt.

Spieltheorien (engl. *theories of game or play*). Philosophische und wissenschaftliche Versuche zur Erklärung des Spielverhaltens.

Biologisch orientierte S. gehen von der Beobachtung triebgerichteter Phänomene des *Spiels* im tierischen und menschlichen Verhalten aus und erklären sie z. B. mit der instinktgesteuerten Vorübung zukünftiger Ernstfälle (z. B. Kätzchen-Wolle-Maus) oder der Nachahmung artentsprechenden Verhaltens (K. Groos), der

Abreaktion überschüssiger natürlicher Kräfte (H. Spencer) oder der Funktionslust des Lebewesens (K. Bühler).
Bei F. Schiller wird das Spiel aus kulturanthropologischer Sicht als der eigentliche Anfang der Menschheit gesehen. Wie er erkannten auch J. Huizinga und G. Bally im Spielverhalten des Menschen den Ursprung aller Kultur, da in ihm die Möglichkeiten zur zweckfreien, künstlerischen und kulturschaffenden Tätigkeit begründet liegen. *F. Fröbel* und die Reformpädagogik haben aus dieser Sicht das Spiel zu einer Kategorie der Erziehung gemacht.
Seit S. Freud wird das Spiel zum Gegenstand der Psychoanalyse, indem das Individuum im Zusammenhang mit den Widersprüchen zwischen Triebbedürfnissen und Realitätsansprüchen im Spiel nicht verarbeitete Probleme und Konflikte abreagieren und zugleich der diagnostischen und therapeutischen Interpretation zugänglich machen kann.
In der Entwicklungs-, Lern- und Motivationspsychologie wird am Spiel die Entwicklung des Kindes aufgezeigt (z. B. H. Hetzer), der Einfluss des Spiels auf die kognitive Entwicklung des Kindes nachgewiesen (*J. Piaget*) und der Spielverlauf als Aktivierungszirkel mit ständigem Auf- und Abbau von erlebter innerer Spannung beschrieben (W. Heckhausen).
Die Sozialisationstheorie (Rollentheorie, symbolischer Interaktionismus) hat vor allem die milieuspezifischen Auswirkungen auf das Spielverhalten, die Identitätsfindung und die Entwicklung der sozialen Kompetenz nachgewiesen (z. B. B. Sutton-Smith, S. Smilanski) und Vorschläge zur Bewusstseins- und Verhaltensänderung durch Rollenspiele, Planspiele, Kindertheater u. a. gemacht (B. Daublebsky, L. Krappmann).
Eine phänomenologische Beschreibung der vielfältigen Erscheinungsformen, Merkmale und Funktionen des Spiels haben F. J. J. Buytendijk und *H. Scheuerl* gegeben.
Im Vergleich zu den verschiedenen Erklärungsversuchen anderer Disziplinen steckt die pädagogische Spielforschung und Theoriebildung noch in den Anfängen.

Spieltherapie (engl. *play therapy*). Verfahren der Kinder- und Jugendpsychotherapie, in dem das *Spiel* als Medium zur Diagnose und Behandlung von Lernschwierigkeiten, Verhaltensauffälligkeiten, psychosomatischen Beschwerden, psychischen Belastungen u. Ä. eingesetzt wird. Wegen der noch unentwickelten Fähigkeit des Kindes zur Verbalisierung seiner Probleme, Ängste oder Aggressionen ist das Spiel ein wichtiges Mittel, Gefühle, Gedanken, Erlebnisse und Traumata zum Ausdruck zu bringen. Die Behandlung kann in Einzel- oder Gruppentherapie durchgeführt werden. Die Kinder bekommen eine Auswahl von Spielsachen oder Spielen vorgelegt und gehen damit in Anwesenheit des beobachtenden Therapeuten um. Der sog. Sceno-Test gibt standardisiertes Spielmaterial vor; die psychoanalytische Interpretation des Verhaltens bezieht sich dann auf den Figuren- und Objektgebrauch des Patienten.

Spielzeug (engl. *toy, plaything*). Wichtiger Spielstimulator, der seit den Anfängen der Kulturgeschichte bekannt ist. Von den einfachen Formen entwickelte sich das S. zum Imitations- und Konstruktionss., mit dem die Welt der Erwachsenen nachgebildet und ein bestimmtes Weltbild vermittelt werden soll. Vor allem im Imitationsspiel mit Puppen, Puppenhäusern und Kaufläden werden die Rollen von Vater und Mutter sowie das gesellschaftliche und berufliche Leben nachgeahmt. Mit Konstruktionss. formt das Kind z. B. beim Bau eines Hauses oder einer Brücke reale Gegenstände der vorstellbaren Wirklichkeit nach und gewinnt so im Entdecken und Konstruieren von Emotionen begleitete kognitive Fähigkeiten. Zum Problem ist vor allem nach dem Zweiten Weltkrieg das Kriegs- und Gewalts. geworden. In den letzten Jahren sind das mediale S. im Horror-

Look und Videospiele hinzugekommen, die ein problematisches Freizeitmedium darstellen.
S.museen bieten einen guten Überblick über die Entwicklung des S. In der S.industrie nehmen die S.vielfalt und der Umsatz ständig zu. Jedoch wird von Pädagogen über den Rückgang der Qualität des S. und damit des Niveaus beim Spielen geklagt. Einen Überblick über alle Spielmittel bietet die Spielwarenmesse in Nürnberg.

Spiralcurriculum (engl. *spiral curriculum*). Grundmodell in der Lehrplan- und Curriculumentwicklung, einen Gegenstandsbereich entsprechend seiner Strukturierbarkeit und dem Lernentwicklungsstand der Schüler nach dem Prinzip aufeinander aufbauender Niveaustufen spiralig zu gliedern. Das von J. Bruner entwickelte Spiralprinzip geht davon aus, dass fast jeder wissenschaftliche Gegenstand bis zum Vorschulbereich herab so elementarisiert werden kann, dass die Lernenden nach der Erstbegegnung im Verlauf ihrer Entwicklung in den folgenden Schuljahren den gleichen Lerngegenstand auf jeweils höherem Komplexitäts- und Anspruchsniveau weiter erarbeiten und damit ihr Wissen über ihn allmählich erweitern, vertiefen, abstrahieren und systematisieren können.

Spontaneität (engl. *spontaneous behavior*). Fähigkeit und Bereitschaft des Individuums zu freiwilligen und selbstbestimmten Handlungen, die auf keine äußeren Anstöße zurückgehen.

Sprachlabor. Mit audiovisuellen Unterrichtsmitteln arbeitende Einrichtung des Sprachunterrichts. Sie ermöglicht das individualisierte Erlernen einer Sprache und dient der Übung des Zuhörens und Sprechens mit Selbstkontrolle über Kopfhörer. Unter Betreuung eines Lehrers können unmittelbare Rückmeldungen gegeben und die Lernprozesse differenziert werden.

SS-Junkerschule. Offiziersschule der Waffen-SS, die weitgehend den Kriegsschulen des Heeres entsprach. Spezifisch für die zehnmonatigen Lehrgänge waren NS-Rassenkunde und die Organisation der totalen Kriegsführung. SS-J. arbeiteten in Bad Tölz/Bayern, Braunschweig, Klagenfurt und Prag. Bis zum Kriegsende wurden hier weit über 15 000 SS-Führer ausgebildet.

Staatsexamen (engl. *state examination*). Allgemein jede nach einer vom Staat erlassenen Prüfungsordnung und von staatlich bestellten Prüfern durchgeführte Abschlussprüfung. In einem engeren Sinne Voraussetzung für die staatliche Zulassung zu einer Reihe von akademischen Berufen (z. B. Arzt, Lehrer, Rechtsanwalt). Dieses Verfahren ist i. d. R. gegliedert in ein 1. S. nach dem Studium an einer Hochschule und ein 2. S. nach einem Vorbereitungsdienst.

Stammgruppen. **1)** In Jena-Plan-Schulen sind S. jahrgangsübergreifende Lerngruppen, die die *Jahrgangsklasse* ersetzen. So werden z. B. aus den Kindern der 1., 2. und 3. Schuljahre drei altersgemischte Untergruppen gebildet. Die altersgemischten Mittelgruppen setzen sich aus den Schülern der 4., 5. und 6. Schuljahre zusammen.
2) In Schulen, die mit dem Kern-Kurs-System der äußeren *Fachleistungsdifferenzierung* arbeiten, in denen die Schüler zu den Leistungskursen den Klassenraum verlassen müssen, werden Jahrgangsklassen im Kernunterricht, zu dem alle Kinder einer Klasse zurückkommen, als S. bezeichnet.
3) Es gibt auch Schulen, in denen jede Jahrgangsklasse ihren eigenen angestammten Klassenraum hat, so dass die Lerngruppe der Schüler S. und der Raum S.raum genannt wird.

Standards. Normative Vorgaben und Zielvereinbarungen zur Vereinheitlichung, Vergleichbarkeit und Steuerung im Bildungswesen. Dabei sind drei Gruppen zu unterscheiden: 1. Inhaltliche S. beschreiben die fachlichen Inhalte des Lehrplans, die aufzubauenden *Kompetenzen* und das zu erreichende Wissen und Können. 2. S. für Lehr- und Lernbedingungen beschreiben die Verfügbarkeit von Schulprogrammen, Medien, Personal, Räumen und die Anwendbarkeit bestimmter Methoden für die Ermöglichung guten Unterrichts. 3. Leistungs- und Ergebniss. beschreiben, über welche Kompetenzen und über welches Wissen und Können Schüler zu einem bestimmten Zeitpunkt der Schullaufbahn verfügen müssen. Bezogen auf die Ergebnisüberprüfung lassen sich drei Niveaustufen unterscheiden: Mindest- oder Minimals. beziehen sich auf ein definiertes Ergebnisminimum, das erreicht werden muss. Regels. beschreiben das Ausmaß an Kompetenzen und Wissen, das im Durchschnitt von den Schülern erreicht wird. Maximal- oder Exzellenzs. geben das höchste Leistungsniveau an, das von den besten Schülern erreicht wird. Seit *PISA* und den Konsequenzen der Kultusministerkonferenz (KMK) spielen *Bildungsstandards* bei der Qualitätsentwicklung im Bildungswesen eine zentrale Rolle.

Standards für Lehrerbildung. *Lehrerbildung.*

Ständige Konferenz der Kultusminister der Länder in der Bundesrepublik Deutschland (**KMK**; engl. *Standing Conference of Laender Ministers of Education and Cultural Affairs*). Unter Beachtung der Verfassungsordnung der Bundesrepublik Deutschland, die ganz überwiegend die Zuständigkeit für Bildung, Wissenschaft und Kultur den 16 Bundesländern zuordnet, haben die Kultusminister der Länder bereits 1948, also ein Jahr vor Inkrafttreten des Grundgesetzes, zum Zwecke der Selbstkoordination die Zusammenarbeit innerhalb der KMK vereinbart. Das GG räumt den Ländern diese Form des Zusammenwirkens ausdrücklich ein.
Dabei geht es primär um die wechselseitige Abstimmung aller Maßnahmen im Bereich der Bildungs- und Kulturpolitik, deren Wirkung über die jeweiligen Landesgrenzen hinausgeht. Ziel dabei ist nicht Gleichförmigkeit, sondern die Sicherung eines Mindestmaßes an Gemeinsamkeit und Vergleichbarkeit des Bildungswesens innerhalb ganz Deutschlands. Die KMK verabschiedet Beschlüsse, Vereinbarungen, Erklärungen und Stellungnahmen, die i. d. R. zwar keine verbindlichen Konsequenzen für die einzelnen Länder haben, dennoch aber als Richtschnur im bildungspolitischen Handeln der Länder ihre Wirksamkeit entfalten. Nur wenige Beschlüsse haben den Rang verbindlicher Staatsabkommen zwischen den Ländern. Die meisten Beschlüsse und Vereinbarungen erhalten erst durch Landesgesetze Rechtskraft.
Die Beschlüsse der KMK betreffen alle Bereiche des Bildungswesens: allgemein bildendes Schulwesen einschließlich Schulversuche und Schulpersonal, berufliches Schulwesen einschließlich Kooperation Berufsschule-Betrieb, Auslandsschulwesen, Prüfungsordnungen und Zeugnisse, Hochschulen und Wissenschaft, Weiterbildung, allgemeine Kulturpflege und Sport.
Wichtige Vereinbarungen und Beschlüsse aus den letzten Jahren betrafen die *Bildungsstandards* (2002), die PISA-Berichte (2003), die Ergebnisse der Grundschulleseuntersuchung PIRLS/IGLU (2003), das *Bildungsmonitoring* (2006) und den Nationalen Bildungsbericht (2006).
Das Sekretariat der KMK sitzt in Bonn. Im Wissenschaftszentrum Berlin unterhält die KMK eine Vertretung.

Stationenlernen. *Lernen an Stationen.*

Statistik (lat. *status* Stand, Beschaffenheit; engl. *statistics*). Bereich der Mathematik, der sich mit der Sammlung, Anordnung und Analyse von in Zahlen gefassten Daten beschäftigt. Das Sammeln der Daten orientiert sich an bestimmten Modell- und Ordnungsvorstellungen (z. B. Jugendliche in Ausbildung nach Ausbildungsjahr, Alter, Geschlecht, Beruf, Zeitpunkt und Region), die Verarbeitung der Daten folgt mathematisch-algorithmischen Verfahren (z. B. Bildung einer Ordinalskala zur Darstellung von Relationen zwischen Alter der Auszubildenden und Prüfungsnoten). Die grundlegende Form der S. besteht im Sammeln und Zusammenstellen vergleichsweise einfach zu definierender Daten wie Einwohner, Häuser, Schulen, Sportplätze usw. in einem bestimmten Gebiet und innerhalb eines bestimmten Zeitraumes.

Da mathematische S. grundsätzlich von Zahlen und den zwischen ihnen geltenden numerischen Beziehungen ausgeht, können in der Erziehungswissenschaft statistische Verfahren nur angewendet werden, wenn empirische Informationen nach Messvorgängen in Zahlen abgebildet werden, z. B. Punktwerte in Testverfahren, Fehlerzahlen in Prüfungen, Bewertungszahlen auf Skalen.

S. wird dort, wo sie in der Forschung sinnvoll einsetzbar ist, im Wesentlichen aufgrund folgender Vorteile beachtet: a) Informationen nach mathematischen Operationen und ausgedrückt in mathematischen Symbolen lassen einen kleineren Interpretationsspielraum als sprachliche Informationen. b) Mathematische Operationen lassen sich weitgehend zweifelsfrei nachvollziehen. c) Bei der Verständigung vermittels mathematischer Symbole tauchen über Sprachgrenzen hinweg kaum Probleme auf.

Die zahlreichen statistischen Modelle lassen sich grob zwei Richtungen zuordnen: der beschreibenden oder deskriptiven S. und der schließenden oder Interferenzs. Beschreibende S. gliedert sich in vier Methoden: a) Darstellen und Ordnen von Daten in Tabellen und deren grafische Darstellung. b) Datenverteilung nach aussagekräftigen Kennwerten wie Mittelwert, Median, Konzentration und Streuung. c) Beschreibung des mathematischen Zusammenhanges zwischen zwei Datenreihen, der sogenannten Korrelation. d) Konzentration vielschichtiger und umfassender Zusammenhänge durch die Bildung von Reduktionen, z. B. durch Cluster. In diesen Formen hat die deskriptive S. inzwischen in der Erziehungswissenschaft eine große und unbestrittene Bedeutung.

Die Interferenzs. geht über den beschreibenden Ansatz hinaus. Mit ihrer Hilfe soll aus *Stichproben* auf Grundgesamtheiten, aus berechenbaren Beziehungen zwischen Größen unter Verwendung bestimmter Theorien auf verallgemeinerbare Gesetzmäßigkeiten geschlossen werden.

Status (lat. *status* Stand, Lage; engl. *status*). Stelle bzw. Platz innerhalb eines sozialen Systems, versehen mit bestimmten Funktionen. Für das konkrete Ausfüllen der Erwartungen, die sich an den Inhaber einer solchen Stelle richten, wird der Begriff *Rolle* verwendet. Prestige bezeichnet den Einfluss, der von dem S.inhaber auf andere ausgeht.

Stegreifspiel (engl. *improvised game*). Improvisationsspiel, in dem erlebnisbezogene Themen aus der unmittelbaren Erfahrungswelt des Kindes oder Phantasiegeschichten aufgegriffen und als Rollenspiel, Sketch, Pantomime oder Puppenspiel dargestellt werden. Die spontane freie Interaktion im S. kann z. B. zum Ziel haben, die Phantasietätigkeit und Darstellungsfähigkeit von Kindern zu verbessern oder Sozialisationsdefizite sprachgehemmter, spielgehemmter oder spielungeübter Kinder auszugleichen.

STEP. Ein in Form eines Fragebogens angelegtes Selbsterkundungsprogramm für die Vorbereitung der *Berufswahl*, das die *Berufsberatung* bis Mitte der 90er Jahre innerhalb des Berufswahlunterrichts der vorletzten Klassen an Schulen im Sekundarbereich I eingesetzt hat. S. wurde ersetzt durch die Medienkombination ›Mach's richtig‹, die sieben Schülerarbeitshefte, ein PC-Berufswahlprogramm auf Diskette, eine Internetanwendung sowie ein Lehrheft umfasst. Auch dieses Material wird den Schulen kostenlos überlassen.

Stereotyp (griech. *stereos* hart, fest, *typos* Gestalt; engl. *stereotype*). Eine i. d. R. von Vorurteilen geprägte Zuschreibung bestimmter Merkmale an Individuen aufgrund deren Zugehörigkeit zu nationalen, ethnischen oder sozialen Minderheiten.

S. beeinflussen die Wahrnehmung des Individuums, verhindern also i. d. R. jede offene, tolerante und auf wechselseitiger Akzeptanz beruhende Kommunikation.

Stichprobe (engl. *sample*). Auswahl einer Anzahl von Personen, die eine wesentlich größere Gesamtheit repräsentiert. Empirische Sozialforschung kann i. d. R. schon aus Kostengründen oder Gründen der Durchführbarkeit nicht alle Mitglieder einer Grundgesamtheit (z. B. alle Eltern von Viertklässlern in einem Bundesland, alle Ausbilder in Deutschland) untersuchen (z. B. befragen), um über bestimmte Sachverhalte in der Grundgesamtheit Aussagen machen zu können. Deshalb werden nach zuvor festgelegten Verfahrensweisen S. gebildet. Von den in dieser Stichprobe erhobenen Daten wird auf die Grundgesamtheit geschlossen. Für die Güte einer S., deren *Repräsentativität* also, ist es wichtig, dass die Auswahl der Mitglieder einer S. möglichst ohne Verzerrungen erfolgt, so dass die Verteilung der für eine Untersuchung wichtigen Merkmale innerhalb der Grundgesamtheit von der S. möglichst unverfälscht widergespiegelt wird. Dies ist optimal bei Zufallss. gegeben, bei deren Zusammenstellung jedes Mitglied der Grundgesamtheit die gleiche Chance hatte, in die S. aufgenommen zu werden.

Stiehl'sche Regulative. Unter dieser Bezeichnung, die die S. R. mit dem Namen des zuständigen Referenten und Autors A. W. F. Stiehl verbindet, sind die drei Regulative (Erlasse) des Preußischen Ministers der geistlichen, Unterrichts- und Medizinalangelegenheiten vom Oktober 1854 bekannt geworden. Sie betreffen Inhalt, Aufbau, Ordnung und Ziel des evangelischen Seminar-, Präparanden- und Elementarschulunterrichts, also das niedere Schulwesen und seine Lehrerbildung. Für die katholischen Einrichtungen sind nach kurzem zeitlichen Abstand gesonderte Regulative erlassen worden.

Das 3. Regulativ bestimmt für den Elementarschulunterricht, er habe sich auf die Vorbereitung für das praktische Leben in Kirche, Familie, Beruf, Gemeinde und Staat zu beschränken und dabei die »ewig gültigen Fundamente des Christentums« zu beachten. Diese Aufgabenstellung spiegelt sich in den Unterrichtsfächern und ihrer Gewichtung: sechs Wochenstunden Religion, zwölf Deutsch und Schreiben, fünf Rechnen und drei Gesang. Lehren und Lernen richteten sich im Wesentlichen nach den Inhalten des Lese-, des Rechen- und des Gesangbuches. Realien waren als gesonderte Unterrichtsinhalte nicht vorgesehen.

Bildungspolitisch sollte mit den S. R. jegliches Bemühen um eine Emanzipation der Volksschule und ihrer Lehrerschaft aus den Funktionalisierungen für den feudalen Obrigkeitsstaat und seine Staatskirche unterbunden werden. Fast alle deutschen Einzelstaaten haben diese konservative Volksbildungspolitik im Sinne der S. R. geteilt. Dieser Konservativismus wurde jedoch von den wirtschaftlichen und sozialen Entwicklungen in der zweiten Hälfte des 19. Jahrhunderts schnell überholt, so dass bereits 1872 in den *Allgemeinen Bestimmungen über das preußische Volksschul-, Präparanden- und Seminar-Wesen* das Konzept der Volksschule umfassend modernisiert wurde.

Stigmatisierung (lat. *stigma* Brandmal, Beschimpfung; engl. *stigmatization*). Aufbau von Vorurteilen gegenüber einem Individuum durch öffentliche Zuschreibung von negativen Merkmalen, mit denen i. d. R. diskriminierende *Stereotype* verknüpft sind: z. B. Lernbehinderter, Sozialhilfeempfänger, Vorbestrafter.

Stillarbeit (Syn. **Stillbeschäftigung**). Stille, individuelle Aufgabenbewältigung der Schüler z. B. während der *inneren Differenzierung* des Unterrichts oder im Abteilungsunterricht der wenig gegliederten Schule. Der Begriff S. wird häufig synonym mit den Begriffen *Alleinarbeit* und *Einzelarbeit* verwendet, was nicht ganz korrekt ist, weil Allein- oder Einzelarbeit nicht unbedingt still verlaufen muss.

Stoffverteilungsplan. In der *Unterrichtsplanung* des Lehrers der Jahres- oder

Halbjahresplan, in dem die Themen und Inhalte der Rahmenrichtlinien und Lehrpläne auf die zur Verfügung stehende Unterrichtszeit verteilt werden.

Strafe (engl. *punishment*). **1)** In allgemeiner Bedeutung jede negative Sanktion, die einer Person zugefügt wird, die durch das Begehen eines Unrechts schuldig geworden ist. S. in diesem Verständnis ist Reaktion einer Rechtsgemeinschaft, denn ohne Bestrafung der unrechten oder ungesetzlichen Tat würde aus Unrecht Recht. Durch Androhung von S. (Abschreckung) und durch deren Vollzug (Sühne) will die Rechtsgemeinschaft ihre Ordnung sichern. Die als S. dem Täter zugedachte Sanktion soll der Schuld adäquat sein. Die Zuerkennung einer S. setzt die zweifelsfreie Verantwortlichkeit des Täters für das Unrecht und eine gerechte Urteilsfindung voraus. Affekt, Willkür und Rache stehen dem entgegen. Die häufigsten Formen von S. sind die Abgabe von Teilen des Vermögens, die Einschränkung oder der Entzug bestimmter Rechte und die Einschränkung der Freiheit. Soll S. neben Abschreckung und Sühne auch Besserung des Täters bewirken (Resozialisierung), also dessen Rechtsbewusstsein verändern, muss die Sanktion mit Maßnahmen verbunden werden, die den Täter dazu befähigen, sein zukünftiges Leben in Anerkennung der Ordnungen der Gemeinschaft zu führen.

2) Als Erziehungsmaßnahme ist S. im Sinne eines Mittels zum Schutz der Rechtsgemeinschaft nicht hinreichend legitimiert. Einen Beitrag zur Erziehung kann S. nur dann leisten, wenn die angeordnete Sanktion (Taschengeldentzug, Freizeitbeschränkung, Arbeit u. a.) tatsächlich zur Verbesserung der Urteilskraft des Kindes oder Jugendlichen führt. Da Schuld Verantwortlichkeit voraussetzt, kann S. als Erziehungsmittel nicht ohne Einsicht des Heranwachsenden in das begangene Unrecht und den subjektiven Willen zur Besserung sinnvoll sein. Sind aber Einsicht und Wille zur Besserung z. B. im Gespräch mit einem Erzieher erarbeitet, verliert die Sanktion ihren pädagogischen Sinn, denn sie bedingt keine weitere Besserung, sondern verletzt die Identität und Mündigkeit des Heranwachsenden. Aus pädagogischer Sicht ist folglich ein von Kindern und Jugendlichen begangenes Unrecht zuerst eine Aufforderung, sich um eine grundlegende Verbesserung des Erziehungsprozesses zu bemühen.

Jede S. für eine Tat, die einem Kind oder Jugendlichen aus Mangel an körperlichem Vermögen, Einsicht oder Handlungsfähigkeit unterläuft, ist ein Akt der Konditionierung. Der zu Erziehende verknüpft bestrafte Handlung und zugefügtes Übel und weicht der Sanktion aus, indem er zukünftig die bestrafte Handlung unterlässt. Besserung im Sinne einer Korrektur von Einstellungen und Verhaltensweisen aus Einsicht ist damit keineswegs verbunden.

Innerhalb pädagogischer Institutionen kann S. nur im Sinne des unter 1) dargestellten Gedankens der Sicherung einer Rechtsgemeinschaft Geltung erlangen.

Streaming. Form der äußeren Differenzierung, bei der die Schüler im Unterschied zum Setting nicht nach Leistung in einzelnen Fächern (z. B. Englisch, Mathematik), sondern nach fächerübergreifendem Leistungsniveau oder Begabung in homogene Niveauklassen oder Parallelzüge eingeteilt werden. In Anlehnung an die englischen Comprehensive schools findet die Niveaudifferenzierung vor allem in kooperativen *Gesamtschulen* Anwendung.

Streetworker. Sozial benachteiligte und unzulänglich integrierte, arbeitslose, von Verwahrlosung bedrohte oder drogengefährdete, gewalttätige Jugendliche können von den Angeboten und Hilfen der *Jugendsozialarbeit* oft nur dann erreicht werden, wenn die Sozialarbeiter versuchen, den Kontakt zu diesen Problemgruppen in ihren außerfamilialen Lebensräumen, also auf der Straße, in Treffpunkten, Kneipen usw., herzustellen. Jede

Form der Hilfe setzt voraus, dass der S. das Vertrauen der Jugendlichen gewinnen kann. Erst auf der Grundlage von Akzeptanz und einem Mindestmaß an Bereitschaft zur Kooperation können präventive Maßnahmen, Beratung, Angebote zur Freizeitgestaltung oder Integration in bestehende Formen der Jugendsozialarbeit versucht werden.
Angesichts der wachsenden Zahl sozial benachteiligter und von Isolation und Kriminalisierung bedrohter Jugendlicher gewinnt Straßensozialarbeit derzeit beständig an Bedeutung. Sie kann in innerstädtischen Ballungsgebieten auch eine notwendige Ergänzung der *Schulsozialarbeit* sein.

Streikrecht der Lehrer. Ein Streikverbot für beamtete Lehrer findet sich weder im Beamtenrechtsrahmengesetz (BRRG) noch im Bürgerlichen Gesetzbuch (BGB). Dennoch gehen die Schulverwaltungen der Bundesländer und die gängige Rechtsprechung in weitgehender Übereinstimmung davon aus, dass Lehrer nicht streiken dürfen. Zur Begründung wird dabei zuerst auf die besondere Treuepflicht des Beamten dem Staat gegenüber verwiesen. Da ein Streik in einer demokratischen Gesellschaft jedoch auch als ein Beitrag zur allgemeinen Verbesserung der Lebensverhältnisse einzustufen ist, steht nach Ansicht einiger Rechtsexperten das Streikverbot gegen Lehrer im Widerspruch zu den im GG festgelegten Prinzipien der freiheitlich-demokratischen Staatsverfassung. Dort nämlich wird in Artikel 9 ausdrücklich für jedermann und alle Berufe der Arbeitskampf als *Grundrecht* geschützt.

Strukturplan für das Bildungswesen. Vom *Deutschen Bildungsrat* 1970 vorgelegter Gesamtplan für die Weiterentwicklung des Bildungswesens. Der Plan orientiert sich an drei Prinzipien: Alles Lehren und Lernen in den Schulen soll wissenschaftsorientiert sein. Die Dominanz der Auslesefunktion des Bildungswesens soll durch mehr Förderung und Integration korrigiert werden. Theoretisches und praktisches Lernen sind gleichwertig. Von diesen Prinzipien her werden die wichtigsten Empfehlungen verständlich: *Chancenungleichheit* soll durch zusätzliche Lernangebote kompensiert werden. Die Trennung und Hierarchisierung der Bildungsgänge innerhalb der Sekundarstufe soll durch Gemeinsamkeiten in den Bildungsplänen und die Gleichrangigkeit der Bildungsprofile schrittweise aufgehoben werden. (Eine Integration der Schularten Hauptschule, Realschule und Gymnasium wird jedoch nicht empfohlen.) Die Einführung einer *Orientierungsstufe* (Klassen 5 und 6) soll für den Übergang von der Primarstufe in die Sekundarstufe mehr Zeit für Erprobung in neuen Anforderungssituationen, für Förderung und Beratung bringen.
Der S. f. d. B. ist nicht unmittelbar in Politik umgesetzt worden, hat jedoch die Meinungsbildung in der Öffentlichkeit, in Parlamenten, Regierungen und Beratungsgremien stark beeinflusst. So hat u. a. der *Bildungsgesamtplan* der *Bund-Länder-Kommission für Bildungsplanung und Forschungsförderung* (BLK) weitgehend die Vorstellungen des S. f. d. B. übernommen.

Student (lat. *studere* etwas eifrig betreiben, vertieft lernen; engl. *student*). An einer Hochschule eingeschriebene Lernende. Als Mitglieder der Hochschulen haben sie im Bereich der Selbstverwaltung Rechte, die im *Hochschulrahmengesetz* (HRG) und in den Landeshochschulgesetzen festgelegt sind.

Studentenschaft. Nach dem *Hochschulrahmengesetz* (HRG) können sich die an einer Hochschule immatrikulierten Studenten zu einer S. zusammenschließen und im Rahmen der gesetzlichen Bestimmungen ihre Angelegenheiten selbst verwalten. I. d. R. wählt die Vollversammlung der Studenten zu diesem Zweck einen Allgemeinen Studentenausschuss (AStA) sowie ihre Vertreter in die Organe der Hochschule (Senat, Fachbereichsrat u. a.). Zur Erfüllung ihrer Aufgaben kann die S. von ihren Mitgliedern Beiträge erheben. Sie untersteht der Rechtsaufsicht der Hochschulleitung.

Studentenwerk (engl. *students' welfare service*). Auf der Grundlage von Landesgesetzen wird ein S. als Anstalt des öffentlichen Rechts eingerichtet. Es bietet den Studierenden der Hochschulen einer Region soziale Dienstleistungen unterschiedlichster Art an: Ausbildungsförderung nach dem BAföG, Studentenwohnheime, Zimmervermittlung, Mensen und Cafeterias, psychotherapeutische und Rechtsberatung, Kindertagesstätten u. a. Die S. finanzieren sich durch Zuschüsse aus dem Landeshaushalt und die Beiträge der Studierenden, die bei der Einschreibung zu entrichten sind. Dafür können alle Dienstleistungen kostenlos in Anspruch genommen werden, wobei Mieten, Kosten für Kinderbetreuung sowie Speisen und Getränke selbstverständlich extra zu bezahlen sind.

Studienanstalt für Mädchen. *Allgemeine Bestimmungen über die Neuordnung des Höheren Mädchenschulwesens und die weiterführenden Bildungsanstalten für die weibliche Jugend.*

Studienberatung (engl. *study guidance*). Die Hochschulen sind nach den Bestimmungen des *Hochschulrahmengesetzes* (HRG) verpflichtet, Studienbewerber und Studenten über die Studienmöglichkeiten und über Inhalte, Aufbau und Anforderungen eines Studiums zu unterrichten. Sie sollen darüber hinaus die Studierenden während des Studiums durch begleitende Informations- und Beratungsgespräche unterstützen. S. wird sowohl vom wissenschaftlichen und künstlerischen Personal als auch von den *Fachschaften* und dem *Allgemeinen Studentenausschuss* angeboten. Auskunft erteilen die Hochschulen.

Studienförderung. *Ausbildungsförderung.*

Studiengang (engl. *course of study*). Ausbildungsgang an einer Hochschule, dessen Zugangsvoraussetzungen, Dauer, Inhalte, Organisation und Abschlussprüfung in einer *Studien-* und einer *Prüfungsordnung* festgelegt sind.

Studiengebühren (engl. *tution fees*). Nach einem Urteil des Bundesverfassungsgerichts vom Januar 2005 können die Länder S. erheben. Inzwischen haben eine Reihe von Ländern die Einführung von S. beschlossen. Sie liegen seit dem Sommersemester 2007 mehrheitlich bei 500 Euro/Semester und sind vom ersten Studiensemester an zu bezahlen. Die Zahlungsmodalitäten sind in den Ländern sehr unterschiedlich und müssen bei den dort jeweils zuständigen Stellen der Hochschulen erfragt werden.

Studienkolleg (engl. *preparatory course*). Einrichtung an deutschen Hochschulen zur Vorbereitung auf das Studium an *wissenschaftlichen Hochschulen* und *Fachhochschulen* für ausländische Studienbewerber, deren Vorbildungsnachweis dem deutschen Abiturzeugnis nicht voll entspricht. Der Besuch des S. dauert i. d. R. ein Jahr und schließt mit einer Eignungsprüfung ab, die über die Zulassung zum Studium entscheidet.

Studienordnung (engl. *study regulations*). Inhaltliche und zeitliche Gliederung der Pflicht-, Wahlpflicht- und wahlfreien Lehrveranstaltungen, die in einem *Studiengang* in der *Regelstudienzeit* absolviert werden müssen bzw. können. Die S. wird von der Hochschule auf der Grundlage der *Prüfungsordnung* erlassen. Sie ist dem zuständigen Ministerium vorzulegen, das die S. auf ihre rechtliche Übereinstimmung mit übergeordneten Regelungen, z. B. der vorgeschriebenen Regelstudienzeit, prüft.

Studienseminar. Einrichtung für die 2. Phase der *Lehrerbildung* (*Vorbereitungsdienst*). Voraus gehen das *Studium* an einer wissenschaftlichen Hochschule sowie das Bestehen des 1. *Staatsexamens*. Unter Berücksichtigung der Erfahrungen aus regelmäßigen Hospitationen und eigenen Unterrichtsstunden der Lehrer im Vorbereitungsdienst (Referendare) bieten die S. pädagogische, fachdidaktische und schulrechtliche Kurse an. Ziel ist das 2. Staatsexamen. Auf einen Platz im S. hat jeder, der das 1. Staatsexamen erfolgreich abgelegt hat, Anspruch. Das gilt nicht für die Übernahme in den Schuldienst nach dem Bestehen des 2. Staatsexamens. Deshalb sind Lehrer während des Besuchs eines S. Beamte auf Widerruf.

Studium generale (lat. *studium* wissenschaftliche Beschäftigung, *generalis* allgemein, öffentlich). Allgemein zugängliche Lehrveranstaltungen an *Hochschulen,* die sich der Behandlung fachübergreifender bzw. grundlegend bedeutsamer Themen widmen. Dadurch soll der Spezialisierung ein Korrektiv gegenübergestellt und die allgemeine akademische Bildung gefördert werden.

Stufenlehrer. S. erwerben die Lehrbefähigung für die von ihnen studierten Fächer nicht nur für den Unterricht an einer bestimmten Schulart (z. B. Deutsch-, Geschichts- und Sportlehrer an Realschulen), sondern für den entsprechenden Fachunterricht an allen Schularten einer Schulstufe (Primarstufe mit Orientierungsstufe, Sekundarstufe I und II). Das Amt des S. gibt es derzeit nur in einigen Bundesländern (u. a. Nordrhein-Westfalen).

Stundenplan (engl. *timetable, schedule*). Für jede Klassenstufe ist für das *Schuljahr* von der Schulleitung ein S. zu erstellen, aus dem unter Berücksichtigung der in den *Stundentafeln* ausgewiesenen Unterrichtsfächer und Wochenstunden pro Fach die Verteilung dieser Stunden auf die Unterrichtstage (Montag bis Freitag/Samstag) und die Zuweisung des Unterrichts an bestimmte Lehrer zu ersehen ist. S. sind von der zuständigen Schulaufsichtsbehörde zu genehmigen.

Stundentafel. Durch Erlass oder Verordnung legt die oberste Schulaufsichtsbehörde für jede Schulart eine S. fest. Sie bestimmt die Unterrichtsfächer sowie die zeitlichen Anteile für die einzelnen Fächer an der wöchentlichen Gesamtstundenzeit in den einzelnen Schuljahren. Die wöchentlichen Stunden pro Fach können aus pädagogischen Gründen (z. B. für Projektunterricht) kurzfristig unter- oder überschritten werden. Über das gesamte Schuljahr hinweg sind die zeitlichen Anteile der Fächer jedoch einzuhalten.

Stützkurse. In Schulkonzeptionen mit äußerer *Fachleistungsdifferenzierung* (z. B. in einigen Gesamtschulen) gibt es meist am Ende eines Schulhalbjahres aufgrund bisheriger Kursnoten Gelegenheit zum Kurswechsel (Auf- oder Abstieg). S. (Förderkurse) wollen Schülern mit Lerndefiziten helfen, ihre Lücken auszugleichen, um dadurch den Abstieg in einen niedrigeren Niveaukurs oder gar das Verlassen der Schule ohne Schulabschluss zu vermeiden.

Subkultur (lat. *sub* unter, unterhalb; engl. *subculture*). Untergruppe eines größeren kulturellen Lebenszusammenhanges, deren Angehörige durch spezifische Sitten, Gebräuche und Normen miteinander verbunden sind, darüber hinaus jedoch die allgemeinen und grundlegenden Verhaltensmuster und Einstellungen mit der Gesamtkultur teilen.

Die Entwicklung einer S. hängt zumeist von gemeinsamen Merkmalen der Personen ab: Alter, Geschlecht, ethnische Zugehörigkeit, Religion, Lebenslage, Wohnregion, sozialer Status. S. sind Ausdruck einer Pluralisierung von Lebensstilen in offenen Gesellschaften. Oftmals weisen sie jedoch auf die mangelhafte Integration ihrer Mitglieder in die Gesamtkultur hin. Das trifft derzeit häufig auf Kinder und Jugendliche zu, die ausländischen Familien angehören, keine oder nur schwache Bildungsabschlüsse erreichen, in der Berufsausbildung scheitern oder von Arbeitslosigkeit bedroht sind. Dem Einzelnen geben S. lebendige Identifikationsmöglichkeiten und stärken über das Wir-Gefühl und praktische Solidarität die *Identität.*

Subsidiaritätsprinzip (lat. *subsidium* Rückhalt, Zuflucht). Im gesamten Arbeitsbereich von *Sozialarbeit/Sozialpädagogik* gilt das Prinzip, dass jede auf Hilfe angewiesene Person oder Organisation erst dann den Beistand bzw. die Unterstützung der nächsthöheren Ebene in Anspruch nehmen kann, wenn die der Person oder Organisation jeweils gegebenen Möglichkeiten ausgeschöpft sind. Daraus leitet sich i. d. R. folgender Aufbau der sozialen Sicherung ab: Am Anfang stehen die Maßnahmen zur Unterstützung der Selbsthilfekompetenz des Individuums, es folgen Selbsthilfegruppen, dann die freien Wohlfahrtsverbände und erst als letzte Instanz die Verwaltung der staatlichen Gebietskörperschaft (z. B. Jugendamt einer Stadt). Das heißt umgekehrt, dass jede höhere Instanz erst die Aktivitäten der unteren Ebene zu unterstützen hat, bevor sie selbst tätig wird.

Südafrika. **1)** Seit 1961 Republik. Bis 1991 Rassentrennung (Apartheid) und Diskriminierung der schwarzen Bevölkerungsmehrheit. Erste allgemeine freie Wahlen 1994. Hauptstadt: Tshwane (Pretoria; 1,9 Mill. Einw.). Fläche: 1 219 090 km², 45,5 Mill. Einw., 37 Einw./km². 76% Schwarze, 13% Weiße, 8% Mulatten, 2% Asiaten und kleinere Minderheiten. 11 Amtssprachen (Afrikaans, Englisch, Sotho u. a.) und viele regionale Dialekte. Religion: 70% Christen.

2) Nach Überwindung der Apartheid und den Wahlen von 1994 wurden in der neuen Verfassung und im Schulgesetz von 1997 alle Formen der Rassendiskriminierung im Bildungswesen radikal beseitigt. Die nach Zuständigkeiten für Rassen und Homelands getrennten 19 Erziehungsministerien wurden durch ein neues Ministerium auf nationaler Ebene und die neun Ministerien in den Provinzen ersetzt. Alle Schüler erfüllen ihre neunjährige Schulpflicht in einer Gesamtschule, in der sie nach demselben Bildungsplan gemeinsam unterrichtet werden und die gleichen Abschlüsse erreichen können. Knapp 100% der schulpflichtigen Kinder besuchen regelmäßig Schulen. Schulen sind koedukative Einrichtungen, die als Halb- oder Ganztagseinrichtungen arbeiten, je nach regionalen Bedingungen, unter denen die Schüler ihre Schulen erreichen. Für den Besuch öffentlicher Schulen wird kein Schulgeld erhoben. Staatliche und unabhängige (private) Schulen unterliegen den gleichen Normen und der öffentlichen Schulaufsicht. Die Ausstattung vieler Schulen mit Unterrichtsräumen, Wasseranschluss, Telefon, Sportgeräten usw. bleibt derzeit noch hinter den Normen der gesetzlichen Vorgaben zurück. Dass die Regierung der Reform und Ausstattung des Bildungswesens höchste Bedeutung beimisst, zeigt besonders eindrucksvoll die Tatsache, dass für den Bildungssektor im Haushalt der größte Einzeletat vorgesehen ist. Mit der Aufwendung von 7% des Bruttoinlandsprodukts für Bildung steht S. an der Spitze aller Staaten. Das nationale Erziehungsministerium setzt die Bestimmungen des Schulgesetzes um, erlässt die Rahmenrichtlinien und Lehrpläne und legt die allgemeinen Normen für Abschlussprüfungen und die Standards für die gesamte Lehrerbildung fest. Zugleich ist dieses Ministerium für die Einrichtungen im Tertiärbereich zuständig. Im Auftrag des Ministeriums legte 1997 eine Kommission Vorschläge zur sonderpädagogischen Förderung vor. Grundsätzlich sollen Kinder mit erhöhtem Förderbedarf in den Regelklassen unterrichtet werden, daneben werden für Schwerbehinderte Sonderschulen eingerichtet.

3) Kinder zwischen dem 3. und 7. Lebensjahr können freiwillig eine Vorschule besuchen. Der Elementarbereich ist nur in den wenigsten Provinzen staatlich organisiert. Die meisten Einrichtungen werden von freien Trägern unterhalten, die auch für die Bildungsarbeit verantwortlich sind. In einem Entwicklungsplan der Regierung von 2001 ist vorgesehen, das letzte Kindergartenjahr als verpflichtendes Vorschuljahr auszugestalten. Damit würde die Schulpflicht auf zehn Jahre verlängert. Die Umsetzung war 2007 noch nicht abgeschlossen. Mit Vollendung des 7. Lebensjahres beginnt die Schulpflicht. In den ersten drei Jahren (Juniorstufe) der Primarschule konzentriert sich der Unter-

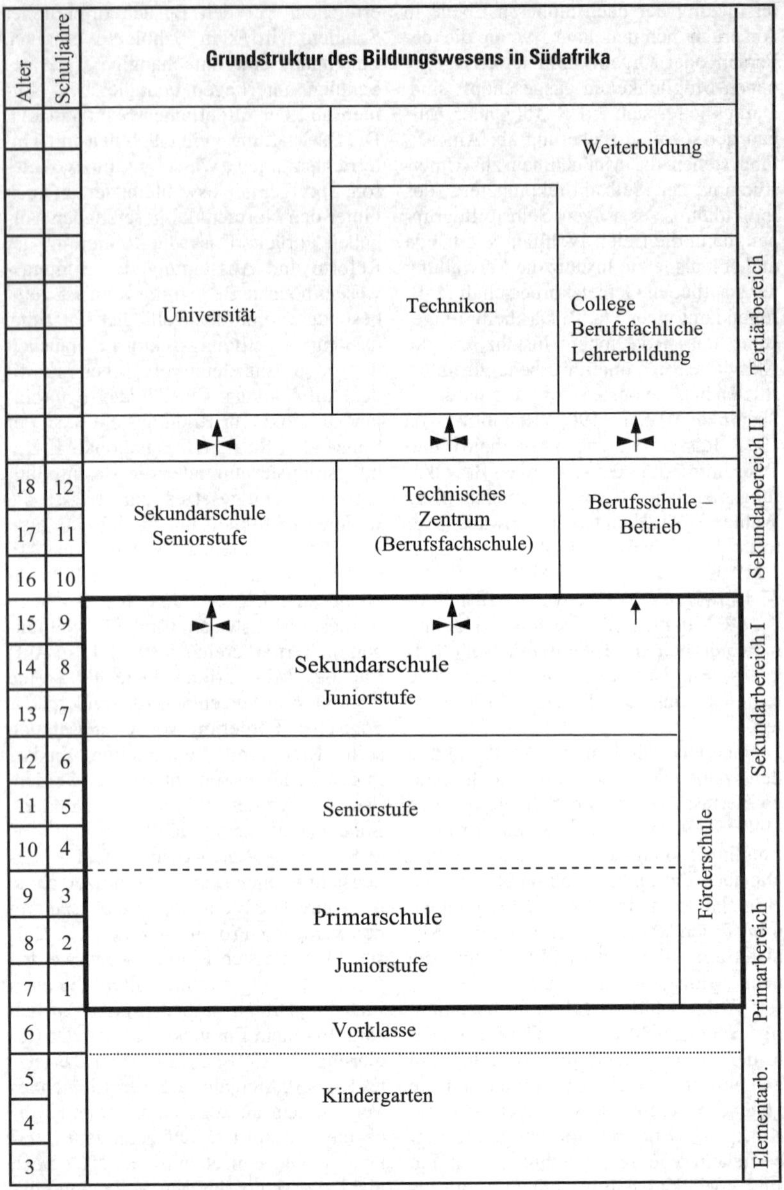

Fett umrandet sind die Einrichtungen für die Erfüllung der Schulpflicht.

Qualifizierte Auswahl ↑ Einfacher Übergang

richt auf die sichere Beherrschung der Kulturtechniken. Zugleich wird schon jetzt eine zweite Sprache erlernt. Sachfächer kommen in der Seniorstufe (Klassen 4 bis 6) der Primarschule hinzu. Der Übergang in die Juniorstufe der Sekundarschule erfolgt ohne Zwischenprüfung. Mit dem Abschlusszeugnis der 9. Klassenstufe haben die Jugendlichen ihre Schulpflicht erfüllt. Nach erfolgreichem Besuch der 9. Klasse erhalten sie als Abschlusszeugnis das Zertifikat über allgemeine Bildung. Im Sekundarbereich II werden drei Bildungswege angeboten: Die dreijährige Seniorstufe der allgemeinen Sekundarschule, die ebenfalls dreijährige berufsfachliche Sekundarschule und Berufsschulen. Die allgemeine Sekundarschule bereitet auf Hochschulstudien und postsekundäre Berufsausbildung vor. Sie schließt mit einer zentralen Abschlussprüfung und führt zum Senior-Zertifikat über allgemeine Bildung. Berufsfachliche Bildungsgänge werden an Technischen Zentren angeboten und führen zu Qualifikationen, mit denen gehobene Berufspositionen eingenommen werden können. Berufsschulen sind Teil der praktischen Berufsausbildung.

4) Für Facharbeiterberufe in Handwerk, Industrie, Landwirtschaft und Dienstleistungen ist eine geregelte Ausbildung in Kooperation von Berufsschulen und Betrieben oder Ausbildungszentren im Entstehen. Schrittweise werden Normen für die staatliche Anerkennung von Ausbildungsgängen und Abschlüssen eingeführt. Berufsfachliche Vertiefung und Weiterqualifizierung ist Aufgabe der etwa 130 Beruflichen Colleges. Ihre Abschlüsse entsprechen in etwa dem deutschen Techniker- oder Meisterdiplom.

5) Die akademischen Ausbildungsgänge betreuen im Tertiärbereich 21 Universitäten, 15 sogenannte Technikons (Fachhochschulen) und in jeder Provinz eine Reihe von Colleges für Lehrer, Fachkräfte im Gesundheits- und Erziehungswesen, in Landwirtschaft u. a. Bereichen. Alle Einrichtungen arbeiten als selbstverwaltete Körperschaften. Universitäten bieten Studiengänge zu allen akademischen Graden an. Die Studiengänge der Fachhochschulen sind stärker praxisorientiert.

6) Die Colleges für Lehrerbildung arbeiten eng mit den Universitäten zusammen. Nach den derzeit geltenden Regelungen sollen die Lehrer für alle Schularten nach dem Abitur in dreijährigen Studiengängen ausgebildet werden. Ein Großteil der Lehrer erfüllt die gesetzlichen Standards bisher aber nicht. Deshalb stellt die Nachqualifizierung von Lehrern einen Schwerpunkt in der Arbeit der Colleges dar.

7) Angesichts einer hohen Analphabetismusquote und der unzureichenden beruflichen Erstausbildung findet die Erwachsenenbildung bei Regierung, privaten Unternehmen und freien Initiativen größte Beachtung. Engagiert sind in diesem Bereich Sekundarschulen und Hochschulen, Fernunterrichtseinrichtungen, offene regionale Angebote und viele Unternehmen. In diesem Zusammenhang wird auch die Einrichtung lokaler Medienzentren vorangetrieben.

Supervision (lat. *super* darüber, oben, *visio* Sehen, Betrachten; engl. *tutorial supervision*). Anleitung und Unterstützung bei der Aufarbeitung beruflichen Handelns. Ziele sind 1. die Entlastung in persönlichen Problemlagen durch kollegialen Austausch über ähnlich gelagerte Schwierigkeiten, 2. die Stärkung der analytischen Kompetenzen durch die gemeinsame Erarbeitung neuer Einsichten in das individuelle, institutionelle, rechtliche und gesellschaftliche Bedingungsgefüge von Krisen und Konflikten sowie 3. die schrittweise Entwicklung konstruktiver Veränderungen im beruflichen Handeln, deren Erprobung und gemeinsame Bewertung. Diese Ziele lassen sich umso besser verfolgen, je größer die freiwillige Bereitschaft zur Mitarbeit in der S. und je geringer die amtliche Kontrollfunktion des Supervisors ist. S. wird deshalb zumeist von unabhängigen Experten übernommen, die einerseits das Praxisfeld der Ratsuchenden aus eigener Arbeit gut kennen und andererseits über fachliche und gruppenpädagogische Kompetenzen verfügen. Als Praxisanleitung und -beratung findet S. bereits während der Ausbildung zum Sozialpädagogen, Lehrer u. a. helfenden, beratenden und heilenden Berufen statt.

symbolischer Interaktionismus. Von G. H. Mead 1934 begründete sozialpsychologische Handlungstheorie, in der individuelles Verhalten und Bewusstsein aus sozialen Interaktionsprozessen heraus erklärt wird. Die soziale Interaktion zwischen Personen ist eine sprachlich vermittelte wechselseitige Beziehung, in der sich die Interaktionspartner durch ihre Einstellungen, Erwartungen und Handlungen gegenseitig beeinflussen. Die sprachliche Kommunikation besteht aus allgemein anerkannten symbolischen Mustern. Diese Symbole bzw. Muster sind die Voraussetzungen für den sozialen Prozess, in dem die Handelnden die Reaktionen von Handlungspartnern vorwegnehmen und ihr eigenes Handeln darauf einstellen. Sie schreiben also in der symbolischen Interaktion dem anderen Verhaltensmuster zu, die in dessen Erwiderungen dann auch erfolgen. Das Verhalten eines Individuums wird erst durch das Individuum selbst, einen Lehrer oder einen Diagnostiker als normal, abweichend oder krank definiert.

Dieser angenommene Sachverhalt ist für pädagogische Berufe von großer Bedeutung. Indem Pädagogen das Verhalten anderer wahrnehmen, beschreiben oder beurteilen, bewerten sie nicht das objektiv zu beobachtende Verhalten, sondern schaffen mit ihrer Symbolisierung (Etikettierung) eine neue Realität, das sog. Fremdbild. Pädagogisches und diagnostisches Handeln bezieht sich nach der Theorie des s. I. nicht allein auf das Individuum, sondern auf seine Interaktion mit der Umwelt und auf die Fremdbilder, die einer Person auch von anderen Beurteilern zugeschrieben werden. Sind solche Fremdbilder mit negativen Etikettierungen (z. B. Schulversager) verbunden, wird von *Stigmatisierung* gesprochen. Nach den Erkenntnissen des *Pygmalion-Effektes* (Self-fulfilling prophecy) ist anzunehmen, dass beurteilte Personen ihr Selbstbild dem negativen oder positiven Fremdbild anpassen. Die schrittweise Annäherung des Selbstbildes an die Etikettierung wird als *Labelling Approach* bezeichnet.

symbolisches Kapital. *Kapitalakkumulation.*

Symptom (griech. *symptoma* Zufall, Unfall; engl. *symptom*). Anzeichen für eine bestimmte seelische Befindlichkeit (z. B. Depression), eine Krankheit oder ganz allgemein ein kommendes Unheil.

Syndrom (griech. *syndromos* zusammenlaufend; engl. *syndrome*). Mehrere miteinander verknüpfte Anzeichen für einen bestimmten körperlichen oder seelischen Krankheitszustand.

Synergie (griech. *syn* zusammen, miteinander, *ergon* Arbeit, Werk; engl. *synergic*). **1)** Die aus dem Zusammenwirken körperlicher Organe und seelischer Kräfte erwachsende Gesamtkraft bei der Verfolgung eines bestimmten Zieles.

2) Psycho-physische Kräfte, die aus dem Zusammenwirken vieler Einzelkräfte resultieren und größer als deren Summe sind. Schule, Jugendhilfe und Erwachsenenbildung machen sich diese Effekte insbesondere in der *Gruppenpädagogik* und im *Gruppenunterricht* zu Nutze. Und auch Prozesse der Schulentwicklung setzen auf S., z. B. wenn ein Kollegium in der Phantasiephase einer Zukunftswerkstatt Wünsche, Hoffnungen, Utopien und mögliche Lösungsvorschläge für ein neues Schulprogramm formuliert.

systematische Pädagogik. *Allgemeine Pädagogik.*

szenisches Spiel. *Darstellendes Spiel.*

T

Tadel (engl. *bad mark*). Mündliche oder schriftliche Missbilligung eines als fehlerhaft empfundenen Verhaltens. Soll als Erziehungsmaßnahme das Kind oder den Jugendlichen besonders nachdrücklich zur selbstkritischen Korrektur seines Verhaltens anhalten.

Tageseinrichtungen für Kinder (engl. *day care for children*). Sammelbezeichnung für alle familienergänzenden bzw. familienunterstützenden Einrichtungen der *Jugendhilfe*, in denen Kinder für einige Stunden oder auch ganztägig betreut und erzieherisch begleitet werden: Kinderkrippen, Krabbelstuben, *Kindergärten, Horte*. Sie werden von den Gemeinden, freien Trägern der Jugendhilfe oder auch von Betrieben unterhalten. Das Personal besteht aus qualifizierten Fachkräften: Erziehern, Sozialpädagogen, Kinderpflegerinnen.

Tagesheimschule. *Ganztagsschule.*

Tagesmutter (Syn. **Tagespflege**; engl. *child-minder*). Auf Wunsch der Erziehungsberechtigten, z. B. wenn Mutter und Vater berufstätig sind oder sie einem Einzelkind den Kontakt zu Altersgenossen ermöglichen wollen, können Kinder für einen Teil des Tages zu einer T. gegeben werden. Das *Kinder- und Jugendhilfegesetz* (KJHG) bestimmt ausdrücklich, dass die T. mit den Erziehungsberechtigten zum Wohl des Kindes zusammenarbeiten soll. Dabei können sie jederzeit die Beratung des Jugendamtes in Anspruch nehmen. Die T. werden für ihre Aufwendungen von den Erziehungsberechtigten bezahlt. Öffentliche Zuschüsse gibt es nicht. Vereinigungen von T. sollen von der Jugendhilfe beraten und unterstützt werden. Eine formalisierte Qualifikation ist nicht vorgesehen. Es besteht keine Amtsaufsicht.

Talent (lat. *talentum* Geldeinheit, Waage, Schatz; engl. *talent, natural gift*). In etwa bedeutungsgleich mit *Begabung.* Dabei enthält der Begriff noch stärker biologistische Vorstellungen im Sinne von angeborenen Fähigkeiten.

Taxonomie. *Lernzieltaxonomie.*

Team-Kleingruppen-Modell (TKM). Gesamtschulkonzeption, die an einigen Integrierten *Gesamtschulen* (insbesondere Göttingen-Geismar, Köln-Holweide und Hannover-Linden) entwickelt worden ist, seit 1975 praktiziert wird und von vielen anderen Schulen des Sekundarbereichs in der Bundesrepublik ganz oder teilweise übernommen wurde. Das TKM ist das Ergebnis einer kritischen Analyse der damaligen Schulentwicklung, vor allem aber der Wirkungen der *Differenzierung* im dreigliedrigen Schulsystem und der *Fachleistungsdifferenzierung* in den ersten Gesamtschulversuchen einschließlich der Mängelanalyse im Bereich der *pädagogischen Diagnostik.*

Das TKM schafft in einer mehrzügigen großen Schule kleine überschaubare pädagogische Einheiten, in denen sich Schüler und Lehrer untereinander intensiv kennenlernen und dabei dichte Beziehungsstrukturen entwickeln können. Einerseits können die Schüler in solidarischer Weise miteinander kooperieren und andererseits gleichzeitig ihre Individualität in vielfältiger Weise entfalten. Kognitiv-fachliche und sozial-emotionale Lernprozesse werden dabei wenig auseinandergerissen und können sich kontinuierlich ausgestalten. Dies wird durch eine institutionalisierte Organisationsstruktur der Schule möglich, in der jeweils 75–80 Schüler zu einer pädagogischen Einheit (Großgruppe) gehören, die vom 5. bis zum 10. Jahrgang der Sekundarstufe I zusammenbleiben. Der Großgruppe, bestehend aus drei leistungsheterogenen Stammgruppen (Klassen), ist ein Lehrerteam von etwa sechs Lehrerinnen und Lehrern zugeordnet, das so zusammengesetzt ist, dass alle Fächer im Team vertreten sind. Das Team ist in der großen Schule relativ autonom; es verantwortet, organisiert und gestaltet den Unterricht und das Schulleben für die Großgruppe.

Eine der wichtigsten Voraussetzungen für die Pädagogisierung im TKM war die Ersetzung von benoteten Klassenarbeiten durch Verfahren der Lerndiagnose und von Zensurenzeugnissen durch *Lernentwicklungsberichte*. Damit war die Chance verbunden, anstelle technologischer Leistungsmessung kommunikative Verfahren der Diagnose und Förderung zu praktizieren, die viel dichter an die komplexen Lernentwicklungen von Schülern herankommen. Die Teamstruktur bietet eine optimale Möglichkeit, nach Absprachen in der wöchentlichen Teamkonferenz als Zweitlehrer im Unterricht aktiv zu hospitieren, Schüler und Schülergruppen bei der Arbeit unmittelbar zu beobachten, Lernvorgänge festzuhalten und im Team zu besprechen. Die Beobachtungen anderer Lehrer tragen zur Optimierung der diagnostischen Informationen bei und können unmittelbar in die Förderprozesse des Teams einfließen. In die Gespräche über die Lernbeobachtungen sind die Schüler unmittelbar oder in Tutorenstunden eingebunden, da sie im Verlauf ihrer Schulzeit zum Subjekt ihres Lernprozesses werden sollen. Zur intensivsten Form der Elternarbeit im TKM gehören regelmäßige Treffen der Tutoren mit den Eltern der Schüler. An diesen Gesprächen über das Leben und Lernen in und außerhalb der Schule nehmen meist auch die Kinder teil.

Team-Teaching. Sammelbegriff für verschiedene Formen der direkten arbeitsteiligen Zusammenarbeit von zwei und mehr Lehrerinnen und/oder Lehrern beim Unterrichten einer Schülergruppe und bei der Gestaltung des Schullebens. Eine solche unmittelbare Kooperation im Umgang mit Schülern setzt i. d. R. die gemeinsame Planung und Auswertung der Lehr-Lern-Prozesse sowie die konzeptionelle Gestaltung der Räume voraus. Dabei wirken sich die vielfältigen und unterschiedlichen fachlichen, diagnostischen und kommunikativen Kompetenzen der kooperierenden Lehrerschaft besonders positiv auf die Optimierung der Lernbiografien von Schülern aus. Statt T.-T. wird auch die Bezeichnung Doppelbesetzung verwendet.

Technikerschule. *Fachschulen.*

Technische Hochschule (**TH**; Syn. **Technische Universität, TU**; engl. *technical university*). *Wissenschaftliche Hochschulen* mit folgenden Arbeitsschwerpunkten: 1. Pflege und Entwicklung der Naturwissenschaften. 2. Praktische Umsetzung naturwissenschaftlicher Erkenntnisse sowie 3. Ausbildung in ingenieurwissenschaftlichen und mathematisch-naturwissenschaftlichen Studiengängen (Diplomingenieure, Diplomphysiker, Architekten u. Ä.). Darüber hinaus sind an den TH heute i. d. R. auch kultur- und sozialwissenschaftliche Fakultäten eingerichtet, die sich insbesondere an der Ausbildung von Berufsschullehrern beteiligen.

Technische Oberschule. *Berufsoberschule.*

technisches Gymnasium. *Fachgymnasium.*

Teilzeitschule (engl. *part-time school*). Jede Schule, die als Teil umfassenderer Bildungsprozesse in Verbindung mit anderen Lernorten besucht wird. Die größte und bekannteste T. ist die *Berufsschule*, an der zusammen mit der Lehre in einem Betrieb die *Berufsausbildung* durchgeführt wird.

Teilzeitschulpflicht (engl. *part-time compulsory school education*). Nach den *Schulgesetzen* der Bundesländer schließt sich für alle Jugendlichen nach Erfüllung der neun- bzw. zehnjährigen allgemeinen oder *Vollzeitschulpflicht* eine dreijährige

T. an, die an einer *beruflichen Schule* zu absolvieren ist, es sei denn, der Jugendliche ist weiterhin Schüler einer Vollzeitschule. Die T. umfasst zwischen zehn und zwölf Stunden Unterricht pro Woche, der jedoch auch in Zeitblöcken (*Blockunterricht*) zusammengefasst werden kann. T. gilt wie die Vollzeitschulpflicht gleichermaßen für deutsche und ausländische Kinder und Jugendliche, die ihren regelmäßigen Aufenthalt im Geltungsbereich eines deutschen Schulgesetzes haben.

Telekolleg. Im Hinblick auf Organisation, Zielsetzung, Arbeitsweise, Inhalte und Abschlüsse dem *Funkkolleg* vergleichbar, wobei hier Fernsehsendungen die Funktionen der Rundfunksendungen übernehmen.

Teleologie (griech. *idea* Meinung, *logos* Wort, Lehre; engl. *teleology*). Lehre von der Zweckmäßigkeit und Zielbestimmtheit des menschlichen Handelns.

TEMPUS (Trans-European Mobility Scheme for University Studies). Aktionsplan der Europäischen Union (EU) für eine koordinierte Hilfe zugunsten bestimmter Länder Mittel- und Osteuropas und der jetzt unabhängigen Staaten der ehemaligen Sowjetunion mit dem Ziel, die Hochschulsysteme dieser Länder an die Standards innerhalb der EU heranzuführen und dabei zugleich die nationalen Besonderheiten zu entwickeln. Zuständig ist die Europäische Kommission, in Deutschland der Akademische Austauschdienst in Bonn.

Tertiärbereich (lat. *tertius* dritter). Dritter Bereich innerhalb des Bildungswesens, der auf dem Primarbereich (Klassen 1 bis 4) und dem Sekundarbereich (Klassen 5 bis 12 bzw. 13) aufbaut. Ihm werden die *Hochschulen* zugeordnet.

Test. *Schultest*

teutsche Schulen. *Ratsschulen.*

TH. *Technische Hochschule.*

Theaterpädagogik. Als wissenschaftliche Disziplin sucht die T. die anthropologischen, lernpsychologischen, sozialen, organisatorischen und theaterästhetischen Bedingungen und vielfältigen Möglichkeiten für den Erwerb von Kompetenzen zu klären, die im Zusammenhang mit dem Theaterspiel erworben werden können. Dabei versteht sie das Theater als eigenwertiges Erfahrungs- und Lernfeld für die Entwicklung, Stärkung oder auch Therapie von Kindern, Jugendlichen und Erwachsenen. Im Zentrum steht dabei die Förderung der individuellen emotionalen Ausdrucksfähigkeit und die damit unmittelbar verbundene Selbstwahrnehmung im Spiel mit anderen. Als Praxis findet T. seit Mitte der neunziger Jahre in einem differenzierten Arbeitsfeld für unterschiedliche Zielgruppen statt: An Theatern selbst z. B. als Vorbereitung auf den Theaterbesuch oder als Diskussion von Aufführungen, an Theater- und Musikschulen als Teil der Ausbildung von Schauspielern und Regisseuren, an Kindergärten und Schulen als Feld musischästhetischer und sozialer Lern- und Entwicklungsangebote, in therapeutischen Einrichtungen als Element von Gesundheitserziehung, Rehabilitation oder Resozialisation. Bis heute liegt noch keine staatlich anerkannte Ausbildungs- oder Studienordnung für Theaterpädagogen vor. Rund 50 Hochschulen und andere Träger bieten Kurse an, die an Universitäten und Fachhochschulen zumeist in Aufbaustudiengängen für Absolventen pädagogischer, psychologischer und künstlerischer Studien organisiert sind. Über diese Angebote und die Entwicklung eines Berufsbildes informiert der Bundesverband Theaterpädagogik in Köln.

themenzentrierte Interaktion (TZI). Eine aus der *Psychoanalyse* stammende und von R. Cohn Mitte der siebziger Jahre für die psychoanalytische *Gruppentherapie* und für die *Gruppenarbeit* in Schulklassen entwickelte Konzeption zur Gestaltung der *Interaktion* nach bestimmten Grundregeln. Wichtig ist ein gutes Gruppenklima und die Balance zwischen den Ansprüchen des Ich (Persönlichkeitsbezug), des Wir (Gruppenbezug) und des Es (Themen- und Sachbezug). Zu den zwei Postulaten der TZI, »Sei dein eigener Chairman« (Vorsitzender) und »Störungen haben Vorrang«, werden weitere Hilfsregeln genannt wie z. B.: Vertrete dich selbst mit deinen Bedürfnissen, Gefühlen, Gedanken, Phantasien, Wertungen usw. Sprich als Ich und nicht als Wir oder als Man. Akzeptiere dich, wie du bist. Sprich Störungen sofort an. Nimm andere als Person wahr und schenke ihnen die gleiche Achtung wie dir selbst. Begründe deine Fragen, Interessen und Bedürfnisse. Vermeide Nebengespräche, sie stören die Gruppe. Halte dich mit Verallgemeinerungen zurück. Diese Regeln gelten auch für Gruppenleiter. Die TZI setzt die Einübung in die Methode und die Akzeptanz aller Beteiligten voraus. Unabhängig davon sind die in den Regeln ausgedrückten Grundhaltungen für jede Interaktion von richtungweisender Bedeutung.

Theorie der Schule. *Schultheorie.*

Therapie (griech. *therapeia* Pflege, Heilung; engl. *therapy*). Behandlung von Erkrankungen oder Störungen. Dabei hängt der Einsatz spezieller Maßnahmen vom Zustandsbild, von der Krankengeschichte, von der Diagnose und vom Behandlungsplan ab. Für psychische und psychosomatische Störungen im Erleben und Verhalten kommen psychologische T.maßnahmen in Frage, zu denen die *Gesprächspsychot.*, die *Verhaltenst.* oder die *Verhaltensmodifikation*, aber auch die *Psychoanalyse* gehören. Zu den sozialpsychologisch orientierten Verfahren, in denen die Gruppendynamik eine Rolle spielt, zählen die *Gruppent.* mit ihren verschiedenen Methoden wie der *themenzentrierten Interaktion.*

Thüringen. Wieder gegründet im Herbst 1990. Verabschiedung der neuen Verfassung am 25. 10. 1993. Fläche: 16 172 km², 2 336 865 Einwohner (Stand 30. 11. 2005), 146 Einw./km², 2,1% Ausländer (D.: 8,9%). Hauptstadt: Erfurt.

Zu Schuljahresbeginn 2004/05 besuchten 208 102 Schüler die allgemein bildenden Schulen des Landes, davon gingen 58 104 auf 476 *Grundschulen,* 68 328 auf 341 *Regelschulen,* 62 549 auf 108 *Gymnasien* und 3128 auf 6 Integrierte *Gesamtschulen.* Der Anteil ausländischer Schüler betrug 1,3% (D.: 9,9%).

Auftrag, Gliederung, *Schulpflicht* und Funktionsweise des Schulwesens regelt das Thüringer *Schulgesetz* vom 6. 8. 1993 in der Fassung vom 10. 3. 2005. Die Vollzeitschulpflicht beginnt für alle Kinder, die am 1. August eines Jahres sechs Jahre alt sind. Kinder, die am 30. Juni mindestens fünf Jahre alt sind, können auf Antrag der Eltern und nach Prüfung der Schulfähigkeit durch die Schule vorzeitig in die Grundschule aufgenommen werden. Die Vollzeitschulpflicht dauert neun Jahre, die folgende Berufsschulpflicht *(Teilzeitschulpflicht)* drei. Im Jahr 2004 erfolgten 8,9% der Einschulungen verspätet (D.: 5,7%), 2,2% vorzeitig (D.: 9,1%).

Die Grundschule ist die gemeinsame Grundstufe des Schulwesens. Die ersten beiden Klassenstufen (K.) werden als Schuleingangsphase geführt. Sie kann verkürzt in einem, verlängert in drei Schuljahren durchlaufen werden. Die erste Versetzungsentscheidung in der Grundschule erfolgt in die K. 3. Ab K. 3 wird eine Fremdsprache unterrichtet. Nach Beendigung der K. 4 können die Kinder ihren Bildungsweg in der Regelschule oder im Gymnasium fortsetzen. Voraussetzung für den Übertritt ins Gymnasium ist eine bestandene Aufnahmeprüfung. Diese findet in Form eines dreitägigen Probeunterrichts statt. Kinder, die im Halbjahreszeugnis der K. 4 in den Fächern Deutsch, Mathematik sowie Heimat- und Sachkunde mindestens die Note »gut« erreicht haben, sind von der Prüfung befreit.

Die Regelschule mit den K. 5 bis 9 bzw. 10 bietet den Hauptschul- und den Realschulbildungsgang integriert an. In den K. 5 und 6 werden die Schüler gemeinsam unterrichtet. Die Schulkonferenz entscheidet, ob ab K. 7 abschlussbezogene Klassen gebildet werden oder ob eine Differenzierung nur teilweise in Kursen erfolgt. Umstufungen zwischen den Niveaus sind bis zum Beginn der K. 9 möglich. Erfolgreiche Prüfungen führen nach K. 9 zum Hauptschulabschluss und nach K. 10 zum Realschulabschluss. Für Schüler, die einer besonderen praxisorientierten Förderung bedürfen, können die K. 7 und 8 zu Praxisklassen umgestaltet werden. Die Entscheidung über die Teilnahme an diesen Klassen fällt die Schulleitung auf Empfehlung der Klassenkonferenz. Schüler des Gymnasiums können bis zum Beginn der K. 10 in die Regelschule übertreten.

Das Gymnasium umfasst die K. 5 bis 12. Mit der Versetzung in die K. 10 ist ein dem Hauptschulabschluss gleichwertiger Abschluss erreicht. Die K. 10 bis 12 bilden die Thüringer Oberstufe. Sie gliedert sich in Einführungsphase (K. 10) und Qualifikationsphase (K. 11 und 12). Der Übertritt in die Einführungsphase der Thüringer Oberstufe ist auch mit dem Realschulabschluss möglich. In Spezialgymnasien für Musik und Sport kann der Ausbildungsgang um eine K. verlängert werden. Der Eintritt in die Spezialgymnasien setzt einen entsprechenden Befähigungsnachweis voraus.

Gesamtschulen werden integrativ oder kooperativ geführt. Sie umfassen die K. 5 bis 10 und führen nach K. 9 zum Hauptschulabschluss und nach K. 10 zum Realschulabschluss. Gesamtschulen können mit einer dreijährigen gymnasialen Oberstufe verbunden werden.

Im Schuljahr 2004/05 verließen 8,8% aller Abgänger die Schulen im Sekundarbereich ohne Hauptschulabschluss (D.: 8,3%), mit Allgemeiner Hochschulreife 27,3% (D.: 23,0%). Der Anteil der Gymnasiasten an der Gesamtschülerzahl betrug 30,1% (D.: 25,0%).

Alle weiterführenden allgemein bildenden Schulen werden auch als Abendschulen angeboten.

Für Schüler mit sonderpädagogischem Förderbedarf sind nach den Bestimmungen des Thüringer Förderschulgesetzes vom 21. 7. 1992 in der Fassung vom 30. 4. 2003 besondere Einrichtungen vorgesehen. *Förderschulen* sind überregionale und regionale Förderzentren für die Schwerpunkte Hören, Sehen, körperliche und motorische Entwicklung, Lernen, Sprache, emotionale und soziale sowie geistige Entwicklung. Mobile sonderpädagogische Dienste unterstützen Unterricht und Erziehung in Grundschulen, Regelschulen und Gymnasien zum Zwecke der Integration von Schülern mit besonderem Förderbedarf. Sonderpädagogische Förderung wird auch in den allgemein- und in den berufsbildenden Schulen des Sekundarbereichs II angeboten.

Zu den *berufsbildenden Schulen* gehören die *Berufsschule* als zweiter Lernort neben dem Betrieb innerhalb des *dualen Systems,* die nach Dauer und fachlichen Schwerpunkten differenzierten *Berufsfachschulen,* die *Höhere Berufsfachschule,* die *Fachoberschule,* das Berufliche Gymnasium, die *Fachschule* und die Fachklassen für Jugendliche mit sonderpädagogischem Förderbedarf. Die Fachoberschule führt nach dem Realschulabschluss in zwei Jahren zur Fachhochschulreife. Die Höheren Berufsfachschulen vermitteln in zwei- oder dreijährigen Bildungsgängen Qualifikationen, die zu Mittleren Berufsabschlüssen führen. Zusätzlich kann auch in diesen Schulen die Fachhochschulreife erworben werden. Berufliche Gymnasien umfassen die K. 11, 12 und 13 und führen zur Allgemeinen Hochschulreife. Das *Berufsvorbereitungsjahr* (BVJ) dient der Sicherung und Vertiefung schulischer Grundkenntnisse und der Erweiterung der Ausbildungsfähigkeit. Im Rahmen der dualen Ausbildung können Innungen oder Kammern mit Schulträgern berufsbildender Schulen die Einrichtung eines *Berufsgrundbildungsjahres* (BGJ) als erstes Jahr der Ausbildung vereinbaren.

Seit dem Schuljahr 2006/07 gelten die Lehrpläne nach der Bekanntmachung vom 9. 12. 2003. An der Umsetzung der *Bildungsstandards der Kultusministerkonferenz* wird gearbeitet. Für eine Reihe

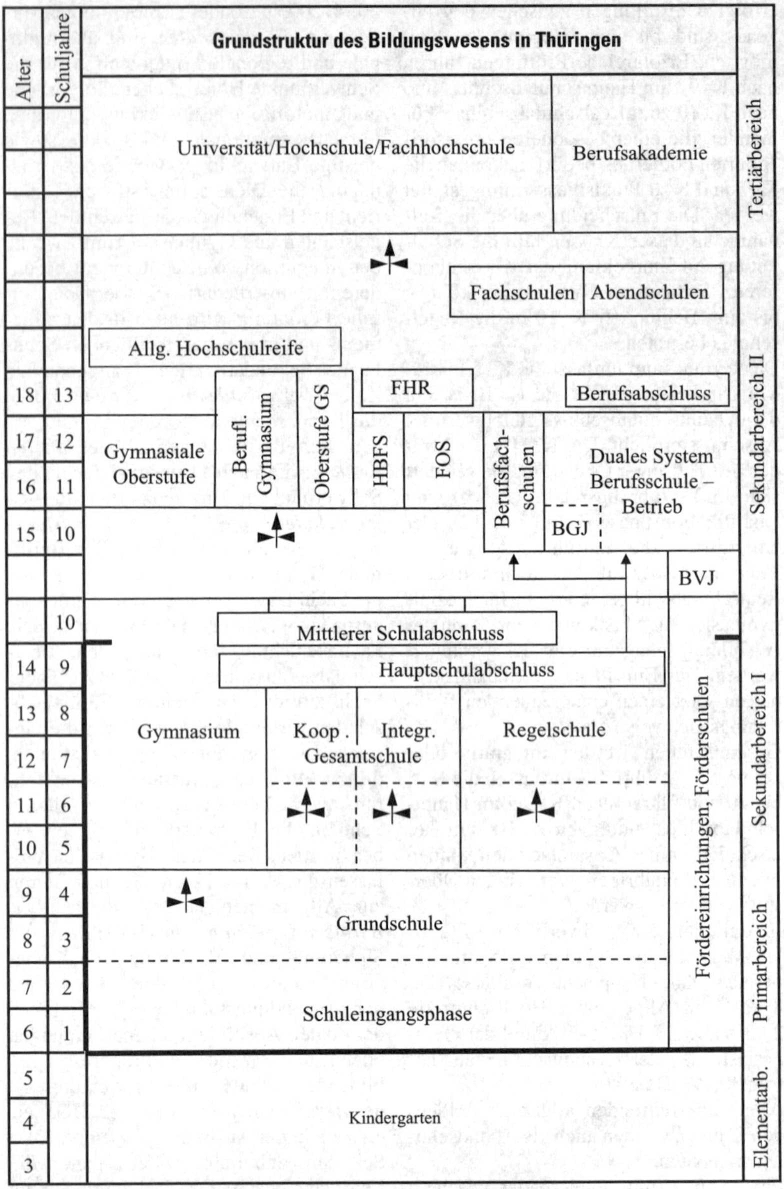

Fett umrandet sind die Einrichtungen für die Erfüllung der Vollzeitschulpflicht.

Qualifizierte Auswahl — Einfacher Übergang

BGJ = Berufsgrundbildungsjahr, BOS = Berufsoberschule, BVJ = Berufsvorbereitungsjahr, FHR = Fachhochschulreife, FOS = Fachoberschule, HBFS = Höhere Berufsfachschule

von Fächern und Schularten liegen Bildungsstandards zur Erprobung vor. In den Klassenstufen 3 und 6 werden vergleichende Kompetenztests in den Fächern Deutsch und Mathematik auf der Basis der neuen Lehrpläne durchgeführt.
Die Lehrerausbildung erfolgt lehramtsbezogen an den Landesuniversitäten: Lehramt an Grundschulen, Regelschulen, Gymnasien, berufsbildenden Schulen, Förderschulen.
TIMSS – Third International Mathematics and Science Study. TIMSS ist in einer Untersuchungsserie der *International Association for the Evaluation of Educational Achievement (IEA)* die dritte Studie im Bereich Mathematik und Naturwissenschaften. Die erste und die zweite Mathematikstudie (FIMS, SIMS) wurden 1964 bzw. 1980 bis 1982 durchgeführt. Die beiden internationalen Naturwissenschaftsstudien (FISS, SISS) fanden in den Jahren 1970 bis 1971 und 1983 bis 1984 statt. Für Deutschland ist es seit langer Zeit die erste *internationale Vergleichsstudie,* durch die Leistungen deutscher Schüler mit denen von mehr als einer halben Million Schüler weltweit in Bezug gesetzt werden können. Die Langzeituntersuchung wird seit 1995 in mehreren Zyklen im Abstand von vier Jahren wiederholt, so dass an den Ergebnissen Entwicklungstrends abzulesen sind.
TIMSS 1995. Diese *Large Scale Assessment*-Studie untersuchte zwischen 1995 und 1996 Schüler aus drei Altergruppen mit jeweils zwei aufeinanderfolgenden Jahrgängen in der Grundschule (3. und 4. Jahrgangsstufe) ohne deutsche Beteiligung (TIMSS-I), der Sekundarstufe I (7. und 8. Jahrgangsstufe) (TIMSS-II) in 45 Staaten und Jugendliche der Abschlussklassen im Sekundarbereich II (12. oder 13. Jahrgangsstufe) der allgemein bildenden und beruflichen Schulen (TIMSS-III) in 24 Ländern. Die Zahl der in Deutschland getesteten Schüler aus etwa 150 Schulen aller Bundesländer betrug 6883 (TIMSS-II) und 5345 (TIMSS-III). Während sich die Tests für die Mittelstufe und für die voruniversitäre Mathematik und Physik der gymnasialen Oberstufe eng an die Lehrpläne anlehnten, richtete sich die Erhebung der mathematischen und naturwissenschaftlichen Grundbildung im Sekundarbereich II am angelsächsischen Konzept *Literacy* aus. Ferner wurden Hintergrundinformationen über den Unterricht, die Lehrer, die Schulen, die Schüler und ihre außerschulische Lebensumwelt ermittelt. Als nationale Erweiterung wurden für einen Dreiländervergleich zwischen Deutschland, Japan und den USA qualitative Fallstudien zu einzelnen Schulen und für die Sekundarstufe I eine Videostudie über den erteilten Mathematikunterricht durchgeführt.
Zentrale Ergebnisse waren: Die mathematisch-naturwissenschaftlichen Leistungen von deutschen Schülern liegen unter den durchschnittlichen Leistungen der meisten europäischen Nachbarstaaten. Vor allem bei der Anwendung mathematisch-naturwissenschaftlicher Kenntnisse auf allgemeine Probleme weisen deutsche Schüler im internationalen Vergleich Defizite auf. Die Wissenszuwächse sind im Vergleich durch fehlende Möglichkeiten zum *kumulativen Lernen* zu gering. Ein erheblicher Prozentsatz der Schüler der Sekundarstufe I erreicht nicht das für einen erfolgreichen Übergang in die berufliche Erstausbildung notwendige Grundbildungsniveau. Eine gute Übersicht gibt ›TIMSS – Impulse für Schule und Unterricht‹ (Bundesministerium für Bildung und Forschung 2001). Als Konsequenz aus dem unbefriedigenden Abschneiden richtete die *Bund-Länder-Kommission für Bildungsplanung und Forschungsförderung (BLK)* 1998 das Modellprogramm *SINUS* zur »Steigerung der Effizienz des mathematisch-naturwissenschaftlichen Unterrichts« und die Nachfolgeprojekte SINUS-Transfer und *SINUS-Transfer Grundschule* ein.
TIMSS 1999. In der Fortsetzung der TIMSS-Untersuchung von 1995 heißt das Akronym TIMSS seit 1999 »Trends

in Mathematics and Science Study«. An der Studie nahmen Schüler der 8. Klassenstufen in 38 Ländern außer Deutschland, Österreich und der Schweiz teil. Zusätzlich wurde in den USA eine Benchmarking-Studie in 13 US-Staaten und 14 Schuldistrikten durchgeführt, deren Ergebnisse in einen internationalen Vergleich gestellt wurden.

TIMSS 2003. In diesem dritten Zyklus der TIMSS-Untersuchung wurden in 26 Ländern die Leistungen von Schülern der 4. Klassenstufen und in 48 Ländern die der 8. Klassenstufen in Mathematik und Naturwissenschaften gemessen. Für Länder, die an Studien dieser Zyklen regelmäßig oder wiederholt teilgenommen haben, lagen vergleichbare Trenddaten vor. Am internationalen Benchmarking-Programm nahmen Regionen oder Provinzen aus Spanien, Kanada und den USA teil.

TIMSS 2007. Im Frühjahr 2007 beteiligte sich Deutschland neben weiteren 60 Staaten an der TIMSS-Grundschul-Untersuchung. In Deutschland wurden die Schüler der 4. Jahrgangsstufen in jeweils einer Schulklasse der ca. 200 teilnehmenden Grundschulen auf ihr mathematisches und naturwissenschaftliches Grundverständnis getestet. Gleichzeitig wurden die *Bildungsstandards der Kultusministerkonferenz* für die Fächer Mathematik und Deutsch in organisatorischer Anbindung an die TIMSS-Untersuchung überprüft und normiert. Erste Ergebnisse der TIMSS-Untersuchung liegen Ende 2008 vor.

TKM. *Team-Kleingruppen-Modell.*

Toleranz (lat. *tolerantia* Ertragen, Erdulden, Geduld; engl. *tolerance*). Fähigkeit, sich gegenüber anderen Meinungen, Glaubensbekenntnissen, fremden Bräuchen oder andersartigen Verhaltensweisen mit Akzeptanz und Großzügigkeit zu verhalten. Mit T. ist aber auch die Tendenz verbunden, der Intoleranz anderer aktiv entgegenzutreten. Tolerantes Verhalten ist meist bei Personen gegeben, die über Identität und Ichstärke verfügen, weltoffen sind oder eine religiöse Lehre verinnerlicht haben, in der T. gegenüber anderen geboten ist. Dies kann so weit gehen, dass das Ertragen und Erdulden schädigender und lebensbedrohlicher Einwirkungen bis zum eigenen Tode nicht aufgegeben wird. Der T. verwandt sind *Ambiguitätstoleranz* und Vorurteilslosigkeit.

Topik (griech. *topos* allgemein anerkannter Gesichtspunkt). Von Aristoteles begründete Lehre von den überzeugenden Argumenten und Begründungszusammenhängen, die sich bei der Erörterung eines Themas und der Verteidigung von Aussagen bewährt haben. Die Pädagogik als praktische Wissenschaft bedient sich immer dann der T., wenn sie aus plausiblen, vor dem Hintergrund einer gegebenen Tradition konsensfähigen Prämissen nachvollziehbare und einleuchtende Lösungsvorschläge und Handlungsempfehlungen erarbeitet. T. erlaubt also keine streng logische *Deduktion* von Urteilen, sondern bleibt ein Element rhetorischen Argumentierens auf der Ebene des »gesunden Menschenverstandes«, also einer Erfahrungswelt und den Bewertungen, die über längere Zeiträume von breiten Teilen der Mitglieder einer Gesellschaft geteilt worden sind. Ein typischer Topos gegenwärtiger Bildungspolitik ist z.B. die Aussage der Schulgesetze, die Kräfte und Fähigkeiten der Kinder sollten in der Schule möglichst vielseitig und unabhängig von nationaler und ethnischer Herkunft, wirtschaftlicher Lage der Eltern, Geschlecht und Religionszugehörigkeit gefördert werden. Dieser Topos resultiert aus aufgeklärtem Naturrecht und der Erklärung der Menschenrechte, ist immer erneut Anstoß für kritische Untersuchungen der Schulwirklichkeit, fordert zur Konkretisierung heraus und hat eine Fülle von praktischen Empfehlungen und Maßnahmen hervorgebracht. So ist in den letzten Jahrzehnten eine Art T. der Chancengleichheit entstanden, in dem sich normative Elemente und praktisch-politische Forderungen verbinden.

Totalitarismus und Erziehung (lat. *totaliter*

ganz, völlig, umfassend; engl. *totalitarianism*). Politikwissenschaft fasst im idealtypischen Konstrukt des T. als Herrschafts- und Gesellschaftsform folgende sieben Merkmale zusammen: a) umfassende und aufgezwungene Sinnbestimmung und -veränderung aller privaten und öffentlichen Lebensbereiche durch das Herrschaftszentrum, b) streng nach dem Führerprinzip hierarchisch aufgebauter Staatsapparat, c) Herrschaft einer Einheitspartei in Gesellschaft und Staat, d) Lenkung der Wirtschaft durch Staat und Einheitspartei, e) totale Kontrolle von Kunst, Wissenschaft und Medien durch den Staat, f) Militarisierung und polizeistaatliche Kontrolle der Gesellschaft sowie g) Aussonderung und systematischer Terror gegen Kritiker, Systemgegner und angeblich feindliche Gruppen.
Dass ein derart strukturiertes Regime an der frühzeitigen, umfassenden und permanenten Kontrolle von Sozialisation, Unterricht und Ausbildung der Kinder und Jugendlichen ein genuines Interesse haben muss, bedarf keiner weitergehenden Erläuterung. Denn die Funktionstüchtigkeit totalitärer Regime hängt wesentlich davon ab, dass individuelle Urteilskraft, die Bindung an allgemeine ethische Prinzipien im Sinne der Menschenrechte, Kreativität, Spontaneität, Solidarität sowie Selbstbestimmungs- und Mitbestimmungsfähigkeit schon im Keim erstickt werden. Das mündige und selbstverantwortliche Individuum darf weder gedacht noch gar entwickelt werden. Allein der unbedingt gehorsame Funktionär für die Vollstreckung der Befehle des Regimes ist gefragt. Von daher verbietet sich heute die Rede von einer totalitären Erziehung, weil der Erziehungsbegriff nur im Widerspruch zum T. Sinn macht.
Konzepte, Ansätze und praktische Schritte einer Funktionalisierung des Schulwesens und der Jugendarbeit im Sinne des T. stellen z. B. die *Nationalpolitischen Erziehungsanstalten*, die *Hitler-Jugend* und die *SS-Junkerschulen* des NS-Regimes, aber sicherlich in bestimmten Hinsichten auch Einrichtungen in der stalinistischen Sowjetunion und deren Satellitenstaaten dar.

Tradition (lat. *traditio* Übergabe, Überlieferung, Bericht; engl. *tradition*). Die Summe der Werte und Normen, Verhaltensmuster und Techniken, Prinzipien, Weltansichten und Glaubenssätze, die in Brauchtum, Sitten, Arbeitsweisen, sozialen Institutionen, Ritualen u. a. Objektivationen ihren Niederschlag gefunden haben und innerhalb einer sozialen Gemeinschaft von einer Generation auf die nächste übergehen, wobei dieser Übergang von mehr oder weniger schnellen und umfassenden Wandlungen gekennzeichnet sein kann, je nach dem Grad an Veränderungen bei den zentralen Bedingungen des Kulturprozesses. Träger der Tradierung auf gesamtgesellschaftlicher Ebene sind praktisch alle Teilsysteme der Gesellschaft, Rechtsprechung, Berufs- und Arbeitswelt, Kunst, Religion und auch das Bildungswesen. Die Internalisierung der T. durch die heranwachsende Generation bezeichnet die Sozialwissenschaft als *Enkulturation*.

Trainingsprogramm. Form des Lehrens und Lernens zur *Übung* von Kenntnissen, Fähigkeiten und Fertigkeiten. Es ist im Unterschied zum naiven, unreflektierten Üben nach den wissenschaftlichen Erkenntnissen der Übungstheorien aufgebaut und berücksichtigt einerseits den Lernentwicklungsstand der Lernenden und andererseits die elementarisierten Strukturen eines Wissensstoffes. Insofern ist das T. dem Lehrgang oder dem Kurs verwandt, deren Merkmal aber in erster Linie die schrittweise Vermittlung eines neuen Wissens- oder Kompetenzbereichs ist. Es gibt Unterrichtskonzepte, bei denen der Unterricht in die Formen Unterrichtsgespräch, Projekt, Lehrgang und Training eingeteilt ist.

Transfer (lat. *transferre* hinübertragen, übertragen; engl. *transfer*). Übertragung bestimmter Lernergebnisse aus der Bewältigung einer Anforderungssituation auf eine neue Situation. T. kann positive und negative Folgen haben. So ist z. B. i. d. R. die Kenntnis der italienischen Sprache hilfreich beim Erlernen einer weiteren romanischen Sprache. T. ist dagegen problematisch, wenn z. B. bei der Begegnung mit Menschen aus nichteuropäischen Kulturen vertraute Handlungsmuster der eigenen Kultur übertragen werden.

transzendental-kritische Pädagogik. *Normative Pädagogik.*

Trivium. *Septem artes liberales.*

Trotz (engl. *defiance*). Häufig von starken *Emotionen* und heftigen körperlichen Reaktionen begleitete Verweigerung des Kleinkindes, sich dem Willen der Eltern oder dem anderer Personen zu unterwerfen. Werden derartige kindliche Verhaltensweisen etwa ab dem 18. Lebensmonat beobachtet, dann sind sie ein Hinweis darauf, dass das Kind in die Interaktionen mit Erwachsenen nun mehr und mehr seine eigene *Identität* einbringt. Die Bezeichnung T. mit negativem Beiklang ist problematisch, weil sie verschleiert, dass vor allem die Interaktion mit dem Kind dafür verantwortlich ist, wie ein Kind mit Konflikten umgehen lernt. Anzunehmen, der T. sei gleichsam eine naturnotwendige Erscheinung, ist wissenschaftlich unhaltbar.

Tschechische Republik. **1)** Parlamentarische Republik. Hauptstadt: Prag (1,2 Mill. Einw.). Fläche: 78 866 km^2, 10,2 Mill. Einw., 130 Einw./km^2. 81% Tschechen, 14% Mähren, 3% Slowaken und weitere Minderheiten. Landessprachen: Tschechisch (Amtssprache), Slowakisch und Sprachen weiterer Minderheiten. Religion: etwa 60% konfessionslos, 27% Katholiken, 20% verteilen sich auf andere Religionsgemeinschaften.

2) Die T. R. ist nach Auflösung der Tschechisch-Slowakischen Föderation am 1. 1. 1993 selbständig geworden. Doch als gesetzliche Grundlage für die Neugestaltung des Bildungswesens dienen weiterhin die nach der gesellschaftlichen und politischen Wende 1990 im Parlament der Föderation beschlossene Verfassung und die daran orientierten Schul- und Hochschulgesetze, die Mitte der 90er Jahre novelliert worden sind. Obschon also auch das Bildungswesen seit 1992 eine nationale Ausgestaltung erfährt, sind die Gemeinsamkeiten mit dem Bildungswesen der Slowakischen Republik weiterhin groß. Nach der Neufassung des Schulgesetzes 1995 wird als Kernbereich des Schulwesens zur Erfüllung der Schulpflicht die neunjährige Grundschule bestimmt, die in eine fünfjährige Primarstufe und eine vierjährige Sekundarstufe I gegliedert ist. Die Schulpflicht beginnt nach Vollendung des 6. Lebensjahres. Auf die Grundschule folgen die auch als Mittelschulen bezeichneten Schulen der Sekundarstufe II. Öffentliche Schulen sind kostenfreie koedukative Halbtagseinrichtungen. Unterrichtssprache ist i. d. R. Tschechisch, im Grenzbereich zur Slowakischen Republik auch Slowakisch. Die Schulpflicht endet formal mit dem Besuch der 9. Klassenstufe in der Sekundarstufe I. Tatsächlich aber besuchen deutlich mehr als 90% der Jugendlichen die Sekundarschulen bis zur 12. Klassenstufe, was auch durch die schlechte Arbeitsmarktlage bedingt ist. Auf eine kontinuierliche Leistungsbeurteilung wird großer Wert gelegt. Ab Klassenstufe 5 sind Noten in der Muttersprache, einer Fremdsprache, Mathematik und einem Wahlfach für die Versetzung ausschlaggebend. An Sekundarschulen und Universitäten finden in den Sommerferien die jährlichen Abschlussprüfungen statt. Für die Durchführung sämtlicher Schul- und Hochschulgesetze ist das Ministerium für Schule, Jugend und Sport, in Fragen der Berufsbildung in Kooperation mit anderen Fachministerien, zuständig. Die eigentliche Schulaufsicht obliegt den Bezirksschulämtern. Die einzelnen Schulen haben bei der Lehrplangestaltung, der Lehrereinstellung und der Finanzverteilung eine hohes Maß an Autonomie. Kirchliche und andere Privatschulen bedürfen der Genehmigung des Ministeriums und erhalten finanzielle Zuschüsse aus öffentlichen Haushalten. Für Kinder und Jugendliche mit erhöhtem Förderbedarf ist ein differenziertes System von Spezialeinrichtungen im Aufbau.

3) Kindergärten sind Teil des Bildungswesens, ihr Besuch ist freiwillig. Dem spielerischen Lernen liegt ein Lehrplan des Ministeriums für das Schulwesen zugrunde. Auf Schulvorbereitung wird im letzten Jahr großer Wert gelegt. Die erste Stufe der Grundschule umfasst die vier Jahre der Primarstufe, die zweite die Schuljahre 5 bis 9 in der Sekundarstufe. Als integrierte Gesamtschule bietet die Grundschule ab Klassenstufe 5 Differenzierungen nach Leistung und Neigung an, die für die Wahl eines Bildungsweges in der Sekundarstufe II Bedeutung haben. Der Übergang in eine Schulart der Sekundarstufe II erfolgt i. d. R. nach dem 9. Schuljahr, das Bestehen einer Aufnahmeprüfung ist hierbei Voraussetzung. Nach der Klassenstufe 5 kann bei Bestehen einer besonderen Aufnahmeprüfung der Übergang in die erste Klasse des Gymnasiums erfolgen. Dieser Einstieg ist auch nach den folgenden Klassenstufen möglich.

Die Sekundarstufe II bietet vier Bildungswege an: das Gymnasium mit den Klassenstufen 10 bis 13. Es vermittelt eine vertiefte Allgemeinbildung und bereitet auf ein Studium vor. Das Bestehen des Abiturs ist Voraussetzung für die Teilnahme an einer Aufnahmeprüfung der Hochschulen. Die i. d. R. vierjährigen Bildungsgänge der Fachmittelschule werden in verschiedenen Fachrichtungen angeboten (Technik, Informatik, Gesundheitswesen, Kunst, Erziehung, Wirtschaft u. a.) und führen zu berufsqualifizierenden Abschlüssen in Verbindung mit dem Abitur. Diese Schulform hat dieser Doppelqualifikation wegen sehr an Attraktivität gewonnen. Berufsmittelschulen bieten mehrheitlich zwei- oder dreijährige berufsbildende Kurse für handwerkliche Facharbeiterberufe an. An einem vierjährigen Zweig der Berufsmittelschule kann das Abitur erworben werden.

4) Neben der schulischen Berufsausbildung befindet sich in Orientierung am deutschen dualen System eine Form der kooperativen Ausbildung mit den Lernorten Berufsmittelschule und Betrieb in Entwicklung. Organisiert wird dieses Projekt derzeit von der Deutsch-Tschechischen Handelskammer. Vorläufig sind die Ausbildungsgänge auf den kaufmännischen Sektor beschränkt. Abiturienten können an Höheren Berufsfachschulen dreijährige Ausbildungsgänge absolvieren, die für die Übernahme mittlerer Berufspositionen qualifizieren.

5) Der Tertiärbereich umfasst Universitäten und Hochschulen (Technik, Landwirtschaft, Kunst, Pädagogik, Veterinärmedizin, Wirtschaft) und zahlreiche Fachhochschulen. An den Universitäten und Hochschulen führen die Studiengänge zu den Abschlüssen *Bachelor, Master* und Doktor. Die Studiengänge der Fachhochschulen werden i. d. R. mit dem Bachelor abgeschlossen. Die Fortsetzung des Studiums an Universitäten und Hochschulen ist möglich.

6) Pädagogen für den Vorschulbereich werden in einer Fachmittelschule in einem vierjährigen Kurs ausgebildet. Die Lehrer der Primarstufe absolvieren einen speziellen vierjährigen lehrerbildenden Studiengang an der Pädagogischen Fakultät einer Universität oder an der Pädagogischen Hochschule. Im Unterschied dazu erfolgt die Ausbildung der Lehrer aller Sekundarstufenschulen über ein mindestens vierjähriges fachwissenschaftliches Universitätsstudium mit zusätzlichen schulpädagogischen und psychologischen Studienleistungen und Praktika.

7) Weiterbildungsmaßnahmen werden in den bestehenden Sekundarschulen und Universitäten, von öffentlichen und privaten Betrieben und in speziellen Weiterbildungszentren angeboten, die von Vereinen getragen werden. Da der Bedarf an Umschulung nach Nachqualifizierung

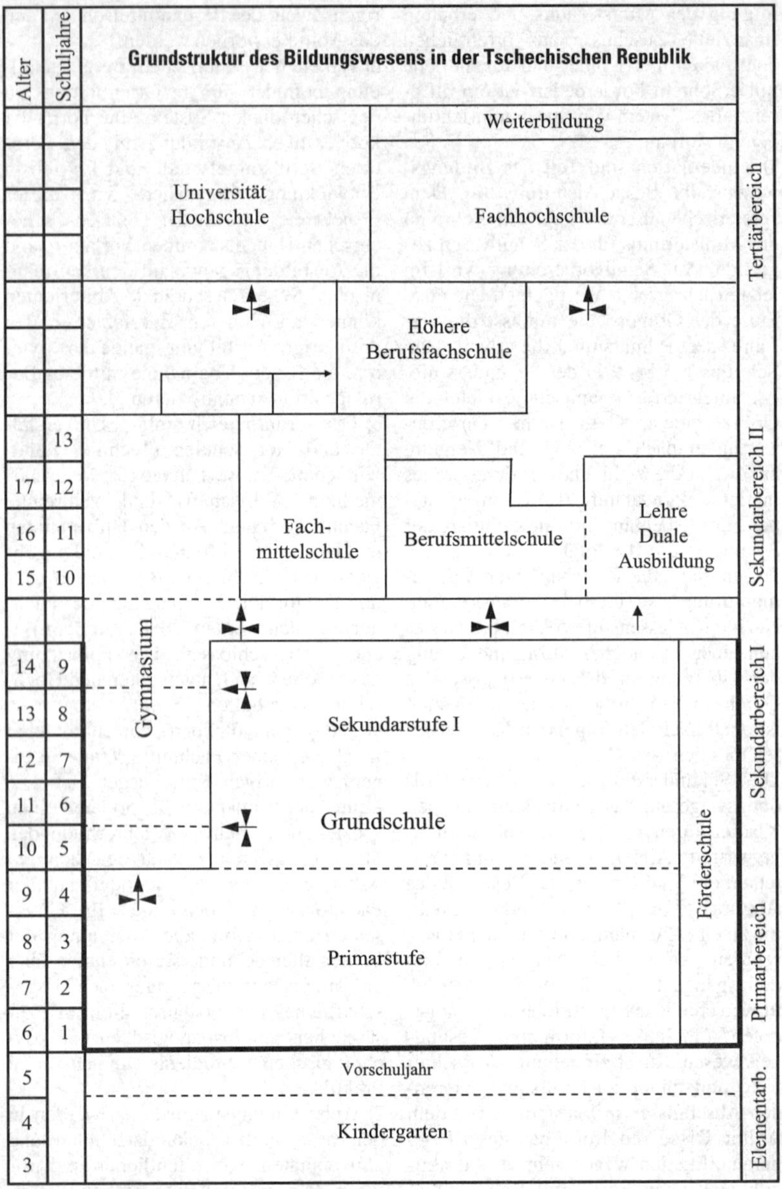

Fett umrandet sind die Einrichtungen für die Erfüllung der Schulpflicht.

Qualifizierte Auswahl — Einfacher Übergang

groß ist, wächst das diesbezügliche Angebot stetig.

Tübinger Beschlüsse. Im Herbst 1951 trafen sich Vertreter von Universitäten, Gymnasien und Schulverwaltung in Tübingen, um sich über grundlegende Probleme der inneren Neugestaltung des Gymnasiums nach der Zeit des NS-Regimes auszutauschen. In den T. B. wurde Überlegungen zur Reduktion der Stofffülle und zur Vertiefung der wissenschaftspropädeutischen Bildung eine besondere Bedeutung beigemessen. Gründlichkeit und systematische Vertiefung an Beispielen sollten durch *exemplarisches Lehren und Lernen* gewonnen werden. Zu diesem Zwecke wurde stoffliche Selbstbeschränkung in den neuen Lehrplänen gefordert und dann in den einzelnen Bundesländern auch sukzessive umgesetzt.

Türkei. **1)** Parlamentarische Republik. Hauptstadt: Ankara (3,2 Mill. Einw.). Fläche: 779 452 km², 71,7 Mill. Einw., 92 Einw./km². 70% Türken, 20% Kurden, 2% Araber und Minderheiten. Landessprache: Türkisch (Amtssprache), Kurdisch, Arabisch, Sprachen der Minderheiten; seit 1928 lateinisches Alphabet. Religion: 99% Muslime.

2) Das Bildungswesen wird zentral vom Ministerium für Nationale Erziehung (MEB) in Ankara verwaltet. Die Befugnisse und Verantwortlichkeiten des MEB sind im Grundlagengesetz für Nationale Erziehung von 1973 festgelegt. Zu seinen Aufgaben gehören alle Angelegenheiten der Planung, Organisation, Sicherstellung, Aufsicht und Kontrolle der Schulbildung, der Berufsausbildung, der Weiter- und Erwachsenenbildung. Die Entscheidungen des Ministeriums sind für alle Bildungseinrichtungen verbindlich. Seit 1993 sind bestimmte Zuständigkeiten in Verwaltung und Aufsicht an die Bildungsdirektoren der 81 Provinzverwaltungen delegiert worden, um die rechtmäßige Umsetzung von Bildungsmaßnahmen der Zentralregierung zu erleichtern.

Die Notwendigkeit der Anpassung des türkischen Schulsystems an die europäischen Standards führte 1997 zu Bildungsreformmaßnahmen, in deren Mittelpunkt die Erhöhung der Schulpflicht von fünf auf acht Jahre und die Neugestaltung des Sekundarbereichs stehen.

Im Grundlagengesetz für Nationale Erziehung wird zwischen der formalen schulischen Erziehung im Bildungswesen von der Vorschulerziehung bis zum Hochschulbereich und der informellen außerschulischen Erziehung in der Lehrlings- und in der Fernausbildung unterschieden.

3) Für die freiwillige Vorschulbildung unterhält das MEB Kindergärten (Ana Okullan) für drei- bis sechsjährige Kinder und Vorklassen an Grundschulen (Ana Siniflari) für Kinder zwischen fünf und sechs Jahren. Im Schuljahr 2005/06 lag der Anteil der vier- und fünfjährigen Kinder bei 20%. Andere Ministerien oder private Träger unterhalten Kinderkrippen, Kindergärten, Vorschulen, Kindertagesstätten und Kleinkinderheime. Die Kosten für den Besuch werden je nach Art der Einrichtung von den Eltern oder vom Arbeitgeber der Eltern ganz oder teilweise getragen oder vom Staat bezuschusst. Vorschuleinrichtungen sind flächendeckend noch nicht weit verbreitet. Ihre Anzahl hat jedoch in den letzten Jahren vor allem in den Großstädten erheblich zugenommen. Zur steigenden Nachfrage trägt die Zunahme berufstätiger Frauen bei.

Die Schulpflicht umfasst die Altersgruppe zwischen dem 6. und 14. Lebensjahr. Sie beginnt für Kinder, die das 6. Lebensjahr vollendet haben, mit dem neuen Schuljahr, je nach Provinz, zwischen Mitte August und Mitte September. Mit der Schulreform wurden die fünfjährige Grundschule (Ilkokul) und die dreijährige Mittelschule (Orta Okulu) abgeschafft und durch die achtjährige Einheitsgrundschule (Ilköğretim Okulu) ersetzt. Der Unterricht ist in den staatlichen Pflichtschulen unentgeltlich und ko-

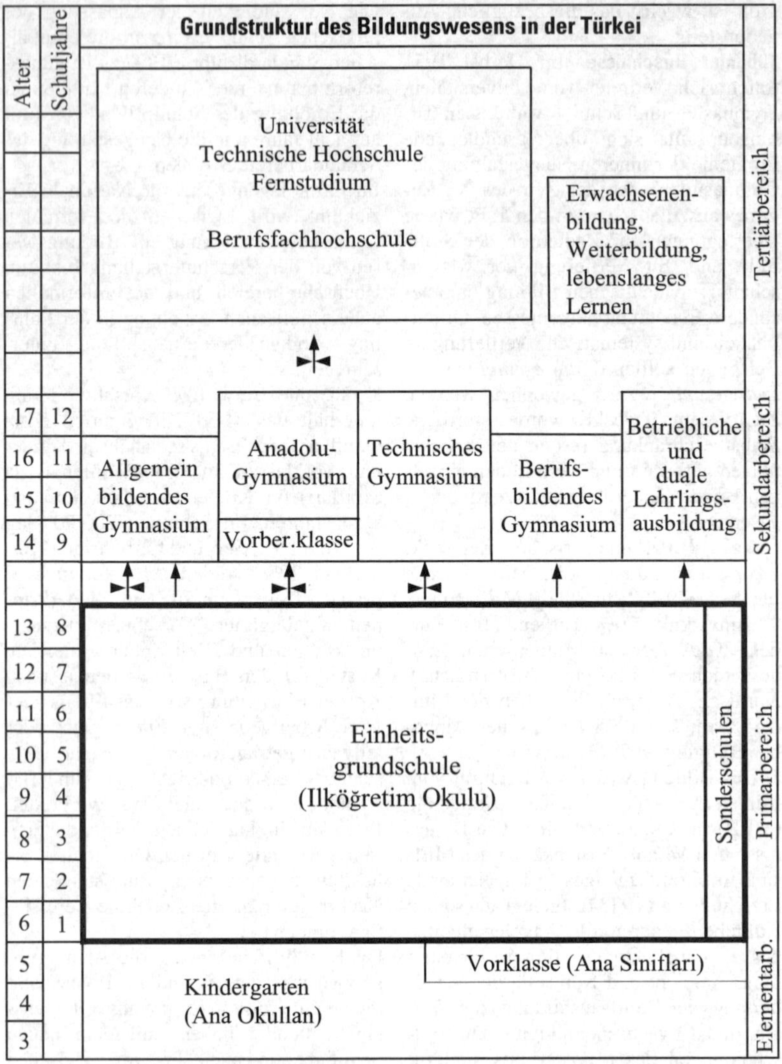

Fett umrandet sind die Einrichtungen für die Erfüllung der Schulpflicht.

Qualifizierte Auswahl   Einfacher Übergang

edukativ. Um die Gleichheit der Schüler zu betonen, ist das Tragen einer Schuluniform vorgeschrieben. Seit 1992 ist das Sitzenbleiben aufgehoben und die Schulzucht untersagt. Von der 4. bis zur 8. Jahrgangsstufe werden in den Fächern Türkisch, Mathematik, Gesellschaftswissenschaften und Naturwissenschaften externe Prüfungen zur Evaluation und zur Feststellung der Bildungsqualität durch das Provinzialdirektorat des MEB durchgeführt. In den Zeugnissen werden die Fachleistungen von 5 (sehr gut) bis 0 (erfolglos) und auch das Verhalten benotet. Am Ende der Schulpflicht erhalten die Schüler nach erfolgreichem Besuch das Abschlussdiplom der Einheitsgrundschule (Ilköğretim Diplomasi).
Kinder und Jugendliche mit sonderpädagogischem Förderbedarf werden ihrer Behinderungsart entsprechend an Sonderschulen für Seh-, Hör-, Körper- und geistig Behinderte sowie für dauerhaft Kranke unterrichtet und gefördert. Insgesamt wird das Sonderschulwesen als kaum entwickelt beurteilt.
Im Sekundarbereich (Lise) gibt es nach der achtjährigen Grundschule und der Schulpflicht das allgemein bildende Gymnasium, das Berufliche und das Technische Gymnasium, die betriebliche Berufsausbildung, die Berufsausbildung im dualen System und Berufsbildungskurse für Jugendliche ohne Ausbildung oder Arbeit. Im Schuljahr 1999/2000 besuchten 97,6% des Altersjahrgangs die Einheitsgrundschule, 36,6% das allgemein bildende Gymnasium, 22,8% das Berufliche und das Technische Gymnasium. Danach nahmen 40,6% der Jugendlichen nach der Grundschule eine Lehrlingsausbildung oder eine Berufstätigkeit ohne Ausbildung auf bzw. waren arbeitslos.
Zur Gruppe der allgemein bildenden Gymnasien (Genel Lise), die in den drei Jahrgangsstufen 9 bis 11 auf das Hochschulstudium vorbereiten, gehören verschiedene Schultypen mit klassischem, naturwissenschaftlichem, fremdsprachigem, sozialwissenschaftlichem, pädagogischem oder künstlerischem Schwerpunkt. An fremdsprachigen und naturwissenschaftlichen Gymnasien wird die Aufnahme vom Bestehen einer Aufnahmeprüfung (OKÖSIS) abhängig gemacht. Neben den genannten gibt es Anadolu-Gymnasien (Anadolu Lisesi), in denen der größte Teil des Unterrichts in einer Fremdsprache stattfindet (z. B. in Deutsch, Englisch, Französisch). Ursprünglich waren die Anadolu-Gymnasien für in die Heimat zurückgekehrte Migrantenkinder gedacht. Die Anadolu-Gymnasien sind vierjährig, da die Unterrichtssprache i. d. R. zunächst in einer einjährigen Vorbereitungsklasse erworben werden muss. Das Gymnasium für Lehrerausbildung mit den Fächern Pädagogik, Erziehungsphilosophie, Pädagogische Psychologie und Bildungsverwaltung wird als Voraussetzung für ein Pädagogikstudium an einer Universität empfohlen. Daneben gibt es private Gymnasien. Am Ende der Sekundarschulbildung erwerben die Schüler der allgemein bildenden Gymnasien nach bestandener landesweit einheitlicher Abschlussprüfung des MEB ein Diplom der besuchten Sekundarschule (Lise Diplomasi). Das Lise Diplomasi ist die Grundvoraussetzung für die Aufnahmeprüfung an einer Hochschule oder Universität.

4) Der formelle schulische Berufsbildungsweg des MEB besteht aus dem Besuch eines dreijährigen Berufsbildenden Gymnasiums oder eines vierjährigen Technischen Gymnasiums. Der Unterricht am Technischen Gymnasium entspricht in den ersten beiden Jahren dem der Beruflichen Gymnasien. Diese doppelqualifizierenden Gymnasien vermitteln eine Berufsausbildung für verschiedene Berufsfelder und bereiten gleichzeitig auf ein Hochschulstudium vor. Zu dieser Gruppe gehören Technische Gymnasien für Jungen und für Mädchen, Gymnasien für Geistliche und Prediger, Berufsgymnasien für Handel und Tourismus, Sonderpädagogik und Gesundheitserziehung. Zu fast jedem dieser Schwerpunkte gibt es auch Anadolu-Berufsgymnasien (ABG). Der erfolgreiche Abschluss qualifiziert zum Besuch einer Hochschule oder zum Einstieg in einen Beruf. Absolventen von gewerblich-technisch orientierten Gymnasien, die kein Hochschulstudium aufnehmen, erhalten zusätzlich einen Befähigungsnachweis für eine selbständige Berufsausübung.

Zur informellen Berufsausbildung führen nach der Grundschule zwei Wege. 1. Zur betrieblichen Berufsausbildung gehört die traditionelle Lehre in einem Handwerksbetrieb ohne Schulbesuch (drei bis vier Jahre), die praktisch und theoretisch von einem Meister (Usta) angeleitet wird. Zwischen Eltern bzw. Lehrling und dem Meister gibt es i. d. R. neben einer mündlichen Vereinbarung weder einen Ausbildungsvertrag noch Lohn. Wenn der Meister den Eindruck hat, dass der Lehrling die übertragenen Arbeiten selbständig durchführen kann, erhält er den Status eines Gesellen (Kalfa) und von der Berufskammer einen Gesellenbrief.

2. Die offizielle Lehrlingsausbildung im dualen System ist durch das Berufsbildungsgesetz (Nr. 3308) aus dem Jahr 1986 und durch die novellierte Fassung von 2001 geregelt. Danach ist das MEB für alle Aufgaben des schulischen Teils der Lehrlingsausbildung und die Kammern für den betrieblichen Teil verantwortlich. Das höchste Gremium für die Planung, Koordination und Aufsicht innerhalb der beruflichen Bildung ist der Nationale Berufsbildungsausschuss, dessen Sekretariat dem MEB unterstellt ist. Die Ausbildung ist auf der rechtlichen Grundlage eines Lehrvertrages in 109 Ausbildungsberufen möglich. Sie dauert je nach Berufsfeld drei bis vier Jahre und schließt mit einer Gesellenprüfung ab. Nach einigen Jahren ununterbrochener Berufserfahrung kann der Geselle einen Meisterlehrgang absolvieren und sich zur Meisterprüfung melden. Ohne Meisterabschluss darf kein Betrieb oder Geschäft selbständig geführt werden.

3. Das Amt für Lehrlingsausbildung und informelle Erziehung des MEB organisiert Berufsbildungskurse für Jugendliche in Volksbildungszentren (Volkshochschulen) oder Berufsbildenden Schulen, die keine formelle Erziehung im Sekundarbereich wahrnehmen konnten, die ihre Schule abgebrochen oder nach Erreichen eines bestimmten Abschlusses keine Berufstätigkeit gefunden haben. Eine Ursache dieses Problems wird in der großen Anzahl der Jugendlichen gesehen, die nach der Grundschule ohne eine schulische oder berufliche Qualifizierung in das Erwerbsleben eintreten.

5) Im Jahr 2003/04 gab es 57 staatliche Universitäten, 20 private Stiftungsuniversitäten, einige nichtuniversitäre Hochschulen und Berufsfachhochschulen für verschiedene Berufszweige. Im Hochschulbereich ist der Türkische Hochschulrat (YÖK) die zentrale Behörde für Ausbildung, Planung, Finanzierung, Koordination und Personalangelegenheiten der Hochschulen und Universitäten. Er untersteht direkt dem Ministerpräsidenten. Das höchste 1983 gegründete Gremium der türkischen Wissenschafts- und Technologiepolitik ist der Hohe Rat für Wissenschaft und Technologie (BTYK), der vom Ministerpräsidenten geleitet wird. Dieses Gremium hat 1993 mit der Universitätsreform die Modernisierung des Hochschulwesens eingeleitet und 2001/02 mit dem Projekt »Vision 2023 – Strategieprojekt zur nationalen Wissenschaft und Technologie« wichtige Zukunftsperspektiven eröffnet. Die Koordination der am Projekt beteiligten Einrichtungen hat die autonome wissenschaftliche und technische Forschungsgemeinschaft (TÜBITAK) inne.

Zulassungsvoraussetzung zur Universität oder zur Berufsfachhochschule ist die Allgemeine Hochschulreife eines allgemein bildenden Gymnasiums oder die Fachgebundene Hochschulreife eines Beruflichen Gymnasiums. Eine Zentrale Universitätsaufnahmeprüfung (ÖSYS), die jedes Jahr einmal von der Zentralstelle für Studentenauswahl und Studiumzuweisung (ÖSYM) des Hochschulrats durchgeführt wird, entscheidet über die Aufnahme. Ein vier-, acht- oder zehnsemestriger Diplom-, Bachelor-, Magister- oder Promotionsstudiengang führt zu entsprechenden Abschlüssen.

6) Seit der Einführung der achtjährigen Pflichtschule ist die Lehrerbildung für Grund- und Sekundarschulen nach Absprache zwischen dem MEB und dem Hochschulrat in ein Kurz- und ein Langzeitstudium an Universitäten umgewandelt worden. Das seit 1998/99 eingeführte neue Lehrerausbildungssystem bedeutet: 1. Lehrer an Vorschulen und an Grundschulen studieren vier Jahre mit dem Abschluss Bachelor's degree. 2. Lehrer an Sekundarschulen studieren in den Fächern Fremdsprachen, Musik, Kunst, Sport, Computertechnologie u. a. ebenfalls vier Jahre mit dem Abschluss Bachelor's degree oder in den Fächern Naturwissenschaften, Mathematik und Sozialwissenschaften fünf oder fünfeinhalb Jahre mit dem Abschluss Master's degree. Für die Aufnahme in das Lehramtsstudium werden Absolventen der Anadolu-Gymnasien für Lehrerbildung wegen ihrer beruflichen Vorbildung bevorzugt. Nach dem Studium folgt eine praktische Ausbildungsphase von bis zu zehn Monaten unter der Anleitung und Aufsicht eines erfahrenen Lehrers. Erfolgreiche Absolventen werden vom MEB als Lehrer eingestellt und vom Staat bezahlt.

7) Die Einrichtungen der Weiter- und Erwachsenenbildung gehören zum Bereich der informellen Erziehung. Sie wird zum größten Teil von den Volkserziehungszentren (Volkshochschulen), aber auch von Kunstschulen, Beruflichen Ausbildungszentren und Abendgymnasien übernommen. In diesen Einrichtungen gibt es Kurse für Lesen und Schreiben zur Senkung der Analphabetenquote, Kurse zu sozialen und allgemein bildenden Themenbereichen sowie Maßnahmen zur beruflichen Fort- und Weiterbildung. Einen großen Raum nimmt die Fernausbildung über Radio und Fernsehen ein. Neuerdings spielen Konzepte lebenslangen Lernens eine bedeutsame Rolle.

Tutor (lat. *tutor* Betreuer, Beschützer; engl. *tutor*). Lehrer, Studierende oder Schüler, denen besondere Beratungs- oder Übungsaufgaben für Lerngruppen übertragen sind. Studentische T. haben i. d. R. das Grundstudium bereits absolviert und werden für ihre Tätigkeit als T. bezahlt.

Typ (Syn. **Typus**; griech. *typos* Gestalt, Muster, Vorbild).
Ordnungs- und Erkenntnisbegriff, der als beschreibender (deskriptiver) T. Personen, Sachverhalte, Institutionen usw. nach beobachtbaren Merkmalen definiert und klassifiziert. Der deskriptive T. bildet demnach Wirklichkeit ab. Dagegen fasst der erklärende T. *(Idealtypus)* rein gedanklich unser Wissen über Sachverhalte und Prozesse möglichst vollständig zusammen, so dass die empirische Wirklichkeit damit geordnet, verglichen und hinterfragt werden kann. Beide Varianten des T. haben für Beschreibung von und Theoriebildung über Wirklichkeit in der Wissenschaft eine wichtige Funktion.
Beispiele für deskriptive T. in der Schulpädagogik sind u. a. »integrierte Schule«, »ganze Halbtagsschule« oder »Schulversager«. Sie stehen für tatsächliche und deshalb beobachtbare Phänomene in der Wirklichkeit. Beispiele für erklärende T. sind dagegen »erfolgs- vs. misserfolgsorientierter Schüler«, »demokratischer oder sozialintegrativer Erziehungsstil«, »Außenseiter«, »lehrerzentrierter Unterricht«. T. dieser Art erlauben Feststellungen darüber, wie weit konkrete empirische Einzelphänomene dem erklärenden T. entsprechen bzw. von ihm abweichen, so dass die Besonderheiten der individuellen Phänomene deutlich werden und zum Verständnis dieser Besonderheiten Hypothesen entwickelt werden können. Deshalb gilt es zu beachten, dass erklärende T. instrumenteller Natur sind, folglich keine Norm darstellen.

TZI. *Themenzentrierte Interaktion.*

U

überbetriebliche Ausbildungsstätte (engl. *joint training centre*). Ergänzt und vervollständigt die betriebliche Berufsausbildung durch mehrwöchige Lehrgänge. Besonders kleinere und mittlere Betriebe mit einem hohen Grad an Spezialisierung nutzen die systematische Breite der Angebote in den ü. A., um den Vorgaben der Ausbildungsordnungen gerecht werden zu können. Die fachtheoretischen und -praktischen Kurse decken zumeist ein Berufsfeld vollständig ab. Träger sind Kammern, Innungen, Vereine oder auch öffentliche Gebietskörperschaften (z. B. Landkreise oder Länder).

Übergänge. Institutionalisierter Wechsel zwischen aufeinander aufbauenden Einrichtungen des Bildungswesens in der Schullaufbahn eines Kindes oder Jugendlichen. Ü. sind mit Abschied und Neuorientierung, Risiko und Chance, Schulwahl und Aufnahmebedingungen, Beurteilung und Auslese verbunden. Bildungspolitische Entscheidungen über die Gestaltung der Ü. sind von der Tendenz zur Verschärfung oder Erleichterung der jeweiligen Bedingungen geprägt. In den sechziger Jahren wurde vor allem die punktuelle Auslese an den Ü. kritisiert, durch die für die meisten Kinder die Weichen für die zukünftige Schul- und Berufslaufbahn gestellt waren. Die Bestrebungen des Deutschen Bildungsrates richteten sich deshalb Anfang der siebziger Jahre auf die Gestaltung gleitender, kontinuierlicher Ü. durch die Einführung der *Eingangsstufe* am Schulanfang, durch die *Orientierungsstufe* sowie das Angebot der 10. Hauptschulklasse und durch Schulabschlussregelungen für die Haupt- und Realschule, die den Zugang zu weiterführenden Bildungsgängen im Sekundarbereich II erleichtern sollten. Die schulrechtlichen Bestimmungen zu den Ü. sind heute in den Bundesländern sehr verschieden.

Beim Ü. vom Vorschulbereich in die Grundschule sind die Regelungen zur *Einschulung,* zur Zurückstellung vom Schulbesuch, zur vorzeitigen Einschulung, zur *Schulfähigkeit* und zur *Einschulungsdiagnostik* sowie die Reform des *Anfangsunterrichts* und die Konzeption der neuen *Schuleingangsphase* zu beachten.

Zu den Unterschiedlichkeiten in den Ländern gehören die Flexibilisierung vorzeitiger Einschulungen, das Festhalten am Einschulungskriterium der Schulfähigkeit und an der Zurückstellung in spezielle Einrichtungen, die Aufhebung schulvorbereitender Einrichtungen wie *Vorklassen* und *Schulkindergärten* und die Einschulung aller schulpflichtigen Kinder in die neu eingerichtete integrierte Schuleingangsphase für alle sowie die verstärkte Schulvorbereitung in den Kindertagesstätten (vgl. die Artikel zu den 16 Bundesländern sowie den Artikel *Deutschland* 3.3).

Der Ü. von der Grundschule in den Sekundarbereich I ist in den Ländern unterschiedlich geregelt. Die Entscheidung über die Wahl einer weiterführenden *Schulart* bzw. den Bildungsgang wird teilweise in der Jahrgangsstufe 4, während der Jahrgangsstufen 5 und 6 oder am Ende der Jahrgangsstufe 6 getroffen. Beim Übergang in die Integrierte Gesamtschule entfällt die Entscheidung. Grundlage für die Entscheidung über den weiteren Bildungsweg ist i. d. R. eine Schullaufbahnempfehlung (Grundschulgutachten) der abgebenden Grundschule und das Beratungsgespräch mit den Eltern. In einigen Ländern wird die letzte Entscheidung den Eltern zugestanden, in anderen wird sie aufgrund bestimmter Leistungskriterien von der Schule bzw. der Schulaufsicht getroffen. Die Eignung für den Bildungsgang der Realschule oder des Gymnasiums kann je nach Landesrecht durch verschiedene Verfahren (Probejahr, Probeunterricht, Aufnahmeprüfung) erfolgen. Die Entscheidung über den weiteren Bildungsweg im gegliederten Schulsystem findet in den Ländern Baden-Württemberg, Bayern und Niedersachsen bereits am Ende der Grundschule statt. Nach der ›Vereinbarung über die Schularten und Bildungsgänge im Sekundarbereich I‹ (Beschluss der KMK vom Juni 2006) sollen die Jahrgangsstufen 5 und 6 als *Orientierungsstufe* (Förderstufe, Beobachtungsstufe, Erprobungsstufe) die weitere Schullaufbahn der Schüler bis zum Ende der Jahrgangsstufe 6 offenhalten und auf eine verlässliche Grundlage stellen. Von Seiten der Grundschulpädagogik wird beklagt, dass im Vergleich zu anderen europäischen Ländern bereits im 4. Schuljahr eine Selektionsentscheidung getroffen werden müsse, der Grundschulunterricht unter dem Selektionsdruck beeinträchtigt werde, die empirischen Untersuchungen zur Prognoseaussage zu unterschiedlichen Ergebnissen kämen und sich bei der freien Wahl durch die Eltern ihre Bildungsaspiration und soziale Herkunft sozialselektiv auswirke.

Der Ü. in Bildungsgänge des Sekundarbereichs II erfolgt aufgrund von *Abschlüssen* und *Berechtigungen,* die am Ende des Sekundarbereichs I erworben werden. Im Sekundarbereich I hat die Entwicklung der letzten Jahre dazu geführt, dass unter bestimmten Bedingungen in jeder Schulart alle Abschlüsse erworben werden können, die den Ü. in eine Berufsausbildung oder in die weiterführenden Bildungswege des Sekundarbereichs II eröffnen. In einer zunehmenden Zahl von Ländern gibt es zum Erwerb eines Abschlusszeugnisses zentrale Prüfungen auf Landesebene. Die Berechtigung zum Übergang vom Gymnasium in die gymnasiale Oberstufe wird i. d. R. nicht durch ein Abschlusszeugnis, sondern durch Versetzung erworben. Dass die Wirkung des Bildungsmilieus einer Schulart auf die zukünftigen Bildungsverläufe eines Jugendlichen nicht unterschätzt werden darf, zeigt sich darin, dass von den Realschulabgängern mit der Berechtigung zum Besuch der gymnasialen Oberstufe lediglich ein Drittel davon Gebrauch machen, während von den Gymnasialschülern 90% auf die gymnasiale Oberstufe überwechseln. Auch dürfen die Chancen von Ausländerkindern und von Schülern, die nach Vollendung der Schulpflicht die allgemein bildende Schule ohne Abschluss verlassen, nicht übersehen werden. Diese Gruppe junger Menschen hat größte Schwierigkeiten, einen Ausbildungsplatz in einem Lehrberuf zu finden.

Über-Ich (engl. *super-ego*). Der von S. Freud gebildete Begriff soll die Vorstellung von einer innerseelischen, zumeist unbewusst wirksamen moralischen Instanz sprachlich fassen, in der die sozialen und kulturellen Verhaltensnormen repräsentiert sind, also jenen Teil des *Ich,* der über Triebe, Wünsche und Identifikationen eine Art Zensur ausübt. Das Ü.-I. entwickelt sich im Kind durch Identifikationsprozesse mit geliebten Bezugspersonen. Das Kind verinnerlicht die Verbote und Normen der Eltern, um Strafen zu vermeiden und ihre Liebe nicht zu verlieren. Folglich hängt die Moral des Kindes umfassend von den Normen und der Strafpraxis der Eltern ab. Erst durch Identifikationsprozesse mit anderen Personen und Gruppen und die Entwicklung eines individuellen Beurteilungsvermögens kommt das Individuum später zu einer moralischen Urteilskraft, die nicht mehr an die Beziehungen zu konkreten Personen oder Gruppen gebunden ist.

Übung (Syn. **Üben**; engl. *exercise, practice*). Teil des Lernprozesses, durch den Lernergebnisse dauerhaft gesichert werden sollen. Dabei werden Lernvorgänge

systematisch wiederholt, um die Ziele Vervollkommnung von Fähigkeiten, Automatisierung von Fertigkeiten, rasche Verfügbarkeit von Gedächtnisoperationen oder Verbesserung körperlicher Bewegungsabläufe zu erreichen. Voraussetzung für erfolgreiches Üben ist der Ü.wille, der von der Zielvorstellung getragen wird. Ist das Ziel ansatzweise erreicht, wird das Gedächtnis vom erinnernden Nachdenken entlastet und frei für neue Lernprozesse. Beim Üben ist der Rhythmus des Wiederholens wichtig, der bei Beachtung bestimmter Gesetzmäßigkeiten von Stufe zu Stufe auf gesteigertem Niveau stattfindet. Ist ein Lernprozess erfolgreich abgeschlossen, zeigen die kurzfristig darauf folgenden Ü. den größten Leistungszuwachs. Zu spät einsetzendes Üben bleibt zunächst unter den ursprünglich erreichten Leistungen zurück. Erst durch erneute Anstrengungen kann das frühere Leistungsniveau wieder erreicht werden. Für das individuelle Üben ist es wichtig, den eigenen Lernstil und die allgemeinen Regeln zur Gestaltung von Ü.prozessen zu kennen.
Das Üben in der Schule gehört zu den schwierigsten Phasen des Unterrichts und wird gerne in die *Hausaufgaben* verlagert. Dies ist dann nicht zu verantworten, wenn die Schüler im Unterricht nicht gelernt haben, wie sie selbständig, eigenverantwortlich und erfolgreich üben können.

Übungsstraße. *Lernen an Stationen.*

Ukraine. **1)** Seit 1991 von der ehemaligen Sowjetunion unabhängige präsidiale Republik. Neue demokratische Verfassung 1996, zuletzt geändert 2005. Hauptstadt: Kiew (2,6 Mill. Einw.). Fläche: 603 700 km^2, 47,5 Mill. Einw., 79 Einw./km^2. 78% Ukrainer, 17% Russen und verschiedene Minderheiten. Landessprachen: Ukrainisch (Amtssprache), Russisch und Sprachen der Minderheiten. Religion: überwiegend orthodoxe und katholische Christen.

2) Grundlagen für die Erneuerung des Bildungswesens sind das Erziehungsgesetz von 1991 und das nationale Programm ›Erziehung in der Ukraine für das 21. Jahrhundert‹, das 1993 von der Regierung proklamiert wurde. Die Überwindung der bisherigen Dominanz sowjetrussischer Kultur soll insbesondere durch die schrittweise Verbreitung von Ukrainisch als einziger Unterrichtssprache vorangetrieben werden. Das System zentralstaatlicher Lenkung und ideologischer Funktionalisierung des Bildungswesens soll durch Dezentralisierung von Entscheidungsbefugnissen, die Zulassung privater Bildungsinitiativen sowie eine nachhaltige Stärkung von Individualisierung, Differenzierung und Liberalisierung der Bildungsarbeit auf allen Stufen überwunden werden.
Die Umsetzung dieses Programms wird erschwert durch die hemmenden Nachwirkungen der totalen Sowjetisierung von Schulen und Hochschulen, in denen als einzige Unterrichtssprache Russisch zugelassen war, durch die nach wie vor starke politische Stellung der Kommunisten, aber auch durch die wirtschaftliche Schwäche des Landes, das kaum den Unterhalt des alten Bildungssystems sicherstellen kann, geschweige denn umfangreiche Investitionen für Reformprozesse zur Verfügung hat.
Das 1991 eingerichtete Erziehungsministerium ist für die Gestaltung des Bildungswesens vom Kindergarten bis zu den Einrichtungen im Tertiärbereich zuständig. Eine Anzahl von berufsbildenden Schulen und Hochschulen untersteht jedoch weiterhin anderen Fachministerien (Gesundheit, Arbeit, Landwirtschaft, Verteidigung). Die Selbstverwaltung der Schulen ist bereits gut entwickelt. Jede Schule kann etwa ein Viertel ihres Curriculums in Orientierung an den spezifischen Bedürfnissen der Schüler sowie den Angeboten der Schulregion selbst gestalten. Öffentliche Schulen sind i. d. R. kostenfreie koedukative Halbtagsschulen. Gesetzliche Schulpflicht besteht für neun Jahre. Tatsächlich jedoch besuchen etwa 95% der Jugendlichen für mindestens weitere zwei Jahre allgemein oder

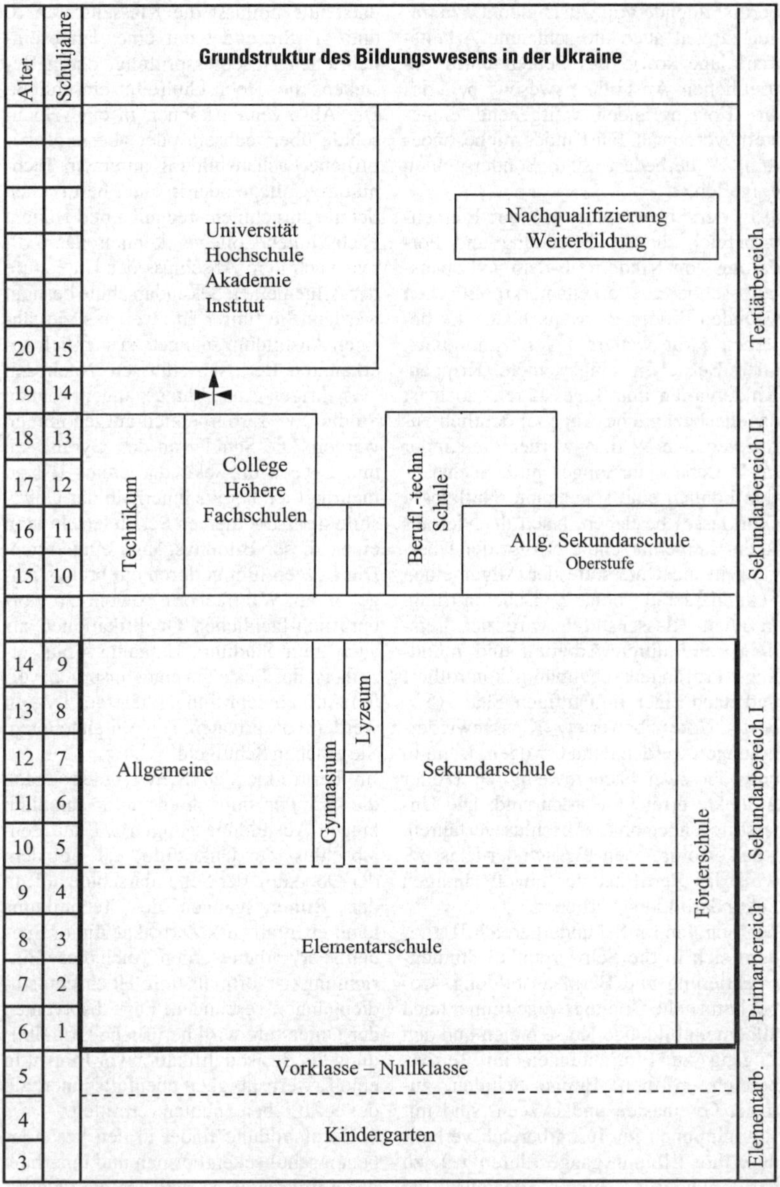

Fett umrandet sind die Einrichtungen für die Erfüllung der Schulpflicht.

Qualifizierte Auswahl   Einfacher Übergang

berufsbildende Vollzeitschulen. Dazu tragen derzeit auch die schlechte Arbeitsmarktlage sowie das Fehlen eines betrieblichen Ausbildungswesens bei, das aus Kostengründen weitgehend eingestellt worden ist. Für Kinder mit besonderem Förderbedarf sind Sonderschulen eingerichtet.

3) In der Sowjetunion war der Elementarbereich für die Betreuung und Förderung von Kindern ab dem 1. Lebensjahr schon aus arbeitsmarktpolitischen Gründen differenziert ausgebaut. Es bestehen zwar weiterhin von Kommunen oder Betrieben eingerichtete Krippen, Kindergärten und Tagesstätten, doch ist das diesbezügliche Angebot deutlich zurückgegangen. I. d. R. werden die Kinder im 7. Lebensjahr eingeschult. Sechsjährige können eine sogenannte Nullklasse (Vorklasse) besuchen. Nach der vierjährigen Elementarschule erfolgt der Übergang in die Unterstufe der Allgemeinen Sekundarschule ohne Zwischenprüfung. In allen Klassenstufen wird der Leistungsstand durch Arbeiten und mündliche Prüfungen regelmäßig kontrolliert und nach einer fünfstufigen Skala (5 = beste Note) bewertet. Klassenwiederholungen werden dann erwogen, wenn in ein oder zwei Fächern lediglich 1 oder 2 Punkte erreicht worden sind. Die Unterstufe endet ohne Abschlussverfahren. Nach erfolgreichem Besuch der Klasse 9 wird das Zertifikat der unvollständigen Sekundarbildung verliehen.

Die Schulen im Sekundarbereich II gliedern sich in die Schwerpunkte Studienorientierung und Berufsausbildung, wobei berufliche Bildungswege immer auch allgemein bildende Kurse bieten und den Zugang zu Einrichtungen im Tertiärbereich eröffnen. Einige Schulen, zumeist Gymnasien und Lyzeen, sind mit Einrichtungen im Tertiärbereich verbunden. Ihre Bildungsgänge führen z. T. zu der Graduierung Junior Specialist, die dann an einer Hochschule zum *Bachelor* ausgebaut werden kann.

Die Oberstufe der Allgemeinen Sekundarschule umfasst die Klassenstufen 10 und 11. Sie endet mit einer landeseinheitlichen Abschlussprüfung, deren Bestehen die Hochschulreife einschließt. Die Absolventen können in eine Hochschule überwechseln oder aber eine berufliche Fachausbildung an einem Technikum, College oder in einer beruflichen Schule aufnehmen. Technika und Höhere Fachschulen/Colleges können auch direkt nach dem Abschluss der Unterstufe der Allgemeinen Sekundarschule besucht werden. Sie führen in zwei- bis vierjährigen Ausbildungsgängen zu staatlich anerkannten Berufsabschlüssen. Nach den vierjährigen Ausbildungsgängen können Studien im Tertiärbereich aufgenommen werden. Die Schüler an den Gymnasien und Lyzeen im Sekundarbereich II sind mehrheitlich bereits innerhalb der Unterstufe der Allgemeinen Sekundarschule in einen dieser Bildungsgänge eingetreten. Die Lyzeen führen durch ein breites Angebot an Wahlfächern sowohl zu vorberuflich-fachlichen Qualifikationen als auch zum Studium. Eingangsvoraussetzung ist das Bestehen einer anspruchsvollen Aufnahmeprüfung. Viele der Lyzeen werden von privaten Trägern angeboten. Sie erheben Schulgeld.

Im berufbildenden Schwerpunkt bauen die Schulen mit ihren unterschiedlich langen Ausbildungsgängen z. T. auf dem Abschluss der Unterstufe, z. T. auf dem der Oberstufe der Sekundarschule auf. In den Bildungsgängen des Technikums kann ebenfalls das Zertifikat Junior Specialist erworben werden. Auch diese Einrichtung ist oftmals mit Hochschulstudiengängen verbunden. Für Absolventen der Unterstufe wird berufliche Grundbildung als Basisqualifikation vor Eintritt in eine Erwerbstätigkeit ebenfalls innerhalb der beruflichen Schulen vermittelt.

4) Berufsbildung findet in den beschriebenen schulischen Formen und innerhalb des Tertiärbereichs statt. Da die Qualifikation der Arbeitskräfte für den marktwirtschaftlich orientierten Neuaufbau der Betriebe von grundlegender Bedeutung ist, wird mit Nachdruck an einer stärker praxisorientierten Ausbildung unter Beteiligung der Betriebe gearbeitet. Noch aber existieren die für eine Form der dualen Ausbildung erforderlichen personellen, institutionellen, organisatorischen und gesetzlichen Voraussetzungen nicht.

5) Die Einrichtungen im Tertiärbereich – Universitäten, Akademien, Institute und Hochschulen – bieten Studiengänge an, deren Abschlüsse vier Stufen zugeordnet werden: Junior Specialist (Sek. II), Bachelor, *Master* und Doktor. Die Dauer der Studiengänge ist in Entsprechung zu dieser Stufung unterschiedlich lang.

6) Lehrer für den vorschulischen Bereich und für die Elementarschule schließen Ausbildungsgänge auf den Stufen I und II (Junior Specialist, Bachelor) ab. Die Abschlüsse für die Lehrer an beiden Stufen der Allgemeinen Sekundarschulen gehören in die Stufe III. Neben dem Fachstudium durchlaufen die Lehrer alle eine schulpraktische Ausbildung.

7) Im Bereich der Weiterbildung sind Maßnahmen zur Nachqualifizierung, Umschulung sowie zur Integration von Arbeitslosen in den Arbeitsmarkt besonders wichtig. Träger sind zumeist die Berufsschulen. Darüber hinaus entsteht ein fachlich differenziertes Angebot von beruflichen und allgemeinen Weiterbildungskursen, das von staatlichen, kommunalen, privatwirtschaftlichen und freien Trägern eingerichtet wird.

Umschulung (engl. *retraining*). Durch innerbetriebliche Maßnahmen oder Kurse (z. B. in Kammern, an Volkshochschulen) soll der Übergang in eine andere Erwerbstätigkeit ermöglicht werden. Arbeitssuchende und Arbeitslose können für U.maßnahmen finanzielle Zuschüsse erhalten. Auskunft erteilt das Arbeitsamt.

Umwelterziehung (engl. *environmental education*). Die KMK betonte 1980 in ihrer Erklärung ›Umwelt und Erziehung‹, dass angesichts der bedrohlichen Umweltbelastung U. eine besondere Aufgabe der Schule sei. U. solle bei jungen Menschen ein Bewusstsein für Umweltfragen erzeugen, die Bereitschaft zu verantwortlichem Umgang mit der Umwelt fördern und zu einem umweltbewussten Verhalten anleiten, das über die Schulzeit hinaus wirksam bleibe. Ab 1982 wurde U. als Unterrichtsprinzip und Unterrichtsinhalt in die Richtlinien und Lehrpläne verstärkt aufgenommen.

U. ist einerseits als fächerübergreifendes Prinzip zu verstehen, sie muss aber andererseits auch in bestimmten Fächern durch die Aufarbeitung spezifischer Themen (z. B. Müllvermeidung/Müllentsorgung, Wasserverschmutzung/Wasserversorgung) inhaltlich und methodisch zur Geltung kommen. Fächerübergreifende Projekte zu Umweltthemen, in denen naturwissenschaftlich-technische und gesellschaftsbezogene Sachfächer zusammenarbeiten, aber auch Fächer wie Religion, Sprachen oder Kunst beteiligt sind, scheinen besonders geeignet zu sein, den bedrohten Lebenszusammenhang bewusst zu machen. Gesellschaftspolitische Aufklärung und kognitives Sachwissen sind ebenso notwendig wie die Berücksichtigung ästhetischer Aspekte der unberührten Natur und der ethischen Verantwortung gegenüber der gesamten Mitwelt auf dieser Erde.

Zur Bearbeitung der Umweltthematik sind unterschiedliche Ansätze (z. B. der ökopädagogische, der utilitaristische und der systemtheoretische) entwickelt worden. Für den Unterricht gibt es zahlreiche Handreichungen und Materialien. Alle diese Ansätze und Versuche fassen U. als »Rettung aus der Not« auf, denn der Mensch ist nicht nur der Verursacher der Umweltgefährdung, sondern er ist gleichzeitig der Betroffene.

Underachievement. Arbeits- oder Schulleistungen, die unterhalb des Niveaus bleiben, das angesichts der allgemeinen Intelligenz von einer Person erwartet wird. Dafür können unterschiedliche Gründe verantwortlich sein (z. B. Mangel an Motivation, seelische oder körperliche Krankheit, soziale Belastungen oder auch eine zu geringe Erfolgszuversicht).

UNESCO (United Nations Educational, Scientific and Cultural Organization). Unterorganisation der Vereinten Nationen mit Sitz in Paris, die sich insbesondere in den sog. Entwicklungsländern um die Förderung von Erziehung, Unterrichtswesen, Ausbildung, Wissenschaft und öffentlichen Informationssystemen bemüht.

Ungarn. 1) Parlamentarische Republik. Hauptstadt: Budapest (1,7 Mill. Einw.). Fläche: 93 030 km^2, 10,1 Mill. Einw., 109 Einw./km^2. 96% Ungarn, Minderheiten von Roma, Deutschen u. a. Landessprache: Ungarisch (Amtssprache) und Sprachen der Minderheiten. Religion: 52% Katholiken, 16% Calvinisten, 3% Lutheraner.

2) Nach der gesellschaftlichen und politischen Wende 1989/90 sind auch im Bildungswesen tief greifende strukturelle und inhaltliche Reformen eingeleitet worden. Als Beitrag zur Erneuerung der nationalen Identität galt besonders die Entscheidung, Russisch als Pflichtfremdsprache durch die Wahlmöglichkeit zwischen Englisch, Französisch und Deutsch zu ersetzen. Nach einer mehr als dreijährigen politischen Diskussion, bei der Fragen des Curriculums, der Schulstruktur, der öffentlichen und privaten Trägerschaft von Einrichtungen sowie der religiösen Erziehung im Mittelpunkt standen, sind 1993 im Parlament neue Gesetze für das allgemeine Schulwesen, die berufliche Bildung und das Hochschulwesen verabschiedet worden. Danach sind die Bildungseinrichtungen vom Kindergarten bis zu den Universitäten grundsätzlich öffentliche Institutionen. Zugleich besteht aber ein Rechtsanspruch auf die Gründung privater Einrichtungen und, nach der Akkreditierung durch das Ministerium, deren Unterstützung aus öffentlichen Mitteln. Allgemeine Schulpflicht besteht für die Zeit zwischen dem 6. und dem 16. Lebensjahr. Sie wird an koedukativen Halbtagsschulen absolviert. Für diese Zeit ist der Schulbesuch kostenfrei. Alle Schüler besuchen ab dem 6. oder 7. Lebensjahr gemeinsam die vierjährige Primarschule. Die große Mehrheit geht dann ohne Prüfungsverfahren in die ebenfalls vierjährige Sekundarschule über. Für Schüler mit erhöhtem Förderbedarf werden Sondereinrichtungen angeboten. Das Ministerium für Kultur und Erziehung ist für das allgemeine Schulwesen und die Universitäten, das Arbeitsministerium für die Berufsausbildung zuständig. Sie geben jedoch lediglich Rahmenrichtlinien für die inhaltliche wie für die formale Gestaltung des Curriculums und die Abschlussprüfungen vor. Die konkrete Ausgestaltung dieser Rahmenbedingungen und das Management des Schulwesens bis hin zur Einstellung von Lehrern und der Ernennung von Schulleitern ist den regionalen Schulbehörden übertragen. Das gesamte Bildungswesen wird derzeit zu etwa 95% aus öffentlichen Haushalten finanziert. Die Reform des Bildungswesens ist auch in U. noch nicht abgeschlossen.

3) Die Kindergärten und Tageseinrichtungen im Elementarbereich sind freiwillige Angebote. Doch ist in der Novellierung des Schulgesetzes im Jahr 1995 das letzte Jahr im Elementarbereich zum Pflichtjahr erklärt worden. Dadurch sollen die Startchancen der Kinder in der Primarschule verbessert und möglichst chancengleich entwickelt werden. Die novellierte Fassung des Schulgesetzes bestimmt erneut, dass i. d. R. die Schulpflicht durch den Besuch der Primar- und Sekundarschule sowie von zwei Schuljahren in einer der Schulen im Sekundarbereich II absolviert wird. Kein Jugendlicher soll vor Erreichen des 16. Lebensjahres eine Berufsausbildung aufnehmen. In den Klassenstufen der Primar- und Sekundarschule werden die Leistungen der Schüler regelmäßig festgestellt und nach einer fünfstufigen Skala (5 = beste Note) bewertet. In den ersten drei Schuljahren werden keine Noten gegeben, sondern schriftliche Lernentwicklungsberichte verfasst. Schüler, die das 8. Schuljahr erfolgreich absolviert haben, erhalten ein

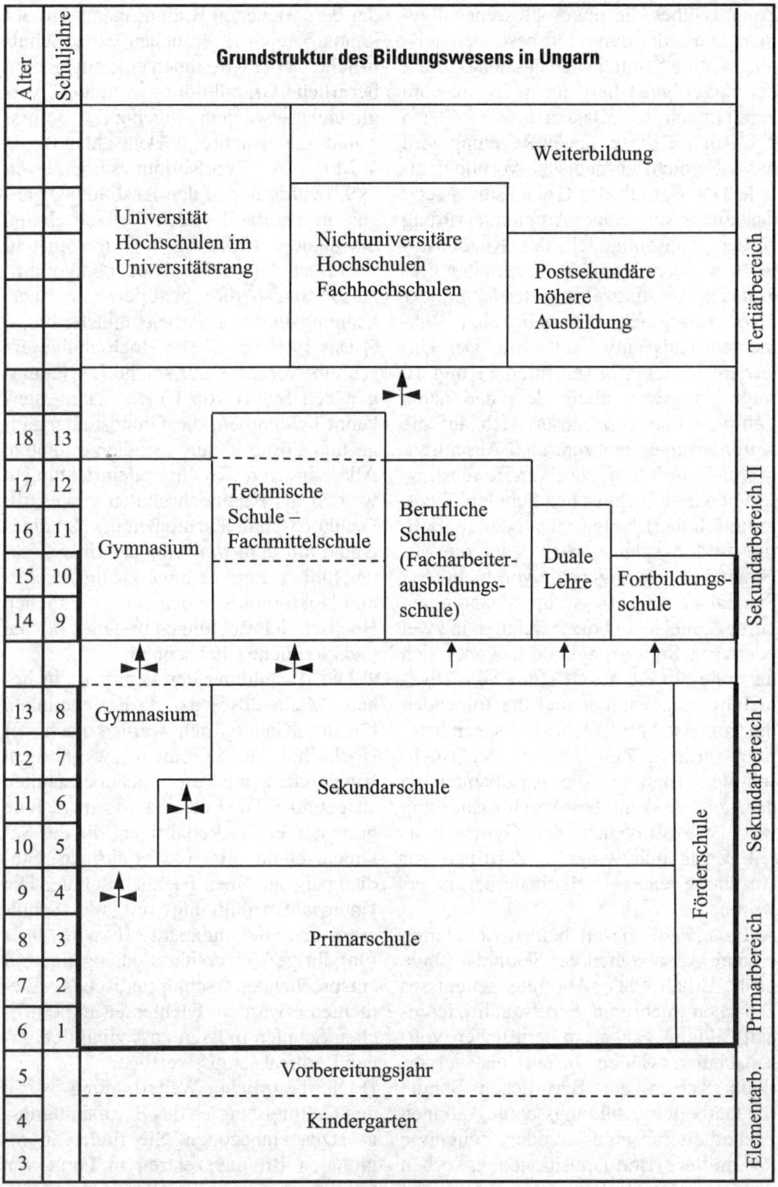

Fett umrandet sind die Einrichtungen für die Erfüllung der Schulpflicht.

Qualifizierte Auswahl

Einfacher Übergang

U

Zeugnis über die abgeschlossene allgemeine Grundbildung. Für besonders leistungsfähige Schüler sieht das neue Gesetz den vorzeitigen Übergang ins Gymnasium bereits nach den Klassenstufen 4 oder 6 vor. Auch in dieser neuen Regelung wird das österreichisch-deutsche Vorbild deutlich. Der Besuch des Gymnasiums setzt das Bestehen einer Aufnahmeprüfung voraus. Einschließlich der Klassenstufe 10 wird an Gymnasien nacheinem regionalen Bildungsplan unterrichtet, der unter Beachtung des nationalen Rahmenlehrplans entwickelt wird. Der Unterricht in den Klassenstufen 11 und 12 folgt landesweit allein dem nationalen Lehrplan und konzentriert sich auf die Anforderungen der zentralen Abschlussprüfung, die zur Hochschulreife führt.

Die höheren Technischen Schulen (Fachmittelschulen) bieten vier- oder fünfjährige Bildungsgänge an, in denen die Allgemeinbildung zugunsten von fachlicher Spezialisierung etwas zurückgenommen wird. Zumeist sind diese Schulen in zwei oder drei Stufen gegliedert, wobei sich die erste Stufe der Vertiefung von Allgemeinbildung widmet und die folgenden die zumeist berufsfachliche Spezialisierung fördern. Zum Erwerb der Hochschulreife nehmen die Absolventen an der gleichen zentralen Abschlussprüfung wie die Absolventen des Gymnasiums teil. Zusätzlich wird ein Zertifikat zur Ausübung eines Facharbeiterberufs erworben.

Alternativ zu diesen beiden Schularten können Absolventen der Sekundarschule nach Erhalt des Abschlusszeugnisses zwischen mehreren berufsqualifizierenden Bildungsgängen in beruflichen Vollzeitschulen wählen. In ein- bis vierjährigen Kursen der Beruflichen Schule (Facharbeiterausbildungsschule) können Facharbeiterabschlüsse oder Zeugnisse für mittlere Berufspositionen erworben werden. In diesen Schultyp wechseln die meisten Absolventen der Sekundarschule über. In Fortbildungsschulen vollenden all diejenigen Jugendlichen, die keinen der beschriebenen Bildungsgänge im Sekundarbereich II besuchen, ihre Schulpflicht. Dabei wird ihnen eine allgemeine berufliche Grundbildung vermittelt, vergleichbar etwa dem Angebot des Berufsgrundbildungsjahres in Deutschland.

4) Mit dem Berufsbildungsgesetz von 1993 wurde neben den Ausbildungsgängen in berufsbildenden Vollzeitschulen die duale Ausbildung in Betrieben und Berufsschulen (Lehre) wieder eingeführt. Ausbildungsberufe bedürfen der Anerkennung durch das Arbeitsministerium.

5) Das 1994 novellierte Hochschulgesetz schreibt vor, dass nur solche Einrichtungen den Status von Universitäten zuerkannt bekommen, die Grundstudiengänge und Postgraduiertenstudien anbieten. Alle anderen Hochschuleinrichtungen werden als Fachhochschulen eingestuft. Fachhochschulen schließen ihre Studiengänge mit dem *Bachelor* ab, Universitäten führen darüber hinaus zum *Master*- und Doktorgrad. Neben den öffentlichen Hochschuleinrichtungen bestehen private und kirchliche Hochschulen.

6) Die Ausbildung der Lehrer ist in hohem Maße differenziert. Erzieherinnen für die Kindergärten werden nach der Hochschulreife in einem zweijährigen Kurzstudiengang an Fachhochschulen ausgebildet. Die Lehrer der Primarschule besuchen einen dreijährigen, die der Sekundarschule einen vierjährigen Studiengang an einer Fachhochschule. Die Unterrichtsbefähigung für alle Schularten der Sekundarstufe II wird über fünfjährige Universitätsstudiengänge mit entsprechenden schulpraktischen Elementen erworben. Fachlehrer an beruflichen Schulen müssen zusätzlich über einen Berufsabschluss verfügen.

7) Die berufliche Weiterbildung ist in den Geltungsbereich des Berufsbildungsgesetzes einbezogen. Sie findet an regionalen Bildungszentren in Form von Fernlehrgängen und an beruflichen Vollzeitschulen in Abendkursen statt. Private Unternehmen bieten erst seit Kurzem Weiterbildungsmaßnahmen an.

Ungleichheit (engl. *difference, inequality*). Der Begriff weist hin auf die Differenzierung der Gesellschaftsmitglieder nach Unterschieden bei Bildung und beruflicher Qualifikation, Erwerbschancen, Einkommen und Vermögen, vorhandenen bzw. nicht vorhandenen Zugangsberechtigungen zu privilegierten beruflichen Laufbahnen und Positionen, öffentlichem Ansehen und Einfluss, Grad an allgemeiner Lebensqualität und den Möglichkeiten von Vorsorge für Krankheitsfälle, Krisen und Alter. Ausgehend von der unterschiedlichen gesellschaftlichen Bewertung der genannten Kriterien lässt sich die Gesamtgesellschaft in *Schichten* gliedern. Der Soziologe E. K. Scheuch unterschied 1961 z. B. die folgenden Schichten von oben nach unten: Oberschicht, obere Mittelschicht, mittlere Mittelschicht, untere Mittelschicht, obere Unterschicht, mittlere Unterschicht, untere Unterschicht.
Innerhalb dieser vertikalen U. lässt sich auf der Ebene der einzelnen Schichten zusätzlich eine horizontale U. nach Geschlecht, Nationalität, Religion oder auch Alter beobachten. So haben z. B. ausländische Kinder der unteren Mittelschicht i. d. R. deutlich geringere Bildungschancen als ihre deutschen Altersgenossen aus der gleichen Schicht.
Nach wie vor trägt das Bildungswesen in Deutschland zur Perpetuierung von U. bei *(Auslese, Allokation)*. Zugleich hängt die individuelle Bildungsbiografie noch immer stark von der Schichtzugehörigkeit ab. U. im Bildungswesen besteht also weiterhin. Die Reformen der letzten 30 Jahre – Ausbau der Vorschulerziehung, Einführung einer integrierten Orientierungsstufe, Verlängerung der Schulzeit, Veränderungen in den Bildungsplänen und bei den Lehr-Lern-Verfahren, Reform der gymnasialen Oberstufe, Ausbau der Universitäten und Fachhochschulen – haben zwar die Bildungsbeteiligung insgesamt stark erhöht, die U. im Bildungswesen jedoch nicht wesentlich verringern können. Auch wenn der Zugang zu den Bildungseinrichtungen prinzipiell allen offensteht, insofern formal Chancengleichheit besteht, gehen die Schüler mit sehr ungleichen Voraussetzungen an den Start. Das zeigt sich insbesondere bei den Faktoren Sprache, *Interesse, Fähigkeitsselbstkonzept, Motivation, kommunikative Kompetenz, soziales Verhalten, Ich-Kompetenz* und bei den Unterstützungspotenzialen in der Familie. Die für den Schulerfolg der Kinder mehr oder weniger wirksame Ausprägung dieser Faktoren in den Familien hängt eng mit den *Lebenslagen* in den Schichten zusammen. Dem Bildungswesen gelingt es offenbar nicht, die unterschiedlichen Ausgangsbedingungen der Kinder beim Eintritt in die Schule auszugleichen und unabhängig von familialen Ressourcen zu arbeiten, so dass die U. bei den Startchancen zumeist auch während des Schulbesuches nicht abgebaut wird, sich oftmals sogar noch verstärkt.

UNICEF (United Nations International Children's Emergency Fund). Das Kinderhilfswerk der Vereinten Nationen mit Sitz in New York. Leistet medizinische, soziale und pädagogische Hilfe für Kinder, Jugendliche und deren Betreuer in Krisengebieten der Erde (Armut, Hunger, Arbeitslosigkeit, Kinderprostitution, Krieg).

Universität (lat. *universitas* Gesamtheit; engl. *university*). **1)** Staatliche, vereinzelt auch staatlich anerkannte private Bildungseinrichtung, deren Besuch i. d. R. das *Abitur* bzw. die *Allgemeine Hochschulreife* voraussetzt. U. dienen der Pflege und Entwicklung der Wissenschaften und Künste durch Forschung, *Lehre* und *Studium*. Sie bereiten auf Berufe vor, die die Anwendung wissenschaftlicher Ergebnisse und Methoden oder die Fähigkeit zu künstlerischer Gestaltung erfordern. In der Erfüllung ihrer Aufgaben genießen die U. den besonderen Schutz des GG, das in § 5 die Freiheit von Kunst und Wissenschaft, Forschung, Lehre und Studium sichert. U. haben als Körperschaften des öffentlichen Rechts das Recht auf *akademische Selbstverwal-*

tung, was insbesondere das Recht, sich eigene Satzungen zu geben, Ordnungen für *Studiengänge* und *Hochschulprüfungen* zu erlassen und bei der Ergänzung des Lehrkörpers mitzuwirken, einschließt. Das wissenschaftliche und künstlerische Personal der U. besteht aus den *Professoren,* den Dozenten, den *wissenschaftlichen Mitarbeitern* und *Hochschulassistenten* sowie den Lehrkräften für besondere Aufgaben. Einstellungsvoraussetzungen für die Professoren sind i. d. R. *Promotion* und *Habilitation.* U. gliedern sich in *Fakultäten* (z. B. Juristische F., Medizinische F., Philosophische F., Sozialwissenschaftliche F., Theologische F.) oder in *Fachbereiche.* Die Studiengänge an der U. dauern mindestens drei bis vier Jahre, schließen mit Hochschulprüfungen oder Staatsexamen ab. Nach Hochschulprüfungen verleiht die U. *akademische Grade.* Der Status, wissenschaftliche Hochschule zu sein, drückt sich insbesondere im Recht der U. auf Abnahme von *Doktorprüfungen* und *Habilitationen* aus.

2) Die Geschichte der U. setzte in Europa bereits im 11. Jh. ein. Lehrer und Schüler aus *Kloster-, Dom-* und *Stiftsschulen* schlossen sich in Lehr- und Lebensgemeinschaften zusammen (universitas magistrorum et scholarium). Daneben wurden erste Gründungen durch Städte oder Fürsten in Italien, Frankreich, Spanien und England ab dem 11. Jh. vorgenommen, in Salerno um 1000, Parma 1065, Bologna 1119, Cambridge 1209, Paris 1268 (Theologenschule, spätere Sorbonne), Avignon 1303. Die Professionalisierung der akademischen Ausbildung von Theologen und Rechtsgelehrten führte zur Bildung der ersten zwei Fakultäten. Ihre Absolventen dienten Kirche und weltlicher Herrschaft als Klerus, Verwaltungsexperten, Rechtskundige und Diplomaten. Als dritte Fakultät wurde die Medizinische eingerichtet. Erst vergleichsweise spät kam die Artistenfakultät als Eingangsstufe vor den drei höheren Fakultäten hinzu. Gelehrt wurde in dieser Grundstufe der U. der Kanon der *Septem artes liberales.*

Im deutschen Reichsgebiet wurden die ersten U. im 14. Jh. gegründet: Prag 1348, Wien 1365, Heidelberg 1386, Köln 1389 und Erfurt 1392. Um 1500 gab es 15 U. im Reich. Die meisten der bedeutenden Fürsten und einige der großen Städte verfügten über eine U. Jährlich wurden an diesen Hochschulen insgesamt etwa 3000 Studierende immatrikuliert. Bei einer durchschnittlichen Aufenthaltsdauer von zwei Jahren gab es also etwa 6000 Studenten im Reich. Das Durchschnittsalter der Studierenden lag bei 16 Jahren. Studenten wurden wie unmündige Schüler behandelt. Sie standen in Studium und Freizeit unter strenger Aufsicht von Magistern der Bursen (Wohnheime). Die meisten studierten lediglich an der Artistenfakultät zur Verbesserung ihrer Allgemeinbildung. Diese Fakultät war also eine Art Gymnasium innerhalb der U. Die Absolventen der Artistenfakultät konnten mit dem *Bakkalaureus* oder dem *Magister Artium* abschließen. In rechtlicher Hinsicht waren die U. von Beginn an privilegierte Einrichtungen, was sich besonders in eigener Gerichtsbarkeit, Steuerfreiheit und dem Recht auf Satzungsautonomie ausdrückte.

Eine zweite Gründungszeit von U. setzte in Deutschland Mitte des 15. Jh. ein: Greifswald 1456, Freiburg 1468, Tübingen 1477, Mainz 1477, eine dritte nach der Reformation. Im 18. Jh. verloren viele der alten U. an Bedeutung, weil sie sich der Erneuerungen in Wissenschaft und Kultur zu wenig angenommen hatten. In Frankreich z. B. ließ Napoleon die U. zugunsten von Berufsfachhochschulen schließen. In einigen deutschen Staaten kam es jedoch zu ersten Erneuerungsprozessen, wozu auch die Einrichtung von Naturwissenschaftlichen Fakultäten zählt. Der Bedarf an Juristen und Verwaltungsfachleuten in Staat, Militär, Kirche und Wirtschaft führte zur Stärkung der Juristischen Fakultät und ihrer Erweiterung um Kameralistik. 1727 wurde an der U. Halle/S. der erste Lehrstuhl für Kameralwissenschaft (Verwaltungswissenschaft) eingerichtet, 1779 der erste für Pädagogik.

Zu Beginn des 19. Jh. kam es in Preußen und anderen deutschen Staaten zu tiefgreifenden Reformen der U. Von besonderer Bedeutung waren dabei die Reformpläne *W. v. Humboldts,* der 1809/10 Leiter der Sektion Kultus und öffentlicher Unterricht im preußischen Innenministerium war. Unter seiner Leitung wurde die Berliner Universität eingerichtet. Die Sicherung einer für das Studium erforderlichen Allgemeinbildung wurde allein dem Gymnasium zugewiesen, die alte Artistenfakultät zur gleichberechtigten Philosophischen Fakultät neben den weiteren Fakultäten entwickelt. Sie wurde bald zu einer differenzierten Forschungs- und Studieneinrichtung in den Feldern Philosophie, Pädagogik, Psychologie, Soziologie, alte und neue Sprachen sowie Geschichte und Kulturwissenschaften. Ihre vorrangige gesellschaftliche Funktion bestand im Wesentlichen in der wissenschaftlichen Grundbildung zukünftiger Gymnasiallehrer.

Für alle Fakultäten wurde die Verbindung freier und selbstverantwortlicher Forschung und Lehre grundlegende Voraussetzung. Sie ist heute als Grundrecht geschützt (Art. 5 GG). Auch die bis heute geltende Verfassung der U. als selbstverwalteter Körperschaft hat ihre Wurzeln in den Reformen des frühen 19. Jh.

Unterricht und Unterrichtsforschung (engl.: *teaching and teaching research*). Organisationsform und Entwicklungsprozess des Lehrens und Lernens in den verschiedenen Einrichtungen des Schul- und Bildungswesens. Am verbreitetsten ist institutionalisierter U., der an staatlich verantworteten Schulen von ausgebildeten Lehrern didaktisch, methodisch und diagnostisch vorbereitet wird, um Schülern in jeweils heterogenen Lerngruppen und durch vielfältig gestaltete U.prozesse ertragreiche Lernfortschritte im Wissens- und Kompetenzerwerb zu ermöglichen. Wird der systematische Prozesscharakter des U. mit seinen auf das Ergebnis ausgerichteten Faktoren betont, dann wird auch von »Unterrichtsentwicklung« gesprochen.

1. Aus der Reflexion über U. haben sich seit dem 17. Jahrhundert vorwissenschaftliche *Unterrichtslehren* (Methodik-Lehrbücher), reformorientierte U.konzeptionen (z. B. *Freinet-Pädagogik, Montessori-Pädagogik*) und in systematisierender Absicht U.theorien entwickelt. Für die wissenschaftliche Grundlegung des U. hat sich der Begriff *Didaktik* durchgesetzt, die in einzelnen Modellen auch explizit als Wissenschaft vom U., als Theorie des Lehrens und Lernens oder als U.wissenschaft bezeichnet wird. Innerhalb der Didaktik als interdisziplinäre Theorie werden die *Allgemeine Didaktik,* die *Fachdidaktik,* die Stufendidaktik (z. B. Grundschuldidaktik) und die Bildungsgangdidaktik unterschieden.

Vor dem Hintergrund der Vergleichsstudie *PISA* der OECD, die an das internationale Literacy-Konzept einer funktionalen Grundbildung anknüpft, und angesichts der didaktischen Herausforderung durch die zentral vorgegebenen Bildungsstandards ist unter den vielen didaktischen Modellen die Relevanz der *bildungstheoretischen Didaktik* W. Klafkis zu erwähnen. Für die in der Tradition der *geisteswissenschaftlichen Pädagogik* stehende Konzeption haben die Ziel- und Inhaltsentscheidungen des U. Priorität und sind Gegenstand der Theorie der *Bildungsinhalte* (Didaktik im engeren Sinne). Dabei spielt das Konzept einer »zeitgemäßen Allgemeinbildung« und die Klassifikation »epochaltypischer Schlüsselprobleme« eine zentrale Rolle. Hierzu entwickelte Klafki für die *Unterrichtsplanung* des Lehrers das Instrument der *didaktischen Analyse* (1958), mit deren Leitfragen die in den Lehrplänen vorgegebenen Bildungsinhalte auf ihren Bildungsgehalt für das Leben der Schüler reflektiert und begründet werden sollten.

In der von Klafki zur kritisch-konstruktiven Didaktik (Didaktik im weiteren Sinne) ausgearbeiteten Konzeption wird die didaktische Analyse zu einem komplexen »Perspektivschema zur U.planung« weiterentwickelt, in dem die Lehr-Lern-Prozessstruktur des U. betont, der Primat der Ziele und Inhalte beibehalten sowie die Wechselbeziehung (Interdependenz) mit Methoden, Medien und der Diagnostik hervorgehoben wird. Forschungsmethodisch ist die kritisch-konstruktive Didaktik durch die Integration von Hermeneutik, Empirie und Ideologiekritik gekennzeichnet. Klafkis Bildungstheorie und Didaktik (1991) wird aus der Sicht empirischer U.forschung als normative Didaktik bezeichnet. Sie ist in Lehrbüchern zur Didaktik und U.planung immer wieder dargestellt worden und hat dadurch zur Professionalisierung didaktischen Denkens und Handelns bei Lehrern wesentlich beigetragen. An diesen Lehrbüchern wird kritisiert, dass sie aus allgemeinen normativen didaktischen Prinzipien, Regeln und Anweisungen für die Gestaltung guten U. bestehen, ohne durch Ergebnisse empirischer U.forschung begründet zu sein.

2. Sieht man von den Anfängen empirischer U.forschung in Deutschland seit Ende des 19. Jh. *(E. Meumann, W. A. Lay, P. Petersen, F. Winnefeld)* und der seit 1963 von *H. Roth* eingeleiteten »realistischen Wendung in der pädagogischen Forschung« ab, dann beginnt mit den Konsequenzen aus TIMSS, PISA, IGLU und DESI ein neuer Trend in der unterrichtsbezogenen Lehr-Lern-Forschung. Die »empirische Wende der Bildungspolitik« führt zur Orientierung an messbaren Wirkungen des U. (Outputs, Outcomes) und an Möglichkeiten zur Verbesserung der U.qualität. Die Frage nach dem »guten Unterricht« und seiner *Evaluation* durch Schulinspektoren und Wissenschaftler rückt ins Zentrum des Interesses von Kultusministerien, um gesichertes Wissen über den U. und seine Wirkungsweise zu erhalten. A. Helmke gibt in seinem Buch ›Unterrichtsqualität‹ (2005) einen Einblick in die empirische Lehr-Lern-Forschung als U.forschung. Er greift das von H. Fend angeregte Angebots-Nutzungs-Modell unterrichtlicher Wirkungen auf und erläutert an seiner Weiterentwicklung des Modells das Zusammenspiel von vier konstitutiven Faktoren der U.qualität. Es sind 1. die Lehrperson, 2. der U. selbst (Angebot), 3. die Lernaktivitäten der Schüler (Nutzung), 4. die Wirkungen (Ertrag). Bei der Darstellung der fachübergreifenden Merkmale guten U. ist mitzubedenken, dass sie im Kontext von kulturellen und regionalen Rahmenbedingungen, Schulart, Bildungsgang, Klassenzusammensetzung, U.fach sowie Klassen- und Schulklima stehen, von dem U. auch beeinflusst wird.

Lehrperson: Bei der Forschung zur Lehrperson geht es um die Auffindung von Persönlichkeitsmerkmalen und Kompetenzen für unterrichtliches Handeln, die zur erfolgreichen Leistungsentwicklung bei Schülern beitragen. Genannt werden: Fachkompetenz, didaktische Kompetenz, diagnostische Kompetenz; effiziente Klassenführung und Zeitnutzung; pädagogisches Engagement; Bereitschaft zur Selbstreflexion und Selbstverbesserung. Für die Selbstreflexion von Lehrern werden die Methoden »Schülerfeedback« und »Unterrichtsvideografie« hervorgehoben.

Prozessmerkmale des U.: In dem Modell wird der U. als Angebot an Schüler verstanden, dessen Qualität abhängt von lernförderlichem U.klima; vielfältiger thematischer Motivierung; Klarheit und Strukturiertheit des Lernangebots; Wirkungs- und Kompetenzorientierung; Schülerorientierung; Förderung aktiven, selbständigen Lernens; angemessener Abwechslung von Methoden und Sozialformen; Vielfalt von Möglichkeiten intelligenten Übens; Passung als Variation der fachlichen und überfachlichen Inhalte im Hinblick auf Individualisierung und Differenzierung im Umgang mit heterogenen Lernvoraussetzungen;

effizienter Klassenführung und Zeitnutzung z. B. durch Regeln und Routinen oder im Umgang mit unangemessenem Schülerverhalten; Qualität des Lehr- und Lernmaterials.
Lernaktivitäten der Schüler (Nutzung): Wie Schüler unterrichtliche Angebote wahrnehmen und in Lern- und Denkprozessen motiviert, emotional und volitional verarbeiten, hängt von der Art der Vermittlung ab. Nur wenn der U. Lernaktivitäten anregt und die Schüler die Lernzeit aktiv nutzen, kann der Aufbau von Wissen bewirkt und der Lernerfolg beeinflusst werden. Von entscheidendem Einfluss darauf sind die außerschulischen Lernanregungen in der Familie (Schicht, Sprache, Erziehung, Sozialisation, Bildung, Kultur) und das aus außerschulischen Erfahrungen gewonnene Lernpotenzial (Vorkenntnisse, Lernmotivation, Lernstrategien, Anstrengungsbereitschaft, Selbstvertrauen).
Wirkungen (Ertrag): Die Qualität des U., seine Wirkung, kommt in den fachlichen (Fachwissen, Lernstrategien, Fertigkeiten) und fachübergreifenden Erträgen (z. B. *Schlüsselkompetenzen*) zum Ausdruck. Mit den Wirkungen sind auch immer bestimmte Sozialisationseffekte (z. B. Einstellungen, Orientierungen, Selbstkonzepte) verbunden. *F. E. Weinert* (2000) hat in einer Klassifikation fachliche und überfachliche *Bildungsziele* zusammengefasst, die dem Bildungs- und Erziehungsauftrag der Schule entsprechen und eine Orientierung bieten. Diese Aufzählung von Merkmalen guten U. ist nicht rezeptologisch, sondern als Hilfe zur Reflexion zu verstehen.
F. Lipowsky hat das Angebots-Nutzungs-Modell von Helmke 2006 und 2007 vereinfacht und das Wissen über guten U. anhand empirischer Untersuchungen weiter vertieft.
In Anlehnung an Helmkes Beschreibung von Merkmalen guten U. sind inzwischen in der u.bezogenen Lehrbuch- und Zeitschriftenliteratur weitere Übersichtslisten zu finden.

Im Gefolge der großen *internationalen Vergleichsstudien* sind Projekte empirischer U.forschung in Deutschland durchgeführt worden, die die Bedingungsfaktoren im U. zu identifizieren versuchen, welche die Qualität von Bildungsprozessen und -ergebnissen nachhaltig beeinflussen. Hierzu gehören z. B. die DFG-Projekte PISA-I-Plus/COACTIV von Baumert, Blum und Neubrand, in dem das »Professionswissen von Lehrkräften, kognitiv aktivierender Mathematikunterricht und die Entwicklung mathematischer Kompetenz« untersucht wurde, sowie BIQUA von Prenzel und Allolio-Näcke mit den ›Untersuchungen zur Bildungsqualität von Schule‹ (2006). Die Situation empirisch-experimenteller Forschung zum ›Lehren und Lernen‹ in der Pädagogik analysiert M. Wellenreuther (2005).
3. Situation und Perspektiven: Die ab 2003 beschlossenen *Bildungsstandards der Kultusministerkonferenz* verpflichten die Bundesländer zur Anpassung ihrer Lehrpläne. Dies ist in einigen Ländern geschehen. Zur Umsetzung im U. wird der Einzelschule in vielen Bundesländern die Aufgabe übertragen, für schuleigene Lehrpläne, Curricula oder Schulprogramme entsprechende Inhalte und Methoden zu entwickeln. Für die externe Evaluation der Leistungsstandards der Schüler sind dann wieder die Länder zuständig, wobei landesweit einheitliche Prüfungsarbeiten entwickelt werden. Hinzu kommt die zunehmende Überprüfung von Schulen und Lehrkräften durch die *Schulinspektion* ihres Landes. In dieser Konstellation liegt die letzte Verantwortung für das, was bei Schülern an intelligentem Wissen und an Kompetenzen herauskommen soll, bei den Lehrern in der Schulpraxis. Hier kommt es auf ihre Professionalität an, denn der Primat zielbezogener und inhaltlicher Entscheidungen der Didaktik i. e. S. liegt jetzt ebenso bei ihnen wie die Entscheidungen der Didaktik i. w. S. über U.methoden, Medien, Beurteilungsverfahren und Fördermaßnahmen unter Ein-

beziehung schulischer und außerschulischer Lehr- und Lernbedingungen. Die Bedeutung empirisch gesicherten Wissens der Lehr-Lern-Forschung für die Verbesserung der U.qualität ist unbestritten. Nötig wäre eine empirisch gestützte Theorie der Anwendung empirischer Befunde, um den Effektivitätsgrad bei der unmittelbaren Umsetzung in die U.praxis zu erhöhen. Das Qualitätsentwicklungsprogramm *SINUS* und *SINUS-Transfer* weist in die richtige Richtung. Unbestritten ist auch, dass sich die Didaktik mit den Bereichen allgemeine und Fachdidaktik einer empirischen Überprüfung ihrer Theorien forschend unterziehen muss. Umgekehrt kann die empirische U.- und Lehr-Lern-Forschung den Anspruch einer Didaktik im engeren und im weiteren Sinne als Theorie des U. nicht einlösen. Das wissenschaftliche Dilemma dieser Situation zeigt, wie wichtig ein Dialog zwischen beiden Disziplinen über die Optimierung von U.qualität ist.

Unterrichtsanalyse (engl. *teaching analysis*). Kritische Reflexion und Beurteilung von Einzelphänomenen und Zusammenhängen praktizierten Unterrichts. Grundlage sind die *Unterrichtsbeobachtung* und die *Unterrichtsdokumentation* anhand festgelegter Kriterien und mithilfe bestimmter Verfahren. Wegen der Komplexität des konkreten Unterrichtsgeschehens muss sich die U. auf begrenzte Fragestellungen konzentrieren und kann somit nur Ausschnitte der jeweiligen Praxis erfassen. Die U. hat verschiedene Funktionen: Praktizierenden Lehrern dient sie zur Verbesserung der Lehr- und Lernprozesse; Studierende sollen das Beobachten, Dokumentieren, Analysieren und Reflektieren von Unterricht erlernen; in der *Unterrichtsforschung* soll sie die Theoriebildung fördern und die wissenschaftliche Diskussion anregen. Je nach Erkenntnisinteresse und Wissenschaftsverständnis wird vorwiegend zwischen empirisch-analytischer Unterrichtsforschung und Handlungsforschung unterschieden. Hinzu kommen Mischformen, in denen die reflexiv-moderierende und interpretierende Erfahrung des Forschers eine Rolle spielt.

Unterrichtsartikulation. *Artikulationsformen.*

Unterrichtsbefreiung. *Befreiung vom Unterricht.*

Unterrichtsbeobachtung. Grundlegendes Verfahren zur Wahrnehmung und Dokumentation von Lehr- und Lernprozessen im Unterricht. Die Datenerhebung bildet die Grundlage der *Unterrichtsanalyse.* Die U. wird i. d. R. nach den Standards der *Beobachtung* in den empirisch forschenden Sozialwissenschaften durchgeführt. Sie erfolgt entweder durch unmittelbare teilnehmende Beobachtung des Unterrichtsgeschehens oder mittelbar durch audiovisuelle Aufzeichnungen (Film, Video, Foto, Tonband) von Unterrichtsprozessen und -situationen. Es wird die unsystematische von der systematischen, kontrollierten und kategoriengeleiteten Beobachtung unterschieden.

In der Lehrerausbildung findet die U. zunächst im Rahmen schulpraktischer Studien *(Praktika)* meist ohne vorherige Festlegung von Beobachtungsgegenständen und -verfahren statt. Die *Unterrichtsprotokollierung* erfolgt dann häufig auch in Form einer freien Beschreibung von auffälligen Unterrichtssituationen und Einzelfakten. Die unstrukturierte und offene U. kommt den subjektiven Interessen der Beobachter entgegen und hat den Vorteil, die Komplexität des Unterrichtsgeschehens und das Zusammenwirken von Einzelfaktoren bewusst zu machen. Darüber hinaus stehen eine Reihe von Verfahren und Strukturierungshilfen zur Verfügung, mit denen Studierende im Rahmen kleinerer Erkundungs- und Forschungsvorhaben an die wissenschaftliche U. herangeführt werden können. Dabei gibt die aktive *Unterrichtshospitation* Gelegenheit zur Erprobung der eingreifenden U. im Sinne der Handlungsforschung, durch die der teilnehmende Beobachter seine Befunde unmittelbar an

die Praxis zurückmeldet und Veränderungen ermöglicht.
Als ein Verfahren der *Unterrichtsforschung* hat die U. eine gewisse Tradition. Sie ist mit ihren didaktisch-methodischen und sozialpsychologischen Fragestellungen sowohl an die wissenschaftlichen Beobachtungstheorien wie an die Theorien über den Gegenstand der Beobachtung gebunden.

Unterrichtsbesuch. *Hospitation. Unterrichtshospitation.*

Unterrichtsdifferenzierung. *Innere Differenzierung.*

Unterrichtsdokumentation. Herstellung und Archivierung von Unterrichtsaufzeichnungen für Unterrichtsanalysen und spätere Wiederholungen. Dokumentationsformen sind schriftliche Protokolle, Tagebücher, Akten, Zeichnungen, Tonbänder und Tonbandprotokolle, Fotos, Dias, Filme, Videos, DVDs, CDs, CD-ROMs u. Ä.

Unterrichtseinheit (engl. *teaching unit*). Verbund mehrerer Unterrichtsstunden, die durch die Lehr-Lern-Ziele und die thematisch-inhaltlichen Schwerpunkte relativ abgeschlossen sind.

Unterrichtsentwurf. In dem zeitlich gestuften Ablauf der *Unterrichtsplanung* gehört der schriftliche U. zur letzten Phase der *Unterrichtsvorbereitung*. Der U. ist ein Versuch, den komplexen Prozess des bevorstehenden Lehrens und Lernens zu antizipieren. Er soll helfen, die von vielen situationsspezifischen Unwägbarkeiten geprägte Arbeit mit Schülern zu erleichtern.
Beim schriftlichen U. für die alltägliche Vorbereitung beschränken sich berufserfahrene Lehrer aus Zeitgründen auf das Notwendigste. Ihre schriftlichen Kurzformen auf einem Blatt werden auch als Spickzettel bezeichnet, die lediglich den beabsichtigten Verlauf der Stunde enthalten. Handschriftlich werden in die tabellarische Form meist eingetragen: Thema, Unterrichtsziele, Uhrzeiten zum Ablauf, Phasen vom Einstieg bis zur Ergebnissicherung, in Stichworten Inhaltliches, Organisatorisches, Unterrichtsformen, Arbeitsaufträge, Fragen/Impulse, Materialeinsatz, Medien, Tafelbild/Tafeltext und Hausaufgaben.
Von Praktikanten, Lehramtsanwärtern und Referendaren werden hingegen ausführliche schriftliche U. erwartet. Dazu gibt es verschiedene Planungsschemata, deren Aufbau, Begrifflichkeit und Begründungskriterien an den *didaktischen Modellen* orientiert sind. In jedem Falle geht es um allgemeine Angaben, Bedingungen, Entscheidungen, Verlaufsplanung und Auswertung.
Beim *offenen Unterricht* müssen die traditionellen linearen Planungskonzepte modifiziert werden. Aber auch beim U. für *freie Arbeit* und *Wochenplanunterricht* geht es um die Antizipation von Arbeits- und Lernprozessen der Schüler. Die Aufmerksamkeit richtet sich hier stärker auf die Diagnose individueller Lernverläufe und die Bereitstellung entsprechender Materialien in der vorbereiteten Lernumgebung des Klassenraums.

Unterrichtsformen. In Theorie und Praxis gibt es eine Fülle von Begriffen und Systematisierungsversuchen für methodisches Handeln von Lehrern und Schülern und die unterrichtsmethodische Reflexion. In Anlehnung an H. Meyers Publikation ›Unterrichtsmethoden‹ werden folgende fünf Gruppen von U. unterschieden.
1. Großformen des Unterrichts: Lehrgang, Kurs, Projekt, Projektwoche, Freiarbeit, Wochenplanarbeit, Epochenunterricht, Exkursion, Praktikum, Workshop u. a. Mit den einzelnen Großformen sind unterschiedliche Organisationsstrukturen und Ziele verbunden, die meist von vorhergehenden pädagogisch-didaktischen Ziel- und Inhaltsentscheidungen abhängig sind.
2. Sozialformen des Unterrichts: Frontalunterricht, Gruppenunterricht, Partnerarbeit, Einzelarbeit u. a. Diese Formen betreffen die soziale Organisation schulischer Interaktions- und Kommunika-

tionsprozesse und sind meist mit einer bestimmten Sitzordnung verbunden.
3. Handlungsformen, Handlungsmuster, Lehr- und Lernformen: Lehrervortrag, Schülerreferat, gelenktes Gespräch, Tafelarbeit, Interview, Rollenspiel, Planspiel, Experiment u. a. Die Handlungsformen bestimmen Form und Zielrichtung der Aktivitäten von Lehrern und Schülern sowie der Lehrer-Schüler-Interaktion.
4. Handlungssituationen von Lehrern und Schülern: Fragen stellen und beantworten, Impulse geben, sich melden und aufgerufen werden, vorsprechen und nachsprechen, unterbrechen, beobachten, eine Aufgabe ausführen, Mitarbeit verweigern u. a. Handlungssituationen kennzeichnen relativ kurze Szenen der schulischen Interaktion, in denen methodische Techniken und Regeln des Lehrens und Lernens eine Rolle spielen, die den Ablauf des Unterrichts und die Unterrichtsatmosphäre beeinflussen.
5. Verlaufsformen des Unterrichts, Artikulation des Unterrichts (Phasen, Stufen, Schritte und ihre Abfolge): a) Einstieg, Einführung, Aufgabenstellung u. a.; b) Erarbeitung, Darbietung, Problemlösung u. a.; c) Ergebnissicherung, Zusammenfassung, Veröffentlichung u. a.; d) Anwendung, Übung, Kontrolle u. a. Die Verlaufsformen strukturieren den zeitlichen Ablauf und den methodischen Gang des Unterrichtsprozesses, der von der Sachstruktur des Unterrichtsgegenstandes, den Zielen des Unterrichts und den Lernvoraussetzungen der Schüler abhängig ist.
Zwischen bestimmten Formen oder Verfahren der fünf Gruppen besteht fast immer eine kombinatorische Wechselbeziehung, aus der sich ein typisches Bild von der Methodenkonzeption des Unterrichts ergibt.

Unterrichtsforschung. *Unterricht und Unterrichtsforschung.*

Unterrichtsgang. *Erkundung.*

Unterrichtsgespräch. Oberbegriff für verschiedene abgrenzbare Gesprächsformen und -situationen in der Schule, die bestimmte Funktionen in der Lehrer-Schüler-Kommunikation und im Schulleben erfüllen. **1)** Zwischen-Tür-und-Angel-Gespräche: Spontane informelle Gespräche zwischen Lehrer und Schüler.
2) Morgenkreis am Schulbeginn oder Versammlung nach der freien Arbeit vor der großen Pause oder dem Mittagessen in der Ganztagsschule: Nach täglich wiederkehrenden Ritualen (Lied, Gedicht u. Ä.) beginnt die Erzählrunde, in der Schüler eigene Erlebnisse mitteilen und Fragen, Probleme und Wünsche einbringen können. In der entstehenden Gesprächssituation werden gemeinsam Problemlösungen diskutiert und Anlässe für Projekte gefunden. Ein wichtiger Teil des Morgenkreises ist die gemeinsame Planung des Unterrichtstages. Im Abschlussgespräch am Ende des Schultages können die Schüler ihre Arbeitsergebnisse vorstellen und besprechen.
3) Freies Unterrichtsgespräch: Von *B. Otto* entwickelte Gesprächsform, bei der die Schüler zu einer festgelegten Zeit über Ereignisse aus ihrer Lebensumwelt berichten, eigene Fragestellungen thematisieren, diskutieren und bearbeiten. Bleiben Fragen offen, weil sie der Vorbereitung und Materialbeschaffung bedürfen, können sie zum lebensbezogenen Anlass für ein Projekt werden.
4) Gelenktes bzw. gebundenes Unterrichtsgespräch: Der Lehrer gibt die Themen, Inhalte und Ziele vor, mit denen sich die Schüler sach- und problembezogen auseinandersetzen sollen. Dabei können der Erarbeitungsprozess und das konkrete Ergebnis noch relativ offen sein. Lehrer und Schüler sind im Gesprächskreis Partner einer diskursiven Verständigung; der Lehrer steuert das U. durch Impulse und Anregungen, damit sich die Schüler mit ihren unterschiedlichen Erfahrungen, Interessen und Denkweisen einbringen können. Das U. kann verschiedene Funktionen haben: Einführungs-, Planungs-, Erarbeitungs-, Kleingruppen- und Plenums- bzw. Klassengespräch.

5) Fragend-entwickelndes Unterrichtsgespräch: Der Lehrer gibt in der Rolle des Wissenden ein Thema oder eine Problemstellung vor und versucht, die Schüler auf der Grundlage ihrer individuellen Vorkenntnisse zur aktiven Gedankenentwicklung anzuregen. Das U. hat eine dialogische Struktur, wobei sich der Lehrer bei der Entwicklung des Sach- und Problemzusammenhangs in die Denkbewegung des Schülers einpasst, um so zum Verstehen hinzuleiten.
6) Lehrgespräch: Der Lehrer gibt die Themen und Inhalte vor und hat eindeutige Vorstellungen vom Ergebnis und Ziel des Lehr- und Lernprozesses. In einer ersten Phase stellt er den Gesprächsgegenstand vor und versucht, die Schüler zu motivieren und ihre Vorkenntnisse festzustellen. In der Erarbeitungsphase geht es um die Vermittlung von Kenntnissen, indem der Lehrer Sachverhalte und Probleme entwickelt und die Schüler zum aufmerksamen Nachvollzug des Gedankengangs und zu weiterführenden Beiträgen anhält. Am Ende werden die Gesprächsergebnisse zusammengefasst und durch Wiederholung und Übung gesichert.
7) Argumentationsgespräch: Diskussion, Streitgespräch, Debatte. Dabei kommt dem Lehrer vor allem die Aufgabe zu, geeignete Fragen und Probleme aus dem gesellschaftlich-politischen Leben oder aus dem Schulleben aufzugreifen und die Schüler in die Regeln und Formen demokratischer Auseinandersetzung und Konfliktlösung einzuüben. Bei der Diskussion werden unterschiedliche Standpunkte zu einem Thema unter Leitung eines Moderators sachlich erörtert. Beim Streitgespräch und bei der Debatte müssen die Schüler zunächst ein Thema inhaltlich aufarbeiten und sich für die Simulation in bestimmte Rollen einarbeiten. Für die Debatte müssen ein oder mehrere alternative Anträge vorliegen. Ziel der Debatte ist die Annahme, Ablehnung oder Überarbeitung des Antrags. Die drei Gesprächsformen sind gut geeignet, Argumentationskompetenzen zu erwerben.

Unterrichtshospitation (Syn. **Unterrichtsbesuch**). Form der *Hospitation,* die in der Lehrerausbildung den Studierenden ermöglicht, die theoriebezogene Lehre mit dem pädagogischen Handeln in der Praxis in unmittelbare Beziehung zu bringen. Bei der Vorbereitung, Durchführung und Auswertung der U. können im Praktikum verschiedene Verfahren der *Unterrichtsbeobachtung* und der *Unterrichtsanalyse* sowie in kleinen Forschungsvorhaben darauf bezogene Methoden der empirisch-analytischen Forschung und der Handlungsforschung erprobt werden. Zur Erfassung der Kommunikations- und Interaktionsvorgänge im Unterricht wird häufig das Theoriekonzept des *symbolischen Interaktionismus* genutzt. Ferner ist i. d. R. die Lebenswelt des Kindes Gegenstand der Beobachtung und Analyse. Für die Praxis hilfreich ist die U., wenn sie nicht nur den Ausbildungszielen der Studierenden dient, sondern auch den Lehrern durch die unmittelbare Rückmeldung der Beobachtungsanalysen im Sinne der Handlungsforschung. Ähnliche U. finden auch in der zweiten Ausbildungsphase der Lehramtsanwärter bzw. Referendare oder unter Lehrern statt.

Unterrichtslehre (Syn. **allgemeine Unterrichtslehre**). Vorwissenschaftliches System von Grundsätzen, Begriffen und Anweisungen für einen erfolgreichen Unterricht, das auf Unterrichtserfahrung und Reflektieren über Unterricht basierte. Sie war eine Sammlung von Unterrichtsprinzipien, Unterrichtsformen, Lehrverfahren und vorwiegend lehrerbezogenen methodischen Anweisungen. In ihr überwog der methodische Teil des Unterrichts, weil die Ziele und Inhalte als weitgehend vorgegeben angesehen wurden.
Die U. wurde in den sechziger Jahren im Zuge der Verwissenschaftlichung und Professionalisierung des Lehrerberufs sowie des Ausbaus der Unterrichtsforschung von der Unterrichtswissenschaft abgelöst, für die sich der Begriff *Didaktik* durchgesetzt hat.

Unterrichtsmedien. *Medien.*

Unterrichtsmethode. *Methoden.*

Unterrichtsmitschau (Syn. **hochschulinternes Fernsehen**). Elektronische Aufzeichnung von Unterrichtsstunden in einem Klassenraum der Hochschule, der einem Fernsehstudio gleicht. Die U. ermöglicht eine Direktübertragung des Unterrichts, der in der Studio-Klasse ohne fremde Beobachter gestaltet wird, in einen großen Hörsaal, wo er beobachtet, analysiert und kommentiert werden kann. Die aufgezeichneten Dokumente können über Videorekorder von Lehrenden und Studierenden in jedem beliebigen Raum verwendet werden. Es besteht auch die Möglichkeit, aus mehreren Aufzeichnungen Sequenzen unter bestimmten thematischen Schwerpunkten zusammenzuschneiden. Die Wiedergabe von Unterrichtsmitschnitten dient beim *Microteaching* dem praktischen Verhaltenstraining von Lehrern und Studierenden. Die U. wird auch von der Unterrichtsforschung genutzt.

Heute wird die Aufzeichnung von Lehr- und Lernprozessen in der Schule oder an außerschulischen Lernorten mit Videokameras und Camcordern bevorzugt.

Unterrichtsmittel. *Lehr- und Lernmittel. Medien.*

Unterrichtsorganisation. Maßnahmen und Strukturen innerhalb einer Schule zur Gewährleistung der Rahmenbedingungen für die Gestaltung von Lehr- und Lernprozessen im Unterricht. Die U. steht in einer Wechselbeziehung mit der *Schulorganisation* und ist in vielem von der ihr zugrunde liegenden Schulkonzeption und von den schulrechtlichen Bestimmungen abhängig.

Zu den äußeren Organisationsfaktoren gehören: Einteilung der Schüler in Jahrgangsklassen, Differenzierungsvorschriften, Stundentafel, Fächeranteile, Stundenplan, 45-Minuten-Einteilung, Pausenordnung, Schüler- und Lehrerwochenstunden, Aufsichtsregelung, Klassenraumgestaltung, Schulbuchauswahl u. a.

Diesen äußeren Strukturen der U. liegt nach Auffassung ihrer Kritiker immer noch eher das hierarchisch gegliederte bürokratische Modell der Schule, als das heutigen Verhältnissen entsprechende demokratische Modell zugrunde. Damit korrespondieren auf der Ebene der Unterrichtsmethodik meist für alle Schüler gleichmäßig ablaufende Lehrgänge, Schulbucharbeit, Frontalunterricht, Lehrgespräche und Klassenarbeiten. Diese verfestigten Strukturen und die hierarchisch geordneten Entscheidungsbefugnisse machen es schwer, z. B. die Gliederung des Unterrichtsvormittags nach Fachanteilen im 45-Minuten-Rhythmus der Stundentafel zu verändern und unter pädagogischen Gesichtspunkten neu und flexibel zu organisieren.

Mit der Öffnung von Schule und Unterricht vor allem in der Grundschule verändert sich allmählich das Verständnis von Unterricht. Reformschulen im Sekundarbereich, Montessori-Schulen, Jena-Plan-Schulen und Waldorfschulen weisen Wege auf, wie die U. pädagogisiert werden kann.

Unterrichtsplanung. Bezeichnung für alle Maßnahmen und Überlegungen, die dem konkreten Unterricht vorausgehen. U. macht immer erziehungswissenschaftlich begründete Entscheidungen über die zukünftige Ausgestaltung der Interaktionsprozesse im Unterricht notwendig, durch die Erziehung und Lernen optimal ermöglicht werden sollen. Traditionell findet U. auf der Basis von Schulgesetzen, Bildungsprogrammen, Rahmenrichtlinien und Lehrplänen, Curricula, Fachliteratur, Schulbüchern und anderen Medien auf vier Ebenen statt. Unterschieden werden 1. Jahres- und Halbjahrespläne (z. B. Stoffverteilungspläne) mit einem Kanon von Inhalten und Themen; 2. Unterrichtseinheiten, -projekte oder Epochenunterricht zu einem relativ abgeschlossenen Rahmenthema für etwa zwei bis drei Schulwochen; 3. Unterrichtsvorbereitungen bzw. -entwürfe für Einzel- und Doppelstunden sowie 4. didaktische Entscheidungen im Vollzug des Unterrichts-

ablaufs z. B. über den Einsatz von Wiederholungs- und Übungsphasen.
Dieses Konzept ist nach Auffassung von *W. Schulz* ein hierarchisches Modell der Vorwegplanung, bei dem ein Gefälle von den Vorgaben der Lehrplankommissionen und Curriculum-Institute (1. Ebene), der Schulbuch- und Lehrmittelhersteller (2. Ebene) und der Lehrer durch didaktisch-methodische Anpassung der vorgegebenen Inhalte an die Gegebenheiten vor Ort (3. Ebene) besteht, wodurch die Einheitlichkeit und Kontrollierbarkeit des Unterrichts gewährleistet erscheint.
Im Unterschied dazu schlägt W. Schulz ein Modell vor, das ebenfalls von einer Rahmenplanung in Richtlinien und Lehrplänen ausgeht, U. aber als Prozess diskursiver Verständigung unter den Beteiligten (Lehrer, Schüler) auf vier Planungsebenen versteht: 1. Perspektivplanung über einen längeren Zeitraum; 2. Umrissplanung von Sinneinheiten (gemeinsamer Entwurf einer lehrgangsartigen Unterrichtseinheit oder eines Projektes); 3. Prozessplanung einzelner Teileinheiten mit Alternativen; 4. Planungskorrekturen im Realisationsprozess. Unter der Perspektive der Mündigkeit sollen Lehrer und Schüler in diesem Modell der U. zum Subjekt ihres Lehr-Lern-Prozesses werden.
Die Entscheidungen auf den vier Planungsebenen sind generell Teil eines umfassenden didaktischen Begründungszusammenhangs, bei dem es um die Legitimation von Normen, Kriterien, Zielen, Themen, Methoden, Medien, Evaluationsverfahren u. Ä. geht. Hierzu sind seit den sechziger Jahren in der BRD verschiedene *didaktische Modelle* entwickelt worden, unter denen vor allem die *bildungstheoretische* und die *lerntheoretische Didaktik* für die Praxis der U. wirksam geworden sind. Seit der Wiedervereinigung sind auch die Didaktiken der DDR (z. B. von *L. Klingberg*) zu beachten.
Neben diesen Theorieansätzen der *Didaktik* gibt es für die U. sog. didaktische Ratgeberliteratur, die eine Vermittlerrolle zwischen Theorie und Praxis einnimmt und für schriftliche *Unterrichtsvorbereitungen* bzw. *Unterrichtsentwürfe* von Lehrern, Lehramtsanwärtern/Referendaren, Mentoren und Fachleitern eine wichtige Orientierungshilfe darstellt. Davon abzugrenzen sind Praxisberichte, die aus der Praxis für die Praxis geschrieben werden und Ausdruck subjektiver Erfahrungen sind. Eine Verbesserung der Planungskompetenzen auf der unteren Ebene im Unterrichtsprozess wird für die Zukunft von einer intensiveren pädagogischen Allgemeinbildung der Lehrer erwartet.

Unterrichtsprinzipien. Grundsätze oder Orientierungspunkte für pädagogisches Handeln in Erziehungs- und Unterrichtssituationen, wobei zwischen didaktischen und methodischen U. unterschieden werden kann. Didaktische U. sollen die Auswahl und Anordnung von Lerninhalten leiten. Dazu zählen z. B. die Prinzipien des Exemplarischen, der Situationsbezogenheit, der Mehrperspektivität, der Wissenschaftsorientierung, der Systembezogenheit und nicht zuletzt der Kind- und Entwicklungsgemäßheit. Als methodische U. werden traditionell Anschaulichkeit, Selbsttätigkeit, Selbständigkeit, Individualisierung, Differenzierung, Gemeinschaftsorientierung und Erfolgssicherung bezeichnet. Heute werden besonders die Prinzipien des dialogisch kommunikativen Handelns, der interkulturellen Weltoffenheit, der Chancengleichheit, der Öffnung des Unterrichts, der Handlungsorientierung u. a. hervorgehoben.

Unterrichtsprotokoll. Schriftliche Dokumentation beobachteten Unterrichts, die dem Zweck der Reflexion des Lehrers, der Nachbesprechung in Schulpraktika und in der zweiten Ausbildungsphase der Analyse und Diagnose von Lernverläufen, Lernschwierigkeiten und Lernerfolgen zusammen mit einem zweiten Lehrer oder einem Lehrerteam sowie der Unterrichtsforschung dient. Je nach Verwendungszweck und Schwerpunktsetzung werden verschiedene Protokollformen und -techniken verwendet: **1)** Situationsbeschreibung: Sie erfolgt meist als freie Beschreibung von auffälligen Unterrichtssituationen und Fakten im Rahmen schulpraktischer Studien. Eine Alternative zum schriftlichen Protokoll ist das Simultanprotokoll, das während des Unterrichtsprozesses stichwortartig auf einer Wandzeitung entsteht.

2) Verlaufsprotokoll: Die halb freie Protokollform zeichnet in jedem Fall den zeitlichen Ablauf des Unterrichts nach und hält meist abgesprochene Beobachtungsschwerpunkte fest, die mit freien Beschreibungen der Situation verbunden werden, aus der das beobachtete Einzelphänomen nur zu verstehen ist.

3) Inhaltsprotokoll: Im Mittelpunkt dieser halb freien oder freien Protokollform steht die Schrittfolge der Vermittlung oder Erarbeitung des Lerninhaltes und des Verstehensprozesses der Schüler in quantitativer und qualitativer Hinsicht.

4) Wortprotokoll: Diese Form setzt die systematische Aufzeichnung der sprachlichen Äußerungen von Lehrern und Schülern mithilfe eines Tonbandgerätes voraus. Dabei müssen zusätzlich vom Protokollanten Notizen mit Zeitmarkierungen bzw. über Auffälligkeiten gemacht werden.

5) Videoprotokoll: Mithilfe einer Videoaufzeichnung und schriftlichen Protokollskizzen kann eine Unterrichtsdokumentation erstellt werden, die durch Wiederholungen und Zusammenschnitte vielfältige Unterrichtsanalysen und Interpretationen ermöglicht.

6) Kategorisiertes Tabellenprotokoll: Bei dieser Protokollform sind die Beobachtungsschwerpunkte, das Kategoriensystem, die Skalen und die Symbole zur abkürzenden Eintragung bereits vorgegeben. Aufgabe des Protokollanten ist, seine Aufmerksamkeit nur auf die Beobachtungsschwerpunkte zu richten und die Zeitfolge und die Symbole in den Protokollbogen einzutragen. Die kategorisierte Aufzeichnung wird meist zur Aufzeichnung von Lehrer- und Schülerverhaltensweisen, aber auch zur Erfassung des Methodenrepertoires im Unterricht verwendet.

In der Unterrichtsforschung dienen heute verschiedene Kombinationen von Protokollformen als Grundlage der Mikroanalyse von Unterrichtssequenzen.

Unterrichtsschritte. Gliederung des Unterrichts in Stufen, Phasen oder Schritte. Traditionell wird auch von der Artikulation des Unterrichts bzw. von Artikulationsformen gesprochen. Die U. strukturieren den Unterrichtsprozess in seinem zeitlichen Ablauf und in seinem methodischen Gang. Die Bezeichnungen für die einzelnen Schritte kennzeichnen die Verlaufsformen des Unterrichts. Sie helfen den Handelnden (Lehrern und Schülern), die Komplexität des Unterrichtsprozesses durch markierte Haltepunkte zu reduzieren.

In älteren *Unterrichtslehren* gibt es eine Fülle von Schemata, die meist einem Dreischritt folgen: Hinführung, Darbietung, Verarbeitung. Auf der Grundlage der Formalstufen Klarheit, Assoziation, System und Methode von *J. F. Herbart* entwickelte sein Schüler *W. Rein* Ende des 19. Jh. die Formalstufentheorie mit den fünf Stufen Vorbereitung, Darbietung, Verknüpfung, Zusammenfassung und Anwendung, die den Unterricht vor allem der Volksschule lange Zeit prägte und zum Formalismus erstarrte, weil fast jede Unterrichtsstunde danach strukturiert wurde.

Nach dem Zweiten Weltkrieg hat das Lernstufenschema von *H. Roth* weite Verbreitung gefunden, das durch eine Gleichsetzung von Lern- und Unterrichtsprozess charakterisiert ist. Roth unterschied die Stufen der Motivation, der Schwierigkeiten, der Lösung, des Tuns und Ausführens, des Behaltens und Einübens sowie der Bereitstellung, der Übertragung und der Integration.

Auf der Grundlage eines erfahrungsbezogenen Unterrichtskonzeptes ist I. Scheller 1981 zu einem Dreischritt zurückgekehrt: Aneignung, Verarbeitung und Veröffentlichung von Erfahrungen der Schüler. Dieses Verlaufsmodell ist auf schülerorientiertes Lernen bezogen. Die meisten anderen Artikulationsschemata gehen von einem lehrerzentrierten Unterricht aus.

Unterrichtsstil. *Erziehungsstil.*

Unterrichtsstörungen. Lehr- und Lernprozesse im Unterricht erfordern Ruhe, geordnete Abläufe und kommunikative Verhaltensweisen. Störungen sollen nach Möglichkeit vermieden werden. Sie sind aber in Interaktionsprozessen von Menschen normal und haben vielfältige Ursachen. Früher wurde bei U. von Disziplinschwierigkeiten gesprochen, wenn ein Lehrer seinen Unterricht nicht störungsfrei durchführen konnte. Mit der Bezeichnung abweichendes Schülerverhalten wurden U. klassifiziert, bei denen die Ursachen für Störungen vorwiegend beim Schüler gesucht wurden, der von der Norm des erwarteten Verhaltens abwich. Zur Vermeidung solcher Zuschreibungsbegriffe wird heute neutraler von Störung gesprochen.
In der einschlägigen Literatur werden Beispiele für realistische Problemanalysen und Ratschläge zum Umgang mit U. gegeben, die aber nicht als Rezepte zu verstehen sind, weil jede als Störung empfundene Situation originär analysiert und konstruktiv gelöst werden sollte. In einem ersten Schritt müssen Art und Intensität der U. beschrieben werden. Dazu gehören Vorfälle wie dauerndes Zuspätkommen, Arbeitsverweigerung, motorische Unruhe, Schwätzen, Prügeln, Stehlen, Zerstören von Material, Fernbleiben vom Unterricht, Drogengebrauch, Gewalt, Bandenbildung u. a. Zur Ursachenanalyse sind Beobachtungen, Gespräche mit den Beteiligten und Fallanalysen durch Lehrerteams wichtig. Ursachen können bei den Schülern (z. B. Über- bzw. Unterforderung, Identitätskrisen), beim Lehrer (z. B. mangelnde Vorbereitung, Angst vor den Schülern, Ehekrisen), bei der Schule (z. B. zu große Klassen, Randstunden im Stundenplan, fehlende Lehrerkooperation), bei den Eltern (z. B. Beziehungsstörungen, zu hohe Leistungserwartungen) oder in gesellschaftlichen Verhältnissen (z. B. fehlende Ausbildungs- und Arbeitsplätze) zu suchen sein. Vom Ergebnis reflektierter Fallanalysen hängen die Maßnahmen ab, die neben unmittelbaren Reaktionen (z. B. Ignorieren, Beruhigen, Bestrafen) sich vor allem auf didaktisch-methodische Maßnahmen (z. B. schülerorientierte Veränderung der Inhalte und Methoden des Unterrichts), auf verstärkte Schulsozialarbeit oder auf die Inanspruchnahme von Fachleuten der Kinder- und Jugendpsychotherapie beziehen können. Angesichts der veränderten Kindheit und Jugend werden zukunftweisende Wege in der innovativen Zusammenarbeit von Schul- und Sozialpädagogik gesehen.

Unterrichtsvorbereitung. In dem zeitlich gestuften Ablauf der *Unterrichtsplanung* gehört die U. zur letzten Phase, die dem konkreten Unterricht vorausgeht und in einem schriftlichen *Unterrichtsentwurf* zum Ausdruck kommt. Häufig werden auch die Begriffe Unterrichtsentwurf und U. synonym verwendet. Jedoch ist der Begriff U. weiter gefasst. Er beinhaltet nämlich über den schriftlichen Unterrichtsentwurf hinaus alle Vorbereitungsmaßnahmen wie die Sichtung von Büchern, Zeitschriften, bereits vorliegenden Unterrichtsentwürfen u. Ä., die Besorgung von Medien (z. B. Videos, Filme, Dias) oder Schreibwaren (z. B. Tonpapier, Kleber), die Herstellung von Unterrichtsmaterial für die freie Arbeit, die Gestaltung der Lernumgebung im Klassenraum, die Vorbereitung von Erkundungen und nicht zuletzt die Sichtung der Lernstandskartei zur besseren Förderung der Schüler.

Unterrichtsziel (Syn. **Ziel des Unterrichts**). Angestrebtes Ergebnis der Lehr- und Lernprozesse, auf die sich der Unterrichtsentwurf bezieht. Der Begriff U.

wurde in der *Unterrichtsplanung* bis zum Erscheinen von R. F. Magers Buch ›Lernziele und programmierter Unterricht‹ (1965) verwendet und dann wegen seiner oft ungenauen Formulierung stofflicher Ziele durch den präziseren Begriff *Lernziel* verdrängt. In seinem Hamburger Modell der *lerntheoretischen Didaktik* führte *W. Schulz* den Begriff U. wieder ein. Er versteht darunter Intentionen und Themen. Gleichzeitig lehnt er das *operationalisierte Lernziel* ab. W. Jank und H. Meyer unterschieden 1991 in ihrem Planungsraster für handlungsorientierten Unterricht zwischen fachlichen, inhaltlichen, sozialen und organisatorischen Lehrzielen des Lehrers und Handlungszielen der Schüler, die ihre Interessen, Lernvoraussetzungen und sonstigen Vorgaben erfassen. Danach beschreibt ein Lehrziel die Bildungsabsichten des Lehrenden im Unterricht und zugleich, welche Sach-, Sozial- und Handlungskompetenzen die Schüler erwerben sollen. Ziele des Unterrichts sind von diesem Standpunkt aus a) Lehrziele des Lehrers und b) Handlungsziele der Schüler.

Unterweisung (engl. *instruction*). Sammelbezeichnung für alle Arten der betrieblichen *Berufsausbildung*: am Arbeitsplatz, im Lehrgespräch, im betrieblichen Unterricht oder in anderen Formen geplanten Lehrens. Erfolgt zumeist nach der sog. Vier-Stufen-Methode.

Urlaub für Auszubildende. Die Dauer des Urlaubes pro Jahr muss im *Berufsausbildungsvertrag* festgelegt sein. Sie richtet sich im Wesentlichen nach dem Alter des Auszubildenden. Derzeit stehen Auszubildenden unter 16 Jahren mindestens 30 Werktage zu, unter 17 Jahren 27 und Jugendlichen unter 18 Jahren 25 Werktage.

Urvertrauen. Von dem amerikanischen Psychologen *E. H. Erikson* geprägte Bezeichnung für eine positive, vertrauensvolle Grundeinstellung des Kindes gegenüber seiner psychosozialen Umwelt, die als Resultat zuverlässiger Beziehungen zwischen Kind und Betreuungs- bzw. Bezugspersonen in den ersten Lebensmonaten angesehen wird.

USA. *Vereinigte Staaten von Amerika.*

Utopie (griech. *ou* nicht, *topos* Land, Nirgendland; engl. *utopian dream*). Namentlich taucht die neue Literaturgattung der U. mit dem 1516 erscheinenden fiktiven Reisebericht des englischen Philosophen und Politikers Th. Morus auf, in dem dieser über den optimalen Staat, die ideale Gesellschaft und die mit der Natur vollkommen harmonierenden Lebensgebräuche auf der Insel der Utopier berichten lässt. Freilich hatte schon Platon rund 2000 Jahre zuvor in zwei umfangreichen Werken, der ›Politeia‹ (Der Staat) und den ›Nomoi‹ (Die Gesetze), versucht, gegen die Missstände in und zwischen den antiken griechischen Stadtstaaten die Ideale bestmöglicher Staaten zu entwerfen. In diesen und zahlreichen weiteren utopischen Werken wird das Bild einer vollkommen guten und vernünftigen Politik entwickelt, einerseits gespeist aus radikaler Kritik an bestehenden gesellschaftlichen, wirtschaftlichen und politischen Unzulänglichkeiten und andererseits motiviert vom Glauben an die zukünftige Machbarkeit einer perfekten Gesellschaft.

Für den Aufbau einer solchen Idealgesellschaft, die doch immer den neuen Menschen voraussetzt, kommt einer totalen Funktionalisierung und Kontrolle der Erziehung eine Schlüsselstellung zu. Das Neue soll gleichsam in der hermetischen Abschottung einer Retorte herangezüchtet werden, losgelöst von der ungewissen Auseinandersetzung mit den unzulänglichen menschlichen und sozialen Gegebenheiten. Genau hier setzen auch die negativen oder schwarzen U. an. In G. Orwells ›1984‹ (1949, dt.) oder A. Huxleys ›Brave new world‹ (1932) wird die Pädagogik zur allmächtigen und skrupellosen Technik der Menschenführung.

Im Prinzip findet sich dieser Totalitarismus auch schon in *J.-J. Rousseaus* Erziehungsutopie ›Émile‹ (1762), denn der

Erzieher gestaltet die Bedingungen des Aufwachsens für Émile allumfassend und glaubt sich dabei auf zuverlässige Einsichten in die Natur seines Zöglings stützen zu können. In religiös oder politisch motivierten pädagogischen U. sind ähnliche Ansprüche und Praktiken nachweisbar. Deshalb plädierte *G. Picht* entschieden für die Kritik derart unaufgeklärter U., wollte jedoch zugleich die Chance einer aufgeklärten U. als Beitrag zur Gestaltung einer humaneren Zukunft erhalten wissen. Er steht damit in der Tradition aufgeklärten pädagogischen Denkens, das Erziehung und Unterricht in der Spannung zwischen Hinführung der Kinder und Jugendlichen zum Verständnis der bisherigen Geschichte und ihrer gleichzeitigen Befähigung sieht, an deren reflektierter, an fortschrittlichen sozialen Werten und freiheitlichen Prinzipien orientierter Verbesserung mitzuwirken.

V

Validität (lat. *valide* stark, aussagekräftig). Gütekriterium für Testverfahren u. a. Instrumente empirischer Forschung, das den Grad der Genauigkeit anzeigt, mit dem ein Verfahren tatsächlich das misst, was mit ihm gemessen werden soll. Da im pädagogischen Bereich mehrheitlich Persönlichkeits- und Leistungsmerkmale untersucht werden, die allein über theoretische *Konstrukte* und deren *Operationalisierung* feststellbar sind, kann hier die V. nicht über unmittelbare Beobachtung von Wirklichkeit kontrolliert werden. Was z. B. Schulleistung anbelangt, muss zunächst definiert werden, welche Aspekte der Schulleistung beachtet und über welche Erhebungsinstrumente sie dokumentiert werden sollen. Die Forschung behilft sich deshalb bei der Prüfung der V. eines Verfahrens durch Vergleiche der Ergebnisse unterschiedlicher Verfahren. Dieser Grad an V. wird als V. zweiter Ordnung bezeichnet. So liegt z. B. dann eine hohe innere V. für einen bestimmten Schulleistungstest vor, wenn die Testergebnisse mit denen anderer Verfahren zur Leistungsmessung weitgehend übereinstimmen. Es darf dann bis zum Beweis des Gegenteils davon ausgegangen werden, dass der Schulleistungstest eine akzeptable V. besitzt, freilich immer nur im Rahmen der jeweiligen Operationalisierungen von Schulleistung.

Variable (lat. *variabilis* veränderlich; engl. *variable*). Jedes wissenschaftlich beobachtbare Einzelphänomen, das zumindest zwei verschiedene Ausprägungen annehmen kann (z. B. Geschlecht: männlich-weiblich).

Venia legendi (lat. *venia* Erlaubnis, *legere* lesen, laut vorlesen). Traditionelle Bezeichnung für die Befugnis, als *Privatdozent* oder *Professor* an einer wissenschaftlichen Hochschule zu lehren.

VERA – Vergleichsarbeiten. Das Projekt VERA wird seit 2003 in Mathematik und seit 2004 in Deutsch in sämtlichen 4. Grundschulklassen von Rheinland-Pfalz sowie in Berlin, Brandenburg, Bremen, Mecklenburg-Vorpommern, Nordrhein-Westfalen und Schleswig-Holstein durchgeführt. Die Konzeption entwickelten Andreas Helmke und Ingmar Hosenfeld (Universität Landau) in Kooperation mit den Bildungsministerien der Länder. Das Projekt für die 4. Klassen war für fünf Jahre geplant und wird seit 2007 mit einer Erhebung am Schuljahresende der 3. Klassen fortgesetzt. Der Leistungsstand wird durch den Vergleich mit der Normierungsstudie festgestellt. Für diese wird im jährlichen Wechsel zwischen Mathematik und Deutsch in 200 Schulklassen eine Stichprobe durchgeführt und eine große Anzahl von Aufgaben untersucht und geeicht. Die gewonnenen Normwerte dienen dem Vergleich der individuellen Leistungen innerhalb einer Klasse, der Parallelklassen innerhalb einer Schule, einer Gruppe von Klassen untereinander mit dem Landesdurchschnitt und den anderen beteiligten Bundesländern. Neben dem Vergleich mit landesspezifischen und bundeslandübergreifenden Normen wird VERA zukünftig auch eine Orientierung an den *Bildungsstandards der Kultusministerkonferenz* ermöglichen. Durch die Wiederholung von Teilen der Vergleichsarbeiten im Verlauf des Schuljahres kann der Erfolg von Fördermaßnahmen empirisch geprüft werden. Vergleiche der Zentralstichproben im zeitlichen Verlauf zeigen landesspezifische und bundeslandübergreifende

Trends in der Leistungsentwicklung an. Darüber hinaus will VERA einen Beitrag zur fachlichen, fachdidaktischen und pädagogisch-diagnostischen Qualitätsentwicklung im Unterricht durch Impulse für schulinterne Aktivitäten und Kooperation unter den Lehrkräften leisten.

Auf Beschluss der Kultusministerkonferenz werden im Sommer 2008 länderübergreifend in der Jahrgangsstufe 3 der Grundschule Vergleichsarbeiten auf der Basis der Bildungsstandards in den Fächern Deutsch und Mathematik geschrieben. Die wissenschaftliche Begleitung haben die Universitäten Landau und München übernommen.

Verband Bildung und Erziehung (VBE). *Lehrerverbände.*

Verbindungslehrer. *Vertrauenslehrer.*

Verbundschulen. Zusammenlegung von bisher in eigenständigen *allgemein bildenden Schulen* vorhandenen Bildungsgängen. Die meisten V. führen den Haupt- und den Realschulbildungsgang pädagogisch und organisatorisch zu einer Schulart mit neuer Bezeichnung zusammen (z. B. Mittelschule in Sachsen, *Regelschule* in Thüringen).

Vereinigtes Königreich von Großbritannien und Nordirland. *England und Wales, Schottland, Nordirland.*

Vereinigte Staaten von Amerika. 1) Präsidiale Bundesrepublik aus 50 Bundesstaaten und dem District of Columbia/DC. Hauptstadt: Washington DC (553 000 Einw.). Das Land hat rund 294 Mill. Einwohner auf einer Fläche von 9 809 155 km², also etwa 30 Einw./km². 75% Weiße, 12% Afrikaner, 12% Hispanier und mehrere Minderheiten. Amts- und überwiegende Landessprache ist Englisch, regional Spanisch. Die Mehrheit der Bevölkerung gehört protestantischen Religionsgemeinschaften an, 17% Katholiken, daneben jüdische, muslimische u. a. Minderheiten.

2) Die Zuständigkeit für das Bildungswesen liegt bei den Bundesstaaten. Nur für Bildungseinrichtungen des Militärs und der Bundesverwaltung hat der Bund Richtlinienkompetenz. Allerdings kann die Bundesregierung über im Kongress verabschiedete Förderprogramme Einfluss ausüben. Innerhalb der Bundesstaaten ist das Erziehungsministerium (State Department of Education) höchste Instanz. Drei Schwerpunkte bestimmen seine Arbeit: a) Planung, Führung und Weiterentwicklung; b) Bestimmung der formalen und inhaltlichen Rahmenbedingungen und Mindeststandards; c) Verwaltung und Fachaufsicht. Innerhalb der Rahmenvorgaben des Erziehungsministeriums haben lokale Erziehungs- und Schulbeiräte (School Boards) weitgehende Gestaltungsfreiheit bei der Einrichtung und Ausstattung von Schulen und der Einstellung und Besoldung von Lehrern. Die politische Stärke der lokalen Ebene resultiert aus deren Verfügung über Grund-, Vermögens- und Verbrauchssteuern, die oft zweckgebunden für das Bildungswesen erhoben werden.

3) Vor diesem Hintergrund erklärt sich die formale und inhaltliche Vielfalt im Bildungswesen. Die Schulpflicht variiert nach Beginn im 6., 7. oder gar erst 8. Lebensjahr und ihrem Ende im 16., 17. oder 18. Lebensjahr. Ähnlich unterschiedlich sind Dauer und Gliederung der High School/Secondary School. Vier Modelle für die Pflichtschule lassen sich unterscheiden: 8 Elementary + 4 High; 4 Elementary + 4 Middle School + 4 High; 6 Elementary + 6 Comprehensive (Junior und Senior High); 6 Elementary + 3 Junior High + 3 Senior High. I. d. R. gehen die Schüler nach der Elementary School ohne Prüfung in die Sekundarschule über. Für Kinder mit besonderem Förderbedarf werden in allen Regelschulen spezielle Programme angeboten. Eine formale Separierung findet nur zum Zwecke spezieller Therapien statt.

In der Sekundarschule wird nicht nach einer verbindlichen Fächer- und Stundentafel unterrichtet, vielmehr haben die Schüler weitgehende Wahlmöglichkeiten zur individuellen Gestaltung ihres Curriculums. Der Klassenverband ist aufge-

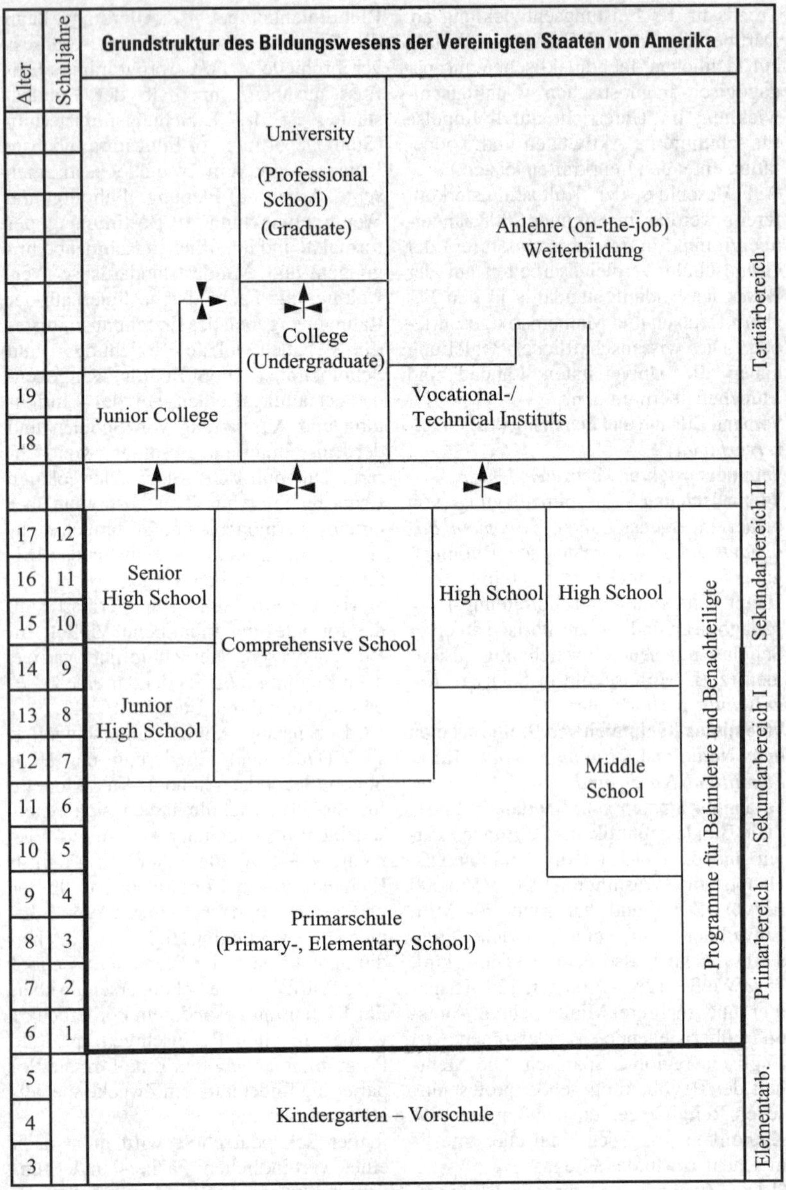

Fett umrandet sind die Einrichtungen für die Erfüllung der Schulpflicht.

Qualifizierte Auswahl — Einfacher Übergang

löst. In größeren Sekundarschulen kann aus etwa 100 Kursangeboten gewählt werden. Im Rahmen bestimmter Vorgaben für fachliche Kombinationen können die Schüler auf unterschiedlichen Wegen ihre Credits für das Erreichen des High School Diploma (HSD) erarbeiten. Grundlage dieser sehr differenzierten Individualisierung ist ein System von Beratung und Führung an jeder Schule.

In der Senior High werden bereits zahlreiche berufsvorbereitende Kurse angeboten.

4) Berufsausbildung im Sinne des deutschen dualen Systems spielt eine untergeordnete Rolle. Ganz überwiegend findet die formalisierte Ausbildung in der Senior High School und im nichtuniversitären Hochschulwesen (Postsecondary Vocational Education) statt. Eingangsvoraussetzung ist das High School Diploma. Senior High Schools und Hochschulen bieten neben den berufstheoretischen Kursen auch berufspraktische Ausbildung in Schulwerkstätten, Labors und Übungsbüros an. Mehr als die Hälfte aller Jugendlichen wird allerdings nach Abschluss der High School in der Wirtschaft nach dem Modell training-on-the-job ausgebildet, durchläuft also eine innerbetriebliche Anlehre.

5) Dem Tertiärbereich (Higher Education) werden alle Einrichtungen zugeordnet, die zu akademischen Abschlüssen führen: Associate, *Bachelor*, *Master* und Doctorate. Zulassungsvoraussetzung ist grundsätzlich das High School Diploma. In den zweijährigen Junior Colleges (auch Community Colleges) kann der erste berufliche Abschluss (Associate) erworben werden. Diese Hochschulen bieten auch Kurse an, die auf den Erwerb des Bachelors angerechnet werden. Die vierjährigen Colleges führen zum Bachelor. Studienschwerpunkte sind die Vertiefung der Allgemeinbildung und die Einführung in ein Wissenschaftsgebiet (z. B. Kultur- oder Naturwissenschaften). In den Universitäten sind mehrere Colleges und aufbauende Institute, die zum Master und Doctorate führen, zusammengeschlossen. Vergeben diese Universitäten einen akademischen Berufsabschluss (z. B. Arzt, Jurist), führen sie den Zusatz Professional School. Neben diesen Hochschuleinrichtungen gehören auch Institute wie die Vocational Schools oder Technical Instituts zum postsekundären Bereich. Hier gibt es eine große Zahl öffentlicher und privater Einrichtungen. Sie vergeben Certificates wie z. B. Technician.

6) Mindestqualifikation für Lehrer an Elementarschulen ist in den meisten Staaten der Bachelorgrad, oft auch der Master, der generell von Bewerbern für das Lehramt an Sekundarschulen erwartet wird. Zusatzqualifikationen richten sich nach den Erwartungen der Staaten, falls solche definiert sind, oder aber nach den Ausschreibungen der lokalen School Boards. Viel Wert wird auf die laufende Weiterbildung gelegt. Die dort erworbenen Zertifikate spielen für die Sicherung des Arbeitsplatzes und die Übernahme leitender Funktionen eine große Rolle.

7) An der allgemeinen und beruflichen Weiterbildung sind High Schools, Colleges, Universitäten, Unternehmen, kommunale und private Träger gleichermaßen intensiv beteiligt. Erfolge in diesem Bereich sind für die berufliche Karriere von großer Bedeutung.

Verfasste Studentenschaft. Nach den Bestimmungen des *Hochschulrahmengesetzes* (HRG) kann in den Hochschulgesetzen der Länder die V. S. vorgesehen werden. Das ist in den einzelnen Bundesländern in unterschiedlicher Weise erfolgt. Mitglieder sind alle eingeschriebenen Studenten einer Hochschule. Allgemein gilt weiter, dass die V. S. die fachlichen, sozialen, hochschulpolitischen, kulturellen und sportlichen Belange ihrer Mitglieder in den Kollegialorganen der Hochschule *(Fachbereichsrat, Senat)* und gegenüber der Öffentlichkeit vertritt. Als eigene Kollegialorgane der V. S. arbeiten i. d. R. die Vollversammlung und das Studentenparlament. Die laufenden Geschäfte werden vom *Allgemeinen Studentenausschuss* (AStA) auf der Grundlage der Beschlüsse der Kollegialorgane geführt. Die V. S. untersteht der Aufsicht des Landes. Für ihr Haushaltswesen gelten die allgemeinen Vorschriften für die Haushaltsführung des Landes.

vergleichende Erziehungswissenschaft (engl. *comparative education*). Gestützt auf die theoretischen und methodischen Vorarbeiten anderer Sozialwissenschaften (Völkerkunde, Soziologie, Psychologie) beschreibt und analysiert die v. E. Erziehungs- und Ausbildungsprozesse in Familie, Schule, Berufsausbildung, Hochschule sowie in ritualisierten (z. B. kirchlichen) und alltäglichen Lebenssituationen unter den jeweils spezifischen Bedingungen einer *Kultur*. Dabei steht der Begriff Kultur für das komplexe Gefüge aus Weltanschauung(en), grundlegendem Verständnis von unbelebter und belebter Umwelt, Kommunikationsmitteln und -formen, Menschenbild, sozialer und politischer Ordnung, Entwicklungsstand von Produktionsmitteln und Arbeitsorganisation sowie Umgangsformen in Familie, Arbeit, Freizeit usw.

Schwerpunkte der Arbeit der v. E. sind die systematische Sammlung von Daten und Dokumenten über kulturspezifische Bilder und Konzeptionen von Kindheit, Eltern- und Lehrerschaft, Schule und Erwachsenenbildung sowie die Konkretisierung solcher Konzepte im Umgang der Mütter, Väter, Geschwister, professionellen Erzieher und Ausbilder mit Kindern, Jugendlichen u. a. Lernenden bei Pflege, Ernährung, Disziplinierung, Unterweisung, Ausbildung, Training oder speziellen Schulungsmaßnahmen im Rahmen informeller Situationen ebenso wie in formellen gesellschaftlichen Erziehungsinstitutionen. Für den Vergleich derartiger Daten und Dokumente sind Begriffe, Modelle und Messverfahren erforderlich, auf die hin bzw. durch deren Einsatz Übereinstimmungen und Unterschiede geordnet und möglichst exakt dargestellt werden können. So muss z. B. vor einem Vergleich der Mutterrolle geklärt sein, welche Merkmale dieser Rolle zugewiesen werden müssen, damit der Rollenbegriff für die Datenerhebung in zwei oder drei zu vergleichenden Kulturen eingesetzt werden kann. Oder es ist vorab für zwei zu vergleichende Schulsysteme zu definieren, was jeweils Schulpflicht konkret meint, d. h. in welchen Institutionen für welche Dauer und in welchem zeitlichen Umfang die Schulpflicht erfüllt wird.

Gemessen an der vergleichenden Forschung in den Sozialwissenschaften (vgl. hierzu vor allem die Untersuchungen von G. Trommsdorff) findet die v. E. bisher in Deutschland wenig Beachtung. Grundlegende Beiträge haben O. Anweiler, J. H. Knoll, H. Röhrs u. a. vorgelegt.

Verhalten (engl. *behaviour*). Summe der inneren und äußeren Aktivitäten eines Individuums in der Auseinandersetzung mit seinen materiellen und sozialen Lebensbedingungen. Unterscheiden lassen sich zwei Formen: 1. beobachtbares V. wie Sprechen, Bewegungen, Aggressionen, Nervosität, Weinen usw., 2. durch Introspektion (In-sich-selbst-Hineinblicken) feststellbares V. wie Angst, Hungergefühl, Begierden. Generelle Voraussetzungen allen V. sind die Eigenaktivität des Organismus und die Spontaneität des Menschen. Im Einzelnen aber lassen sich höchst unterschiedliche Motive feststellen bzw. lediglich vermuten.

Verhaltensauffälligkeit (engl. *behavioural disorders*). Der Begriff V. will Etikettierungen wie gestört, normal oder krank vermeiden und betont das, was als auffällig in Erscheinung tritt. Die V. muss immer im Kontext der Interaktionssituation gesehen werden, in dem sie auftritt. Dabei wird ein Verhalten nur deshalb als auffällig bezeichnet, weil es nicht den Erwartungen der beurteilenden Personen entspricht. Eine Beschreibung des beobachteten Verhaltens muss also immer die Situation und die Interaktionspartner in ihrem Verhalten mit erfassen. Mit V. ist aber noch nicht ein nur vereinzelt auftretendes Verhalten gemeint. Von V. kann erst gesprochen werden, wenn die gleiche Auffälligkeit immer wieder und dauerhaft auftritt. Es gibt Positionen in der Kinder- und Jugendpsychotherapie, die davon ausgehen, dass mehr als die Hälfte aller Kinder und Jugendlichen im Verlauf ihrer Entwicklung V. zeigen und/oder Lernschwierigkeiten haben, die aber bei positiver Bewältigung zur Stärkung der Persönlichkeit beitragen. Nach heutiger Auffassung sind nur solche V. als behandlungsbedürftig anzusehen, die länger als sechs Monate andauern.

Verhaltensmodifikation (engl. *behavioural modification*). Methode zur Verhaltensänderung bei Kindern und Jugendlichen in Bereichen der Pädagogik und der Sozialarbeit. Sie hat die gleiche lerntheoretische Basis wie die *Verhaltenstherapie*, die vorwiegend im klinischen Bereich praktiziert wird. Anwendungsbereiche der V. im Bereich der Schule sind: *Prüfungsangst, Schulangst*, Leistungsschwierigkeiten, Konzentrationsprobleme, *Verhaltensauffälligkeiten* im Unterricht u. a. Über die in der Verhaltenstherapie eingesetzten Methoden hinaus wird im schulischen Bereich versucht, mit dem Schüler Ursachen für Verhaltensauffälligkeiten herauszufinden und gemeinsam Veränderungsstrategien zu entwickeln. Dabei können auch klassische Methoden wie *Imitationslernen* und gezielte *Verstärkung* zum Aufbau erwünschten Verhaltens eine Rolle spielen, jedoch wird es für Erfolg versprechender gehalten, wenn an die Stelle der Fremdverstärkung eine eigenverantwortliche Verhaltensänderung tritt.

Verhaltensstörung (engl. *behavioural disorder*). Veralteter Begriff für *Verhaltensauffälligkeit*. Der Begriff V. bezeichnete vor 1970 so unterschiedliche Phänomene wie Erziehungsschwierigkeiten, Verwahrlosung, Schwererziehbarkeit, Entwicklungshemmung, Neurose u. Ä. Hauptmerkmal des Begriffs V. ist die von außen gesetzte Norm für die Beurteilung des Verhaltens. So wurde eine V. als Regelübertretung verstanden, die entweder von dem Handelnden selbst aufgrund seines Gewissens oder von einer außenstehenden Person als störend empfunden wurde. Der Psychologe O. Graefe hat 1956 in der Zeitschrift ›Psychologische Rundschau‹ eine Liste zur Klassifizierung kindlicher V. veröffentlicht, die folgende Einteilung hat: Funktionsstörungen innerhalb der Körpersphäre, abnorme Gewohnheiten innerhalb der Körpersphäre, Störungen der Ichgefühle und der Grundstimmung, soziale Störungen, Störungen im Tätigkeits- und Leistungsbereich.

Verhaltenstherapie (griech. *therapeia* Pflege, Heilung; engl. *behavioural therapy*). Therapeutisches Verfahren, das auf der Grundlage von *Lerntheorien* psychische Schwierigkeiten durch Verhaltensänderung behandeln will. Es wird davon ausgegangen, dass jedes Verhalten, also auch das gestörte, erlernt worden ist und deshalb durch Lernprozesse verändert werden kann (Dekonditionierung). Dabei wird die Umweltabhängigkeit von Verhaltensauffälligkeiten besonders beachtet und in die Verhaltensanalyse einbezogen. Anwendungsbereiche sind: Angstzustände, Sprachstörungen, sexuelle Störungen, Alkoholismus, Depressionen, hysterische Störungen u. a. Die verhaltenstherapeutischen Maßnahmen entsprechen einem Einzelfallexperiment. Zum Methodenrepertoire gehören: systematische Desensibilisierung, Imitationstherapie (z. B. Modell-Lernen), Selbstbehauptungstraining, Übersättigungstherapie u. a. Die Anwendung von Methoden der V. findet vorwiegend im klinischen Bereich statt, während Verfahren der *Verhaltensmodifikation* in erster Linie in pädagogischen Einrichtungen angewendet werden.

Verifikation (Syn. **Verifizierung**; lat. *verus* wahr; engl. *verification*). Eine Aussage oder auch eine Hypothese, die bestimmte Beziehungen zwischen zwei Faktoren behauptet, kann grundsätzlich zum einen über Erfahrung und zum anderen, sofern der Sachverhalt vollkommen in ein mathematisches Strukturmodell übertragen werden kann, durch schlüssige logische Beweisführung verifiziert, d. h. als wahr erwiesen werden. Visionen, religiöse Dogmen oder ethische Sollensforderungen sind grundsätzlich nicht verifizierbar. Der Grad an Sicherheit bzw. Gültigkeit verifizierter Aussagen hängt von der Güte bzw. Strenge der Beweisführung ab.

Verkehrserziehung (Syn. **Verkehrsunterricht**; engl. *road safety training*). Fächerübergreifende Erziehung, die vor allem im Sachunterricht der Grundschule zur Geltung kommt. Kinder sind als Verkehrsteilnehmer durch ihr eingeschränktes Blickfeld, ihre Spontaneität, ihre fehlende Erfahrung und Kenntnis der Verkehrsregeln besonders unfallgefährdet. Deshalb soll V. nach den Empfehlungen der KMK von 1972 Kindern und Jugendlichen helfen, sich im Straßenverkehr sicher und verkehrsgerecht zu verhalten, sich mit Verkehrswegen, -mitteln und -regeln vertraut zu machen, mit zunehmendem Alter ein kritisches Verständnis für den Verkehrsablauf zu erlangen und damit zu lernen, an der Verbesserung der Verkehrsverhältnisse mitzuwirken. Diese Ziele sind mit theoretischen Texten und Bildern allein nicht zu erreichen, weshalb von den realen Verkehrsverhältnissen in der Lebensumwelt der Kinder ausgegangen werden soll. Vor allem der Beherrschung des Fahrradfahrens kommt besondere Bedeutung zu. Verkehrsgärten oder -übungsplätze bieten Trainingsmöglichkeiten. In Zusammenarbeit mit der Polizei wird das Radfahrtraining heute zunehmend auf öffentlichen Radwegen und Straßen geübt. Ansprechpartner für Informationsmaterial, Lehr- und Lernmittel und Anschriften von Trainingsmöglichkeiten sind: Deutsche Verkehrswacht (Bonn), Allgemeiner Deutscher Fahrrad-Club (Bremen), Allgemeiner Deutscher Automobil-Club (München), Deutscher Verkehrssicherheitsrat (Bonn).

Verkürzung der Ausbildungszeit. Beide Parteien eines *Berufsausbildungsvertrages* können nach den Bestimmungen des *Berufsbildungsreformgesetzes* (BerBiRefG) eine V. d. A. vereinbaren, wenn die allgemeine bzw. berufliche Vorbildung erwarten lässt, dass das Ziel der Ausbildung in kürzerer Zeit als in der Ausbildungsordnung vorgeschrieben erreicht werden kann. I. d. R. führt ein Mittlerer Bildungsabschluss zu einer halbjährigen, die Fachhochschulreife oder das Abitur zu einer einjährigen V. d. A. Die V. d. A. muss beantragt und von der Zuständigen Stelle (Kammer) genehmigt werden. Eine V. d. A. ist auch während der laufenden Ausbildung möglich, wenn besonders gute Leistungen ein vorzeitiges Bestehen der Abschlussprüfung erwarten lassen.

Verlängerung der Ausbildungszeit. Nach den Bestimmungen des *Berufsbildungsreformgesetzes* (BerBiRefG) kann die Ausbildungszeit in zwei Fällen verlängert werden. 1. Auf Antrag kann die *Zuständige Stelle* (Kammer) einer V. d. A. zustimmen, wenn zu befürchten ist, dass das Ausbildungsziel in der vertraglich vorgesehenen Zeit nicht erreicht werden kann. 2. Besteht ein Auszubildender die *Abschlussprüfung* nicht, verlängert sich das Ausbildungsverhältnis auf seinen Antrag hin bis zum Zeitpunkt der nächsten Prüfung, maximal jedoch um ein Jahr.

Verlässliche Grundschule. *Halbtagsgrundschule 1.*

Verordnungen (Syn. **Rechtsverordnungen**; engl. *regulations*, *statutory instruments*). Das *Schulrecht* unterscheidet vom Parlament verabschiedete *Schulgesetze* und auf ihnen beruhende V. und Verwaltungsvorschriften. V. werden i. d. R. von den Kultusministern bzw. Schulsenatoren erlassen und bedürfen ausdrücklich der schulgesetzlichen Ermächtigung. Sie sind Rechtssätze, die im amtlichen Gesetzesblatt des Landes veröffentlicht werden müssen. Gerichte sind bei der Rechtsprechung an sie gebunden. Im Unterschied zu Schulgesetzen und V. sind Verwaltungsvorschriften (Erlasse, Richtlinien u. a.) der Kultusminister bzw. Schulsenatoren keine Rechtssätze. Sie dienen aber der weiteren Ausfüllung und einheitlichen Anwendung der gesetzlichen und verordnungsrechtlichen Bestimmungen und sind für Schulbehörden, Schulen und Lehrer verbindlich.

Versetzung (engl. *moving up*). Innerhalb der nach Jahrgangsklassen gegliederten Schule bestätigt die in einem *Zeugnis* dokumentierte V., dass ein Schüler das Klassenziel erreicht hat und zugleich angenommen wird, dass er die zu erwartenden Anforderungen der nächsten Klasse wird bewältigen können. Die Voraussetzungen für die V. und das dafür erforderliche Verfahren der Leistungsfeststellung sind landesrechtlich geregelt, zum Teil mit erheblichen Unterschieden zwischen den Ländern. Zumeist liegen ausführliche V.ordnungen für die einzelnen Schularten vor, die von Schülern und deren Erziehungsberechtigten eingesehen werden können. Im Falle einer Nichtv. wiederholt der Schüler die bisherige Jahrgangsstufe desselben Bildungsganges. Bei zweimaliger Nichtv. in einer Realschule, einem Gymnasium oder einer beruflichen Vollzeitschule muss i. d. R. der Bildungsgang verlassen werden. In den meisten Bundesländern bestehen Möglichkeiten zum Ausgleich mangelhafter Benotungen durch gute oder sehr gute Noten in anderen Fächern. Nachv. durch erfolgreiche Teilnahme an einer Prüfung sind ebenfalls möglich. Dafür sind die Bestimmungen in den einzelnen Ländern zu beachten.

Über V. oder Nichtv. entscheidet die Klassenkonferenz. Ist die V. angesichts der Leistungen im ersten Schulhalbjahr gefährdet, muss dies durch einen Vermerk im Halbjahreszeugnis mitgeteilt werden. Bei späterem Leistungsabfall des Schülers sind die Erziehungsberechtigten oder der volljährige Schüler selbst durch eine schriftliche Mitteilung (sog. Blauer Brief) zu benachrichtigen.

Die Nichtv. stellt einen Verwaltungsakt dar, der gerichtlich überprüft werden kann.

Die Nichtv. eines Schülers wird in der bisherigen Schulpraxis als eine pädagogische Maßnahme verstanden, der kein schematisches Rechenverfahren zugrunde gelegt werden soll. Vielmehr soll ein Schüler dann versetzt werden, wenn seine Leistungsfähigkeit und Arbeitshaltung erwarten lassen, dass er in der nächsthöheren Klasse erfolgreich mitarbeiten kann. Dabei muss auf außergewöhnliche Umstände wie längere Krankheit, Schulwechsel und belastende häusliche Verhältnisse Rücksicht genommen werden. Aktuelle Reformenbestrebungen halten eine Nichtv. nur noch dann für vertretbar, wenn der betroffene Schüler, seine Erziehungsberechtigten und die Lehrer davon überzeugt sind, dass die Wiederholung einer Klasse tatsächlich zu nachhaltig besseren Lernerfolgen führt. Anderenfalls sind alternative Förderkonzepte erforderlich.

Versetzungsplan. Beschreibt die zeitliche Abfolge der Lernplätze innerhalb der betrieblichen *Berufsausbildung* unter Berücksichtigung der Ziele und Inhalte, die im *Ausbildungsplan* des Betriebes enthalten sind.

Verstärkung (Syn. **Bekräftigung**; engl. *reinforcement*). Maßnahme, welche die Wahrscheinlichkeit des Auftretens einer Verhaltensweise beeinflusst. Wird bei der *Konditionierung* ein erfolgreiches Verhalten mit einem angenehmen Reiz, einer Belohnung, verbunden, führt dies mit großer Wahrscheinlichkeit zur konstruktiven Wiederholung des Verhaltens (positive V.). Eine negative V. liegt dann vor, wenn ein Verhalten vermehrt auftritt, um dadurch Schmerz bzw. Strafe zu vermeiden. Weiterhin wird zwischen primärer und sekundärer V. unterschieden.

Die primäre V. dient der Befriedigung grundlegender organismischer Bedürfnisse wie Hunger, Durst, Sexualtrieb, Schutz, Macht usw. Sie ist bei allen Lebewesen ohne vorhergehende Lernprozesse wirksam. Sekundäre V. gibt es vorwiegend in der zwischenmenschlichen Interaktion. Sie kommt in Lob, Anerkennung, Zuwendung und Liebe zum Ausdruck

und wird auch als konditionierte sowie als soziale V. bezeichnet. Die sekundäre V. basiert auf früheren Konditionierungen mit primärer V. Sie ist im Erziehungsfeld häufig zu beobachten, wenn gute Leistungen in der Schule von den Eltern mit besonderer Zuwendung und Geschenken belohnt werden.
Die Begriffe V. und Bekräftigung gehen auf Untersuchungen und *Lerntheorien* von I. P. Pawlow, E. L. Thorndike und *B. F. Skinner* zurück. Die Methode der V. findet im programmierten Unterricht und in der Verhaltenstherapie systematische Anwendung.

Verstehen. Als methodische Eigenart der Geisteswissenschaften, somit auch der Pädagogik, hebt *W. Dilthey* das V. in seiner *Hermeneutik* hervor. Obschon Erkenntnisse grundsätzlich auf Erfahrungen über die bzw. in der Wirklichkeit basieren, führen die wesentlichen Unterschiede zwischen den physischen (natürlichen) Gegenständen der Naturwissenschaften und den historisch-kulturellen, sinnhaften und individuellen Gegenständen der Geisteswissenschaften zur Unterscheidung der verstehenden Geisteswissenschaften von den erklärenden Naturwissenschaften.
Naturphänomene lassen sich im Prinzip auf bestimmte Ursachen zurückführen, die Beziehungen zwischen Ursache und Wirkung können durch möglichst experimentell kontrollierte Wiederholung der linearen Prozesse beobachtet und zumeist auch genau gemessen und aus den richtigen Erklärungen Gesetze abgeleitet werden, die dann in technische Regeln für das Handeln umgesetzt werden können. Zwar liegen auch allen sinnstiftenden Aktivitäten des Menschen (Sprache, Kunst, Gesetzgebung, Bauen, Erziehen, Musik usw.) natürliche Bedingungen zugrunde – Körperkräfte und Gehirnaktivitäten z. B. –, doch lassen sich Bedeutung und Sinnhaftigkeit dieser sinnstiftenden Aktivitäten in ihrer Besonderheit auf dem erklärenden Weg nicht erschließen. So können z. B. die verschiedensten Werkzeuge zur Herstellung einer Skulptur naturwissenschaftlich im Hinblick auf ihre Bestandteile und deren Qualitäten analysiert werden, doch ihre Bedeutung für den Menschen erkennen wir auf diese Weise nicht. Hier wird das V. als spezifisches Erkenntnisverfahren erforderlich. Dieser Ansatz ist aus dem Alltag bekannt: Wir verstehen unsere Gesprächspartner, die Verkehrszeichen, die Gesten der anderen, die Leuchtreklame, das Blaulicht des Polizeiautos usw., weil wir im gleichen Sinnzusammenhang leben. Offensichtlich sind Eingebettetsein in eine gemeinsame historisch-kulturelle Lebenswelt, Einfühlungsvermögen und innerer Nachvollzug einer fremden Handlung also wesentliche Bedingungen für das V.
In der Wissenschaft soll über die systematische verstehende Analyse erkannt werden, was jemand getan hat oder gerade tut und als was es uns heute erscheint (H. Danner). Der individuelle Sinn soll erschlossen werden *(idiografische Methode),* nicht die Gründe, also warum jemand etwas tut oder getan hat.
V. als Methode der Pädagogik verfolgt im Wesentlichen folgende Fragen: Welche Bedeutung können wir einer Quelle (Brief, Protokoll, Gedicht, Rede u. a.) entnehmen? Stimmen die Bedeutungen verschiedener Quellen eines Autors miteinander überein? Was kann die Produktion der Quellen beeinflusst haben? Was wollte oder auch sollte der Handelnde ausdrücken? In welchem geistig-kulturellen oder politischen Zusammenhang steht die Quelle? Was war der Anlass, was der Zweck oder das Ziel der Produktion dieser Quelle? Häufigstes Material für das methodische V. sind theoretische, politische, programmatische, rechtliche, weltanschauliche oder literarische Texte. In der pädagogischen Forschung sind jedoch auch Kongressberichte, Sitzungsprotokolle, Bildungspläne, Schulbücher, Schüleraufsätze oder z. B. Abschriften von Interviews mit Eltern und Lehrern typische Gegenstände des V.

Versuch-Irrtum-Lernen. *Lernen durch Versuch und Irrtum.*

Versuchsschule. *Schulversuch.*

Vertrauenslehrer (Syn. **Verbindungslehrer**). Im Rahmen der in den *Schulgesetzen* der Bundesländer ausdrücklich eingeräumten und durch Erlass der obersten Schulverwaltungsbehörde geregelten *Schülermitverantwortung* (SMV) wählen die Schüler, i. d. R. über ihren Schülerrat, je nach Größe der Schule einen oder mehrere V. Der V. berät die SMV, unterstützt sie bei der Durchführung ihrer Aufgaben und fördert insbesondere die Verbindung zwischen SMV und Schulleitung, Lehrerschaft sowie Elternvertretern.

Verwahrlosung (engl. *state of destitution*). Schwer zu präzisierende Bezeichnung für ein Syndrom von Verhaltensauffälligkeiten, das seelische, soziale, moralische und körperliche Faktoren berücksichtigt. Zur V. werden Abweichungen von den herrschenden Normen dann, wenn sie besonders häufig, schwerwiegend, dauerhaft und in Koppelung miteinander auftreten. Als Anzeichen für V. gelten u. a. regelmäßiges Schulschwänzen, Schulflucht und zielloses Herumstreunen. V. bei Kindern und Jugendlichen hängt häufig zusammen mit benachteiligenden Lebensverhältnissen in Familie und unmittelbarer Nachbarschaft (Armut, Wohnungsnot, Arbeitslosigkeit, Verschuldung, Drogenkonsum, delinquentes Potenzial im Wohnquartier).

Verweis. *Erziehungs- und Ordnungsmaßnahmen.*

Verzeichnis der anerkannten Ausbildungsberufe (engl. *register of initial training occupations*). Das *Bundesinstitut für Berufsbildung* (BIBB) gibt gemäß einer Bestimmung des *Berufsbildungsreformgesetzes* (BerBiRefG) jährlich das V. d. a. A. heraus. Nur in den hier aufgelisteten Ausbildungsberufen darf im Sinne des Berufsbildungsreformgesetzes eine staatlich anerkannte Berufsausbildung erfolgen. Eingesehen werden kann das V. bei der Berufsberatung.

Verzeichnis der Berufsausbildungsverhältnisse. Nach den Bestimmungen des Berufsbildungsreformgesetzes (BerBiRefG) hat die *Zuständige Stelle* (Kammer) alle von ihren Mitgliedsbetrieben abgeschlossenen *Berufsausbildungsverträge* in das V. d. B. einzutragen. Dabei sind die wichtigsten Angaben aus der Niederschrift des Berufsausbildungsvertrages zu übernehmen. Folglich ist auch jede nach den gesetzlichen Bestimmungen vorgenommene Änderung eines Berufsausbildungsvertrages (Verkürzung der Ausbildungszeit, Verlängerung der Ausbildungszeit) der Zuständigen Stelle zu melden, damit das V. d. B. aktualisiert werden kann.

VHS. *Volkshochschule.*

Vier-Stufen-Methode. Vorbereitete Unterweisung von Auszubildenden am Arbeitsplatz. 1. Stufe: Inhaltliche und methodische Vorbereitung durch den Ausbilder (Modelle, notwendige Informationsquellen, Ausstattung des Arbeits- bzw. Lernplatzes) unter Berücksichtigung der Ausgangslage der Auszubildenden. 2. Stufe: Vormachen einer neuen beruflichen Operation mit den zu ihrem Verständnis erforderlichen Erklärungen. 3. Stufe: Nachmachen der neuen Operation durch die Auszubildenden mit Erläuterungen, aus denen der Ausbilder auf das Verständnis schließen kann. 4. Stufe: Selbständiges Ausführen der neuen Operation und deren Sicherung durch Übung innerhalb der beruflichen Praxis.

Vocatio (lat. Berufung, Einladung). In der evangelischen Kirche die Berufung in das Amt eines Religionslehrers.

Volkshochschule (**VHS**; engl. *adult education centre*). Öffentliche, jedermann zugängliche Bildungseinrichtung, die durch Kurse, Lehrgänge, Vorträge, Reisen und Tagungsveranstaltungen die *Erwachsenenbildung* umfassend fördert. Ihr Angebot erstreckt sich über das gesamte Feld der Allgemeinbildung (Politik, Geschichte, Musik, Kunst, Sprachen, Pädagogik, Psychologie, Naturwissenschaften, Mathematik u. a.), über praktische Kurse im Bereich des künstlerischen Gestaltens,

Veranstaltungen zur allgemeinen Lebenshilfe (Ernährung, Partnerschaft, Sexualität u. a.) bis zur beruflichen *Weiterbildung,* die in den letzten Jahren für die Arbeit der VHS ständig an Bedeutung gewonnen hat. Nach den meisten Kursen zur beruflichen Weiterbildung können durch Teilnahme an Prüfungen anerkannte Abschlüsse (z. B. Industriefachwirt, Techniker, Ausbilder gemäß der AEVO) erworben werden. Das Kursangebot der VHS wird zum überwiegenden Teil von freien Mitarbeitern getragen. Für die verschiedenen Fachbereiche sind hauptamtliche Dozenten angestellt, die das Kursangebot zu organisieren haben und auch selbst als Lehrer tätig sind. Träger der VHS sind Vereine oder Kommunen. Die Kosten werden durch Teilnehmergebühren und Zuschüsse aus öffentlichen Haushalten gedeckt. Eine einheitliche rechtliche Grundlage für die Arbeit der VHS besteht nicht. In einzelnen Bundesländern bestehen bereits besondere VHS-Gesetze.

Volksschule. Bis zum *Hamburger Abkommen* von 1964 war die V. die acht Schuljahrgänge umfassende allgemein bildende Schule für all die schulpflichtigen Kinder, die nach der Grundschule keine weiterführende Schule (Realschule, Gymnasium) besuchten.

Seit der Einführung der gemeinsamen Grundschule für alle Kinder des Volkes in der Weimarer Verfassung (1919) gliederte sie sich in die vierjährige Grundschule und die vierjährige Volksschuloberstufe. Charakteristisches Merkmal der V. war die ihr konzeptionell zugrunde liegende *volkstümliche Bildung.* Nach dem Zweiten Weltkrieg wurde die V. in der DDR schrittweise durch die zehnklassige allgemein bildende polytechnische Oberschule abgelöst. In der BRD empfahl der *Deutsche Ausschuss für das Erziehungs- und Bildungswesen* in seinem Rahmenplan zur Umgestaltung und Vereinheitlichung des allgemein bildenden öffentlichen Schulwesens von 1959 die sich an die Grundschule anschließende gemeinsame Förderstufe (5. und 6. Schuljahr) und als eine der drei Oberschulen die *Hauptschule* (7. bis 9. bzw. 10. Schuljahr), die die Volksschuloberstufe ersetzen sollte. Das Hamburger Abkommen von 1964 folgte weitgehend dem Hauptschulgutachten des Deutschen Ausschusses von 1964, setzte die Vollzeitschulpflicht auf neun (mit zulässiger Ausdehnung auf zehn) Schuljahre fest und führte die Hauptschule neben Realschule, Gymnasium und Sonderschule ein, machte aber das Angebot einer Förderstufe zur Ländersache.

volkstümliche Bildung. Bildungskonzept, das die *Volksschule* und die *Heimatkunde* bis in die sechziger Jahre prägte. Sie galt, so formulierte es der Pädagoge R. Seyfert 1931 in seiner Publikation ›V. B. als Aufgabe der Volksschule‹, der Erziehung und Bildung des »schlichten, einfachen, praktischen Menschen, (...) dessen Welt durch Arbeit, Heimat und Volkstum« bestimmt war. Sie wandte sich an das natürliche Empfinden und die sittlichen Gemütswerte des in der Heimat verwurzelten Menschen, dessen Denken durch eine situationsgebunden-natürliche und anschaulich-handwerkliche oder erdverbunden-bäuerliche Weltsicht geprägt wurde. In diesem Sinne wurde auch die Volksschullehrerschaft weitgehend ausgebildet. Nach dem Zweiten Weltkrieg diente die v. B. in Verbindung mit der Legitimation eines statischen Begriffs von *Begabung* zur Rechtfertigung des dreigliedrigen Schulsystems. Erst mit den weltweiten Veränderungen der sechziger Jahre und der sich anschließenden Bildungsreformdiskussion um 1970 sowie der Einführung der *Hauptschule* durch das Hamburger Abkommen von 1964 wurde deutlich, dass nicht nur Real- und Gymnasialschüler einer wissenschaftsorientierten Ausbildung bedürfen, die eingebunden ist in ein zeitgemäßes Verständnis von *Allgemeinbildung* als Bildung für alle.

Volle bzw. Ganze Halbtagsgrundschule. *Halbtagsgrundschule.*

Volljährigkeit (engl. *age of majority*). Tritt ein mit der Vollendung des 18. Lebensjahres und ist mit einer Reihe von Rechtsfolgen verbunden. Die *elterliche Sorge* ist aufgehoben. Der Volljährige erlangt die uneingeschränkte Geschäftsfähigkeit, kann also sämtliche Rechtsangelegenheiten eigenverantwortlich entscheiden (z. B. Kauf, Miete, Verkauf, Eheschließung). Er erlangt das passive und das aktive Wahlrecht, kann also an den Wahlen zu Parlamenten auf kommunaler, Landes-, Bundes- oder Europa-Ebene teilnehmen und sich auch selbst wählen lassen, wobei es für das passive Wahlrecht einzelne Ausnahmen gibt. Das BGB verbindet mit der V. zugleich die volle Verantwortung für ungesetzliche Handlungen. Das Wehrpflichtgesetz sieht für deutsche Männer die Wehrpflicht vor.

Vollzeitpflege. Nach den Bestimmungen des *Kinder- und Jugendhilfegesetzes* (KJHG) zeitlich befristete *Hilfe zur Erziehung* in einer Pflegefamilie, die dann vom Jugendamt angeordnet werden kann, wenn die Erziehungsbedingungen in der Herkunftsfamilie eine Gefährdung für das Wohl des Kindes oder Jugendlichen darstellen.

Vollzeitschule (engl. *full-time schooling*). Alle Schulen, die als Halb- oder Ganztagesschulen regelmäßig an fünf bzw. sechs Tagen der Woche Unterricht erteilen, werden als V. bezeichnet. In zeitlicher Parallelität darf kein zweiter gesetzlich geregelter Ausbildungsgang besucht werden.

Vollzeitschulpflicht. *Schulpflicht.*

Volontariat (lat. *voluntarius* aus freiem Antrieb handelnd). Einführungs-, Erprobungs- und Ausbildungszeit für Nachwuchskräfte im Bereich der Medien, vereinzelt auch in kaufmännischen Berufen. Verbindliche V.ordnungen, etwa vergleichbar den Ausbildungsordnungen für die anerkannten Ausbildungsberufe, liegen nicht vor. Die Gestaltung des V. kann vertraglich sehr unterschiedlich vereinbart werden.

Vorbereitungsdienst. Nach den vom Bund und den Ländern erlassenen Beamtengesetzen haben die Bewerber um ein öffentliches Amt einen V. abzuleisten, der je nach Laufbahn unterschiedlich lange dauert (sechs Monate bis drei Jahre) und mit einer Prüfung abschließt. Für die Lehrer an den unterschiedlichen Schularten bestehen jeweils besondere Regelungen für den V., der in diesen Fällen zumeist die Bezeichnung Referendariat trägt.

Vorbereitungskurse zum nachträglichen Erwerb des Hauptschulabschlusses. Nach den Bestimmungen des *Arbeitsförderungs-Reformgesetzes* (AFRG) wird der Besuch von V. durch das Arbeitsamt finanziell gefördert, weil dadurch die Chancen auf berufliche Eingliederung wesentlich verbessert werden können. Entsprechende Angebote machen Volkshochschulen u. a. freie Träger von Bildungsmaßnahmen. Auskunft erteilen die Berufsberatung oder auch die Volkshochschulen.

Vorbild (engl. *model*). Lebende oder historische Persönlichkeit, die aufgrund ihrer Lebensführung bzw. ihrer Leistungen zur Bezugsperson wird, also für die Einstellungen und Verhaltensweisen eines Individuums Orientierungen, Modelle oder Maßstäbe vorgibt, dadurch motiviert und Standards setzt.

Vorhabengestaltung. *Projektunterricht.*

Vorklasse. Einrichtung zur einjährigen Frühförderung Fünfjähriger, die der *Grundschule* vorgeschaltet und organisatorisch zugeordnet ist. Ziel der pädagogischen Arbeit in der V. ist es, bei allen Kindern Lernbereitschaft und Lernfähigkeit zu steigern. Neben der Stabilisierung der kindlichen Persönlichkeit soll ein möglichst gleitender Übergang aus der Familien- und Kindergartenerziehung in die Grundschule ermöglicht werden. Deshalb sollen die Kinder über Formen des spielenden Lernens hinaus auch zum aufgabenbezogenen Lernen in vorstrukturierten Lernsequenzen hingeführt werden. Die Arbeit in der V. findet nur vor-

mittags statt und wird von Erzieherinnen und Lehrerinnen gemeinsam getragen.
In manchen Ländern der Bundesrepublik Deutschland wird die Bezeichnung V. für *Schulkindergärten* verwendet.

Vormund (engl. *guardian*). Für *Minderjährige*, für die niemand die elterliche Sorge trägt (z. B. durch Tod beider Elternteile), muss das *V.schaftsgericht* einen V. bestellen. Der V. erhält aus der Hand eines V.schaftsrichters eine besondere Urkunde und muss seine V.schaft durch Handschlag ausdrücklich annehmen. Gegenüber seinem Mündel hat der V. sämtliche Aufgaben und Rechte, die sich aus der elterlichen Sorge ergeben.

Vormundschaft (engl. *guardianship*). Nach geltendem Recht jede Fürsorge für eine Person oder das Vermögen einer Person, die nicht in der Lage ist, für sich selbst zu sorgen. Für nichteheliche Kinder minderjähriger Mütter oder Findelkinder ist automatisch das Jugendamt Amtsvormund. In anderen Fällen kann eine V. durch ein *V.gericht* ausgesprochen werden. Die V. endet bei Eintritt der *Volljährigkeit* oder wenn die Gründe, die für die Anordnung einer V. ausschlaggebend waren, nicht mehr vorliegen.

Vormundschaftsgericht (engl. *Guardianship Court*). Abteilung des Amtsgerichts, die i. d. R. auf Antrag eines Amtes (z. B. Jugendamt) oder einer einzelnen Partei (z. B. eines Elternteils) tätig wird. Gegenstand der Arbeit sind die Beziehungen zwischen den Elternteilen und ihren Kindern, z. B. die Zuerkennung der *elterlichen Sorge* oder einer *Vormundschaft*. Seit Einrichtung der *Familiengerichte* im Jahre 1977 haben diese einen Teil der Aufgaben der V. übernommen.

Vorpubertät. Die der eigentlichen geschlechtlichen Reifung *(Pubertät)* vorangehende Lebenszeit, zumeist auf Kinder zwischen dem 10. und 12. Lebensjahr bezogen. Ob die für diese Entwicklungsphase vielfach behaupteten Verhaltensauffälligkeiten eintreten, hängt weitgehend von kulturellem Umfeld und bisherigem Verlauf der Erziehung ab.

Vorschulen. Bis 1919 waren V. schulgeldpflichtige öffentliche oder private Einrichtungen, die Kinder in einem dreijährigen Unterricht auf den Besuch einer höheren Schule vorbereiteten. Sie wurden meist von Kindern oberer Schichten besucht und waren i. d. R. einem *Gymnasium* organisatorisch angegliedert. Sie bestanden neben den *Volksschulen* für Kinder unterer Schichten. Mit der Einführung der gemeinsamen *Grundschule* für alle Kinder des Volkes wurden die V. durch die Weimarer Verfassung (1919) und das Reichsgrundschulgesetz (1920) aufgehoben, was im GG der Bundesrepublik Deutschland (1949) noch einmal bestätigt wurde.

Vorschulerziehung (engl. *pre-school education*). Erziehung und Förderung des kleinen Kindes vor dem Eintritt in die Schule. Sie umfasst im weiteren Sinn die Erziehung in der Familie, in außerfamiliären und in familienergänzenden Einrichtungen (z. B. Säuglingsheimen bzw. Kindergärten) von der Geburt bis zur Schulpflicht. Hilfen zur sozialpädagogischen Betreuung und Förderung geben folgende Tageseinrichtungen: Kinderkrippen für Kleinstkinder bis zu drei Jahren, Krabbelstuben für Kleinkinder (vier Monate bis drei Jahre), Spielstuben für Kinder und Kindertagesstätten (drei bis sechs Jahre). Im engeren Sinne bezieht sich der Begriff V. auf die öffentliche oder private familienergänzende Erziehung von drei- bis sechsjährigen Kindern in Einrichtungen des Elementarbereichs (Kindergärten, Vorklassen oder Eingangsstufenklassen). Zu den Einrichtungen der V. zählen auch die aus der Bewegung der antiautoritären Erziehung hervorgegangenen Kinderläden und andere Eltern-Kind-Gruppen.
Die Institutionen der V. bieten sozialpädagogische Familienhilfe und kommen berufstätigen Müttern und Vätern vor allem wegen der gesicherten Versorgung der Kinder entgegen. Darüber hinaus hat die V. eine wichtige Funktion bei der förderorientierten Vorbereitung der Drei- bis

Sechsjährigen auf den Schulbesuch. Seit Ende der sechziger Jahre empirische Erhebungen den Zusammenhang von Sozialschichtzugehörigkeit und Schulerfolg nachgewiesen haben und die Revision des statischen Begabungsbegriffs die Förderung aller Kinder propagierte, stieg die Nachfrage nach Frühförderung der Ich-, Sozial- und Sachkompetenz der kleinen Kinder durch V. erheblich. Konzepte der kompensatorischen und der antiautoritären Erziehungsbewegung bestimmten die Diskussion. Eine Vielzahl von staatlich geförderten Modellversuchen und die Wirksamkeit von Vorschulprogrammen wurden empirisch untersucht. Unter den verschiedenen Konzeptionen, zu denen der funktionsorientierte Ansatz (Training psychischer Funktionen, Intelligenztraining, Sprachtraining), der disziplinorientierte Ansatz (wissenschafts- und schulfachorientiert) und der situationsorientierte Ansatz (Lebenssituationen) gehörten, hat sich besonders der situationsorientierte Ansatz durchgesetzt. Dieser Ansatz des Deutschen Jugendinstituts (J. Zimmer) suchte eine enge Verbindung zwischen dem Lernbedürfnis des Vorschulkindes und seinen konkreten Lebenssituationen herzustellen. Zu seinen Zielen gehörte neben einer intensiven Einbeziehung der Elternarbeit die Integration von schulischem und sozialem Lernen für die Fünfjährigen. Eine immer größer werdende Beliebtheit erfuhren auch die Kinderhäuser, die nach der *Montessori-Pädagogik* arbeiten.

Nach dem »PISA-Schock« 2001 erfuhr die Diskussion um die Qualität der Frühförderung und den Ausbau von Betreuungsplätzen vor dem Hintergrund internationaler Entwicklungen neuen Auftrieb. Vor allem im wissenschaftlichen Bereich wurden verschiedene Ansätze zur Qualitätsfeststellung und -entwicklung im internationalen Vergleich thematisiert. Daraus resultierte auch die Neudiskussion curricularer Reformen und des Bildungsverständnisses im Vorschulbereich. Während ein Teil der Fachleute für V. die systematische Frühförderung mit Sprach- und Intelligenzförderprogrammen favorisieren und verbindliche Bildungspläne einführen wollen, vertreten andere eine eigenständige Bildungskonzeption für den Kindergarten, durch die den Kindern eigenaktives und selbstentdeckendes Lernen ohne Verschulung ermöglicht wird. Aus der Annäherung beider Positionen zeichnet sich die Festigung einer eigenständigen Konzeption für frühkindliche Bildung ab. Von zentraler Bedeutung ist heute die pädagogische Gestaltung des gleitenden Übergangs zwischen Kindergarten und Grundschule.

Die aktuelle Diskussion um den Geburtenrückgang in Deutschland, die Notwendigkeit des Ausbaus der Kinderkrippen und der Tagesbetreuung (z. B. durch Tagesmütter) für Unter-Dreijährige führte 2005 zum »Gesetz zur Weiterentwicklung der Kinder- und Jugendhilfe (KICK)« und zum »Tagesbetreuungsausbaugesetz (TAG)«. Bereits 1996 hatte das Kinder- und Jugendhilfegesetz (KJHG) in § 24 den Rechtsanspruch auf einen Kindergartenplatz für Kinder vom vollendeten dritten Lebensjahr an eingeführt. Wie das Statistische Bundesamt in seiner Erhebung vom März 2005 zeigt, gab es im früheren Bundesgebiet Ende 2002 für 88% der drei- bis sechsjährigen Kinder einen Kindergartenplatz, aber nur für 3% der Kinder unter drei Jahren einen Krippenplatz und für 5% der Kinder von sechseinhalb bis elf Jahren einen Hortplatz. Dagegen konnten 37% der Krippenkinder und 41% der Hortkinder in den neuen Bundesländern eine Tagesbetreuung in Anspruch nehmen. Für jedes Kind im Kindergartenalter gab es im Osten mit 105% ein Überangebot an Plätzen. Hinzu kommt, dass 2002 mit 21% Ganztagskindergartenplätzen im Westen eine Unterversorgung vorlag, während in Ostdeutschland 98% Ganztagsplätze zur Verfügung standen und die meisten Einrichtungen Krippen- und Kindergartenplätze führten. Damit besteht für die zuständige Bildungs- und Sozialpolitik ein großer Handlungsbedarf.

Vorurteil (engl. *prejudice*). Unkritische Übernahme einer Meinung, Erwartung oder Auffassung. Ein Individuum mit V. fällt über Personen, Sachverhalte, Gruppen usw. positive oder negative Urteile, ohne die Gründe dafür zu kennen bzw. geprüft zu haben oder eigene und möglichst objektive Erfahrungen zu machen. Zumeist wird der Begriff im negativen Sinne verwendet.

W

Wahlbereich. In manchen *Stundentafeln*, z. B. in der Integrierten *Gesamtschule,* ist neben den Wochenstunden des Pflicht- und des Wahlpflichtbereichs ein i. d. R. zweistündiges zusätzliches Lernangebot für *Arbeitsgemeinschaften* oder *Förderunterricht* vorgesehen, dessen Wahrnehmung freiwillig ist.

Wahlpflichtdifferenzierung (Syn. **Wahlpflichtunterricht**). **1)** Form der *Differenzierung* in der Integrierten *Gesamtschule*, bei der die Schüler zusätzlich zu den Fächern im Pflichtbereich nach Interesse, Neigung oder Fähigkeiten zwischen unterschiedlichen Fachangeboten des Wahlpflichtbereichs wählen müssen. Für die W. stehen im 7. und 8. Jahrgang vier und im 9. und 10. Jahrgang sechs Wochenstunden zur Verfügung. Zu Beginn des 7. Jahrgangs werden i. d. R. alternativ Arbeit – Wirtschaft – Technik, eine zweite Fremdsprache, Naturwissenschaften und im Allgemeinen auch Gesellschaftslehre und musisch-kulturelle Bildung zur Wahl gestellt. Zu Beginn des 9. Jahrgangs können die Schüler eines oder beide der im 7. Jahrgang gewählten Wahlpflichtfächer weiterführen, sie können aber auch zwei neue Fächer, z. B. eine weitere Fremdsprache, wählen. Während die zweite Fremdsprache immer vierstündig belegt werden muss, können die anderen Fächer zwei-, drei- oder vierstündig sowie fächerübergreifend angeboten werden. Da die zweite Fremdsprache eine Voraussetzung für den Erwerb der *Allgemeinen Hochschulreife* ist und in der *gymnasialen Oberstufe* nur unter erschwerten Bedingungen nachgeholt werden kann, ist die Entscheidung für oder gegen sie von besonderer Bedeutung für die weitere Schullaufbahn. Die Fächernamen und einzelne Regelungen können in den verschiedenen Bundesländern voneinander abweichen, so dass die schulrechtlichen Verordnungen oder Erlasse zu beachten sind.
2) Form der abschlussbezogenen Profilbildung in der *Realschule,* die in einer Verbindung von Allgemeinbildung und berufsorientierter Vorbildung zum Ausdruck kommt. Neben einem verbindlichen Kernunterricht können in den Abschlussklassen Wahlpflichtkurse im fremdsprachlichen (zweite Fremdsprache) und im mathematisch-naturwissenschaftlichen Bereich sowie in drei fächerübergreifenden Bereichen mit den Schwerpunkten Sozial- und Wirtschaftskunde, Wirtschaft und Technik, Sozialwissenschaft und Sozialpädagogik gewählt werden. Die W. geht aus Schulversuchen einzelner Bundesländer hervor und ist heute in der Mehrzahl der Bundesländer eine Regeleinrichtung.

Wahlschulen. Für die Erfüllung der gesetzlich vorgegebenen *Schulpflicht* haben die Bundesländer *Grundschulen, Hauptschulen, Verbundschulen* und *Berufsschulen* eingerichtet. Jede andere öffentliche oder als Ersatzschule anerkannte private Schule, die nach Wahl der Eltern oder des Schülers besucht wird (*Realschule, Gymnasium, Gesamtschule,* Vollzeitberufsschulen), wird als W. bezeichnet. Neuerdings werden in einigen Bundesländern auch Grund- u. Hauptschulen als W. geführt, weil *Schulbezirke* aufgehoben worden sind.

Waldorfschule. Schule in freier Trägerschaft (*freie Schule, Privatschule*), deren pädagogische Konzeption durch die *Anthroposophie R. Steiners* geprägt ist. Die erste freie W. wurde von R. Steiner 1919 im Auftrag des Fabrikanten E. Molt für

Kinder der Beschäftigten der Waldorf-Astoria-Zigarettenfabrik in Stuttgart gegründet. In der Zeit des Nationalsozialismus wurden die W. verboten. Heute gibt es in der Bundesrepublik Deutschland etwa 150 W., die im Bund der freien W. organisiert sind. Zu den Aufgaben der Bundesorganisation gehören die Aus- und Fortbildung der Lehrerinnen und Lehrer, die Gestaltung öffentlicher Tagungen und die Forschungsförderung.

W. sind Integrierte Gesamtschulen, in denen Kinder aller Bevölkerungsschichten und Begabungsrichtungen gemeinsam unterrichtet werden. In den Klassen 1 bis 8 herrscht das Klassenlehrerprinzip vor. Der sog. Hauptlehrer unterrichtet möglichst alle Hauptfächer. Die Klassen 9 bis 12 bilden die Oberstufe, in der spezialisierte Fachlehrer unterrichten. Vom 1. Schuljahr an werden Fremdsprachen angeboten. Für alle Altersstufen gibt es das Fach Eurythmie, in dem Bewegung, Sprache und Musik ausdrucksvoll miteinander verbunden sind. Die zeitliche Gliederung des Schultages in Hauptunterricht, Epochenunterricht, lehrgangsartigen Unterricht und künstlerisch-praktisches Arbeiten berücksichtigt den biologisch-physiologischen Tagesrhythmus des Kindes. In der Oberstufe werden Landwirtschafts-, Vermessungs-, Forst- und Industriepraktika, eine kunstgeschichtliche Reise und Theaterstücke durch- bzw. aufgeführt. In einigen W., z. B. in der Hibernia-Schule in Herne, findet eine Integration von Allgemein- und Berufsbildung statt. Klassen- und Schulfeiern sind wesentliche Elemente des Schullebens.

In der W. gibt es keine Zensuren und kein Sitzenbleiben. An die Stelle von Jahreszeugnissen treten sog. Charakteristika (Lernentwicklungsberichte). Nach der 12. Klasse können die Abschlüsse des Sekundarbereichs I erworben werden. Befähigte Schülerinnen und Schüler werden in einem 13. Schuljahr auf das Abitur vorbereitet. Nach dem Besuch der Erzieherklasse und einem anschließenden Berufsanerkennungsjahr kann auch das Zertifikat des staatlich anerkannten Erziehers erworben werden.

In der W. wird eine intensive Kooperation mit der Elternschaft praktiziert. Das Lehrerkollegium versteht sich als pädagogische Arbeitsgemeinschaft, die keine Rangstufen kennt. Die Schule wird kollegial geleitet und verwaltet.

R. Steiner hat die auf seiner anthroposophischen Menschenkunde basierende Erziehungslehre erstmals 1907 in seiner Schrift ›Die Erziehung des Kindes vom Gesichtspunkt der Geisteswissenschaft‹ und in Vorträgen dargestellt. Nach seiner Entwicklungslehre ist die Kindheit und Jugend in einen Sieben-Jahres-Rhythmus gegliedert, wobei die Abschnitte durch die physiologischen Ereignisse des Zahnwechsels und der Geschlechtsreife markiert werden. Die Schulkonzeption folgt dieser Entwicklunglehre, so entspricht z. B. die Rolle des Hauptlehrers in der Unterstufe dem Bedürfnis des Kindes nach Autorität und Nachahmung von Vorbildern. Die Entsprechung von Kulturgeschichte der Menschheit und individueller Entwicklung (Kulturstufenprinzip) ist für den von R. Steiner selbst entworfenen Lehrplan der W. bestimmend.

Weisungen. *Erziehungsmaßregeln.*

Weißrussland. **1)** Seit 1991 von der ehemaligen Sowjetunion unabhängige präsidiale Republik. Hauptstadt: Minsk (1,7 Mill. Einw.). Fläche: 207 595 km^2, 9,8 Mill. Einw., 47 Einw./km^2. 81% Belarussen, 11% Russen, 4% Polen und weitere Minderheiten. Landessprachen: Weißrussisch und Russisch (Amtssprachen), in den westlichen Gebieten Polnisch. Religion: 60% Russisch-Orthodoxe, 8% Katholiken, Minderheiten von Juden, Muslimen und Protestanten.

2) Grundlage der Erneuerung des Bildungswesens ist das 1991 verabschiedete Gesetz ›Von der Bildung in der Republik Weißrussland‹, das nach den ersten sieben Reformjahren 1998 aktualisiert wurde. Als leitende Prinzipien nennt das Gesetz Demokratisierung, nationale Erneuerung, Überwindung des sowjetischen Zentralismus, Wissenschaftsorientierung des Lehrens und Lernens sowie Wertschätzung der Umwelt mit dem Ziel, im Bildungswesen noch im 1. Jahrzehnt des 21. Jh. die üblichen europäischen Standards zu erreichen. Die Umsetzung dieses Programms ist gekennzeichnet einerseits durch die enormen Schwierigkeiten bei der Überwindung des sowjetischen Systems in Politik, Wirtschaft, Kultur und Gesellschaft und andererseits durch die wirtschaftliche Schwäche des Landes, die kaum den Unterhalt des alten Bildungswesens sicherstellt, geschweige denn umfangreiche Investitionen für Reformprozesse erlaubt. Für die Durchsetzung neuer Standards im gesamten Bildungswesen vom Kindergarten bis zu den Universitäten ist das Ministerium für Bildung zuständig. Wirksam wird dessen Funktion insbesondere bei der Zulassung (Akkreditierung) von öffentlichen und privaten Bildungseinrichtungen, bei der Festlegung von Prüfungsnormen, bei der Beschreibung der Erziehungsgrundsätze und der Formulierung des nationalen Rahmencurriculums sowie bei der Definition der Kriterien für Lehrerbildung und Lehrereinstellung. Die Schulverwaltung im engeren Sinne ist Aufgabe von derzeit 64 regionalen Schulämtern. Bei der Konkretisierung des Rahmencurriculums und im Hinblick auf die Verwendung der zugewiesenen öffentlichen Mittel haben die einzelnen Schulen inzwischen eine beachtliche Autonomie. Die neunjährige Schulpflicht erfüllen die Kinder für die Klassenstufen 1 bis 4 durch den Besuch der Primarschule, für die Klassenstufen 5 bis 9 durch den Besuch der Basisschule oder des Gymnasiums. Die Einschulung erfolgt mehrheitlich im 6. Lebensjahr, kann jedoch auch erst im 7. Lebensjahr vorgenommen werden. Schulen sind Halbtagseinrichtungen. An öffentlichen Schulen wird kein Schulgeld erhoben. Für Kinder mit besonderem Förderbedarf sind Sonderschulen eingerichtet. Private Institutionen sind auf allen Stufen des Bildungswesens möglich.

3) Gut die Hälfte aller Kinder besucht Einrichtungen im Elementarbereich, deren letztes Jahr gezielt im Rahmen ministerieller Vorgaben auf die Grundschule vorbereitet. Etwa drei Viertel der Kindergärten und Tagesstätten sind staatliche Einrichtungen, ein Viertel wird von Betrieben und Kolchosen unterhalten. Vereinzelt arbeiten auch schon private Einrichtungen. Nach der Primarschule wechselt die Mehrheit in die Klassen 5 bis 9 der Basisschule, ein kleinerer Teil ins anspruchsvollere Gymnasium. Der Übergang ins Gymnasium setzt entsprechende Leistungen in der Primarschule voraus. Alle Schüler beenden die Klasse 9 mit einer Prüfung zur Erlangung des ersten Sekundarabschlusses.

Der Lehrplan der Primarschule ist fachlich wenig gegliedert. Unterricht durch den Klassenlehrer überwiegt. Ab Klassenstufe 5 unterrichten Fachlehrer. Fremdsprachenunterricht wird ab Klasse 5 in der Basisschule wie im Gymnasium erteilt. Unterrichtssprachen sind Weißrussisch oder Russisch. Kinder von ethnischen Minderheiten haben das Recht auf Unterricht in ihrer Muttersprache. Das Curriculum für die Klassen 5 bis 9 verbindet in beiden Schularten Pflichtfächer mit einem wachsenden Anteil von Stunden für Wahlfächer. Erfolgreiche Absolventen der Klasse 9 können auf drei Wegen ihre Ausbildung fortsetzen: a) In den Klassen 10 und 11 in einem Gymnasium, Lyzeum oder College und dort die Hochschulreife erwerben. Viele dieser Schulen arbeiten schon eng mit Universitäten oder Hochschulen zusammen. b) In berufsbezogenen Fachschulen oder in einem Technikum. Sie führen je nach Dauer zu vollen oder partiellen beruflichen Qualifikationen, bei entsprechenden Leistungen auch zur Hochschulreife. c) In Berufsschulen oder Berufsfachschulen, die i. d. R. zu einfachen und mittleren Berufsabschlüssen führen.

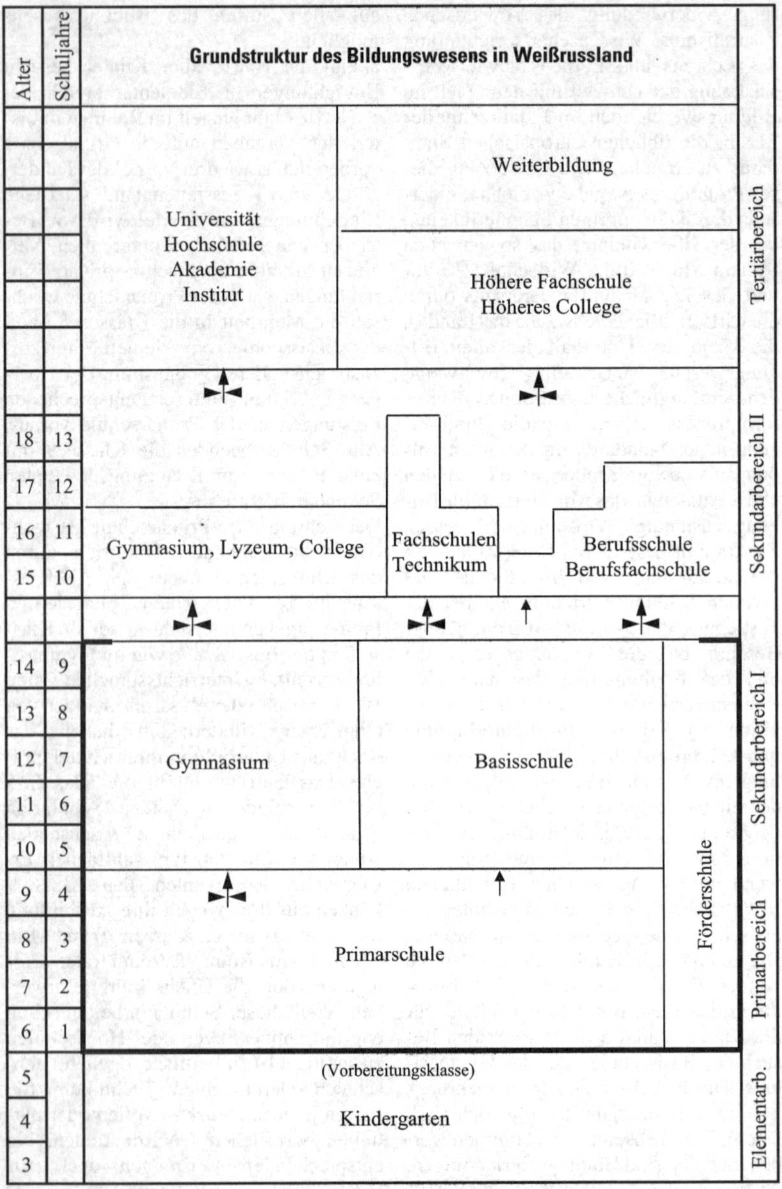

Fett umrandet sind die Einrichtungen für die Erfüllung der Schulpflicht.

Qualifizierte Auswahl ↑ Einfacher Übergang

4) Neben diesen schulischen Formen beruflicher Bildung entwickelt sich in Orientierung am dualen System die Zusammenarbeit von Ausbildungsbetrieben und beruflichen Schulen. Diese Reformprozesse haben erst begonnen.

5) Im Tertiärbereich waren 2003 insgesamt 57 Institutionen angesiedelt. 44 öffentliche und 13 private. Die öffentlichen Einrichtungen gliedern sich in 25 Universitäten, 9 Akademien, 4 Institute, 5 Höhere Colleges und 1 Technische Hochschule. Derzeit werden die Studiengänge auf die Abfolge von Bachelor- und Masterabschlüssen umgestellt. Zulassungsvoraussetzungen für alle Studiengänge sind das Abschlusszeugnis von Gymnasium, Lyzeum oder College oder ein vergleichbarer Abschluss an beruflichen Schulen der Sekundarstufe II und das Bestehen einer Aufnahmeprüfung.

6) Lehrer für den Kindergarten, die Vorbereitungsklasse und die Primarschule werden in drei- bis vierjährigen Studiengängen an lehrerbildenden Instituten ausgebildet. Lehrer für die Basisschule, das Gymnasium, Lyzeum, College und für alle Schularten der Sekundarstufe II absolvieren an einer Universität ein volles wissenschaftliches Fachstudium und zusätzlich eine schulpraktische Ausbildung.

7) Auch in den Bereichen Weiterbildung und Fernstudium werden Einrichtungen, Studiengänge und Prüfungsordnungen neu geschaffen. Fernstudien nach dem Modell der Fernuniversität Hagen sind bereits möglich. Größere Betriebe bieten ebenfalls Kurse an. Darüber hinaus leisten Außenstellen ausländischer Universitäten in Weißrussland wichtige Beiträge zur Weiterbildung und Nachqualifizierung.

Weiterbildung (engl. *further training*). Umfasst alle Bildungsmaßnahmen, die sich an die Erfüllung der Schulpflicht und eine berufliche Erstausbildung bzw. an ein Studium anschließen. Die Inhalte und Ziele von W.maßnahmen können einerseits durch Interessen und Neigungen bestimmt sein und der allgemeinen Erweiterung von Kenntnissen und Fähigkeiten dienen (z. B. Sprachkurse, Kunstreisen), andererseits wird W. als Aktualisierung und Vertiefung berufsbezogener Qualifikationen verstanden. Eine genaue Abgrenzung der Begriffe *Erwachsenenbildung, Fortbildung* und W. ist heute nicht mehr möglich. Auch die berufliche *Umschulung* wird teilweise der W. zugeordnet.

Der Vielfalt der Anlässe, Ziele und Inhalte entspricht eine breite Palette von Organisationsformen und Trägern der W. An erster Stelle sind die Volkshochschulen zu nennen, dann aber auch staatliche Einrichtungen (z. B. Akademien für Lehrerfortbildung), Kammern, Einrichtungen der Arbeitgeberverbände, der Gewerkschaften, der Kirchen, der Stiftungen und der Wohlfahrtsverbände. Im Bereich der beruflichen W. bzw. Fortbildung bieten inzwischen auch einzelne Betriebe ein umfangreiches Programm an.

Um die Teilnahme an W. Arbeitnehmern ohne Lohnausfall zu ermöglichen, gibt es in Tarifverträgen entsprechende Regelungen. In einigen Bundesländern besteht ein gesetzlicher Anspruch auf bezahlten *Bildungsurlaub.* Auskünfte erteilen die Behörden der Schulverwaltung, Volkshochschulen und Gewerkschaften.

weiterführende Schulen. Bis zur Ablösung der *Volksschule* waren *Mittelschulen* und *Gymnasien* w. S. Seit dem *Hamburger Abkommen* 1964 und der Einführung der *Hauptschule* werden alle allgemein bildenden Schulen des Sekundarbereichs I, die auf der Grundschule bzw. der Orientierungsstufe aufbauen, als w. S. bezeichnet.

Weltbund für Erneuerung der Erziehung. Deutschsprachige Sektion der World Education Fellowship, die ihren Sitz in London hat. Der Bund vereinigt als korporative Mitglieder pädagogische Vereinigungen (z. B. den Pestalozzi-Fröbel-Verband, den Arbeitskreis Peter Petersen und den Verband deutscher Schullandheime) und als Einzelmitglieder Lehrer, Sozialpädagogen, Erziehungswissenschaftler u. a.

Mitglieder pädagogischer Berufsgruppen. In der deutschsprachigen Sektion treffen Mitglieder aus Deutschland, Österreich und der Schweiz zusammen. Die deutsche Sektion hat ihren Sitz in Heidelberg.
Der Bund entstand in den zwanziger Jahren als internationales Forum führender Vertreter der *Reformpädagogik* (unter ihnen *J. Dewey, W. H. Kilpatrick, M. Montessori, A. S. Neill, P. Geheeb, M. Buber* und *J. Piaget*). Auf Tagungen, in Arbeitskreisen und durch die Publikation der Vierteljahresschrift ›Pädagogisches Forum‹ beteiligt sich der Bund am internationalen Gespräch über neue Wege in Bildung und Erziehung.

Werkstatt für Behinderte. *Beschützende Werkstatt.*

Wertewandel. Veränderungen in den grundlegenden gesellschaftlichen *Wertorientierungen,* die folgenreiche Wirkungen in verschiedenen Lebensbereichen zeigen: bei Erziehungszielen und -stilen, im Bildungsverhalten, in der Berufswahl, im Geschlechterverhältnis, im generativen Verhalten, in den Familienstrukturen, im Konsum- und Freizeitverhalten, im religiösen Bereich, im Verhältnis zu Politik und Gemeinwesen usw.
Wenn davon ausgegangen werden kann, dass die Wertorientierungen eines Menschen in den Sozialisations-, Erziehungs- und Unterrichtsprozessen der Kindheit ihre ausschlaggebende Prägung erhalten, dann kann zur Erklärung des heute in westlichen Gesellschaften festzustellenden W. vor dem Hintergrund des allgemein gewachsenen Wohlstandes angenommen werden, dass nach hinreichender Befriedigung materieller Werte die Orientierung an postmateriellen Werten (Selbstverwirklichung, individuelle Freiheit, soziale Anerkennung, Mitbestimmungsmöglichkeiten u. a.) wesentlich stärker als etwa noch vor 50 Jahren möglich geworden ist.
Ein anderer Erklärungsansatz berücksichtigt die wachsende Verbreitung der Einsicht in die historische Relativität von Werten, die Säkularisierung der Gesellschaft und die zunehmende Tendenz zu einem rational-aufgeklärten Wertverständnis. Dieses Bündel von Faktoren hätte diesem Ansatz zufolge dazu geführt, dass bisher geltende Traditionen und Wertorientierungen durch Staat, Kirche und Bildungswesen nicht mehr einfach übernommen werden, vielmehr aus dem Interesse an Selbstbestimmung und nachvollziehbar begründeter Wertorientierung heraus abgelehnt oder nur noch modifiziert bzw. teilweise angeeignet werden.
Ein so bedingter W. führt einerseits vielfach zu Orientierungsproblemen, ist aber andererseits die Bedingung der Möglichkeit selbstbestimmter Wertorientierungen und damit dann auch persönlich zu verantwortenden Handelns.
W. verläuft im Allgemeinen über unterschiedlich lange Zeiträume, erfasst mehr oder weniger breite Teile der Bevölkerung, erlebt Schübe und Verzögerungen, löst Modernisierungsphasen aus oder mobilisiert konservative Gegenbewegungen. Dass dem Bildungswesen in diesen Prozessen eine zentrale Bedeutung zugewiesen wird, erweist sich z. B. in der Forderung, die gesellschaftlichen und familialen Orientierungsschwierigkeiten in der Erziehung seien durch eine Stärkung der Erziehung in Schule, Ausbildung und Jugendarbeit aufzufangen. Ob und unter welchen Voraussetzungen eine derartige Politik in der Praxis umsetzbar ist, kann heute nicht gesagt werden. Es lässt sich aber andererseits belegen, dass auch im Bildungswesen der allgemeine W. längst seinen Niederschlag gefunden hat. Das zeigt sich u. a. in der zunehmenden Individualisierung der Bildungsbiografien, der Vermarktung von Bildung durch zunehmende Privatisierung der Anbieter, in der Verschärfung der Konkurrenz um Abschlüsse und Berechtigungen und auch in der Relativierung schulischer Lehre durch eine Vielzahl anderer Informations- und Lernangebote. Wenn trotz dieser Auswirkungen des W. im Bildungswesen

in Schulen und in den Einrichtungen der Jugendhilfe Korrekturbemühungen zumindest angedacht bzw. deren Notwendigkeit bewusst gemacht werden soll, wird eine deutliche Zunahme der pädagogischen Autonomie von Bildungseinrichtungen als wesentliche Voraussetzung vonnöten sein, damit Pädagogen, Schüler und Eltern in gemeinsamer Gestaltung von Bildungsprozessen auch ihren Wertorientierungen Ausdruck verleihen können.

Wertorientierung (engl. *orientation in values*). W. in Erziehung und Unterricht macht sich die Tatsache bewusst, dass gesellschaftliches wie individuelles Handeln von Vorstellungen des Wünschenswerten, Erstrebenswerten, Bedeutsamen geleitet ist. Werte sind keine objektiven Eigenschaften von Dingen oder Verhältnissen, vielmehr werden sie von den Menschen aufgrund ihrer Fähigkeit zum Werten den Dingen oder Verhältnissen zugeschrieben. Grundlage dieser Zuschreibung sind Erfahrungen. Werte sind folglich geschichtlich gewachsen, kulturspezifisch geprägt und veränderbar und damit auch gestaltbar und in die Verantwortung menschlichen Entscheidens und Handelns gestellt. Jeder Einzelne ist als Individuum und als Mitglied sozialer Gruppen und Institutionen an der Konkretisierung von W. für die verschiedensten Lebensverhältnisse mehr oder weniger bewusst beteiligt.

W. sichert die geordnete Wahrnehmung und Einschätzung der Welt und die angemessene Auswahl der Mittel für das Erreichen von Zielen. Damit dient sie der Legitimation von Normen für ein sozial akzeptables, abgestimmtes und berechenbares Verhalten. Die Norm »Du sollst deine Mitmenschen weder mit Worten noch durch Taten verletzen!« legitimiert sich aus dem Wert der Menschenwürde, die Norm »Du sollst nicht wissentlich lügen!« aus dem Wert der Wahrheit, die Norm »Du sollst Andersartigkeiten deiner Mitmenschen nicht stigmatisieren!« aus dem Wert der Toleranz.

Weil Werte nicht einfach gegeben und unverrückbar gültig sind, sondern gelebt und reflektiert, angenommen, verändert oder durch ein neues Wertbewusstsein abgelöst werden, sind Erziehung und Unterricht gehalten, den jungen Menschen Gelegenheit zu eigenem Werterleben und individuellem Wertbewusstsein zu geben. Dazu gehört auch die Eröffnung der Einsicht in die Relativität von W. und in die sozialen und moralischen Probleme einer Lebenspraxis, die sich den Geltungsansprüchen von Werten nicht entziehen will. W. in diesem Sinne schließt eine dogmatische Wertvermittlung aus. Sie wendet sich jedoch zugleich gegen Willkür und Orientierungslosigkeit, weil dadurch dem Einzelnen die Bedingungen der Möglichkeit jeder vernünftigen Erörterung und Vereinbarung über W. entzogen würden.

Wiederholer an allgemein bildenden Schulen. *Sitzenbleiben.*

Wiederholung. *Übung.*

Wiederholungsprüfung. Nach den Bestimmungen des Berufsbildungsreformgesetzes (BerBiRefG) kann ein Auszubildender, der die *Abschlussprüfung* nicht besteht, verlangen, dass sein Berufsausbildungsvertrag bis zur nächsten W. fortgeführt wird. Die Abschlussprüfung kann zweimal wiederholt werden. Insgesamt darf sich dadurch das Ausbildungsverhältnis höchstens um ein Jahr verlängern.

Wille (engl. *volition, intention, will*). Die Fähigkeit des Menschen, sich aufgrund von Motiven bewusst für eine bestimmte Handlung zum Erreichen eines Zieles zu entschließen. Das Wissen um den Beweggrund, die Vorstellung des Handlungszweckes und der gewollte Einsatz bestimmter Mittel zu dessen Realisierung unterscheiden Willenshandlungen von trieb- oder instinktgeleiteten Handlungen.

Winkel- oder Klippschulen. Etwa ab dem 14. Jh. entstanden in den Städten als private Gründungen W., auch als Schreib- und Leseschulen bezeichnet, in denen Grundkenntnisse in Lesen, Schreiben und

Rechnen vermittelt wurden. Die Schüler unterschiedlichsten Alters kamen i. d. R. aus Handwerker- oder Kaufmannsfamilien. Als Lehrer waren Laien tätig, die eben jene zu unterrichtenden Kenntnisse und Fähigkeiten beherrschten.

Winnetka-Plan. *Dalton-Plan.*

Wirtschaftsgymnasium. *Fachgymnasium.*

Wirtschaftspädagogik. Teildisziplin der *Pädagogik*, deren geschichtliche Wurzeln bis zu den Erziehungslehren des mittelalterlichen Handwerks zurückreichen. Unter Einsatz aller sich in den Sozial- und Geisteswissenschaften anbietenden Forschungsmethoden untersucht die W. a) die aktuelle Bedeutung und den Wandel grundlegender Begriffe und Konzepte des Arbeitslebens (*Arbeit, Arbeitslosigkeit, Beruf*, Betrieb als Lernort, *Weiterbildung, Umschulung* u. a.), b) die Verläufe von Sozialisations- und Ausbildungsprozessen bei Jugendlichen und Erwachsenen im Bedingungsfeld von gesetzlichen Vorgaben für die *Berufsausbildung,* der Ausbildungspraxis im Betrieb und in beruflichen Schulen, der Arbeitsorganisation in den Betrieben, der Strukturen betrieblicher Personalpolitik, von Arbeitsrecht und Arbeitsmarktpolitik, c) die Bedingungen und Möglichkeiten unterschiedlicher Formen des Lernens im Arbeits- und Wirtschaftsleben, woraus dann die W. d) konkrete didaktisch-methodische Konzepte für die inhaltliche Gestaltung von Lehrveranstaltungen in Betrieben und den vielen Einrichtungen beruflicher Weiterbildung und Umschulung entwickeln und erproben kann.

Vielfach wird die Bezeichnung W. bedeutungsgleich mit dem Begriff *Berufspädagogik* verwendet, oder man spricht von Berufs- und W.

Wirtschaftsschule. Schulart in der Sekundarstufe I, die nur in *Bayern* eingerichtet ist. Sie vermittelt eine allgemeine Bildung und eine berufliche Grundbildung im Berufsfeld Wirtschaft und Verwaltung. In zweistufiger Form ist sie schulrechtlich eine *Berufsfachschule,* umfasst die Jahrgangsstufen (J.) 10 und 11 und baut auf dem *Qualifizierten Hauptschulabschluss* auf. In dreistufiger Form baut sie auf der J. 7, in vierstufiger Form auf der J. 6 der *Hauptschule* auf. Sie verleiht nach bestandener Abschlussprüfung den Wirtschaftsschulabschluss, der dem Realschulabschluss gleichgestellt ist.

Wissen (engl. *knowledge*). Die im Gedächtnis einer Person gespeicherten und reproduzierbaren Beobachtungen, Erfahrungen, Kenntnisse und Einsichten über vielfältige Wirklichkeitsbereiche, die einerseits oft die Folge unbeabsichtigter Lernprozesse sind, andererseits aber auch die Voraussetzung für bewusste Lern-, Denk- und Problemlösungsprozesse, von denen aus ein Individuum die Welt interpretiert und auf sie verändernd einwirkt. W. beruht auf Gewissheiten und begründbaren Erkenntnissen, es unterscheidet sich deshalb vom Glauben und Meinen. Da der Organismus des Menschen nicht bereits von Geburt an über W. verfügt, sondern W. auf eigene oder übernommene Lernerfahrungen zurückführbar ist, hat es keinen voraussetzungslosen Anfang, ist erweiterbar und korrigierbar.

Bei der Einarbeitung in ein neues W.gebiet besteht die erste Stufe des W.erwerbs i. d. R. in einem punktuellen Einblick in den Gesamtzusammenhang. Hat man Einsicht in mehrere Teilbereiche des W.gebietes, ist schon ein systematischer Überblick gewonnen. Dieser und Detailw. führen zusammen zur genauen Kenntnis eines Sachverhalts, die der Lernende auch verbalisieren kann. Auf der höchsten Stufe des W.erwerbs besitzt der Lernende im Gedächtnis eine umfassende und vertiefte Kenntnis von dem gesamten W.gebiet. Der Erwerb des W. ist nicht nur von kognitiven Faktoren, sondern auch von motivationalen und sozialen Prozessen abhängig.

Auf der Weitergabe des erworbenen W. beruht die kulturelle Tradition und Geschichte der Menschheit. Der W.bestand der Menschheit versetzt den Menschen in die Lage, seine eigene Entwicklung zu verstehen und auf dieser Grundlage seine Zukunft zu gestalten. Die immer rascher verlaufende Zunahme des W.stoffes führt dazu, dass kein Einzelner mehr den gesamten W.bestand überblicken kann. Hinzu kommt das Problem, dass erlerntes W. auf die Lösung von neuen Problemen oft nicht angewendet werden kann, weil es »träges W.« ist, wenn die Möglichkeit zum *kumulativen Lernen* fehlt, das eine Voraussetzung für die Verfügbarkeit von nachhaltigem »flüssigem W.« ist. Es ist eine der schwierigsten Aufgaben der *Didaktik*, das vorhandene W. so zu elementarisieren, dass der Erwerb von *Allgemeinbildung* in der Schule noch möglich ist.

Wissenschaft (engl. *science*). **1)** Die Summe des geordneten, begründeten, für gesichert erachteten Wissens einer Zeit.
2) Als Prozess die Sammlung, Vertiefung, Ordnung und laufende Verbesserung des Wissens über einen bestimmten Gegenstandsbereich, dessen Phänomene und Zusammenhänge begrifflich erfasst, zueinander in Beziehung gesetzt und unter Einsatz der jeweils angemessenen Forschungsmethoden untersucht werden. Die dabei gewonnenen Erkenntnisse sollen prinzipiell auf ihren Wahrheitsgehalt hin überprüfbar sein und nach Möglichkeit zu *Theorien* zusammengefasst werden, aus denen sich dann wiederum neue Probleme verstehen bzw. erklären lassen. **3)** Die Einteilung der W. ist nach verschiedenen Kriterien möglich: a) von den Gegenstandsbereichen her (Kultur, Soziales, Erziehung, Natur usw.), b) nach den grundlegenden Erkenntnisinteressen, Fragestellungen und Methoden (erklärende oder verstehende W.) und schließlich c) im Hinblick auf ihren Bezug zur gesellschaftlichen Praxis als reine oder angewandte W.

wissenschaftliche Hochschulen. Universitäten, Gesamthochschulen/Universitäten, Technische Hochschulen, Kirchliche Hochschulen, Pädagogische Hochschulen und Kunsthochschulen. Kriterium ist das Recht der Verleihung *akademischer Grade* nach mindestens achtsemestrigen Studiengängen.

wissenschaftliche Mitarbeiter. Beamte oder Angestellte, die an wissenschaftlichen Hochschulen bestimmten Dienstleistungen zugeordnet sind. Dazu gehört neben der Mitwirkung an der Forschung auch die Lehre, insbesondere die Vermittlung grundlegender methodischer oder praktischer Kenntnisse und Fähigkeiten. Vorgesetzter eines w. M. ist i. d. R. der Leiter der wissenschaftlichen Einrichtung (z. B. Fachbereichsleiter, Institutsleiter), in der ein w. M. tätig ist. Einstellungsvoraussetzung ist ein abgeschlossenes Hochschulstudium. Als Beamte können die w. M. als Akademischer Rat, Akademischer Oberrat oder Akademischer Direktor eingestuft werden. In einzelnen Fachbereichen arbeiten auch Studienräte im Hochschuldienst.

wissenschaftlicher Assistent. *Hochschulassistent.*

Wissenschaftlicher Rat. Amtsbezeichnung in der Hierarchie der Hochschullehrer. Die Position des W. R. rangiert unmittelbar unter der des Ordinarius. Die Voraussetzungen zur Übernahme des Amtes entsprechen denen für Professoren an wissenschaftlichen Hochschulen. Häufig wird die Bezeichnung auch in der Verbindung W. R. und Professor verwendet.

Wissenschaftsministerium. Außer in den Bundesländern Bayern, Bremen und Mecklenburg-Vorpommern bestehen in allen Ländern eigene W., die verschiedene Zusatzbezeichnungen tragen: Ministerium für Wissenschaft und Forschung, – und Kunst, – und Weiterbildung. Schwerpunkt ihrer Arbeit ist Hochschulpolitik: Förderung von Lehre und Forschung, Hochschulbau, Berufung von Professoren u. a. Aufgaben im Bereich der Personalpolitik, Finanzplanung und Haushaltspolitik, gesetzgeberische Initiativen, Verwaltung, Hochschulrecht.

Wissenschaftsorientierung. Der Begriff W. wurde 1970 vom Deutschen Bildungsrat im *Strukturplan für das Bildungs-*

wesen eingeführt. Damit war gemeint, dass Bildung unter den Bedingungen des Lebens in der modernen demokratischen Gesellschaft die wissenschaftliche Ausrichtung der Lerninhalte und Lernprozesse auf allen Schulstufen voraussetzt. Der Bildungsrat wandte sich damit gegen die traditionelle Trennung von volkstümlicher Gesinnungsbildung in der Volksschule und aufgeklärter, studienbezogener Allgemeinbildung im Gymnasium. Vielmehr sollte es allen Schülern im Verlauf ihrer Schulzeit ermöglicht werden, die Voraussetzungen für den Zugang zu wissenschaftlichen Erkenntnissen und Verfahren zu erwerben sowie ein Bewusstsein für die Folgen und Gefahren einer zunehmenden Verwissenschaftlichung des Lebens zu erlangen.

Das in den siebziger Jahren weit verbreitete Missverständnis, nunmehr müssten die schulischen Lehrpläne und Curricula bis in den Vorschulbereich vorwiegend von den Wissenschaften und ihren Konzepten, Verfahren und Begriffen aus im fachpropädeutischen Sinne strukturiert werden, führte zu einer umfassenden Kritik an der Forderung nach W. Heute überwiegt in Fachkreisen die Ansicht, dass Kindgemäßheit, Lebensweltbezug, Umweltorientierung und W. des Unterrichts in einem ausgewogenen Verhältnis zu berücksichtigen sind.

Wissenschaftspropädeutik. 1977 in den Empfehlungen der KMK für die Arbeit in der gymnasialen Oberstufe und in der Kollegstufe der Integrierten Sekundarstufe II in Nordrhein-Westfalen formulierte Zielsetzung, die auf der *Wissenschaftsorientierung* im Primar- und Sekundarbereich I aufbaut und zum wissenschaftlichen Studium spezialisierter Universitätsdisziplinen hinführen soll. W. meint die Vorbereitung auf die Anwendung von Methoden wissenschaftlichen Arbeitens. Ihre didaktische Funktion ist, bei der fortschreitenden Differenzierung der Spezialwissenschaften an der Universität das übergreifende sog. Allgemeine im Unterricht zu repräsentieren. Dabei soll eine Ideologisierung des Wissenschaftsdenkens vermieden und eine disziplinübergreifende Allgemeinbildung gefördert werden.

Wissenschaftsrat. Durch ein Abkommen zwischen der Bundesregierung und den Bundesländern 1957 gegründetes Beratungsgremium zu Fragen der Wissenschafts- und Forschungspolitik. Der Bundespräsident beruft für jeweils drei Jahre die Mitglieder der wissenschaftlichen Kommission, wogegen die Mitglieder der Verwaltungskommission vom Bund und den Ländern entsandt werden. Der W. soll im Wesentlichen drei Aufgaben verfolgen: 1. Entwicklung eines Gesamtplanes für die Förderung der Wissenschaften im Rahmen der bildungspolitischen Vorgaben von Bund und Ländern sowie unter Berücksichtigung von deren politischen Zuständigkeiten. 2. Vorlage von Vorschlägen für ein jährliches Dringlichkeitsprogramm im Bereich der Wissenschafts- und Forschungspolitik. 3. Empfehlungen für die Verwendung der Finanzmittel, die in den Haushalten des Bundes und der Länder für Wissenschaft vorgesehen sind.

Wochenplanarbeit (Syn. **Wochenplanunterricht**). Organisationsform des *offenen Unterrichts*, die meist in Kombination mit Unterricht im Klassenverband, *freier Arbeit* und *Projektunterricht* durchgeführt wird und den Schülern Gelegenheit gibt, zunehmend selbständig und selbsttätig allein oder mit anderen zusammenzuarbeiten. W. wird in der Grundschule vorwiegend in den Fächern Deutsch, Mathematik und Sachunterricht durchgeführt, kann aber andere Fächer mit einbeziehen. Sie baut auf der Tagesplanarbeit im Anfangsunterricht der Grundschule auf. Im Fachunterricht des Sekundarbereichs wird meist mit Zweiwochenplänen gearbeitet.

Grundlagen der W. sind ein schriftlich ausgearbeiteter Plan, festgelegte Arbeitszeiten im Ablauf der Woche, eine vorbereitete Lernumgebung mit übersichtlich geordneten Arbeitsmaterialien, Möglichkeiten zur Selbstkontrolle und zur Wahrnehmung von Hilfen (Mitschüler, Lehrer). Die W. beginnt mit der Vorstellung des Arbeitsplans durch den Lehrer oder mit der gemeinsamen Aufstellung des Plans durch Lehrer und Schüler; sie endet mit einem Auswertungsgespräch, in dem Lehrer und Schüler ihre Erfahrungen austauschen. Der Wochenplan darf nicht zu einem Instrument der Bevormundung und Lernkontrolle durch den Lehrer werden, sondern hat nur den Stellenwert eines Hilfsmittels zur Öffnung des Unterrichts.

Der Wochenplan kann fachbezogen oder fächerübergreifend angelegt sein und enthält i. d. R. die Pflichtaufgaben des Lehrplans, die für alle Kinder verbindlich sind, aber differenziert angeboten werden können. Zum Pflichtteil können Wahlpflichtaufgaben hinzukommen, um unterschiedliche Interessen und Fähigkeiten zu berücksichtigen. Darüber hinaus bietet die Lernumgebung meist Möglichkeiten zur freien Arbeit.

Die Lehrkraft hat während der W. Gelegenheit zur intensiven Beobachtung, zur Lerndiagnose und zur individuellen Förderung. Organisieren z. B. zwei Lehrkräfte in nebeneinander liegenden Klassen parallele W., eröffnen sich vielfältige Möglichkeiten zur Kooperation im Team.

Wohlfahrtsverbände (engl. *welfare organisations*). W. werden zumeist mit dem Attribut »frei« verbunden, weil es sich hierbei um private Träger handelt, die sich um notleidende oder sozial gefährdete Menschen kümmern. Diese Aufgabe obliegt nach dem *Sozialgesetzbuch* auch den öffentlichen Sozialhilfeträgern (Städte, Kreise, Kommunen). Frei sind die W., weil sie nach eigener Zielbestimmung und Zwecksetzung arbeiten, nicht an Weisungen des Staates gebunden sind und ohne Gewinnabsichten arbeiten, also auch frei von den Zwängen des Marktes sind.

Entstanden sind die W. im ersten Drittel des 20. Jh. als Zusammenschlüsse vielfältigster Aktivitäten der Kirchen und Glaubensgemeinschaften, der Gewerkschaften und sozialpolitisch engagierter Bürgergruppen zur praktischen Linderung der Notlagen, die mit Industrialisierung und Proletarisierung in den städtischen Ballungszentren in der zweiten Hälfte des 19. Jahrhunderts bedrückende Ausmaße annahmen. Erst nachdem sich der demokratische deutsche Staat in der Weimarer Verfassung 1919 zu seiner sozialpolitischen Verantwortung bekannte, fand das Engagement der W. vor aller öffentlichen Wohlfahrtspflege Anerkennung *(Subsidiaritätsprinzip)* und wurde aus den Haushalten der Kommunen, Länder sowie des Reiches bzw. Bundes unterstützt. Die W. sind aus religionsspezifischen, weltanschaulichen, ständischen oder politischen Motiven hervorgegangen und fühlen sich auch heute noch den Wertorientierungen ihrer Träger verpflichtet. Zu den anerkannten W., die auch im Bereich der *Jugendhilfe* über vielfältige Angebote mitwirken, gehören: die Arbeiterwohlfahrt, der Deutsche Caritasverband, das Diakonische Werk der Evang. Kirche, das Deutsche Rote Kreuz, der Paritätische Wohlfahrtsverband und die Zentralwohlfahrtsstelle der Juden in Deutschland.

Workshop. Arbeitsform an Hochschulen, in Weiterbildungseinrichtungen, auf Kongressen und in Schulen. Teilnehmer und Fachleute arbeiten für eine begrenzte Zeit an einer gemeinsamen Fragestellung und nutzen die Gelegenheit zur freien Diskussion, zum Erfahrungsaustausch und zur Entwicklung von neuen Arbeitsmaterialien bzw. schriftlichen Konzepten.

WorldDidac. *Bildungsmesse*.

World Education Fellowship. *Weltbund für Erneuerung der Erziehung*.

Z

Zensuren (Syn. **Noten**; lat. *censura* Zensur, Prüfung; engl. *marks*). Kurzform des Lehrerurteils über die Leistung eines Schülers. Die *Leistungsbewertung* in Form von Z. erfolgt seit dem Beschluss der KMK vom 3. 10. 1968 in allen Ländern der Bundesrepublik Deutschland einheitlich nach den sechs Notenstufen sehr gut (1), gut (2), befriedigend (3), ausreichend (4), mangelhaft (5), ungenügend (6). Die gymnasiale Oberstufe nimmt die Leistungsbewertung nach einem *Punkte-System* (15 bis 0 Punkte) vor, dem die Notenstufen 1 bis 6 zugeordnet werden können. Zu jeder Note gehört eine Definition, die den Maßstab der Leistungsbewertung angibt. Während vor 1968 der Maßstab durch die Durchschnittsorientierung an einer Schulklasse oder größeren Lerngruppe vorgeschrieben war, ist er seit 1968 in den verbindlichen Anforderungen der Lehrpläne eines Faches gegeben. So heißt z. B. die Definition für die Notenstufe gut (2): »Die Note gut soll erteilt werden, wenn die Leistung den Anforderungen voll entspricht.« Der Begriff Anforderungen bezieht sich nach der Erläuterung der KMK auf den Umfang sowie die selbständige und richtige Anwendung der Kenntnisse und auf die Art der Darstellung. Damit machte die KMK 1968 sachbezogene Kriterien zum Beurteilungsmaßstab und folgte der Kritik an dem sozialen Vergleich innerhalb einer Lerngruppe.

Z. sind aus messmethodischen Gründen nicht vergleichbar, denn die Z.skala von 1 bis 6 hat nur Rang- bzw. Ordinalskalenniveau. Zwischen den einzelnen Notenstufen bestehen keine gleichmäßigen Abstände wie bei einer Intervallskala. Die Note befriedigend kann z. B. nahe an der Note gut oder auch an ausreichend grenzen. Die Note befriedigend bedeutet also nur, dass sie schlechter ist als gut, aber sie bringt nicht exakt zum Ausdruck, um wie viel schlechter sie ist. Deshalb verbietet es sich auch, aus den Noten einzelner Klassenarbeiten für die Zeugnisz. oder aus den einzelnen Fachnoten im Zeugnis für die zusammenfassende Abschlussz. einen Mittelwert zu berechnen. Noten sind ein Schätzurteil.

Zensurengebung (Syn. **Notengebung, Benotung**). Die Z. gehört heute im Rahmen schulrechtlicher Bestimmungen zu den Amtspflichten der Lehrer. In den Beschlüssen der KMK sind die Notenstufen und das Punkte-System für die gymnasiale Oberstufe festgelegt. In Verordnungen und Erlassen der Länder wird im Einzelnen geregelt, in welchen Fächern und Jahrgängen wie viele benotete *Klassenarbeiten* geschrieben werden müssen. Die *Zensuren* der einzelnen Leistungsnachweise sind die Grundlage der Zeugniszensuren in den Fächern der Halbjahres-, Jahres-, Abgangs- und Abschlusszeugnisse. Da nicht alle Details der *Leistungsbeurteilung* und *Leistungsbewertung* bis ins Einzelne geregelt werden können, bleibt dem Lehrer bei der Z. ein gewisser Beurteilungsspielraum, der aber durch »allgemein gültige Bewertungsgrundsätze«, das »Gebot streng sachbezogener Entscheidungen« u. a. rechtlich eingegrenzt ist.

Die Anfänge des heutigen Beurteilungs- und Berechtigungswesens liegen in der ersten Hälfte des 19. Jh. und sind mit dem Ausbau der höheren Schulen verbunden. Nicht die pädagogische Aufgabe der ausführlichen Rückmeldung über Lernerfolge oder Lernschwierigkeiten

stand im Mittelpunkt des Interesses, sondern die gesellschaftliche Aufgabe der *Auslese* mithilfe der Z. als Leistungsnachweis für die Vergabe von Berechtigungen (Zugang zu Universitäten und staatlichen Laufbahnen).
In der pädagogisch-psychologischen Literatur werden der Z. bis zu zehn Funktionen zugeschrieben: Kontroll-, Rückmelde-, Berichts-, Anreiz-, Disziplinierungs-, Sozialisierungs-, Klassifizierungs-, Selektions-, Zuteilungs- und Chancenausgleichsfunktion. Jedoch können diese weitgehend nicht miteinander zu vereinbarenden Aufgaben der Z. lediglich als ein analytisches Konstrukt betrachtet werden.
Forschungsergebnisse zur Z. allgemein und zu Klassenarbeiten, mündlichen Prüfungen u. a. Leistungsnachweisen haben spätestens seit 1970 die Fragwürdigkeit der Z. immer wieder nachgewiesen. Unterschiedliche Strenge bei der Z. in verschiedenen Fächern, Notenknicke nach dem Übergang von der Grundschule an die weiterführenden Schulen, die Wirkung des klasseninternen Bezugsmaßstabes im Vergleich zum Leistungsstand anderer Klassen, der fehlende prognostische Wert der Z., die subjektiven Beurteilungsfehler der Lehrer (z. B. *Halo-Effekt*) sind nur einige Stichworte zur Kennzeichnung der Mängel bei der Z.
Zensuren werden der gesellschaftlichen und schulrechtlichen Forderung nach gültiger Vergleichbarkeit trotz einheitlicher Lehrpläne, Stundentafeln, Notendefinitionen u. a. nicht gerecht und sind für überregionale Selektions- und Berechtigungsverfahren unbrauchbar. K. Ingenkamp u. a. haben deshalb immer wieder betont, dass damit das gesamte schulische Berechtigungs- und Versetzungswesen auf einer Fiktion beruhe. Zensuren liefern zudem keine differenzierten Aussagen über den Lernprozess eines Schülers. Ihr Informationsgehalt ist viel zu pauschal, wenn es um die Diagnose und Förderung von Stärken und Schwächen in der Lernentwicklung eines Schülers geht. Obwohl die Erfahrungen von Reformschulen und die Diskussion um den *Leistungsbegriff* und die *pädagogische Diagnostik* Alternativen zur staatlichen Zensierungspraxis aufzeigen, kommen Reformen auch wegen der fehlenden diagnostischen Professionalisierung der Lehrerschaft nur zögernd in Gang.

Zentralabitur. Das dezentrale *Abitur* zur Erlangung der *Allgemeinen Hochschulreife* ist in fast allen Bundesländern durch das Z. abgelöst worden. Da alle Abiturienten in der schriftlichen Prüfung die gleichen Aufgaben erhalten, müssen die Arbeiten in allen Schulen gleichzeitig geschrieben werden. Auch die Lehrer erfahren die Aufgaben erst am Tag der Prüfung. Die Abituraufgaben werden von einer Landeskommission unter Beachtung aller rechtlichen Anforderungen entwickelt. Mindestens ein Jahr vor der Prüfung werden die Prüfungstermine und Vorabhinweise für Lehrer veröffentlicht. Sie informieren über das Prüfungsverfahren und über inhaltliche Schwerpunkte, Medien, Materialien (z. B. Lektüren) und Aufgabenbeispiele, die für die Vorbereitung der Schüler auf das Z. notwendig sind. Über Einzelheiten informieren die Kultusministerien der Bundesländer.

Zentralstelle für den Fernunterricht (ZFU). Auf der Grundlage des Fernunterrichtsschutzgesetzes aus dem Jahre 1976 haben die Bundesländer in Köln die ZFU eingerichtet. Ihre Aufgabe ist die Prüfung und Überwachung der Fernunterrichtsangebote und die Erteilung der erforderlichen Zulassung. Der Arbeit der staatlichen ZFU liegen Richtlinien vom 27. 11. 1979 zugrunde. Die ZFU veröffentlicht jährlich ein Verzeichnis der zugelassenen Fernlehrgänge.

Zentralstelle für die Vergabe von Studienplätzen (ZVS). Über die ZVS werden alle Studienplätze (jeweils erstes Semester im Hauptfach) in denjenigen Fächern vergeben, für die an Universitäten und Fachhochschulen eine Zulassungsbeschränkung *(Numerus clausus)* besteht.

Aktuelle Informationen über das Verfahren werden jährlich veröffentlicht.
Die ZVS arbeitet seit 1973. Sie wurde als Anstalt des öffentlichen Rechts durch einen Staatsvertrag zwischen den Bundesländern errichtet. Ihr Sitz ist Dortmund.

Zeugnis (engl. *report*). Urkunde, in der die Schule die Leistungen eines Schülers in den verschiedenen Fächern am Ende eines Schulhalbjahres zusammenfassend bewertet und ggf. Aussagen über sein sonstiges Verhalten macht. In den amtlichen Vorschriften gibt es folgende Unterscheidungen: Das erste Halbjahresz. eines Schuljahres ist ein Zwischenz. und kann einen Vermerk enthalten, wenn die *Versetzung* am Ende des Schuljahres gefährdet ist. Das Jahresz. erstreckt sich in den meisten Ländern auf das gesamte vorausgegangene Schuljahr und enthält den Vermerk, ob ein Schüler in die nächsthöhere Klasse versetzt wird. Ein Abgangsz. wird erteilt, wenn ein Schüler nach erfüllter Schulpflicht das Ziel des Bildungsganges nicht erreicht hat und die Schule ohne Abschluss verlässt. Schüler, die die Abschlussklasse eines Bildungsganges erfolgreich durchlaufen und die in einigen Ländern geforderte *Abschlussprüfung* bestanden haben, bekommen ein Abschlussz. Wer die Abiturprüfung (Reifeprüfung) bestanden hat, erhält das Z. der Allgemeinen Hochschulreife (Reifez.). Abgangs- und Abschlussz. dürfen unter Bemerkungen keine Eintragungen enthalten, die für den Schüler nachteilige Folgen haben könnten. Positive Bemerkungen sind dagegen erlaubt. Mit Abschlussz. sind bestimmte *Berechtigungen* verbunden.
Schulz. sind wegen ihres Urkundencharakters auf amtlichen Z.formularen zu erteilen, auf denen weder radiert noch korrigiert werden darf. Halbjahresz. werden vom Klassenlehrer und vom Schulleiter handschriftlich unterschrieben. Abgangs- und Abschlussz. müssen außerdem ein Dienstsiegel enthalten.
Die *Leistungsbewertung* erfolgt in den Z. in Form von *Zensuren* nach den Notenstufen 1 bis 6 und im Z. der Allgemeinen Hochschulreife auf der Grundlage des *Punkte-Systems*.
Rechtlich gesehen haben Z. Informations- und Beweisfunktion. Eltern und Schüler besitzen deshalb einen Anspruch auf angemessene Informationen über Leistungsvermögen und Lernentwicklung. Dies bedeutet nicht, dass die Leistungen durch Zensuren bewertet werden müssen. In den meisten Bundesländern werden in den ersten beiden Schuljahren der Grundschule Lernstand sowie Arbeits- und Sozialverhalten in den Z. verbal beurteilt *(Berichtsz.)*. Einige Bundesländer erlauben solche Z. auch im 3. und 4. Schuljahr. Verbalisierte Z. in Form eines *Lernentwicklungsberichts* gibt es ferner im 5. bis 8. Schuljahrgang an Gesamtschulen (vgl. z. B. *Team-Kleingruppen-Modell*), aber auch an Waldorfschulen, in Landerziehungsheimen u. a. Reformschulen.
Einzelheiten sind in den Beschlüssen der KMK oder in Schulgesetzen, Rechtsverordnungen und Erlassen der Bundesländer geregelt.

Zeugnisverweigerungsrecht (Syn. **Auskunftsverweigerungsrecht**; engl. *right of a witness to refuse to give evidence*). Die Strafprozessordnung u. a. Gesetze räumen bei Vorliegen bestimmter Gründe die Berechtigung ein, in gerichtlichen Verfahren bzw. bei staatsanwaltlichen Ermittlungen die Aussage zu verweigern. Solche Gründe können persönlicher, sachlicher oder beruflicher Art sein.
Inhabern sogenannter Vertrauensberufe steht das Z. grundsätzlich und uneingeschränkt über alle Wahrnehmungen zu, die sie in Ausübung ihres Berufes gemacht haben. Zu dieser Gruppe zählen Geistliche, Ärzte, Rechtsanwälte, Hebammen und Mitarbeiter staatlich anerkannter Beratungsstellen für Schwangere und Drogensüchtige. Die Inhaber dieser Berufe unterliegen zugleich der *Schweigepflicht*.
Dagegen sind z. B. Erzieherinnen, Sozialpädagogen und Lehrer nicht zur Ver-

weigerung einer Aussage berechtigt, aber zur Beachtung der Schweigepflicht angehalten. Vom Z. aus beruflichen Gründen können die dafür zuständigen Stellen entbinden.

ZFU. *Zentralstelle für den Fernunterricht.*

Ziel des Unterrichts. *Unterrichtsziel.*

Zirkeltraining. *Lernen an Stationen.*

Zivilisation (lat. *civis* Bürger; engl. *civilization*). **1)** Allgemein der Kulturzustand, das geordnete Zusammenleben der Menschen im Gegensatz zum Naturzustand. **2)** Seit dem ausgehenden 19. Jh. auch als Gegenbegriff zu *Kultur* gebraucht; dann im Sinne von Herrschaft der technischen Rationalität über die freie und schöpferische Spontaneität des Menschen.

Zuchtmittel (engl. *correctional treatment*). Maßnahmen eines *Jugendgerichtes* unterhalb des Niveaus einer *Jugendstrafe*. Dazu gehören Verwarnungen, Auflagen (z. B. Geldbuße) und *Jugendarrest*.

Zulassungsbeschränkung. *Numerus clausus.*

Zulassung zur Abschlussprüfung. Nach den Bestimmungen des Berufsbildungsreformgesetzes (BerBiRefG) kann die Z. z. A. unter drei Voraussetzungen erfolgen: 1. Nach ordnungsgemäßem Abschluss einer Ausbildung in einem anerkannten Ausbildungsberuf, wenn diese Ausbildung nicht später als zwei Monate nach dem Prüfungstermin endet. 2. Bei vorzeitiger Beendigung des Ausbildungsverhältnisses, wenn die *Verkürzung der Ausbildungszeit* bei der *Zuständigen Stelle* gemeldet ist. 3. Zulassung ohne Ausbildung aufgrund vorangegangener beruflicher Tätigkeiten. Die Anmeldung zur Prüfung erfolgt über den Ausbildungsbetrieb. Über die Zulassung entscheidet die Zuständige Stelle.

Zurückstellung vom Schulbesuch. Die *Schulgesetze* der Bundesländer lassen nicht nur eine vorzeitige Aufnahme in die Schule grundsätzlich zu, sondern auch die Z. v. S., wenn Kinder körperlich, geistig oder in ihrem Gesamtverhalten noch nicht genügend entwickelt sind, um mit Erfolg am Unterricht teilnehmen zu können. Die Entscheidung darüber trifft die aufnehmende Schule unter Berücksichtigung von Gutachten durch den *schulpsychologischen Dienst* oder das Gesundheitsamt. Die Zeit der Zurückstellung wird auf die Dauer der *Schulpflicht* nicht angerechnet. Nach dem Beschluss der Kultusministerkonferenz vom Oktober 1997 ›Empfehlungen zum Schulanfang‹ können die Länder zusätzliche Einschulungsmöglichkeiten während eines Schuljahres vorsehen, um hohe Quoten der Zurückstellung vom Schulbesuch zu reduzieren und Eltern zur vorzeitigen *Einschulung* ihrer Kinder zu ermutigen.

Zuständige Stelle (engl. *competent body*). Überwacht und regelt die Durchführung der Berufsausbildung im Sinne des Berufsbildungsreformgesetzes (BerBiRefG). Die Z. S. kontrolliert den Abschluss des *Berufsausbildungsvertrages* und die Einhaltung der *Ausbildungsordnung*, nimmt die *Zwischenprüfung* und die *Abschlussprüfung* ab, berät Ausbilder und schlichtet in Konfliktfällen. Die Z. S. können ihre Regelungen als Verwaltungsvorschriften erlassen, die für Ausbildungsbetriebe bindende Wirkung haben. Z. S. sind i. d. R. die Kammern (Industrie- und Handelskammer, Handwerkskammer, Landwirtschaftskammer, Rechtsanwaltskammer usw.).

ZVS. *Zentralstelle für die Vergabe von Studienplätzen.*

Zweiter Bildungsweg. Schullaufbahn, die den Besuch einer allgemein bildenden Schule mit anschließender Berufsausbildung oder Berufstätigkeit voraussetzt und nachträglich zum Erwerb von *Abschlüssen* führt. Gesetzliche Einrichtungen zum Erwerb des Abiturs (Hochschulreife) sind *Abendgymnasien* und *Kollegs*. Der Nachweis der Befähigung zum Hochschulstudium ohne Abiturzeugnis durch eine Prüfung (sog. Begabtenprüfung oder Immaturenprüfung) an einer Hochschule gehört auch zum Z. B. Zum nachträglichen Erwerb von Schulabschlüssen des Sekundarbereichs I durch eine Prüfung gibt es vorbereitende Lehrgänge in Einrichtungen der Erwachsenenbildung (sog. *Abendhaupt-, Abendrealschulen*). Dem Z. B. werden auch Lehrgänge des Fernunterrichts und der Volkshochschulen zugerechnet, welche auf die in den meisten Ländern vorgesehenen staatlichen *Schulfremdenprüfungen* (Nichtschülerprüfungen) zum Erwerb des Hauptschul- und Realschulabschlusses, der Hochschulreife und berufsqualifizierender Abschlüsse vorbereiten. Die Prüfungen des Z. B. sind durch Prüfungsordnungen geregelt.

Zwischenprüfung (engl. *interim examination*). Während der *Berufsausbildung* im Sinne des Berufsbildungsreformgesetzes (BerBiRefG) ist mindestens eine Z. durchzuführen. Sie dient der Ermittlung des bis dahin erreichten Ausbildungsstandes des Auszubildenden, um möglicherweise Korrekturen an der weiteren Ausbildung vornehmen zu können. Die Z. hat keinen selektiven Charakter. Die Teilnahme ist zwar verbindlich, das Bestehen aber nicht Voraussetzung für den Fortgang der Ausbildung bzw. die Zulassung zur Abschlussprüfung.

Den Zeitpunkt der Z. legt die *Zuständige Stelle* fest. I. d. R. findet sie gegen Ende des 2. Ausbildungsjahres statt. Für die Anmeldung zur Z. ist der Ausbildungsbetrieb zuständig.

Zypern. **1)** Präsidiale Republik. Etwa ein Drittel des Landes seit 1974 unter türkischer Besetzung. Hauptstadt: Nikosia (220 000 Einw.). Fläche: 9251 km^2. 750 000 Einw., 81 Einw./km^2. 80% griechische Zyprer, 11% türkische Zyprer, daneben kleinere Minderheiten. Landes- und Amtssprachen: Griechisch und Türkisch. Religion: 95% griechisch-orthodoxe Christen.

2) Strukturen und Inhalte des Bildungswesens reflektieren die Einflüsse der drei Garantiemächte der Unabhängigkeit von 1960, Großbritannien, Griechenland und der Türkei. So war die Schuladministration bis 1965 weitgehend nach britischem Vorbild dezentralisiert und den ethnischen Gruppen zugeordnet. Lokale Schulkomitees regelten sämtliche organisatorischen und inhaltlichen Fragen im Rahmen der Verfassung. Doch 1965 setzten die Griechen ein Gesetz im Parlament durch, das zur Einrichtung des Ministeriums für Bildung und Kultur mit nachgeordneten Schulverwaltungsbehörden führte und die Bildungsverwaltung stark zentralisierte. Die allgemeine Schulpflicht beginnt nach dem neuen Gesetz im Alter von fünfeinhalb Jahren und endet mit der Vollendung des 15. Lebensjahres. Sie wird in der sechsjährigen Primarschule und dem sich ohne Zwischenprüfung anschließenden dreijährigen Gymnasium (Einheitsschulen) erfüllt. Die öffentlichen Bildungseinrichtungen sind kostenfreie koedukative Halbtagsschulen, die vom Staat und den örtlichen Gemeinden finanziert werden. Die zahlreichen privaten Einrichtungen erhalten staatliche Zuschüsse, erheben aber z. T. hohe Beiträge. Kinder und Jugendliche mit Lernbeeinträchtigungen sollen nach Möglichkeit in den Regelschulen besondere Förderung erhalten. Es sind aber auch sonderpädagogische Spezialschulen vorhanden.

3) Kindergärten sind Einrichtungen des Staates, der Gemeinden oder privater Träger. Der Besuch ist freiwillig und zumeist an die Zahlung von Gebühren gebunden. Alle Einrichtungen im Elementarbereich unterliegen öffentlicher Aufsicht. Die Erziehungs- und Bildungsarbeit im Elementarbereich orientiert sich an einem Plan des Ministeriums für Bildung und Kultur. Eine sechsjährige Primarschule muss in dünn besiedelten Gebieten bereits dann errichtet werden, wenn innerhalb eines Schulbezirks 15 schulpflichtige Kinder vorhanden sind. Wer die sechs Jahre nicht erfolgreich abschließen kann, hat das Recht auf ein weiteres Primarschuljahr. Nach Beendigung der Primarschulzeit erhalten die Kinder ein Abschlusszeugnis. Die auf die 6. Klassenstufe der Primarschule folgenden Sekundarschulen sind in zwei je dreijährige Stufen, Sekundarstufe I und II, gegliedert. In öffentlichen Schulen erfolgt der Übergang in die

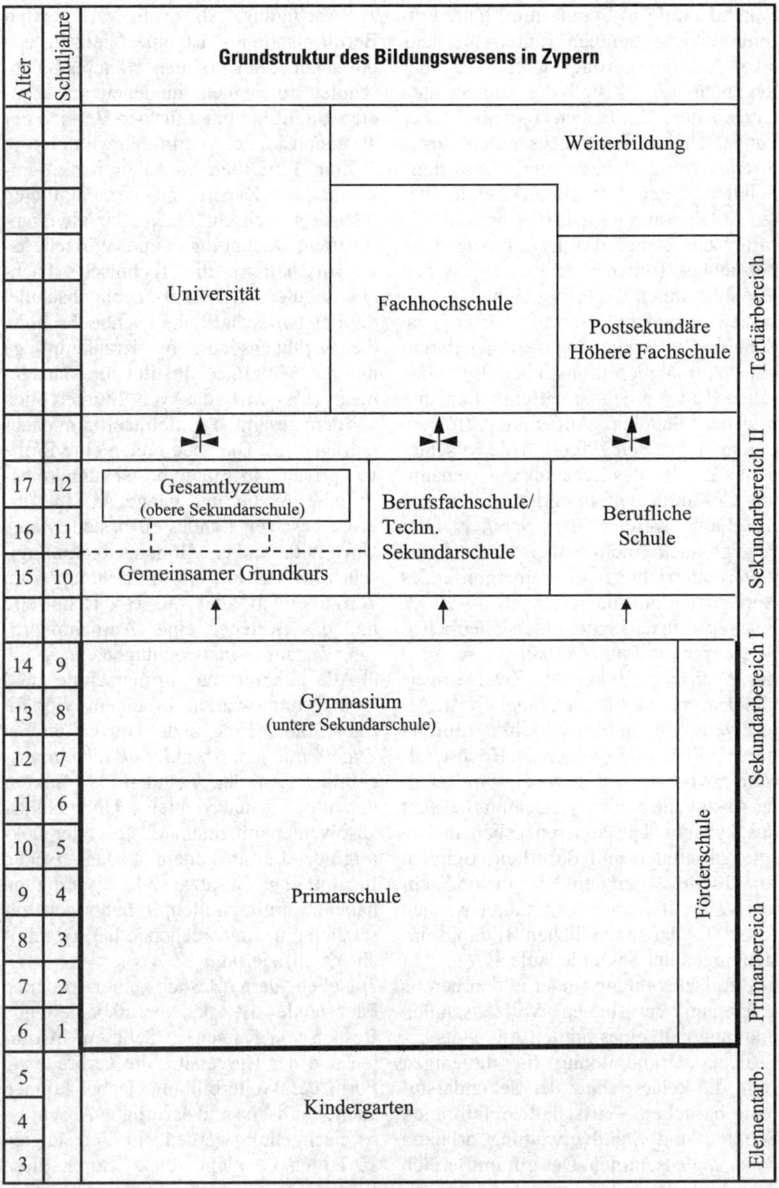

Fett umrandet sind die Einrichtungen für die Erfüllung der Schulpflicht.

Qualifizierte Auswahl — Einfacher Übergang

Sekundarstufe I (Gymnasium) ohne Prüfung. Private Schulen führen meistens eine Auswahlprüfung durch. Auf der Sekundarstufe II sind die sogenannten Lyzeen der Wahlfächer, Technische Sekundarschulen/Berufsfachschulen, Integrierte Gesamtlyzeen und Berufliche Schulen eingerichtet. Im türkisch besetzten Teil der Insel wird das Gymnasium als Mittelschule und das Lyzeum als Lise bezeichnet. In der griechisch-zyprischen Republik treten die erfolgreichen Absolventen der Sekundarstufe I in öffentliche Schulen der Sekundarstufe II wiederum ohne Aufnahmeprüfung über. Im türkischen Teil werden an öffentlichen und privaten Schulen Aufnahmeprüfungen durchgeführt. Seit 1995 sind die verschiedenen Zweige des Lyzeums in sogenannten Gesamtlyzeen integriert. Im ersten Schuljahr werden die Schüler aller Zweige nach einem gemeinsamen Lehrplan unterrichtet. Ein übergreifendes Kerncurriculum bleibt danach bis zur 3. Klassenstufe neben der unterschiedlichen Schwerpunktbildung erhalten, so dass der Wechsel zwischen den Zweigen vergleichsweise problemlos möglich ist. Alle Zweige führen eine Abschlussprüfung durch, mit deren Bestehen die Hochschulreife erworben wird. Etwa ein Fünftel aller Absolventen des Gymnasiums besucht das Lyzeum. Die anderen gehen in Berufsfachschulen und Berufliche Schulen für Abschlüsse auf dem Niveau von Facharbeiterberufen über. Insgesamt besuchen fast 100% der Jugendlichen Bildungseinrichtungen der Sekundarstufe II.

4) Berufsausbildung findet in den bereits genannten beruflichen Vollzeitschulen und innerhalb eines breiten Angebots beruflicher Grundbildung für diejenigen statt, die keine Schule der Sekundarstufe II besuchen. Wirtschaft, Schulträger, Schulen und Schulverwaltung arbeiten dabei eng zusammen. Das gilt im Bereich der Vollzeitschulen insbesondere für Schüler- und Lehrerpraktika. Für die berufliche Grundbildung stellt die Wirtschaft Ausbildungs- und Arbeitsplätze zur Verfügung. Als dritte Variante der Berufsausbildung ist eine Vielzahl von postsekundären privaten Höheren Fachschulen zu nennen, in denen insbesondere Qualifikationen für den Bereich der Tourismusbranche vermittelt werden.

5) Zum Tertiärbereich gehören die Universität von Zypern mit vier Fakultäten (Geisteswissenschaften, Sozialwissenschaften, Technologie und Wirtschaftswissenschaften), die Technische Fachhochschule, die Hotel-Fachhochschule, die Forstwirtschaftliche Fachhochschule, die Fachhochschule für Krankenpflege und das Mittelmeer Institut für Management (M. I. M.), das von Studierenden aus dem gesamten Mittelmeerraum nachgefragt wird. Daneben bieten eine Reihe von privaten Instituten postsekundäre berufliche Ausbildungsgänge an. Im türkisch besetzen Landesteil bestehen eine Universität und ein Höheres Technologisches Institut. Für alle Einrichtungen im Tertiärbereich sind die Hochschulreife und das Bestehen einer Aufnahmeprüfung Zugangsvoraussetzungen.

6) Alle Lehrer an Primarschule und Gymnasium werden in einem vierjährigen Studiengang an der Universität von Zypern mit dem Abschluss *Bachelor* ausgebildet. An den Schulen der Sekundarstufe II unterrichten Universitätsabsolventen mit einem Master- oder Doktorgrad, die an einem Pädagogischen Institut eine Zusatzausbildung erhalten haben. Berufsschullehrer benötigen zusätzlich eine entsprechende berufsfachliche Qualifizierung.

7) Neben dem Besuch einer privaten Fachschule ist der berufsbegleitende Besuch von Kursen an Schulen, Instituten und der Universität die verbreitetste Form der Weiterbildung. Dabei können auch schulische und berufliche Abschlüsse nachgeholt werden. In den letzten 20 Jahren ist nicht zuletzt durch diese Bildungsangebote die Analphabetismusrate drastisch gesenkt und das berufliche Qualifikationsniveau der Gesamtarbeitskraft nachhaltig verbessert worden.

Biografische Artikel

Addams, Jane, Soziologin, Sozialpädagogin, Frauenrechtlerin und Friedensnobelpreisträgerin 1931, *6. 9. 1860 Cedarville (USA), † 21. 5. 1935 Chicago. Ihre wiss. Ausbildung erfuhr A. in den USA und Europa. In London lernte sie das erste von Hochschullehrern eingerichtete Wohlfahrtsheim kennen, nach dessen Vorbild sie zusammen mit Ellen G. Starr in einem Chicagoer Elendsviertel das Hull House gründete, eine Wohn- und Arbeitsgemeinschaft akademischer Frauen, von der zahlreiche sozialpäd. Initiativen ausgingen: Säuglingskrippen, Mütterkurse, Integrationshilfen für die große Zahl der verarmten Einwanderer, Kindergärten, Mädchenklubs, Sommeruniversitäten u. a. m.

A. war entschiedene Pazifistin. 1915 wurde sie zur ersten Präsidentin der Woman's Peace Party gewählt.

Schr.: The Second Twenty Years of Hull House (1930). Centennial Reader (1960).

Lit.: Eberhard, C.: Jane Addams (1860–1935) (1995).

Adorno, Theodor W., Philosoph und Soziologe, *11. 9. 1903 Frankfurt/M., † 6. 8. 1969 Brig (Wallis). A. studierte Philos., Psych., Soz. und Musikwiss., promovierte 1924 über Husserl und habilitierte sich 1931 mit einer Arbeit über Kierkegaard. Zus. mit M. Horkheimer gründete er 1923 an der Univ. Frankfurt/M. das Inst. für Sozialforschung, aus dem die *Frankfurter Schule* der Sozialphilos. erwachsen ist. Das NS-Regime entzog A. 1933 die Lehrerlaubnis. A. emigrierte 1934 nach England, 1938 in die USA. 1949 kehrte er nach Frankfurt zurück und lehrte dort bis zu seinem Tod Philos. und Soz.

Für die Päd. hat A. insbesondere durch sein dialektisch-kritisches Wissenschaftsverständnis Bedeutung gewonnen, das sich für ein kritisch-konstruktives Engagement der Wiss. zur vernunftgeleiteten Gestaltung der Gesellschaft ausspricht. Theorie sollte in Praxis übergehen, sich also nicht auf die Feststellung von Tatsachen beschränken. Damit ist sein Wissenschaftsbegriff im Kern päd., weil Wiss. an der Verbesserung der Bedingungen für eine aufgeklärte, humane und mündige Existenz mitarbeiten soll. Bei Vertretern der sog. kritischen Erz.wiss. (*H. Blankertz,* W. Klafki, *K. Mollenhauer* u. a.) haben die Arbeiten A. nachhaltige Beachtung gefunden. A. hat sich aber auch unmittelbar in die Bildungsdebatte eingemischt.

Schr.: Minima moralia (1951). Theorie der Halbbildung (1962). Erziehung zur Mündigkeit (1970).

Lit.: Sünker, H. und Krüger, H. H. (Hg.): Kritische Erziehungswiss. am Neubeginn? (1999)

Aebli, Hans, Päd. Psychologe, *6. 8. 1923 Zürich, † 26. 7. 1990 Burgdorf (Schweiz). A. studierte Psychol. bei *J. Piaget* in Genf und wurde dort 1951 mit einer Diss. zur Psychol. Didaktik promoviert. Anschließend war er Doz. für Psychol. und Päd. am Zürcher Oberseminar und habilitierte sich 1960 an der Univ. Zürich mit einer Arbeit über ›Die geistige Entwicklung des Kindes‹. 1962 ging er als Prof. für Psychol. an die FU Berlin, 1966 an die Univ. Konstanz und war zuletzt von 1971–1988 Prof. für Päd. Psychol. an der Univ. Bern. Schwerpunkt seiner wiss. Arbeit war die Anwendung der kognitiven Psychol. und der Entwicklungspsychol. auf die Päd. Psychol. und die Didaktik. Unter dem Einfluss des amerik. *Pragmatismus* von *J. Dewey* kam A. zu dem Grundsatz: Handeln ist wesentlich Problemlösen, Handeln können bedeutet somit Nachdenken können.

Schr.: Denken: das Ordnen des Tuns. 2 Bde. (1980/1981). Zwölf Grundformen des Lehrens (1983). Grundlagen des Lehrens (1987).

Lit.: Montada, L. (Hg.): Kognition und Handeln (1983). Fuchs, M.: Hans Aebli – zw. Psychol. und Päd. (2002). Baer, M. u. a. (Hg.): Didaktik auf psychol. Grundlage (2006).

Aichhorn, August, Psychoanalytiker und Pädagoge, *27. 7. 1878 Wien, † 13. 10. 1949 Wien. A. gehörte zu den Pionieren der *psychoanalytischen Pädagogik.* Nach der Ausbildung zum Volksschullehrer und dem autodidakt. Studium der Psychoanalyse leitete A. in Wien mehrere Kinderheime und das Amt aller städt. Fürsorgeanstalten sowie die psychoanalyt. Beratung. In seiner prakt. Arbeit war er bemüht, die tradierte Straf- und Zwangserziehung durch eine Päd. zu ersetzen, die Kinder und Jugendliche zur konstruktiven und zugleich lustvollen Beherrschung ihrer Affekte und Triebregungen befähigt, die Geborgenheit und Vertrauen stiftet und durch Mitverantwortung und selbstbestimmtes Gruppenleben zur Stärkung der jungen Persönlichkeit führt. In den Jahren der NS-Herrschaft gelang es ihm, seine Arbeit als Lehranalytiker fortzuführen. Nach dem Krieg begann eine enge Zusammenarbeit mit *A. Freud* beim Wiederaufbau der Psychoanalytischen Gesellschaft. A. hat u. a. für das Werk *B. Bettelheims* große Bedeutung gewonnen. Zuletzt war er Prof. an der Univ. Wien.

Schr.: Verwahrloste Jugend. Die Psychoanalyse in der Fürsorgeerziehung (1925). Erziehungsberatung und Erziehungshilfe (1959).

Lit.: Wegener, T.: August Aichhorn. Pioniere psychoanalyt. Päd. (1995).

Alt, Robert, Lehrer und Erziehungswissenschaftler, *4. 9. 1905 Breslau, † 13. 12. 1978 Ost-Berlin. A. studierte in Breslau und Berlin Naturwiss. und Philos. und wurde 1927–1929 an der PA Frankfurt/M. zum Volksschullehrer ausgebildet. In Berlin war er bis 1933 als Lehrer an der von *F. Karsen* geleiteten Karl-Marx-Schule tätig. Zugleich studierte er an der Univ. Soz. In dieser Zeit begann sein entschiedenes Engagement für eine demokratische *Einheitsschule,* die allen Kindern den Zugang zur höheren Bildung eröffnen sollte. Von 1941 bis Mai 1945 war A. in verschiedenen Konzentrationslagern inhaftiert. In der sowjet. Besatzungszone und später in der DDR war A. in vielfältiger Weise an der Erneuerung des Schulwesens, der Lehrerbildung und der päd. Wiss. beteiligt. Dabei übernahm er auch hohe polit. Ämter, aus denen er jedoch aufgrund von Konflikten mit der SED schon in den 60er Jahren ausschied. A.s wiss. Interesse galt besonders vier Bereichen: dem Verhältnis von Gesellschaft und Erziehung, der Geschichte der Arbeiterbildung, der Comeniusforschung sowie dem polit. Auftrag der Päd. bei der humanistischen und sozialist. Umgestaltung der Gesellschaft. Seit 1960 war er in verantwortlicher Position in Ost-Berlin an der Herausgabe des ›Jahrbuches für Erziehungs- und Schulgeschichte‹ und der ›Monumenta Paedagogica‹ beteiligt.

Schr.: Erziehung und Gesellschaft. Pädagogische Schriften (1975). Pädagogische Werke (1985 ff.).

Lit.: Horn, K.-P. und Kemnitz, H. (Hg.): Päd. Unter den Linden (2002).

Arndt, Ernst Moritz, Schriftsteller, Historiker und Publizist, *26. 12. 1769 Schoritz/Rügen, † 29. 1. 1860 Bonn. Mit seinen Gedichten und Liedern, in denen sich A. emphatisch für die Befreiung von napoleonischer Fremdherrschaft und die nationale Erneuerung Deutschlands einsetzte, gehörte er zu den populärsten Schriftstellern der dt. Romantik. A. hob den angeblich naturbegründeten Führungsanspruch der nordischen Rasse hervor und heroisierte den Krieg, soldatische Tugenden und Opfermut. In der NS-Zeit wurden seine Schriften ideologisch vereinnahmt. In ›Fragmente über Menschenbildung‹ (1805–1819) entwarf A. eine antiintellektuelle Erziehungslehre, die aus der Entwicklung des Kindes und dem Rhythmus der Natur ihre Orientierungen gewinnen sollte.

Lit.: Bollnow, O. F.: Die Päd. der dt. Romantik (1953, 3., überarb. Aufl. 1977).

Baacke, Dieter, Erziehungswissenschaftler, *2. 12. 1934 Hannover, † 23. 7. 1999 Bielefeld. Von 1972 bis zu seinem Tod war B. Prof. an der Univ. Bielefeld. Im Mittelpunkt seiner Arbeit standen die Erforschung der Lebenswelten von Kindern und Jugendlichen, die Bedeutung der modernen Kommunikationsmittel für das Aufwachsen und Konzepte für eine zeitgemäße Medienpäd. Auf seine Initiative hin wurde 1984 die Gesellschaft für Medienpädagogik und Kommunikationskultur gegründet

Schr.: Die 13- bis 18-Jährigen (1976). Die 6- bis 12-Jährigen (1984). Die 0- bis 5-Jährigen (1999). Medienpädagogik (1997).

Lit.: Huether, J.: Wegbereiter der Medienpädagogik. Dieter Baacke (1934–1999). In: Medien+Erziehung 3/2003.

Ballauff, Theodor, Pädagoge, *14. 1. 1911 Magdeburg, † 20. 12. 1995 Mainz. B. studierte in Göttingen, Wien und Berlin Philos. und Naturwiss. und legte seine Bibliotheksassessorenprüfung an der Univ.bibliothek Halle ab. 1938 promovierte B. in Berlin in Philos. mit einer Arbeit über *I. Kant* und wurde 1944 ebenfalls in Berlin für Philos. habilitiert. 1944 übernahm er eine Dozentur an der Univ. Halle. Erst in Köln wandte er sich nach seiner Umhabilitation als Privatdoz. (1946) und dann als Prof. (1952) der Päd. zu. Von 1956 bis zur Emeritierung 1979 hatte B. den Lehrstuhl für Philos. und Päd. an der Univ. Mainz inne.

B.s Arbeiten reflektieren die Breite seiner systematischen, historischen und bildungspolit. Forschung, u. a.: ›Die Idee der Paideia‹ (1952), ›Systematische Päd.‹ (1962), ›Päd. Eine Geschichte der Bildung und Erziehung‹ (3 Bde, Bd. 2 und 3 zus. mit K. Schaller, 1969–1973), ›Begabungsförderung und Schule‹ (mit H. Hettwer, 1967). Brennpunkt seiner Reflexionen war das Bemühen um die Grundlegung einer Bildungstheorie unter den Bedingungen der Moderne.

Lit.: Ruhloff, J. und Pönitsch, A. (Hg.): Theodor Ballauff – Päd. der »selbstlosen Verantwortung der Wahrheit« (2004).

Basedow, Johann Bernhard, evang. Theologe und Pädagoge, *5. oder 9. 9. 1724 Hamburg, † 25. 7. 1790 Magdeburg. B. besuchte das Johanneum in Hamburg und studierte dann bis 1746 Theol. an der Univ. Leipzig. Nach dem Examen übernahm er das Amt eines Hauslehrers im Holsteinischen. Ab 1753 lehrte B. als Prof. für Philos., Rhetorik und Theol. an der Ritterakad. in Sorø in Dänemark. Wegen seiner aufklärerischen Schriften wurde er an das Gymnasium in Altona strafversetzt und 1767 aus dem Dienst entlassen.

B. verfasste engagierte Beiträge zur Schulkritik. In seinem Werk ›Vorstellung an Menschenfreunde und vermögende Männer über Schulen und Studien und ihren Einfluss in die öffentl. Wohlfahrt‹ (1768) legte er den Entwurf eines philanthropischen Erziehungsprogramms für ein allg., unter öffentl. päd. Fachaufsicht stehendes, überkonfessionelles und den Bildungsansprüchen aller Stände verpflichtetes Schulwesen vor. Auf dieser Grundlage richtete er 1774 in Dessau das *Philanthropin* ein, das er bis 1778 selbst leitete.

Schr.: Elementarwerk. 4 Bde. (1774). Ausgewählte päd. Schriften (1965).

Lit.: Kemper, H.: Schule und bürgerl. Gesellschaft (1990. 2., erw. Neuausg. 1999).

Bäuerle, Theodor, Bildungspolitiker, *16. 6. 1882 Unterurbach, † 29. 5. 1956 Stuttgart. B. studierte am Lehrerseminar Esslingen und an der Akad. für Sozial- und Handelswiss. in Frankfurt/M. Von 1918–1936 war er Dir. des Vereins zur Förderung der Volksbildung in Stuttgart. Er leitete bis 1933 ehrenamtlich auch den *Hohenrodter Bund.* Wegen seiner Verbindung zum Widerstand wurde B. vom NS-Regime mehrfach verhaftet. Von 1947–1951 war er Kultusminister von Württemberg-Baden.

Lit.: Oppermann, D. und Röhrig, P. (Hg.): 75 Jahre Volkshochschule (1995).

Bäumer, Gertrud, Sozialpädagogin, Politikerin und Schriftstellerin, *12. 9. 1873 Hohenlimburg, † 25. 3. 1954 Bethel. B. war eine der führenden Persönlichkeiten in der dt. Frauenbewegung. Nach einer kurzen Tätigkeit als Volksschullehrerin studierte sie in Berlin Germ., Staatswiss. und Philos. bis zur Prom. 1904. Sie arbeitete als Schriftleiterin bei verschiedenen Zeitschriften. Mit *H. Lange* gab sie ab 1901 das fünfbändige ›Handbuch der Frauenbewegung‹ heraus. 1910–1919 war B. Vorsitzende des Bundes dt. Frauenvereine. 1919 wurde sie in die Nationalversammlung gewählt. Sie war bis 1933 Reichstagsabgeordnete. Von 1916–1920 leitete sie das Sozialpäd. Inst. in Hamburg. Ab 1922 bis zu ihrer Entlassung durch das NS-Regime war B. Ministerialrätin im Reichsinnenministerium.

Schr.: Die Frau und das geistige Leben (1911).

Lit.: Hopf, C.: Frauenbewegung und Päd. Gertrud Bäumer zum Beispiel (1997).

Baeumler, Alfred, Pädagoge, *19. 11. 1887 Neustadt (Böhmen), † 19. 3. 1968 Eningen u. A. Einer der führenden und einflussreichsten Päd. im nat.-soz. Deutschland. B. studierte Geschichte, Philos. und Päd. in München, Berlin und Bonn. Er nahm als Freiwilliger am Ersten Weltkrieg teil. Nach Prom. und Habil. wurde er Privatdoz. für Philos. und Päd. an der TH Dresden. Er gewann als Nietzsche-Interpret Bedeutung. Ab 1931 arbeitete B. an führender Stelle für die weltanschauliche Schulung in der NSDAP. 1933 wurde B. auf den neuen Lehrstuhl für Philos. und polit. Päd. an der Univ. Berlin berufen. 1934 Leiter der Wissenschaftsabt. der NSDAP. 1941 wurde B. mit der Leitung des Aufbauamtes einer nat.-soz. *Hohen Schule* beauftragt.

Nach Kriegsende verharmloste B. in seinen persönl. Aufzeichnungen aus den Jahren 1945–1947 (›Hitler und der Nationalsozialismus‹, 1991) sein Eintreten für das NS-Regime als Ergebnis geistiger und polit. Irrtümer.

Schr.: Politik und Erziehung (1937). Bildung und Gemeinschaft (1942).

Lit.: Giesecke, H.: Hitlers Pädagogen (1999).

Beckedorff, Ludolf von, Staatsmann, Bildungspolitiker, *14. 4. 1778 Hannover, † 27. 2. 1858 Gut Grünhof bei Regenwalde (Hinterpommern). B. studierte in Jena Theol. und in Göttingen Medizin (Prom. 1799). Er gehörte zu den schärfsten Kritikern des Entwurfs für ein allg. Schulverfassungs-Gesetz in Preußen, das *J. W. Süvern* 1819 auf der Grundlage der neuhumanist. Bildungstheorie zur polit. Geltung bringen wollte. Diesem Reformkonzept stellte B. die konservative Konzeption eines Schulwesens gegenüber, die von der »naturgemäßen Ungleichheit« der Menschen ausgeht und die deshalb »nicht gleichartiger Stufen-, sondern verschiedenartiger Berufs- und Standesschulen« bedürfe. B. wurde 1821 Leiter des Volksschulwesens und der Lehrerseminare im preuß. Kultusministerium in Berlin und war dies bis 1827, als er wegen seines Übertritts zum kath. Glauben entlassen wurde. Nach seiner Rehabilitation war er Präsident des Landes-Ökonomie-Kollegiums und ab 1849 Mitglied des Preuß. Landtags.

Schr.: Beurteilung des Süvernschen Unterrichtsgesetzentwurfs (um 1819/1822). In: Schweim, L. (Hg.): Schulreform in Preußen 1809–1819 (1966).

Lit.: Scheuerl, H. (Hg.): Klassiker der Päd. Bd. 1 (1991). Michael, B. und Schepp, H.-H. (Hg.): Die Schule in Staat und Gesellschaft (1993).

Becker, Carl Heinrich, Orientalist, Staatsmann, Bildungspolitiker, *12. 4. 1876 Amsterdam, † 10. 2. 1933 Berlin. B. studierte in Lausanne und Heidelberg Theol. und orientalische Sprachen, habilitierte sich 1901 in Heidelberg und wurde 1908 als Prof. zum Leiter des Inst.s für Geschichte und Kultur des Orients in Hamburg berufen, bevor er 1913 an die Univ. Bonn wechselte. 1916 kam er als Vortragender Rat ins preuß. Kultusministerium, wurde 1919 Staatssekretär und war 1921

und 1925–1930 parteiloser preuß. Kultusminister. B. förderte die Bildungs- und Hochschulreform, gestaltete die Lehrerbildung neu und begründete die ersten Päd. Akad. in Bonn, Elbing und Kiel. Er gilt als Begründer der Islamwiss. in Deutschland und war von 1930 bis zu seinem Tod Prof. in Berlin.
Schr.: Die Pädagogische Akad. im Aufbau unseres nationalen Bildungswesens (1926). Das Problem der Bildung in der Kulturkrise der Gegenwart (1930).
Lit.: Müller, G.: Weltpolit. Bildung und akademische Reform (1991).

Becker, Hellmut, Jurist, Soziologe und Bildungsforscher, *17. 5. 1913 Hamburg, † 16. 12. 1993 Berlin. Nach dem Studium der Rechtswiss. in Freiburg/B., Berlin und Kiel war B. zuerst als Anwalt tätig, ab 1949 dann als Rechtsberater freier Schulen, von Forschungsinst. und kulturellen Einrichtungen. Von 1956–1974 stand er als Präsident dem Deutschen Volkshochschulverband vor. 1960 hat B. maßgeblich an der Gründung des *Max-Planck-Instituts für Bildungsforschung* in Berlin mitgewirkt. Von 1966–1975 war er Mitglied der Bildungskommission des *Deutschen Bildungsrates.*
Schr.: Die Bildung der Nation (zus. mit Kluckert, G., 1993). Gedanken zur Zukunft der Schule. In: Antiquiertheit des Menschen und die Zukunft der Schule (1995).
Lit.: Bildungsforschung und Bildungspolitik. Reden zum 80. Geburtstag von Hellmut Becker (1994).

Beneke, Friedrich Eduard, Philosoph, Psychologe, Pädagoge, *17. 2. 1798 Berlin, † 1. 3. 1854 Berlin. B. studierte Theol. und Philos. in Halle und Berlin. 1820 fanden an der Univ. Berlin seine Prom. und Habil. für Philos. statt, gegen die G. W. F. Hegel erhebliche Einwände vorbrachte. B. hatte in Halle Vorlesungen zur Psychol. gehört und dazu 1820 in Berlin seine ›Erfahrungsseelenlehre als Grundlage allen Wissens‹ veröffentlicht. Nachdem er 1822 sein Buch ›Grundlegung zur Physik der Sitten‹ herausgebracht hatte, wurde ihm die Lehrerlaubnis entzogen. Von 1824–1827 lehrte er als Privatdoz. in Göttingen, konnte aber nach erfolgreichen Einsprüchen von 1827 an seine Vorlesungen in Berlin wieder aufnehmen. Nach Hegels Tod wurde B. 1832 zum Prof. der Philos. ernannt. Von 1828 an hielt er bis in sein letztes Lebensjahr Vorlesungen über ›Päd. und Didaktik‹. 1835/1836 erschien sein Hauptwerk ›Erziehungs- und Unterrichtslehre‹ (2 Bde.), in dem es um die Päd. als angewandte Psychol., die Fachdidaktik, die Methodik und den Aufbau des Schulsystems geht. B.s Päd. als psychol. begründete Erfahrungswiss. löste in seiner Zeit bildungspolit. kontroverse Diskussionen aus.
Schr.: Erziehungs- und Unterrichtslehre. 2 Bde. Hg. v. H. K. Platte (1968).
Lit.: Horn, K.-P. und Kemnitz, H. (Hg.): Päd. Unter den Linden (2002).

Bernfeld, Siegfried, Psychoanalytiker und Pädagoge, *7. 5. 1892 Lemberg, † 2. 4. 1953 San Francisco. B. studierte in Wien Päd. und Psych. Er schloss sich der Lehre S. Freuds an und engagierte sich in Orientierung an der Jugendkulturbewegung *G. Wynekens* in der zionistischen Jugend- und Sozialarbeit. Von 1920–1926 arbeitete er in Wien als Psychoanalytiker, danach am Psychoanalyt. Inst. in Berlin. 1934 emigrierte B. über Frankreich in die USA. Er praktizierte selbständig in San Francisco und lehrte zugleich am dortigen Psychoanalyt. Inst. In seinen päd.-programmatischen Arbeiten hat sich B. insbesondere zur Sozialpäd. und Jugendarbeit geäußert. Große Beachtung fand seine erziehungswiss. Hauptschrift ›Sisyphos oder Die Grenzen der Erziehung‹ (1925), in der er die Bedingungen, Möglichkeiten und Begrenzungen von Erziehung sowohl unter psychol. wie unter gesellschaftstheor., im Wesentlichen am Marxismus orientierten Aspekten diskutiert und damit zugleich eine teilweise äußerst polemische Kritik der etablierten bürgerl. Päd. vorlegt. Diesen Ansatz verstand B. als Beitrag zur Grundlegung einer sozialist. Päd. In dieser Hinsicht war

der Schrift jedoch wenig Erfolg beschieden.
Schr.: Sozialpädagogik. Hg. v. Herrmann, U. (1996).
Lit.: Fröhlich, V. (Hg.): Paradoxien des Ich. Beiträge zu einer subjektorientierten Päd. (1997).

Bernstein, Basil, Soziologe und Linguist, *1. 11. 1924 London, † 24. 9. 2000 London. Durch seine umfangreichen empir. und theor. Arbeiten über die Zusammenhänge zw. gesell. Arbeitsteilung, Familienkultur und Schulerfolg hat B. wesentlich dazu beigetragen, das Verständnis für die soziale Bedingtheit schulischer Sozialisationsprozesse zu vertiefen.
Nach dem Studium der Soz. und einer Ausbildung für den Schuldienst an der Grammar School war B. ab 1960 Prof. am Inst. of Education der Univ. London. Dort hat er selbst und haben zahlreiche seiner Doktoranden umfangreiche sprachsoziol. Untersuchungen durchgeführt. B. bezeichnete als Leitziel dieser Arbeiten das Bemühen, die Vergeudung des Bildungspotenzials der arbeitenden Klasse zu stoppen. Im Mittelpunkt seiner Arbeiten stand die These, kulturelle und soziale Differenzierungen ließen sich über Sprachstile (codes) erklären. Orientiert an empir. ermittelten Merkmalen unterschied B. den »restringierten Code« der Unterschicht von einem »elaborierten Code« der Mittelschicht. Da Codes Einfluss auf Schulerfolge, soziale Mobilität und Teilnahme an der öffentl. Kultur haben, sah B. den restringierten *Kode* der Unterschicht als *Sprachbarriere* an.
Schr.: Pedagogy, symbolic control and identity (1996). Beiträge zu einer Theorie des päd. Prozesses (1975, dt. 1977).
Lit.: Atkinson, P. (Hg.): Discourse and reproduction. Essays in honor to Basil Bernstein (1995). Hager, F. u. a. (Hg.): Soziologie und Linguistik (1973).

Bettelheim, Bruno, Psychoanalytiker und Pädagoge, *28. 8. 1903 Wien, † 13. 3. 1990 Silver Spring (USA). B. studierte in Wien Germ., Psych., Philos. und Kunstgeschichte und promovierte 1937. 1938–1939 war er in den Konzentrationslagern Dachau und Buchenwald inhaftiert. Ihm gelang die Emigration in die USA. B. wurde dort Prof. für Päd. und Psych. an der Univ. Chicago und Leiter einer Schule für schwer entwicklungsgestörte Kinder. Im Zentrum seiner theor. und prakt. Arbeiten stand die Frage nach den Möglichkeiten einer Umsetzung psychoanalyt. Prinzipien zur Humanisierung des Erziehungsprozesses. Dabei waren ihm neben S. Freud und *A. Freud* auch *J. Dewey*, *E. Erikson* und *A. Aichhorn* wichtige Mentoren.
Schr.: Kinder brauchen Märchen (1975). Ein Leben für Kinder (1987). Themen meines Lebens (1990). Kinder brauchen Liebe (1993).
Lit.: Krumenacker, F.: Bruno Bettelheim. Grundpositionen seiner Theorie und Praxis (1998).

Blankertz, Herwig, Erziehungswissenschaftler, *22. 9. 1927 Lüdenscheid, † 26. 8. 1983 Münster. B. hat mit seinen wissenschaftstheor. und systematisch-didakt. Arbeiten die Entwicklung der Erziehungswiss. in Deutschland ganz wesentlich vorangebracht. In Anlehnung an Positionen der *Frankfurter Schule* entwickelte er ein kritisch-konstruktives Wissenschaftskonzept. Bildungstheor. stand die Überwindung der tradierten Trennung von allg. und berufl. Bildung im Zentrum seiner Überlegungen.
Als Jugendlicher war B. in den letzten Kriegsjahren Flakhelfer und Soldat, bis 1949 dann Hilfsarbeiter. Er besuchte eine Textilingenieurschule und studierte von 1952–1955 für das Lehramt an Gewerbeschulen. Nach bestandener Begabtenprüfung konnte B. sein Studium an der Univ. Göttingen bis zur Prom. 1958 fortsetzen. Er wurde Doz. für Berufspäd. an der Univ. Hamburg. 1962 habilitierte er sich an der TH Mannheim für Berufspäd. Nach Professuren in Oldenburg und Berlin war B. ab 1964 Prof. für Päd. und Philos. in Münster. Seit den 70er Jahren war er ein viel befragter Berater der Bildungspolitik, so u. a. im *Deutschen Aus-*

schuss für das Erziehungs- und Bildungswesen, im *Deutschen Bildungsrat* sowie bei der Einrichtung des *Bundesinstituts für Berufsbildung*. Seit 1972 leitete B. die wiss. Begleitung der *Kollegschule* in Nordrhein-Westfalen.
Schr.: Theorien und Modelle der Didaktik (1969). Die Geschichte der Päd. (1982).
Lit.: Kutscha, G. (Hg.): Bildung unter dem Anspruch von Aufklärung. Zur Päd. von Herwig Blankertz (1989).

Blättner, Fritz, Pädagoge, *7. 7. 1891 Pirmasens, † 25. 11. 1981 Münster. Nach einer seminaristischen Ausbildung zum Volksschullehrer und Schuldienst in Bayern studierte B. in München und Freiburg Päd. und Psychol. 1931 wurde er Ass. von *W. A. Flitner* in Hamburg. Er gehörte zum Kreis der geisteswiss. Pädagogen um *H. Nohl*. B. war am 11. 11. 1933 auf der Unterzeichnerliste ›Bekenntnis der Prof. an den dt. Univ. und Hochschulen zu Adolf Hitler und dem nat.-soz. Staat‹. 1937 übernahm er an der Univ. Hamburg eine Dozentur für Päd. u. Psychol., 1941 eine am dortigen Berufspäd. Inst. 1945 wurde er in Hamburg zum außerordentlichen Prof. berufen. Von 1946–1959 lehrte B. an der Univ. Kiel.
Schr.: Geschichte der Päd. (1951).
Lit.: Weiß, E.: Päd. und Nationalsozialismus. Das Beispiel Kiel (1997).

Blochmann, Elisabeth, Pädagogin, *14. 4. 1892 Apolda, † 27. 1. 1972 Marburg/Lahn. B. studierte Geschichte, German. und Philos. in Jena, Straßburg, Marburg und Göttingen, hier u. a. bei *H. Nohl*. 1923 prom. sie in Päd. Seit 1926 leitete B. das Pestalozzi-Fröbel-Haus in Berlin, ein Seminar für die Ausbildung von Erzieherinnen und Jugendleiterinnen. 1930 wurde sie eine der ersten Prof.innen an der neuen PA in Halle/S. 1934 musste B. als Jüdin nach England emigrieren. Sie wurde Hochschullehrerin in Oxford. 1952 nahm sie einen Ruf auf eine Prof. für Päd. an der Univ. Marburg an. Ihre Schriften befassen sich vornehmlich mit Themen zur Frauenbildung, Vorschulerziehung und zur vergleichenden Erziehungswiss.
Schr.: Der Kindergarten. In: Nohl, H. und Pallat, L. (Hg.): Hb. der Päd. Bd. IV (1928). Das »Frauenzimmer« und die »Gelehrsamkeit«. Eine Studie über die Anfänge des Mädchenschulwesens in Deutschland (1966).
Lit.: Brehmer, I. (Hg.): Mütterlichkeit als Profession? Lebensläufe dt. Pädagoginnen in der ersten Hälfte dieses Jh.s (1990).

Blonskij, Pavel P., Pädagoge, *14. 5. 1884 Kiew, † 15. 2. 1941 Moskau. B. entwickelte, ausgehend von den polit.-ökon. Analysen von K. Marx und den schulpäd. Theorien von *J. Dewey*, das Konzept der sozialist. *Produktionsschule*. Industriearbeit galt ihm als Lern- und Bewährungsfeld einer Bildung zu sozialist. Verantwortung und individueller Vielseitigkeit.
Schr.: Die Arbeitsschule (1918, dt. 1921).
Lit.: Röhrs, H. und Lenhart, V. (Hg.): Die Reformpädagogik auf den Kontinenten (1994).

Bloom, Benjamin S., Pädagoge, *21. 2. 1913 Lansford (USA), † 13. 9. 1999 Chicago. B. studierte Erziehungswiss. und empir. Sozialwiss. an der Staatsuniv. von Pennsylvania und in Chicago. Hier war er ab 1940 als Hochschullehrer in verschiedenen Funktionen tätig, so auch als Leiter eines Prüfungsamtes. Daraus resultierten seine Arbeiten zur *Operationalisierung* und zu *Lernzieltaxonomien*, die in den 70er Jahren in der dt. Schulpäd. große Beachtung gefunden haben, dabei aber auch auf vielfältige Kritik gestoßen sind. Darüber hinaus arbeitete B. auf der Grundlage kognitionspsychol. Forschungen an der Entwicklung von erwachsenenpäd. Lehr-Lern-Konzepten und war im Auftrag verschiedener US-Reg. an Schulreformen beratend beteiligt.
In seiner Taxonomie ordnet B. Lehrziele in Abhängigkeit von ihrer kognitiven Komplexität in sechs aufeinanderfolgenden Stufen an: Wissen, Verstehen, Anwendung, Analyse, Synthese und *Eva-*

luation. Durch dieses Instrument sollten die systematische Entwicklung von *Lernzielen,* ihre Ordnung und die transparente Kontrolle der Lernerfolge verbessert werden. Später ist diese Ordnung auch auf affektive und psychomotorische Lernziele übertragen worden. Bei aller berechtigten Kritik wird in der Päd. daran festgehalten, dass die objektive Evaluation von Lernprozessen durch B. wertvolle Anstöße erhalten hat.

Schr.: Taxonomie von Lernzielen im kognitiven Bereich (1965, dt. 1972).

Lit.: Husén, T.: Benjamin S. Bloom 1913–1999, in: Palmer, J. A. (Hg.): Fifty modern thinkers on education (2001).

Blume, Wilhelm, Gymnasiallehrer, Reformpädagoge und Bildungspolitiker, *8. 2. 1884 Wolfenbüttel, † 17. 11. 1970 Berlin. B. studierte ab 1902 Germ. und Gesch. an den Univ. Heidelberg und Berlin. Er war eines der ersten Mitglieder im linksliberalen *Bund Entschiedener Schulreformer,* der die Weimarer Republik als Chance für eine grundlegende Demokratisierung des Schulwesens begrüßte. In diesem Sinne hatte B. bereits am Berliner Humboldt-Gymnasium die Mitwirkung von Eltern und Schülern ausgebaut und die Unterrichtspraxis erneuert. Zu dieser Reformpraxis gehörte auch die Einrichtung eines Schulgemeindeheimes. 1921 begann B. mit einer Sommerschule auf der Insel Scharfenberg in der Havel. Aus dieser öffentl. genehmigten Praxis eines Landschulheims heraus kam es dann 1922 zur Gründung der Versuchsschule Schulfarm Insel Scharfenberg.

1933 wurde B. vom NS-Regime aus der Schulleitung in Scharfenberg entlassen. Er kehrte an das Humboldt-Gymnasium zurück. Von 1946 bis 1948 richtete er als Gründungsrektor der PH Berlin (West) die Lehrerbildung neu ein. Danach war er in der Senatsverwaltung mit der Neugestaltung der gymnasialen Oberstufe im Land Berlin befasst.

Schr.: Denkschrift über die Schulfarm Insel Scharfenberg (1945, 1999 neu hg. v. D. Haubfleisch).

Lit.: Haubfleisch, D.: Schulfarm Insel Scharfenberg (2001).

Bollnow, Otto Friedrich, Philosoph, Pädagoge, *14. 3. 1903 Stettin, † 7. 2. 1991 Tübingen. B. studierte Architektur, Physik, Mathematik und Philos. in Berlin, Greifswald und Göttingen, wo er 1925 bei dem Nobelpreisträger für Physik Max Born mit einer Arbeit ›Zur Gittertheorie der Kristalle ...‹ zum Dr. phil. promoviert wurde. Angeregt durch die Dilthey-Schule in Göttingen studierte er ab 1926 Philos. und Päd. und habilitierte sich 1931 für diese Disziplinen an der Univ. Göttingen mit der Arbeit ›Die Lebensphilosophie Friedrich Heinrich Jacobis‹. 1933 wurde B. Mitglied der NS-Kulturgemeinde – Kampfbund für deutsche Kultur (Alfred Rosenberg), 1934 der NSV und des NSLB sowie 1940 der NSDAP. Seit 1931 war er Privatdozent und wurde 1938 a. o. Prof. für Philos. und Päd. an der Univ. Göttingen. Von 1938 bis 1946 war B. Prof. für Psychol. und Päd. an der Universität Gießen und von 1946 bis 1953 für Philos., Päd. und Psychol. an der Univ. Mainz. 1953 wurde er Nachfolger von *E. Spranger* in Tübingen und hatte dort bis zu seiner Emeritierung 1970 den Lehrstuhl für Philos. und Päd. inne.

Von 1964 bis 1968 war B. Gründungsvorsitzender der Deutschen Gesellschaft für Erziehungswissenschaft. Er war Mitherausgeber der Zeitschriften ›Die Erziehung‹ (1942/43), ›Die Sammlung‹ (1945 bis 1960) und der ›Zeitschrift für Pädagogik‹ (1955 bis 1980).

Schr.: Neue Geborgenheit (1955). Existenzphilosophie und Pädagogik (1959). Die pädagogische Atmosphäre (1964). Philosophie der Erkenntnis (2 Bde., 1970–1975).

Lit.: Boelhauve, U.: Verstehende Pädagogik (1997). Kümmel, F. (Hg.): O. F. Bollnow: Hermeneutische Philosophie und Pädagogik (1997).

Bopp, Linus, kath. Theologe und Heilpädagoge, *1. 1. 1887 Limbach, † 11. 3. 1971 Freiburg i. B. B. studierte in Freiburg Theol., wurde 1909 zum Priester

geweiht, promovierte 1916 und war danach für sechs Jahre als Religionslehrer an der Oberrealschule in Freiburg tätig. Sein wiss. Interesse galt bereits früh auch der Päd. Er habilitierte sich 1921 mit der Schrift ›Weltanschauung und Päd.‹. 1924 wurde er in Freiburg auf eine Professur für Pastoraltheol. und Päd. berufen. Schon mit seinem Buch ›Das Jugendalter und sein Sinn‹ (1926) wandte sich B. der Frage nach den Ursachen von Fehlentwicklungen und den Möglichkeiten ihrer Heilung durch Erziehung zu. 1930 erschien dann seine ›Allgemeine Heilpädagogik‹, in der er die Systematik einer Heilpädagogik als »vertiefter Normalerziehung« entwickelt, der es im Kern um die Aktivierung der Selbststeuerungskräfte junger Menschen geht.
Lit.: Schröder, M. S.: Heilerziehung und Heilpädagogik bei Linus Bopp (1981).

Bourdieu, Pierre, Soziologe, *1. 8. 1930 Denguin, † 23. 1. 2002 Paris. Nach dem Studium der Philos. und seinen Erfahrungen im Algerienkrieg (1955/57) wandte sich B. enthnol. und soziol. Studien zu. Seit 1964 Prof. an verschiedenen Univ. und Inst. in Paris, untersuchte B. von unterschiedlichen Perspektiven her die Folgeprobleme neo-imperialer Politik und kapitalist. Gesellschaftsverfassung. In der Fachwelt gilt er heute als einer der vielseitigsten und anregendsten Soziologen. Seine Arbeit ›La distinction. Critique sociale du jugement‹ (1979; dt. Die feinen Unterschiede, 1982) erfährt weltweite Beachtung. B. beschreibt und analysiert die unterschiedlichen objektiv gegebenen sozial-kulturellen Lebensverhältnisse als Bedingungsfelder für die Ausbildung von Wahrnehmungs-, Denk- und Handlungsmustern (»Habitus«), der individuellen Ausdrucksform sozialer Dazugehörigkeit und zugleich Abgrenzung gegen andere Gruppen. Habitus versteht B. als Verinnerlichung kollektiver Dispositionen, die soziale Beziehungen und Praxis bestimmen. In seiner Praxis akkumuliert der Einzelne nach B. Geschichte in Gestalt unterschiedlicher Kapitalformen *(Kapitalakkumulation),* die seine alltäglichen Herausforderungen und Gestaltungsmöglichkeiten wesentlich bestimmen, also Benachteiligungen oder Privilegien, Ohnmacht oder Macht umschreiben. Dabei unterscheidet B. vier Formen von Kapital: ökon., kulturelles, soziales und symbolisches Kapital. Die so gewonnenen Einblicke in die Prozesse gesell. Reproduktion von mehr oder weniger guten Lebenschancen sind für *Bildungsforschung,* für Sozial- und Schulpäd. von großer Bedeutung. B. bestätigt eindrucksvoll die zentrale Rolle von Erziehung und Unterricht bei der Stabilisierung und Weitergabe sozialer Ungleichheit.
Schr.: Sprache, Kultur und Erziehung. Theorie für die Praxis (1999). Wie die Kultur zum Bauern kommt. Über Bildung, Schule und Politik (2001).
Lit.: Mörth, I. und Fröhlich, G. (Hg.): Das symbolische Kapital der Lebensstile (1994). Schwingel, M.: Pierre Bourdieu zur Einführung (1998).

Buber, Martin, jüd. Religionsphilosoph und Pädagoge, *8. 2. 1878 Wien, † 13. 6. 1965 Jerusalem. B. besuchte das poln. Gymnasium in Lemberg und studierte dann ab 1896 Germ., Philos., Kunstgeschichte., Nationalökon. und Psychiatrie in Wien, Leipzig, Berlin und Zürich. Wichtige Lehrer waren *W. Dilthey* und der Sozialwissenschaftler G. Simmel. Schon 1898 initiierte B. in Leipzig eine zionistische Ortsgruppe jüd. Studenten. Als Redakteur und Schriftsteller arbeitete er intensiv mit an der Erneuerung des Judentums, distanzierte sich dabei jedoch von dem national-polit. Zionismus T. Herzls.
Neben seinen philos. Arbeiten widmete sich B. seit 1919 immer öfter päd. Fragen. Er arbeitete u. a. im Internationalen Arbeitskreis für Erneuerung der Erziehung von *E. Rotten* mit und gehörte dem *Hohenrodter Bund* an. B. lehrte in Deutschland, der Schweiz und Holland an verschiedenen jüd. und dt. Schulen. Bis 1933 war er Prof. an der Univ. Frankfurt/M., 1935 untersagte ihm das NS-Re-

gime jegliche Lehrtätigkeit. Noch vor dem Pogrom im November 1938 konnte B. Deutschland verlassen und eine Professur in Jerusalem antreten. Er war maßgeblich am Aufbau des jüd. Erziehungswesens beteiligt.
In seinen philos. und päd. Werken stehen Fragen der Anthropologie, der Existenzphilos. sowie des Dialogs zw. den Religionen im Mittelpunkt. Im erzieherischen Verhältnis als rein dialogischer Beziehung sieht B. eine Grundform menschlicher Entwicklung. Für die dt. Erziehungstheorie sind davon wichtige Anregungen ausgegangen, wie zahlreiche Studien zur dialogischen Erziehung bis heute belegen.
Schr.: Gesammelte Werke. 3 Bde. (1962–64). Reden über Erziehung (1953).
Lit.: Baumgärtner, F.: »Dialogische Freiheit« bei Martin Buber und ihre Bedeutung für eine dialogische Erziehung (1995).
Campe, Joachim Heinrich, Pädagoge, Verleger, Publizist und Sprachwissenschaftler, *29. 6. 1746 Deensen, † 22. 10. 1818 Braunschweig. C. studierte evang. Theol. und Philos. an den Univ. Helmstedt (1765–68) und Halle/S. (1768/69). Nach dem Examen war er Hofmeister für Alexander und *Wilhelm von Humboldt.* Für gut ein Jahr arbeitete C. an dem von *J. B. Basedow* 1774 in Dessau gegründeten *Philanthropin* mit.
C. legte zahlreiche Schriften zur prakt. Erziehung vor. In Hamburg gründete er eine Erziehungsanstalt für wohlhabende Bürgersöhne. Sein 1779 erschienenes Kinderbuch ›Robinson der Jüngere‹ machte ihn weltberühmt. Als Hg. besorgte C. in der Zeit von 1785–1791 die Veröffentlichung der 16 Bde. der ›Allgemeinen Revision des gesamten Schul- und Erziehungswesens‹, die umfassendste Darstellung des Spektrums päd. Bestrebungen in der *Aufklärung.* 1786 wurde C. fürstlicher Schulrat in Braunschweig.
Schr.: Theophron oder der erfahrene Ratgeber für die unerfahrene Jugend (1783). Sittenbüchlein für Kinder aus gesitteten Ständen (1787). Väterlicher Rath für meine Tochter. Ein Gegenstück zum Theophron. Der erwachsenen weiblichen Jugend gewidmet (1789).
Lit.: Kersting, C.: Die Genese der Päd. im 18. Jh. (1992).
Claparède, Edouard, Psychologe, *24. 3. 1873 Genf, † 29. 9. 1940 Genf. C. war seit 1908 Prof. für Psych. in Genf, wo er 1912 das Inst. Jean-Jacques Rousseau für experimentelle Forschung gründete. C. nahm wesentlich Einfluss auf die Vertiefung empir.-psychol. Konzepte innerhalb der Päd. und schärfte durch zahlreiche Art. das öffentl. Bewusstsein für mehr Rationalität in Erziehungsfragen.
C. war engagierter Anhänger verschiedener reformpäd. Positionen. Als Empiriker war C. davon überzeugt, dass der Erziehungsprozess über die systematische Beobachtung der kindlichen Entwicklung und ein daran orientiertes Lernarrangement weitgehend funktionell gesteuert werden kann, wenn sich Erziehung konsequent an den Interessen und Bedürfnissen der Kinder orientiert. Mit seiner entschiedenen Position ist er auf ebenso heftige Kritik gestoßen. Sein Werk ›Psychol. de l'enfant et pédagogie expérimentale‹ (1905, dt. 1911) ist in alle großen Sprachen übersetzt worden.
Schr.: L' éducation fonctionnelle (1931).
Lit.: Grunder, H.-U.: Von der Kritik zu den Konzepten. Aspekte einer ›Geschichte der Päd. der französischsprachigen Schweiz‹ im 20. Jh. (1986).
Cohn, Jonas, Philosoph und Pädagoge, *2. 12. 1869 Görlitz, † 12. 1. 1947 Birmingham. C. studierte Naturwiss. in Leipzig, Heidelberg und Berlin. Er promovierte in Biologie. Danach begannen seine philos. Studien bei W. Wundt in Leipzig und H. Rickert in Freiburg. 1897 wurde er in Freiburg mit der Arbeit ›Beiträge zur Lehre von den Wertungen‹ für Philos. habilitiert. Ab 1919 lehrte er dort als Prof. für Philos. und Päd. Um ihn bildete sich die Süddt. Schule des *Neukantianismus.* 1933 wurde C. wegen sei-

ner jüd. Abstammung unter dem Rektorat von M. Heidegger zwangspensioniert. Er emigrierte im gleichen Jahr nach England.
C. bestimmt den Bildungsprozess als Begegnung mit den überdauernden Sinngehalten der Kultur, so dass sie im Subjekt eine schöpferische Fortführung gewinnen können. Wertempfänglichkeit und Versittlichung wurden als Voraussetzungen autonomer Urteils- und Gestaltungskraft gesehen. Kulturphil. ist deshalb für ihn die wichtigste Bezugswissenschaft der Päd.
Schr.: Geist der Erziehung (1919). Vom Sinn der Erziehung. Ausgewählte Texte. Hg. von D. J. Löwisch (1970).
Lit.: Heitmann, M.: Jonas Cohn (1999). Fischer, W. und Löwisch, D. J. (Hg.): Philosophen als Pädagogen (2., erg. Aufl. 1998).

Comenius, Johann A., eigentl. Jan Amos Komenský, evang. Theologe und Pädagoge, *28. 3. 1592 Nivnice (Mähren), † 15. 11. 1670 Amsterdam. Von 1608–1611 war C. Schüler der Lateinschule der böhmischen Bruderunität, die ihn zum Studium der Theol. nach Herborn (Hessen-Nassau), Heidelberg und Amsterdam schickte. 1614 bereits wurde C. zum Leiter seiner ehemaligen Lateinschule gewählt. Im Dreißigjährigen Krieg hatte C. als Protestant nach dem Sieg der kaiserl. Truppen lange Jahre Verfolgung zu ertragen. In seinem ersten bedeutenden Werk ›Labyrinth der Welt und das Paradies des Herzens‹ (1623) setzte sich C. mit den Wirren seiner Zeit auseinander und fand als Weg der Befreiung die wahre Ordnung der Kirche Christi. Educatio verstand er als Herausführung aller Menschen in die Freiheit der göttlichen Gesetze und Harmonien. Diese Überzeugung leitet sein gesamtes philos., päd. und polit. Schaffen.
1628 konnte sich C. in Lissa (Polen) bei Glaubensbrüdern niederlassen. Hier schrieb er die ›Janua linguarum reserata‹ (Aufgeschlossene Sprachenpforte), ein didakt. Werk über die Verbindung von Sprach- und Sachunterricht. In dieser Zeit erarbeitete C. auch die Grundzüge seines didakt. Hauptwerkes, der ›Didactica magna‹ (Große Didaktik. Allgemeine Kunst, alle alles zu lehren), das aber erst 1657 in lat. Sprache veröffentlicht wurde. Letzte Bestimmung des Menschen ist seine ewige Seligkeit in Gott. Bildung mit den Schwerpunkten Wissen, tugendhafte Sitten und fromme Gesinnung ist dafür die notwendige Vorbereitung. C. verfasste zahlreiche päd. Ratgeber, so das ›Informatorium der Mutterschule‹ (1628–1631) und Sprachlehrbücher. Zugleich war er als Berater für die Reform des Schulwesens in verschiedenen europ. Städten tätig.
In seinen didakt. Grundsätzen stützt sich C. über weite Strecken auf Ideen seines Zeitgenossen *W. Ratke*. Mit Ratke ist er von der Notwendigkeit und der Möglichkeit einer Unterweisung aller Kinder des Volkes überzeugt. Er fordert dafür einen umfassenden Neubau des Schulwesens, die Einf. neuer Lehrmethoden, anschauliche Lehrbücher, einen schülerorientierten lebendigen Unterricht in der Muttersprache und eine systematische Lehrerbildung.
Schr.: Große Didaktik. Hg. von W. A. Flitner (2000). Pampaedia. Lat. Text u. dt. Übersetzung. Hg. von D. Tschizewskij (1960).
Lit.: Michel, G. (Hg.): Comenius-Bibliographie. Deutschsprachige Titel 1870–1999 (2000).

Comte, August, Philosoph, *19. 1. 1798 Montpellier, † 5. 9. 1857 Paris. C. gilt als einer der Begründer des Positivismus, der als Aufgabe der Wiss. ausschließlich die Beschreibung von Tatsachen und der Beziehungen zw. ihnen bestimmt, also jede Form geisteswiss. und metaphysischer Erkenntnis als unwissenschaftlich verwirft. So sieht C. auch die Soz. als »soziale Physik«, die über systematisches Beobachten und Vergleichen die Gesetzmäßigkeiten der menschlichen Daseins- und Entwicklungsformen erkennen kann. Damit ist sie nach C. die höchste aller

Wiss., weil sie zur Grundlage des gesell. Fortschritts wird, der nach C. von einer theol., zur metaphysischen und schließlich zur positiven Welterkenntnis führt. Auf dieser positiven wiss. Grundlage sollten sich sozial-techn. Erkenntnisse für die Vervollkommnung der Gesellschaft gewinnen lassen. In diesem Sinne sah C. auch in Erziehung und Unterricht wichtige Ansatzpunkte für die von ihm ersehnte Erneuerung der moralischen und sozialen Ordnung. Unterricht sollte als allg. und allseitige Bildung allen Kindern in öffentl. Verantwortung und kostenlos angeboten werden. C. glaubte in den Prinzipien der kathol. Erziehungslehre des Mittelalters dafür die notwendige normative Orientierung gefunden zu haben.

Schr.: Rede über den Geist des Positivismus (1844, dt. 1956).

Lit.: Negt, O.: Die Konstituierung der Soziologie als Ordnungswissenschaft (1974). Wagner, G.: Auguste Comte zur Einf. (2001).

Condorcet, Marie-Jean-A.-N. C. Marquis de, Sozial- und Wirtschaftstheoretiker, Philosoph und Politiker, *17. 9. 1743 Ribemont, † 29. 3. 1794 Clamart. C. gehört in den Kreis der Aufklärer und frühen Vordenker der Demokratie. Seine Arbeit gewinnt im Austausch mit wichtigen Vertretern der sog. Enzyklopädisten um D. Diderot, J. le Rond d'Alembert, *J.-J. Rousseau,* A.-R.-J. Turgot und Voltaire Profil.

1791 wurde C. in die Nationalversammlung gewählt. Hier legte er 1792 als Präsident den Plan einer Nationalerziehung vor, in dem das Recht auf Bildung als wesentliche Grundlage des demokratischen Gemeinwesens ausführlich entfaltet wird. Durch Unterricht in öffentl. Schulen sollen alle Bürger in die Lage versetzt werden, für ihre Bedürfnisse selbständig zu sorgen, ihre Rechte zu erkennen und ihre Pflichten auszuüben, ihre Talente in ganzer Breite zu entfalten und den Beruf frei zu wählen. Dadurch sollte einerseits Gleichheit möglich u. andererseits das Gemeinwohl befördert werden. Für das Schulwesen entwickelte C. Grundsätze, die z. T. noch heute die Bildungspol. beschäftigen: öffentl. Schulaufsicht, Unabhängigkeit der Schule von Staat und Kirche, freier Schulbesuch, gestufte Gesamtschule für Mädchen und Jungen, Schule auch als Stätte der Erwachsenenbildung, Praxisorientierung des Unterrichts. C. wird damit zu einem der ersten und radikalsten Theoretiker einer liberal-demokratischen Bildungspolitik.

Veränderte Machtverhältnisse innerhalb der revolutionären Fraktionen brachten C. Verfolgung und schließlich die Verhaftung. Er starb im Gefängnis.

Schr.: Bericht und Entwurf einer Verordnung über die allgemeine Organisation des öffentl. Unterrichtswesens. Hg. von H. H. Schepp (1966).

Lit.: Baxmann, D.: Wissen, Kunst und Gesellschaft in der Theorie Condorcets (1999).

Decroly, Jean-Ovide, Arzt und Pädagoge, *23. 7. 1871 Ronse, † 10. 9. 1932 Brüssel. D. richtete in Brüssel 1901 ein »Psychologisches Labor« für behinderte Kinder ein, die in einer Familiengruppe ganzheitlich betreut und gemäß ihren Möglichkeiten allseitig gefördert werden sollten. Dabei verstand er diese Bemühungen als Anwendung psychol. Erkenntnisse auf päd. Arrangements. D. nahm Bezug auf die Erfahrungen und Theorien des franz. Arztes *J. M.-G. Itard* und der ital. Ärztin und Pädagogin *M. Montessori.* Über das wiss. Interesse hinaus wusste D. aus seiner Arbeit in der Kinderpsychiatrie um die menschliche, materielle und erzieherische Vernachlässigung vieler Kinder, deren Folgeprobleme er durch eine individualisierende Päd. auf der Grundlage einer zuverlässigen päd. Beziehung glaubte weitgehend überwinden zu können. In dieser Hinsicht war D. radikaler Kritiker der tradierten mechanistischen Paukschule und zugleich engagierter prakt. Reformpädagoge. 1907 gründete er in Fortführung seiner

Bemühungen in Brüssel die »Ermitage« als Arbeitsschule. Leitendes Prinzip war ihm dabei »Erziehung für das Leben durch das Leben«, damit Individualität, Selbsttätigkeit und Selbstverantwortung in sinnhafter Praxis gefördert werden. Das handlungsorientierte Lernen organisierte D. deshalb nach Interessenkreisen: Ernährung, Schutz und Wohnen, Abwehr von Gefährdungen und kollektive Arbeit.
Schr.: Vers l'école rénovée – une première étape (zus. mit G. Boon, 1927).
Lit.: Röhrs, H.: Die Schule in der modernen Gesellschaft (1994).

Deiters, Heinrich, Pädagoge, *2. 7. 1887 Osnabrück, † 31. 1. 1966 Ost-Berlin. Zus. mit *R. Alt* gilt D. als einer der wichtigsten Pädagogen der DDR, der auf der Grundlage reformpäd. Konzepte, humanistisch-sozialist. Ideale und marxistischer Erkenntnistheorie für eine radikale demokratische Erneuerung des Schulwesens und der Lehrerbildung eintrat. Viele seiner Impulse stießen sowohl bei der SED als auch bei alten Eliten auf Widerstände, so u. a. die Einrichtung von päd. Fakultäten an den Univ. und sein Konzept einer einheitlichen Lehrerbildung. Zentralbegriff seiner Päd. ist Bildung in der Tradition der Aufklärung.
D. studierte Geschichte und Germ. in Heidelberg und Berlin. Er promovierte und legte das Staatsex. als Gymnasiallehrer ab. In Berlin unterrichtete er an verschiedenen Schulen. Als Mitglied im *Bund Entschiedener Schulreformer* unterstützte er Bemühungen um eine inhaltliche und strukturelle Erneuerung des Schulwesens. Leitend waren ihm dabei die Konzepte von Gemeinschafts- und Arbeitsschule. Von *H. Nohl* wurde er zur Mitarbeit am ›Handbuch für Päd.‹ (1928) eingeladen. Das NS-Regime entließ ihn 1933 aus dem Staatsdienst.
Bereits 1945 übernahm D. in der sowjet. Besatzungszone in der Verwaltung für Volksbildung leitende Funktionen in Lehrerbildung und Schulgesetzgebung. 1947 wurde er als Ordinarius für Päd. an die Berliner Univ. berufen.
Schr.: Pädagogische Aufsätze und Reden (1957).
Lit.: Oppermann, D. (Hg.): Bildung und Leben (1989). Horn, K.-P. und Kemnitz, H. (Hg.).: Päd. Unter den Linden (2002).

Denzel, Bernhard Gottlieb von, Pädagoge, *29. 12. 1773 Stuttgart, † 13. 8. 1838 Esslingen. D. studierte in Tübingen evang. Theol. und wurde nach dem Examen Hauslehrer und dann Pfarrer in Schaffhausen. In dieser Zeit besuchte er *J. H. Pestalozzi* in Burgdorf, studierte dessen Unterrichtsarbeit und nahm wichtige Anregungen für das eigene schulpäd. Engagement auf. Schon als Pfarrer in Pleidelsheim (ab 1806) gewann D. Einfluss auf die dortige Arbeit in der Volksschule. 1811 wurde er Inspektor und dann Rektor des neuen Schullehrerseminars in Esslingen. 1816 erhielt D. den Auftrag zur Reform des nassauischen Schulwesens. Die fünf Bde. seines päd. Hauptwerkes ›Einl. in die Erziehungs- und Unterrichtslehre‹ erschienen 1814–1832. D. wird den *Pestalozzianern* zugerechnet.

Derbolav, Josef, Pädagoge, *24. 3. 1912 Wien, † 14. 7. 1987 Bonn. 1935 legte D. in Wien das Staatsex. für das höhere Lehramt ab und promovierte im selben Jahr in Germ. 1951 wurde er auf eine Prof. für Päd. an die neue Univ. des Saarlandes berufen. In Wien habilitierte sich D. 1953 für prakt. Philos. 1955 übernahm er in Nachfolge von *T. Litt* an der Univ. Bonn eine Professur für Philos. und Päd.
In seinen zahlreichen Publikationen konzentriert sich D. auf Probleme der Grundlegung der allg. Didaktik sowie einer Gesamtpäd., die er in die Disziplinen päd. Anthropologie, Ethik, Didaktik und Curriculumtheorie, Erziehungssoz. und Theorie der Bildungspolitik gliedert. D. versteht diese Gesamtpäd. als *Praxeologie* in Nachbarschaft zu Politik, Ökonomie und Medizin.
Schr.: Grundriss einer Gesamtpädagogik. Hg. v. B. H. Reifenrath (1987).
Lit.: Müller, M.: Päd. und Erziehungswiss. – der praxeologische Übergang bei Derbolav (1995).

Dewey, John, Philosoph, Pädagoge, Psychologe, *20. 10. 1859 Burlington, † 1. 6. 1952 New York. Nach Professuren an den Univ. von Minnesota und Michigan in Ann Arbor übernahm D. von 1894–1904 die Leitung des Inst.s für Philos., Psychol. und Päd. an der Univ. Chicago und gründete dort 1896 die berühmte Laborschule der Univ. (Laboratory School). 1904 wechselte er an die Columbia Univ. in New York und blieb dort bis zu seiner Emeritierung 1930. D. lehnte alle transzendentalen Zielsetzungen ab und ging als Vertreter des *Pragmatismus* davon aus, dass sich Denken und Erkennen sowie Theorien in ihrer Anwendbarkeit auf prakt., sachbezogenes, soziales und sprachliches Handeln in konkreten geschichtl. Lebensprozessen zu bewähren haben. Sein Ziel war die Verbesserung demokrat. gesellschaftl. Verhältnisse durch Erziehung und schulische Lernbedingungen. Seinen Grundsatz der Selbsttätigkeit durch »Learning by doing« sah er im *Projektunterricht* und in Formen der *Arbeitsschulbewegung* verwirklicht.

Schr.: Wie wir denken (1910, dt. 1951). Demokratie und Erziehung (1916, dt. 1930, neu hg. v. J. Oelkers 2004). Der Projekt-Plan (zus. mit W. H. Kilpatrick, 1918, dt. 1935). Erfahrung und Natur (1925, dt. 1993).

Lit.: Schreier, H.: John Dewey. Erziehung durch und für Erfahrung (1994). Bohnsack, F.: John Dewey – ein päd. Porträt (2005). Suhr, M.: John Dewey zur Einf. (2005).

Diesterweg, Friedrich Adolph Wilhelm, Pädagoge, Schulpolitiker, *29. 10. 1790 Siegen, † 7. 7. 1866 Berlin. D. war von 1811–1820 Haus- und Gymnasiallehrer in Mannheim, Worms, Frankfurt/M. und Elberfeld. Anschließend leitete er 1820–1832 das Lehrerseminar in Moers und 1832–1847 das Königliche Seminar für Stadtschullehrer in Berlin. Mit seiner 1827 gegründeten und lebenslang fortgeführten Zeitschrift ›Rheinische Blätter für Erziehung und Unterricht‹ sowie mit dem 1835 erschienenen Handbuch ›Wegweiser zur Bildung für Lehrer‹ wurde er zum Vorbild für die moderne Lehrerbildung. Nachdem er in seiner 1836 begründeten Schriftenreihe ›Die Lebensfrage der Civilisation‹ sozialkritische Themen veröffentlicht und die staatliche Bildungspolitik offen kritisiert hatte, wurde er wegen seiner liberalen Haltung nach dem Regierungsantritt von Friedrich Wilhelm IV. 1847 seines Amtes enthoben und 1850 in den Ruhestand versetzt. In seinen seit 1851 herausgegebenen ›Jahrbüchern für Lehrer und Schulfreunde‹ und als Abg. der Nationalliberalen Partei im Preuß. Landtag (1858–1866) hat er die andauernde Einflussnahme der Kirche, der Kommunen und der Wirtschaft auf das Bildungswesen und die *Stiehlschen Regulative* von 1854 scharf bekämpft. Die Bewältigung anstehender päd. Fragen sah er in der allg. Menschenbildung des selbsttätigen kritischen Bürgers, in der von gesellschaftl. Mächten unabhängigen Staatsschule, in der qualifizierten Lehrerausbildung und in der organisierten Standesbildung der Lehrerschaft. Seine eigene theor. Position erwuchs aus der kritischen Reflexion der Praxis; guten Unterricht bezeichnete er als »Erziehungskunst«. Obwohl D.s Schriften eine große Breitenwirkung hatten, ist heute noch umstritten, inwieweit die päd. Reflexionen dieses »Schulmannes« zum Aufbau einer eigenständigen wissenschaftlichen Päd. beigetragen haben.

Schr.: Sämtliche Werke. 23 Bde. Bd. 1–17 hg. v. H. Deiters. u. a. (1956–1990), Bd. 18–23 hg. v. G. Geißler u. a. (1998–2003).

Lit.: Scheuerl, H. (Hg.): Klassiker der Päd. Bd. 1 (2., überarb. Aufl. 1991). Weiß, E.: Adolf Diesterweg. Politischer Pädagoge zw. Fortschritt und Reaktion (1996). Geißler, G. und Lost, C. (Hg.): Friedrich Adolph Wilhelm Diesterweg (2002).

Dilthey, Wilhelm, Philosoph, Begründer der *geisteswissenschaftlichen Pädagogik*,

*19. 11. 1833 Biebrich, † 1. 10. 1911 Seis (Südtirol). Nach seiner Ausbildung zum Theologen und zum Gymnasiallehrer promovierte und habilitierte sich D. 1864 an der Univ. Berlin und wurde 1867 Prof. in Basel, 1869 in Kiel und 1871 in Breslau. Als Nachfolger von Hermann Lotze übernahm er 1882 bis zu seiner Emeritierung 1904 die Professur für Philos. in Berlin. Zu seinen Verpflichtungen gehörten von 1884–1894 auch Vorlesungen zur Päd.

D.s wiss. Bemühen galt der erkenntnistheor. Grundlegung der Geisteswiss. einschließlich der Päd. Im Vergleich zu den kausal analysierenden und erkärenden Naturwiss. ging er in seiner ›Einl. in die Geisteswissenschaften‹ (1883) von der »menschlichen Erfahrung« und den »Tatsachen des Bewusstseins« aus, um die vielfältigen historischen, sozialen und individuellen Wechselbeziehungen des Menschen »prakt. verstehend« zu erfassen. D. sah zunächst in der Psychol. die Grundwiss. der Geisteswiss. und entwickelte in den ›Ideen über eine beschreibende und zergliedernde Psychol.‹ (1894) sein Konzept des »psychologischen Verstehens«, das er zw. 1900 und 1910 zum Konzept des »hermeneutischen Verstehens« der geschichtl.-gesellschaftl. Welt weiterentwickelte.

Zu D.s Begründung der Päd. gibt es zwei Texte: Die Rede vor der Preuß. Akad. der Wiss. am 19. 7. 1888 ›Über die Möglichkeit einer allg.gültigen päd. Wiss.‹ (in: Bd. VI) und die erst 1934 veröffentlichte Vorlesung ›Grundlinien eines Systems der Päd.‹ aus den Jahren 1884–1894 (in: Bd. IX). D. geht von der Kritik an den bisherigen päd. Systemen aus, deren Inhalte durch Theol., Politik, Philos. oder Metaphysik bestimmt wurden. Er leitete die Allgemeingültigkeit päd. Regeln oder Normen aus dem teleologischen Strukturzusammenhang menschlichen Seelenlebens her, dessen Grundbestimmung auf Vollkommenheit, Entwicklung und Steigerung gerichtet sei. Die Theorie von der »Teleologie des Seelenlebens« ist Grundlage für die Analyse der *Erziehungswirklichkeit* mit ihren konkreten Fragen, auf die Antworten wegen der Geschichtlichkeit immer nur von relativer Geltung sind. D. hat selber kein System der Päd. ausgearbeitet, aber zur Entwicklung der Päd. als Geisteswiss. wichtige Anregungen gegeben (vgl. *M. Frischeisen-Köhler, E. Spranger, H. Nohl, T. Litt, W. A. Flitner, E. Weniger* u. a.).

Schr.: Gesammelte Schriften, derzeit 22 Bde. Hg. v. B. Groethuysen u. a. (1914 ff.). Grundlinien eines Systems der Päd. und Über die Möglichkeit einer allg.gültigen päd. Wiss. Mit einer Werkinterpretation v. D.-J. Löwisch (2002).

Lit.: Herrmann, U.: Die Päd. Wilhelm Diltheys (1971). Scheuerl, H. (Hg.): Klassiker der Päd. Bd. 2 (1991).

Dinter, Gustav Friedrich, evang. Theologe und Pädagoge, *29. 2. 1760 Borna, † 29. 5. 1831 Königsberg. D. studierte Theol., Philos. und Philol. an der Univ. Leipzig. Er wurde 1790 Pfarrer bei Borna. Zugleich befasste er sich konzeptionell und prakt. mit der Einrichtung einer geordneten Volksschullehrerausbildung. 1797 wurde er zum Leiter des Staatlichen Schullehrerseminars nach Dresden berufen. Sein päd. Interesse galt besonders der Verbesserung der Unterrichtspraxis in Orientierung an den Prinzipien der Päd. *J. H. Pestalozzis.* D. führte seine Unterrichtslehre in einer neunbändigen ›Schullehrerbibel‹ (1824–1830) aus.

D. wird den *Pestalozzianern* zugerechnet.

Lit.: Glöckel, H. (Hg.): Bedeutende Schulpädagogen (1993).

Dolch, Josef, Pädagoge, *11. 3. 1899 München, † 23. 5. 1971 Saarbrücken. Nach seiner Ausbildung zum Volksschullehrer (1912–1919) studierte D. Päd., Philos., Psychol. und Mathematik an der Univ. München (1919–1923) und promovierte bei *A. Fischer* mit einer Diss. zum ›Begriff des Elternrechts in der Erziehung‹. Danach war er von 1924–1932 Volksschullehrer und von 1933–1936 Assistent im Inst. für Päd. und Katechetik bei *J. Göttler* in Mün-

chen. Von 1936–1945 war er Doz. für Päd. an der Hochschule für Lehrerbildung und am Berufspäd. Inst. in München-Pasing. 1942 habilitierte er sich mit den ›Studien zur Theorie und Geschichte des Lehrplans‹. Wegen seiner Mitgliedschaft in der NSDAP u. a. NS-Organisationen wurde ihm die Privatdozentur von 1946–1949 entzogen. Nach seiner erneuten Tätigkeit als Privatdozent wurde D. 1952 apl. Prof. der Univ. München. Von 1957 bis zu seiner Emeritierung 1968 war er Prof. für Päd. an der Univ. Saarbrücken. Wichtigster Gegenstand seiner Forschung war die aus seiner Habil. resultierende Historiografie des Lehrplans.
Schr.: Lehrplan des Abendlandes (1959).
Lit.: Schindler, I. (Hg.): Pädagogisches Denken in Geschichte und Gegenwart (1964). Keck, R. W. und Ritzi, C. (Hg.): Geschichte und Gegenwart des Lehrplans (2000).

Dörpfeld, Wilhelm Friedrich, Volksschullehrer, *8. 3. 1824 Selscheid, † 27. 10. 1893 Ronsdorf. Auf den Grundlagen prot. Frömmigkeit und preuß.-patriotischer Gesinnung hat D. als Lehrer, Lehrerbildner und päd. Schriftsteller viel beachtete und in seiner Zeit hoch geschätzte Beiträge zur Reform der Volksschule und der allg. öffentl. päd. Bildung erarbeitet.
Als Sechzehnjähriger begann er an der Präparandenanstalt in Moers die Lehrerausbildung, wurde nach einem Jahr Hilfslehrer und nach weiteren zwei Ausbildungsjahren Elementarschullehrer. Vier Jahre unterrichtete er an einer Präparandenanstalt und übernahm dann 1849 für 30 Jahre als Hauptlehrer eine Volksschule in Barmen.
In seinen theor. und didakt. Arbeiten ging er von *J. F. Herbart* aus. 1872 berief ihn der preuß. Kultusminister A. v. Falk in eine Kommission zur Vorbereitung der *Allgemeinen Bestimmungen* für die Reform des Schulwesens.
Schr.: Gesammelte Schriften. 12 Bde. (1894–1901).
Lit.: Glöckel, H. (Hg.): Bedeutende Schulpädagogen (1993).

Durkheim, Émile, Soziologe und Pädagoge, *15. 4. 1858 Epinal, † 15. 11. 1917 Paris. D. gilt als Begründer der modernen Soz. Für die Entwicklung des sozialwiss. Zweiges der Päd. in Deutschland haben seine Arbeiten etwa seit den 60er Jahren des 20. Jh. wesentliche Bedeutung gewonnen, insbesondere für die Erforschung der *Sozialisation.*
D. entwickelte seine leitenden Interessen und wiss. Prinzipien vor dem Hintergrund einer streng religiösen Erziehung im jüd. Elternhaus und an der Eliteschule École Normale Supérieure in Paris. Er begann früh die Vordenker moderner Gesellschaftslehre C. H. de Saint-Simon und *A. Comte* zu studieren. Die Suche nach rational begründbarer und empir. prüfbarer Wahrheit sowie nach der Erneuerung der moralischen Fundamente für eine in tiefgreifenden Wandlungsprozessen stehende Gesell. haben alle Aspekte seiner sozialwiss. Arbeiten geprägt.
Nach dem Lehrerexamen unterrichtete D. von 1882 bis 1887 an verschiedenen Gymnasien. 1885 unterbrach er den Schuldienst für sechs Monate für philos. und päd. Studien in Berlin, Marburg und Leipzig. 1887 berief ihn die Univ. Bordeaux an den eigens für ihn geschaffenen Lehrstuhl für Sozialwiss. und Päd. Bis 1902 lehrte er dort. In dieser Zeit schrieb D. wichtige Werke, u. a. ›De la division du travail social‹ (1893, dt. 1977). 1895 folgte sein wiss.theor. Hauptwerk ›Les Règles de la méthode sociologique‹ (dt. 1961, Regeln der soziol. Methode) und 1897 die berühmte Studie über den Selbstmord, ›Les Suicide‹.
1902 berief ihn die Sorbonne in Paris als Lehrstuhlvertreter für Päd. 1906 übernahm er den Lehrstuhl, der 1913 die Denomination »Päd. und Soziologie« erhielt, womit erstmals in Frankreich die Soz. als akad. Univ.disziplin erscheint.
In seinen wiss. Arbeiten widmet D. dem Zusammenhang von Gesellschaft, Moral und Erziehung besondere Aufmerksamkeit. Seine Überlegungen dazu trägt er

bereits 1902/03 in einer Vorlesung über Erziehung, Moral und Gesellschaft vor, die 1923 unter dem Titel ›Education et sociologie‹ (dt. 1984) veröffentlicht wird.
Lit.: Walfort, G. (Hg.): Durkheim and modern Education (1998).

Edding, Friedrich, Erziehungswissenschaftler, *23. 6. 1909 Kiel, † 14. 9. 2002 Berlin. E. studierte evang. Theol., Geschichte, Germ. und Staatswiss. in Bonn, Berlin und Kiel. 1934 legte er die Staatsprüfung für das höhere Lehramt ab und promovierte zum Dr. phil. 1936–1943 arbeitete E. im Stat. Reichsamt. 1943–1948 folgten Kriegsdienst und Gefangenschaft. Am Kieler Inst. für Weltwirtschaft begannen in den 50er Jahren seine bildungsökon. Studien über den Zusammenhang von Bildungsfinanzierung und wirtschaftlichem Nutzen. Lange vor der allg. bildungspolit. Debatte hat E. auf die Bedeutung einer volkswirtschaftlichen Analyse des Bildungswesens hingewiesen und tief greifende Reformen gefordert.
1959 wurde er Prof. an der Hochschule für Internationale Päd. Forschung in Frankfurt/M., 1964 Dir. der Abteilung für Bildungsökonomie am Max-Planck-Inst. für Bildungsforschung und Prof. an der TH Berlin.
Schr.: Bildung und Wirtschaft (1960). Lebenslanges Lernen (1972). Zwanzig Jahre Bildungsforschung (Hg. 1987).
Lit.: Pongratz, L. (Hg.): Päd. in Selbstdarstellungen. Bd. 3 (1978).

Eggersdorfer, Franz Xaver, kath. Theologe und Pädagoge, *22. 2. 1879 Pörndorf, † 20. 5. 1958 Passau. E. studierte an der Univ. München Philos. und Theol. und wurde 1903 zum Priester geweiht. 1909 promovierte er mit der Arbeit ›Der heilige Augustinus als Pädagoge und seine Bedeutung für die Geschichte der Bildung‹ zum Dr. theol. Nach der Habil. wurde E. Prof. für Päd. und ihre Hilfswissenschaften an der Philos.-Theol. Hochschule in Passau. Sein besonderes Interesse galt der Religionspäd. und ihrer spezifischen Methodik.
Während der NS-Zeit musste er seine Lehrtätigkeit einstellen. Nach der Emeritierung 1946 vertiefte er seine Studien zur Entwicklung einer Erziehungslehre auf der Grundlage einer christlich-kath. Weltanschauung.
Schr.: Moderne Reformpädagogik und christliche Erziehungsweisheit (1910). Das Ziel der Erziehung mit besonderer Berücksichtigung der Volksschulerziehung (1925). Jugendbildung (1928).
Lit.: Weinschenk, R.: Franz Xaver Eggersdorfer (1879–1958) und sein System der allg. Erziehungslehre (1972).

Erikson, Erik H., Psychoanalytiker, *15. 6. 1902 Frankfurt/M., † 12. 5. 1994 Harwich (USA). Erik Homburger nahm den Namen, unter dem er einer der bekanntesten Kinderpsychoanalytiker geworden ist, erst bei seiner Emigration aus Deutschland in die USA 1933 an. Nach einer Ausbildung zum Kunsterzieher studierte er am Psychoanalyt. Inst. bei *A. Freud* in Wien, bei der er sich auch einer Lehranalyse unterzog.
Im Mittelpunkt seiner empir. und theor. Arbeiten stand die Entwicklung der Identität unter dem Einfluss elterlicher und kultureller Wertorientierungen und Erziehungspraktiken. E. differenzierte das Entwicklungsmodell von S. Freud. Die Theorie dazu fasste er in seinem Hauptwerk ›Childhood and Society‹ (1950, dt. 1957) zusammen. Seine zahlreichen Bücher, Aufsätze und Vorträge fanden bei Psychologen, Pädagogen, Medizinern und Sozialarbeitern in der ganzen Welt große Beachtung. In den USA war E. bis zu seinem Ruhestand 1970 Prof. an den Univ. Berkeley und Yale.
Schr.: Childhood and Society. Revised and enlarged (1963). Insight and Responsibility (1964, dt. 1966).
Lit.: Keupp, H. und Höfer, R. (Hg.): Identitätsarbeit heute: Klassische und aktuelle Perspektiven der Identitätsforschung (1997).

Essig, Olga, Pädagogin, *15. 6. 1884 Gogolin (Westpreußen), † 14. 12. 1956 Hamburg. Zus. mit *A. Siemsen* setzte sich

E. als Gymnasiallehrerin vor 1933 im *Bund Entschiedener Schulreformer* insbesondere für das Mädchenberufsschulwesen sowie die Integration der Berufsschulen in das allg. öffentl. Schulwesen ein. Ihr schulpäd. Ziel war die Ausgestaltung berufsschulischer Bildungsgänge innerhalb einer differenzierten *Produktionsschule* (Gesamtschule). 1933 wurde E. vom NS-Regime in den Ruhestand gezwungen. Beim Neuaufbau des Bildungswesens in Hamburg nach dem Krieg wurden eine Reihe ihrer Vorstellungen polit. umgesetzt. Sie war mehrere Jahre als Oberschulrätin in der Hamburger Schulverwaltung tätig.
Schr.: Die weibliche Berufsschule. In: Nohl, H. und Pallat, L. (Hg.): Hb. der Päd. Bd. 4 (1928).
Lit.: Neuner, I.: Der Bund Entschiedener Schulreformer 1919–1933 (1980).

Felbiger, Johann Ignatz von, kathol. Theologe und Schulreformer, *6. 1. 1724 Glogau, † 17. 5. 1788 Preßburg. F. studierte an der Univ. Breslau. Nach dem Examen war er zwei Jahre als Hauslehrer tätig. 1746 trat er in das Augustiner-Chorherrenstift Sagan ein und wurde 1758 dessen Abt. Vom preuß. Min. von Schlabrendorff wurde F. mit der Reform des kathol. Schulwesens in Schlesien beauftragt. Er führte neue Lehrpläne ein und modernisierte Unterrichtsmethodik und Lehrerausbildung in einem neu eingerichteten kathol. Lehrerseminar. 1773 wurde F. von Kaiserin Maria Theresia nach Wien berufen und mit der Erneuerung des österr. Schulwesens beauftragt.
F. führt seine schulpäd. Grundsätze im ›Allgemeinen Schulplan für die dt. Schulen in den k. u. k. Erblande‹ (1774) und im ›Methodenbuch für Lehrer in den k. k. Erblanden‹ (1775) aus. Mit seinem Einsatz für Volksschulen und Lehrerbildung war F. einer der wichtigsten Erneuerer der Volkserziehung in der Aufklärung.
Schr.: General-Landschul-Reglement. Eigenschaften, Wiss. und Bezeigen rechtschaffener Schulleute. Hg. von J. Scheveling (1958).

Fénelon, François de Salignac de la Mothe, franz. kath. Theologe, Schriftsteller und Erzieher, *6. 8. 1651 Schloss Fénelon, † 7. 1. 1715 Cambrai. F. war Hofmeister der Enkel von Ludwig XIV., danach Bischof von Cambrai. 1687 erschien sein päd. Hauptwerk ›Traité de l'éducation de filles‹.
Schr.: Über Mädchenerziehung. Hg. v. C. Richartz (1963).
Lit.: Neumann, J. und Sträter, U. (Hg.): Das Kind in Pietismus und Aufklärung (2000).

Finger, Friedrich August, Pädagoge, *1808 Frankfurt/M., † 31. 12. 1888 Frankfurt/M. Nach dem Studium bei C. Ritter, F. Schleiermacher u. a. in Frankfurt und Berlin war der promovierte Philologe ab 1829 Lehrer in der Modellschule der Brüder Bender in Weinheim. Unter dem Einfluss der Heimatkundekonzeption von *C. W. Harnisch* und der geografischen Wiss. (C. Ritter u. a.) entwickelte F. ab Herbst 1832 für den Elementarunterricht das Modell eines neu eingerichteten Faches *Heimatkunde*. Seine unterrichtsprakt. Erfahrungen hat er 1844 in dem Buch ›Anweisung zum Unterricht in der Heimathskunde, gegeben an dem Beispiele der Gegend von Weinheim an der Bergstraße‹ veröffentlicht. Diese Heimatkundedidaktik besteht aus einem theor. Überblick und beispielhaften Beschreibungen von 160 Unterrichtsstunden in den Klassen 1–3. F. gilt als der Begründer der Heimatkunde als selbständiges Unterrichtsfach. Ab 1845 war er Oberlehrer in Frankfurt/M. und leitete von 1861–1875 die mittlere Bürgerschule.
Schr.: Ausgewählte päd. Schriften (1899).
Lit.: Mitzlaff, H.: Heimatkunde und Sachunterricht. 3 Bde. (1985).

Fink, Eugen, Philosoph und Pädagoge, *11. 12. 1905 Konstanz, † 25. 7. 1975 Freiburg. F. studierte Philos., Geschichte, Germ. und Volkswirtschaft in Münster, Berlin und Freiburg. Seine Doktorarbeit ›Vergegenwärtigung und Bild. Beiträge zur Phänomenologie der Unwirklichkeit‹

(1929) betreuten E. Husserl und M. Heidegger. Von 1930–1938 war F. als Privatassistent für Husserl tätig, was während des NS-Regimes eine akad. Karriere ausschloss. 1946 wurde F. in Freiburg für Philos. habilitiert und 1948 dort zum Prof. für Philos. und Päd. berufen. Neben seinen intensiven phänomenologischen Studien zur Anthropologie und Päd. engagierte er sich in der Bildungspolitik. So war er 1958 an der Abfassung des Bremer Planes der GEW zur Neugestaltung und Demokratisierung des westdt. Schulwesens beteiligt und setzte sich für eine polytechnische Struktur eines neuen Bildungsplanes der allg. bildenden Schulen ein.

Schr.: Grundfragen der systematischen Päd. Hg. v. E. Schütz und F.-A. Schwarz (1978). Sozialphilosophie – Anthropologie – Kosmologie – Päd. – Methodik. Hg. v. A. Böhmer (2006).

Lit.: Eugen-Fink-Symposion: Freiburg 1985. Hg. v. F. Graf und R. Bruzina (1987).

Fischer, Aloys, Pädagoge, *10. 4. 1880 Furth i. W., † 23. 11. 1937 München. F. studierte Altphilol. in München. Von 1902 bis 1906 verdiente er als Hauslehrer seinen Unterhalt. Ab 1906 setzte F. sein Studium bei dem Psychologen und Philos. W. Wundt in Leipzig fort, wo er für Philos. habilitierte. Von 1907–1918 war er Erzieher der bayer. Prinzen. 1910 gründete F. das Päd.-Psych. Inst. des Münchner Lehrervereins. F. wurde damit zu einem der frühen Förderer empir. Erforschung der Schulpraxis. 1915 wurde er als Prof. für Päd. an die Univ. München berufen. Mit seiner Schrift ›Deskriptive Päd.‹ (1914) trägt F. wesentlich zur erfahrungswiss. Erweiterung des Forschungshorizontes der Päd. bei.

Schr.: Leben und Werk. 4 Bde. Hg. v. K. Kreitmair (1950–1957).

Lit.: Stalla, B. J.: Prof. Dr. Aloys Fischer (1880–1937) (1999).

Fischer, Wolfgang, Pädagoge, *5. 1. 1928 Leipzig, † 12. 6. 1998 Sprockhövel. F. studierte in Münster Philos. und Päd. bei *A. Petzelt.* Ab 1959 war er Prof. für Päd. an der PH Wuppertal. 1964 erhielt er einen Ruf an die Univ. Nürnberg-Erlangen. Von 1972–1993 lehrte F. an der Univ. Duisburg. Im Zentrum seiner systemat. Arbeiten stand das Begründungsproblem päd. Begriffe, Kategorien und Verfahren als Voraussetzung ihrer Geltung.

Schr.: Unterwegs zu einer skeptisch-transzendentalkritischen Päd. (1989).

Lit.: Helmer, K. (Hg.): In memoriam Wolfgang Fischer (1999).

Fliedner, Theodor, evang. Theologe, *21. 1. 1800 Eppstein/Taunus, † 4. 10. 1864 Kaiserswerth. F. studierte Theol. in Gießen und Göttingen. Nach dem Examen war er zwei Jahre Hauslehrer; 1822 übernahm er eine Pfarrstelle in Kaiserswerth. Dort richtete er 1835 die erste Kleinkinderschule in Deutschland ein, der später innerhalb des von ihm gegründeten Diakonissenmutterhauses eine Schule für Kleinkinderlehrerinnen folgte.

Lit.: Benad, M. (Hg.): Die Macht der Nächstenliebe. Einhundertfünfzig Jahre Innere Mission und Diakonie 1848–1998 (1998).

Flitner, Wilhelm August, Pädagoge, Vertreter der *geisteswissenschaftlichen Pädagogik,* *20. 8. 1889 Bad Berka, † 21. 1. 1990 Tübingen. Während seines Studiums in Jena, das er mit der Prom. 1913 und der Prüfung für das höhere Lehramt 1914 abschloss, lernte F. durch den Privatdoz. *H. Nohl* die geisteswiss. Erkenntnistheorie *W. Diltheys* kennen. Nach seinem Kriegsdienst (1914–1918) übernahm er 1919 neben seiner Tätigkeit als Studienrat die Leitung der von Nohl mitbegründeten Abendvolkshochschule in Jena, bis 1926 *A. Reichwein* an seine Stelle trat. F. war seit 1923 im *Hohenrodter Bund* engagiert. Er habilitierte sich 1923 über ›Grundfragen der Didaktik‹ bei *W. Rein* und Bruno Bauch in Jena, wurde 1926 a. o. Prof. an der neu gegründeten Päd. Akad. Kiel und 1929 Prof. für Erziehungswiss. an der Univ. Hamburg, wo er bis zu seiner Emeritierung 1958 lehrte. F. hat 1933 die Liste mit dem »Bekenntnis der Prof. (...) zu Adolf Hitler und dem nat.-soz. Staat« mit unterzeichnet und war Mitglied des NS-Lehrerbundes. Seit etwa Febr. 1933 nahm der polit. Druck auf die Zeitschrift ›Die Erziehung‹, deren Schriftleiter F. seit ihrem Bestehen 1925 war, zu. Nach dem Vorwurf, er habe es versäumt, die ›Erziehung‹ »im Geiste des Nationalsozialismus umzustellen«, vollzog F. 1935 seine Kündigung als Schriftleiter und trat 1937 zusammen mit H. Nohl, *A. Fischer* und *T. Litt* aus dem Herausgeberkreis aus. Als die Nationalsozialisten 1936 die Ausbildung der Lehrer aus der Univ. in die »Hochschule für Lehrerbildung« verlagerten, war F.s Tätigkeit auf theor. und histor. Arbeiten eingeschränkt. Seine 1933 veröffentlichte ›Systematische Päd.‹, die 1950 unter dem Titel ›Allgemeine Päd.‹ neu erschien, war ein wesentlicher Beitrag zur Entwicklung der Päd. zu einer eigenständigen hermeneutisch-pragmatischen Geisteswiss. F. war Mitherausgeber der Zeitschriften ›Die Sammlung‹, ›Der evang. Erzieher‹ und der ›Zeitschrift für Päd.‹. Als Vorsitzender des Schulausschusses der Westdt. Rektorenkonferenz (1951–1961) hat er wesentlichen Einfluss auf Reformen im Schulwesen gehabt.

Schr.: Gesammelte Schriften. 12 Bde. (1982 ff.).

Lit.: Scheuerl, H. (Hg.): Klassiker der Päd. Bd. 2 (1991). Klafki, W. und Brockmann, J.-L.: Geisteswissenschaftliche Päd. und Nationalsozialismus (2002).

Foerster, Friedrich Wilhelm, Philosoph, Pädagoge und Journalist, *2. 6. 1869 Berlin, † 9. 1. 1966 Kilchberg/Zürich. F. studierte Philos. in Freiburg und Berlin bis zur Prom. (1893) und der Habil. (1899) für Ethik und Päd. An der Univ. Zürich lehrte F. als Privatdoz., dann ab 1912 als Prof. für Philos. in Wien und von 1914–1920 an der Univ. München.

F. war entschiedener Pazifist. Wegen seiner Kritik an der dt. Kriegspolitik musste er seinen Lehrstuhl verlassen. Er emigrierte über die Schweiz und Frankreich in die USA.

In seinen Arbeiten setzt sich F. nachdrücklich für die Erneuerung der Charaktererziehung, eine demokratische polit. Bildung und die Sexualerziehung ein. Seine Publikationen dazu stießen bei konservativen Pädagogen und Politikern auf Ablehnung. Unter dem NS-Regime waren seine Bücher verboten.

Schr.: Jugendlehre (1904). Politische Erziehung (1959). Schriften zur polit. Bildung. Hg. v. H. G. Fischer (1964).

Lit.: Max, P.: Pädagogische und polit. Kritik im Lebenswerk Friedrich Wilhelm Foersters (1999).

Foucault, Paul-Michel, Philosoph, Soziologe und Historiker, *15. 11. 1926 Poitiers, † 25. 6. 1984 Paris. F. studierte an verschiedenen Hochschulen Philos. und Psychol. und erwarb mehrere Hochschulgrade. Zw. 1952 und 1960 arbeitete er als Assistent und war in Warschau und Hamburg Dir. des Inst. Français. 1962 wurde er als Prof. für Philos. an die Univ. Clermont-Ferrand berufen, war Gastprof. in Tunis und unternahm zahlreiche Vortragsreisen. 1970 wurde für F. am Collège de France ein Lehrstuhl für Geschichte der Denksysteme eingerichtet.

Die Bedeutung des umfangreichen philosophischen Werkes F.s für die Päd. wird erst seit wenigen Jahren erforscht. Dabei stehen F.s Reflexionen zum Verhältnis von Herrschaft und Erkenntnis sowie zu den Bedingungen der Möglichkeit einer Selbstbefreiung durch eine Hermeneutik des Selbst im Zentrum.

Schr.: Les mots et les choses. Une archéologie des sciences humaines (1966, dt. Die Ordnung der Dinge 1974).

L'ordre du discours (1971, dt. Die Ordnung des Diskurses 1991).

Lit.: Pongratz, L. (Hg.): Nach Foucault: diskurs- und machtanalyt. Perspektiven der Päd. (2004). Weber, S. (Hg.): Gouvernementalität und Erziehungswiss. (2006).

Francke, August Hermann, evang. Theologe und Pädagoge, *12. oder 22. 3. 1663

Lübeck, † 8. 6. 1727 Halle/S. F. wuchs in einer Familie auf, die nachhaltig vom Bemühen um Frömmigkeit und ein bibelgerechtes Leben geprägt war. Als der Vater 1666 von Herzog Ernst (»der Fromme«) als Justizrat an den Hof in Gotha berufen wurde, gewann der junge F. erste Einblicke in das umfangreiche Erneuerungswerk des Herzogs in Kirche und Schule. F. studierte Theol., alte Sprachen und Gesch. in Erfurt, Kiel, Hamburg und Leipzig. 1687 kam es zu einer Begegnung mit dem pietistischen Theologen J. Spener, der bald ein väterlicher Freund wurde. Im gleichen Jahr verstand F. die Überwindung einer persönlichen Krise als Bekehrungserlebnis, das ihn von der akademischen Theol. weg und hin zu einem tatkräftigen Glaubensleben im sozialen und päd. Einsatz führte. J. Spener vermittelte 1691 einen Ruf an die neue Univ. in Halle auf eine Prof. für die griech. und oriental. Sprachen. 1698 wurde F. zum Prof. für Theol. ernannt. Getrieben von der Notlage verwahrloster Kinder gründete F. 1695 ein Waisenhaus mit Armenschule, woraus sich 1698 dann die *Francke'schen Stiftungen* entwickelten, die Kinder aus allen Ständen und vielen europ. Ländern aufnahm. Besondere Beachtung fand dabei das *Philanthropin* der Stiftungen. Indem Studenten der Univ. gegen freie Verpflegung Lehrtätigkeiten an den Anstaltsschulen übernahmen, schuf F. erste Formen praxisorientierter Lehrerbildung.

Schr.: Pädagogische Schriften. Neudruck bes. von H. Lorenzen (2. Aufl. 1964).

Lit.: Hertzberg, G. F.: August Hermann Francke und sein Hallisches Waisenhaus (1998).

Freinet, Célestin, Reformpädagoge, *15. 10. 1896 Gars (Frankreich), † 8. 10. 1966 St. Paul de Vence. Nach dem Kriegsdienst und schwerer Lungenverletzung 1917 bekam F. 1920 seine erste Lehrerstelle in der Dorfschule von Bar-sur-Loup oberhalb von Cannes, in der er mit der Förderung selbstständigen und kooperierenden Lernens begann. Ab 1922 pflegte er Kontakte zu führenden Reformpädagogen und setzte sich besonders mit den päd. Forderungen von *G. Kerschensteiner, J. Dewey, P. Petersen, M. Montessori, A. Ferrière* und *J.-O. Decroly* auseinander. Von *F. Gansberg* und *H. Scharrelmann* übernahm er die Idee des »freien Schreibens«. 1924 gründete er zum Erfahrungsaustausch die »Kooperative« reformfreudiger Lehrer (Coopérative de l'Enseignement Laic, C.E.L.) und führte den ersten Kongress der Lehrerbewegung »École Moderne« (Moderne Schule) durch. F. wechselte mit seiner Frau Élise an eine Schule in St. Paul de Vence und entwickelte dort das Konzept der *freien Arbeit* weiter. Nach schulpolit. Auseinandersetzungen schied er 1932 aus dem öffentl. Schuldienst aus und eröffnete 1935 nach dem Vorbild von *H. Lietz* und *P. Geheeb* ein privates *Landerziehungsheim* in Vence, das bis zum Zweiten Weltkrieg ein Zentrum päd. Praxis und Forschung war. Durch den Einmarsch der Deutschen kam F. 1940 in ein Internierungslager und ging nach seiner Entlassung in den Widerstand (Résistance). Nach dem Krieg wurde die Schule in Vence wiedereröffnet. 1946 erschien sein Buch ›L' École Moderne Française‹ (dt. ›Die moderne französische Schule‹. 2., verb. Aufl. 1979). 1947 gründete er das »Inst. Coopérative de l'École Moderne« (I. C. E.M.) als Zentrum zur Erprobung und zum Vertrieb selbst entwickelter *Arbeitsmittel.* Die weltweite Verbreitung der *Freinet-Pädagogik* führte 1961 zur »Fédération Internationale des Mouvements de l'École Moderne« (F. I. N.E. M.). F.s Privatschule in Vence wurde 1991 als »Experimentierschule« in die staatliche Schulverwaltung übernommen.

Schr.: Befreiende Volksbildung: Frühe Texte. Hg. v. R. Kock (1996). Pädagogische Werke. Hg. v. H. Jörg und H. Zillgen, Teil 1 (1998), Teil 2 (2000).

Lit.: Hagstedt, H. (Hg.): Freinet-Päd. heute (1997). Hansen-Schaberg, I. und Schonig, B.: Freinet-Päd. (2002).

Freire, Paulo Reglus Neves, Pädagoge, *19. 9. 1921 Recife (Brasilien), † 2. 5. 1997 São Paulo. Nach beruflichen Tätigkeiten als Rechtsanwalt und im Sozialdienst der Industrie wechselte F. zur Päd. Er promovierte 1959 mit einer Diss. über das Unterrichten von erwachsenen Analphabeten und war bis 1964 Prof. für Geschichte und Philos. der Päd. an der Univ. Recife. Unter Präsident Goulart führte er 1961 eine Alphabetisierungskampagne mit der von ihm entwickelten Methode durch. Nach dem Militärputsch 1964 ging er ins Exil und stand von 1964–1968 im Dienst des Bildungsministeriums in Chile, war von 1968–1970 Gastprof. in Harvard/USA, von 1970–1976 Bildungsberater beim Ökumenischen Weltkirchenrat in Genf und anschließend in verschiedenen Entwicklungsländern. Nach seiner Rückkehr hatte er von 1989–1991 die Leitung des Sekretariats für Bildung und Erziehung in São Paulo inne.

F. kritisierte an den vorherrschenden Erziehungs- und Bildungsformen, dass sie die zu Erziehenden als passive Objekte betrachteten, denen »Wissen als Gabe« im Interesse der Anpassung an bestehende Verhältnisse vermittelt werden solle. Er bezeichnete einen solchen Ansatz als »Bankiers-Konzept« der Erziehung. Im Unterschied hierzu vertrat er eine dialogische, problembezogene Methode, durch die Lehrer und Schüler gemeinsam lernen, ihre Wirklichkeit zu untersuchen und zur Lösung erkannter Probleme Strategien und Fähigkeiten zu entwickeln. Den Unterdrückten solle geholfen werden, kritisches Denken und Handeln zu lernen, damit sie die Gesellschaft als veränderbar erkennen und erfahren.

Schr.: Pedagogia do oprimido (1968). Dt.: Päd. der Unterdrückten. Bildung als Praxis der Freiheit (1971).

Lit.: Tenorth, H.-E. (Hg.): Klassiker der Päd. Bd. 2 (2003).

Freud, Anna, Psychoanalytikerin, *3. 12. 1895 Wien, † 8. 10. 1982 London. Als jüngstes Kind S. Freuds machte F. mit 15 Jahren das Abitur und wurde zur Volksschullehrerin ausgebildet. Nach einer Lehranalyse von 1918–1921 bei ihrem Vater arbeitete sie ab 1923 als selbständige Psychoanalytikerin. Dabei konzentrierte sie ihre theor. und prakt. Bemühungen auf die Kinderpsychoanalyse. 1937 gründete sie in Wien einen experimentellen Kindergarten, der sich als Anwendungsfeld psychoanalyt. Erkenntnisse auf die prakt. päd. Arbeit verstand. 1938 emigrierte sie nach England und betreute dort fünf Jahre Kriegswaisen. 1947 richtete sie in London ein kinderanalyt. Ausbildungs- und Behandlungszentrum ein, »The Hampstead Child-Therapy Course and Clinic«. Zus. mit *A. Aichhorn* engagierte sich F. nach dem Krieg beim Wiederaufbau der Psychoanalyt. Gesellschaft.

Schr.: Einf. in die Psychoanalyse für Pädagogen (1930). Das Ich und die Abwehrmechanismen (1936). Wege und Irrwege in der Kinderentwicklung (1968).

Lit.: Peters, U. H.: Anna Freud. Ein Leben für das Kind (1984).

Frischeisen-Köhler, Max, Philosoph und Pädagoge, *19. 7. 1878 Berlin, † 22. 10. 1923 Halle/S. Anfangs studierte F. in Berlin Mathematik, Physik und Zoologie, er wandte sich aber dann unter dem Einfluss *W. Diltheys* der Philos. zu, in der er 1902 promovierte und sich 1906 habilitierte. Ab 1915 lehrte F. als Prof. für Philos. und Päd. an der Univ. Halle/S. In seinen Arbeiten befasste er sich mit der Geschichte der Philos. und der Methodologie der *geisteswissenschaftlichen Pädagogik.*

Schr.: Philos. und Päd. Eingel. v. H. Nohl (1962).

Lit.: Kiuchi, Y.: Empirische Päd. und Handlungsrationalität (1990).

Fröbel, Friedrich, Pädagoge, *21. 4. 1782 Oberweißbach, † 21. 6. 1852 Marienthal. Nach einer Lehre in der Forstwirtschaft, einem abgebrochenen Sprachstudium in Göttingen und Berlin sowie Arbeiten in der Landwirtschaft nahm F. 1806 das Angebot eines Freundes, Lehrer an einer nach den Grundsätzen *J. H. Pestalozzis* arbeitenden Musterschule in Frankfurt/M. zu werden, an. Für die Entwicklung seiner eigenen Päd. waren zwei Besuche bei *J. H. Pestalozzi* in der Schweiz von entscheidender Bedeutung. 1816 gründete F. selbst eine »Allgemeine dt. Erziehungsanstalt«, die 1817 ihren Sitz in Keilhau im Thüringer Wald nahm. F. schwebte eine ganzheitliche Erziehung »freier, denkender und selbsttätiger Menschen« vor, die durch eine harmonische Ordnung von Unterricht, Arbeit, Spiel, Turnen und Bildungsreisen erreicht werden sollte.

In der Schrift ›Die Menschenerziehung‹ (1826) entfaltet er seine päd. Konzeption. Von 1831 bis 1836 arbeitete F. in verschiedenen Schulen der Schweiz. Erst nach der Rückkehr wandte er sich der vorschulischen Erziehung und der päd.-psych. Aufklärung der Mütter zu. 1837 gründete er in Blankenburg die »Anstalt zur Pflege des Beschäftigungstriebes für Kindheit und Jugend«, 1840 die Stiftung »Allgemeiner Deutscher Kindergarten«. Er entwickelte *Spielgaben* und schrieb ausführliche methodische Anleitungen. Am bekanntesten wird sein Buch ›Kommt laßt uns unsern Kindern leben! Mutter- und Koselieder‹ (1844).

Schr.: Ausgewählte Schriften. Hg. v. E. Hoffmann, E. und H. Heiland (1982–1986).

Lit.: Mietzenheim, P.: Zur päd. Konzeption und zur historischen Rezeption Friedrich Fröbels (1998). Heiland, H. (Hg.): Fröbels Päd. verstehen, interpretieren, weiterführen. Internationale Ergebnisse zur neueren Fröbelforschung (2003).

Froese, Leonhard, Pädagoge, *9. 2. 1924 Saporoskje (Ukraine), † 9. 12. 1994 Marburg. Nach Kriegsdienst und schwerer Verwundung studierte F. Päd. in Göttingen und promovierte dort 1949 bei *H. Nohl* und *E. Weniger.* Er habilitierte sich 1957 an der FU Berlin mit der Schrift ›Ideengeschichtliche Triebkräfte der russischen und sowjet. Päd.‹ (1956, erg. Aufl. 1963). F. war Privatdozent in Hamburg, Prof. in Münster und von 1961 bis zu seiner Emeritierung 1989 Prof. für Päd. an der Univ. Marburg. Er war Gründer und langjähriger Leiter der »Forschungsstelle für Vergleichende Erziehungswiss.« und gilt als der Begründer der Makarenko-Forschung in Deutschland. Weitere Schwerpunkte waren Arbeiten zu Bildungspolitik, Schulgesetzgebung, Bildungssystemvergleichen und zur Pestalozzi-Forschung.

Schr.: Erziehung und Bildung in Schule und Gesellschaft (1967).

Lit.: Willmann, B. (Hg.): Bildungsreform und Vergleichende Erziehungswiss. (1995).

Fukuzawa, Yukichi, Pädagoge, Journalist und Politiker, *10. 1. 1835 Nakatsu, † 3. 2. 1901 Tokio. In zahlreichen Publikationen, in Lehrbüchern für Schüler und Erwachsene, in der von ihm gegründeten Keio Univ. in Tokio und einer von ihm herausgegebenen Zeitung hat F. die geistigen und methodischen Grundlagen westlicher Wiss., Polit. und Wirtschaft in Japan bekannt gemacht, nachdem das traditionelle polit. Regime des Shogunats 1868 auf Druck der USA in der sog. Meijizeit (bis 1912) durchgreifend ref. worden war. In seinem umfangreichen Werk finden Erziehungsfragen besondere Beachtung. F. war davon überzeugt, dass eine grundlegende Erneuerung des Bildungswesens wesentliche Bedingung sowohl für ein neues Selbstbewusstsein der Japaner als auch für die nationale Unabhängigkeit und internat. Konkurrenzfähigkeit des neuen Japan sei. Viele seiner Werke sind ins Englische übersetzt. In den USA finden seine Theorien in Politikwiss., Wirtschaft und Päd. Beachtung. Deutsch liegen die Werke bisher nicht vor.

Schr.: An Outline of a Theory of Civilisation (1875, engl. 1973).

Lit.: Dore, R. P.: Education in Tokugawa Japan (1965).

Gansberg, Fritz, Pädagoge und Jugendschriftsteller, *9. 4. 1871 Bremen, † 12. 2. 1950 Bremen. G. war bis zu seiner Pensionierung 1936 als Volksschullehrer in Bremen tätig und hat gemeinsam mit *H. Scharrelmann* die innere Volksschulreform in dieser Stadt durchgesetzt. Angeregt durch die *Kunsterziehungs-* und die *Arbeitsschulbewegung* förderte er die freie und kreative Selbstentfaltung des Kindes durch eine erlebnisreiche Unterrichtsgestaltung. Er lehnte die »anonyme Scheinwelt« des Schulbuches ab und ging von der Lebenswelt des Kindes aus. Zum »Begreifen der Welt« entwickelte er den »denkenden« Sprachunterricht und den »freien Aufsatz«. Er gab die Orientierung am ländlich-idyllischen Heimatkundeprinzip auf und führte die Kinder über Erzählungen zum Kennenlernen ihrer großstädtischen Heimat hin. Das Thema Großstadt hat er auch als Kinder- und Jugendschriftsteller verarbeitet.

Schr.: Schaffensfreude (1902). Streifzüge durch die Welt der Großstadtkinder (1904). Produktive Arbeit (1909). Demokratische Päd. (1911). Wie wir die Welt begreifen (1913). Der freie Aufsatz (1914). Die Unterrichtsbücher. Bd. 1–3 (1925–1929).

Lit.: Bienzeisler, R.: Der Bremer Reformpädagoge Fritz Gansberg (1986). Bienzeisler, R.: Leben–Erleben–Handeln (1987).

Gaudig, Hugo, Gymnasiallehrer, *5. 12. 1860 Stöckey, † 2. 8. 1923 Leipzig. G. studierte Theol., Philos. und Sprachen an der Univ. Halle/S. Nach Staatsex. und Prom. absolvierte er seine schulprakt. Lehrerausbildung am Realgymnasium der *Francke'schen Stiftungen* in Halle/S., war dann Lehrer am Realgymnasium in Gera und von 1896–1900 erneut in den Francke'schen Stiftungen, jetzt als Dir. der höheren Mädchenschule. In gleicher Stellung war G. von 1900–1923 in Leipzig tätig. Hier setzte er Teile seiner schulpäd. Reformideen in die Praxis um. 1917 erschien sein päd. Hauptwerk ›Die Schule im Dienste der werdenden Persönlichkeit‹.

Neben *G. Kerschensteiner* war G. wichtigster Ideengeber für die Entwicklung einer Schulpäd., die Arbeit als freie, selbstbestimmte und methodische Tätigkeit der Schüler in den Mittelpunkt des Unterrichts stellen wollte. Dabei richtete G. im Unterschied zu Kerschensteiner sein Interesse nicht auf Berufsbildung und werktätige Arbeit. Vielmehr betrachtete er die selbsttätige geistige Arbeit als Kern seiner Arbeitsschulkonzeption. In entschiedenem Gegensatz zur Lern- und Paukschule in der Tradition der *Herbartianer* forderte er eine Schule der Zukunft, die alle Kräfte der Schüler aktivieren, die sich an den Begabungen und Interessen der Schüler orientieren und durch Feier, Spiel und Fest ein lebendiges Schulleben entwickeln sollte. Nur so könne Schule ihre Arbeit als Dienst an der werdenden Persönlichkeit leisten.

Schr.: Freie geistige Schularbeit in Theorie und Praxis (1922).

Lit.: Pehnke, A. (Hg.): Anregungen international verwirklichter Reformpädagogik (1999).

Gedike, Friedrich, evang. Theologe und Pädagoge, *15. 1. 1754 Boberow, † 2. 5. 1803 Berlin. G. studierte Theol. und alte Sprachen an der Univ. Frankfurt/O. Nach dem Examen arbeitete er als Hauslehrer, wurde 1776 Subrektor und 1779 dann Rektor des Friedrich-Werder-Gymnasiums in Berlin. Dort richtete G. das erste schulprakt. Seminar für angehende Gymnasiallehrer ein. G. schrieb zahlreiche schulpäd. Aufsätze und Bücher sowie Unterrichtswerke.

Schr.: Gesammelte Schulschriften. 2 Bde. (1789/1795).

Lit.: Schaeffner, K.: Die Gründung des Gymnasiallehrer-Seminars am Friedrichwerder'schen Gymnasium in Berlin durch Friedrich Gedike vor 200 Jahren. In: ZfPäd 6/1988.

Geheeb, Paul, Pädagoge, *10. 10. 1870 Geisa, † 1. 5. 1961 Goldern-Hasliberg (Schweiz). G. studierte Theol. und Philos. in Gießen und legte 1893 in evang. Theol. das Staatsexamen ab. Anschließend ging er zum Studium der Physiologie, Psychiatrie, Psychol., Psychopathologie und Orientalistik nach Berlin und Jena, wo er 1899 das Oberlehrerexamen bestand. Von 1899–1902 arbeitete er als Lehrer in einem Sanatorium auf Föhr und folgte 1902 seinem Freund *H. Lietz* in das *Landerziehungsheim* Haubinda, dessen Leitung er 1904 übernahm. Nach dem Bruch mit Lietz gründete G. 1906 gemeinsam mit *G. Wyneken* die koedukative *Freie Schulgemeinde Wickersdorf* bei Saalfeld im Thüringer Wald. Nach der Trennung von Wyneken 1909 eröffnete er 1910 mit finanzieller Unterstützung seiner Frau Edith Geheeb-Cassirer in Oberhambach bei Heppenheim die *Odenwaldschule.* Der Nationalsozialismus machte 1934 die Emigration in die Schweiz notwendig, wo G. seine päd. Arbeit in der neu gegründeten École d'Humanité in der Nähe Genfs, dann in den Fribourger Alpen und seit 1946 in Goldern-Hasliberg fortsetzen konnte.

Schr.: Benner, D./Kemper, H. (Hg.): Quellentexte zur Theorie und Geschichte der Reformpädagogik. Teil 2 (2001).

Lit.: Tenorth, H.-E. (Hg.): Klassiker der Päd. Bd. 2 (2003).

Gentile, Giovanni, Philosoph, Pädagoge und Schulreformer, *30. 5. 1875 Castelvetrano, † 15. 4. 1944 Florenz. G. studierte in Pisa und Florenz Philos. Nach der Habil. lehrte er ab 1903 an den Univ. Pisa und Rom. Sein päd.-philos. Hauptwerk ›Sommario di pedagogia come scienza filosofica‹ (1913/1914) entfaltet ein umfangreiches philos. Gedankengebäude. Dabei orientiert sich G. wesentlich an *I. Kant*, Fichte und Hegel. Er gilt als wichtiger Vertreter des neueren ital. *Idealismus*. Von 1922–1924 war G. Unterrichtsminister unter B. Mussolini. Welche Bedeutung seine umfassenden Reformen des Bildungswesens für die Festigung des faschistischen Regimes gespielt haben, ist umstritten. G. selbst scheint davon überzeugt gewesen zu sein, das marode ital. Bildungssystem von seinen idealistischen päd. Prinzipien her mit dem neuen Machtapparat am wirkungsvollsten umsetzen zu können. Bis heute ist das ital. Bildungswesen in wichtigen Grundzügen von diesen Reformen geprägt.

Lit.: Charnitzky, J.: Die Schulpolitik des faschistischen Regimes in Italien (1994).

Gleim, Ilsabetha (Betty), Schriftstellerin und Pädagogin, *13. 8. 1781 Bremen, † 27. 3. 1827 Bremen. Durch die Gründung von Mädchen-Lehranstalten 1806 und 1819 in Bremen und Elberfeld leistete G. viel beachtete Beiträge für die Stärkung der Rechte von Mädchen und Frauen auf höhere Bildung. Ihre wichtigste päd. Schrift ›Erziehung und Unterricht des weiblichen Geschlechts‹ (1810) war stark an der Päd. *F. D. E. Schleiermachers* orientiert.

Lit.: Drechsel, W. U. (Hg.): Höhere Töchter. Zur Sozialisation bürgerl. Mädchen im 19. Jh. (2001).

Gmeiner, Hermann, Sozialpädagoge, *23. 6. 1919 Alberschwende, † 26. 4. 1986 Innsbruck. Nach dem Studium der Medizin arbeitete G. in der kath. Sozialpäd. Die Not der vielen Kriegswaisen führte ihn zu dem Plan, für elternlose Kinder ein neues Zuhause in familienähnlichen Gruppen einzurichten. G. gründete 1949 den Verein SOS-Kinderdörfer und bat dafür europaweit um Spenden. 1951 konnte in Imst (Tirol) das erste SOS-Kinderdorf eröffnet werden. Weitere Einrichtungen kamen hinzu: Schulen, Kindergärten, Jugendeinrichtungen, Berufsbildungszentren, medizinische Einrichtungen. 2006 unterhielt der Verein 1715 Einrichtungen in 132 Ländern, davon 432 Kinderdörfer.

Schr.: Die SOS-Kinderdörfer. Moderne Erziehungsstätten für elternlose und verlassene Kinder (33. Aufl. 1994).

Lit.: Reinprecht, H.: Abenteuer Nächstenliebe. Die Geschichte H. Gmeiners und der SOS-Kinderdörfer (1984, aktual. Neufassung 1989).

Goldschmidt, Henriette, Pädagogin und Frauenrechtlerin, *23. 11. 1825 Krotoschin (Posen), † 30. 1. 1920 Leipzig. G. war eine engagierte Anhängerin der Päd. *F. Fröbels*, insbesondere von dessen Ideen zur Hebung der allg. Bildung von Frauen. 1865 gründete sie zusammen mit *L. Otto-Peters* und *A. Schmidt* den Allgemeinen dt. Frauenverein und setzte sich in Vorträgen und Publikationen für die Verbesserung der Bildungschancen von Mädchen und Frauen ein. 1871 rief G. den Verein für Familien- und Volkserziehung ins Leben. 1878 eröffnete sie in Leipzig ein Lyzeum für Damen als erste Kindergärtnerinnenschule in Deutschland. 1911 konnte nach finanzieller Unterstützung durch jüd. Unternehmer die Leipziger Hochschule für Frauen ihren Studienbetrieb aufnehmen. Diese Hochschule wurde nach dem Ende des Ersten Weltkrieges als Frauenfachschule weitergeführt.

Schr.: Was ich von Fröbel lernte und lehrte (1909).

Lit.: Fassmann, I. M.: Jüdinnen in der dt. Frauenbewegung 1865–1919 (1996).

Göttler, Joseph, kath. Theologe, Pädagoge, *9. 3. 1874 Dachau, † 14. 10. 1935 München. Nach seinem Studium der Philos. und Theol. in Freising und München war G. seit 1898 kath. Priester. Er promovierte 1902 an der Univ. München und wurde dort 1904 für Dogmatik habilitiert. Seit 1909 war er Prof. an der Theol. Hochschule in Freising und übernahm 1911 die Professur für Päd. und Katechetik an der Univ. München. Sein Verständnis von christlicher Erziehungswiss. formulierte er in den Jahren 1914 bis 1923 in den Schriften ›System der Päd.‹ (1915), ›Geschichte der Päd.‹ (1921) und ›Religions- und Moralpädagogik‹ (1923). Er entwickelte die Katechetik zu einer Religionspäd. für christlich-sittliche Erziehung weiter und erreichte mit den ›Katechetischen Blättern‹ (Chefredakteur von 1909–1930) und dem ›Jahrbuch für christliche Erziehungswiss.‹ (1919–1929) eine große Breitenwirkung.

Lit.: Sayler, W.: Joseph Göttler und die christliche Päd. (1960). Böhm, W. und Eykmann, W. (Hg.): Große bayer. Pädagogen (1991).

Gramsci, Antonio, Politiker, Journalist und Philosoph, *23. 1. 1891 Ales, † 27. 4. 1937 Rom. Nach dem vorzeitigen Ende seines Studiums an der Univ. Turin befasste sich G. als Journalist intensiv mit den sozialen Folgeproblemen der rasanten Industrialisierung Norditaliens. Er gab die Zeitschrift ›L'Ordine Nuovo‹ heraus, ein Organ antifaschistischer Kräfte. 1926 wurde das Blatt verboten und G. zu zwanzig Jahren Haft verurteilt. In der ›Neuen Ordnung‹ und dann vertieft in den im Gefängnis geschriebenen gesellschaftstheor. und polit. Studien setzte sich G. immer wieder auch mit den Möglichkeiten eines neuen Erziehungswesens auseinander. Es ging ihm um die Entwicklung allseitig gebildeter Arbeitskräfte, polit. Urteils- und Handlungsfähigkeit sowie krit. Wahrnehmung des Machtmissbrauchs durch das Bündnis von Kapital und Bürgertum. G. starb in der Haft. Erst ab 1947 konnten seine ›Quaderni del carcere‹ in Italien veröffentlicht werden. In diesen ›Gefängnisheften‹ fanden sich differenzierte Ausführungen für eine lebenslange polytechn. Erziehung in einem demokr. Bildungswesen, die die tradierte Trennung von allg. und beruflicher Bildung überwinden sollte. In vielfältiger Weise stellte G. Bezüge zur sozialist. orientierten Reformpäd. her, wie sie in Deutschland ähnlich beim *Bund Entschiedener Schulreformer* entwickelt worden sind.

Schr.: Gefängnishefte. 10 Bde. Hg. v. K. Bochmann (1991–2002).

Lit.: Bernhard, A.: Antonio Gramscis polit. Päd. (2005).

Greiling, Johann Christoph, evang. Theologe und Pädagoge, *21. 12. 1765 Sonneberg, † 3. 4. 1840 Aschersleben. Nach dem Studium der Theol. und Philos. in Jena war G. als Hauslehrer tätig, ab 1797 als Pastor und später als Oberhofprediger in Aschersleben. G. verfasste philos-päd. Schriften, in denen er die Grundsätze der Philos. *I. Kants* auf Erziehungswiss. und Erziehungslehre anzuwenden versuchte.

Schr.: Über den Endzweck der Erziehung und über den ersten Grundsatz einer Wiss. derselben (1793).

Lit.: Hoffmann, D. u. a. (Hg.): Begründungsformen der Päd. in der ›Moderne‹ (1992).

Grimme, Adolf, Pädagoge und Politiker, *31. 12. 1889 Goslar, † 27. 8. 1963 Degerndorf a. Inn. Nach dem Studium der Philos. und Germ. war G. vier Jahre als Gymnasiallehrer tätig, danach in der Schulverwaltung von Preußen. Er war führendes Mitglied im *Bund Entschiedener Schulreformer.* Von 1930 bis zu seiner Entlassung 1933 gehörte er als Kultusminister der preuß. Staatsregierung an. Während des Zweiten Weltkrieges war G. wegen seiner Verbindungen zum kommun. Widerstand drei Jahre inhaftiert. 1945–1948 beteiligte er sich maßgeblich am demokratischen Erneuerungsprozess des Bildungswesens in Niedersachsen, für zwei Jahre als Kultusminister. G. setzte sich in Schulen, Schulverwaltung, Kulturpolitik und als Generaldir. des Nordwestdt. Rundfunks von 1948–1956 für die Verbesserung der allg. Volksbildung ein. In Anerkennung dieses Einsatzes hat der *Deutsche Volkshochschulverband* 1961 den Adolf-Grimme-Preis für besondere Fernsehproduktionen gestiftet.

Schr.: Rettet den Menschen (1949).

Lit.: Meissner, K.: Zw. Politik und Religion: Adolf Grimme (1993).

Grisebach, Eberhard, Philosoph und Pädagoge, *27. 2. 1880 Hannover, † 16. 7. 1945 Zürich. G. studierte in Berlin und Jena Philos. und wurde nach der Habil. in Jena dort Prof. für Philos. Von 1931 bis zu seinem Tod lehrte er an der Univ. Zürich Philos., Psych. und Päd. Vor dem Hintergrund der Existenzphilos. in der Tradition S. Kierkegaards arbeitete G. an einer kritischen Päd. Er veröffentlichte dazu 1924 ›Die Grenzen des Erziehers und seine Verantwortung‹. Hier stellte G. den Erziehungsoptimismus grundsätzlich in Frage und hob die Verantwortung des Einzelnen für den eigenen Bildungsprozess hervor. Verschiedentlich ist ihm wegen seiner skeptischen Einschätzung der Wirkungsmöglichkeiten erzieherischen Handelns Erziehungspessimismus vorgehalten worden.

Lit.: Bast, R.: Kulturkritik und Erziehung (1996).

Grundtvig, Nikolai Frederik Severin, evang. Theologe, Historiker und Volkserzieher, *8. 9. 1783 Udby, † 2. 9. 1872 Kopenhagen. G. war Pfarrer in Kopenhagen, zuletzt im Range des Bischofs von Seeland. Trotz seiner traditionalistisch-orthodoxen Theol. engagierte er sich für eine soziallberale Bildungspol. G. richtete als Stätten der allg. Volksbildung die ersten Bauernschulen in Dänemark ein und gründete 1844 in Rødding die erste dän. *Volkshochschule.* Wegen seiner großen Bedeutung für die Entwicklung der *Erwachsenenbildung* hat die EU eines ihrer Programme nach G. benannt.

Lit.: Vogel, N.: Grundtvigs Bedeutung für die dt. Erwachsenenbildung (1994).

Grunwald, Clara, Pädagogin, *11. 6. 1877 Rheydt, † 1943 im KZ Auschwitz-Birkenau ermordet. G. war Volks- und Mittelschullehrerin in Berlin, Sozialistin und seit 1919 Mitglied im *Bund Entschiedener Schulreformer.* Von April bis Juli 1921 hat sie am 10. Dipl.-Lehrgang von *Maria Montessori* teilgenommen und danach zur Verbreitung der *Montessori-Päd.* in Deutschland wesentlich beigetragen. Auf Einladung G.s hat M. Montessori im Herbst 1922 mehrere Vorträge in Berlin gehalten. G. war die erste Vorsitzende der 1925 gegründeten Deutschen Montessori-Gesellschaft (DMG). Sie war zusammen mit Elsa Ochs Mitarbeiterin im einzigen von M. Montessori in Berlin 1926/1927 selbst durchgeführten Diplomkurs. G. war danach über die diskriminierende Kritik an ihr und der DMG sehr enttäuscht, die vom Streit um die »reine« Lehre von dem 1930 neu gegründeten Verein Montessori-Päd. Deutschland ausging. In diesem Verein war auch *H. Helming,* die spätere Mitbegründerin der Montessori-Vereinigung für kath. Erziehung. 1933 gehörte G. als Jüdin, Sozialistin und Montessori-Pädagogin zu den ersten Lehrerinnen und Lehrern in

Berlin, die nach Hitlers Machtergreifung Berufsverbot erhielten. Seit 1941 war sie zur Betreuung von Kindern ausreisewilliger Juden auf dem Umschulungsgut Neuendorf bei Fürstenwalde tätig und wurde am 19. 4. 1943 mit den Kindern von Berlin aus im 37. Osttransport in das KZ Auschwitz deportiert.
Schr.: »Und doch gefällt mir das Leben.« Die Briefe der Clara Grunwald 1941–1943. Hg. v. E. Larsen (1985). Das Kind ist der Mittelpunkt. Hg. v. A. Holtz (1995).
Lit.: Zeitschrift Das Kind. Sonderheft Clara Grunwald (1995). Buchka, M. u. a. (Hg.): Lebensbilder (2002). Hansen-Schaberg, I. und Ritzi, C. (Hg.): Wege von Pädagoginnen vor und nach 1933 (2004).

Guardini, Romano, kath. Religionsphilosoph und Theologe, *17. 2. 1885 Verona, † 1. 10. 1968 München. G. wuchs in Mainz auf, studierte 1903–1906 Chemie und Nationalökonomie, danach Theol. in Freiburg und Tübingen. 1910 wurde G. zum Priester geweiht. 1911 erhielt er die dt. Staatsbürgerschaft. In Bonn wurde er 1922 für Religionsphilos. habilitiert. 1923 erhielt G. einen Ruf an die Univ. Berlin auf den neuen Lehrstuhl für Religionsphilos. und kath. Weltanschauung. 1939 wurde er vom NS-Regime zwangsemeritiert. Nach dem Zweiten Weltkrieg war G. zuerst Prof. in Tübingen, dann bis 1964 in München. G. war einer der geistigen Führer der kath. Jugendbewegung. Sein Engagement begann bereits 1915, als er die Leitung des Bundes kath. Gymnasiasten übernahm. Ihm war dabei besonders wichtig, junge Menschen in ihrer Eigeninitiative und ihrem sozialpolit. Engagement in Kirche und Gesellschaft zu unterstützen. Seine zahlreichen und umfangreichen biografischen Studien zu kulturgeschichtl. Persönlichkeiten (Augustinus, Dante, Pascal, Hölderlin u. a.) werden als Quellen seiner päd. Reflexionen über die Verantwortung der Erzieherpersönlichkeit besonders geschätzt.
Schr.: Briefe über Selbstbildung (1923). Die Lebensalter (1953).
Lit.: Gerner, B.: Guardinis Bildungslehre (1985).

Gurlitt, Ludwig, Pädagoge und Schriftsteller, *1. 6. 1855 Wien, † 12. 7. 1931 Freudenstadt. Nach dem Studium der klassischen Philol. wurde G. 1879 mit einer Diss. über Cicero in Göttingen promoviert und war später Gymnasialprofessor am Steglitzer Gymnasium in Berlin. Zu seinen Schülern gehörten K. Fischer und H. Blüher, die Gründer einer im *Wandervogel* organisierten Gruppe der *Jugendbewegung*. G. trat in seinen Schriften für eine »natürliche Erziehung« von Kindern und Jugendlichen ein und gehörte zu den schärfsten Kritikern der höheren Schule und der Jugenderziehung seiner Zeit. Nachdem er in seinen Reformvorstellungen ab 1902 das preuß. Schulwesen mit seinen festgelegten Erziehungszielen, Lerninhalten und permanenten Leistungskontrollen abgelehnt und dabei die Abhängigkeit von Staat und Kirche kritisiert hatte, wurde er 1907 vorzeitig in den Ruhestand versetzt. Als Privaterzieher gründete er mehrere päd. Einrichtungen. Seine Schriften erreichten hohe Auflagen.
Schr.: Der Deutsche und sein Vaterland (1902). Der Deutsche und seine Schule (1905). Schülerselbstmorde (1908). Erziehungslehre (1909).
Lit.: Böhm, W. und Oelkers, J. (Hg.): Reformpädagogik kontrovers (1999). Kontze, A.: Der Reformpädagoge Prof. Dr. Ludwig Gurlitt (2001).

GutsMuths, Johann Christoph Friedrich, Pädagoge, *9. 8. 1759 Quedlinburg, † 21. 5. 1839 Ibenhain. G. studierte ab 1779 an der Univ. Halle/S. evang. Theol., Mathematik, Physik, Gesch. und neuere Philol. *C. G. Salzmann* holte ihn 1785 als Lehrer an sein *Philanthropin* in Schnepfenthal, wo er bis zu seinem Tode in mehreren Fächern unterrichtete. G. setzte sich besonders für die Leibeserziehung ein. Spiele und Schwimmen wurden feste Bestandteile des Schullebens. In Schnepfenthal ließ G. den ersten Sportplatz der neueren Schulgeschichte errichten.

Schr.: Gymnastik für die Jugend (1793).
Lit.: Geßmann, R. und Lämmer, M. (Hg.): Beiträge und Bibliographie zur GutsMuths-Forschung (1998).

Haase, Otto, Pädagoge, Ministerialbeamter, *8. 10. 1893 Köln, † 19. 3. 1961 Hannover. Nachdem H. 1920 die Prüfung für das Lehramt an höheren Schulen abgelegt und im gleichen Jahr an der Univ. Göttingen promoviert hatte, war er u. a. Lehrer im *Landerziehungsheim* Haubinda (Thüringen), Dir. der heilpäd. Trümper'schen Erziehungsheime in Jena und Leiter der Abendvolkshochschule in Jena. Von 1930–1933 war er Prof. für Päd. und Dir. der neugegr. Päd. Akad. Frankfurt/Oder und Elbing. 1933 wurde er von den Nationalsozialisten beurlaubt, zum Volksschullehrer herabgestuft und nach Hannover versetzt. Nach seinem Kriegsdienst als Fliegeroffizier wurde er schon am 16. 8. 1945 Oberschulrat und am 31. 10. 1945 Dir. der neuen Päd. Hochschule Hannover. Von 1946 bis zu seinem Ruhestand 1958 war H. im Kultusministerium des Landes Niedersachsen tätig, seit 1953 als Leiter der Abteilung Wiss. und Lehrerbildung.
H. gilt seit 1931 als der Begründer der »Vorhabengestaltung« *(Projektunterricht)* in Deutschland, worin die Vollendung des Arbeitsschulgedankens gesehen wurde. Nach 1945 hat er wesentlich zum Wiederaufbau der akademischen Lehrerbildung in Niedersachsen beigetragen.
Schr.: Gesamtunterricht, Training, Vorhaben – drei Elementarformen des Volksschulunterrichts. In: Die Volksschule. 28. Jg. (Nov. 1932). Kretschmann, J.: Natürlicher Unterricht. Neubearb. v. O. Haase (1948). Musisches Leben (1951).

Hahn, Kurt, Pädagoge, *5. 6. 1886 Berlin, † 14. 12. 1974 Ravensburg. H. studierte ab 1904 Philos. und Philol. an den Univ. Oxford, Berlin, Heidelberg, Freiburg, Göttingen und wieder Oxford. Er wurde 1914 im Auswärtigen Amt in Berlin angestellt, war bei Kriegsende Berater des Reichskanzlers Prinz Max von Baden und nahm 1919 als Sekretär an den Friedensverhandlungen in Versailles teil. Im Juli 1919 zog er zu Max von Baden nach Salem, um zur Qualifizierung von Führungskräften für die neue Republik ein Ausbildungskonzept zu entwickeln. Hieraus entstand im April 1920 die Gründung der Schule Schloss Salem als koedukatives *Landerziehungsheim,* dessen Leiter H. von 1920–1933 war. Nach der Machtübernahme der Nationalsozialisten wurde er als Jude vom 11.–16. 3. 1933 in Schutzhaft genommen und aus Baden verbannt. Über Berlin emigrierte H. im Juli 1933 nach Großbritannien und gründete in Schottland nach dem Modell von Salem die Gordonstoun School (Leitung 1933–1953) mit der Coast Guards (1935), einer Küstenwache als »Dienst«, dem 1937 die Wester Elchies als Juniorenschule und 1941 die erste *Kurzschule* Outward Bound Sea School in Aberdovey, Wales, folgten. In mehrwöchigen Kursen an Seen, am Meer oder im Gebirge bildeten Kurzschulen im Rettungswesen aus, förderten die körperliche Fitness, gaben Anleitung bei Hilfsaktionen und dienten der internat. Verständigung im Dienste des Friedens. Die Idee der Kurzschulen ist von der neueren *Erlebnispädagogik* aufgegriffen und weiterentwickelt worden. 1953 kehrte H. nach Salem zurück.
Schr.: Erziehung zur Verantwortung (1958). Reform mit Augenmaß. Hg. v. M. Knoll (1998).
Lit.: Friese, P.: Kurt Hahn: Leben und Werk eines umstrittenen Pädagogen (2000). Roscher, S.: Erziehung durch Erlebnisse (2006).

Hammelsbeck, Oskar, Theologe, evang. Pädagoge, *22. 5. 1899 Elberfeld, † 14. 5. 1975 Detmold. H. studierte von 1919–1923 Geschichte, Sozialwiss. und Philos. an der Univ. Heidelberg und promovierte mit einer volkswirtschaflichen Diss. bei A. Weber. Seine intensiven engen Kontakte zu K. Jaspers, *E. Spranger* und *C. H. Becker* führten ihn zur *Erwachsenenbildung* hin. H. gründete und leitete die *Volkshochschule* in Saarbrücken (1927–1933) und arbeitete mit *W. A. Flitner*, *M. Buber*, *R. Guardini* u. a. aktiv im *Hohenrodter Bund* zusammen. Nach der Schließung der VHS Saarbrücken 1933 durch die Nationalsozialisten war er von 1934–1936 Aushilfslehrer an einer Realschule. Da er sich weigerte, in die NSDAP einzutreten, wurde er 1936 fristlos entlassen. Er übernahm den Aufbau und die Leitung des Katechetischen Amtes in der Bekennenden Kirche, war mit D. Bonhoeffer eng befreundet und zog sich nach dessen Verhaftung im April 1943 als Pfarrer nach Falkenhagen zurück. 1946 wurde er Prof. für Allg. Päd. und Dir. der neu gegr. Päd. Akad. bzw. Päd. Hochschule Wuppertal und gestaltete bis zu seiner Emeritierung 1964 den Neuaufbau der Lehrerbildung mit. H. gehörte zu den führenden Lehrerbildnern im Nachkriegsdeutschland. Er war Vorsitzender des Päd. Hochschultags (1958–1963), Mithg. der ›Päd. Rundschau‹, der ›Zeitschrift für Päd.‹ und seit 1949 Schriftleiter der Zeitschrift ›Der evang. Erzieher‹.

Schr.: Evangelische Lehre von der Erziehung (1950, 2., neu bearb. Aufl. 1958). Volksschule in evang. Verantwortung (1962). Briefwechsel Karl Jaspers – Oskar Hammelsbeck 1919–1969 (1986). Erwachsenenbildung als Wagnis und Wandlung. Hg. v. H. Horn (1990).

Lit.: Erich Weniger und Oskar Hammelsbeck (1986). Horn, H.: Zwei Reden zu Oskar Hammelsbecks 100. Geburtstag (1999).

Hanselmann, Heinrich, Heilpädagoge, *15. 9. 1885 St. Peterzell, † 29. 2. 1960 Ascona. Nach seiner Ausbildung zum Volksschullehrer arbeitete H. von 1905–1908 an der Taubstummenanstalt in St. Gallen. Er begann dann sein Studium der Psych. in Zürich, Berlin und München. 1911 promovierte H. in Zürich. 1912–1916 leitete er eine Arbeitskolonie für behinderte und verwahrloste Jugendliche nahe Frankfurt/M. Zugleich konnte er sich als Assistent am Senckenbergianum, der späteren Frankfurter Univ., systematisch mit der Untersuchung jugendlicher Verwahrlosung und ihrer päd. Behandlung befassen. 1924 wurde er erster Leiter des Heilpäd. Seminars in Zürich. 1931 erhielt H. einen Ruf als a. o. Prof. für Heilpäd. an die Univ. Zürich. In Praxis, Wiss. und Öffentlichkeitsarbeit hatte H. wesentlichen Anteil an der Gestaltung der modernen Jugendfürsorge.

Schr.: Grundlinien zu einer Theorie der Sondererziehung (Heilpädagogik) (1941).

Lit.: Hesse, G. u. a. (Hg.): Über Hanselmann nachdenken (1990).

Harkort, Friedrich Wilhelm, Unternehmer, Sozialpolitiker und Publizist, *25. 2. 1793 Harkorten, † 6. 3. 1880 Hombruch. In seinen Betrieben führte K. fortschrittliche Formen der Arbeitsorganisation, der innerbetrieblichen Mitwirkung und der sozialen Betreuung ein. Für die Fortbildung seiner Arbeiter richtete er eine werkseigene Schule ein. 1848 wurde H. Abg. der Nationalversammlung in Frankfurt/M. Von dieser Zeit an engagierte er sich insbesondere für Verbesserungen in Volksbildung, Sozialpolitik und Arbeitsverhältnissen, die H. als Grundlagen des gesell. Fortschritts ansah.

Schr.: Schriften und Reden zur Volksschule und Volksbildung. Hg. v. K.-E. Jeismann (1969).

Lit.: Killing, A.: Friedrich Harkort (1993).

Harnisch, Christian Wilhelm, Pädagoge, Theologe, *28. 8. 1787 Wilsnack, † 15. 8. 1864 Berlin. H. war ausgebildeter Theologe und von 1809–1812 Lehrer am 1904 gegr. Plamann'schen Erziehungsinstitut in Berlin, wo er die Pestalozzische Methode kennenlernte. Von 1812–1822 hatte er die Stelle des Ersten Lehrers am neuen Lehrerseminar in Breslau inne. Als Pestalozzianer strebte er eine allseitige Ausbildung mit dem Mittel der Liebe an, sagte sich von den einseitigen formalen Übungen los und legte großen Wert auf den Gehalt ausgewählter Unterrichtsinhalte. Bis heute ist H. durch

seine Konzeption einer »Weltkunde« bekannt, in der er erstmals 1816 den Begriff *Heimatkunde* für den unteren Realienbereich verwendete. Von 1814–1820 gab er die viel beachtete Zeitschrift ›Der Schulrat an der Oder‹ heraus; 1820 erschien seine ›Weltkunde‹. Als Vertreter liberal-patriotischer Gesinnung wurde er aus polit. Gründen als Seminardirektor nach Weißenfels versetzt und baute dieses Seminar zu einer Musteranstalt aus. Nach den restriktiven Bestimmungen des Ministers Eichhorn 1841 gegen die Realieninhalte in der Lehrerbildung übernahm H. 1842 eine Landpfarrei in Elbeu. H. verstarb nach langem Nervenleiden in einer Heilanstalt in Berlin.
Schr.: Hb. für das dt. Volksschulwesen. (1820, neu hg. v. F. Bartels 1893). Der Schulrat an der Oder. Überarb. und neu hg. v. J. Plath (1900).
Lit.: Mitzlaff, H.: Heimatkunde und Sachunterricht. 3 Bde. (1985).

Hecker, Julius, Pädagoge, *2. 11. 1707 Werden/Ruhr, † 24. 6. 1768 Berlin. H. studierte evang. Theol. in Halle/S. und Jena. Von 1720–1735 war er Lehrer am *Philanthropin A. H. Franckes* in Halle, ab 1739 Prediger in Berlin. H. engagierte sich für die Erneuerung des Volksschulwesens und der Lehrerbildung. 1747 gründete er in Berlin eine ökon.-mathem. *Realschule.* Konzeptionell orientierte sich H. dabei an den vorausgegangenen Gründungsbemühungen von *C. Semler* und an den Grundsätzen A. H. Franckes.
Schr.: Die Nachricht von einer ökon.-mathem. Realschule, welche bei den Schulanstalten der Dreifaltigkeitskirche im Anfange des Maimonats 1747 eröffnet worden (1747).
Lit.: Schmoldt, B. (Hg.): Pädagogen in Berlin (1991).

Heimann, Paul, Schulpädagoge, Medienpädagoge, *1901 in Schlesien, † 1967 Berlin. Er studierte an der Univ. Breslau Päd. und Slawistik und war Anfang der 30er Jahre in Berlin im Schuldienst tätig, zog sich aber während des Zweiten Weltkriegs aus polit. Gründen in private Arbeiten zurück. Ab 1946 war er zunächst Doz. für Russisch in Berlin und Redakteur der Zeitschrift ›Päd.‹, bevor er 1947 Doz. und 1953 Prof. für Systematische Erziehungswiss. an der PH Berlin (West) wurde. Schwerpunkte seiner Arbeit waren die Neuordnung der Lehrerbildung und die Reform des Schulsystems in Berlin. In der Auseinandersetzung mit der *bildungstheoretischen Didaktik* entwickelte er von seinem positivistischen Wissenschaftsverständnis aus den Entwurf einer *lerntheoretischen Didaktik* als Unterrichtswiss. Ein weiterer Schwerpunkt seiner Arbeit wurde die Medienpäd. Seit der Einf. des Didaktikums 1960 als betreute Schulpraxisphase für Lehramtsstudierende und der Veröffentlichung des Buches ›Unterricht, Analyse und Planung‹ (zus. mit *W. Schulz* und *G. Otto*) 1965 hatte das »Berliner Modell der Didaktik« großen Einfluss auf die Lehrerausbildung und die weitere Diskussion in der *Didaktik.*
Schr.: Kochan, D. C. (Hg.): Allgemeine Didaktik, Fachdidaktik, Fachwissenschaft (1972). Didaktik als Unterrichtswissenschaft. Hg. v. K. Reich und H. Thomas (1976).

Heller, Theodor, Heilpädagoge, *9. 6. 1869 Wien, † Dezember 1938 Wien. H. wuchs im israelitischen Blindeninst. seines Vaters auf. Diese prägenden Erfahrungen und sein späteres Studium bei W. Wundt in Leipzig haben sein wiss. Interesse wie sein päd. Engagement früh und nachhaltig auf die Heilpäd. konzentriert. 1925 promovierte er mit der Arbeit ›Studien zur Blinden-Psychol.‹. Durch die Hilfe von Sponsoren konnte er 1895 in Wien mit dem Aufbau einer Erziehungsanstalt für bildungsfähige Kinder und Jugendliche beginnen. Die Einrichtung fand bald europaweit Anerkennung. H. arbeitete eng mit anderen Wissenschaftlern zusammen, unternahm Studienreisen nach Deutschland und in die Schweiz und schrieb eine Reihe grundlegender Werke für die gerade sich herausbildende Heilpäd., so 1904

›Grundriß der Heilpädagogik‹. Das NS-Regime beraubte H. schon 1938 seiner Einrichtung, entließ ihn aus allen Ämtern und unterband seine Arbeit in der Öffentlichkeit. H. starb an den Folgen eines Suizidversuches.

Lit.: Lotz, D.: Theodor Heller. In: Buschka, M. u. a. (Hg.): Lebensbilder bedeutender Heilpädagoginnen und Heilpädagogen (2000).

Helming, Helene, Pädagogin, *6. 3. 1888 Ahaus, † 5. 7. 1977 Coesfeld. Nach ihrem Studium der Germ., Anglistik und Geschichte in Berlin war sie ab 1916 Lehrerin am Mädchengymnasium der Ursulinen in Berlin. 1922 übernahm sie in Aachen die Leitung des Fröbel-Seminars zur Ausbildung von Kindergärtnerinnen. Im Winter 1926/1927 absolvierte sie den einzigen von *M. Montessori* in Deutschland selbst durchgeführten und von *C. Grunwald* organisierten Diplomkurs in Berlin. 1930 erwarb sie in Rom das internationale Montessori-Dipl. Im Aachener Fröbel-Seminar richtete sie eine Montessori-Gruppe ein, aus der bald ein Kinderhaus und eine Montessori-Schule entstanden. Das Engagement der kath. Montessori-Pädagogin führte 1935 zu ihrem Berufsverbot und zur Schließung der Montessori-Einrichtungen durch den NS-Staat. 1946 wurde sie als Professorin und Direktorin an die neu gegr. Päd. Akad. Essen-Kupferdreh berufen und mit dem Aufbau der Lehrerbildung betraut. Sie organisierte 1954 in Frankfurt den ersten Montessori-Diplomkurs nach dem Zweiten Weltkrieg in Deutschland und wurde bald zur Schlüsselfigur der kath. Montessori-Bewegung. Sie war an der Neugründung der »Deutschen Montessori-Gesellschaft« 1952 in Frankfurt beteiligt, hat aber danach maßgeblich zur Gründung der »Montessori-Vereinigung für kath. Erziehung e. V.« beigetragen.

Schr.: Montessori-Päd. (1958). Der religionspäd. Auftrag der Kindergärtnerin. (zus. mit H. Wachendorf 1963). Kinder, die in der Kirche leben. Hg. v. H. Helming (1964).

Lit.: Bremer, I. (Hg.): Mütterlichkeit als Profession? (1990). Berger, M.: Frauen in der Geschichte des Kindergartens (1995).

Helvétius, Claude Adrien, Philosoph. *26. 1. 1715 Paris, † 26. 12. 1771 Paris. H. ist insbesondere durch seine auf den Prinzipien der Selbstliebe gegründete Moralphilos. sowie die radikale Kritik an der These, die geistige Ungleichheit unter den Menschen sei auf Naturunterschiede zurückzuführen, bekannt geworden. In seinem erst 1772 erschienenen Werk ›Vom Menschen, seinen geistigen Fähigkeiten und seiner Erziehung‹ führt er die Unterschiede vielmehr auf gesell. Bedingungen zurück. Damit ist er einer der ersten Erziehungstheoretiker, der sich einer soziol. Denkweise bedient. Folglich sind auch seine Erwartungen im Hinblick auf die Wirksamkeit von Erziehung durch großen Optimismus gekennzeichnet. Sein Hauptwerk ›De l' Esprit‹ wurde als staats- und religionsfeindlich verurteilt. Er musste Frankreich verlassen und fand in Preußen und England für einige Jahre Asyl, ohne dass dort seine damals radikale Position Unterstützung gefunden hätte.

Schr.: Diskurs über den Geist des Menschen (1758, dt. 1760). Vom Menschen, seinen geistigen Fähigkeiten und seiner Erziehung. Hg. v. G. Mensching (1972).

Lit.: Rattner, J. u. a.: Glanz und Größe der französischen Kultur im 18. Jh. (2001).

Henschke, Ulrike, Sozialpädagogin und Frauenrechtlerin, *24. 11. 1830 Krotoszyn (Posen), † 1. 11. 1897 Baden-Baden. Bereits als Schülerin kritisierte H. die Bildungsbeschränkungen für Mädchen. Nach autodidakt. Studien gründete sie 1866 in Fraustadt (Schlesien) einen Frauenverein. 1878 wurde sie Leiterin einer neuen Mädchenfortbildungsschule in Berlin. Ihr Engagement galt den Mädchen der sozialen Unterschicht durch Stärkung ihrer Berufs- und Lebenstüchtigkeit sowie ihrer Solidarität.

Schr.: Zur Frauen-Unterrichts-Frage in Preußen (1870).

Lit.: Schmoldt, B. (Hg.): Pädagogen in Berlin (1991).

Herbart, Johann Friedrich, Philosoph, Pädagoge, *4. 5. 1776 Oldenburg, † 14. 8. 1841 Göttingen. H. studierte von 1794–1797 in Jena Philos. bei J. G. Fichte. Er war von 1797–1800 Hauslehrer in der Nähe von Bern. In seinen Berichten über diese Tätigkeit zeichnete sich im Umriss schon seine Päd. ab. In dieser Zeit traf er *J. H. Pestalozzi* einige Male, dessen Methode seine Erfahrung bestätigte, dass Unterricht dann Wirkung zeigt, wenn ihn die richtige Anordnung und Reihenfolge der Gegenstände und die ästhetische Anschauung des Gegebenen bestimmte. Nach der Rückkehr nach Oldenburg und dann Bremen veröffentlichte H. sein erstes päd. Buch mit dem Titel ›Pestalozzi's Idee eines ABC der Anschauung‹ (1802). Im gleichen Jahr habilitierte er sich in Göttingen und wurde dort 1805 Prof. der Philos. und Päd. Hier entstanden ›Über die ästhetische Darstellung der Welt als das Hauptgeschäft der Erziehung‹ (1804) und die ›Allgemeine Päd., aus dem Zweck der Erziehung abgeleitet‹ (1806). H. lehnte eine allein auf Erfahrung gegründete Päd. ab und forderte vom Pädagogen Wiss. und Denkkraft. 1809 erhielt H. als zweiter Nachfolger den Lehrstuhl Kants an der Univ. Königsberg. Er richtete dort ein didakt. Inst. mit einer Experimentalschule ein, das er zu einem Pädagogium erweiterte, in dem er mit seiner Frau und etwa zehn Jungen und einigen Studierenden eine Lebensgemeinschaft bildete. Neben der Ausarbeitung seines philos. Systems entstand hier seine auf Erfahrung gegründete zweibändige ›Psychol. als Wiss.‹ (1824/1825), deren Bezug zur ›Allgemeinen Päd.‹ er in den ›Briefen über die Anwendung der Psychol. auf die Päd.‹ (unvollendet um 1826–1831) darstellte. H. hatte gehofft, nach Hegels Tod 1831 auf dessen Lehrstuhl in Berlin berufen zu werden. Als dies nicht gelang, ging er 1833 nach Göttingen zurück. Hier erschien 1835 H.s drittes päd. Werk, der ›Umriss päd. Vorlesungen‹ als Ergänzung der ›Allgemeinen Päd.‹. Die zweite, umgearbeitete Auflage des ›Umrisses‹, in die er Teile der ›Allgemeinen Päd.‹ eingearbeitet hat, bietet deshalb einen umfassenden Zugang zu seiner Päd. Die Eigenständigkeit der Päd. als Berufswiss. der Lehrer begründete H. wesentlich vom Begriff des *erziehenden Unterrichts* her. Als Mitglied und zeitweise als Dir. der Wissenschaftlichen Deputation arbeitete er ab 1810 an den Reformen des preuß. Bildungswesens mit, die letztlich zur Vereinheitlichung des Schulsystems und des Berechtigungswesens führten. Außerdem war er Vorsitzender der Wissenschaftlichen Prüfungskommission und zeitweise auch Senator, Dekan und Rektor an der Univ. H. distanzierte sich in seiner zweiten Göttinger Zeit 1837 von den »Göttinger Sieben«-Prof., die gegen die Außerkraftsetzung des Staatsgrundgesetzes durch König Ernst August von Hannover protestiert hatten und deshalb des Landes verwiesen wurden.

Schr.: Sämtliche Werke. 19 Bde. Hg. v. K. Kehrbach u. a. (1887–1912; Neudruck 1989). Umriss päd. Vorlesungen. Hg. v. J. Esterhues (1984). Umriss päd. Vorlesungen. Mit einer Werkinterpretation v. E. Matthes und C. Heinze (2003).

Lit.: Asmus, W.: Johann Friedrich Herbart. 2 Bde. (1968/1970). Scheuerl, H. (Hg.): Klassiker der Päd. Bd. 1 (2., überarb. Aufl. 1991). Benner, D.: Die Päd. Herbarts (2., überarb. Aufl. 1993). Heesch, M.: Johann Friedrich Herbart (1999).

Heydorn, Heinz-Joachim, Pädagoge, *14. 6. 1916 Hamburg-Altona, † 15. 12. 1974 Frankfurt/M. Als Mitglied der Bekennenden Kirche leistete H. von 1934–1939 illegale polit. Arbeit. Im Krieg desertierte er und wurde in Abwesenheit zum Tode verurteilt. Nach 1945 engagierte er sich in polit. und kirchl. Organisationen (SPD u. a., Synode der Evang. Kirche) und trat bis zu seinem Tod für Frieden, Abrüstung und Völkerverständigung ein. H. promovierte 1950 an der Univ.

Hamburg, wurde Doz. an der PH Kiel, 1959 Prof. am Päd. Inst. in Jugenheim und war ab 1961 Prof. für Erziehungs- und Bildungswesen an der Univ. Frankfurt/M. Er vertrat eine kritische Bildungstheorie, die zeigt, dass Päd. von Widersprüchen zw. *Bildung* und Herrschaft geprägt ist. Mit dem Bildungsbegriff werde einerseits der emanzipatorische Anspruch auf mündige *Selbstbestimmung* vertreten, andererseits aber diene Bildung der Aufrechterhaltung gesellschaftl. Abhängigkeitsverhältnisse und bestehender Unmündigkeit. Eine Versöhnung dieses Gegensatzes sah er in einem Humanismus, dessen Verwirklichung von einer integrativen Gemeinschaftsschule für alle Kinder ausgehen könne.

Schr.: Werke. 9 Bde. Hg. v. I. Heydorn u. a. (1994–1999). Studienausgabe hg. v. I. Heydorn u. a. (2004–2005).

Lit.: Euler, P. und Pongratz, L. A. (Hg.): Kritische Bildungstheorie. Zur Aktualität H.-J. Heydorns (1995).

Hilker, Franz, Pädagoge und Bildungspolitiker, *22. 4. 1881 Bosseborn, † 4. 1. 1969 Bonn. H. studierte Germ., Anglistik und Romanistik. Er war als Gymnasiallehrer an verschiedenen Schulen in Ostpreußen tätig. An reformpäd. Entwicklungen nahm H. als Lehrer am Werner-Siemens-Realgymnasium in Berlin teil, das sein Profil an der Arbeitsschulidee ausrichtete. H. war Mitbegründer und eines der führenden Mitglieder des *Bundes Entschiedener Schulreformer.* Ab 1925 leitete er die Auslandsabteilung des Zentralinstituts für Erziehung und Unterricht in Berlin, dessen Präsident er von 1930–1933 war. 1933 wurde H. vom NS-Regime entlassen. Nach dem Zweiten Weltkrieg war er am demokratischen Aufbau des hess. Bildungswesens maßgeblich beteiligt. H. hat daneben wichtige Beiträge zur Entwicklung einer vergleichenden Erziehungswiss. in Deutschland vorgelegt. Von 1959–1967 war er Präsident der dt. Sektion des *Weltbundes für Erneuerung der Erziehung.*

Schr.: Vergleichende Päd. (1962).

Lit.: Böhme, G. u. a.: Außeruniversitäre Erziehungswiss. in Deutschland (1996).

Hoffmann, Erika, Pädagogin, *28. 3. 1902 Neuteicherwalde, † 5. 2. 1995 Göttingen. Nach dem Besuch von Volksschule und Lyzeum wurde H. zur Volksschullehrerin ausgebildet und studierte an den Univ. Freiburg und Göttingen zuerst Naturwissenschaften, dann Päd., Philos. und Kunstgeschichte. In Göttingen gehörte sie zum Schülerkreis um *H. Nohl,* bei dem sie 1928 mit der Arbeit ›Das dialektische Denken in der Päd.‹ promoviert wurde. Sie übernahm eine Dozentur am Pestalozzi-Fröbel-Haus in Berlin, die sie bis zu ihrer Berufung an die Univ. Jena 1947 innehatte. Von 1949–1951 lehrte sie an der PH Lüneburg. Bis 1966 leitete sie des Evang. Fröbel-Seminar in Kassel. Auf der Grundlage intensiver Forschungsarbeiten über *F. Fröbel* setzte sie sich schon in den ersten Nachkriegsjahren für die Entwicklung des *Kindergartens* als Ort der Grundbildung für alle Kinder vor Schuleintritt ein.

Schr.: Die päd. Aufgabe des Kindergartens: Nachdruck aus der Zeitschrift ›Kindergarten‹, 75. Jg. 1934 (1992).

Lit.: Ebert, S. und Lost, C. (Hg.): Bilden – Erziehen – Betreuen. In Erinnerung an Erika Hoffmann (1996).

Hönigswald, Richard, Philosoph, *18. 7. 1875 Ungarisch-Altenburg, † 11. 7. 1947 New Haven (USA). H. studierte Medizin in Wien, Philos. in Graz und Halle/S. 1906 habilitierte er sich an der Univ. Breslau mit einer Arbeit über Erkenntnistheorie und Methodenlehre für Philos. Dort war er von 1916–1930 Prof. 1930 nahm er einen Ruf an die Univ. München an. 1933 entzog ihm das NS-Regime die Lehrbefugnis. Für kurze Zeit war H. im Konzentrationslager Dachau inhaftiert. 1939 gelang ihm die Flucht in die USA. Als Anhänger der neukantianischen Philos. befasste sich H. u. a. mit den erkenntnistheor. Grundlagen der Päd. H. verstand Päd. als kritische Überprüfung eines Wahrheits- und Geltungsbestandes für das erzieherische Handeln der Lehrer.

Schr.: Grundlagen der Päd. (1918, 2., umgearb. Aufl. 1927). Studien zur Theorie päd. Grundbegriffe (1966).
Lit.: Schmied-Kowarzik, W.: Richard Hönigswalds Philos. der Päd. (1995). Dangl, O.: Die Herkunft der skeptischen Päd. (2002).

Hoernle, Edwin, Publizist und Politiker, *11. 12. 1883 Bad Cannstatt, † 21. 7. 1952 Bad Liebenstein. H. studierte von 1904–1908 evang. Theol. in Berlin und Tübingen. 1912 wurde er stellvertr. Chefredakteur der ›Schwäbischen Tagwacht‹, 1914 Chefredakteur des ›Sozialdemokrat‹ in Stuttgart. Er war Mitbegründer und Vorsitzender des württ. Landesverbandes der KPD. Von 1924–1932 gehörte er dem Reichstag in Berlin an. Schon früh galt sein Interesse der Grundlegung einer kommun. Päd. 1927 erschien ›Grundfragen der proletarischen Erziehung‹. 1933 emigrierte H. in die Sowjetunion und nahm nach 1945 in führender Position an der Agrarreform in der sowjet. Besatzungszone teil.
Schr.: Grundfragen proletarischer Erziehung. Hg. v. L. v. Werder und R. Wolff (1971).
Lit.: Schmied-Kowarzik, W.: Kritische Theorie und revolutionäre Praxis (1988).

Humboldt, Wilhelm Freiherr von, Gelehrter, Politiker, Bildungstheoretiker, Bildungsreformer, *22. 6. 1767 Potsdam, † 8. 4. 1835 Tegel. Im Schloss Tegel aufgewachsen, von Privatlehrern (u. a. von *J. H. Campe*) im Sinne der *Aufklärung* erzogen, studierte H. in Frankfurt/Oder und in Göttingen Klassische Philol., Naturwiss. (bei G. C. Lichtenberg) und Staatswiss., reiste 1789 mit Campe in das revolutionäre Paris, war 1790/1791 am Kammergericht in Berlin tätig, heiratete Caroline von Dacheröden und verließ 1791 für etwa zehn Jahre den Staatsdienst, um sich intensiven Studien, Reisen und Kontakten (u. a. zu Schiller, Goethe) zu widmen. In den Schriften dieser Zeit über die ›Ideen zu einem Versuch, die Grenzen der Wirksamkeit des Staates zu bestimmen‹ (1792) und über die ›Theorie der Bildung des Menschen‹ (1793) stehen die freie individuelle Selbstbildung und die allg. Menschenbildung im Mittelpunkt. 1802–1808 war H. preuß. Ministerpräsident am Heiligen Stuhl in Rom, nach dem Zusammenbruch Preußens 1809 wurde er als Dir. des Kultur- und Unterrichtswesens in das preuß. Innenministerium berufen und leitete die Gründung der Univ. Berlin, den Ausbau des humanistischen Gymnasiums und die Reform des gesamten Schulwesens in Preußen ein. Zu seiner Schulkonzeption (Königsberger und Litauischer Schulplan, 1809) gehört die gemeinsame Erziehung in der nach Stufen aufgebauten Einheitsschule, in der die allg. Menschenbildung vor der späteren Berufsbildung zu erfolgen hat. 1810 wurde er Gesandter in Wien und vertrat Preußen 1814/15 neben Hardenberg auf dem Wiener Kongress, bevor er 1819 preuß. Min. für ständische Angelegenheiten wurde. Nach seinen kritischen Stellungnahmen gegen die restaurativen Karlsbader Beschlüsse wurde H. noch im gleichen Jahr vom preuß. Staatskanzler entlassen. Dies bedeutete zugleich das Ende der Entwicklung seiner äußeren Schulreform (vgl. *J. W. Süvern*). In den Jahren bis zu seinem Tod widmete er sich auf Schloss Tegel vorwiegend seinen sprachwiss. Forschungen. Sprache ist für H. das wichtigste Medium der Bildung, denn Welterkenntnis ist sprachlich vermittelte Welt. H. gilt heute als der Mitbegründer der modernen Päd. und Erziehungswiss.
Schr.: Werke in fünf Bden. Hg. v. A. Flitner und K. Giel (2002). Anthropologie und Theorie der Menschenkenntnis. Mit einer Werkinterpretation v. H.-J. Wagner (2002).
Lit.: Benner, D.: Wilhelm von Humboldts Bildungstheorie (3., erw. Aufl. 2003).

Hylla, Erich, Pädagoge, Psychologe, *9. 5. 1887 Breslau, †5. 11. 1976 Frankfurt/M. H. war Lehrer und Ministerialrat im preuß. Kultusministerium, bevor er nach seiner wiss. Ausbildung Prof. für Psychol. und Päd. an der Päd. Akad. Hal-

le/Saale (1930–1933) wurde. Er emigrierte 1933 und hatte von 1935–1937 eine Gastprofessur an der Columbia Univ. New York. 1945 kehrte H. nach Deutschland zurück und war zunächst als Fachberater beim Chef der Erziehungsabteilung des US-Militärgouverneurs für Deutschland tätig. Zwischen 1950 und 1952 baute er die Hochschule für Internationale Pädagogische Forschung (HIPF) auf, aus der 1964 das *Deutsche Institut für Internationale Pädagogische Forschung (DIPF)* hervorging. H. war von 1952–1956 Leiter der Hochschule und Prof. für Psychol. an der Univ. Frankfurt. Schwerpunkte seiner Arbeit waren die Bereiche päd. Diagnostik, Begabungsforschung und Testpsychologie, empirische und vergleichende Erziehungswissenschaft.
Schr.: Neuzeitliche Volksschularbeit (1923). Testprüfungen der Intelligenz (1927). Die Schule der Demokratie. Ein Aufriss des Bildungswesens der Vereinigten Staaten (1928). Vergleichende Leistungsmessung im 4. und 5. Schuljahr (1949). Die Schulen in Westeuropa (1953).
Lit.: Correll, W. und Süllwold, F. (Hg.): Forschung und Erziehung. Festschrift zum 80. Geburtstag (1968). Ch. Führ: Institutsgründung als Lebensarbeit. In: G. Geißler und U. Wiegmann (Hg.): Außeruniversitäre Erziehungswissenschaft in Deutschland (1996).

Iselin, Isaak, Philosoph und Historiker, *17. 3. 1728 Basel, † 15. 6. 1782 Basel. Ab 1742 studierte I. Philos. und Rechtswiss. in Basel und Göttingen. Von 1756 bis zu seinem Tode war er Ratsschreiber in Basel. I. engagierte sich für sozialpolit., päd. und religiöse Reformen im Geiste eines aufgeklärten Humanismus. Er war Freund und Förderer von *J. H. Pestalozzi.*
Schr.: Pädagogische Schriften nebst seinem päd. Briefwechsel mit Joh. Cas. Lavater und J. G. Schlosser (1882, Reprint 1979).
Lit.: Schmitt, H.: Pestalozzi und der päd. Diskurs der Philanthropen in der Spätaufklärung. In: Jahrbuch für historische Bildungsforschung (1996).

Itard, Jean M.-G., Arzt, *24. 4. 1774 Oraison, † 5. 7. 1838 Paris. Bekannt wurde I. durch seine Erziehungsbemühungen an dem ausgesetzten Kind Victor von Aveyron und durch die Entwicklung von didakt. Materialien zur Förderung behinderter Kinder, die später von seinem Schüler *É. Séguin* zu Sinnesmaterialien weiterentwickelt wurden und in dieser Form für die Arbeit *M. Montessoris* wichtige Grundlagen waren.
Lit.: Koch, F.: Das wilde Kind (1997).

Jahn, Friedrich Ludwig, Politiker, Pädagoge, *11. 8. 1778 Lanz, † 15. 10. 1852 Freyburg. Nach abgebrochenem Studium der Theol. und Geschichte verdiente sich J. als Hauslehrer und national-polit. Schriftsteller und Redner für die Befreiung Deutschlands von franz. Herrschaft seinen Unterhalt. 1809 bekam er eine Anstellung als Erzieher in Berlin. 1811 eröffnete er den ersten Turnplatz. Er beteiligte sich im Lützow'schen Freikorps am Krieg gegen Napoleon und war 1815 Mitbegründer der *Deutschen Burschenschaft.* J. wollte eine nationale Volkserziehung auch durch Wehrertüchtigung und Turnen voranbringen. Zus. mit E. Eiselen verfasste er ›Die Deutsche Turnkunst‹ (1816), lange Zeit eine der Grundschriften der Turnerziehung. 1848 wurde er Abg. der Nationalversammlung in Frankfurt. J. trat dort für eine demokratische Monarchie ein.
Lit.: Schnitzler, Th.: Denkmäler für »Turnvater« Friedrich Ludwig Jahn (2002).

Jean Paul, Pseudonym des Johann Paul Friedrich Richter, Schriftsteller und Philosoph, *21. 3. 1763 Wunsiedel, † 14. 11. 1825 Bayreuth. Nach abgebrochenem Theol.studium in Leipzig entschloss sich der junge J. P. zur Schriftstellerei, verfasste anfangs kleine Satiren und Erzählungen und wurde dann mit dem 1795 erschienenen Roman ›Hesperus oder 45 Hundsposttage‹ schlagartig berühmt. Es folgten zahlreiche Bücher, später dann auch theor. Schriften zur Ästhetik, Lit. und auch zur Päd. 1806 erschien ›Levana oder Erziehungslehre‹. Sein Menschenverständnis ist vom Geist *J. J. Rousseaus* stark beeinflusst. Erziehung ist für J. P. zuerst als »entfaltende Erziehung« zu verstehen. Der Natur des Kindes, seinen Anlagen soll entsprochen werden. Ihr stellt er eine »heilende Erziehung« gegenüber, die für die kulturelle und zivilisatorische Tüchtigkeit des Menschen unabdingbar ist.

Lit.: Bollnow, O. F.: Die Päd. der dt. Romantik (3., überarb. Aufl. 1977). Braun, C.: »Ich bin Ich«. Zu Jean Pauls Darstellung seines Bildungsganges. In: Bildungsgangdidaktik (1998).

Jung, Carl Gustav, Mediziner und Psychologe, *26. 7. 1875 Kesswil, †6. 6. 1961 Küsnacht. Nach dem Medizinstudium in Basel wurde J. Arzt an der psychiatrischen Univ.sklinik Burghölzli in Zürich. Von 1905–1913 lehrte er in Zürich an der Univ., war dann zwanzig Jahre in der eigenen Praxis tätig und von 1933 bis 1942 wieder Hochschullehrer an der ETH. 1907 begann eine enge Freundschaft mit S. Freud, dessen psychoanalyt. Konzeption J. anfangs nachdrücklich unterstützte. Über unterschiedliche Auffassungen zur Bedeutung der Sexualität und zum Konzept des Unbewussten kam es 1913 zum Bruch. J. entwickelte seine eigene Lehre, die analyt. oder komplexe Psychol., und gehört damit zu den Wegbereitern der modernen Tiefenpsychologie. Ein Schlüsselbegriff war für ihn der Archetypus, in dem sich das kollektive Unbewusste spiegele. Seine Theorien haben im Raum der Päd. insbesondere auf *R. Steiner* Einfluss gehabt.

Schr.: Gesammelte Werke. 19 Bde. (1958–1983).

Lit.: Schmid-Loosli, K.: C. G. Jung und die Erziehung (1983). Wehr, G.: C. G. Jung und Rudolf Steiner (1998).

Kanitz, Otto Felix, Pädagoge, *5. 2. 1894 Wien, †29. 3. 1940 KZ Buchenwald. Nach dem Besuch von Volks- und Bürgerschule absolvierte K. eine Lehre als Installateur und machte dann eine Ausbildung zum Handelsgehilfen. Er schloss sich früh der sozialist. Arbeiterbewegung an. Das Abitur erwarb er über eine Externenprüfung. In Wien studierte K. Philos., Päd. und Psych. In seiner Diss. ›Familienerziehung, Staatserziehung, Gesellschaftserziehung‹ (1922) entwickelte er das Konzept einer sozialist. Sozialisation als Alternative zu den von ihm ausgemachten Defiziten der etablierten bürgerl. Erziehungspraxis. K. nahm dabei u. a. Anregungen von *P. Natorp* und dem Individualpsychologen A. Adler auf. Beruflich war er in der sozialist. Kinder- und Jugendarbeit tätig. Er wurde 1938 verhaftet.

Schr.: Das proletarische Kind in der bürgerl. Gesellschaft (1925).

Lit.: Kämpfer der Zukunft. Hg. v. L. von Werder (1970).

Kant, Immanuel, Philosoph, *22. 4. 1724 Königsberg, †12. 2. 1804 Königsberg. Acht Jahre besuchte K. eine pietistische Lateinschule. Dann immatrikulierte er sich an der Univ. Königsberg und studierte Philos., Physik und Mathematik. Für fast zehn Jahre verdiente er seinen Lebensunterhalt als Hauslehrer. 1755 promovierte. K. mit einer naturwiss. Arbeit, im gleichen Jahr habilitierte er sich für Philos. 1770 erhielt er eine Professur für Philos. Jetzt erst entstehen die großen Kritiken vor dem Hintergrund der europ. *Aufklärung:* 1781 die ›Kritik der reinen Vernunft‹, 1788 die ›Kritik der prakt. Vernunft‹, 1790 die ›Kritik der Urteilskraft‹. Seine Vorlesung über Päd. (1786/87) liegt nur in der Nachschrift eines Kollegen vor. Sie wurde 1803 veröffentlicht und wird von Fachleuten als unzureichende Edition betrachtet. Für die Päd. sind seine bildungstheor. Reflexionen zum Begriff der *Mündigkeit* und seine Erkenntnistheorie zur Untersuchung der Natur der menschl. Vernunft, ihrer Erkenntniszwänge, Erkenntnismöglichkeiten und -grenzen bedeutsam. Sein Kritizismus kommt für die Päd. zu dem Ergebnis,

dass sie sich jeder rationalen Beantwortung metaphysischer Fragen nach Gott, dem Wesen des Menschen, dem Sinn des Daseins usw. zu enthalten habe. Päd. müsse vielmehr Front machen gegen jeden Dogmatismus, sei er religiös, metaphysisch oder polit. motiviert.
K. hat das begriffskritische Denken in der Päd. stark beeinflusst. Um die Wende vom 19. zum 20. Jh. bezog sich eine Gruppe von Philosophen und Pädagogen im Rahmen des *Neukantianismus* ausführlich auf seine kritische Transzendentalphilos. (*P. Natorp, R. Hönigswald, J. Cohn*). Nach 1945 standen die päd. Arbeiten von *T. Litt, T. Ballauf, A. Petzelt, W. Fischer* u. a. in enger Beziehung zu K.
Schr.: Ausgewählte Schriften zur Päd. und ihrer Begründung. Hg. v. H. H. Groothoff (1963).
Lit.: Fischer, W. und Löwisch, D.-J. (Hg.): Pädagogisches Denken von den Anfängen bis zur Gegenwart (1989). Oelkers, J. (Hg.): Das verdrängte Erbe. Päd. im Kontext von Religion und Theol. (2003).

Karsen, Fritz, Pädagoge, Schulreformer, *11. 11. 1885 Breslau, †25. 8. 1951 Guayaquil (Ecuador). K. promovierte 1908 an der Univ. Breslau und war von 1911–1920 Gymnasiallehrer, zuletzt in Berlin. Er gehörte 1919 zu den Begründern des *Bundes Entschiedener Schulreformer* und war dessen Sprecher auf der *Reichschulkonferenz* 1920. Er wurde 1920 wiss. Hilfsarbeiter im Referat Versuchsschulen des preuß. Kultusministeriums. Seit 1921 war er Oberstudiendirektor am Kaiser-Friedrich-Realgymnasium in Berlin, das er zum koedukativen »Neuköllner Schulenkomplex« der Karl-Marx-Schule ausbaute. Zw. 1930 und 1933 war K. Lehrbeauftragter für Schulreform und internationalen Vergleich bei *E. Spranger* im Päd. Seminar der Univ. Berlin. Unmittelbar nach der Machtergreifung Hitlers wurde K. die Lehrbefugnis entzogen. Nach drohender Verhaftung emigrierte er sofort in die Schweiz und wirkte als Lehrender und Berater ab 1934 in Frankreich, ab 1936 in Kolumbien und ab 1938 in den USA; 1944 erhielt er die amerik. Staatsbürgerschaft. Nach Kriegsende war K. von 1946–1948 bei der US-Militärregierung in Berlin für den Neuaufbau der Hochschulen und der Lehrerbildung zuständig. Da er keine Hochschullehrerstelle in Berlin bekommen hatte, kehrte er enttäuscht 1948 in die USA zurück, wo er als Associated Prof. für Päd. am Brooklyn College in New York lehrte. Er starb 1951 in Ecuador, als er dort eine UNESCO-Mission leitete.
Schr.: Die Schule der werdenden Gesellschaft (1921). (Hg.): Die neuen Schulen in Deutschland (1924). Benner, D. und Kemper, H. (Hg.): Quellentexte zur Theorie und Geschichte der Reformpädagogik. Teil 2 (2001). Hansen-Schaberg, I. und Schonig, B. (Hg.): Basiswissen Päd. Bd. 1: Reformpädagogik (2002). Hansen-Schaberg, I. (Hg.): Die Praxis der Reformpädagogik (2005).
Lit.: Karsen, S. P.: Bericht über den Vater: Fritz Karsen (1993). Radde, G.: Fritz Karsen (erw. Neuausg. 1999).

Kawerau, Siegfried, Pädagoge, *8. 12. 1866 Berlin, †16. 12. 1936 Berlin. K. studierte Geschichte, Germ. und Latein, wurde in Königsberg 1911 promoviert und unterrichtete nach dem Staatsex. an einer Oberrealschule. Im Ersten Weltkrieg wurde er schwer verwundet und daraufhin 1916 aus dem Militär entlassen. In seiner Autobiografie schreibt er dem Kriegserlebnis und dem Zusammenbruch des Kaiserreiches hohe Bedeutung für seine persönliche Neuorientierung zu. Er trat aus der Kirche aus, wurde Mitglied der SPD sowie im *Bund Entschiedener Schulreformer.* In zahlreichen Schriften, Art. und Reden setzte sich K. für Ziele der *Reformpädagogik* ein.
Schwerpunkte seiner Arbeit waren insbesondere die Frage der Trennung von Staat und Kirche im Bildungswesen, die Erneuerung des Geschichtsunterrichts, *Sexualerziehung* in Schulen und die Re-

form des Gymnasiums in Richtung einer *Produktionsschule.* 1927 wurde K. Leiter des Kölln'schen Gymnasiums in Berlin, einer *Aufbauschule,* die vor allem von Arbeiterkindern besucht wurde. 1933 entließ ihn das NS-Regime in den vorzeitigen Ruhestand.
Schr.: Soziologische Päd. (1921).
Lit.: Bernhard, A. und Eierdanz, J. (Hg.): Der Bund der Entschiedenen Schulreformer (1991).

Kerschensteiner, Georg, Pädagoge, Schulreformer, *29. 7. 1854 München, † 15. 1. 1932 München. Nach seiner Tätigkeit als Volksschullehrer studierte K. Mathematik und Physik an der TH München (Staatsexamen 1881, Prom. 1883). Er war von 1883–1895 Handelsschullehrer in Nürnberg und Gymnasiallehrer in Schweinfurt und München, bevor er 1895 als »Kompromisskandidat« Stadtschulrat von München wurde. Als Vertreter der *Arbeitsschulbewegung* baute er die Volksschule um ein 8. Schuljahr aus und führte mit seiner grundlegenden Lehrplanreform Werkstättenunterricht für Jungen, Küchenunterricht für Mädchen, naturwiss. Unterricht in Laboratorien, Schulgartenunterricht und die Erweiterung des Realien- und Zeichenunterrichts ein, verbunden mit der Errichtung neuer Schulgebäude und entsprechender Räume. Sein Ziel war, die *Selbsttätigkeit* der Schüler, die Anschaulichkeit der Vermittlung und den Erwerb von *Arbeitstugenden* zu fördern. Ein weiterer Schwerpunkt war die Weiterentwicklung der *Fortbildungsschule* zu einer fachlich gegliederten *Berufsschule* mit eigenen Gebäuden und hauptamtlichen *Berufsschullehrern.* Durch staatsbügerl. Erziehung sollten die Heranwachsenden auf das Leben im Gefüge des Staates vorbereitet werden. K. vermochte es, seine Reformmaßnahmen durch Untersuchungen (z. B. ›Die Entwicklung der zeichnerischen Begabung‹ 1905), Vorträge im In- und Ausland (z. B. ›Die Schule der Zukunft – eine Arbeitsschule‹ auf der Pestalozzifeier 1908 in Zürich) oder durch Veröffentlichungen (z. B. ›Staatsbürgerl. Erziehung der dt. Jugend‹, 1901) weit über München hinaus bekannt zu machen. Von 1912–1918 gehörte K. dem Dt. Reichstag an. 1918 wurde er von der Philos. Fakultät der Univ. München zum Honorarprof. für Päd. ernannt. Mit 65 Jahren schied er 1919 aus dem Amt als Stadtschulrat aus. Auf der *Reichsschulkonferenz* von 1920 in Berlin gehörte K. zu den wichtigsten Rednern. Seit etwa 1915 hatte er unter dem Einfluss von *E. Spranger, J. Dewey* und Richtungen der dt. Wert- und Kulturphilos. (H. Rickert) seinem Werk eine bildungstheor. Grundlegung geben wollen. Jedoch erreichten die Schriften ›Das Grundaxiom des Bildungsprozesses‹ (1917, 2., erw. Aufl. 1924), ›Theorie der Bildung‹ (1926) und ›Theorie der Bildungsorganisation‹ (1933) nicht mehr die Resonanz wie seine früheren Vorträge und Veröffentlichungen.
Schr.: Ausgewählte pädagogische Schriften. Hg. v. G. Wehle. 2 Bde. (1966–1968). Benner, D. und Kemper, H. (Hg.): Quellentexte zur Theorie und Geschichte der Reformpädagogik. Teil 2 (2001). Begriff der Arbeitsschule. Mit einer Werkinterpretation v. P. Gonon (2002).
Lit.: Wehle, G.: Praxis und Theorie im Lebenswerk Georg Kerschensteiners (2., neubearb. Aufl. 1964). Scheuerl, H. (Hg.): Klassiker der Päd. Bd. 2 (1991). Adrian, R.: Die Schultheorie Georg Kerschensteiners (1998).

Key, Ellen, Pädagogin, Frauenrechtlerin und Schriftstellerin, *11. 12. 1849 Sundsholm (Schweden), † 25. 4. 1926 Gut Strand am Vättersee. K. war seit 1880 Lehrerin und arbeitete von 1883–1903 als Doz. am Arbeiterinstitut in Stockholm. Sie war Pazifistin und gilt als Vorkämpferin der *Frauenbildung.* In Anlehnung an *J. J. Rousseau* vertrat K. die reformpäd. Konzeption einer natürlichen Erziehung und das Gesamtschulmodell einer Zukunftsschule mit Merkmalen der *Arbeitsschulbewegung.* Sie wurde vor allem durch ihr Buch ›Das Jh. des Kindes‹ (1900, dt. 1902) europaweit bekannt.

Schr.: Das Jh. des Kindes. Neu hg. v. U. Herrmann (2000).
Lit.: Dräbing, R.: Der Traum vom Jh. des Kindes (1990). Horn, K. P. und Ritzi, C. (Hg.): Klassiker und Außenseiter (2003). Mann, K.: Ellen Key (2004).

Kilpatrick, William Heard, Pädagoge, *20. 11. 1871 White Plains (USA), † 13. 2. 1965 New York. K. war Schüler *J. Deweys* und Vertreter des päd. *Pragmatismus.* Von 1918–1938 war er Prof. für Philos. der Erziehung an der Columbia Univ. New York. 1918 führte er den Begriff »The Project Method« in der Zeitschrift ›Teachers' College Record‹ ein. Der Text wurde 1935 von *P. Petersen* zus. mit Beiträgen von J. Dewey und E. Collings in dem Buch ›Der Projekt-Plan‹ in dt. Übersetzung herausgebracht. In dieser Studie von K. wird die Planung und Durchführung von Projekten durch Schüler als optimale Form der Arbeitsschule beschrieben. Der Text hat in den USA und in Europa maßgeblich zur Verbreitung der reformpäd. Konzepte zum *Projektunterricht* und zur Vorhabengestaltung beigetragen.
Schr.: Dewey, J. und Kilpatrick, W. H.: Der Projekt-Plan. Hg. v. P. Petersen (1935).
Lit.: Frey, K.: Die Projektmethode (10., überarb. Aufl. 2005).

Kindermann, Ferdinand, kath. Theologe und Schulreformer. *27. 9. 1740 Königswalde, † 25. 5. 1801 Leitmeritz. Nach Studium, Priesterweihe 1765 und Prom. zum Dr. theol. war K. bis 1771 Hauslehrer. Dann übernahm er eine Pfarrei in Kaplitz im Böhmerwald. K. reformierte die dortige Schule durch die Einf. von Realien mit lebensprakt. Inhalten.
Maria Theresia beauftragte ihn mit der Schuloberaufsicht in Böhmen und berief ihn in die Schulkommission. 1775 wurde K. Gymnasialprof. in Prag und eröffnete dort die Prager Normalschule für Lehrerausbildung. Auf seine Anweisung hin wurden alle Grundschulen in Böhmen nach dem Konzept der *Industrieschulen* reformiert.
Schr.: Über den Einfluss der niederen Schulen auf das gemeinsame Leben, auf die mittleren und höheren Schulen (1776).
Lit.: Lochner, R.: Ferdinand Kindermann. In: Sudetendeutsche Lebensbilder. Hg. v. E. Gierach (1926).

Klingberg, Lothar, Erziehungswissenschaftler, *11. 1. 1926 Rosenberg, † 8. 7. 1999 Potsdam. Bis zur Wende war K. einer der führenden Didaktiker der DDR. Nach Prom. und Habil. in Leipzig lehrte K. ab 1965 als Prof. an der PH Potsdam allg. Päd. und *Didaktik.* Ausgehend von *J. F. Herbarts* Theorie des *erziehenden Unterrichts* entwickelte er einen strukturtheor. Ansatz zur Erfassung der Genese der Lehr- und Lerngegenstände innerhalb der Wechselwirkungen zw. Methoden, Inhalten, Lehrenden und Lernenden.
Schr.: Lehren und Lernen. Inhalt und Methode (1995).
Lit.: Cloer, E. und Wernstedt, R. (Hg.): Päd. in der DDR (1994).

Klöden, Karl Friedrich von, Pädagoge und Schulpolitiker, *21. 5. 1786 Berlin, † 9. 1. 1856 Berlin. Die schlechte wirtschaftliche Lage seiner Familie erlaubte K. lediglich den Besuch von Armen- und Stadtschule. Schon als Schüler aber betrieb K. umfangreiche autodidakt. Studien. Er absolvierte eine fünfjährige Lehre als Goldschmied und arbeitete später als Kartenzeichner. 1813 wurde er Lehrer an einer privaten Erziehungsanstalt. 1814 konnte er sich nach bestandener Nichtabiturientenprüfung an der neuen Berliner Univ. zum Studium der Naturwiss., dann der Theol. immatrikulieren. 1817 berief ihn die preuß. Reg. in die neue seminaristische Lehrerbildung. K. engagierte sich zugleich für die fachliche und allg. Fortbildung von Handwerkern. Er eröffnete 1822 in Berlin eine Handwerkerschule und wurde 1827 Dir. der Berlinischen Gewerbeschule.
Schr.: Von Berlin nach Berlin: Erinnerungen 1788–1824. Hg. v. R. Weber (2. Aufl. 1978).
Lit.: Schmoldt, B. (Hg.): Pädagogen in Berlin (1991).

Kolping, Adolph, kath. Theologe, Sozialpädagoge und Schriftsteller, *8. 12. 1813 Kerpen, † 4. 12. 1865 Köln. Durch sein Engagement für die soziale, berufliche und geistliche Betreuung von Handwerksgesellen trug K. wesentlich zur Sensibilisierung der kath. Kirche für die sozialen Folgeprobleme des expandierenden Industriekapitalismus im 19. Jh. bei.
Nach der Volksschule absolvierte K. eine Lehre als Schuhmacher. In Abendkursen bereitete er sich auf das Abitur vor (Köln 1841) und begann mit dem Studium der Theol. in München und Bonn. 1845 wurde K. zum Priester geweiht. Als Kaplan in Elberfeld schloss er sich der Arbeit im Gesellenverein an. K. gründete 1849 in Köln einen weiteren Gesellenverein, eine Zufluchtsstätte für obdachlos gewordene Handwerker und Arbeiter. Damit löste K. eine Bewegung aus, die in seinem Todesjahr bereits etwa 25 000 Mitglieder in über 400 Vereinen zählte. Heute betreut das schon 1850 gegründete Kolpingwerk, das 270 000 Mitglieder zählt, sozialpäd. und berufsbezogene Bildungsprogramme für Handwerker, Arbeiter und Angestellte in zahlreichen Ländern.
Schr.: Ausgewählte päd. Schriften. Hg. v. H. Göbels (1964).
Lit.: Hb. der Erwachsenenbildung. Hg. v. F. Pöggeler (1975).

Korczak, Janusz (eigentl. Henryk Goldszmit), Kinderarzt, Sozialpädagoge, Schriftsteller, *22. 7. 1878 Warschau, † vermutlich 5. 8. 1942 KZ Treblinka. K. leitete in Warschau von 1911–1914 ein jüdisches Waisenhaus und ab 1919 ein Kinderheim für verwaiste nichtjüdische Arbeiterkinder. Nach der Zwangsverlegung in das Warschauer Ghetto versorgte er ab 1940 etwa 200 Waisenkinder und wurde mit ihnen 1942 in das Vernichtungslager Treblinka abtransportiert und ermordet. In seinen päd. Hauptwerken tritt K. für eine bessere Erziehung der Kinder ein und appelliert an die Erwachsenen, ihre Haltung dem Kind gegenüber zu überprüfen, das Kind zu achten und zu lieben. In seinen Waisenhäusern realisierte er seine Vorstellungen von einer demokratischen Kinderrepublik durch die Selbstverwaltung der Kindergemeinschaft. 1972 erhielt K. posthum den Friedenspreis des Dt. Buchhandels.
Schr.: Sämtliche Werke. 16 Bde. Hg. v. F. Beiner und E. Dauzenroth (1996–2006). Wie man ein Kind lieben soll (1919, dt. 1967). Das Recht des Kindes auf Achtung (1929, dt. 1970).
Lit.: Pelzer, W.: Janusz Korczak (1987). Pelz, M.: »Nicht mich will ich retten!« (2003).

Krieck, Ernst, Pädagoge, *6. 7. 1882 Vögisheim, † 19. 3. 1947 Moosburg. Nach dem Besuch der Realschule wurde K. am Lehrerseminar Karlsruhe zum Volksschullehrer ausgebildet (1898–1900). Bis 1924 war er im badischen Volksschuldienst tätig. Nach Ende des 1. Weltkrieges verfasste K. eine Reihe kulturkritischer Texte und agitierte entschieden gegen den neuen demokratischen Staat. 1923 erhielt K. für seine ›Philos. der Erziehung‹ (1922) die Ehrendoktorwürde der Univ. Heidelberg. Als freier Publizist verfasste er eine Reihe von Schriften zur nationalen Umgestaltung von Schule und Erziehungswiss. Grundlage war ihm national-konservatives, völkisches und dann auch rassistisches Gedankengut. K. wurde bald zu einem der führenden päd. Propagandisten des von ihm ersehnten neuen NS-Regimes. 1928 erhielt er eine Professur an der neuen PA Frankfurt/M., 1932 trat er der NSDAP bei und veröffentlichte seine Kampfschrift ›Nationalpolit. Erziehung‹, die zum Standardwerk der *nationalsozialistischen Pädagogik* wurde. 1933 erhielt er einen Lehrstuhl für Päd. an der Univ. Frankfurt/M. und wurde Rektor dieser Univ. Er führte die nat.-soz. Gleichschaltung der Hochschule äußerst rigide durch. Unter starkem Druck nat.-soz. Kollegen und Verbände wurde K. 1934 nach Heidelberg auf eine Prof. für Philos. und Päd. berufen. Eine Kontroverse mit der NS-Führung über seine anthropologischen Theorien veranlasste K. zur

Niederlegung aller seiner Ämter. Er starb 1947 in einem US-amerik. Internierungslager in Bayern.
Schr.: Völkisch-Politische Anthropologie (1936–1938).
Lit.: Giesecke, H.: Hitlers Pädagogen (2., überarb. Aufl. 1999).

Krupskaja, Nadeschda K., Pädagogin und Politikerin, *26. 2. 1869 St. Petersburg, † 27. 2. 1939 Moskau. Nach dem Besuch eines Lehrerseminars unterrichtete K. als Privatlehrerin. 1890 wurde sie Mitglied der marxistisch-revolutionären Studentenschaft. 1895 trat sie der polit. Bewegung um W. I. Uljanow (Lenin) bei, sie wurde seine Ehefrau und engste Mitarbeiterin. Seit der Oktoberrevolution 1917 hatte K. zahlreiche führende Positionen in Partei und Reg. inne, so war sie u. a. Ministerin für Erziehung und Mitglied im Präsidium des Obersten Sowjet. In Theorie und polit. Praxis hat K. sich mit allen wesentlichen Aspekten des Aufbaus einer sowjet. Päd. beschäftigt, als deren Begründerin sie gilt. Ein Teil ihrer umfangreichen Schriften liegt in einer elfbändigen russischen Ausgabe vor.
Schr.: Ausgewählte päd. Schriften (1955). Über die allg.bildende polytechnische Schule (1959).
Lit.: Kuenstner, R. (Hg.): Über einige erzieherische Ansichten N. K. Krupskajas (1990).

Lachmann, Carl Ludolf Friedrich, evang. Theologe und Pädagoge. *1756 in Mieste, † 1823 in Braunschweig. L. besuchte Land- und Lateinschule in Gardelegen und studierte Theol. in Halle/S. Nach dem Examen war er Hauslehrer. 1792 erhielt L. eine Stelle als Prediger an der St.-Andreas-Kirche in Braunschweig. Dort begann ein intensiver Gedankenaustausch mit Herzog Karl W. Ferdinand über die Errichtung einer *Industrieschule.* Schon 1788 hatte er den ›Ersten umfassenden Plan einer dt. bürgerl. Nationalerziehung‹ veröffentlicht. In dieser Schrift entwickelte er das Konzept einer *Einheitsschule.* 1793 wurde L. Mitarbeiter in den *Francke'schen Stiftungen* Halle/S.
Schr.: Allgemeine Ideen über die einer jeden Menschenklasse Deutschlands zu wünschende Ausbildung und Aufklärung (1790).
Lit.: König, H.: Zur Geschichte der Nationalerziehung in Deutschland. Monumenta Paedagogica. Bd. I (1960).

Langbehn, Julius, Schriftsteller, *26. 3. 1851 Hadersleben, † 30. 4. 1907 Rosenheim. Nach Studien der Naturwiss. und Archäologie in Kiel und München wurde L. durch ein einziges Buch, das 1890 unter dem Titel ›Rembrandt als Erzieher, von einem Deutschen‹ erschien, als der »Rembrandtdeutsche« berühmt. 1938 lag das Buch bereits in der 90. Auflage vor. L. verdammt darin die industrielle Zivilisation, Wiss. und Intellektualismus als dem dt. Wesen fremde Kräfte und propagiert die Hinwendung zu Idealismus, Bodenständigkeit und Verinnerlichung. Rembrandt diente ihm bei seinem Programm für eine »Deutsche Wiss.« und »Deutsche Bildung« als die Personifikation des dt. Wesens schlechthin. L. gewann damit starken Einfluss auf die Jugend- und die Kunsterziehungsbewegung. Wegen seiner antiintellektuellen und antisemitischen Ansichten wurde L. auch vom NS-Regime gern funktionalisiert.
Lit.: Weiß, E.: Die »Kunsterziehungsbewegung« und ihre Ambivalenz. In: Päd. Rundschau 2/1996.

Lange, Helene, Pädagogin und Frauenpolitikerin, *9. 4. 1848 Oldenburg, † 13. 5. 1930 Berlin. Maßgebliche Vertreterin der bürgerl. Frauenbewegung, die für eine Neuordnung des Mädchenschulwesens und für die Gleichberechtigung der Mädchen und Frauen an Schulen und Univ. kämpfte. 1872 legte L. das Lehrerinnenexamen ab, arbeitete in verschiedenen privaten Mädchenschulen und engagierte sich schon früh im Verein dt. Lehrerinnen und Erzieherinnen. 1876 übernahm sie für 15 Jahre die Leitung einer Mädchenschule in Berlin und richtete dort ein Lehrerinnenseminar ein. 1888 übergab sie mit anderen Frauen eine

Petition an das preuß. Abgeordnetenhaus, in der sie eine wiss. Lehrerinnenausbildung und Gleichberechtigung für Lehrerinnen an Schulen forderte. 1893 wurden auf ihre Initiative hin erste Gymnasialkurse für Mädchen eröffnet. Schon 1890 hatten sich die Lehrerinnen unter ihrem Vorsitz im Allgemeinen dt. Lehrerinnenverein organisiert. 1908 erreichte sie die Zulassung von Frauen für Studien an den Univ. in Preußen. 1923 erhielt L. die Ehrendoktorwürde der Univ. Tübingen.
Schr.: Entwicklung des höheren Mädchenschulwesens in Deutschland (1893).
Lit.: Frandsen, D.: Helene Lange. Ein Leben für das volle Bürgerrecht der Frau (1999).

Lay, Wilhelm August, Pädagoge, *30. 7. 1862 Bötzingen, † 9. 5. 1926 Karlsruhe. L. war Volksschullehrer, promovierte 1903 zum Dr. phil. und lehrte am Karlsruher Lehrerseminar. Auf der Grundlage eigener empir. Studien in verschiedenen Schulen entwickelte L. sein Konzept einer experimentellen Unterrichtsmethodik, die er in zwei Schriften ausführte: ›Experimentelle Didaktik‹ (1903), ›Experimentelle Päd.‹ (1908). L. stieß bei Lehrern und Schulverwaltung zumeist auf Kritik, fand jedoch innerhalb der Wiss. durchaus Beachtung. So arbeitete er eng mit dem Hamburger Erziehungswissenschaftler *E. Meumann* zusammen.
Lit.: Petersen, J.: Pädagogische Argumentation und didakt. Forschung (1987).

Lewin, Kurt, Psychologe, *9. 9. 1890 Mogilno (Posen), † 12. 2. 1947 Newtonville (USA). L. studierte Medizin und Psychol. in Freiburg und Berlin. 1920 wurde er für Psychol. habilitiert und übernahm nach einer Zeit als Privatdozent 1927 eine Professur in Berlin. 1933 wurde er vom NS-Regime zur Emigration in die USA gezwungen. Dort war er Prof. an verschiedenen Univ. 1940 wurde er amerik. Staatsbürger. Mit seiner Feldtheorie, nach der menschliches Verhalten durch die Gesamtheit und Wechselwirkungen der Faktoren eines Handlungsfeldes beeinflusst ist, hat L. wichtige theor. Grundlagen für Sozialpäd. und Gruppenarbeit gelegt.
Schr.: Psychol. der Entwicklung und Erziehung. Bd. 6. Kurt-Lewin-Werkausgabe. Hg. F. E. Weinert und H. Grundlach 1982.
Lit.: Lück, H. E.: Kurt Lewin: Eine Einf. in sein Werk (2001).

Lichtenstein-Rother, Ilse, Grundschulpädagogin, *10. 12. 1917 Wilsdruff, † 6. 10. 1991 Augsburg. L.-R. war Lehrerin in Dresden und hat ab 1946 als Leiterin einer Tagesstätte für Kinder- und Jugendpflege gearbeitet. Sie übernahm 1948 eine Dozentur für Prakt. Päd. und die Leitung des Inst.s für *Arbeitsmittel* an der PA Celle, ging dann 1957 als Prof. für Schulpäd. an die PH Bielefeld und 1964 an die PH Münster. 1973 erhielt sie einen Lehrstuhl für Päd. mit dem Schwerpunkt *Grundschuldidaktik* an der Univ. Augsburg und wurde 1986 emeritiert. Vier Jahre danach erhielt sie die Ehrenprom. der Univ. Wuppertal. Sie war Mitglied des *Deutschen Bildungsrates* (1965–1975) und leitete von 1972–1974 die Schule Schloss Salem am Bodensee. Schwerpunkte ihrer Forschung und Lehre waren die Konzeptentwicklung des Schulanfangs, die Entwicklung von der Heimatkunde zum Sachunterricht, die Grundlegung der Bildung in der allg. *Grundschulpädagogik* und die wiss. Ausbildung von Grund- und Hauptschullehrern.
Schr.: Schulanfang (1954, Neufassung 1969). Grundschule (1982, zus. mit E. Röbe; 7., neu bearb. Aufl. v. E. Röbe 2005).
Lit.: Kaiser, A. und Pech, D. (Hg.): Basiswissen Sachunterricht. Bd. 1 (2004).

Lichtwark, Alfred, Lehrer und Kunsthistoriker, *14. 11. 1852 Reitbrook/Hamburg, † 13. 1. 1914 Hamburg. Von 1871 bis 1880 war L. Volksschullehrer in Hamburg. Nach autodidakt. Studien wurde er 1880 ohne Abitur zum Studium der Kunstgeschichte an der Univ. Leipzig zugelassen. Dort promovierte er 1885. Ab 1886 war er Dir. der Hamburger Kunst-

halle, die er zu einem der führenden dt. Museen ausbaute. Er war einer der wichtigsten Initiatoren der *Kunsterziehungsbewegung.* 1896 gründete er die Hamburger Lehrervereinigung zur Pflege der künstlerischen Bildung in den Schulen. Sein grundlegendes Werk für die Erneuerung des Kunstunterrichts erschien 1897: Übungen in der Betrachtung von Kunstwerken.
Lit.: Die Lichtwarkschule in Hamburg (1996). Schmidt, H.: Mein Leben für die Schule (2005).

Lietz, Hermann, Reformpädagoge, *28. 4. 1868 Dumgenewitz, † 12. 6. 1919 Haubinda. L. studierte von 1888–1892 Theol., Philos. und Germ. in Halle und Jena (Prom. 1891 bei R. Eucken). Nach seiner Zeit als Oberlehrer an der Univ.s-Übungsschule bei *W. Rein* in Jena ging er auf dessen Vorschlag 1896 für ein Jahr an die New School of Abbotsholme von Cecil Reddie in England. Hier lernte er vor dem kontrastreichen Hintergrund seiner naturverbundenen Kindheit auf Rügen und seiner harten Gymnasialzeit in Greifswald und Stralsund eine zukunftsweisende Reformschule kennen. Nach Reddies Vorbild entwickelte er 1897 in seinem Buch ›Emlohstobba‹ (Anagramm zu Abbotsholme) sein päd. Konzept und gründete 1898 das erste dt. *Landerziehungsheim* in Ilsenburg/Harz für die Unterstufe. Es folgten 1901 Haubinda für die Mittelstufe und 1904 Schloss Bieberstein (Rhön) für die Oberstufe. Nach seinen eigenen Reformideen von 1898 sollten die Kinder und Jugendlichen körperlich und seelisch gesund und stark, prakt., wissenschaftlich und künstlerisch gebildet, zum Gemeinschaftsleben befähigt und im sittlich-religiösen und nationalen Sinne erzogen werden. Nach Meinungsverschiedenheiten mit L. verließ *G. Wyneken* 1906 zusammen mit *P. Geheeb, M. Luserke* und A. Halm Haubinda und gründete die *Freie Schulgemeinde Wickersdorf* bei Saalfeld. 1914 eröffnete L. noch das Landwaisenheim Veckenstedt am Harz, bevor er als Kriegsfreiwilliger zwei Jahre diente, aber schon 1917 erkrankte. H.-L.-Schulen sind heute: Haubinda, Schloss Bieberstein und Schloss Hohenwehrda sowie eine auf der Insel Spiekeroog.
Schr.: Emlohstobba. Hg. v. R. Lassahn (1997). Lebenserinnerungen: von Leben und Arbeit eines dt. Erziehers. Hg. v. E. Meissner (1920). Benner, D. und Kemper, H. (Hg.): Quellentexte zur Theorie und Geschichte der Reformpädagogik, Teil 2 (2001). Reform der Schule durch Reformschulen: kleine Schriften. Hg. v. R. Koerrenz (2005).
Lit.: Scheuerl, H. (Hg.): Klassiker der Päd. Bd. 2 (1991). Koerrenz, R.: Landerziehungsheime in der Weimarer Republik (1992). Littig, P.: Reformpäd. Erfahrungen der Landerziehungsheime von Hermann Lietz (2004).

Litt, Theodor, Philosoph und Pädagoge, Vertreter der *geisteswissenschaftlichen Pädagogik,* *27. 12. 1880 Düsseldorf, † 16. 7. 1962 Bonn. L. studierte von 1899–1904 alte Sprachen, Geschichte und Philos. in Bonn (Prom. 1904) und war von 1904–918 Gymnasiallehrer in Bonn und Köln. Nach einer kurzen Zeit als Referent im preuß. Kultusministerium in Berlin wurde er 1919 Prof. der Päd. in Bonn und ab 1920 als Nachfolger von *E. Spranger* Prof. der Philos. und Päd. an der Univ. Leipzig, deren Rektorat er 1931/1932 übernahm. Er war 1925 Mitbegründer und bis 1937 Mitherausgeber der Zeitschrift ›Die Erziehung‹. Seine Beiträge zur Gymnasialpäd., seine kritische Einstellung gegenüber reformpäd. Strömungen und der Einheitsschulbewegung sowie sein Vortrag 1929 auf dem Weimarer Kongress über ›Die gegenwärtige päd. Lage und ihre Forderungen‹ lösten kontroverse Diskussionen aus. Durch die kultur- und sozialphilos. Grundlegung ›Individuum und Gemeinschaft‹ (1919, neu bearb. 1924 und 1926) wurde L. weit über die Päd. hinaus bekannt. Die für ihn charakteristische dialektische Denk- und Darstellungsweise kommt in der Abhandlung ›Die Methodik päd.

Denkens‹ (1921) und in dem Klassiker ›Führen oder Wachsenlassen‹ (1927, Reprint 1976) zum Ausdruck. Obwohl L. 1933 die Ergebenheitsadresse ›Bekenntnis der Prof. an den dt. Univ. und Hochschulen zu Adolf Hitler und dem nat.soz. Staat‹ zusammen mit 700 anderen Kollegen unterzeichnet hat, gehörte er danach zu den entschiedenen Gegnern des Nationalsozialismus. L. ließ sich 1937 auf eigenen Wunsch vorzeitig emeritieren und bekam 1941 Redeverbot. Unmittelbar nach dem Zweiten Weltkrieg konnte er 1945 seine Tätigkeit als Prof. für Philos. und Päd. an der Univ. Leipzig wieder aufnehmen, folgte dann 1947 dem Ruf an die Univ. Bonn, in der er 1952 emeritiert wurde, aber bis zu seinem Tod 1962 seine Vorlesungs- und Vortragstätigkeit beibehielt. Zentrale Themen nach 1945 waren für L. im Anschluss an Herder, Hegel und *Dilthey* das Problem der Geschichtlichkeit in der dialektischen Beziehung zw. individuellem und gesell.-kulturellem Leben, eng damit verbunden das Problem von der »staatsbürgerl. Erziehung« (1923) zur »demokratisch-polit. Erziehung« (seit 1949) und das Problem der Bildung des Menschen in der modernen, naturwissenschaftlich-technisch bestimmten Arbeitswelt (u. a. 1955).

Schr.: Das Bildungsideal der dt. Klassik und die moderne Arbeitswelt. Mit einer Werkinterpretation v. H. Burckhart (2003).

Lit.: Scheuerl, H: (Hg.): Klassiker der Päd. Bd. 2 (1991). Horn, K.-P. und Ritzi, C. (Hg.): Klassiker und Außenseiter (2003). Bremer, H.: Theodor Litts Haltung zum Nationalsozialismus (2005).

Lochner, Rudolf, Erziehungswissenschaftler, *3. 9. 1895 Prag, † 23. 4. 1978 Lüneburg. L. studierte an der dt. Univ. Prag. Dort wurde er auch promoviert und habilitiert. Als Gymnasiallehrer war er in Karlsbad tätig. Von 1934–1939 lehrte L. als Prof. für Päd. an der Hochschule für Lehrerbildung in Hirschberg. Nach dem Zweiten Weltkrieg wurde L. an die PH Lüneburg berufen. L. arbeitete an der Methodologie einer empir. Erziehungswiss. Als wertfreie Sozialwiss. soll Päd. über Deskription und Analyse der Erziehungswirklichkeit Erkenntnisse gewinnen, die sich in einer funktionalen Päd. prakt. umsetzen lassen.

Schr.: Deutsche Erziehungswiss. (1963).

Lit.: Lehmann, T.: Erziehungswiss., Erziehungstheorie und Weltanschauung (1985).

Loewenstein, Kurt, Pädagoge und Politiker, *18. 5. 1885 Bleckede/Elbe, † 8. 5. 1939 Paris. L. war entschiedener Gegner des Weimarer Schulkompromisses, weil dadurch lediglich die vierjährige Grundschule als gemeinsame Schule für alle Kinder möglich geworden war. Er setzte sich für eine differenzierte zehnjährige *Gesamtschule* als koedukative, weltliche und an den Prinzipien der *Produktionsschule* orientierte Schule ein, weil er nur darin die Möglichkeit sah, die Benachteiligung der Arbeiterkinder abzubauen. In Berlin-Neukölln baute er zusammen mit *F. Karsen* die »Karl-Marx-Schule« als Gesamtschule auf. Die gesellschaftstheor. Grundlagen einer sozialist. Erziehung sowie deren Ziele, Einrichtungen und Methoden stellte L. in zahlreichen Publikationen, auf Tagungen und im Reichstag als Abg. vor. 1933 emigrierte er über Prag nach Paris.

Schr.: Sozialistische Erziehung als gesell. Forderung der Gegenwart (1930).

Lit.: Hermann, U. (Hg.): ›Neue Erziehung‹, ›Neue Menschen‹ (1987).

Luhmann, Niklas, Soziologe, Pädagoge, Rechts- und Verwaltungswissenschaftler, *8. 12. 1927 Lüneburg, † 6. 11. 1998 Oerlinghausen. Nach dem Abitur 1944 war L. Luftwaffenhelfer und für kurze Zeit Kriegsgefangener. 1946–1949 studierte er in Freiburg Rechtswiss., promovierte, arbeitete bis 1962 als Verwaltungsjurist und darauf an verschiedenen Forschungseinrichtungen in Münster und Dortmund.

1966 promovierte und habilitierte er sich für Soziologie bei Dieter Claessens und Helmut Schelsky. 1968 wurde er auf ei-

nen Lehrstuhl für Soziologie an die Univ. Bielefeld berufen, den er bis zur Emeritierung 1993 innehatte.
L.s leitendes Forschungsinteresse richtete sich auf die Entwicklung einer Theorie der gegenwärtigen Gesellschaft. Ausgangspunkt war ihm dabei die Systemtheorie, die er zu einer Theorie selbstreferentieller Kommunikationssysteme weiterentwickelte. Von daher fragte er auch nach den spezifischen Kommunikationsformen des päd. Teilsystems, insbesondere nach dem Verhältnis von Mündigkeitsversprechen und relevanter Handlungskompetenz der Pädagogen. Denn »Erziehung bringt ihren Gegenstand nicht hervor, sie setzt ihn vielmehr als selbsttätiges Wesen voraus«. L. postulierte, dass die Päd. mit den tradierten Technologien diese Spannung nicht bewältigen könne. Seine kritischen Anfragen und Provokationen haben die Debatte über das Selbstverständnis der Päd. wesentlich beeinflusst.
Schr.: Luhmann, N. und Schorr, K. E. (Hg.): Zw. Technologie und Selbstreferenz. Fragen an die Päd. (1982). Das Erziehungssystem der Gesellschaft. Hg. v. D. Lenzen (2002).

Luserke, Martin, Reformpädagoge und Schriftsteller, *3. 5. 1880 Berlin, † 1. 6. 1968 Meldorf. Nach Schulzeit, Lehrerbildung und Lehrertätigkeit in der Herrnhuter Brüdergemeine in Berlin und in Niesky (Oberlausitz) studierte L. Philos., Mathematik und Philol. in Jena und wurde 1906 Lehrer im *Landerziehungsheim* von *H. Lietz* in Haubinda. Bereits im Herbst 1906 folgte er *G. Wyneken* und *P. Geheeb* in die neu gegründete *Freie Schulgemeinde Wickersdorf* im Thüringer Wald. Nach dem Ausscheiden von Wyneken und Geheeb übernahm L. von 1910–1924 die Leitung, unterbrochen 1914–1917 durch Kriegsdienst und franz. Gefangenschaft. 1913 hat er am »Freideutschen Jugendtag« auf dem Hohen Meißner teilgenommen. L.s Bemühen galt in der frühen Phase dem spezifischen Jugendspiel (Laienspiel) und dem Schauspiel (G. B. Shaw, W. Shakespeare). Seine Hoffnung auf eine grundlegende Umgestaltung des dt. Schulwesens brachte er nach dem Ersten Weltkrieg in seinem Buch ›Schulgemeinde: Der Aufbau der neuen Schule‹ (1919) zum Ausdruck. Seine eigenen Vorstellungen verwirklichte er von 1925–1934 mit der Gründung der »Schule am Meer« auf der Nordseeinsel Juist. Hier prägten Musik, Theaterspiel und Kunst die päd. Arbeit. L. gilt heute als der Mitbegründer des *Laienspiels.* Nach der Machtübernahme durch die Nationalsozialisten signalisierte die »Schule am Meer« zwar Kooperationsbereitschaft, dennoch kam es 1934 zu ihrer Auflösung. In der Zeit der NS-Herrschaft lebte L. als freier Schriftsteller und Erzähler von 1934–1938 auf einem Hausboot, der Tjalk »Krake«, und ab 1939 in Meldorf (Holstein). Er schrieb Romane und Erzählungen, hielt Vorträge und veranstaltete Leseabende, auch für NS-Einheiten und Soldaten, obwohl er nicht Mitglied der NSDAP war. Nach dem Zweiten Weltkrieg griff L. seine Laienspiel- und Vortragsarbeit wieder auf. Neben anderen Ehrungen erhielt er 1954 das Bundesverdienstkreuz.
Schr.: Schule am Meer: Leitsätze (1924). Schule am Meer: Ein Buch vom Wachsen dt. Jugend (1925). Das Laienspiel (1930).
Lit.: Schwerdt, U.: Martin Luserke (1993).

Makarenko, Anton Semjonowitsch, Pädagoge, *13. 3. 1888 Belopolje (Ukraine), † 1. 4. 1939 Moskau. Nach einem dreijährigen Fortbildungsstudium erwarb M. die Lehrberechtigung für höhere Schulen und übernahm 1917 die Leitung der Eisenbahnschule in Krjukow und dann in Poltawa. Er war für reformpäd. Entwicklungen aufgeschlossen und versuchte die herkömmliche Schule durch eine kollektive Schulordnung, Schulorchesterarbeit, Theaterzirkel, Schulwanderungen, Gartenarbeit u. Ä. in eine Arbeitsschule umzuwandeln. In Maxim Gorkis Schriften hatte er eine soziale und polit. Orientierung gefunden. Nach der Oktoberrevolution verfolgte er die Frage, wie parallel zum polit. Entwicklungsprozess der neue Sowjet-Mensch durch freie Selbstbestimmung erzogen werden könne. Die bürgerkriegsähnlichen Verhältnisse führten jedoch zu einer ständig zunehmenden Verwahrlosung von Kindern und Jugendlichen. Im September 1920 bekam M. den Auftrag, den Aufbau und die Leitung einer Arbeitskolonie für jugendliche Rechtsverletzer zu übernehmen. Seine sozialerzieherische Gestaltung der Gorki-Kolonie in Poltawa zu einer »Mustereinrichtung« in den Jahren 1920–1926 führte dazu, dass M. von 1926–1928 auch die Jugendarbeitskolonie in Kurjash und von 1927–1935 die Dzierzynski-Kommune aufbauen und leiten musste. 1935 wurde er zum stellvertretenden Leiter der Abteilung für Arbeitskolonien im Volkskommissariat des Inneren der Ukrainischen Sowjetrepublik in Kiew ernannt. Seine päd. Erfahrungen mit der Kollektiverziehung in der Gorki-Kolonie hat M. 1935 in dem Roman ›Der Weg ins Leben: ein päd. Poem‹ (dt. 1949) beschrieben. 1937 folgte ›Ein Buch für Eltern‹ und 1938 ›Flaggen auf den Türmen‹ über die Dzierzynski-Kommune. In der Zeit des stalinistischen Terrors 1937 veröffentlichte er neben päd. auch polit. Art., in denen er Stalin und die UdSSR verherrlichte. Er galt als der bedeutendste sowjet. Pädagoge.

Schr.: Werke. 7 Bde. (1956 ff.). Ausgewählte päd. Schriften. Besorgt v. H. E. Wittig. (2., überarb. Aufl. 1969). Gesammelte Werke. Marburger Ausgabe (russ.-dt.). Hg. v. L. Froese u. a. 13 Bde. (1976 ff.).

Lit.: Scheuerl, H. (Hg.): Klassiker der Päd. Bd. 2 (1991). Tenorth, H.-E. (Hg.): Klassiker der Päd. Bd. 2 (2003). Kobelt, K.: Anton Makarenko – ein stalinistischer Pädagoge (1996). Hillig, G. (Hg.): Hundert Jahre Anton Makarenko (2002). Günther-Schellheimer, E.: Makarenko in meinem Leben (2005).

Mennicke, Carl, Berufs- und Sozialpädagoge, *5. 9. 1887 Elberfeld, † 15. 11. 1959 Frankfurt/M. Nach einer Lehre als Kaufmann bereitete sich M. autodidakt. auf das 1909 dann abgelegte Abitur vor. Er studierte Theol., Philos. und Sozialwiss. in Bonn, Berlin und Halle/S. und hielt sich mehrfach zu Studien in den Niederlanden auf. Er arbeitete als Vikar in Bad Godesberg und während des Ersten Weltkrieges als Pfarrer in einer Bergarbeitersiedlung in der sozialist. Volksbildungsarbeit. Mit *P. Tillich* u. a. gab er die ›Blätter für religiösen Sozialismus‹ heraus. Von 1920–1930 war M. Doz. an der Hochschule für Politik in Berlin. 1930 erhielt er einen Ruf als Honorarprof. für Päd. an die Univ. Frankfurt/M. Gemeinsam mit P. Tillich leitete er das Päd. Seminar. Zugleich dozierte er am Berufspäd. Inst. Das NS-Regime zwang ihn 1933 zur Emigration. Er ging in die Niederlande. Dort arbeitete er an verschiedenen Hochschulen und verfasste seine drei Hauptwerke: ›Sozialpsychologie‹ (1933), ›Moderne Psychol.‹ (1938) und ›Sozialpädagogik‹ (1937) in Niederländisch. 1941 wurde M. von der Gestapo verhaftet und in ein KZ eingeliefert. Im August 1945 kehrte er in die Niederlande zurück. 1952 erhielt M. eine Professur für Päd. und Philos. an der Univ. Frankfurt/M.

Schr.: Zeitgeschehen im Spiegel persönlichen Schicksals. Hg. v. H. Feidel-Mertz (1995).

Lit.: Eierdanz, J. und Kremer, A. (Hg.): »Weder erwartet noch gewollt«. Kritische Erziehungswiss. und Päd. in der Bundesrepublik Deutschland zur Zeit des Kalten Krieges (2000).

Menze, Clemens, Pädagoge, *20. 9. 1928 Tietelsen, †12. 10. 2003 Köln. M. studierte Germ., Klassische Philol. und Philos. an der Univ. Köln und promovierte dort 1953 zum Dr. phil. Er legte 1954 und 1956 das 1. und 2. Staatsexamen für das Lehramt an höheren Schulen ab und war bis 1957 im höheren Schuldienst tätig. 1963 habilitierte er sich für Päd. an der Univ. Köln mit einer Arbeit über ›Wilhelm von Humboldts Lehre und Bild vom

Menschen‹. Von 1965 bis zu seiner Emeritierung 1993 war er Prof. für Päd. an der Univ. Köln. Arbeitsschwerpunkte: historische und systematische Pädagogik.
Schr.: Die Bildungsreform Wilhelm von Humboldts (1975). Bildung und Bildungswesen (1980). Wilhelm von Humboldt, Denker der Freiheit (1993).
Lit.: Schurr, J. u. a. (Hg.): Humanität und Bildung. Festschrift für Clemens Menze zum 60. Geburtstag (1988).

Meumann, Ernst, Psychologe und Pädagoge, *29. 8. 1862 Uerdingen, †26. 4. 1915 Hamburg. M. gilt als Begründer der *pädagogischen Psychologie* in Deutschland. Er studierte zuerst Kunstwiss. und Philos. in Tübingen, danach evang. Theol. in Halle/S. und Bonn. Nach beiden theol. Examina promovierte er 1891 in Tübingen. Er setzte seine Studien ab 1891 am Inst. für experimentelle Psychol. unter der Leitung von W. Wundt in Leipzig fort und wurde 1894 dort für Psychol. habilitiert. M. baute ab 1911 in Hamburg das Inst. für experimentelle Psychol. auf, das 1919 in die neue Univ. integriert wurde. Er war Prof. für Philos., Päd. und Psychol. an verschiedenen Univ. (Zürich, Königsberg, Münster, Hamburg). In Hamburg gründete er 1914 ein Inst. für Jugendkunde und arbeitete an einer erfahrungswiss. Grundlegung der Päd. Über Beobachtung und Experiment sollen Einsichten in Bedingungszusammenhänge von Entwicklung und Lernen gewonnen und dann in päd. Handlungsanweisungen übertragen werden. Nach diesem Konzept sollten auch die Volksschullehrer in experimenteller Psychol. ausgebildet werden. Mit *W.A. Lay* u. a. war M. Hg. der ›Zeitschrift für Pädagogische Psychol. und Experimentelle Päd.‹.
Schr.: Abriss der experimentellen Päd. (1914).
Lit.: Probst, P.: Bibliographie Ernst Meumann (1991).

Mollenhauer, Klaus, Pädagoge, *31. 10. 1928 Berlin, †18. 3. 1998 Göttingen. Nach seiner Zeit als Volksschullehrer in Bremen studierte M. Päd., Geschichte und Psychol. in Hamburg und Göttingen (Prom. 1958). Von 1958–1962 war er Assistent bei *E. Weniger* und *H. Roth* an der Univ. Göttingen. 1962 wurde er Akad. Rat an der FU Berlin und erhielt anschließend Professuren für Päd. an der PH Berlin (1965), Univ. Kiel (1966) und Univ. Frankfurt/M. 1969. Von 1972 bis zu seiner Emeritierung 1996 war M. Prof. für Allg. Päd. und Sozialpäd. an der Univ. Göttingen. Ein Schwerpunkt seiner Arbeit waren die aus seiner Diss. hervorgegangenen historischen Analysen und systematischen Darstellungen zur *Sozialarbeit/Sozialpädagogik* und Kinder- und Jugendhilfe. Ein wichtiger Beitrag war seine Verarbeitung der Kritischen Theorie der Frankfurter Schule, der Theorien zur *Emanzipation,* der Systemtheorie und der interaktionistischen Theorie in seinem Versuch zur Grundlegung einer Kritischen Erziehungswiss. Ferner galt sein Interesse der Auseinandersetzung mit Theorien der Bildung und der Hermeneutik sowie mit Grundfragen ästhetischer Bildung.
Schr.: Einf. in die Sozialpädagogik (1964). Erziehung und Emanzipation (1968). Theorien zum Erziehungsprozess (1972). Vergessene Zusammenhänge (1983). Grundfragen ästhetischer Bildung (1996). Sozialpäd. Diagnosen. (zus. mit U. Uhlendorff. 3 Bde. (1992/1995).
Lit.: Winkler, M.: Klaus Mollenhauer (2002). Rödel, B.: Rekonstruktion der Päd. Klaus Mollenhauers (2005).

Montessori, Maria, Ärztin und Reformpädagogin, *31. 8. 1870 Chiaravalle (Italien), †6. 5. 1952 Noordwijk aan Zee (Niederlande). Nach Mathematik und Naturwiss. (1890–1892) studierte M. Medizin in Rom (1892–1896) und war nach der Prom. 1896 die erste Ärztin Italiens. Bereits zw. 1896 und 1899 machte sie durch ihre Vorträge über Frauenemanzipation und Sozialreform in Berlin und in anderen europ. Städten auf sich aufmerksam. Während ihrer Tätigkeit in der Psychiatrischen Univ.klinik in Rom 1897–1899 erkannte sie, dass den geistig behinderten Kindern anstelle medizin. Mittel eher mit päd. Förderung geholfen werden kann. In den heilpäd. Schriften *J. M. Itards* und *E. Séguins* fand sie wichtige Anregungen hierzu. Ab 1899 leitete sie neben ihrer Dozentur für Hygiene und Anthropologie am Ausbildungsinstitut für Lehrerinnen zus. mit Dr. Montesano bis 1901 das medizin.-päd. Inst. der Nationalen Liga für Erziehung behinderter Kinder. In der Modellschule dieses Inst.s erzielte sie mit ihrer Päd. beachtliche Erfolge. Nach ihrem Studium der Päd., Psychol. und Anthropologie (1902–1904) wurde sie Prof. für Anthropologie am Päd. Inst. der Univ. Rom. Im Jan. 1907 eröffnete sie die erste Casa dei Bambini (Kinderhaus) im römischen Stadtteil San Lorenzo mit fünfzig körperlich und geistig gesunden Kindern. 1909 erfuhr sie durch ihr erstes Buch ›Il metodo della pedagogia scientifica applicato all'educazione infantile nelle case die bambini‹ (Die Methode der wissenschaftlichen Päd., angewandt in der Erziehung des Kindes in der Casa di bambini) weltweite Anerkennung. Die dt. Ausgabe des Buches von 1913 trug den Titel ›Selbsttätige Erziehung im frühen Kindesalter‹, die Neubearbeitung von 1969 ›Die Entdeckung des Kindes‹. Um die *Montessori-Pädagogik* in vielen Ländern der Erde zu verbreiten, gab sie ihre verschiedenen Tätigkeiten in Rom auf und verlegte 1916 ihren Wohnsitz mit ihrem Sohn *Mario Montessori* nach Barcelona. Auf Einladung von *C. Grunwald* hielt sie 1922 ihre ersten Vorträge in Berlin und führte 1926/1927 dort ihren einzigen Dipl.-Kurs in Deutschland durch. Von 1932 bis 1939 engagierte sie sich als Pazifistin mit ihren Vorträgen in Genf, Brüssel, London und Kopenhagen. Nach anfänglicher Unterstützung ihrer Päd. durch Mussolini in Italien führten M.s Konflikte mit dem Faschismus 1934 zur Auflösung aller Montessori-Einrichtungen. In Deutschland wurden die 1925 gegr. Deutsche Montessori-Gesellschaft und alle Montessori-Einrichtungen nach 1933 von den Nationalsozialisten verboten und Anhängerinnen der Montessori-Bewegung (*H. Helming, C. Grunwald*) verfolgt. Die 1929 gegr. Association Montessori International (AMI) wurde 1935 von Berlin nach Amsterdam verlegt. Bei Ausbruch des Span. Bürgerkriegs 1936 musste M. mit ihren vier Enkelkindern auf einem engl. Kriegsschiff aus Barcelona fliehen. Während einer 1939 mit ihrem Sohn von Amsterdam aus unternommenen Vortragsreise nach Indien wurden beide bei Eintritt Italiens in den Zweiten Weltkrieg 1940 in Adyar bei Madras und in Kodaikanal interniert (bis 1946) und mussten dort bis 1947 leben. In Indien entstand M.s Spätwerk und die Konzeption der *kosmischen Erziehung,* die sie mit ihrem Sohn entwickelte. Ihre Schriften erfuhren im Verlauf ihres Lebens wiederholt Neubearbeitungen.

Schr.: L'Autoeducazione nelle scuole elementari (1916); dt. Montessori-Erziehung für Schulkinder I (1926); Neubearb.: Schule des Kindes (1976). The Secret of Childhood (1936); dt. Kinder sind anders (1952). The Absorbent Mind (1949); dt. Das kreative Kind – Der absorbierende Geist (1972). Kosmische Erziehung (1988). Die Macht der Schwachen (1989).

Lit.: Kramer, R.: Maria Montessori (1977). Schwegmann, M.: Maria Montessori (2000). Ludwig, H. (Hg.): Montessori-Päd. in der Diskussion (1999). Ludwig, H. u. a. (Hg.): Montessori-Päd. in Deutschland (2002).

Montessori, Mario, Pädagoge, *31. 3. 1898 Rom, † 10. 2. 1982 Baarn (Niederlande). Der Sohn *Maria Montessoris* und ihres Kollegen Giuseppe Montesano wuchs in einer Pflegefamilie außerhalb Roms auf und wurde in einem Internat bei Florenz erzogen. Nach dem Tod ihrer Mutter Renilde im Dez. 1912 nahm Maria Montessori ihren Sohn zu sich. Er begleitete sie auf ihren Vortragsreisen und wohnte nach seiner Heirat mit H. Christie und seinen vier Kindern bei ihr in Barcelona. Nach der Flucht aus Barcelona 1936 bei Ausbruch des Span.

Bürgerkrieges fand die Familie in Baarn ein neues Zuhause. Auf einer Vortragsreise in Indien ab 1939 wurden Maria und Mario M. bei Eintritt Italiens in den Zweiten Weltkrieg 1940–1946 interniert. Mario hat hier in Indien wesentlich zur Entwicklung der Konzeption der *kosmischen Erziehung* seiner Mutter beigetragen. 1947 heiratete er in Baarn A. Pierson, in deren Obhut seine Kinder während der Kriegszeit geblieben waren. Nach dem Tod seiner Mutter 1952 hat er wichtige internationale Kongresse zur *Montessori-Pädagogik* durchgeführt. Er war bis zu seinem Tod Generaldirektor der Association Montessori International (AMI) in Amsterdam. 1972 wurde er mit dem Dr. jur. h. c. des Edgecliff College in Cincinnati/Ohio geehrt.

Lit.: Eckert, E.: Maria und Mario Montessoris kosmische Erziehung (2001).

Moor, Paul, Heilpädagoge, *27. 7. 1899 Basel, † 16. 8. 1977 Meilen. M. studierte Naturwiss. in Basel und war anschließend von 1920–1922 Assistent am astronomisch-meteorologischen Inst. Er promovierte 1924 in Mathematik. Während seiner Zeit als Gymnasiallehrer begannen seine päd. und psych. Studien, wobei ihn vor allem die Frage nach der Verknüpfung von psych. Theorie und päd. Handeln interessierte. Bei *H. Hanselmann* im Heilpäd. Seminar absolvierte er 1929 einen Ausbildungskurs. Nach prakt.-päd. Arbeit in Deutschland und der Schweiz wurde er 1933 Assistent bei H. Hanselmann und promovierte 1935 bei *E. Grisebach* mit der Arbeit ›Die Verantwortung im heilpäd. Helfen‹. Heilpäd. versteht M. bereits hier als »anteilnehmende Wiss.«, die neben der distanzierten Beobachtung auch im engagierten Helfen ihre Erkenntnisse erlangt. M. wurde in Nachfolge H. Hanselmanns Leiter des Heilpäd. Seminars in Zürich und dann 1951 auch sein Nachfolger auf dem heilpäd. Lehrstuhl an der Univ. Zürich. Bis zu seiner Emeritierung veröffentlichte er zahlreiche grundlegende Werke, so u. a. 1965 das Lehrbuch ›Heilpädagogik‹.

Schr.: Heilpäd. Psychol., 2 Bde. (1951–1958).

Lit.: Schneeberger, F. (Hg.): Erziehungserschwernisse. Antworten aus dem Werk Paul Moors (1979).

Natorp, Paul, Philosoph und Pädagoge, *24. 1. 1854 Düsseldorf, † 17. 8. 1924 Marburg. N. studierte Musik, Geschichte, Philol. und Philos. in Berlin, Bonn und Straßburg. 1876 promovierte er im Fach Geschichte. Seit 1880 bestand eine enge wiss. Kooperation mit dem Philosophen H. Cohen in Marburg, die ihn zur Vertiefung seiner transzendentalkrit. Erkenntnistheorie führte. Dort habilitierte sich N. 1881 für Philos. N.s Arbeit konzentrierte sich viele Jahre auf die Analyse der Grundlagen und des logischen Aufbaus der Wiss. Er wurde dadurch zu einem der wesentlichsten Vertreter des *Neukantianismus.* Erst 1893 wandte sich N. der Päd. zu, als ihm in Marburg ein philos. Lehrstuhl mit der Verpflichtung, auch Päd. zu lesen, angeboten wurde. Über das Studium *J. H. Pestalozzis* kommt N. zu der Ansicht, Päd. könne nur als angewandte Philos. verstanden werden, oder sie entbehre jeden Fundaments, sei dem Zufall von angeblich bewährter Erfahrung oder der Gängelei durch Politik und Kirche ausgesetzt. Erziehung und Unterricht als Prozesse des Gestaltens aber bräuchten einen sicheren Grund. Alle Reflexion erzieherischen Handelns benötige die krit. Konfrontation mit den auf Geltung zu prüfenden Begriffen. Dies zu leisten sei die Aufgabe der wiss. Päd.

Schr.: Päd. und Philos. Hg. v. W. Fischer und J. Ruhloff. (1964, 2. Aufl. 1985).

Lit.: Auernheimer, G.: Erziehungswiss. kontra Päd. (1968). Hufnagel, E.: Der Wissenschaftscharakter der Päd.: Studien zur päd. Grundlehre von Kant, Natorp und Hönigswald (1990).

Neill, Alexander Sutherland, Pädagoge, *17. 10. 1883 Forfar (Schottland), † 23. 9. 1973 Aldeburgh (England). Nach einer Tätigkeit als Hilfslehrer in der Dorfschule seines Vaters und als Lehrer in verschiedenen Schulen begann N. im Alter

von 25 Jahren mit dem Studium der Päd. und der Lit.wiss. an der Univ. Edinburgh. Zur reformpäd. Bewegung des New Education Fellowship *(Weltbund für Erneuerung der Erziehung)* unterhielt er intensive Kontakte. Durch die Anstalt für schwer erziehbare Kinder »Little Commonwealth« des amerik. Psychologen Homer Lane bekam er wesentliche Anregungen. In Anlehnung an *W. Reich* versuchte N. ein Konzept repressionsfreier Erziehung zu verwirklichen. Während der 1921 von ihm mitbegründete Versuch der Neuen Schule von Hellerau bei Dresden 1924 an bürokratischen Hindernissen scheiterte, konnte er seine psychoanalyt. Erkenntnisse seit 1927 in der Internatsschule Summerhill in Leiston (Suffolk) mit mehr Erfolg umsetzen. Hier wurden etwa 40 bis 50 Schüler koedukativ unter Verzicht auf alle Disziplinierungs- und Lenkungsmaßnahmen oder ethische und religiöse Beeinflussung erzogen. Nach N.s Tod hat seine Tochter Zoe (geboren 1946) die Schule weiter geleitet. N.s päd. Darstellungen lösten weltweit heftige Diskussionen aus und hatten großen Einfluss auf die Bewegung der *antiautoritären Erziehung.*
Schr.: Theorie und Praxis der antiautoritären Erziehung: Das Beispiel Summerhill (1960, dt. 1969).
Lit.: Kühn, A. D.: Alexander S. Neill (1995).

Niemeyer, August Hermann, evang. Theologe und Pädagoge, *1. 9. 1754 Halle/S., †7. 7. 1828 Halle/S. Ab 1771 studierte N. Theol., Philos. und klass. Philol. an der Univ. Halle/S. Dort wurde er 1779 Prof. für Theol., 1785 Mitdir., 14 Jahre später Dir. der *Franckeschen Stiftungen* seines Urgroßvater *A. H. Francke.* N. verfasste zahlreiche Publikationen zu aktuellen päd. und schulpolit. Themen. 1796 erschien sein päd. Hauptwerk ›Grundsätze der Erziehung und des Unterrichts‹. Es ist die erste systematische Darstellung einer Päd. in Deutschland, die großen Einfluss auf die Päd. des 19. Jh. hatte.
Schr.: Grundsätze der Erziehung und des Unterrichts für Eltern, Hauslehrer und Erzieher. Unveränd. Nachdruck hg. von H. H. Groothoff und U. Herrmann (1970).
Lit.: Menne, K.: August Hermann Niemeyer. Sein Leben und Wirken (2. Aufl. 1995).

Nohl, Herman, Pädagoge, Vertreter der *geisteswissenschaftlichen Pädagogik,* *7. 10. 1879 Berlin, †27. 9. 1960 Göttingen. N. studierte Geschichte und Philos. bei *F. Paulsen* und *W. Dilthey* in Berlin und wurde nach der Prom. 1904 Assistent bei Dilthey. 1907 habilitierte er sich bei R. Eucken in Jena und war dort ab 1908 Privatdozent. N. stand der *Jugendbewegung* nahe, gründete nach den Erfahrungen des Ersten Weltkriegs 1919 mit *W. A. Flitner* die Thüringische Volkshochschule, widmete sich einer Reihe sozialpäd. Themen und wurde 1919 zum Prof. ernannt. Anfang 1920 erhielt N. einen Ruf auf den Lehrstuhl für »Praktische Philos. mit besonderer Berücksichtigung der Päd.« an der Univ. Göttingen, der 1922 in einen Lehrstuhl für Päd. mit eigenem Päd. Inst. umgewandelt wurde. Sein Interesse an der Vielfalt päd. Handlungsfelder führte 1922 zur Mitherausgabe der ›Zeitschrift für Kinderforschung‹, 1925 der Monatszeitschrift ›Die Erziehung‹ und 1928–1933 des ›Handbuchs der Päd.‹ (zus. mit *L. Pallat,* 5 Bde.). N.s Anliegen war im Anschluss an Diltheys Grundlegung der Geisteswiss., die Eigenständigkeit der Päd. als Wiss. weiter zu begründen. Ausgangspunkte waren dabei die aus der *Hermeneutik* der Erziehungswirklichkeit gewonnenen Gegebenheiten. Hierzu gehörte bei N. auch der »päd. Bezug« zw. Heranwachsenden und Erwachsenen. Neben der systematischen Gegenstandsbestimmung der Päd. fasste N. zur historischen Rekonstruktion der Gegenwartssituation zwei Kapitel aus dem ›Handbuch‹ 1935 in ›Die päd. Bewegung in Deutschland und ihre Theorie‹ zusammen (3., vermehrte Aufl. 1947). Die darin zum Ausdruck gebrachte »Stufenfolge in der Entwicklung« hat inzwischen zur Diskussion über die Nähe seiner Schriften zum Nationalsozialismus geführt. Hierzu gab es schon im Göttinger Nohl-Kreis nach dem polit. Umbruch 1933 kritische Diskussionen, zumal Mitglieder jüdischer Herkunft emigrieren mussten. Seit 1933 geriet die Zeitschrift ›Die Erziehung‹ unter polit. Druck; 1937 erklärte N. seinen Austritt aus dem Herausgeberkreis. Zu Beginn des Sommersemesters 1937 erhielt er Vorlesungsverbot und wurde zwangsemeritiert. 1943 wurde er als einziger Göttinger Prof. zur Arbeit in einer Schraubenfabrik verpflichtet. Da N. 1945 als unbelastet galt, konnte der 66-Jährige seinen Lehrstuhl in Göttingen wieder übernehmen und sich an dem Neuaufbau des Bildungswesens und der Lehrerbildung intensiv beteiligen. Er gründete zus. mit *O. F. Bollnow*, *W. A. Flitner*, *E. Weniger* u. a. die Zeitschrift ›Die Sammlung‹. Nach seiner Emeritierung 1947 vertrat er seinen Lehrstuhl noch zwei Jahre, bis E. Weniger ihn 1949 übernehmen konnte.

Lit.: Scheuerl, H. (Hg.): Klassiker der Päd. Bd. 2 (1991). Klika, D.: Herman Nohl (2000). Miller, D.: Herman Nohls ›Theorie‹ des päd. Bezugs (2002). Klafki, W. und Brockmann, J.-L.: Geisteswissenschaftliche Päd. und Nationalsozialismus (2002). Gran, M.: Das Verhältnis der Päd. Herman Nohls zum Nationalsozialismus (2005).

Oberlin, Johann Friedrich, evang. Theologe, *31. 8. 1740 Straßburg, † 1. 6. 1826 Waldersbach. O. studierte Theol., Medizin und Naturwiss. in Straßburg. Nach dem Examen wurde er Hauslehrer, 1767 erhielt er die Ordination als Pfarrer. O. engagierte sich polit. und prakt. für die soziale und päd. Förderung der Landbevölkerung. Ab 1770 richtete er Mädchenstrick- und Kinderschulen ein. Er wurde damit zu einem Wegbereiter der Kindergartenpäd. Seine Arbeiten fanden bei *J. H. Pestalozzi* und *T. Fliedner* große Beachtung.

Lit.: Buehrlen-Enderle, R. und Irskens, B.: Lebendige Geschichte des Kindergartens (1989). Pelser, H. O.: Johann Friedrich Oberlin (2002).

Oestreich, Paul, Pädagoge, *30. 3. 1878 Kolberg, † 28. 2. 1959 Berlin. O. machte sein Abitur am Realgymnasium und studierte dann in Berlin und Greifswald Mathematik, Physik und Chemie. Als Gymnasiallehrer war er in Barmen und Berlin tätig. Als aktiver Pazifist und Sozialist wandte sich O. nach dem Ende des Kaiserreiches der Schul- und Erziehungsreform als zentralen Feldern gesell. Erneuerungsprozesse zu. 1918 trat er in die SPD ein, 1919 war er Mitbegründer des *Bundes Entschiedener Schulreformer,* bis 1933 als dessen Vorsitzender. Seine schulpolit. Ziele bündelte O. im Konzept der »elastischen« *Einheitsschule* als Lebens- und *Produktionsschule*. O. hat damit die Entwicklung der *Gesamtschule* in Deutschland nachhaltig beeinflusst. 1933 wurde O. aus dem Schuldienst entlassen und verhaftet. Nach dem Zweiten Weltkrieg war er bis 1949 Dezernent für die höheren Schulen im Ostteil Berlins.

Schr.: Die elastische Einheitsschule (1921).

Lit.: Ellerbrock, W.: Paul Oestreich (1992).

Oswald, Paul, Pädagoge, *6. 8. 1914 bei Duisburg, † 2. 5. 1999 Münster. Nach Kriegsjahren und Gefangenschaft studierte O. ab 1946 an der Päd. Akad. Essen-Kupferdreh für ein Lehramt und wurde von *H. Helming* mit der *Montessori-Pädagogik* vertraut gemacht. Nach einem Zweitstudium an der Univ. Bonn wurde er 1954 mit einer Diss. über ›Das Kind im Werk Montessoris‹ promoviert und übernahm dann eine Dozentur an der Päd. Akad. Vechta. 1958 ging er an die Päd. Akad. Münster und wurde 1963 Prof. für Allgemeine Päd. und Schulpädagogik. 1972 erhielt er den Lehrstuhl für Vorschulerziehung an der PH Münster, den er bis zu seiner Emeritierung 1979 innehatte. Im Mittelpunkt seiner Lehr- und Forschungstätigkeit stand die Päd. *M. Montessoris*. Durch die wiss. fundierte Herausgabe ihrer Werke in dt. Sprache (meist zus. mit *G. Schulz-Benesch*) hat er die Grundlage für eine differenzierte Interpretation und Diskussion ihrer Päd.

in Deutschland geschaffen. Nebenberuflich war er Gründungsmitglied und langjähriger Vorsitzender der Montessori-Vereinigung Deutschland e. V.
Schr.: Bildungsprinzipien im Unterricht (1964). Erziehungsmittel (1973).

Otto, Berthold, Pädagoge, *6. 8. 1859 Bienowitz (Schlesien), † 29. 6. 1933 Berlin. O. studierte klass. Philol., Philos., Päd., Nationalökonomie und Staatsrecht in Kiel und Berlin (u. a. bei *F. Paulsen*). Er verließ die Univ. 1883 ohne Abschluss und war als Hauslehrer und als Redakteur tätig, seit 1890 bei Brockhaus in Leipzig. Ab 1902 wohnte O. wieder in Berlin und gründete 1906 eine »Hauslehrerschule« in seinem Wohnhaus in Lichterfelde, die vom preuß. Kultusministerium anerkannt wurde. Er vertrat eine »Päd. vom Kinde aus«, die auf einen natürlichen Wissensdrang beim Kind vertraute, aus dem sich das Lernen als »geistiges Wachstum« von innen heraus ergibt. Nach dem Modell eines Tischgesprächs in der Familie entwickelte er den *Gesamtunterricht* als freies *Unterrichtsgespräch* zw. Kindern verschiedener Altersstufen in ihrer »Altersmundart«. Hieraus resultierten die thematischen Anlässe, gemeinsam ein kindgemäßes Weltbild zu erarbeiten. Der Unterricht fand täglich einstündig als freier Gesamtunterricht und in Fachkursen für die Unter-, Mittel- und Obergruppe statt; hinzu kam das frei gewählte Spielen. 1911 zog O. in einen neuen Pavillonbau mit Schulgarten um, denn die Gesamtschule hatte inzwischen 60 bis 80 Kinder im Alter von 6 bis 16 Jahren. Von 1901–1917 gab O. die Zeitschrift ›Der Hauslehrer‹ heraus.
Schr.: Der Lehrgang der Zukunftsschule (1901). Ausgewählte päd. Schriften. Hg. v. K. Kreitmair (1963). Benner, D. und Kemper, H. (Hg.): Quellentexte zur Theorie und Geschichte der Reformpädagogik. Teil 2 (2001).
Lit.: Scheuerl, H. (Hg.): Klassiker der Päd. Bd. 2 (1991).

Otto, Gunter, Schulpädagoge, *1927, † 28. 1. 1999 Hamburg. Parallel zum Studium unterrichtete O. von 1946–1956 zehn Jahre lang als Lehrer an einer Berliner Einheitsschule (1.–13. Klasse), bevor er als Assistent von *P. Heimann* und als Doz. an der PH Berlin zus. mit *W. Schulz* das Berliner Modell der *lerntheoretischen Didaktik* mit entwickelt hat. Seit 1971 war er Prof. für Erziehungswiss. an der Univ. Hamburg, wo er mit W. Schulz das Berliner Modell zum Hamburger Modell der lehrtheor. Didaktik weiterentwickelte. Der Schwerpunkt seiner Arbeit war die Verknüpfung von allg. Didaktik, *ästhetischer Erziehung* und Kunstunterricht. Mit seinen Schriften zur Didaktik und Unterrichtsplanung, als Hg. der Zeitschrift ›Kunst und Unterricht‹ (seit 1968) und als Mitherausgeber der ›Friedrich Jahreshefte‹ (seit 1983) hat O. zur Professionalisierung in der Lehrerbildung wesentlich beigetragen. 1990 gründete er zus. mit W. Schulz das Graduierten-Kolleg »Ästhetische Erziehung« an der Univ. Hamburg.
Schr.: Kunst als Prozess im Unterricht (1964). Unterricht. Analyse und Planung. (zus. mit P. Heimann und W. Schulz, 1965). Lehren und Lernen zw. Didaktik und Ästhetik. 3 Bde. (1998).

Otto-Peters, Luise, Schriftstellerin, Frauenrechtlerin, *26. 3. 1819 Meißen, † 13. 3. 1895 Leipzig. Nach autodidakt. historischen, polit. und literarischen Studien schrieb sie Art. und Romane, in deren Mittelpunkt zumeist historische Frauengestalten standen. Sie engagierte sich für die polit. Ziele der Revolution von 1848, insbesondere für die Verbesserung der sozialen Lage der Frauen. Zus. mit *A. Schmidt* und *H. Goldschmidt* gründete sie 1865 in Leipzig den Allgemeinen dt. Frauenverein. Bildung erachtete sie als Schlüssel zur Emanzipation der Frauen.
Schr.: Das Recht der Frauen auf Erwerb (1866).

Overberg, Bernhard, kath. Theologe und Schulreformer, *1. 5. 1754 Höckel, † 9. 11. 1826 Münster. O. studierte Theol. und Philos. in Münster. 1779 er-

hielt er die Priesterweihe. Ab 1783 war er im Schuldienst des Hochstifts Münster tätig. Im Rahmen der Schulreformen des Generalvikariats Münster engagierte sich O. insbesondere für die Verbesserung der Volksschuldidaktik und der Lehrerbildung. Sein schulpäd. Konzept legte er in der Schrift ›Anweisungen zum zweckmäßigen Schulunterricht für die Schullehrer‹ (1793) dar. 1816 wurde O. zum preuß. Regierungs- und Schulrat berufen.
Lit.: Peters, M. (Hg.): Schulreform im Fürstbistum Münster im ausgehenden 18. Jh. (1992).

Pallat, Ludwig, Schulpolitiker, *3. 12. 1867 Wiesbaden, † 22. 11. 1946 Göttingen. P. studierte alte Sprachen und Archäologie in Leipzig und Berlin. Er arbeitete danach längere Zeit in Griechenland und Italien. 1895 wurde P. Museumsdir. in Wiesbaden. Von 1899–1935 war er in leitender Position im preuß. Kultusministerium tätig. 1915 gehörte P. zu den Gründern des Zentralinstituts für Erziehung und Unterricht in Berlin. P. machte sich in der Kultusverwaltung besonders für die Reform der Kunsterziehung stark. Zus. mit *H. Nohl* war er Hg. des fünfbändigen ›Handbuchs der Päd.‹ (1928–1933), einem der großen Werke der dt. Reformpäd.
Lit.: Hansen-Schaberg, I. (Hg.): »Etwas erzählen«. Die lebensgeschichtliche Dimension in der Päd. (1997).

Parkhurst, Helen, Pädagogin, *3. 1. 1887 New York, †14. 4. 1959 New York. Als Lehrerin in einer Landschule suchte P. Möglichkeiten, den Unterricht mit mehreren Jahrgängen zu organisieren und zu gestalten. 1914 hospitierte sie bei *Maria Montessori* in Rom und fand in der *Montessori-Pädagogik* die Lösung ihrer didaktisch-methodischen Probleme. Nach diesen Anregungen entwickelte sie während ihrer Tätigkeit an einer High School in der Stadt Dalton/USA 1920 den *Dalton-Plan.*
Schr.: Education on the Dalton-Plan (1922). Die Welt des Kindes (dt. 1955).
Lit.: Popp, Susanne: Der Daltonplan in Theorie und Praxis (1995; 2., völlig überarb. Aufl. 1999).

Paulsen, Friedrich, Pädagoge und Philosoph, *16. 6. 1846 Langenhorn, † 14. 8. 1908 Berlin. P. studierte Theol. in Erlangen, danach an den Univ. Berlin, Bonn und Kiel Philos., Philol. und Geschichte. Seine Prom. und Habil. für Philos. erhielt P. in Berlin. Dort war er ab 1878 Prof. für Philos. mit einem zweiten Lehrauftrag für Päd. Seine philos. Arbeiten gewannen große Popularität, waren aber keine Beiträge zur Weiterführung aktueller wiss. Entwicklungen. Als wesentlich bedeutsamer erwiesen sich P.s Beiträge zur Päd. und Bildungspolitik. Der Reformpäd. und demokrat. Emanzipationsbewegungen stand P. eher ablehnend gegenüber. Sein Interesse richtete sich vornehmlich auf eine klare bildungstheor. und polit. Ortsbestimmung gymnasialer Bildungsgänge. Dazu verfasste er eine hoch geschätzte ›Geschichte des gelehrten Unterrichts auf den dt. Schulen und Univ. vom Ausgang des Mittelalters bis zur Gegenwart‹ (1885).
Schr.: Ausgewählte päd. Abhandlungen. Hg. v. C. Menze (1960).
Lit.: Weiß, E.: Friedrich Paulsen und seine volksmonarchistisch-organizistische Päd. im zeitgenössischen Kontext (1999).

Paulsen, Wilhelm, Pädagoge, *27. 9. 1875 Schleswig, † 1943. Nach der Lehrerausbildung in Segeberg war P. von 1901–1921 Lehrer und Leiter der Hamburger Gemeinschaftsschule Tieloh Süd und von 1921–1924 Stadtschulrat von Groß-Berlin. Von seinen Reformplänen konnte er die Einf. von *Lebensgemeinschaftsschulen* in Berlin durchsetzen. Er war SPD-Mitglied und gehörte zum *Bund Entschiedener Schulreformer.* In den Jahren 1924–1929 war er publizistisch tätig und wurde 1929 Honorarprof. für Prakt. Päd. an der TU Braunschweig, bis er 1932 von dem nationalsozialist. Kultusminister D. Klagges entlassen wurde. P. war Hg. der Zeitschrift ›Pädagogische Reform‹.
Schr.: Die Überwindung der Schule

(1926). Benner, D. und Kemper, H. (Hg.): Quellentexte zur Theorie und Geschichte der Reformpädagogik. Teil 2 (2001).
Lit.: Keim, W. und Weber, N. H. (Hg.): Reformpädagogik in Berlin (1998).

Pestalozzi, Johann Heinrich, Schriftsteller und Pädagoge, *12. 1. 1746 Zürich, † 17. 2. 1827 Brugg. Seine päd. und sozialkrit. Schriften, schulischen und unterrichtlichen Reformkonzepte, seine Anregungen für eine grundlegende Erneuerung der Volksschule und der Lehrerbildung und sein Einsatz für eine elementare Erziehung und Ausbildung der in Armut, Elend und Unmündigkeit lebenden Landbevölkerung fanden europaweit Aufmerksamkeit, ganz unabhängig davon, dass P. als prakt. Päd. ebenso wie als Unternehmer und Reformer wenig erfolgreich war.

P. wuchs in ärmlichen Verhältnissen auf. Er besuchte die Lateinschule und begann dann ein Theol.studium, wechselte zur Rechtswiss., verließ jedoch das Zürcher Collegium Carolinum nach dem philos. Examen ohne theol. oder jurist. Prüfung. Bei seinen gesellschaftskrit. Analysen bezog er vielfältige Anregungen von *J. J. Rousseau.* In Orientierung an dessen Grundsätzen und an physiokratischen Ansichten über eine naturbezogene Lebens- und Wirtschaftsordnung absolvierte P. 1767 in Kirchberg eine landwirtschaftl. Ausbildung und richtete dann 1769 selbst das landwirtschaftl. Gut »Neuhof« in Aarau ein. Das Unternehmen scheiterte. Daraufhin wandelte P. 1775 den Hof in eine Erziehungsanstalt für arme Kinder um, die sich allein über die Erträge aus der Arbeit der Kinder finanzieren sollte. Ähnlich wie die *Philanthropen* wollte P. lebensprakt. Grundbildung in Verbindung mit handwerklich-landwirtschaftlicher Arbeitserziehung und produktiver Arbeit möglich machen. Doch 1779 scheiterte auch dieses Projekt. In der ›Abendstunde eines Einsiedlers‹ (1780) bemüht sich P. um eine ausführliche Rechtfertigung seines Unternehmens und fasst dabei seine sozialpäd. Überlegungen zusammen. ›Die Abendstunde‹ und der volkspäd. Roman ›Lienhard und Gertrud‹ (1781), in dem P. seine Vorstellungen über »weisen Volksunterricht«, »Wohnstubenerziehung« und die »Elementarmethode« entfaltet, machten P. weithin bekannt. In seiner Hauptschrift ›Meine Nachforschungen über den Gang der Natur in der Entwicklung des Menschengeschlechts‹ (1797) ist P. erneut bemüht, über seine päd. Ziele Rechenschaft zu geben. Dabei entwickelt er die Grundlagen seiner Erziehungstheorie vor dem Horizont anthropologischer, philos., polit. und ethischer Fragen. Menschliche Entwicklung ordnet P. konzentrisch vorgestellten »Lebenskreisen« zu: Familie (»Wohnstube«), Arbeitswelt und Stand, Volk und Vaterland. Keimzelle und Grundlage ist das natürliche Mutter-Kind-Verhältnis im Rahmen der dörflichen Lebenswelt.

1798 wurde P. von der Reg. der Helvetischen Republik zum Leiter eines Waisenhauses in Stans bestellt. Die Kriegsereignisse in Folge der Franz. Revolution zwangen zur Schließung der Anstalt nach einem Jahr. Im ›Brief über meinen Aufenthalt in Stans‹ (1799) berichtet er über die Arbeit in Stans und reflektiert seine Erfahrungen im Hinblick auf die immer dringender werdende öffentl. Erziehung der Armen zur Sicherung ihres Lebensunterhalts. Ab 1800 standen dann schulpäd. Arbeiten im Zentrum. P. entschloss sich zum Lehrerberuf und erweiterte die Elementarschule in Burgdorf um ein Lehrerseminar. Von 1805–1825 lehrte er an der Lehrerbildungsanstalt in Iferten. P. prägte dabei ein völlig neues Berufsprofil des Lehrers. In dieser Zeit wurde P. von zahlreichen Interessenten besucht, die Theorie und Praxis seiner *Elementarmethode* in Unterricht und Lehrerbildung vor Ort erkunden wollten. P.s schulpäd. Ideen wurden sehr unterschiedlich bewertet. Besonders in der Schweiz überwog die Skepsis. Deshalb sah sich P. aufgefordert, die Grundsätze, Zwecke, Mittel und Wege seiner Methode als Präsident der Schweizerischen Gesellschaft der Erziehung ausführlich in seiner Lenzburger Rede ›Über die Idee der Elementarbildung‹ (1809; von J. Niederer auch als ›Rede zum Neujahrstag 1809‹ publiziert) zu erläutern. Alles Wissen lasse sich aus einer elementaren Ordnung herleiten. Kindgemäßheit, Anschaulichkeit, Ganzheitlichkeit (Kopf, Herz und Hand), stetige Übung und Erziehung zur Selbsterziehung sind regulative Prinzipien der Elementarschule. 1825 kehrte P. auf seinen Neuhof zurück. In seinem letzten großen Werk ›Schwanengesang‹ (1826) unterzieht er seine sozial- und schulpäd. Arbeiten einer selbstkritischen Analyse. Wie kaum ein anderer Päd. ist P. von einem Teil der Pädagogen und Schulpolitiker heroisiert und verklärt worden, besonders im Deutschland des 19. Jh. Schon zu Lebzeiten aber ist seine Arbeit auch auf entschiedene Ablehnung gestoßen. Eine Reihe neuerer Untersuchungen hat inzwischen einen differenzierten Zugang zu Person und Werk P.s möglich gemacht.

Schr.: Werke. Hg. v. G. Cepl-Kaufmann und M. Windfuhr (1986). Ausgewählte Schriften. Hg. v. W. A. Flitner, neu durchgesehen v. U. Grün (2001).

Lit.: Oelkers, J. (Hg.): Pestalozzi, Umfeld und Rezeption (1995). Osterwalder, F.: Pestalozzi – ein päd. Kult (1996).

Petersen, Peter, Erziehungswissenschaftler, *26. 6. 1884 Großenwiehe, † 21. 3. 1952 Jena. P. studierte Philos., Päd., Psychol. u. a. in Leipzig, Kiel, Kopenhagen und Posen. Er promovierte 1908 in Jena bei R. Eucken und legte 1909 das Staatsex. für das Lehramt an höheren Schulen ab. Ab 1911 war er Oberlehrer am Johanneum und ab 1920 Leiter der Lichtwarkschule in Hamburg. 1920 habilitierte er sich an der Univ. Hamburg für Philos. und Päd. Grundlegend war für ihn die Einf. in die empir. Forschung durch den Psychologen W. Wundt in Leipzig. 1923 wurde er Prof. für Erziehungswiss. an der Univ. Jena, wo er bis 1952 arbeitete. In Opposition zur kulturwiss.-philos. Päd. entwickelte P. in seiner ›Allgemeinen Erziehungswiss.‹ (1924) die erste theor. Abhandlung der dt. *Reformpädagogik.* Sein Ziel war eine neue Schul- und Erziehungspraxis für die Gesellschaft als Lebensgemeinschaft. In seiner Veröffentlichung ›Der Jena-Plan einer freien allg. Volksschule‹ (1927) entwickelte er hierzu die Schulkonzeption, die er in der sog. Übungsschule der Univ. Jena erprobte und bis zu ihrer Schließung durch die DDR-Behörden im Jahr 1950 wiss. begleitete. Zur Erforschung des Jena-Plans entwarf er zus. mit E. Müller-Petersen das Konzept der *pädagogischen Tatsachenforschung,* ein Verfahren zur Beobachtung und Protokollierung des Unterrichts. Da die Jena-Plan-Schule in der Zeit von 1933–1945 von Eingriffen durch die NSDAP relativ unberührt geblieben war, ist in den letzten Jahren gefragt worden, in welchem Maße ihre gesellschaftstheor. Grundlegung durch P. eine Nähe zum Nationalsozialismus aufwies.

Schr.: Der kleine Jena-Plan (62., neu durchges. Aufl. 2001). Benner, D. und Kemper, H. (Hg.): Quellentexte zur Theorie und Geschichte der Reformpädagogik. Teil 2 (2001). Allgemeine Erziehungswiss. I. Teil. Mit einer Werkinterpretation v. B. Ofenbach (2002).

Lit.: Rülcker, T. und Kaßner, B. (Hg.): Peter Petersen: Antimoderne als Fortschritt? (1992). Retter, H. (Hg.): Reformpädagogik – neue Zugänge, Befunde, Kontroversen (2004).

Petzelt, Alfred, Pädagoge, *17. 1. 1886 Rzadkowo (Posen), † 25. 5. 1967 Münster. P. studierte in Breslau Philos., Psych. und Päd. bis zur Prom., u. a. bei *R. Hönigswald.* In Breslau wurde er mit einer anthropologischen Arbeit über Blindheit für Päd. habilitiert. Von 1930–1934 lehrte P. an der PA in Beuthen, danach war er als Lehrer an einer Blindenschule tätig. Nach Kriegsende arbeitete P. drei Jahre an der Univ. Leipzig. 1951 erhielt er einen Ruf an die Univ. Münster. Dort war P. zugleich Leiter des Deutschen Inst.s für wissenschaftliche Päd. Im Zentrum der

Arbeiten P.s stehen Fragen nach der kritischen Begründbarkeit päd. Ziele und Methoden, weil Erfahrung im Sinne der Empirie keine hinreichende Legitimation erzieherischen Handelns sichern könne. P. geht dabei von der Erkenntniskritik der Philos. der neukantianischen Schule in Marburg aus *(P. Natorp, J. Cohn)*. Zu P.s bekanntesten Schülern gehören M. Heitger und *W. Fischer.*
Schr.: Subjekt und Subjektivität. Hg. v. J. Rekus (1997).
Lit.: Kauder, P.: Prinzipienwissenschaftliche Systematik und polit. Impetus (1997).

Piaget, Jean, Entwicklungspsychologe, *9. 8. 1896 Neuchâtel (Schweiz), † 16. 9. 1980 Genf. Nach der Prom. 1918 in Neuchâtel arbeitete P. 1919 im Psychol. Inst. von A. Binet und T. Simon in Paris an der Standardisierung von Intelligenztests und entdeckte dabei sein Interesse an der Erforschung realer Erkenntnisprozesse von Kindern. Mit dem qualitativen Verfahren seiner »klinischen Methode« untersuchte er ihren Aufbau der Wirklichkeit und die Entwicklung fundamentaler Begriffe wie Zahl, Raum, Kausalität und Zeit. Er gewann hieraus die neue Theorie, dass sich die kognitive Entwicklung aus der wechselseitigen Anpassung (Assimilation und Akkommodation) zw. dem handelnden Subjekt und der Umwelt ergibt, wobei ein selbstregulierender Mechanismus (Äquilibration) das Streben nach einem stabilisierenden Gleichgewichtszustand steuert. Aus der Erkenntnis, dass dabei neue kognitive Strukturen entstehen, die eine alterstypische Stufenfolge zeigen, entstand die Stadientheorie P.s. Ihre Rezeption hatte in Lehrplänen und in der Didaktik große Auswirkungen. Seit etwa 1990 wird die Stadientheorie durch Neuorientierungen in der Entwicklungspsychol. revidiert.
P. wurde 1921 Privatdozent am Inst. J.-J. Rousseau für Lehrerbildung in Genf und hat von 1925 bis zu seiner Emeritierung 1963 Professuren für Psychol., Soziol., Philos. und Erkenntnistheorie in Neuchâtel, Genf, Lausanne und Paris innegehabt. Mit päd. Fragen war er 1929–1967 als Dir. des Bureau International d'Éducation in Genf und 1933 als Dir. des Inst.s für Erziehungswiss. an der Genfer Univ., dem das Rousseau-Inst. angeschlossen wurde, befasst.
Schr.: Gesammelte Werke. 10 Bde. (1975). Meine Theorie der geistigen Entwicklung. Hg. v. R. Fatke (1985, Neuausgabe 2003). Jean Piaget – Werk und Wirkung (1976).
Lit.: Scharlau, I.: Jean Piaget zur Einf. (1996). Katzenbach, D. und Steenbuck, O. (Hg.): Piaget und die Erziehungswiss. heute (2000). Bringuier, J.-C.: Jean Piaget – Ein Selbstporträt in Gesprächen (2004). Ginsburg, H. und Opper, S.: Piagets Theorie der geistigen Entwicklung (9. Aufl. 2004).

Picht, Georg, evang. Religionsphilosoph und Pädagoge, *9. 7. 1913 Straßburg, † 9. 8. 1982 Hinterzarten. Für die westdt. Bildungsreform ist P. insbesondere durch sein 1964 erschienenes Buch ›Die dt. Bildungskatastrophe‹ wichtig geworden. Die dort ausgeführte Kritik an Struktur, Funktion und Effizienz des Bildungswesens hat auf erziehungswiss. Forschung, Bildungsökonomie und Bildungspolitik nachhaltigen Einfluss ausgeübt.
Nach dem Studium in Freiburg war P. von 1946–1952 Lehrer für Griechisch und Latein am Landerziehungsheim Birklehof im Schwarzwald, von 1953–1962 Mitglied des *Deutschen Ausschusses für das Erziehungs- und Bildungswesen.* 1965 wurde P. auf den religionsphilos. Lehrstuhl der Evang.-Theol. Fakultät der Univ. Heidelberg berufen.
Schr.: Mut zur Utopie. Die großen Zukunftsaufgaben (1969).
Lit.: Thomassen, B.: Wiss. zw. Neugierde und Verantwortung (1991). Führ, C.: Bildungsgeschichte und Bildungspolitik (1997).

Ratke, Wolfgang, Pädagoge und Sozialreformer, *18. 10. 1571 Wilster, † 17. 4. 1635 Erfurt. R. studierte evang. Theol.,

Philos., Mathematik und orientalische Sprachen in Rostock und Amsterdam. Von 1603–1610 war er Hauslehrer in Amsterdam. Hier begann sein Engagement für eine umfassende Neugestaltung von Unterricht und Schulwesen. Seine Pläne dafür fanden lange Zeit wenig Beachtung. 1612 legte er dem in Frankfurt/M. versammelten Reichstag ein ›Memorial‹ vor, in dem er die Zustände der Volksbildung scharf verurteilte und Vorschläge für deren Verbesserung entwickelte. Leitidee war R. dabei eine dt. Nationalerziehung, die dem Reich Einheit in Sprache, Bildung, Reg. und Religion bringen sollte. Diese weitreichenden Pläne stießen bei Fürsten und Geistlichkeit auf Unverständnis und Ablehnung. Allein der Landgraf von Hessen-Darmstadt und später der Fürst Ludwig von Anhalt-Köthen erkannten den Nutzen der Vorstellungen R.s für die Erneuerung ihrer Staaten. 1619 konnte R. in Köthen eine Volksschule nach seinen Grundsätzen einrichten. Grundlage waren didakt. Prinzipien, die für die damalige Zeit geradezu revolutionär waren: Unterricht für Jungen und Mädchen in dt. Muttersprache, Systematik des Lehrstoffes in Orientierung an der natürlichen Ordnung, Lernen ohne Zwang, dafür Anschaulichkeit und Kindgemäßheit, Rücksichtnahme auf das individuelle Lernvermögen, Erfahrungsorientierung und prakt. Nutzen des Unterrichts. R. gilt heute als Begründer der *Didaktik* als Lehrkunst. Seine enzyklopädischen, schulpolit. und didakt. Vorstellungen haben u. a. auf die Arbeit von *J. A. Comenius* großen Einfluss gehabt.
Schr.: Kleine päd. Schriften. Hg. v. K. Sailer (1967).
Lit.: Kordes, U.: Wolfgang Ratke (Ratichius, 1571–1635): Gesellschaft, Religiosität und Gelehrsamkeit im frühen 17. Jh. (1999).

Raue, Johann, Pädagoge und Bibliothekar, *1610 Berlin, † 23. 11. 1679 Berlin. R. studierte Philos. und Theol. in Wittenberg und wurde 1634 Prof. für Geschichte in Erfurt, 1636 in Rostock und 1639 an der dän. Ritterakad. in Sorø. 1654 berief ihn der Hof zum Generalinspektor aller Schulen in der Mark Brandenburg. In dieser Funktion verbesserte er insbesondere das Lateinschulwesen. R. war zeitweise Mitarbeiter von *J. A. Comenius.* Er verfasste zahlreiche Schriften zur Sprachdidaktik und allg. Unterrichtslehre für Gymnasien. 1659 wurde R. Bibliothekar für die Büchersammlung von Kurfürst Friedrich Wilhelm von Brandenburg.

Reich, Wilhelm, Psychoanalytiker, *24. 3. 1897 Dobzau (Galizien), † 3. 11. 1957 Lewisburg (USA). R. war ein früher Anhänger der Lehre S. Freuds und schon als Student in Wien Mitglied der Psychoanalyt. Vereinigung. Sein polit. Engagement in der kommun. Partei und seine Versuche, seine Auffassung von Psychoanalyse direkt in marxistische Politik umzusetzen, führten zum radikalen Bruch sowohl mit der Partei als auch mit der Psychoanalyt. Vereinigung. R. konzentrierte seine theor. und prakt. Arbeit ganz auf die Sexualität als zentrale Ursache für Neurosen. In Wien eröffnete er mehrere Sexualberatungsstellen. Das NS-Regime zwang ihn zur Emigration in die USA. Seine umstrittenen Theorien und gesellschaftskrit. Analysen erfuhren während der Zeit der westdt. Studentenunruhen in den 60er und 70er Jahren große Beachtung. Auch die Sexualpädagogik hat sich mit seinen Thesen auseinandergesetzt.
Schr.: Charakteranalyse (1933). Lit.: Kastenbutt, B.: Zur Dialektik des Seelischen (1993). Fallend, K. und Nitzschke, B. (Hg.): Der »Fall« Wilhelm Reich (2002).

Reichwein, Adolf, Kulturpolitiker, Pädagoge, *3. 10. 1898 Bad Ems, † 20. 10. 1944 Berlin-Plötzensee. Nach freiwilligem Kriegsdienst und schwerer Verwundung studierte R. Philos., Geschichte und Volkswirtschaft in Frankfurt/Main und Marburg bei *P. Natorp* und N. Hartmann (Prom. 1923). 1923 wurde er Geschäftsführer der »Volkshochschule Thüringen« und von 1926–1929 Leiter der *Volkshochschule* in Jena. Ab April 1929 war er per-

sönlicher Referent des preuß. Kultusministers *C. H. Becker* bis zu dessen Rücktritt 1930. Im April 1930 erhielt er eine Professur für Geschichte und Staatsbürgerkunde an der neu gegr. Päd. Akad. in Halle/Saale. Im Okt. 1930 trat er in die SPD ein. 1933 wurde er durch NS-Kultusminister Rust entlassen und die Päd. Akad. wieder geschlossen. Von 1933–1939 war er Dorfschullehrer in Tiefensee bei Berlin und schrieb 1937 die Bücher ›Schaffendes Schulvolk‹ *(Projektunterricht)* und 1938 ›Film in der Landschule‹. 1939 wurde R. Leiter der Abteilung ›Schule und Museum‹ im Berliner staatlichen Museum für dt. Volkskunde. Ab 1940 gehörte er der Widerstandsbewegung (Kreisauer Kreis) an und galt als Kultusministerkandidat der Reg. nach Hitler. Am 4. 7. 1944 wurde er in Berlin verhaftet und vom Volksgerichtshof zum Tode durch den Strang verurteilt.
Schr.: Schaffendes Schulvolk – Film in der Schule. Hg. v. W. Klafki u. a. (1993).
Lit.: Adolf Reichwein: Pädagoge und Widerstandskämpfer. Hg. v. G. C. Pallat u. a. (1999). Amlung, U.: Adolf Reichwein 1898–1944 (2002). Amlung, U.: »... in der Entscheidung gibt es keine Umwege.« (3., aktual. Aufl., 2003).

Rein, Wilhelm, Pädagoge, *10. 8. 1847 Eisenach, † 19. 2. 1929 Jena. R. wird dem Kreis der *Herbartianer* zugerechnet. Er hat sich nachdrücklich für eine praxisorientierte Erneuerung der *Lehrerbildung* und die Verbesserung der Verhältnisse im Volksschulwesen eingesetzt. Nach dem Studium von Theol. und Päd. war R. zuerst in Weimar und Eisenach am Lehrerseminar tätig. 1886 wurde er als Prof. für Päd. nach Jena berufen. Dort baute er die von *K. V. Stoy* eingerichtete Übungsschule für Lehramtsstudenten aus und richtete Ferienkurse für die Lehrerfortbildung ein. In seinen Arbeiten zu Unterricht und Volksschulbildung orientierte er sich an den Lehren *J. F. Herbarts,* für deren schematische Verkürzung zum Konzept der Formalstufen er wesentliche Verantwortung trug.
Sch.: Päd. im Grundriß (1897). Päd. in systematischer Darstellung. 3 Bde. (2. Aufl. 1911/12).
Lit.: Coriand, R. und Winkler, M. (Hg.): Der Herbartianismus – die vergessene Wissenschaftsgeschichte (1998).

Resewitz, Friedrich Gabriel, evang. Theologe und Pädagoge, *9. 3. 1729 Berlin, † 30. 10. 1806 Magdeburg. Von 1747–1750 studierte R. Theol. in Halle/S. In Berlin gehörte er ab 1755 als Privatgelehrter dem Kreis um M. Mendelssohn und F. Nicolai an. 1757 wurde R. Prediger in Quedlinburg. Von 1765–1780 war er Mitarbeiter der von F. Nicolai gegründeten Allgemeinen dt. Bibliothek in Berlin. 1767 wurde er Prediger an einer dt. Kirche in Kopenhagen, später auch Verwalter der städtischen Armenfürsorge. Er ref. die dt. Bürgerschule in Kopenhagen. In dieser Zeit entstanden päd. Werke, in denen sich R. als engagierter Philanthrop erwies: ›Ueber die Versorgung der Armen‹ (1769); ›Die Erziehung des Bürgers zum Gebrauch des gesunden Verstandes‹ (1773); ›Gedanken, Vorschläge und Wünsche zur Verbesserung der öffentl. Erziehung als Materialien zur Päd.‹. 5 Bde. (1778–1786). 1774 wurde R. vom preuß. Min. *K. A. v. Zedlitz* als Abt des Klosters Berge bei Magdeburg und Rektor des Pädagogiums berufen. R. konnte seine Reformbemühungen letztlich nicht erfolgreich umsetzen und wurde 1796 entlassen.
Lit.: Förster, U.: Unterricht und Erziehung an den Magdeburger Pädagogien zw. 1775 und 1824 (1998).

Reyher, Andreas, Pädagoge, *4. 5. 1601 bei Suhl, † 2. 4. 1673 Gotha. R. studierte ab 1621 an der Univ. Leipzig Philos. und war dann ab 1627 dort Doz. der Philos. Fakultät. Als Lehrer an Lateinschulen unterrichtete er in Schleusingen, Lüneburg und Gotha. 1641 beauftragte ihn Herzog Ernst I. (der Fromme) von Sachsen-Gotha-Altenburg mit der Reform des Bildungswesens. R. verfasste die wohl bedeutendste Schulordnung des 17. Jh., den *Gothaer Schulmethodus,* in dem er in Anlehnung an *W. Ratke* und *J. A. Comenius* für die Volksschule eine Erweiterung des Lehrplans um die Realien, Mathematik, Heimat- und Bürgerkunde vorsah. 1657 erschienen die fünf Bde. des umfassenden Lehrbuches ›Kurzer Unterricht‹, das unter dem Titel ›Realienbuch‹ große Bekanntheit und Anerkennung fand.

Lit.: Magister Andreas Reyher: (1601–1673); Handschriften; Bestandsverzeichnis. Bearb. v. A. Gerlach u. a. (1992). Hohendorf, G.: Über den Einfluss ratichianischer und comenianischer päd. Theorien auf den Gothaer Schulmethodus des Andreas Reyher. In: Diesterweg verpflichtet (1994).

Richert, Hans, Gymnasiallehrer und Schulreformer, *21. 12. 1869 Köslin, † 25. 9. 1940 Berlin. R. hat als Mitarbeiter des preuß. Kultusministeriums in den 20er Jahren des vorigen Jh.s wesentlichen Einfluss auf die Reform des höheren Schulwesens genommen. Auf der Grundlage seiner philos.-päd. Ideen für eine auf *Idealismus,* Religion, Nationalismus und Staatsgesinnung gegründete Bildung sollte das Gymnasium zur Stätte einer von einem gemeinsamen Kern getragenen Nationalerziehung werden. 1923 konnte R. die Reform des Mädchenschulwesens bis zur Gleichstellung mit den Knabenschulen durchsetzen. 1925 wurde auf der Grundlage seiner Denkschrift ›Die Neuordnung des preuß. höheren Schulwesens‹ (1924) als vierter Gymnasialtypus die *Deutsche Oberschule* eingerichtet. Der demokratischen Ordnung der Weimarer Republik stand R. reserviert gegenüber, lehnte aber den totalitären Zugriff des NS-Regimes auf die Schulen entschieden ab und trat deshalb im April 1933 von seinem Amt als Generalreferent für die höheren Schulen zurück.

Schr.: Die dt. Bildungseinheit und die höhere Schule (1920).

Lit.: Margies, D.: Das höhere Schulwesen zw. Reform und Restauration (1972).

Robinsohn, Saul Benjamin, Pädagoge, Bildungsforscher, *25. 11. 1916 Berlin, † 9. 4. 1972 Berlin. 1933 emigrierte R. mit seinen Eltern nach Palästina und studierte von 1935–1941 Geschichte, Philos. und Päd. an der Hebrew University Jerusalem. Von 1947–1948 und 1954–1955 setzte er sein Studium in Großbritannien und in den USA fort. Er war Doz. an der Hebräischen Univ. Jerusalem (1950–1954) und von 1955–1959 Gymnasiallehrer in Haifa. R. wurde 1959 Dir. des UNESCO-Inst.s für Päd. in Hamburg und war von 1964–1972 Dir. des Max-Planck-Inst.s für Bildungsforschung in Berlin und zugleich Honorarprof. für Vergleichende Erziehungswiss. an der Freien Univ. Berlin. R. gehörte ab 1965 dem *Deutschen Bildungsrat* an und vertrat eine einheitliche Grundbildung für alle Lehrer. Er führte in dem Buch ›Bildungsreform als Revision des Curriculum‹ (1967) den Begriff *Curriculum* wieder in die dt. Fachsprache ein und hat maßgeblich zur Curriculumentwicklung beigetragen.

Schr.: Differenzierung im Sekundarschulwesen. (zus. mit H. Thomas, 1968). Schulreform im gesell. Prozess. 2 Bde. (1970 und 1975). Bildungsreform als Revision des Curriculum und ein Strukturkonzept für Curriculumentwicklung (3., erweit. Aufl. 1972). Curriculumentwicklung in der Diskussion (1972). Erziehung als Wiss. (1973).

Rochow, Friedrich Freiherr von, Pädagoge, *11. 10. 1734 Berlin, † 16. 5. 1805 Gut Reckahn bei Brandenburg. Nach dem Besuch der Ritterakad. diente R. ab 1750 im preuß. Militär. 1760 übernahm er die zahlreichen Güter der Familie und wurde 1762 Domherr in Halberstadt. In beiden Arbeitsfeldern setzte er sich für die Armenfürsorge, die Verbesserung der Landwirtschaft und insbesondere für die Schulbildung der Landbevölkerung ein. Auf seinen Gütern errichtete R. Volksschulen. Seine Päd. folgt den Grundsätzen der *Philanthropen.* Selbständiges und prakt. Lernen soll die Schularbeit bestimmen und bedachtes, kenntnisreiches, verantwortungsvolles und effizientes Handeln ermöglichen. Neben theor. päd.

Schriften verfasste R. viel beachtete Lehr- und Lesebücher, die in zahlreichen Auflagen erschienen.
Schr.: Der Kinderfreund (1776). Schulbücher-Gesamtausgabe. Hg. v. J. Bennack (1772–1779, Nachdr. 1988).
Lit.: Hemmen, E. J.: Die Päd. von Friedrich Eberhard von Rochow (1997).

Rogers, Carl R., Psychologe, Therapeut und Pädagoge, *8. 1. 1902 Oak Park (USA), † 4. 2. 1987 La Jolla. Mit der von ihm begründeten, beständig weiterentwickelten und in verschiedensten therapeutischen und päd. Zusammenhängen praktizierten nichtdirektiven personenzentrierten Gesprächsführung, in deren Mittelpunkt die Stärkung des Klienten in seiner gesamten Entwicklung, nicht die methodische Lösung einzelner Lebensprobleme steht, hat R. der Psychotherapie, der Familienberatung und auch der Unterrichtslehre wesentliche Anregungen gegeben und neue Wege gewiesen. Schon während seiner Ausbildung in klinischer Psychol. an der Columbia Univ. befasste er sich intensiv mit Problemkindern und ihren Entwicklungsstörungen im Kontext der Familie. 1942 stellte er sein Konzept in dem Buch ›Counseling and psychotherapy‹ (dt.: Die nichtdirektive Beratung, 1972) vor. Als Prof. an verschiedenen Univ. vertiefte er Theorie und Praxis und berichtete über diesen Entwicklungsprozess 1951 in ›Die klientenbezogene Gesprächstherapie‹. R. führte seine theor. Reflexionen bis zur Frage fort, welche gesellschaftl. Bedingungen die Erweiterung der Selbstbestimmung des Menschen voraussetzt. Er legte sein gesellschaftspolit. Konzept in ›Die Kraft des Guten‹ 1977 vor.
Schr.: Freiheit und Engagement. Personenzentriertes Lehren und Lernen (1984).
Lit.: Schloer, J.: Carl R. Rogers – ein päd. Klassiker? (1994).

Roth, Heinrich, Erziehungswissenschaftler, päd. Psychologe, *1. 3. 1906 Gerstetten, † 7. 7. 1983 Göttingen. R. war von 1928–1931 Volksschullehrer in Ulm und studierte anschließend Psychol., Philos. und Päd. an der Univ. Tübingen. Er promovierte 1933 mit einer Diss. zur ›Psychol. der Jugendgruppe‹ bei O. Kroh. Von 1934–1942 war er Heerespsychologe und anschließend im Krieg. Nach Internierung und Entnazifizierung leitete er von 1945–1947 das Internat Oettingen. Danach wurde er Doz. für Päd. und Psychol. am Päd. Inst. in Künzelsau (1947–1950) und Esslingen (1951–1956). Für seine weitere Entwicklung war sein Studienaufenthalt 1950 in den USA wichtig. 1956 wurde R. Prof. für Päd. Psych. an der Hochschule für Internat. päd. Forschung in Frankfurt/M. (Nachfolge von *E. Hylla*) und war von 1961 bis zu seiner Emeritierung 1971 Prof. für Päd. an der Univ. Göttingen. R. war Mitglied des *Deutschen Bildungsrates* (1965–1975), Mitglied des wiss. Beirats der Max-Traeger-Stiftung und Mitherausgeber der Zeitschrift ›Die Deutsche Schule‹. Nach seinem USA-Aufenthalt entwickelte sich bei R. die Überzeugung von der Notwendigkeit einer demokratischen Schulreform in Deutschland und eines Ausbaus der Päd. zu einer empir. orientierten Erziehungswiss, wie er sie in seiner Göttinger Antrittsvorlesung 1962 über ›Die realistische Wendung in der päd. Forschung‹ dargestellt hat. In der dt. Intelligenz-, Begabungs- und Lernforschung leitete R. mit seinem Aufsatz ›Begabung und Begaben‹ 1952 in der Zeitschrift ›Die Sammlung‹ eine neue Ausrichtung ein. Die Rezeption dieses Beitrags führte zu einem »dynamischen« Begabungsbegriff in dem Bd. ›Begabung und Lernen‹ (1969) des Dt. Bildungsrats. Seine weiteren Anliegen galten der Verwissenschaftlichung schulbezogener Päd., dem Ausbau wiss. Lehrerbildung für alle Lehrämter, der Schul- und Bildungsreform und der Bildungspolitik.
Schr.: Kind und Geschichte (1955). Pädagogische Psychol. des Lehrens und Lernens (1957). Pädagogische Anthropologie. 2 Bde. (1966 und 1971).

Lit.: Hoffmann, D. u. a. (Hg.): Die Reformpädagogik Heinrich Roths (2006). Kraul, M. und Schlömerkemper, J. (Hg.): Bildungsforschung und Bildungsreform. H. Roth revisited. Die Deutsche Schule, 9. Beiheft (2007).

Rotten, Elisabeth, Pädagogin, *15. 2. 1882 Berlin, † 2. 5. 1964 London. R.s päd. Engagement diente in Schriften und polit. Praxis primär der internationalen Verständigung und Friedenserziehung. R. studierte Germ., Philos. und neuere Sprachen in Berlin, Heidelberg, Montpellier und Marburg. Dort war sie Schülerin von *P. Natorp.* Im Ersten Weltkrieg wurde sie zur Aktivistin der Friedensbewegung. Sie gründete zusammen mit britischen Quäkern das »Hilfswerk für Deutsche im Ausland und Ausländer in Deutschland«. 1919 gehörte sie zum Präsidium der Deutschen Liga für den Völkerbund. Sie zählte zu den Gründungsmitgliedern des *Bundes Entschiedener Schulreformer* und 1921 zu den Initiatoren des *Weltbundes für Erneuerung der Erziehung.* Von 1929 bis zur Emigration 1933 in die Schweiz war R. Doz. an der Wohlfahrtsschule in Dresden. In der Schweiz setzte sie ihre zahlreichen internationalen Beziehungen bei der Gründung von Kinderdörfern ein, die der rasch wachsenden Zahl von Kriegsopfern ein Zuhause geben sollten.

Schr.: Die Entfaltung der schöpferischen Kräfte im Kinde. In: Das werdende Zeitalter. Monatsschrift für Erneuerung der Erziehung (1925).

Lit.: »Etwas erzählen«: die lebensgeschichtliche Dimension der Päd. Hg. v. I. Hansen-Schaberg (1997).

Rousseau, Jean-Jacques, Philosoph, Schriftsteller und Pädagoge, *28. 6. 1712 in Genf, † 2. 7. 1778 Ermonville (bei Paris). Der Halbwaise erlebte eine unglückliche Kindheit. 1725 trat R. eine Lehre als Uhrmacher an. Vor der Rohheit des Lehrherrn floh er 1728 nach Annecy, wo er die Bekanntschaft von Madame de Warens machte, die ihn großzügig förderte und stark beeinflusste, ihm mütterliche Freundin und Geliebte war. 1742 ging er nach Paris und fand Zugang zu literarischen und philos. Kreisen um Voltaire, Montesquieu und Diderot. 1745 lernte er Therèse le Vasseur kennen, mit der er fünf Kinder hatte. Alle seine Kinder ließ er ins Findelhaus geben.

Bekanntheit erlangte R. mit seiner Schrift auf die Preisfrage der Akad. in Dijon, ob die Wiederherstellung der Wiss. und Künste zur Läuterung der Sitten beigetragen habe (›Discours sur les sciences et les arts‹, 1750, dt. ›Über Kunst und Wiss.‹, 1752). Er verneinte die Frage gegen den Fortschrittsoptimismus seiner Zeit. Ähnlich sozialkritische Analysen legte R. dann in seiner Schrift ›Discours sur l'origine et les fondements de l'inégalité parmi les hommes‹ (1754, dt. ›Über den Ursprung und die Grundlagen der Ungleichheit unter den Menschen‹, 1756) vor. Dabei führt er das theor. Konstrukt des Naturmenschen ein, dessen ursprüngliche Güte und Moralität unter den Zwängen von etablierter Kultur und Gesellschaft bedroht werden. Da eine naive Rückkehr zur Natur nicht möglich ist, steht humane Gesellschaftsgestaltung vor der Aufgabe, naturgegebene Selbstliebe und notwendige zwischenmenschliche Solidarität für die Regulation kollektiver Prozesse fruchtbar werden zu lassen.

R. musste sich polit. Verfolgung 1762 durch Flucht entziehen. Für acht Jahre hielt er sich in England, der Schweiz und in verschiedenen franz. Gegenden auf. 1770 konnte R. nach Paris zurückkehren. Zurückgezogen arbeitete er an seinen großen autobiograf. Schriften, die erst aus dem Nachlass veröffentlicht wurden: ›Les Confessions‹ (Bekenntnisse, 1782) und ›Rêveries d'un promeneur solitaire‹ (Träumereien eines einsamen Spaziergängers, 1782).

Sein päd. Hauptwerk ›Émile ou de l'éducation‹ war 1762 erschienen, zusammen mit der Schrift ›Du contrat social ou principes du droit politique‹ (Vom Gesellschaftsvertrag oder Grundsätze des

Staatsrechts). Beide Werke sind Resultat umfangreicher histor.-krit. Analysen von Staat, Gesell., Kultur und Familie sowie der dabei gewonnenen Ideen für eine radikale Erneuerung von öffentl. Leben, Politik, Recht und Erziehung. In dieser Einbindung in geschichtsphilos. Gedankengänge ist die allg. Erziehungslehre im ›Émile‹ zu sehen. R. legt keine päd. Methodenlehre, keine psych. fundierte Handreichung für eine kindorientierte Erziehung, keine Programmschrift für eine »Zurück-zur-Natur-Päd.« vor, wenn auch zu derartigen Fragen nach wie vor beachtliche Einsichten aus dem ›Émile‹ gewonnen werden können. Viel grundsätzlicher wollte R. im ›Émile‹ den Übergang der Menschheit vom Natur- zum Kulturzustand exemplarisch in der Entwicklungs- und Erziehungsgeschichte eines Individuums abbilden.

Zur zentralen philos. These wird die Feststellung, dass Erziehung in oberster Verpflichtung auf die Sittlichkeit des Subjekts nicht aufgehen kann in einer Funktionalisierung des Menschen für gesell. Ordnungen und deren Moral. R. sieht in Zivilisation und bürgerl. Tüchtigkeit lediglich Mittel zum Zwecke der Autonomie des Subjekts. Wenn R. als »Anwalt der Kinder«, als »Entdecker der Kindheit« gefeiert wird, dann also im Sinne seiner päd.-philos. Theorie zuerst deshalb, weil er die Kindheit keinen äußerlichen Zwecken, keiner bürgerl. Zukunft geopfert sehen will, obschon der Mensch seine subjektive Freiheit nur in der bewussten Gestaltung seines »staatsbürgerl. Zustandes« (Contrat Social) gewinnen kann. Diese Dialektik betrachtet R. als unauflöslich.

Schr.: Emil oder über die Erziehung. Hg. v. L. Schmidts. (Vollst. Ausg., 3. Aufl. 1975).

Lit.: Hansmann, O.: Die Päd. J. J. Rousseaus (3. Aufl. 2004).

Rühle, Otto, Pädagoge, Publizist und Politiker, *23. 10. 1874 Groß-Voigtsberg, † 24. 6. 1943 Mexiko City. R. wurde am Lehrerseminar in Oschatz zum Volksschullehrer ausgebildet. 1896 trat er der SPD bei und wurde 1912 Reichstagsabg. Bedeutsam für Päd. und Bildungspolitik sind seine Analysen der Sozialisationsprozesse proletarischer Kinder, sein Beitrag zur Entwicklung der Jugendarbeit sowie seine schulpolit. Konzepte für eine neue (proletarische) Volksschule. Als Grundprinzipien seiner Schulpäd. betrachtete R. die Orientierung an der Klassenlage der Schüler als Angehörige des lohnabhängigen Proletariats, woraus eine Erziehung zu Freiheit und Solidarität in antiautoritären Strukturen folge. Die etablierte Päd. sah er zuerst als Instrument der Machterhaltung der bürgerl. Klasse. Im Gegensatz dazu stellte er sich eine sozialist. Päd. als Beitrag zum Klassenkampf gegen die herrschenden Verhältnisse vor. 1933 musste R. emigrieren, zuerst nach Prag, dann nach Mexiko.

Schr.: Grundfragen der Erziehung (1912).

Lit.: Schmied-Kowarzik, W.: Kritische Theorie und revolutionäre Praxis (1988).

Sailer, Johann Michael, kath. Theologe und Pädagoge, *17. 11. 1751 Aresing, † 20. 5. 1832 Regensburg. Nach dem Studium der Theol. wurde S. 1775 zum Priester geweiht. Als Prof. lehrte er in Ingolstadt, Dillingen und Landshut. Seine aufklärerischen Schriften und Vorlesungen stießen in der Amtskirche oftmals auf Widerstände. Dennoch wurde S. 1829 Bischof von Regensburg. Er veröffentlichte zahlreiche theol. und religionspäd. Arbeiten für die Gemeinde, die Ausbildung des Klerus und den wiss. Diskurs in der Kirche. Als akademischer Lehrer, Kirchen- und Schulreformer sowie als Bischof war S. bald gleichermaßen hoch geschätzt. S. gewann großen Einfluss auf die grundlegende Erneuerung der Volksschule und der Lehrerbildung in Bayern im Geiste *J. H. Pestalozzis.*

Schr.: J. M. Sailers sämtliche Werke, unter Anleitung des Verfassers hg. v. J. Widmer, 40 Bde. (1830–1841). Ergänzungsband (1855).

Lit.: Bungert, H. (Hg.): Johann Michael Sailer. Theologe, Pädagoge und Bischof zw. Aufklärung und Romantik (1983).

Salomon, Alice, Sozialpädagogin, *19. 4. 1872 Berlin, † 30. 8. 1948 New York. S. studierte von 1902–1906 Nationalökonomie in Berlin. Mit einer Diss. über ›Die Ursachen der ungleichen Entlohnung von Frauen- und Männerarbeit‹ wurde sie zum Dr. phil. promoviert. Schon als Schülerin und Studentin engagierte sich S. in der Frauenbewegung. 1908 eröffnete sie in Berlin eine soziale Frauenschule zur Verbesserung der Ausbildung von Sozialarbeiterinnen. Bis 1933 war sie in verschiedenen leitenden Ämtern von sozialpäd. Berufsorganisationen und Ausbildungsstätten tätig. 1937 emigrierte sie über England in die USA. Sie wurde 1945 Ehrenpräsidentin des Internationalen Frauenbundes.

Lit.: Wieler, J.: Alice Salomon. In: Pädagogenprofile III. (1999).

Salzmann, Christian Gotthilf, evang. Theologe, Pädagoge und Schriftsteller, *1. 6. 1744 Sömmerda, † 31. 10. 1811 Schnepfenthal. Mit *J. B. Basedow* war S. der bedeutendste Vertreter der *Philanthropen* in Deutschland. Bis 1758 besuchte S. das Lyzeum in Langensalza und studierte dann von 1761–1764 Theol. in Jena. Zugleich erarbeitete er sich die Grundlagen der Kameralistik, der prakt. Lehre von der Entwicklung und Förderung öffentl. Verwaltung und Wirtschaft. Er erwarb auf diese Weise wesentliche Kompetenzen für seine zukünftige Arbeit in der Schulreform. Als Pfarrer in Rohrborn bei Erfurt wurde S. Zeuge der wirtschaftlichen und sozialen Notlage der Landbevölkerung. Er engagierte sich vielfältig in der Armenpflege. Unwissenheit und ungenügende Erziehung sind für S. die Wurzeln des Elends der Landbevölkerung. In Publikationen, Predigten, Eingaben an die Obrigkeit und durch regelmäßige Besuche in Waisenhäusern, Schulen und Armenspitälern entwickelte er seine philanthropischen Grundsätze der Erziehungs- und Schularbeit. Nach Konflikten mit seinen kirchl. Vorgesetzten ging S. 1781 als Religionslehrer an das von J. B. Basedow in Dessau gegründete Philanthropin. Im Auftrage von Herzog Ernst II. von Gotha gründete er 1784 in Schnepfenthal ein weiteres Philanthropin. Es wurde die erfolgreichste und beständigste Reformschule des 18. Jh.

Unter den Philanthropen gilt S. heute als der beachtlichste Praktiker. Bildungspläne, Unterrichtsmethoden und Schulleben sind von ihm umfassend und äußerst erfolgreich erneuert worden. Moderne Fremdsprachen, Leibeserziehung und Schwimmen, prakt. Arbeit in Landwirtschaft und Gartenbau, Grundlagen einer rationellen Wirtschaftsweise im Haushalt, Schulfeste und -feiern sowie Schulfahrten wurden feste Bestandteile der Schule in Schnepfenthal.

Schr.: Konrad Kiefer oder die Anweisung zu einer vernünftigen Erziehung der Kinder (1796). Ameisenbüchlein oder Anweisung zu einer vernünftigen Erziehung der Erzieher (1806).

Lit.: Kemper, H. und Seidelmann, U. (Hg.): Menschenbild und Bildungsverständnis bei Christian Gotthilf Salzmann (1995).

Scharrelmann, Heinrich, Pädagoge, Schriftsteller, *1. 12. 1871 Bremen, † 31. 8. 1940 Ludwigshafen am Bodensee. S. war seit 1891 Volksschullehrer in Bremen. Wegen seiner radikalen Kritik am herkömmlichen Unterricht und seinen Forderungen nach einer erlebnisweltorientierten neuen Schule wurde er 1909 aus dem Staatsdienst entlassen. Er arbeitete dann bis 1919 als Privatlehrer und freier Schriftsteller. Gemeinsam mit *F. Gansberg* setzte er die Bremer Volksschulreform durch und war nach seiner Wiedereinstellung als Lehrer 1919 von 1920–1926 Leiter der ersten *Gemeinschaftsschule,* die er auf erlebnispäd. Grundlage führte. Aufgrund seiner kritischen Beobachtungen der Schulwirklichkeit versuchte er mit Vorschlägen für einen kindgerechten und ästhetisch-erlebnisori-

entierten Unterricht die Schule zu reformieren. Neben zahlreichen didakt. Büchern schrieb S. Jugendbücher und Bremer Geschichten. Wegen seiner religiösen Studien wurde er 1926 in den Ruhestand versetzt. 1930 wurde er Mitglied der NSDAP, aus der er 1939 wieder austrat. In dieser Zeit verfasste er das Buch ›Von der Lernschule über die Arbeitsschule zur Charakterschule‹ (1937) mit nat.-soz. Einschlag.
Schr.: Herzhafter Unterricht (1902). Goldene Heimat: für den Anschauungsunterricht und die Heimatkunde (1909). Erlebte Päd. (1912). Die Technik des Schilderns und Erzählens (1922). Die Kunst der Vorbereitung auf den Unterricht (1928).

Scheibner, Otto, Pädagoge, *7. 9. 1877 Borna, † 18. 12. 1961 Leipzig. S. studierte in Leipzig Philos. und Päd. sowie Psych. bei W. Wundt. Seit 1923 war er Prof. für Päd. an der Univ. Jena, von 1929–1932 zugleich an der PA Erfurt. Mit *H. Gaudig* verband ihn eine enge Kooperation in der *Arbeitsschulbewegung*. S. entwickelte für dieses Schulkonzept lernpsych. Begründungen und methodische Entwürfe. Im Zentrum stand dabei das Bemühen um die Systematisierung der freien geistigen Selbsttätigkeit der Schüler. S. war Mitherausgeber der Zeitschrift ›Arbeitsschule‹ sowie der ›Zeitschrift für päd. Psychol. und experimentelle Päd.‹.
Schr.: Arbeitsschule in Idee und Gestaltung. 5. Aufl. durchgesehen und besorgt von W. A. Flitner (1962).
Lit.: Reble, A.: Otto Scheibner. In: Glöckel, H. (Hg.): Bedeutende Schulpädagogen (1993).

Scheuerl, Hans, Pädagoge, *17. 1. 1919 Berlin, † 5. 5. 2004 Hamburg. S. studierte von 1947–1950 Erziehungswiss., Psychol. und Kunstgeschichte an der Univ. Hamburg und war danach als Volksschullehrer tätig. 1952 wurde er bei *W. A. Flitner* im FB Erziehungswiss. der Univ. Hamburg mit ›Untersuchungen zum Wesen des Spiels‹ promoviert und 1957 mit der Schrift ›Die exemplarische Lehre‹ habilitiert. In diesen Jahren war er Flitners Wiss. Assistent. S. erhielt Professuren für Päd. an der PH Osnabrück (1958), Univ. Erlangen (1959), Univ. Frankfurt/M. (1964) und für Erziehungswiss. an der Univ. Hamburg (1969), wo er bis zu seiner Emeritierung 1984 lehrte. Von 1964-1971 war er Vorsitzender des Schulausschusses der Westdt. Rektorenkonferenz. Er war 1964 Gründungsmitglied der Dt. Gesellschaft für Erziehungswiss. und von 1968–1972 deren Vorsitzender. Seit 1964 war er Mitherausgeber der ›Zeitschrift für Päd.‹. S. gehört zu den namhaften Vertretern der geisteswiss. Päd. nach dem Zweiten Weltkrieg. Er hatte maßgeblichen Einfluss auf die Erziehungswiss., die Bildungsreform um 1970 und die Bildungspolitik.
Schr.: Die exemplarische Lehre (1958). Hg.: Klassiker der Päd. 2 Bde. (1991). Das Spiel. 2 Bde. (1990 und 1997). Einf. in päd. Sehen und Denken. (Hg. zus. mit W. A. Flitner, 2., aktual. Aufl. 2005).
Lit.: Keil, W. (Hg.): Pädagogische Bezugspunkte, exemplarische Anregungen (1989).

Schirach, Baldur von, nat.-soz. Politiker, *9. 5. 1907 Berlin, † 8. 8. 1974 Kröv. S. war Schüler des Waldpädagogiums bei Bad Berka, das sich an den Prinzipien der *Landerziehungsheime* von *H. Lietz* orientierte. Er engagierte sich früh in rechtskonservativen Wehrgruppen. 1925 trat er der NSDAP bei. S. studierte Germ. und Kunstgeschichte in München und wurde 1928 Studentenführer in der Reichsleitung der NSDAP. Hitler ernannte S. 1931 zum Reichsjugendführer. Seine päd. Bemühungen konzentrierten sich auf die Durchsetzung unbedingten Gehorsams und bedingungsloser Gefolgschaft A. Hitler gegenüber. 1940 wurde er Gauleiter von Wien. Er forcierte die Deportation der Juden in Vernichtungslager. Im Hauptkriegsverbrecherprozess von Nürnberg wurde S. zu 20 Jahren Haft verurteilt, 1966 aus dem Gefängnis in Spandau entlassen.

Schr.: Revolution der Erziehung (1938).
Lit.: Giesecke, H.: Hitlers Pädagogen, (2., überarb. Aufl. 1999).

Schleiermacher, Friedrich Daniel Ernst, evang. Theologe, Theoretiker der Päd., Bildungsreformer, *21. 11. 1768 Breslau, † 12. 2. 1834 Berlin. S. wurde in der Herrnhuter Brüdergemeine erzogen und studierte von 1787–1789 Theol. in Halle. Danach war er Hauslehrer beim Grafen Dohna zu Schlobitten in Ostpreußen und später Lehrer an *F. Gedikes* gymnasialer Ausbildungsanstalt in Berlin. 1796 wurde er Prediger an der Berliner Charité und 1802 Hofprediger in Stolp. S. war von 1804–1806 Prof. für Theol. an der Univ. Halle und von 1810–1834 an der neu gegründeten Univ. Berlin, wo er neben *W. v. Humboldt* zum Gründerkreis gehörte und Mitglied der Königlich Preuß. Akad. der Wiss. wurde. Von 1810–1815 wirkte er als Mitglied der Unterrichtssektion im preuß. Innenministerium an der neuhumanistischen Schulreform mit. Durch seine Schrift ›Über die Religion. Reden an die Gebildeten unter ihren Verächtern‹ (1799) erregte S. erstes Aufsehen, indem er das Wesen der Religion als »Sinn für das Unendliche« von der Erziehung als einer anthropologischen Grundtatsache abgrenzte, für die es in der modernen Welt keine religiöse oder theol. Basisbegründung mehr gebe. In den Jahren 1813/14, 1820/21 und 1826 hielt S. im Rahmen der Lehrerausbildung Vorlesungen über »Theorie der Erziehung«. In der 1814 verfassten Schrift ›Über den Beruf des Staates zur Erziehung‹ erörterte er, ähnlich wie W. v. Humboldt 1792, das Verhältnis von Staat und Erziehung. S. trat für die Autonomisierung der Päd. ein, grenzte sie gegen Theol., Ethik und Politik ab, stellte Bezüge zur empir. orientierten Psychol. und Anthropologie her und sah die Erziehung der heranwachsenden Generation zur polit. Mündigkeit eingebettet in gesellschaftl.-historische Zusammenhänge. Er widmete sich ferner den Entwicklungsperioden von der Kindheit zur Jugendzeit und der Erziehung in der Familie bis zur Univ. S. gilt heute als Mitbegründer der wiss. Päd.
Schr.: Texte zur Päd. 2 Bde. Hg. v. M. Winkler und J. Brachmann (2000).
Lit.: Dilthey, W.: Das Leben Schleiermachers. 2 Bde. Hg. v. M. Redeker (1979 und 1985). Horn, K.-P. und Kemnitz, H. (Hg.): Päd. Unter den Linden (2002). Brachmann, J.: Friedrich Schleiermacher – ein päd. Porträt (2002).

Schmidt, Auguste, Pädagogin, Frauenrechtlerin, *3. 8. 1833 Breslau, † 10. 6. 1902 Leipzig. Nach einer Lehrerinnenausbildung in Posen war S. zuerst als Erzieherin, danach als Lehrerin an einer höheren Mädchenschule in Breslau tätig. Von 1862–1892 leitete sie eine höhere Mädchenschule mit Lehrerinnenseminar in Leipzig. Zus. mit *L. Otto-Peters* und *H. Goldschmidt* engagierte sie sich in der Frauenrechtsbewegung, insbesondere für gleiche Bildungs- und Berufschancen. 1890 war sie Mitbegründerin des Allgemeinen Deutschen Lehrerinnenvereins.
Schr.: Aus schwerer Zeit (1895).
Lit.: Jacobi, J.: Die Reformpädagogik. Lehrerinnen in ihrer Praxis, Geschlechterdimensionen in ihrer Theorie. In: Schulentwicklung geht von Frauen aus. Hg. v. D. Fischer u. a. (1996).

Schulz, Wolfgang, Schulpädagoge, *1929 Berlin, † 17. 6. 1993 Hamburg. Er war als Seminarleiter tätig, bevor er als Assistent von *P. Heimann* und als Doz. an der PH Berlin zusammen mit *G. Otto* das Berliner Modell der *lerntheoretischen Didaktik* und die Konzeption des Didaktikums als betreute Schulpraxisphase für Lehramtsstudierende mit entwickelt hat. Seit 1977 war er Prof. für Erziehungswiss. an der Univ. Hamburg, wo er mit G. Otto das Berliner Modell zum Hamburger Modell der lehrtheor. Didaktik weiterentwickelte. In der Auseinandersetzung mit der *bildungstheor. Didaktik* hatte das gemeinsame Buch ›Unterricht. Analyse und Planung‹ (1965) von Heimann, Otto und S. in der Lehrerausbildung eine weite Verbreitung erfahren, obwohl es für die

konkrete Unterrichtsvorbereitung nicht unmittelbar geeignet war. Die von S. in seinem Buch ›Unterrichtsplanung‹ (1980) vorgenommene Weiterentwicklung zielte auf eine kritisch-emanzipatorische Didaktik, in der Erziehung als Dialog zw. handlungsfähigen Subjekten verstanden wird, auf die sich die Systematik der Strukturmomente didakt. Planens und Handelns beziehen muss.
Schr.: Aufgaben der Didaktik. In: Kochan, D. C. (Hg.): Allgemeine Didaktik, Fachdidaktik, Fachwissenschaft (1970).

Schulz-Benesch, Günter, Pädagoge, *18. 2. 1925 Düsseldorf, † 9. 12. 1997 Altenberge. Während seines Lehramtsstudiums an der Päd. Akad. Essen-Kupferdreh (1946–1948) wurde sein Interesse von *H. Helming* auf die *Montessori-Pädagogik* gelenkt. Bis 1955 war er Volksschullehrer in Düsseldorf, schloss sich dort dem »Düsseldorfer Kreis« gleichgesinnter Montessori-Pädagogen an und erwarb 1954 das Internationale Montessori-Dipl. Von 1955–1960 studierte er an der Univ. Münster Päd. und promovierte dort mit dem Thema ›Der Streit um Maria Montessori‹ (1961). 1961 wurde er Doz. für Schulpäd. an der Päd. Akad. Münster, 1964 Prof. und Gründungsrektor der Päd. Akad. Hamm, 1970 Prof. für Schulpäd. und Allg. Didaktik an der PH Münster und war nach deren Integration in die Univ. Münster von 1980 bis zu seiner Emeritierung 1990 im Inst. für Theorie der Schule und der Bildungsorganisation tätig. Im Mittelpunkt seiner Lehr- und Forschungstätigkeit stand die Päd. *M. Montessoris.* Durch die wiss. fundierte Herausgabe der Werke Montessoris in dt. Sprache (meist zus. mit *P. Oswald*) hat er die Grundlage für eine differenzierte Interpretation und Diskussion ihrer Päd. in Deutschland geschaffen.
Schr.: Zum Stil kath. Schule heute (1964). (Hg.:) Montessori (1970).

Schwarz, Friedrich Heinrich Christian, evang. Theologe und Pädagoge, *30. 5. 1766 Gießen, † 3. 4. 1837 Heidelberg. S. studierte Theol., Philos. und Mathematik in Gießen. Er war Prediger und Pfarrer in Hessen und erhielt 1804 den Ruf auf einen Lehrstuhl für Dogmatik an der Univ. Heidelberg. Dort gründete S. zusammen mit dem Philosophen G. F. Creuzer das päd.-philos. Seminar der Univ. Schon als Pfarrer publizierte S. zahlreiche Schriften zu aktuellen Erziehungsfragen. 1808 besuchte er *J. H. Pestalozzi* und studierte dessen methodische Lehrbücher. In seinen päd. Werken befasste sich S. mit Fragen der Religionspäd., Schultheorie, Didaktik und der allg. Erziehungslehre.
Schr.: Lehrbuch der Erziehungs- und Unterrichtslehre. Besorgt v. H. H. Groothoff und U. Herrmann (1968).

Séguin, Édouard, Arzt, Pädagoge, *20. 1. 1812 Clamecy (Frankreich), † 28. 10. 1880 New York. S. studierte in Paris Medizin und lernte dort die Methoden und didakt. Materialien *J. M. G. Itards* kennen, die dieser bei der Bildung des ausgesetzten Kindes Viktor von Aveyron angewendet hatte. Nach diesem Vorbild richtete S. eine sog. Idiotenschule ein und entwickelte seine Theorie über die Erziehbarkeit sog. Idioten. Seine Hauptwerke haben die Päd. *M. Montessoris* und die Entwicklung der *Behindertenpädagogik* stark beeinflusst. S. wanderte 1850 nach Amerika aus, promovierte 1861 in Medizin und bildete ab 1863 in New York Lehrer aus. Sein Hauptwerk ›Idiocy and its Treatment by the Physiological Method‹ (1866) erschien dt. 1912, aber in einer unvollständigen Fassung und ohne den Anhang mit Fallbeispielen.
Lit.: Hänsel, D.: Die physiologische Erziehung der Schwachsinnigen (1974).

Semler, Christoph, evang. Theologe und Schulreformer, *2. 10. 1669 Halle/S., † 8. 3. 1740 Halle/S. Ab 1688 studierte S. Theol., Philos. und Naturwiss. in Leipzig. 1699 wurde er als Prediger und Schulinspektor in Halle/S. eingesetzt. Erste Anstöße zur Einrichtung einer *Realschule* entwickelte S. in den Aufsätzen ›Nützliche Vorschläge von Aufrichtung einer Mathematischen Handwerksschule‹ (1705) sowie in ›Neu eröffnete Mathematische und Mechanische Realschule‹ (1709). Doch drei Gründungsversuche scheiterten. Seine Arbeiten wurden später von *J. Hecker* wieder aufgenommen und führten 1747 zur erfolgreichen Gründung einer Realschule in Berlin.

Lit.: Endres, R.: Handwerk – Berufsbildung. In: Hb. der dt. Bildungsgeschichte. Bd. 1 (1996).

Sextro, Heinrich Philipp, evang. Theologe und Pädagoge. *28. 3. 1747 in Bissendorf, † 12. 6. 1838 Hannover. S. studierte ab 1765 Theol., klassische Philol. und Geschichte in Göttingen. Bereits 1768 wurde er Konrektor der Lateinschule in Hameln, 1779 Pastor an der Albanikirche in Göttingen und 1788 Prof. für Theol. an der Univ. Helmstedt. 1790 richtete S. ein Gesuch an den Herzog von Braunschweig mit der Bitte um Erlaubnis zur Errichtung einer *Industrieschule.* Seine Beschäftigung mit der Industrieschule begann während seiner Tätigkeit als Armenadministrator in Göttingen. Die Arbeitsfertigkeiten der Kinder und Jugendlichen aus armen Ständen sollten sowohl im Interesse an deren Rekrutierung für den Arbeitsmarkt als auch zur Entlastung der öffentl. Armenunterstützung ausgebildet werden. In der Verbindung von Arbeit und Bildung sah S. darüber hinaus den Ansatzpunkt für eine zeitgemäße Bürgerbildung. S. stand in regem Austausch mit *J. H. Campe*, *P. Villaume* u. a. *Philanthropen.*

Schr.: Über die Bildung der Jugend zur Industrie (1785, Neudruck mit einer Einl. v. G. Koneffke 1968).

Lit.: Kemper, H.: Schule und bürgerl. Gesellschaft. Teil I (1990).

Seyfert, Richard, Pädagoge, *20. 4. 1862 Dresden, † 23. 8. 1940 Dresden. Nach dem Besuch des Lehrerseminars leitete S. mehrere Schulen in Zwickau und Oelsnitz. Er studierte dann an der Univ. Leipzig, wurde 1908 Seminardir. und war von 1923–1931 Dir. des Päd. Inst. an der TH Dresden. In zahlreichen Büchern und Aufsätzen, in der Hochschule und in schulpolit. Veranstaltungen setzte er sich für das Konzept der *Arbeitsschule* und die Akademisierung der Volksschullehrerbildung ein.

Schr.: Was uns die Volksschule sein soll (2. Aufl. 1913). Das schulpolit. Programm der Demokratie (1919). Vom schaffenden Lernen (1933).

Lit.: Hortsch, H. (Hg.): In memoriam Richard Seyfert, Karl Trinks, Hugo Dähne (1992).

Siemsen, Anna, Pädagogin und Politikerin, *18. 1. 1882 Mark, † 22. 1. 1951 Hamburg. S. studierte in München Germ., Philos. und Latein. Als eine der ersten Frauen erwarb sie 1909 den Dr. phil. und arbeitete als Gymnasiallehrerin in Detmold und Düsseldorf. Unter dem Eindruck der Schrecken des Ersten Weltkrieges und der Restauration konservativer Schulpolitik verließ S. 1919 den Schuldienst. Sie wurde Mitglied im *Bund Entschiedener Schulreformer* und im Verein sozialist. Lehrer und Lehrerinnen. In Schriften und Reden setzte sie sich für *Koedukation,* Sozialerziehung, die Verbesserung der Bildungschancen für Arbeiterkinder und demokratische Schulreformen ein. 1921 leitete sie in Berlin das gesamte Fach- und Berufsschulwesen, ab 1923 den Aufbau der *Einheitsschule.* Für ein Jahr war sie Honorarprof. an der Univ. Jena. Sie blieb aktive Mitarbeiterin in Erwachsenen- und Arbeiterjugendbildung. Von 1928–1930 war S. Mitglied des Reichstages in der SPD-Fraktion. 1933 entkam S. dem Terror des NS-Regimes durch Emigration in die Schweiz. Nach Kriegsende übernahm sie an der Univ. Hamburg einen Lehrauftrag für Lit. und Päd. im Rahmen des Neuaufbaus einer wiss. *Lehrerbildung.*

Schr.: Die gesell. Grundlagen der Erziehung (1948).

Lit.: Siemsen, A.: Anna Siemsen (1951).

Skinner, Burrhus F., Psychologe und Pädagoge, *20. 3. 1904 Susquehanna (USA), † 18. 8. 1990 Cambridge. Engagierter Vertreter einer behavioristischen Psych., die ihre Aussagen allein auf kontrolliert

beobachtetes Verhalten stützt. Bekannt wurde u. a. seine »Skinner Box« für tierexperimentelle Lernforschung. S. war Prof. für Psychol. an der Harvard Univ. Von seiner *Lerntheorie,* in der die Verstärkung als wesentliche Determinante für den Aufbau zielgerichteten Verhaltens gesehen wird, gingen insbesondere für den *programmierten Unterricht* wichtige Impulse aus.
Schr.: Science and human behavior (1953, dt. 1973).
Lit.: Modgil, S. (Hg.): B. F. Skinner. Consensus and controversy (1987).

Specht, Minna, Pädagogin, *22. 12. 1879 Reinbek, † 3. 2. 1961 Bremen. S. studierte Geschichte, Geografie, Philos. und Mathematik in Göttingen und München. Für kurze Zeit war sie Gymnasiallehrerin, dann Mitarbeiterin des Göttinger Philosophen L. Nelson. 1917 gehörte sie zu den Mitbegründern des Internationalen Jugendbundes. Ab 1918 war S. Lehrerin am *Landerziehungsheim* Haubinda, von 1924–1933 Leiterin des Landerziehungsheimes Walkemühle. Sie entwickelte das Konzept einer »Schule des Volkes« *(Gesamtschule).* 1933 musste sie nach Dänemark emigrieren, von dort 1938 nach Großbritannien. Im Exil gründete sie Schulen für dt. Emigrantenkinder. Nach Kriegsende übernahm sie von 1946–1951 die Leitung der *Odenwaldschule.* Von 1952–1959 war S. Mitglied der dt. UNESCO-Kommission.
Schr.: Sozialismus als Lebenshaltung und Erziehungsaufgabe (1951).
Lit.: Berg, C. u. a. (Hg.): Jahrbuch für Historische Bildungsforschung. Bd. 1 (1993).

Spranger, Eduard, Pädagoge, Philosoph, Psychologe, Vertreter der *geisteswissenschaftlichen Pädagogik,* *27. 6. 1882 Lichterfelde, † 17. 9. 1963 Tübingen. S. studierte Philos. bei *W. Dilthey,* Päd. bei *F. Paulsen,* Psychol. bei C. Stumpf und Geschichte bei O. Hintze an der Univ. Berlin. Er promovierte 1905 mit einer Diss. über die erkenntnistheor. ›Grundlagen der Geschichtswissenschaft‹ und habilitierte sich 1909 mit einer Schrift über ›Wilhelm von Humboldt und die Humanitätsidee‹. Von 1911–1919 war er Prof. für Philos. und Päd. an der Univ. Leipzig. Auf Anregung Diltheys entwickelte er die geisteswiss.-verstehende Psychol. in den Büchern ›Lebensformen‹ (1914, erw. Aufl. 1921) und ›Psychol. des Jugendalters‹ (1924) weiter. 1919 erhielt er den Ruf an die Univ. Berlin, von wo aus er eine große Wirksamkeit entfalten konnte. Angeregt durch *G. Kerschensteiner* bemühte sich S. um Aufwertung der beruflichen Bildung und des Berufsschulwesens. Als Berater des preuß. Kultusministers *C. H. Becker* beförderte er die Gründung Päd. Akad. (PA) zur Ausbildung der Volksschullehrer ab 1926, sprach sich aber gegen eine Ausbildung an der Univ. aus. Als das NSDAP-Mitglied *A. Baeumler* 1933 auf die neue Professur für Polit. Päd. an der Univ. Berlin berufen wurde, protestierte S. gegen diese Politisierung der Wiss. mit seinem Emeritierungsgesuch im April 1933, zog dieses aber im Juni 1933 wieder zurück. Im Herbst 1936 nahm er für ein Jahr eine Gastprofessur in Japan in offizieller Mission des Ministeriums wahr. Als Mitglied der Berliner Mittwochsgesellschaft wurde S. der Mitbeteiligung am Attentat auf Hitler am 20. 7. 1944 verdächtigt und einige Wochen im Gefängnis Moabit inhaftiert. Nach dem Ende des Zweiten Weltkrieges wurde er zum Rektor der Berliner Univ. gewählt, folgte aber aufgrund der polit. Verhältnisse schon 1946 einem Ruf an die Univ. Tübingen, wo er nach seiner Emeritierung noch bis 1954 lehrte und viele Funktionen in Bildung und Forschung wahrnahm. Sein Interesse galt in dieser Zeit u. a. der Volksbildung (›Der Eigengeist der Volksschule‹, 1955) und dem kulturellen Ethos der Erziehung (›Der geborene Erzieher‹, 1958). Seine späten Beiträge sind von einer christlich-humanitären Haltung getragen.
Schr.: Gesammelte Schriften. 11 Bde. Hg. v. W. Bähr u. a. (1969 ff.). Briefwechsel mit G. Kerschensteiner 1912–

1931 (1966). Kultur und Erziehung. Gesammelte päd. Aufsätze. Mit einer Werkinterpretation v. B. Ofenbach (2002). Martinsen, S. und Sacher, W. (Hg.): Eduard Spranger und Käthe Hadlich, Briefe 1903–1960. (2002).
Lit.: Meyer-Willner, G. (Hg.): Eduard Spranger (2001). Horn, K.-P. und Kemnitz, H. (Hg).: Päd. Unter den Linden (2002). Schraut, A.: Biografische Studien zu Eduard Spranger (2007).

Steiner, Rudolf, Philosoph, Schriftsteller, Pädagoge, *27. 2. 1861 Kraljevec (heute Kroatien), † 30. 3. 1925 Dornach (Schweiz). S. studierte an der TU Wien Mathematik und Naturwiss., daneben Lit., Philos. und Geschichte. Er arbeitete an der Herausgabe von Goethes Werken mit. 1891 promovierte S. an der Univ. Rostock mit einer Diss. über ›Wahrheit und Wiss.‹. In dieser Zeit entstand ›Die Philos. der Freiheit‹ (1894), die als sein Hauptwerk angesehen wird. Nach intensiven philos. Auseinandersetzungen entwickelte er die *Anthroposophie,* gründete 1912 die Anthroposophische Gesellschaft und schuf 1913 mit dem Goetheanum in Dornach bei Basel das Zentrum der anthroposophischen Bewegung. Gegen Ende des Ersten Weltkrieges setzte sich S. für eine grundlegende Gesellschaftsreform ein (›Die Erziehungsfrage als soziale Frage‹, 1919) und richtete für die Kinder von Angehörigen der Waldorf-Astoria-Zigarettenfabrik 1919 in Stuttgart die erste *Waldorfschule* ein.
Schr.: Gesamtausgabe. Bisher 340 Bde. Hg. v. Archiv der Rudolf-Steiner-Nachlassverwaltung (1955 ff.). Allgemeine Menschenkunde als Grundlage der Päd. (1919). Erziehungskunst (1919). Mein Lebensgang. Hg. v. M. Steiner (1924).
Lit.: Lindenberg, C.: Rudolf Steiner (1992). Carlgren, F. und Klingborg, A.: Erziehung zur Freiheit (9., überarb. Aufl. 2005).

Stoy, Karl Volkmar, Pädagoge, *22. 1. 1815 Pegau, † 23. 1. 1885 Jena. Zus. mit *T. Ziller, F. W. Dörpfeld, T. Waitz* und *W. Rein* gehört S. zu den *Herbartianern,* die sich insbesondere darum bemühten, die Psych. *Herbarts* für Schule und Lehrerbildung fruchtbar zu machen. Nach dem Studium von Theol. und Philos. in Leipzig setzte S. seine wiss. Arbeit bei Herbart in Göttingen fort. Nach der Habil. in Jena gründete er dort 1844 eine »Erziehungsanstalt mit päd. Univ.sseminar«, die erste wiss. begleitete Übungsschule für die Lehrerbildung, aus der dann im 20. Jh. unter *P. Petersen* die *Jena-Plan-Schule* hervorgegangen ist. 1866 übernahm S. den Lehrstuhl für Päd. an der Univ. Heidelberg.
Schr.: Encyklopädie, Methodologie und Lit. der Päd. (2., umgearb. Aufl. 1878).
Lit.: Coriand, R.: Karl Volkmar Stoy und die Idee der Pädagogischen Bildung (2000).

Sturm, Johannes, Pädagoge, *1. 10. 1507 Schleiden, † 3. 3. 1589 Straßburg. Zus. mit P. Melanchthon war S. einer der wichtigsten Erneuerer der Bildungskonzeption des höheren Schulwesens nach den Grundsätzen der Reformation. Nach seinem Studium in Löwen war er von 1529–1537 Prof. in Paris. Dann wurde er als Schulreformer nach Straßburg berufen. 1539 übernahm er das Rektorat des prot. Gymnasiums. Dieses zur Akad. aufgewertete Gymnasium wurde zum Vorbild für die Reform des höheren Schulwesens in Württemberg, Kursachsen und Braunschweig.
Schr.: De litterarum ludis recte aperiendis liber (1538).
Lit.: Tenorth, H.-E. (Hg.): Klassiker der Päd. Bd. 1 (2003).

Stuve, Johann Heinrich, Pädagoge, *6. 5. 1752 Lippstadt, † 12. 8. 1793 Braunschweig. Von 1772–1776 studierte S. evang. Theol. in Halle, war kurze Zeit in Neuruppin als Hauslehrer tätig und wurde dann 1777 Lehrer an der dortigen Lateinschule. Als deren Rektor ab 1784 reformierte er die Schule nach philanthropischen Grundsätzen. In Braunschweig wurde er 1789 Prof. am Collegium Carolinum. Als päd. und polit.

Schriftsteller war S. einer der populärsten Vertreter der *Philanthropen* und entschiedener Anhänger der Franz. Revolution.
Schr.: Kleine Schriften gemeinnützigen Inhalts. Hg. von Johann Heinrich Campe (1794, Reprint 1982).

Suchodolski, Bogdan, Pädagoge, *27. 12. 1903 Sosnoviec, † 2. 10. 1992 Warschau. S. studierte Musik, Philos. und Lit. in Warschau und Krakau. Nach der Prom. 1925 vertiefte er seine Studien u. a. in Berlin bei *E. Spranger.* Erste histor. und kulturphilos. Arbeiten entstanden, so auch zur Geschichte der dt. Sekundarschule. Brennpunkt seiner päd. Theoriebildung wurde sein Verständnis von Erziehung als »Verteidigung der Kultur«. 1939 erschien sein erstes kulturpäd. Werk: ›Wo kommen wir her? Wo gehen wir hin?‹, unter dem NS-Regime in Polen mit dem Pseudonym Jadzwing veröffentlicht. Nach dem Krieg wurde S. Prof. für Philos. und Päd. in Warschau. Seit 1964 war er Mitglied der Akad. der Wiss. Obschon S. ein konsequenter Verfechter eines humanistischen Marxismus war, geriet er immer öfter in Konflikt mit den ideologischen Beschränkungen durch die KP, gegen deren Allmachtsansprüche er die Autonomie von Kultur und Erziehung verteidigte. Unter dieser Leitidee verfasste S. in den 60er und 70er Jahren zahlreiche Arbeiten zur sozialist. Päd., die in alle großen europ. Sprachen übersetzt worden sind.
Schr.: Grundlagen der marxistischen Erziehungstheorie (1971).
Lit: Chmielowski, Boguslaw: The pedagogy of culture by Bogdan Suchodolski. In: European education 1/1997.

Süvern, Johann Wilhelm, Pädagoge, Schulreformer, Bildungspolitiker, *3. 1. 1775 Lemgo, † 2. 10. 1829 Berlin. S. studierte Theol. und Philol. in Jena und Halle und absolvierte seine päd.-prakt. Ausbildung bei *F. Gedike* in Berlin. Er war ab 1800 Gymnasialdirektor in Thorn und ab 1803 in Elbing, bevor er 1807 Prof. für Klassische Philol. in Königsberg wurde. Als Mitarbeiter *W. v. Humboldts* wurde er 1809 in die Sektion für Kultur- und Unterrichtswesen im preuß. Innenministerium berufen. S. versuchte 1819 mit seinem Entwurf eines allg. Schulverfassungsgesetzes die liberale Humboldt'sche Bildungsreform zur polit. Geltung zu bringen. Der gesamte Schulaufbau sollte drei aufeinander aufbauende Schulstufen umfassen, vergleichbar mit dem Stufensystem im *Strukturplan für das Bildungswesen* (1970) des *Deutschen Bildungsrates.* S.s Entwurf scheiterte nach den Karlsbader Beschlüssen am Widerstand restaurativer Kräfte. Einer der Kritiker war *L. v. Beckedorff,* der dann 1820–1827 das Volksschulreferat im preuß. Kultusministerium übernahm.
Schr.: Entwurf eines allg. Gesetzes über die Verf. des Schulwesens im preuß. Staate (1817–1819). In: Schulreform in Preußen 1809–1819. Hg. v. L. Schweim (1966). Die Reform des Bildungswesens. Hg. v. H.-G. Grosse Jäger und K.-E. Jeismann (1981).
Lit.: Michael, B. und Schepp, H.-H. (Hg.): Die Schule in Staat und Gesellschaft (1993).

Tews, Johannes, Volksschullehrer, Bildungspolitiker, *19. 6. 1860 Heinrichsfelde, † 28. 6. 1937 Berlin. T. setzte sich als Generalsekretär der Deutschen Gesellschaft für Volksbildung für die Einrichtung von Volksbibliotheken, Theatergemeinden und populären Vortragsreihen ein. Er war ein engagierter Vertreter der *Reformpädagogik* mit dem Ziel der Neugestaltung des Schulwesens nach dem Konzept der *Einheitsschule.*

Thiersch, Friedrich von, Altphilologe und Pädagoge, *17. 6. 1784 Kirchscheidungen, † 25. 2. 1860 München. T. studierte Theol. und Philol. in Leipzig und Göttingen, promovierte in Theol. und habilitierte sich 1808 für das Fach klassische Philol. Als Gymnasialprof. unterrichtete er in Göttingen und München. 1809 gründete T. ein privates Philologisches Seminar, das 1812 vom bayer. Staat übernommen wurde. Seine Vorstellungen zur Ausbildung von Gymnasiallehrern wurden da-

mit zur Richtschnur für das Lehramt an Gymnasien in Bayern. Mit seinem dreibändigen Werk ›Über gelehrte Schulen, mit besonderer Rücksicht auf Bayern‹ (1826–1831) bestimmte T. die neuhumanistische Entwicklung der Gymnasien und Univ. weitgehend.
Lit.: Kirchner, H. M.: Friedrich Thiersch (1996).

Tillich, Paul, evang. Theologe und Sozialpädagoge, *20. 8. 1886 Starzeddel, † 22. 10. 1965 Chicago. T. studierte Theol., Philos. und Soz. in Berlin, Tübingen, Halle/S. und Breslau, wo er zum Dr. phil. promovierte. Später folgte die Habil. für das Fach Systematische Theol. Im Ersten Weltkrieg war er als Militärpfarrer tätig. Der moralische und polit. Zusammenbruch von Politik und Gesellschaft nach dem Weltkrieg führten bei T. zur Neubestimmung seiner theol. Arbeit. Kultur, Politik und später dann auch das Erziehungswesen erfuhren in seinen Arbeiten jetzt besondere Beachtung. Nach Professuren an verschiedenen Univ. übernahm er 1929 einen Lehrstuhl für Philos. und Sozialpäd. in Frankfurt/M. Dort gehörte er mit *H. Weil* und *C. Mennicke* zu einem Kreis religiöser Sozialisten. T. befasste sich auch mit religionspäd. Fragen in Schule und Erwachsenenbildung. 1933 musste er wegen seiner offenen Kritik am Nationalsozialismus in die USA emigrieren, wo er an verschiedenen Univ. lehrte, zuletzt in Chicago.
Schr.: Symbol und Wirklichkeit (1962, 3., erg. Aufl. 1986).
Lit.: Paul Tillich zur Einf. (1998).

Trapp, Ernst Christian, evang. Theologe und Pädagoge, *8. 11. 1745 Schloss Friedrichsruh bei Drage, † 18. 4. 1818 Wolfenbüttel. T. studierte Theol. in Göttingen. Er war Rektor des Gymnasiums in Segeberg, dann Lehrer am *Philanthropin* von *J. B. Basedow* in Dessau. 1779 erhielt T. die erste dt. Prof. für Päd. an der Univ. Halle/S. 1783 ging er als Lehrer an die von *J. H. Campe* eingerichtete Erziehungsanstalt in Hamburg.
In seinem erziehungswiss. Hauptwerk ›Versuch einer Päd.‹ (1780) begründet T. die Päd. im Sinne einer Erfahrungswiss., nicht mehr auf Theol. und Philos. zurückgreifend, wie bis dahin geschehen. Grundsätze und Regeln der Erziehung sollen allein aus der menschlichen Natur und Gesellschaft abgeleitet werden und die Päd. folglich von jeder metaphysischen Anbindung gelöst werden. Die Tätigkeit der Lehrer und Pädagogen soll sich auf die systematische Auswertung von Beobachtung und gelenkter Erfahrung stützen. T. orientierte sich dabei an Konzepten naturwiss. Ausbildung. Zentrale Gegenstände der Päd. sind die Entwicklung des Kindes im erzieherischen Bezug sowie das Lehrerhandeln und seine Wirkungen. Zus. mit *J. H. Campe, J. H. Stuve* u. a. *Philanthropen* begründet er von diesem Interesse her die *pädagogische Anthropologie.*
Schr.: Versuch einer Päd. Nachdruck mit Trapps hallenser Antrittsvorlesung ›Von der Nothwendigkeit, Erziehen und Unterrichten als eine eigne Kunst zu studiren‹. Besorgt von U. Herrmann (1977).
Lit.: Hager, F.-P. (Hrsg.): Bildung, Päd. und Wiss. in Aufklärungsphilosophie und Aufklärungszeit (1997).

Villaume, Peter, evang. Theologe und Pädagoge, *16. 7. 1746 Berlin, † 10. 6. 1806 Fuirendal. Nach dem Studium der Theol. war V. Prediger in Schwedt/Oder und Halberstadt. 1779 gründete er eine Erziehungsanstalt für Frauenzimmer aus gesittetem Stand und von Adel. 1787 wurde er als Lehrer an das Joachimsthaler Gymnasium in Berlin berufen. 1793 ging er nach Dänemark. Dort entstanden mehrere päd. Schriften, zumeist als Beiträge für die von *J. H. Campe* herausgegebene ›Allgemeine Revision des gesamten Schul- und Erziehungswesens‹. V. wandte sich insbesondere gegen unkritische Befürwortung eines anpassungsorientierten Utilitarismus bei einigen *Philanthropen.* Erziehung und Unterricht sollen Nützlichkeit immer auch mit individueller und bürgerl. *Emanzipation* verbinden. Seine programmatischen Über-

legungen zu einer emanzipatorischen bürgerl. Moralerziehung sowie zur körperl. Erziehung beeinflussten die Päd. der *Industrieschulen* und später noch Konzepte zur Leibeserziehung von *C. F. Guts Muths* und *F. L. Jahn.*
Schr.: Ob und in wiefern bei der Erziehung die Vollkommenheit des einzelnen Menschen seiner Brauchbarkeit zu opfern sey? In: Campe, J. H. (Hg.): Allgemeine Revision des gesamten Schul- und Erziehungswesens. Dritter Teil (1785).
Lit.: Koneffke, G.: Päd. im Übergang zur bürgerl. Herrschaftsgesellschaft (1994).

Wagemann, Arnold H., evang. Theologe und Pädagoge, *26. 10. 1756 Kirchwehren, † 24. 3. 1834 Loccum. W. war Pastor in Lachem und Göttingen, Prior im Kloster Loccum. Im Freundeskreis von *H. P. Sextro* nahm er an Studien über die wirtschaftl. und soziale Lage der Landbevölkerung teil und unterrichtete an der Göttinger *Industrieschule.* In seiner Schrift ›Über die Bildung des Volkes zur Industrie‹ (1791) entwirft er eine Industriepäd. als Beitrag zur Armenversorgung des Bauernstandes.
Schr.: Über die Bildung des Volkes zur Industrie (1791, Neudruck mit einer Einl. v. G. Koneffke 1971).
Lit.: Heydorn, H.-J. und Koneffke, G.: Studien zur Sozialgeschichte und Philos. der Bildung. Bd. I (1973).

Wagenschein, Martin, Pädagoge, *3. 12. 1896 Gießen, † 3. 4. 1988 Trautheim. Nach der Prom. 1920 in Physik und der Ausbildung für das Höhere Lehramt in Physik, Mathematik und Geografie machte W. prägende päd. Erfahrungen als Lehrer bei *P. Geheeb* in der *Odenwaldschule* (1924–1933). Danach war er von 1933–1957 im öffentl. Schuldienst im Darmstädter Raum tätig. 1933 trat er in den NS-Lehrerbund und 1938 in die NSDAP ein; 1947 gehörte er im Entnazifizierungsverfahren zur Gruppe der Entlasteten. Von 1952–1987 hatte er einen Lehrauftrag für Prakt. Päd. an der TH Darmstadt und war von 1956–1978 Honorarprof. an der Univ. Tübingen. Ferner hatte er einen Lehrauftrag von 1963–1972 für die »Didaktik der exakten Naturwissenschaften« an der Hochschule für Erziehungswiss. in Frankfurt/Main. W. setzte sich 1951 für die »Tübinger Resolution« gegen die Zunahme der Stofffülle im Unterricht und für die Konzentration auf exemplarische Inhalte ein. Seine Aufsätze über das ›Exemplarische Lehren und Lernen‹ haben bis heute Einfluss auf die didakt. Diskussion. In vielen Abhandlungen hat er gezeigt, wie durch genetisches Lehren und Lernen grundlegende naturwiss. und mathem. Sachverhalte zum Verstehen geführt werden können. Von 1960–1965 gehörte er dem *Deutschen Ausschuss für das Erziehungs- und Bildungswesen* an.
Schr.: Ursprüngliches Verstehen und exaktes Denken, Bd. I (1965), Bd. II (1970). Verstehen lehren (1968). Erinnerungen für morgen. Eine päd. Autobiografie (1983).
Lit.: Martin Wagenschein zum 100. Geburtstag. Zeitschrift ›chimica didactica‹, Jg. 22, Heft 73 (1996). Engelbrecht, A.: Kritik der Päd. Martin Wagenscheins (2003).

Waitz, Theodor, Psychologe und Philosoph, *17. 3. 1821 Gotha, † 21. 5. 1864 Marburg. W. studierte Philos. und Mathematik in Jena und Leipzig. 1844 habilitierte er sich in Marburg für Philos. und übernahm dort 1862 eine Professur. Im Kreis der *Herbartianer* war W. vornehmlich an der Fortführung der psychol. Theorien *J. F. Herbarts* interessiert. Sein Bemühen galt dem Aufbau einer selbständigen Psychol. nach den methodischen Grundsätzen der Naturwiss. Mit seiner Schrift ›Allgemeine Päd.‹ (1852) hat W. jedoch auch auf die Entwicklung der Päd. großen Einfluss gewonnen.
Schr.: Allgemeine Päd. und kleinere päd. Schriften. Hg. v. O. Willmann (4., vermehrte Aufl. 1898).
Lit.: Franz, G.: Thüringer Erzieher (1966).

Wander, Karl Friedrich Wilhelm, Volksschullehrer, *27. 12. 1803 Fischbach,

† 4. 6. 1879 Quirl. Nach dem Besuch des Lehrerseminars in Bunzlau war W. Lehrer an der Stadtschule in Hirschberg. Er setzte sich in Schriften und Reden für ein von der Kirche unabhängiges öffentl. Schulwesen und die grundlegende Erneuerung der Lehrerbildung ein. 1849 wurde W. wegen seines Engagements für die Revolution aus dem preuß. Schuldienst entlassen. Er emigrierte 1850 für ein Jahr in die USA.
Schr.: Die Volksschule als Staatsanstalt (1842).
Lit.: Hohendorf, R. und Hohendorf, G.: Diesterweg verpflichtet (1994).

Weil, Hans, Pädagoge, *8. 9. 1898 St. Johann/Saar, † 5. 6. 1972 New York. W. studierte an den Univ. Heidelberg, Göttingen, München und Frankfurt/M. Philos., Soz. und Nationalökonomie. In München stand er in engem Austausch mit dem Philosophen *M. Buber*. 1927 wurde er in Göttingen mit der Diss. ›Die Entstehung des dt. Bildungsprinzips‹ zum Dr. phil. promoviert und habilitierte sich 1932 an der Univ. Frankfurt/M. für Päd. Dort gehörte er mit dem Berufspädagogen *C. Mennicke* und dem Theologen *P. Tillich* zum Kreis religiöser Sozialisten. Wegen seines jüd. Bekenntnisses und seiner offenen Kritik am NS-Regime wurde ihm 1933 die Lehrerlaubnis entzogen. W. emigrierte nach Italien, danach in die USA. Erst 1956 wurde W. nach einem Wiedergutmachungsverfahren zum o. Prof. emeritus der Univ. Frankfurt/M. ernannt.
Schr.: Helfendes Handeln. Ein Beitrag zur Theorie der Päd. (1972).
Lit.: Eierdanz, J. und Kremer, A. (Hg.): »Weder erwartet noch gewollt«. Kritische Erziehungswiss. und Päd. in der Bundesrepublik Deutschland zur Zeit des Kalten Krieges (2000).

Weinert, Franz Emanuel, Päd. Psychologe, Entwicklungspsychologe, *9. 9. 1930 Komotau (Böhmen), † 7. 3. 2001 München. Nach seiner Tätigkeit als Lehrer und Schulleiter in Oberfranken studierte W. Psychol. in Erlangen, promovierte dort 1958 und habilitierte sich 1967 in Bonn. Er war Prof. für Psych. in Bamberg (1967), Heidelberg (1968–1981) und ab 1981 in München, wo er bis zu seiner Emeritierung 1998 als Dir. des Max-Planck-Instituts für psychol. Forschung tätig war.
Schwerpunkte seiner wiss. Arbeit waren die kognitive Entwicklung und die Entstehung individueller Intelligenz-, Motivations- und Persönlichkeitsunterschiede im Verlauf menschlichen Lebens sowie die Mechanismen des Lernens und die Optimierungsmöglichkeiten des Lehrens in der Lehr-Lern-Forschung. Von besonderer Bedeutung sind die Längsschnittstudien SCHOLASTIK (Grundschulzeit) und LOGIK (4. bis 12. Lebensjahr).
Schr.: Entwicklung im Grundschulalter (Hg. zus. mit A. Helmke, 1997). Entwicklung im Kindesalter (Hg., 1998). Leistungsmessungen in Schulen (Hg., 2001).

Weniger, Erich, Pädagoge, Vertreter der *geisteswissenschaftlichen Pädagogik,* *11. 9. 1894 Steinhorst, † 2. 5. 1961 Göttingen. W. studierte, unterbrochen durch den Kriegsdienst, von 1913–1914 und 1919-1921 Philos., Päd., Soz., Germ., Klassische Philol. und Geschichte an den Univ. Tübingen und Göttingen. 1921 legte er die Prüfung für das Lehramt an höheren Schulen ab, promovierte 1921 bei K. Brandi und habilitierte sich 1926 an der Univ. Göttingen für Päd. mit der Schrift ›Die Grundlagen des Geschichtsunterrichts‹, einer Untersuchung zur geisteswiss. Didaktik. W. war Privatdozent in Göttingen und wurde 1929 Prof. für Päd. und Philos. an der Päd. Akad. Kiel und 1930 Gründungsdirektor der Päd. Akad. Altona. Nach deren Schließung wurde ihm 1932 die Direktorenstelle an der Päd. Akad. Frankfurt/M. übertragen. Hier war *E. Krieck* seit 1928 Prof. für Päd., der ab 1932 zur NSDAP und ab 1933 zur SS gehörte. Bereits kurz nach der Machtübernahme Hitlers wurde W. 1933 wegen polit. Unzuverlässigkeit zwangsbeurlaubt und ohne Bezüge entlassen. Seine Ein-

sprüche führten 1934 zur Aufhebung der Entlassung als Beamter, waren aber mit einer abstufenden Versetzung auf die Stelle eines Studienrats verbunden. Da er bis 1936 ohne Planstelle gewesen wäre, ließ er sich auf eigenen Antrag von 1934–1938 für Forschungsarbeiten zur Militärgeschichte, Militärpsychol. und Militärpäd. beurlauben. Von 1939–1945 war er Wehrmachtsoffizier. W. wurde 1945 Prof. für Päd. an der PH Göttingen und übernahm 1949 als Nachfolger von *H. Nohl* den Lehrstuhl für Päd. an der Univ. Göttingen. Er war von 1953–1961 Mitglied des *Deutschen Ausschusses für das Erziehungs- und Bildungswesen* und Mitherausgeber der Zeitschriften ›Die Sammlung‹ (1945–1960), ›Neue Sammlung‹ (1961) und ›Zeitschrift für Päd.‹ (1955–1961). W. suchte als Vertreter der Geisteswiss. die Päd. durch eine eigenständige Theorie der vorausgehenden Erziehungspraxis zu begründen. Dabei hat er die Theorien, die das konkrete Handeln leiten, vom Reflektieren über dieses Handeln unterschieden, das erst zur wissenschaftl. Theorie hinführt. Das Theorie-Praxis-Verhältnis ist auch Gegenstand in W.s Bemühungen um eine akademische Lehrerbildung. Die von ihm 1930 konzipierte Lehrplantheorie hat bis heute Einfluss auf das Denken über Funktion und Struktur staatlicher Lehrpläne. Dabei spielt auch das geisteswiss. Verständnis von Bildsamkeit, Bildung und Bildungsideal eine Rolle. Das von W. um 1938 entwickelte Konzept einer Militärpäd. wird seit etwa 1985 kontrovers diskutiert.
Schr.: Didaktik als Bildungslehre. Teil 1 (1930/1952), Teil 2 (1960). Wehrmachtserziehung und Kriegserfahrung (1938). Neue Wege im Geschichtsunterricht (1949). Die Eigenständigkeit der Erziehung in Theorie und Praxis (1953).
Lit: Dahmer, I. und Klafki, W. (Hg.): Geisteswissenschaftliche Päd. am Ausgang ihrer Epoche: Erich Weniger (1968). Klafki, W. und Brockmann, J.-L.: Geisteswissenschaftliche Päd. und Nationalsozialismus (2002).

Wezel, Johann Karl, Schriftsteller, Pädagoge und Philosoph, *31. 10. 1747 Sondershausen, † 28. 1. 1819 Sondershausen. Über Herkunft und Kindheit liegen keine Quellen vor. 1764 kam W. in das Haus von C. F. Gellert in Leipzig und begann ein Studium der Theol., wechselte dann zu Rechtswiss., Philos. und klassischen Philol. Ab 1769 hatte er verschiedene Stellen als Hauslehrer. Nach Aufenthalten in Wien und Leipzig kehrte W. 1793 nach Sondershausen zurück. In seinen päd. Schriften weiß er sich den Grundsätzen der *Philanthropen* verbunden.
W. verfasste zahlreiche lehrhafte Jugendbücher und Romane. Dabei orientierte er sich an J. Swift, Voltaire, H. Fielding und S. Johnson. 1776 erschien der Roman ›Belphegor oder die wahrscheinlichste Geschichte unter der Sonne‹, das bedeutendste dt. Gegenstück zu J. Swifts ›Gulliver's Travels‹ (Neuausgabe 1965).
Schr.: Pädagogische Schriften. Hg. v. P. McKnight, (1996).
Lit.: Stach, R.: Robinson und die Philanthropisten. In: Pädagogische Wegmarkierungen (1996).

Wichern, Johann Hinrich, evang. Theologe und Sozialpädagoge, *21. 4. 1808 Hamburg, † 7. 4. 1881 Hamburg. W. studierte Theol. in Göttingen und Berlin, u. a. bei *F. D. E. Schleiermacher.* 1832 legte W. das theol. Staatsex. ab und war danach Lehrer an einer Sonntagsschule. Auf der Grundlage tiefer Frömmigkeit setzte sich W. mit den Ursachen und Folgen der zunehmenden Verelendung weiter Bevölkerungsteile auseinander und nahm dazu in zahlreichen Veröffentlichungen und Vorträgen Stellung. Einflussreiche Freunde im Hamburger Senat machten ihm 1833 die Gründung einer sozialpäd. »Rettungsanstalt« für Jugendliche, das »Rauhe Haus«, möglich. Hier bildete W. auch Erzieher aus. Der preuß. König berief 1857 W. zur Reform des Strafvollzugs in den Staatsdienst. Auf W.s Initiative ist auch die Gründung der Inneren Mission der evang. Kirche 1848 zurückzufüh-

ren. Vortragsreisen haben W. weit über Deutschland hinaus bekannt gemacht.
Schr.: Sämtliche Werke. Hg. v. B. Meinold und G. Brakelmann (1958–1988).
Lit.: Lindmeier, B.: Die Päd. des Rauhen Hauses (1998).

Wilker, Karl, Sozialpädagoge, *6. 11. 1885 Osnabrück, † 23. 5. 1980 Camberg. W. studierte Medizin, Päd. sowie Psych. und promovierte 1908 an der Univ. Jena. Erste päd. Erfahrungen sammelte er in einem heilpäd. Heim in Jena. Er engagierte sich in der lebensreformerischen Abstinenzbewegung. 1917 übernahm er die Leitung der Fürsorgeanstalt in Berlin, 1929 wurde er Doz. an der VHS Frankfurt/M. und leitete ein Jugenderholungsheim. W. war einer der führenden Köpfe der sozialpäd. Bewegung in Deutschland. 1933 emigrierte er in die Schweiz, dann nach Südafrika und kehrte erst 1964 nach Deutschland zurück.
Schr.: Fürsorgeerziehung als Lebensschulung (1921).
Lit.: Krebs, D. und Reulecke, J. (Hg.): Hb. der dt. Reformbewegungen 1880–1933 (1998).

Willmann, Otto, Philosoph, Pädagoge, *24. 4. 1839 Lissa (Polen), † 1. 7. 1920 Leitmeritz (Tschechien). W. studierte Philos., Päd. u. a. Fächer in Breslau und Berlin und ging von 1863–1868 als Lehrer an die von *T. Ziller* neu gegründete Übungsschule in Leipzig, um die Päd. Herbarts theor. und prakt. zu studieren. 1868 erhielt er eine Berufung als Oberlehrer ans Wiener Pädagogium und bereitete gleichzeitig die Herausgabe von ›Herbarts Pädagogischen Schriften‹ vor. 1872 nahm er einen Ruf als Prof. der Philos. und Päd. an der Dt. Univ. Prag an, wo er bis 1903 lehrte. In dieser Zeit entstand mit der ›Didaktik als Bildungslehre‹ (2 Bde., 1882/1889) sein päd. Hauptwerk, in dem er sich durch die Bezüge zur Sozialforschung und zur Geschichte der Bildung von Herbart abzusetzen begann. Zw. 1894 und 1897 erschien dann mit der ›Geschichte des Idealismus‹ sein dreibändiges philos. Hauptwerk. 1903 ließ er sich emeritieren und ging nach Salzburg, wo er sich für die Einrichtung einer kathol. Univ. einsetzte. In der Tradition der aristotelisch-thomistischen Philos. machte W. die kath. Philos. zur Grundlage seiner Päd. 1910 zog er sich zu schriftstellerischen Tätigkeiten nach Leitmeritz zurück.
Schr.: Sämtliche Werke in 16 Bde. Hg. v. H. Bitterlich-Willmann. Bisher 10 Bde. (1962 ff.).
Lit.: Hamann, B.: Die Grundlagen der Päd. Otto Willmanns (1964). Brezinka, W.: Otto Willmann, der bedeutendste Pädagogiker des alten Österreich. In: Geschichte und Gegenwart. 16. Jg., Heft 3 (1997).

Winnefeld, Friedrich, Päd. Psychologe, *14. 12. 1911 Jena, † 14. 12. 1968 Jena. Als Schüler *P. Petersens* entwickelte W. dessen *pädagogische Tatsachenforschung* weiter und wurde 1950 Prof. für Päd. Psychol. an der Univ. Jena. 1952 ging er an die Univ. Halle und führte die Päd. Psychol. in Richtung einer modernen Lehr-Lern-Forschung. W.s Bemühen galt der Übertragung von Methoden der experimentellen Psychol. auf den päd. Lehr-Lern-Prozess. Im Mittelpunkt seiner Arbeit stand die Analyse psychischer Vorgänge des päd. Geschehens und die Erschließung ihrer Voraussetzungen, Bedingungen und Folgen. Für seine Forschungen hat er ein methodisches Design entwickelt, das sehr differenzierte Beobachtungen in päd. Situationen möglich machte. Dabei stellte er sich die Frage nach dem Effektivitätsgrad der Umsetzung päd.-psychol. Befunde für die Gestaltung der päd. Praxis und forderte eine Theorie der Anwendung wiss. Erkenntnisse. Seine Forschungsarbeiten, die durch die gesell.-polit. Restriktionen in der DDR eingeschränkt waren, fanden durch seinen plötzlichen Tod 1968 ein jähes Ende.
Schr.: Pädagogischer Kontakt und päd. Feld (1957). Psychologische Analyse der päd. Lernvorgänge, in: Hb. der Psychol., Bd. 10 (1959). Ergebnisse unterrichtspsychologischer Untersuchungen (1970).

Wolf, Friedrich August, Altphilologe und Pädagoge, *15. 2. 1759 Hainrode, † 8. 8. 1824 Marseille. W. wurde 1783 als Nachfolger von *E. C. Trapp* an die Univ. Halle/S. auf einen Lehrstuhl für Philol. und Päd. berufen.
Das von Trapp eingerichtete päd. Seminar mit Übungsschule für eine erfahrungswiss. orientierte Lehrerbildung wandelte W. bereits 1787 in ein rein philologisches Seminar um. Die Gymnasiallehrerbildung in Preußen wurde damit auf philologische Studien konzentriert. Praxiserfahrung und deren päd.-psych. Reflexion spielten keine Rolle mehr. Nach Schließung der Univ. Halle 1807 wurde W. Prof. an der neuen Berliner Univ.
Lit.: Walther, G.: F. A. Wolf und die Hallenser Philol. In: Univ. und Aufklärung (1995).

Wolke, Christian Hinrich, Pädagoge und Schriftsteller, *21. 8. 1741 Jever, † 8. 1. 1825 Berlin. W. gehörte zum Kreis der *Philanthropen.* Ab 1773 studierte er in Göttingen und Leipzig. Bereits ab 1770 war W. Mitarbeiter am ›Elementarwerk‹ von *J. B. Basedow.* 1778 übernahm er für sechs Jahre die Leitung des *Philanthropins* in Dessau. Auf Einladung der russ. Zarin Katharina II. errichtete W. in St. Petersburg eine Anstalt für Prinzenerziehung. W. verfasste 16 philanthropische Lehr- und Lesebücher, dabei das vierbändige Werk ›Pädagogische Unterhaltungen für Eltern und Kinderfreunde‹ (1774–1784).
Lit.: Wolf, U.: C. H. Wolke. Ein Pädagoge der Aufklärungszeit (2004).

Wyneken, Gustav, Pädagoge, *19. 3. 1875 Stade, † 8. 12. 1964 Göttingen. W. studierte Nationalökonomie, Theol. und Philos. in Berlin, Halle, Greifswald und Göttingen. Er promovierte 1898 mit einer Diss. über ›Hegels Kritik Kants‹ in Greifswald. Danach studierte er Germ. und klassische Philol. und legte 1899 die Staatsprüfung für das höhere Lehramt ab. 1901 übernahm W. von *H. Lietz* die Leitung des *Landerziehungsheims* Ilsenburg/Harz und war ab 1903 Lehrer im Landerziehungsheim Haubinda. Nach dem Bruch mit Lietz gründete er 1906 gemeinsam mit *P. Geheeb* die koedukative *Freie Schulgemeinde Wickersdorf* bei Saalfeld im Thüringer Wald. Diese Schule sollte eine Stätte freiheitlicher Erziehung und Bildung sein. Nach dem Ausscheiden Geheebs (1909) und W.s Absetzung durch die Meiningische Behörde (1910) übernahm *M. Luserke* von 1910–1924 die Leitung der Freien Schulgemeinde Wickersdorf. Von nun an bestimmten vielfältige Aktivitäten W.s Leben als Vorsitzender des Bundes für Freie Schulgemeinden und als Verfechter der *Jugendbewegung* (Festrede 1913 auf dem Hohen Meißner). In den zehn Jahren nach 1910 hatte W. persönlich und literarisch immer wieder Einfluss auf seine Schulgemeinde ausgeübt, bis er durch erneute Auseinandersetzungen mit der Behörde seine Schulgründung 1931 endgültig verlassen musste. Von 1939 bis zu seinem Tod 1964 lebte er als freier Schriftsteller in Göttingen.
Schr.: Benner, D. und Kemper, H. (Hg.): Quellentexte zur Theorie und Geschichte der Reformpädagogik. Teil 2 (2001).
Lit.: Scheuerl, H. (Hg.): Klassiker der Päd. Bd. 2 (1991).

Zedlitz, Karl Abraham, Freiherr von Z. und Leipe, Staatsmann und Pädagoge, *4. 1. 1731 Schwarzwaldau, † 19. 3. 1793 Kapsdorf. Nach dem Besuch des Ritterkollegiums in Brandenburg und des Collegium Carolinum in Braunschweig studierte Z. ab 1752 in Halle Rechtswissenschaften. Im preuß. Staatsdienst stieg er schnell in leitende Positionen auf. 1770 wurde er Geheimer Etats- und Justizminister. Seine Zuständigkeiten erstreckten sich vom Justizressort über das Armen- und Medizinalwesen bis zu Kirchen- und Religionsangelegenheiten, zu denen auch das Erziehungs- und Unterrichtswesen gehörte. Z. arbeitete intensiv an der Erneuerung des gesamten preuß. Schulwesens und der Lehrerbildung. Lange Jahre galt sein besonderes Interes-

se in Zusammenarbeit mit *E. Freiherr von Rochow* der Förderung des niederen Schulwesens auf dem Lande und in den Städten.
Schr.: Vorschläge zur Verbesserung des Schulwesens in den königlichen Landen. In: Berlinische Monatsschrift 1787.
Lit.: Mainka, P.: Karl Abraham von Zedlitz und Leipe 1731–1793 (1995). Ders.: Die Erziehung der adligen Jugend in Brandenburg-Preußen (1997).

Zeller, Christian Heinrich, Pädagoge, *29. 3. 1779 Hohenentringen, † 18. 5. 1860 Beuggen. Nach dem Studium der Rechtswissenschaften in Tübingen war Z. ab 1800 für kurze Zeit Hauslehrer, bevor er die Leitung einer christl. Privatschule in St. Gallen übernahm. Von 1809–1820 war er Stadtschuldirektor in Zofingen. Er befasste sich in dieser Zeit intensiv mit den Arbeiten *J. H. Pestalozzis* und gründete 1820 in Beuggen ein Armenschullehrerseminar, das Z. weitgehend an Pestalozzis Praxis der Lehrerbildung ausrichtete. Z. wird den *Pestalozzianern* zugerechnet.
Schr.: Lehren und Erfahrung für christliche Land- und Armenschullehrer. 3 Bde. (1827 f.).
Lit.: Ho, H.-C.: Christian Heinrich Zellers Erziehungsdenken als Grundlage seiner Tätigkeit an der »freiwilligen Armen-Schullehrer-Anstalt« in Beuggen (1989).

Zeller, Karl August, Pädagoge, *15. 8. 1774 Hohenentringen, † 23. 3. 1840 Stuttgart. Z. studierte Theol. in Tübingen. Ab 1803 war der Bruder von Christian Heinrich Z. Schüler und Mitarbeiter bei *J. H. Pestalozzi* in Burgdorf. Als Pastor und Lehrer in St. Gallen engagierte sich Z. für die Entwicklung des Schulwesens und der Lehrerbildung. Er selbst hielt Kurse für junge Lehrer ab, in denen er die Elementarmethode Pestalozzis vermittelte. 1808 wurde er zum Schulinspektor in Württemberg ernannt. Z. gründete 1836 im Schloss Lichtenstein eine Armenschule mit Lehrerseminar.

Ziller, Tuiskon, Pädagoge und Philosoph, *22. 12. 1817 Wasungen, † 20. 4. 1882 Leipzig. Z. wird mit *T. Waitz, K. V. Stoy, F. W. Dörpfeld, W. Rein* u. a. den *Herbartianern* zugerechnet. Er studierte in Leipzig alte Sprachen und Philos., war als Gymnasiallehrer tätig, habilitierte sich 1853 in Leipzig für Rechtsphilos. und übernahm dort 1864 eine Professur. Er las über Philos., Theorie der Familie und Allg. Päd. 1866 gründete er eine Anstalt für gefährdete Kinder. Seine schulpäd. Seminare verband er seit 1862 mit prakt. Erfahrungen in einer privaten Übungsschule, die weit über Leipzig hinaus Beachtung fand.
Schwerpunkte seiner Arbeit waren Unterrichtstheorie und Lehrerbildung. Daneben engagierte sich Z. sozialpäd. und trat in seiner dreijährigen Amtszeit als Abg. im Meininger Landtag für maßvolle Reformen ein.
Schr.: Einl. in die allg. Päd. (1856).
Lit.: Glöckel, H. u. a. (Hg.): Bedeutende Schulpädagogen (1993).

Zulliger, Hans, Psychoanalytiker, *21. 2. 1893 Mett (Schweiz), † 18. 10. 1965 Ittingen. Nach dem Besuch des Lehrerseminars war Z. von 1912–1959 Privatlehrer. Durch autodidakt. Studien bildete er sich zum Psychologen aus. In Schriften, Vorträgen und Kursen hat er wesentliche Beiträge zur Beachtung tiefenpsychol. Erkenntnisse in Schulpäd. und Erziehungsberatung geleistet.
Schr.: Schwierige Kinder (1935).
Lit.: Fatke, R. und Scarbath, H. (Hg.): Pioniere psychoanalyt. Päd. (1995).

Internetadressen

1.1 Bildungsserver und zentrale Einrichtungen: Deutschland

Deutscher Bildungsserver:
www-bildungsserver.de
http://dbs.schule.de
Fachportal Pädagogik:
http://www.fachportal-paedagogik.de
Kultus- und Wissenschaftsministerien der Bundesländer:
http://www.kmk.org/aufg-org/home.htm?adress
http://www.kmk.org/aufg-org/adr/adrmin.htm
Landesinstitute der Bundesländer:
http://www.kmk.org/schul/instlink.htm
http://bildungsserver.de/instlist.html?ik=landesinstitut
Landesbildungsserver in Deutschland:
http://www.bildungsserver.de/landserv.html
Institutionen im Bildungsbereich:
http://bildungsserver.de/db/dipf/institute.html
www.bildungsserver.de/institutionen.html
Bundesministerium für Bildung und Forschung (BMBF):
http://www.bmbf.de
Bundesministerium für Familie, Senioren, Frauen und Jugend (BMFSFJ):
http://www.bmfsfj.de
Ständige Konferenz der Kultusminister der Länder in der Bundesrepublik Deutschland (KMK):
http://www.kmk.org
Bund-Länder-Kommission für Bildungsplanung und Forschungsförderung (BLK):
www.blk-bonn.de
Hochschulrektorenkonferenz (HRK):
http://www.hrk.de
Wissenschaftsrat (WR):
http://www.wissenschaftsrat.de
Deutsche Forschungsgemeinschaft (DFG):
http://www.dfg.de

Statistisches Bundesamt, Wiesbaden:
www.destatis.de
https://www-genesis.destatis.de/genesis/online/logon

1.2 Österreich

Bildungsportal Österreich:
http://www.bildung.at
Schulweb:
http://www.schulweb.at
Bundesministerium für Unterricht, Kunst und Kultur (BMUKK):
http://www.bmukk.gv.at
Bundesministerium für Wissenschaft und Forschung (BMWF):
http://www.bmwf.gv.at

1.3 Schweiz

Bildungsserver der Schweiz:
http://www.educa.ch
EDK – Schweizer Konferenz der kantonalen Erziehungsdirektoren:
http://www.edk.ch
Informations- und Dokumentationszentrum Erziehung Schweiz (IDES):
http://www.ides.ch

1.4 Europa und Welt

CEDEFOP: Europäisches Zentrum für die Förderung der Berufsbildung:
www.cedefop.gr/
http://www.trainingvillage.gr
http://www.cedefop.europa.eu
EURYDICE – Informationsnetz zum Bildungswesen in Europa:
http://www.eurydice.org
Eurybase – Informationsdatenbank zu den Bildungssystemen in Europa:
http://www.eurydice.org/portal/page/portal/Eurydice/DB_Eurybase_Home
Bildung weltweit:
http://www.dipf.de/bildungsinformation/izb_bildungweltweit.htm
Bundesministerium für Bildung und Forschung: Internationale Kooperation in Forschung und Bildung:
http://www.internationale-kooperation.de
http://www.internationale-kooperation.de/gesamtbericht.htm
Europäische Kommission – Generaldirektion und Kultur (DG EAC):
http://ec.europa.eu/dgs/education_culture/index_de.html
Europäische Union (EU):
http://europa.eu.int/
OECD – Organization for Economic and Co-operation Development:
http://www.oecd.org

UNESCO – United Nations Educational, Scientific and Cultural Organization:
http://portal.unesco.org/education/en/
http://www.unesco.org
UNESCO: Offizielle Grundinformationen über das Bildungswesen in den Ländern der Erde:
http://www.ibe.unesco.org/links/allcoun.htm
Deutsche UNESCO Kommission e. V.:
http://www.unesco.de
BMBF: UNESCO-Organisation der Vereinten Nationen für Bildung, Wissenschaft, Kultur und Kommunikation:
http://www.bmbf.de/de/6592.php

2. Zentrale Forschungsinstitute

BIBB – Bundesinstitut für Berufsbildung, Bonn:
http://www.bibb.de
Deutsches Institut für Internationale Pädagogische Forschung (DIPF), Frankfurt/M.:
http://www.dipf.de
Deutsches Jugend Institut (DJI), München:
http://www.dji.de
Georg-Eckert-Institut für internationale Schulbuchforschung, Braunschweig:
http://www.gei.de
IEA Data Processing Center Hamburg (IEA DPC):
http://www.iea-dpc.de
Institut für Schulentwicklungsforschung, Dortmund (IFS):
http://www.ifs.uni-dortmund.de
Institut zur Qualitätsentwicklung im Bildungswesen (IQB), Berlin:
http://www.iqb.hu-berlin.de
International Association for the Evaluation of Educational Achievement (IEA):
http://www.iea.nl
IPN – Leibniz-Institut für die Pädagogik der Naturwissenschaften, Kiel:
www.ipn.uni-kiel.de
Max-Planck-Institut für Bildungsforschung, Berlin:
http://www.mpib-berlin.mpg.de

3. Informationen und Aufgabenfelder im Bildungswesen

Qualität und Evaluation im Bildungswesen:
www.bildungsserver.de/zeigen.html?seite=1260
Bildungsberichterstattung:
www.bildungsserver.de/zeigen.html?seite=2833
Grund- und Strukturdaten (BMBF):
www.bmbf.de/
Lehrpläne, Bildungspläne, Richtlinien, Kerncurricula:
www.bildungsserver.de/zeigen.html?seite=4157
Bildungspläne für Kindertageseinrichtungen und ihre Umsetzung in den Bundesländern:
www.bildungsserver.de/zeigen.html?seite=3094

Kindertagesbetreuung:
www.kindertagesbetreuung.de
Übergang Kindergarten-Grundschule:
www.bildungsserver.de/zeigen.html?seite=1863
Sprachförderung:
www.bildungsserver.de/zeigen.html?seite=3270
Schule:
www.bildungsserver.de/zeigen.html?seite=136
Behindertenpädagogik:
www.bildungsserver.de/zeigen.html?seite=908
Arbeitsgemeinschaft für Kinder- und Jugendhilfe (AGJ):
http://www.agj.de
Deutsche Hauptstelle für Suchtfragen e. V. (DHS):
http://www.dhs.de
Medien und Bildung:
www.bildungsserver.de/zeigen.html?seite=2675
Interkulturelle Bildung:
www.bildungsserver.de/zeigen.html?seite=789

4. Hochschule, Studium, Berufswahl, Weiterbildung

Aufgabenstelle für kaufmännische Abschluss- und Zwischenprüfungen (AkA):
http://www.aka-nuernberg.de
Aus- und Fortbildung für das Bildungsmanagement:
www.bildungsserver.de/zeigen.html?seite=960
Berufliche Bildung:
http://www.bildungsserver.de/zeigen.html?seite=22
Berufswahl (Bundesagentur für Arbeit):
http://www.berufswahl.de
Bundesagentur für Arbeit:
http://www.arbeitsagentur.de
DAAD – Deutscher Akademischer Austauschdienst:
http://www.daad.de
Hochschulkompass der Hochschulrektorenkonferenz (HRK):
http://www.hochschulkompass.de
Hochschulbildung:
http://www.bildungsserver.de/zeigen.html?seite=8
Lehrerausbildung in einzelnen Bundesländern:
http://bildungsserver.de/zeigen.html?seite=976
Lehrerbildung und Hochschulen:
http://www.lehrerbildung.de
Schule, Wirtschaft, Arbeitsleben:
http://www.swa-programm.de
Studien- und Berufswahl (Bundesagentur für Arbeit):
http://www.studienwahl.de
Weiterbildung und Erwachsenenbildung:
http://www.bildungsserver.de/zeigen.html?seite=24

5. Institute, Organisationen, Schulen, Stiftungen

Adolf Grimme Institut, Marl:
http://www.grimme-institut.de
Arbeitskreis Hauptschule e. V., Dortmund:
http://www.ak-hauptschule.de
Arbeitskreis Neue Erziehung e. V.:
http://www.arbeitskreis-neue-erziehung.de
http://www.ane.de
Association Montessori Internationale (AMI), Amsterdam:
http://www.montessori-ami.org
Bertelsmann-Stiftung:
http://www.bertelsmann-stiftung.de
Bund der Freien Waldorfschulen e. V., Stuttgart:
http://www.waldorfschule.de
BundesElternRat (BER):
http://www.bundeselternrat.de
Bundesverband Alphabetisierung und Grundbildung e. V., Münster:
http://www.alphabetisierung.de
Bundesverband Deutscher Privatschulen (VDP):
http://www.privatschulen.de
Bundesverband Deutscher Stiftungen:
www.stiftungsindex.de
http://www.stiftungen.org
Bundesverband Museumspädagogik e. V.:
http://www.museumspaedagogik.org
Bundeszentrale für Politische Bildung, Bonn:
http://www.bpb.de
Comenius-Institut, Ev. Arbeitsstätte für Erziehungswissenschaft e. V.:
http://www.comenius.de
http://ci-muenster.de
Deutsche Gesellschaft für Erziehungswissenschaft (DGfE):
http://www.dgfe.de
Deutsche Gesellschaft für Erziehungswissenschaft, Handbuch:
http://bildungsserver.de/dgfe/handbuch.html
Deutsche Gesellschaft für Zeitpolitik:
http://www.zeitpolitik.de
Deutsche Montessori-Gesellschaft e. V. (DMG), Wiesbaden:
http://www.montessori-gesellschaft.de
Deutscher Fernschulverband:
http://www.forum-distance-learning.de/
Deutscher Kinderschutzbund (DKSB):
http://www.dksb.de
Deutscher Lehrerverband (DL):
http://www.lehrerverband.de
Deutscher Volkshochschulverband e. V. (DVV):
http://www.dvv-vhs.de
http://www.dvv.vhs-bildungsnetz.de
Deutsches Institut für Erwachsenenbildung (DIE), Bonn:
http://www.die-Bonn.de

Gemeinnützige Gesellschaft Gesamtschule e. V. (GGG), Gesamtschulverband:
http://www.ggg-bund.de
Gesellschaft für Didaktik des Sachunterrichts (GDSU):
http://www.gdsu.de
Gesellschaft für Fachdidaktik e. V. (GFD), Dachverband für die Fachgesellschaften:
http://www.fachdidaktik.net
http://gfd.physik.hu-berlin.de
Gesellschaft für Medienpädagogik und Kommunikationskultur (GMK):
http://www.gmk.medienpaed.de
Gewerkschaft Erziehung und Wissenschaft (GEW), Frankfurt/M.:
http://www.gew.de
Goethe-Institut:
http://www.goethe.de
Grundschulverband (Arbeitskreis Grundschule), Frankfurt/M.:
http://www.grundschulverband.de
Informationsdienst der deutschen Volkshochschulen:
http://www.vhs.de
Institut für Film und Bild in Wissenschaft und Unterricht (FWU), Grünwald:
http://www.fwu.de
Internate, Landschulheime, Landerziehungsheime u. ä. Schulen:
http://www.leh-internate.de
Jugendforschung:
http://www.jugendforschung.de
Montessori Dachverband Deutschland (MDD) e. V., Kriftel:
http://www.montessori-deutschland.de
Montessori-Vereinigung e. V., Sitz Aachen:
http://www.montessori-vereinigung.de
Privatschulen und Privatschulverbände:
http://www.privatschulberatung.de
UNESCO-Institut für Lebenslanges Lernen, UIL
(bis Juli 2006 UNESCO-Institut für Pädagogik, UIP):
http://www.unesco.de/uil.html
http://www.unesco.org/education/uie
Verband Bildung und Erziehung (VBE), Berlin:
http://www.vbe.de
Verband Sonderpädagogik e. V., Würzburg:
www.verband-sonderpaedagogik.de

6. Schulen und Internet

Das SchulWeb:
http://www.schulweb.de
European Schoolnet:
http://www.eun.org
Schulen ans Netz:
http://www.san-ev.de

Schulzeitungen:
http://www.schulweb.de/zeitung.html
Schulmaterialien:
http://www.schulweb.de/material.html

7. Literatursuche: Datenbanken, Bibliotheken

ASK ERIC: Datenbank englischsprachiger Literatur:
http://www.askeric.org
Deutsche Nationalbibliothek Frankfurt am Main/Leipzig/Berlin:
http://www.d-nb.de
http://www.ddb.de
Fachinformation Behindertenpädagogik:
http://www.ub.uni-dortmund.de/Fachinformation/Sondererziehung.html
Fachportal Pädagogik – Erweiterte Suche der FIS Bildung Literaturdatenbank:
http://www.fachportal-paedagogik.de
Literaturdatenbank FIS Bildung:
http://www.fis-bildung.de
Online-Ressourcen und Projekte:
www.bildungsserver.de/db/
Zeitungsdokumentation Bildungswesens (DIPF):
http://www.bildungsserver.de/zd/

Quellenhinweise:
Deutsches Institut für Internationale Pädagogische Forschung (Hg.): Deutscher Bildungsserver – Kleines Linklexikon, 4. Aufl. August 2006.
Als PDF-Datei: http://www.bildungsserver.de/pdf/dbs_linklexikon_web.pdf
Deutscher Bildungsserver: »Linktipps« in der Zeitschrift für Pädagogik zu bestimmten Themen:
http://www.bildungsserver.de/zeigen.html?seite=4702